U0630618

Excel 财务管理必须掌握的268个文件和248个函数

Excel 2013版

张军翔 陈 媛 编著

北京希望电子出版社
Beijing Hope Electronic Press
www.bhp.com.cn

内容简介

本书以财务管理工作为主线，介绍了财务管理常用的268个文件及248个函数，全书共分27章和1个附录，包括财务票据管理表格、会计财务处理表格、现金管理表格、往来账款管理表格、材料管理表格、企业日常费用管理表格、员工工资管理表格、所得税申报表格、常见财务报表、财务预算表格、产品成本管理表格、财务报表分析图表、财务预测分析图表、销售收入管理图表、销售利润管理图表、固定资产管理表格、筹资决策管理表格、投资决策管理表格、货币资金时间价值分析图表、函数在日常财务工作中的应用、函数在财务分析中的应用、函数在工资统计中的应用、函数在销售管理中的应用、函数在折旧资产中的应用、函数在筹资投资中的应用、函数在有价证券中的应用、公式错误值原因分析与解决。本书适合从事会计工作、财务管理工作，以及想要学习财务与会计报表制作与分析的人员作为案头必备工具书使用。

本书的资源可通过云盘下载，读者可利用微博扫码浏览表格范例。

图书在版编目（CIP）数据

Excel财务管理必须掌握的268个文件和248个函数：Excel2013版 / 张军翔，陈媛编著. —北京：北京希望电子出版社，2015.6

ISBN 978-7-83002-205-1

Ⅰ. ①E… Ⅱ. ①张… ②陈… Ⅲ. ①表处理软件－应用－财务管理 Ⅳ. ①F275-39

中国版本图书馆CIP数据核字（2015）第103676号

出版：北京希望电子出版社　　封面：深度文化

地址：北京市海淀区中关村大街22号　　编辑：李萌

中科大厦A座9层　　校对：刘　伟

邮编：100190　　开本：889mm×1194mm 1/32

网址：www.bhp.com.cn　　印张：21.5

电话：010-62978181（总机）转发行部　　印数：1-3500

010-82702675（邮购）　　字数：988千字

传真：010-82702698　　印刷：北京博图彩色印刷有限公司

经销：各地新华书店　　版次：2015年8月1版1次印刷

定价：58.00元（网盘下载资源）

PREFACE 前言

2013年1月，本书的上一版《Excel财务管理必须掌握的208个文件与108个函数》正式出版。其务实的操作与丰富的案例素材深受广大读者的好评，两年间多次重印，并被当当网评为畅销好书。

Office 软件的更新带来了新的功能，读者、编辑的鼓励也鞭策着我们写出质量更高的作品。因此，我们编写了《Excel财务管理必须掌握的268个文件与248个函数（Excel 2013版）》。

本书坚持上一版图书的优势，充分结合读者意见进行修改与优化，删除了不实用的单据报表文件，添加了之前缺少的财务分析、预算报表文件，大幅度增加了案例素材。为增加与读者的互动性，本书将通过微博、网盘等平台提供素材共享及技术答疑，以方便更多的读者学习使用本书。

本书能给读者带来什么？

本书全面地介绍了财务与会计管理中涉及的各项分析操作，可以帮助财会分析人员获取较为精确的分析数据，为企业决策提供依据。

全书涵盖了财务与会计管理中使用的各类数据管理与分析表格，当读者在工作中需要制作财务票据管理表格、会计财务处理表格、现金管理表格、往来账款管理表格、材料管理表格、所得税申报表格、财务预算表格、产品成本管理表格、财务报表分析图表、财务预测分析图表、销售利润管理图表、筹资决策管理表格、投资决策管理表格等相关表格时可直接从本书中获取。书中还汇集了财务与会计管理中最常见的函数，可以灵活地对财务与会计数据进行整理、计算、汇总、查询、分析等处理，熟练掌握应用它进行数据分析，可以自动得出所期望的结果，化解在工作中许多棘手的问题。

由于书中的每个案例都是来自财务与会计管理的实际工作，所以读者稍加改造即可轻松应用到工作中，有效地提高财务与会计的工作效率。本书全程配以图示来辅助用户学习和掌握，涉及的工作流程都以流程图的形式来呈现，使财务与会计中一些繁杂、难以理解的工作清晰化。

本书中二维码怎么用？

1 第一步：先登录自己的微博

2 第二步：扫书中的二维码进入官方微博

3 第三步：单击右上角“搜索”按钮，输入书中的搜索文件，如：应收账款催款单，即可看到搜索结果。

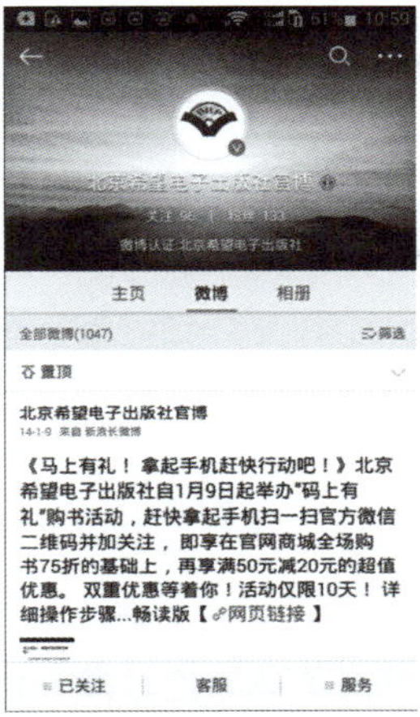

4 第四步：双击搜索到的文件，进入“微盘”下截界面。

5 第五步：用户根据需要选择文件保存方式。

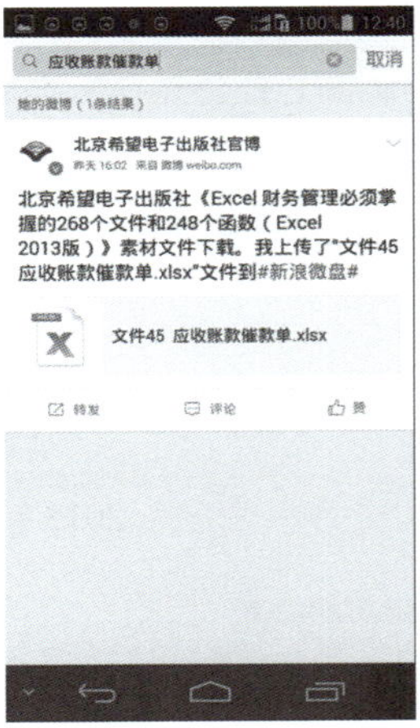

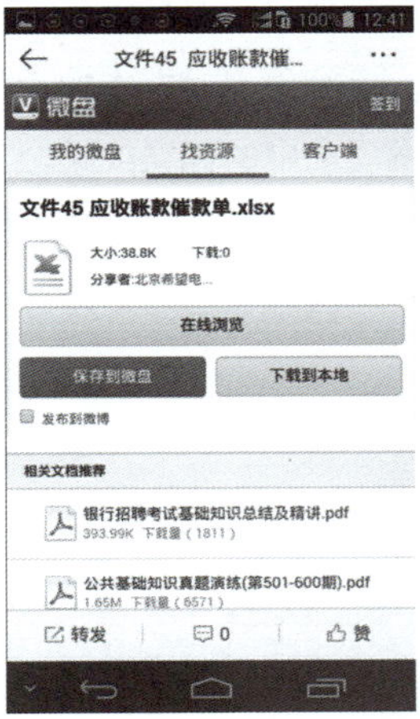

如果读者有其他不理解的地方或者疑问，可以直接在微博与作者进行交流与解答。

本书资源下载

读者除了可以通过微博扫码方式下载本书的表格文件，还可以通过360网盘下载，下载链接与提取码为：

http://yunpan.cn/cV9WrVwHNR7In

（提取码：d9ac）

本书适合谁阅读？

本书主要针对从事财务会计工作、财务管理工作，以及想要学习财务与会计报表制作与分析的所有人员作为案头必备工具书使用。

本书是由诺立文化策划，参与编写的除已署名张军翔、陈媛外，还有汪洋慧、姜楠、彭志霞、彭丽、张万红、陈伟、童飞、陈才喜、杨进晋、姜皓、韦余靖、徐全锋、张铁军、陈永丽、高亚、李勇、沈燕、张发凌、杨红会、许琴、王涛、王正波、余杭、余曼曼等老师，在此对他们表示深深的谢意！

尽管作者对书中的案例精益求精，但疏漏之处仍然在所难免。如果您发现书中的错误或某个案例有更好的解决方案，敬请登录售后服务网址向作者反馈。我们将尽快回复，且在本书再次印刷时予以修正。

再次感谢您的支持！

编著者

2015年6月

CONTENTS 目录

第 1章　财务票据管理表格

第2章　会计财务处理表格

第3章　现金管理表格

第4章　往来账款管理表格

第5章　材料管理表格

第6章　企业负债管理表格

第 7章　企业日常费用管理表格

第8章　员工工资管理表格

第9章　所得税申报表格

第10章　常见财务报表

第11章 财务预算表格

第12章 产品成本管理表格

第13章 财务报表分析图表

第14章 财务预测分析图表

第15章　销售收入管理图表

第16章 销售利润管理图表

第17章 固定资产管理表格

第18章 筹资决策管理表格

第19章 投资决策管理表格

第20章　货币资金时间价值分析图表

第21章　函数在日常财务工作中的应用

第22章 函数在财务分析中的应用

第23章 函数在工资统计中的应用

第24章 函数在销售管理中的应用

第25章 函数在折旧资产中的应用

第26章 函数在筹资投资中的应用

第27章　函数在有价证券中的应用

Excel

第1章

财务票据管理表格

财务票据作为会计核算的凭证、财务收支的重要依据，它可以保证会计核算的质量，防止发生贪污、舞弊等违法行为。随着电子计算机技术的应用和普及，许多企业都直接使用专业软件代替原始的手动会计。为了更好地开展财务工作，在实际工作中，还需要设计一些辅助表格来对财务票据加强管理。

财务票据通常都涉及公司机密，对于打印出来的财务票据都需要统一存档，这里所指的财务票据主要是为了方便日常财务工作和管理而设计的一些辅助性表格，例如：票据交接清单、支付使用登记簿、借款单、差旅费报销单、缴款单等。

编号	文件名称	对应的数据源	重要星级
文件1	票据交接清单	第1章\文件1 票据交接清单.xlsx	★★★★★
文件2	差旅费用报销单	第1章\文件2 差旅费用报销单.xlsx	★★★★★
文件3	支出证明单	第1章\文件3 支出证明单.xlsx	★★★★
文件4	请款单	第1章\文件4 请款单.xlsx	★★★★
文件5	缴款单	第1章\文件5 缴款单.xlsx	★★★★
文件6	银行借款登记卡	第1章\文件6 银行借款登记卡.xlsx	★★★
文件7	比价单	第1章\文件7 比价单.xlsx	★★★
文件8	部门借款单	第1章\文件8 部门借款单.xlsx	★★★
文件9	转账凭单	第1章\文件9 转账凭单.xlsx	★★★
文件10	应收票据冲转明细表	第1章\文件10 应收票据冲转明细表.xlsx	★★★
文件11	支票使用登记簿	第1章\文件11 支票使用登记簿.xlsx	★★★

文件1 票据交接清单

票据交接清单用来详细记录财务票据的交接情况，它通常包括编号、年月日、票据号码、票据名称、单位、合计金额、移交人、接收人等内容。

制作要点与设计效果图

- 新建工作簿
- 合并单元格
- 使用序列填充
- 设置文字格式
- 设置单元格边框
- 设置单元格列宽

票据交接清单

编号： 年 月 日

票据号码	票据名称	单位（张）	合计金额
合计：（大写）	佰 拾 万 仟 佰 拾 元 角 分		

移交人： 接收人：

注：本单一式三联，第一联会计室留存，第二联返移交人，第三联由移交人报移交单位财会室。

文件设计过程

步骤1：启动Excel 2013程序新建工作簿

1 在桌面上单击左下角的“开始”按钮，在展开的菜单中将鼠标指向“所有程序→Microsoft Office 2013→Excel 2013”（如图1-1所示），启动Excel 2013程序。使用默认的选项，单击“空白工作簿”（如图1-2所示），即可新建工作簿，如图1-3所示。

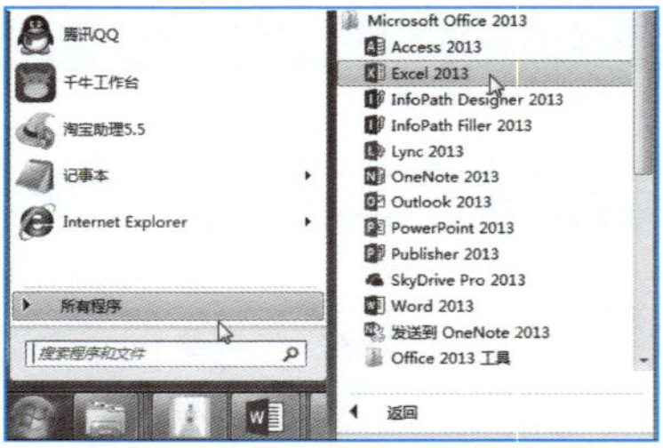

图1-1

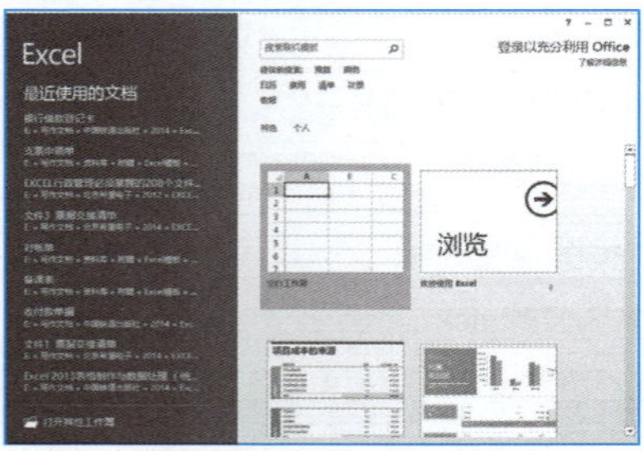

图1-2

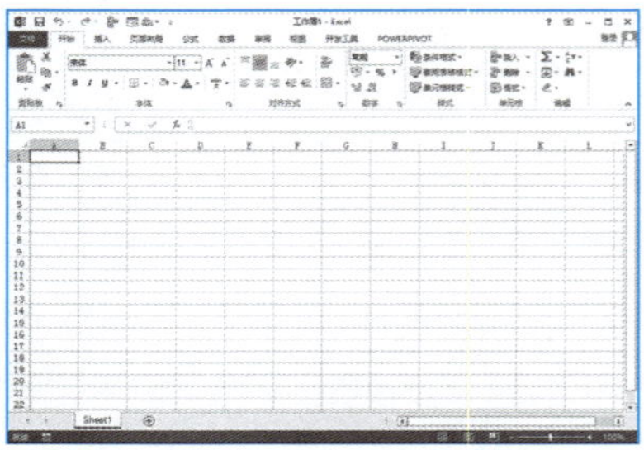

图1-3

步骤2：利用功能区按钮合并单元格

❶ 选中A1:D1单元格区域，单击“开始”选项卡，在“对齐方式”选项组单击“合并后居中”按钮，如图1-4所示。

❷ 选中B5:C5单元格，单击“开始”选项卡，在“对齐方式”选项组单击“合并后居中”按钮，如图1-5所示。

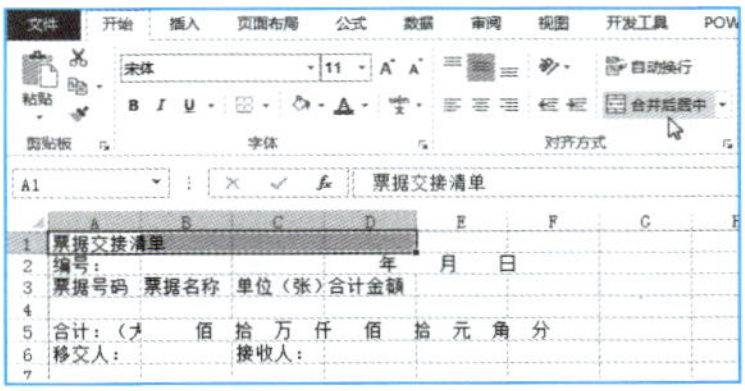

图1-4

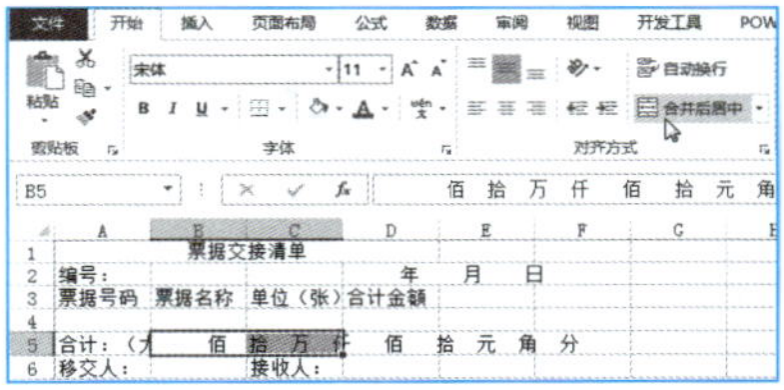

图1-5

步骤3：使用鼠标调整列宽

❶ 将鼠标光标置于要调整的列标签位置，当鼠标变为黑色的双向箭头时，向右拖动鼠标，增加列宽，此时会显示屏幕提示，显示当前列宽值，如图1-6所示。

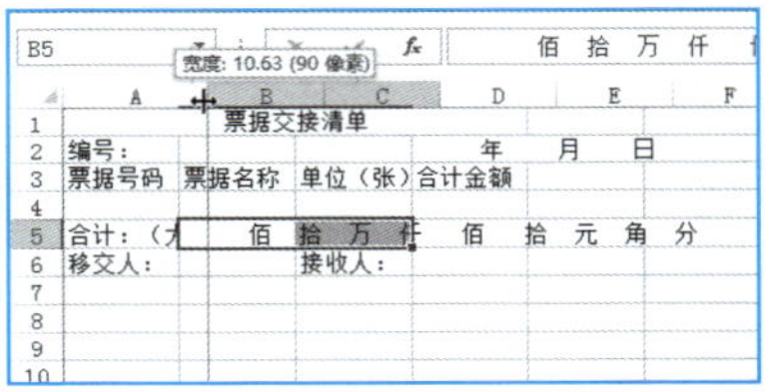

图1-6

步骤4：插入行

❶ 选中行号4选中该行，单击鼠标右键，在弹出的右键菜单中单击“插入”命令，如图1-7所示。

❷ 系统会自动在选定行下方插入一个空行，重复该操作，根据实际情况插入足够的空行，如图1-8所示。

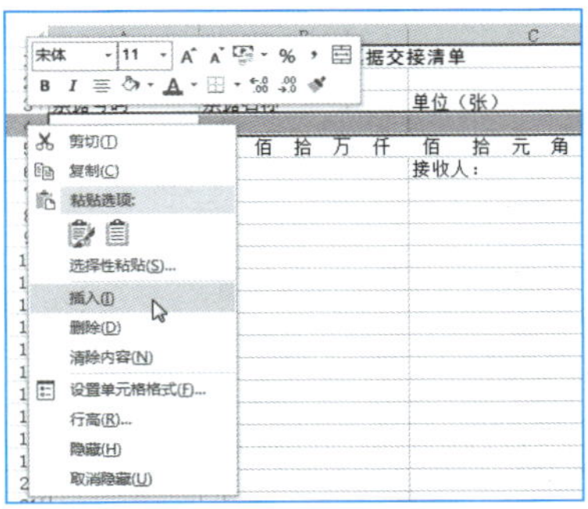

图1-7

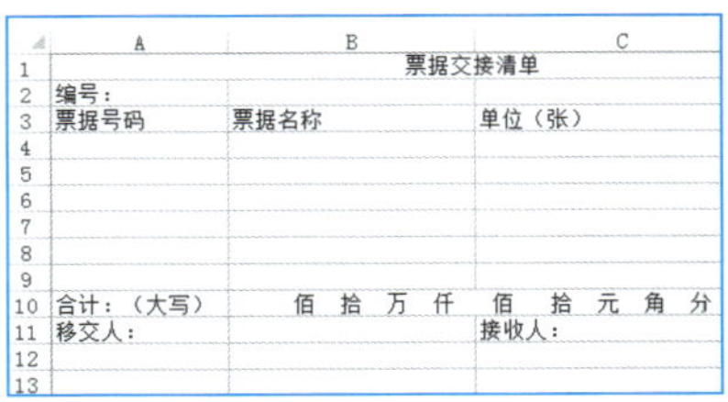

图1-8

步骤5：设置字体和对齐方式

❶ 选中标题行，单击“开始”选项卡，在“字体”选项组单击“字体格式”下拉按钮，在下拉列表中单击“黑体”，如图1-9所示。

❷ 单击“字号”下拉按钮，在其下拉列表中单击“24”，如图1-10所示。

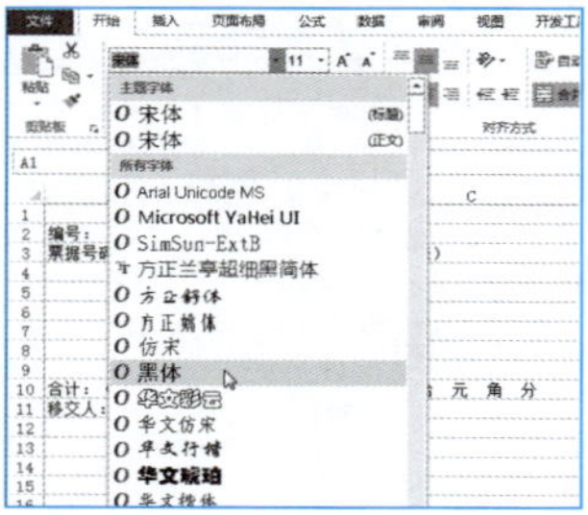

图1-9

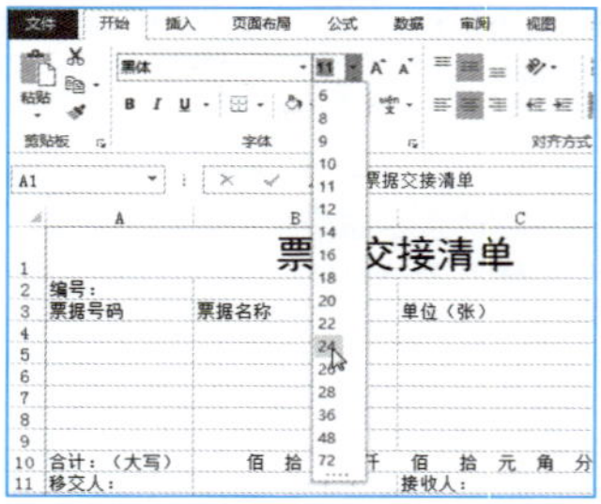

图1-10

❸ 选中A3:D10单元格区域，单击“开始”选项卡，在“字体”选项组单击“字号”下拉按钮，在其下拉列表中单击“12”，如图1-11所示。

❹ 在“对齐方式”选项组中单击“居中对齐”按钮，如图1-12所示。

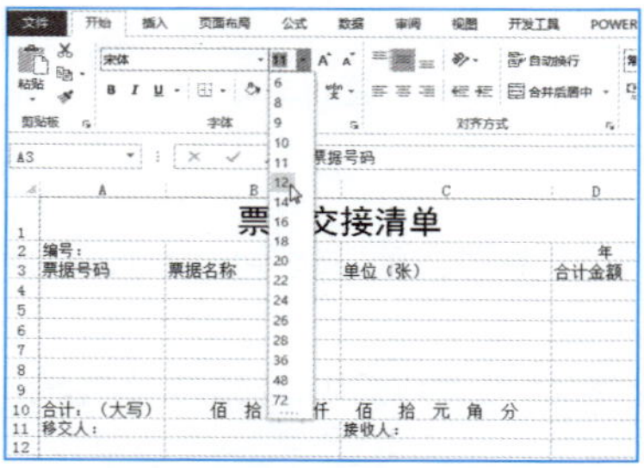

图1-11

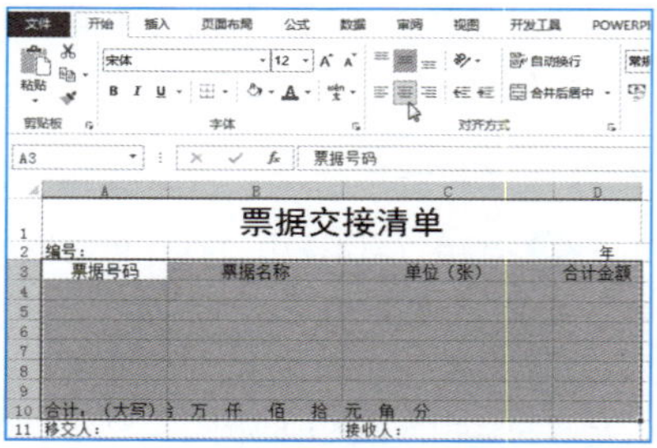

图1-12

步骤6：设置框线和行高

❶ 在“字体”选项组单击“边框”下拉按钮，在其下拉列表中单击“所有框线”，即可为票据交接清单添加框线，如图1-13所示。

❷ 选中A3:D10单元格区域，单击“开始”选项卡，在“单元格”选项组单击“格式”按钮，在其下拉列表中选择“行高”命令，如图1-14所示。

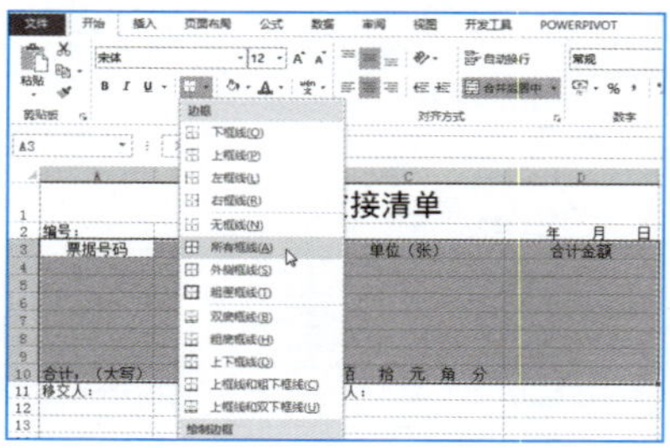

图1-13

③ 打开“行高”对话框，设置行高为“25”，单击“确定”按钮后，可以精确设置单元格的行高值，如图1-15所示。

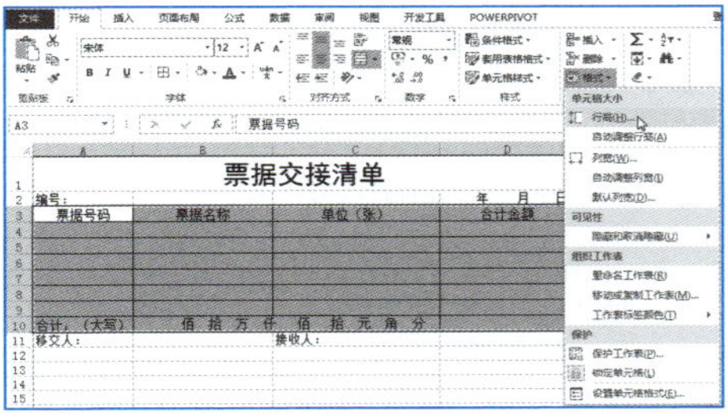

图1–14

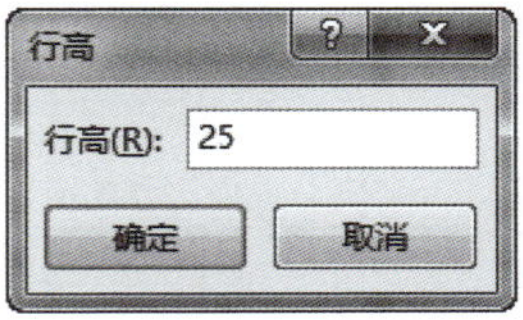

图1–15

④ 最后在表格下方输入提示文字内容，并设置该行提示字体为“宋体”、“10”号，进一步完善，最终效果如图1-16所示。

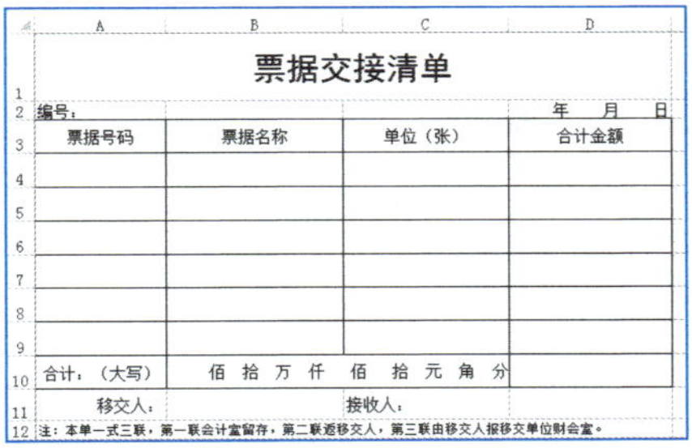

图1–16

文件2　差旅费用报销单

差旅费报销单是出差人员完成出差任务回来以后进行费用报销的一种单据，是员工出差任务的派出证明，可以记录员工出差的路线、时间、发生的费用等内容。

制作要点与设计效果图

- 设置字体、字号
- 设置边框
- 设置行高、列宽

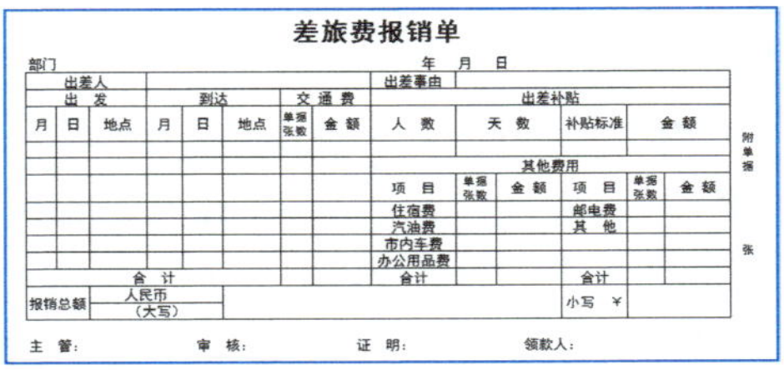

文件设计过程

步骤1：输入内容并合并单元格

❶ 新建Excel 2013工作表，重命名工作表为“差旅费报销单”，在该工作表中输入差旅费报销单表格的项目内容。

❷ 将需要合并的单元格选中进行区域合并，如图1-17所示。

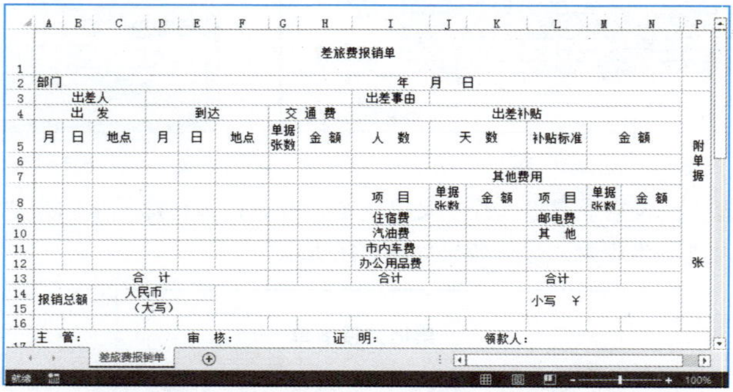

图1-17

❸ 设置表格标题字体为“黑体”、“22号”、“加粗”，选择A3:N15单元格区域，设置字体格式为“黑体”、“12号”，设置其余内容字体格式为“黑体”、“11号”，如图1-18所示。

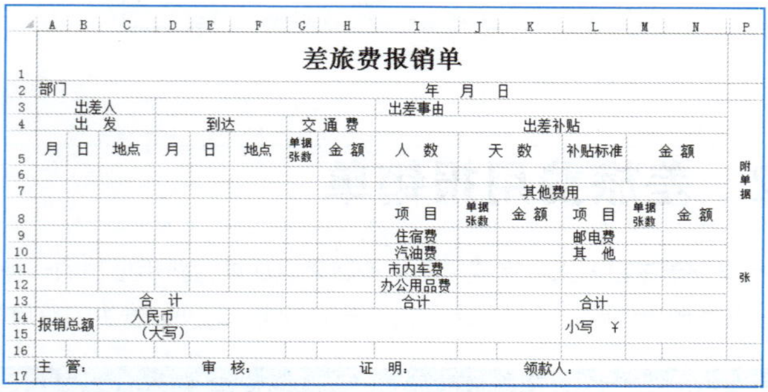

图1-18

步骤2：设置边框颜色和样式

❶ 选中A3:N15单元格区域，单击“开始”选项卡，在“字体”选项组单击“边框”下拉按钮，打开下拉菜单，鼠标指针指向“线条颜色”，在其子菜单中选择一种合适的线条颜色，如图1-19所示。

❷ 接着在“线型”下拉列表中选择一种合适的线型。

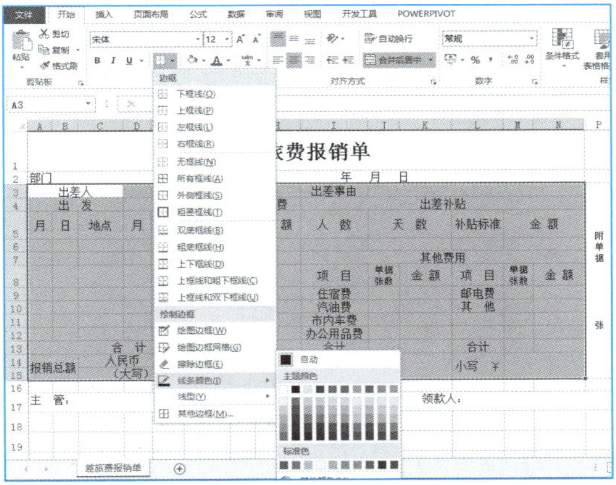

图1–19

3 再次单击“边框”下拉按钮，在其下拉列表中选择“所有框线”，如图1-20所示。

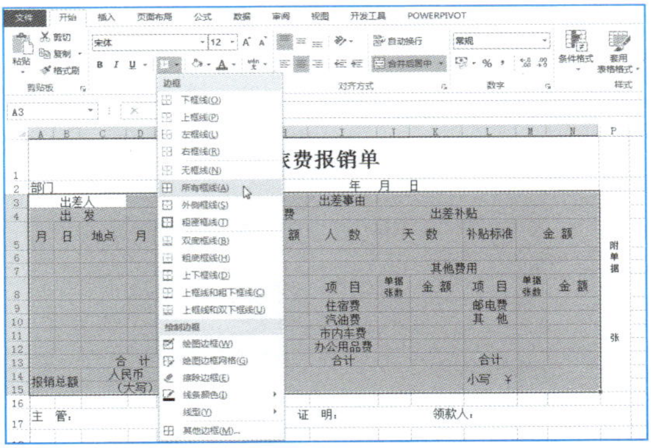

图1–20

4 返回工作表中，Excel 会为选定的单元格区域设置黑色的所有框线样式的边框，效果如图1-21所示。

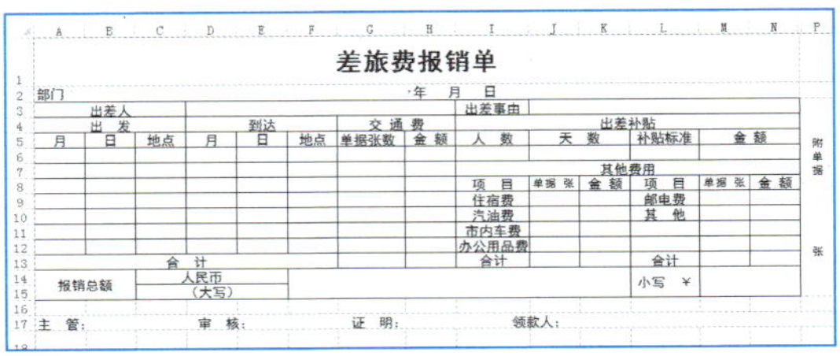

图1–21

步骤3：设置单元格行高列宽

❶ 再次选中A3:N15单元格区域，单击“开始”选项卡，在“单元格”选项组单击“格式”下拉按钮，在其下拉列表中单击“行高”命令（如图1-22所示），打开“行高”对话框。

❷ 在“行高”设置框中输入值“20”，单击“确定”按钮，如图1-23所示。

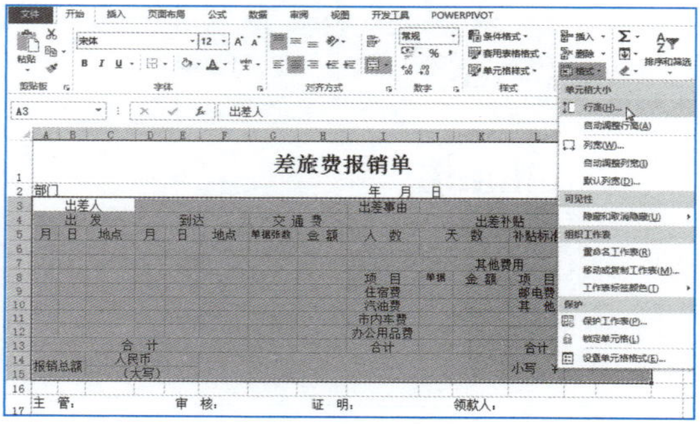

图1-22

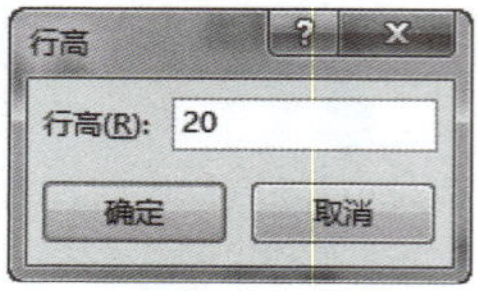

图1-23

❸ 接着在“格式”下拉菜单中选择“列宽”选项，如图1-24所示。

❹ 打开“列宽”对话框，在“列宽”文本框中输入值“8”，单击“确定”按钮，如图1-25所示。

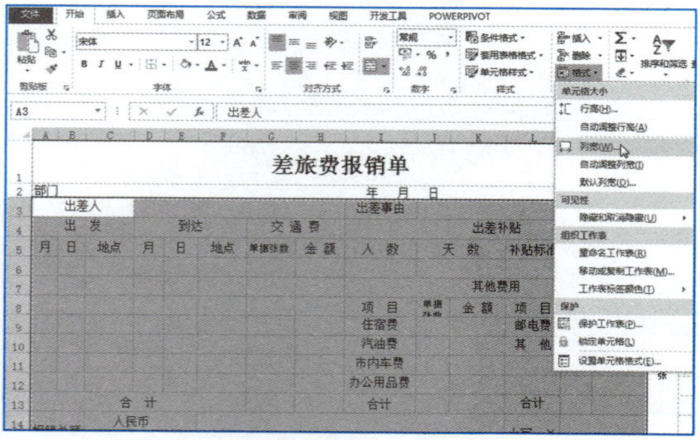

图1-24

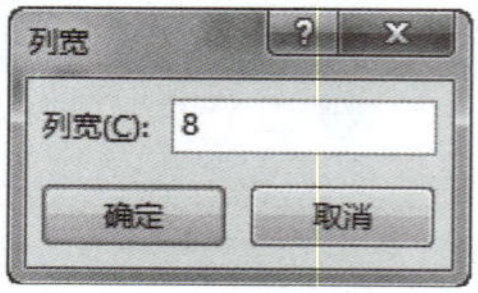

图1-25

步骤4：调整表格

对工作表中具体单元格使用手动调整的方法对行高和列宽进行微调，选择F14:K15单元格区域，在“对齐方式”选项组单击“左对齐”按钮，得到表格的最终效果，如图1-26所示。

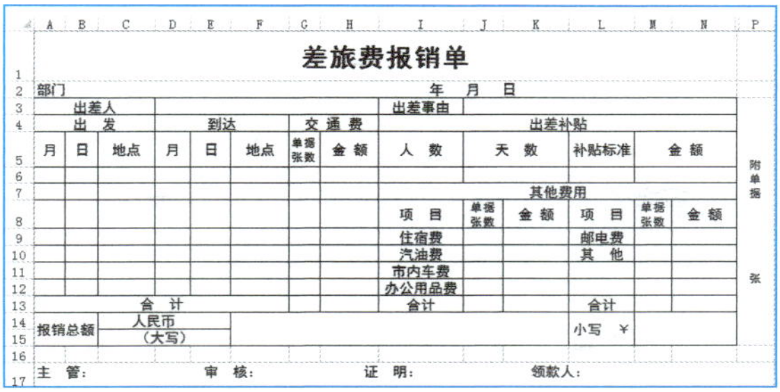

图1-26

文件3　支出证明单

在公司里，各个部门或各个部门的工作人员需要从财务室支取一定金额的现金以备开展工作时，需要使用支出证明单，向财务部门详细提供资金所用的项目、事由、金额等。

制作要点与设计效果图

- 设置下划线
- 自定义表格边框
- 精确调整行高
- 设置字体颜色

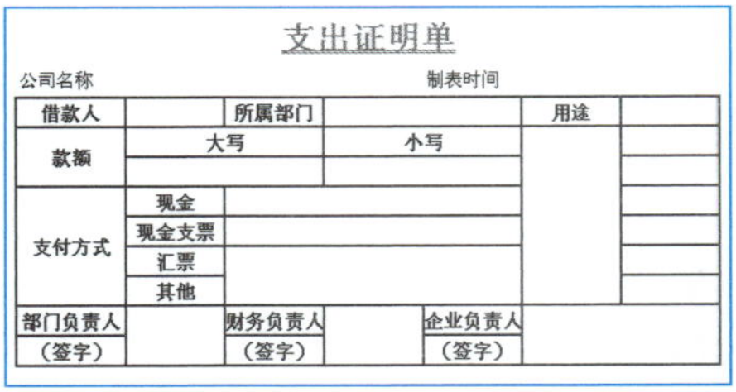

文件设计过程

步骤1：输入内容并合并单元格

❶ 新建Excel 2013工作表，重命名工作表为“支出证明单”。

❷ 在工作表中输入支出证明单的内容，并合并需要合并的单元格，如图1-27所示。

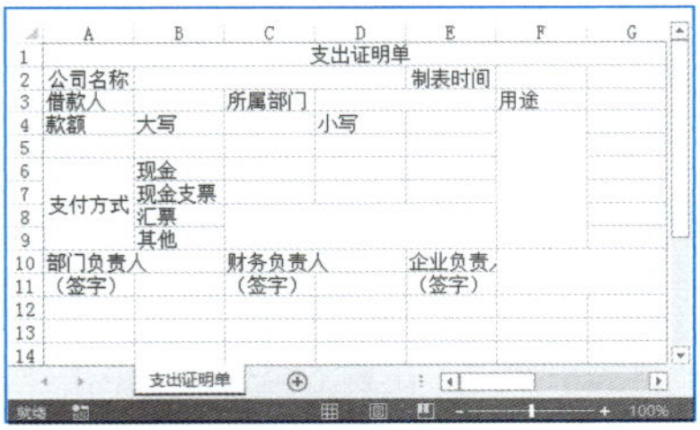

图1-27

步骤2：设置字体颜色和格式

❶ 选中A3：G11单元格区域，单击“开始”选项卡，在“字体”选项组中设置字体为“黑体”、“12号”、“加粗”，如图1-28所示。

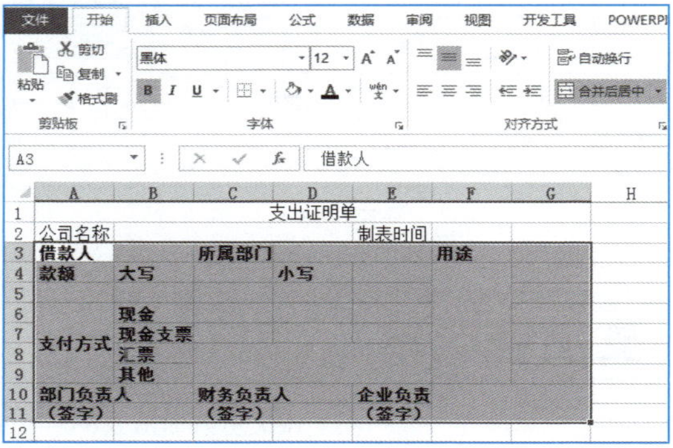

图1–28

❷ 选中标题行，单击“开始”选项卡，在“字体”选项组单击按钮，打开“设置单元格格式”对话框。设置字体为“黑体”、“加粗”、“22号”字，在“下划线”下拉列表中选择“双下划线”，接着在“颜色”下拉列表中设置颜色为“红色”，如图1-29所示。

❸ 单击“确定”按钮，即可为表格标题设置字体格式，设置后效果如图1-30所示。

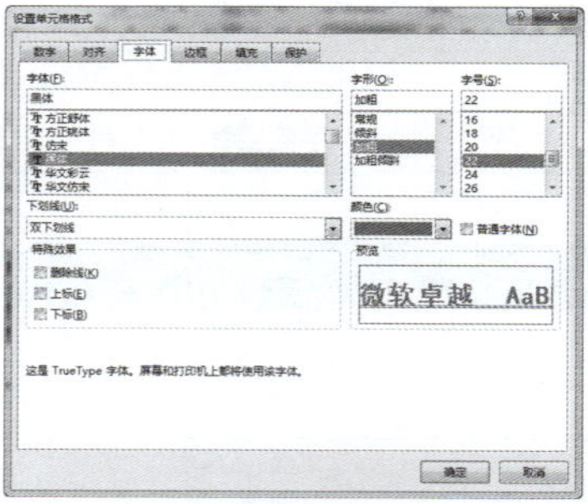

图1–29

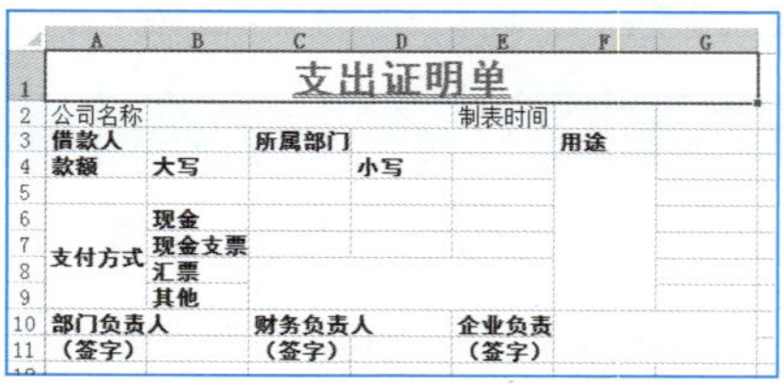

图1–30

步骤2：设置行高列宽和边框

❶ 选中A3:G11单元格区域，单击“开始”选项卡，在“单元格”选项组单击“格式”按钮，在其下拉列表中单击“行高”命令。

❷ 打开“行高”对话框，在设置框中输入“20”，如图1-31所示。

3 按相同的方法在“格式”下拉列表中单击“列宽”命令。打开“列宽”对话框中，设置列宽为“10”，如图1-32所示。

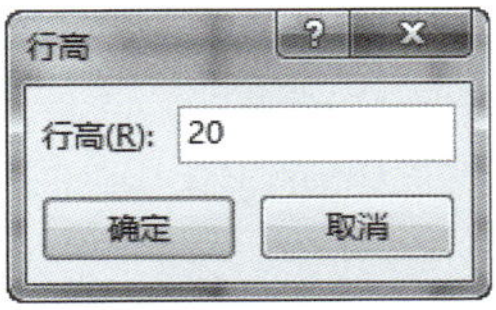

图1–31

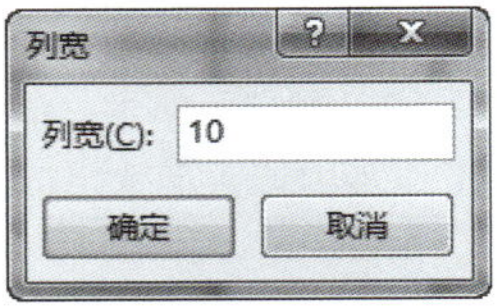

图1–32

4 选中A1:G10单元格区域，打开“设置单元格格式”对话框，设置表格的边框样式，如图1-33所示。

5 设置完成后，单击“确定”按钮，即可对表格的边框进行设置，完成支出证明单的制作，效果如图1-34所示。

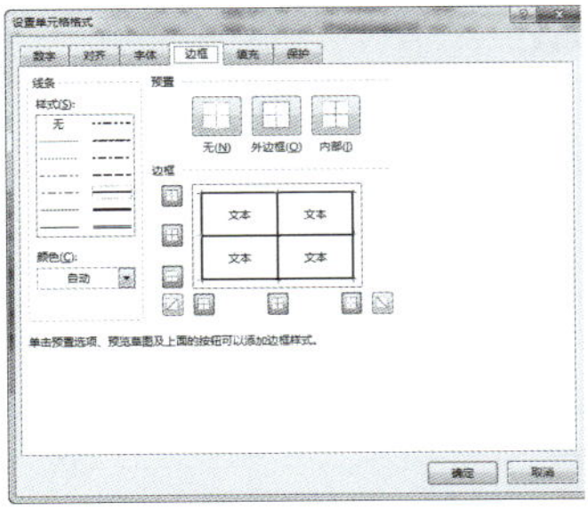

图1–33

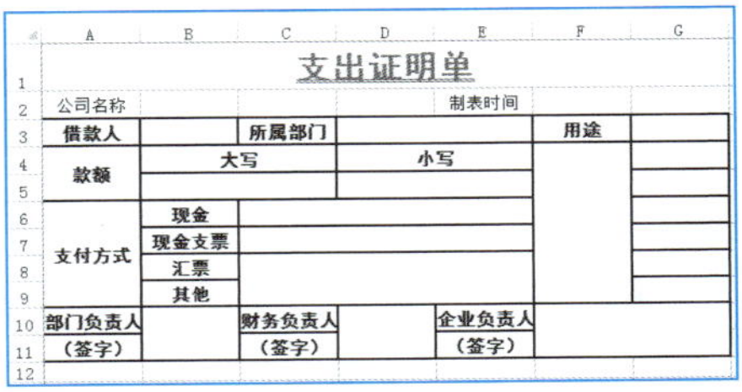

	A	B	C	D	E	F	G
1	支出证明单						
2	公司名称				制表时间		
3	借款人		所属部门			用途	
4	款额	大写		小写			
5							
6	支付方式	现金					
7		现金支票					
8		汇票					
9		其他					
10	部门负责人		财务负责人		企业负责人		
11	（签字）		（签字）		（签字）		
12							

图1–34

文件4 请款单

请款单是常用于企业内部或企业之间借支或回收账款的一种单据，通常应包括：项目、验收日期、客户名称、付款摘要、金额、付款条件、凭证号、备注等项目。

制作要点与设计效果图

- 使用序列填充相同内容
- 使用记忆输入功能
- 快速设置会计专用数字格式

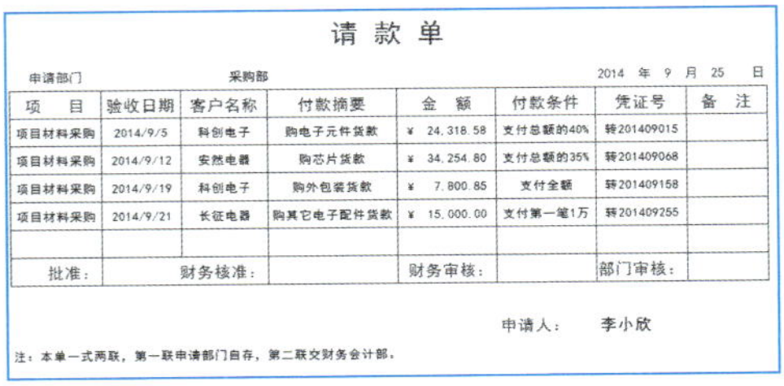

请 款 单

申请部门　　采购部　　2014 年 9 月 25 日

项　目	验收日期	客户名称	付款摘要	金　额	付款条件	凭证号	备　注
项目材料采购	2014/9/5	科创电子	购电子元件货款	¥ 24,318.58	支付总额的40%	转201409015	
项目材料采购	2014/9/12	安然电器	购芯片货款	¥ 34,254.80	支付总额的35%	转201409068	
项目材料采购	2014/9/19	科创电子	购外包装货款	¥ 7,800.85	支付全额	转201409158	
项目材料采购	2014/9/21	长征电器	购其它电子配件货款	¥ 15,000.00	支付第一笔1万	转201409255	
批准：		财务核准：		财务审核：		部门审核：	

申请人：　李小欣

注：本单一式两联，第一联申请部门自存，第二联交财务会计部。

文件设计过程

步骤1：创建表格

❶ 新建Excel 2013工作表，重命名工作表为“请款单”。

❷ 在工作表中输入请款单项目，然后设置表格的字体、边框等格式，如图1-35所示。

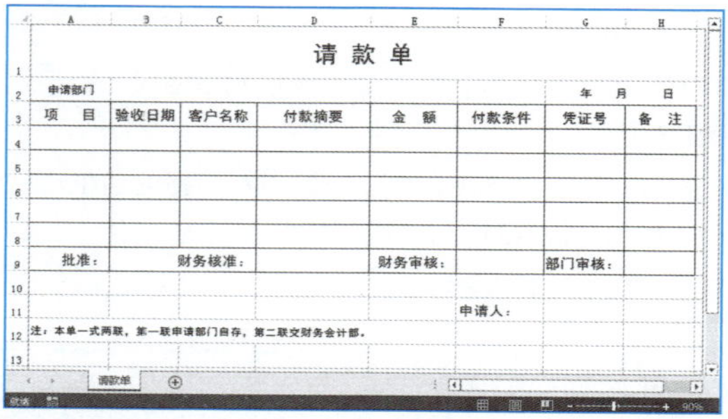

图1-35

步骤2：使用序列填充输入相同的内容

❶ 在A5单元格中输入“项目材料采购”，选中A5单元格，将光标放置单元格右下角，如图1-36所示。

❷ 当光标变为黑色十字形状时向下拖动至A8单元格，系统会自动填充相同的内容，如图1-37所示。

图1-36

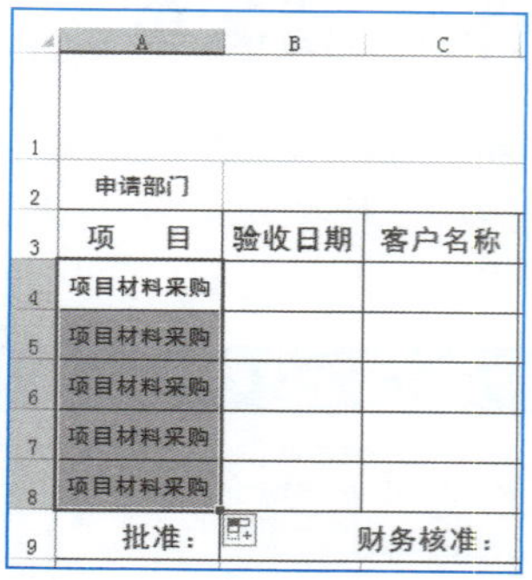

图1-37

步骤3：输入数据

❶ 在输入客户名称时，该列中已经存在“科创电子”，当试图再次输入

时，输入“科”后，系统会自动输入后面的内容，按回车键确认，如果想输入的是其他文字，直接输入即可，如图1-38所示。

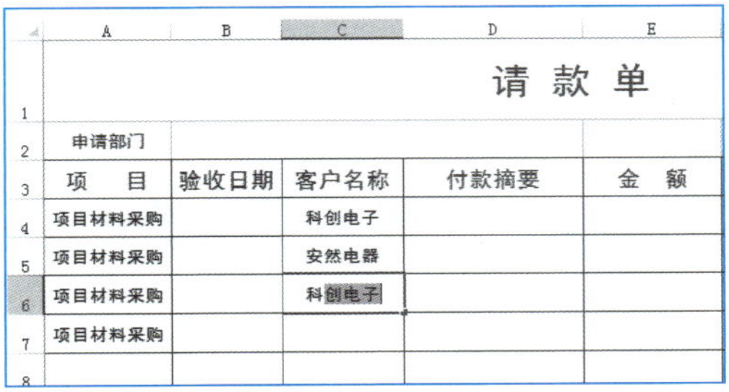

图1–38

2 选中E5:E8单元格区域，单击“开始”选项卡，在“数字”选项组单击“会计数字格式”下拉按钮，在下拉列表中单击“¥中文（中国）”命令，如图1-39所示。

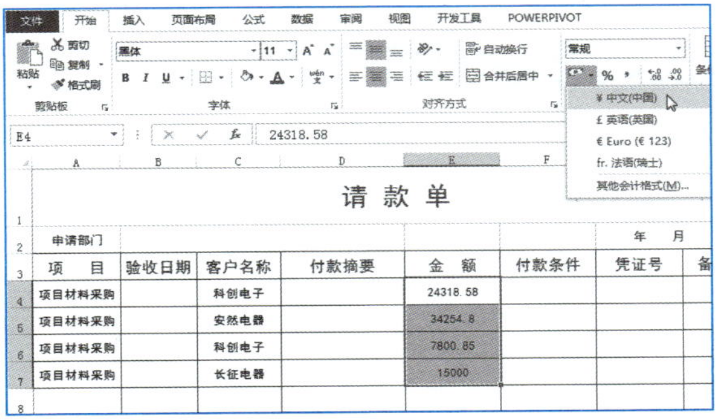

图1–39

3 设置了专用的会计数据格式后，系统会自动为数据补齐两位小数，并添加¥符号，接着在表格中根据实际情况输入请款单信息，如图1-40所示。

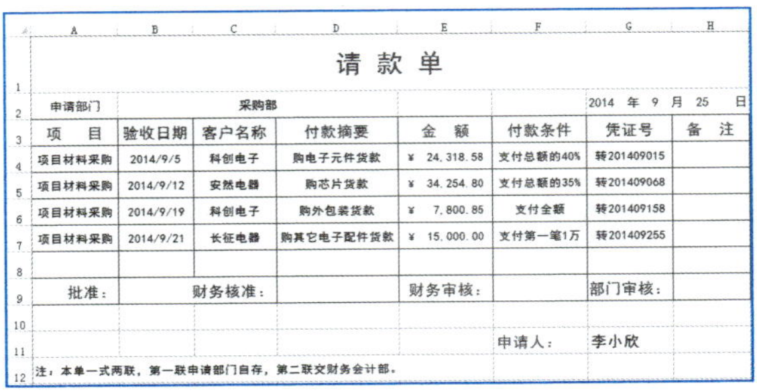

图1–40

文件5　缴款单

缴款单是常用于企业内部或企业之间借支或回收账款的一种单据，通常应包括：申请部门、日期、项目、客户名称、付款摘要、金额、付款条件、凭证号、备注、财务审核等等项目。

制作要点与设计效果图

- 设置单元格底纹填充
- 输入公式
- SUM函数（参考函数3、7、16）
- LEFT函数（参考函数5）
- MID函数（参考函数2）

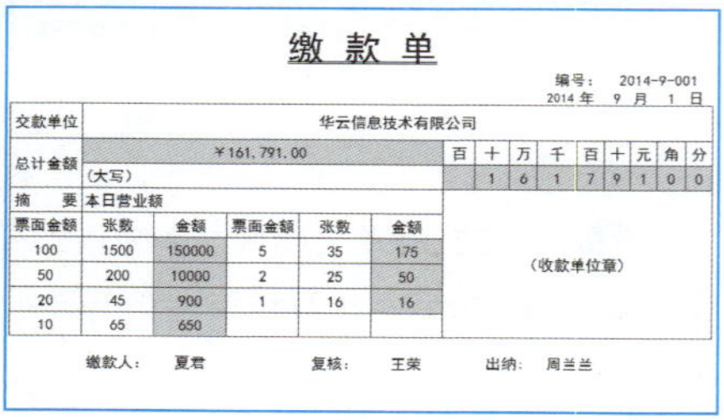

文件设计过程

步骤1：创建工作表

❶ 在工作簿插入新工作表，将工作表标签更改为“缴款单”，接着在表格中输入缴款单表格项目，然后分别设置标题和表格项目的字体格式，如图1-41所示。

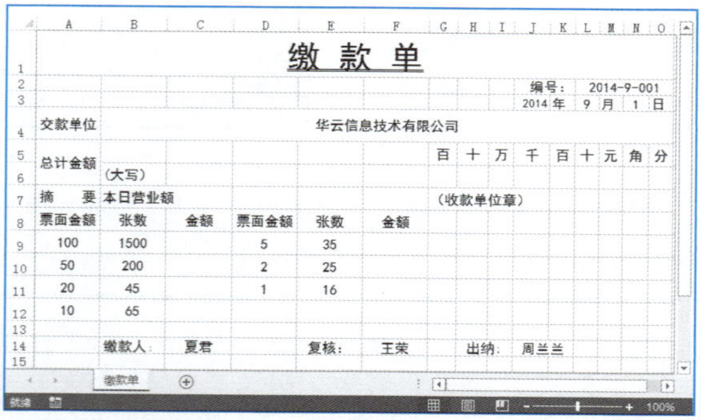

图1-41

❷ 选中B5:F7单元格区域，单击“开始”选项卡，在“对齐方式”选项组单击“合并后居中”下拉按钮，在其下拉列表中单击“跨越合并”命令，如图1-42所示。

❸ 选中G7:O12单元格区域，单击“开始”选项卡，在“对齐方式”选项组单击“合并后居中”按钮，如图1-43所示。

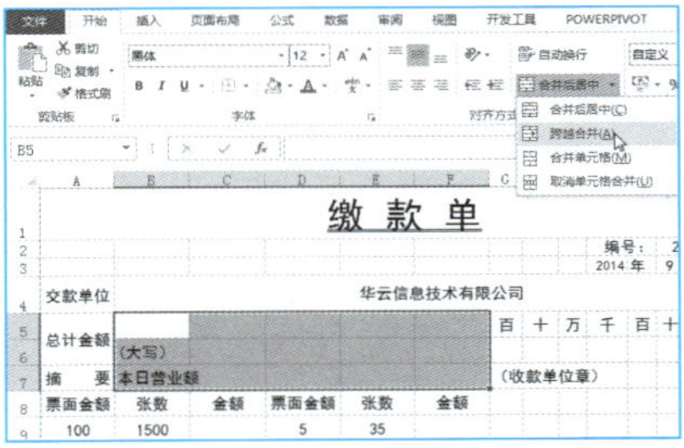

图1-42

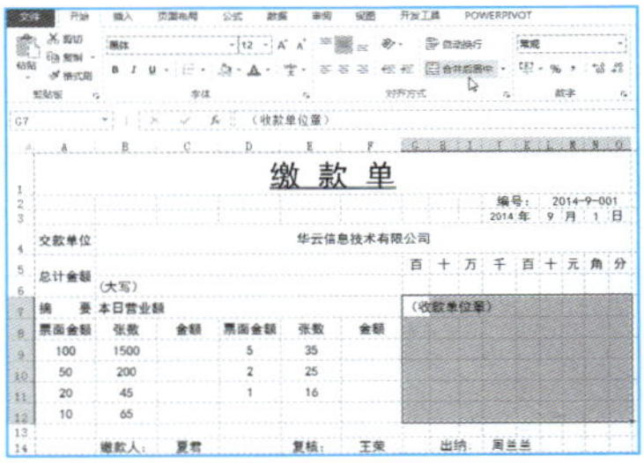

图1-43

4 选中A4:O12单元格区域，为单元格区域设置“所有框线”格式，效果如图1-44所示。

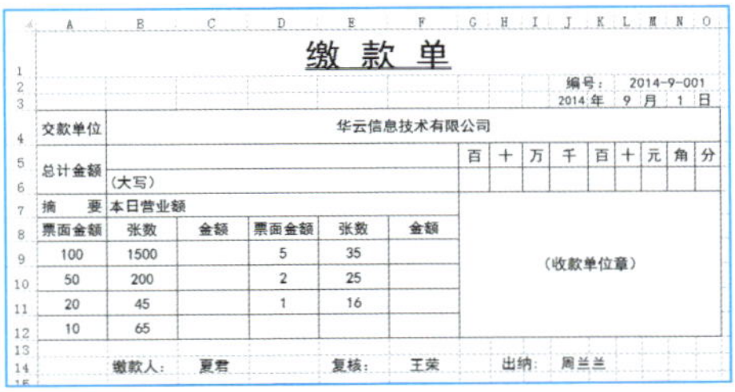

图1-44

5 选中B6合并单元格，单击“开始”选项卡，在“对齐方式”选项组单击“合并后居中”即可取消单元格合并，如图1-45所示。

6 选中要设置公式的单元格和单元格区域，单击“开始”选项卡，在“字体”选项组单击“颜色填充”下拉按钮，在其下拉列表中选择适合的填充的颜色，如图1-46所示。

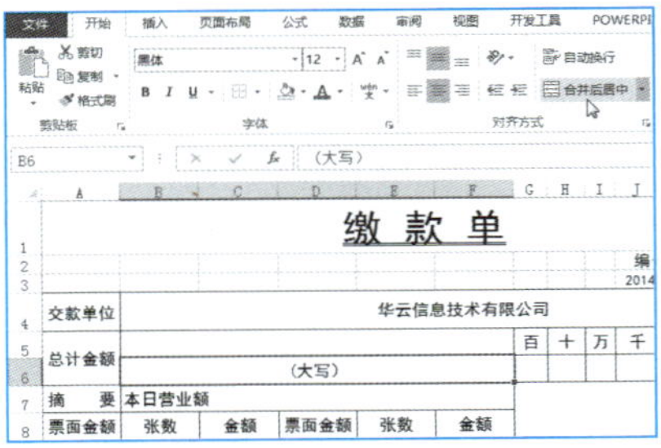

图1-45

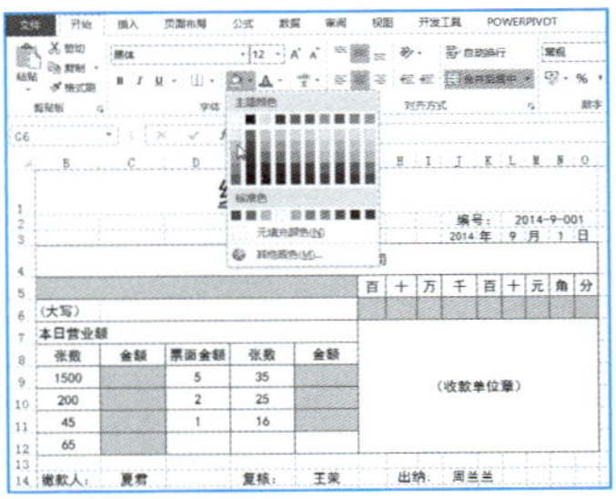

图1-46

步骤2：设置公式计算数据

1 选中C9单元格，在公式编辑栏输入公式：“=A9*B9”，按回车键后向

第1章 第2章 第3章 第4章 第5章

下复制公式到C12单元格，计算不同票面的总金额，如图1-47所示。

2 选中F9单元格，在公式编辑栏输入公式："=D9*E9"，按回车键后向下复制公式到F11单元格，计算不同票面的总金额，如图1-48所示。

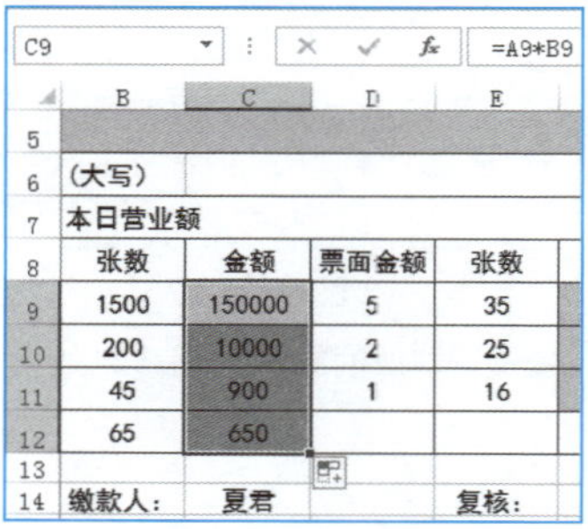

图1-47

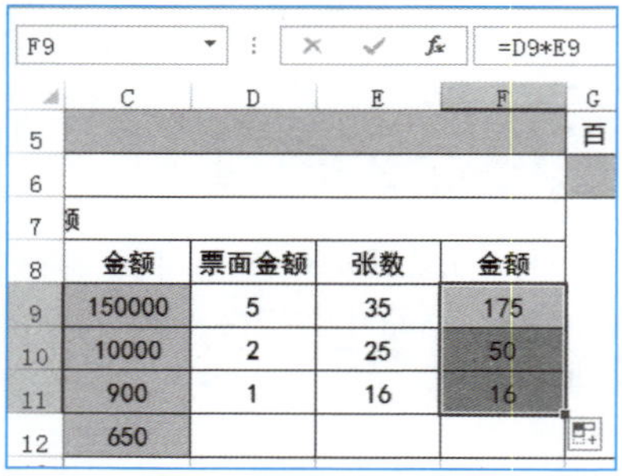

图1-48

3 选中B5单元格，在公式编辑栏输入公式："=SUM(C9:C12,F9:F11)"，按回车键，即可计算交款金额合计数，如图1-49所示。

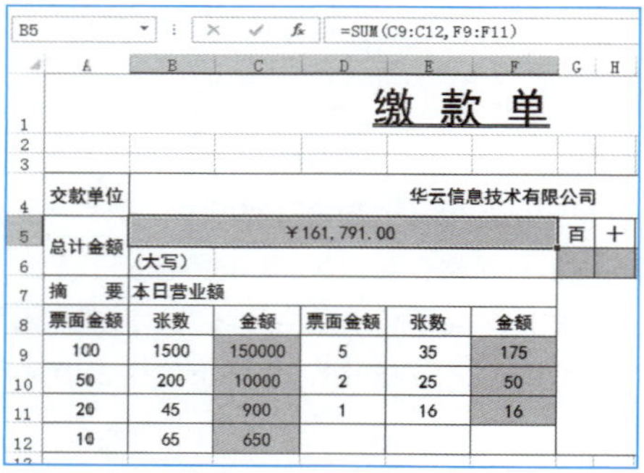

图1-49

4 在G6单元格中输入公式："=IF(LEN($B$5)<6,"",LEFT($B$5,1))"，按回车键计算十万位数字，如图1-50所示。

5 在H6单元格中输入公式："=IF(LEN($B$5)<7,"",LEFT($B$5,1))"，按回车键计算百万位数字，如图1-51所示。

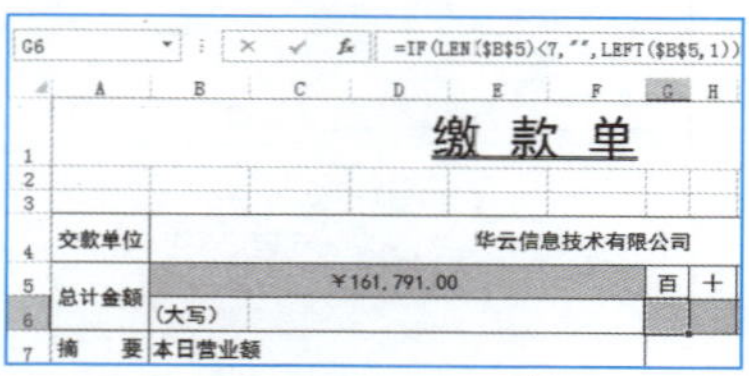

图1-50

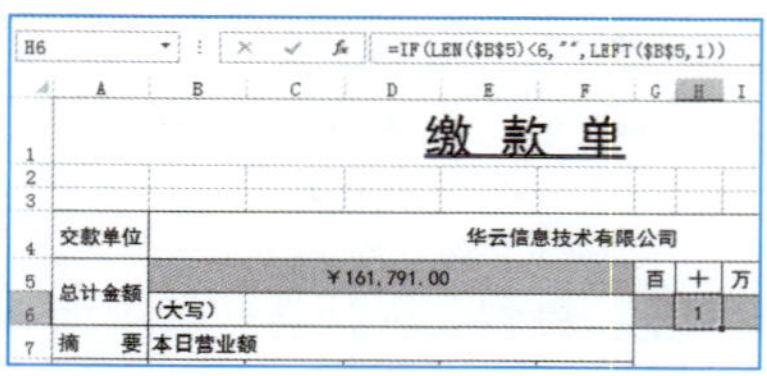

图1-51

6 选中I6单元格，在公式编辑栏中输入公式：“=IF(LEN($B$5)<5,"",MID($B$5,2,1))”，按回车键计算万位数字，如图1-52所示。

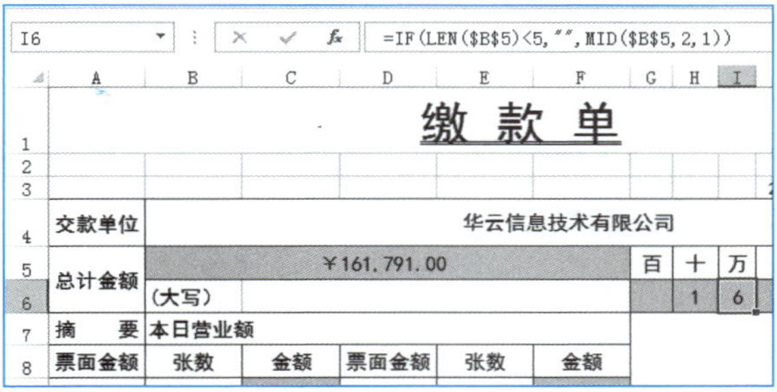

图1-52

7 按类似的方法分别设置“千”、“百”、“十”、“元”、“角”、“分”数字，完成对缴款单数据的计算，如图1-53所示。

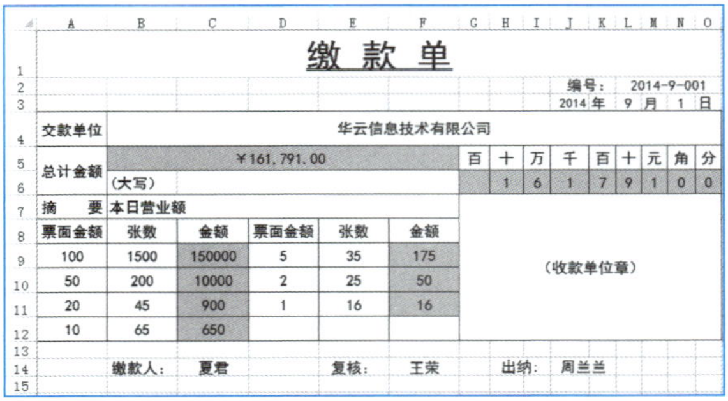

缴 款 单

编号：2014-9-001
2014年 9月 1日

交款单位	华云信息技术有限公司					
总计金额	￥161,791.00					百 十 万 千 百 十 元 角 分
	(大写)					1 6 1 7 9 1 0 0
摘　　要	本日营业额					
票面金额	张数	金额	票面金额	张数	金额	(收款单位章)
100	1500	150000	5	35	175	
50	200	10000	2	25	50	
20	45	900	1	16	16	
10	65	650				

缴款人：夏君　复核：王荣　出纳：周兰兰

图1-53

公式分析：

公式“=IF(LEN($B$5)<6,"",LEFT($B$5,1))”“=IF(LEN($B$5)<7,"",LEFT($B$5,1))”“=IF(LEN($B$5)<5,"",MID($B$5 ,2,1)”

1. LEFT函数的功能是基于指定的字符数返回文本字符串中从左边开始的第一个或前几个字符。MID函数是从字符串的中间位置开始，返回一个或几个字符，开始位置由指定的函数参数指定。

2. “LEN($B$5)<5”表示B5单元格字符数小于5位。

3. “MID($B$5”表示从D5单元格字符串中的第二个字符开始，返回第一个字符。

4. “=IF(LEN($B$5)<5,"",MID($B$5 ,2,1)”表示如果B5单元格字符串数小于5，则返回空白，反之，执行“MID($B$5 ,2,1)”，即从B5单元格字符串中的第二个字符串开始，返回字符串的第一个字符。

文件6　银行借款登记卡

银行借款登记卡应反映银行名称、银行账号、每一笔借款（或还款）发生的日期、借款原由、抵押品、借款金额、还款金额和未偿还金额等内容。

制作要点与设计效果图

- 输入文本型数值
- 输入公式

银行借款登记卡

银行名称			中国工商银行——合肥明珠广场支行				
银行账号			6222304800055462				
日期			借款原由	抵押品	借款金额	还款金额	未偿还金额
年	月	日					
2014	1	1	购买轿车	仓库	350000		350000
2014	3	1	归还借款			280000	70000
2014	5	15	修建宿舍	办公楼	500000		570000
2014	7	10	归还借款			300000	270000
2014	9	5	归还借款			100000	170000

文件设计过程

步骤1：输入文本型数值

❶ 新建Excel 2013工作表，重命名工作表为“银行借款登记卡”。

❷ 在工作表中输入银行借款登记卡项目，然后设置表格的字体、边框等格式，如图1-54所示。

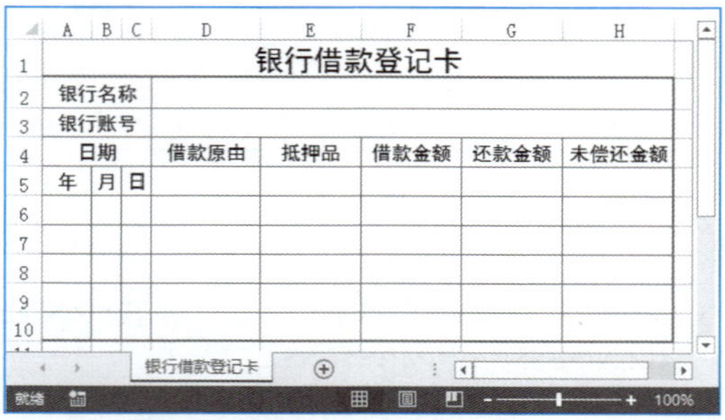

	A	B	C	D	E	F	G	H
1	银行借款登记卡							
2	银行名称							
3	银行账号							
4	日期			借款原由	抵押品	借款金额	还款金额	未偿还金额
5	年	月	日					
6								
7								
8								
9								
10								

图1-54

❸ 在表格中输入银行的信息以及企业向银行借款和还款的金额，此时用户会发现D3单元格中以科学计算法显示银行账号，这是因为系统默认将数值保存为数字格式，如图1-55所示。

❹ 为了准确地显示“银行账号”，用户可以输入文本型数值，在D3单元格中输入英文状态下的单引号（’），然后再输入银行账号，按回车键完成输入，此时单元格中将准确地显示所有的数字，此时该单元格的左侧会显示一个绿色的小三角，如图1-56所示。

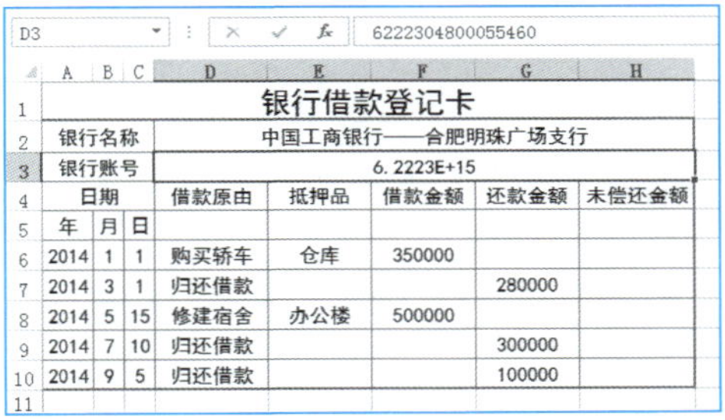

D3 6222304800055460

银行借款登记卡							
银行名称			中国工商银行——合肥明珠广场支行				
银行账号			6.2223E+15				
日期			借款原由	抵押品	借款金额	还款金额	未偿还金额
年	月	日					
2014	1	1	购买轿车	仓库	350000		
2014	3	1	归还借款			280000	
2014	5	15	修建宿舍	办公楼	500000		
2014	7	10	归还借款			300000	
2014	9	5	归还借款			100000	

图1-55

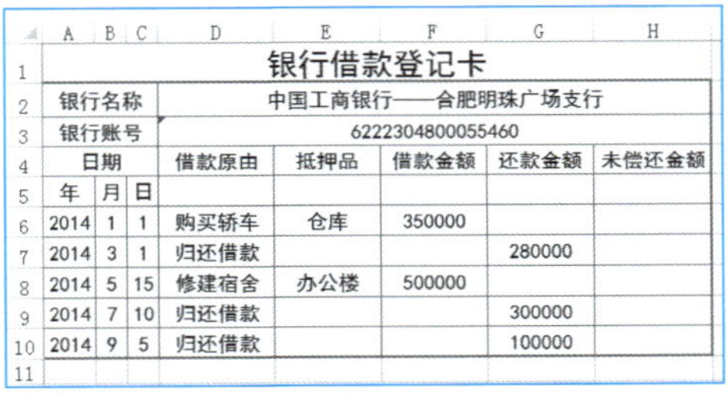

银行借款登记卡							
银行名称			中国工商银行——合肥明珠广场支行				
银行账号			6222304800055460				
日期			借款原由	抵押品	借款金额	还款金额	未偿还金额
年	月	日					
2014	1	1	购买轿车	仓库	350000		
2014	3	1	归还借款			280000	
2014	5	15	修建宿舍	办公楼	500000		
2014	7	10	归还借款			300000	
2014	9	5	归还借款			100000	

图1-56

5 选中D3单元格，此时该单元格左侧显示“错误选项” 按钮，单击该按钮，在弹出的下拉菜单中单击“忽略错误”命令（如图1-57所示），即可隐藏绿色的小三角符号，如图1-58所示。

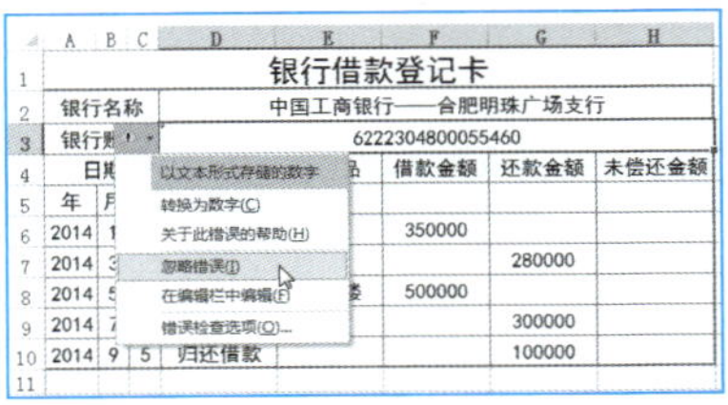

图1-57

银行借款登记卡							
银行名称			中国工商银行——合肥明珠广场支行				
银行账号			6222304800055460				
日期			借款原由	抵押品	借款金额	还款金额	未偿还金额
年	月	日					
2014	1	1	购买轿车	仓库	350000		
2014	3	1	归还借款			280000	
2014	5	15	修建宿舍	办公楼	500000		
2014	7	10	归还借款			300000	
2014	9	5	归还借款			100000	

图1-58

步骤2：设置公式计算未偿还金额

1 选中H6单元格，在公式编辑栏输入公式：“=F6-G6”，按回车键，即可计算出期初未偿还金额，如图1-59所示。

2 选中H7单元格，在公式编辑栏输入公式：“=H6+F7-G7”，按回车键，计算出累计未偿还金额，如图1-60所示。选中H7单元格，将光标放置单元格右下角，当光标变为黑色十字形状时向下拖动至H10单元格，释放鼠标即可将H7单元格公式填充到其他单元格中，如图1-61所示。

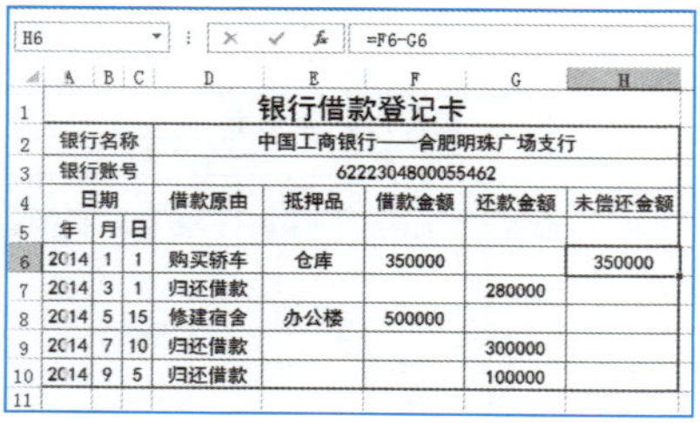

H6 =F6-G6

银行借款登记卡							
银行名称			中国工商银行——合肥明珠广场支行				
银行账号			6222304800055462				
日期			借款原由	抵押品	借款金额	还款金额	未偿还金额
年	月	日					
2014	1	1	购买轿车	仓库	350000		350000
2014	3	1	归还借款			280000	
2014	5	15	修建宿舍	办公楼	500000		
2014	7	10	归还借款			300000	
2014	9	5	归还借款			100000	

图1-59

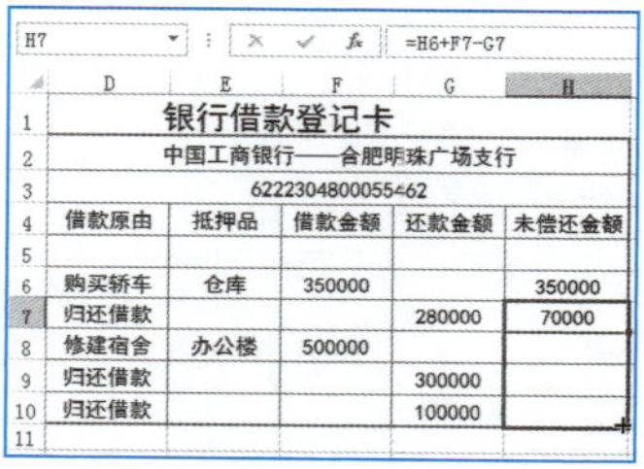

H7 =H6+F7-G7

银行借款登记卡				
中国工商银行——合肥明珠广场支行				
6222304800055462				
借款原由	抵押品	借款金额	还款金额	未偿还金额
购买轿车	仓库	350000		350000
归还借款			280000	70000
修建宿舍	办公楼	500000		
归还借款			300000	
归还借款			100000	

图1-60

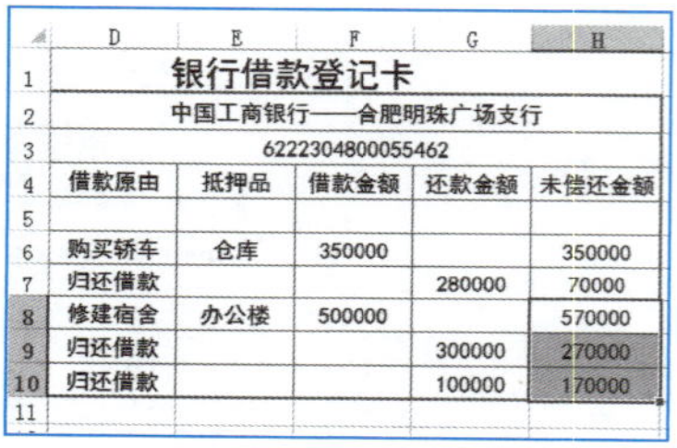

银行借款登记卡				
中国工商银行——合肥明珠广场支行				
6222304800055462				
借款原由	抵押品	借款金额	还款金额	未偿还金额
购买轿车	仓库	350000		350000
归还借款			280000	70000
修建宿舍	办公楼	500000		570000
归还借款			300000	270000
归还借款			100000	170000

图1-61

文件7 比价单

企业在购买生产材料和办公物品时，需要对多家供应商进行对比。货比三家，是企业在建立供应关系时通常要考虑的问题。通过对不同供货商的价格进行比较，企业可以选择性价比更高的供货商。财务保留比价单，可以掌握供货价格情况。

制作要点与设计效果图

- 合并单元格（参考文件1）
- 自定义单元格边框（参考文件3）
- 设置单元格填充（参考文件5）

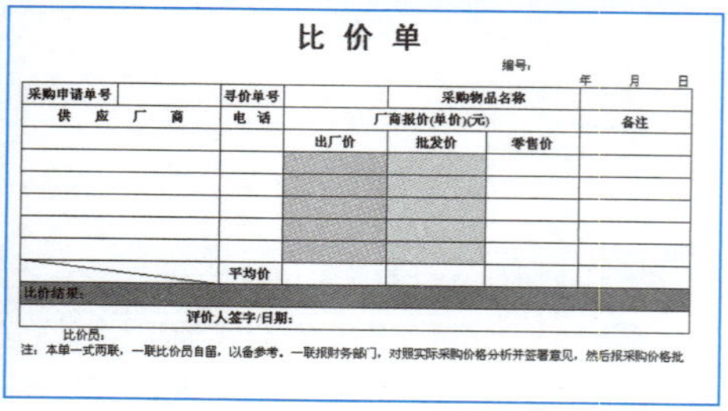

比 价 单

编号：

年 月 日

采购申请单号	寻价单号	采购物品名称			
供 应 厂 商	电 话	厂商报价(单价)(元)			备注
		出厂价	批发价	零售价	
	平均价				
比价结果：					
评价人签字/日期：					

比价员：

注：本单一式两联，一联比价员自留，以备参考，一联报财务部门，对照实际采购价格分析并签署意见，然后报采购价格批

文件8 部门借款单

当公司内部员工因公或因私需要向财务部门借支一定金额的现金时，财务

部门需要借款人填写借款单。借款单通常包括借款部门、借款人、事由、借款金额、还款方式、批准人、审核人等。

制作要点与设计效果图

- 设置单元格格式填充（参考文件5）
- 设置表格边框（参考文件1、2、3）

部门借款单

2014　年 9　月　1 日

借款部门	行政部		借款人	肖杰	使用部门		行政部
款项类别	现金		支票		支票号码		
借款用途（理由）	购买办公用品						
借款金额	（大写）　壹万元整				¥10,000.00		
还款方式	办公用品购买清单						
批准人	周立	财务核准		财务审核		部门审核	
附件（张）		备　注		用于购买办公桌椅			

注：本单由会计室使用并管理。

文件9　转账凭单

在企业中，当需要使用转账的方式向客户支付款项时，为了加强企业的管理，在填写转账支票之前，需要由财务部门对该项业务进行审核，确认后加盖财务公章，然后再由相关人员填写转账支票。

制作要点与设计效果图

- 设置双下划线（参考文件3）
- 设置单元格边框（参考文件1、2、3）
- 设置单元格填充（参考文件5）

转账凭单

编号：　2014-09001
2014　年　9 月　8 日

对方单位	宏图三胞联想专卖店									
转账金额	¥286,500.50	百	十	万	千	百	十	元	角	分
	（大写）　贰捌万陆仟伍佰零伍角		2	8	6	5	0	0	5	0
开户银行	中国工商银行清溪路支行	（付款单位章）								
账　　号	6222 3048 0083 9562									
转账支票号	转2012ABED00011									
到期日期	2014/9/8									
摘　　要	支付电脑货款									
备　　注										

缴款人：　韩明　　　复核：　　　出纳：

文件10　应收票据冲转明细表

应收票据是指企业持有的、尚未到期兑现的商业票据。可以在Excel中创建应收票据冲转明细表。

制作要点与设计效果图

- 设置单元格边框（参考文件1、2、3）

- 设置单元格填充（参考文件5）

应收票据冲转明细表

填写日期：

银行名称	帐号	票据号码	冲销日期	销货单号	货物名称	客户名称	金额	备注

合计：

文件11　支票使用登记簿

支票使用登记簿通常由支票领用部门填写，财务部门对使用的支票按号登记、定期核对、及时注销。支票使用登记簿通常应包括领用日期、支票号码、领用人、用途、收款单位、金额等。

制作要点与设计效果图

- 设置字体颜色（参考文件1）
- 为单元格设置填充（参考文件5）
- 设置单元格边框（参考文件1、2、3）

支票使用登记簿

	年	支票号码	银行名称	支票金额	用途	到期日	开具人	使用人	备注
月	日								

Excel

第2章

会计财务处理表格

会计账簿是用来记录企业经营活动发生的情况，任何企业都必须按照国家规定建立账簿。通常，账务处理有5种形式：记账凭证核算形式、科目汇总表核算形式、汇总记账凭证核算形式、日记总账核算形式和多栏式日记账核算形式。不同的账务处理流程的差别主要体现在登记总账的方法和依据不同。

无论企业采取哪一种账务处理流程做账，总是离不开各种各样的会计账务处理表格，常见的会计账务表格主要有：会计科目表、通用记账凭证、现金日记账、银行存款日记账、科目汇总表、总分类账、账簿启用表等。

编号	文件名称	对应的数据源	重要星级
文件12	会计科目表	第2章\文件12 会计科目表.xlsx	★★★★★
文件13	通用记账凭证	第2章\文件13 通用记账凭证.xlsx	★★★★★
文件14	现金日记账	第2章\文件14 现金日记账.xlsx	★★★★★
文件15	银行存款日记账	第2章\文件15 银行存款日记账.xlsx	★★★★
文件16	科目汇总表	第2章\文件16 科目汇总表.xlsx	★★★★
文件17	记账凭证清单	第2章\文件17 记账凭证清单.xlsx	★★★★
文件18	数量金额式明细账	第2章\文件18 数量金额式明细账.xlsx	★★★
文件19	账簿启用表	第2章\文件19 账簿启用表.xlsx	★★★
文件20	总分类账	第2章\文件20 总分类账.xlsx	★★★
文件21	账务核对与平衡检验	第2章\文件21 账务核对与平衡检验.xlsx	★★★
文件22	坏账损失明细表	第2章\文件22 坏账损失明细表.xlsx	★★★

文件12　会计科目表

会计科目是对会计要素的具体内容进行分类核算的标志，每一个会计科目都有明确的含义、核算范围。通过设置会计科目，对会计要素的具体内容进行科学的分类，可以为会计信息使用者提供科学、详细的分类指标体系。

制作要点与设计效果图

- 新建工作簿
- 输入文本
- 设置文字格式
- 设置对齐方式格式
- 调整行高和列宽
- 隐藏行

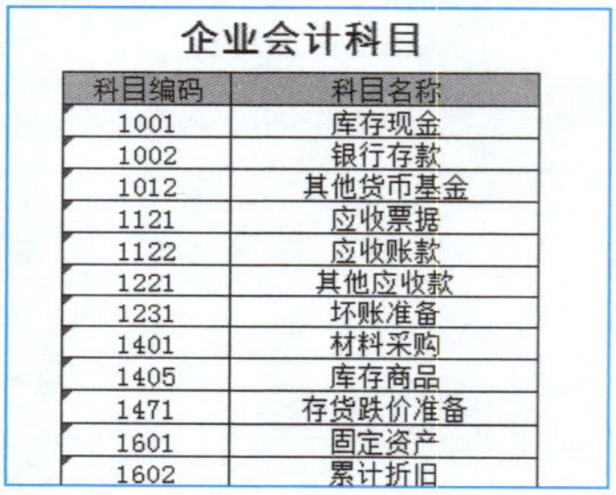

企业会计科目

科目编码	科目名称
1001	库存现金
1002	银行存款
1012	其他货币基金
1121	应收票据
1122	应收账款
1221	其他应收款
1231	坏账准备
1401	材料采购
1405	库存商品
1471	存货跌价准备
1601	固定资产
1602	累计折旧

文件设计过程

步骤1：设置字体及对齐方式

❶ 新建Excel 2013工作表，重命名工作表为“会计科目表”，在A1单元格中输入表格名称为“会计科目设置”，在第二行中输入列标识，并输入科目编码与科目名称，如图2-1所示。

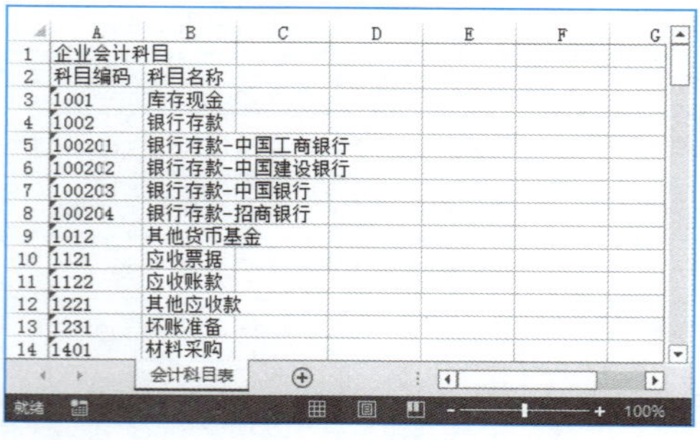

	A	B
1	企业会计科目	
2	科目编码	科目名称
3	1001	库存现金
4	1002	银行存款
5	100201	银行存款-中国工商银行
6	100202	银行存款-中国建设银行
7	100203	银行存款-中国银行
8	100204	银行存款-招商银行
9	1012	其他货币基金
10	1121	应收票据
11	1122	应收账款
12	1221	其他应收款
13	1231	坏账准备
14	1401	材料采购

图2–1

❷ 选中A1:B1单元格区域，单击“开始”选项卡，在“对齐方式”选项组单击“合并后居中”按钮，如图2-2所示。

❸ 在“字体”选项组中设置字体为“黑体”，设置“字号”为“16”，如图2-3所示。

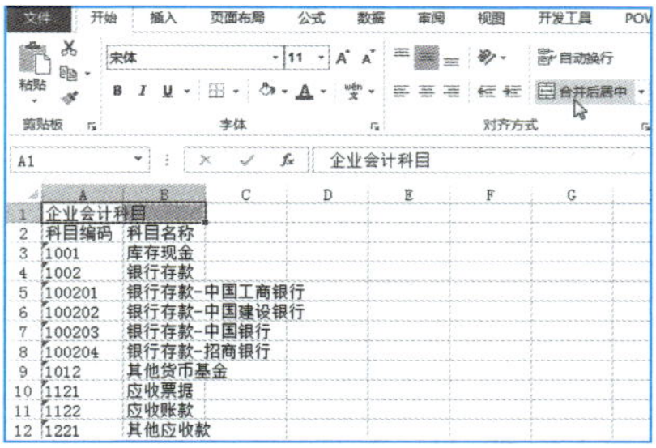

图2-2

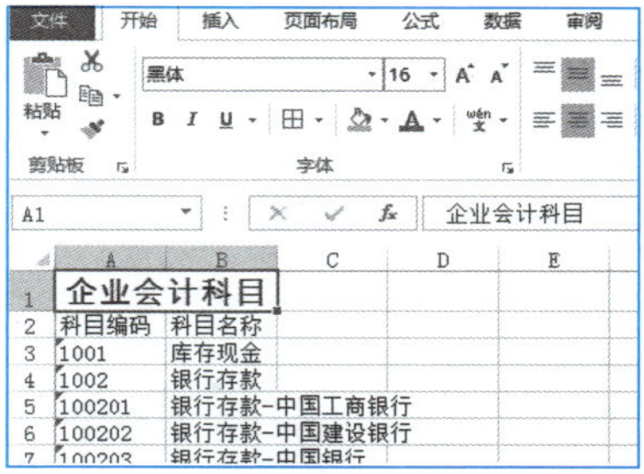

图2-3

4 选中A2:B2单元格区域，单击“开始”选项卡，在“字体”选项组单击“颜色填充”下拉按钮，在其下拉列表中选择适合的填充颜色，如图2-4所示。

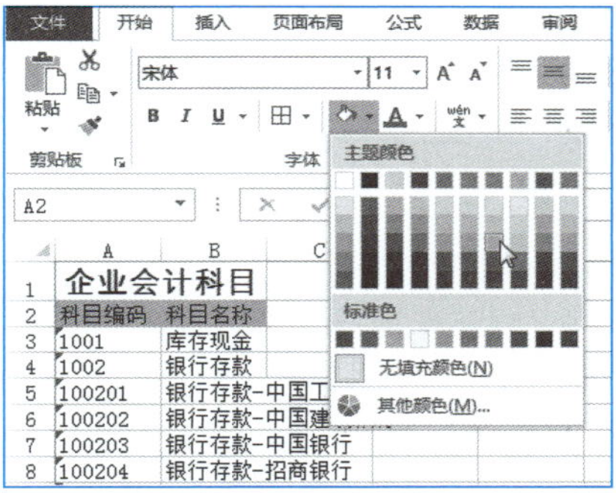

图2-4

5 选中A2:B100单元格区域，单击“开始”选项卡，在“字体”选项组单击“边框”下拉按钮，在其下拉列表中单击“所有框线”，即可为会计科目表添加框线，如图2-5所示。

6 在“对齐方式”选项组中单击“居中对齐”按钮，如图2-6所示。

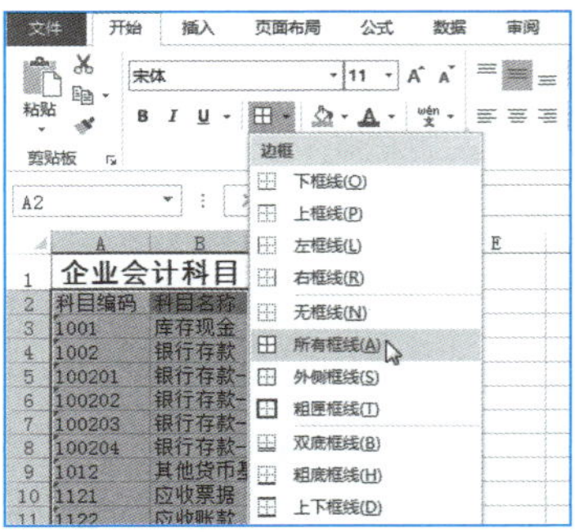

图2-5

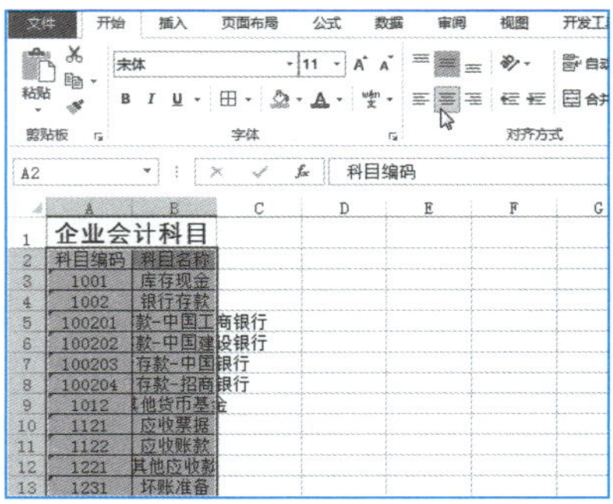

图2-6

步骤2：使用鼠标调整行高和列宽

❶ 将鼠标光标置于要调整的行标签位置，当鼠标变为黑色的双向箭头时，向下拖动鼠标，增加行高，此时会显示屏幕提示，显示当前行高值，如图2-7所示。

❷ 将鼠标光标置于要调整的列标签位置，当鼠标变为黑色的双向箭头时，向右拖动鼠标，增加列宽，此时会显示屏幕提示，显示当前列宽值，如图2-8所示。

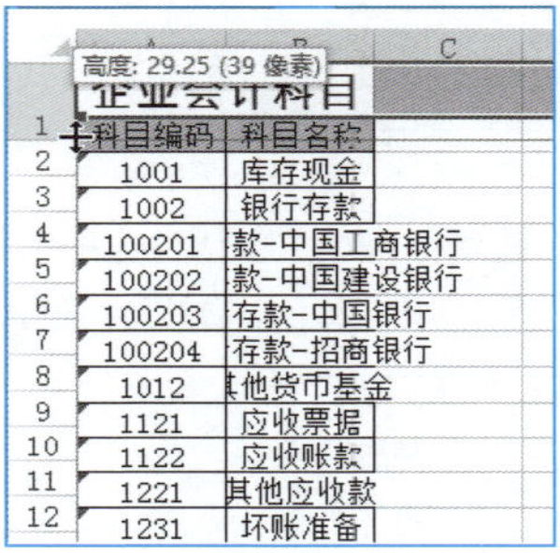

图2-7

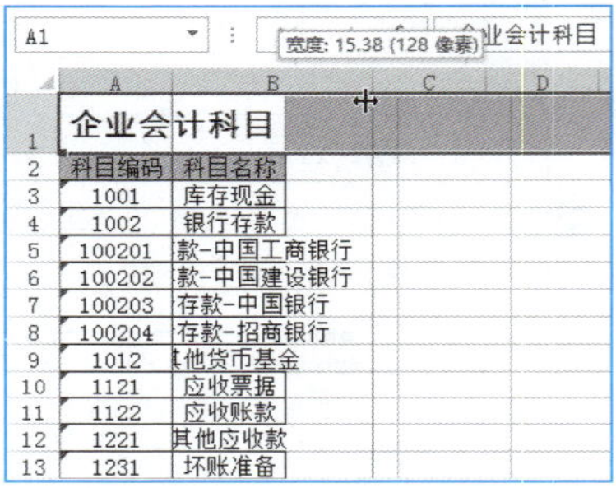

图2-8

步骤3：隐藏行

❶ 在实际工作中，可以将企业不用或不经常用的会计科目行暂时隐藏起来。按Ctrl 键，依次选中所有二级科目所在行，单击鼠标右键，在右键菜单中单击“隐藏”命令，如图2-9所示。

❷ 系统会自动将选中的行隐藏起来，如图2-10所示。

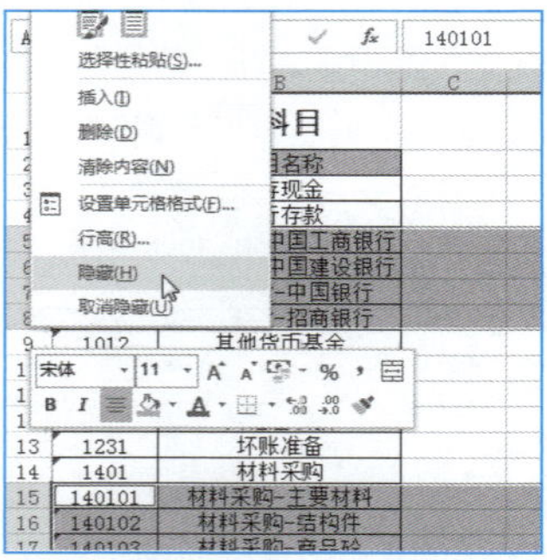

图2-9

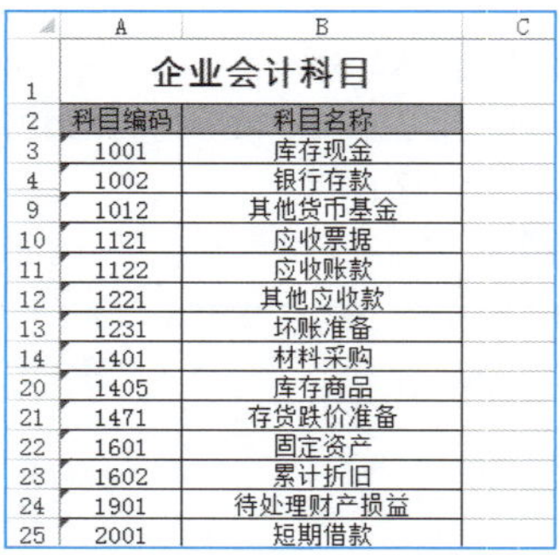

图2-10

提 示

如何取消隐藏？

在隐藏工作表的行或列后，如果想要取消隐藏的行或列将其再次显示出来，可以选择包括被隐藏行列在内的连续的行或列，在右键菜单中单击“取消隐藏”命令，系统将自动显示出隐藏的行或列。

文件13　通用记账凭证

通常一个单位设计什么样的记账凭证，主要是根据企业的会计账务处理程序和企业活动的特点来决定。通用记账凭证适用于所有经济业务的记账凭证。

制作要点与设计效果图

- 设置单元格边框
- 设置数据验证

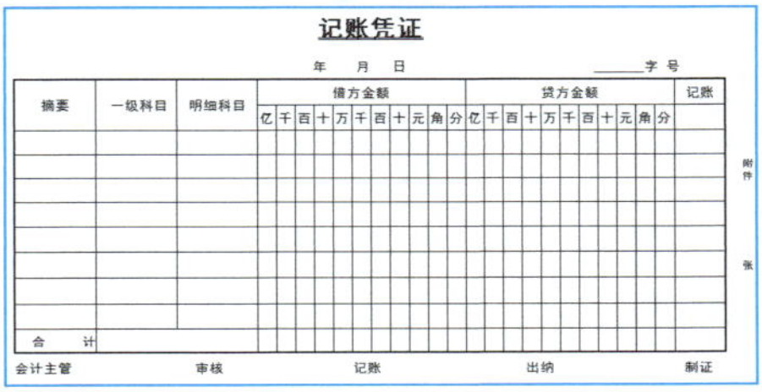

文件设计过程

步骤1：设置单元格边框

❶ 新建Excel 2013工作表，重命名工作表为“通用记账凭证”。

❷ 在工作表中输入支出记账凭证的内容，并设置单元格格式，如图2-11所示。

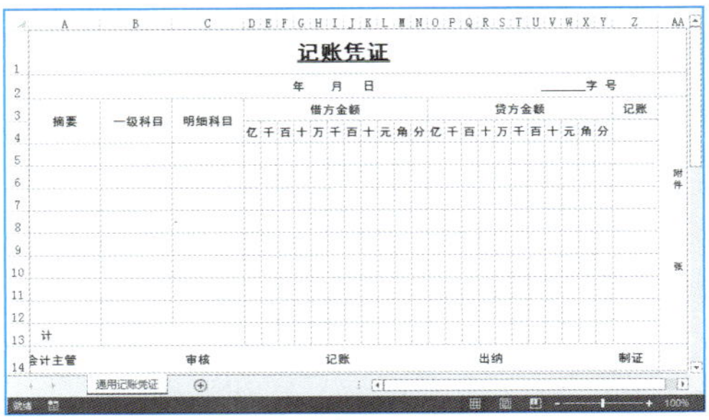

图2–11

❸ 选中A3:Z13单元格区域，在“开始”选项卡下的“对齐方式”组中单击按钮，打开“设置单元格格式”对话框。单击“边框”标签，在“样式”列表中选中一种边框样式，单击“颜色”设置框下拉按钮，在下拉列表中选择一种颜色，在“预置”栏下单击（外边框）按钮，如图2-12所示。

❹ 接着在“样式”列表中选中一种边框样式，单击“颜色”设置框下拉按钮，在下拉列表中选择一种颜色，接着在“预置”栏下单击（内部）按钮（如图2-44所示），如图2-13所示。

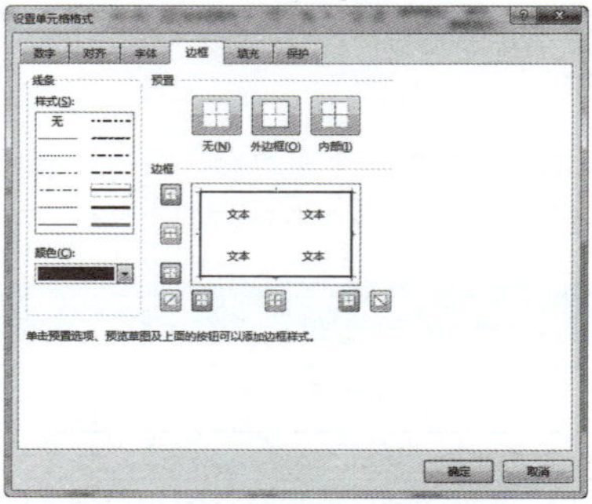

图2–12

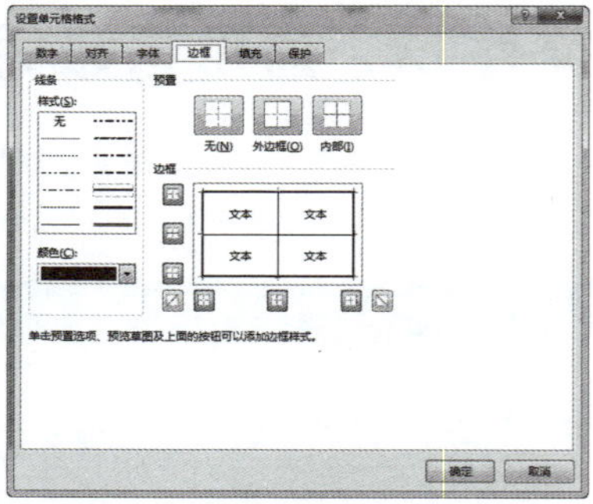

图2–13

❺ 设置完成后，单击“确定”按钮，返回到工作表中即可根据记账凭证要求设置特定的边框线，如图2-14所示。

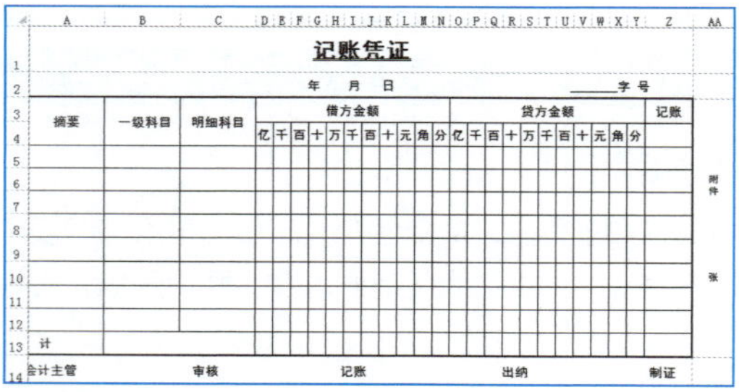

图2–14

步骤2：设置数据验证

❶ 选中D5:Y12单元格区域，切换到“数据”选项卡，在“数据工具”选项组单击“数据验证”按钮（如图2-15所示），打开数据验证对话框。

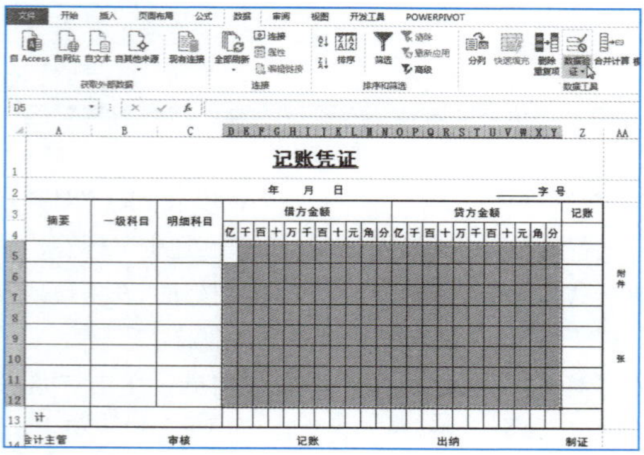

图2–15

2 设置“允许”文本框为“整数”，设置“数据”文本框为“介于”，设置“最小值”为“0”，设置“最大值”为“9”，如图2-16所示。

3 设置完成后，单击“确定”按钮。当在设置了数据验证的单元格中输入小于0或大于9的数字，就会弹出如图2-17所示的提示信息。

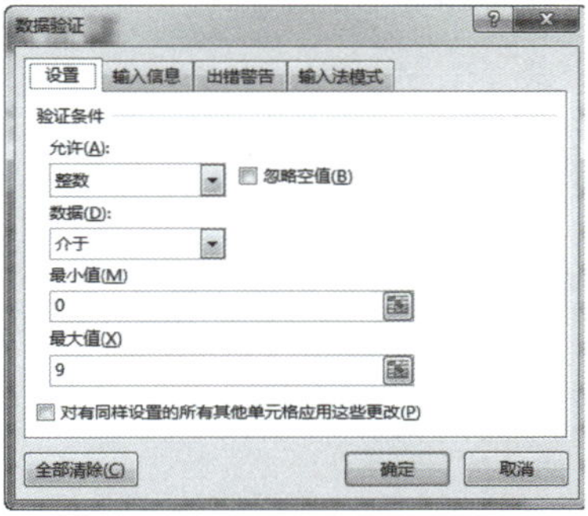

图2-16

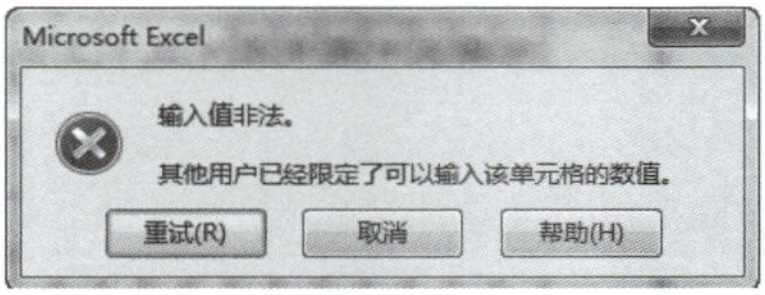

图2-17

文件14　现金日记账

现金日记账是用来逐日反映库存现金的收入、支出及结余情况的特定日记账，它是由单位出纳人员根据审核无误的现金收、付款凭证进行登记的，实际工作中多采用三栏式，即设为“借”、“贷”、“余”三栏。

制作要点与设计效果图

- COUNTIF函数（参考函数6）
- 文本连接运算符
- 自定义自动筛选方式
- 选择性粘贴
- IF函数
- VLOOKUP函数（参考函数36）

现金日记账

2014年 月	日	凭证号数	摘　要	借	贷	借或贷	余　额
8	1		期初余额			借	60,000.00
8	1	现收1	提现	2,000.00	0.00	借	62,000.00
8	1	现付1	购买打印机	0.00	300.00	借	61,700.00
8	6	现付2	现金存入	0.00	600.00	借	61,100.00
8	7	现收2	收到罚款	500.00	0.00	借	61,600.00
8	7	现付3	支付保险费	0.00	1,200.00	借	60,400.00
8	7	现付4	支付职工住院费	0.00	600.00	借	59,800.00
8	12	现付5	支付采购费	0.00	100.00	借	59,700.00
8	13	现付6	补付现金	0.00	50.00	借	59,650.00
8	14	现付7	支付采购费	0.00	700.00	借	58,950.00
8	15	现收3	提现	20,000.00	0.00	借	78,950.00
8	15	现付8	发工资	0.00	20,000.00	借	58,950.00
8	16	现收4	退回现金	20.00	0.00	借	58,970.00
8	18	现收5	退回现金	30.00	0.00	借	59,000.00
8	23	现付9	结转材料采购成本	0.00	7,400.00	借	51,600.00
8	24	现收6	应收票据不能兑付	4,500.00	0.00	借	56,100.00
8	25	现付10	出售产品B10件	0.00	16,000.00	借	40,100.00
8	27	现收7	出售产品出B公司	20,000.00	0.00	借	60,100.00
8	28	现付11	现金存入	0.00	1,500.00	借	58,600.00
8	29	现付12	收到乙单位欠款	0.00	3,000.00	借	55,600.00

文件设计过程

步骤1：在“本月会计凭证”加入辅助列

1 打开“本月会计凭证”工作表，插入两列，分别设置列标识为“编号”和“凭证类别及编号”，如图2-18所示。

×公司2014年8月会计凭证

2014年 月	日	凭证种类	编号	凭证类别及编号	摘要	借方 账户名称	借方 金额	贷方 账户名称	贷方 金额
8	1	转			结转材料费用	材料	3,000.00	主营业务收入	3,000.00
8	1	现收			提现	现金	2,000.00	银行存款	2,000.00
8	1	现付			购买打印机	其他应收款	300.00	现金	300.00
8	2	银付			购进材料	材料采购	3,000.00	银行存款	3,000.00
8	3	银收			废品出售	废品	50.00	现金	50.00
8	3	转			结转采购成本	材料	3,050.00	材料采购	3,050.00
8	4	银付			偿还S公司欠款	应付账款	2,500.00	银行存款	2,500.00
8	4	银收			出售N产品10件	银行存款	15,000.00	主营业务收入	15,000.00
8	4	转			购进a材料5吨，b材料3吨	材料采购	7,400.00	应付账款	7,400.00
8	5	银付			偿还欠款	应付账款	20,000.00	银行存款	20,000.00
8	5	转			结转材料采购成本	材料	7,400.00	材料采购	7,400.00
8	5	转			应收票据不能兑付	应收账款	4,500.00	应收票据	4,500.00
8	6	转			冲销应付款	应付账款	3,500.00	营业外支出	3,500.00
8	6	现付			现金存入	银行存款	600.00	现金	600.00
8	6	银付			支付捐赠款	营业外支出	10,000.00	银行存款	10,000.00
8	6	银付			支付借款利息	预提费用	3,400.00	银行存款	3,400.00
8	7	现收			收到罚款	现金	500.00	营业外收入	500.00
8	7	现付			支付保险费	管理费用	1,200.00	现金	1,200.00
8	7	现付			支付职工住院费	应付福利费	600.00	现金	600.00
8	8				上月耗用材料	生产成本	28,000.00	材料	28,000.00
8	8	转				制造费用	1,900.00	材料	1,900.00

本月会计凭证

图2-18

❷ 选中E4单元格，在公式编辑栏输入公式：“=COUNTIF($D$4:D4,D4)”，按回车键即可得到F4单元格凭证种类编号，如图2-19所示。

❸ 选中F4单元格，在公式编辑栏输入公式：“=D4&E4”，按回车键，即可根据E4单元格生成现金日记账所需要的凭证类别及编号，如图2-20所示。

E4　=COUNTIF($D$4:D4,D4)

×公司2014年8月

2014年 月	日	凭证种类	编号	凭证类别及编号	摘要
8	1	转	1		结转材料费用
8	1	现收			提现
8	1	现付			购买打印机
8	2	银付			购进材料
8	3	银收			废品出售
8	3	转			结转采购成本
8	4	银付			偿还S公司欠款

图2-19

F4　=D4&E4

×公司2

2014年 月	日	凭证种类	编号	凭证类别及编号	摘要
8	1	转	1	转1	结转材料费用
8	1	现收			提现
8	1	现付			购买打印机
8	2	银付			购进材料
8	3	银收			废品出售

图2-20

❹ 选中E4:F5单元格区域，向下填充公式，即可根据“凭证种类”得到现金日记账时需要的凭证编号及凭证种类即编号，如图2-21所示。

×公司2014年8月会计凭证

2014年 月	日	凭证种类	编号	凭证类别及编号	摘要	借方 账户名称
8	1	转	1	转1	结转材料费用	材料
8	1	现收	1	现收1	提现	现金
8	1	现付	1	现付1	购买打印机	其他应收款
8	2	银付	1	银付1	购进材料	材料采购
8	3	银收	1	银收1	废品出售	废品
8	3	转	2	转2	结转采购成本	材料
8	4	银付	2	银付2	偿还S公司欠款	应付账款
8	4	银收	2	银收2	出售N产品10件	银行存款
8	4	转	3	转3	购进a材料5吨，b材料3吨	材料采购
8	5	银付	3	银付3	偿还欠款	应付账款
8	5	转	4	转4	结转材料采购成本	材料
8	5	转	5	转5	应收票据不能兑付	应收账款
8	6	转	6	转6	冲销应付款	应付账款

图2-21

步骤2：筛选出“现金日记账”需要的数据

❶ 选中第3行，在“数据”选项卡的“排序和筛选”选项组单击“筛选”

按钮，即可为行列标识添加筛选按钮，如图2-22所示。

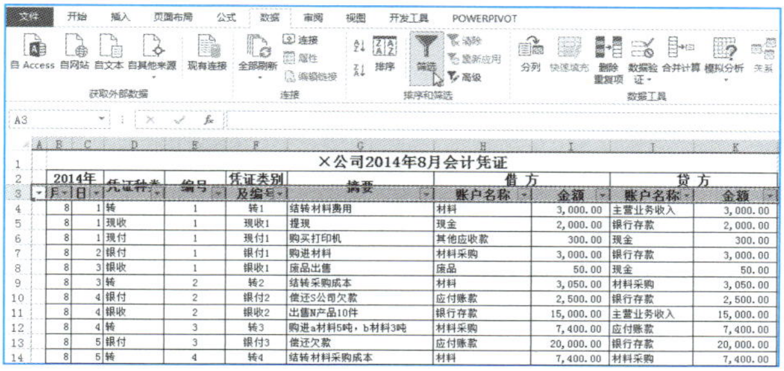

图2-22

2 单击“凭证类别及编号”单元格右侧的筛选按钮，在下拉列表中单击“文本筛选”，在弹出的子菜单中单击“等于”（如图2-23所示），打开“自定义自动筛选方式”对话框。

3 在“等于”右侧的设置框中输入“现*”，如图2-24所示。

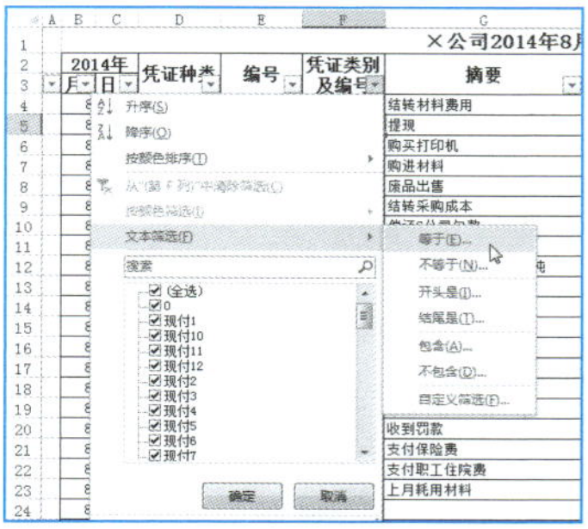

图2-23

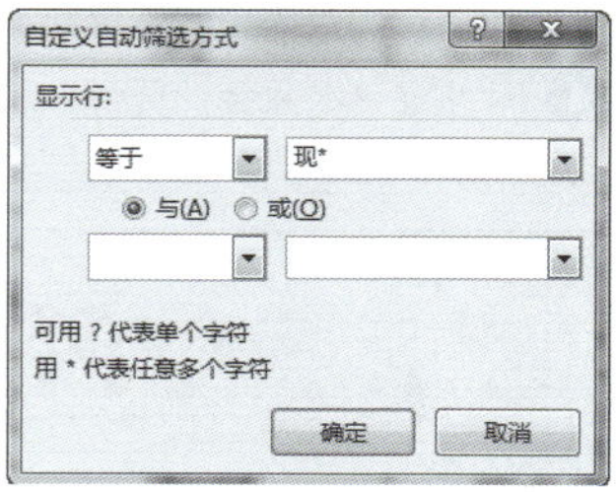

图2-24

4 单击“确定”按钮，系统自动筛选出“凭证列别及编号”开通字符为“现”的行，如图2-25所示。

图2-25

步骤3：创建现金日记表

1 插入新工作表，将其重命名为“现金日记账”。

2 在工作表中输入现金日记账的内容，并设置本月现金期初余额值为60000，如图2-26所示。

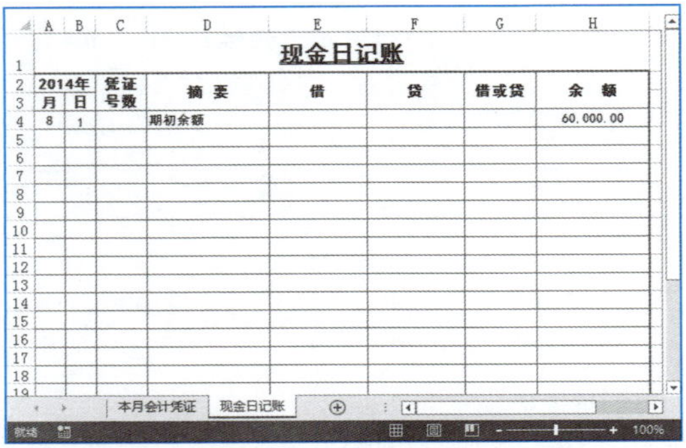

图2-26

3 切换到“本月会计凭证”工作表复制筛选出的日期和凭证类别及编号到“现金日记账”的对应单元格区域，并设置粘贴格式为“值”，如图2-27所示。

4 即可将“本月会计凭证”工作表中的日期和凭证类别及编号复制到相应的区域，如图2-28所示。

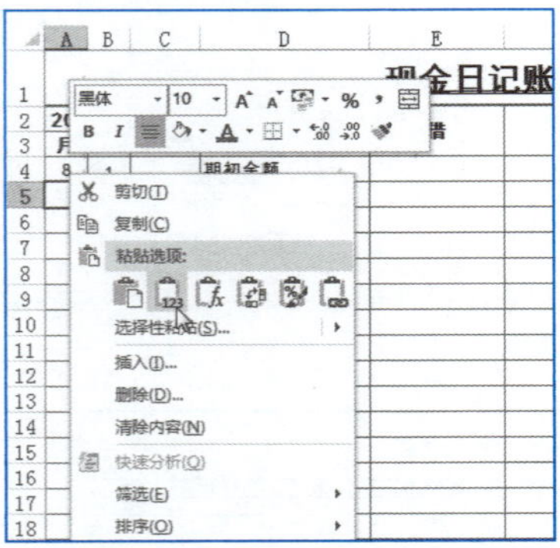

图2-27

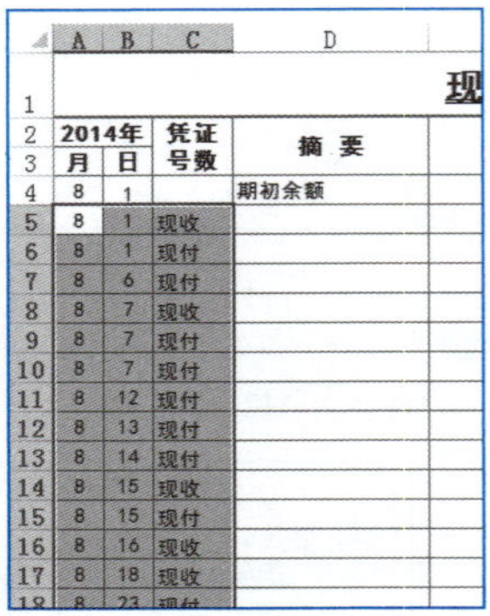

图2-28

步骤4：设置公式计算数据

1 在D5单元格中输入公式：“=VLOOKUP(C5,本月会计凭证!$F$5:$K$60,2,FALSE)”，按回车键后，向下填充公式，即得到摘要内容，如图2-29所示。

D5　=VLOOKUP(C5,本月会计凭证!$F$5:$K$60,2,FALSE)

现金日记账

2014年		凭证号数	摘　要	借	贷	借或贷	余　额
月	日						
8	1		期初余额				60,000.00
8	1	现收1	提现				
8	1	现付1	购买打印机				
8	6	现付2	现金存入				
8	7	现收2	收到罚款				
8	7	现付3	支付保险费				
8	7	现付4	支付职工住院费				
8	12	现付5	支付采购费				
8	13	现付6	补付现金				
8	14	现付7	支付采购费				
8	15	现收3	提现				

图2–29

❷ 选中E5单元格，在公式编辑栏中输入公式："=IF(LEFT(C5,2)="现收",VLOOKUP(C5,本月会计凭证!$F$5:$K$60,4,FALSE),0)"，按回车键后，向下填充公式，即可获取借方数据，如图2-30所示。

E5　=IF(LEFT(C5,2)="现收",VLOOKUP(C5,本月会计凭证!$F$5:$K$60,4,FALSE),0)

现金日记账

2014年		凭证号数	摘　要	借	贷	借或贷	余　额
月	日						
8	1		期初余额				60,000.00
8	1	现收1	提现	2,000.00			
8	1	现付1	购买打印机	0.00			
8	6	现付2	现金存入	0.00			
8	7	现收2	收到罚款	500.00			
8	7	现付3	支付保险费	0.00			
8	7	现付4	支付职工住院费	0.00			
8	12	现付5	支付采购费	0.00			
8	13	现付6	补付现金	0.00			
8	14	现付7	支付采购费	0.00			
8	15	现收3	提现	20,000.00			
8	15	现付8	发工资	0.00			
8	16	现收4	退回现金	20.00			
8	18	现收5	退回现金	30.00			
8	23	现付9	结转材料采购成本	0.00			
8	24	现收6	应收票据不能兑付	4,500.00			

图2–30

公式分析:

公式="=IF(LEFT(C5,2)="现收",VLOOKUP(C5,本月会计凭证!$F$5:$K$60,4,FALSE),0)"表示

1. "LEFT(C5,2)="现收""表示提取C5单元格前两个字符。

2. "=IF(LEFT(C5,2)="现收",VLOOKUP(C5,本月会计凭证!$F$5:$K$60,4,FALSE),0)"表示如果C5单元格提取的前两个字符串是"现收"，则返回"本月会计凭证"工作表中的F5:K60单元格区域中"现收1"所对应的金额数，如果提取的字符不是"现收"，则返回0值。

❸ 选中F5单元格，在公式编辑栏中输入公式："=IF(LEFT(C5,2)="现付",VLOOKUP(C5,本月会计凭证!$F$5:$K$60,6,FALSE),0)"，按回车键后，向下填充公式，即可获取贷方数据，如图2-31所示。

❹ 在E4单元格中输入"借"（因为"现金"属于资产类账户，余额在借方），拖动鼠标向下填充内容。

F5 =IF(LEFT(C5,2)="现付",VLOOKUP(C5,本月会计凭证!$F$5:$K$60,6,FALSE),0)

现金日记账

2014年 月	日	凭证号数	摘要	借	贷	借或贷	余额
8	1		期初余额				60,000.00
8	1	现收1	提现	2,000.00	0.00		
8	1	现付1	购买打印机	0.00	300.00		
8	6	现付2	现金存入	0.00	600.00		
8	7	现收2	收到罚款	500.00	0.00		
8	7	现付3	支付保险费	0.00	1,200.00		
8	7	现付4	支付职工住院费	0.00	600.00		
8	12	现付5	支付采购费	0.00	100.00		
8	13	现付6	补付现金	0.00	50.00		
8	14	现付7	支付采购费	0.00	700.00		
8	15	现收3	提现	20,000.00	0.00		
8	15	现付8	发工资	0.00	20,000.00		
8	16	现收4	退回现金	20.00	0.00		
8	18	现收5	退回现金	30.00	0.00		
8	23	现付9	结转材料采购成本	0.00	7,400.00		

图2-31

5 选中H5单元格，在公式编辑栏中输入公式“=H4+E5-F5”，按回车键后，向下填充公式，即可计算出每笔业务发生后，当前的现金余额数，如图2-32所示。

H5 =H4+E5-F5

现金日记账

2014年 月	日	凭证号数	摘要	借	贷	借或贷	余额
8	1		期初余额			借	60,000.00
8	1	现收1	提现	2,000.00	0.00	借	62,000.00
8	1	现付1	购买打印机	0.00	300.00	借	61,700.00
8	6	现付2	现金存入	0.00	600.00	借	61,100.00
8	7	现收2	收到罚款	500.00	0.00	借	61,600.00
8	7	现付3	支付保险费	0.00	1,200.00	借	60,400.00
8	7	现付4	支付职工住院费	0.00	600.00	借	59,800.00
8	12	现付5	支付采购费	0.00	100.00	借	59,700.00
8	13	现付6	补付现金	0.00	50.00	借	59,650.00
8	14	现付7	支付采购费	0.00	700.00	借	58,950.00
8	15	现收3	提现	20,000.00	0.00	借	78,950.00
8	15	现付8	发工资	0.00	20,000.00	借	58,950.00
8	16	现收4	退回现金	20.00	0.00	借	58,970.00
8	18	现收5	退回现金	30.00	0.00	借	59,000.00
8	23	现付9	结转材料采购成本	0.00	7,400.00	借	51,600.00

图2-32

6 选中E24单元格，在公式编辑栏中输入公式：“=SUM(E5:E23）”，按回车键后，向右填充公式至F24单元格，即可计算出本期借方和贷方发生额的合计数，如图2-33所示。

E25 =SUM(E5:E23)

A	B	C	D	E	F	G	H
8	12	现付5	支付采购费	0.00	100.00	借	59,700.00
8	13	现付6	补付现金	0.00	50.00	借	59,650.00
8	14	现付7	支付采购费	0.00	700.00	借	58,950.00
8	15	现收3	提现	20,000.00	0.00	借	78,950.00
8	15	现付8	发工资	0.00	20,000.00	借	58,950.00
8	16	现收4	退回现金	20.00	0.00	借	58,970.00
8	18	现收5	退回现金	30.00	0.00	借	59,000.00
8	23	现付9	结转材料采购成本	0.00	7,400.00	借	51,600.00
8	24	现收6	应收票据不能兑付	4,500.00	0.00	借	56,100.00
8	25	现付10	出售产品B10件	0.00	16,000.00	借	40,100.00
8	27	现收7	出售产品出G公司	20,000.00	0.00	借	60,100.00
8	28	现付11	现金存入	0.00	1,500.00	借	58,600.00
8	29	现付12	收到乙单位欠款	0.00	3,000.00	借	55,600.00
合计				47,050.00	51,450.00		

图2-33

7 选中H24单元格，在公式编辑栏中输入公式：“=H4+E24-F24”，按回车键后，得到现金日记账的表格的最终效果，如图2-34所示。

H25　=H4+E25-F25

	A	B	C	D	E	F	G	H
11	8	12	现付5	支付采购费	0.00	100.00	借	59,700.00
12	8	13	现付6	补付现金	0.00	50.00	借	59,650.00
13	8	14	现付7	支付采购费	0.00	700.00	借	58,950.00
14	8	15	现收3	提现	20,000.00	0.00	借	78,950.00
15	8	15	现付8	发工资	0.00	20,000.00	借	58,950.00
16	8	16	现收4	退回现金	20.00	0.00	借	58,970.00
17	8	18	现收5	退回现金	30.00	0.00	借	59,000.00
18	8	23	现付9	结转材料采购成本	0.00	7,400.00	借	51,600.00
19	8	24	现收6	应收票据不能兑付	4,500.00	0.00	借	56,100.00
20	8	25	现付10	出售产品B10件	0.00	16,000.00	借	40,100.00
21	8	27	现收7	出售产品出G公司	20,000.00	0.00	借	60,100.00
22	8	28	现付11	现金存入	0.00	1,500.00	借	58,600.00
23	8	29	现付12	收到乙单位欠款	0.00	3,000.00	借	55,600.00
25	合计				47,050.00	51,450.00		55,600.00
26								

图2-34

文件15　银行存款日记账

银行存款日记账是由出纳人员按银行存款的收、付款凭证和现金付款凭证，逐笔按顺序登记，用以记录和反映银行存款收支及结存情况的一种特种日记账。

制作要点与设计效果图

- 自定义筛选
- VLOOKUP函数（参考函数36）
- IF函数（参考函数1、3）
- LEFT函数（参考函数5）

银行存款日记账

2012年 月	日	凭证号数	摘　要	借	贷	借或贷	余　额
5	1		期初余额			借	60,000.00
	1	银付1	购进材料	-	3,000.00	借	57,000.00
	2	银收1	废品出售	50.00	-	借	57,050.00
	4	银付2	偿还S公司欠款	-	2,500.00	借	54,550.00
	4	银收2	出售N产品10件	15,000.00	-	借	69,550.00
	5	银付3	偿还欠款	-	20,000.00	借	49,550.00
	8	银付4	支付捐赠款	-	10,000.00	借	39,550.00
	9	银付5	支付借款利息	-	3,400.00	借	36,150.00
	10	银付6	支付预提费用	-	600.00	借	35,550.00
	10	银付7	预付租金	-	900.00	借	34,650.00
	11	银付8	预付租金	-	1,800.00	借	32,850.00
	11	银收3	偿还S公司欠款	2,500.00	-	借	35,350.00
	13	银付9	偿还欠款	-	20,000.00	借	15,350.00
	21	银付10	王五借差旅费	-	500.00	借	14,850.00
	21	银付11	出售C产品15件	-	2,500.00	借	12,350.00
	22	银付12	支付预提费用	-	600.00	借	11,750.00
	24	银付13	支付赔偿金	-	400.00	借	11,350.00
合计				17,550.00	66,200.00	借	11,350.00

文件设计过程

步骤1：筛选出“银行日记账”需要的数据

1 打开“本月会计凭证”工作表，并新建工作表，将其重命名为“银行存款日记账”，在工作表中输入表格内容，并输入期初余额数据，如图2-35所示。

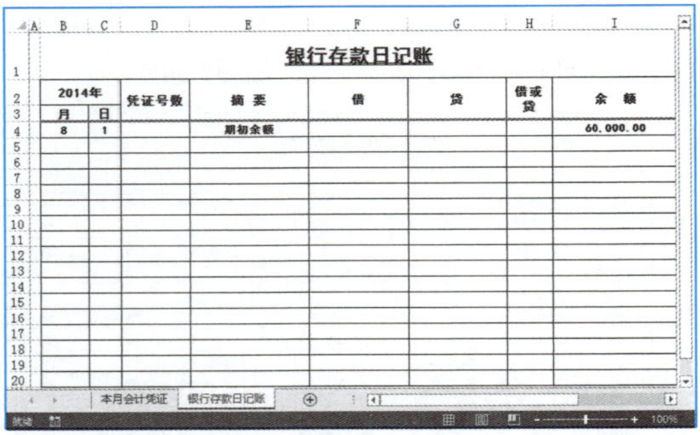

图2-35

提 示

银行存款日记账应按各开户行设置明细账、分别计算银行的存款收入和辅助收入的合计数以及本日余额，以便检查监督各项收支款项，分别于定期与银行对账单逐笔核对。银行存款日记账一般采用三栏式，其基本几个与现金日记账格式基本相同。

❷ 切换到“本月会计凭证”工作表，选中第3行，在“数据”选项卡的“排序和筛选”选项组单击“筛选”按钮，即可为行列标识添加筛选按钮，如图2-36所示。

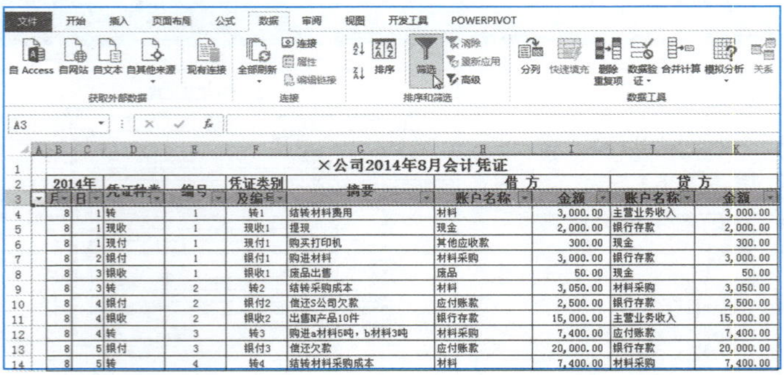

图2-36

❸ 单击“凭证类别及编号”单元格右侧的筛选按钮，在下拉列表中单击“文本筛选”，在弹出的子菜单中单击“等于”（如图2-37所示），打开“自定义自动筛选方式”对话框。

❹ 在“等于”右侧的设置框中输入“银*”，如图2-38所示。

❺ 单击“确定”按钮，系统自动筛选出“凭证列别及编号”开通字符为“银”的行，如图2-39所示。

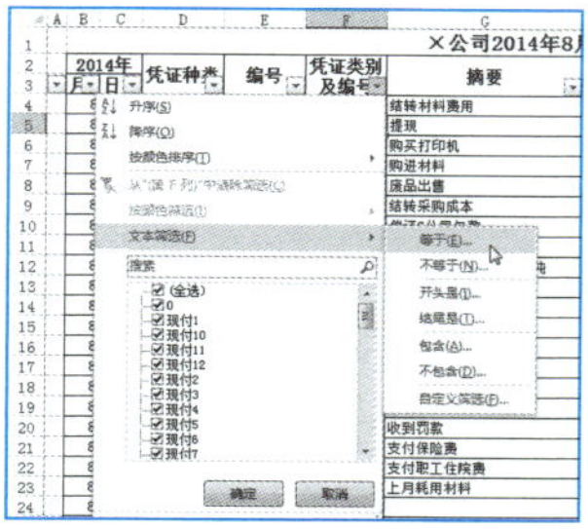

图2-37

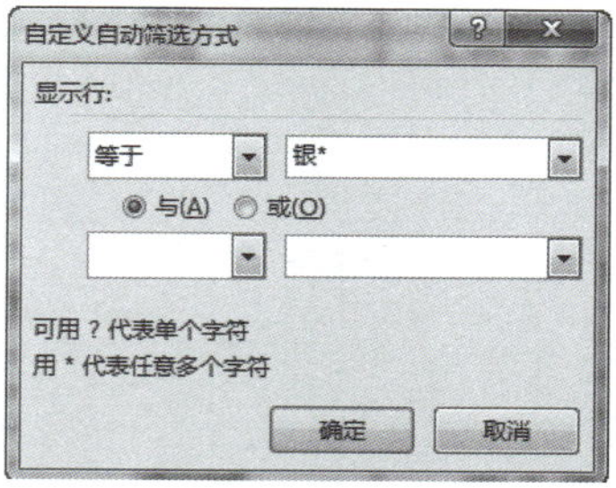

图2-38

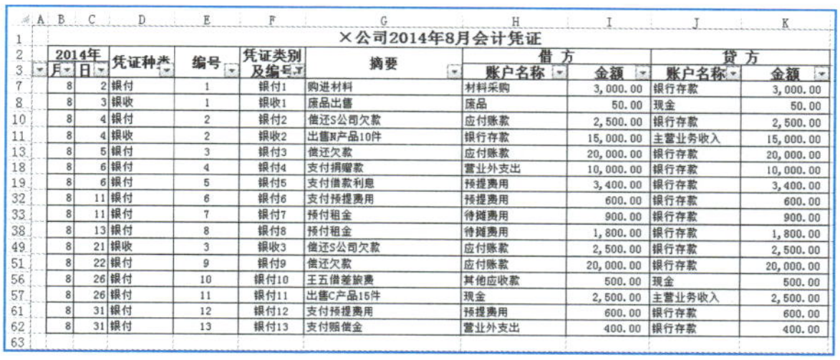

×公司2014年8月会计凭证

月	日	凭证种类	编号	凭证类别及编号	摘要	借方 账户名称	借方 金额	贷方 账户名称	贷方 金额
8	2	银付	1	银付1	购进材料	材料采购	3,000.00	银行存款	3,000.00
8	3	银收	1	银收1	废品出售	废品	50.00	现金	50.00
8	4	银付	2	银付2	偿还S公司欠款	应付账款	2,500.00	银行存款	2,500.00
8	4	银收	2	银收2	出售N产品10件	银行存款	15,000.00	主营业务收入	15,000.00
8	5	银付	3	银付3	偿还欠款	应付账款	20,000.00	银行存款	20,000.00
8	6	银付	4	银付4	支付捐赠款	营业外支出	10,000.00	银行存款	10,000.00
8	6	银付	5	银付5	支付借款利息	预提费用	3,400.00	银行存款	3,400.00
8	11	银付	6	银付6	支付预提费用	预提费用	600.00	银行存款	600.00
8	11	银付	7	银付7	预付租金	待摊费用	900.00	银行存款	900.00
8	13	银付	8	银付8	预付租金	待摊费用	1,800.00	银行存款	1,800.00
8	21	银收	3	银收3	偿还S公司欠款	应付账款	2,500.00	银行存款	2,500.00
8	22	银付	9	银付9	偿还欠款	应付账款	20,000.00	银行存款	20,000.00
8	26	银付	10	银付10	王五借差旅费	其他应收款	500.00	现金	500.00
8	26	银付	11	银付11	出售C产品15件	现金	2,500.00	主营业务收入	2,500.00
8	31	银付	12	银付12	支付预提费用	预提费用	600.00	银行存款	600.00
8	31	银付	13	银付13	支付赔偿金	营业外支出	400.00	银行存款	400.00

图2-39

步骤2：复制粘贴数据

❶ 在“本月会计凭证”工作表复制筛选出的日期和凭证类别及编号到“银行存款日记账”的对应单元格区域，并设置粘贴格式为“只粘贴值”，如图2-40所示。

❷ 即可将“本月会计凭证”工作表中的日期和凭证类别及编号复制到相应的区域，如图2-41所示。

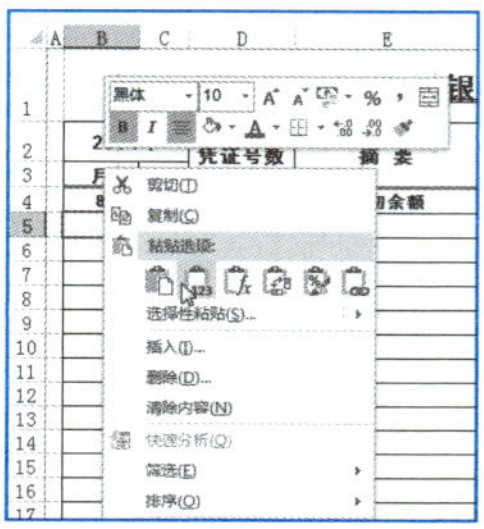

图2-40

图2-41

步骤3：VLOOKUP函数的引用功能

❶ 选中E5单元格，在公式编辑栏输入公式：“=VLOOKUP(D5,本月会计

凭证!$F$4:$K$62,2,FALSE)”，按回车键后向下复制公式，即可根据“凭证号数”在“本月会计凭证”工作表中引用摘要，如图2-42所示。

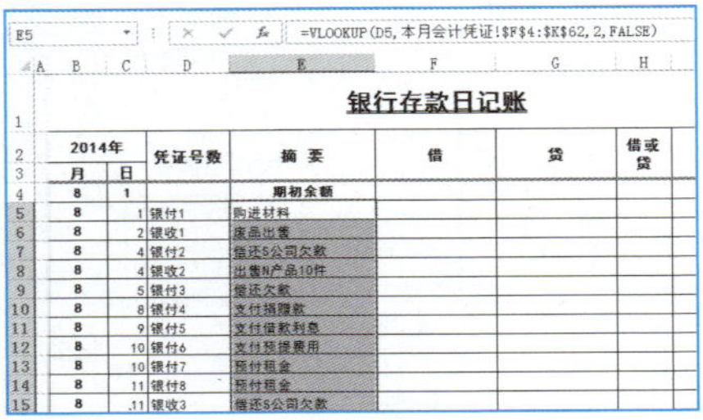
E5 =VLOOKUP(D5,本月会计凭证!$F$4:$K$62,2,FALSE)

银行存款日记账

2014年 月	日	凭证号数	摘要	借	贷	借或贷
8	1		期初余额			
8	1	银付1	购进材料			
8	2	银收1	废品出售			
8	4	银付2	偿还S公司欠款			
8	4	银收2	出售N产品10件			
8	5	银付3	偿还欠款			
8	8	银付4	支付捐赠款			
8	9	银付5	支付借款利息			
8	10	银付6	支付预提费用			
8	10	银付7	预付租金			
8	11	银付8	预付租金			
8	11	银收3	偿还S公司欠款			

图2-42

2 选中F5单元格，在公式编辑栏输入公式：“=IF(LEFT(D5,2)="银收",VLOOKUP(D5,本月会计凭证!$F$4:$K$62,4,FALSE),0)”，按回车键后向下复制公式，即可根据“凭证号数”在“本月会计凭证”工作表中引用借款金额，如图2-43所示。

F5 =IF(LEFT(D5,2)="银收",VLOOKUP(D5,本月会计凭证!$F$4:$K$62,4,FALSE),0)

银行存款日记账

2014年 月	日	凭证号数	摘要	借	贷	借或贷	余额
8	1		期初余额				60,000.00
8	1	银付1	购进材料	-			
8	2	银收1	废品出售	50.00			
8	4	银付2	偿还S公司欠款	-			
8	4	银收2	出售N产品10件	15,000.00			
8	5	银付3	偿还欠款	-			
8	8	银付4	支付捐赠款	-			
8	9	银付5	支付借款利息	-			
8	10	银付6	支付预提费用	-			
8	10	银付7	预付租金	-			
8	11	银付8	预付租金	-			
8	11	银收3	偿还S公司欠款	2,500.00			
8	13	银付9	偿还欠款	-			
8	21	银付10	王五借差旅费	-			

图2-43

3 选中G5单元格，在公式编辑栏输入公式：“=IF(LEFT(D5,2)="银付",VLOOKUP(D5,本月会计凭证!$F$4:$K$62,6,FALSE),0)”，按回车键后向下复制公式，即可根据“凭证号数”在“本月会计凭证”工作表中引用贷款金额，如图2-44所示。

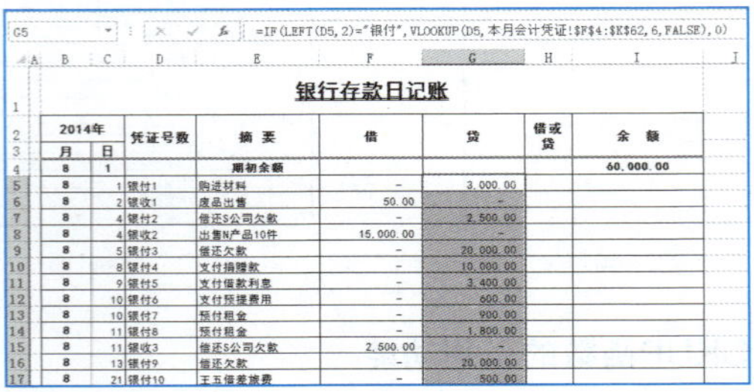
G5 =IF(LEFT(D5,2)="银付",VLOOKUP(D5,本月会计凭证!$F$4:$K$62,6,FALSE),0)

银行存款日记账

2014年 月	日	凭证号数	摘要	借	贷	借或贷	余额
8	1		期初余额				60,000.00
8	1	银付1	购进材料	-	3,000.00		
8	2	银收1	废品出售	50.00	-		
8	4	银付2	偿还S公司欠款	-	2,500.00		
8	4	银收2	出售N产品10件	15,000.00	-		
8	5	银付3	偿还欠款	-	20,000.00		
8	8	银付4	支付捐赠款	-	10,000.00		
8	9	银付5	支付借款利息	-	3,400.00		
8	10	银付6	支付预提费用	-	600.00		
8	10	银付7	预付租金	-	900.00		
8	11	银付8	预付租金	-	1,800.00		
8	11	银收3	偿还S公司欠款	2,500.00	-		
8	13	银付9	偿还欠款	-	20,000.00		
8	21	银付10	王五借差旅费	-	500.00		

图2-44

步骤4：计算余额与合计金额

❶ 在H4单元格中输入“借”（因为“银行存款”属于资产类账户，余额在借方），拖动鼠标向下填充内容。

❷ 选中I5单元格，在公式编辑栏输入公式：“=I4+F5-G5”，按回车键后向下复制公式，计算出借贷余额，如图2-45所示。

I5　=I4+F5-G5

银行存款日记账

	2014年		凭证号数	摘　要	借	贷	借或贷	余　额
3	月	日						
4	8	1		期初余额			借	60,000.00
5	8	1	银付1	购进材料	-	3,000.00	借	57,000.00
6	8	2	银收1	废品出售	50.00	-	借	57,050.00
7	8	4	银付2	偿还S公司欠款	-	2,500.00	借	54,550.00
8	8	4	银收2	出售N产品10件	15,000.00	-	借	69,550.00
9	8	5	银付3	偿还欠款	-	20,000.00	借	49,550.00
10	8	8	银付4	支付捐赠款	-	10,000.00	借	39,550.00
11	8	9	银付5	支付借款利息	-	3,400.00	借	36,150.00
12	8	10	银付6	支付预提费用	-	600.00	借	35,550.00
13	8	10	银付7	预付租金	-	900.00	借	34,650.00
14	8	11	银付8	预付租金	-	1,800.00	借	32,850.00
15	8	11	银收3	偿还S公司欠款	2,500.00	-	借	35,350.00
16	8	13	银付9	偿还欠款	-	20,000.00	借	15,350.00
17	8	21	银付10	王五借差旅费	-	500.00	借	14,850.00

图2-45

❸ 选中F22单元格，在公式编辑栏输入公式：“=SUM(F5:F20)”，按回车键后向右复制公式，计算出合计金额，如图2-46所示。

F22　=SUM(F5:F20)

	B	C	D	E	F	G	H	I
3	月	日					贷	
4	8	1		期初余额			借	60,000.00
5	8	1	银付1	购进材料	-	3,000.00	借	57,000.00
6	8	2	银收1	废品出售	50.00	-	借	57,050.00
7	8	4	银付2	偿还S公司欠款	-	2,500.00	借	54,550.00
8	8	4	银收2	出售N产品10件	15,000.00	-	借	69,550.00
9	8	5	银付3	偿还欠款	-	20,000.00	借	49,550.00
10	8	8	银付4	支付捐赠款	-	10,000.00	借	39,550.00
11	8	9	银付5	支付借款利息	-	3,400.00	借	36,150.00
12	8	10	银付6	支付预提费用	-	600.00	借	35,550.00
13	8	10	银付7	预付租金	-	900.00	借	34,650.00
14	8	11	银付8	预付租金	-	1,800.00	借	32,850.00
15	8	11	银收3	偿还S公司欠款	2,500.00	-	借	35,350.00
16	8	13	银付9	偿还欠款	-	20,000.00	借	15,350.00
17	8	21	银付10	王五借差旅费	-	500.00	借	14,850.00
18	8	21	银付11	出售C产品15件	-	2,500.00	借	12,350.00
19	8	22	银付12	支付预提费用	-	600.00	借	11,750.00
20	8	24	银付13	支付赔偿金	-	400.00	借	11,350.00
22	合计				17,550.00	66,200.00	借	

图2-46

❹ 选中I22单元格，在公式编辑栏输入公式：“=H4+E25-F25”，按回车键，即可计算本期余额，如图2-47所示。

I22　=I4+F22-G22

	B	C	D	E	F	G	H	I
4	8	1		期初余额			借	60,000.00
5	8	1	银付1	购进材料	-	3,000.00	借	57,000.00
6	8	2	银收1	废品出售	50.00	-	借	57,050.00
7	8	4	银付2	偿还S公司欠款	-	2,500.00	借	54,550.00
8	8	4	银收2	出售N产品10件	15,000.00	-	借	69,550.00
9	8	5	银付3	偿还欠款	-	20,000.00	借	49,550.00
10	8	8	银付4	支付捐赠款	-	10,000.00	借	39,550.00
11	8	9	银付5	支付借款利息	-	3,400.00	借	36,150.00
12	8	10	银付6	支付预提费用	-	600.00	借	35,550.00
13	8	10	银付7	预付租金	-	900.00	借	34,650.00
14	8	11	银付8	预付租金	-	1,800.00	借	32,850.00
15	8	11	银收3	偿还S公司欠款	2,500.00	-	借	35,350.00
16	8	13	银付9	偿还欠款	-	20,000.00	借	15,350.00
17	8	21	银付10	王五借差旅费	-	500.00	借	14,850.00
18	8	21	银付11	出售C产品15件	-	2,500.00	借	12,350.00
19	8	22	银付12	支付预提费用	-	600.00	借	11,750.00
20	8	24	银付13	支付赔偿金	-	400.00	借	11,350.00
22	合计				17,550.00	66,200.00	借	11,350.00

图2-47

文件16　科目汇总表

现在传统的会计核算方法中，科目汇总表账务处理程序是应用比较广泛的一种账务处理程序。科目汇总表和旋程序，又称记账凭证汇总表核算程序，它是根据记账凭证定期编制的科目汇总表，然后根据科目汇总表登记总分类账的一种会计核算程序。科目汇总表实际上就是汇总记账凭证。

制作要点与设计效果图

- 应用内置单元格样式
- SUM函数（参考函数3、7、16）
- IF函数（参考函数1、3）

科目汇总表

日期：

会计科目	记账	金额合计		记账凭证起讫号数
		借方	贷方	
制造费用		6,520.00	6,520.00	（1）现金收款凭证第1号至第7号；（2）现金付款凭证第1号至15号；（3）银行收款凭证第1号至7号；（4）银行付款凭第1号至7号；（5）转账凭证第1号至26号
应付工资		20,000.00	40,000.00	
预提费用		4,600.00	4,600.00	
应付福利费		600.00	3,400.00	
营业外支出		10,400.00	13,900.00	
生产成本		41,680.00	41,680.00	
其他业务支出		-	-	
财务费用		-	-	
银行存款		35,100.00	122,800.00	
现金		25,050.00	50,650.00	
其他应收款		800.00	1,700.00	
材料采购		18,700.00	57,350.00	
材料		41,650.00	73,600.00	
应付账款		48,500.00	55,900.00	
应收账款		70,000.00	73,000.00	
应收票据		-	16,500.00	
主营业务收入		-	96,500.00	

文件设计过程

步骤1：设置标题格式

❶ 插入新工作表，并重命名为“科目汇总表”。

❷ 在工作表中输入科目汇总表的内容，合并单元格，并设置字体格式，如图2-48所示。

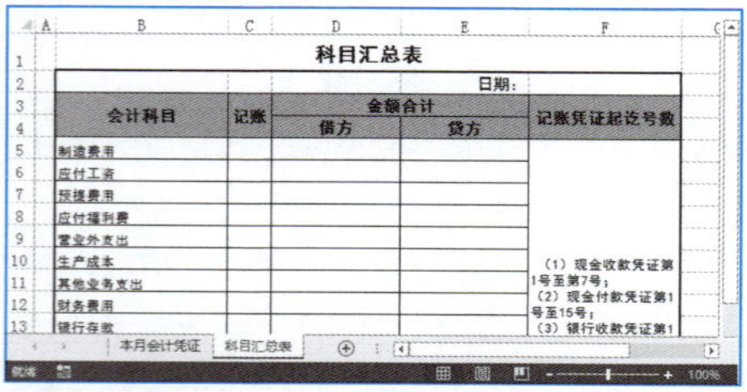

图2-48

❸ 选中表格标题所在单元格区域，单击“开始”选项卡，在“样式”选项组单击“单元格样式”下拉按钮，在下拉列表中“标题”列表中选择“标题1”，如图2-49所示。

❹ 设置完标题所在单元格样式后，标题会显示应用了的内置标题样式的效果，如图2-50所示。

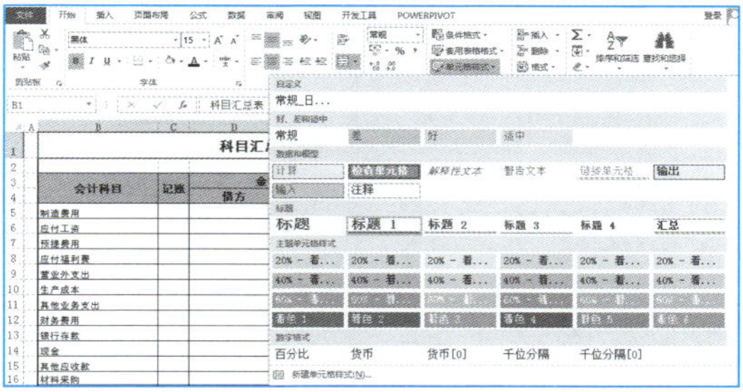

图2-49

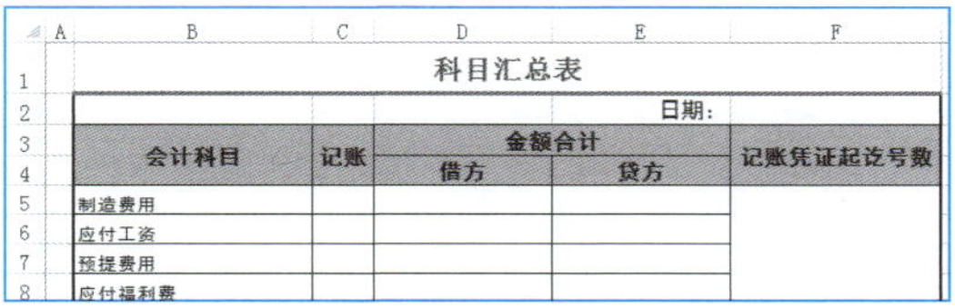

图2-50

步骤2：设置公式计算

❶ 选中D5单元格，在公式编辑栏中输入公式："=SUMIF(本月会计凭证!$H$4:$H$62,$B5,本月会计凭证!$I$4:$I$62)"，按回车键后，向下填充，即可计算出各余科目本期借方发生额，如图2-51所示。

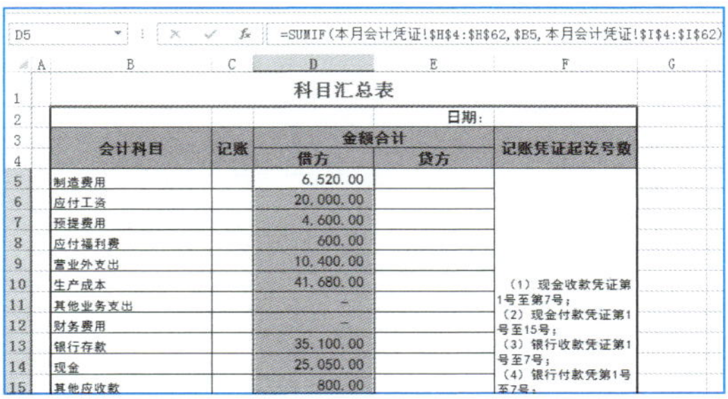

图2-51

❷ 选中E5单元格，在公式编辑栏中输入公式："=SUMIF(本月会计凭证!$H$4:$J$62,$B5,本月会计凭证!$I$4:$K$62)"，按回车键后，向下填充，即可计算出各余科目本期贷方发生额，如图2-52所示。

❸ 选中D24单元格，在公式编辑栏中输入公式："=SUM(D5:D23)"，按回车键，即可计算出本期借方发生额合计向右填充公式到E24单元格，即可计算出本期贷方发生额合计，如图2-53所示。

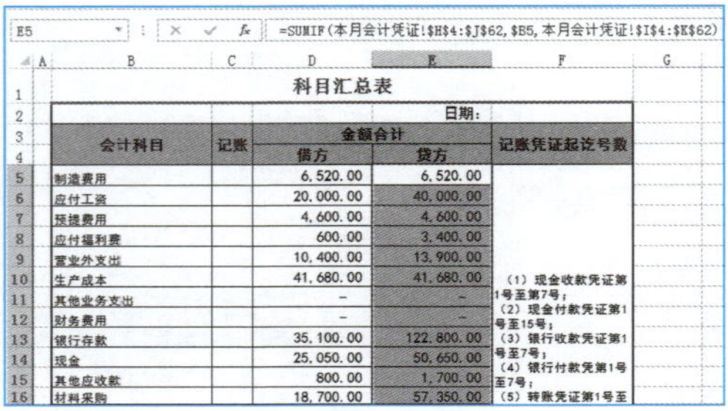

E5　=SUMIF(本月会计凭证!$H$4:$J$62,$B5,本月会计凭证!$I$4:$K$62)

科目汇总表

会计科目	记账	金额合计 借方	金额合计 贷方	记账凭证起讫号数
			日期：	
制造费用		6,520.00	6,520.00	
应付工资		20,000.00	40,000.00	
预提费用		4,600.00	4,600.00	
应付福利费		600.00	3,400.00	
营业外支出		10,400.00	13,900.00	
生产成本		41,680.00	41,680.00	（1）现金收款凭证第1号至第7号；（2）现金付款凭证第1号至15号；（3）银行收款凭证第1号至7号；（4）银行付款凭第1号至7号；（5）转账凭证第1号至
其他业务支出		-	-	
财务费用		-	-	
银行存款		35,100.00	122,800.00	
现金		25,050.00	50,650.00	
其他应收款		800.00	1,700.00	
材料采购		18,700.00	57,350.00	

图2-52

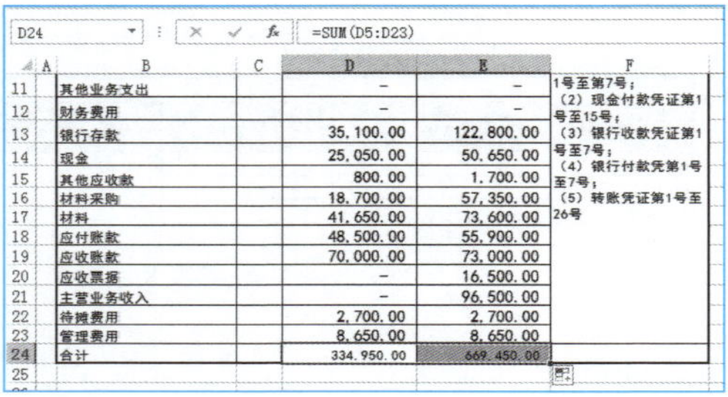

D24　=SUM(D5:D23)

B	C	D	E	F
其他业务支出		-	-	1号至第7号；（2）现金付款凭证第1号至15号；（3）银行收款凭证第1号至7号；（4）银行付款凭第1号至7号；（5）转账凭证第1号至26号
财务费用		-	-	
银行存款		35,100.00	122,800.00	
现金		25,050.00	50,650.00	
其他应收款		800.00	1,700.00	
材料采购		18,700.00	57,350.00	
材料		41,650.00	73,600.00	
应付账款		48,500.00	55,900.00	
应收账款		70,000.00	73,000.00	
应收票据		-	16,500.00	
主营业务收入		-	96,500.00	
待摊费用		2,700.00	2,700.00	
管理费用		8,650.00	8,650.00	
合计		334,950.00	669,450.00	

图2-53

4 选中F24单元格，在公式编辑栏中输入公式：“=IF(D24=E24,"试算平衡","试算不平衡")”，按回车键，即可计算出本期借贷双方是否平衡，如图2-54所示。

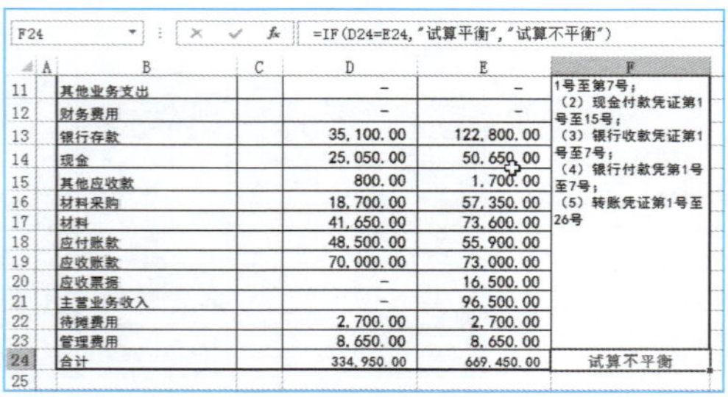

F24　=IF(D24=E24,"试算平衡","试算不平衡")

B	C	D	E	F
其他业务支出		-	-	1号至第7号；（2）现金付款凭证第1号至15号；（3）银行收款凭证第1号至7号；（4）银行付款凭第1号至7号；（5）转账凭证第1号至26号
财务费用		-	-	
银行存款		35,100.00	122,800.00	
现金		25,050.00	50,650.00	
其他应收款		800.00	1,700.00	
材料采购		18,700.00	57,350.00	
材料		41,650.00	73,600.00	
应付账款		48,500.00	55,900.00	
应收账款		70,000.00	73,000.00	
应收票据		-	16,500.00	
主营业务收入		-	96,500.00	
待摊费用		2,700.00	2,700.00	
管理费用		8,650.00	8,650.00	
合计		334,950.00	669,450.00	试算不平衡

图2-54

文件17　记账凭证清单

在Excel中建立会计凭证清单表是指将非汇总记账凭证定期加以汇总而重新编制，目的是为了简化登记总分类账的手续。记账凭证一般按会计期间（如月末、季末、年末）进行汇总。

制作要点与设计效果图

- 数据验证
- 设置数字格式
- 设置公式
- IF函数（参考函数1、3）
- AND函数（参考函数74）
- MAX函数（参考函数34）

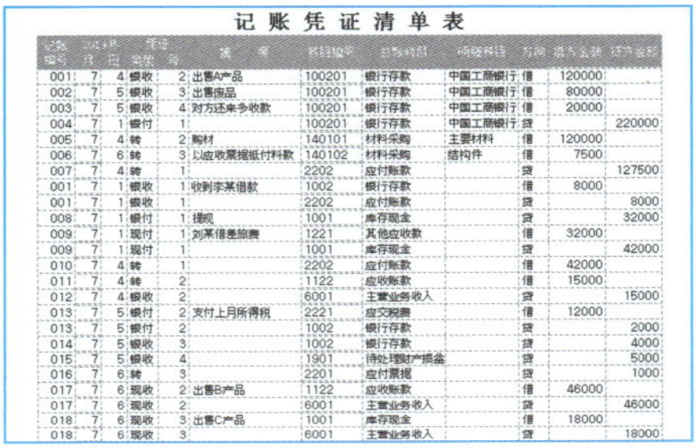

记 账 凭 证 清 单 表

记账编号	2014年 月	日	凭证类型	号	摘要	科目编号	总账科目	明细科目	方向	借方金额	贷方金额
001	7	4	银收	2	出售A产品	100201	银行存款	中国工商银行	借	120000	
002	7	5	银收	3	出售废品	100201	银行存款	中国工商银行	借	80000	
003	7	5	银收	4	对方还来多收款	100201	银行存款	中国工商银行	借	20000	
004	7	1	银付	1		100201	银行存款	中国工商银行	贷		220000
005	7	4	转	2	购材	140101	材料采购	主要材料	借	120000	
006	7	6	转	3	以应收票据抵付料款	140102	材料采购	结构件	借	7500	
007	7	4	转	1		2202	应付账款		贷		127500
001	7	1	银收	1	收到李某借款	1002	银行存款		借	8000	
001	7	1	银收	1		2202	应付账款		贷		8000
008	7	1	银付	1	提现	1001	库存现金		贷		32000
009	7	1	现付	1	刘某借差旅费	1221	其他应收款		借	32000	
009	7	1	现付	1		1001	库存现金		贷		42000
010	7	4	转	1		2202	应付账款		借	42000	
011	7	4	转	2		1122	应收账款		借	15000	
012	7	4	银收	2		6001	主营业务收入		贷		15000
013	7	5	银付	2	支付上月所得税	2221	应交税费		借	12000	
013	7	5	银付	2		1002	银行存款		贷		2000
014	7	5	银收	3		1002	银行存款		贷		4000
015	7	5	银收	4		1901	待处理财产损益		贷		5000
016	7	6	转	3		2201	应付票据		贷		1000
017	7	6	现收	2	出售B产品	1122	应收账款		借	46000	
017	7	6	现收	2		6001	主营业务收入		贷		46000
018	7	6	现收	3	出售C产品	1001	库存现金		借	18000	
018	7	6	现收	3		6001	主营业务收入		贷		18000

文件设计过程

步骤1：创建表格

① 插入工作表，双击工作表标签，将其重命名“记账凭证清单”，输入表格标题、记账凭证必要的列标识（如记账编号、凭证号、科目编码、借贷金额等），对表格字体、对齐方式、底纹和边框进行设置，如图2-55所示。

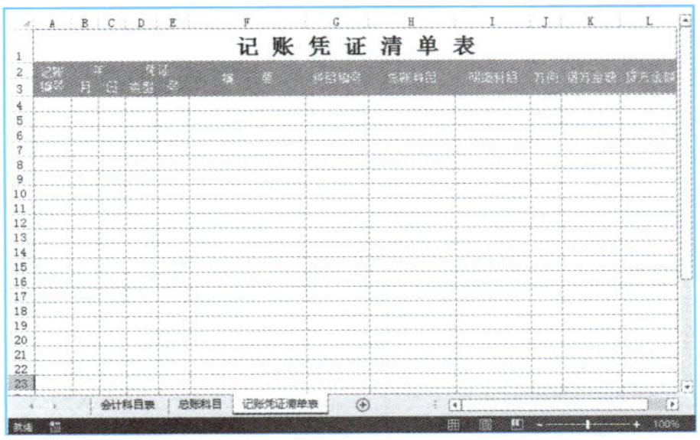

图2-55

② 选中“凭证类型”列单元格区域，选择“数据”选项卡，在“数据工具”组中单击“数据验证”按钮，如图2-56所示。

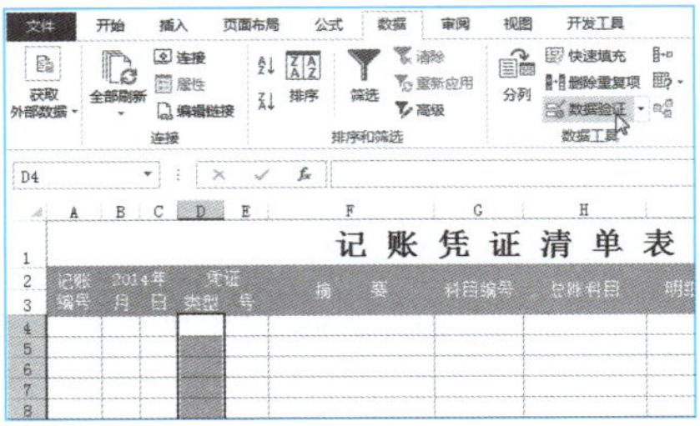

图2-56

3 打开“数据验证”对话框，单击“设置”标签，在“允许”栏下选择“序列”，在“来源”设置框中输入“现收,现付,银收,银付,转”凭证类型，如图2-57所示。

4 设置完成后，回到工作表中。选中设置了数据验证的任意单元格，右侧都会出现一个下拉按钮，从中可以选择凭证类型，如图2-58所示。

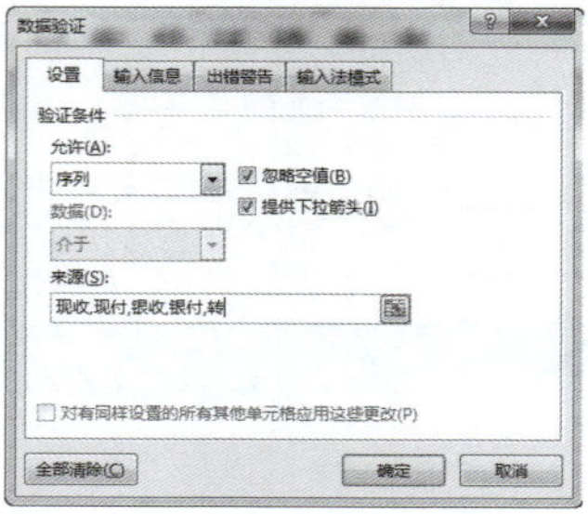

图2-57

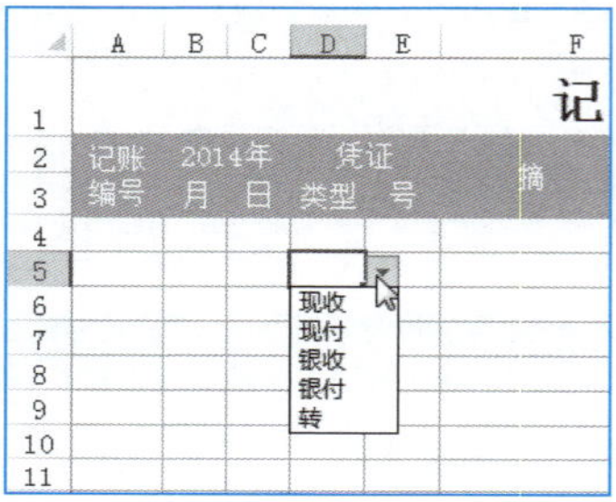

图2-58

5 切换到“总账科目”工作表，选中“科目名称”列单元格区域，在名称框中设置名称为“总账科目名称”，按“Enter”键即可定义名称，如图2-59所示。

6 选中“总账科目”列单元格区域，选择“数据”选项卡，在“数据工具”组中单击“数据有验证”按钮，打开“数据验证”对话框。在“允许”栏下选择“序列”，在“来源”设置框中输入“=总账科目名称”，如图2-60所示。

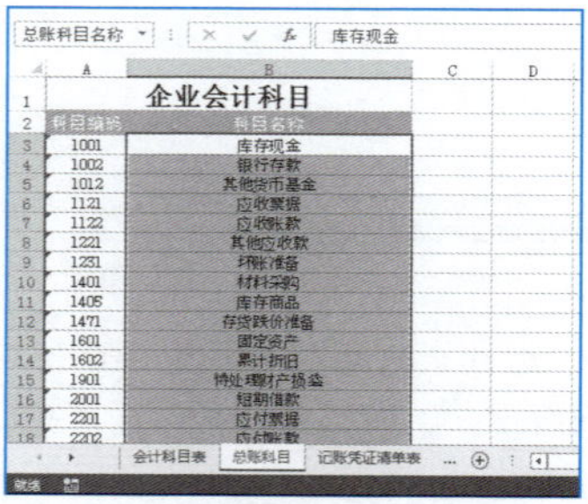

图2-59

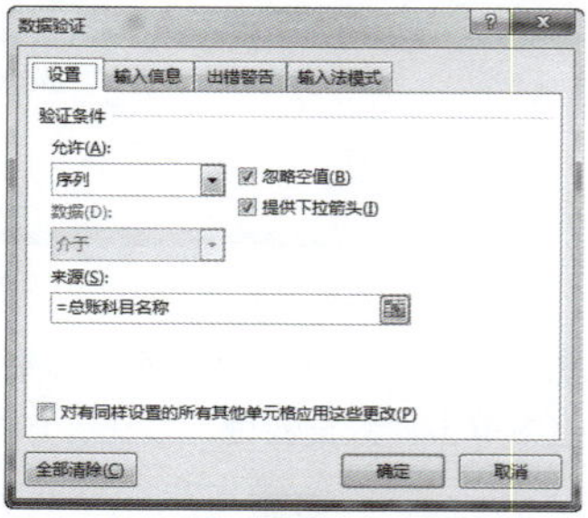

图2-60

7 设置完成后，选中设置了数据验证的任意单元格，右侧都会出现一个下拉按钮，从中可以选择总账科目，如图2-61所示。

8 选中“方向”列单元格区域，选择“数据”选项卡，在“数据工具”组中单击“数据验证”按钮，打开“数据验证”对话框。在“允许”栏下下拉菜单中选择“序列”，在“来源”编辑框中输入“借,贷,平”，如图2-62所示。设置完成后，选中设置了数据验证的任意单元格，右侧都会出现一个下拉按钮，从中可以选择方向，如图2-63所示。

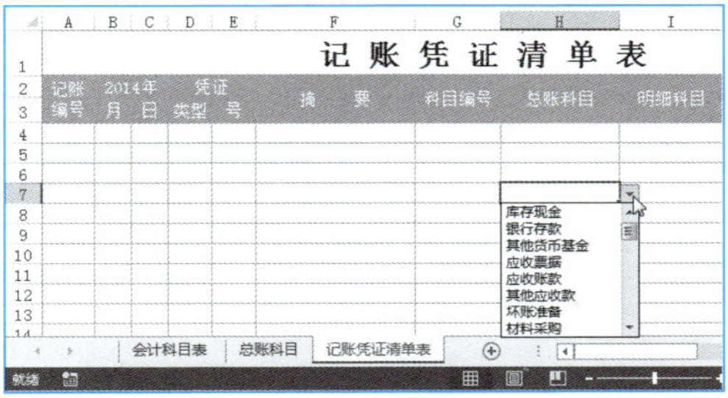

图2-61

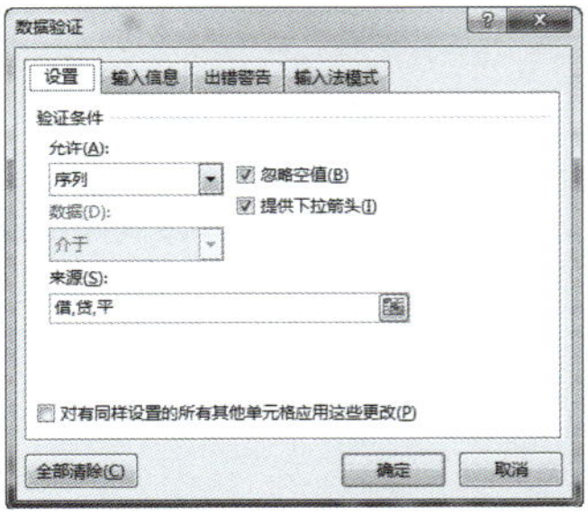

图2-62

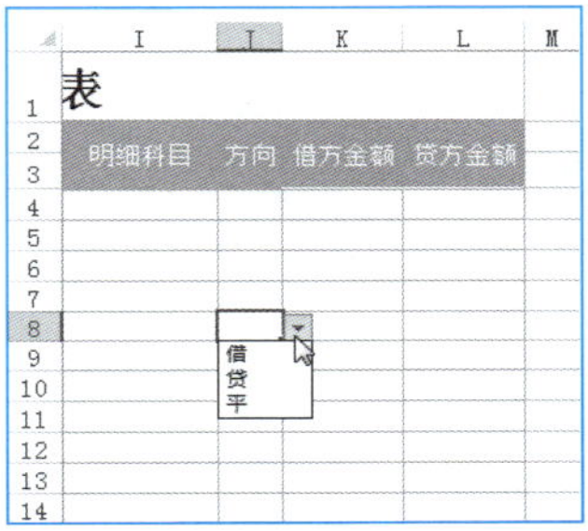

图2-63

9 对需要手工填写的项目进行填写，如图2-64所示。

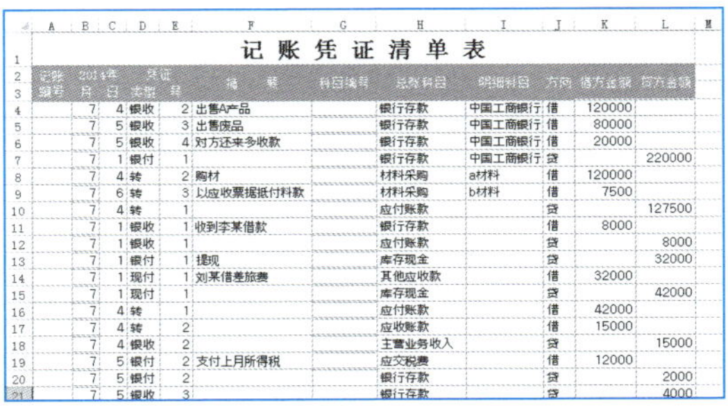

记 账 凭 证 清 单 表

记账编号	2014年 月	日	凭证 类型	号	摘 要	科目编号	总账科目	明细科目	方向	借方金额	贷方金额
	7	4	银收	2	出售A产品		银行存款	中国工商银行	借	120000	
	7	5	银收	3	出售废品		银行存款	中国工商银行	借	80000	
	7	5	银收	4	对方还来多收款		银行存款	中国工商银行	借	20000	
	7	1	银付	1			银行存款	中国工商银行	贷		220000
	7	4	转	2	购材		材料采购	a材料	借	120000	
	7	6	转	3	以应收票据抵付料款		材料采购	b材料	借	7500	
	7	4	转	1			应付账款		贷		127500
	7	1	银收	1	收到李某借款		银行存款		借	8000	
	7	1	银收	1			应付账款		贷		8000
	7	1	银付	1	提现		库存现金		贷		32000
	7	1	现付	1	刘某借差旅费		其他应收款		借	32000	
	7	1	现付	1			库存现金		贷		42000
	7	4	转	1			应付账款		借	42000	
	7	4	转	2			应收账款		借	15000	
	7	4	银收	2			主营业务收入		贷		15000
	7	5	银付	2	支付上月所得税		应交税费		借	12000	
	7	5	银付	2			银行存款		贷		2000
	7	5	银收	3			银行存款		贷		4000

图2-64

步骤2：设置单元格格式

1 选中A4:A5单元格，在“开始”选项卡的“数字”组中单击按钮（如图2-65所示），打开“设置单元格格式”对话框。

2 在“分类”列表中单击“特殊”，在右侧的“类型”列表中单击“邮政编码”，在“区域设置（国家/地区）”下拉列表中选择“中文（台湾）”，单击“确定”按钮，如图2-66所示。

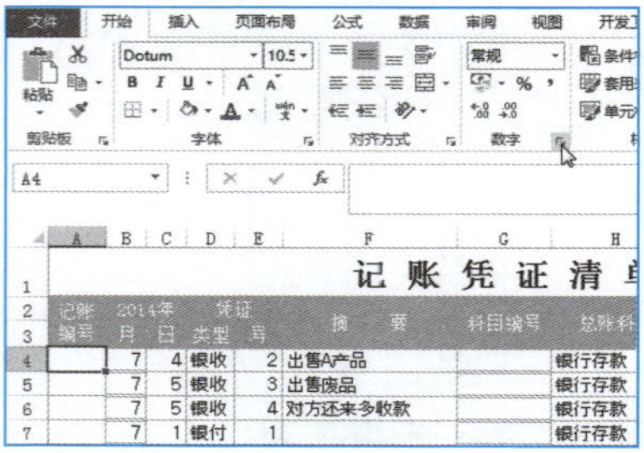

图2-65

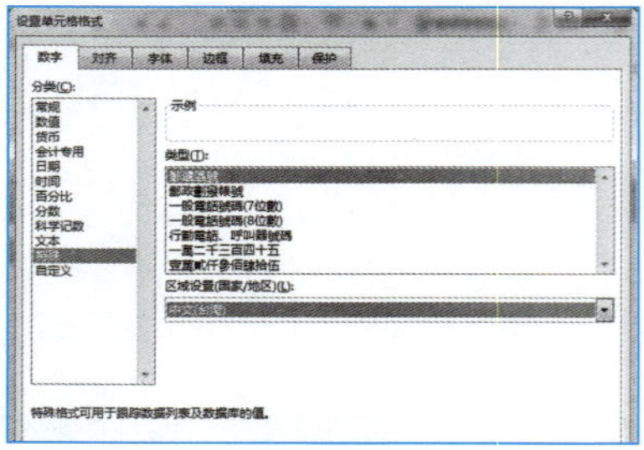

图2-66

3 在A4单元格中输入“001”时，可以看到显示编号为“001”，而其值却为“1”（可以从公式编辑栏中查看到），表示可以参与运算，如图2-67所示。

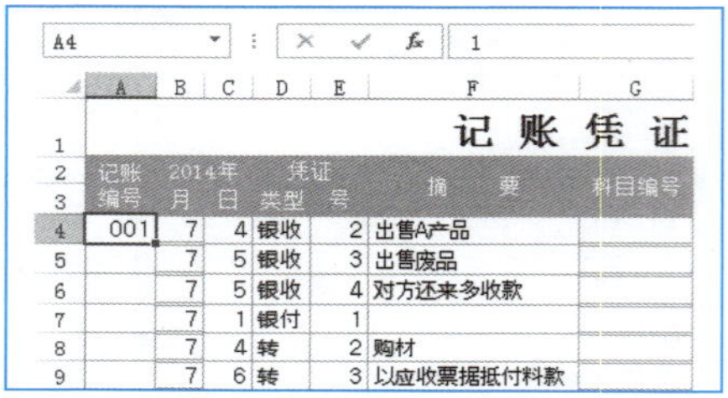

图2-67

步骤3：设置公式

1 选中A5单元格，在公式编辑样中输入公式：“=IF(H5<>"",IF(AND(D5=D4,E5=E4),A4,MAX(A$4:A4)+1)”，按回车键，返回记账编号，如图2-68所示。

2 选中A5单元格，光标定位到该单元格区域右下角，当出现黑色十字型时，按住鼠标左键向下拖动，拖动到目标位置后，释放鼠标即可完成公式的复制，按照实际情况填写凭证，即可自动返回记账编号，如图2-69所示。

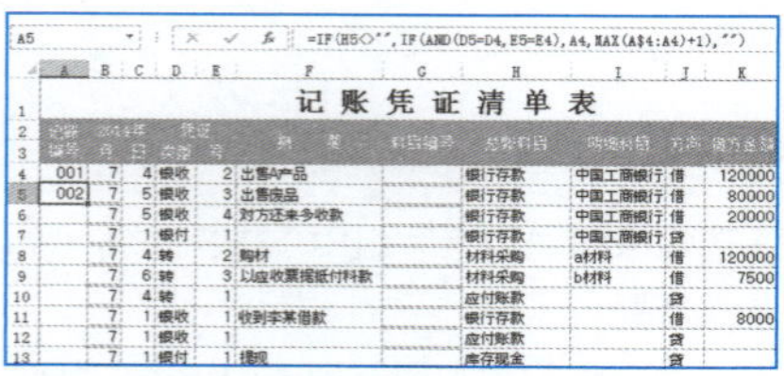

图2-68

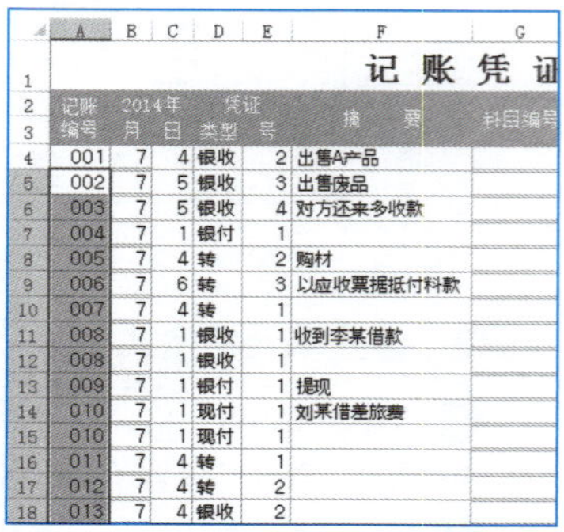

图2-69

文件18　数量金额式明细账

明细分类账户是根据明细分类科目设置的，用来对会计要素的具体内容进行明细分类核算的账户，简称明细账。数量金额式明细账是明细账的一种形式，分别设有收入、发出的余额的数量栏和金额栏。常用于需同时进行金额和实物数量核算的各种财务物质科目，如原材料。

制作要点与设计效果图

- 设置下划线（参考文件3）
- 设置公式（参考文件5）

原材料明细账

类别：　　材料名称和规格：甲材料　　计量单位：千克

2014年		凭证号	摘要	页数	收入			发出			结存		
月	日				数量	单价	金额	数量	单价	金额	数量	单价	余额
8	1		月初结存								60000	2	120,000.00
8	14	1246	发出材料					30000	2	60,000.00	30000	2	60,000.00
8	20	1248	购入材料		30000	2	60,000.00				60000	2	120,000.00
8	20	1269	购入材料		20000	2.5	50,000.00				80000	2.5	200,000.00
			本月合计		50000		110,000.00	30,000.00		60,000.00	170000		380,000.00

文件19　账簿启用表

为了保证会计账簿记录的合法性和资料的完整性，明确记账责任，会计账簿应当由专人负责登记，并且账簿扉页上应当附启用表，内容包括：启用日期、账簿页数、记账人员和会计机构负责人、会计主管人员姓名，并加盖名章和单位公章。

制作要点与设计效果图

- 设置单元格对齐方式（参考文件1）
- 设置单元格边框（参考文件1、2、3）

账　簿　启　用　表

				负责人	职务	姓名
单位名称	（加盖公章）					
账簿名称				单位主管		
账簿编号	年　月　册　第　册	启用日期	年　月　日	财务主管		
账簿页数	本账簿共　页			主办会计		

经管本账簿人员一览表

记账人员			接管			移交			监交人员		备注
职务	姓名	盖章	年	月	日	年	月	日	职务	姓名	

文件20　总分类账

总分类账简称“总账”，是按照总分类账户进行分类登记的一种分类账，通常按每一总分类账户开设账页。总分类账可以根据记账凭证或日记账逐笔登记，也可以根据记账凭证汇总表定期汇总登记。通过总分类账，可以全面地、总括地反映企业财务收支和经济活动情况，并为编制会计报表提供所需的资料。

制作要点与设计效果图

- 数据验证（参考文件13）
- VLOOKUP函数（参考文件36）

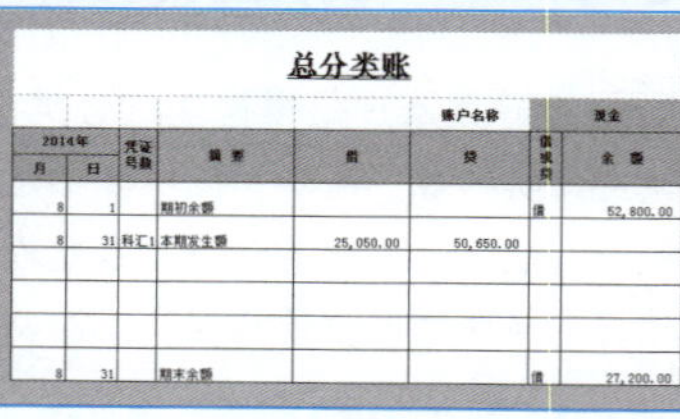

总分类账

2014年 月	日	凭证号数	摘要	借	贷	借或贷	余额
					账户名称		现金
8	1		期初余额			借	52,800.00
8	31	科汇1	本期发生额	25,050.00	50,650.00		
8	31		期末余额			借	27,200.00

文件21 账务核对与平衡检验

在账簿记录中，由于客观或主观的原因，有时候会造成账簿记录的差错，或账账不符的现象。为了如实反映经济活动的真实情况，在总结某一时期账簿记录之前，必须对账簿数据进行核对。

制作要点与设计效果图

- 设置单元格填充（参考文件5）
- 设置单元格边框（参考文件1、2、3）

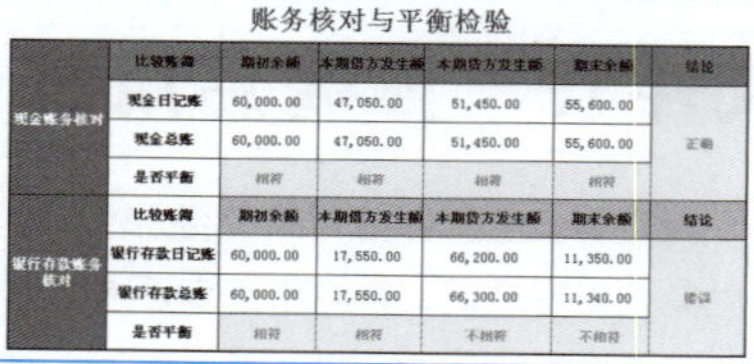

账务核对与平衡检验

	比较账簿	期初余额	本期借方发生额	本期贷方发生额	期末余额	结论
现金账务核对	现金日记账	60,000.00	47,050.00	51,450.00	55,600.00	正确
	现金总账	60,000.00	47,050.00	51,450.00	55,600.00	
	是否平衡	相符	相符	相符	相符	
银行存款账务核对	比较账簿	期初余额	本期借方发生额	本期贷方发生额	期末余额	结论
	银行存款日记账	60,000.00	17,550.00	66,200.00	11,350.00	错误
	银行存款总账	60,000.00	17,550.00	66,300.00	11,340.00	
	是否平衡	相符	相符	不相符	不相符	

文件22 坏账损失明细表

坏账是指企业无法收回或收回的可能性极小的应收款项。由于发生坏账而产生的损失，称为坏账损失，会计准则规定企业可以按照一定的比例计提坏账损失。

坏账损失明细表是记录企业年度坏账的明细情况，通常包括的项目有：初期坏账准备金额、本期核销的坏账损失、本期收获已核销坏账损失、本期增（减）提的坏账6个项目。

制作要点与设计效果图

- 应用单元格样式（参考文件16）
- 设置单元格填充（参考文件5）
- 设置单元格边框（参考文件1、2、3）

坏账损失明细表

填表日期： 金额单位： 元(列至角分)

行次	项目	会计金额	税收金额	[illegible]
1	期初坏账准备金额	12,580.00	4,500.00	*
2	本期核销的坏账损失	8,000.00	2,950.00	
3	本期收回已核销的坏账损失	4,860.00	1,250.00	
4	计提坏账准备的应收账款金额	105,900.00	17,590.00	*
5	本期增(减)提的坏账准备	-9,197.00	-2,737.50	
6	期末坏账准备余额	16,243.00	5,962.50	*

经办人（签章）： 法定代表人（签章）：

Excel

第3章

现金管理表格

企业的流动资金可以反映企业生产经营中各个环节的状况。而现金是流动资金中非常重要的组成部分，是可以直接用来购买商品或用来偿还债务的交换媒介，具有普遍的可接受性。现金可以直接投入使用，是企业资产中最活跃的因素。

现金在企业中有着重要的作用，任何一个企业都应该重视和加强对现金的管理，避免给企业带来不必要的损失。现金管理表格主要包括现金余额日报表、现金存款日报表、出纳管理日报表、银行存款余额调节表以及提现登记表等。

编号	文件名称	对应的数据源	重要星级
文件23	现金余额日报表	第3章\文件23 现金余额日报表.xlsx	★★★★★
文件24	现金存款日报表	第3章\文件24 现金存款日报表.xlsx	★★★★★
文件25	出纳管理日报表	第3章\文件25 出纳管理日报表.xlsx	★★★★★
文件26	银行存款余额调节表	第3章\文件26 银行存款余额调节表.xlsx	★★★★
文件27	提现登记表	第3章\文件27 提现登记表.xlsx	★★★★
文件28	现金银行存款收支日报表	第3章\文件28 现金银行存款收支日报表.xlsx	★★★
文件29	现金转账传票	第3章\文件29 现金转账传票.xlsx	★★★
文件30	财务科目日报表	第3章\文件30 财务科目日报表.xlsx	★★★
文件31	库存盘点现金表	第3章\文件31 库存盘点现金表.xlsx	★★★
文件32	零用金报销清单	第3章\文件32 零用金报销清单.xlsx	★★★

文件23　现金余额日报表

现金余额日标本是用来及时反映每一天库存现金的余额情况，它通常包括：编制部门、年月日、单位、账户名称、前一天的余额、当天收入、当天支出、汇出单位、库存现金余额等项目。

制作要点与设计效果图

- 应用单元格样式
- 自定义时间数据格式
- 为单元格设置对角线边框
- 设置货币格式
- 设置公式

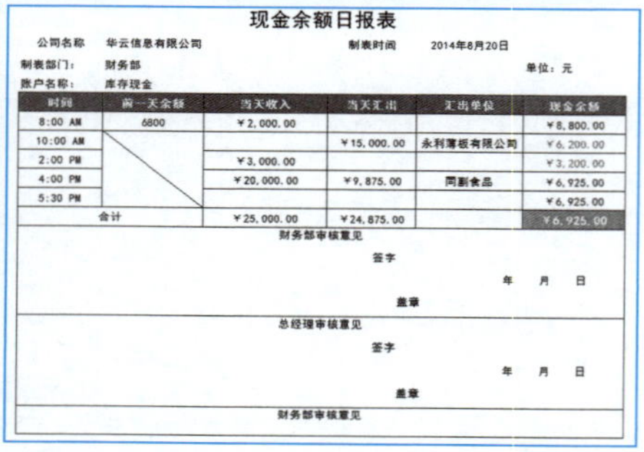

现金余额日报表

公司名称　华云信息有限公司　　制表时间　2014年8月20日

制表部门：　财务部　　单位：元

账户名称：　库存现金

时间	前一天余额	当天收入	当天汇出	汇出单位	现金余额
8:00 AM	6800	¥2,000.00			¥8,800.00
10:00 AM			¥15,000.00	永利薄板有限公司	¥6,200.00
2:00 PM		¥3,000.00			¥3,200.00
4:00 PM		¥20,000.00	¥9,875.00	同副食品	¥6,925.00
5:30 PM					¥6,925.00
合计		¥25,000.00	¥24,875.00		¥6,925.00

财务部审核意见

签字

年　月　日

盖章

总经理审核意见

签字

年　月　日

盖章

财务部审核意见

文件设计过程

步骤1：建立现金余额日报表

❶ 新建工作簿，将在工作表Sheet1中输入表名称和行列标识，将“Sheet1”工作表重命名为“现金余额日报表”，如图3-1所示。

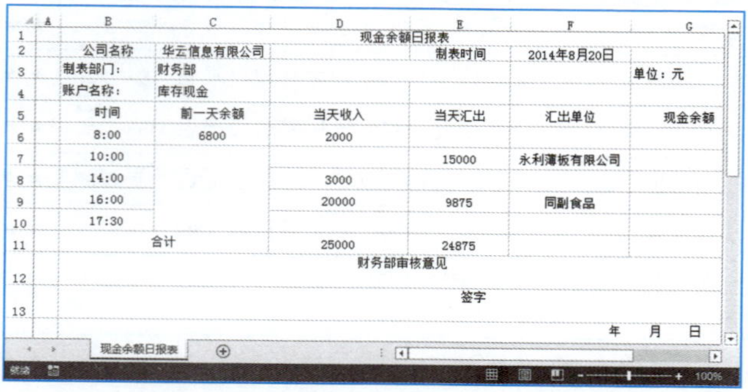

	A	B	C	D	E	F	G
1				现金余额日报表			
2		公司名称	华云信息有限公司		制表时间	2014年8月20日	
3		制表部门：	财务部				单位：元
4		账户名称：	库存现金				
5		时间	前一天余额	当天收入	当天汇出	汇出单位	现金余额
6		8:00	6800	2000			
7		10:00			15000	永利薄板有限公司	
8		14:00		3000			
9		16:00		20000	9875	同副食品	
10		17:30					
11		合计		25000	24875		
12				财务部审核意见			
13					签字		
					年	月	日

图3-1

❷ 选中标题所在单元格区域，在“字体”下拉列表中选择“黑体”，如图3-2所示。

❸ 接着单击“字号”下拉列表，设置字号为“20”，如图3-3所示。

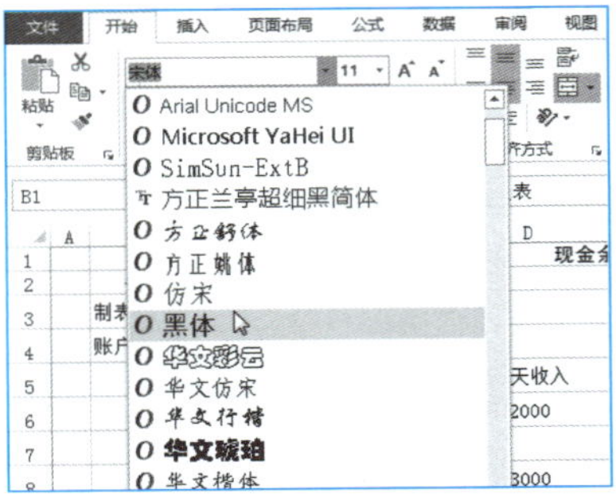

图3-2

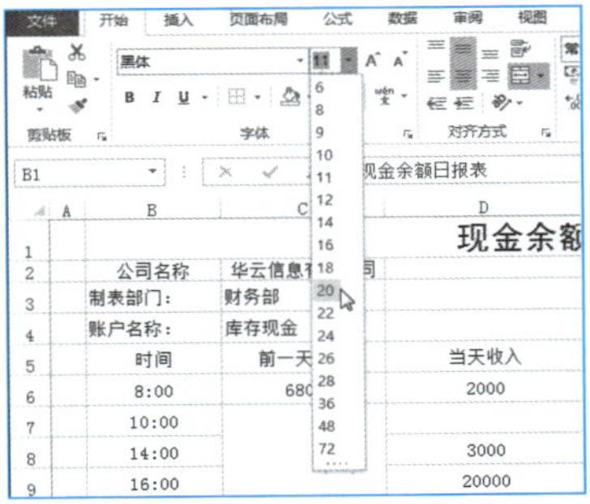

图3-3

4 选中B5:G5单元格区域，单击“开始”选项卡，在“样式”选项组单击“单元格样式”下拉类表，在其下拉列表中选择“着色1”，如图3-4所示。

5 接着设置表格字体为“加粗”样式。

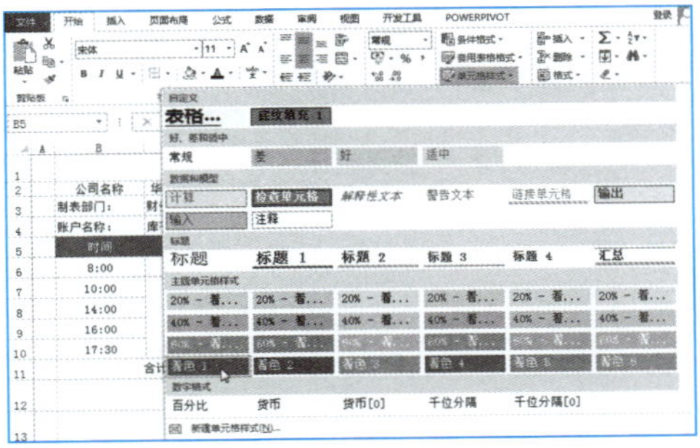

图3-4

6 选中G11单元格，单击“开始”选项卡，在“样式”选项组单击“单元格样式”下拉按钮，在其下拉列表中选择“检查单元格样式”，如图3-5所示。

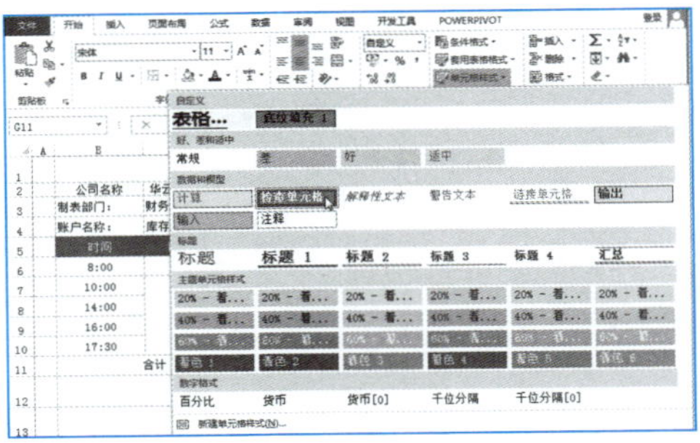

图3-5

7 选中B5:G20单元格区域，在“边框”下拉列表中选择“所有边框”，

第1章
第2章
第3章
第4章
第5章

接着设置边框为“粗匣框线”。选中C7:C10单元格区域，单击鼠标右键，在右键菜单中单击“设置单元格格式”命令（如图3-6所示），打开“设置单元格样式”对话框。

8 单击“边框”标签，在“样式”列表中选择合适的颜色，单击“颜色”设置框右侧下拉按钮，在下拉列表中选择合适的颜色，在右侧“边框”栏下单击“对角线边框”图标，如图3-7所示。

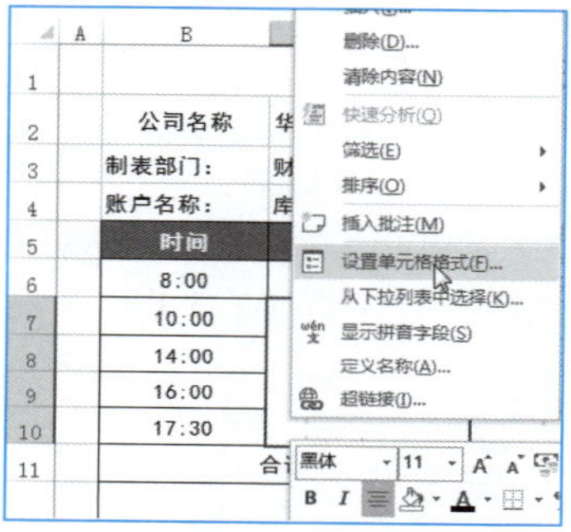

图3-6

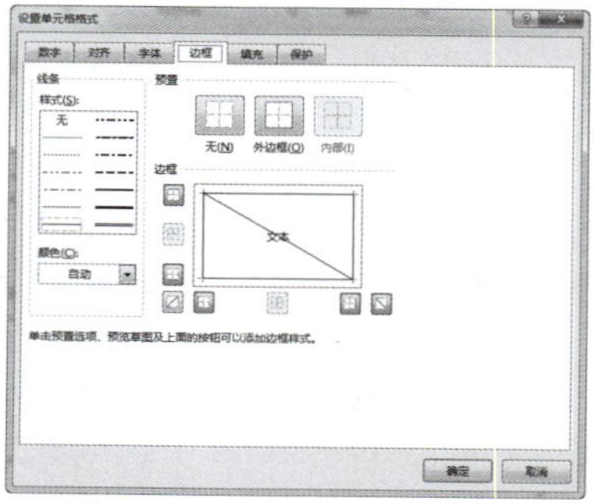

图3-7

步骤2：设置数字格式

1 选中B6:B10单元格区域，单击鼠标右键，在右键菜单中单击“设置单元格格式”命令（如图3-8所示），打开“设置单元格样式”对话框。

2 单击“数字”标签，在“分类”列表框中单击“自定义”选项，在“类型”列表框中单击选择“h:mm AM/PM”选项，如图3-9所示。

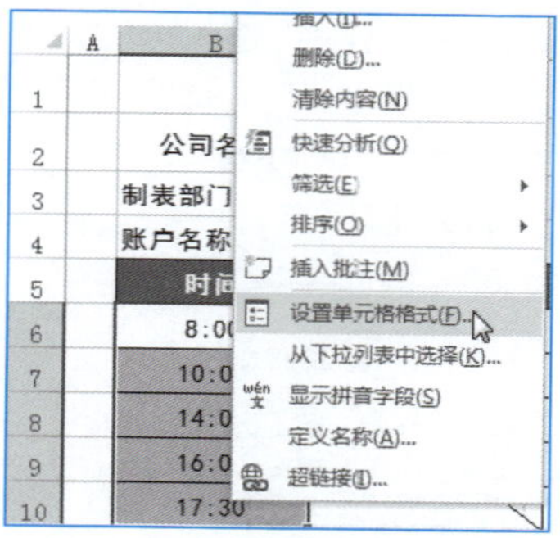

图3-8

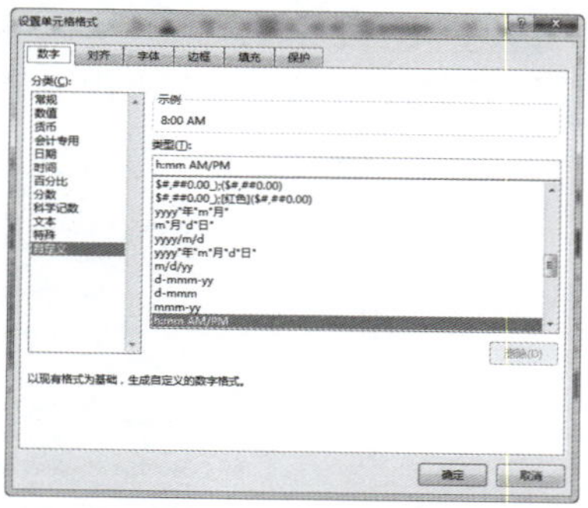

图3-9

3 设置了自定义格式后，B6:B10单元格区域显示以AM和PM区别上午和下午的时间格式，如图3-10所示。

4 按“Ctrl”键不放，选中C6、D6:E11、G6:G11单元格区域，打开“设置单元格格式”对话框，在“分类”列表中单击“货币”并在右侧根据需要设置数据样式，如图3-11所示。

	B	C	D	E
1			现金余额日报表	
2	公司名称	华云信息有限公司		制表时间
3	制表部门：	财务部		
4	账户名称：	库存现金		
5	时间	前一天余额	当天收入	当天汇出
6	8:00 AM	6800	2000	
7	10:00 AM			15000
8	2:00 PM		3000	
9	4:00 PM		20000	9875
10	5:30 PM			
11	合计		25000	24875

图3-10

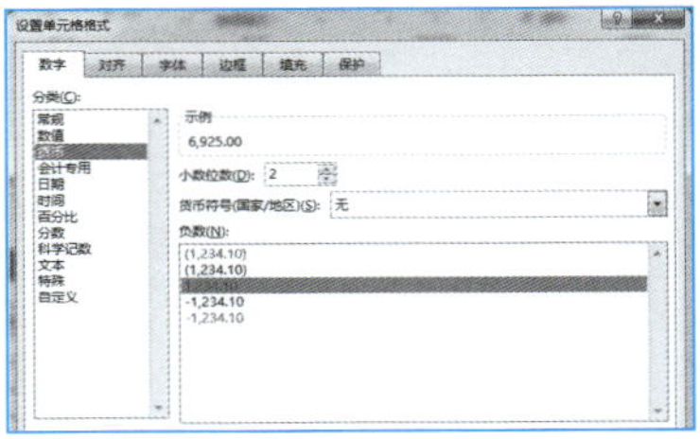

图3-11

步骤3：设置公式进行计算

❶ 选中G6单元格，在公式编辑栏中输入公式“=C6+D6-E6”，按回车键，即可计算出本日现金余额，如图3-12所示。

G6　=C6+D6-E6

	D	E	F	G
1	现金余额日报表			
2		制表时间	2014年8月20日	
3				单位：元
4				
5	当天收入	当天汇出	汇出单位	现金余额
6	￥2,000.00			￥8,800.00
7		￥15,000.00	永利薄板有限公司	
8	￥3,000.00			
9	￥20,000.00	￥9,875.00	同副食品	

图3-12

❷ 选中G7单元格，在公式编辑栏中输入公式“=G6+D7-E7”，按回车键后，向下填充到G10单元格，如图3-13所示。

G7　=G6+D7-E7

	D	E	F	G	H
3				单位：元	
4					
5	当天收入	当天汇出	汇出单位	现金余额	
6	￥2,000.00			￥8,800.00	
7		￥15,000.00	永利薄板有限公司	￥6,200.00	
8	￥3,000.00			￥3,200.00	
9	￥20,000.00	￥9,875.00	同副食品	￥6,925.00	
10				￥6,925.00	

图3-13

❸ 选中D11单元格，在公式编辑栏中输入公式“=SUM(D6:D10)”，按回车键后，向右填充到E11单元格，即可计算出当天收入和汇出的现金合计，如图3-14所示。

❹ 选中G11单元格，在公式编辑栏中输入公式“=C6+D11-E11”，按回车键后，即可计算出最终余额，如图3-15所示。

D11　=SUM(D6:D10)

	D	E	F	G
5	当天收入	当天汇出	汇出单位	现金余额
6	¥2,000.00			¥8,800.00
7		¥15,000.00	永利薄板有限公司	¥6,200.00
8	¥3,000.00			¥3,200.00
9	¥20,000.00	¥9,875.00	同副食品	¥6,925.00
10				¥6,925.00
11	¥25,000.00	¥24,875.00		
	财务部审核意见			

图3-14

G11　=C6+D11-E11

	D	E	F	G
5	当天收入	当天汇出	汇出单位	现金余额
6	¥2,000.00			¥8,800.00
7		¥15,000.00	永利薄板有限公司	¥6,200.00
8	¥3,000.00			¥3,200.00
9	¥20,000.00	¥9,875.00	同副食品	¥6,925.00
10				¥6,925.00
11	¥25,000.00	¥24,875.00		¥6,925.00
	财务部审核意见			

图3-15

提 示

在中国，会计通用样式为¥，当然，用户可以为货币数值设置其他样式的货币像是，如“美元”。打开“设置单元格格式”对话框，单击“货币”标签，在“货币符号(国家/地区)”文本框下拉列表中选择所需要的货币符号样式。

文件24　现金存款日报表

现金存款日报表是用来反映企业的活动性质资金和定期性资金每日存入银行的具体情况。现金存款日报表通常包括项目、前日余额、存入金额、支领金额和本日余额等。列标识包括现金或各类存款。

制作要点与设计效果图

- 自定义单元格样式
- 设置竖排文本格式
- 使用格式刷快速复制格式
- 应用自定义单元格样式

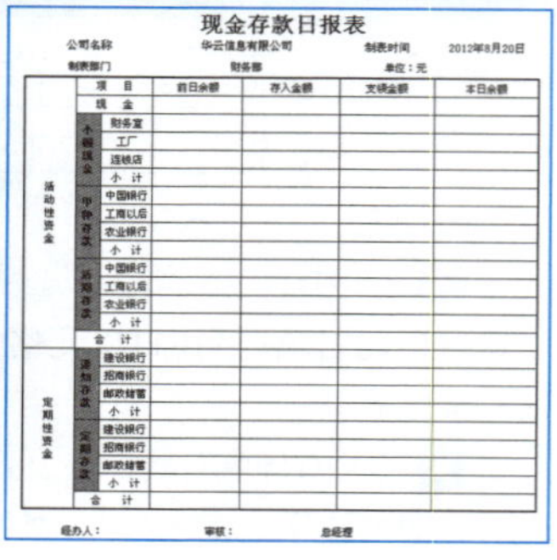

文件设计过程

步骤1：自定义样式

1 新建Excel 2013工作表，重命名工作表为“现金存款日报表”，在工作表中输入现金存款日报表的内容，并设置格式，如图3-16所示。

2 选中C6:C9合并单元格，设置单元格格式为“灰色底纹填充”、“加粗”格式显示，如图3-17所示。

图3-16

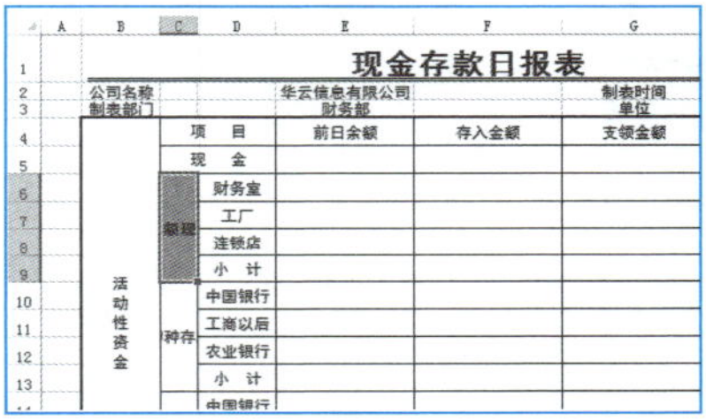

图3-17

3 单击“开始”选项卡，在“样式”选项组单击“单元格样式”下拉按钮，在其下拉列表中选择“新建单元格样式”选项，如图3-18所示。

4 打开“样式”对话框，在“样式名称”文本框中输入名称“底纹填充1”，单击“确定”按钮，如图3-19所示。

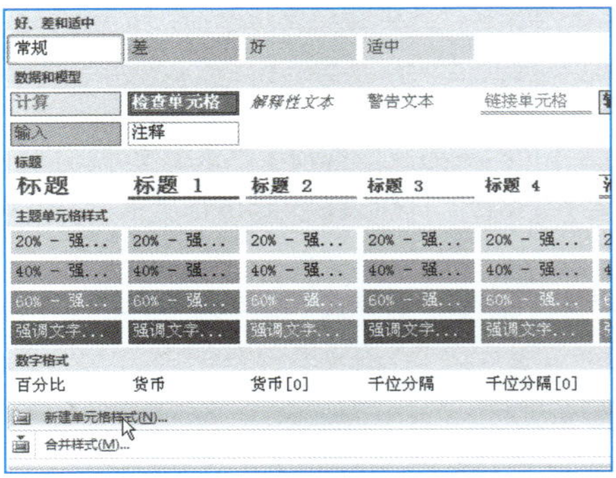

图3-18

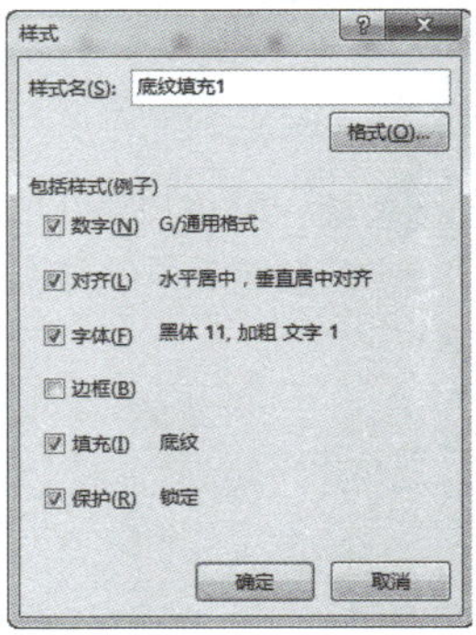

图3-19

5 再次单击“单元格样式”下拉按钮，定义的样式会显示在“自定义”组中的最前面，如图3-20所示。

6 按“Ctrl”键同时选中C10:C13、C14:C17、C19:C22、C23:C26单元格区域，单击“底纹填充1”自定义样式，如图3-21所示。

7 应用样式后，选中的合并单元格都应用了“底纹填充”的样式。

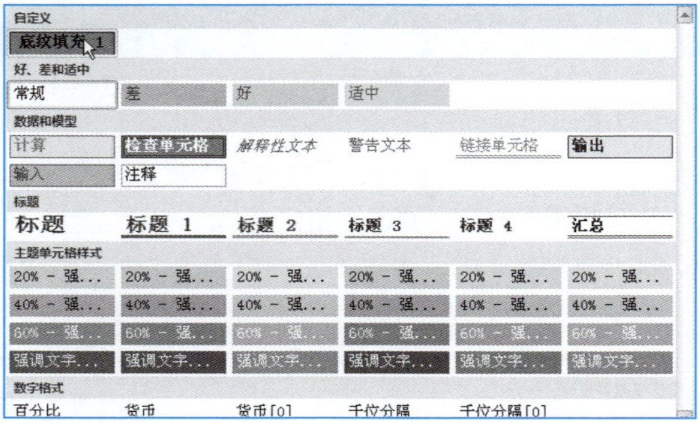

图3-20

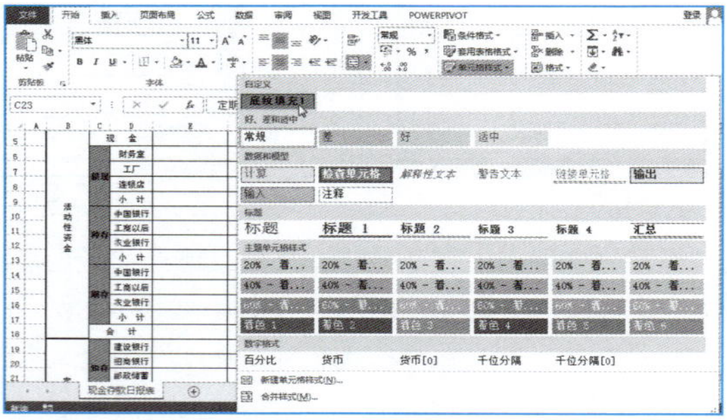

图3-21

步骤2：设置竖排文字

❶ 选中B6:B17合并单元格，在“对齐方式”选项组单击“文字方向”按钮，在其下拉列表中单击“竖排文字”命令，即可设置文字竖排显示，如图3-22所示。

图3-22

❷ 接着单击“开始”选项卡，在“剪贴板”选项组单击“格式刷”按钮，如图3-23所示。

❸ 单击B19:B26合并单元格，即可复制B6:B17合并单元格的格式，至此，“现金存款日报表”基本完成，如图3-24所示。

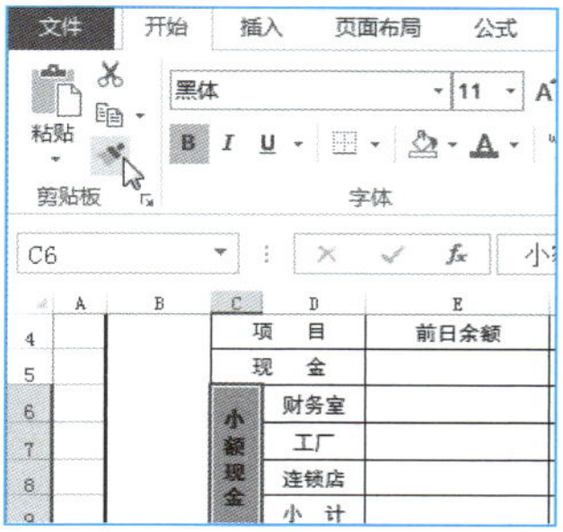

图3-23

图3-24

文件25　出纳管理日报表

出纳管理日报表一般是由出纳负责填写，主要用来详细记录企业每天收到和支出的现金以及存款的情况。出纳管理日报表主要分为收入和支出两栏，根据实际内容又可以在收入与支出两大栏划分多个子栏。

制作要点与设计效果图

- 自定义单元格样式
- 设置竖排文本格式
- 使用格式刷快速复制格式
- 删除单元格
- 设置单元格填充
- 设置公式

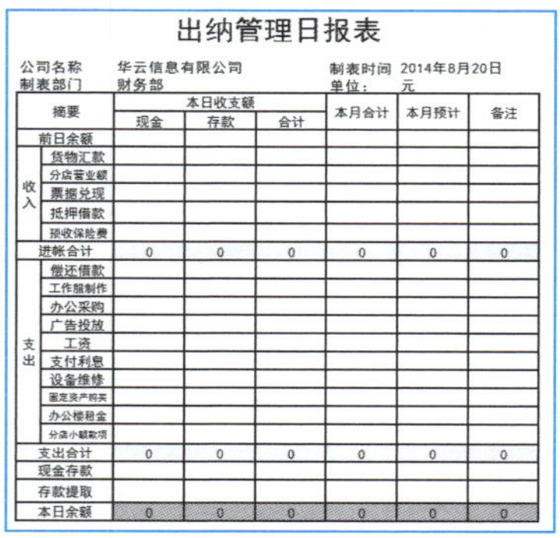

出纳管理日报表

公司名称　华云信息有限公司　　制表时间　2014年8月20日
制表部门　财务部　　单位：　元

摘要		本日收支额			本月合计	本月预计	备注
		现金	存款	合计			
前日余额							
收入	货物汇款						
	分店营业额						
	票据兑现						
	抵押借款						
	预收保险费						
进帐合计		0	0	0	0	0	0
支出	偿还借款						
	工作服制作						
	办公采购						
	广告投放						
	工资						
	支付利息						
	设备维修						
	固定资产购买						
	办公楼租金						
	分店小额款项						
支出合计		0	0	0	0	0	0
现金存款							
存款提取							
本日余额		0	0	0	0	0	0

文件设计过程

步骤1：设置单元格格式

❶ 新建Excel 2013工作表，重命名工作表为“出纳管理日报表”，输入表

格内容，并设置格式，如图3-25所示。

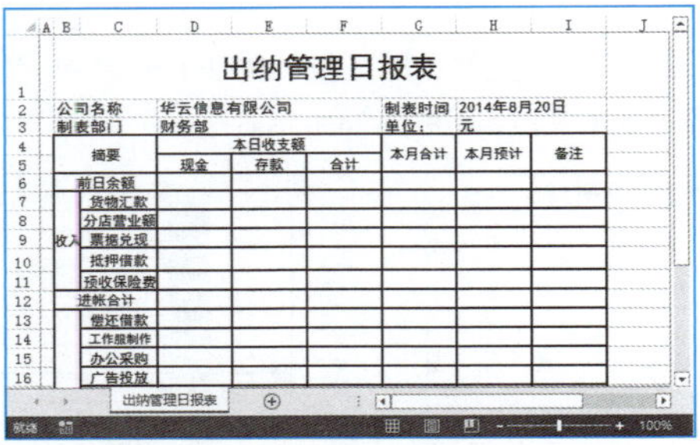

图3-25

2 选中“收入”和“支出”所在单元格，打开“设置单元格格式”对话框，单击“对齐”标签，在“文本控制”栏下选中“自动换行”复选框，单击“确定”按钮，即可设置单元文字超过单元格范围后自动换行，如图3-26所示。

3 向左拖动列标识B，减小列B的宽度，如图3-27所示。

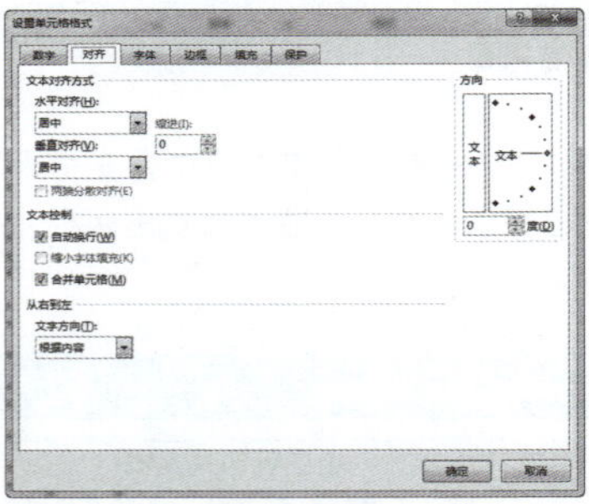

图3-26

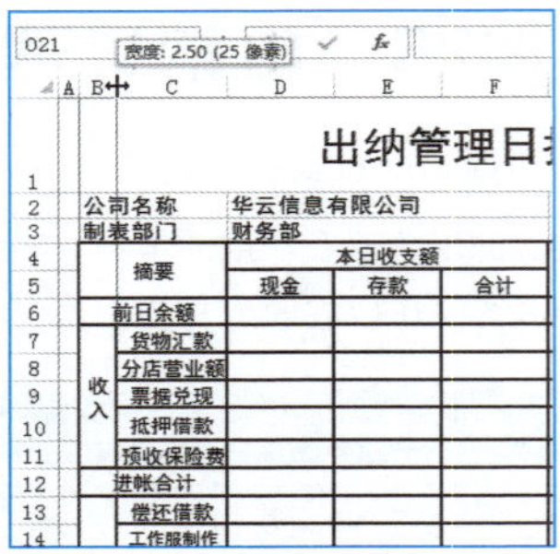

图3-27

4 依次选中C8、C11、C14、C20：C22单元格，打开“设置单元格格式”对话框中，在“对齐”标签下选中“缩小字体填充”复选框（如图3-28所示），选定区域单元格内容的文本会自动缩小字体适应单元格宽度，如图3-29所示。

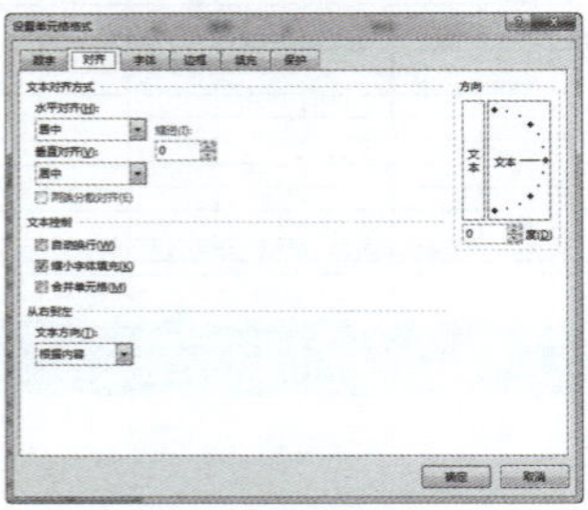

图3-28

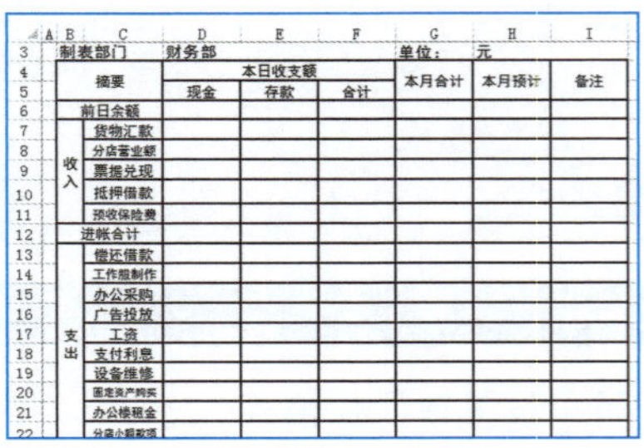

图3-29

5 选中不需要的空白行，在右键菜单中选择“删除”命令，即可删除不需要的行，如图3-30所示。

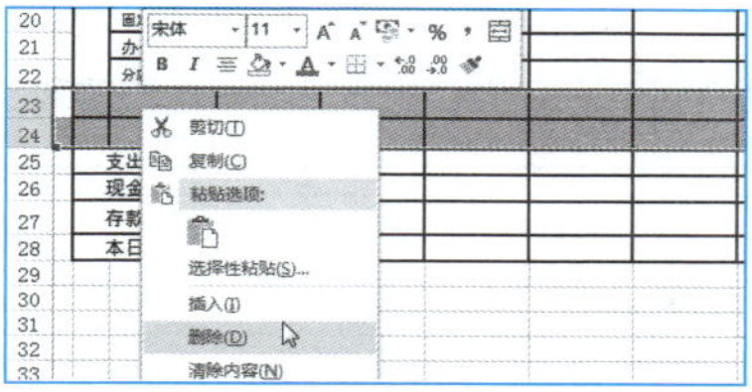

图3-30

步骤2：设置颜色填充和计算公式

1 选中D12:I12单元格区域，设置填充颜色为“黄色”，如图3-31所示。

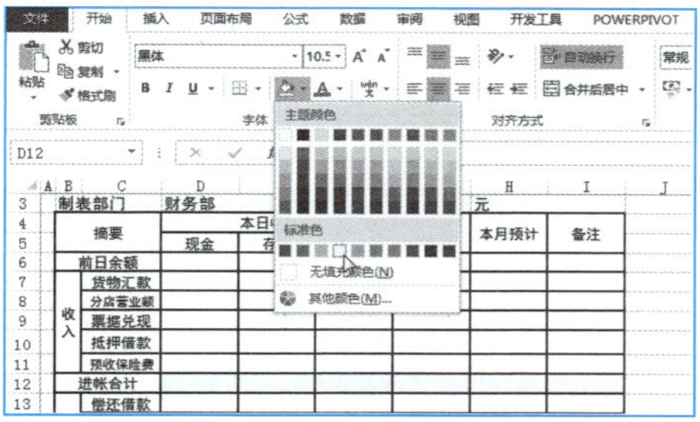

图3-31

2 选中D12单元格，在公式编辑栏中输入公式“=SUM(D7:D11)”，按回车键后向右填充到I12单元格，如图3-32所示。

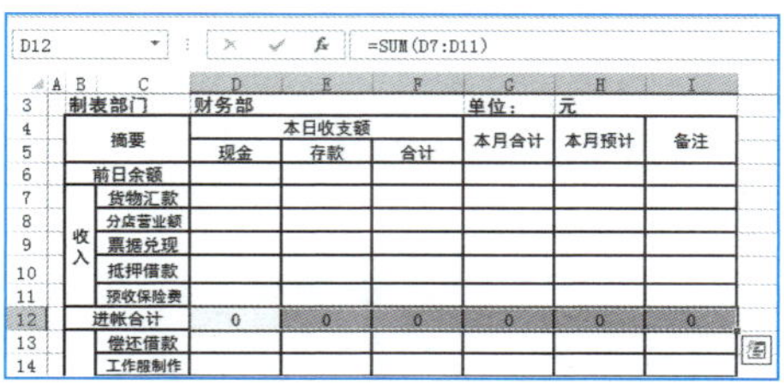

图3-32

3 使用格式刷将D12:I12单元格区域格式复制到D23:I23单元格区域，选中D23单元格，在公式编辑栏中输入公式：“=SUM(D13:D22)”，按回车键复制到I23单元格，如图3-33所示。

4 选中D26单元格，在公式编辑栏中输入公式：“=D6+D12-D23-D24+D25”，按回车键后复制到I25单元格，并设置填充颜色为“橙色”，如

图3-34所示。

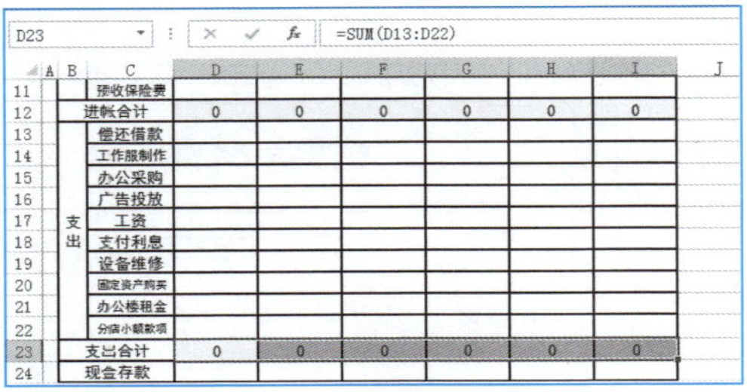

图3-33

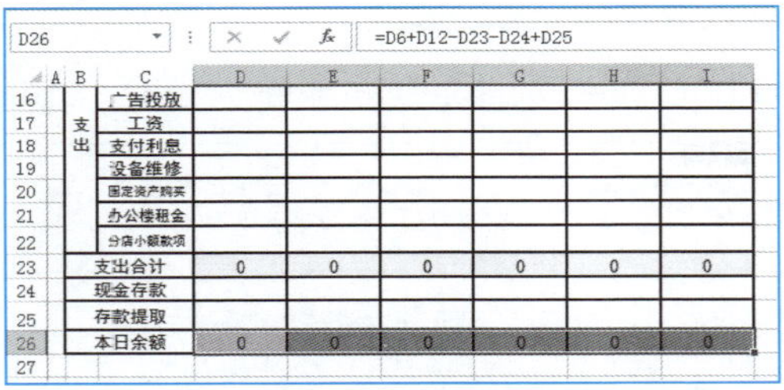

图3-34

提 示

在删除工作表区域的行时，要选中一个整行，而不是选择表身中空白区域，若是选择空白区域进行删除，会将表格原有的格式打乱。

步骤3：保存为模板

1 单击“文件→保存”命令，打开“另存为”窗格，使用默认的选项，单击“浏览”按钮（如图3-35所示），弹出“另存为”对话框。

2 单击“保存类型”设置框下拉按钮，在下拉菜单中单击“Excel模板”，如图3-36所示。

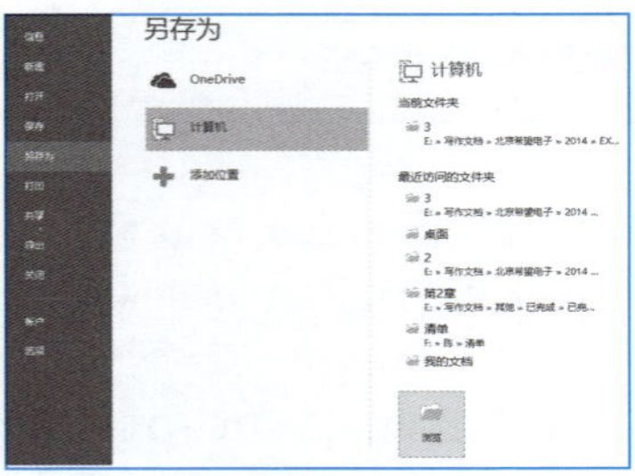

图3-35

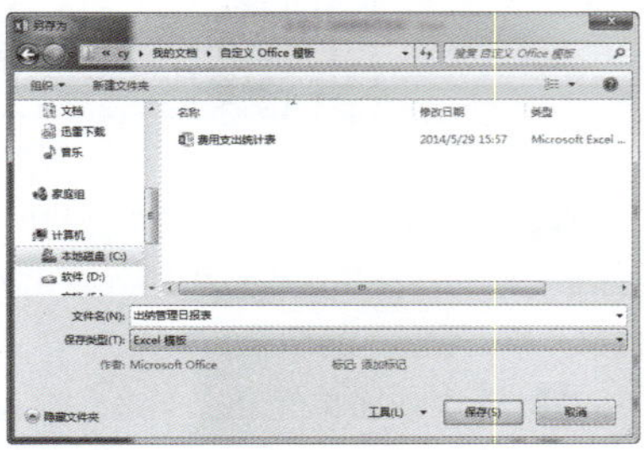

图3-36

3 保存为模板后，可以直接使用该模板来新建工作簿。单击“文件→新建”命令，打开“新建”窗格，单击“个人”选项，可以看到之前保存的模板（如图3-37所示），选中模板，即可依据该模板新建工作簿。

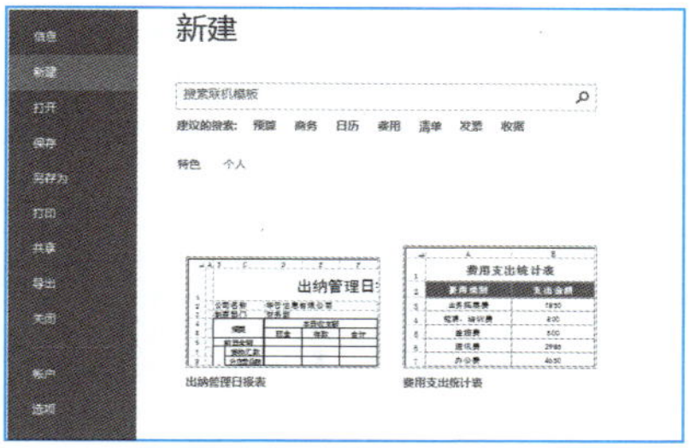

图3–37

文件26 银行存款余额调节表

银行存款余额调节表主要目的是在于核对企业账目与银行账目的差异，也用于检查企业与银行账目的差错，行存款余额调节表的编制方法一般是在双方账面余额的基础上，分别补记对方已记而本方未记账的账项金额，然后验证调节后的双方账目是否相符。

制作要点与设计效果图

- 设置单元格格式
- 设置公式

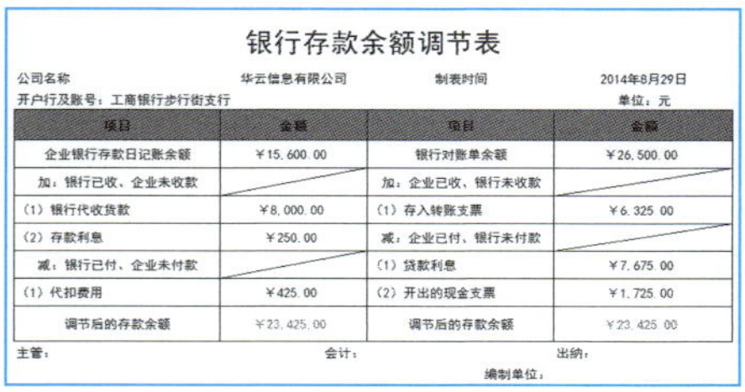

银行存款余额调节表

公司名称 华云信息有限公司 制表时间 2014年8月29日

开户行及账号：工商银行步行街支行 单位：元

项目	金额	项目	金额
企业银行存款日记账余额	¥15,600.00	银行对账单余额	¥26,500.00
加：银行已收、企业未收款		加：企业已收、银行未收款	
(1) 银行代收货款	¥8,000.00	(1) 存入转账支票	¥6,325.00
(2) 存款利息	¥250.00	减：企业已付、银行未付款	
减：银行已付、企业未付款		(1) 贷款利息	¥7,675.00
(1) 代扣费用	¥425.00	(2) 开出的现金支票	¥1,725.00
调节后的存款余额	¥23,425.00	调节后的存款余额	¥23,425.00

主管： 会计： 出纳：

编制单位：

文件设计过程

步骤1：设置表格格式

1 新建Excel 2013工作表，重命名工作表为“银行存款余额调节表”，输入表格内容，并设置格式，如图3-38所示。

2 选中B5:E5单元格区域，设置填充颜色为“灰色”，如图3-39所示。

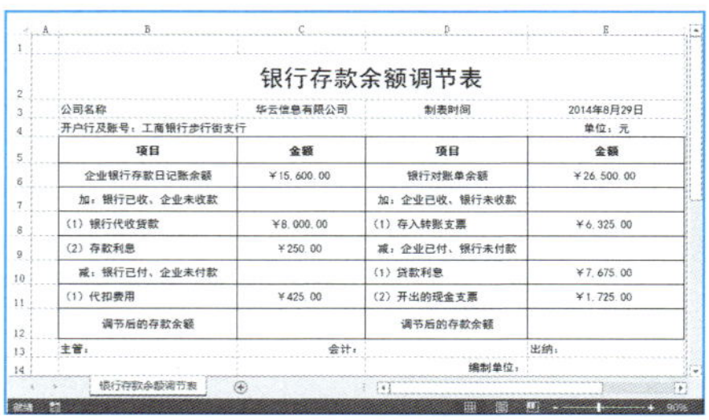

银行存款余额调节表

公司名称 华云信息有限公司 制表时间 2014年8月29日

开户行及账号：工商银行步行街支行 单位：元

项目	金额	项目	金额
企业银行存款日记账余额	¥15,600.00	银行对账单余额	¥26,500.00
加：银行已收、企业未收款		加：企业已收、银行未收款	
(1) 银行代收货款	¥8,000.00	(1) 存入转账支票	¥6,325.00
(2) 存款利息	¥250.00	减：企业已付、银行未付款	
减：银行已付、企业未付款		(1) 贷款利息	¥7,675.00
(1) 代扣费用	¥425.00	(2) 开出的现金支票	¥1,725.00
调节后的存款余额		调节后的存款余额	

主管： 会计： 出纳：

编制单位：

银行存款余额调节表

图3–38

❸ 依次选中不需要输入内容的单元格，C7、C10、E7、E9，打开“设置单元格格式”对话框中，为其设置对角线边框，单击“确定”按钮，如图3-40所示。

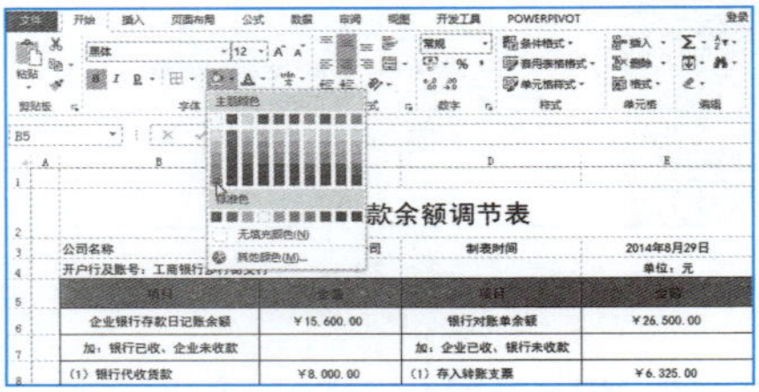

图3-39

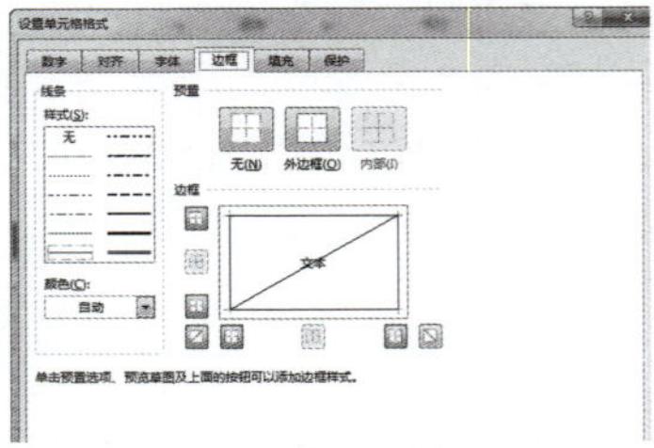

图3-40

❹ 返回工作表中，即可为单元格设置对角线边框，如图3-41所示。

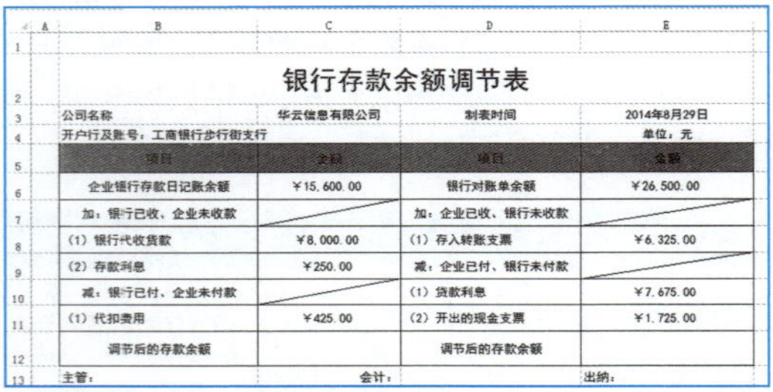

银行存款余额调节表			
公司名称	华云信息有限公司	制表时间	2014年8月29日
开户行及账号：工商银行步行街支行			单位：元
项目	金额	项目	金额
企业银行存款日记账余额	￥15,600.00	银行对账单余额	￥26,500.00
加：银行已收、企业未收款		加：企业已收、银行未收款	
（1）银行代收货款	￥8,000.00	（1）存入转账支票	￥6,325.00
（2）存款利息	￥250.00	减：企业已付、银行未付款	
减：银行已付、企业未付款		（1）贷款利息	￥7,675.00
（1）代扣费用	￥425.00	（2）开出的现金支票	￥1,725.00
调节后的存款余额		调节后的存款余额	
主管：	会计：		出纳：

图3-41

步骤2：设置公式计算

❶ 选中C12单元格，在公式编辑栏充输入公式：“=C6+C8+C9-C11”，按回车键，即可计算出银行存款账面余额，结果为“23425”，如图3-42所示。

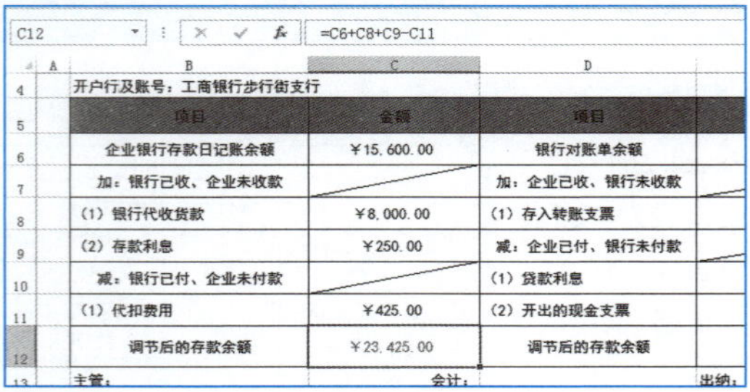

C12　=C6+C8+C9-C11

开户行及账号：工商银行步行街支行		
项目	金额	项目
企业银行存款日记账余额	￥15,600.00	银行对账单余额
加：银行已收、企业未收款		加：企业已收、银行未收款
（1）银行代收货款	￥8,000.00	（1）存入转账支票
（2）存款利息	￥250.00	减：企业已付、银行未付款
减：银行已付、企业未付款		（1）贷款利息
（1）代扣费用	￥425.00	（2）开出的现金支票
调节后的存款余额	￥23,425.00	调节后的存款余额
主管：	会计：	出纳：

图3-42

❷ 选中E11单元格，在公式编辑栏充输入公式：“=E6+E8-E10-E11”，按回车键，即可计算出银行对账单存款余额，计算结果也是“23425”，如图3-43所示。

E12 =E6+E8-E10-E11

开户行及账号：工商银行步行街支行			单位：元
项目	金额	项目	金额
企业银行存款日记账余额	￥15,600.00	银行对账单余额	￥26,500.00
加：银行已收、企业未收款		加：企业已收、银行未收款	
（1）银行代收货款	￥8,000.00	（1）存入转账支票	￥6,325.00
（2）存款利息	￥250.00	减：企业已付、银行未付款	
减：银行已付、企业未付款		（1）贷款利息	￥7,675.00
（1）代扣费用	￥425.00	（2）开出的现金支票	￥1,725.00
调节后的存款余额	￥23,425.00	调节后的存款余额	￥23,425.00
主管：	会计：		出纳：
		编制单位：	

图3-43

文件27　提现登记表

为了更好地记录企业或个人银行存款的资金流向，在每发生一笔提现时，可以将日期、原由、提取金额、经办人等关键信息提取登记，反映每一次提现的资金去向。提现登记表通常包括：日期、银行名称、账号、提现金额、经办人、备注等。

制作要点与设计效果图

- 自定义单元格样式
- 套用表格样式
- 筛选

提现登记表

序号	日期	银行名称	账号	用 途	提取金额	经办人	备注
1	2014/3/1	建设银行	6227 0852 2582 3225 78	转账	¥ 20,000.00	张杰	
2	2014/3/2	交通银行	6222 0244 1785 2582 32	采购	¥ 8,000.00	张杰	
3	2014/3/10	交通银行	6222 0244 1785 2582 32	发工资	¥ 65,000.00	张杰	
4	2014/5/17	工商银行	0125 0852 2582 3225 78	房屋租金	¥ 15,000.00	李丽	
5	2014/5/18	工商银行	0125 0852 2582 3225 78	水电费	¥ 2,680.00	李丽	
6	2014/5/19	工商银行	0125 0852 2582 3225 78	押金	¥ 5,000.00	李丽	

文件设计过程

步骤1：单元格格式的应用

插入新工作表，并重命名为“提现登记表”。在工作表中输入表格内容，并设置字体格式，如图3-44所示。

提现登记表

序号	日期	银行名称	账号	用 途	提取金额	经办人	备注
1	2014/3/1	建设银行	6227 0852 2582 3225 78	转账	20000	张杰	
2	2014/3/2	交通银行	6222 0244 1785 2582 32	采购	8000	张杰	
3	2014/3/10	交通银行	6222 0244 1785 2582 32	发工资	65000	张杰	
4	2014/5/17	工商银行	0125 0852 2582 3225 78	房屋租金	15000	李丽	
5	2014/5/18	工商银行	0125 0852 2582 3225 78	水电费	2680	李丽	
6	2014/5/19	工商银行	0125 0852 2582 3225 78	押金	5000	李丽	

提现登记表

图3-44

步骤2：套用表格样式

❶ 选中表格数据所在单元格区域，单击“开始”选项卡，在“样式”选

项组中单击“套用单元格格式下拉按钮，在其下拉列表中选择一种表格格式，如图3-45所示。

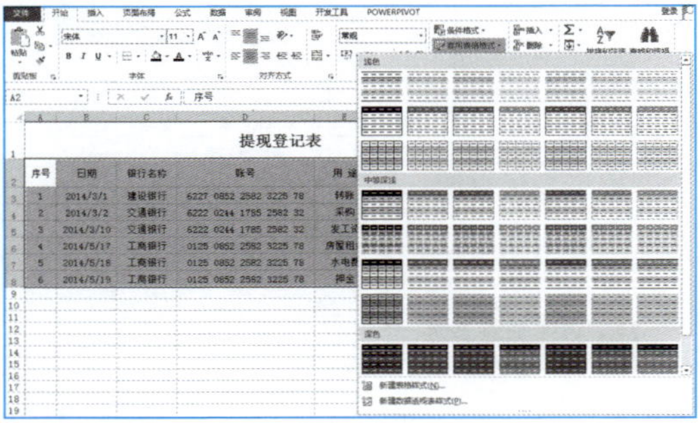

图3-45

2 在“套用表格式”对话框中会自动显示选定的单元格区域的地址引用，选中“包含标题”复选框，如图3-46所示。

3 单击“确定”按钮，套用表格格式后标题行中会自动添加筛选下拉按钮，如图3-47所示。

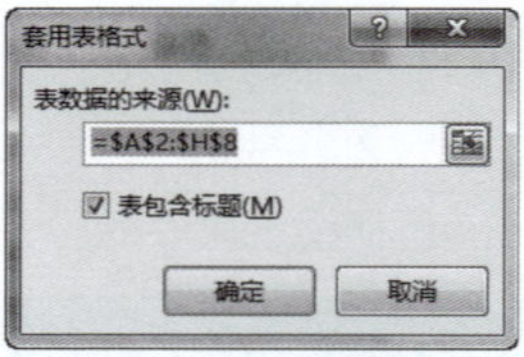

图3-46

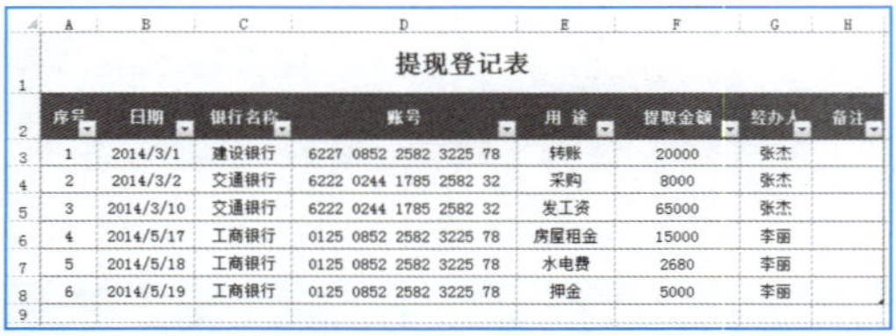

提现登记表

序号	日期	银行名称	账号	用途	提取金额	经办人	备注
1	2014/3/1	建设银行	6227 0852 2582 3225 78	转账	20000	张杰	
2	2014/3/2	交通银行	6222 0244 1785 2582 32	采购	8000	张杰	
3	2014/3/10	交通银行	6222 0244 1785 2582 32	发工资	65000	张杰	
4	2014/5/17	工商银行	0125 0852 2582 3225 78	房屋租金	15000	李丽	
5	2014/5/18	工商银行	0125 0852 2582 3225 78	水电费	2680	李丽	
6	2014/5/19	工商银行	0125 0852 2582 3225 78	押金	5000	李丽	

图3-47

步骤3：设置货币格式

选中F4:F9单元格区域，单击“单元格格式”下拉按钮，在其下拉列表中“数字格式”区域选择“货币”样式，如图3-48所示。

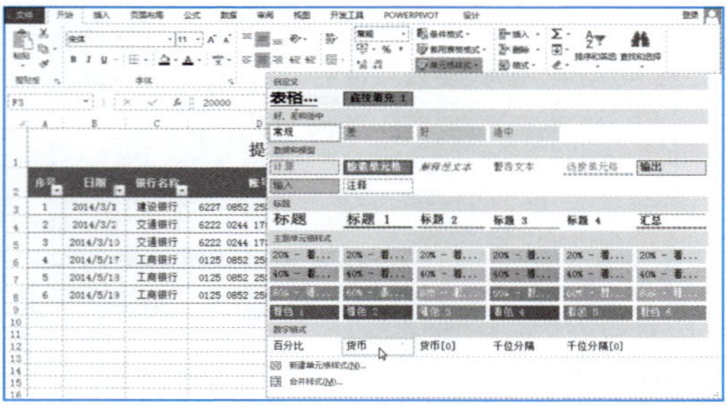

图3-48

步骤4：筛选数据

❶ 单击“银行名称”筛选按钮，在下拉列表中只选中“工商银行”复选框，单击“确定”按钮，如图3-49所示。

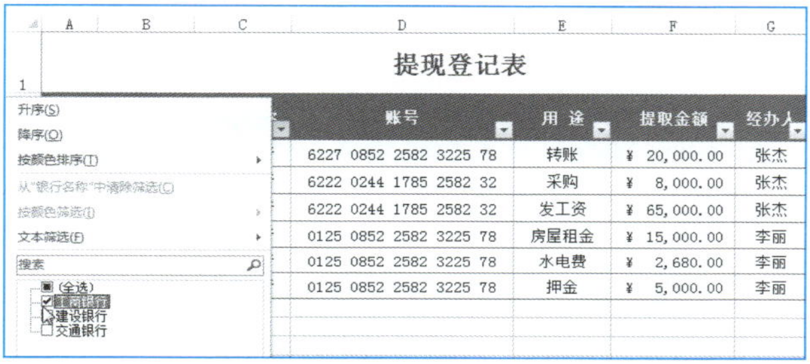

图3-49

❷ 返回工作表中，则工作表中只显示有关工商银行的记录，如图3-50所示。

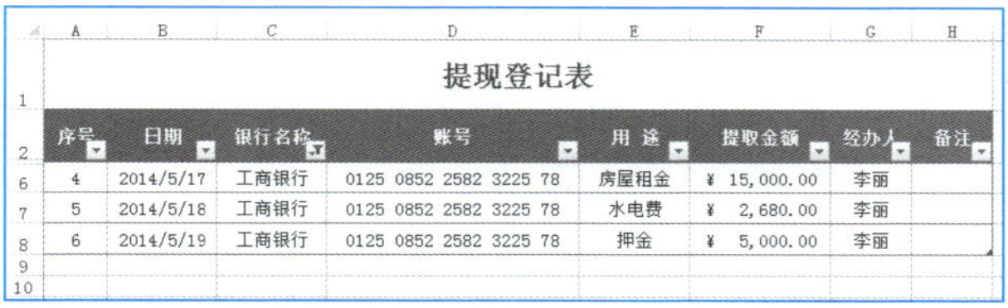

图3-50

提 示

快速移除筛选的方法

当对表中某一列应用筛选后，再次单击“筛选”按钮，从列表中重新选中“全部”选项，或者单击“从‘银行名称中’中清除筛选”选项，都可以重新显示全部数据，如图3-51所示。

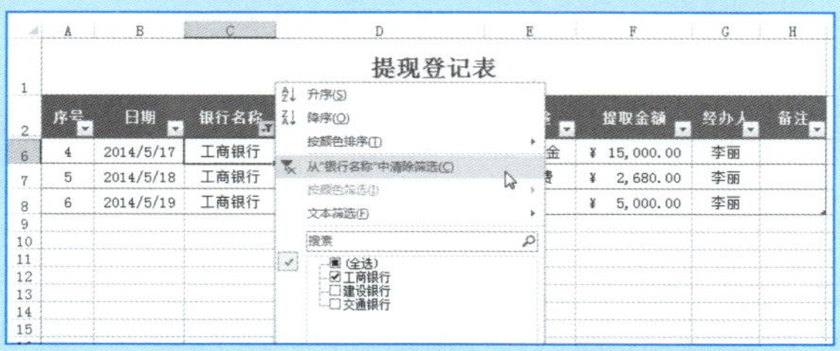

图3-51

文件28 现金银行存款收支日报表

现金银行存款收支日报表是用来记录每天现金和银行存款的收入与支出情况的，它从整体上分为两栏：收入和支出。然后分别包括：传票、摘要、银行存款和现金栏。

制作要点与设计效果图

- 设置填充格式（参考文件5）
- 输入文本数据（参考文件12）
- 设置公式（参考文件5）
- 设置货币格式（参考文件23）

现金银行存款收支日报表

151850.00

2014年 8 月 1 日

收			入	支			出
传票	摘要	银行存款	现金	传票	摘要	银行存款	现金
01258	销售商品		¥785,000.00	07851	支付房租		¥18,000.00
01259	应收账款	¥21,587.00		07852	支付订金	¥125,000.00	
01260	销售商品		¥7,500.00	07853	支付本月社保	¥26,850.00	
01261	应收账款	¥52,410.00		07854	支付差旅费		¥1,800.00
01262	技术服务费		¥8,000.00	07855	支付小额杂费		¥2,300.00
				07856	支付水电费		¥7,800.00
合计		¥73,997.00	¥800,500.00	合计		¥151,850.00	¥29,900.00

文件29 现金转账传票

当银行的会计凭证作为记账凭证使用时，因为要在银行内部进行传递，因此又称为“传票”。常见的传票有现金收入传票、现金支出传票和现金转账传票。现金转账传票包括“支票日期、支票编号、会计科目、摘要、借贷方金额、账页等内容。

制作要点与设计效果图

- 应用单元格样式（参考文件16）
- 设置边框格式（参考文件1、2、3）

现金转账传票

制票	年 月 日
制票编号	

会计科目	摘要	借方金额	贷方金额	序列账页	分类账页
合计					

文件30　财务科目日报表

财务科目日报表时比较综合的一张报表，它用来反映每一天财务部门的现金、银行存款以及应收应付票据等主要会计科目的发生和结余情况。通过该报表，可以直观地反映每一天企业的生产经营情况。

制作要点与设计效果图

- 设置竖排文本格式（参考文件24）
- 合并单元格（参考文件1）
- 设置边框（参考文件1、2、3）

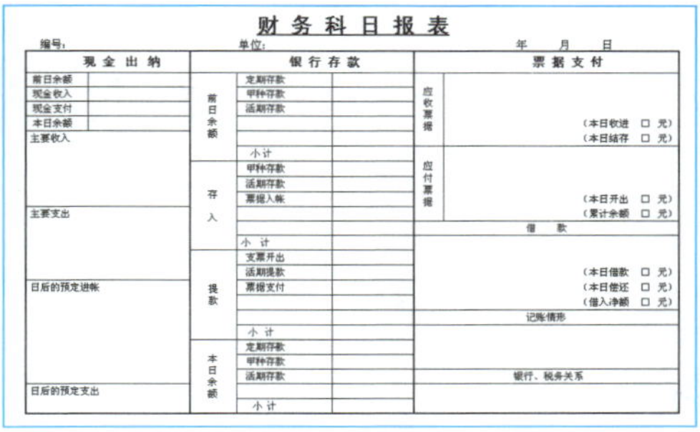

财务科日报表

编号：　单位：　年　月　日

现金出纳		银行存款			票据支付	
前日余额		前日余额	定期存款		应收票据	（本日收进 □ 元）（本日结存 □ 元）
现金收入			甲种存款			
现金支付			活期存款			
本日余额			小计			
主要收入		存入	甲种存款		应付票据	（本日开出 □ 元）（累计余额 □ 元）
			活期存款			
			票据入帐			
			小计		借款	
主要支出		提款	支票开出			（本日借款 □ 元）（本日偿还 □ 元）（借入净额 □ 元）
日后的预定进帐			活期提款			
			票据支付			
			小计		记账情形	
		本日余额	定期存款			
			甲种存款			
			活期存款		银行、税务关系	
日后的预定支出			小计			

文件31　库存盘点现金表

盘点库存现金是证实资产负债表所列现金是否存在的一种重要程序，是审查现金的一种必不可少的技术方法。它通过对出纳员所保管的现金进行实地清查，以确定实有数与账面数进行核对。库存盘点现金表主要包括清点现金和核对账目两大块。

制作要点与设计效果图

- 设置公式（参考文件23、25、26）
- 设置填充颜色（参考文件5）
- 应用单元格样式（参考文件23）

库存现金盘点表

单位名称：　会计期间：　盘点时间：
会计主管：　出　纳：　监盘人：
日　期：　日　期：　日　期：

实点现金			账实核对		核查结果	
货币面额	张数	金额	项　目	金　额	项　目	金　额
100元		¥ -	实点现金	¥ -	盘点日调整后现金账面余额	
50元		¥ -	加：已付款未入账单据		加：会计截止日至盘点日支出	
20元		¥ -			减：会计截止日至盘点日收入	
10元		¥ -	减：已收款未入账单据		倒轧至　年　月　日账面余额	
5元		¥ -			年　月　日实际账面余额	
2元		¥ -	盘点日现金应有账面余额		差　异	
1元		¥ -	盘点日现金账面余额			
5角		¥ -	长期存款			
2角		¥ -	短期存款			
1角		¥ -				
					说　明：	
合　计						
处理意见：						

文件32　零用金报销清单

针对公司内部小额或者零星支出的费用一般设置“零用金”账户进行管理。零用金使用时，每次支出应填制零用金报销清单，包括：科目，期间、填表日期、支付日记、部门、字母、摘要、单据张数、报销金额以及账目明细页数。

制作要点与设计效果图

- 设置单元格填充（参考文件5）
- 设置表格边框（参考文件1、2、3）
- 筛选（参考文件27）

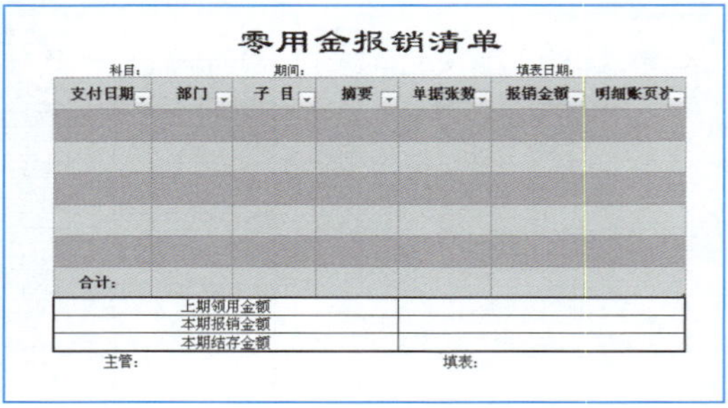

零用金报销清单

科目：　期间：　填表日期：

支付日期	部门	子　目	摘要	单据张数	报销金额	明细账页次
合计：						

上期领用金额	
本期报销金额	
本期结存金额	

主管：　填表：

Excel

第4章

往来账款管理表格

往来账款都是由信用政策而产生的。对于企业产生的每笔应收账款可以建立Excel表格来统一管理，并利用函数或相关统计分析工具进行统计分析，从统计结果中获取相关信息，从而做出正确的财务决策。

常见的往来账款管理表格主要有应收账款月报表、应收账款余额统计表、应付账款记录表、客户信用等级分析表等。

编号	文件名称	对应的数据源	重要星级
文件33	应收账款记录表	第4章\文件33 应收账款记录表.xlsx	★★★★★
文件34	应收账款月报表	第4章\文件34 应收账款月报表.xlsx	★★★★★
文件35	应收账款余额统计表	第4章\文件35 应收账款余额统计表.xlsx	★★★★★
文件36	应收账款逾期日报表	第4章\文件36 应收账款逾期日报表.xlsx	★★★★
文件37	应付账款记录表	第4章\文件37 应付账款记录表.xlsx	★★★★
文件38	往来客户总应付账款统计表	第4章\文件38 往来客户总应付账款统计表.xlsx	★★★★★
文件39	客户信用等级分析表	第4章\文件39 客户信用等级分析表.xlsx	★★★★★
文件40	每日欠款通报	第4章\文件40 每日欠款通报.xlsx	★★★★★
文件41	比较分公司销售回款率	第4章\文件41 比较分公司销售回款率.xlsx	★★★★
文件42	逾期未收回款项分析	第4章\文件42 逾期未收回款项分析.xlsx	★★★
文件43	应收账款账龄分析表	第4章\文件43 应收账款账龄分析表.xlsx	★★★
文件44	应收账款提前预警	第4章\文件44 应收账款提前预警.xlsx	★★★
文件45	应收账款催款单	第4章\文件45 应收账款催款单.xlsx	★★★
文件46	问题账款报告	第4章\文件46 问题账款报告.xlsx	★★★
文件47	坏账的提取与计算	第4章\文件47 坏账的提取与计算.xlsx	★★★★★
文件48	未收回款项逾期天数分析	第4章\文件48 未收回款项逾期天数分析.xlsx	★★★★

文件33　应收账款记录表

企业日常运作中产生的每笔应收账款需要记录，在Excel 中可以建立应收账款记录表管理应收账款，方便数据的计算，同时也便于后期对应收账款账龄的分析等。

制作要点与设计效果图

- 设置单元格格式
- IF函数（参考函数1、3）

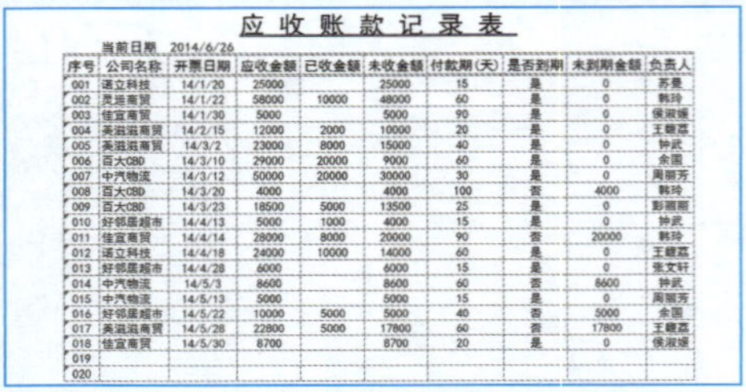

应收账款记录表

当前日期　2014/6/26

序号	公司名称	开票日期	应收金额	已收金额	未收金额	付款期(天)	是否到期	未到期金额	负责人
001	诺立科技	14/1/20	25000		25000	15	是	0	苏曼
002	灵运商贸	14/1/22	58000	10000	48000	60	是	0	韩玲
003	佳宜商贸	14/1/30	5000		5000	90	是	0	侯淑媛
004	美滋滋商贸	14/2/15	12000	2000	10000	20	是	0	王[illegible]
005	美滋滋商贸	14/3/2	23000	8000	15000	40	是	0	钟武
006	百大CBD	14/3/10	29000	20000	9000	60	是	0	余国
007	中汽物流	14/3/12	50000	20000	30000	30	是	0	周丽芳
008	百大CBD	14/3/20	4000		4000	100	否	4000	韩玲
009	百大CBD	14/3/23	18500	5000	13500	25	是	0	彭丽丽
010	好邻居超市	14/4/13	5000	1000	4000	15	是	0	钟武
011	佳宜商贸	14/4/14	28000	8000	20000	90	否	20000	韩玲
012	诺立科技	14/4/18	24000	10000	14000	60	是	0	王[illegible]
013	好邻居超市	14/4/28	6000		6000	15	是	0	张文轩
014	中汽物流	14/5/3	8600		8600	60	否	8600	钟武
015	中汽物流	14/5/13	5000		5000	15	是	0	周丽芳
016	好邻居超市	14/5/22	10000	5000	5000	40	否	5000	余国
017	美滋滋商贸	14/5/28	22800	5000	17800	60	否	17800	王[illegible]
018	佳宜商贸	14/5/30	8700		8700	20	是	0	侯淑媛
019									
020									

文件设计过程

步骤1：建立应收账款月报表

❶ 打开工作簿，将Sheet1工作表重命名为“应收账款记录表”。输入表格标题表头信息、列标识，并设置表格的边框底纹、文字格式等，如图4-1所示。

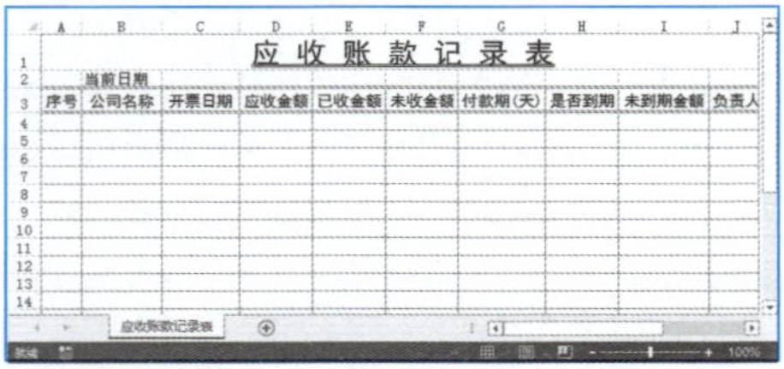

图4-1

❷ 在后面计算应收账款是否到期或计算账龄等都需要使用到当前日期，因此可选中C2单元格，在公式编辑栏中输入公式：“=TODAY()”，按回车键，返回当前日期，如图4-2所示。

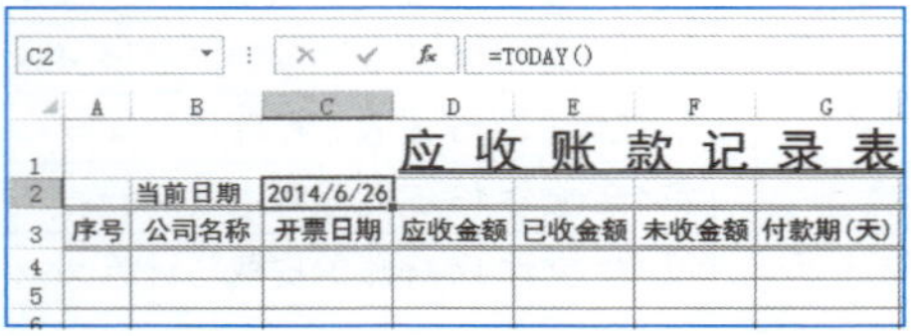

图4-2

3 选中“序号”列单元格区域，在“开始”选项卡下“数字”组中单击“▾”（数字格式）按钮，在下拉菜单中单击“文本”，如图4-3所示。

4 输入前两个序号，然后利用填充的方法完成序号的一次性输入，如图4-4所示。

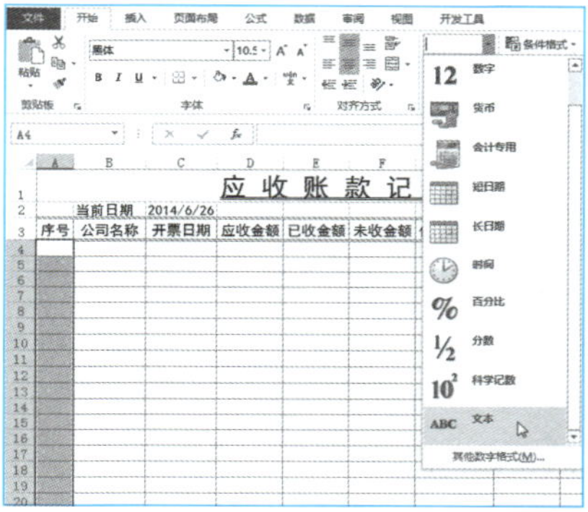

图4-3

图4-4

5 选中“开票日期”列单元格区域，在“开始”选项卡下“数字”组中单击“↘”（数字格式）按钮，打开“设置单元格格式”对话框，单击“数字”标签，在“分类”列表中单击“日期”，在右侧“类型”列表中选择一种日期格式，如“01/3/14”，如图4-5所示。从而让输入的日期显示为如图4-6所示的格式。

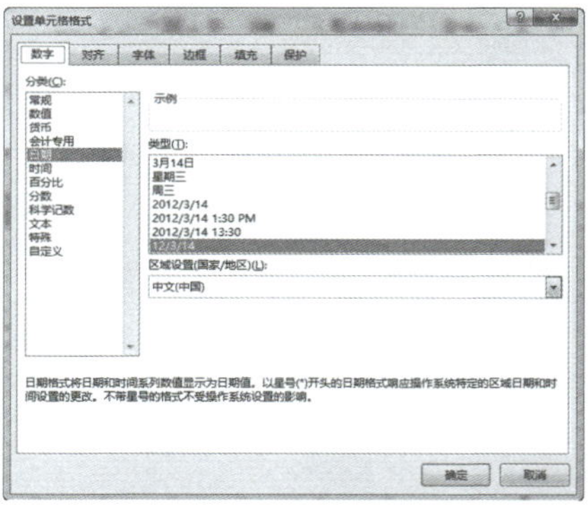

图4-5

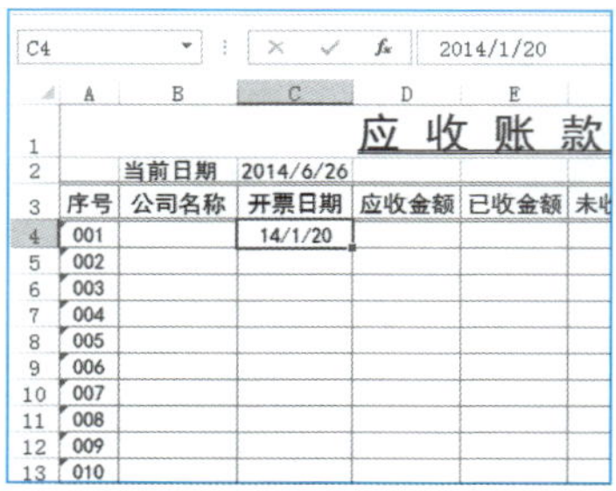

图4-6

6 按日期顺序将应收账款基本数据（包括应收 客户、开票日期、应收金额、已收金额等）记录到表格中，这些数据都是要根据实际情况手工输入的。输入后的表格如图4-7所示。

应收账款记录表

	当前日期	2014/6/26							
序号	公司名称	开票日期	应收金额	已收金额	未收金额	付款期(天)	是否到期	未到期金额	负责人
001	诺立科技	14/1/20	25000			15			苏曼
002	灵运商贸	14/1/22	58000	10000		60			韩玲
003	佳宜商贸	14/1/30	5000			90			侯淑媛
004	美滋滋商贸	14/2/15	12000	2000		20			王馥荔
005	美滋滋商贸	14/3/2	23000	8000		40			钟武
006	百大CBD	14/3/10	29000	20000		60			余国
007	中汽物流	14/3/12	50000	20000		30			周丽芳
008	百大CBD	14/3/20	4000			100			韩玲
009	百大CBD	14/3/23	18500	5000		25			彭丽丽
010	好邻居超市	14/4/13	5000	1000		15			钟武
011	佳宜商贸	14/4/14	28000	8000		90			韩玲
012	诺立科技	14/4/18	24000	10000		60			王馥荔
013	好邻居超市	14/4/28	6000			15			张文轩
014	中汽物流	14/5/3	8600			60			钟武
015	中汽物流	14/5/13	5000			15			周丽芳
016	好邻居超市	14/5/22	10000	5000		40			余国
017	美滋滋商贸	14/5/28	22800	5000		60			王馥荔

图4-7

步骤2：设置公式

❶ 选中F4单元格，在公式编辑栏中输入公式：“=D4-E4”，按回车键，计算出第一条记录的未收金额。选中F4单元格，向下复制公式，快速计算出各条应收账款的未收金额，如图4-8所示。

F4 =D4-E4

应收账款记录表

	当前日期	2014/6/26						
序号	公司名称	开票日期	应收金额	已收金额	未收金额	付款期(天)	是否到期	未到期金额
001	诺立科技	14/1/20	25000		25000	15		
002	灵运商贸	14/1/22	58000	10000	48000	60		
003	佳宜商贸	14/1/30	5000		5000	90		
004	美滋滋商贸	14/2/15	12000	2000	10000	20		
005	美滋滋商贸	14/3/2	23000	8000	15000	40		
006	百大CBD	14/3/10	29000	20000	9000	60		
007	中汽物流	14/3/12	50000	20000	30000	30		
008	百大CBD	14/3/20	4000		4000	100		
009	百大CBD	14/3/23	18500	5000	13500	25		
010	好邻居超市	14/4/13	5000	1000	4000	15		
011	佳宜商贸	14/4/14	28000	8000	20000	90		
012	诺立科技	14/4/18	24000	10000	14000	60		
013	好邻居超市	14/4/28	6000		6000	15		
014	中汽物流	14/5/3	8600		8600	60		
015	中汽物流	14/5/13	5000		5000	15		

图4-8

❷ 选中H4单元格，在公式编辑栏中输入公式：“=IF((C4+G4)<$C$2,"是","否")”，按回车键，判断出第一条应收账款记录的是否到期。选中H4单元格，向下复制公式，快速判断出各条应收账款是否到期，如图4-9所示。

H4 =IF((C4+G4)<$C$2,"是","否")

应收账款记录表

	当前日期	2014/6/26						
序号	公司名称	开票日期	应收金额	已收金额	未收金额	付款期(天)	是否到期	未到期金额
001	诺立科技	14/1/20	25000		25000	15	是	
002	灵运商贸	14/1/22	58000	10000	48000	60	是	
003	佳宜商贸	14/1/30	5000		5000	90	是	
004	美滋滋商贸	14/2/15	12000	2000	10000	20	是	
005	美滋滋商贸	14/3/2	23000	8000	15000	40	是	
006	百大CBD	14/3/10	29000	20000	9000	60	是	
007	中汽物流	14/3/12	50000	20000	30000	30	是	
008	百大CBD	14/3/20	4000		4000	100	否	
009	百大CBD	14/3/23	18500	5000	13500	25	是	
010	好邻居超市	14/4/13	5000	1000	4000	15	是	
011	佳宜商贸	14/4/14	28000	8000	20000	90	否	
012	诺立科技	14/4/18	24000	10000	14000	60	是	

图4-9

❸ 选中I4单元格，在公式编辑栏中输入公式：“=IF($C$2-(C4+G4) <0,D4-

E4,0)”，按回车键，计算出第一条应收账款记录的未到期金额。选中I4单元格，向下复制公式，快速计算出各条应收账款的未到期金额，如图4-10所示。

I4　=IF($C$2-(C4+G4)<0,D4-E4,0)

应收账款记录表

当前日期	2014/6/26								
序号	公司名称	开票日期	应收金额	已收金额	未收金额	付款期(天)	是否到期	未到期金额	负责人
001	诺立科技	14/1/20	25000		25000	15	是	0	苏曼
002	灵运商贸	14/1/22	58000	10000	48000	60	是	0	韩玲
003	佳宜商贸	14/1/30	5000		5000	90	是	0	侯淑媛
004	美滋滋商贸	14/2/15	12000	2000	10000	20	是	0	王馥荔
005	美滋滋商贸	14/3/2	23000	8000	15000	40	是	0	钟武
006	百大CBD	14/3/10	29000	20000	9000	60	是	0	余国
007	中汽物流	14/3/12	50000	20000	30000	30	是	0	周丽芳
008	百大CBD	14/3/20	4000		4000	100	否	4000	韩玲
009	百大CBD	14/3/23	18500	5000	13500	25	是	0	彭丽丽
010	好邻居超市	14/4/13	5000	1000	4000	15	是	0	钟武
011	佳宜商贸	14/4/14	28000	8000	20000	90	否	20000	韩玲
012	诺立科技	14/4/18	24000	10000	14000	60	是	0	王馥荔
013	好邻居超市	14/4/28	6000		6000	15	是	0	张文轩
014	中汽物流	14/5/3	8600		8600	60	否	8600	钟武

图4-10

文件34　应收账款月报表

应收账款是指企业以商业信用的方式销售产品或提供劳务、后期按照约定的还款时间向购物单位收取的账款。应收账款月报表通常是根据各月发生的销售明细数据，分单位名称进行汇总，统计出每个月各单位的营收占款数据。

制作要点与设计效果图

- 设置数据验证
- SUMPRODUCT函数（参考函数8、13）

应收账款月报表

月份：8 月

单位名称	应收账款金额
永嘉家居有限公司	¥ 99,840.00
利耘大商场	¥ -
百家汇家居世界	¥ 435,580.00
布洛克家居	¥ 165,060.00
合　计	¥ 700,480.00

文件设计过程

步骤1：建立应收账款月报表

打开“销售记录”工作簿，新建工作表，将其重命名为“应收账款月报表”，工作表中创建如图4-11所示的应收账款月报表。

应收账款月报表

月份：　月

单位名称	应收账款金额
永嘉家居有限公司	
利耘大商场	
百家汇家居世界	
布洛克家居	
合　计	

销售记录表　应收账款月报表

图4-11

步骤2：设置数据验证

❶ 在空白的单元格区域中输入“1 ~12”数值（本例在A16:A27单元格区域输入）。选中C2单元格，切换到“数据”选项卡，在“数据工具”选项组单击“数据验证”按钮，如图4-12所示。

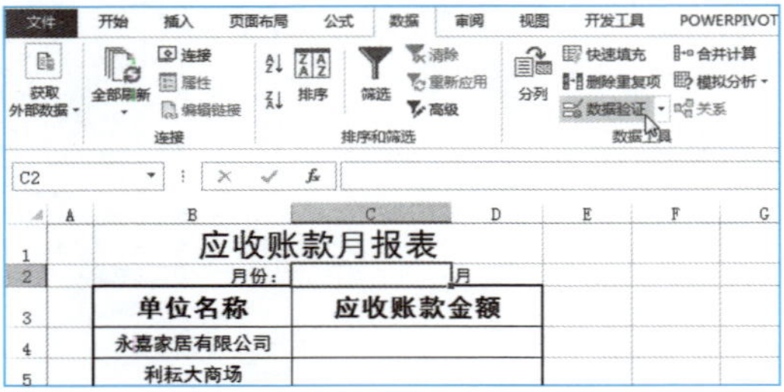

图4-12

❷ 打开“数据验证”对话框，单击“允许”设置框下拉按钮，在下拉列表中单击“序列”，设置来源为：“=$A$16:$A$27”，如图4-13所示。

❸ 单击“输入信息”标签，输入提示内容，设置完成后单击“确定”按钮，如图4-14所示。

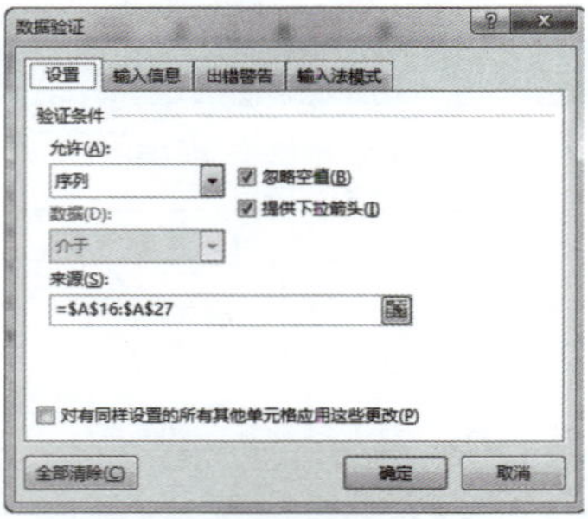

图4-13

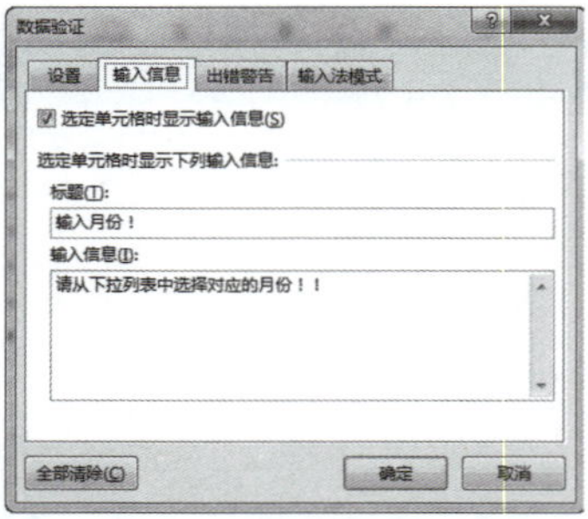

图4-14

❹ 返回工作表中，选中C2单元格会显示提示信息，如图4-15所示。

❺ 单击单元格右侧的下拉列表，从中选择“8”，如图4-16所示。

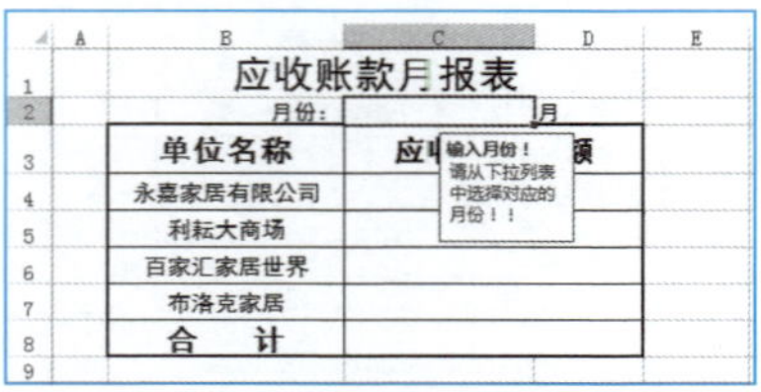

图4-15

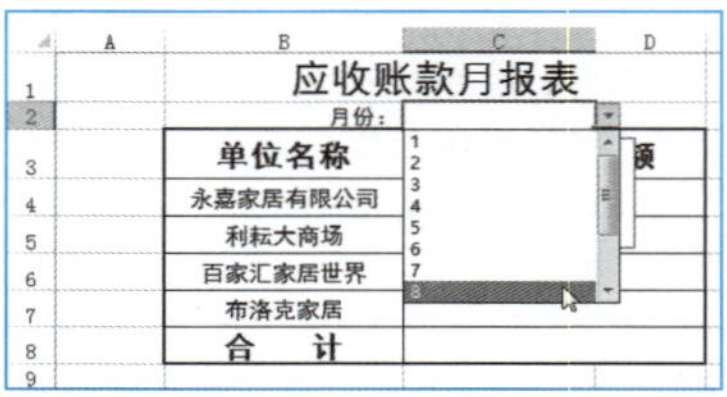

图4-16

步骤3：设置公式计算

❶ 选中C4单元格区域，在公式编辑栏中输入公：“=SUMPRODUCT((销售记录表!$B$3:$B$30=应收账款月报表!$C$2)*(销售记录表!$D$3:$D$30=应收账款月报表!B4)*销售记录表!$L$3:$L$30)”按回车键，即可得到第一个单位8月应收账款，如图4-17所示。

❷ 选中C4单元格，向下填充公式到C7单元格，即可得到所有单位8月应收账款，如图4-18所示。

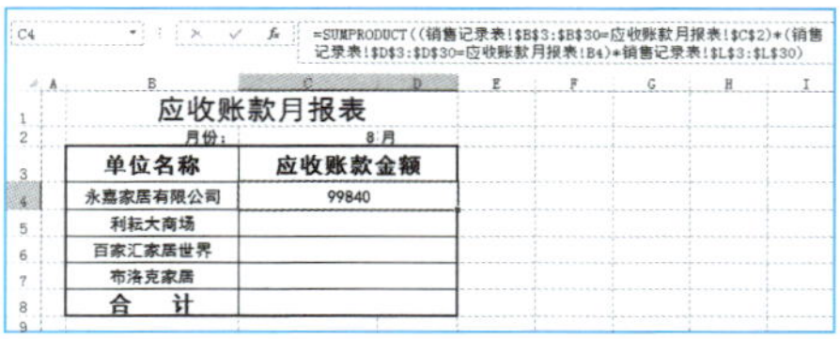

图4-17

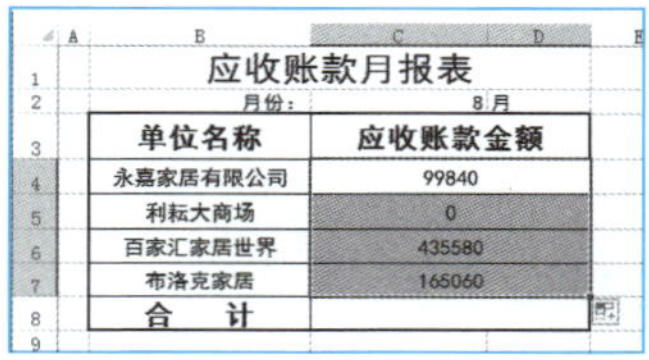

图4-18

公式分析：

公式“=SUMPRODUCT((销售记录表!$B$3:$B$30=$D$2)*(销售记录表!$D$3:$D$30=B4)*销售记录表!$L$3:$L$30)”

1. “(销售记录表!$B$3:$B$30=$D$2)”表示在销售记录表的B3:B30单元格区域寻找到满足“应收账款月报表”中D2单元格显示的值，并返回逻辑值。

2. “(销售记录表!$D$3:$D$30=B4)”表示在销售记录表的D3:D30单元格区域寻找到满足“应收账款月报表”中B4单元格显示的单位名称，并返回逻辑值。

3. “=SUMPRODUCT((销售记录表!$B$3:$B$30=$D$2)*(销售记录表!$D$3:$D$30=B4)*销售记录表!$L$3:$L$30)”表示对“(销售记录表!$B$3:$B$30= $D$2)”、“(销售记录表!$D$3:$D$30= B4)”和“销售记录表!$L$3:$L$30)”对应的元素相乘，并返回成绩之和。

4. “=SUMPRODUCT((销售记录表!$B$3:$B$30=$D$2)*(销售记录表!$D$3:$D$30=B4)*销售记录表!$L$3:$L$30)”在表面上，似乎是乘积运算。实际上是巧妙地运用逻辑值实现了多个条件的求和运算。

❸ 选中D9单元格，在公式编辑栏中输入公式：“=SUM(C4:D7)”，按回车键，即可计算出7月应收账款合计数，如图4-19所示。

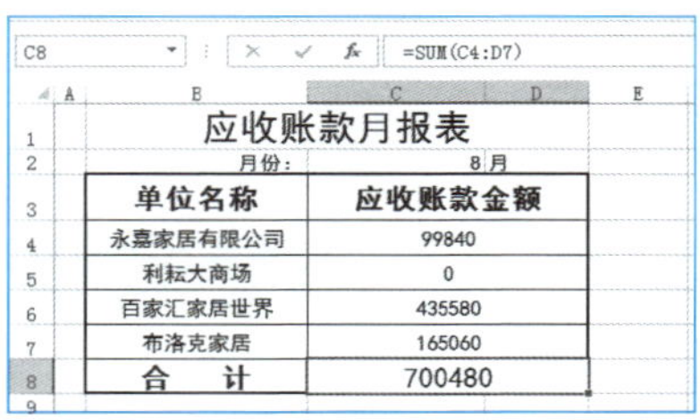

图4-19

❹ 选中C4:C8单元格区域，切换到“开始”选项卡，在“数

第1章 第2章 第3章 第4章 第5章

字”选项组单击“会计数字格式”下拉按钮，在下拉列表中单击“中文(中国)”，至此，应收账款月报表基本完成，如图4-20所示。

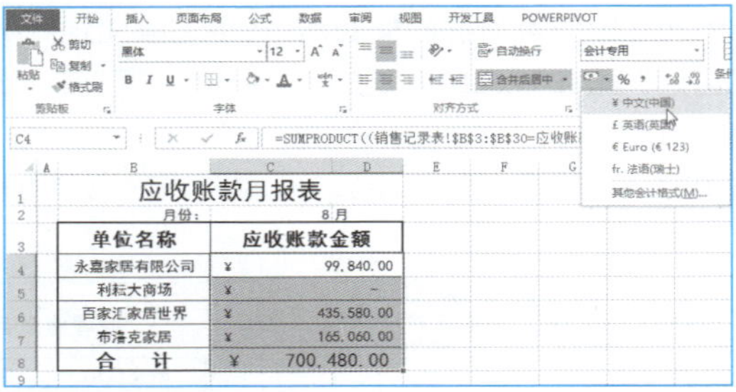

图4-20

提 示

在中国，会计通用样式为¥，当然，用户可以为货币数值设置其他样式的货币样式，如“美元”。打开“设置单元格格式”对话框，单击“货币”标签，在“货币符号(国家/地区)”文本框下拉列表中选择所需要的货币符号样式。

文件35　应收账款余额统计表

应收账款余额统计表可以按月编制，也可以累积将一年中各个月的数据全部放在该表中，最后得出这一年年末的应收账款余额。应收账款余额统计表水平方向可以列出单位名称，垂直方向通常包括：期初余额、本期借贷方发生额、期末余额。

制作要点与设计效果图

- 使用名称框定义名称
- 使用定义的名称计算
- VLOOKUP函数（参考函数36）
- SUMPRODUCT函数（参考函数8、13）

应收账款余额统计表

年份：2014年

序号	单位名称	期初余额	本期发生额		期末余额	本期发生额		期末余额
			借 方	贷 方		借 方	贷 方	
	月份：		7			8		
1	永嘉家居有限公司	¥3,400	¥313,640	¥26,000	¥291,040	¥99,840	¥0	¥390,880
2	利耘大商场	¥5,200	¥347,600	¥12,560	¥340,240	¥0	¥10,500	¥329,740
3	百家汇家居世界	¥0	¥34,400	¥5,700	¥28,700	¥435,580	¥3,500	¥460,780
4	布洛克家居	¥4,800	¥39,000	¥0	¥43,800	¥165,060	¥15,050	¥193,810
	合 计	¥13,400	¥734,640	¥44,260	¥703,780	¥700,480	¥29,050	¥1,375,210

文件设计过程

步骤1：定义名称

❶ 插入新工作簿，并重命名为“应收账款余额表”，并在该工作表中输入

表格基本内容，如图4-21所示。

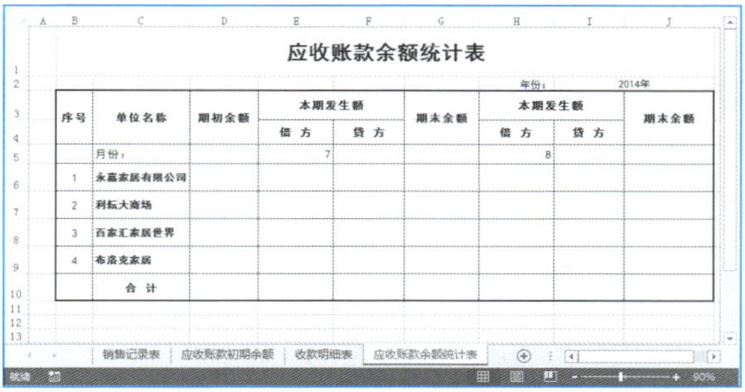

图4-21

2 单击“应收账款初期余额”工作簿，选中B5:C9单元格区域，在定义名称栏输入名称“name1”，按回车键定义名称，如图4-22所示。

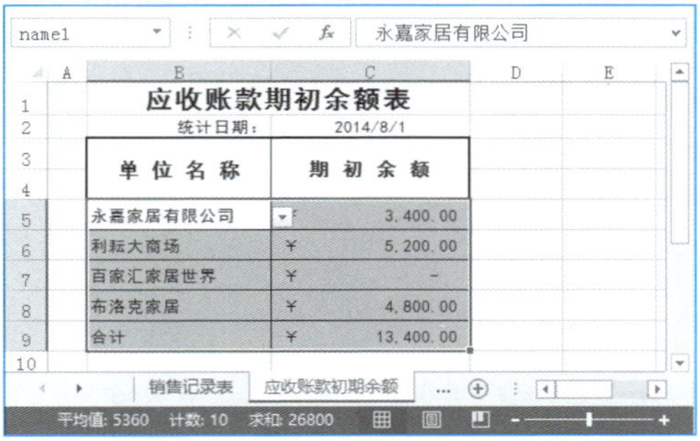

图4-22

3 单击“应收账款余额统计表”工作表，选中D6单元格，在公式编辑栏中输入公式：“=VLOOKUP(C6,name1,2,FALSE)”按回车键后，向下填充公式，即可得到各个单位的初期余额，如图4-23所示。

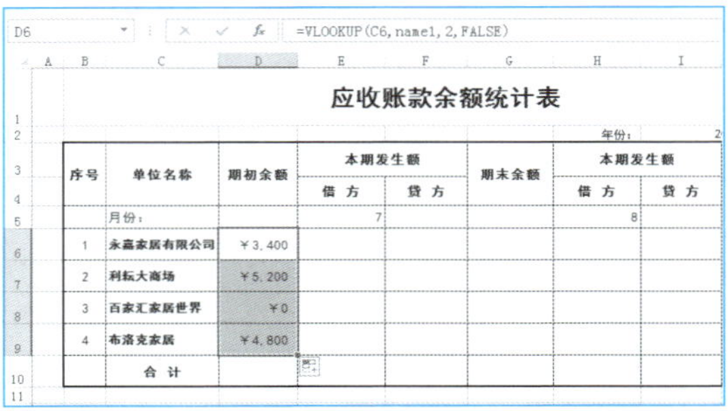

图4-23

步骤2：计算7月发生额

❶ 选中E6单元格，在公式编辑栏中输入公式："=SUMPRODUCT((销售记录表!$B$4:$B$30=$E$5)*(销售记录表!$D$4:$D$30=C6)*销售记录表!$L$4:$L$30)"，按回车键后，向下填充公式，即可得到各个单位的7月借方的发生额，如图4-24所示。

序号	单位名称	期初余额	本期发生额		期末余额	本期发生额		期末余额
			借 方	贷 方		借 方	贷 方	
	月份：		7			8		
1	永嘉家居有限公司	¥3, 400	¥313, 640					
2	利耘大商场	¥5, 200	¥347, 600					
3	百家汇家居世界	¥0	¥34, 400					
4	布洛克家居	¥4, 800	¥39, 000					
	合 计							

图4-24

❷ 选中F6单元格，在公式编辑栏中输入公式："=SUMPRODUCT((收款明细表!$A$4:$A$13=$E$5)*(收款明细表!$C$4:$C$13=C6)*收款明细表!$F$4:$F$13)"，按回车键后，向下填充公式，即可得到各个单位的7月贷方的发生额，如图4-25所示。

序号	单位名称	期初余额	本期发生额		期末余额	本期发生额		期末余额
			借 方	贷 方		借 方	贷 方	
	月份：		7			8		
1	永嘉家居有限公司	¥3, 400	¥313, 640	¥26, 000				
2	利耘大商场	¥5, 200	¥347, 600	¥12, 560				
3	百家汇家居世界	¥0	¥34, 400	¥5, 700				
4	布洛克家居	¥4, 800	¥39, 000	¥0				
	合 计							

图4-25

❸ 选中G6单元格，在公式编辑栏中输入公式："=D6+E6-F6"按回车键后，向下填充公式，即可得到各个单位的7月应收账款的余额，如图4-26所示。

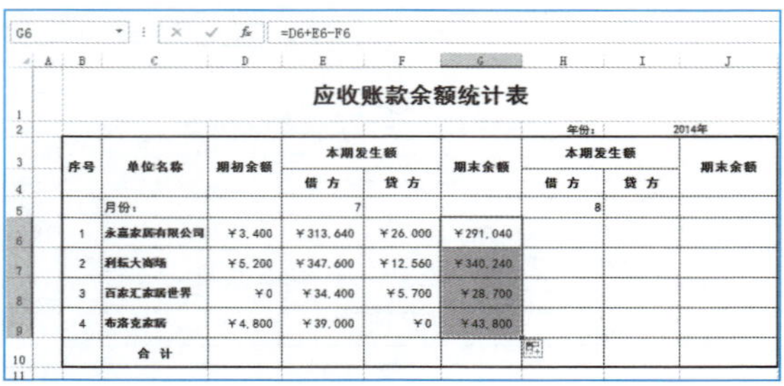

序号	单位名称	期初余额	本期发生额		期末余额	本期发生额		期末余额
			借 方	贷 方		借 方	贷 方	
	月份：		7			8		
1	永嘉家居有限公司	¥3, 400	¥313, 640	¥26, 000	¥291, 040			
2	利耘大商场	¥5, 200	¥347, 600	¥12, 560	¥340, 240			
3	百家汇家居世界	¥0	¥34, 400	¥5, 700	¥28, 700			
4	布洛克家居	¥4, 800	¥39, 000	¥0	¥43, 800			
	合 计							

图4-26

步骤3：计算8月发生额

❶ 选中H6单元格，在公式编辑栏中输入公式："=SUMPRODUCT((销售记录表!$B$4:$B$30=$H$5)*(销售记录表!$D$4:$D$30=C6)*销售记录表!$L$4:$L$30)"，按回车键后，向下填充公式，即可得到各个单位的8月借方的发生额，如图4-27所示。

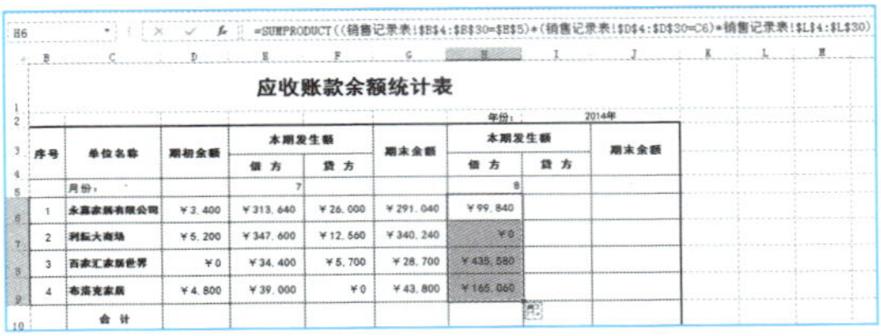

H6　=SUMPRODUCT((销售记录表!$B$4:$B$30=$H$5)*(销售记录表!$D$4:$D$30=C6)*销售记录表!$L$4:$L$30)

应收账款余额统计表

年份：2014年

序号	单位名称	期初余额	本期发生额		期末余额	本期发生额		期末余额
			借方	贷方		借方	贷方	
	月份：		7			8		
1	永嘉家居有限公司	¥3,400	¥313,640	¥26,000	¥291,040	¥99,840		
2	利辰大商场	¥5,200	¥347,600	¥12,560	¥340,240	¥0		
3	百家汇家居世界	¥0	¥34,400	¥5,700	¥28,700	¥435,580		
4	布洛克家居	¥4,800	¥39,000	¥0	¥43,800	¥165,060		
	合计							

图4-27

❷ 选中I6单元格，在公式编辑栏中输入公式："=SUMPRODUCT((收款明细表!$A$4:$A$13=$H$5)*(收款明细表!$C$4:$C$13=C6)*收款明细表!$F$4:$F$13)"，按回车键后，向下填充公式，即可得到各个单位的8月贷方的发生额，如图4-28所示。

I6　=SUMPRODUCT((收款明细表!$A$4:$A$11=$H$5)*(收款明细表!$C$4:$C$11=C6)*收款明细表!$F$4:$F$11)

应收账款余额统计表

年份：2014年

序号	单位名称	期初余额	本期发生额		期末余额	本期发生额		期末余额
			借方	贷方		借方	贷方	
	月份：		7			8		
1	永嘉家居有限公司	¥3,400	¥313,640	¥26,000	¥291,040	¥99,840	¥0	
2	利辰大商场	¥5,200	¥347,600	¥12,560	¥340,240	¥0	¥10,500	
3	百家汇家居世界	¥0	¥34,400	¥5,700	¥28,700	¥435,580	¥3,500	
4	布洛克家居	¥4,800	¥39,000	¥0	¥43,800	¥165,060	¥15,050	
	合计							

图4-28

❸ 选中J6单元格，在公式编辑栏中输入公式："=G6+H6-I6"，按回车键后，向下填充公式，即可得到各个单位的8月应收账款的余额，如图4-29所示。

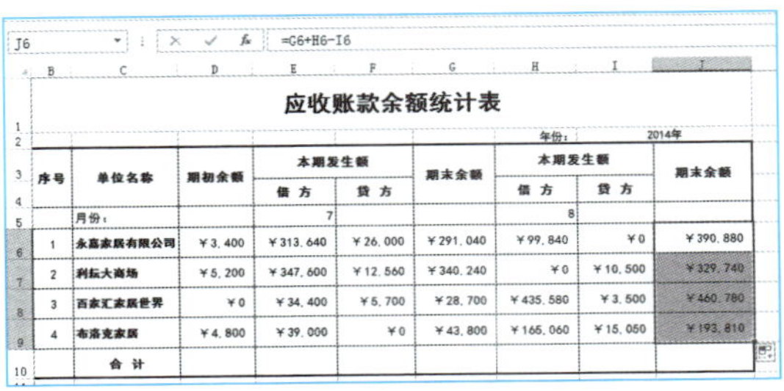

J6　=G6+H6-I6

应收账款余额统计表

年份：2014年

序号	单位名称	期初余额	本期发生额		期末余额	本期发生额		期末余额
			借方	贷方		借方	贷方	
	月份：		7			8		
1	永嘉家居有限公司	¥3,400	¥313,640	¥26,000	¥291,040	¥99,840	¥0	¥390,880
2	利辰大商场	¥5,200	¥347,600	¥12,560	¥340,240	¥0	¥10,500	¥329,740
3	百家汇家居世界	¥0	¥34,400	¥5,700	¥28,700	¥435,580	¥3,500	¥460,780
4	布洛克家居	¥4,800	¥39,000	¥0	¥43,800	¥165,060	¥15,050	¥193,810
	合计							

图4-29

❹ 选中D10单元格，在公式编辑栏中输入公式："=SUM(D6:D9)"，按回

车键后，向右填充公式，即可计算出合计数据，如图4-30所示。

D10 =SUM(D6:D9)

应收账款余额统计表

						年份：	2014年	
序号	单位名称	期初余额	本期发生额		期末余额	本期发生额		期末余额
			借 方	贷 方		借 方	贷 方	
	月份：		7			8		
1	永嘉家居有限公司	￥3,400	￥313,640	￥26,000	￥291,040	￥99,840	￥0	￥390,880
2	利everything大商场	￥5,200	￥347,600	￥12,560	￥340,240	￥0	￥10,500	￥329,740
3	百家汇家居世界	￥0	￥34,400	￥5,700	￥28,700	￥435,580	￥3,500	￥460,780
4	布洛克家居	￥4,800	￥39,000	￥0	￥43,800	￥165,060	￥15,050	￥193,810
	合 计	￥13,400	￥734,640	￥44,260	￥703,780	￥700,480	￥29,050	￥1,375,210

图4-30

5 为表格余额栏设置填充颜色，得到表格的最终效果。至此应收账款余额统计表基本制作完成，如图4-31所示。

应收账款余额统计表

						年份：	2014年	
序号	单位名称	期初余额	本期发生额		期末余额	本期发生额		期末余额
			借 方	贷 方		借 方	贷 方	
	月份：		7			8		
1	永嘉家居有限公司	￥3,400	￥313,640	￥26,000	￥291,040	￥99,840	￥0	￥390,880
2	利everything大商场	￥5,200	￥347,600	￥12,560	￥340,240	￥0	￥10,500	￥329,740
3	百家汇家居世界	￥0	￥34,400	￥5,700	￥28,700	￥435,580	￥3,500	￥460,780
4	布洛克家居	￥4,800	￥39,000	￥0	￥43,800	￥165,060	￥15,050	￥193,810
	合 计	￥13,400	￥734,640	￥44,260	￥703,780	￥700,480	￥29,050	￥1,375,210

图4-31

文件36　应收账款逾期日报表

应收账款在统计时一般都会记录开票日期与约定的付款期限，当应收账款较多时，时常需要统计应收账款是否到期，以及逾期天数等。准确了解这些信息后，可以使用数据筛选功能来筛选不同逾期天数的应收账款记录。

制作要点与设计效果图

- 自定义筛选方式
- 清楚筛选
- 应用高级筛选

应收账款逾期日报表

客户名称	开票日期	发票号码	应收账款	经办人	欠款到期日	逾期天数
凯斯达表业股份有限公司	2014/7/1	12100	4,900	刘丽	2014/7/25	42
凌志公司	2014/7/1	12101	468,004	刘丽	2014/5/21	107
飞鸿公司	2014/7/1	12102	765,519	刘丽	2014/6/24	73
永丰有限责任公司	2014/7/1	12103	25,026	刘丽	2014/7/23	44
长城公司	2014/7/1	12104	1,005,057	陈媛	2014/7/22	45
爽素有限责任公司	2014/7/10	12210	9,791,332	陈媛	2014/7/29	38
智通有限公司	2014/7/10	12211	4,338,484	陈媛	2014/8/28	8
呜鹿集团公司	2014/7/10	12212	941,165	陈媛	2014/3/16	173
焦化集团	2014/7/10	12213	268,276	陈媛	2014/8/3	33
胜利铝材厂	2014/7/10	12214	118,193	陈媛	2014/3/19	170
宝城集团	2014/7/20	12031	42,579	刘晶晶	2014/3/18	171
斯泰龙有限责任公司	2014/7/20	12032	4,121,015	刘晶晶	2014/8/1	35
常山股份有限公司	2014/7/20	12033	48,426	刘晶晶	2014/3/31	158
长治公司	2014/7/23	12034	102,216	李江宇	2014/8/1	35
龙飞有限公司	2014/7/23	12035	35,077	李江宇	2014/3/10	179
宏盛公司	2014/7/23	12036	615,736	李江宇	2014/3/17	172
天同集团有限公司	2014/8/5	20401	4,685,584	刘丽	2014/8/4	32
永利薄板有限公司	2014/8/5	20402	2,665,972	刘丽	2014/8/2	34
双鹤集团	2014/8/5	20403	512	江腾蛟	2014/8/5	31
宝石电子集团	2014/8/5	20404	1,614	江腾蛟	2014/8/21	15
双环有限公司	2014/8/5	20405	3,700	江腾蛟	2014/8/10	26
宁岱公司	2014/8/5	20406	2,060	江腾蛟	2014/8/20	16

文件设计过程

步骤1：添加筛选按钮

打开根据开票日期逐日记录的应收账款记录表，选中G3单元格，在公式编辑栏中输入公式："=TODAY()-F3"，按回车键，即可计算出第一项应收账款逾期天数，向下填充公式，即可计算出所有单位应收账款逾期天数，如图4-32所示。

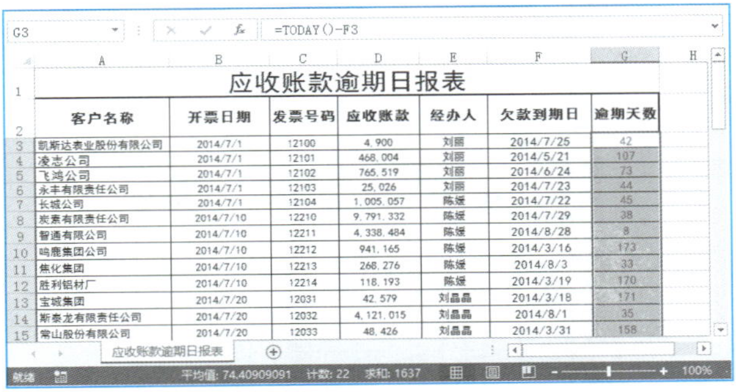

图4-32

步骤2：自定义筛选的使用

❶ 单击表格中任意单元格，切换到"数据"选项卡，在"排序和筛选"选项组单击"筛选"按钮，如图4-33所示。

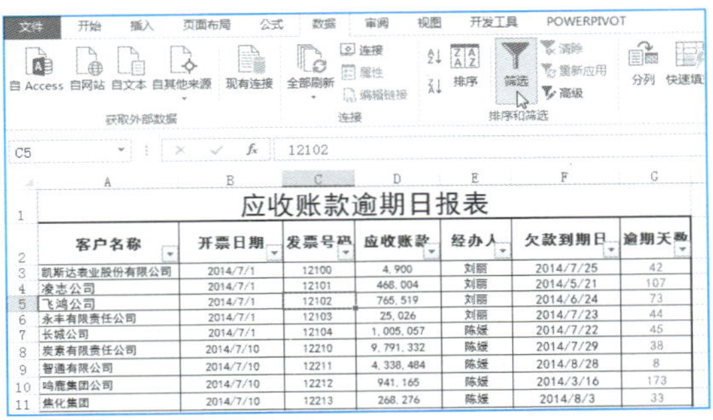

图4-33

❷ 单击"逾期天数"单元格筛选下拉按钮，在下拉列表中选择"数字筛选"，在弹出的子菜单中单击"小于或等于"（如图4-34所示），打开"自定义自动筛选方式"对话框。

❸ 设置筛选条件为"60"，单击"确定"按钮，如图4-35所示。

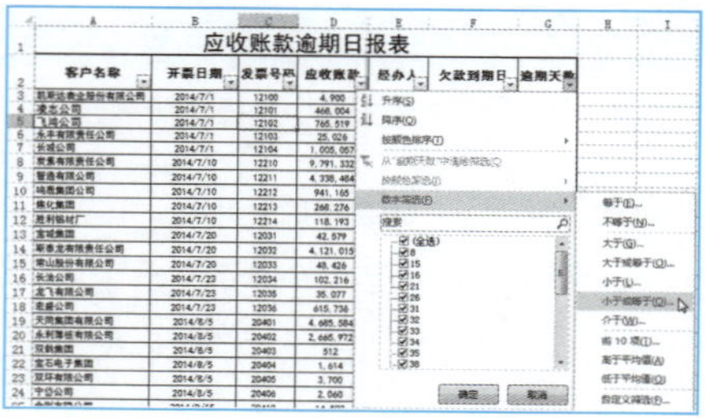

图4-34

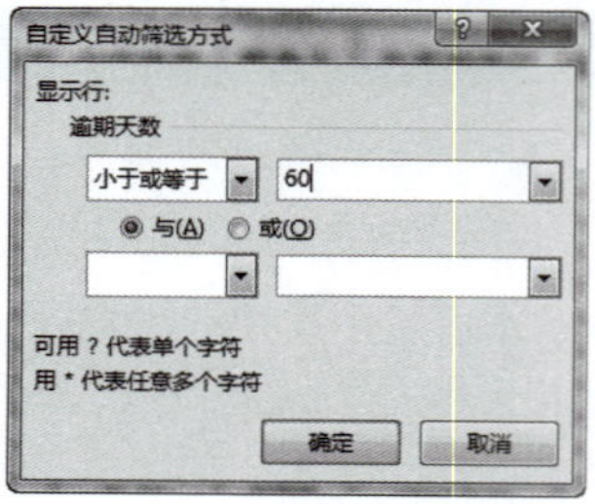

图4-35

4 返回工作表中，则系统自动筛选出逾期天数小于或等于60天的数据记录，如图4-36所示。

图4-36

5 单击“逾期天数”筛选按钮，在下拉列表中单击“从‘逾期天数’中清除筛选”命令，或重新选中“全部”复选框，即可清除筛选。

步骤3：高级筛选中的“与”条件

1 在单元格空白区域创建条件区域，分别输入列标识“逾期天数”，分别设置条件为“<=15”和“>=50”。在“排序与筛选”选项组单击“高级”选项，如图4-37所示。

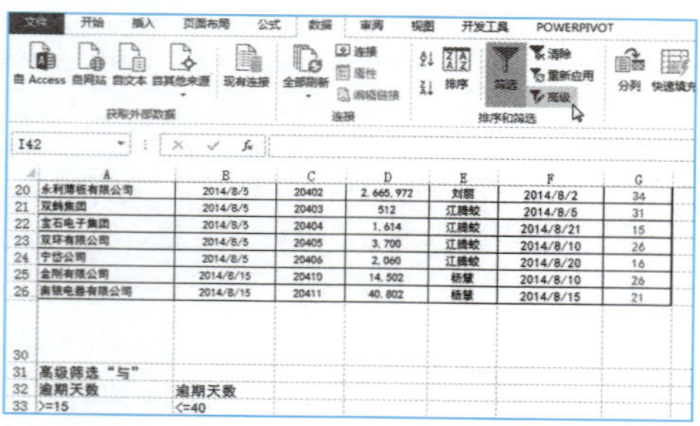

图4-37

2 打开“高级筛选”对话框，设置列表区域为“$A$2:$G$29”，“条件区域”为“$A$32:$B$33”，“复制到”区域为A34单元格，单击“确定”按钮，如图4-38所示。

3 返回工作表中，系统会将筛选结果复制到从指定位置开始的单元格,即A35单元格显示，如图4-39所示。

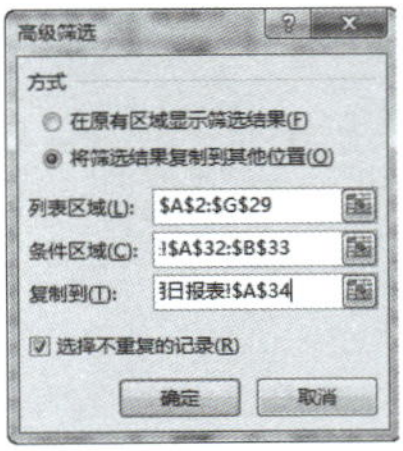

图4-38

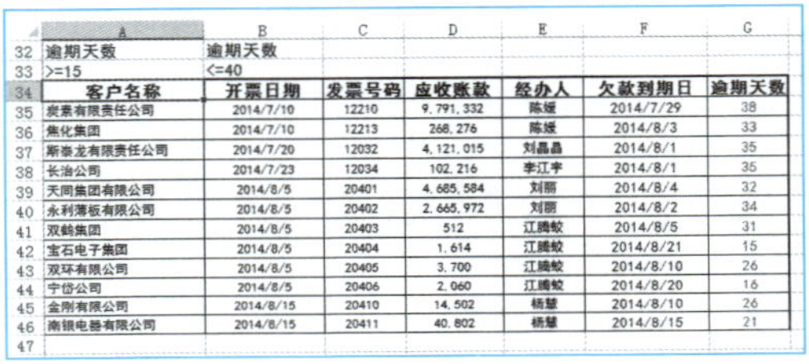

	A	B	C	D	E	F	G
32	逾期天数	逾期天数					
33	>=15	<=40					
34	客户名称	开票日期	发票号码	应收账款	经办人	欠款到期日	逾期天数
35	庆素有限责任公司	2014/7/10	12210	9,791,332	陈媛	2014/7/29	38
36	焦化集团	2014/7/10	12213	268,276	陈媛	2014/8/3	33
37	斯泰龙有限责任公司	2014/7/20	12032	4,121,015	刘晶晶	2014/8/1	35
38	长治公司	2014/7/23	12034	102,216	李江宇	2014/8/1	35
39	天同集团有限公司	2014/8/5	20401	4,685,584	刘丽	2014/8/4	32
40	永利薄板有限公司	2014/8/5	20402	2,665,972	刘丽	2014/8/2	34
41	双鹤集团	2014/8/5	20403	512	江腾蛟	2014/8/5	31
42	宝石电子集团	2014/8/5	20404	1,614	江腾蛟	2014/8/21	15
43	双环有限公司	2014/8/5	20405	3,700	江腾蛟	2014/8/10	26
44	宁岱公司	2014/8/5	20406	2,060	江腾蛟	2014/8/20	16
45	金刚有限公司	2014/8/15	20410	14,502	杨慧	2014/8/10	26
46	南银电器有限公司	2014/8/15	20411	40,802	杨慧	2014/8/15	21
47							

图4-39

步骤4：高级筛选中的“或”条件

1 接着在A48:A51单元格中输入筛选条件，在“排序和筛选”选项组单击“高级”选项，如图4-40所示。

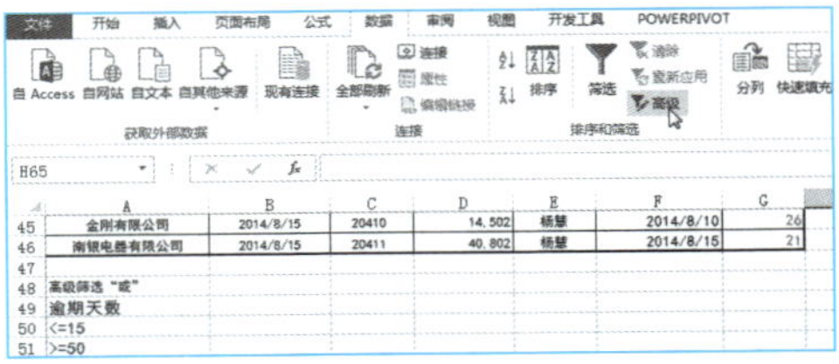

图4-40

2 打开“高级筛选”对话框，设置列表区域为“$A$2:$G$29”，“条件区域”为“$A$49:$B$51”，“复制到”区域为A52单元格，单击“确定”按钮，如图4-41所示。

3 返回工作表中，系统会将筛选结果复制到从指定位置开始的单元格，即A52单元格显示，如图4-42所示。

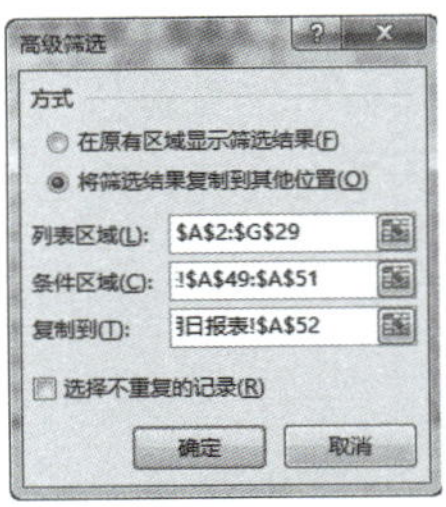

图4-41

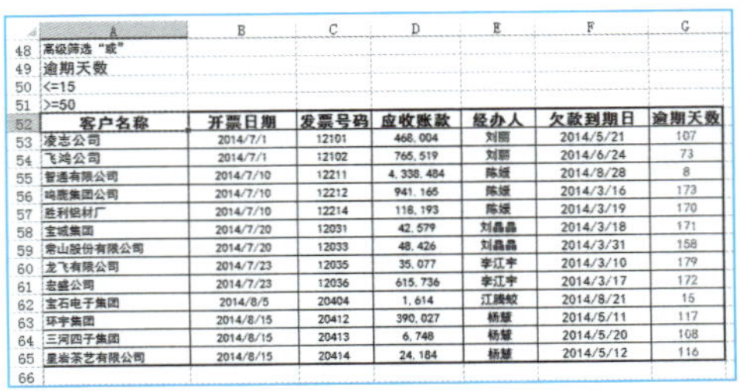

	A	B	C	D	E	F	G
48	高级筛选“或”						
49	逾期天数						
50	<=15						
51	>=50						
52	客户名称	开票日期	发票号码	应收账款	经办人	欠款到期日	逾期天数
53	凌志公司	2014/7/1	12101	468,004	刘丽	2014/5/21	107
54	飞鸿公司	2014/7/1	12102	765,519	刘丽	2014/6/24	73
55	智通有限公司	2014/7/10	12211	4,338,484	陈媛	2014/8/28	8
56	鸣鹿集团公司	2014/7/10	12212	941,165	陈媛	2014/3/16	173
57	胜利铝材厂	2014/7/10	12214	118,193	陈媛	2014/3/19	170
58	宝城集团	2014/7/20	12031	42,579	刘晶晶	2014/3/18	171
59	常山股份有限公司	2014/7/20	12033	48,426	刘晶晶	2014/3/31	158
60	龙飞有限公司	2014/7/23	12035	35,077	李江宇	2014/3/10	179
61	宏盛公司	2014/7/23	12036	615,736	李江宇	2014/3/17	172
62	宝石电子集团	2014/8/5	20404	1,614	江腾蛟	2014/8/21	15
63	环宇集团	2014/8/15	20412	390,027	杨慧	2014/5/11	117
64	三河四子集团	2014/8/15	20413	6,748	杨慧	2014/5/20	108
65	星崗茶艺有限公司	2014/8/15	20414	24,184	杨慧	2014/5/12	116
66							

图4-42

提 示

在高级筛选设置功能下，设置筛选条件时，同一行的多个条件构成“与”条件，即所筛选的单元格要同时满足同一行单元格的所有条件。

在高级筛选设置功能下，设置筛选条件时，不同行列的多个条件构成“或”条件，即所筛选的单元格只要满足同一行单元格的所有条件。另外，同一列也构成“或”条件。

文件37 应付账款记录表

各项应付账款的产生日期、金额、已付款、结账期等基本信息需要手工填入的表格中，然后可以设置公式返回到期日期、逾期天数、逾期余额等数据。

制作要点与设计效果图

- 设置单元格格式
- IF函数（参考函数1、3）

应付账款记录表

当前日期 2014/6/26

序号	供应商简称	发票日期	发票号码	发票金额	已付金额	余额	结账期	到期日期	状态	逾期天数	已逾期余额
001	光印印刷	13/11/24	5425601	58500	10000	48500	30	13/12/24	已逾期	184	48500
002	伟业设计	13/11/23	4545688	4320	4320	0	15	13/12/8	已冲销√		0
003	金立广告	13/11/25	6723651	20000		20000	60	14/1/24	已逾期	153	20000
004	光印印刷	13/11/28	8863001	6700	1000	5700	30	13/12/28	已逾期	180	5700
005	宏图印染	13/12/3	5646787	6900	6900	0	20	13/12/23	已冲销√		0
006	金立广告	13/12/10	3423614	12000		12000	30	14/1/9	已逾期	168	12000
007	优乐商行	13/12/13	4310325	22400	8000	14400	60	14/2/11	已逾期	135	14400
008	光印印刷	13/12/20	2222006	45000	20000	25000	60	14/2/18	已逾期	128	25000
009	伟业设计	11/1/22	6565564	5600		5600	20	11/2/11	已逾期	1231	5600
010	优乐商行	14/1/30	6856321	9600		9600	20	14/2/19	已逾期	127	9600
011	宏图印染	14/2/2	7645201	5650		5650	30	14/3/4	已逾期	114	5650
012	金立广告	14/3/3	5540301	43000	2000	41000	60	14/5/2	已逾期	55	41000
013	优乐商行	14/4/12	4355002	15000		15000	90	14/7/11	未到结账期		0
014	金立广告	14/4/13	2332650	33400	5000	28400	60	14/6/12	已逾期	14	28400
015	光印印刷	14/4/21	3423651	36700	2000	34700	90	14/7/20	未到结账期		0
016	伟业设计	14/4/23	5540332	20000	10000	10000	40	14/6/2	已逾期	24	10000
017	宏图印染	14/5/25	4355045	8800		8800	60	14/7/24	未到结账期		0
018	光印印刷	14/5/23	4536665	15000		15000	30	14/6/22	已逾期	4	15000

文件设计过程

步骤1：建立应付账款月报表

❶ 插入新工作表，将工作表重命名为“应付账款记录表”。输入应收账款统计表的各项列标识，对工作表进行文字格式、边框、对齐方式等设置，如图4-43所示。

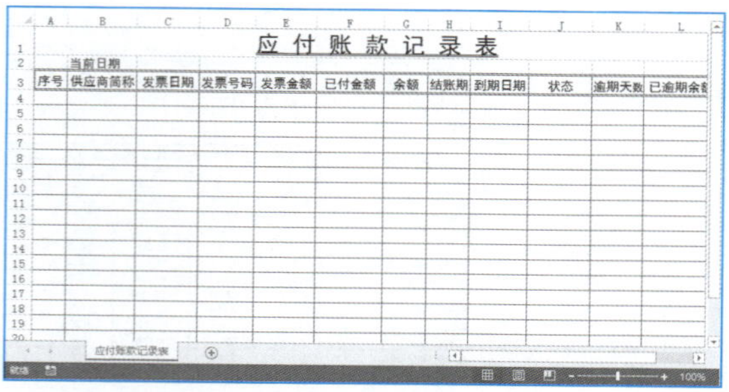

图4-43

2 按日期顺序将应付账款基本数据（包括供应商名称、发票日期、应付金额、已付金额、结账期等）记录到表格中，如图4-44所示。

应付账款记录表

当前日期　2014/6/26

序号	供应商简称	发票日期	发票号码	发票金额	已付金额	余额	结账期	到期日期	状态	逾期天数	已逾期余额
001	光印印刷	13/11/24	5425601	58500	10000		30				
002	伟业设计	13/11/23	4545688	4320	4320		15				
003	金立广告	13/11/25	6723651	20000			60				
004	光印印刷	13/11/28	8863001	6700	1000		30				
005	宏图印染	13/12/3	5646787	6900	6900		20				
006	金立广告	13/12/10	3423614	12000			30				
007	优乐商行	13/12/13	4310325	22400	8000		60				
008	光印印刷	13/12/20	2222006	45000	20000		60				
009	伟业设计	11/1/22	6565564	5600			20				
010	优乐商行	14/1/30	6856321	9600			20				
011	宏图印染	14/2/2	7645201	5650			30				
012	金立广告	14/3/3	5540301	43000	2000		60				
013	优乐商行	14/4/12	4355002	15000			90				
014	金立广告	14/4/13	2332650	33400	5000		60				
015	光印印刷	14/4/21	3423651	36700	2000		90				
016	伟业设计	14/4/23	5540332	20000	10000		40				
017	宏图印染	14/5/25	4355045	8800			60				
018	光印印刷	14/5/23	4536665	15000			30				

图4-44

步骤2：设置公式

1 选中G4单元格，在公式编辑栏中输入公式："=IF(E4="","",E4-F4)"，按回车键即可根据发票金额与已付金额计算出应付余额。

2 向下复制G4单元格的公式，可以得到每条应付账款的应付余额，如图4-45所示。

G4　=IF(E4="","",E4-F4)

应付账款记录表

当前日期　2014/6/26

序号	供应商简称	发票日期	发票号码	发票金额	已付金额	余额	结账期	到期日期	状态
001	光印印刷	13/11/24	5425601	58500	10000	48500	30		
002	伟业设计	13/11/23	4545688	4320	4320	0	15		
003	金立广告	13/11/25	6723651	20000		20000	60		
004	光印印刷	13/11/28	8863001	6700	1000	5700	30		
005	宏图印染	13/12/3	5646787	6900	6900	0	20		
006	金立广告	13/12/10	3423614	12000		12000	30		
007	优乐商行	13/12/13	4310325	22400	8000	14400	60		
008	光印印刷	13/12/20	2222006	45000	20000	25000	60		
009	伟业设计	11/1/22	6565564	5600		5600	20		
010	优乐商行	14/1/30	6856321	9600		9600	20		
011	宏图印染	14/2/2	7645201	5650		5650	30		
012	金立广告	14/3/3	5540301	43000	2000	41000	60		

图4-45

3 选中I4单元格，在公式编辑栏中输入公式："=IF(C4="","",C4+H4)"，按回车键即可根据发票日期与结账期计算出到期日期，如图4-46所示。

I4　=IF(C4="","",C4+H4)

应付账款记录表

当前日期　2014/6/26

序号	供应商简称	发票日期	发票号码	发票金额	已付金额	余额	结账期	到期日期	状态
001	光印印刷	13/11/24	5425601	58500	10000	48500	30	13/12/24	
002	伟业设计	13/11/23	4545688	4320	4320	0	15		
003	金立广告	13/11/25	6723651	20000		20000	60		
004	光印印刷	13/11/28	8863001	6700	1000	5700	30		
005	宏图印染	13/12/3	5646787	6900	6900	0	20		
006	金立广告	13/12/10	3423614	12000		12000	30		
007	优乐商行	13/12/13	4310325	22400	8000	14400	60		
008	光印印刷	13/12/20	2222006	45000	20000	25000	60		
009	伟业设计	11/1/22	6565564	5600		5600	20		
010	优乐商行	14/1/30	6856321	9600		9600	20		
011	宏图印染	14/2/2	7645201	5650		5650	30		
012	金立广告	14/3/3	5540301	43000	2000	41000	60		

图4-46

4 选中J4单元格，在公式编辑栏中输入公式：“=IF(F4=E4,"已冲销√",IF($C$2>I4,"已逾期","未到结账期"))”，按回车键即可根据发票日期与到期日期返回其当前状态，如图4-47所示。

J4　=IF(F4=E4,"已冲销√",IF($C$2>I4,"已逾期","未到结账期"))

应付账款记录表

当前日期 2014/6/26

序号	供应商简称	发票日期	发票号码	发票金额	已付金额	余额	结账期	到期日期	状态	逾期天数
001	光印印刷	13/11/24	5425601	58500	10000	48500	30	13/12/24	已逾期	
002	伟业设计	13/11/23	4545688	4320	4320	0	15			
003	金立广告	13/11/25	6723651	20000		20000	60			
004	光印印刷	13/11/28	8863001	6700	1000	5700	30			
005	宏图印染	13/12/3	5646787	6900	6900	0	20			
006	金立广告	13/12/10	3423614	12000		12000	30			
007	优乐商行	13/12/13	4310325	22400	8000	14400	60			
008	光印印刷	13/12/20	2222006	45000	20000	25000	60			
009	伟业设计	11/1/22	6565564	5600		5600	20			
010	优乐商行	14/1/30	6856321	9600		9600	20			
011	宏图印染	14/2/2	7645201	5650		5650	30			
012	金立广告	14/3/3	5540301	43000	2000	41000	60			

图4-47

5 选中K4单元格，在公式编辑栏中输入公式：“=IF(J4=”已逾期”,$C$2-I4,” ”)”，按回车键即可首先判断该项应付账款是否逾期，如果逾期，则根据当前日期与到期日期计算出其逾期天数，如图4-48所示。

K4　=IF(J4="已逾期",$C$2-I4,"")

应付账款记录表

当前日期 2014/6/26

序号	供应商简称	发票日期	发票号码	发票金额	已付金额	余额	结账期	到期日期	状态	逾期天数	已逾期余额
001	光印印刷	13/11/24	5425601	58500	10000	48500	30	13/12/24	已逾期	184	
002	伟业设计	13/11/23	4545688	4320	4320	0	15				
003	金立广告	13/11/25	6723651	20000		20000	60				
004	光印印刷	13/11/28	8863001	6700	1000	5700	30				
005	宏图印染	13/12/3	5646787	6900	6900	0	20				
006	金立广告	13/12/10	3423614	12000		12000	30				
007	优乐商行	13/12/13	4310325	22400	8000	14400	60				
008	光印印刷	13/12/20	2222006	45000	20000	25000	60				
009	伟业设计	11/1/22	6565564	5600		5600	20				
010	优乐商行	14/1/30	6856321	9600		9600	20				
011	宏图印染	14/2/2	7645201	5650		5650	30				
012	金立广告	14/3/3	5540301	43000	2000	41000	60				

图4-48

6 选中L4单元格，在公式编辑栏中输入公式：“=IF(E4="","", IF(J4="未到结账期",0,E4-F4))”，按回车键即可判断J列显示的是否为“未到结账期”如果是，则返回0值；如果不是则根据发票金额与已付金额计算出应付余额，如图4-49所示。

L4　=IF(E4="","",IF(J4="未到结账期",0,E4-F4))

应付账款记录表

当前日期 2014/6/26

序号	供应商简称	发票日期	发票号码	发票金额	已付金额	余额	结账期	到期日期	状态	逾期天数	已逾期余额
001	光印印刷	13/11/24	5425601	58500	10000	48500	30	13/12/24	已逾期	184	48500
002	伟业设计	13/11/23	4545688	4320	4320	0	15				
003	金立广告	13/11/25	6723651	20000		20000	60				
004	光印印刷	13/11/28	8863001	6700	1000	5700	30				
005	宏图印染	13/12/3	5646787	6900	6900	0	20				
006	金立广告	13/12/10	3423614	12000		12000	30				
007	优乐商行	13/12/13	4310325	22400	8000	14400	60				
008	光印印刷	13/12/20	2222006	45000	20000	25000	60				
009	伟业设计	11/1/22	6565564	5600		5600	20				
010	优乐商行	14/1/30	6856321	9600		9600	20				
011	宏图印染	14/2/2	7645201	5650		5650	30				
012	金立广告	14/3/3	5540301	43000	2000	41000	60				

图4-49

❼ 选中I4:L4单元格区域，将光标定位到该单元格区域右下角，当出现黑色十字型时，按住鼠标左键向下拖动。释放鼠标即可快速返回各条应付账款的到期日期、状态、逾期天数、已逾期余额，如图4-50所示。

应付账款记录表

当前日期 2014/6/26

序号	供应商简称	发票日期	发票号码	发票金额	已付金额	余额	结账期	到期日期	状态	逾期天数	已逾期余额
001	光印印刷	13/11/24	5425601	58500	10000	48500	30	13/12/24	已逾期	184	48500
002	伟业设计	13/11/23	4545688	4320	4320	0	15	13/12/8	已冲销 √		0
003	金立广告	13/11/25	6723651	20000		20000	60	14/1/24	已逾期	153	20000
004	光印印刷	13/11/28	8863001	6700	1000	5700	30	13/12/28	已逾期	180	5700
005	宏图印染	13/12/3	5646787	6900	6900	0	20	13/12/23	已冲销 √		0
006	金立广告	13/12/10	3423614	12000		12000	30	14/1/9	已逾期	168	12000
007	优乐商行	13/12/13	4310325	22400	8000	14400	60	14/2/11	已逾期	135	14400
008	光印印刷	13/12/20	2222006	45000	20000	25000	60	14/2/18	已逾期	128	25000
009	伟业设计	11/1/22	6565564	5600		5600	20	11/2/11	已逾期	1231	5600
010	优乐商行	14/1/30	6856321	9600		9600	20	14/2/19	已逾期	127	9600
011	宏图印染	14/2/2	7645201	5650		5650	30	14/3/4	已逾期	114	5650
012	金立广告	14/3/3	5540301	43000	2000	41000	60	14/5/2	已逾期	55	41000
013	优乐商行	14/4/12	4355002	15000		15000	90	14/7/11	未到结账期		0
014	金立广告	14/4/13	2332650	33400	5000	28400	60	14/6/12	已逾期	14	28400
015	光印印刷	14/4/21	3423651	36700	2000	34700	90	14/7/20	未到结账期		0
016	伟业设计	14/4/23	5540332	20000	10000	10000	40	14/6/2	已逾期	24	10000
017	宏图印染	14/5/25	4355045	8800		8800	60	14/7/24	未到结账期		0
018	光印印刷	14/5/23	4536665	15000		15000	30	14/6/22	已逾期	4	15000

图4-50

文件38　往来客户总应付账款统计表

下面统计往来客户总应付账款，在统计出各往来单位的应付账款后，可以建立图表来分析每个住来单位的应付账款额占总应付账款的比。

制作要点与设计效果图

- SUMIF函数（参考函数96）
- 创建饼图
- 设置数据标签格式
- 应用图表样式

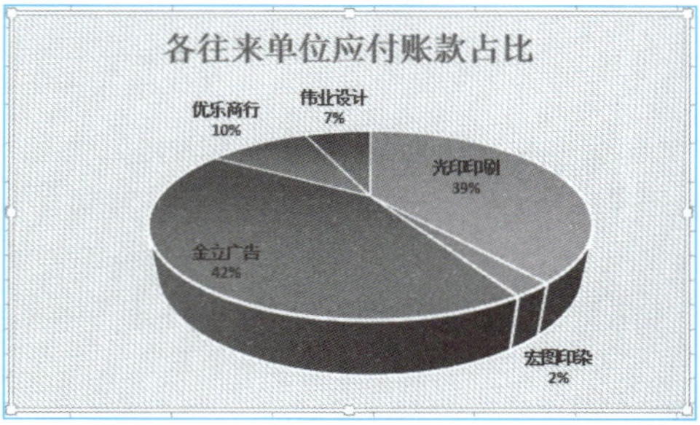

文件设计过程

步骤1：创建表格

❶ 新建工作表，将工作表重命名为“各往来单位应付账款统计”。

❷ 输入各供应商名称，建立“应付金额”、“已付金额”、“已逾期应付金额”列，设置表格格式，如图4-51所示。

❸ 选中B3单元格，在公式编辑栏中输入公式：“=SUMIF(应付账款记录

表!$B$4:$B$50,A3,应付账款记录表!$E$4:$E$21)”，按回车键即可从“应付账款记录表”中统计出对A3单元格单位的应付账款总计金额，如图4-52所示。

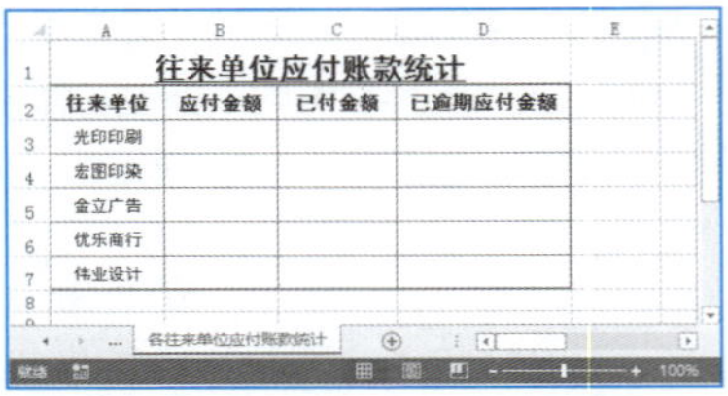

往来单位应付账款统计			
往来单位	应付金额	已付金额	已逾期应付金额
光印印刷			
宏图印染			
金立广告			
优乐商行			
伟业设计			

图4-51

❹ 选中C3单元格，在公式编辑栏中输入公式：“=SUMIF(应付账款记录表!$B$4:$B$50,A3,应付账款记录表!$F$4:$F$21)”，按回车键即可从“应付账款记录表”中统计出对A3单元格单位的已付账款总计金额，如图4-53所示。

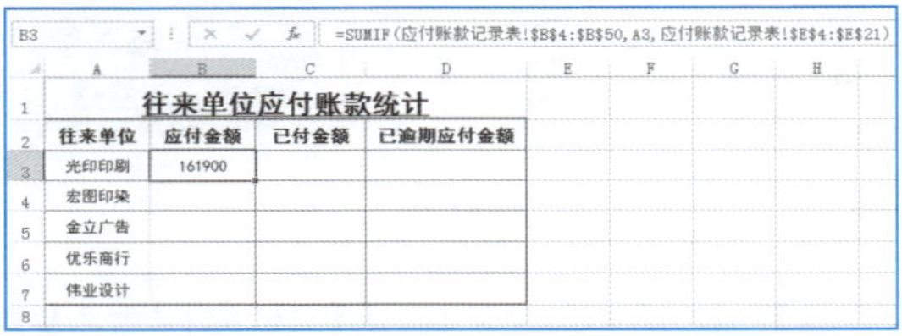

=SUMIF(应付账款记录表!$B$4:$B$50,A3,应付账款记录表!$E$4:$E$21)

往来单位应付账款统计			
往来单位	应付金额	已付金额	已逾期应付金额
光印印刷	161900		
宏图印染			
金立广告			
优乐商行			
伟业设计			

图4-52

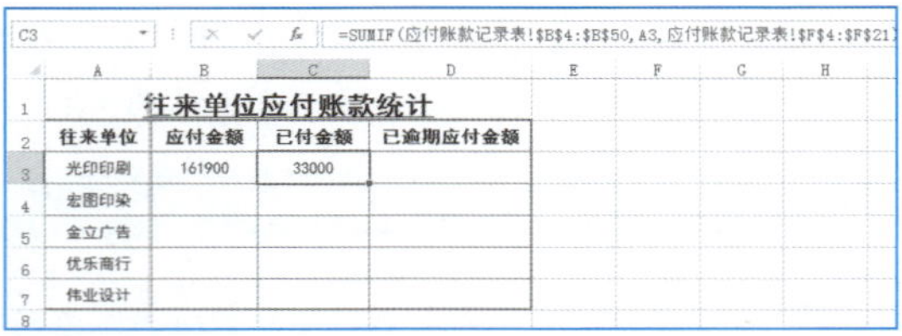

=SUMIF(应付账款记录表!$B$4:$B$50,A3,应付账款记录表!$F$4:$F$21)

往来单位应付账款统计			
往来单位	应付金额	已付金额	已逾期应付金额
光印印刷	161900	33000	
宏图印染			
金立广告			
优乐商行			
伟业设计			

图4-53

❺ 选中D3单元格，在公式编辑栏中输入公式：“=SUMIF(应付账款记录表!$B$4:$B$50,A3,应付账款记录表!$L$4:$L$21)”，按回车键即可从“应付账款记录表”中统计出对A3单元格单位的已逾期应付账款总计金额，如图4-54所示。

❻ 选中B3:D3单元格区域，将光标定位到右下角，出现黑色十字型时按住鼠标左键向下拖动，即可得出每个往来客户的应付账款总额、已付账款总额、已逾期应付金额，如图4-55所示。

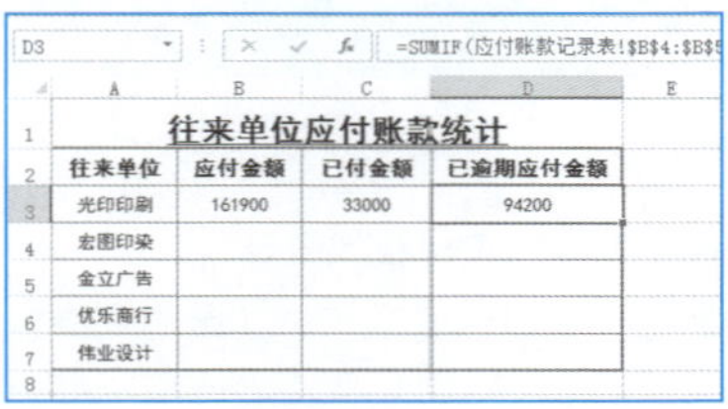

往来单位应付账款统计			
往来单位	应付金额	已付金额	已逾期应付金额
光印印刷	161900	33000	94200
宏图印染			
金立广告			
优乐商行			
伟业设计			

图4-54

往来单位应付账款统计			
往来单位	应付金额	已付金额	已逾期应付金额
光印印刷	161900	33000	94200
宏图印染	21350	6900	5650
金立广告	108400	7000	101400
优乐商行	47000	8000	24000
伟业设计	29920	14320	15600

图4-55

步骤2：创建饼图

❶ 选中A2:A7与D2:D7单元格区域，切换到“插入”选项卡，在“图表”组中单击“饼图”按钮，在下拉菜单中单击“分离型三维饼图”，如图4-56所示。

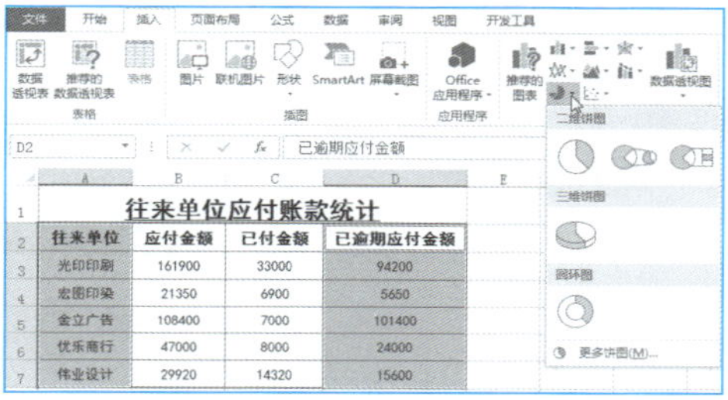

图4-56

❷ 执行上述操作，即可创建图表。选中图表标题框，修改图表标题。接着选中图表，单击“图表元素”按钮，打开下拉菜单，单击“数据标签”右侧按钮，在子菜单中单击“更多选项”（如图4-57所示），打开“设置数据标签格式”窗格。

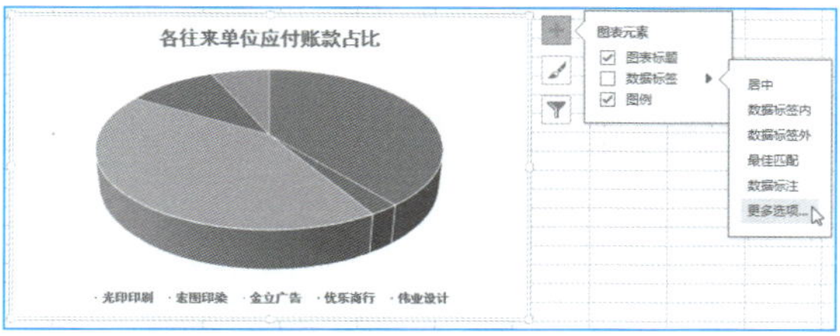

图4-57

❸ 在“标签包括”栏下选中要显示标签前的复选框，这里选中“类别名称”、“百分比”（图4-58），效果如图4-59所示。

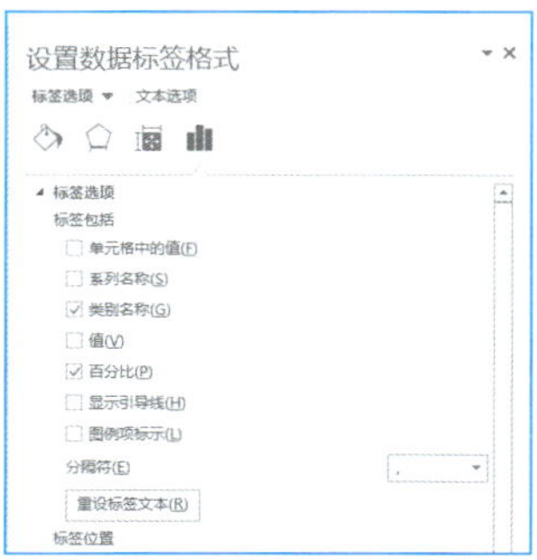

图4-58

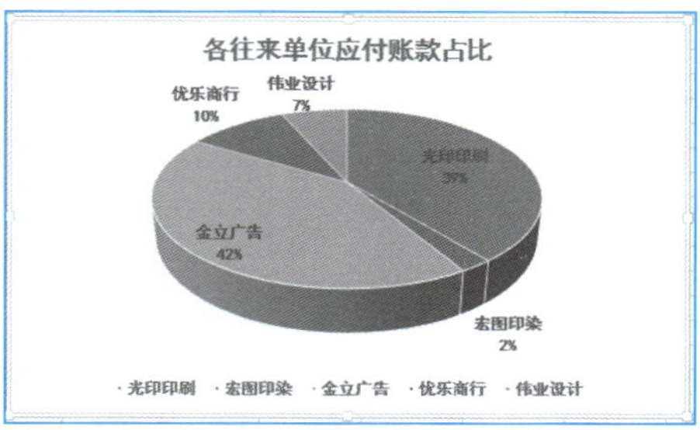

图4-59

❹ 选中图表，单击“图表样式”按钮，打开下拉列表，在“样式”栏下选择一种图表样式（单击即可应用），效果如图4-60所示。

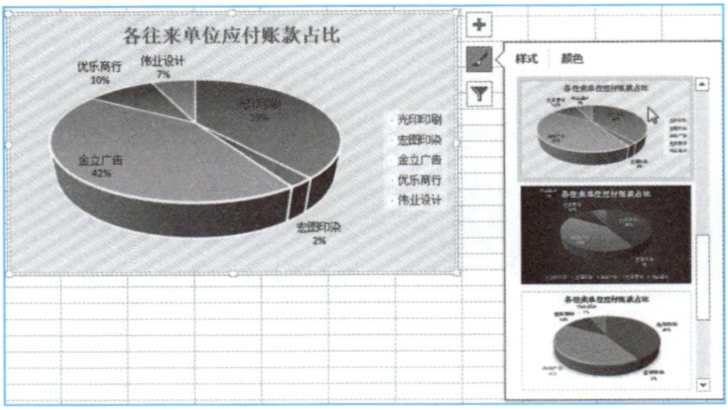

图4-60

❺ 选中图表，在“图表工具”→“设计”选项卡下“图表样式”组中单击“更改颜色”按钮，在下拉菜单中选择一种图表样式（单击即可应用），效果如图4-61所示。

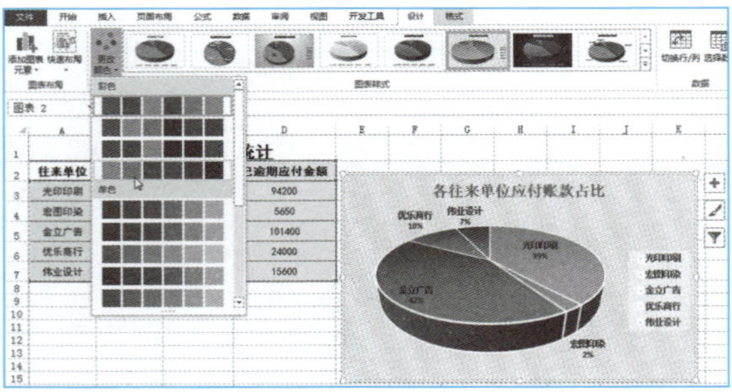

图4-61

❻ 删除图例，并对设置图表中文字格式。设置完成后图表如图4-62所示。

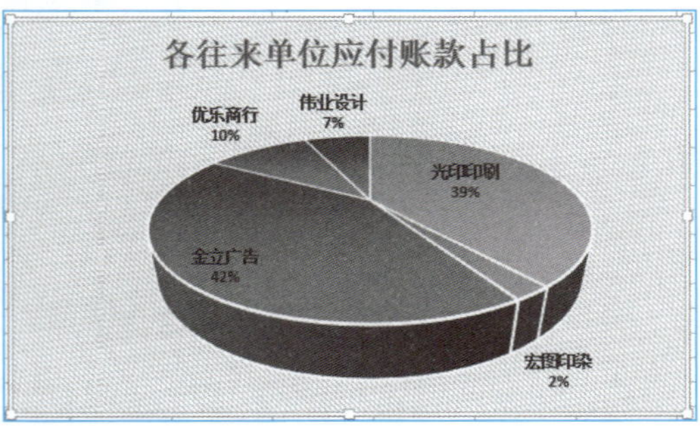

图4-62

文件39　客户信用等级分析表

客户信用等级是建立良好的客户关系的必要条件。企业应根据具体情况制定客户信用等级，定期根据各客户应收账款的实际情况对客户信用等级进行更新和分析，以确保客户在信用期限内还清欠款。

制作要点与设计效果图

- SUMIF函数（参考函数96）
- 简单排序
- 多关键字排序
- 自定义序列排序

客户信用等级表

客户名称	开票日期	发票号码	应收账款	经办人	欠款到期日	账龄	信用等级
双鹤集团	2014/7/23	20403	512	江腾蛟	2014/3/10	179	CR4
宝石电子集团	2014/8/15	20404	1,614	江腾蛟	2014/5/11	117	CR4
双环有限公司	2014/8/15	20405	3,700	江腾蛟	2014/5/12	116	CR4
宁岱公司	2014/8/15	20406	2,060	江腾蛟	2014/5/20	108	CR4
焦化集团	2014/8/5	12213	268,276	陈媛	2014/8/10	26	CR1
鸣鹿集团公司	2014/8/15	12212	941,165	陈媛	2014/8/10	26	CR1
胜利铝材厂	2014/8/15	12214	118,193	陈媛	2014/8/15	21	CR1
长城公司	2014/7/10	12104	1,005,057	陈媛	2014/8/3	33	CR2
泰素有限责任公司	2014/8/5	12210	9,791,332	陈媛	2014/8/4	32	CR2
智通有限公司	2014/8/5	12211	4,338,484	陈媛	2014/8/5	31	CR2
永利薄板有限公司	2014/7/10	20402	2,665,972	刘丽	2014/8/28	8	CR1
天同集团有限公司	2014/7/10	20401	4,685,584	刘丽	2014/7/29	38	CR2
飞鸿公司	2014/7/20	12102	765,519	刘丽	2014/8/1	35	CR2
凌志公司	2014/7/23	12101	468,004	刘丽	2014/8/1	35	CR2
永丰有限责任公司	2014/8/5	12103	25,026	刘丽	2014/8/2	34	CR2
凯斯达表业股份有限公司	2014/7/20	12100	4,900	刘丽	2014/3/31	158	CR4
宝城集团	2014/7/10	12031	42,579	刘晶晶	2014/3/16	173	CR4
斯泰龙有限责任公司	2014/7/23	12032	4,121,015	刘晶晶	2014/3/17	172	CR4
常山股份有限公司	2014/7/20	12033	48,426	刘晶晶	2014/3/18	171	CR4
南银电器有限公司	2014/7/1	20411	40,802	杨慧	2014/7/22	45	CR2
环宇集团	2014/7/1	20412	390,027	杨慧	2014/7/23	44	CR2
星岩茶艺有限公司	2014/7/1	20414	24,184	杨慧	2014/7/25	42	CR2

文件设计过程

根据应收账款的记录表可以计算出各项账款的账龄，并且通过账龄可以评测该客户的信用等级。

步骤1：单关键字排序

❶ 打开根据实际情况记录的应收账款记录表，建立“账龄”和“信用等级”列标识，并设置好格式，选中G3单元格，在公式编辑栏输入公式：“=TODAY()-F3”，按回车键后向下填充，计算应收账款的账龄，如图4-63所示。

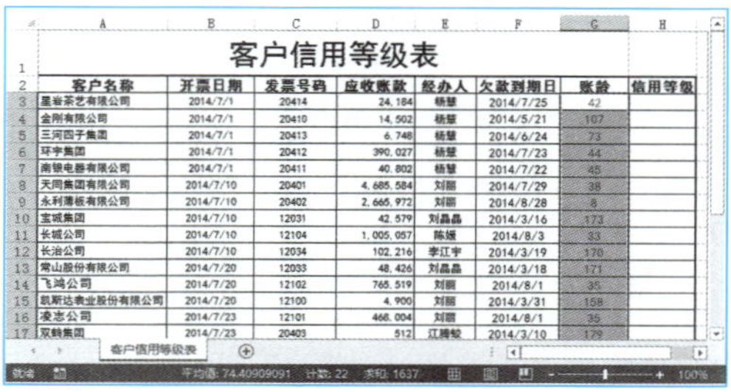

客户信用等级表

客户名称	开票日期	发票号码	应收账款	经办人	欠款到期日	账龄	信用等级
星岩茶艺有限公司	2014/7/1	20414	24,184	杨慧	2014/7/25	42	
金刚有限公司	2014/7/1	20410	14,502	杨慧	2014/5/21	107	
三河四子集团	2014/7/1	20413	6,748	杨慧	2014/6/24	73	
环宇集团	2014/7/1	20412	390,027	杨慧	2014/7/23	44	
南银电器有限公司	2014/7/1	20411	40,802	杨慧	2014/7/22	45	
天同集团有限公司	2014/7/10	20401	4,685,584	刘丽	2014/7/29	38	
永利薄板有限公司	2014/7/10	20402	2,665,972	刘丽	2014/8/28	8	
宝城集团	2014/7/10	12031	42,579	刘晶晶	2014/3/16	173	
长城公司	2014/7/10	12104	1,005,057	陈媛	2014/8/3	33	
长治公司	2014/7/10	12034	102,216	李江宇	2014/3/19	170	
常山股份有限公司	2014/7/20	12033	48,426	刘晶晶	2014/3/18	171	
飞鸿公司	2014/7/20	12102	765,519	刘丽	2014/8/1	35	
凯斯达表业股份有限公司	2014/7/20	12100	4,900	刘丽	2014/3/31	158	
凌志公司	2014/7/23	12101	468,004	刘丽	2014/8/1	35	
双鹤集团	2014/7/23	20403	512	江腾蛟	2014/3/10	179	

图4-63

❷ 选中H3单元格，在公式编辑栏中输入公式：“=IF(G3<=30,"CR1",IF(G3<=60,"CR2",IF(G3<=90,"CR3",IF(G3<=180,"CR4","CR5"))))”，按回车键后向下填充，借款根据应收账款逾期天数返回不同的信用等级，如图4-64所示。

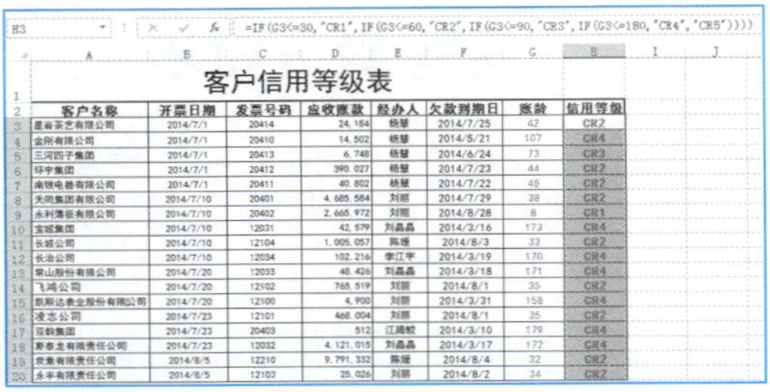

=IF(G3<=30,"CR1",IF(G3<=60,"CR2",IF(G3<=90,"CR3",IF(G3<=180,"CR4","CR5"))))

客户信用等级表

客户名称	开票日期	发票号码	应收账款	经办人	欠款到期日	账龄	信用等级
星岩茶艺有限公司	2014/7/1	20414	24,184	杨慧	2014/7/25	42	CR2
金刚有限公司	2014/7/1	20410	14,502	杨慧	2014/5/21	107	CR4
三河四子集团	2014/7/1	20413	6,748	杨慧	2014/6/24	73	CR3
环宇集团	2014/7/1	20412	390,027	杨慧	2014/7/23	44	CR2
南银电器有限公司	2014/7/1	20411	40,802	杨慧	2014/7/22	45	CR2
天同集团有限公司	2014/7/10	20401	4,685,584	刘丽	2014/7/29	38	CR2
永利薄板有限公司	2014/7/10	20402	2,665,972	刘丽	2014/8/28	8	CR1
宝城集团	2014/7/10	12031	42,579	刘晶晶	2014/3/16	173	CR4
长城公司	2014/7/10	12104	1,005,057	陈媛	2014/8/3	33	CR2
长治公司	2014/7/10	12034	102,216	李江宇	2014/3/19	170	CR4
常山股份有限公司	2014/7/20	12033	48,426	刘晶晶	2014/3/18	171	CR4
飞鸿公司	2014/7/20	12102	765,519	刘丽	2014/8/1	35	CR2
凯斯达泰业股份有限公司	2014/7/20	12100	4,900	刘丽	2014/3/31	158	CR4
凌志公司	2014/7/23	12101	468,004	刘丽	2014/8/1	35	CR2
双鹤集团	2014/7/23	20403	512	江腾蛟	2014/3/10	179	CR4
斯泰龙有限责任公司	2014/7/23	12032	4,121,015	刘晶晶	2014/3/17	172	CR4
炭素有限责任公司	2014/8/5	12210	9,791,332	陈媛	2014/8/4	32	CR2
永丰有限责任公司	2014/8/5	12103	25,026	刘丽	2014/8/2	34	CR2

图4-64

提 示

通常，根据应收账款的逾期天数来划分客户信用等级。如根据逾期天数范围在30天以内，30~60天，60~90天，90~180天，大于180天等将客户信用划分为5级。

3 选中“信用等级”列标志下任意单元格，切换到“数据”选项卡，在“排序和与筛选”选项组单击“降序”按钮，如图4-65所示。

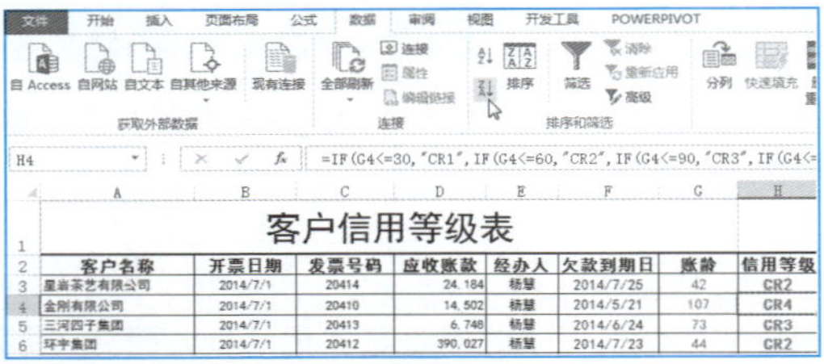

客户信用等级表

客户名称	开票日期	发票号码	应收账款	经办人	欠款到期日	账龄	信用等级
星岩茶艺有限公司	2014/7/1	20414	24,184	杨慧	2014/7/25	42	CR2
金刚有限公司	2014/7/1	20410	14,502	杨慧	2014/5/21	107	CR4
三河四子集团	2014/7/1	20413	6,748	杨慧	2014/6/24	73	CR3
环宇集团	2014/7/1	20412	390,027	杨慧	2014/7/23	44	CR2

图4-65

4 返回工作表中，则系统将“信用等级”列标识下的数据按降序进行排列，如图4-66所示。

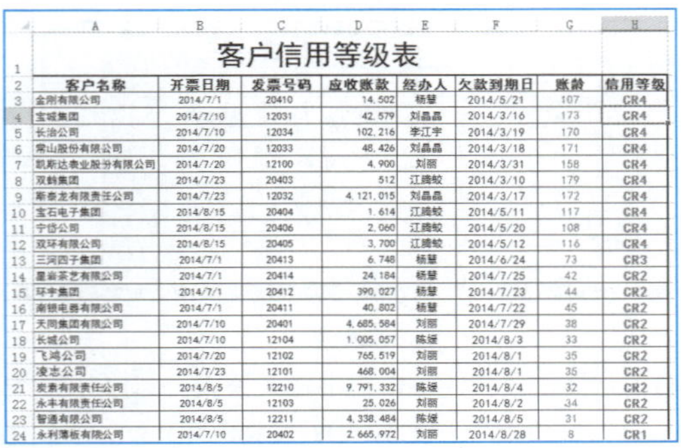

客户信用等级表

客户名称	开票日期	发票号码	应收账款	经办人	欠款到期日	账龄	信用等级
金刚有限公司	2014/7/1	20410	14,502	杨慧	2014/5/21	107	CR4
宝城集团	2014/7/10	12031	42,579	刘晶晶	2014/3/16	173	CR4
长治公司	2014/7/10	12034	102,216	李江宇	2014/3/19	170	CR4
常山股份有限公司	2014/7/20	12033	48,426	刘晶晶	2014/3/18	171	CR4
凯斯达泰业股份有限公司	2014/7/20	12100	4,900	刘丽	2014/3/31	158	CR4
双鹤集团	2014/7/23	20403	512	江腾蛟	2014/3/10	179	CR4
斯泰龙有限责任公司	2014/7/23	12032	4,121,015	刘晶晶	2014/3/17	172	CR4
宝石电子集团	2014/8/15	20404	1,614	江腾蛟	2014/5/11	117	CR4
宁岱公司	2014/8/15	20406	2,060	江腾蛟	2014/5/20	108	CR4
双环有限公司	2014/8/15	20405	3,700	江腾蛟	2014/5/12	116	CR4
三河四子集团	2014/7/1	20413	6,748	杨慧	2014/6/24	73	CR3
星岩茶艺有限公司	2014/7/1	20414	24,184	杨慧	2014/7/25	42	CR2
环宇集团	2014/7/1	20412	390,027	杨慧	2014/7/23	44	CR2
南银电器有限公司	2014/7/1	20411	40,802	杨慧	2014/7/22	45	CR2
天同集团有限公司	2014/7/10	20401	4,685,584	刘丽	2014/7/29	38	CR2
长城公司	2014/7/10	12104	1,005,057	陈媛	2014/8/3	33	CR2
飞鸿公司	2014/7/20	12102	765,519	刘丽	2014/8/1	35	CR2
凌志公司	2014/7/23	12101	468,004	刘丽	2014/8/1	35	CR2
炭素有限责任公司	2014/8/5	12210	9,791,332	陈媛	2014/8/4	32	CR2
永丰有限责任公司	2014/8/5	12103	25,026	刘丽	2014/8/2	34	CR2
智通有限公司	2014/8/5	12211	4,338,484	陈媛	2014/8/5	31	CR2
永利薄板有限公司	2014/7/10	20402	2,665,972	刘丽	2014/8/28	8	CR1

图4-66

步骤2：多关键字排序

❶ 选中A2:H29单元格区域，在“排序和筛选”选项组单击“排序”按钮，打开“排序”对话框，设置主关键字为“信用等级”、“升序”，接着单击“添加条件”按钮，如图4-67所示。

❷ 设置次关键字为“账龄”，在“次序”下拉列表中选择“降序”，如图4-68所示。

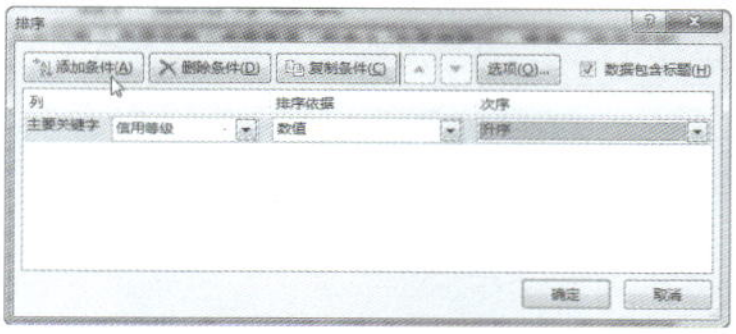

图4-67

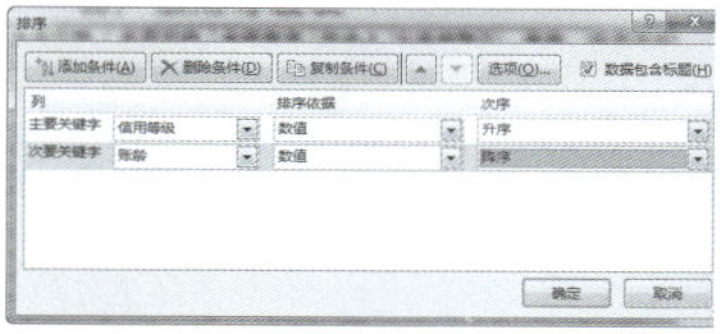

图4-68

❸ 系统会先按主要关键字“信用等级”升序排列，然后按照“账龄”降序排列，如图4-69所示。

	A	B	C	D	E	F	G	H
1	客户信用等级表							
2	客户名称	开票日期	发票号码	应收账款	经办人	欠款到期日	账龄	信用等级
3	焦化集团	2014/8/5	12213	268,276	陈媛	2014/8/10	26	CR1
4	鸣鹿集团公司	2014/8/15	12212	941,165	陈媛	2014/8/10	26	CR1
5	胜利铝材厂	2014/8/15	12214	118,193	陈媛	2014/8/15	21	CR1
6	龙飞有限公司	2014/8/5	12035	35,077	李江宇	2014/8/20	16	CR1
7	宏盛公司	2014/8/5	12036	615,736	李江宇	2014/8/21	15	CR1
8	永利薄板有限公司	2014/7/10	20402	2,665,972	刘丽	2014/8/28	8	CR1
9	南银电器有限公司	2014/7/1	20411	40,802	杨慧	2014/7/22	45	CR2
10	环宇集团	2014/7/1	20412	390,027	杨慧	2014/7/23	44	CR2
11	星岩茶艺有限公司	2014/7/1	20414	24,184	杨慧	2014/7/25	42	CR2
12	天同集团有限公司	2014/7/10	20401	4,685,584	刘丽	2014/7/29	38	CR2
13	飞鸿公司	2014/7/20	12102	765,519	刘丽	2014/8/1	35	CR2
14	凌志公司	2014/7/23	12101	468,004	刘丽	2014/8/1	35	CR2
15	永丰有限责任公司	2014/8/5	12103	25,026	刘丽	2014/8/2	34	CR2
16	长城公司	2014/7/10	12104	1,005,057	陈媛	2014/8/3	33	CR2
17	炭素有限责任公司	2014/8/5	12210	9,791,332	陈媛	2014/8/4	32	CR2
18	智通有限公司	2014/8/5	12211	4,338,484	陈媛	2014/8/5	31	CR2
19	三河四子集团	2014/7/1	20413	6,748	杨慧	2014/6/24	73	CR3
20	双鹤集团	2014/7/23	20403	512	江腾蛟	2014/3/10	179	CR4
21	宝城集团	2014/7/10	12031	42,579	刘晶晶	2014/3/16	173	CR4
22	斯泰龙有限责任公司	2014/7/23	12032	4,121,015	刘晶晶	2014/3/17	172	CR4
23	常山股份有限公司	2014/7/20	12033	48,426	刘晶晶	2014/3/18	171	CR4
24	长治公司	2014/7/10	12034	102,216	李江宇	2014/3/19	170	CR4

图4-69

提 示

为工作表自定义了序列后，如果想要删除定义的序列，可以打开“自定义序列”对话框，在“自定义序列”列表中选中定义的序列，单击“删除”按钮，即可将定义的序列删除。

文件40　每日欠款通报

每日欠款通报是用来显示企业每天到期的应收账款记录，以方便查看和追踪到期应收账款的回收情况。在Excel中，可以使用公式直接从应收账款数据表中自动生成每日到期的相关各个数据记录。

制作要点与设计效果图

- OFFSET函数（参考函数7）
- ROW函数（参考函数5、22）
- 数组公式

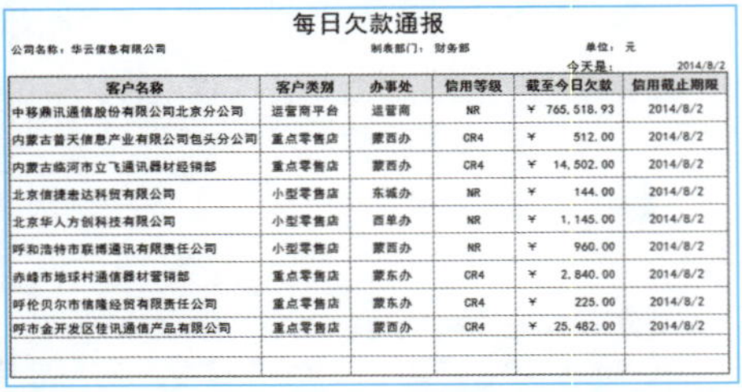

每日欠款通报

公司名称：华云信息有限公司　　制表部门：财务部　　单位：元

今天是：2014/8/2

客户名称	客户类别	办事处	信用等级	截至今日欠款	信用截止期限
中移鼎讯通信股份有限公司北京分公司	运营商平台	运营商	NR	¥ 765,518.93	2014/8/2
内蒙古普天信息产业有限公司包头分公司	重点零售店	蒙西办	CR4	¥ 512.00	2014/8/2
内蒙古临河市立飞通讯器材经销部	重点零售店	蒙西办	CR4	¥ 14,502.00	2014/8/2
北京信捷忠达科贸有限公司	小型零售店	东城办	NR	¥ 144.00	2014/8/2
北京华人方创科技有限公司	小型零售店	西单办	NR	¥ 1,145.00	2014/8/2
呼和浩特市联博通讯有限责任公司	小型零售店	蒙西办	NR	¥ 960.00	2014/8/2
赤峰市地球村通信器材营销部	重点零售店	蒙东办	CR4	¥ 2,840.00	2014/8/2
呼伦贝尔市信隆经贸有限责任公司	重点零售店	蒙东办	CR4	¥ 225.00	2014/8/2
呼市金开发区佳讯通信产品有限公司	重点零售店	蒙西办	CR4	¥ 25,482.00	2014/8/2

文件设计过程

步骤1：获取当前日期

❶ 打开“应收账款清单”工作表，在工作表后插入新工作表，重命名为“每日欠款通报”，并设置表格内容，如图4-70所示。

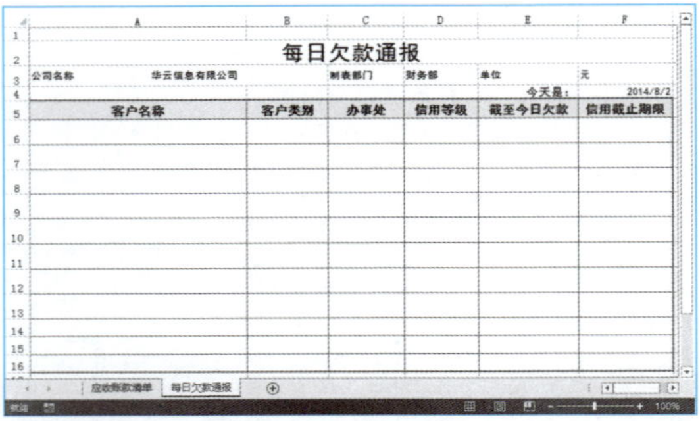

图4-70

❷ 选中F4单元格，在公式编辑栏输入公式：“=TODAY()”，按回车键即可得到今天的日期，如图4-71所示。

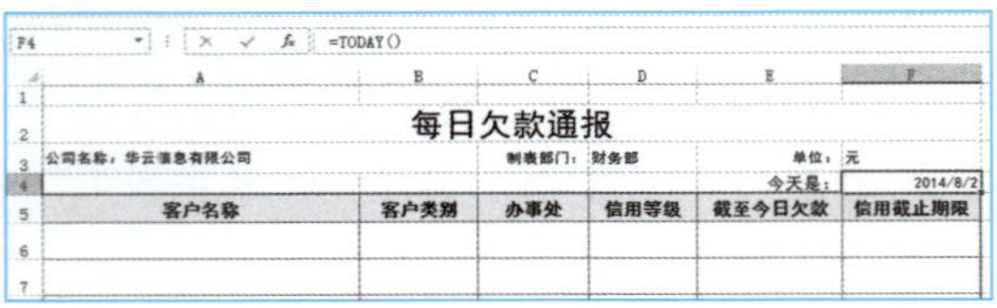

图4-71

❸ 选中A6单元格，在公式编辑栏中输入公式：“=OFFSET(应收账款清单!$A$2,SMALL(IF(应收账款清单!$G$3:$G$74=$F$4,ROW(应收账款清单!$G$3:$G$74)-2),ROW(A2)),1)”，同时按“Ctrl+Shift+Enter”组合键，即可查询到第一个信用截至日期为今天的客户名称，如图4-72所示。

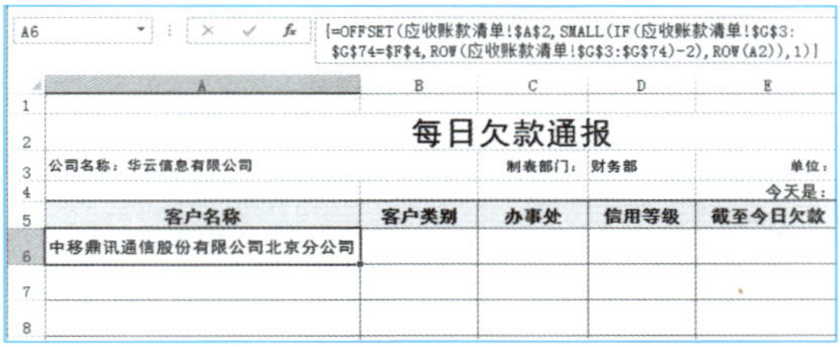

图4-72

公式分析：

"=OFFSET(应收账款清单!$A$2,SMALL(IF(应收账款清单!$G$3:$G$74=$F$4,ROW(应收账款清单!$G$3:$G$74)-2),ROW(A2)),1)"

1. "IF(应收账款清单!$G$3:$G$74=$F$24,ROW(应收账款清单!$G$3:$G$74)-2)"表示，如果在"应收账款清单的G3：G74单元格区域中有等于F4单元格的值，则返回"$G$3:$G$74)-2)"，否则返回错误。

2. "ROW(应收账款清单!$G$3:$G$74)"表示引用"应收账款清单"工作表中G3：G74所在行数，即G行。

3. "SMALL(IF(应收账款清单!$G$3:$G$74=$F$4,ROW(应收账款清单!$G$3:$G$74)-2),ROW(A1)"表示寻找满足"IF(应收账款清单!$G$3:$G$74=$F$4,ROW(应收账款清单!$G$3:$G$74)-2)"条件的单元格区域。

4. "=OFFSET(应收账款清单!$A$2,SMALL(IF(应收账款清单!$G$3:$G$74=$F$4,ROW(应收账款清单!$G$3:$G$74)-2),ROW(A1))"表示参照"应收账款清单!$A$2"引用区域向下偏移"SMALL(IF(应收账款清单!$G$3:$G$74=$F$2,ROW(应收账款清单!$G$3:$G$74)-2), ROW(A2)),1)"行，并向右偏移1列。

4 选中B6单元格，输入公式："=OFFSET(应收账款清单!$A$2,SMALL(IF(应收账款清单!$G$3:$G$74=$F$4,ROW(应收账款清单!$G$3:$G$74)-2),ROW(A2)),2)"，同时按"Ctrl +Shift+ Enter"组合键，即可查询到客户类别，如图4-73所示。

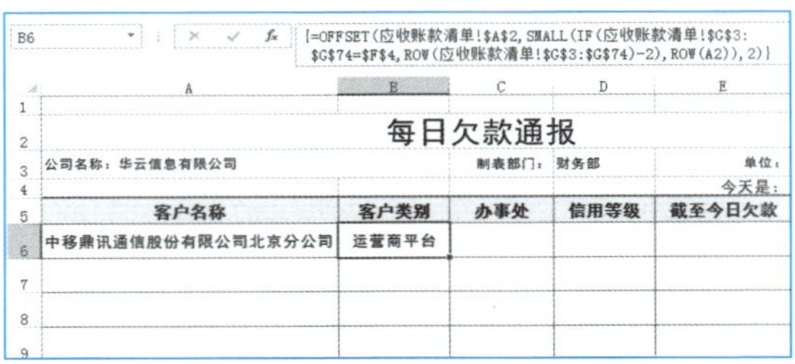

图4-73

5 选中C6单元格，输入公式："=OFFSET(应收账款清单!$A$2,SMALL

(IF(应收账款清单!$G$3:$G$74=$F$4,ROW(应收账款清单!$G$3:$G$74)-2),ROW(A2)),3)”，同时按“Ctrl +Shift+ Enter”组合键，即可查询到办事处名称，如图4-74所示。

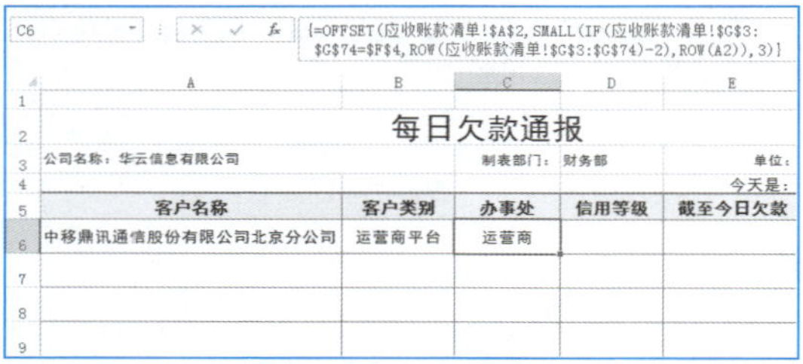
C6 {=OFFSET(应收账款清单!$A$2,SMALL(IF(应收账款清单!$G$3:$G$74=$F$4,ROW(应收账款清单!$G$3:$G$74)-2),ROW(A2)),3)}

每日欠款通报

公司名称：华云信息有限公司 制表部门：财务部 单位：

今天是：

客户名称	客户类别	办事处	信用等级	截至今日欠款
中移鼎讯通信股份有限公司北京分公司	运营商平台	运营商		

图4-74

6 按相同的方法在D6、E6、F6单元格中输入公式，选中“A6:F6”单元格区域，向下填充，即可得到今日欠款通报的所有公司的情况，如图4-75所示。

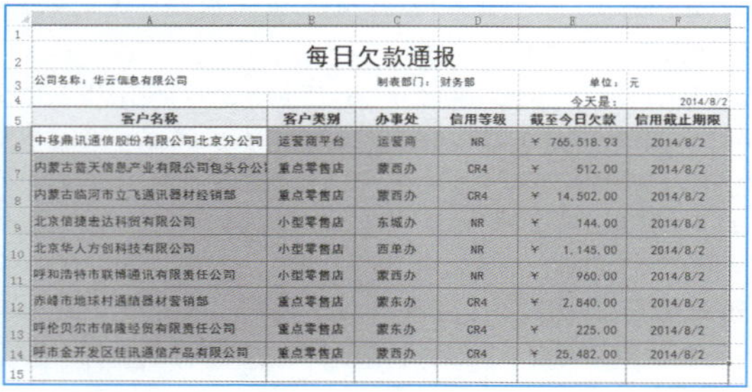
每日欠款通报

公司名称：华云信息有限公司 制表部门：财务部 单位：元

今天是：2014/8/2

客户名称	客户类别	办事处	信用等级	截至今日欠款	信用截止期限
中移鼎讯通信股份有限公司北京分公司	运营商平台	运营商	NR	¥ 765,518.93	2014/8/2
内蒙古普天信息产业有限公司包头分公	重点零售店	蒙西办	CR4	¥ 512.00	2014/8/2
内蒙古临河市立飞通讯器材经销部	重点零售店	蒙西办	CR4	¥ 14,502.00	2014/8/2
北京信捷忠达科贸有限公司	小型零售店	东城办	NR	¥ 144.00	2014/8/2
北京华人方创科技有限公司	小型零售店	西单办	NR	¥ 1,145.00	2014/8/2
呼和浩特市联博通讯有限责任公司	小型零售店	蒙西办	NR	¥ 960.00	2014/8/2
赤峰市地球村通信器材营销部	重点零售店	蒙东办	CR4	¥ 2,840.00	2014/8/2
呼伦贝尔市信隆经贸有限责任公司	重点零售店	蒙东办	CR4	¥ 225.00	2014/8/2
呼市金开发区佳讯通信产品有限公司	重点零售店	蒙西办	CR4	¥ 25,482.00	2014/8/2

图4-75

提 示

D4、E4、F4单元格中输入的公式分别为：

=OFFSET(应收账款清单!$A$2,SMALL(IF(应收账款清单!$G$3:$G$74=$F$4,ROW(应收账款清单!$G$3:$G$74)-2),ROW(A2)),4))

=OFFSET(应收账款清单!$A$2,SMALL(IF(应收账款清单!$G$3:$G$74=$F$4,ROW(应收账款清单!$G$3:$G$74)-2),ROW(A2)),5)

=OFFSET(应收账款清单!$A$2,SMALL(IF(应收账款清单!$G$3:$G$74=$F$4,ROW(应收账款清单!$G$3:$G$74)-2),ROW(A2)),6)

文件41 比较分公司销售回款率

月销售回款率越高，说明企业回收资金越快，不容易产生坏账。

制作要点与设计效果图

- 设置单元格格式
- 设置条件格式

比较分公司销售回款率

月份：2014年8月　　单位：万元

公司名称	期初应收款余额	本期新增应收账款	本期收回应收账款	月销售回款率
苏州分公司	120	1335.56	1080	82.44%
常州分公司	36	1585.36	1100	70.06%
成都分公司	45.3	2456.85	2100	85.74%
杭州分公司	18.8	32641.2	3300	10.16%
南京分公司	92.3	4600	4100	89.34%
厦门分公司	33.2	3621.5	3600	99.41%
郑州分公司	30.5	2600	2300	88.60%

文件设计过程

步骤1：设置公式

❶ 在E4单元格中输入公式：“=(B4+D4)/(C4+B4)”，向下复制公式，计算各子公司的月销售回款率，如图4-76所示。

❷ 打开“设置单元格格式”对话框，单击“百分比”标签，在“小数位数”设置框中输入“2”，如图4-77所示。设置完成后，单击“确定”按钮。

比较分公司销售回款率

月份：2014年8月　　单位：万元

公司名称	期初应收款余额	本期新增应收账款	本期收回应收账款	月销售回款率
苏州分公司	120	1335.56	1080	0.824424964
常州分公司	36	1585.36	1100	0.700646371
成都分公司	45.3	2456.85	2100	0.857382651
杭州分公司	18.8	32641.2	3300	0.101616656
南京分公司	92.3	4600	4100	0.893442448
厦门分公司	33.2	3621.5	3600	0.994117164
郑州分公司	30.5	2600	2300	0.885953241

图4-76

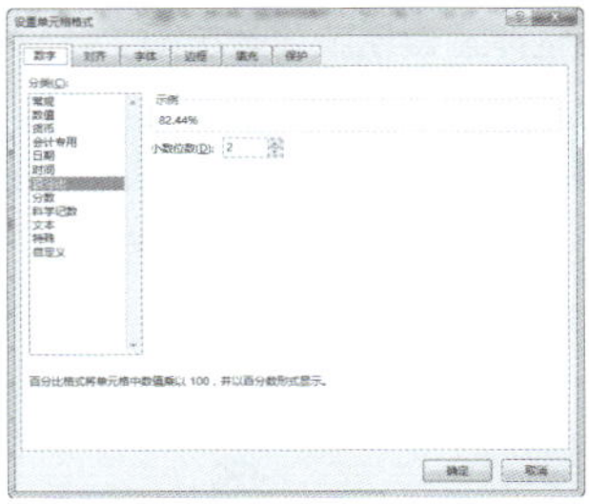

图4-77

步骤2：设置条件格式

❶ 选中E4：E10单元格区域，单击“开始”选项卡下“样式”选项组中的“条件格式”按钮，在下拉菜单中选择“数据条”的子菜单类型，如图4-78所示。

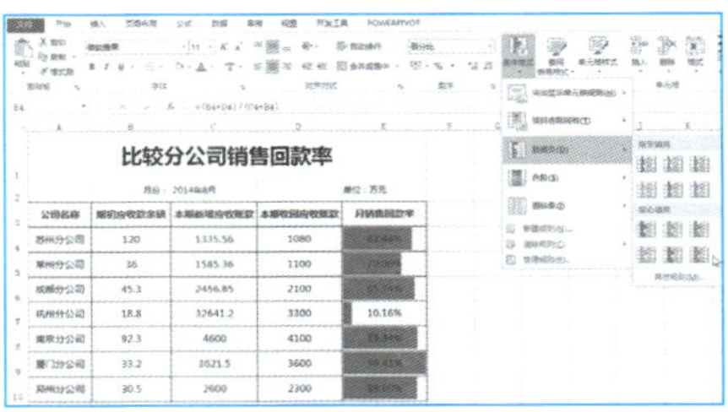

图4-78

❷ 选择的色阶会按默认的设置分析选定的区域，如图4-79所示。

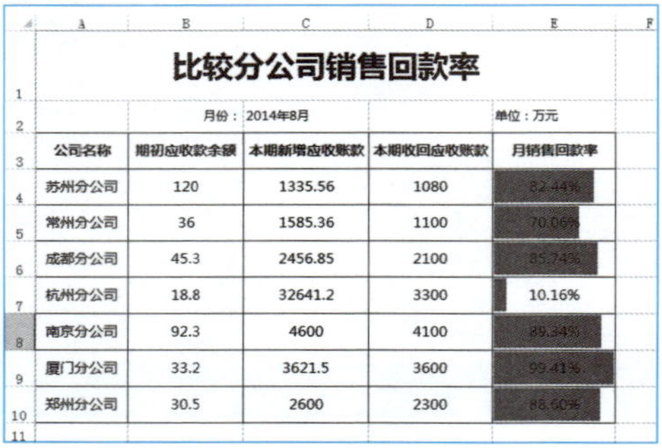

比较分公司销售回款率				
	月份：2014年8月			单位：万元
公司名称	期初应收款余额	本期新增应收账款	本期收回应收账款	月销售回款率
苏州分公司	120	1335.56	1080	82.44%
常州分公司	36	1585.36	1100	70.06%
成都分公司	45.3	2456.85	2100	85.74%
杭州分公司	18.8	32641.2	3300	10.16%
南京分公司	92.3	4600	4100	89.34%
厦门分公司	33.2	3621.5	3600	99.41%
郑州分公司	30.5	2600	2300	88.60%

图4-79

文件42　逾期未收回款项分析

在Excel中，便于对逾期的未收回款项的原因做进一步的分析，下面使用散点图创建了逾期款项分布图。

制作要点与设计效果图

- 排序
- 创建图表
- 设置图表标签格式

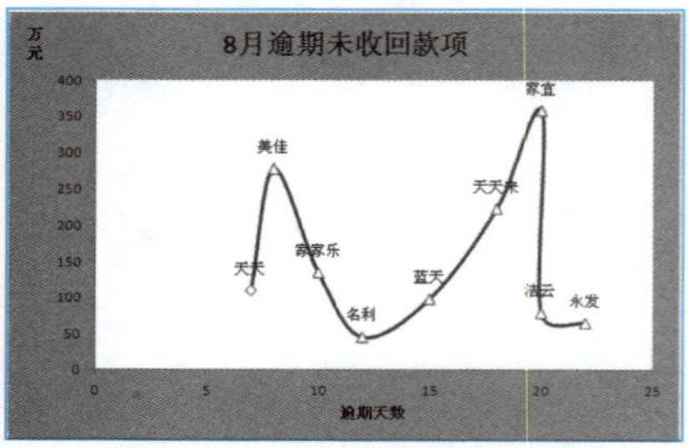

文件设计过程

步骤1：设置排序

❶ 选择A3：D12单元格区域，单击“数据”选项卡下“排序和筛选”选项组中的“排序”按钮，如图4-80所示。

❷ 打开“排序”对话框，在“主要关键字”下拉列表中选择“逾期天数”，在“次序”下拉列表中选择“升序”，单击“确定”按钮，如图4-81所示。

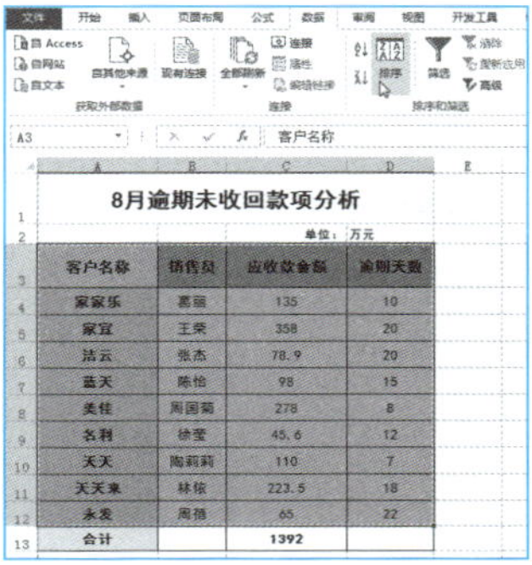

图4-80

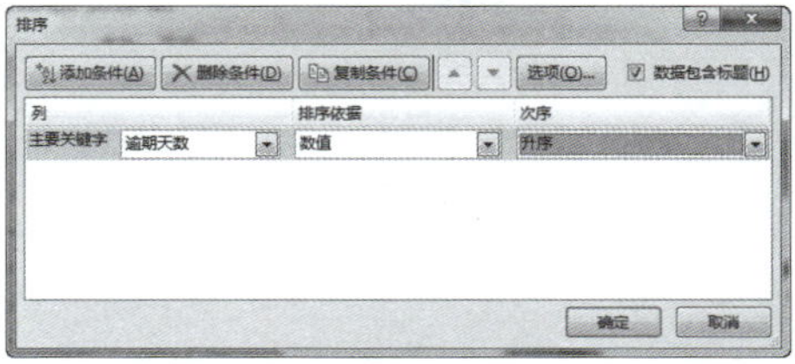

图4-81

步骤2：创建图表

❶ 单击“插入”选项卡下“图表”选项组中的“插入散点图或气泡图”按钮，在下拉菜单中选择子图表类型，如图4-82所示。

❷ 即可创建一个空白图表，在“设计”选项卡下的“数据”选项组中单击“选择数据”按钮，如图4-83所示。

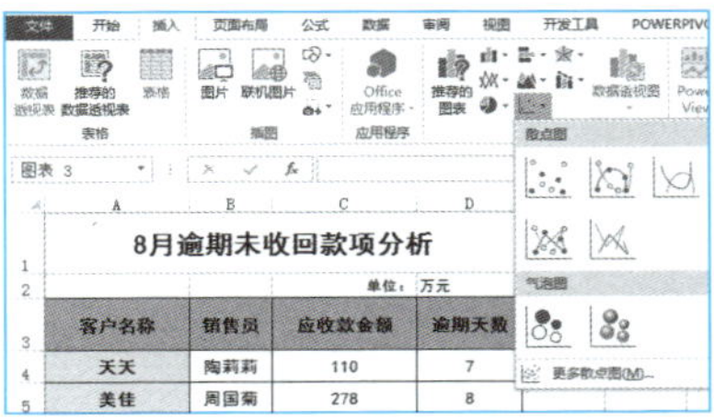

图4-82

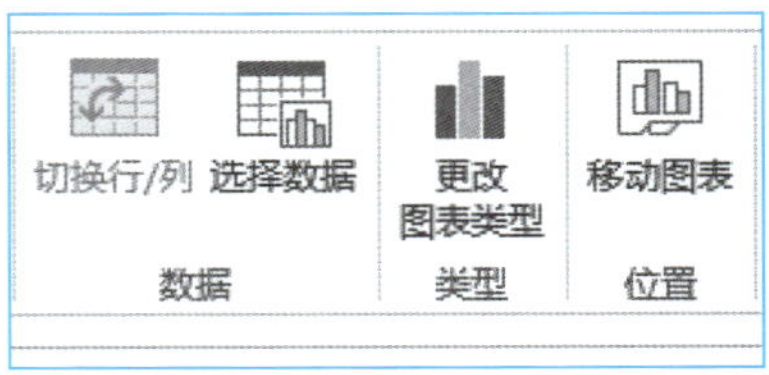

图4-83

❸ 打开“选择数据源”对话框，在对话框中单击“添加”按钮，如图4-84所示。

❹ 打开“编辑数据集系列”对话框，设置“X轴系列值”和“Y轴系列值”，单击“确定”按钮，如图4-85所示。

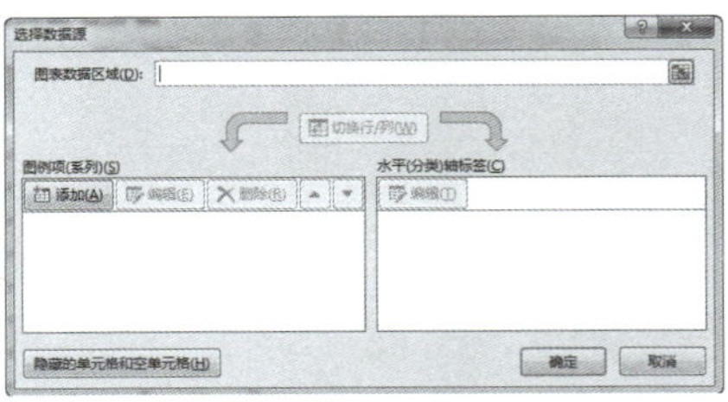

图4-84

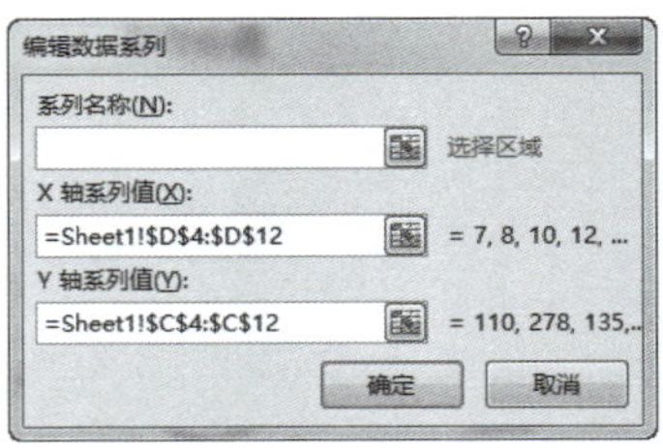

图4-85

5 此时得到散点图的默认效果，在图表中显示坐标轴标题，分别将横/纵坐标轴标题分别设置为“逾期天数”和“万元”，然后设置系列数据标记，如图4-86所示。

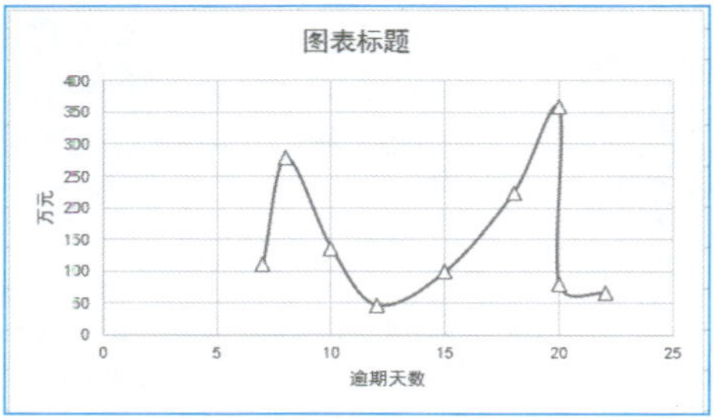

图4–86

步骤3：设置数据标签

1 选中图表，单击“图表元素”按钮，打开下拉菜单，单击“数据标签”右侧按钮，在子菜单中选择要添加的数据标签位置（单击鼠标即可应用），如单击“上方”，如图4-87所示。

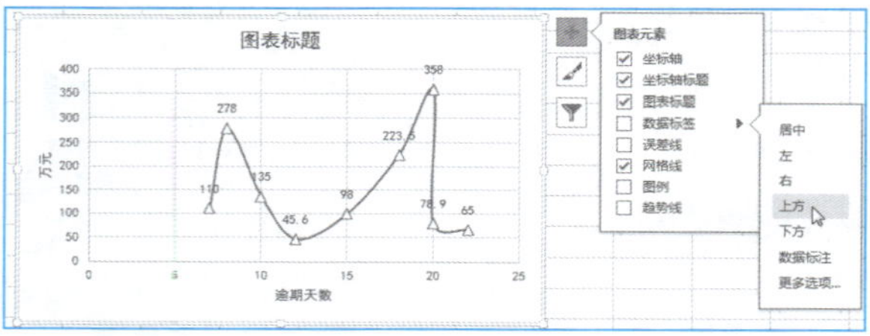

图14–87

2 依次选中单个的数据标签，在公式编辑栏中输入公式，将标签更改为对应数值的项目名称，并进一步完善得到最终效果，如图4-88所示。

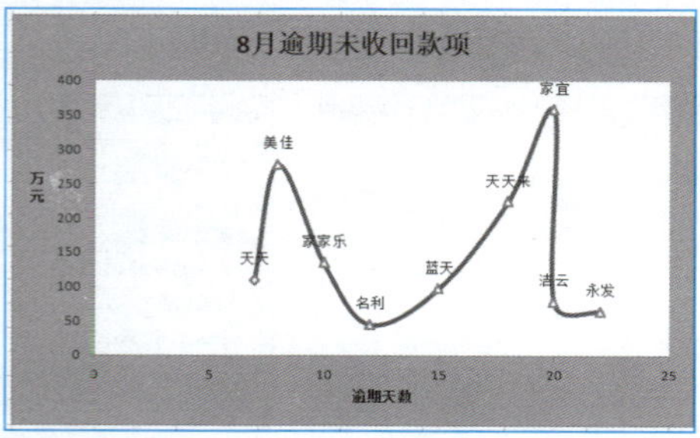

图4–88

文件43　应收账款账龄分析表

账龄是指负债人所欠款的时间。账龄越长，发生坏账损失的可能性就越大。作为企业的财务人员，需要及时、准确地掌握各笔应收账款的账龄，从而及时地催收各笔账款，降低坏账产生的可能性。

制作要点与设计效果图

- IF函数（参考函数1、3）
- SUMPRODUCT函数（参考函数8、13）

应收账款账龄分析表

客户名称	0～30天		31～60天		61～90天		91～120天		121～180天		180天以上	
	应收账款	比重	应收账款	比重	应收账款	比重	应收账款	比重	应收账款	比重	应收账款	比重
星岩茶艺有限公司	-	-	-	-	-	-	-					
金刚有限公司	-	-	-	-	-	-	-					
三河四子集团	-	-	-	-	-	-	-					
环宇集团	-	-	-	-	-	-	-					
南银电器有限公司	-	-	-	-	-	-	-					
天同集团有限公司	-	-	-	-	-	-	-					
永利薄板有限公司	-	-	-	-	-	-	-					
宝城集团	-	-	-	-	-	-	-					
长城公司	-	-	-	-	-	-	-					
长治公司	-	-	-	-	-	-	-					
常山股份有限公司	-	-	-	-	-	-	-					
飞鸿公司	-	-	-	-	-	-	-					
飘斯达表业股份有限公	-	-	-	-	-	-	-					
凌志公司	-	-	-	-	-	-	-					
双鹤集团	-	-	-	-	-	-	-					
斯泰龙有限责任公司	-	-	-	-	-	-	-					
炭素有限责任公司	-	-	-	-	-	-	-					
永丰有限责任公司	-	-	-	-	-	-	-					
智通有限公司	-	-	-	-	-	-	-					
宏雷公司	-	-	-	-	-	-	-	-	268,275.80	19.58%	-	-
焦化集团	-	-	-	-	-	-	-	-	35,077.00	2.56%	-	-
龙飞有限公司	-	-	-	-	-	-	-	-	941,165.00	68.69%	-	-
鸣鹿集团公司	-	-	-	-	-	-	-	-	118,192.85	8.63%	-	-
胜利铝材厂	-	-	-	-	-	-	-	-	1,613.53	0.12%	-	-
宝石电子集团	-	-	-	-	-	-	-	-	2,060.00	0.15%	-	-
宁岱公司	-	-	-	-	-	-	-	-	3,699.74	0.27%	-	-
双环有限公司	-	-	-	-	-	-	-	-	-	-	-	-
合计	-	0.00%	-	0.00%	-	0.00%	-	-	1,370,083.92	100.00%	-	0.00%

文件44　应收账款提前预警

为了及时收回到期的应收账款，企业在应收账款到期之前的最后工作日，应与客户进行联系催收。通常，可以对即将到期的应收账款提前3天、提前2天、提前1天进行关注。将它们从数据库中突出显示出来，以便开展催收工作。

制作要点与设计效果图

- IF函数（参考函数1、3）
- 设置单元格填充（参考文件5）
- 设置表格边框（参考文件1、2、3）

应收账款提前预警

客户名称	客户类别	办事处	信用等级	截至今日欠款	信用截止期限	提前1天	提前2天	提前3天
天翼电信终端有限公司	运营商	运营商	NR	4,900	2014/6/8			
北京中邮普泰移动通信设备有限责任公司	运营商平台	运营商	NR	468,004	2014/6/9			
中移鼎讯通信股份有限公司北京分公司	运营商平台	运营商	NR	765,519	2014/6/10			
内蒙古松联通讯有限责任公司	运营商平台	运营商部	NR	25,026	2014/6/9			
北京迪信通电子通信有限公司	全国性卖场	大客户办	CR4	1,005,057	2014/10/26			
北京恒信瑞达商贸有限公司	区域性卖场	大客户办	CR5	9,791,332	2014/6/10			
北京中复电讯设备有限责任公司	区域性卖场	大客户办	CR4	4,338,484	2014/10/28			
北京华信通电讯有限公司	区域性卖场	大客户办	CR4	941,165	2014/6/8			
亚马逊卓越有限公司	区域性卖场	大客户办	CR4	268,276	2014/6/5			
内蒙古普天信息产业有限公司	区域性卖场	蒙西办	CR4	118,193	2014/6/8			
北京诚泽永信	重点零售店	东城办	CR4	42,579	2014/6/20			
北京鑫通万宝商贸有限公司	重点零售店	大客户办	CR4	4,121,015	2014/6/10			
北京恒远惠通通讯科技有限公司	重点零售店	大客户办	CR4	48,426	2014/6/26			
北京首讯贸易有限公司	重点零售店	大客户办	CR4	102,216	2014/6/9			
北京腾龙时代通信技术有限责任公司	重点零售店	中关村办	CR4	35,077	2014/6/20			
北京华讯天星电讯科技有限责任公司	重点零售店	大客户办	CR4	615,736	2014/6/21			
北京京东世纪贸易有限公司	区域性卖场	大客户办	CR4	4,685,584	2014/6/18			
北京乐语通讯连锁沭阳采购中心有限公司（北京）	区域性卖场	大客户办	CR4	2,665,972	2014/6/15			
内蒙古普天信息产业有限公司包头分公司	重点零售店	蒙西办	CR4	512	2014/6/23			
包头市全通通讯	重点零售店	蒙西办	CR4	1,614	2014/6/12			
内蒙古包头市新干线通讯设备有限责任公司	重点零售店	蒙西办	CR4	3,700	2014/6/10			
内蒙古鄂尔多斯市宏扬通讯器材有限责任公司	重点零售店	蒙西办	CR4	2,060	2014/6/14			
内蒙古临河市立飞通讯器材经销部	重点零售店	蒙西办	CR4	14,502	2014/6/25			
内蒙古乌海市超强通讯科技有限责任公司	重点零售店	蒙西办	CR4	40,802	2014/6/23			

文件45 应收账款催款单

对于即将到期的应收账款，企业应及时向催款单位进行催缴。在电子商务广泛应用的今天，财务人员可以制作电子催款单，直接发送到需要催款的企业邮箱。

制作要点与设计效果图

- 设置单元格填充（参考文件5）
- 设置表格边框（参考文件1、2、3）
- VLOOKUP函数（参考函数36）

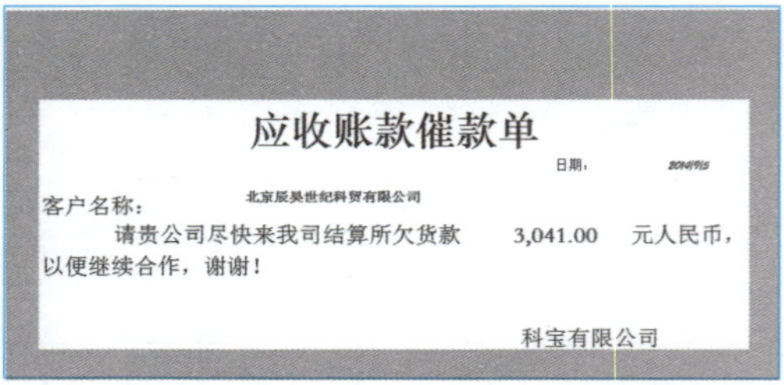
应收账款催款单

日期： 2014/9/5

客户名称： 北京辰昊世纪科贸有限公司

请贵公司尽快来我司结算所欠货款 3,041.00 元人民币，以便继续合作，谢谢！

科宝有限公司

文件46 问题账款报告

当客户的应收账款出现严重问题时，财务相关人员应及时编制问题账款报告，向相关人员和部门进行汇报，以便于企业可以快速采取措施，尽可能减少损失。问题账款报告通常包括基本资料、问题账形成原因、处理意见和附件明细。

制作要点与设计效果图

- 设置单元格填充（参考文件5）
- 设置表格边框（参考文件1、2、3）

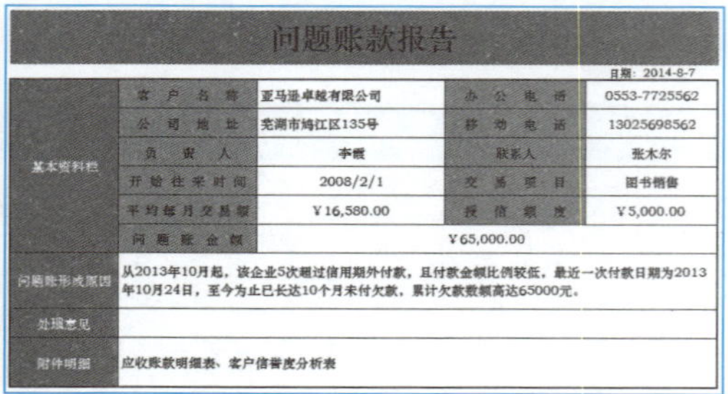
问题账款报告

日期：2014-8-7

基本资料栏	客户名称	亚马逊卓越有限公司	办公电话	0553-7725562
	公司地址	芜湖市鸠江区135号	移动电话	13025698562
	负责人	李薇	联系人	张木尔
	开始往来时间	2008/2/1	交易项目	图书销售
	平均每月交易额	￥16,580.00	授信额度	￥5,000.00
	问题账金额	￥65,000.00		
问题账形成原因	从2013年10月起，该企业5次超过信用期外付款，且付款金额比例较低，最近一次付款日期为2013年10月24日，至今为止已长达10个月未付欠款，累计欠款数额高达65000元。			
处理意见				
附件明细	应收账款明细表、客户信誉度分析表			

文件47 坏账的提取与计算

坏账是指企业无法回收或回收可能性极小的应收账款。会计中专门设置“坏账准备”科目，来对应收账款和其他应收账款提取坏账准备。坏账准备的提取方法有账龄分析法、余额百分比法等，企业可以结合自身情况选择适当的方法。

制作要点与设计效果图

- 设置公式（参考文件5）
- IF函数（参考函数1、3）

坏账的提取与计算

客户名称	客户类别	办事处	应收账款	欠款到期日	账龄	应提坏账
天翼电信终端有限公司	运营商	运营商	4,900	2014/5/5	0.34	98
北京中邮普泰移动通信设备有限责任公司	运营商平台	运营商	468,004	2014/5/20	0.3	9360.08
中移鼎讯通信股份有限公司北京分公司	运营商平台	运营商	765,519	2014/5/28	0.28	15310.3786
内蒙古松联通讯有限责任公司	运营商平台	运营商部	25,026	2014/6/12	0.24	500.52
北京迪信通电子通信有限公司	全国性卖场	大客户办	1,005,057	2009/9/26	4.95	1005057
北京恒信瑞达商贸有限公司	区域性卖场	大客户办	9,791,332	2014/6/26	0.2	195826.6412
北京中复电讯设备有限责任公司	区域性卖场	大客户办	4,338,484	2014/6/30	0.19	86769.6704
北京华信通电讯有限公司	区域性卖场	大客户办	941,165	2010/9/30	3.94	941165
亚马逊卓越有限公司	区域性卖场	大客户办	268,276	2014/5/25	0.29	5365.516
内蒙古普天信息产业有限公司	区域性卖场	蒙西办	118,193	2014/5/12	0.32	2363.857
北京诚泽永信	重点零售店	东城办	42,579	2014/5/23	0.29	851.58
北京鑫通万宝商贸有限公司	重点零售店	大客户办	4,121,015	2014/7/23	0.13	82420.3
北京恒远惠通通讯科技有限公司	重点零售店	大客户办	48,426	2014/5/10	0.33	968.5126
北京首讯贸易有限公司	重点零售店	大客户办	102,216	2014/6/25	0.2	2044.314
北京腾龙时代通信技术有限责任公司	重点零售店	中关村办	35,077	2014/6/1	0.27	701.54
北京华讯天星电讯科技有限责任公司	重点零售店	大客户办	615,736	2010/10/2	3.93	615736
北京京东世纪贸易有限公司	区域性卖场	大客户办	4,685,584	2014/6/6	0.25	93711.675
北京乐语通讯连锁沈阳采购中心有限公司(北京)	区域性卖场	大客户办	2,665,972	2011/10/15	2.9	2665972
内蒙古普天信息产业有限公司包头分公司	重点零售店	蒙西办	512	2014/6/18	0.22	10.24
包头市全通通讯	重点零售店	蒙西办	1,614	2014/6/25	0.2	32.2706
内蒙古包头市新千线通讯设备有限责任公司	重点零售店	蒙西办	3,700	2014/6/26	0.2	73.9948

文件48　未收回款项逾期天数分析

对于逾期时间较长的款项，企业应加大回收力度，尽量减少风险。在Excel中可以对逾期天数分段分析，对于月末未收回款可以将50天分为一个阶段进行分析。

制作要点与设计效果图

- 设置公式（参考文件5）
- 创建饼图（参考文件38）
- 设置数据系列标签格式（参考文件38）

未收回款项逾期天数分析

单位：万元

客户名称	销售员	应收款金额	逾期天数
天天	陶莉莉	110	115
美佳	周国菊	78	58
家家乐	葛丽	358	40
名利	徐莹	48	62
蓝天	陈怡	130	15
天天来	林依	110.3	120
家宜	王荣	70	20
洁云	张杰	65	85
永发	周蓓	120	28

逾期天数	金额(万)
50天以下	678
50～100天	191
100天以上	220.3

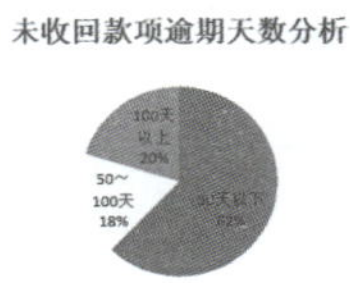

读书笔记

Excel

第5章

材料管理表格

在会计核算中，材料属于存货的核算范畴。大部分企业都采用了电算化管理，使材料管理逐渐规范化，对于没有ERP材料管理系统的企业，可以借助Excel表格的功能实现材料的管理。

材料的管理包括入库、出库和库存管理三个方面。在实际工作中，可以结合企业的实际情况，设计一些材料管理的表格来实现对数据的自动查询、计算等功能。常见的表格有：材料入库明细表、材料入库分类汇总表、材料进出库存月报表、安全库存量预警表、材料短缺表等。

编号	文件名称	对应的数据源	重要星级
文件49	材料入库明细表	第5章\文件49 材料入库明细表.xlsx	★★★★★
文件50	材料入库分类汇总表	第5章\文件50 材料入库分类汇总表.xlsx	★★★★★
文件51	材料入库明细表	第5章\文件51 材料入库明细表.xlsx	★★★★★
文件52	材料进出库存月报表	第5章\文件52 材料进出库存月报表.xlsx	★★★★★
文件53	安全库存量预警表	第5章\文件53 安全库存量预警表.xlsx	★★★★
文件54	材料短缺表	第5章\文件54 材料短缺表.xlsx	★★★★
文件55	材料领料单	第5章\文件55 材料领料单.xlsx	★★★
文件56	材料出库汇总表	第5章\文件56 材料出库汇总表.xlsx	★★★
文件57	三个月无异动滞料明细表	第5章\文件57 三个月无异动滞料明细表.xlsx	★★★
文件58	滞料出售损益明细表	第5章\文件58 滞料出售损益明细表.xlsx	★★★
文件59	材料存量计划表	第5章\文件59 材料存量计划表.xlsx	★★★

文件49　材料入库明细表

材料入库明细表类似于一个材料入库的流水账，即根据材料入库的具体时间，登记每一笔数据，材料入库明细表中的数据应尽量详细，包括供应商名称、材料编码、类别、规格型号、单价等。

制作要点与设计效果图

- 定义名称
- 数据验证
- SUMPRODUCT函数（参考函数8、13）
- SUBTOTAL函数（参考函数34）

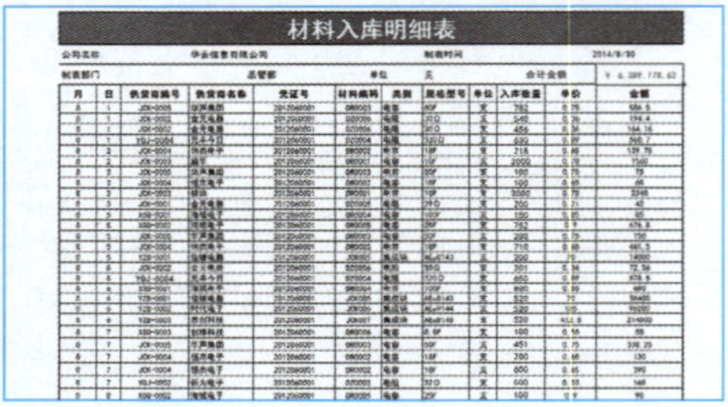

文件设计过程

步骤1：使用OFFSET函数定义名称

❶ 打开“基础数据表”工作表，切换到“公式”选项卡，在“定义的名称”选项组单击“定义名称”按钮（如图5-1所示），打开“新建名称”对话框。

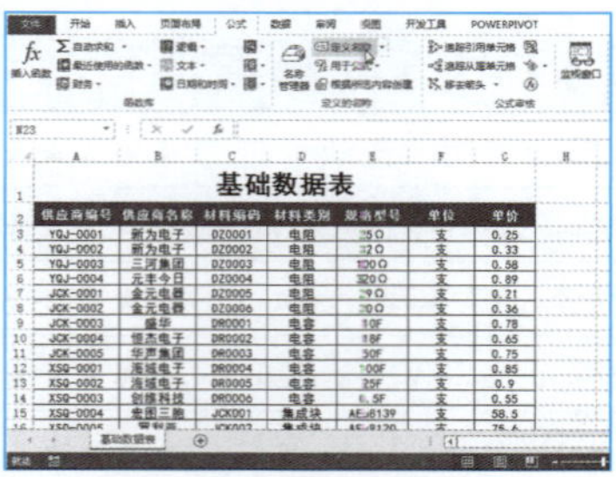

图5-1

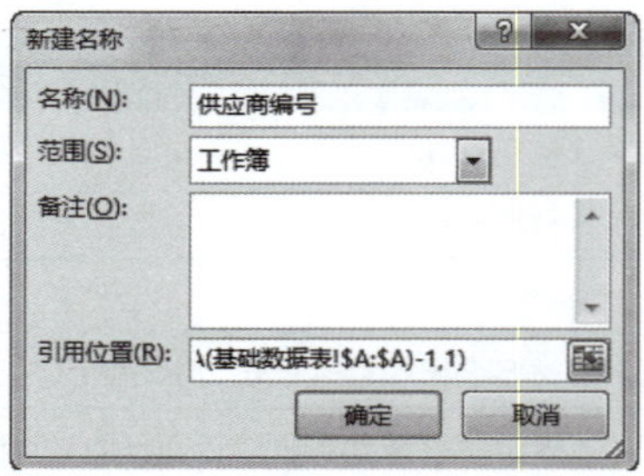

图5-2

❷ 在“名称”设置框中输入“供应商编号”，接着在“引用位置”设置框中输入公式：“=OFFSET(基础数据表!$A$2,,,COUNTA(基础数据表!$A:$A)-1,1)”单击“确定”按钮，即可定义“供应商编号”名称。

❸ 按相同的方法定义名称“供应商名称”，引用位置公式为“=OFFSET(基础数据表!$B$2,,,COUNTA(基础数据表!$B:$B)-1,1)”如图5-3所示。

❹ 按相同的方法定义名称“材料编码”，引用位置公式为：“=OFFSET(基础数据表!$C$2,,,COUNTA(基础数据表!$C:$C)-1,1)”如图5-4所示。

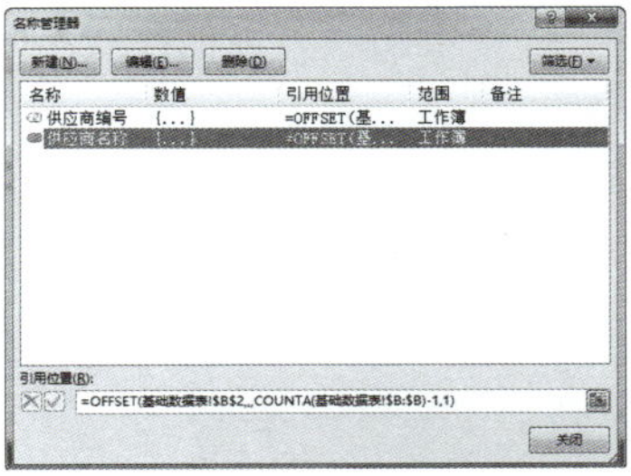

图5-3

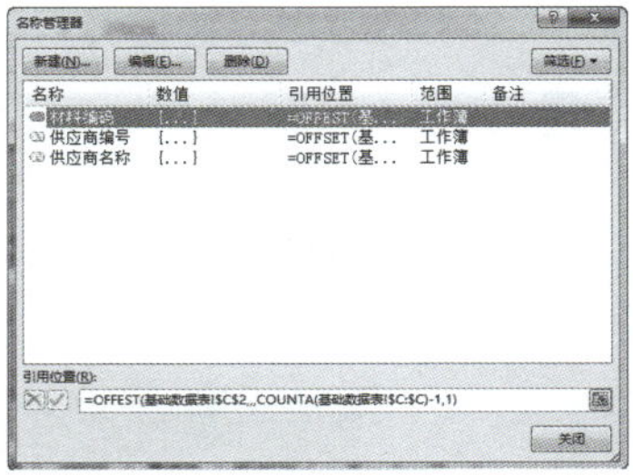

图5-4

步骤2：数据有效性的设置

❶ 新建工作表，将其重命名为“材料入库明细表”，在工作表中输入表格标题和项目，并设置表格样式如图5-5所示。

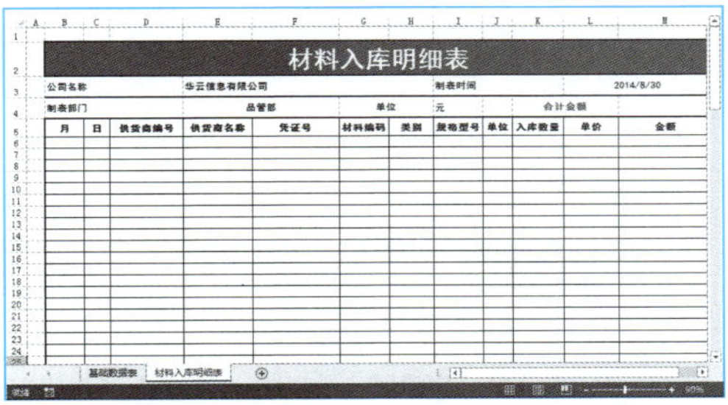

图5-5

❷ 在表格中输入日期，接着选中“供货商编号”列单元格区域，打开“数据验证”对话框，在“允许”下拉列表中选择“序列”，在“来源”文本框中输入“=供应商编号”，单击确定按钮，如图5-6所示。

❸ 返回工作表中，D5单元格右侧会出现一个下拉箭头，单击下拉按钮，在下拉列表中单击选择供货商编号即可，如图5-7所示。

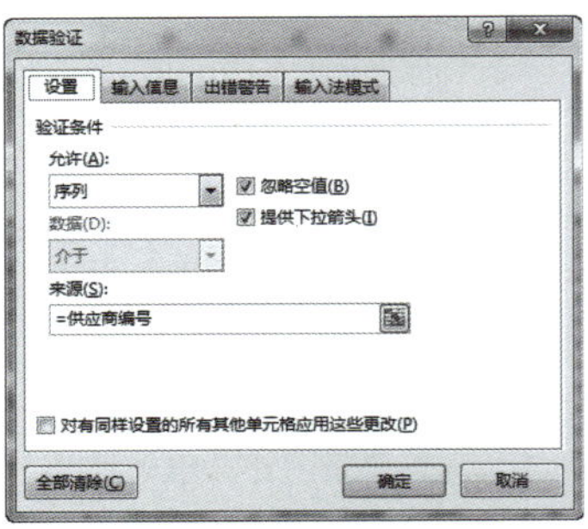

图5-6

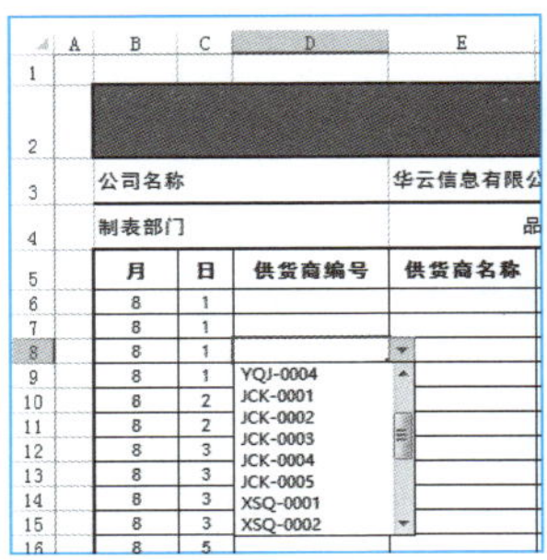

图5-7

步骤3：VLOOKUP函数的引用

1 根据实际情况输入供应商编号，接着选中E6单元格，在公式编辑栏中输入公式："=VLOOKUP(D5,基础数据表!A:G,2,FALSE)"，按回车键，即可根据供应商编号自动获取供应商名称，如图5-8所示。

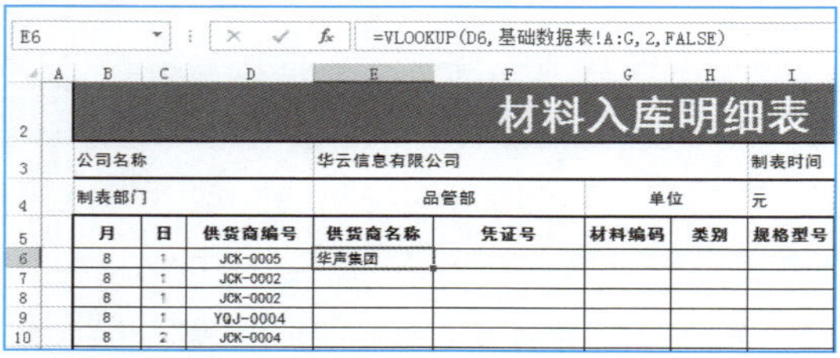

月	日	供货商编号	供货商名称	凭证号	材料编码	类别	规格型号
8	1	JCK-0005	华声集团				
8	1	JCK-0002					
8	1	JCK-0002					
8	1	YQJ-0004					
8	2	JCK-0004					

图5-8

2 选中G6单元格，在公式编辑栏中输入公式："=VLOOKUP(D5,基础数据表!A:G,3,FALSE)"，按回车键，即可自动获取材料编码，如图5-9所示。

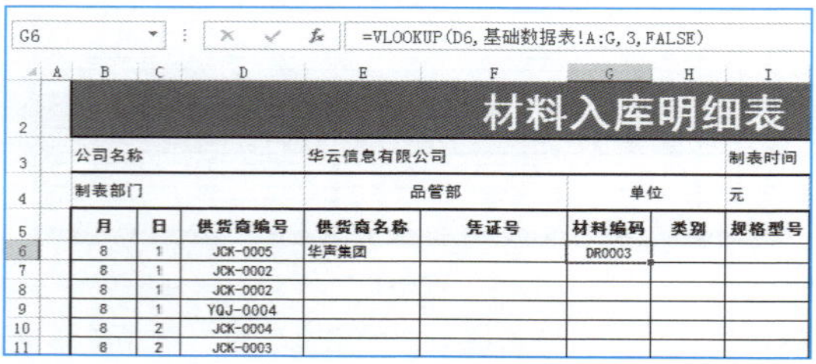

月	日	供货商编号	供货商名称	凭证号	材料编码	类别	规格型号
8	1	JCK-0005	华声集团		DR0003		
8	1	JCK-0002					
8	1	JCK-0002					
8	1	YQJ-0004					
8	2	JCK-0004					
8	2	JCK-0003					

图5-9

3 设置类似的公式，返回类别、规格型号、单位和单价，如图5-10所示。

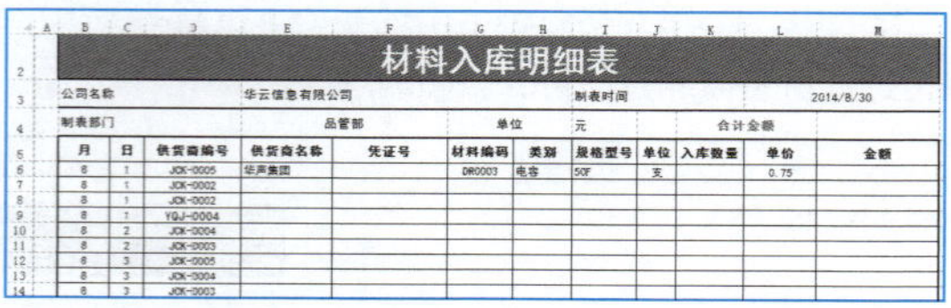

月	日	供货商编号	供货商名称	凭证号	材料编码	类别	规格型号	单位	入库数量	单价	金额
8	1	JCK-0005	华声集团		DR0003	电容	50F	支		0.75	
8	1	JCK-0002									
8	1	JCK-0002									
8	1	YQJ-0004									
8	2	JCK-0004									
8	2	JCK-0003									
8	3	JCK-0005									
8	3	JCK-0004									
8	3	JCK-0003									

图5-10

4 选中E6:L6单元格区域，向下填充公式，即可根据各个供货商编号，返回产品信息，如图5-11所示。

5 手动输入"凭证号"和"入库数量"数据，选中M6单元格，在公式编辑栏中输入公式"=K6*L6"，按回车键后向下填充，即可计算出材料的入库金额，如图5-12所示。

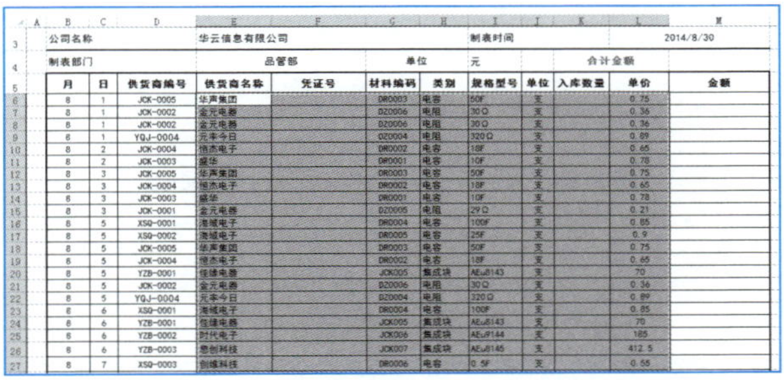

公司名称			华云信息有限公司				制表时间				2014/8/30
制表部门			品管部		单位		元		合计金额		
月	日	供货商编号	供货商名称	凭证号	材料编码	类别	规格型号	单位	入库数量	单价	金额
8	1	JCK-0005	华声集团		DR0003	电容	50F	支		0.75	
8	1	JCK-0002	金元电器		DZ0006	电阻	30Ω	支		0.36	
8	1	JCK-0002	金元电器		DZ0006	电阻	30Ω	支		0.36	
8	1	YQJ-0004	元丰今日		DZ0004	电阻	320Ω	支		0.89	
8	2	JCK-0004	恒杰电子		DR0002	电容	18F	支		0.65	
8	2	JCK-0003	盛华		DR0001	电容	10F	支		0.78	
8	3	JCK-0005	华声集团		DR0003	电容	50F	支		0.75	
8	3	JCK-0004	恒杰电子		DR0002	电容	18F	支		0.65	
8	3	JCK-0003	盛华		DR0001	电容	10F	支		0.78	
8	3	JCK-0001	金元电器		DZ0005	电阻	29Ω	支		0.21	
8	5	XSQ-0001	海城电子		DR0004	电容	100F	支		0.85	
8	5	XSQ-0002	海城电子		DR0005	电容	25F	支		0.9	
8	5	JCK-0005	华声集团		DR0003	电容	50F	支		0.75	
8	5	JCK-0004	恒杰电子		DR0002	电容	18F	支		0.65	
8	5	YZB-0001	佳缘电器		JCK005	集成块	AEu8143	支		70	
8	5	JCK-0002	金元电器		DZ0006	电阻	30Ω	支		0.36	
8	5	YQJ-0004	元丰今日		DZ0004	电阻	320Ω	支		0.89	
8	6	XSQ-0001	海城电子		DR0004	电容	100F	支		0.85	
8	6	YZB-0001	佳缘电器		JCK005	集成块	AEu8143	支		70	
8	6	YZB-0002	时代电子		JCK006	集成块	AEu9144	支		185	
8	6	YZB-0003	思创科技		JCK007	集成块	AEu8145	支		412.5	
8	7	XSQ-0003	创缘科技		DR0006	电容	0.5F	支		0.55	

图5-11

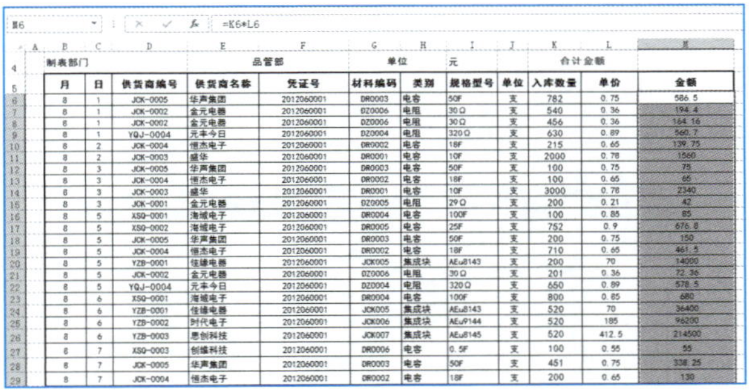

M6　=K6*L6

制表部门			品管部		单位		元		合计金额		
月	日	供货商编号	供货商名称	凭证号	材料编码	类别	规格型号	单位	入库数量	单价	金额
8	1	JCK-0005	华声集团	2012060001	DR0003	电容	50F	支	782	0.75	586.5
8	1	JCK-0002	金元电器	2012060001	DZ0006	电阻	30Ω	支	540	0.36	194.4
8	1	JCK-0002	金元电器	2012060001	DZ0006	电阻	30Ω	支	456	0.36	164.16
8	1	YQJ-0004	元丰今日	2012060001	DZ0004	电阻	320Ω	支	630	0.89	560.7
8	2	JCK-0004	恒杰电子	2012060001	DR0002	电容	18F	支	215	0.65	139.75
8	2	JCK-0003	盛华	2012060001	DR0001	电容	10F	支	2000	0.78	1560
8	3	JCK-0005	华声集团	2012060001	DR0003	电容	50F	支	100	0.75	75
8	3	JCK-0004	恒杰电子	2012060001	DR0002	电容	18F	支	100	0.65	65
8	3	JCK-0003	盛华	2012060001	DR0001	电容	10F	支	3000	0.78	2340
8	3	JCK-0001	金元电器	2012060001	DZ0005	电阻	29Ω	支	200	0.21	42
8	5	XSQ-0001	海城电子	2012060001	DR0004	电容	100F	支	100	0.85	85
8	5	XSQ-0002	海城电子	2012060001	DR0005	电容	25F	支	752	0.9	676.8
8	5	JCK-0005	华声集团	2012060001	DR0003	电容	50F	支	200	0.75	150
8	5	JCK-0004	恒杰电子	2012060001	DR0002	电容	18F	支	710	0.65	461.5
8	5	YZB-0001	佳缘电器	2012060001	JCK005	集成块	AEu8143	支	200	70	14000
8	5	JCK-0002	金元电器	2012060001	DZ0006	电阻	30Ω	支	201	0.36	72.36
8	5	YQJ-0004	元丰今日	2012060001	DZ0004	电阻	320Ω	支	650	0.89	578.5
8	6	XSQ-0001	海城电子	2012060001	DR0004	电容	100F	支	800	0.85	680
8	6	YZB-0001	佳缘电器	2012060001	JCK005	集成块	AEu8143	支	520	70	36400
8	6	YZB-0002	时代电子	2012060001	JCK006	集成块	AEu9144	支	520	185	96200
8	6	YZB-0003	思创科技	2012060001	JCK007	集成块	AEu8145	支	520	412.5	214500
8	7	XSQ-0003	创缘科技	2012060001	DR0006	电容	0.5F	支	100	0.55	55
8	7	JCK-0005	华声集团	2012060001	DR0003	电容	50F	支	451	0.75	338.25
8	7	JCK-0004	恒杰电子	2012060001	DR0002	电容	18F	支	200	0.65	130

图5-12

6 选中M4单元格，在公式编辑栏中输入公式“=SUBTOTAL(9,M5:M500)”按回车键即可计算出当前表格中所有材料的合计金额，如图5-13所示。

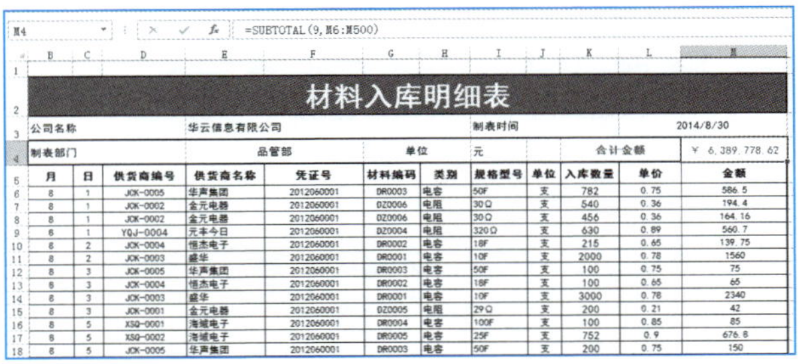

M4　=SUBTOTAL(9,M6:M500)

材料入库明细表

公司名称			华云信息有限公司				制表时间				2014/8/30
制表部门			品管部		单位		元		合计金额		¥ 6,389,778.62
月	日	供货商编号	供货商名称	凭证号	材料编码	类别	规格型号	单位	入库数量	单价	金额
8	1	JCK-0005	华声集团	2012060001	DR0003	电容	50F	支	782	0.75	586.5
8	1	JCK-0002	金元电器	2012060001	DZ0006	电阻	30Ω	支	540	0.36	194.4
8	1	JCK-0002	金元电器	2012060001	DZ0006	电阻	30Ω	支	456	0.36	164.16
8	1	YQJ-0004	元丰今日	2012060001	DZ0004	电阻	320Ω	支	630	0.89	560.7
8	2	JCK-0004	恒杰电子	2012060001	DR0002	电容	18F	支	215	0.65	139.75
8	2	JCK-0003	盛华	2012060001	DR0001	电容	10F	支	2000	0.78	1560
8	3	JCK-0005	华声集团	2012060001	DR0003	电容	50F	支	100	0.75	75
8	3	JCK-0004	恒杰电子	2012060001	DR0002	电容	18F	支	100	0.65	65
8	3	JCK-0003	盛华	2012060001	DR0001	电容	10F	支	3000	0.78	2340
8	3	JCK-0001	金元电器	2012060001	DZ0005	电阻	29Ω	支	200	0.21	42
8	5	XSQ-0001	海城电子	2012060001	DR0004	电容	100F	支	100	0.85	85
8	5	XSQ-0002	海城电子	2012060001	DR0005	电容	25F	支	752	0.9	676.8
8	5	JCK-0005	华声集团	2012060001	DR0003	电容	50F	支	200	0.75	150

图5-13

文件50　材料入库分类汇总表

材料入库分类汇总表用于根据某个关键字，将材料的入库情况进行汇总和分析，以便根据不同的需要查看入库情况，如根据供货单位查询入库情况等。

制作要点与设计效果图

- 多关键字排序
- 创建简单的分类汇总
- 创建多级分类汇总
- 隐藏明细数据

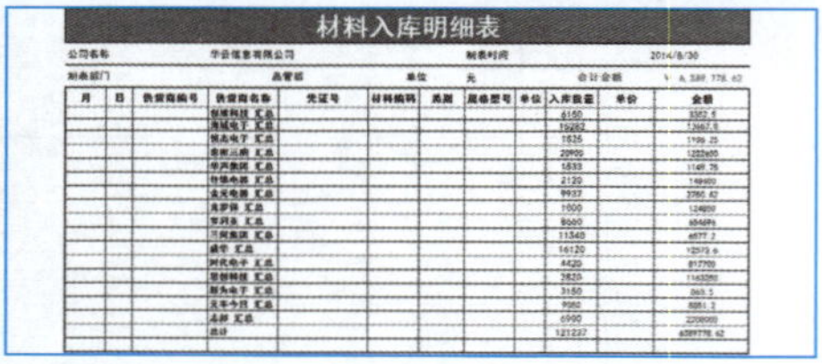

文件设计过程

步骤1：对供货商名称进行分类汇总

❶ 复制“材料入库明细表”工作表，重命名为“材料入库分类汇总表”，在行列标识上方插入一行，如图5-14所示。

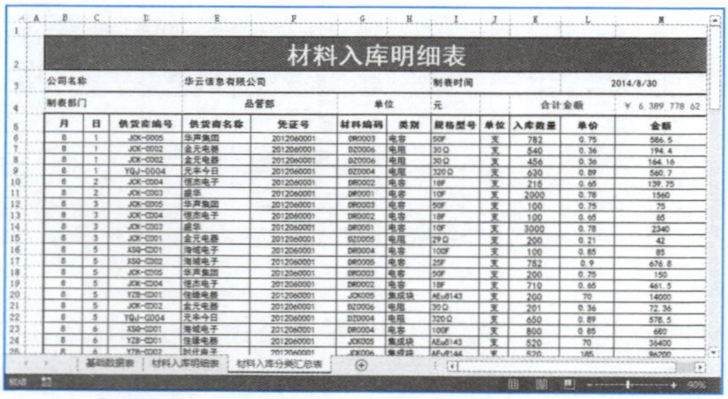

图5-14

❷ 单击B5:M85单元格区域，单击“数据”选项卡，在“排序和筛选”选项组中单击“排序”按钮，打开“排序”对话框，设置“主要关键字”为“供货商名称”，设置“次要关键字”为“类别”，设置“次序”都为“升序”，如图5-15所示。

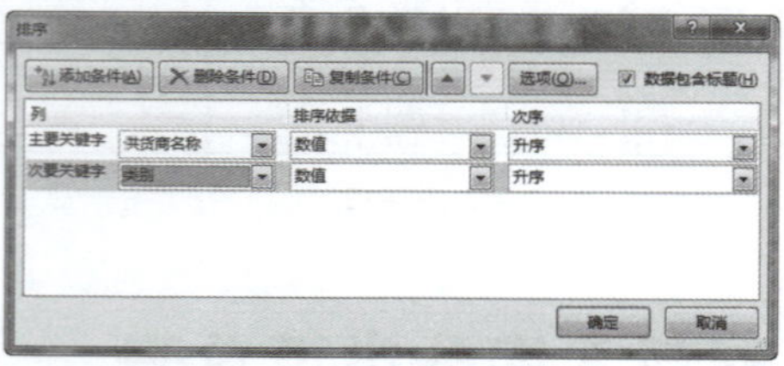

图5-15

❸ 单击“数据”选项卡，在“分级显示”选项组单击“分类汇总”按钮，打开“分类汇总”对话框，在“分类字段”下拉类别中选择“供货商名称”（如

图5-16所示），接着在“选定汇总项”列表框中选中“入库数量”、“金额”复选框，如图5-17所示。

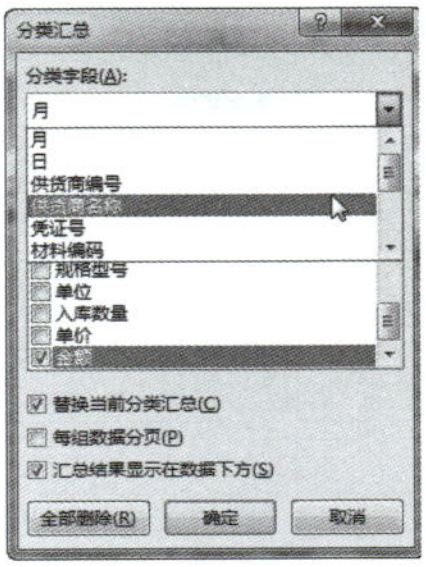

图5-16

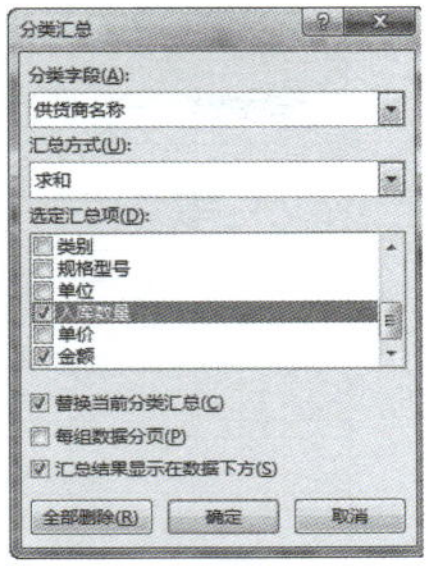

图5-17

❹ 设置完成后，单击“确定”按钮，Excel会自动将分类汇总结果显示在数据区域的下方，如图5-18所示。

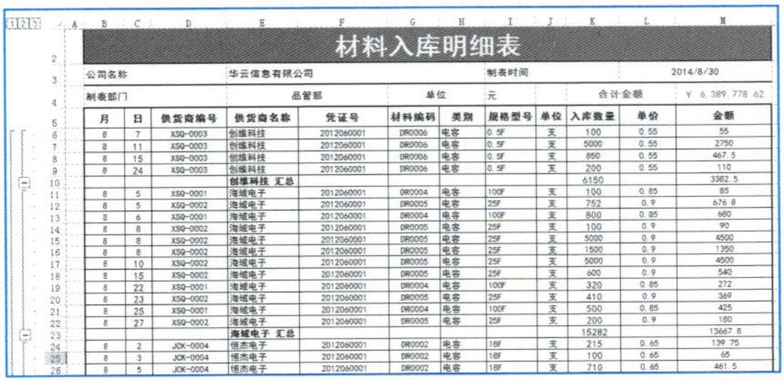

材料入库明细表

公司名称			华云信息有限公司				制表时间				2014/8/30
制表部门			品管部		单位		元		合计金额		￥ 6,389,778.62
月	日	供货商编号	供货商名称	凭证号	材料编码	类别	规格型号	单位	入库数量	单价	金额
8	7	XSQ-0003	创维科技	2012060001	DR0006	电容	0.5F	支	100	0.55	55
8	11	XSQ-0003	创维科技	2012060001	DR0006	电容	0.5F	支	5000	0.55	2750
8	15	XSQ-0003	创维科技	2012060001	DR0006	电容	0.5F	支	850	0.55	467.5
8	24	XSQ-0003	创维科技	2012060001	DR0006	电容	0.5F	支	200	0.55	110
			创维科技 汇总						6150		3382.5
8	5	XSQ-0001	海域电子	2012060001	DR0004	电容	100F	支	100	0.85	85
8	5	XSQ-0002	海域电子	2012060001	DR0005	电容	25F	支	752	0.9	676.8
8	6	XSQ-0001	海域电子	2012060001	DR0004	电容	100F	支	800	0.85	680
8	8	XSQ-0002	海域电子	2012060001	DR0005	电容	25F	支	100	0.9	90
8	8	XSQ-0002	海域电子	2012060001	DR0005	电容	25F	支	5000	0.9	4500
8	8	XSQ-0002	海域电子	2012060001	DR0005	电容	25F	支	1500	0.9	1350
8	10	XSQ-0002	海域电子	2012060001	DR0005	电容	25F	支	5000	0.9	4500
8	15	XSQ-0002	海域电子	2012060001	DR0005	电容	25F	支	600	0.9	540
8	22	XSQ-0001	海域电子	2012060001	DR0004	电容	100F	支	320	0.85	272
8	23	XSQ-0002	海域电子	2012060001	DR0005	电容	25F	支	410	0.9	369
8	25	XSQ-0001	海域电子	2012060001	DR0004	电容	100F	支	500	0.85	425
8	27	XSQ-0002	海域电子	2012060001	DR0005	电容	25F	支	200	0.9	180
			海域电子 汇总						15282		13667.8
8	2	JCK-0004	恒杰电子	2012060001	DR0002	电容	18F	支	215	0.65	139.75
8	3	JCK-0004	恒杰电子	2012060001	DR0002	电容	18F	支	100	0.65	65
8	5	JCK-0004	恒杰电子	2012060001	DR0002	电容	18F	支	710	0.65	461.5

图5-18

步骤2：嵌套式分类汇总

❶ 再次打开“分类汇总”对话框，设置分类字段为“类别”（如图5-19所示），接着在“选定汇总项”列表框中选择要汇总的字段，取消“替换当前分类汇总”复选框的选中状态，接着单击“确定”按钮，如图5-20所示。

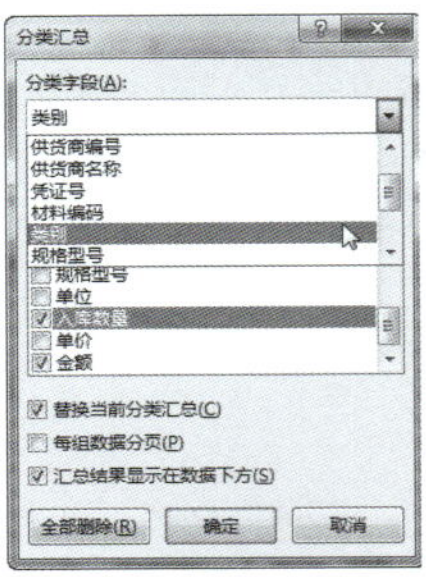

图5-19

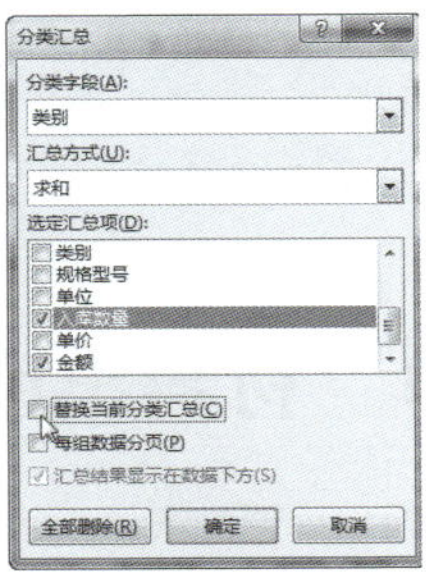

图5-20

② 单击“确定”按钮后，Excel会自动将分类汇总的结果显示在数据库的下方，如图5-21所示。

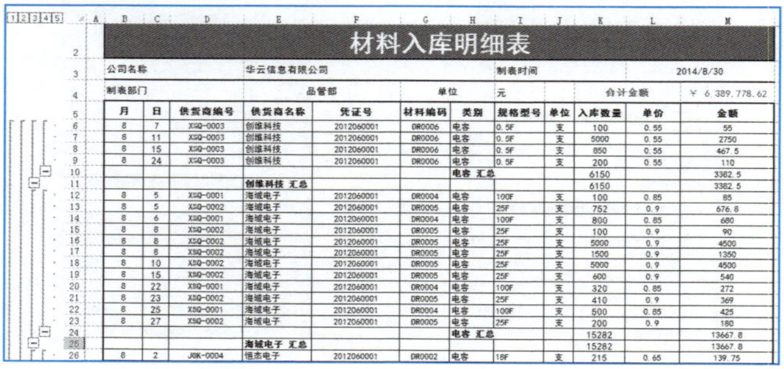

材料入库明细表

公司名称			华云信息有限公司				制表时间				2014/8/30
制表部门			品管部		单位		元		合计金额		￥ 6,389,778.62
月	日	供货商编号	供货商名称	凭证号	材料编码	类别	规格型号	单位	入库数量	单价	金额
8	7	XSQ-0003	创维科技	2012060001	DR0006	电容	0.5F	支	100	0.55	55
8	11	XSQ-0003	创维科技	2012060001	DR0006	电容	0.5F	支	5000	0.55	2750
8	15	XSQ-0003	创维科技	2012060001	DR0006	电容	0.5F	支	850	0.55	467.5
8	24	XSQ-0003	创维科技	2012060001	DR0006	电容	0.5F	支	200	0.55	110
						电容 汇总			6150		3382.5
			创维科技 汇总						6150		3382.5
8	5	XSQ-0001	海域电子	2012060001	DR0004	电容	100F	支	100	0.85	85
8	5	XSQ-0002	海域电子	2012060001	DR0005	电容	25F	支	752	0.9	676.8
8	6	XSQ-0001	海域电子	2012060001	DR0004	电容	100F	支	800	0.85	680
8	8	XSQ-0002	海域电子	2012060001	DR0005	电容	25F	支	100	0.9	90
8	8	XSQ-0002	海域电子	2012060001	DR0005	电容	25F	支	5000	0.9	4500
8	8	XSQ-0002	海域电子	2012060001	DR0005	电容	25F	支	1500	0.9	1350
8	10	XSQ-0002	海域电子	2012060001	DR0005	电容	25F	支	5000	0.9	4500
8	15	XSQ-0002	海域电子	2012060001	DR0005	电容	25F	支	600	0.9	540
8	22	XSQ-0001	海域电子	2012060001	DR0004	电容	100F	支	320	0.85	272
8	23	XSQ-0002	海域电子	2012060001	DR0005	电容	25F	支	410	0.9	369
8	25	XSQ-0001	海域电子	2012060001	DR0004	电容	100F	支	500	0.85	425
8	27	XSQ-0002	海域电子	2012060001	DR0005	电容	25F	支	200	0.9	180
						电容 汇总			15282		13667.8
			海域电子 汇总						15282		13667.8
8	2	J0K-0004	恒杰电子	2012060001	DR0002	电容	18F	支	215	0.65	139.75

图5-21

③ 单击工作表列表标签左侧的分级符号，可以只显示分类汇总行，暂时隐藏明细数据，单击数字3以后，工作表中只显示3级分类汇总的情况，如图5-22所示。

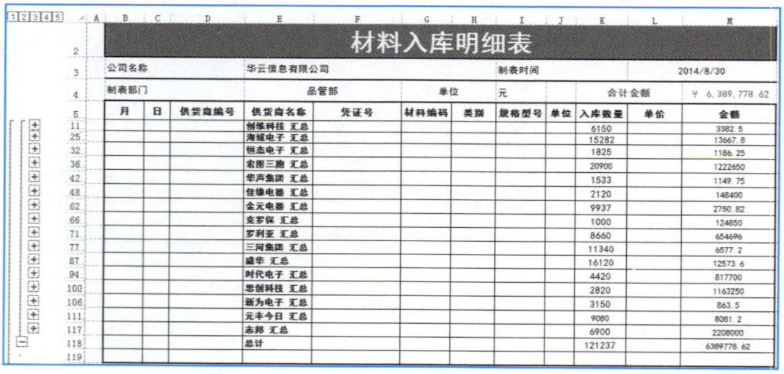

材料入库明细表

公司名称			华云信息有限公司				制表时间				2014/8/30
制表部门			品管部		单位		元		合计金额		￥ 6,389,778.62
月	日	供货商编号	供货商名称	凭证号	材料编码	类别	规格型号	单位	入库数量	单价	金额
			创维科技 汇总						6150		3382.5
			海域电子 汇总						15282		13667.8
			恒杰电子 汇总						1825		1186.25
			宏图三胞 汇总						20900		1222650
			华声集团 汇总						1533		1149.75
			佳缘电器 汇总						2120		148400
			金元电器 汇总						9937		2750.82
			克罗保 汇总						1000		124850
			罗利亚 汇总						8660		654696
			三河集团 汇总						11340		6577.2
			盛华 汇总						16120		12573.6
			时代电子 汇总						4420		817700
			思创科技 汇总						2820		1163250
			新为电子 汇总						3150		863.5
			元丰今日 汇总						9080		8081.2
			志邦 汇总						6900		2208000
			总计						121237		6389778.62

图5-22

提 示

分类汇总之前必须先排序。

在对数据进行分类汇总之前，必须先按要求进行分类汇总的关键字进行排序，如果要创建多级分类汇总，则需要对对应的关键字进行排序。

文件51　材料出库明细表

建立材料出库明细表，应包括产品的编号、系列、名称、规格、单价、出库数量、出库金额等信息。

制作要点与设计效果图

- 数据验证
- VLOOKUP函数（参考函数36）
- SUBTOTAL函数（参考函数34）

材料出库明细表

公司名称	华云信息有限公司	制表时间	2014/8/30
制表部门	品管部	单位	元
合计金额	¥ 189,177.16		

月	日	部门编码	部门名称	凭证号	材料编码	材料类别	规格型号	单位	申领数量	实发数量	单位成本	金额
8	1	bm001	一车间	2014080001	DZ0001	电阻	25Ω	支	5000	5000	0.25	1250.0
8	1	bm001	一车间	2014080001	DZ0002	电阻	32Ω	支	7500	7500	0.33	2475.0
8	1	bm001	一车间	2014080001	DZ0003	电阻	100Ω	支	800	800	0.58	464.0
8	1	bm001	一车间	2014080001	DZ0004	电阻	320Ω	支	1200	1200	0.89	1068.0
8	1	bm001	一车间	2014080001	DZ0005	电阻	29Ω	支	500	500	0.21	105.0
8	1	bm001	一车间	2014080001	DZ0006	电阻	30Ω	支	310	310	0.36	111.6
8	5	bm002	二车间	2014080001	DR0001	电容	10F	支	200	250	0.78	195.0
8	5	bm003	三车间	2014080001	DR0002	电容	18F	支	100	120	0.65	78.0
8	10	bm002	二车间	2014080001	DR0003	电容	50F	支	520	360	0.75	270.0
8	10	bm002	二车间	2014080001	DR0005	电容	25F	支	400	400	0.9	360.0
8	10	bm003	三车间	2014080001	DR0004	电容	100F	支	620	620	0.85	527.0
8	10	bm003	三车间	2014080001	DR0006	电容	0.5F	支	500	500	0.55	275.0
8	10	bm004	四车间	2014080001	JCK001	集成块	AEu8139	支	300	300	58.5	17550.0
8	10	bm004	四车间	2014080001	JCK002	集成块	AEu8120	支	200	200	75.6	15120.0
8	10	bm004	四车间	2014080001	JCK003	集成块	AEu8141	支	200	200	124.85	24970.0
8	10	bm004	四车间	2014080001	JCK004	集成块	AEu8152	支	50	50	320	16000.0
8	12	bm004	四车间	2014080001	JCK005	集成块	AEu8143	支	15	15	70	1050.0
8	12	bm004	四车间	2014080001	JCK006	集成块	AEu9144	支	20	20	185	3700.0
8	15	bm004	四车间	2014080001	DZ0001	电阻	25Ω	支	200	200	0.25	50.0
8	15	bm004	四车间	2014080001	DZ0002	电阻	32Ω	支	200	200	0.33	66.0
8	15	bm004	四车间	2014080001	DZ0003	电阻	100Ω	支	40	40	0.58	23.2
8	15	bm004	四车间	2014080001	DZ0004	电阻	320Ω	支	80	80	0.89	71.2
8	15	bm004	四车间	2014080001	JCK007	集成块	AEu8145	支	68	68	412.5	28050.0
8	19	bm001	一车间	2014080001	DR0005	电容	25F	支	241	241	0.9	216.9
8	19	bm002	二车间	2014080001	DR0006	电容	0.5F	支	263	263	0.55	144.7
8	19	bm005	五车间	2014080001	DR0002	电容	18F	支	21	21	0.65	13.7

文件设计过程

步骤1：数据验证的设置

❶ 打开“基础数据表”工作表，新建工作表，将其重命名为“材料出库明细表”，在工作表中输入表格标题和项目，并设置表格样式如图5-23所示。

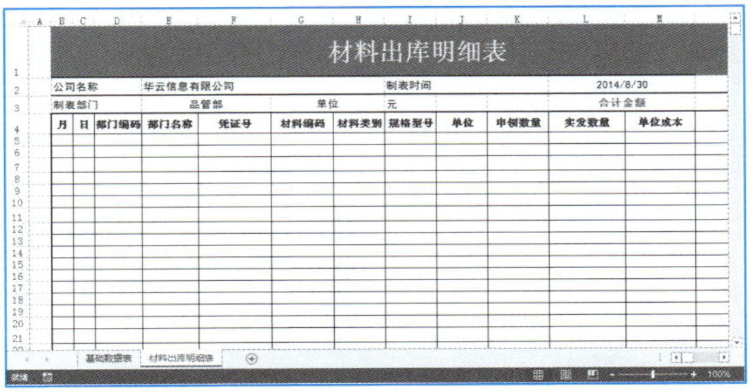

图5-23

❷ 在表格中输入日期，接着选中“部门编码”列单元格区域，打开“数据验证”对话框，在“允许”下拉列表中选择“序列”，在“来源”文本框中输入“=$D$58:$D$64”，单击“确定”按钮，如图5-24所示。

❸ 返回工作表中，D5单元格右侧会出现一个下拉箭头，单击下拉按钮，在下拉列表中单击选择部门编码即可，如图5-25所示。

❹ 选中“部门名称”列单元格区域，打开“数据验证”对话框，在“允许”下拉列表中选择“序列”，在“来源”文本框中输入“=$E$58:$E$64”，单击“确定”按钮，如图5-26所示。

❺ 返回工作表中，E5单元格右侧会出现一个下拉箭头，单击下拉按钮，在下拉列表中单击选择部门名称即可，如图5-27所示。

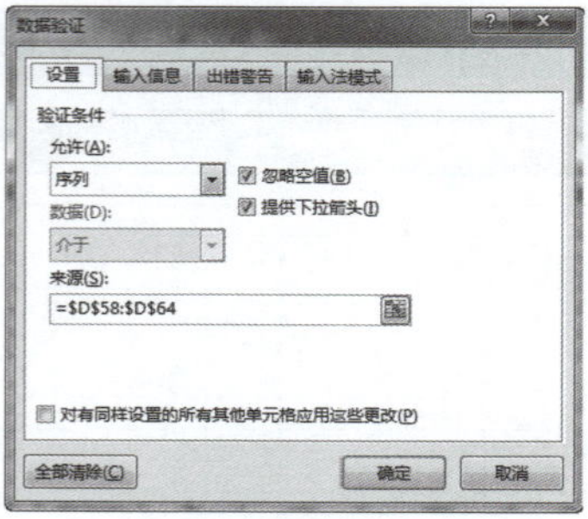

图5-24

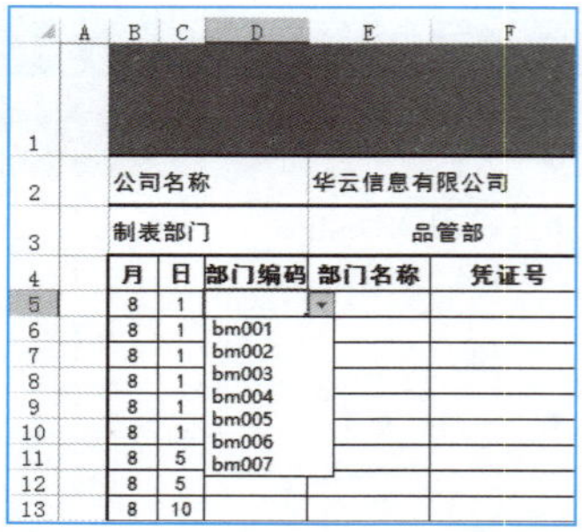

图5-25

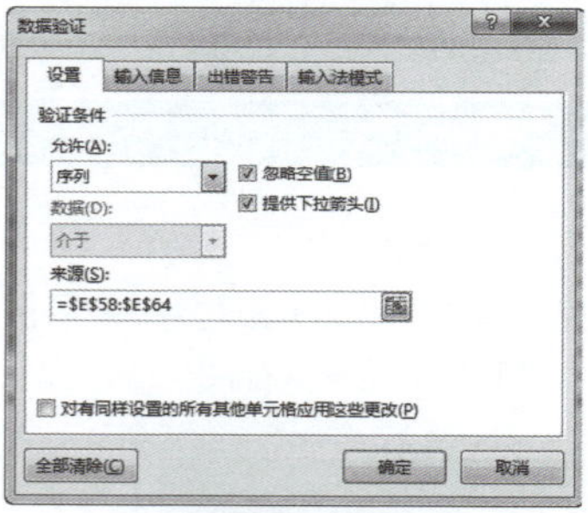

图5-26

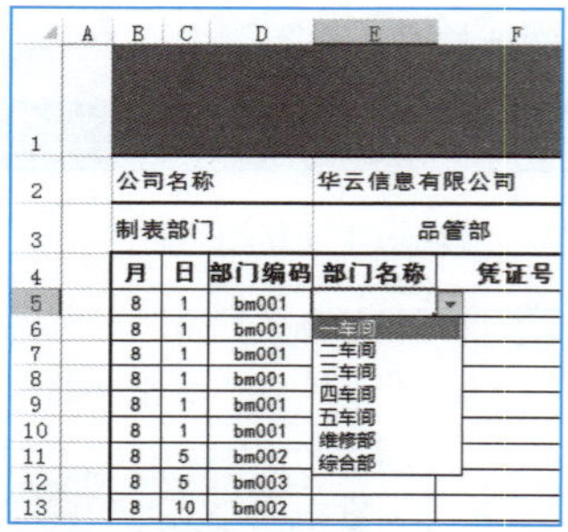

图5-27

步骤2：VLOOKUP函数的引用

❶ 根据实际情况输入部门编码、部门名称、凭证号、材料名称，接着选中H5单元格，在公式编辑栏中输入公式："=VLOOKUP(G5,基础数据表!C:G,2,FALSE)"，按回车键，即可根据材料编码自动获取材料名称，如图5-28所示。

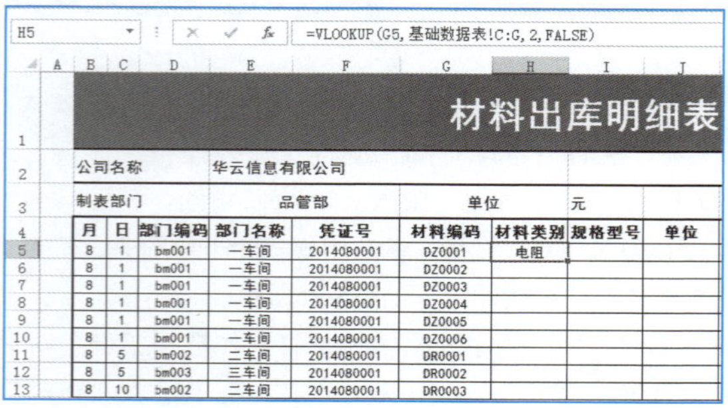

图5-28

❷ 选中I5单元格，在公式编辑栏中输入公式："=VLOOKUP(G5,基础数据表!C:G,3,FALSE)"，按回车键，即可自动获取规格型号，如图5-29所示。

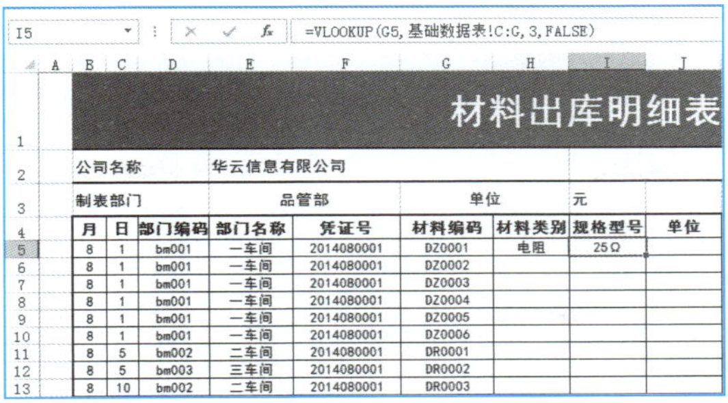

I5　=VLOOKUP(G5,基础数据表!C:G,3,FALSE)

材料出库明细表

公司名称			华云信息有限公司					
制表部门			品管部		单位	元		
月	日	部门编码	部门名称	凭证号	材料编码	材料类别	规格型号	单位
8	1	bm001	一车间	2014080001	DZ0001	电阻	25Ω	
8	1	bm001	一车间	2014080001	DZ0002			
8	1	bm001	一车间	2014080001	DZ0003			
8	1	bm001	一车间	2014080001	DZ0004			
8	1	bm001	一车间	2014080001	DZ0005			
8	1	bm001	一车间	2014080001	DZ0006			
8	5	bm002	二车间	2014080001	DR0001			
8	5	bm003	三车间	2014080001	DR0002			
8	10	bm002	二车间	2014080001	DR0003			

图5–29

3 选中J5单元格，在公式编辑栏中输入公式：“=VLOOKUP(G5,基础数据表!C:G,4,FALSE)”，按回车键，即可自动获取单位，如图5-30所示。

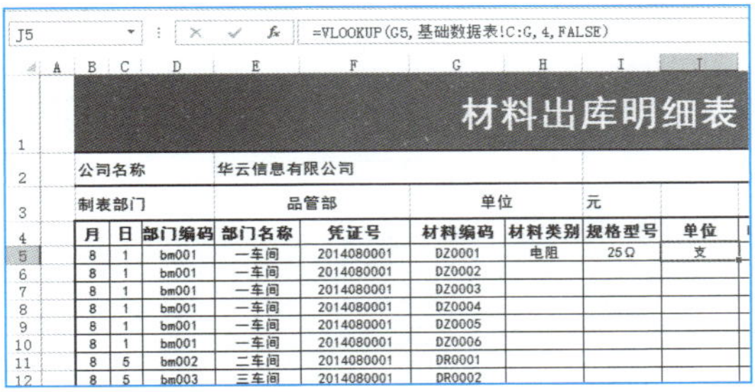

J5　=VLOOKUP(G5,基础数据表!C:G,4,FALSE)

材料出库明细表

公司名称			华云信息有限公司					
制表部门			品管部		单位	元		
月	日	部门编码	部门名称	凭证号	材料编码	材料类别	规格型号	单位
8	1	bm001	一车间	2014080001	DZ0001	电阻	25Ω	支
8	1	bm001	一车间	2014080001	DZ0002			
8	1	bm001	一车间	2014080001	DZ0003			
8	1	bm001	一车间	2014080001	DZ0004			
8	1	bm001	一车间	2014080001	DZ0005			
8	1	bm001	一车间	2014080001	DZ0006			
8	5	bm002	二车间	2014080001	DR0001			
8	5	bm003	三车间	2014080001	DR0002			

图5–30

4 选中H5:J5单元格区域，向下填充公式，即可根据各个材料类别、规格型号、单位，如图5-31所示。

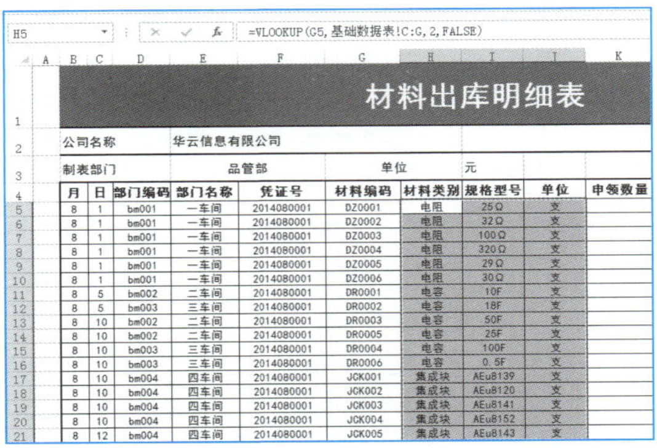

H5　=VLOOKUP(G5,基础数据表!C:G,2,FALSE)

材料出库明细表

公司名称			华云信息有限公司						
制表部门			品管部		单位	元			
月	日	部门编码	部门名称	凭证号	材料编码	材料类别	规格型号	单位	申领数量
8	1	bm001	一车间	2014080001	DZ0001	电阻	25Ω	支	
8	1	bm001	一车间	2014080001	DZ0002	电阻	32Ω	支	
8	1	bm001	一车间	2014080001	DZ0003	电阻	100Ω	支	
8	1	bm001	一车间	2014080001	DZ0004	电阻	320Ω	支	
8	1	bm001	一车间	2014080001	DZ0005	电阻	29Ω	支	
8	1	bm001	一车间	2014080001	DZ0006	电阻	30Ω	支	
8	5	bm002	二车间	2014080001	DR0001	电容	10F	支	
8	5	bm003	三车间	2014080001	DR0002	电容	18F	支	
8	10	bm002	二车间	2014080001	DR0003	电容	50F	支	
8	10	bm002	二车间	2014080001	DR0005	电容	25F	支	
8	10	bm003	三车间	2014080001	DR0004	电容	100F	支	
8	10	bm003	三车间	2014080001	DR0006	电容	0.5F	支	
8	10	bm004	四车间	2014080001	JCK001	集成块	AEu8139	支	
8	10	bm004	四车间	2014080001	JCK002	集成块	AEu8120	支	
8	10	bm004	四车间	2014080001	JCK003	集成块	AEu8141	支	
8	10	bm004	四车间	2014080001	JCK004	集成块	AEu8152	支	
8	12	bm004	四车间	2014080001	JCK005	集成块	AEu8143	支	

图5–31

5 手动输入“申领数量”数据，选中L5单元格，在公式编辑栏中输入公式“=K5”，按回车键后向下填充，即可计算出材料的实发数量，如图5-32所示。

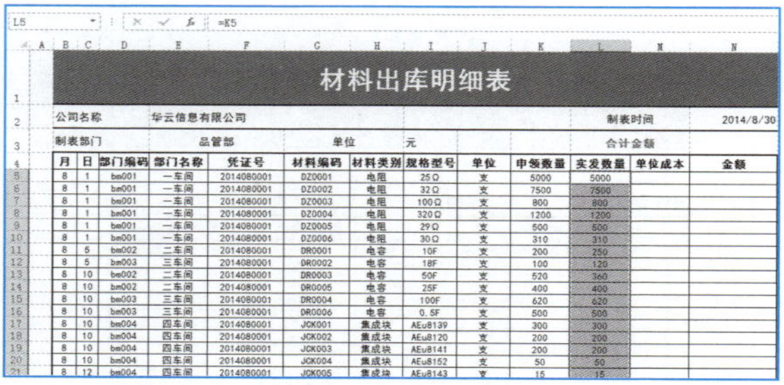

L5 =K5

材料出库明细表												
公司名称			华云信息有限公司							制表时间		2014/8/30
制表部门			品管部			单位	元			合计金额		
月	日	部门编码	部门名称	凭证号	材料编码	材料类别	规格型号	单位	申领数量	实发数量	单位成本	金额
8	1	bm001	一车间	2014080001	DZ0001	电阻	25Ω	支	5000	5000		
8	1	bm001	一车间	2014080001	DZ0002	电阻	32Ω	支	7500	7500		
8	1	bm001	一车间	2014080001	DZ0003	电阻	100Ω	支	800	800		
8	1	bm001	一车间	2014080001	DZ0004	电阻	320Ω	支	1200	1200		
8	1	bm001	一车间	2014080001	DZ0005	电阻	29Ω	支	500	500		
8	1	bm001	一车间	2014080001	DZ0006	电阻	30Ω	支	310	310		
8	5	bm002	二车间	2014080001	DR0001	电容	10F	支	200	250		
8	5	bm003	三车间	2014080001	DR0002	电容	18F	支	100	120		
8	10	bm002	二车间	2014080001	DR0003	电容	50F	支	520	360		
8	10	bm002	二车间	2014080001	DR0005	电容	25F	支	400	400		
8	10	bm003	三车间	2014080001	DR0004	电容	100F	支	620	620		
8	10	bm003	三车间	2014080001	DR0006	电容	0.5F	支	500	500		
8	10	bm004	四车间	2014080001	JCK001	集成块	AEu8139	支	300	300		
8	10	bm004	四车间	2014080001	JCK002	集成块	AEu8120	支	200	200		
8	10	bm004	四车间	2014080001	JCK003	集成块	AEu8141	支	200	200		
8	10	bm004	四车间	2014080001	JCK004	集成块	AEu8152	支	50	50		
8	12	bm004	四车间	2014080001	JCK005	集成块	AEu8143	支	15	15		

图5-32

6 选中M5单元格，在公式编辑栏中输入公式“=VLOOKUP(G5,基础数据表!C:G,5,FALSE)”，按回车键后向下填充，即可计算出材料单位成本，如图5-33所示。

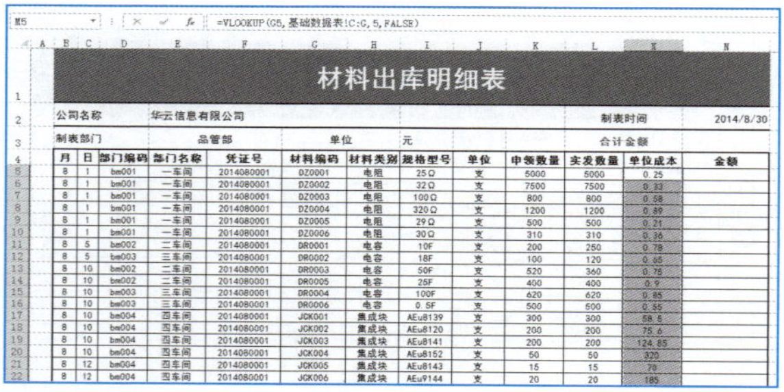

M5 =VLOOKUP(G5,基础数据表!C:G,5,FALSE)

材料出库明细表												
公司名称			华云信息有限公司							制表时间		2014/8/30
制表部门			品管部			单位	元			合计金额		
月	日	部门编码	部门名称	凭证号	材料编码	材料类别	规格型号	单位	申领数量	实发数量	单位成本	金额
8	1	bm001	一车间	2014080001	DZ0001	电阻	25Ω	支	5000	5000	0.25	
8	1	bm001	一车间	2014080001	DZ0002	电阻	32Ω	支	7500	7500	0.33	
8	1	bm001	一车间	2014080001	DZ0003	电阻	100Ω	支	800	800	0.58	
8	1	bm001	一车间	2014080001	DZ0004	电阻	320Ω	支	1200	1200	0.89	
8	1	bm001	一车间	2014080001	DZ0005	电阻	29Ω	支	500	500	0.21	
8	1	bm001	一车间	2014080001	DZ0006	电阻	30Ω	支	310	310	0.36	
8	5	bm002	二车间	2014080001	DR0001	电容	10F	支	200	250	0.78	
8	5	bm003	三车间	2014080001	DR0002	电容	18F	支	100	120	0.65	
8	10	bm002	二车间	2014080001	DR0003	电容	50F	支	520	360	0.75	
8	10	bm002	二车间	2014080001	DR0005	电容	25F	支	400	400	0.9	
8	10	bm003	三车间	2014080001	DR0004	电容	100F	支	620	620	0.85	
8	10	bm003	三车间	2014080001	DR0006	电容	0.5F	支	500	500	0.55	
8	10	bm004	四车间	2014080001	JCK001	集成块	AEu8139	支	300	300	58.5	
8	10	bm004	四车间	2014080001	JCK002	集成块	AEu8120	支	200	200	75.6	
8	10	bm004	四车间	2014080001	JCK003	集成块	AEu8141	支	200	200	124.85	
8	10	bm004	四车间	2014080001	JCK004	集成块	AEu8152	支	50	50	320	
8	12	bm004	四车间	2014080001	JCK005	集成块	AEu8143	支	15	15	70	
8	12	bm004	四车间	2014080001	JCK006	集成块	AEu9144	支	20	20	185	

图5-33

7 选中N5单元格，在公式编辑栏中输入公式：“=IF(G5="","",ROUND(L5*M5,2))”，按回车键后向下填充，即可计算出材料的金额，如图5-34所示。

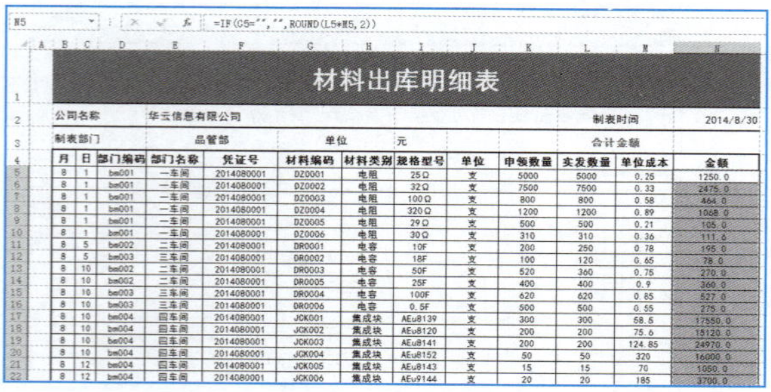

N5 =IF(G5="","",ROUND(L5*M5,2))

材料出库明细表												
公司名称			华云信息有限公司							制表时间		2014/8/30
制表部门			品管部			单位	元			合计金额		
月	日	部门编码	部门名称	凭证号	材料编码	材料类别	规格型号	单位	申领数量	实发数量	单位成本	金额
8	1	bm001	一车间	2014080001	DZ0001	电阻	25Ω	支	5000	5000	0.25	1250.0
8	1	bm001	一车间	2014080001	DZ0002	电阻	32Ω	支	7500	7500	0.33	2475.0
8	1	bm001	一车间	2014080001	DZ0003	电阻	100Ω	支	800	800	0.58	464.0
8	1	bm001	一车间	2014080001	DZ0004	电阻	320Ω	支	1200	1200	0.89	1068.0
8	1	bm001	一车间	2014080001	DZ0005	电阻	29Ω	支	500	500	0.21	105.0
8	1	bm001	一车间	2014080001	DZ0006	电阻	30Ω	支	310	310	0.36	111.6
8	5	bm002	二车间	2014080001	DR0001	电容	10F	支	200	250	0.78	195.0
8	5	bm003	三车间	2014080001	DR0002	电容	18F	支	100	120	0.65	78.0
8	10	bm002	二车间	2014080001	DR0003	电容	50F	支	520	360	0.75	270.0
8	10	bm002	二车间	2014080001	DR0005	电容	25F	支	400	400	0.9	360.0
8	10	bm003	三车间	2014080001	DR0004	电容	100F	支	620	620	0.85	527.0
8	10	bm003	三车间	2014080001	DR0006	电容	0.5F	支	500	500	0.55	275.0
8	10	bm004	四车间	2014080001	JCK001	集成块	AEu8139	支	300	300	58.5	17550.0
8	10	bm004	四车间	2014080001	JCK002	集成块	AEu8120	支	200	200	75.6	15120.0
8	10	bm004	四车间	2014080001	JCK003	集成块	AEu8141	支	200	200	124.85	24970.0
8	10	bm004	四车间	2014080001	JCK004	集成块	AEu8152	支	50	50	320	16000.0
8	12	bm004	四车间	2014080001	JCK005	集成块	AEu8143	支	15	15	70	1050.0
8	12	bm004	四车间	2014080001	JCK006	集成块	AEu9144	支	20	20	185	3700.0

图5-34

8 选中N3单元格，在公式编辑栏中输入公式：“=SUBTOTAL(9,N5:N499)”按回车键即可计算出当前表格中所有材料的合计金额，如图5-35所示。

N3　=SUBTOTAL(9,N5:N499)

材料出库明细表												
公司名称			华云信息有限公司							制表时间		2014/8/30
制表部门			品管部		单位	元				合计金额		¥ 189,177.16
月	日	部门编码	部门名称	凭证号	材料编码	材料类别	规格型号	单位	申领数量	实发数量	单位成本	金额
8	1	bm001	一车间	2014080001	DZ0001	电阻	25Ω	支	5000	5000	0.25	1250.0
8	1	bm001	一车间	2014080001	DZ0002	电阻	32Ω	支	7500	7500	0.33	2475.0
8	1	bm001	一车间	2014080001	DZ0003	电阻	100Ω	支	800	800	0.58	464.0
8	1	bm001	一车间	2014080001	DZ0004	电阻	320Ω	支	1200	1200	0.89	1068.0
8	1	bm001	一车间	2014080001	DZ0005	电阻	29Ω	支	500	500	0.21	105.0
8	1	bm001	一车间	2014080001	DZ0006	电阻	30Ω	支	310	310	0.36	111.6
8	5	bm002	二车间	2014080001	DR0001	电容	10F	支	200	250	0.78	195.0
8	5	bm003	三车间	2014080001	DR0002	电容	18F	支	100	120	0.65	78.0
8	10	bm002	二车间	2014080001	DR0003	电容	50F	支	520	360	0.75	270.0
8	10	bm002	二车间	2014080001	DR0005	电容	25F	支	400	400	0.9	360.0
8	10	bm003	三车间	2014080001	DR0004	电容	100F	支	620	620	0.85	527.0
8	10	bm003	三车间	2014080001	DR0006	电容	0.5F	支	500	500	0.55	275.0
8	10	bm004	四车间	2014080001	JCK001	集成块	AEu8139	支	300	300	58.5	17550.0
8	10	bm004	四车间	2014080001	JCK002	集成块	AEu8120	支	200	200	75.6	15120.0
8	10	bm004	四车间	2014080001	JCK003	集成块	AEu8141	支	200	200	124.85	24970.0
8	10	bm004	四车间	2014080001	JCK004	集成块	AEu8152	支	50	50	320	16000.0
8	12	bm004	四车间	2014080001	JCK005	集成块	AEu8143	支	15	15	70	1050.0

图5-35

文件52　材料进出库存月报表

材料进出库存月报表是用来统计每月各种材料的本月入库数量、出库数量以及本月结存数量的。在材料进出库存月报表中，需将所有的材料不重复进行汇总，并且数据表中要包含上月结存数据。

制作要点与设计效果图

- IF函数（参考函数1、3）
- ROUND函数（参考函数68）
- SUMIF函数（参考函数96）
- SUBTOTAL函数（参考函数36）

材料进出库存月报表

公司名称　华云信息有限公司　制表时间　2014/8/30

制表部门　品管部　单位　元

合计金额				156,737.35			6,389,778.62			189,242.78			6,357,273.19			唯
材料编码	材料类别	名称及规格型号	单位	上月结存			本月进货			本月出货			本月结存			
				单价	数量	金额	单价	数量	金额	单价	数量	金额	单价	数量	金额	
DZ0001	电阻	25Ω	支	0.25	500.00	125.00	0.25	2200	550	0.25	2333.00	583.25	0.25	367	91.75	1
DZ0002	电阻	32Ω	支	0.33	10000.00	3300.00	0.33	950	313.5	0.33	7664.00	2595.12	0.33	3086	1018.38	1
DZ0003	电阻	100Ω	支	0.58	820.00	475.60	0.58	11340	6577.2	0.58	902.00	523.16	0.58	11258	6529.64	1
DZ0004	电阻	320Ω	支	0.89	1580.00	1406.20	0.89	9080	8081.2	0.89	1290.00	1148.10	0.89	9370	8339.30	1
DZ0005	电阻	29Ω	支	0.21	700.00	147.00	0.21	5510	1157.1	0.21	595.00	124.95	0.21	5615	1179.15	1
DZ0006	电阻	30Ω	支	0.36	980.00	352.80	0.36	4427	1593.72	0.36	320.00	115.20	0.36	5087	1831.32	1
DR0001	电容	10F	支	0.78	700.00	546.00	0.78	16120	12573.6	0.78	210.00	163.80	0.78	16610	12955.80	1
DR0002	电容	18F	支	0.65	850.00	552.50	0.65	1825	1186.25	0.65	120.00	78.00	0.65	2555	1660.75	1
DR0003	电容	50F	支	0.75	456.00	342.00	0.75	1533	1149.75	0.75	534.00	400.50	0.75	1455	1091.25	1
DR0004	电容	100F	支	0.85	1470.00	1249.50	0.85	1720	1462	0.85	873.00	742.05	0.85	2317	1969.45	1
DR0005	电容	25F	支	0.90	840.00	756.00	0.9	13562	12205.8	0.9	641.00	576.90	0.9	13761	12384.90	1
DR0006	电容	0.5F	支	0.55	521.00	286.55	0.55	6150	3382.5	0.55	763.00	419.65	0.55	5908	3249.40	1
JCK001	集成块	AEu8139	支	58.50	146.00	8541.00	58.5	20900	1222650	58.5	355.00	20767.50	58.5	20691	1210423.50	1
JCK002	集成块	AEu8120	支	75.60	300.00	22680.00	75.6	8660	654696	75.6	278.00	21016.80	75.6	8682	656359.20	1
JCK003	集成块	AEu8141	支	124.85	452.00	56432.20	124.85	1000	124850	124.85	298.00	37205.30	124.85	1154	144076.90	1
JCK004	集成块	AEu8152	支	320.00	125.00	40000.00	320	6900	2208000	320	106.00	33920.00	320	6919	2214080.00	1
JCK005	集成块	AEu8143	支	70.00	41.00	2870.00	70	2120	148400	70	40.00	2800.00	70	2121	148470.00	1
JCK006	集成块	AEu9144	支	185.00	50.00	9250.00	185	4420	817700	185	65.00	12025.00	185	4405	814925.00	1
JCK007	集成块	AEu8145	支	412.50	18.00	7425.00	412.5	2820	1163250	412.5	131.00	54037.50	412.5	2707	1116637.50	1

文件设计过程

步骤1：计算上月结存

① 插入新工作表，并重名为“材料进出库存月报表”，设置表格格式并将上月结存数据复制到工作表中，如图5-36所示。

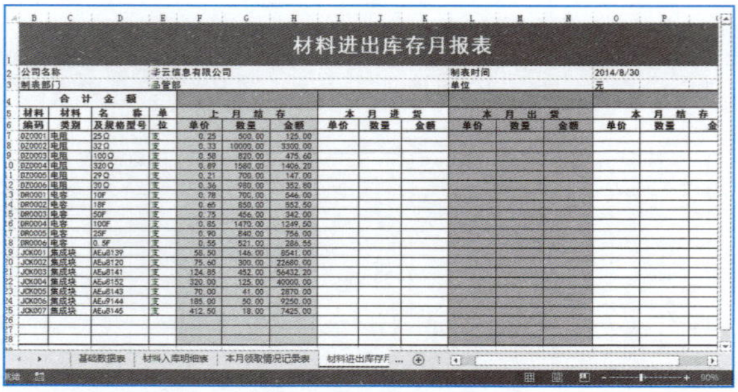

图5-36

2 选中I7单元格，在公式编辑栏中输入公式：“=基础数据表!G3”，按回车键即返回材料单价，如图5-37所示。

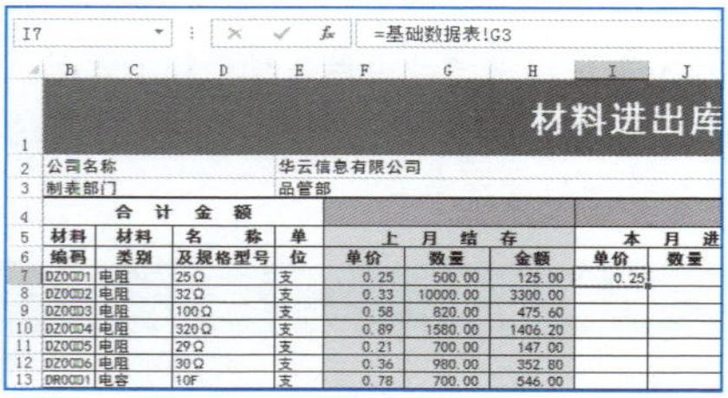

图5-37

3 选中J7单元格，在公式编辑栏中输入公式：“=IF($B7="","", SUMIF(材料入库明细表!$G$4:$G$83,$B7,材料入库明细表!$K$4:$K$83))”，按回车键即返回本月入库材料数量，如图5-38所示。

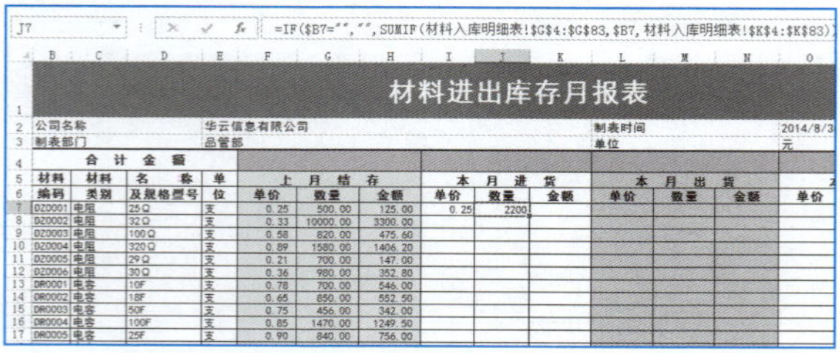

图5-38

提 示

公式“=IF($B7="","",SUMIF(材料入库明细表!$G$6:$G$83,$B7,材料入库明细表!$K$6:$K$83))”表示，如果B7单元格不为空白，则在材料入库明细表的G6:G83单元格区域，查找到所有等于B7单元格编码，并对编码所对应的值所在单元格区域$K$6:$K$83进行求和计算，将计算所得值，返回J7单元格。

❹ 选中K7单元格，在公式编辑栏中输入公式：“=I7*J7”，按回车键即可计算出第一个类别的进货金额，如图5-39所示。

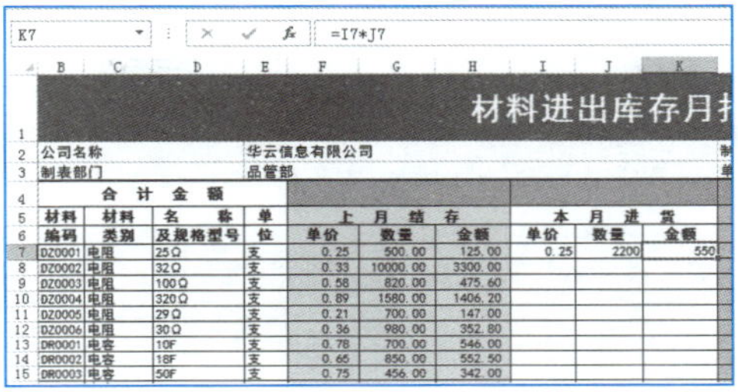

K7　=I7*J7

材料进出库存月报表

公司名称				华云信息有限公司					
制表部门				品管部					
合　计　金　额									
材料编码	材料类别	名称及规格型号	单位	上月结存 单价	数量	金额	本月进货 单价	数量	金额
DZ0001	电阻	25Ω	支	0.25	500.00	125.00	0.25	2200	550
DZ0002	电阻	32Ω	支	0.33	10000.00	3300.00			
DZ0003	电阻	100Ω	支	0.58	820.00	475.60			
DZ0004	电阻	320Ω	支	0.89	1580.00	1406.20			
DZ0005	电阻	29Ω	支	0.21	700.00	147.00			
DZ0006	电阻	30Ω	支	0.36	980.00	352.80			
DR0001	电容	10F	支	0.78	700.00	546.00			
DR0002	电容	18F	支	0.65	850.00	552.50			
DR0003	电容	50F	支	0.75	456.00	342.00			

图5-39

❺ 选中I7:K7单元格区域，向下填充公式，即可得到本月进货情况资料，如图5-40所示。

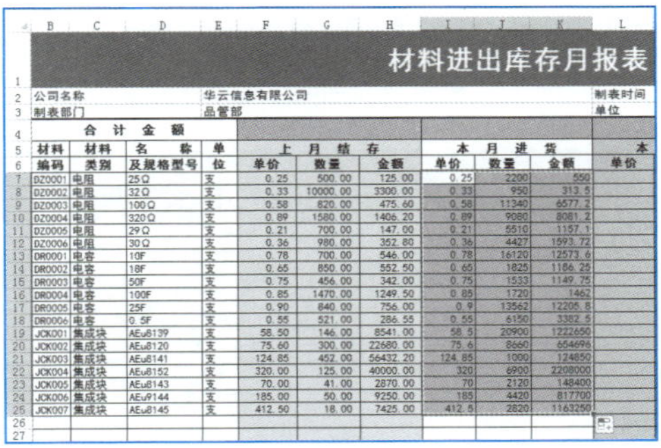

材料进出库存月报表

公司名称				华云信息有限公司						制表时间
制表部门				品管部						单位
合　计　金　额										
材料编码	材料类别	名称及规格型号	单位	上月结存 单价	数量	金额	本月进货 单价	数量	金额	本 单价
DZ0001	电阻	25Ω	支	0.25	500.00	125.00	0.25	2200	550	
DZ0002	电阻	32Ω	支	0.33	10000.00	3300.00	0.33	950	313.5	
DZ0003	电阻	100Ω	支	0.58	820.00	475.60	0.58	11340	6577.2	
DZ0004	电阻	320Ω	支	0.89	1580.00	1406.20	0.89	9080	8081.2	
DZ0005	电阻	29Ω	支	0.21	700.00	147.00	0.21	5510	1157.1	
DZ0006	电阻	30Ω	支	0.36	980.00	352.80	0.36	4427	1593.72	
DR0001	电容	10F	支	0.78	700.00	546.00	0.78	16120	12573.6	
DR0002	电容	18F	支	0.65	850.00	552.50	0.65	1825	1186.25	
DR0003	电容	50F	支	0.75	456.00	342.00	0.75	1533	1149.75	
DR0004	电容	100F	支	0.85	1470.00	1249.50	0.85	1720	1462	
DR0005	电容	25F	支	0.90	840.00	756.00	0.9	13562	12205.8	
DR0006	电容	0.5F	支	0.55	521.00	286.55	0.55	6150	3382.5	
JCK001	集成块	AEu8139	支	58.50	146.00	8541.00	58.5	20900	1222650	
JCK002	集成块	AEu8120	支	75.60	300.00	22680.00	75.6	8660	654696	
JCK003	集成块	AEu8141	支	124.85	452.00	56432.20	124.85	1000	124850	
JCK004	集成块	AEu8152	支	320.00	125.00	40000.00	320	6900	2208000	
JCK005	集成块	AEu8143	支	70.00	41.00	2870.00	70	2120	148400	
JCK006	集成块	AEu9144	支	185.00	50.00	9250.00	185	4420	817700	
JCK007	集成块	AEu8145	支	412.50	18.00	7425.00	412.5	2820	1163250	

图5-40

步骤2：计算本月出库和结存

❶ 选中L7单元格，在公式编辑栏中输入公式：“=基础数据表!G3”，按回车键即返回材料单价，如图5-41所示。

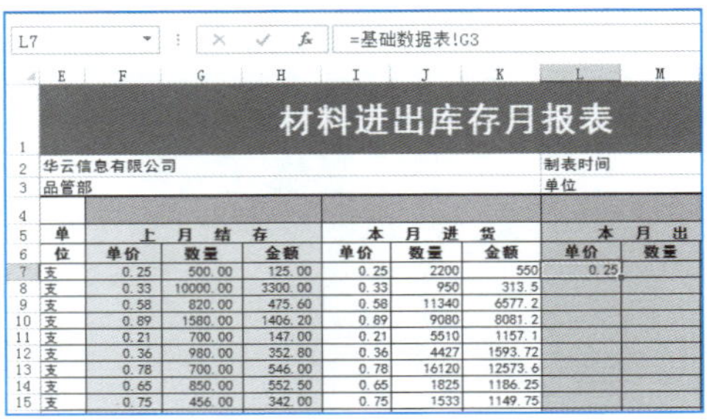

L7　=基础数据表!G3

材料进出库存月报表

华云信息有限公司							制表时间	
品管部							单位	
单位	上月结存 单价	数量	金额	本月进货 单价	数量	金额	本月出 单价	数量
支	0.25	500.00	125.00	0.25	2200	550	0.25	
支	0.33	10000.00	3300.00	0.33	950	313.5		
支	0.58	820.00	475.60	0.58	11340	6577.2		
支	0.89	1580.00	1406.20	0.89	9080	8081.2		
支	0.21	700.00	147.00	0.21	5510	1157.1		
支	0.36	980.00	352.80	0.36	4427	1593.72		
支	0.78	700.00	546.00	0.78	16120	12573.6		
支	0.65	850.00	552.50	0.65	1825	1186.25		
支	0.75	456.00	342.00	0.75	1533	1149.75		

图5-41

2 选中M7单元格，在公式编辑栏中输入公式：“=IF($B7="","", SUMIF(本月领取情况记录表!$F$5:$F$49,$B7,本月领取情况记录表!$K$5:$K$49))”，按回车键即返回本月出库材料数量，如图5-42所示。

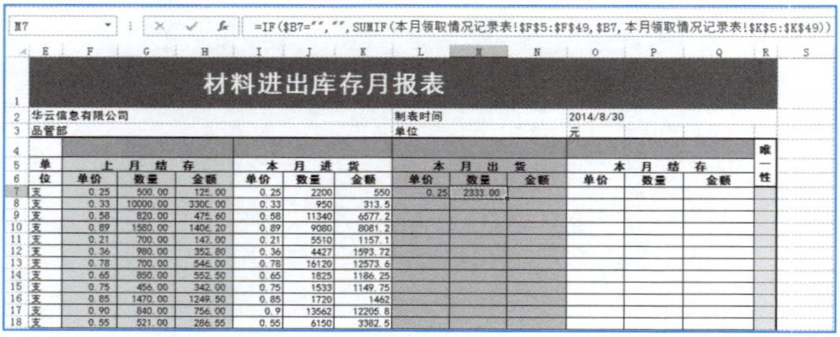

图5-42

3 选中N7单元格，在公式编辑栏中输入公式：“=L7*M7”，按回车键即可计算出第一个类别的出货金额，如图5-43所示。

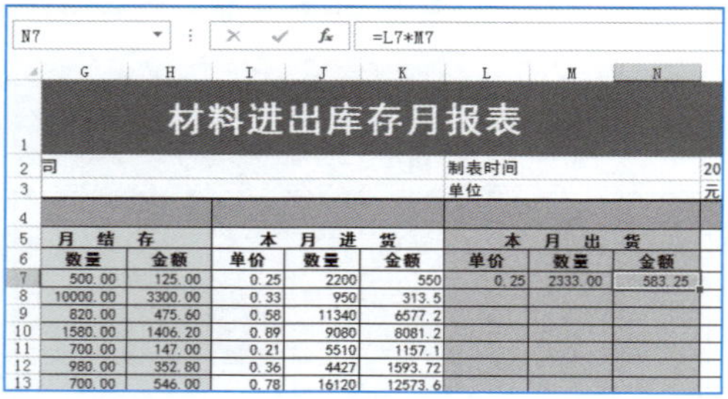

图5-43

4 选中L7:N7单元格区域，向下填充公式，即可得到本月出货情况，如图5-44所示。

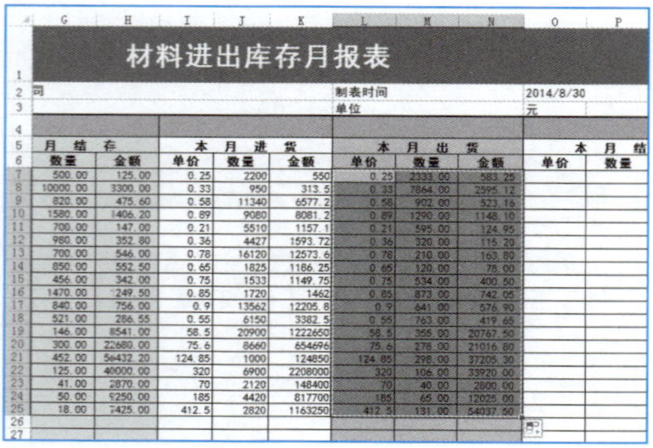

图5-44

5 选中O7单元格，在公式编辑栏中输入公式：“=基础数据表!G3”，按回车键即返回材料单价，如图5-45所示。

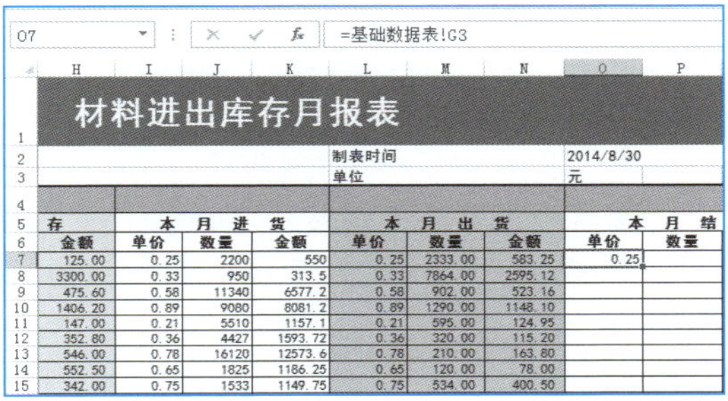

图5-45

6 选中P7单元格，在公式编辑栏中输入公式：“=IF(B7="","",G7+J7-M7)”，按回车键，即可计算本月结存数量，如图5-46所示。

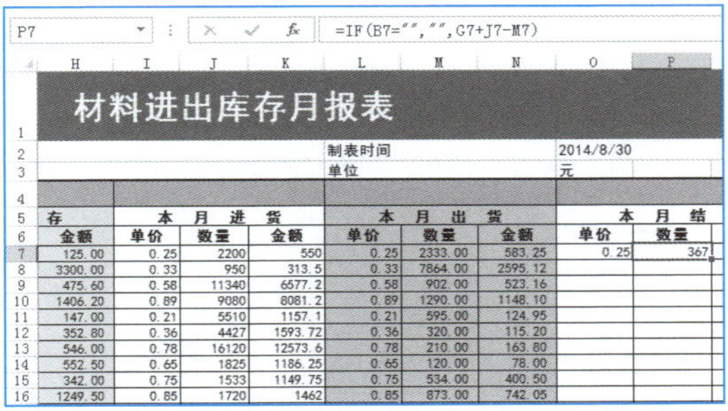

图5-46

7 选中Q7单元格，在公式编辑栏中输入公式：“=O7*P7”，按回车键即可计算出第一个类别的结余金额，如图5-47所示。

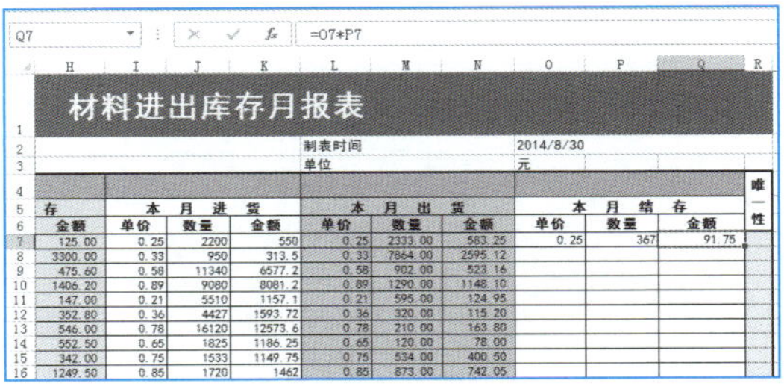

图5-47

8 选中O7:Q7单元格区域，向下填充公式，即可得到本月结存情况，如图5-48所示。

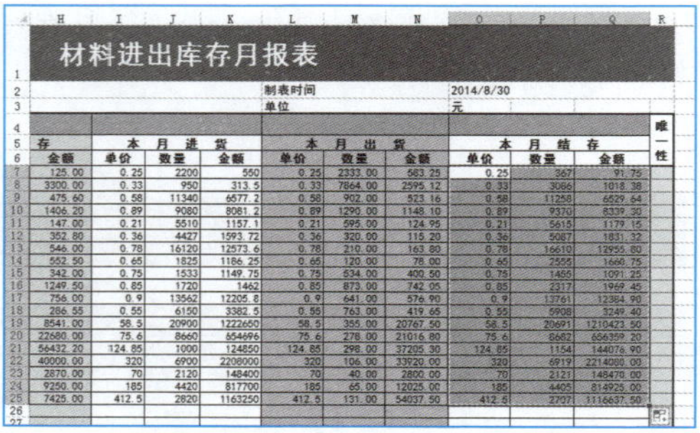

	H	I	J	K	L	M	N	O	P	Q	R
1	材料进出库存月报表										
2					制表时间			2014/8/30			
3					单位			元			
4											唯一性
5	存	本月进货			本月出货			本月结存			
6	金额	单价	数量	金额	单价	数量	金额	单价	数量	金额	
7	125.00	0.25	2200	550	0.25	2333.00	583.25	0.25	367	91.75	
8	3300.00	0.33	950	313.5	0.33	7864.00	2595.12	0.33	3086	1018.38	
9	475.60	0.58	11340	6577.2	0.58	902.00	523.16	0.58	11258	6529.64	
10	1406.20	0.89	9080	8081.2	0.89	1290.00	1148.10	0.89	9370	8339.30	
11	147.00	0.21	5510	1157.1	0.21	595.00	124.95	0.21	5615	1179.15	
12	352.80	0.36	4427	1593.72	0.36	320.00	115.20	0.36	5087	1831.32	
13	546.00	0.78	16120	12573.6	0.78	210.00	163.80	0.78	16610	12955.80	
14	552.50	0.65	1825	1186.25	0.65	120.00	78.00	0.65	2555	1660.75	
15	342.00	0.75	1533	1149.75	0.75	534.00	400.50	0.75	1455	1091.25	
16	1249.50	0.85	1720	1462	0.85	873.00	742.05	0.85	2317	1969.45	
17	756.00	0.9	13562	12205.8	0.9	641.00	576.90	0.9	13761	12384.90	
18	286.55	0.55	6150	3382.5	0.55	763.00	419.65	0.55	5908	3249.40	
19	8541.00	58.5	20900	1222650	58.5	355.00	20767.50	58.5	20691	1210423.50	
20	22680.00	75.6	8660	654696	75.6	278.00	21016.80	75.6	8682	656359.20	
21	56432.20	124.85	1000	124850	124.85	298.00	37205.30	124.85	1154	144076.90	
22	40000.00	320	6900	2208000	320	106.00	33920.00	320	6919	2214080.00	
23	2870.00	70	2120	148400	70	40.00	2800.00	70	2121	148470.00	
24	9250.00	185	4420	817700	185	65.00	12025.00	185	4405	814925.00	
25	7425.00	412.5	2820	1163250	412.5	131.00	54037.50	412.5	2707	1116637.50	
26											
27											

图5-48

步骤3：判断唯一性

❶ 选中R7单元格，在公式编辑栏中输入公式：“=COUNTIF($B$7:$B$25,B7)”，按回车键后，向下复制公式，检验表格每一种材料是否具有唯一性，如图5-49所示。

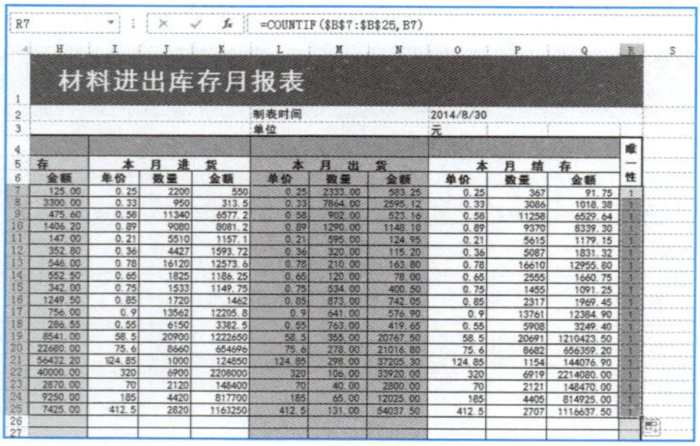

R7 =COUNTIF($B$7:$B$25,B7)

	H	I	J	K	L	M	N	O	P	Q	R
1	材料进出库存月报表										
2					制表时间			2014/8/30			
3					单位			元			
4											唯一性
5	存	本月进货			本月出货			本月结存			
6	金额	单价	数量	金额	单价	数量	金额	单价	数量	金额	
7	125.00	0.25	2200	550	0.25	2333.00	583.25	0.25	367	91.75	1
8	3300.00	0.33	950	313.5	0.33	7864.00	2595.12	0.33	3086	1018.38	1
9	475.60	0.58	11340	6577.2	0.58	902.00	523.16	0.58	11258	6529.64	1
10	1406.20	0.89	9080	8081.2	0.89	1290.00	1148.10	0.89	9370	8339.30	1
11	147.00	0.21	5510	1157.1	0.21	595.00	124.95	0.21	5615	1179.15	1
12	352.80	0.36	4427	1593.72	0.36	320.00	115.20	0.36	5087	1831.32	1
13	546.00	0.78	16120	12573.6	0.78	210.00	163.80	0.78	16610	12955.80	1
14	552.50	0.65	1825	1186.25	0.65	120.00	78.00	0.65	2555	1660.75	1
15	342.00	0.75	1533	1149.75	0.75	534.00	400.50	0.75	1455	1091.25	1
16	1249.50	0.85	1720	1462	0.85	873.00	742.05	0.85	2317	1969.45	1
17	756.00	0.9	13562	12205.8	0.9	641.00	576.90	0.9	13761	12384.90	1
18	286.55	0.55	6150	3382.5	0.55	763.00	419.65	0.55	5908	3249.40	1
19	8541.00	58.5	20900	1222650	58.5	355.00	20767.50	58.5	20691	1210423.50	1
20	22680.00	75.6	8660	654696	75.6	278.00	21016.80	75.6	8682	656359.20	1
21	56432.20	124.85	1000	124850	124.85	298.00	37205.30	124.85	1154	144076.90	1
22	40000.00	320	6900	2208000	320	106.00	33920.00	320	6919	2214080.00	1
23	2870.00	70	2120	148400	70	40.00	2800.00	70	2121	148470.00	1
24	9250.00	185	4420	817700	185	65.00	12025.00	185	4405	814925.00	1
25	7425.00	412.5	2820	1163250	412.5	131.00	54037.50	412.5	2707	1116637.50	1
26											
27											

图5-49

❷ 选中F4单元格，在公式编辑栏中输入公式：“=SUBTOTAL(9,H7:H25)”，按回车键计算上月结存材料的金额。向右填充公式，分别计算出其余各个部分材料的金额，即可得到材料进出库存月报表，如图5-50所示。

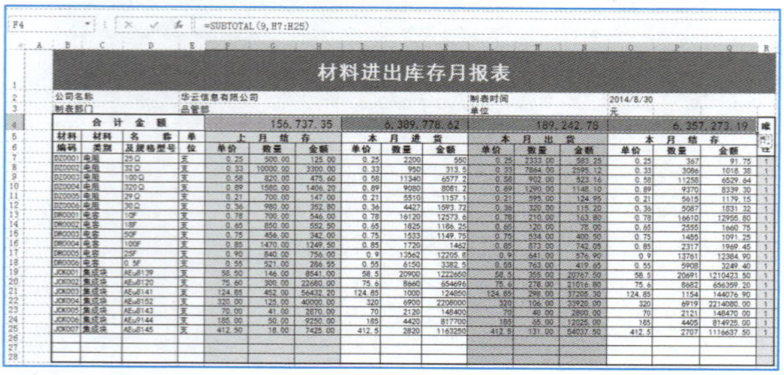

F4 =SUBTOTAL(9,H7:H25)

	B	C	D	E	F	G	H	I	J	K	L	M	N	O	P	Q	R
1	材料进出库存月报表																
2	公司名称		华云信息有限公司								制表时间			2014/8/30			
3	制表部门		品管部								单位			元			
4	合计金额				156,737.35			6,389,778.62			189,242.78			6,357,273.19			唯一性
5	材料	材料	名称	单	上月结存			本月进货			本月出货			本月结存			
6	编码	类别	及规格型号	位	单价	数量	金额	单价	数量	金额	单价	数量	金额	单价	数量	金额	
7	DZ0001	电阻	25Ω	支	0.25	500.00	125.00	0.25	2200	550	0.25	2333.00	583.25	0.25	367	91.75	1
8	DZ0002	电阻	32Ω	支	0.33	10000.00	3300.00	0.33	950	313.5	0.33	7864.00	2595.12	0.33	3086	1018.38	1
9	DZ0003	电阻	100Ω	支	0.58	820.00	475.60	0.58	11340	6577.2	0.58	902.00	523.16	0.58	11258	6529.64	1
10	DZ0004	电阻	320Ω	支	0.89	1580.00	1406.20	0.89	9080	8081.2	0.89	1290.00	1148.10	0.89	9370	8339.30	1
11	DZ0005	电阻	29Ω	支	0.21	700.00	147.00	0.21	5510	1157.1	0.21	595.00	124.95	0.21	5615	1179.15	1
12	DZ0006	电阻	30Ω	支	0.36	980.00	352.80	0.36	4427	1593.72	0.36	320.00	115.20	0.36	5087	1831.32	1
13	DR0001	电容	10F	支	0.78	700.00	546.00	0.78	16120	12573.6	0.78	210.00	163.80	0.78	16610	12955.80	1
14	DR0002	电容	18F	支	0.65	850.00	552.50	0.65	1825	1186.25	0.65	120.00	78.00	0.65	2555	1660.75	1
15	DR0003	电容	50F	支	0.75	456.00	342.00	0.75	1533	1149.75	0.75	534.00	400.50	0.75	1455	1091.25	1
16	DR0004	电容	100F	支	0.85	1470.00	1249.50	0.85	1720	1462	0.85	873.00	742.05	0.85	2317	1969.45	1
17	DR0005	电容	25F	支	0.90	840.00	756.00	0.9	13562	12205.8	0.9	641.00	576.90	0.9	13761	12384.90	1
18	DR0006	电容	0.5F	支	0.55	521.00	286.55	0.55	6150	3382.5	0.55	763.00	419.65	0.55	5908	3249.40	1
19	JCK001	集成块	AEu8139	支	58.50	146.00	8541.00	58.5	20900	1222650	58.5	355.00	20767.50	58.5	20691	1210423.50	1
20	JCK002	集成块	AEu8120	支	75.60	300.00	22680.00	75.6	8660	654696	75.6	278.00	21016.80	75.6	8682	656359.20	1
21	JCK003	集成块	AEu8141	支	124.85	452.00	56432.20	124.85	1000	124850	124.85	298.00	37205.30	124.85	1154	144076.90	1
22	JCK004	集成块	AEu8152	支	320.00	125.00	40000.00	320	6900	2208000	320	106.00	33920.00	320	6919	2214080.00	1
23	JCK005	集成块	AEu8143	支	70.00	41.00	2870.00	70	2120	148400	70	40.00	2800.00	70	2121	148470.00	1
24	JCK006	集成块	AEu9144	支	185.00	50.00	9250.00	185	4420	817700	185	65.00	12025.00	185	4405	814925.00	1
25	JCK007	集成块	AEu8145	支	412.50	18.00	7425.00	412.5	2820	1163250	412.5	131.00	54037.50	412.5	2707	1116637.50	1
26																	
27																	
28																	

图5-50

文件53　安全库存量预警表

在企业生产过程中，根据生产需要对每一种材料的耗费量，可以为每一种材料设置一个安全库存量，当库存量低于或等于安全库存量时，系统自动进行预警提示，以便通知采购部门及时制作采购计划进行采购补足。

制作要点与设计效果图

- IF函数（参考函数1、3）
- 使用条件格式

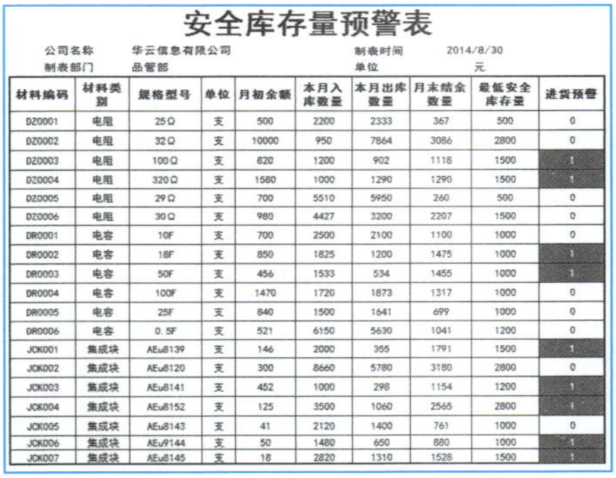

安全库存量预警表

公司名称　华云信息有限公司　制表时间　2014/8/30

制表部门　品管部　单位　元

材料编码	材料类别	规格型号	单位	月初余额	本月入库数量	本月出库数量	月末结余数量	最低安全库存量	进货预警
DZ0001	电阻	25Ω	支	500	2200	2333	367	500	0
DZ0002	电阻	32Ω	支	10000	950	7864	3086	2800	0
DZ0003	电阻	100Ω	支	820	1200	902	1118	1500	1
DZ0004	电阻	320Ω	支	1580	1000	1290	1290	1500	1
DZ0005	电阻	29Ω	支	700	5510	5950	260	500	0
DZ0006	电阻	30Ω	支	980	4427	3200	2207	1500	0
DR0001	电容	10F	支	700	2500	2100	1100	1000	0
DR0002	电容	18F	支	850	1825	1200	1475	1000	1
DR0003	电容	50F	支	456	1533	534	1455	1000	1
DR0004	电容	100F	支	1470	1720	1873	1317	1000	0
DR0005	电容	25F	支	840	1500	1641	699	1000	0
DR0006	电容	0.5F	支	521	6150	5630	1041	1200	0
JCK001	集成块	AEu8139	支	146	2000	355	1791	1500	1
JCK002	集成块	AEu8120	支	300	8660	5780	3180	2800	0
JCK003	集成块	AEu8141	支	452	1000	298	1154	1200	1
JCK004	集成块	AEu8152	支	125	3500	1060	2565	2800	1
JCK005	集成块	AEu8143	支	41	2120	1400	761	1000	0
JCK006	集成块	AEu9144	支	50	1480	650	880	1000	1
JCK007	集成块	AEu8145	支	18	2820	1310	1528	1500	1

文件设计过程

步骤1：计算进货预警情况

❶ 打开“安全库存量预警表”，选中K6单元格，在公式编辑栏中输入公式“=IF(H6<=I6,1,0)”，按回车键后向下复制公式，即可得出结果如图5-51所示。

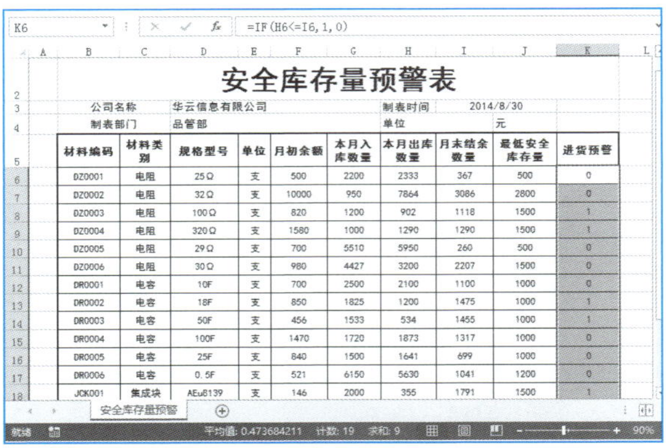

K6　=IF(H6<=I6,1,0)

安全库存量预警表

公司名称　华云信息有限公司　制表时间　2014/8/30

制表部门　品管部　单位　元

材料编码	材料类别	规格型号	单位	月初余额	本月入库数量	本月出库数量	月末结余数量	最低安全库存量	进货预警
DZ0001	电阻	25Ω	支	500	2200	2333	367	500	0
DZ0002	电阻	32Ω	支	10000	950	7864	3086	2800	0
DZ0003	电阻	100Ω	支	820	1200	902	1118	1500	1
DZ0004	电阻	320Ω	支	1580	1000	1290	1290	1500	1
DZ0005	电阻	29Ω	支	700	5510	5950	260	500	0
DZ0006	电阻	30Ω	支	980	4427	3200	2207	1500	0
DR0001	电容	10F	支	700	2500	2100	1100	1000	0
DR0002	电容	18F	支	850	1825	1200	1475	1000	1
DR0003	电容	50F	支	456	1533	534	1455	1000	1
DR0004	电容	100F	支	1470	1720	1873	1317	1000	0
DR0005	电容	25F	支	840	1500	1641	699	1000	0
DR0006	电容	0.5F	支	521	6150	5630	1041	1200	0
JCK001	集成块	AEu8139	支	146	2000	355	1791	1500	1

安全库存量预警　就绪　平均值: 0.473684211　计数: 19　求和: 9　90%

图5-51

公式分析：

“=IF(H6<=I6,1,0)表示，如果H6单元格值小于I6单元格值，则返回1，反之，如果H6>I6，则返回0。0表示还没有达到最低安全库存量，1则表示已达到最低安全库存量，需要采购。

步骤2：设置条件格式

1 选中K6:K24单元格区域，切换到“开始”选项卡，在“样式”选项组单击“条件格式”下拉按钮，在其下拉列表中选择“突出显示单元格规则”选项，在弹出子的菜单中单击“等于”，如图5-52所示。

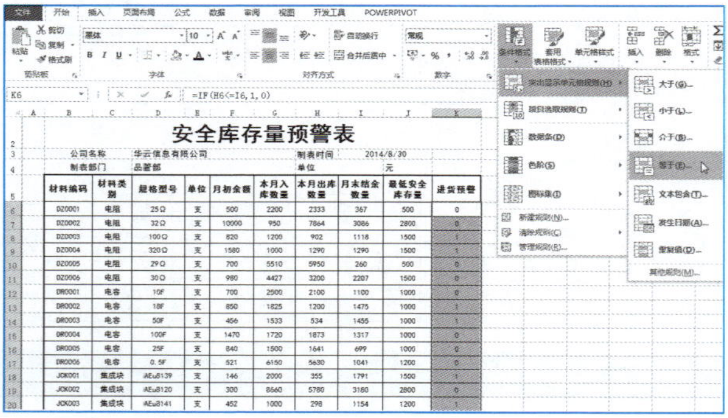

图5-52

2 打开“等于”对话框，在“为等于以下值的单元格设置格式”文本框中输入“1”，接着在“设置为”下拉列表中选择“自定义”选项，如图5-53所示。

3 打开“设置单元格格式”对话框，在“字体”标签下，设置字体颜色为“白色”，“加粗”，如图5-54所示。

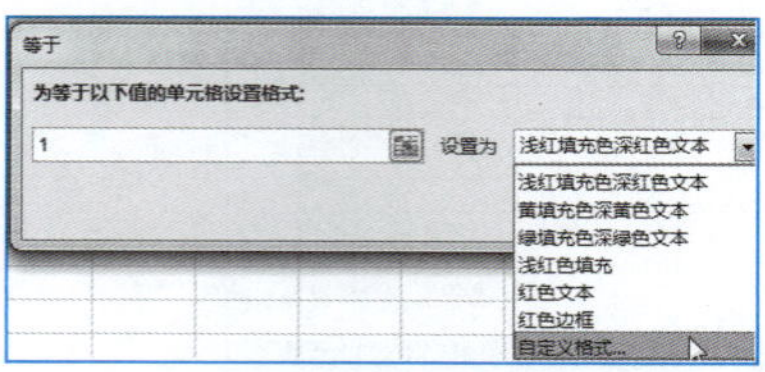

图5-53

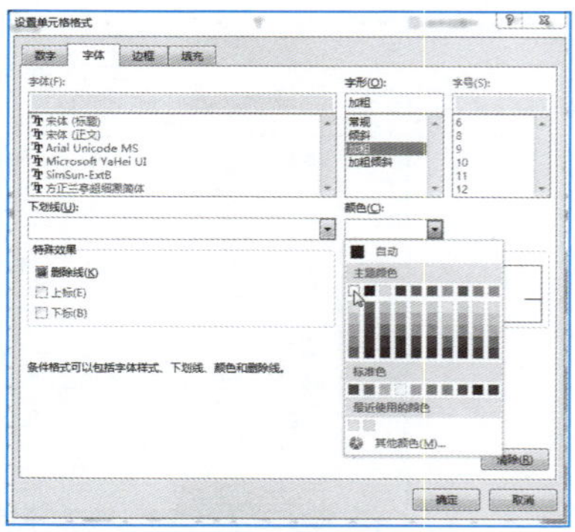

图5-54

4 单击“填充”标签，在背景色列表中，设置填充颜色为“红色”，如图5-55所示。

5 单击“确定”按钮，返回“等于”对话框，再次单击“确定”按钮，返回工作表中，即可看到系统自动为满足等于1的单元格添加了设置的条件格式，如图5-56所示。

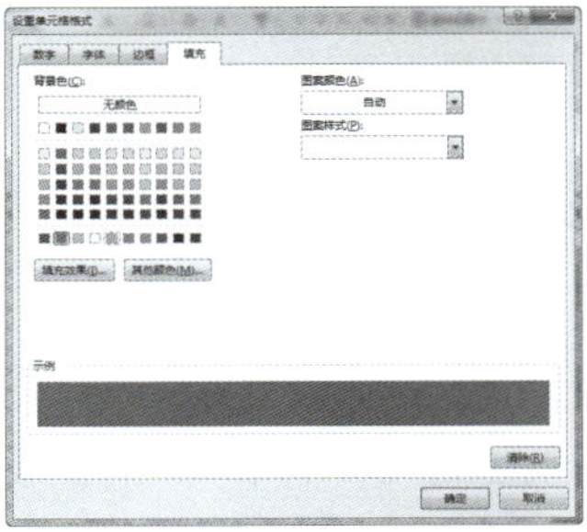

图5-55

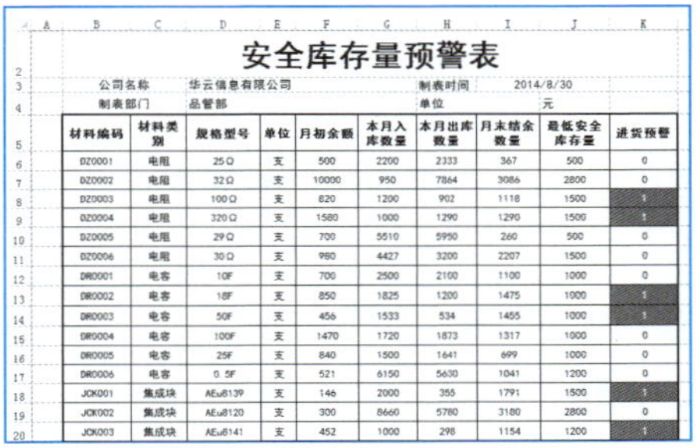

安全库存量预警表

公司名称　华云信息有限公司　制表时间　2014/8/30
制表部门　品管部　单位　元

材料编码	材料类别	规格型号	单位	月初余额	本月入库数量	本月出库数量	月末结余数量	最低安全库存量	进货预警
DZ0001	电阻	25Ω	支	500	2200	2333	367	500	0
DZ0002	电阻	32Ω	支	10000	950	7864	3086	2800	0
DZ0003	电阻	100Ω	支	820	1200	902	1118	1500	1
DZ0004	电阻	320Ω	支	1580	1000	1290	1290	1500	1
DZ0005	电阻	29Ω	支	700	5510	5950	260	500	0
DZ0006	电阻	30Ω	支	980	4427	3200	2207	1500	0
DR0001	电容	10F	支	700	2500	2100	1100	1000	0
DR0002	电容	18F	支	850	1825	1200	1475	1000	1
DR0003	电容	50F	支	456	1533	534	1455	1000	1
DR0004	电容	100F	支	1470	1720	1873	1317	1000	0
DR0005	电容	25F	支	840	1500	1641	699	1000	0
DR0006	电容	0.5F	支	521	6150	5630	1041	1200	0
JCK001	集成块	AEu8139	支	146	2000	355	1791	1500	1
JCK002	集成块	AEu8120	支	300	8660	5780	3180	2800	0
JCK003	集成块	AEu8141	支	452	1000	298	1154	1200	1

图5-56

文件54　材料短缺表

当材料的库存量小于或等于最低安全库存量时，应及时制作材料短缺表，报与采购部门，以便采购部门及时制定采购计划，避免因为材料不足而带来的生产延误。

制作要点与设计效果图

- 数组公式的应用
- OFFSET函数（参考函数7）
- SMALL函数（参考函数37）
- ROW函数（参考函数5、22）

材料短缺表

公司名称　华云信息有限公司　制表时间　2014/8/30
制表部门　品管部　单位　元

统计日期：　2014年8月1日

材料编码	材料名称	规格型号	单位	现有库存量	安全库存量	最小采购量	计划采购量
DZ0004	电阻	320Ω	支	1290	1500	2790	
DZ0005	电阻	29Ω	支	260	500	760	
DR0003	电容	50F	支	1455	1000	2455	
DR0004	电容	100F	支	1317	1000	2317	
JCK002	集成块	AEu8120	支	3180	2800	5980	
JCK004	集成块	AEu8152	支	2565	2800	5365	
JCK005	集成块	AEu8143	支	761	1000	1761	
JCK007	集成块	AEu8145	支	1528	1500	3028	
0	0	0	0	0	0	0	

财务部门意见	总经理意见
签字	签字
盖章	盖章
年　月　日	年　月　日
备注	

文件设计过程

步骤1：创建新工作表

插入新工作表，并重命名为“材料短缺表”，并设置表格格式，如图5-57所示。

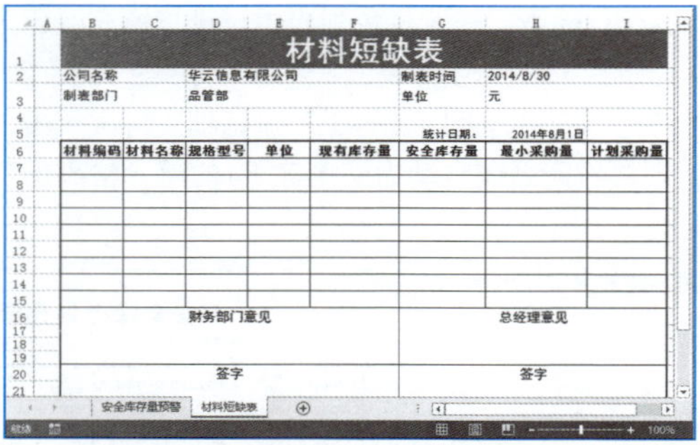

图5-57

步骤2：数组公式的应用

❶ 选中B7单元格，输入公式：“=OFFSET(安全库存量预警!$B$5,SMALL(IF(安全库存量预警!$K$6:K24,ROW(安全库存量预警!$K$6:$K$24)-4),ROW(B1)),,,)”，按“Ctrl+Shift+Enter”组合键，向下复制公式，即可得到短缺材料的编码，如图5-58所示。

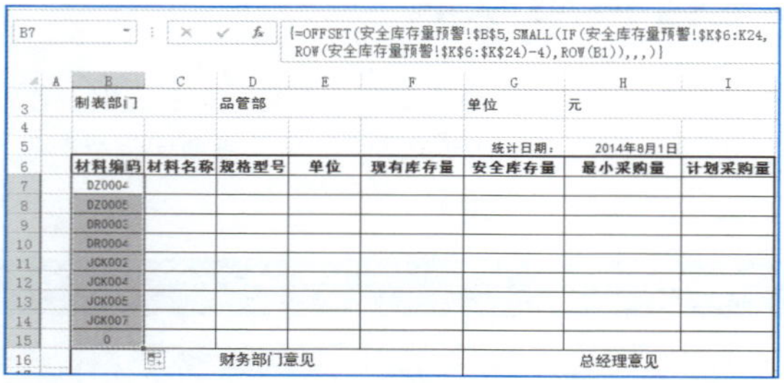

图5-58

公式分析：

“=OFFSET(安全库存量预警!$B$5,SMALL(IF(安全库存量预警!$K$6:K24,ROW(安全库存量预警!$K$6:$K$24)-4),ROW(B1)),,,)”表示根据安全库存量预警工作表B5单元格，下偏移SMALL(IF(安全库存量预警!$K$5:$K$23=1,ROW(安全库存量预警!$K$5:$K$23)-4),ROW(B1))行，依据B5单元格，向右偏移2列并返回逻辑值。

❷ 在C7单元格，输入公式：“=OFFSET(安全库存量预警!$B$5,SMALL(IF(安全库存量预警!$K$6:$K$24=1,ROW(安全库存量预警!$K$6:$K$24)-4),ROW(C1)),1,,)”，按“Ctrl+Shift+ Enter”组合键，向下复制公式，即可得到材料编码，如图5-59所示。

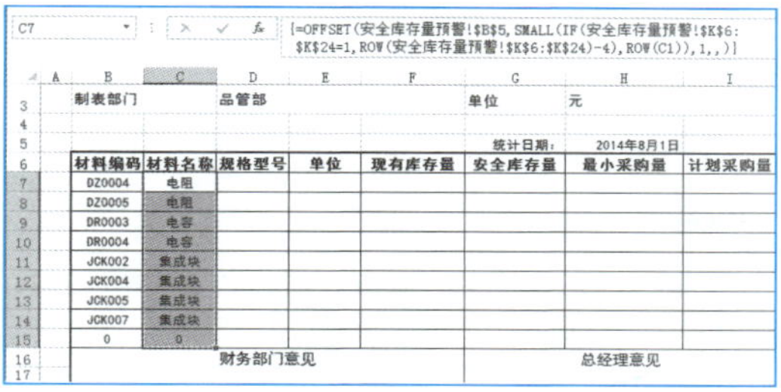

C7 {=OFFSET(安全库存量预警!$B$5,SMALL(IF(安全库存量预警!$K$6:$K$24=1,ROW(安全库存量预警!$K$6:$K$24)-4),ROW(C1)),1,,)}

制表部门		品管部			单位	元	
					统计日期：	2014年8月1日	
材料编码	材料名称	规格型号	单位	现有库存量	安全库存量	最小采购量	计划采购量
DZ0004	电阻						
DZ0005	电阻						
DR0003	电容						
DR0004	电容						
JCK002	集成块						
JCK004	集成块						
JCK005	集成块						
JCK007	集成块						
0	0						
财务部门意见					总经理意见		

图5-59

❸ 选中D7单元格，输入公式：“=OFFSET(安全库存量预警!$B$5,SMALL(IF(安全库存量预警!$K$6:$K$24=1,ROW(安全库存量预警!$K$6:$K$24)-4),ROW(D1)),2,,)”，按“Ctrl+Shift+ Enter”组合键后向下复制公式，即可得到规格型号，如图5-60所示。

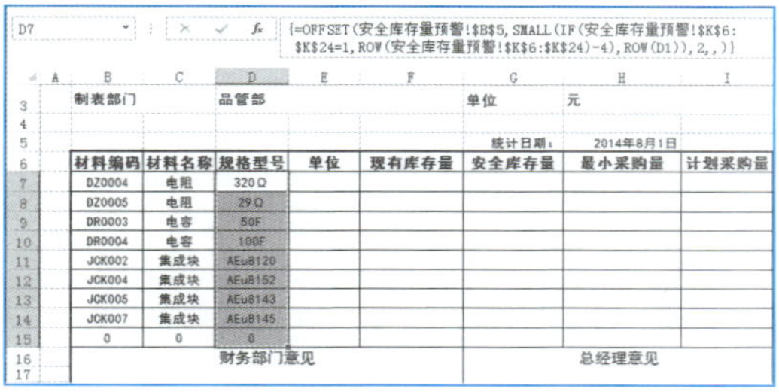

D7 {=OFFSET(安全库存量预警!$B$5,SMALL(IF(安全库存量预警!$K$6:$K$24=1,ROW(安全库存量预警!$K$6:$K$24)-4),ROW(D1)),2,,)}

制表部门		品管部			单位	元	
					统计日期：	2014年8月1日	
材料编码	材料名称	规格型号	单位	现有库存量	安全库存量	最小采购量	计划采购量
DZ0004	电阻	320Ω					
DZ0005	电阻	29Ω					
DR0003	电容	50F					
DR0004	电容	100F					
JCK002	集成块	AEu8120					
JCK004	集成块	AEu8152					
JCK005	集成块	AEu8143					
JCK007	集成块	AEu8145					
0	0	0					
财务部门意见					总经理意见		

图5-60

❹ 选中E7单元格，输入公式：“=OFFSET(安全库存量预警!$B$5,SMALL(IF(安全库存量预警!$K$6:$K$24=1,ROW(安全库存量预警!$K$6:$K$24)-4),ROW(E1)),3,,)”，按“Ctrl+Shift+ Enter”组合键后向下复制公式，即可得到单位，如图5-61所示。

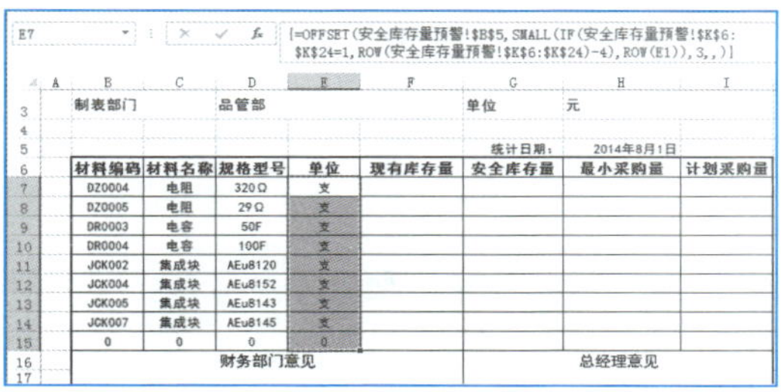

E7 {=OFFSET(安全库存量预警!$B$5,SMALL(IF(安全库存量预警!$K$6:$K$24=1,ROW(安全库存量预警!$K$6:$K$24)-4),ROW(E1)),3,,)}

制表部门		品管部			单位	元	
					统计日期：	2014年8月1日	
材料编码	材料名称	规格型号	单位	现有库存量	安全库存量	最小采购量	计划采购量
DZ0004	电阻	320Ω	支				
DZ0005	电阻	29Ω	支				
DR0003	电容	50F	支				
DR0004	电容	100F	支				
JCK002	集成块	AEu8120	支				
JCK004	集成块	AEu8152	支				
JCK005	集成块	AEu8143	支				
JCK007	集成块	AEu8145	支				
0	0	0	0				
财务部门意见					总经理意见		

图5-61

❺ 选中F7单元格，输入公式：“=OFFSET(安全库存量预警!$B$5,SMALL(IF(安全库存量预警!$K$6:$K$24=1,ROW(安全库存量预警!$K$6:$K$24)-

4),ROW(F1)),7,,)"，按"Ctrl+Shift+ Enter"组合键，后向下复制公式，即可得到现有库存量，如图5-62所示。

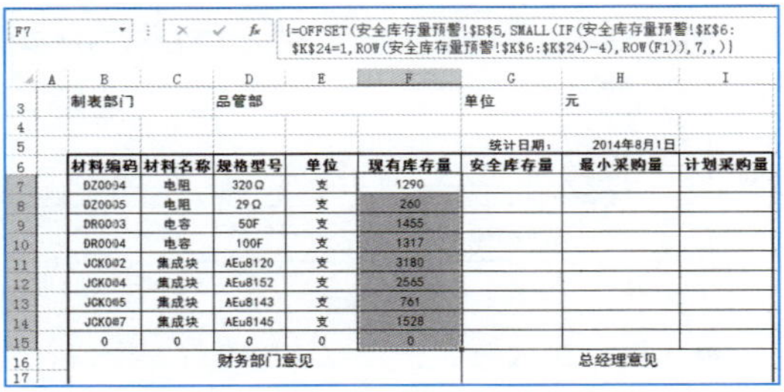
F7 {=OFFSET(安全库存量预警!$B$5,SMALL(IF(安全库存量预警!$K$6:$K$24=1,ROW(安全库存量预警!$K$6:$K$24)-4),ROW(F1)),7,,)}

制表部门		品管部			单位	元	
					统计日期：	2014年8月1日	
材料编码	材料名称	规格型号	单位	现有库存量	安全库存量	最小采购量	计划采购量
DZ0004	电阻	320Ω	支	1290			
DZ0005	电阻	29Ω	支	260			
DR0003	电容	50F	支	1455			
DR0004	电容	100F	支	1317			
JCK002	集成块	AEu8120	支	3180			
JCK004	集成块	AEu8152	支	2565			
JCK005	集成块	AEu8143	支	761			
JCK007	集成块	AEu8145	支	1528			
0	0	0	0	0			
财务部门意见					总经理意见		

图5-62

❻ 选中G7单元格，输入公式："=OFFSET(安全库存量预警!$B$5,SMALL(IF(安全库存量预警!$K$6:$K$24=1,ROW(安全库存量预警!$K$6:$K$24)-4),ROW(G1)),8,,)"，按"Ctrl+Shift+ Enter"组合键，后向下复制公式，即可得到安全库存量，如图5-63所示。

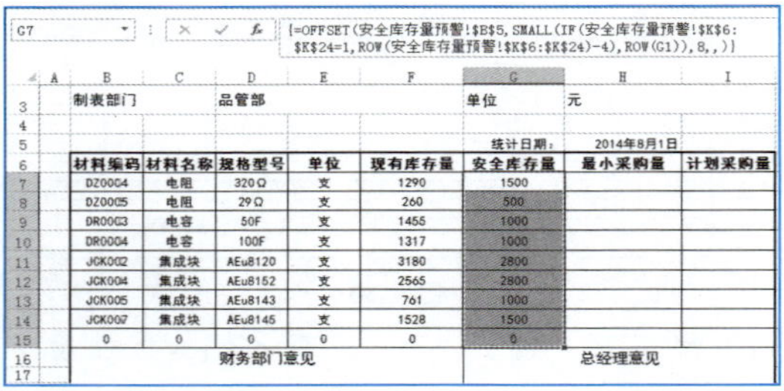
G7 {=OFFSET(安全库存量预警!$B$5,SMALL(IF(安全库存量预警!$K$6:$K$24=1,ROW(安全库存量预警!$K$6:$K$24)-4),ROW(G1)),8,,)}

制表部门		品管部			单位	元	
					统计日期：	2014年8月1日	
材料编码	材料名称	规格型号	单位	现有库存量	安全库存量	最小采购量	计划采购量
DZ0004	电阻	320Ω	支	1290	1500		
DZ0005	电阻	29Ω	支	260	500		
DR0003	电容	50F	支	1455	1000		
DR0004	电容	100F	支	1317	1000		
JCK002	集成块	AEu8120	支	3180	2800		
JCK004	集成块	AEu8152	支	2565	2800		
JCK005	集成块	AEu8143	支	761	1000		
JCK007	集成块	AEu8145	支	1528	1500		
0	0	0	0	0	0		
财务部门意见					总经理意见		

图5-63

步骤3：计算最小采购量

选中H7单元格，输入公式"=F7+G7"，按回车键，即可计算出最小采购量，如图5-64所示。

H7 =F7+G7

制表部门		品管部			单位	元	
					统计日期：	2014年8月1日	
材料编码	材料名称	规格型号	单位	现有库存量	安全库存量	最小采购量	计划采购量
DZ0004	电阻	320Ω	支	1290	1500	2790	
DZ0005	电阻	29Ω	支	260	500	760	
DR0003	电容	50F	支	1455	1000	2455	
DR0004	电容	100F	支	1317	1000	2317	
JCK002	集成块	AEu8120	支	3180	2800	5980	
JCK004	集成块	AEu8152	支	2565	2800	5365	
JCK005	集成块	AEu8143	支	761	1000	1761	
JCK007	集成块	AEu8145	支	1528	1500	3028	
0	0	0	0	0	0	0	
财务部门意见					总经理意见		

图5-64

文件55　材料领料单

材料领料单是用于记录材料的发出情况，通常按照领料单的日期逐项进行登记，然后依据登记的情况进行领用。材料领料单通常包括：日期、领料部门、凭证号、材料编码、材料名称、类别、规格型号、单位、申请及实际数量等。

制作要点与设计效果图

- IF函数（参考函数1、3）
- VLOOKUP函数（参考函数36）
- ROUND函数（参考函数68）
- 数据验证

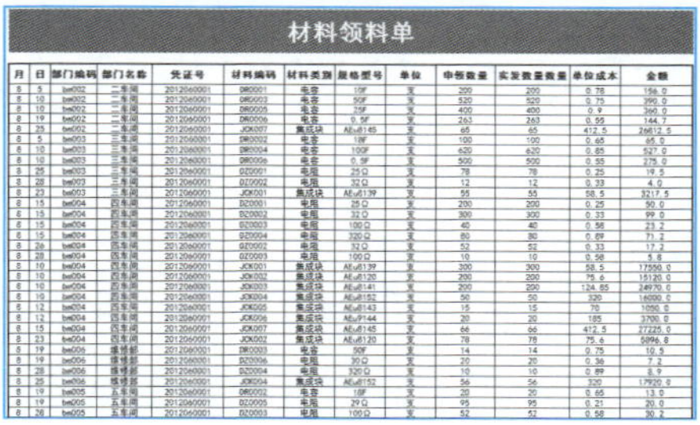

材料领料单

月	日	部门编码	部门名称	凭证号	材料编码	材料类别	规格型号	单位	申领数量	实发数量数量	单位成本	金额
8	5	bm002	二车间	2012060001	DR0001	电容	10F	支	200	200	0.78	156.0
8	10	bm002	二车间	2012060001	DR0003	电容	50F	支	520	520	0.75	390.0
8	10	bm002	二车间	2012060001	DR0005	电容	25F	支	400	400	0.9	360.0
8	19	bm002	二车间	2012060001	DR0006	电容	0.5F	支	263	263	0.55	144.7
8	25	bm002	二车间	2012060001	JCK007	集成块	AEu8145	支	65	65	412.5	26812.5
8	5	bm003	三车间	2012060001	DR0002	电容	18F	支	100	100	0.65	65.0
8	10	bm003	三车间	2012060001	DR0004	电容	100F	支	620	620	0.85	527.0
8	10	bm003	三车间	2012060001	DR0006	电容	0.5F	支	500	500	0.55	275.0
8	25	bm003	三车间	2012060001	DZ0001	电阻	25Ω	支	78	78	0.25	19.5
8	28	bm003	三车间	2012060001	DZ0002	电阻	32Ω	支	12	12	0.33	4.0
8	23	bm003	三车间	2012060001	JCK001	集成块	AEu8139	支	55	55	58.5	3217.5
8	15	bm004	四车间	2012060001	DZ0001	电阻	25Ω	支	200	200	0.25	50.0
8	15	bm004	四车间	2012060001	DZ0002	电阻	32Ω	支	300	300	0.33	99.0
8	15	bm004	四车间	2012060001	DZ0003	电阻	100Ω	支	40	40	0.58	23.2
8	15	bm004	四车间	2012060001	DZ0004	电阻	320Ω	支	80	80	0.89	71.2
8	26	bm004	四车间	2012060001	DZ0002	电阻	32Ω	支	52	52	0.33	17.2
8	28	bm004	四车间	2012060001	DZ0003	电阻	100Ω	支	10	10	0.58	5.8
8	10	bm004	四车间	2012060001	JCK001	集成块	AEu8139	支	300	300	58.5	17550.0
8	10	bm004	四车间	2012060001	JCK002	集成块	AEu8120	支	200	200	75.6	15120.0
8	10	bm004	四车间	2012060001	JCK003	集成块	AEu8141	支	200	200	124.85	24970.0
8	10	bm004	四车间	2012060001	JCK004	集成块	AEu8152	支	50	50	320	16000.0
8	12	bm004	四车间	2012060001	JCK005	集成块	AEu8143	支	15	15	70	1050.0
8	12	bm004	四车间	2012060001	JCK006	集成块	AEu9144	支	20	20	185	3700.0
8	15	bm004	四车间	2012060001	JCK007	集成块	AEu8145	支	66	66	412.5	27225.0
8	23	bm004	四车间	2012060001	JCK002	集成块	AEu8120	支	78	78	75.6	5896.8
8	19	bm006	维修部	2012060001	DR0003	电容	50F	支	14	14	0.75	10.5
8	19	bm006	维修部	2012060001	DZ0006	电阻	30Ω	支	20	20	0.36	7.2
8	28	bm006	维修部	2012060001	DZ0004	电阻	320Ω	支	10	10	0.89	8.9
8	25	bm006	维修部	2012060001	JCK004	集成块	AEu8152	支	56	56	320	17920.0
8	19	bm005	五车间	2012060001	DR0002	电容	18F	支	20	20	0.65	13.0
8	19	bm005	五车间	2012060001	DZ0005	电阻	29Ω	支	95	95	0.21	20.0
8	28	bm005	五车间	2012060001	DZ0003	电阻	100Ω	支	52	52	0.58	30.2

文件56　材料出库汇总表

为了分析不同的生产部门的领料数据或者不同类别材料的领用情况，需要对材料的出库情况进行汇总，可以使用Excel中的数据分析，轻松地分析各个部门的材料领用情况。

制作要点与设计效果图

- 关键字排序（参考文件50）
- 创建分类汇总（参考文件50）
- 创建二级分类汇总（参考文件50）

材料出库汇总表

月	日	部门编码	部门名称	凭证号	材料编码	材料类别	规格型号	单位	申领数量	实发数量	单位成本	金额
						电容 汇总				241		216.9
						电阻 汇总				15310		5473.6
						集成块 汇总				45		8325.0
			一车间 汇总							15596		14015.5
						电容 汇总				1273		969.7
						集成块 汇总				65		26812.5
			二车间 汇总							1338		27782.2
						电容 汇总				1240		880.0
						电阻 汇总				93		24.5
						集成块 汇总				55		3217.5
			三车间 汇总							1388		4122.0
						电阻 汇总				582		233.4
						集成块 汇总				931		112336.8
			四车间 汇总							1513		112570.2
						电容 汇总				21		13.7
						电阻 汇总				152		51.2
						集成块 汇总				98		12235.3
			五车间 汇总							271		12300.1
						电容 汇总				15		11.3
						电阻 汇总				32		17.9
						集成块 汇总				54		17280.0
			维修部 汇总							101		17309.1
						电容 汇总				265		224.4
						电阻 汇总				55		13.8
						集成块 汇总				12		840.0

文件57　三个月无异动滞料明细表

滞料是指质量不符合标准，存储过久且已无使用机会，或者虽有使用机会但因为用料极少而存量过多而有可能引发变质而不能使用，需要专案处理的材料。通过变质三个月无异动滞料明细表，可以有效地推动公司滞料的处理，以达到物尽其用。

制作要点与设计效果图

- IF函数（参考函数1、3）
- OFFEST函数（参考函数7）
- VLOOKUP函数（参考函数36）
- ROW函数（参考函数5、22）

三个月无异动滞料明细表

材料编号	类别	名称规格	单位	最近三个月无异动			发生原因		拟处理方式			处理部门	核准批示	处理后编号
				数量	单价	金额	代号	说明	代号	数量	日期			
DZ0002	电阻	32Ω	支	10000	0.33	3300	A	正常品	B	10000	2014/8/1	生产部		
DZ0003	电阻	100Ω	支	820	0.58	475.6	B	质变	E	820	2014/8/1	生产部		
JCK003	集成块	AEu8141	支	452	124.85	56432.2	E	客户取消订单	B	452	2014/8/1	生产部		
JCK005	集成块	AEu8143	支	41	70	2870	D	次级品	E	41	2014/8/1	生产部		
JCK010	集成块	AEu8148	支	200	15.8	3160	E	客户取消订单	B	200	2014/8/1	生产部		
JCK013	集成块	AEu8151	支	33	20	660	A	正常品	A	33	2014/8/1	生产部		

文件58　滞料出售损益明细表

对于是采取出售的方式处理的呆滞料，应该编辑呆滞料出售损益明细表，呆滞料出售损益明细表通常包括材料的编码、材料名称、类别、规格型号、现有库存数量、出售库存数量、材料的账面价格等。

制作要点与设计效果图

- VLOOKUP函数（参考函数36）
- 设置单元格填充（参考文件5）
- 设置表格边框（参考文件1、2、3）

滞料出售损益明细表

填表日期：

材料编码	类别	规格型号	单位	最后异动日期	现有库存数量	本月出售数量	出售损益								
							单位损益					损益总额			
							账面	时价	售价	账面损	售价与时价差	账面	时价	售价	售价与时价差
DZ0002	电阻	32Ω	支	2014/8/12	10000	500	0.33	0.50	0.25		49.49%	165	0.50	0.25	247.47
DZ0003	电阻	100Ω	支	2014/8/13	820	200	0.58	0.87	0.4		54.02%	116	0.87	0.4	108.05
JCK003	集成块	AEu8141	支	2014/8/14	452	300	125	187.28	0.18		99.90%	37455	187.28	0.18	299.71
JCK005	集成块	AEu8143	支	2014/8/15	41	200	70	105.00	100		4.76%	14000	105.00	100	9.52
JCK010	集成块	AEu8148	支	2014/8/16	200	100	15.8	23.70	15		36.71%	1580	23.70	15	36.71
JCK013	集成块	AEu8151	支	2014/8/17	33	15	20	30.00	20		33.33%	300	30.00	20	5.00

文件59　材料存量计划表

材料存量计划表是指根据企业生产的情况，以及现有库存的情况，指定的材料存量计划。通常包括每月用量、平均每日用量、订货数量、最低库存量等等。

制作要点与设计效果图

- 排序（参考文件50）
- 创建分类汇总（参考文件50）
- 创建二级分类汇总（参考文件50）

材量存量计划表

材料编码	每月用量	平均每日用量	每日最高用量	现有库存数量	订货数量	最低存量	平均存量	可用日数	备注
DZ0001	6000	200	205	6000	14000	20000	140	100	
DZ0002	6000	200	230	12500	7500	20000	75	100	
DZ0003	600	20	25	1452	548	2000	5.48	100	
DZ0004	600	20	32	1200	800	2000	8	100	
DZ0005	15000	500	523	13652	36348	50000	363.48	100	
DZ0006	15000	500	548	580	49420	50000	494.2	100	
DR0001	4800	160	178	422	15578	16000	155.78	100	
DR0002	18900	630	654	1256	61744	63000	617.44	100	
DR0003	6000	200	260	2580	17420	20000	174.2	100	
DR0004	3060	102	130	1250	8950	10200	89.5	100	
DR0005	6090	203	258	12001	8299	20300	82.99	100	
DR0006	6000	200	247	122	19878	20000	198.78	100	
JCK001	12090	403	420	2222	38078	40300	380.78	100	
JCK002	18600	620	630	8520	53480	62000	534.8	100	
JCK003	12000	400	410	2500	3500	6000	35	100	
JCK004	15200	506	520	5600	2200	7800	22	100	
JCK005	800	27	35	250	150	400	1.5	100	
JCK006	560	180	189	120	160	280	1.6	100	
JCK007	1050	35	40	200	550	750	5.5	100	

Excel

第6章

企业负债管理表格

负债是指由于过去的交易或事项所引起的公司、企业的现有债务，这种债务需要企业在将来以转移资产或提供劳务加以清偿，从而引起来的经济利益的流出。公司生产经营活动的资金，除了投资者投资以外，向银行或者金融机构借入资金也是一个重要的来源。

负债按其偿还速度快慢或偿还时间的长短可分为流动负债和长期负债。流动负债是指在1年或者超过1年的一个营业周期内偿还的账务，主要包括短期借款、应付票据、应付账款、应付工资等；长期负债是指企业在超过一年的一个营业周期以上的债务。

编号	文件名称	对应的数据源	重要星级
文件60	短期借款明细表	第6章\文件60 短期借款明细表.xlsx	★★★★★
文件61	本月到期借款月报表	第6章\文件61 本月到期借款月报表.xlsx	★★★★★
文件62	应付票据备查簿	第6章\文件62 应付票据备查簿.xlsx	★★★★
文件63	应付账款月报表	第6章\文件63 应付账款月报表.xlsx	★★★★
文件64	企业短期负债结构分析表	第6章\文件64 企业短期负债结构分析表.xlsx	★★★★
文件65	短期借款清查明细表	第6章\文件65 短期借款清查明细表.xlsx	★★★
文件66	短期借款分类统计表	第6章\文件66 短期借款分类统计表.xlsx	★★★
文件67	短期借款利息分类统计表	第6章\文件67 短期借款利息分类统计表.xlsx	★★★
文件68	应付职工薪酬明细表	第6章\文件68 应付职工薪酬明细表.xlsx	★★★
文件69	长期借款明细表	第6章\文件69 长期借款明细表.xlsx	★★★

文件60　短期借款明细表

短期借款是指企业为维持正常的生产经营所需的资金或为抵偿某项债务而向银行或其他金融机构等外单位借入的、还款期限在一年以下（含一年）的各种借款。短期借款主要有经营周转借款、临时借款、结算借款、票据贴现借款、卖方信贷、预购定金借款和专项储备借款等。

制作要点与设计效果图

- IF函数（参考函数1、3）
- MONTH函数（参考函数3）
- YEAR函数（参考函数12）
- DAYS360函数（参考函数39）

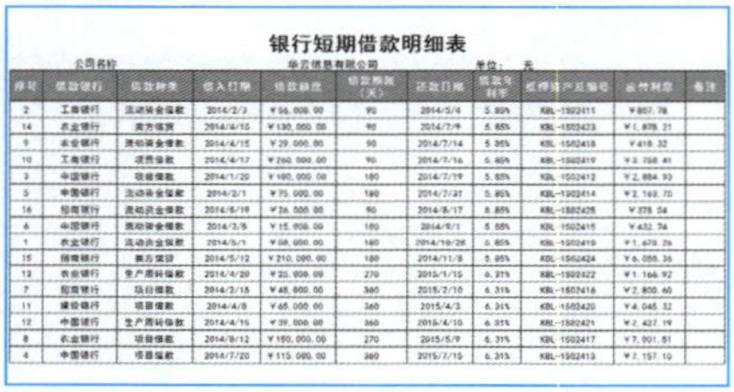

银行短期借款明细表

公司名称　华云信息有限公司　单位：元

序号	借款银行	借款种类	借入日期	借款额度	借款期限（天）	还款日期	借款年利率	抵押资产及编号	应付利息	备注
2	工商银行	流动资金借款	2014/2/3	¥56,000.00	90	2014/5/4	5.85%	KBL-1S02411	¥807.78	
14	农业银行	卖方信贷	2014/4/10	¥130,000.00	90	2014/7/9	5.85%	KBL-1S02423	¥1,875.21	
9	农业银行	流动资金借款	2014/4/15	¥29,000.00	90	2014/7/14	5.85%	KBL-1S02418	¥418.32	
10	工商银行	项目借款	2014/4/17	¥260,000.00	90	2014/7/16	5.85%	KBL-1S02419	¥3,750.41	
3	中国银行	项目借款	2014/1/20	¥100,000.00	180	2014/7/19	5.85%	KBL-1S02412	¥2,884.93	
5	中国银行	流动资金借款	2014/2/1	¥75,000.00	180	2014/7/31	5.85%	KBL-1S02414	¥2,163.70	
16	招商银行	流动资金借款	2014/5/19	¥26,000.00	90	2014/8/17	5.85%	KBL-1S02425	¥375.04	
6	中国银行	流动资金借款	2014/3/5	¥15,000.00	180	2014/9/1	5.85%	KBL-1S02415	¥432.74	
1	农业银行	流动资金借款	2014/5/1	¥58,000.00	180	2014/10/28	5.85%	KBL-1S02410	¥1,673.26	
15	招商银行	卖方信贷	2014/5/12	¥210,000.00	180	2014/11/8	5.85%	KBL-1S02424	¥6,058.36	
13	农业银行	生产周转借款	2014/4/20	¥25,000.00	270	2015/1/15	6.31%	KBL-1S02422	¥1,166.92	
7	招商银行	项目借款	2014/2/15	¥45,000.00	360	2015/2/10	6.31%	KBL-1S02416	¥2,800.60	
11	建设银行	项目借款	2014/4/8	¥65,000.00	360	2015/4/3	6.31%	KBL-1S02420	¥4,045.32	
12	中国银行	生产周转借款	2014/4/15	¥39,000.00	360	2015/4/10	6.31%	KBL-1S02421	¥2,427.19	
8	农业银行	项目借款	2014/8/12	¥150,000.00	270	2015/5/9	6.31%	KBL-1S02417	¥7,001.51	
4	中国银行	项目借款	2014/7/20	¥115,000.00	360	2015/7/15	6.31%	KBL-1S02413	¥7,157.10	

文件设计过程

步骤1：设置公式计算还款情况

❶ 打开“短期借款明细表”工作表，设置“还款日期”列数据为“日期”格式，选中H4单元格，在公式编辑栏中输入公式：“=E4+G4”，按回车键后向下填充公式，即可计算出每笔借款的还款日期，如图6-1所示。

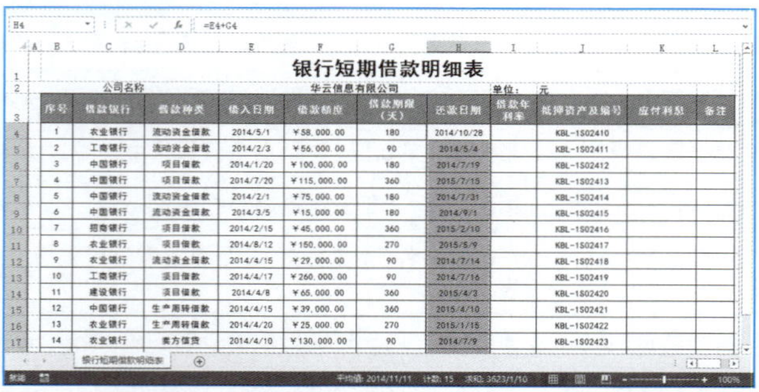

H4　=E4+G4

银行短期借款明细表

公司名称　华云信息有限公司　单位：元

序号	借款银行	借款种类	借入日期	借款额度	借款期限（天）	还款日期	借款年利率	抵押资产及编号	应付利息	备注
1	农业银行	流动资金借款	2014/5/1	¥58,000.00	180	2014/10/28		KBL-1S02410		
2	工商银行	流动资金借款	2014/2/3	¥56,000.00	90	2014/5/4		KBL-1S02411		
3	中国银行	项目借款	2014/1/20	¥100,000.00	180	2014/7/19		KBL-1S02412		
4	中国银行	项目借款	2014/7/20	¥115,000.00	360	2015/7/15		KBL-1S02413		
5	中国银行	流动资金借款	2014/2/1	¥75,000.00	180	2014/7/31		KBL-1S02414		
6	中国银行	流动资金借款	2014/3/5	¥15,000.00	180	2014/9/1		KBL-1S02415		
7	招商银行	项目借款	2014/2/15	¥45,000.00	360	2015/2/10		KBL-1S02416		
8	农业银行	项目借款	2014/8/12	¥150,000.00	270	2015/5/9		KBL-1S02417		
9	农业银行	流动资金借款	2014/4/15	¥29,000.00	90	2014/7/14		KBL-1S02418		
10	工商银行	项目借款	2014/4/17	¥260,000.00	90	2014/7/16		KBL-1S02419		
11	建设银行	项目借款	2014/4/8	¥65,000.00	360	2015/4/3		KBL-1S02420		
12	中国银行	生产周转借款	2014/4/15	¥39,000.00	360	2015/4/10		KBL-1S02421		
13	农业银行	生产周转借款	2014/4/20	¥25,000.00	270	2015/1/15		KBL-1S02422		
14	农业银行	卖方信贷	2014/4/10	¥130,000.00	90	2014/7/9		KBL-1S02423		

银行短期借款明细表

平均值: 2014/11/11　计数: 15　求和: 3623/1/10　100%

图6-1

❷ 选中I4单元格，在公式编辑栏中输入公式：“=IF(G4<=180,0.0585,0.0631)”，按回车键后向下填充公式，即可根据借款期限计算出借款年利率，如图6-2所示。

❸ 选中K4单元格，在公式编辑栏中输入公式：“=F4*I4*G4/365”，按回车键后向下复制公式，即可计算出各笔借款的应付利息金额，如图6-3所示。

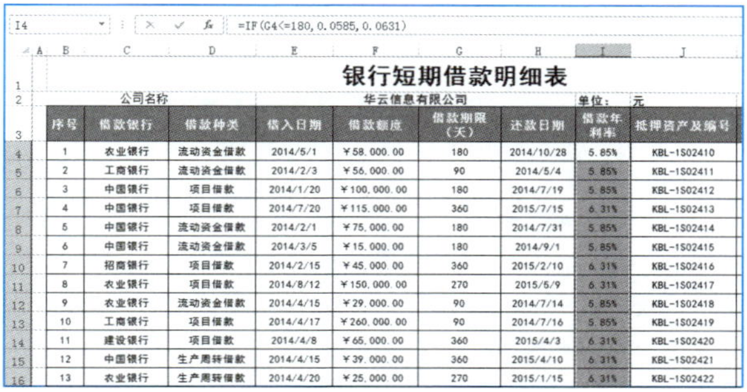
I4 =IF(G4<=180, 0.0585, 0.0631)

银行短期借款明细表

公司名称		华云信息有限公司					单位：	元
序号	借款银行	借款种类	借入日期	借款额度	借款期限（天）	还款日期	借款年利率	抵押资产及编号
1	农业银行	流动资金借款	2014/5/1	￥58,000.00	180	2014/10/28	5.85%	KBL-1S02410
2	工商银行	流动资金借款	2014/2/3	￥56,000.00	90	2014/5/4	5.85%	KBL-1S02411
3	中国银行	项目借款	2014/1/20	￥100,000.00	180	2014/7/19	5.85%	KBL-1S02412
4	中国银行	项目借款	2014/7/20	￥115,000.00	360	2015/7/15	6.31%	KBL-1S02413
5	中国银行	流动资金借款	2014/2/1	￥75,000.00	180	2014/7/31	5.85%	KBL-1S02414
6	中国银行	流动资金借款	2014/3/5	￥15,000.00	180	2014/9/1	5.85%	KBL-1S02415
7	招商银行	项目借款	2014/2/15	￥45,000.00	360	2015/2/10	6.31%	KBL-1S02416
8	农业银行	项目借款	2014/8/12	￥150,000.00	270	2015/5/9	6.31%	KBL-1S02417
9	农业银行	流动资金借款	2014/4/15	￥29,000.00	90	2014/7/14	5.85%	KBL-1S02418
10	工商银行	项目借款	2014/4/17	￥260,000.00	90	2014/7/16	5.85%	KBL-1S02419
11	建设银行	项目借款	2014/4/8	￥65,000.00	360	2015/4/3	6.31%	KBL-1S02420
12	中国银行	生产周转借款	2014/4/15	￥39,000.00	360	2015/4/10	6.31%	KBL-1S02421
13	农业银行	生产周转借款	2014/4/20	￥25,000.00	270	2015/1/15	6.31%	KBL-1S02422

图6–2

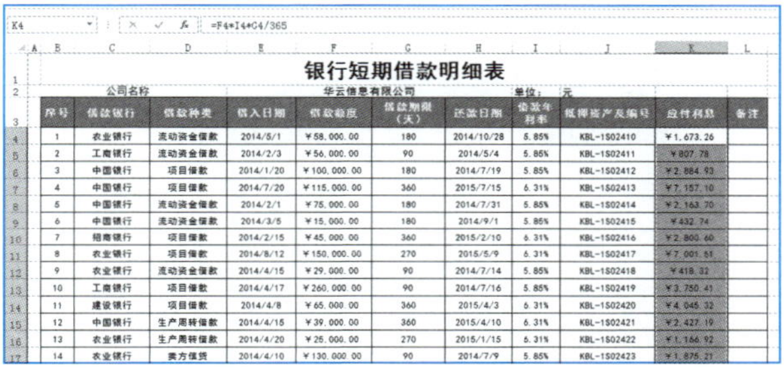
K4 =F4*I4*G4/365

银行短期借款明细表

公司名称		华云信息有限公司					单位：	元		
序号	借款银行	借款种类	借入日期	借款额度	借款期限（天）	还款日期	借款年利率	抵押资产及编号	应付利息	备注
1	农业银行	流动资金借款	2014/5/1	￥58,000.00	180	2014/10/28	5.85%	KBL-1S02410	￥1,673.26	
2	工商银行	流动资金借款	2014/2/3	￥56,000.00	90	2014/5/4	5.85%	KBL-1S02411	￥807.78	
3	中国银行	项目借款	2014/1/20	￥100,000.00	180	2014/7/19	5.85%	KBL-1S02412	￥2,884.93	
4	中国银行	项目借款	2014/7/20	￥115,000.00	360	2015/7/15	6.31%	KBL-1S02413	￥7,157.10	
5	中国银行	流动资金借款	2014/2/1	￥75,000.00	180	2014/7/31	5.85%	KBL-1S02414	￥2,163.70	
6	中国银行	流动资金借款	2014/3/5	￥15,000.00	180	2014/9/1	5.85%	KBL-1S02415	￥432.74	
7	招商银行	项目借款	2014/2/15	￥45,000.00	360	2015/2/10	6.31%	KBL-1S02416	￥2,800.60	
8	农业银行	项目借款	2014/8/12	￥150,000.00	270	2015/5/9	6.31%	KBL-1S02417	￥7,001.51	
9	农业银行	流动资金借款	2014/4/15	￥29,000.00	90	2014/7/14	5.85%	KBL-1S02418	￥418.32	
10	工商银行	项目借款	2014/4/17	￥260,000.00	90	2014/7/16	5.85%	KBL-1S02419	￥3,750.41	
11	建设银行	项目借款	2014/4/8	￥65,000.00	360	2015/4/3	6.31%	KBL-1S02420	￥4,045.32	
12	中国银行	生产周转借款	2014/4/15	￥39,000.00	360	2015/4/10	6.31%	KBL-1S02421	￥2,427.19	
13	农业银行	生产周转借款	2014/4/20	￥25,000.00	270	2015/1/15	6.31%	KBL-1S02422	￥1,166.92	
14	农业银行	卖方信贷	2014/4/10	￥130,000.00	90	2014/7/9	5.85%	KBL-1S02423	￥1,875.21	

图6–3

步骤2：对还款日期进行排序

❶ 选中B3：L19单元格区域，切换到“数据”选项卡，在“排序和筛选”选项组单击“排序”按钮（如图6-4所示），打开“排序”对话框。

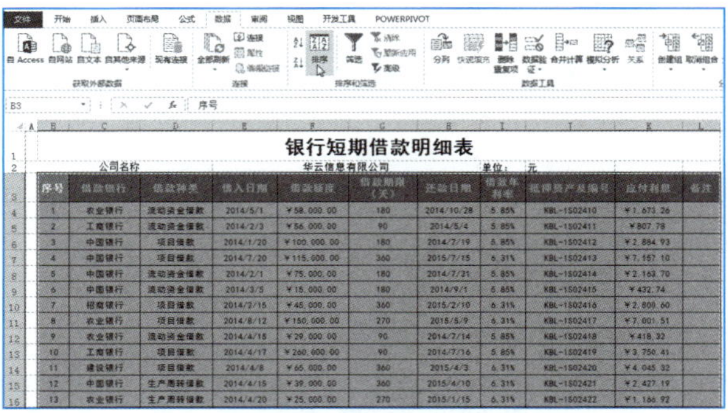

银行短期借款明细表

公司名称		华云信息有限公司					单位：	元		
序号	借款银行	借款种类	借入日期	借款额度	借款期限（天）	还款日期	借款年利率	抵押资产及编号	应付利息	备注
1	农业银行	流动资金借款	2014/5/1	￥58,000.00	180	2014/10/28	5.85%	KBL-1S02410	￥1,673.26	
2	工商银行	流动资金借款	2014/2/3	￥56,000.00	90	2014/5/4	5.85%	KBL-1S02411	￥807.78	
3	中国银行	项目借款	2014/1/20	￥100,000.00	180	2014/7/19	5.85%	KBL-1S02412	￥2,884.93	
4	中国银行	项目借款	2014/7/20	￥115,000.00	360	2015/7/15	6.31%	KBL-1S02413	￥7,157.10	
5	中国银行	流动资金借款	2014/2/1	￥75,000.00	180	2014/7/31	5.85%	KBL-1S02414	￥2,163.70	
6	中国银行	流动资金借款	2014/3/5	￥15,000.00	180	2014/9/1	5.85%	KBL-1S02415	￥432.74	
7	招商银行	项目借款	2014/2/15	￥45,000.00	360	2015/2/10	6.31%	KBL-1S02416	￥2,800.60	
8	农业银行	项目借款	2014/8/12	￥150,000.00	270	2015/5/9	6.31%	KBL-1S02417	￥7,001.51	
9	农业银行	流动资金借款	2014/4/15	￥29,000.00	90	2014/7/14	5.85%	KBL-1S02418	￥418.32	
10	工商银行	项目借款	2014/4/17	￥260,000.00	90	2014/7/16	5.85%	KBL-1S02419	￥3,750.41	
11	建设银行	项目借款	2014/4/8	￥65,000.00	360	2015/4/3	6.31%	KBL-1S02420	￥4,045.32	
12	中国银行	生产周转借款	2014/4/15	￥39,000.00	360	2015/4/10	6.31%	KBL-1S02421	￥2,427.19	
13	农业银行	生产周转借款	2014/4/20	￥25,000.00	270	2015/1/15	6.31%	KBL-1S02422	￥1,166.92	

图6–4

❷ 设置“主要关键字”为“还款日期”，设置次序为“升序”，单击“确定”按钮，如图6-5所示。

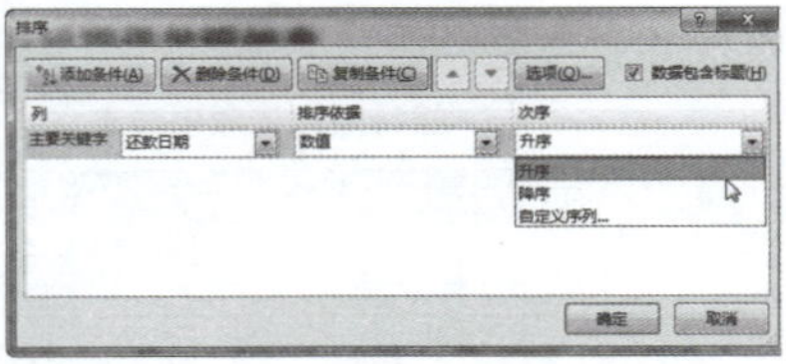

图6-5

③ 返回工作表中，系统会按照“还款日期”字段进行升序排列。即将最先到期的数据排在表格数据的最前面，如图6-6所示。

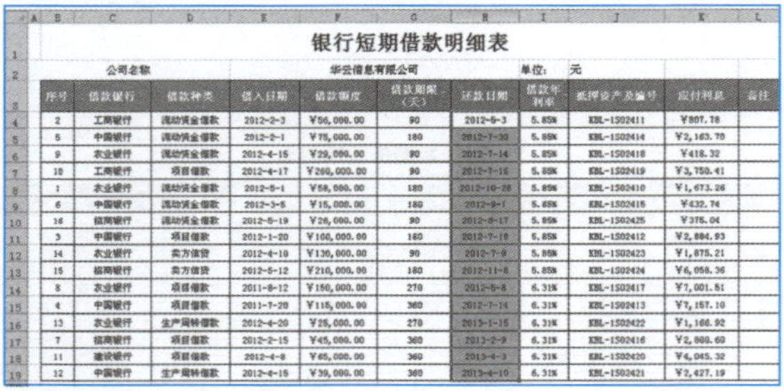

银行短期借款明细表

公司名称 华云信息有限公司 单位：元

序号	借款银行	借款种类	借入日期	借款额度	借款期限（天）	还款日期	借款年利率	抵押资产及编号	应付利息	备注
2	工商银行	流动资金借款	2012-2-3	¥56,000.00	90	2012-5-3	5.85%	KBL-1502411	¥807.78	
5	中国银行	流动资金借款	2012-2-1	¥75,000.00	180	2012-7-30	5.85%	KBL-1502414	¥2,163.70	
9	农业银行	流动资金借款	2012-4-15	¥29,000.00	90	2012-7-14	5.85%	KBL-1502418	¥418.32	
10	工商银行	项目借款	2012-4-17	¥260,000.00	90	2012-7-16	5.85%	KBL-1502419	¥3,750.41	
1	农业银行	流动资金借款	2012-5-1	¥58,000.00	180	2012-10-28	5.85%	KBL-1502410	¥1,673.26	
6	中国银行	流动资金借款	2012-3-5	¥15,000.00	180	2012-9-1	5.85%	KBL-1502415	¥432.74	
16	招商银行	流动资金借款	2012-5-19	¥26,000.00	90	2012-8-17	5.85%	KBL-1502425	¥375.04	
3	中国银行	项目借款	2012-1-20	¥100,000.00	180	2012-7-18	5.85%	KBL-1502412	¥2,884.93	
14	农业银行	卖方信贷	2012-4-10	¥130,000.00	90	2012-7-9	5.85%	KBL-1502423	¥1,875.21	
15	招商银行	卖方信贷	2012-5-12	¥210,000.00	180	2012-11-8	5.85%	KBL-1502424	¥6,058.36	
8	农业银行	项目借款	2011-8-12	¥150,000.00	270	2012-5-8	6.31%	KBL-1502417	¥7,001.51	
4	中国银行	项目借款	2011-7-20	¥115,000.00	360	2012-7-14	6.31%	KBL-1502413	¥7,157.10	
13	农业银行	生产周转借款	2012-4-20	¥25,000.00	270	2013-1-15	6.31%	KBL-1502422	¥1,166.92	
7	招商银行	项目借款	2012-2-15	¥45,000.00	360	2013-2-9	6.31%	KBL-1502416	¥2,800.60	
11	建设银行	项目借款	2012-4-8	¥65,000.00	360	2013-4-3	6.31%	KBL-1502420	¥4,045.32	
12	中国银行	生产周转借款	2012-4-15	¥39,000.00	360	2013-4-10	6.31%	KBL-1502421	¥2,427.19	

图6-6

文件61 本月到期借款月报表

使用Excel管理短期借款时，可以通过设置公式将当月需要归还的借款单独生成一份月报表，方便企业在月初就清楚地知道本月应该归还哪些借款，有助于管理人员合理调配企业流动资金，及时归还贷款。

制作要点与设计效果图

- TODAY函数（参考函数3、9）
- INDEX函数（参考函数37）
- SMALL函数（参考函数37）
- ROW函数（参考函数5、22）
- COLUMN函数（参考函数36）

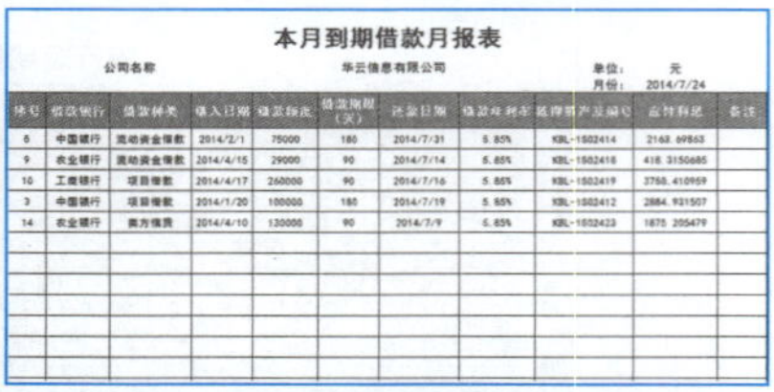

本月到期借款月报表

公司名称 华云信息有限公司 单位：元 月份：2014/7/24

序号	借款银行	借款种类	借入日期	借款额度	借款期限（天）	还款日期	借款年利率	抵押资产及编号	应付利息	备注
5	中国银行	流动资金借款	2014/2/1	75000	180	2014/7/31	5.85%	KBL-1502414	2163.69863	
9	农业银行	流动资金借款	2014/4/15	29000	90	2014/7/14	5.85%	KBL-1502418	418.3150685	
10	工商银行	项目借款	2014/4/17	260000	90	2014/7/16	5.85%	KBL-1502419	3750.410959	
3	中国银行	项目借款	2014/1/20	100000	180	2014/7/19	5.85%	KBL-1502412	2884.931507	
14	农业银行	卖方信贷	2014/4/10	130000	90	2014/7/9	5.85%	KBL-1502423	1875.205479	

文件设计过程

步骤1：设置公式返回满足条件的“序号”和“借款银行”

本月到期借款需要从“短期借款明细表”工作表通过对日期的判断得到。

❶ 重命名Sheet2工作表为“本月到期借款月报表”，设置表格格式，选中J3工作表，在公式编辑栏中输入公式“=TODAY()”按回车键即可得到当前日期，如图6-7所示。

图6–7

❷ 选中A5及以下单元格区域（这个区域可以多选择一些，因为我们暂时还不知道本月到期的借款有多少条），在公式编辑栏中输入公式：“=INDEX(银行短期借款明细表!$B$3:$L$18,SMALL(IF(MONTH(银行短期借款明细表!$H$4:$H$19)=MONTH($J$3),ROW(银行短期借款明细表!$H$4:$H$19)-3),ROW(A1)),1)”，按“Ctrl+Shift+Enter”组合键后向下复制公式，即可返回本月到期的借款在“银行短期借款明细表”这张工作表中对应的序号为多少，如图6-8所示。

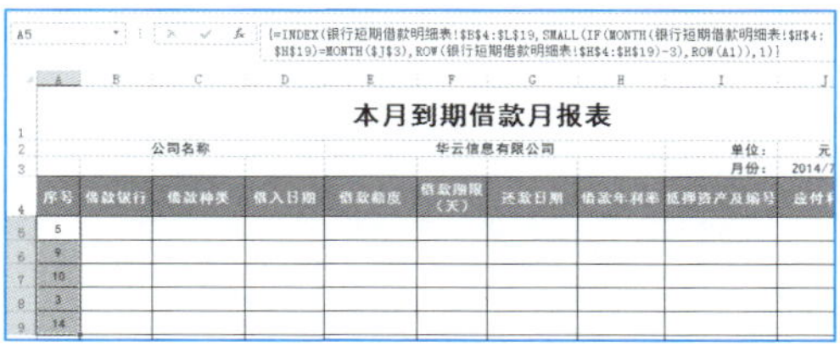

图6–8

❸ 选中B4及以下单元格区域，复制A5单元格公式到编辑栏，并将最后一个参数1更改为2，按“Ctrl+Shift+ Enter”组合键后向下复制公式，即可返回本月到期借款的银行名称，如图6-9所示。

图6–9

公式分析：

=INDEX(银行短期借款明细表!$B$4:$L$19,SMALL(IF(MONTH(银行短期借款明细表!$H$4:$H$19)=MONTH($J$2),ROW(银行短期借款明细表!$H$4:$H$19)-3),ROW(A1)),1表示在银行借款明细表的B4:L19单元格区域的H4:H19单元格区域寻找与J2单元格区域一样月份的数据，并返回数据所对应的序号。

步骤2：更改数组公式获取其他数据

❶ 选中C5及以下单元格区域，复制A5单元格公式到编辑栏，并将最后一个参数“1”更改为“COLUMN()”，按“Ctrl+Shift+ Enter”组合键后向下复制公式，即可返回本月到期借款的借款种类，如图6-10所示。

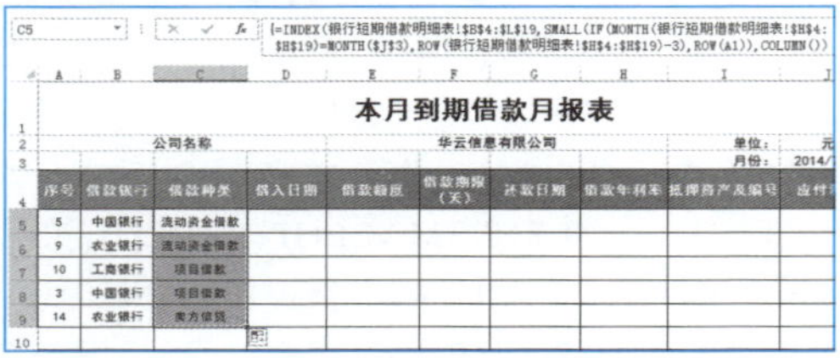

本月到期借款月报表

序号	借款银行	借款种类	借入日期	借款额度	借款期限（天）	还款日期	借款年利率	抵押资产及编号	应付
5	中国银行	流动资金借款							
9	农业银行	流动资金借款							
10	工商银行	项目借款							
3	中国银行	项目借款							
14	农业银行	卖方信贷							

图6–10

❷ 选中C5:C10单元格区域，向右填充公式到J5:J10单元格区域，即可获得其余列对应的数据，如图6-11所示。

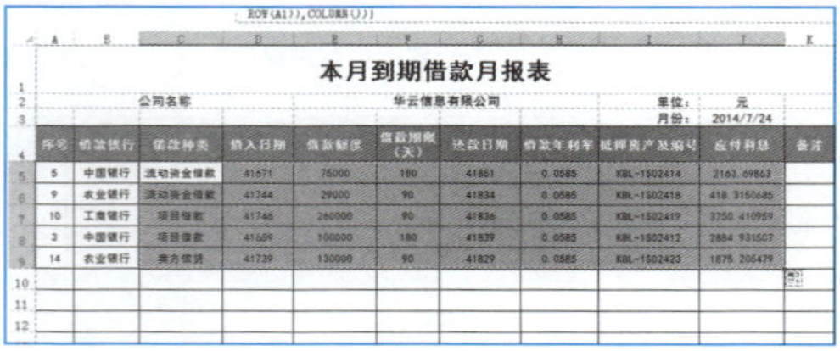

本月到期借款月报表

公司名称 华云信息有限公司 单位：元 月份：2014/7/24

序号	借款银行	借款种类	借入日期	借款额度	借款期限（天）	还款日期	借款年利率	抵押资产及编号	应付利息	备注
5	中国银行	流动资金借款	41671	75000	180	41851	0.0585	KBL-1502414	2163.69863	
9	农业银行	流动资金借款	41744	29000	90	41834	0.0585	KBL-1502418	418.3150685	
10	工商银行	项目借款	41746	260000	90	41836	0.0585	KBL-1502419	3750.410959	
3	中国银行	项目借款	41659	100000	180	41839	0.0585	KBL-1502412	2884.931507	
14	农业银行	卖方信贷	41739	130000	90	41829	0.0585	KBL-1502423	1875.205479	

图6–11

❸ 设置“借入日期”、“还款日期”以及“借款年利率”列的单元格格式，即可完成本月到期借款余额报表的制作，如图6-12所示。

本月到期借款月报表

公司名称 华云信息有限公司 单位：元 月份：2014/7/24

序号	借款银行	借款种类	借入日期	借款额度	借款期限（天）	还款日期	借款年利率	抵押资产及编号	应付利息	备注
5	中国银行	流动资金借款	2014/2/1	75000	180	2014/7/31	5.85%	KBL-1502414	2163.69863	
9	农业银行	流动资金借款	2014/4/15	29000	90	2014/7/14	5.85%	KBL-1502418	418.3150685	
10	工商银行	项目借款	2014/4/17	260000	90	2014/7/16	5.85%	KBL-1502419	3750.410959	
3	中国银行	项目借款	2014/1/20	100000	180	2014/7/19	5.85%	KBL-1502412	2884.931507	
14	农业银行	卖方信贷	2014/4/10	130000	90	2014/7/9	5.85%	KBL-1502423	1875.205479	

图6–12

文件62　应付票据备查簿

应付票据，是指企业在商品购销活动和对工程价款进行结算因采用商业汇票结算方式而发生的，由出票人出票，委托付款人在指定日期无条件支付确定的金额给收款人或者票据的持票人，它包括商业承兑汇票和银行承兑汇票，可分为带息应付票据和不带息应付票据两种。企业除了需要对“应付票据”核查外，还需要编制“应付票据备查簿”登记每一笔应付票据的详细情况。

制作要点与设计效果图

- TEXT函数（参考函数34）
- IF函数（参考函数1、3）
- 查找和替换

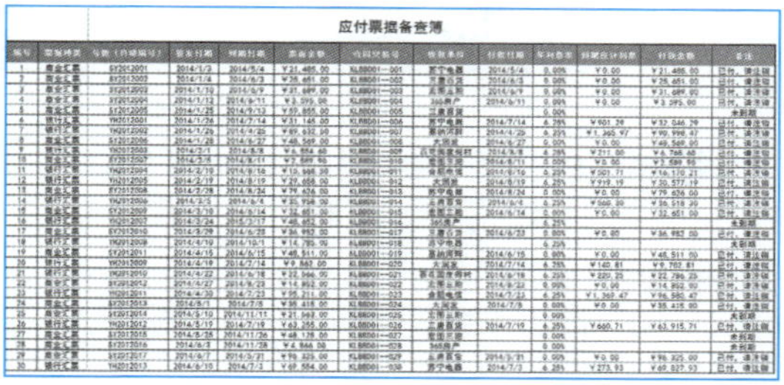

文件设计过程

步骤1：冻结拆分单元格

打开“应付票据备查簿”工作表，选中C3单元格，切换到“视图”选项卡，在“窗口”选项组单击“冻结窗口”按钮，在其下拉列表中单击“冻结拆分单元格”命令，如图6-13所示。为单元格设置冻结后，始终显示AB列和表头信息。

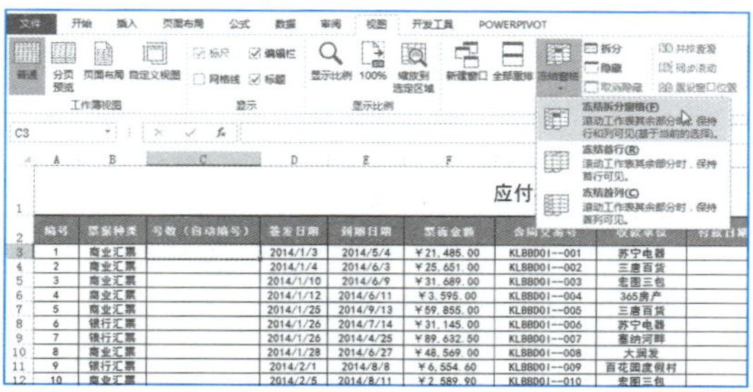

图6-13

步骤2：设置公式生成票据编号和付款日期

❶ 选中C3单元格，在公式编辑栏中输入公式：“=IF(B3="商业汇票","SY20120"&TEXT(COUNTIF($B$3:B3,B3),"00"),"YH20120"&TEXT(COUNTIF($B$3:B

3,B3),"00"))”按回车键后向下填充公式，即可根据票据分类分别进行自动编号，如图6-14所示。

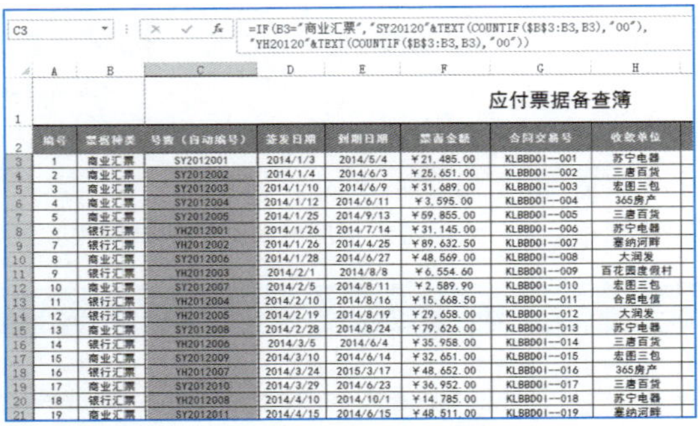
=IF(B3="商业汇票","SY20120"&TEXT(COUNTIF($B$3:B3,B3),"00"),"YH20120"&TEXT(COUNTIF($B$3:B3,B3),"00"))

应付票据备查簿

编号	票据种类	号数（自动编号）	签发日期	到期日期	票面金额	合同交易号	收款单位
1	商业汇票	SY2012001	2014/1/3	2014/5/4	¥21,485.00	KLBBD01--001	苏宁电器
2	商业汇票	SY2012002	2014/1/4	2014/6/3	¥25,651.00	KLBBD01--002	三唐百货
3	商业汇票	SY2012003	2014/1/10	2014/6/9	¥31,689.00	KLBBD01--003	宏图三包
4	商业汇票	SY2012004	2014/1/12	2014/6/11	¥3,595.00	KLBBD01--004	365房产
5	商业汇票	SY2012005	2014/1/25	2014/9/13	¥59,855.00	KLBBD01--005	三唐百货
6	银行汇票	YH2012001	2014/1/26	2014/7/14	¥31,145.00	KLBBD01--006	苏宁电器
7	银行汇票	YH2012002	2014/1/26	2014/4/25	¥89,632.50	KLBBD01--007	塞纳河畔
8	商业汇票	SY2012006	2014/1/28	2014/6/27	¥48,569.00	KLBBD01--008	大润发
9	银行汇票	YH2012003	2014/2/1	2014/8/8	¥6,554.60	KLBBD01--009	百花园度假村
10	商业汇票	SY2012007	2014/2/5	2014/8/11	¥2,589.90	KLBBD01--010	宏图三包
11	银行汇票	YH2012004	2014/2/10	2014/8/16	¥15,668.50	KLBBD01--011	合肥电信
12	银行汇票	YH2012005	2014/2/19	2014/8/19	¥29,658.00	KLBBD01--012	大润发
13	商业汇票	SY2012008	2014/2/28	2014/8/24	¥79,626.00	KLBBD01--013	苏宁电器
14	银行汇票	YH2012006	2014/3/5	2014/6/4	¥35,958.00	KLBBD01--014	三唐百货
15	商业汇票	SY2012009	2014/3/10	2014/6/14	¥32,651.00	KLBBD01--015	宏图三包
16	银行汇票	YH2012007	2014/3/24	2015/3/17	¥48,652.00	KLBBD01--016	365房产
17	商业汇票	SY2012010	2014/3/29	2014/6/23	¥36,952.00	KLBBD01--017	三唐百货
18	银行汇票	YH2012008	2014/4/10	2014/10/1	¥14,785.00	KLBBD01--018	苏宁电器
19	商业汇票	SY2012011	2014/4/15	2014/6/15	¥48,511.00	KLBBD01--019	塞纳河畔

图6-14

❷ 选中I3单元格，在公式编辑栏中输入公式：“=IF(TODAY()>=E3,E3,"")”按回车键后向下填充公式，即可显出付款日期小于当日日期的票据，即需要付款的票据情况，如图6-15所示。

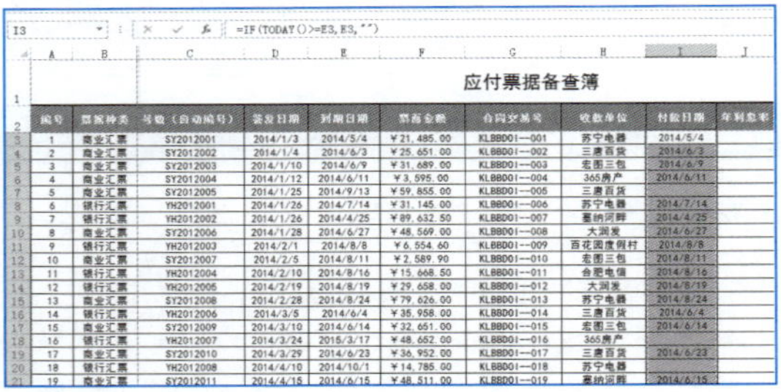
=IF(TODAY()>=E3,E3,"")

应付票据备查簿

编号	票据种类	号数（自动编号）	签发日期	到期日期	票面金额	合同交易号	收款单位	付款日期	年利息率
1	商业汇票	SY2012001	2014/1/3	2014/5/4	¥21,485.00	KLBBD01--001	苏宁电器	2014/5/4	
2	商业汇票	SY2012002	2014/1/4	2014/6/3	¥25,651.00	KLBBD01--002	三唐百货	2014/6/3	
3	商业汇票	SY2012003	2014/1/10	2014/6/9	¥31,689.00	KLBBD01--003	宏图三包	2014/6/9	
4	商业汇票	SY2012004	2014/1/12	2014/6/11	¥3,595.00	KLBBD01--004	365房产	2014/6/11	
5	商业汇票	SY2012005	2014/1/25	2014/9/13	¥59,855.00	KLBBD01--005	三唐百货		
6	银行汇票	YH2012001	2014/1/26	2014/7/14	¥31,145.00	KLBBD01--006	苏宁电器	2014/7/14	
7	银行汇票	YH2012002	2014/1/26	2014/4/25	¥89,632.50	KLBBD01--007	塞纳河畔	2014/4/25	
8	商业汇票	SY2012006	2014/1/28	2014/6/27	¥48,569.00	KLBBD01--008	大润发	2014/6/27	
9	银行汇票	YH2012003	2014/2/1	2014/8/8	¥6,554.60	KLBBD01--009	百花园度假村	2014/8/8	
10	商业汇票	SY2012007	2014/2/5	2014/8/11	¥2,589.90	KLBBD01--010	宏图三包	2014/8/11	
11	银行汇票	YH2012004	2014/2/10	2014/8/16	¥15,668.50	KLBBD01--011	合肥电信	2014/8/16	
12	银行汇票	YH2012005	2014/2/19	2014/8/19	¥29,658.00	KLBBD01--012	大润发	2014/8/19	
13	商业汇票	SY2012008	2014/2/28	2014/8/24	¥79,626.00	KLBBD01--013	苏宁电器	2014/8/24	
14	银行汇票	YH2012006	2014/3/5	2014/6/4	¥35,958.00	KLBBD01--014	三唐百货	2014/6/4	
15	商业汇票	SY2012009	2014/3/10	2014/6/14	¥32,651.00	KLBBD01--015	宏图三包	2014/6/14	
16	银行汇票	YH2012007	2014/3/24	2015/3/17	¥48,652.00	KLBBD01--016	365房产		
17	商业汇票	SY2012010	2014/3/29	2014/6/23	¥36,952.00	KLBBD01--017	三唐百货	2014/6/23	
18	银行汇票	YH2012008	2014/4/10	2014/10/1	¥14,785.00	KLBBD01--018	苏宁电器		
19	商业汇票	SY2012011	2014/4/15	2014/6/15	¥48,511.00	KLBBD01--019	塞纳河畔	2014/6/15	

图6-15

步骤3：设置公式计算票据信息

❶ 选中J3单元格，在公式编辑栏中输入公式“=IF(B3=”商业汇票”，0,6.25%)”按回车键后向下填充公式，即可返回不同汇票的利率，如图6-16所示。

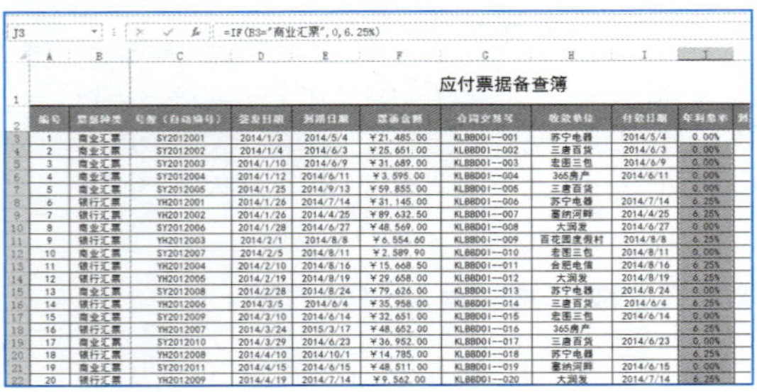
=IF(B3="商业汇票",0,6.25%)

应付票据备查簿

编号	票据种类	号数（自动编号）	签发日期	到期日期	票面金额	合同交易号	收款单位	付款日期	年利息率
1	商业汇票	SY2012001	2014/1/3	2014/5/4	¥21,485.00	KLBBD01--001	苏宁电器	2014/5/4	0.00%
2	商业汇票	SY2012002	2014/1/4	2014/6/3	¥25,651.00	KLBBD01--002	三唐百货	2014/6/3	0.00%
3	商业汇票	SY2012003	2014/1/10	2014/6/9	¥31,689.00	KLBBD01--003	宏图三包	2014/6/9	0.00%
4	商业汇票	SY2012004	2014/1/12	2014/6/11	¥3,595.00	KLBBD01--004	365房产	2014/6/11	0.00%
5	商业汇票	SY2012005	2014/1/25	2014/9/13	¥59,855.00	KLBBD01--005	三唐百货		0.00%
6	银行汇票	YH2012001	2014/1/26	2014/7/14	¥31,145.00	KLBBD01--006	苏宁电器	2014/7/14	6.25%
7	银行汇票	YH2012002	2014/1/26	2014/4/25	¥89,632.50	KLBBD01--007	塞纳河畔	2014/4/25	6.25%
8	商业汇票	SY2012006	2014/1/28	2014/6/27	¥48,569.00	KLBBD01--008	大润发	2014/6/27	0.00%
9	银行汇票	YH2012003	2014/2/1	2014/8/8	¥6,554.60	KLBBD01--009	百花园度假村	2014/8/8	6.25%
10	商业汇票	SY2012007	2014/2/5	2014/8/11	¥2,589.90	KLBBD01--010	宏图三包	2014/8/11	0.00%
11	银行汇票	YH2012004	2014/2/10	2014/8/16	¥15,668.50	KLBBD01--011	合肥电信	2014/8/16	6.25%
12	银行汇票	YH2012005	2014/2/19	2014/8/19	¥29,658.00	KLBBD01--012	大润发	2014/8/19	6.25%
13	商业汇票	SY2012008	2014/2/28	2014/8/24	¥79,626.00	KLBBD01--013	苏宁电器	2014/8/24	0.00%
14	银行汇票	YH2012006	2014/3/5	2014/6/4	¥35,958.00	KLBBD01--014	三唐百货	2014/6/4	6.25%
15	商业汇票	SY2012009	2014/3/10	2014/6/14	¥32,651.00	KLBBD01--015	宏图三包	2014/6/14	0.00%
16	银行汇票	YH2012007	2014/3/24	2015/3/17	¥48,652.00	KLBBD01--016	365房产		6.25%
17	商业汇票	SY2012010	2014/3/29	2014/6/23	¥36,952.00	KLBBD01--017	三唐百货	2014/6/23	0.00%
18	银行汇票	YH2012008	2014/4/10	2014/10/1	¥14,785.00	KLBBD01--018	苏宁电器		6.25%
19	商业汇票	SY2012011	2014/4/15	2014/6/15	¥48,511.00	KLBBD01--019	塞纳河畔	2014/6/15	0.00%
20	银行汇票	YH2012009	2014/4/19	2014/7/14	¥9,562.00	KLBBD01--020	大润发	2014/7/14	6.25%

图6-16

❷ 选中K3单元格，在公式编辑栏中输入公式“=IF(I3="","",F3*J3*((I3-D3)/365))”按回车键后向下填充公式，即可计算出每笔应付票据到期应付利息额，如图6-17所示。

K3　=IF(I3="","",F3*J3*((I3-D3)/365))

应付票据备查簿

编号	票据种类	票面金额	合同交易号	收款单位	付款日期	年利息率	到期应计利息	付款金额
1	商业汇票	¥21,485.00	KLBBD01--001	苏宁电器	2014/5/4	0.00%	¥0.00	
2	商业汇票	¥25,651.00	KLBBD01--002	三唐百货	2014/6/3	0.00%	¥0.00	
3	商业汇票	¥31,689.00	KLBBD01--003	宏图三包	2014/6/9	0.00%	¥0.00	
4	商业汇票	¥3,595.00	KLBBD01--004	365房产	2014/6/11	0.00%	¥0.00	
5	商业汇票	¥59,855.00	KLBBD01--005	三唐百货		0.00%		
6	银行汇票	¥31,145.00	KLBBD01--006	苏宁电器	2014/7/14	6.25%	¥901.29	
7	银行汇票	¥89,632.50	KLBBD01--007	塞纳河畔	2014/4/25	6.25%	¥1,365.97	
8	商业汇票	¥48,569.00	KLBBD01--008	大润发	2014/6/27	0.00%	¥0.00	
9	银行汇票	¥6,554.60	KLBBD01--009	百花園度假村	2014/8/8	6.25%	¥211.00	
10	商业汇票	¥2,589.90	KLBBD01--010	宏图三包	2014/8/11	0.00%	¥0.00	
11	银行汇票	¥15,668.50	KLBBD01--011	合肥电信	2014/8/16	6.25%	¥501.71	
12	银行汇票	¥29,658.00	KLBBD01--012	大润发	2014/8/19	6.25%	¥919.19	
13	商业汇票	¥79,626.00	KLBBD01--013	苏宁电器	2014/8/24	0.00%	¥0.00	
14	银行汇票	¥35,958.00	KLBBD01--014	三唐百货	2014/6/4	6.25%	¥560.30	
15	商业汇票	¥32,651.00	KLBBD01--015	宏图三包	2014/6/14	0.00%	¥0.00	
16	银行汇票	¥48,652.00	KLBBD01--016	365房产		6.25%		
17	商业汇票	¥36,952.00	KLBBD01--017	三唐百货	2014/6/23	0.00%	¥0.00	
18	银行汇票	¥14,785.00	KLBBD01--018	苏宁电器		6.25%		
19	商业汇票	¥48,511.00	KLBBD01--019	塞纳河畔	2014/6/15	0.00%	¥0.00	

图6-17

❸ 选中L3单元格，在公式编辑栏中输入公式“=IF(I3="","",F3+K3)”按回车键后向下填充公式，即可计算每笔应付票据到期应付的金额，如图6-18所示。

L3　=IF(I3="","",F3+K3)

应付票据备查簿

编号	票据种类	合同交易号	收款单位	付款日期	年利息率	到期应计利息	付款金额	备注
1	商业汇票	KLBBD01--001	苏宁电器	2014/5/4	0.00%	¥0.00	¥21,485.00	
2	商业汇票	KLBBD01--002	三唐百货	2014/6/3	0.00%	¥0.00	¥25,651.00	
3	商业汇票	KLBBD01--003	宏图三包	2014/6/9	0.00%	¥0.00	¥31,689.00	
4	商业汇票	KLBBD01--004	365房产	2014/6/11	0.00%	¥0.00	¥3,595.00	
5	商业汇票	KLBBD01--005	三唐百货		0.00%			
6	银行汇票	KLBBD01--006	苏宁电器	2014/7/14	6.25%	¥901.29	¥32,046.29	
7	银行汇票	KLBBD01--007	塞纳河畔	2014/4/25	6.25%	¥1,365.97	¥90,998.47	
8	商业汇票	KLBBD01--008	大润发	2014/6/27	0.00%	¥0.00	¥48,569.00	
9	银行汇票	KLBBD01--009	百花園度假村	2014/8/8	6.25%	¥211.00	¥6,765.60	
10	商业汇票	KLBBD01--010	宏图三包	2014/8/11	0.00%	¥0.00	¥2,589.90	
11	银行汇票	KLBBD01--011	合肥电信	2014/8/16	6.25%	¥501.71	¥16,170.21	
12	银行汇票	KLBBD01--012	大润发	2014/8/19	6.25%	¥919.19	¥30,577.19	
13	商业汇票	KLBBD01--013	苏宁电器	2014/8/24	0.00%	¥0.00	¥79,626.00	
14	银行汇票	KLBBD01--014	三唐百货	2014/6/4	6.25%	¥560.30	¥36,518.30	
15	商业汇票	KLBBD01--015	宏图三包	2014/6/14	0.00%	¥0.00	¥32,651.00	
16	银行汇票	KLBBD01--016	365房产		6.25%			
17	商业汇票	KLBBD01--017	三唐百货	2014/6/23	0.00%	¥0.00	¥36,952.00	
18	银行汇票	KLBBD01--018	苏宁电器		6.25%			
19	商业汇票	KLBBD01--019	塞纳河畔	2014/6/15	0.00%	¥0.00	¥48,511.00	
20	银行汇票	KLBBD01--020	大润发	2014/7/14	6.25%	¥140.81	¥9,702.81	
21	银行汇票	KLBBD01--021	百花園度假村	2014/6/18	6.25%	¥220.25	¥22,786.25	

图6-18

❹ 选中M3单元格，在公式编辑栏中输入公式“=IF(I3="","未到期","已付，请注销")”按回车键后向下填充公式，即可得到每笔应付票据是否付清信息，如图6-19所示。

M3　=IF(I3="","未到期","已付，请注销")

查簿

编号	票据种类	收款单位	付款日期	年利息率	到期应计利息	付款金额	备注
1	商业汇票	苏宁电器	2014/5/4	0.00%	¥0.00	¥21,485.00	已付，请注销
2	商业汇票	三唐百货	2014/6/3	0.00%	¥0.00	¥25,651.00	已付，请注销
3	商业汇票	宏图三包	2014/6/9	0.00%	¥0.00	¥31,689.00	已付，请注销
4	商业汇票	365房产	2014/6/11	0.00%	¥0.00	¥3,595.00	已付，请注销
5	商业汇票	三唐百货		0.00%			未到期
6	银行汇票	苏宁电器	2014/7/14	6.25%	¥901.29	¥32,046.29	已付，请注销
7	银行汇票	塞纳河畔	2014/4/25	6.25%	¥1,365.97	¥90,998.47	已付，请注销
8	商业汇票	大润发	2014/6/27	0.00%	¥0.00	¥48,569.00	已付，请注销
9	银行汇票	百花園度假村	2014/8/8	6.25%	¥211.00	¥6,765.60	已付，请注销
10	商业汇票	宏图三包	2014/8/11	0.00%	¥0.00	¥2,589.90	已付，请注销
11	银行汇票	合肥电信	2014/8/16	6.25%	¥501.71	¥16,170.21	已付，请注销
12	银行汇票	大润发	2014/8/19	6.25%	¥919.19	¥30,577.19	已付，请注销
13	商业汇票	苏宁电器	2014/8/24	0.00%	¥0.00	¥79,626.00	已付，请注销
14	银行汇票	三唐百货	2014/6/4	6.25%	¥560.30	¥36,518.30	已付，请注销
15	商业汇票	宏图三包	2014/6/14	0.00%	¥0.00	¥32,651.00	已付，请注销
16	银行汇票	365房产		6.25%			未到期
17	商业汇票	三唐百货	2014/6/23	0.00%	¥0.00	¥36,952.00	已付，请注销
18	银行汇票	苏宁电器		6.25%			未到期
19	商业汇票	塞纳河畔	2014/6/15	0.00%	¥0.00	¥48,511.00	已付，请注销

图6-19

步骤4：查找与替换功能的使用

❶ 在完成计算后，如果发现表格中的某公司名称输入错误，可以切换到“开始”选项卡，在“编辑”选项组单击“查找与选择”按钮，在其下拉列表中单击“替换”命令（如图6-20所示），打开“查找与替换”对话框。

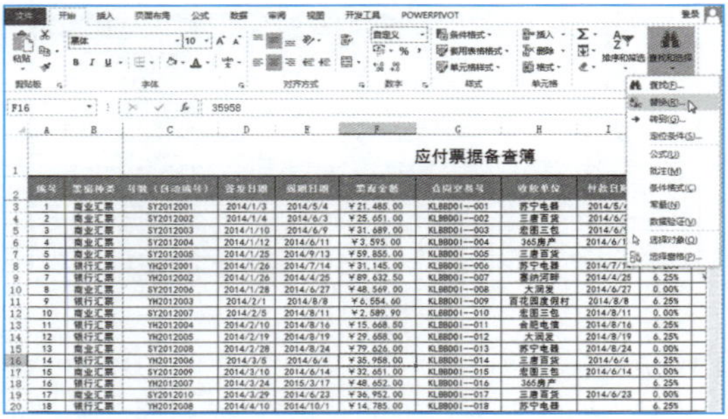

图6-20

❷ 单击“替换”标签，在“查找内容”文本框中输入“宏图三包”，接着在“替换为”文本框中输入“宏图三胞”，单击“全部替换”按钮，如图6-21所示。

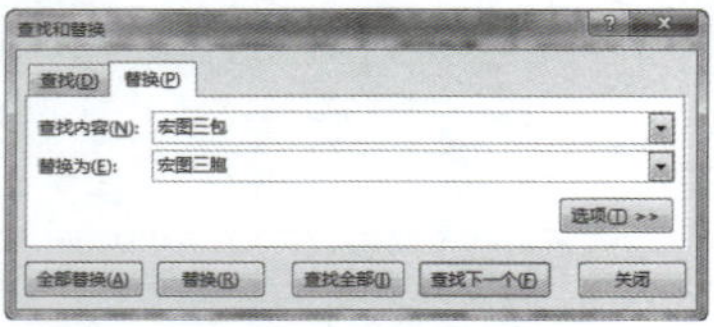

图6-21

❸ 几秒后，屏幕上会弹出对话提示替换结果（如图6-22所示），单击“确定”按钮，并关闭“查找与替换”对话框，得到最终表格效果，如图6-22所示。

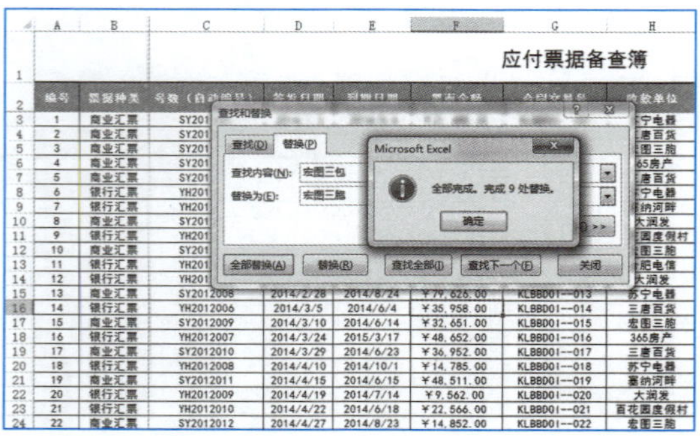

图6-22

文件63　应付账款月报表

应付账款是指因购买材料、商品或接受劳务供应等而发生的债务。这是买卖双方在购销活动中由于取得物资与支付贷款在时间上不一致而产生的负债。应付账款月报表用来按月份反映企业当月新增和减少的应付账款数额。

制作要点与设计效果图

- 定义动态名称
- OFFSET函数（参考函数7）
- IF函数（参考函数1、3）
- SMALL函数（参考函数37）
- VLOOKUP函数（参考函数36）
- SUMIF函数（参考函数96）

应付账款月报表

公司名称　华云信息有限公司　单位：元

月份：2014年9月

供应商编号	供应商名称	期初余额	借方发生额	贷方发生额	借或贷	期末余额
GY01	三环电子	¥1,600.00	¥0.00	¥80,960.00	贷	¥82,560.00
GY04	恒杰集团	¥2,800.00	¥0.00	¥13,998.00	贷	¥16,798.00
GY02	新大电子	¥0.00	¥58,600.00	¥0.00	借	(¥58,600.00)
GY03	五顶集团	¥0.00	¥16,800.00	¥0.00	借	(¥16,800.00)
GY07	罗威	¥1,850.00	¥0.00	¥10,200.00	贷	¥12,050.00
GY08	金亚	¥4,500.00	¥0.00	¥12,998.00	贷	¥17,498.00
GY10	时代先锋	¥7,100.00	¥0.00	¥16,780.00	贷	¥23,880.00
GY06	金元通	¥6,200.00	¥0.00	¥2,689.00	贷	¥8,889.00
GY09	华盛	¥6,300.00	¥0.00	¥1,238.00	贷	¥7,538.00
GY05	华兴	¥35,000.00	¥0.00	¥2,369.00	贷	¥37,369.00
合计		¥65,350.00	¥75,400.00	¥141,232.00	¥0.00	¥131,182.00

文件设计过程

步骤1：定义名称

❶ 打开“余额表”，选中A3:D12单元格区域，在名称框中输入名称“data”，如图6-23所示。

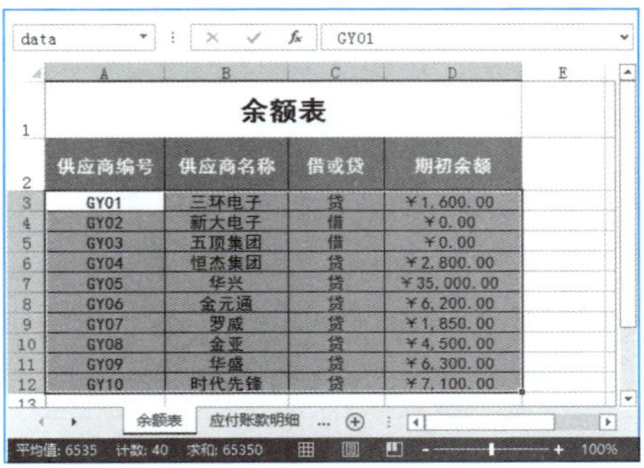

余额表

供应商编号	供应商名称	借或贷	期初余额
GY01	三环电子	贷	¥1,600.00
GY02	新大电子	借	¥0.00
GY03	五顶集团	借	¥0.00
GY04	恒杰集团	贷	¥2,800.00
GY05	华兴	贷	¥35,000.00
GY06	金元通	贷	¥6,200.00
GY07	罗威	贷	¥1,850.00
GY08	金亚	贷	¥4,500.00
GY09	华盛	贷	¥6,300.00
GY10	时代先锋	贷	¥7,100.00

图6-23

❷ 打开“应付账款明细”表，在“公式”选项卡的“定义的名称”选项组单击“定义名称”按钮（如图6-24所示），打开“新建名称”对话框。

❸ 在名称对话框中输入“编号”，设置引用位置为：“=OFFSET(应付账款明细!$B$2,1,,COUNTA(应付账款明细!$B:$B)-1)”，单击“确定”按钮，如图6-25所示。

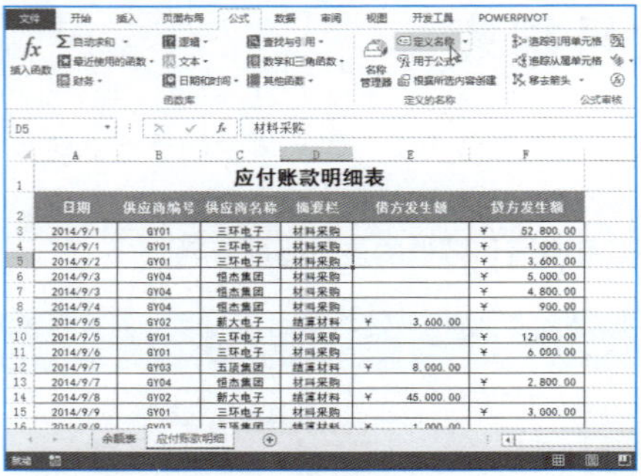

图6-24

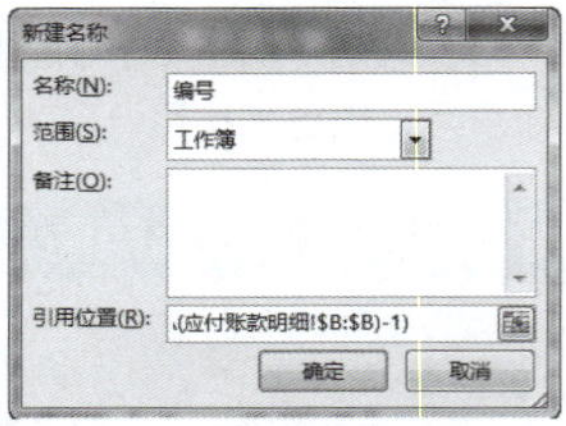

图6-25

步骤2：引用供应商代码

❶ 新建工作表，并重命名为“应付账款月报表”，设置表格内容和表格格式，选中H3单元格，在公式编辑栏中输入公式“=TODAY()”，按回车键，即可得到当前月份，如图6-26所示。

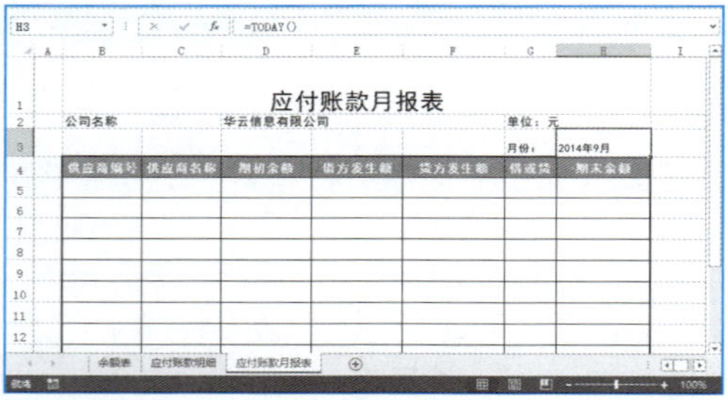

图6-26

❷ 选中B5单元格，在公式编辑栏中输入公式“=IF(ROW(B1)>ROUND(SUM(1/COUNTIF(编号,编号)),0),” ”,INDEX(编号,SMALL(IF(MATCH(编号,编号,0)=ROW(编号)-2,ROW(编号)-2),ROW(A1))))”，按“Ctrl+Shift+Enter”组合键后向下填充公式，即可引用供应商的编号，如图6-27所示。

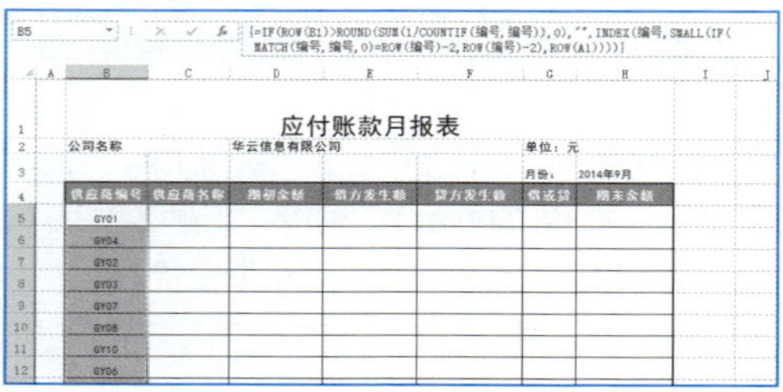

图6-27

步骤2：VLOOKUP函数和SUMIF函数

❶ 选中C5单元格，在公式编辑栏中输入公式：“=VLOOKUP($B5,data,2,FALSE)”，按回车键后向下填充公式，即可返回供应商名称，如图6-28所示。

❷ 选中D5单元格，在公式编辑栏中输入公式：“=VLOOKUP($B5,data,4,FALSE)”，按回车键后向下填充公式，即可返回各个供应商的期初余额，如图6-29所示。

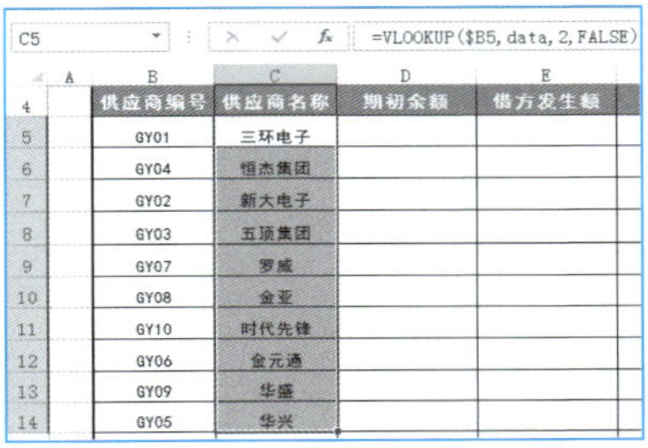

C5　=VLOOKUP($B5, data, 2, FALSE)

4	供应商编号	供应商名称	期初余额	借方发生额
5	GY01	三环电子		
6	GY04	恒杰集团		
7	GY02	新大电子		
8	GY03	五顶集团		
9	GY07	罗威		
10	GY08	金亚		
11	GY10	时代先锋		
12	GY06	金元通		
13	GY09	华盛		
14	GY05	华兴		

图6-28

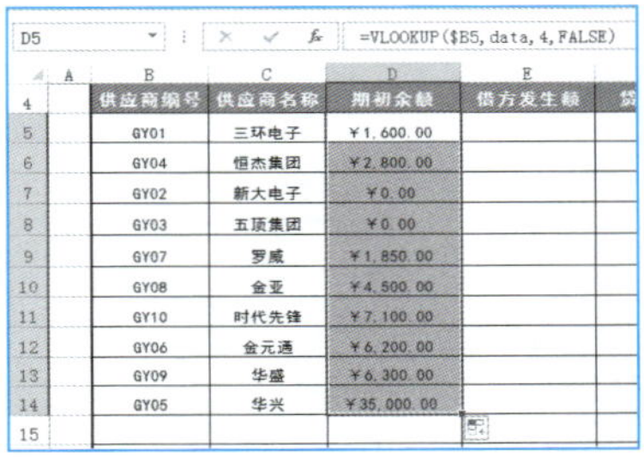

D5　=VLOOKUP($B5, data, 4, FALSE)

4	供应商编号	供应商名称	期初余额	借方发生额
5	GY01	三环电子	¥1,600.00	
6	GY04	恒杰集团	¥2,800.00	
7	GY02	新大电子	¥0.00	
8	GY03	五顶集团	¥0.00	
9	GY07	罗威	¥1,850.00	
10	GY08	金亚	¥4,500.00	
11	GY10	时代先锋	¥7,100.00	
12	GY06	金元通	¥6,200.00	
13	GY09	华盛	¥6,300.00	
14	GY05	华兴	¥35,000.00	
15				

图6-29

公式分析：

公式“=VLOOKUP($B5,data,2,FALSE)”表示在定义为data的工作表区域中查询与B5单元格所对应的第2行的数据，并返回逻辑值。

❸ 选中E5单元格，在公式编辑栏中输入公式：“=SUMIF(应付账款明细!$B$2:$B$37,$B5,应付账款明细!$E$2:$E$37)”，按回车键后向下填充公式，即可计算出本月借方发生额，如图6-30所示。

E5　=SUMIF(应付账款明细!$B$2:$B$37, $B5, 应付账款明细!$E$2:$E$37)

4	供应商编号	供应商名称	期初余额	借方发生额	贷方发生额	借或贷	期末余额
5	GY01	三环电子	¥1,600.00	¥0.00			
6	GY04	恒杰集团	¥2,800.00	¥0.00			
7	GY02	新大电子	¥0.00	¥58,600.00			
8	GY03	五顶集团	¥0.00	¥16,800.00			
9	GY07	罗威	¥1,850.00	¥0.00			
10	GY08	金亚	¥4,500.00	¥0.00			
11	GY10	时代先锋	¥7,100.00	¥0.00			
12	GY06	金元通	¥6,200.00	¥0.00			
13	GY09	华盛	¥6,300.00	¥0.00			
14	GY05	华兴	¥35,000.00	¥0.00			
15							

图6-30

公式分析：

公式“= SUMIF(应付账款明细!$B$2:$B$37,$B5,应付账款明细!$E$2:$E$37)”表示在应付账款明细表中查询出与B5单元格相同的编号，在B2:B37单元格中查询编号所对应的数据，并计算出对应数据的总额。

第6章 第7章 第8章 第9章 第10章

❹ 选中F5单元格，在公式编辑栏中输入公式：“=SUMIF(应付账款明细!$B$2:$B$37,$B5,应付账款明细!$F$2:$F$37)”，按回车键后向下填充公式，即可计算出本月贷方发生额，如图6-31所示。

F5　=SUMIF(应付账款明细!$B$2:$B$37,$B5,应付账款明细!$F$2:$F$37)

供应商编号	供应商名称	期初余额	借方发生额	贷方发生额	借或贷	期末余额
GY01	三环电子	¥1,600.00	¥0.00	¥80,960.00		
GY04	恒杰集团	¥2,800.00	¥0.00	¥13,998.00		
GY02	新大电子	¥0.00	¥58,600.00	¥0.00		
GY03	五顶集团	¥0.00	¥16,800.00	¥0.00		
GY07	罗威	¥1,850.00	¥0.00	¥10,200.00		
GY08	金亚	¥4,500.00	¥0.00	¥12,998.00		
GY10	时代先锋	¥7,100.00	¥0.00	¥16,780.00		
GY06	金元通	¥6,200.00	¥0.00	¥2,689.00		
GY09	华盛	¥6,300.00	¥0.00	¥1,238.00		
GY05	华兴	¥35,000.00	¥0.00	¥2,369.00		

图6-31

❺ 选中G5单元格，在公式编辑栏中输入公式：“=VLOOKUP($B5,data,3,FALSE)”，按回车键后向下填充公式，即可返回借贷情况，如图6-32所示。

G5　=VLOOKUP($B5,data,3,FALSE)

供应商编号	供应商名称	期初余额	借方发生额	贷方发生额	借或贷	期末余额
GY01	三环电子	¥1,600.00	¥0.00	¥80,960.00	贷	
GY04	恒杰集团	¥2,800.00	¥0.00	¥13,998.00	贷	
GY02	新大电子	¥0.00	¥58,600.00	¥0.00	借	
GY03	五顶集团	¥0.00	¥16,800.00	¥0.00	借	
GY07	罗威	¥1,850.00	¥0.00	¥10,200.00	贷	
GY08	金亚	¥4,500.00	¥0.00	¥12,998.00	贷	
GY10	时代先锋	¥7,100.00	¥0.00	¥16,780.00	贷	
GY06	金元通	¥6,200.00	¥0.00	¥2,689.00	贷	
GY09	华盛	¥6,300.00	¥0.00	¥1,238.00	贷	
GY05	华兴	¥35,000.00	¥0.00	¥2,369.00	贷	

图6-32

❻ 选中H5单元格，在公式编辑栏中输入公式：“=D5+F5-E5”，按回车键后向下填充公式，即可计算出期末余额，如图6-33所示。

H5　=D5+F5-E5

供应商编号	供应商名称	期初余额	借方发生额	贷方发生额	借或贷	期末余额
GY01	三环电子	¥1,600.00	¥0.00	¥80,960.00	贷	¥82,560.00
GY04	恒杰集团	¥2,800.00	¥0.00	¥13,998.00	贷	¥16,798.00
GY02	新大电子	¥0.00	¥58,600.00	¥0.00	借	(¥58,600.00)
GY03	五顶集团	¥0.00	¥16,800.00	¥0.00	借	(¥16,800.00)
GY07	罗威	¥1,850.00	¥0.00	¥10,200.00	贷	¥12,050.00
GY08	金亚	¥4,500.00	¥0.00	¥12,998.00	贷	¥17,498.00
GY10	时代先锋	¥7,100.00	¥0.00	¥16,780.00	贷	¥23,880.00
GY06	金元通	¥6,200.00	¥0.00	¥2,689.00	贷	¥8,889.00
GY09	华盛	¥6,300.00	¥0.00	¥1,238.00	贷	¥7,538.00
GY05	华兴	¥35,000.00	¥0.00	¥2,369.00	贷	¥37,369.00

图6-33

❼ 选中D17单元格，在公式编辑栏中输入公式：“=SUM(D5:D14)”，按回车键后向右填充公式，即可计算出本月合计数，至此“应付账款月报表”基本制作完成，如图6-34所示。

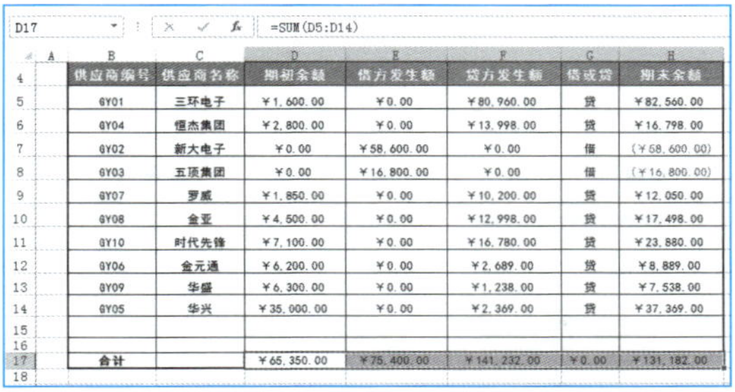

D17 =SUM(D5:D14)

	A	B	C	D	E	F	G	H
4		供应商编号	供应商名称	期初余额	借方发生额	贷方发生额	借或贷	期末余额
5		GY01	三环电子	￥1,600.00	￥0.00	￥80,960.00	贷	￥82,560.00
6		GY04	恒杰集团	￥2,800.00	￥0.00	￥13,998.00	贷	￥16,798.00
7		GY02	新大电子	￥0.00	￥58,600.00	￥0.00	借	(￥58,600.00)
8		GY03	五顶集团	￥0.00	￥16,800.00	￥0.00	借	(￥16,800.00)
9		GY07	罗威	￥1,850.00	￥0.00	￥10,200.00	贷	￥12,050.00
10		GY08	金亚	￥4,500.00	￥0.00	￥12,998.00	贷	￥17,498.00
11		GY10	时代先锋	￥7,100.00	￥0.00	￥16,780.00	贷	￥23,880.00
12		GY06	金元通	￥6,200.00	￥0.00	￥2,689.00	贷	￥8,889.00
13		GY09	华盛	￥6,300.00	￥0.00	￥1,238.00	贷	￥7,538.00
14		GY05	华兴	￥35,000.00	￥0.00	￥2,369.00	贷	￥37,369.00
15								
16								
17		合计		￥65,350.00	￥75,400.00	￥141,232.00	￥0.00	￥131,182.00
18								

图6–34

文件64　企业短期负债结构分析表

短期负债也叫流动负债，是指将在1年（含1年）或者超过1年的一个营业周期内偿还的债务，包括短期借款、应付票据、应付账款、预收账款、应付工资、应付福利费、应付股利、应交税金、其他暂收应付款项、预提费用和一年内到期的长期借款等。短期负债是一种融资方式，通过将不同的流动负债放在同一张表格中进行比较，可以反映企业当前短期负债的组成结构和比例。

制作要点与设计效果图

- 设置数字格式
- SUM函数（参考函数3、7、16）
- RANK函数（参考函数63）

企业短期负债结构分析表

公司名称　华云信息有限公式　制表时间　2014/9/30

制表部门　财务部　单位　元

负债项目	期初数	期末数	本期增减数	比例	排名
短期借款	￥65,500.00	￥102,500.00	37,000.00	36%	1
应付票据	￥1,000.00	￥52,000.00	51,000.00	18%	3
应付账款	￥105,000.00	￥10,000.00	(95,000.00)	4%	5
预收账款	￥25,000.00	￥5,000.00	(20,000.00)	2%	8
其他应付款	￥0.00	￥35,650.00	35,650.00	13%	4
应付工资和福利费	￥0.00	￥0.00	0.00	0%	9
预提费用	￥2,000.00	￥7,000.00	5,000.00	2%	7
应交税金	￥0.00	￥65,000.00	65,000.00	23%	2
其他流动负债	￥0.00	￥7,850.00	7,850.00	3%	6
短期负债合计	￥198,500.00	￥285,000.00	￥86,500.00		

文件设计过程

步骤1：设置负数格式

❶ 打开“企业短期负债结构分析表”，选中D5单元格，在公式编辑栏中输入公式：“=C5-B5”按回车键后向下填充公式，即可计算出各负债项目本期增加数，如图6-35所示。

❷ 切换到“开始”选项卡，打开“设置单元格格式”对话框，单击“数字”标签，在“分类”列表中单击“货币”，接着在右侧窗格中设置负数格式，

如图6-36所示。

D5 =C5-B5

企业短期负债结构分析表					
公司名称	华云信息有限公式		制表时间	2014/9/30	
制表部门	财务部		单位	元	
负债项目	期初数	期末数	本期增减数	比例	排名
短期借款	￥65,500.00	￥102,500.00	￥37,000.00		
应付票据	￥1,000.00	￥52,000.00	￥51,000.00		
应付账款	￥105,000.00	￥10,000.00	￥-95,000.00		
预收账款	￥25,000.00	￥5,000.00	￥-20,000.00		
其他应付款	￥0.00	￥35,650.00	￥35,650.00		
应付工资和福利费	￥0.00	￥0.00	￥0.00		
预提费用	￥2,000.00	￥7,000.00	￥5,000.00		
应交税金	￥0.00	￥65,000.00	￥65,000.00		

图6-35

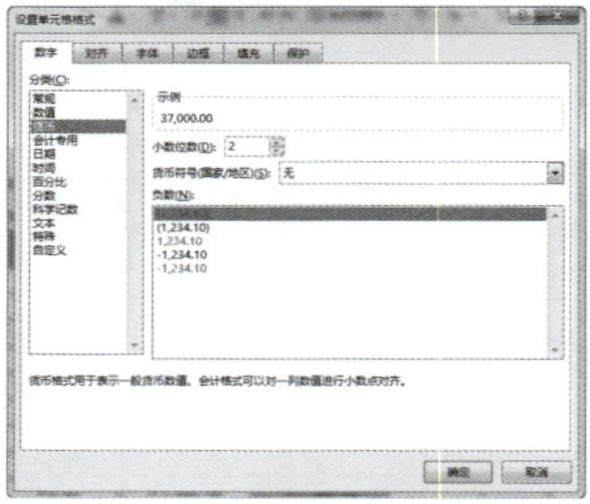

图6-36

❸ 选中B14单元格，在公式编辑栏中输入公式："=SUM(B5:B13)"按回车键后向右填充公式，即可计算出短期负债合计金额，如图6-37所示。

B14 =SUM(B5:B13)

制表部门	财务部		单位	元	
负债项目	期初数	期末数	本期增减数	比例	排名
短期借款	￥65,500.00	￥102,500.00	37,000.00		
应付票据	￥1,000.00	￥52,000.00	51,000.00		
应付账款	￥105,000.00	￥10,000.00	(95,000.00)		
预收账款	￥25,000.00	￥5,000.00	(20,000.00)		
其他应付款	￥0.00	￥35,650.00	35,650.00		
应付工资和福利费	￥0.00	￥0.00	0.00		
预提费用	￥2,000.00	￥7,000.00	5,000.00		
应交税金	￥0.00	￥65,000.00	65,000.00		
其他流动负债	￥0.00	￥7,850.00	7,850.00		
短期负债合计	￥198,500.00	￥285,000.00	￥86,500.00		

图6-37

步骤2：计算比率和排名

❶ 选中E5单元格，在公式编辑栏输入公式："=C5/$C$14"，按回车键后向下复制公式，即可计算出各项负债占整个流动负债的比例，如图6-38所示。

E5 =C5/$C$14

制表部门	财务部		单位	元	
负债项目	期初数	期末数	本期增减数	比例	排名
短期借款	￥65,500.00	￥102,500.00	37,000.00	36%	
应付票据	￥1,000.00	￥52,000.00	51,000.00	18%	
应付账款	￥105,000.00	￥10,000.00	(95,000.00)	4%	
预收账款	￥25,000.00	￥5,000.00	(20,000.00)	2%	
其他应付款	￥0.00	￥35,650.00	35,650.00	13%	
应付工资和福利费	￥0.00	￥0.00	0.00	0%	
预提费用	￥2,000.00	￥7,000.00	5,000.00	2%	
应交税金	￥0.00	￥65,000.00	65,000.00	23%	
其他流动负债	￥0.00	￥7,850.00	7,850.00	3%	
短期负债合计	￥198,500.00	￥285,000.00	￥86,500.00		

图6-38

② 选中F5单元格，在公式编辑栏输入公式："=RANK(E5,$E$5:$E$15)"，按回车键后向下复制公式，即可生成各项负债的排名顺序，如图6-39所示。

F5　=RANK(E5,$E$5:$E$13)

企业短期负债结构分析表					
公司名称	华云信息有限公式		制表时间	2014/9/30	
制表部门	财务部		单位	元	
负债项目	期初数	期末数	本期增减数	比例	排名
短期借款	¥65,500.00	¥102,500.00	37,000.00	36%	1
应付票据	¥1,000.00	¥52,000.00	51,000.00	18%	3
应付账款	¥105,000.00	¥10,000.00	(95,000.00)	4%	5
预收账款	¥25,000.00	¥5,000.00	(20,000.00)	2%	8
其他应付款	¥0.00	¥35,650.00	35,650.00	13%	4
应付工资和福利费	¥0.00	¥0.00	0.00	0%	9
预提费用	¥2,000.00	¥7,000.00	5,000.00	2%	7
应交税金	¥0.00	¥65,000.00	65,000.00	23%	2
其他流动负债	¥0.00	¥7,850.00	7,850.00	3%	6
短期负债合计	¥198,500.00	¥285,000.00	¥86,500.00		

图6-39

公式分析：

"=RANK(E5,$E$5:$E$15)"表示在E5:E15单元格区域查找E5单元格值占E5:E15单元格区域的排位。

文件65　短期借款清查明细表

在财务管理评估工作中，需要定期清查企业的资产或负债，通常需要根据清查的账户创建清查评估明细表。在短期借款清查评估明细表中，需要反映企业当前账面上所有短期借款的明细，包括已完全归还的短期借款。

制作要点与设计效果图

- IF函数（参考函数1、3）
- ROW函数ROW函数（参考函数5、22）
- COUNTIF函数（参考函数6）
- OFFSET函数（参考函数6）
- SMALL函数（参考函数37）

短期借款清查明细表

评估基准日：　　金额单位：　人民币元

资产占有单位名称：

编号	放款银行或机构名称	发生日期	到期日期	年利率	账面价值	调整后账面值	评估价值	备注
3	借款银行	2014/1/3	2014/9/30	6.31%	¥100,000.00			
14	农业银行	2014/5/10	2014/11/6	5.85%	¥130,000.00			
15	招商银行	2014/5/12	2014/11/8	5.85%	¥210,000.00			
8	农业银行	2014/3/12	2014/12/7	6.31%	¥150,000.00			
4	中国银行	2014/1/20	2015/1/15	6.31%	¥115,000.00			
13	农业银行	2014/4/20	2015/1/15	6.31%	¥25,000.00			
7	招商银行	2014/2/15	2015/2/10	6.31%	¥45,000.00			
11	建设银行	2014/4/8	2015/4/3	6.31%	¥65,000.00			
12	中国银行	2014/4/19	2015/4/10	6.31%	¥39,000.00			

文件66　短期借款分类统计表

在创建短期借款明细表后，可以按借款单位和借款种类进一步分类统计，查看不同的借款单位各种类型的借款数额，以便进行进一步的财务数据分析。在Excel 中，建立好统计表格后，可以通过设置公式直接从数据表中自动计算各项数据。

制作要点与设计效果图

- SUMPRODUCT函数（参考函数8、13）
- 设置会计专用数字格式
- 使用条件格式突出显示零值

短期借款分类统计表

统计日期：

借款金额	流动资金借款	生产周转借款	项目借款	卖方信贷	合　计
工商银行	¥ 56,000.00	¥ -	¥ 260,000.00	¥ -	¥ 316,000.00
中国银行	¥ 90,000.00	¥ 39,000.00	¥ 215,000.00	¥ -	¥ 344,000.00
招商银行	¥ 26,000.00	¥ -	¥ 50,000.00	¥ 180,000.00	¥ 256,000.00
农业银行	¥ 80,000.00	¥ 30,000.00	¥ 200,000.00	¥ 120,000.00	¥ 430,000.00
建设银行	¥ -	¥ -	¥ 65,000.00	¥ -	¥ 65,000.00
合　计	¥ 252,000.00	¥ 69,000.00	¥ 790,000.00	¥ 300,000.00	¥ 1,411,000.00

文件67　短期借款利息分类统计表

与短期借款分类统计表类似，也可以按借款单位和借款种类分类统计出某阶段应支付的利息，还可以使用Excel 中的条件格式规则对统计结果数据进行分析，可以更直观地反映企业短期借款所支付的利息情况。

制作要点与设计效果图

- SUMPRODUCT函数（参考函数8、13）
- 设置条件格式（参考文件53）

短期借款利息分类统计表

统计日期：

利息金额	流动资金借款	生产周转借款	项目借款	卖方信贷	合　计
工商银行	¥807.78	¥0.00	¥3,750.41	¥0.00	¥4,558.19
中国银行	¥2,596.44	¥2,427.19	¥11,824.77	¥0.00	¥16,848.39
招商银行	¥375.04	¥0.00	¥3,008.22	¥5,104.11	¥8,487.37
农业银行	¥1,651.07	¥137.59	¥2,751.78	¥3,302.14	¥7,842.58
建设银行	¥0.00	¥0.00	¥4,315.07	¥0.00	¥4,315.07
合　计	¥5,430.33	¥2,564.78	¥25,650.25	¥8,406.25	¥42,051.60

文件68　应付职工薪酬明细表

应付职工薪酬是指企业为获得职工提供的服务而给予各种形式的报酬以及其他相关支出。职工薪酬包括：职工工资、奖金、津贴和补贴；职工福利、社会保险金；住房公积金；公会经费，职工教育经费；非货币性福利、辞退福利等。

制作要点与设计效果图

- 设置单元格填充效果
- SLN函数（参考函数187）

应付职工薪酬明细表

项目名称	期初数	本期增加	本期减少	期末数	备注
1.工资（包括奖金、津贴、补贴等）	15200.00	18500.00	33700.00		
2.职工福利	7700.00	500.00		8200.00	
3.社会保险金	67156.00	67156.00		134312.00	
（1）医疗保险费	7850.00	7850.00		15700.00	
（2）养老保险费	52631.00	52631.00		105262.00	
（3）失业保险费	4620.00	4620.00		9240.00	
（4）工伤保险费	1068.00	1068.00		2136.00	
（5）生育保险费	987.00	987.00		1974.00	
4.住房公积金	8500.00	8500.00		17000.00	
5.工会经费		85800.00	5200.00	80600.00	
6.职工教育经费		5200.00		5200.00	
7.非货币性福利		2000.00		2000.00	
8.辞退福利		1200.00		1200.00	
9.以现金结算的股份支付	8500.00			8500.00	
合　计	174212.00	256012.00	38900.00	391324.00	

文件69　长期借款明细表

长期借款是指企业向银行或其他金融机构与借入的期限在一年或超过一年的一个营业周期以上的各项借款。长期借款明细表中应包含借款单位、借款金额、年利率、借款期限、还本付息方式以及到期应支付的本金、利息本息等数据。

制作要点与设计效果图

- 设置单元格填充（参考文件5）
- 设置表格边框（参考文件1、2、3）
- DATE函数（参考函数2）
- YEAR函数（参考函数12）

长期借款明细表

年　月　日　　　　单位：万元

借款单位	借款金额	年利率	借入时间	还款期限（年）	到期日期	还本付息方式	到期归还金额		
							本金	利息	合计
中国银行	￥250,000.00	6.68%	2014/10/1	2	2016/10/1	到期一并支付	￥250,000.00	￥33,400.00	￥283,400.00
商业银行	￥230,000.00	7.10%	2014/11/2	4	2018/11/2	到期一并支付	￥230,000.00	￥65,320.00	￥295,320.00
建设银行	￥35,000.00	6.89%	2014/11/12	6	2020/11/12	到期一并支付	￥35,000.00	￥14,469.00	￥49,469.00
招商银行	￥56,000.00	6.68%	2014/11/28	8	2022/11/28	到期一并支付	￥56,000.00	￥29,926.40	￥85,926.40
合计	￥571,000.00						￥571,000.00	￥143,115.40	￥714,115.40

读书笔记

Excel

第7章

企业日常费用管理表格

日常费用是指企业的生产经营活动过程中发生的，与产品生产活动没有直接联系的各项费用，它是企业生产经营活动和管理过程中的必然产物，也是财务数据重要的组成部分。费用通常包括管理费用、营业费用和财务费用。在企业营业过程中，为了获取更大的利润，必须重视和加强费用的管理。

企业日常费用管理常见的表格有日常费用明细表、费用分类统计表以及各类费用分析表等类型的表格。

编号	文件名称	对应的数据源	重要星级
文件70	销售费用计划报表	第7章\文件70 销售费用计划报表.xlsx	★★★★★
文件71	日常费用明细表	第7章\文件71 日常费用明细表.xlsx	★★★★★
文件72	各费用类别支出次数统计表	第7章\文件72 各费用类别支出次数统计表.xlsx	★★★★★
文件73	各类别费用支出额占比	第7章\文件73 各类别费用支出额占比.xlsx	★★★★★
文件74	各部门日常费用汇总表	第7章\文件74 各部门日常费用汇总表.xlsx	★★★★★
文件75	按月份分类汇总日常费用表	第7章\文件75 按月份分类汇总日常费用表.xlsx	★★★★
文件76	ABC分类费用数据透视表	第7章\文件76 ABC分类费用数据透视表.xlsx	★★★★
文件77	企业管理费用ABC分类图表	第7章\文件77 企业管理费用ABC分类图表.xlsx	★★★★
文件78	各项费用月支出比较图	第7章\文件78 各项费用月支出比较图.xlsx	★★★★★
文件79	日常费用季度结算表	第7章\文件79 日常费用季度结算表.xlsx	★★★★★
文件80	各部门结构费用分析透视图表	第7章\文件80 各部门结构费用分析透视图表.xlsx	★★★
文件81	管理费用明细表	第7章\文件81 管理费用明细表.xlsx	★★★
文件82	各部门营业费用分类汇总表	第7章\文件82 按月份分类汇总日常费用表.xlsx	★★★
文件83	一季度费用数据透视表	第7章\文件83 一季度费用数据透视表.xlsx	★★★
文件84	费用责任主体ABC分析表	第7章\文件84 费用责任主体ABC分析表.xlsx	★★★

文件70 销售费用计划报表

销售费用是企业在销售商品过程中产生的费用，在制定销售费用计划报表之前，应先根据企业的实际情况确定企业销售费用的项目。

制作要点与设计效果图

- SUM函数（参考函数3、7、16）
- 设置公式
- 简单运算
- 自定义数据格式

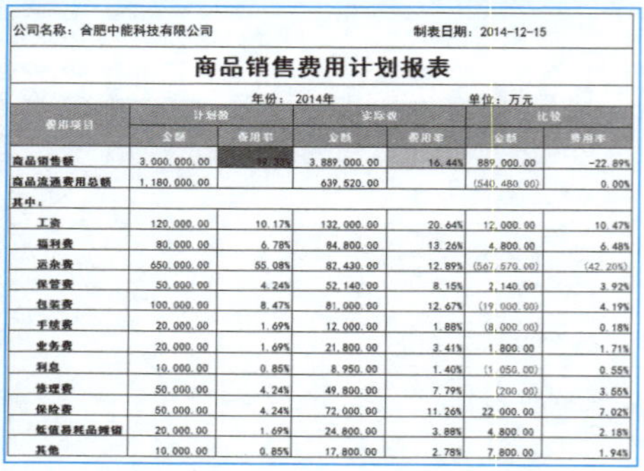

公司名称：合肥中能科技有限公司　　制表日期：2014-12-15

商品销售费用计划报表

年份：2014年　　单位：万元

费用项目	计划数		实际数		比较	
	金额	费用率	金额	费用率	金额	费用率
商品销售额	3,000,000.00	39.33%	3,889,000.00	16.44%	889,000.00	-22.89%
商品流通费用总额	1,180,000.00		639,520.00		(540,480.00)	0.00%
其中：						
工资	120,000.00	10.17%	132,000.00	20.64%	12,000.00	10.47%
福利费	80,000.00	6.78%	84,800.00	13.26%	4,800.00	6.48%
运杂费	650,000.00	55.08%	82,430.00	12.89%	(567,570.00)	(42.20%)
保管费	50,000.00	4.24%	52,140.00	8.15%	2,140.00	3.92%
包装费	100,000.00	8.47%	81,000.00	12.67%	(19,000.00)	4.19%
手续费	20,000.00	1.69%	12,000.00	1.88%	(8,000.00)	0.18%
业务费	20,000.00	1.69%	21,800.00	3.41%	1,800.00	1.71%
利息	10,000.00	0.85%	8,950.00	1.40%	(1,050.00)	0.55%
修理费	50,000.00	4.24%	49,800.00	7.79%	(200.00)	3.56%
保险费	50,000.00	4.24%	72,000.00	11.26%	22,000.00	7.02%
低值易耗品摊销	20,000.00	1.69%	24,800.00	3.88%	4,800.00	2.18%
其他	10,000.00	0.85%	17,800.00	2.78%	7,800.00	1.94%

文件设计过程

步骤1：计算费用总额

❶ 在单元格B7中输入公式：“=SUM(B9:B20)”，按回车键，计算计划销售费用总额，如图7-1所示。

❷ 在单元格D7中输入公式：“=SUM(D9:D20)”，按回车键，计算实际商品销售费用总额，如图7-2所示。

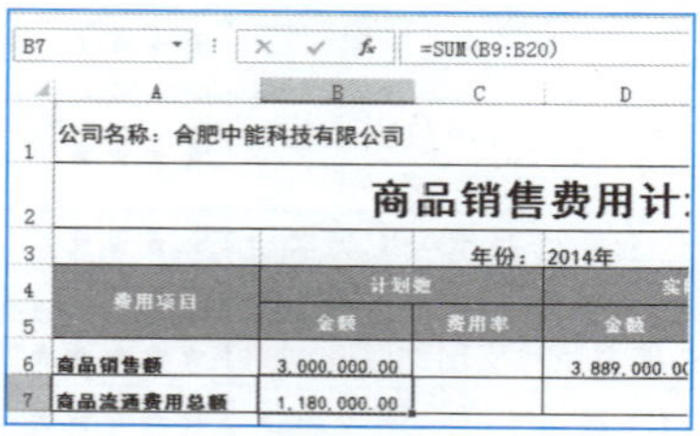

图7-1

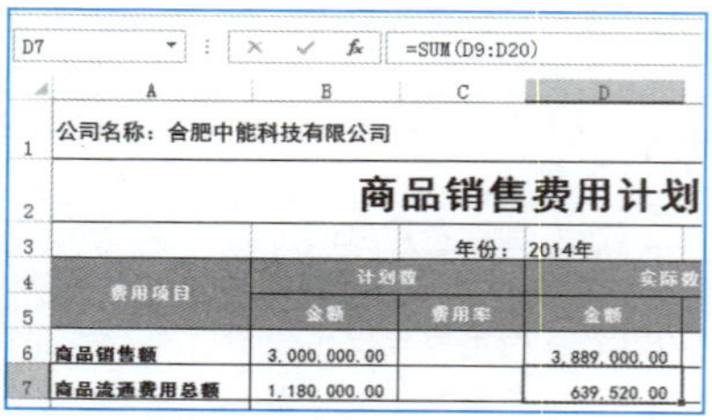

图7-2

步骤2：计算费用率

❶ 在单元格C6中输入公式：“=B7/B6”，按回车键，计算计划费用率，如图7-3所示。在单元格E6中输入公式：“=D7/D6”，计算实际费用率，如图7-4所示。

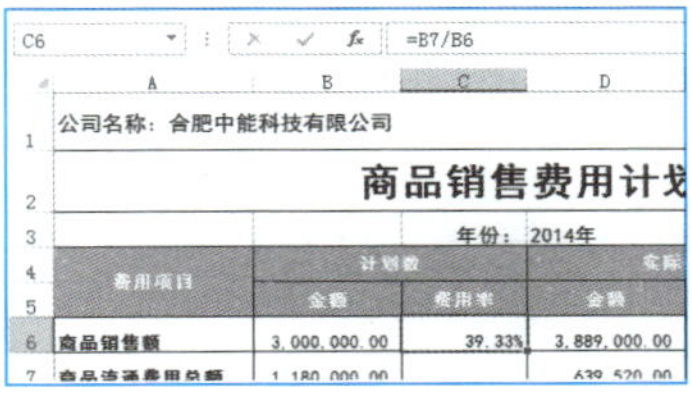

图7-3

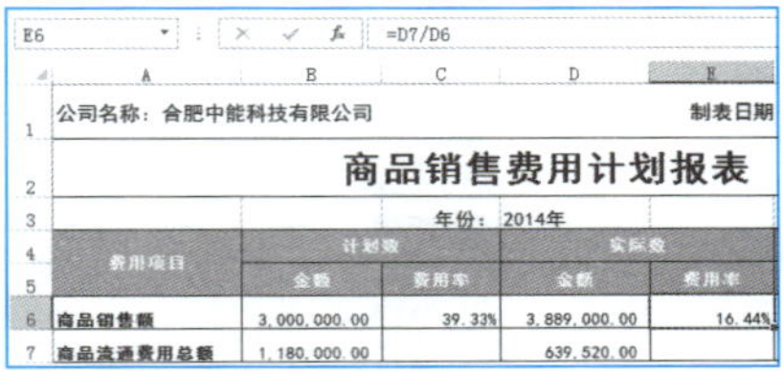

图7-4

❷ 在单元格C9中输入公式："=B9/$B$7"，按回车键，向下复制公式至单元格C20，如图7-5所示。

❸ 在单元格E9中输入公式："=D9/$D$7"，按回车键，向下复制公式至单元格E20，如图7-6所示。

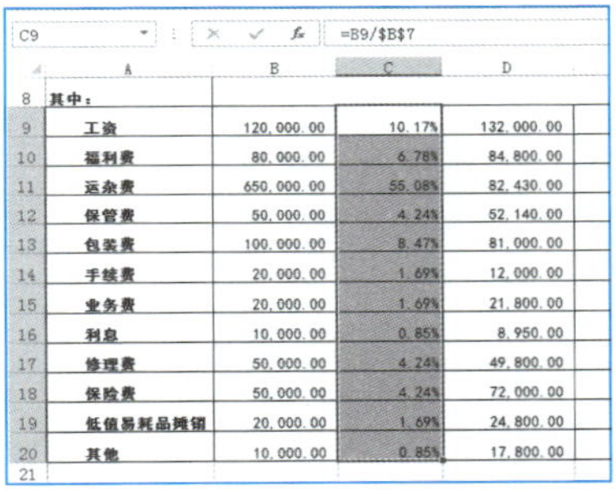

图7-5

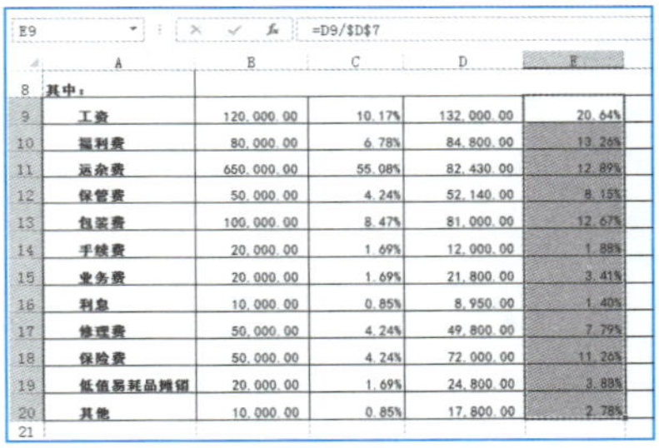

图7-6

步骤3：计算差额

❶ 在单元格F6中输入公式："=D6-B6"，按回车键，向右向下复制公式至单元格G7，如图7-7所示。

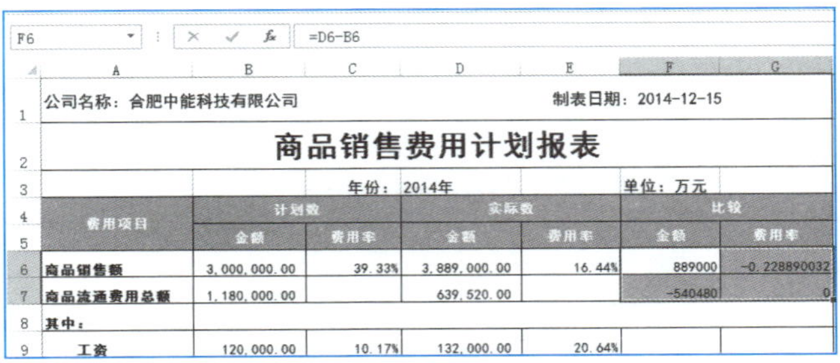

图7-7

❷ 在单元格F9中输入公式："=D9-B9"，按回车键，向右向下复制公式至单元格G20，如图7-8所示。

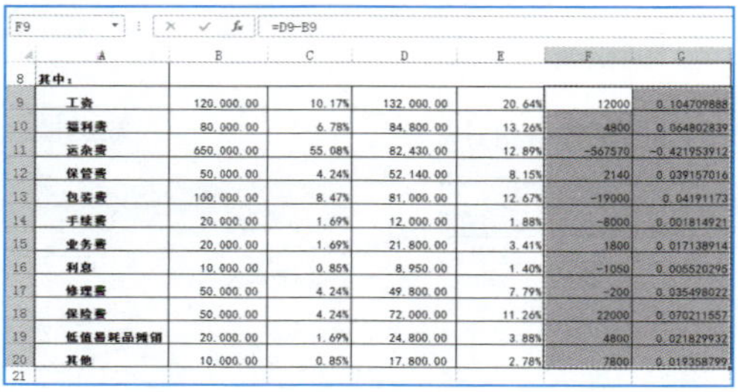

F9　=D9-B9

	A	B	C	D	E	F	G
8	其中：						
9	工资	120,000.00	10.17%	132,000.00	20.64%	12000	0.104709888
10	福利费	80,000.00	6.78%	84,800.00	13.26%	4800	0.064802839
11	运杂费	650,000.00	55.08%	82,430.00	12.89%	-567570	-0.421953912
12	保管费	50,000.00	4.24%	52,140.00	8.15%	2140	0.039157016
13	包装费	100,000.00	8.47%	81,000.00	12.67%	-19000	0.04191173
14	手续费	20,000.00	1.69%	12,000.00	1.88%	-8000	0.001814921
15	业务费	20,000.00	1.69%	21,800.00	3.41%	1800	0.017138914
16	利息	10,000.00	0.85%	8,950.00	1.40%	-1050	0.005520295
17	修理费	50,000.00	4.24%	49,800.00	7.79%	-200	0.035498022
18	保险费	50,000.00	4.24%	72,000.00	11.26%	22000	0.070211557
19	低值易耗品摊销	20,000.00	1.69%	24,800.00	3.88%	4800	0.021829932
20	其他	10,000.00	0.85%	17,800.00	2.78%	7800	0.019358799
21							

图7-8

步骤4：设置数字格式

❶ 选中F列，打开“设置单元格格式”对话框，单击“数字”标签，在“分类”列表中单击“数值”，在设置框中设置小数位数为“2”，设置完成后单击“确定”按钮，如图7-9所示。

❷ 选中G列，打开“设置单元格格式”对话框，在“数字”标签下单击“自定义”，在“类型”设置框中输入“0.00%;[红色](0.00%)”自定义代码，设置完成后，单击“确定”按钮，如图7-10所示。

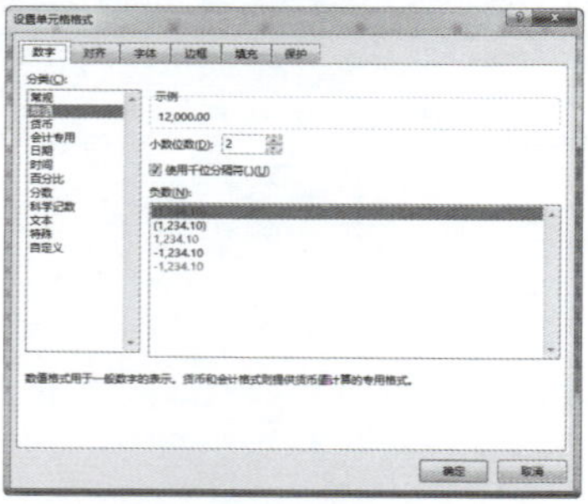

图7-9

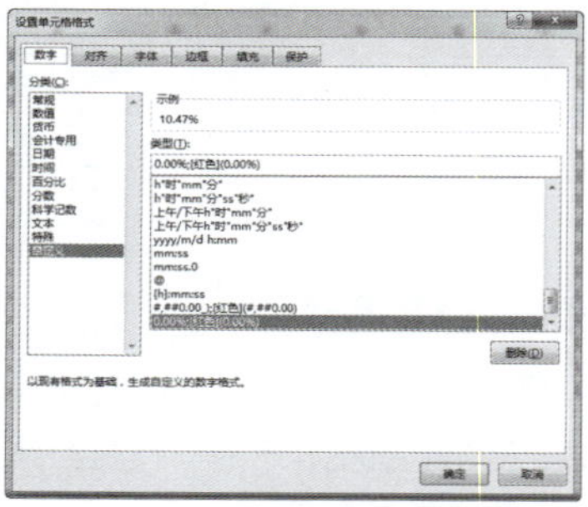

图7-10

❸ 接着对表格进行完善，即可完成销售费用计划报表的编制，如图7-11所示。

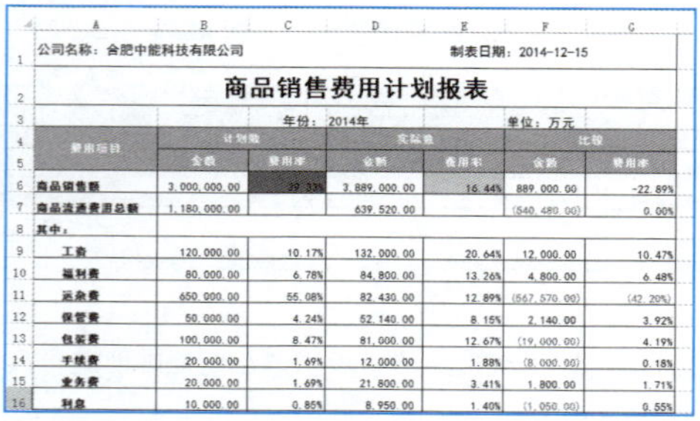

	A	B	C	D	E	F	G
1	公司名称：合肥中能科技有限公司				制表日期：2014-12-15		
2	商品销售费用计划报表						
3			年份：2014年			单位：万元	
4	费用项目	计划数		实际数		比较	
5		金额	费用率	金额	费用率	金额	费用率
6	商品销售额	3,000,000.00	39.33%	3,889,000.00	16.44%	889,000.00	-22.89%
7	商品流通费用总额	1,180,000.00		639,520.00		(540,480.00)	0.00%
8	其中：						
9	工资	120,000.00	10.17%	132,000.00	20.64%	12,000.00	10.47%
10	福利费	80,000.00	6.78%	84,800.00	13.26%	4,800.00	6.48%
11	运杂费	650,000.00	55.08%	82,430.00	12.89%	(567,570.00)	(42.20%)
12	保管费	50,000.00	4.24%	52,140.00	8.15%	2,140.00	3.92%
13	包装费	100,000.00	8.47%	81,000.00	12.67%	(19,000.00)	4.19%
14	手续费	20,000.00	1.69%	12,000.00	1.88%	(8,000.00)	0.18%
15	业务费	20,000.00	1.69%	21,800.00	3.41%	1,800.00	1.71%
16	利息	10,000.00	0.85%	8,950.00	1.40%	(1,050.00)	0.55%

图7-11

文件71　日常费用明细表

日常费用明细表是按时间记录企业生产经营活动中日常费用的发生情况，就是用流水账的形式记录每一笔日常费用，日常费用明细表通常包括编号、日期、费用类别、部门、经办人以及具体金额。在Excel 2013中，可以使用数据验证来设置进而提高输入数字的效率和准确度。

制作要点与设计效果图

- 自动填充序列
- 设置下拉列表
- 设置提示信息
- 设置错误警告

日常费用明细表

公司名称　华云信息有限公司　制表时间　2012-4-1
制表部门　财务部　单位　元

编号	日期	费用类别	部门	经办人	金额
KB001	2012-1-3	宣传费	客服部	张晓丽	¥1,528.60
KB002	2012-1-7	交通费	客服部	张晓丽	¥3,214.60
KB003	2012-1-8	差旅费	客服部	张晓丽	¥5,210.00
KB004	2012-1-17	办公费	客服部	张晓丽	¥4,560.00
KB005	2012-1-22	宣传费	客服部	张晓丽	¥3,621.50
KB006	2012-1-1	办公费	生产部	李云霞	¥2,188.00
KB007	2012-1-2	差旅费	生产部	李云霞	¥3,625.50
KB008	2012-1-5	差旅费	生产部	李云霞	¥1,236.50
KB009	2012-1-11	交通费	生产部	李云霞	¥2,122.50
KB010	2012-1-12	招待费	生产部	李云霞	¥1,236.80
KB011	2012-1-15	办公费	生产部	李云霞	¥5,230.00
KB012	2012-1-20	差旅费	生产部	李云霞	¥1,256.50
KB013	2012-1-26	宣传费	生产部	李云霞	¥6,321.50
KB014	2012-1-27	办公费	生产部	李云霞	¥20,145.50
KB015	2012-1-30	交通费	生产部	李云霞	¥558.50
KB016	2012-2-17	差旅费	生产部	李云霞	¥852.00
KB017	2012-2-20	办公费	生产部	李云霞	¥1,552.00
KB018	2012-2-23	差旅费	生产部	李云霞	¥63.40
KB019	2012-2-24	办公费	生产部	李云霞	¥77.80
KB020	2012-2-27	办公费	生产部	李云霞	¥321.50
KB021	2012-3-2	办公费	生产部	李云霞	¥41.20
KB022	2012-3-3	差旅费	生产部	李云霞	¥52.00
KB023	2012-3-6	宣传费	生产部	李云霞	¥1,236.00
KB024	2012-3-9	招待费	生产部	李云霞	¥963.00
KB025	2012-3-10	办公费	生产部	李云霞	¥5,212.00
KB026	2012-3-13	办公费	生产部	李云霞	¥2,125.00
KB027	2012-3-16	差旅费	生产部	李云霞	¥1,215.00
KB028	2012-3-17	办公费	生产部	李云霞	¥1,589.00

文件设计过程

步骤1：设置费用类别

❶ 新建工作簿，重命名Sheet1工作表为“日常费用明细表”，输入表格行列标识，并使用填充序列生成编号，如图7-12所示。

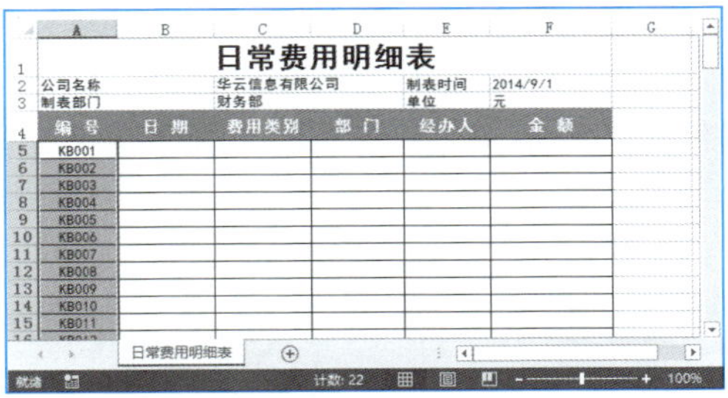

图7-12

❷ 输入日期，选择“费用类别”列单元格区域，切换到“数据”选项卡，在“数据工具”选项组单击“数据验证”按钮（如图7-13所示），打开“数据验证”对话框。

❸ 在“允许”下拉列表中选择“序列”，接着在“来源”文本框中输入：“办公费,差旅费,宣传费,交通费,招待费”，单击“确定”按钮，如图7-14所示。

4 返回工作表，单击单元格区域任意单元格，右侧会显示出一个下拉按钮，单击下拉按钮，可以从显示的下拉列表中选择设置的下拉项，如图7-15所示。

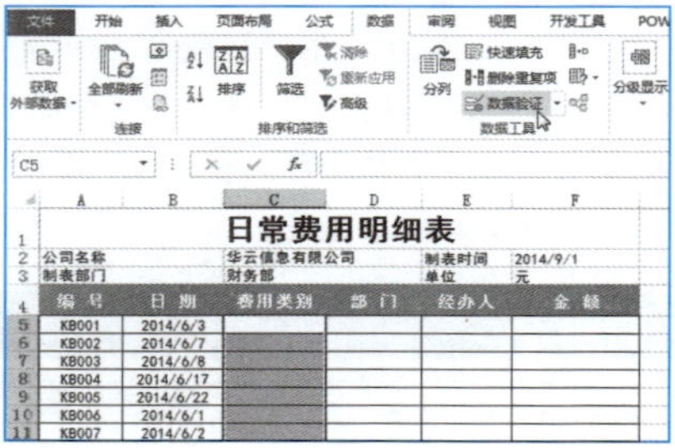

图7–13

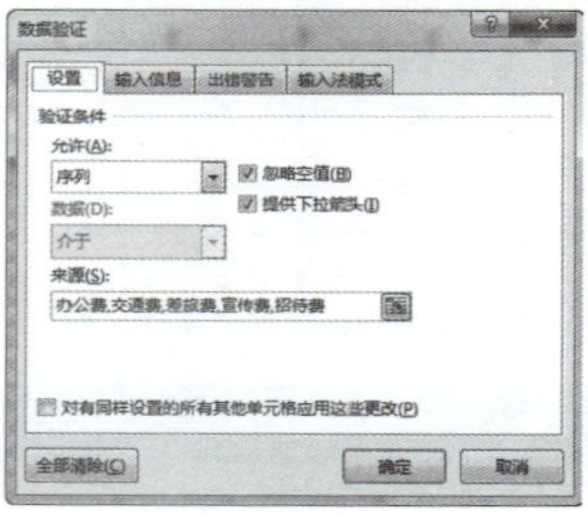

图7–14

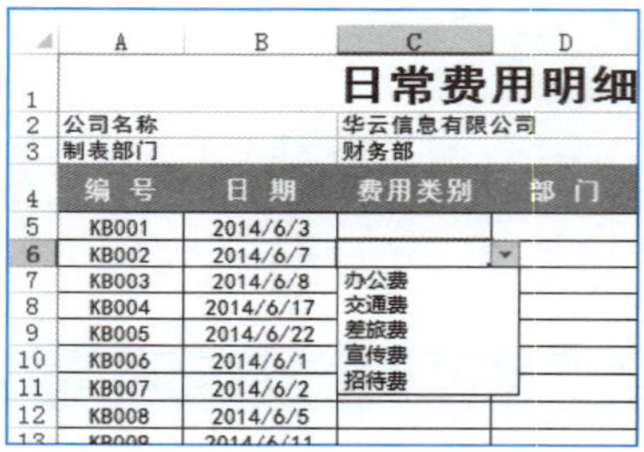

图7–15

步骤2：设置部门名称

1 选中“部门”列单元格区域，再次打开“数据验证”对话框，在“允许”下拉列表中选择“序列”，接着在“来源”文本框中输入“生产部,行政部,销售部,客服部,维修部”，如图7-16所示。

2 单击“输入信息”标签，在“标题”文本框中输入“请从下列列表中选择”，在“输入信息”文本框中输入“请从下拉列表中选择费用支出的部门！！”，如图7-17所示。

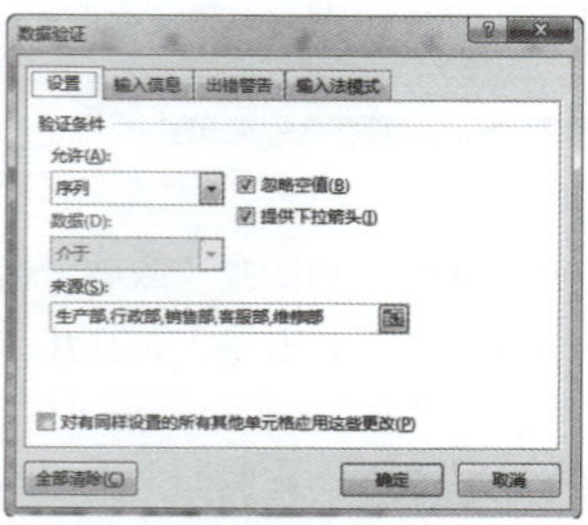

图7–16

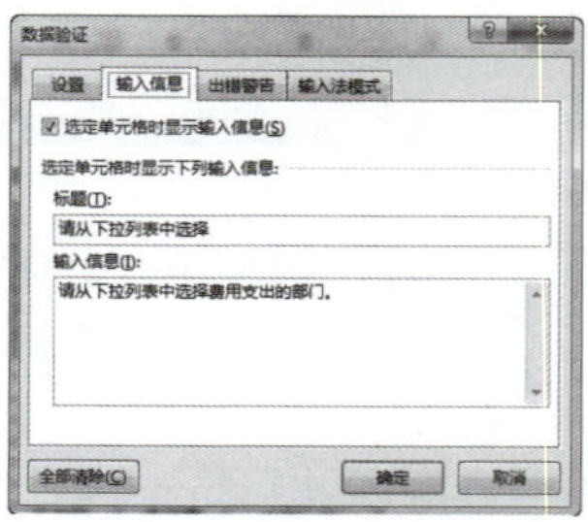

图7–17

3 单击“出错警告”标签，在“样式”下拉列表中选择“停止”，在“标题”文本框中输入“错误”，接着在“错误信息”文本框中输入“请输入正确部门”，单击“确定”按钮，如图7-18所示。

4 返回工作表，单击单元格区域任意单元格，会显示出提示信息，提示“请从下拉列表中选择费用支出的部门，如图7-19所示。

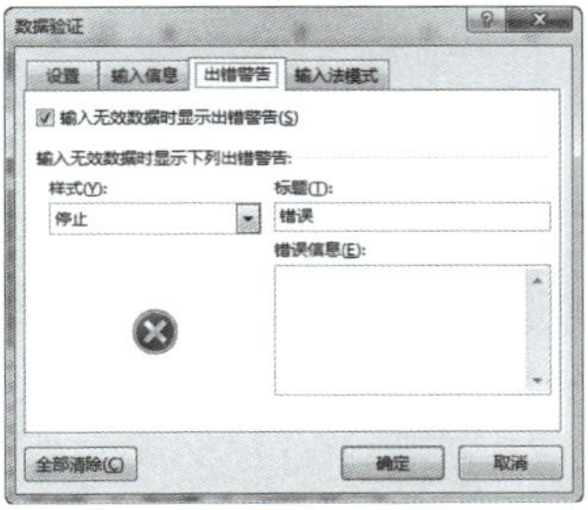

图7-18

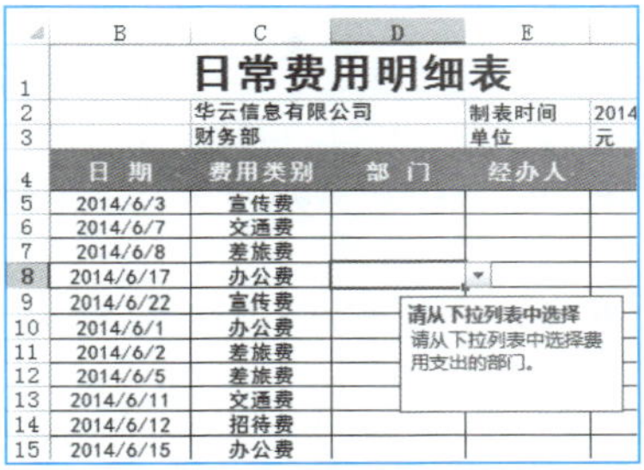

图7-19

5 如果在“部门”单元格中输入了下拉列表以外的内容，系统会自动弹出“错误”提示对话框，阻止错误信息的输入，如图7-20所示。

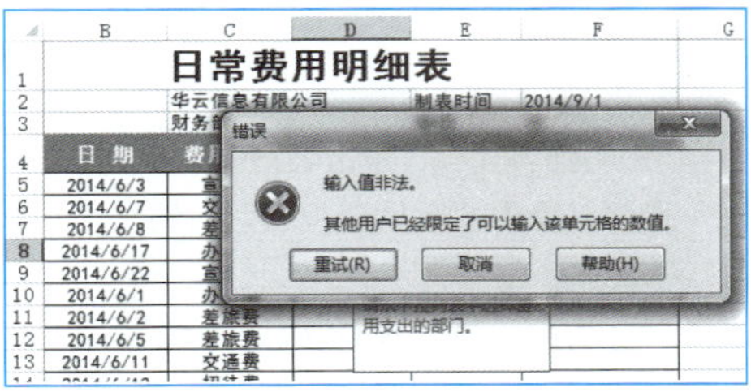

图7-20

6 按相同的方法设置“经办人”列标识下的单元格，并完善表格的输入，如图7-21所示。

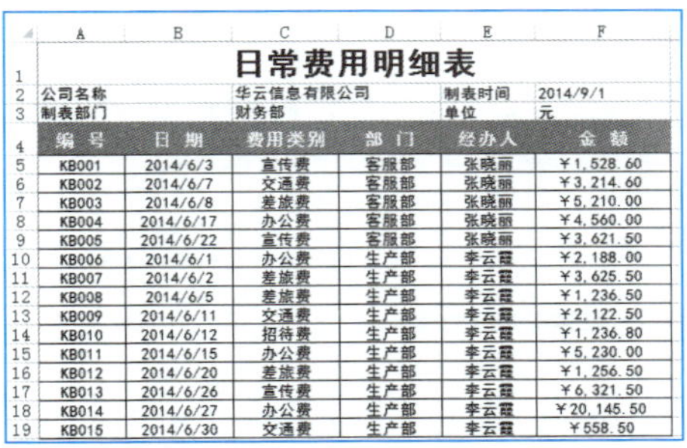

编号	日期	费用类别	部门	经办人	金额
KB001	2014/6/3	宣传费	客服部	张晓丽	￥1,528.60
KB002	2014/6/7	交通费	客服部	张晓丽	￥3,214.60
KB003	2014/6/8	差旅费	客服部	张晓丽	￥5,210.00
KB004	2014/6/17	办公费	客服部	张晓丽	￥4,560.00
KB005	2014/6/22	宣传费	客服部	张晓丽	￥3,621.50
KB006	2014/6/1	办公费	生产部	李云霞	￥2,188.00
KB007	2014/6/2	差旅费	生产部	李云霞	￥3,625.50
KB008	2014/6/5	差旅费	生产部	李云霞	￥1,236.50
KB009	2014/6/11	交通费	生产部	李云霞	￥2,122.50
KB010	2014/6/12	招待费	生产部	李云霞	￥1,236.80
KB011	2014/6/15	办公费	生产部	李云霞	￥5,230.00
KB012	2014/6/20	差旅费	生产部	李云霞	￥1,256.50
KB013	2014/6/26	宣传费	生产部	李云霞	￥6,321.50
KB014	2014/6/27	办公费	生产部	李云霞	￥20,145.50
KB015	2014/6/30	交通费	生产部	李云霞	￥558.50

图7-21

文件72　各费用类别支出次数统计表

利用数据透视表来对费用记录表进行分析，可以得到多种不同的统计结果。下面统计各费用类别支出次数，有了对这些统计数据的了解，则可以方便工作人员对后其日常费用支出的规划。

制作要点与设计效果图

- 数据透视表的创建
- 设置数据透视表字段
- 更改字段汇总方式

各费用类别支出次数统计表

行标签	支出次数
招待费	4
办公费	27
差旅费	13
宣传费	12
交通费	10
总计	66

文件设计过程

步骤1：插入数据透视表

❶ 打开“日常费用明细表”表，单击表格中任意单元格，切换到“插入”选项卡，在“表格”选项组单击“数据透视表”按钮（如图7-22所示），打开“创建数据透视表”对话框。

❷ 选中“选择一个表的区域”单选按钮，接着单击“表/区域”引用按钮，如图7-23所示。

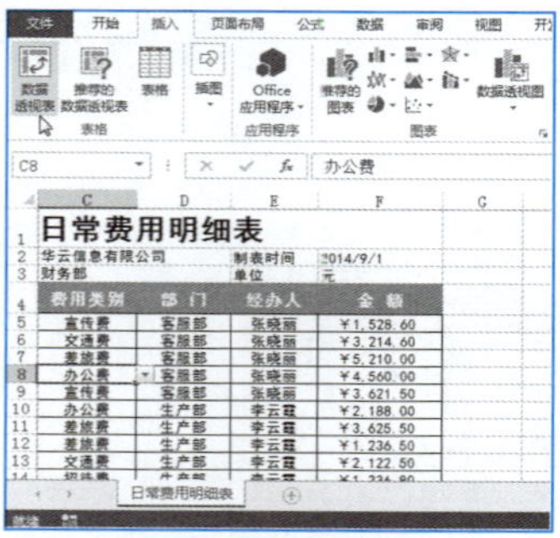

图7-22

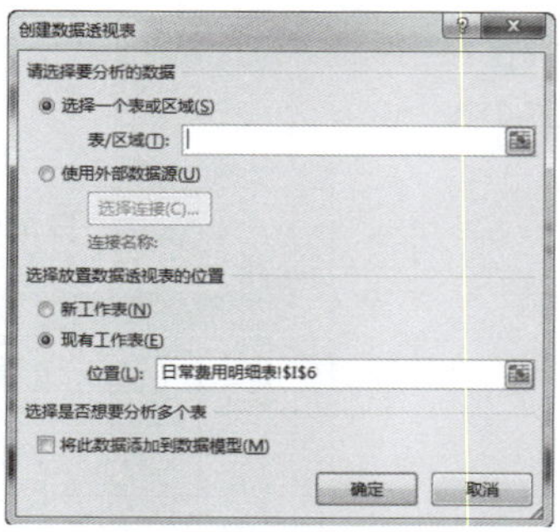

图7-23

❸ 在工作表中拖动鼠标选中A4:F70单元格区域，选中单元格区域后，再次单击“表/区域”引用按钮，如图7-24所示。

4 在“放置数据透视表的位置”区域单击选中“新工作表”单选按钮，单击“确定”按钮，如图7-25所示。

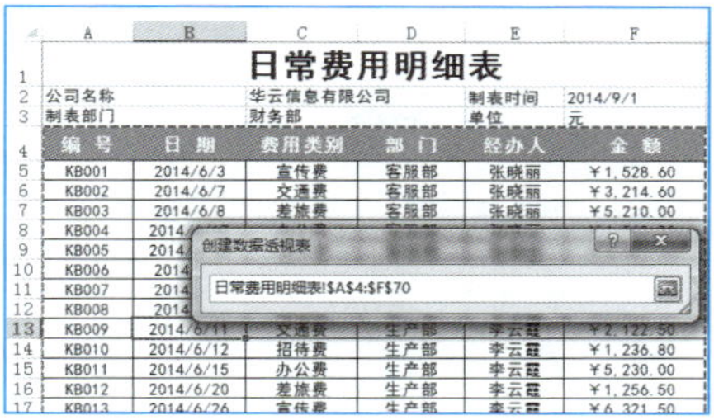

图7–24

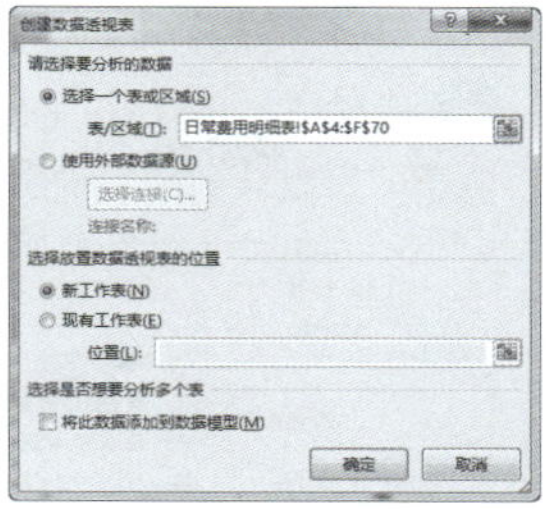

图7–25

5 Excel会自动在当前工作表的前面插入一个新工作表，并在该工作表中创建数据透视表模板，并显示“数据透视表字段列表”窗格，如图7-26所示。

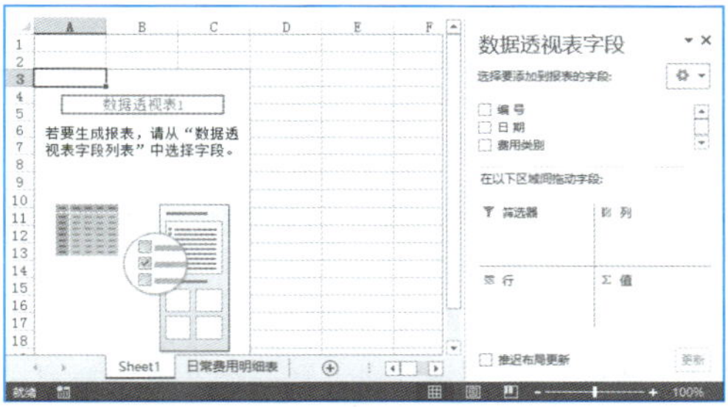

图7–26

步骤2：添加数据透视表字段

1 在“选择要添加的字段”列表框中选择“费用类别”复选框，系统会自动将它添加到“行”标签，如图7-27所示。

2 接着在列表框中选择“金额”复选框，系统会自动添加到“值”标签，此时在数据透视表中得到各费用类别统计情况，如图7-29所示。

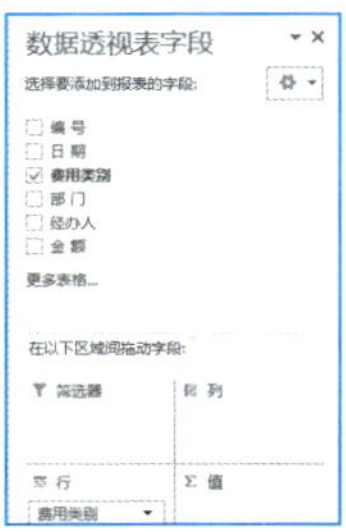

图7–27

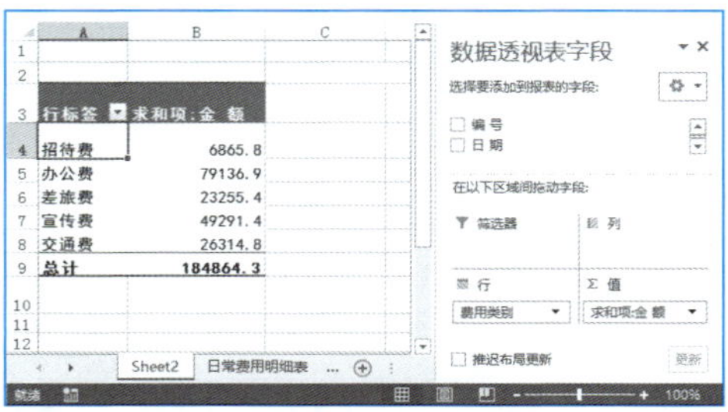

图7–28

步骤3：添加数据透视表字段

❶ 在“值”列表框中单击“金额”数值字段，打开下拉菜单，单击“值字段设置”命令（如图7-29所示），打开“值字段设置”对话框。

❷ 选择“汇总方式”标签，在列表中可以选择汇总方式，如此处单击“计数”，在“自定义名称”设置框中输入“支出次数”，如图7-30所示。

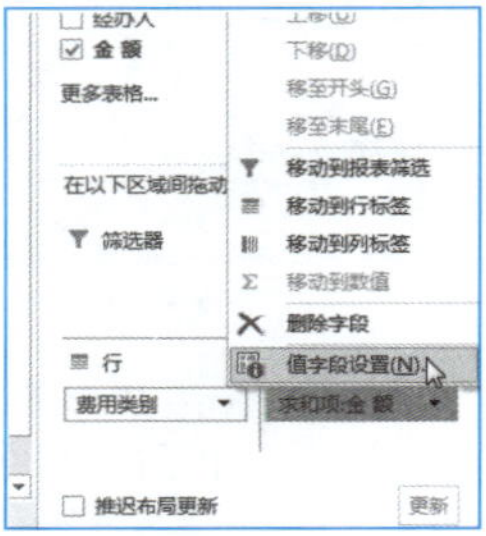

图7-29

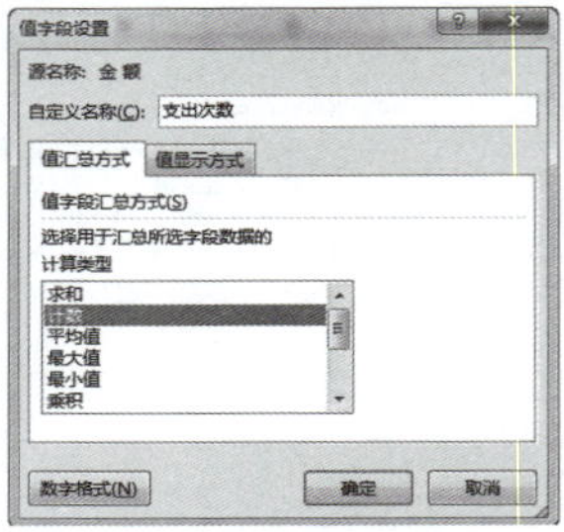

图7-30

❸ 单击“确定”按钮即可更改默认的求和汇总方式为计数，即统计出各个类别费用的支出次数。在数据透视表上方单元格输入表格标题“各费用类别支出次数统计表”，如图7-31所示。可以看出“办公费”费用支出次数最多。

	A	B	C
1	各费用类别支出次数统计表		
2			
3	行标签	支出次数	
4	招待费	4	
5	办公费	27	
6	差旅费	13	
7	宣传费	12	
8	交通费	10	
9	总计	66	

图7-31

文件73　各类别费用支出额占比

利用数据透视表的统计分析功能，可以统计出各种类别费用的总计值，同时也可以对各期费用支出额进行比较。

制作要点与设计效果图

- 创建数据透视表
- 创建数据透视图
- 应用图表样式

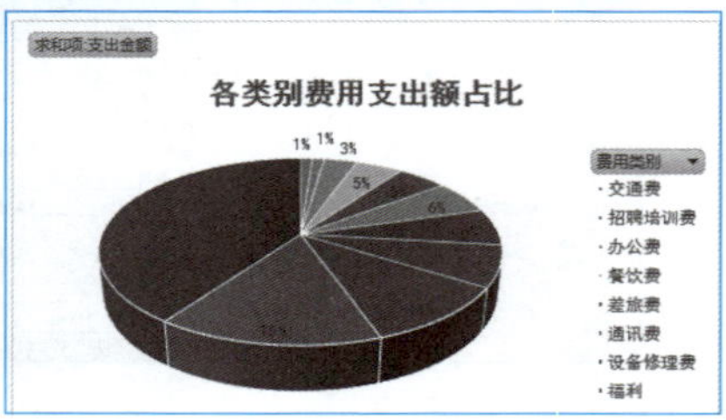

文件设计过程

步骤1：插入数据透视表

❶ 选中“费用支出记录表”表格中任意单元格区域。在“插入”选项卡下“表格”组中单击“数据透视表”按钮，如图7-32所示。

❷ 打开“创建数据透视表”对话框，在“选择一个表或区域”框中显示了当前要建立为数据透视表的数据源，如图7-33所示。

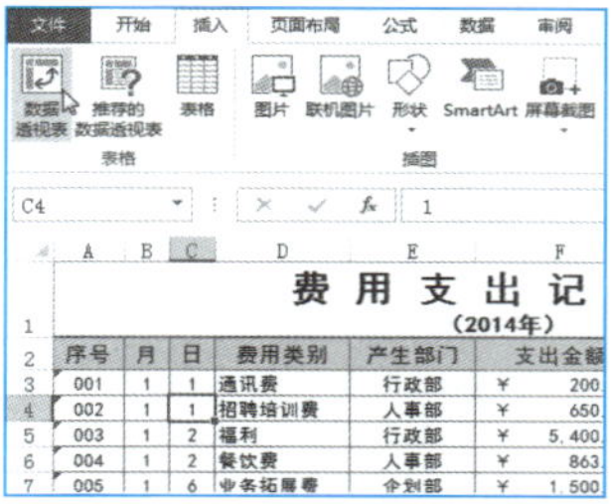

图7-32

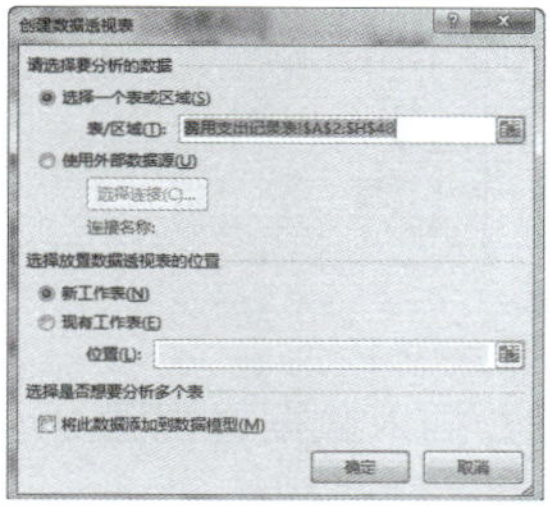

图7-33

❸ 单击“确定”按钮即可新建工作表显示出空白的数据透视表，在新建的工作表标签上双击鼠标，输入名称为“各类别费用支出统计”，如图7-34所示。

图7-34

❹ 在字段列表中选中“费用类别”字段，按住鼠标左键将其拖到“行标签”列表中；接着再选中“支出金额”字段，将其拖到“数值”列表中。数据透视表根据字段的设置相应的显示，如图7-35所示。

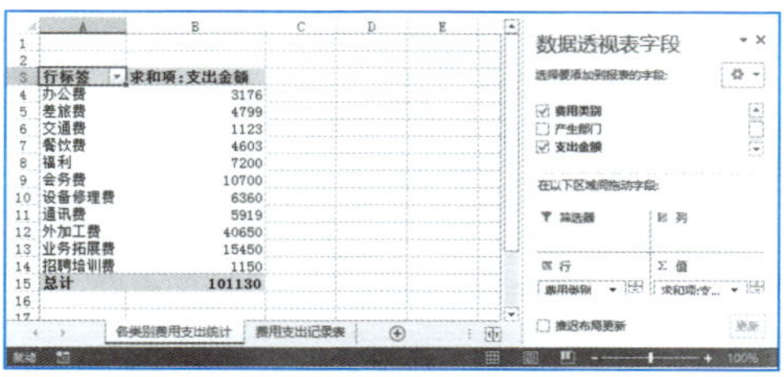

图7-35

5 选中“支出金额”列任意单元格，单击“数据”选项卡，在“排序和筛选”组中单击“升序”按钮（如图7-36所示），即可对各类别费用支出金额从小到大排序，如图7-37所示。

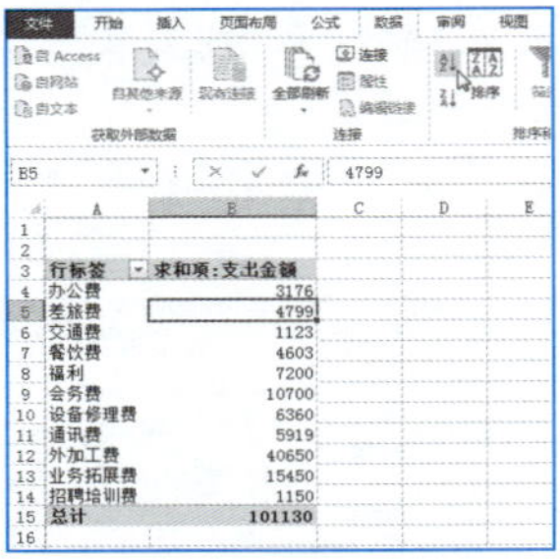

图7-36

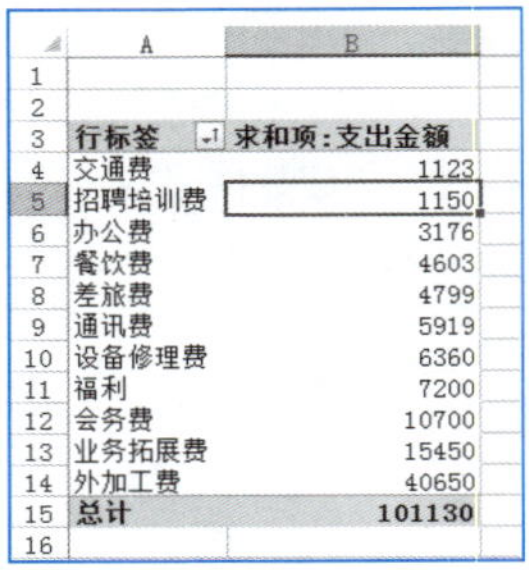

图7-37

步骤2：插入数据透视图

1 选中数据透视表任意单元格，单击“数据透视表工具”→“分析”选项卡，在“工具”组中单击“数据透视图”按钮，如图7-38所示。

2 打开“插入图表”对话框，选择图表类型，如图7-39所示。

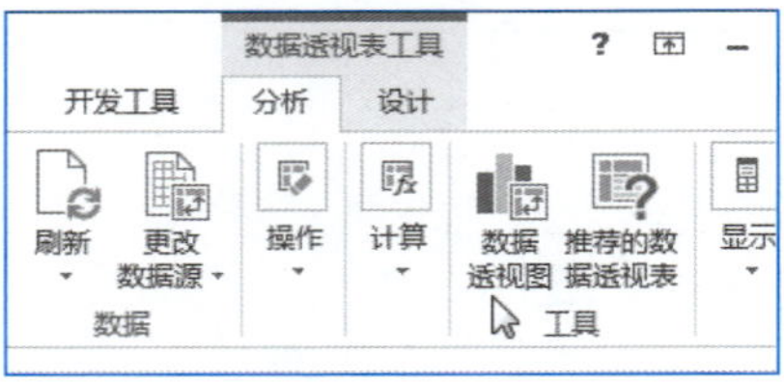

图7-38

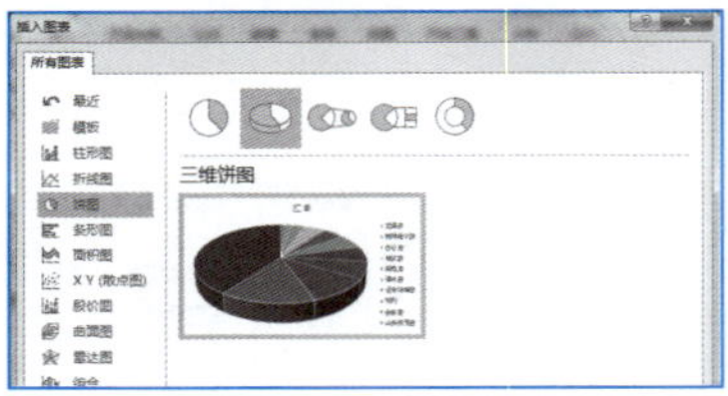

图7-39

3 单击“确定”按钮即可新建数据透视图，新建图表后，可以在图表标题编辑框中重新输入图表名称，如图7-40所示。

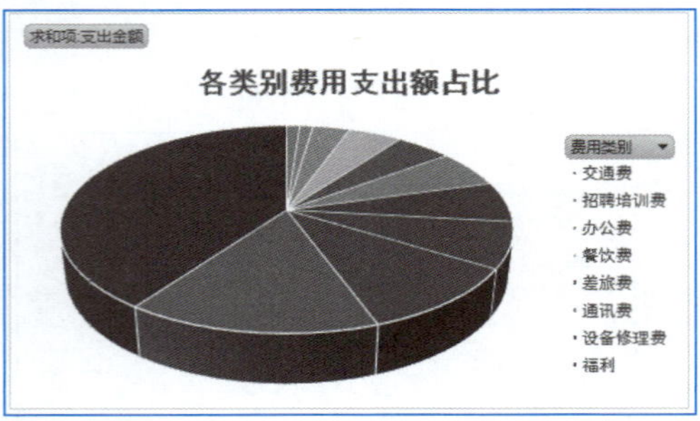

图7-40

4 选中图表，单击“图表元素”按钮，打开下拉菜单，单击“数据标签”右侧按钮，在子菜单中单击“更多选项”（如图7-41所示），打开“设置数据标签格式”窗格。

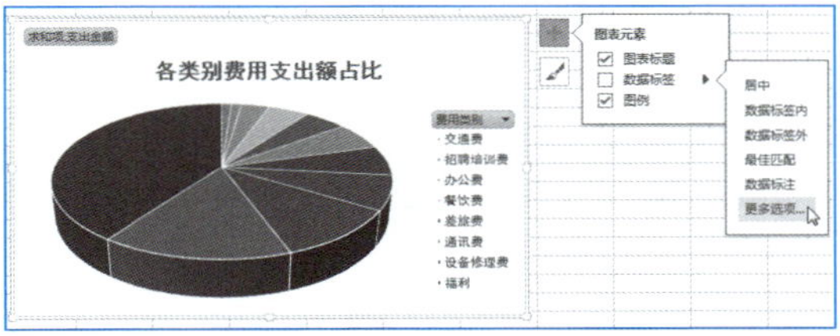

图7-41

5 在“标签包括”栏下选中要显示标签前的复选框，这里选中“百分比”（如图7-42所示），效果如图7-43所示。

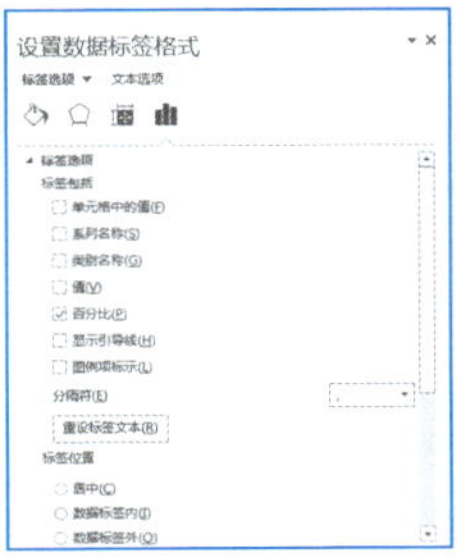

图7-42

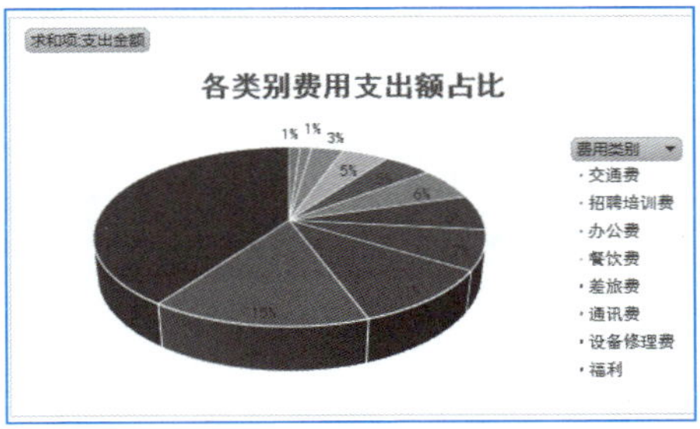

图7-43

文件74　各部门日常费用汇总表

在实际工作中，经常需要按照不同的部门来查看各月的日常费用数据，以便掌握和分析各个部门具体的日常费用情况。在Excel 2013中，可以使用数据透视表的功能，来显示动态的分类汇总表。

制作要点与设计效果图

- 数据透视表的创建
- 设置数据透视表字段
- 更改数据透视表的数据格式

各部门日常费用汇总表

公司名称　华云信息有限公司　单位：　元

求和项:金额	列标签					
行标签	招待费	办公费	差旅费	宣传费	交通费	总计
销售部	¥4,210.00	¥16,909.30		¥6,642.50	¥13,180.90	¥40,942.
行政部	¥456.00	¥3,601.80	¥526.00	¥15.50	¥6,520.00	¥11,119.
客服部		¥4,560.00	¥5,210.00	¥5,150.10	¥3,214.60	¥18,134.
生产部	¥2,199.80	¥38,482.00	¥8,300.90	¥7,557.50	¥2,681.00	¥59,221.
维修部		¥15,583.80	¥9,218.50	¥29,925.80	¥718.30	¥55,446.
总计	¥6,865.80	¥79,136.90	¥23,255.40	¥49,291.40	¥26,314.80	¥184,864.

文件设计过程

步骤1：插入数据透视表

❶ 打开“日常费用明细表”表，单击表格中任意单元格，切换到“插入”选项卡，在“表格”选项组单击“数据透视表”按钮（如图7-44所示），打开“创建数据透视表”对话框。

❷ 在对话框中设置数据引用的位置，以及数据透视表放置的位置，如图7-45所示。

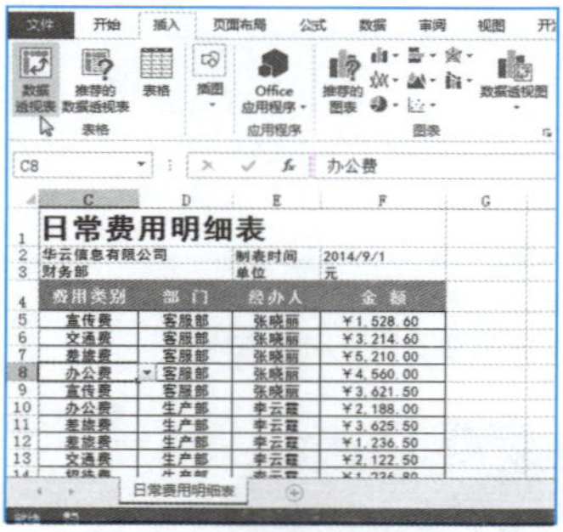

图7-44

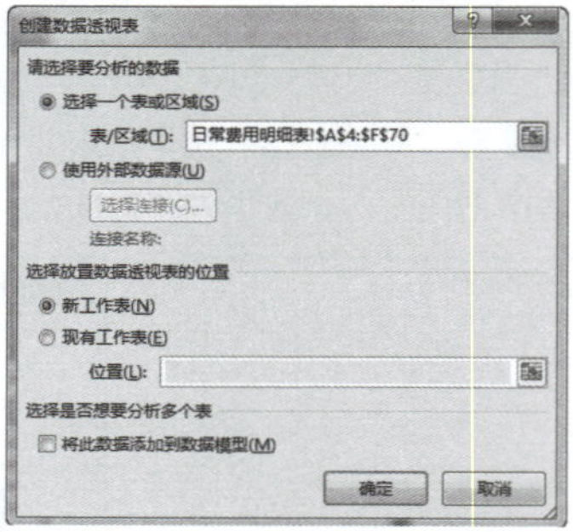

图7-45

❸ 单击“确定”按钮，Excel会自动在当前工作表的前面插入一个新工作表，并在该工作表中创建数据透视表模板，并显示“数据透视表字段列表”窗格，如图7-46所示。

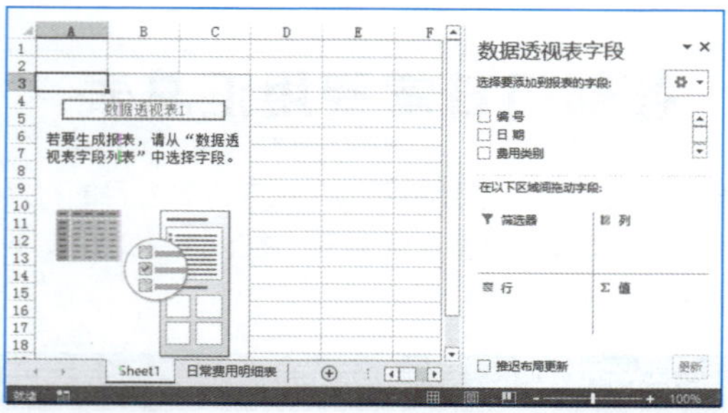

图7-46

步骤2：添加数据透视表字段

❶ 在“选择要添加的字段”列表框中选择“部门”复选框，系统会自动将它添加到“行”标签，如图7-47所示。

❷ 接着在列表框中选择“金额”复选框，系统会自动添加到“值”标签，

此时在数据透视表中得到各个部门的日常费用汇总情况，重命名工作表为“各部门日常费用汇总表”，如图7-48所示。

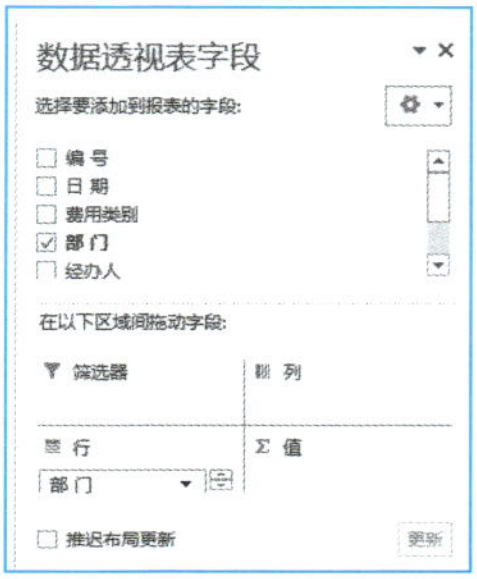

图7-47

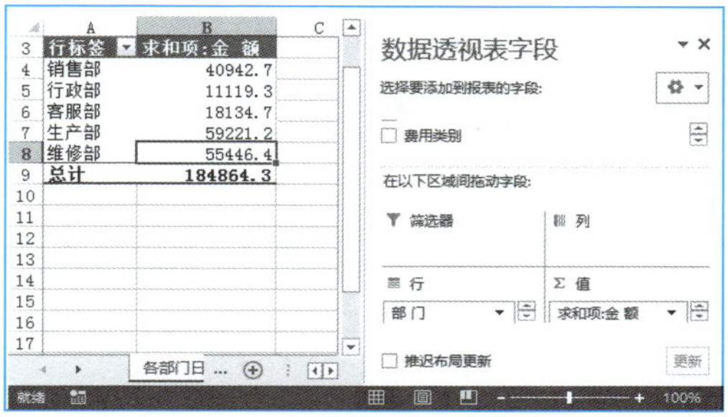

图7-48

步骤3：添加数据透视表列标签

1 在“数据透视表字段列表”窗格中选中“费用类别”字段，拖动字段至“列标签”区域，如图7-49所示。

图7-49

2 此时数据透视表中不仅显示了各部门的日常费用汇总，而且还分别显示了各部门日常费用情况，如图7-50所示。

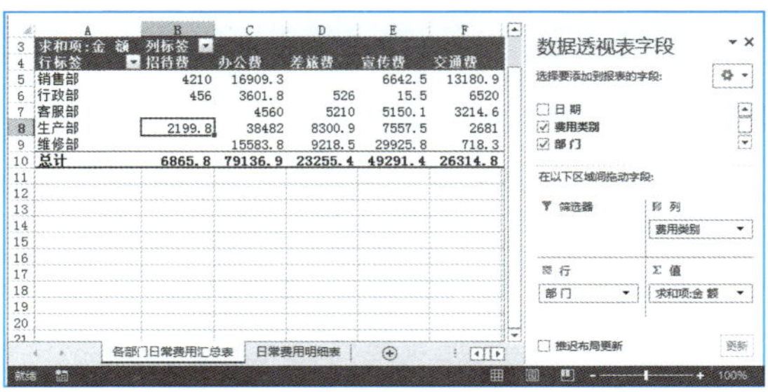

图7-50

步骤4：设置标题和数据格式

在数据透视表上方单元格输入表格标题“各部门日常费用汇总表”，接着将数据透视表中的数据设置“货币”格式，至此，各部门日常费用汇总表基本制作完成，如图7-51所示。

各部门日常费用汇总表

公司名称		华云信息有限公司			单位：	元
求和项:金 额	列标签					
行标签	招待费	办公费	差旅费	宣传费	交通费	总计
销售部	¥4,210.00	¥16,909.30		¥6,642.50	¥13,180.90	¥40,942.70
行政部	¥456.00	¥3,601.80	¥526.00	¥15.50	¥6,520.00	¥11,119.30
客服部		¥4,560.00	¥5,210.00	¥5,150.10	¥3,214.60	¥18,134.70
生产部	¥2,199.80	¥38,482.00	¥8,300.90	¥7,557.50	¥2,681.00	¥59,221.20
维修部		¥15,583.80	¥9,218.50	¥29,925.80	¥718.30	¥55,446.40
总计	¥6,865.80	¥79,136.90	¥23,255.40	¥49,291.40	¥26,314.80	¥184,864.30

图7–51

文件75　按月份分类汇总日常费用表

如果需要按月份来查看日常费用的使用情况，可以在创建的数据透视表中将日期字段添加到“行标签”区域，将费用名称字段添加到“列标签”区域。如果原始数据中的日期比较分散，可以使用数据透视表的“分组”功能，将日期按照月份进行分组。

制作要点与设计效果图

- 建立工作薄链接
- 使用外部数据源创建数据透视表
- 数据透视表分组功能的使用

按月份分类汇总日常费用表

公司名称		华云信息有限公司				单位：	元	
求和项:F6	列标签							
行标签	招待费	办公费	差旅费	宣传费	交通费	费用类别	(空白)	总计
⊞(空白)		2103.2					32044.7	34147.9
⊞6月	5446.8	39065.2	11328.5	18493.1	12415.6			86749.2
⊞7月		26669.3	9612.9	23063.8	13168.6			72514.6
⊞8月	1419	11299.2	2314	7734.5	730.6			23497.3
总计	6865.8	79136.9	23255.4	49291.4	26314.8		32044.7	216909

文件设计过程

步骤1：使用外部数据源创建数据透视表

❶ 新建工作簿，切换到“插入”选项卡，在“表格”选项组单击“数据透视表”按钮（如图7-52所示），打开“创建数据透视表”对话框，如图7-53所示。

❷ 选中“使用外部数据源”单选项，接着单击“选择链接”按钮，如图7-54所示。

❸ 打开“现有连接”对话框，单击对话框左下角的“浏览更多”按钮，如图7-55所示。

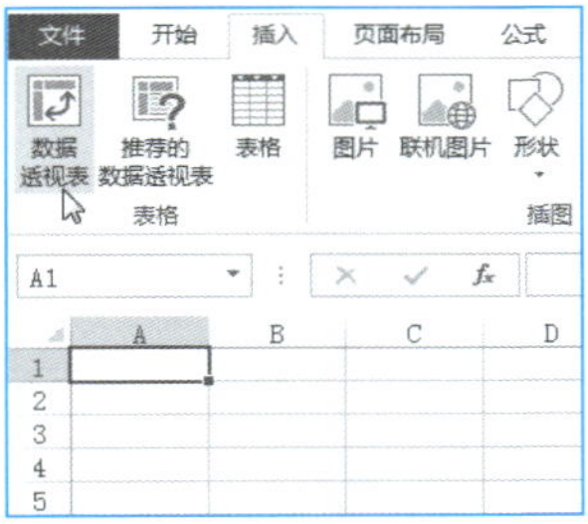

图7-52

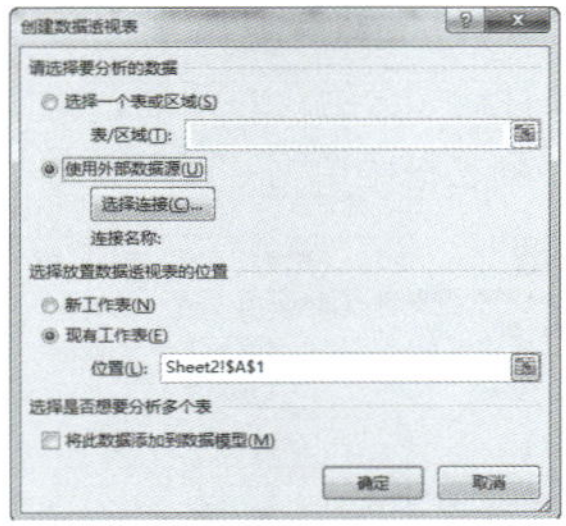

图7-53

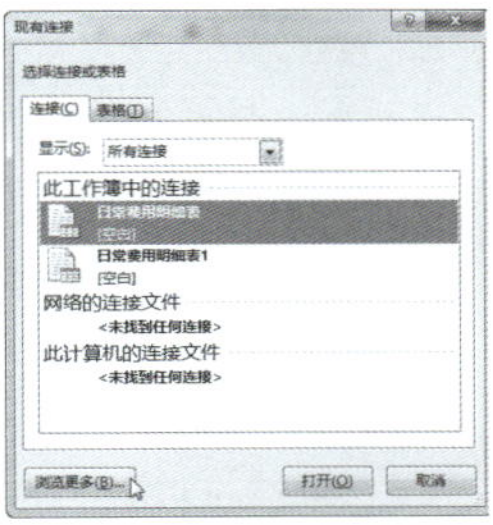

图7-54

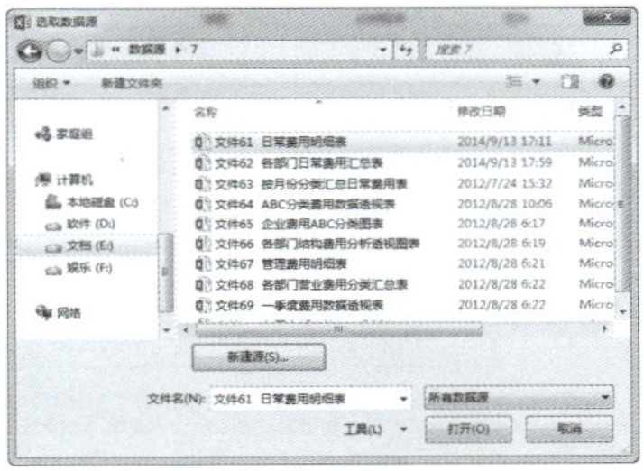

图7-55

4 打开“选择数据源”对话框，在电脑中找到需要选择的原始数据，单击“打开”按钮。

5 打开“选择表格”对话框，选中“日常费用明细表”工作表，单击“确定”按钮，如图7-56所示。

6 返回“工作簿连接”对话框，此时“日常费用明细表”工作簿会显示在该对话框中，设置数据透视表放置的位置，单击“确定”按钮，如图7-57所示。

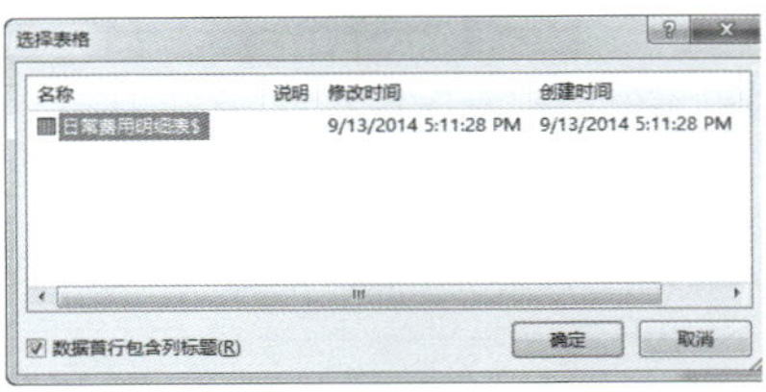

图7-56

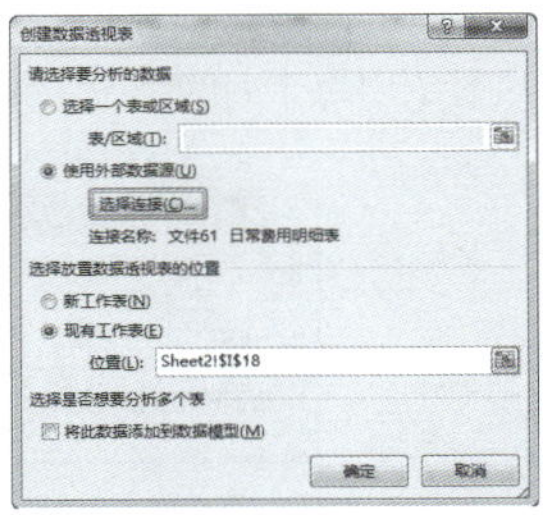

图7-57

步骤2：将所选内容分组

1 返回工作表中，即可使用外部数据源创建数据透视表，将需要分析的字段拖动至数据透视表行列标签中，选中“行标签”列字段，单击“数据透视表工具”→“分析”选项卡，在“分组”选项组单击“组选择”按钮，如图7-58所示。

❷ 打开“分组”对话框，在“终止于”设置框中输入“2014-8-31”接着在“步长”列表框中单击“月”，单击“确定”按钮，如图7-59所示。

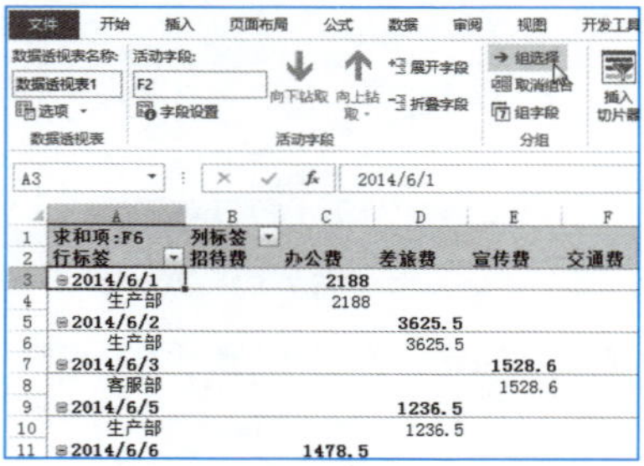

图7-58

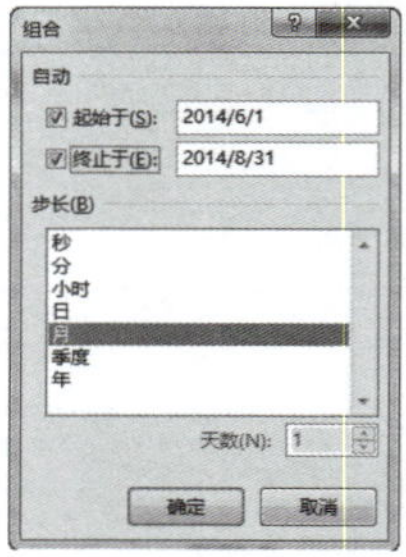

图7-59

❸ 返回工作表中，系统会将“月份”字段按月分为三组，即将所有的销售日期分组为每个月的销售综合，如图7-60所示。

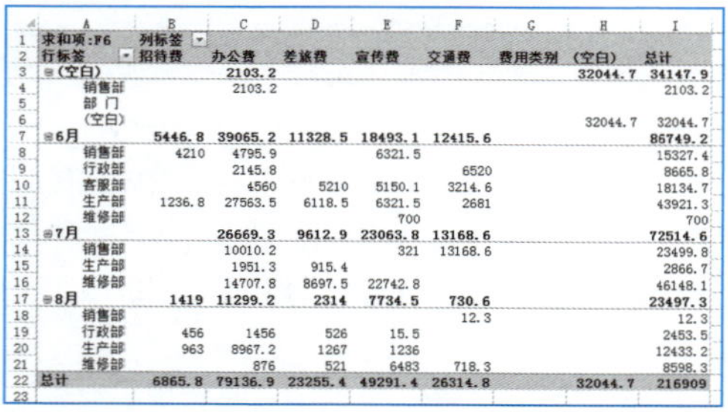

求和项:F6	列标签							
行标签	招待费	办公费	差旅费	宣传费	交通费	费用类别	（空白）	总计
⊟（空白）		2103.2					32044.7	34147.9
销售部		2103.2						2103.2
部 门								
（空白）							32044.7	32044.7
⊟6月	5446.8	39065.2	11328.5	18493.1	12415.6			86749.2
销售部	4210	4795.9		6321.5				15327.4
行政部		2145.8			6520			8665.8
客服部		4560	5210	5150.1	3214.6			18134.7
生产部	1236.8	27563.5	6118.5	6321.5	2681			43921.3
维修部				700				700
⊟7月		26669.3	9612.9	23063.8	13168.6			72514.6
销售部		10010.2		321	13168.6			23499.8
生产部		1951.3	915.4					2866.7
维修部		14707.8	8697.5	22742.8				46148.1
⊟8月	1419	11299.2	2314	7734.5	730.6			23497.3
销售部					12.3			12.3
行政部	456	1456	526	15.5				2453.5
生产部	963	8967.2	1267	1236				12433.2
维修部		876	521	6483	718.3			8598.3
总计	6865.8	79136.9	23255.4	49291.4	26314.8		32044.7	216909

图7-60

❹ 单击日期前面的折叠按钮⊟，将其变为⊞按钮，即可将明细数据隐藏起来，只显示出每个月的情况，如图7-61所示。

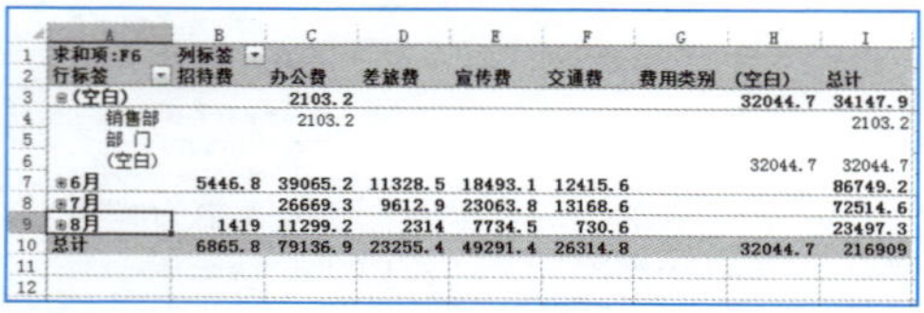

求和项:F6	列标签							
行标签	招待费	办公费	差旅费	宣传费	交通费	费用类别	（空白）	总计
⊟（空白）		2103.2					32044.7	34147.9
销售部		2103.2						2103.2
部 门								
（空白）							32044.7	32044.7
⊞6月	5446.8	39065.2	11328.5	18493.1	12415.6			86749.2
⊞7月		26669.3	9612.9	23063.8	13168.6			72514.6
⊞8月	1419	11299.2	2314	7734.5	730.6			23497.3
总计	6865.8	79136.9	23255.4	49291.4	26314.8		32044.7	216909

图7-61

步骤3：美化数据透视表

❶ 选中数据透视表任意单元格，单击“数据透视表工具”→“设计”选项卡，在“数据透视表样式”组中可以选择套用的样式，单击右侧的“其他”（如图7-62所示），即可打开下拉菜单，有多种样式可供选择，如图7-63所示。

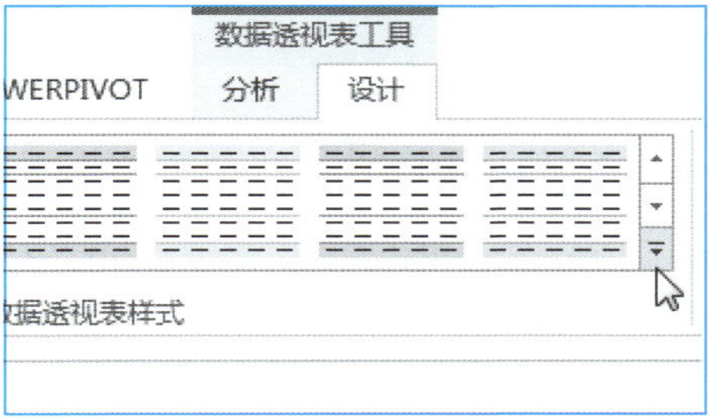

图7-62

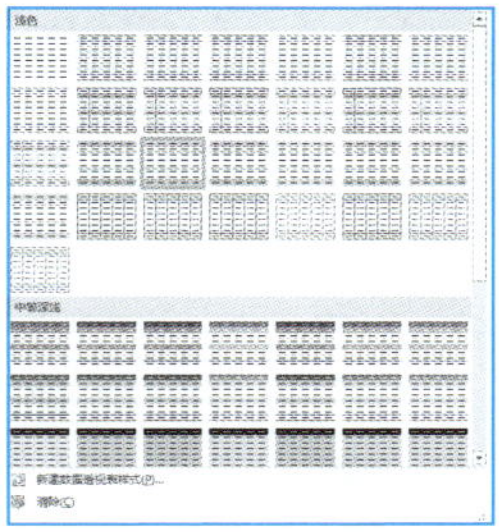

图7-63

❷ 选中图表样式后，返回工作表中，即可为选中的数据透视表应用样式，达到美化的效果，为数据透视表添加表头，得到最终效果，如图7-64所示。

	A	B	C	D	E	F	G	H	I
1	按月份分类汇总日常费用表								
2	公司名称		华云信息有限公司				单位：	元	
3									
4	求和项:F6	列标签							
5	行标签	招待费	办公费	差旅费	宣传费	交通费	费用类别	(空白)	总计
6	⊞(空白)		2103.2					32044.7	34147.9
7	⊞6月	5446.8	39065.2	11328.5	18493.1	12415.6			86749.2
8	⊞7月		26669.3	9612.9	23063.8	13168.6			72514.6
9	⊞8月	1419	11299.2	2314	7734.5	730.6			23497.3
10	总计	6865.8	79136.9	23255.4	49291.4	26314.8		32044.7	216909
11									
12									

图7-64

文件76　ABC分类费用数据透视表

ABC分类法是指将企业的可控费用分为ABC三类：A类费用为项目少但金额大的费用，B类费用为仅次于A类费用的项目，而C类费用管理则与A类费用相反，项目较多但金额较少。通过使用数据透视表对ABC分类表进行分析，可以更清楚地知道企业各类费用的划分标准，以及各类费用所占可控费用的比例。

制作要点与设计效果图

- 创建数据透视表
- 应用透视表样式

ABC分类费用数据透视表

公司名称　华云信息有限公司　单位：元

行标签	求和项:占可控费用的比例	求和项:项目累计百分比
⊟A类费用	68.28%	4.44%
办公费	9.22%	0.48%
差旅费	7.05%	0.79%
车辆费用	7.89%	0.64%
低值易耗品摊销	6.09%	0.95%
会议费	5.43%	1.11%
业务招待费	18.11%	0.16%
支付物流费	14.49%	0.32%
⊟B类费用	22.09%	10.00%
包装费	4.14%	1.59%
水电费	2.10%	2.06%
销售管理和打假经费	2.59%	1.91%
修理费（除车辆修理）	3.81%	1.75%
宣传费	4.30%	1.43%
运输费用	5.14%	1.27%
⊞C类费用	9.63%	85.56%
总计	100.00%	100.00%

文件设计过程

步骤1：创建数据透视表

❶ 打开“商品流通费用明细表”，选中行列标识下任意单元格，切换到“插入”选项卡，在“表格”选项组单击“数据透视表”按钮（如图7-65所示），打开“创建数据透视表”对话框，如图7-66所示。

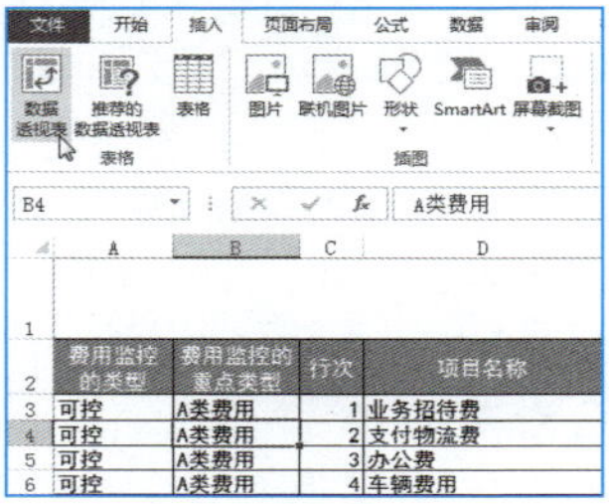

图7-65

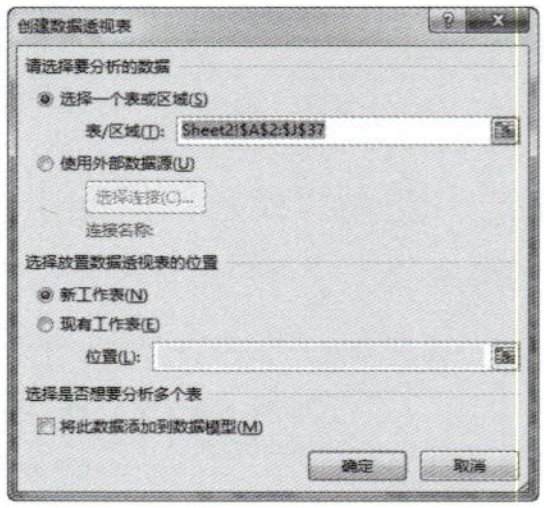

图7-66

❷ 系统会自动将表格区域添加到“表、/区域”文本框中，在“选择放置数据透视表的位置”列表中选中“新工作表”单选按钮，单击“确定”按钮。

❸ 系统会自动在当前工作表前面插入一个新工作表，并在该工作表中创建数据透视表模板，同时显示“数据透视表字段列表”窗格，如图7-67所示。

❹ 将“费用监控的重点类型”和“项目名称”字段添加到“列”字段（如图7-68所示），接着将“占可控费用比例”和“项目累计百分比”添加到“数值”字段，此时数据透视表中会显示出添加字段后的数据，如图7-69所示。

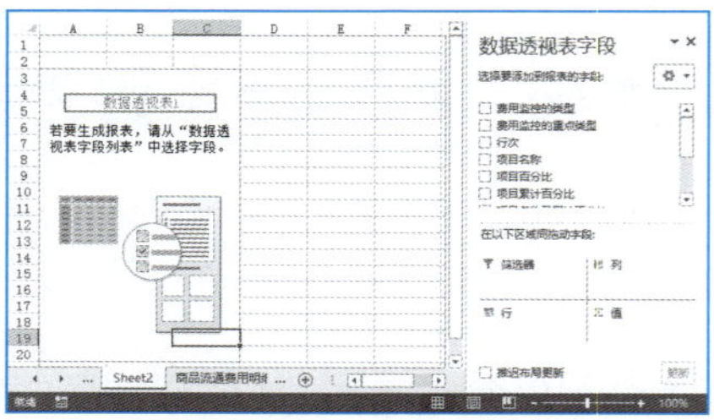

图7-67

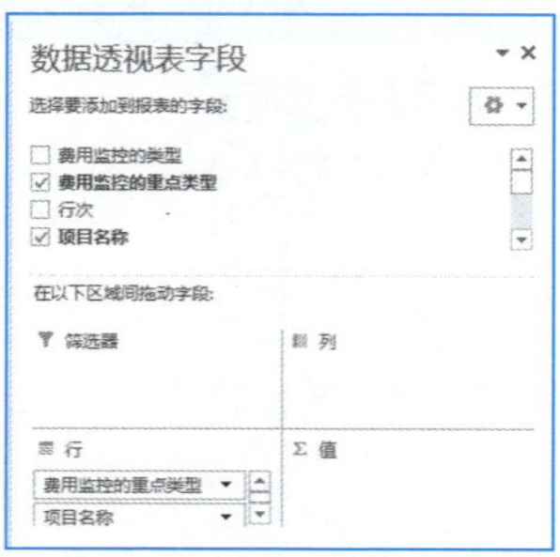

图7-68

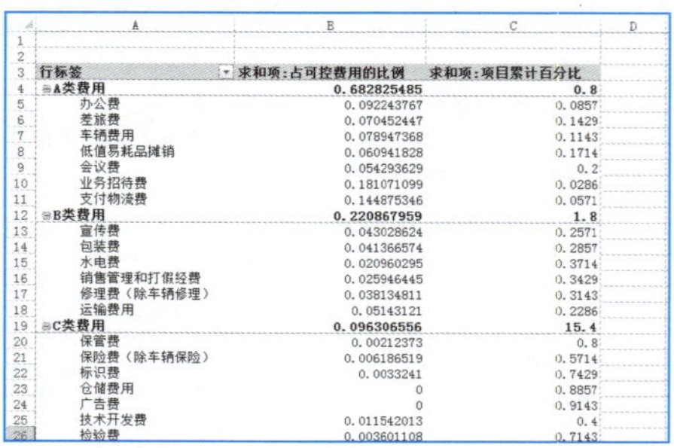

图7-69

步骤2：更改值字段显示样式

❶ 单击“求和项：占可控费用比例”字段右侧下拉按钮，在其下拉列表中单击“值字段设置”命令，如图7-70所示。

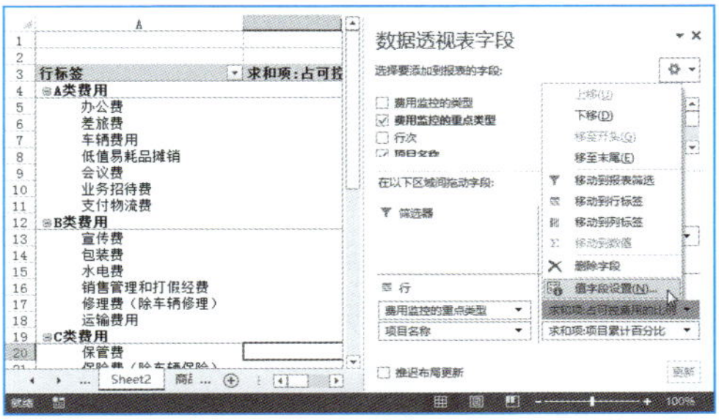

图7-70

❷ 打开“值字段设置”对话框，选中“值显示方式”标签，单击“值显示方式”下设置框下拉按钮，在下拉列表中单击“总计百分比”（如图7-71所示），单击“确定”按钮。

❸ 按相同的方法设置“求和项：项目累计百分比”值显示方式，如图7-72所示。

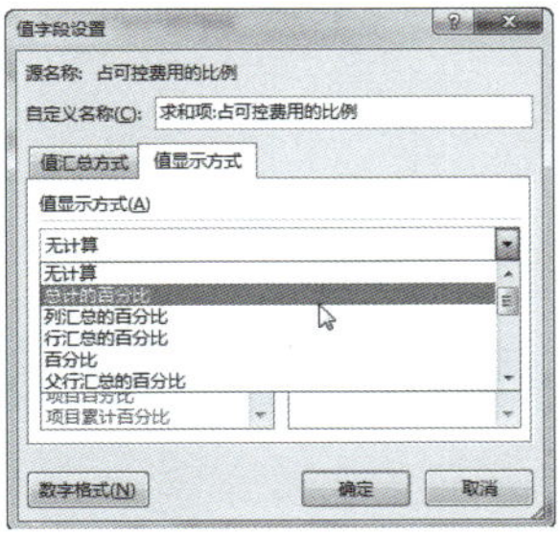

图7-71

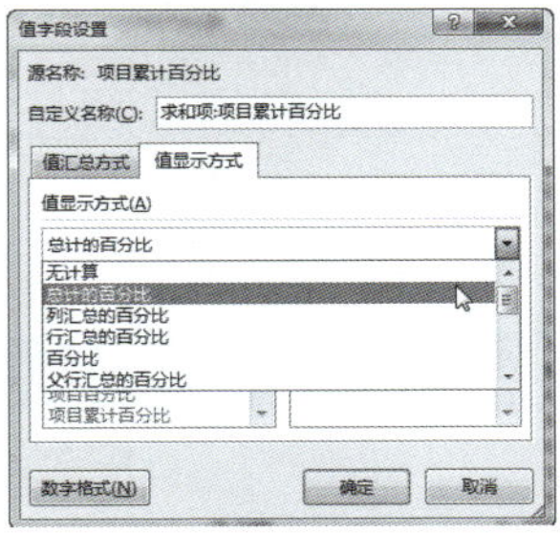

图7-72

❹ 设置完成后，返回工作表中，可以看到数字格式为百分比格式，并且保留两位小数，如图7-73所示。

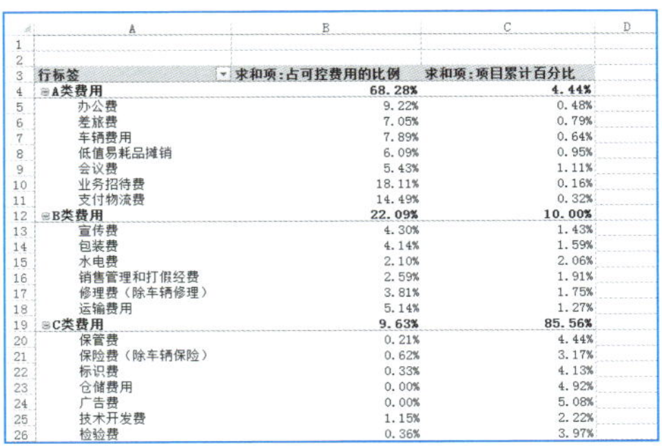

行标签	求和项：占可控费用的比例	求和项：项目累计百分比
⊟A类费用	68.28%	4.44%
办公费	9.22%	0.48%
差旅费	7.05%	0.79%
车辆费用	7.89%	0.64%
低值易耗品摊销	6.09%	0.95%
会议费	5.43%	1.11%
业务招待费	18.11%	0.16%
支付物流费	14.49%	0.32%
⊟B类费用	22.09%	10.00%
宣传费	4.30%	1.43%
包装费	4.14%	1.59%
水电费	2.10%	2.06%
销售管理和打假经费	2.59%	1.91%
修理费（除车辆修理）	3.81%	1.75%
运输费用	5.14%	1.27%
⊟C类费用	9.63%	85.56%
保管费	0.21%	4.44%
保险费（除车辆保险）	0.62%	3.17%
标识费	0.33%	4.13%
仓储费用	0.00%	4.92%
广告费	0.00%	5.08%
技术开发费	1.15%	2.22%
检验费	0.36%	3.97%

图7-73

5 选中数据透视表，在“数据透视表样式”选项组单击按钮，在其下拉列表中选择一种适合的数据透视表样式，返回工作表中，隐藏“C类费用”为数据透视表添加表头信息，达到最终效果，如图7-74所示。

ABC分类费用数据透视表

公司名称	华云信息有限公司	单位：元
行标签	求和项：占可控费用的比例	求和项：项目累计百分比
A类费用	68.28%	4.44%
办公费	9.22%	0.48%
差旅费	7.05%	0.79%
车辆费用	7.89%	0.64%
低值易耗品摊销	6.09%	0.95%
会议费	5.43%	1.11%
业务招待费	18.11%	0.16%
支付物流费	14.49%	0.32%
B类费用	22.09%	10.00%
包装费	4.14%	1.59%
水电费	2.10%	2.06%
销售管理和打假经费	2.59%	1.91%
修理费（除车辆修理）	3.81%	1.75%
宣传费	4.30%	1.43%
运输费用	5.14%	1.27%
C类费用	9.63%	85.56%
总计	100.00%	100.00%

图7-74

文件77 企业管理费用ABC分类图表

除了使用数据透视表来分析企业ABC费用分类外，还可以选择创建图表的方式来直观的显示ABC分类数据。在创建图表时，可以选择“带数据点折线图”，来直观地显示出数据。

制作要点与设计效果图

- 创建带数据点的折线图
- 添加数据系列
- 设置数据系列格式
- 设置绘图区填充效果

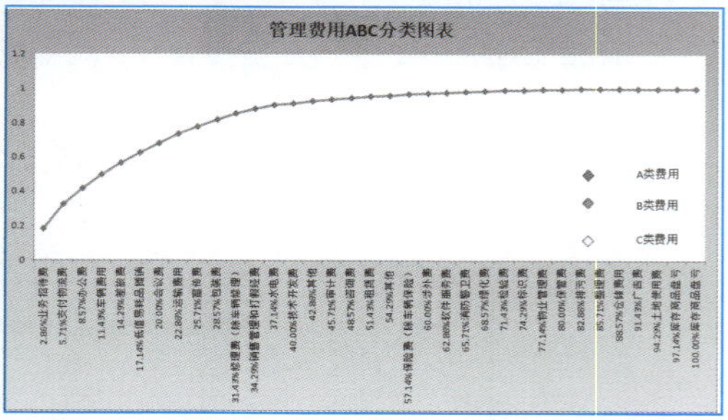

文件设计过程

步骤1：创建空白图表模板

1 插入新工作表，重命名为“ABC分类图表”，切换到“插入”选项卡，在“图表”选项组单击“插入折线图”按钮，在其下拉列表中选择“带数据标记的折线图”图表类型，如图7-75所示。

❷ 系统会在工作表中创建一个空白图表，如图7-76所示。

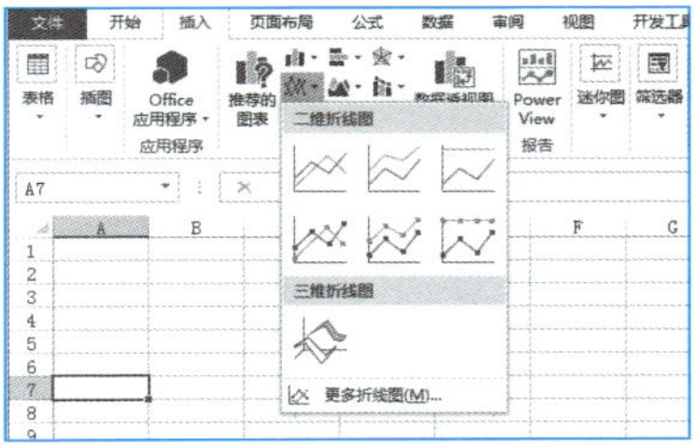

图7-75

图7-76

步骤2：添加数据系列

❶ 选中图表，单击“图表工具”→“设计”选项卡，在“数据”选项组单击“选择数据”按钮，打开“选择数据源”对话框，如图7-77所示。。

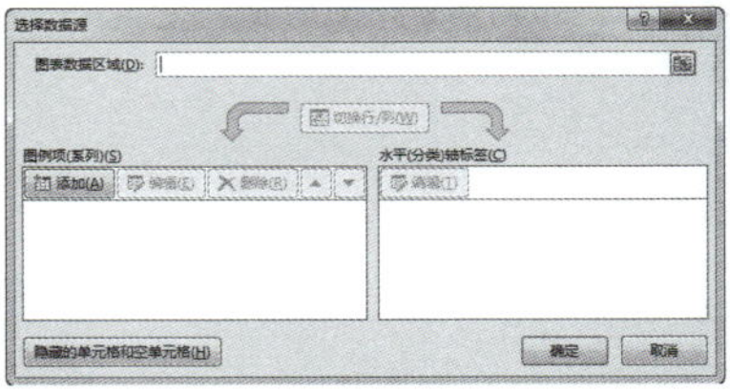

图7-77

❷ 在“图例项(系列) ”列表中单击“添加”按钮，打开“编辑数据系列”对话框，设置“系列名称为”商品流通明细表中的J2单元格，设置“系列值”为J3:J37单元格区域，单击“确定”按钮，如图7-78所示。

❸ 返回“选择数据源”对话框中，单击“水平(分类)轴标签”下“编辑”按钮，如图7-79所示。

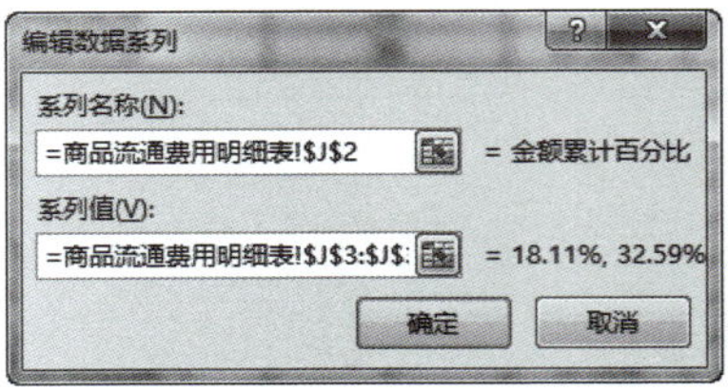

图7-78

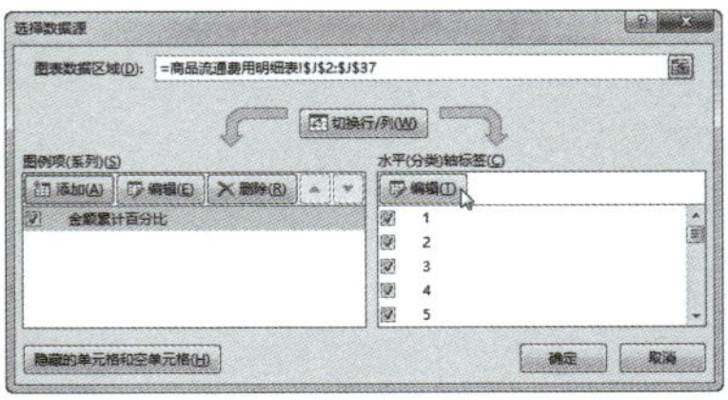

图7-79

❹ 打开“轴标签”对话框，在商品流通明细表中选中G3:G37单元格区域，返回“轴标签”对话框，单击“确定”按钮，如图7-80所示。

❺ 返回“选择数据源”对话框中，此时选择的单元格区域的内容会显示在列表中，单击“确定”按钮，如图7-81所示。

❻ 返回工作表中，系统会根据选择的数据源为图表中添加数据系列，并显示数据系列的趋势，如图7-82所示。

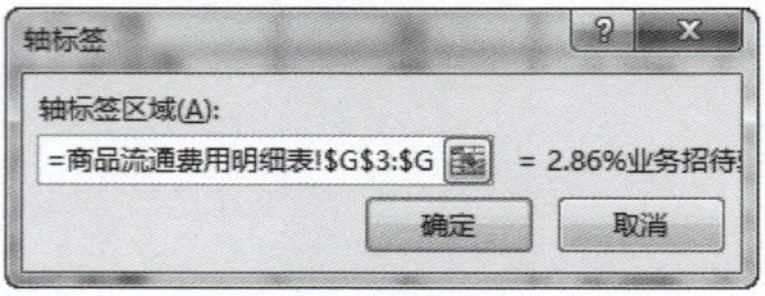

图7–80

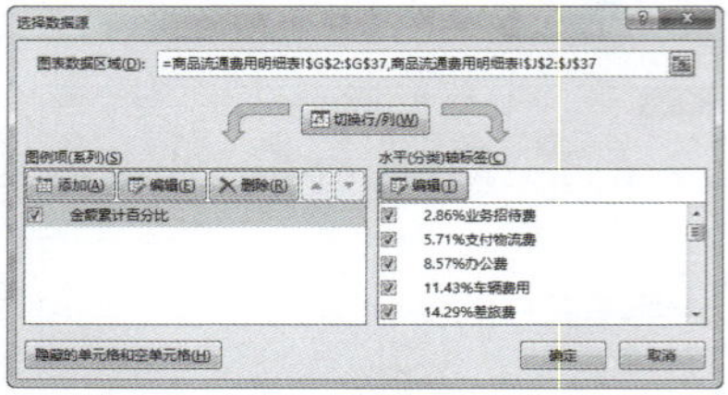

图7–81

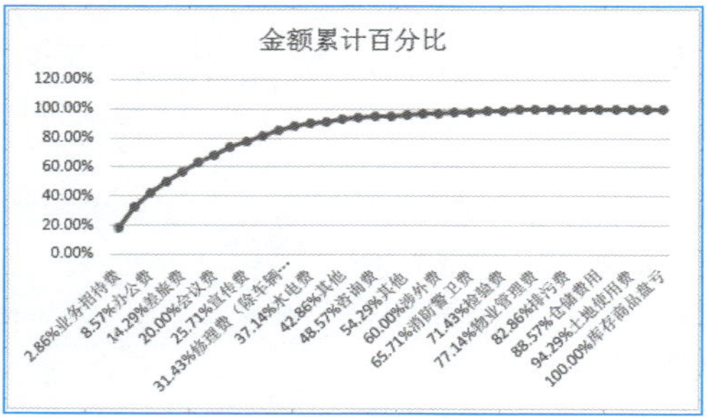

图7–82

步骤3：更改图表大小

返回图表中，即可隐藏图例，将鼠标光标置于图表的任意角上，当指针变为斜向的双箭头时，拖动鼠标，更改图表大小，如图7-83所示。

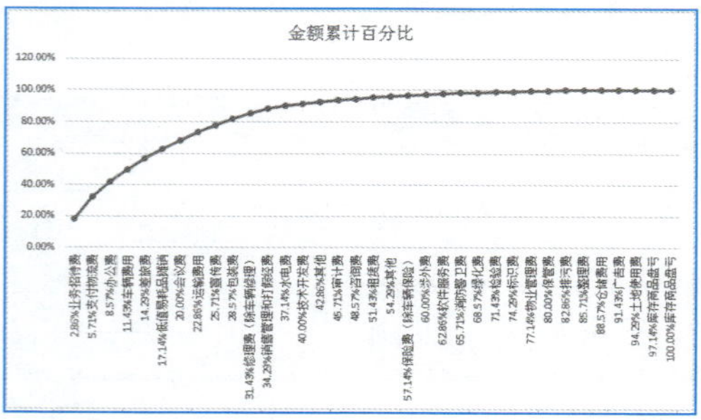

图7–83

步骤4：设置填充形状

❶ 选中数据系列，单击“图表工具”→“格式”选项卡，在“形状样式”选项组单击“形状填充”按钮，在其下拉列表中选择“红色”，如图7-84所示。

❷ 接着单击“形状轮廓”下拉按钮，在其下拉列表中选择数据系列的轮廓颜色，比如“绿色”，即可设置数据系列的效果，如图7-85所示。

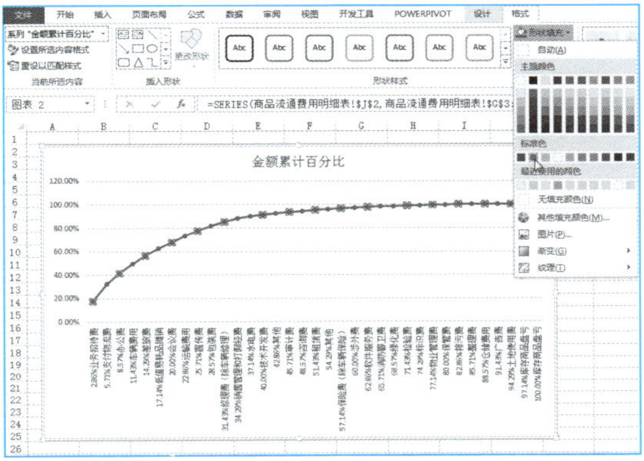

图7-84

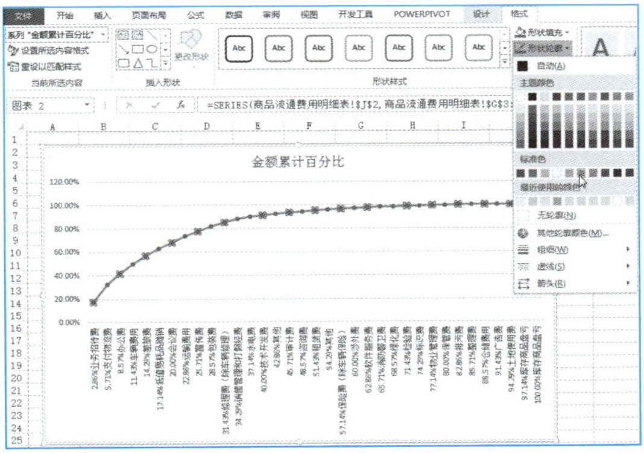

图7-85

3 编辑图表标题，并在图表右下方设置三个菱形和三个文本框，将形状填充为与数据标签相同的三种颜色，在文本框中分别输入“A类费用”、“B类费用”和“C类费用”，如图7-86所示。

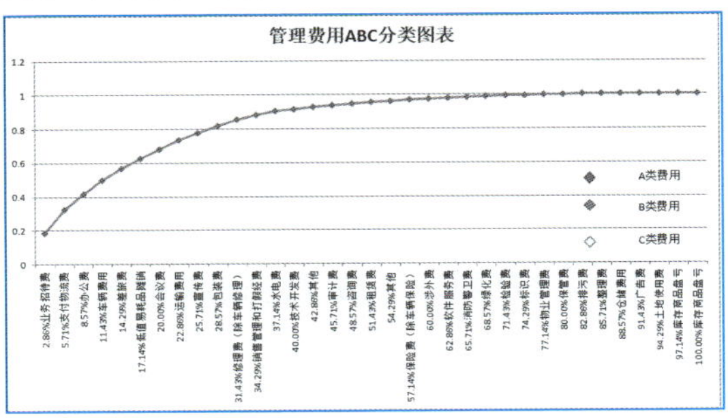

图7-86

步骤5：隐藏网格线

选中图表，单击“图表元素”按钮，打开下拉菜单，取消“网络线”复选框的选中状态，即可隐藏网格线，如图7-87所示。

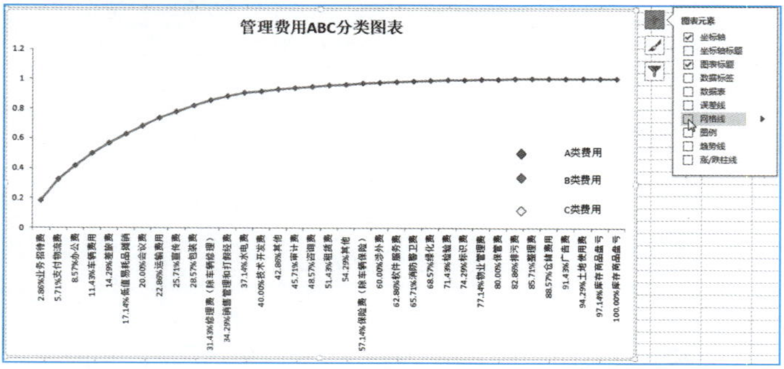

图7-87

步骤6：设置绘图区填充颜色

选中图表，在设置绘图区颜色为渐变填充，并保留默认的渐变填充格式，并重新更改图表标题，如图7-88所示。

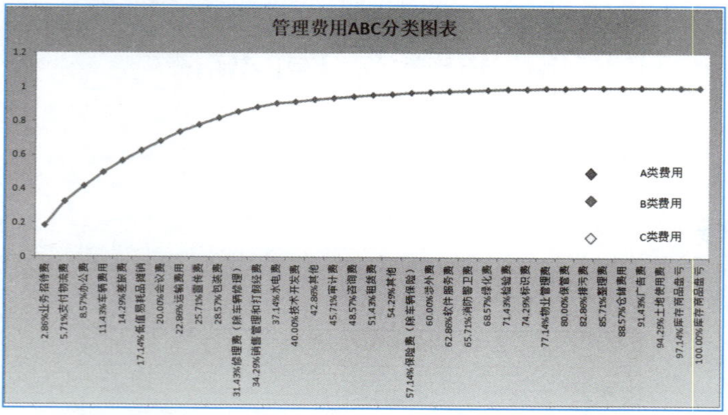

图7-88

文件78　各项费用月支出比较图

为了解各项费用的支出情况，可以在统计日常费用之后，使用迷你图分析每个月各项费用支出情况。

制作要点与设计效果图

- 创建迷你图
- 更改迷你图颜色
- 标出高点

部门　（全部）

求和项:支出金额 行标签	列标签 3月	4月	5月	总计
财务费	780	834	990	2604
管理费	1850	4223	1270	7343
营业费	600	1169	670	2439
总计	**3230**	**6226**	**2930**	**12386**

文件设计过程

步骤1：创建表格

1 选中数据区域的任意单元格。单击“插入”选项卡，在“表格”选项组单击“数据透视表”按钮（如图7-89所示），打开“创建数据透视表”对话框。

2 在对话框中选择要分析数据的来源及数据透视表的位置，单击“确定”按钮，如图7-90所示。

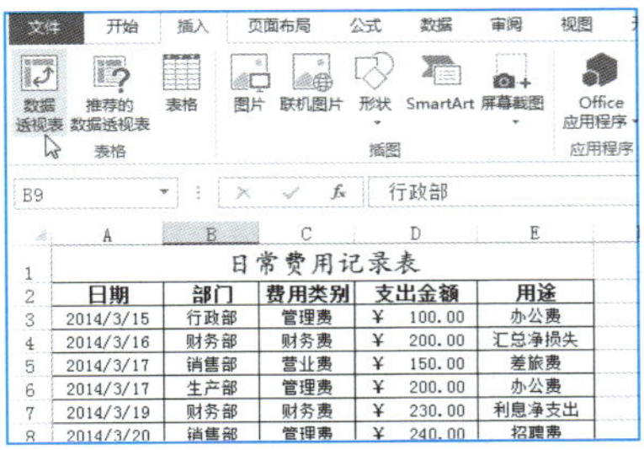

图7-89

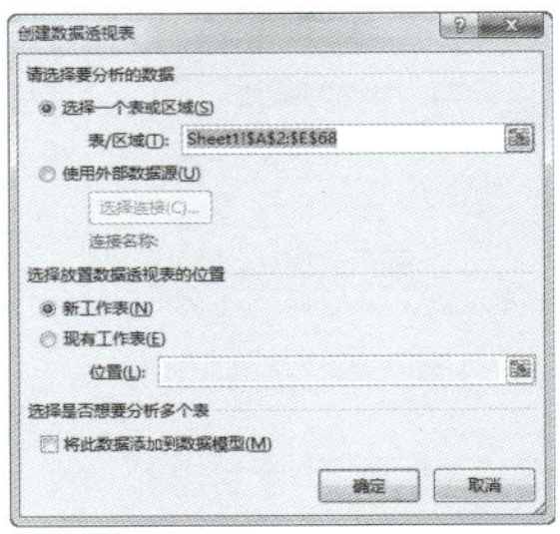

图7-90

3 在“数据透视表字段列表”窗格中，将“日期”字段设置为“列”标签，“费用类别”字段设置为“行”标签，“支出金额”字段设置为“值”标签，如图7-91所示。

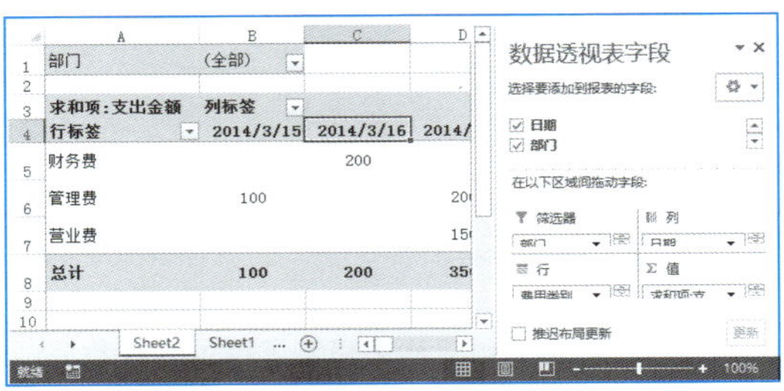

图7-91

步骤2：设置分组

❶ 选中“行标签”列字段，单击“数据透视表工具”→“分析”选项卡，在“分组”选项组单击“组选择”按钮，如图7-92所示。

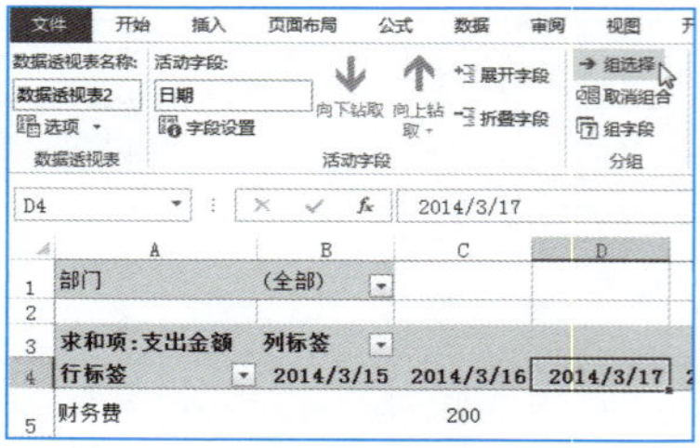

图7-92

❷ 打开“分组”对话框，在“超始于”设置框中输入“2014-3-15”，在“终止于”设置框中输入“2014-5-19”，接着在“步长”列表框中单击“月”，单击“确定”按钮，如图7-93所示。

❸ 此时数据透视表中的数据以日期的月份为依据，进行组合计算，进一步完善，效果如图7-94所示。

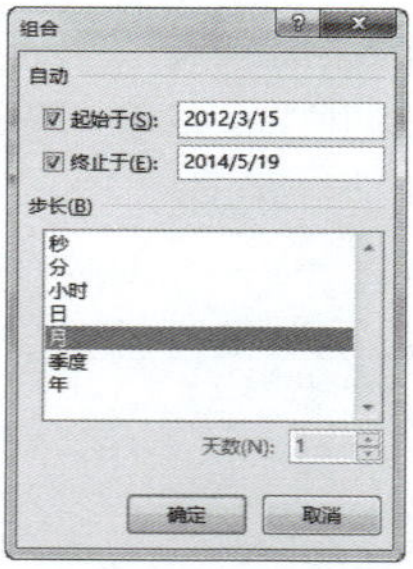

图7-93

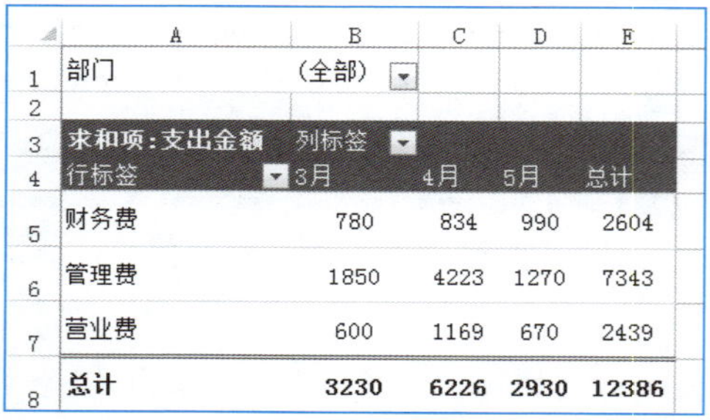

	A	B	C	D	E
1	部门	(全部)			
2					
3	求和项:支出金额	列标签			
4	行标签	3月	4月	5月	总计
5	财务费	780	834	990	2604
6	管理费	1850	4223	1270	7343
7	营业费	600	1169	670	2439
8	总计	3230	6226	2930	12386

图7-94

步骤3：创建“迷你图”

❶ 切换至“插入”选项卡，单击“迷你图”组中的“柱形图”按钮，如图7-95所示。

❷ 弹出“创建迷你图”对话框，设置障碍“数据范围”为“A5：D7”，“位置范围”为“＄F＄5：＄F＄7”，单击“确定”按钮，如图7-96所示。

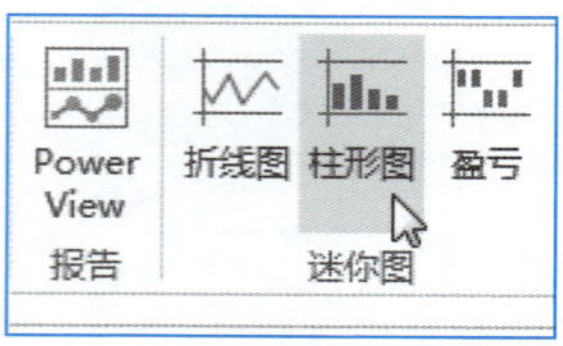

图7-95

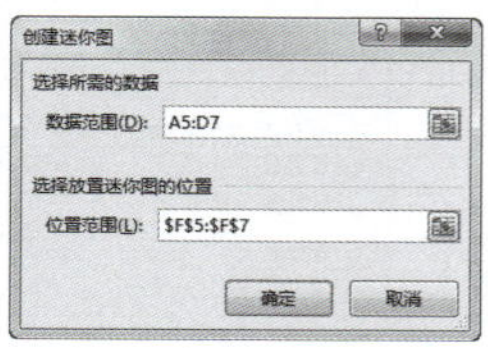

图7-96

❸ 返回工作表中，在目标单元格中显示了根据各行数据创建的迷你柱形图，如图7-97所示。

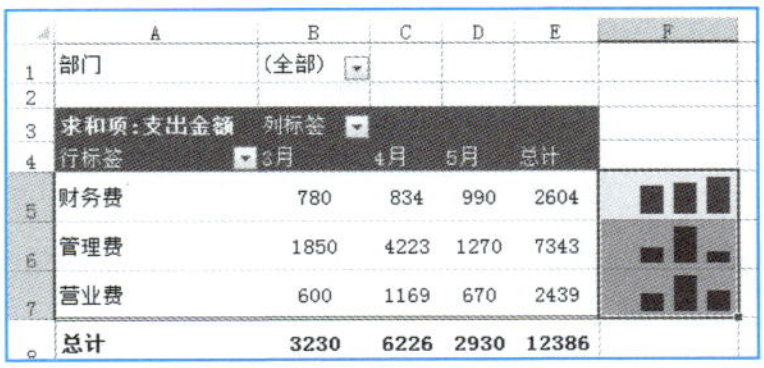

图7–97

步骤4：更改迷你图颜色

单击“迷你图工具”→“分析”选项卡，在“样式”选项组中单击“迷你图颜色”按钮，从展开的下拉列表中选择绿色，如图7-98所示。

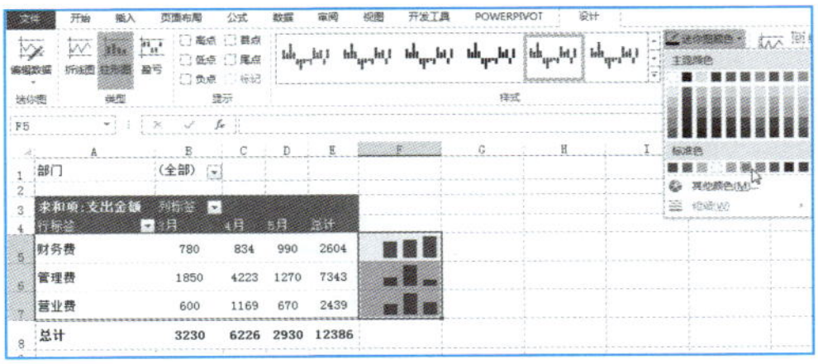

图7–98

步骤:5：标记高点

❶ 单击“迷你图工具”→“分析”选项卡，在“样式”选项组中单击“标记颜色”按钮，从展开的下拉列表中单击“高点”，在子菜单中选择一种颜色，如图7-99所示。

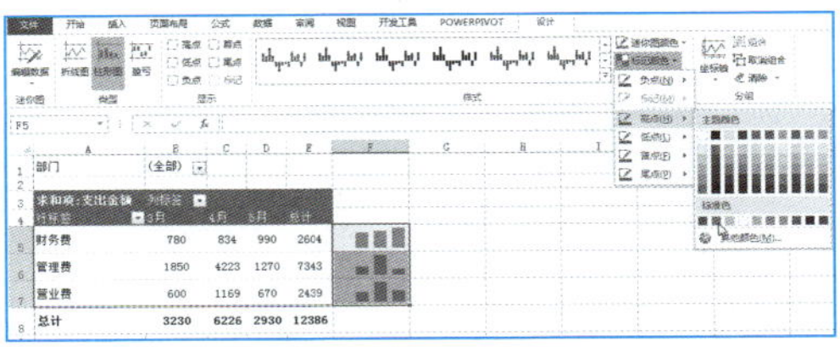

图7–99

❷ 此时，选中的迷你图应用指定的颜色并标记出着高点，如图7-100所示。

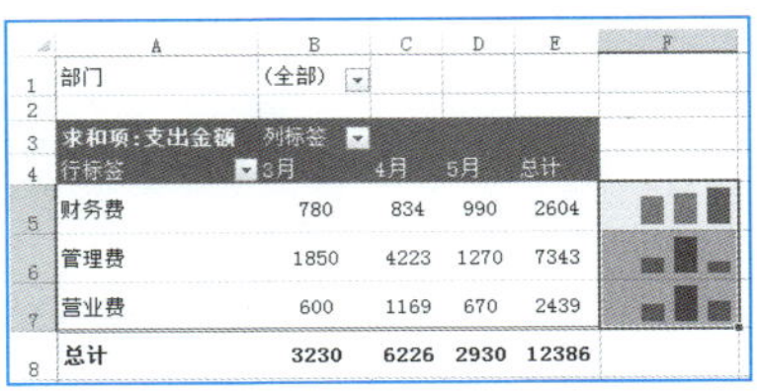

图7–100

文件79　日常费用季度结算表

日常费用季度结算表用于按季度统计日常费用支出情况的表格，它有效地掌握每季度运营中费用的花销情况。

制作要点与设计效果图

- 创建数据透视表（参考文件72、73）
- 设置字段（参考文件72、73）
- 按季度将字段分组（参考文件75）
- 应用数据透视表样式（参考文件76）

求和项:支出金额	列标签			
行标签	财务费	管理费	营业费	总计
⊞财务部	3444	5289	1060	9793
⊞生产部	490	3979	1474	5943
⊟销售部	940	2895	2659	6494
⊞第一季	114	665	660	1439
⊞第二季	115	1510	1699	3324
⊞第三季	147	370	270	787
⊞第四季	564	350	30	944
⊟行政部	2257	7897	1794	11948
⊞第一季	661	2234	440	3335
⊞第二季	1428	3715	280	5423
⊞第三季	168	1318	402	1888
⊞第四季		630	672	1302
总计	7131	20060	6987	34178

文件80　各部门结构费用分析透视图表

除了使用数据透视表对数据进行分类汇总外，还可以创建基于数据透视表的数据透视图，通过对之字段的筛选，数据透视图中可以动态的显示要分级的数据，具有极强的灵活性，直观方便地查看数据。

制作要点与设计效果图

- 创建数据透视表（参考文件73）
- 创建数据透视图（参考文件73）
- 应用图表样式（参考文件73）

行标签	百分比
⊞销售二部	45.50%
⊞销售三部	42.88%
⊞销售一部	11.63%
总计	100.00%

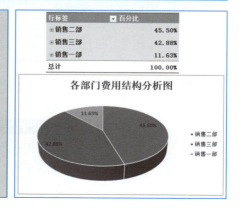

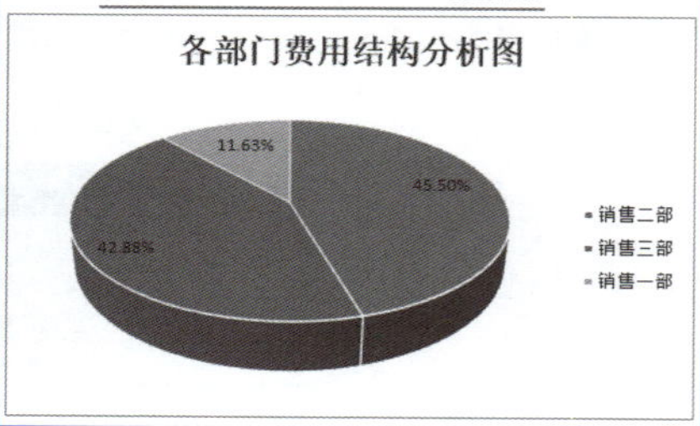

文件81　管理费用明细表

管理费用是指企业为组织管理生产经营活动而发生的各项费用，主要包括职工工资、职工福利费、折旧费、差旅费等。通过对月管理费用的实际发生数和月计划进行比较，进一步调整计划方案，使之更接近实际费用的发生情况。

制作要点与设计效果图

- 设置单元格填充（参考文件5）
- 使用条件格式（参考文件53）

管理费用明细表

编制单位：　　日期：　　单位：元

项　目	本月实际数	本月计划	减少（-）或超出（+）数
1. 工资	155840	125840	￥ 30,000.00
2. 职工福利费	35640	35020	￥ 620.00
3. 折旧费	7820	10020	￥ -2,200.00
4. 办公费	5020	5020	￥ -
5. 差旅费	4220	5020	￥ -800.00
6. 保险费	5232	5620	￥ -388.00
7. 工会经费	1220	1220	￥ -
8. 业务招待费	8772.5	8020	￥ 752.50
9. 低值易耗品摊销	720	520	￥ 200.00
10. 物料消耗	20	220	￥ -200.00
11. 递延资产摊销	0	0	￥ -
12. 车船使用税	0	0	￥ -
13. 房产税	58294	55020	￥ 3,274.00
14. 印花税	55894	55020	￥ 874.00
15. 其他	803.5	1020	￥ -216.50
合　计		￥ 307,580.00	￥ 31,916.00

文件82　各部门营业费用分类汇总表

营业费通常是指企业在销售产品或劳务过程中发生的各项费用，主要包括广告费、运输费、展览费和租赁费，在各个会计期末，企业应按部门对营业费用进行分类汇总，方便以部门为单位进行单独核算和分析。

制作要点与设计效果图

- 创建数据透视表（参考文件72、73）
- 添加字段（参考文件72、73）
- 应用数据透视表样式（参考文件76）

各部门营业费用分类汇总表

行标签	求和项:金额	求和项:百分比
⊟销售二部	142992.1	45.50%
⊞广告费	3620	1.15%
⊞运输费	72577.6	23.09%
⊞展览费	15755	5.01%
⊞租赁费	51039.5	16.24%
⊟销售三部	134758.3	42.88%
⊞广告费	89146.5	28.36%
⊞运输费	10000	3.18%
⊞展览费	22742.8	7.24%
⊞租赁费	12869	4.09%
⊟销售一部	36550.3	11.63%
⊞广告费	6667.8	2.12%
⊞运输费	13078.8	4.16%
⊞展览费	7700	2.45%
⊞租赁费	9103.7	2.90%
总计	314300.7	100.00%

文件83　一季度费用数据透视表

如果知晓一个季度各个部门的各类费用的统计数据，为了更直观地分析该企业的季度费用发生情况，可以创建数据透视表，并将“月份”字段添加到报表筛选区域，设置数据的格式进行分析。

制作要点与设计效果图

- 创建数据透视表（参考文件72、73）
- 添加字段（参考文件72、73）
- 应用数据透视表样式（参考文件76）

一季度费用数据透视表

月份　（全部）

求和项:发生金额 行标签	列标签 财务部	物流部	销售部	综合管理办	总计
A类费用	**32169.81828**	**40512.5793**	**33105.00608**	**42331.53128**	**148118.9349**
办公费	4121.3516	2778.6132	4289.5	2916.86	14106.3248
差旅费		2787.4764	17283.24	15442.2	35512.9164
车辆费用	4655.99488	3260.5497	1852.4088	4117.92	13886.87338
低值易耗品摊销	9350.676		1715.8		11066.476
会议费	9610.1958	15067.44	2745.28	5441.83128	32864.74708
业务招待费	4431.6	16618.5	5218.77728	14412.72	40681.59728
B类费用	**868.1948**	**1785.11832**	**1784.432**	**1029.48**	**5467.22512**
水电费			1784.432	1029.48	2813.912
修理费	868.1948				868.1948
运输费用		1785.11832			1785.11832
C类费用	**606.90032**	**428.95**	**473.5608**	**430.83738**	**1940.2485**
库存商品盘亏		428.95			428.95
其他				430.83738	430.83738
审计费	429.63632				429.63632
物业管理费			473.5608		473.5608
咨询费	177.264				177.264
总计	33644.9134	42726.64762	35362.99888	43791.84866	155526.4086

文件84　费用责任主体ABC分析表

为了进一步加强企业各个部门的费用管理，根据各个部门主要产生的费用类别，可以将部门划分为主要费用类别对应的ABC三个责任主体。在Excel 中可以通过创建数据透视表和数据透视图来直观显示数据。

制作要点与设计效果图

- 创建数据透视表（参考文件73）
- 创建数据透视图（参考文件73）

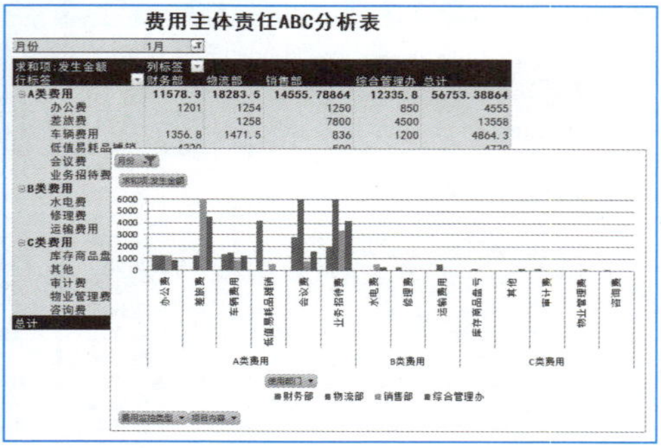

Excel

第8章

员工工资管理表格

工资是指雇主或者用人单位依据法律规定、或行业规定、或根据与员工之间的约定，以货币形式对员工的劳动所支付的报酬。工资反映了以下基本属性：(1)工资支付基于劳动关系；(2)工资是依据劳动为尺度支付的货币；(3)工资以劳动者实际提供的劳动量为标准。

根据不同的岗位，工资的计算可以分为计时工资和计件工资。本章主要介绍一些常见的工资核算表格，如，基本工资表、员工工资明细表、员工工资条、加班工资计算明细表、工龄工资计算表等等。

编号	文件名称	对应的数据源	重要星级
文件85	基本工资表	第8章\文件85 基本工资表.xlsx	★★★★★
文件86	员工工资明细表	第8章\文件86 员工工资明细表.xlsx	★★★★★
文件87	员工工资条	第8章\文件87 员工工资条.xlsx	★★★★★
文件88	各部门平均工资透视图表	第8章\文件88 各部门平均工资透视图表.xlsx	★★★★
文件89	上半年平均工资趋势图表	第8章\文件89 上半年平均工资趋势图表.xlsx	★★★★
文件90	员工工资水平分布表	第8章\文件90 员工工资水平分布表.xlsx	★★★★★
文件91	员工工资水平分布图	第8章\文件91 员工工资水平分布图.xlsx	★★★★★
文件92	年龄与薪资的相关性分析	第8章\文件92 年龄与薪资的相关性分析.xlsx	★★★★★
文件93	税率等级速查表	第8章\文件93 税率等级速查表.xlsx	★★★★
文件94	员工工资查询表	第8章\文件94 员工工资查询表.xlsx	★★★
文件95	加班工资计算明细表	第8章\文件95 加班工资计算明细表.xlsx	★★★
文件96	各等级薪资分布情况	第8章\文件96 各等级薪资分布情况.xlsx	★★★
文件97	计件工资计算表	第8章\文件97 计件工资计算表.xlsx	★★★
文件98	变更工资申请表	第8章\文件98 变更工资申请表.xlsx	★★★
文件99	员工工资动态分析表	第8章\文件99 员工工资动态分析表.xlsx	★★★★★
文件100	薪资涨幅趋势分析图	第8章\文件100 薪资涨幅趋势分析图.xlsx	★★★★
文件101	薪资与业绩关系图	第8章\文件\101 薪资与业绩关系图.xlsx	★★★★

文件85　基本工资表

根据工作性质不同，员工的工资结构也不同。一般企业，基本工资主要包括两个部分，基本工资和岗位工资。基本工资由员工的工资等级来决定，而岗位工资则由员工所在工作岗位来决定。

制作要点与设计效果图

- 设置下拉列表
- 设置屏幕提示
- IF函数（参考函数1、3）

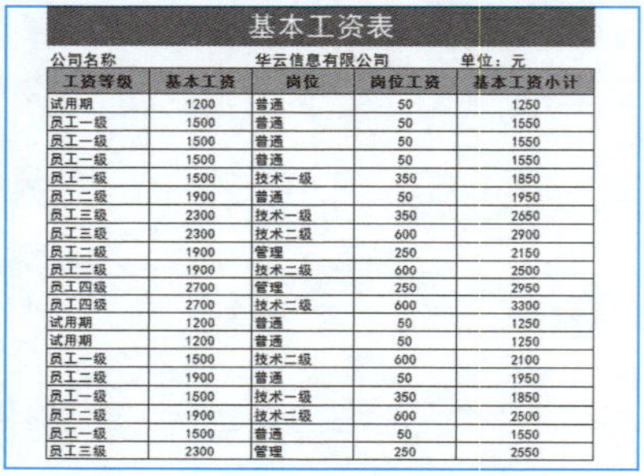

基本工资表

公司名称　华云信息有限公司　单位：元

工资等级	基本工资	岗位	岗位工资	基本工资小计
试用期	1200	普通	50	1250
员工一级	1500	普通	50	1550
员工一级	1500	普通	50	1550
员工一级	1500	普通	50	1550
员工一级	1500	技术一级	350	1850
员工二级	1900	普通	50	1950
员工三级	2300	技术一级	350	2650
员工三级	2300	技术二级	600	2900
员工二级	1900	管理	250	2150
员工二级	1900	技术二级	600	2500
员工四级	2700	管理	250	2950
员工四级	2700	技术二级	600	3300
试用期	1200	普通	50	1250
试用期	1200	普通	50	1250
员工一级	1500	技术二级	600	2100
员工二级	1900	普通	50	1950
员工一级	1500	技术一级	350	1850
员工二级	1900	技术二级	600	2500
员工一级	1500	普通	50	1550
员工三级	2300	管理	250	2550

文件设计过程

步骤1：创建新工作表

新建工作簿，保存为“员工工资管理表格”，将Sheet1工作表重命名为“基本工资表”，接着在工作表中输入表格标题和行列标识，如图8-1所示。

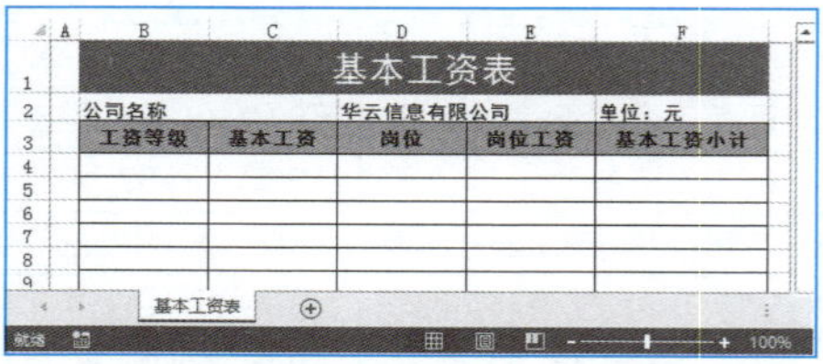

图8-1

步骤2：设置工资等级下拉列表

❶ 选中B4:B23单元格区域，切换到“数据”选项卡，在“数据工具”选项组单击“数据验证”按钮，如图8-2所示。

❷ 打开“数据验证”对话框，在“允许”下拉列表中选择“序列”，在“来源”设置框中输入“试用期,员工一级,员工二级,员工三级,员工四级”，如图8-3所示。

❸ 单击“输入信息”标签，在“标题”设置框中输入标题“请选择员工等级！！”，接着在“输入信息”设置框中输入信息。单击“确定”按钮，如图8-4所示。

4 返回工作表中，选中“工资等级”列标识下任意单元格，屏幕上会显示出输入的提示信息，单击单元格右侧的下拉按钮，在其下拉列表中选择员工等级，如图8-5所示。

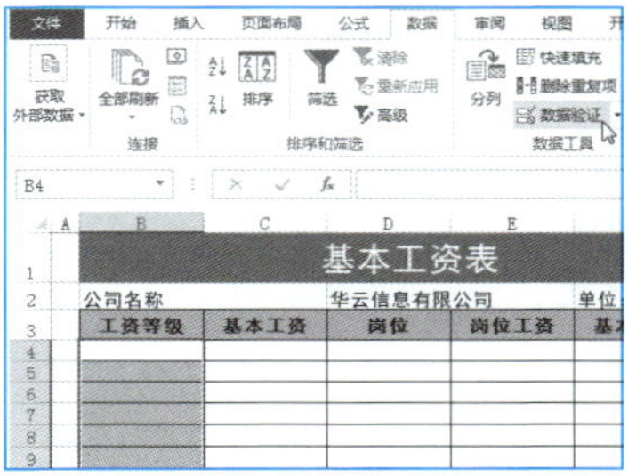

图8-2

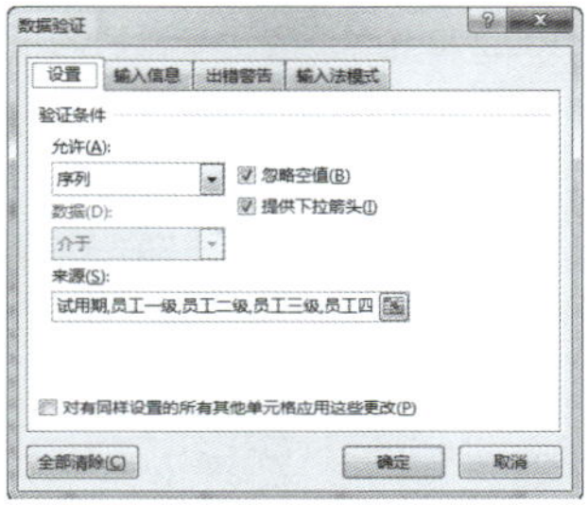

图8-3

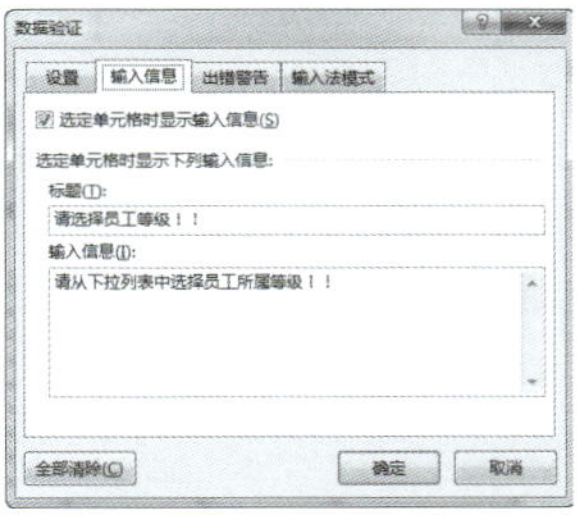

图8-4

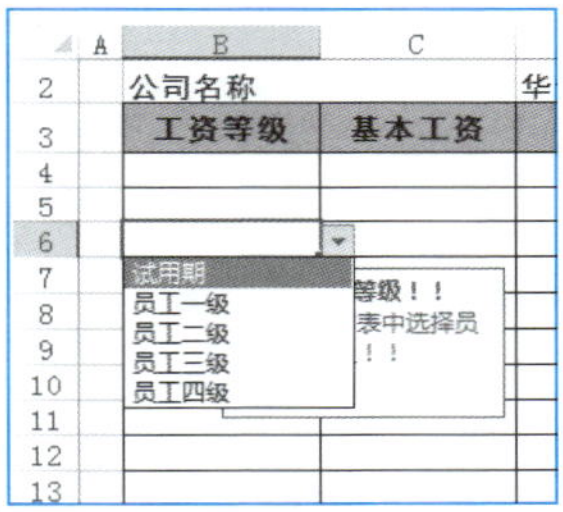

图8-5

步骤3：设置岗位下拉列表

1 选中D4:D23单元格区域，再次打开“数据验证”对话框，在“允许”下拉列表中选择“序列”，在“来源”设置框中输入“普通,管理,技术一级,技术二级”，单击“确定”按钮，如图8-6所示。

2 返回工作表中，单击“岗位”列标识下任意单元格右侧下拉按钮，在其下拉列表中选择工作岗位，如图8-7所示。

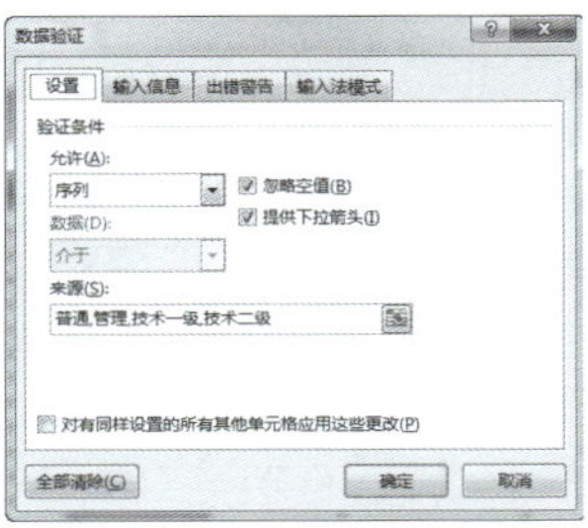

图8-6

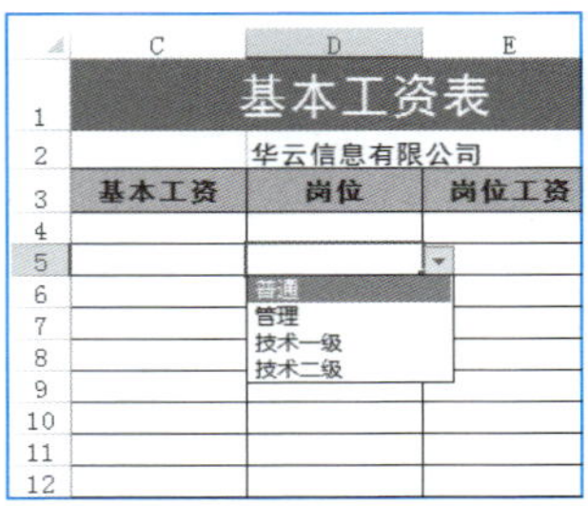

图8-7

步骤4：设置公式计算基本工资

❶ 选中C4单元格，在公式编辑栏中输入公式“=IF(B3=”试用期”,1200,IF(B3=”员工一级”,1500,IF(B3=”员工二级”,1900,IF(B3=”员工三级”,2300,2700))))，按回车键后向下复制公式，即可根据工资等级计算出员工的基本工资，如图8-8所示。

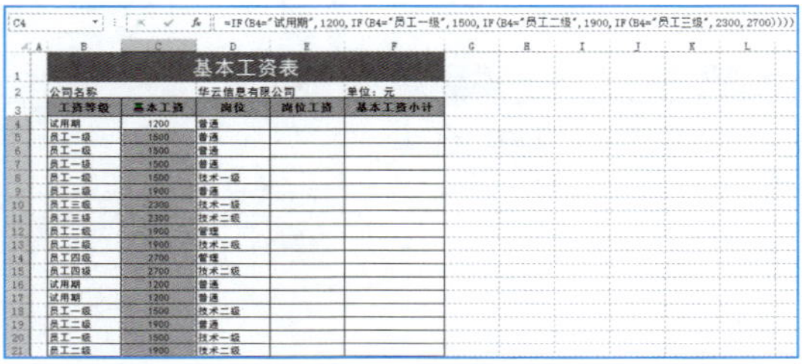

工资等级	基本工资	岗位	岗位工资	基本工资小计
试用期	1200	普通		
员工一级	1500	普通		
员工一级	1500	普通		
员工一级	1500	普通		
员工一级	1500	技术一级		
员工二级	1900	普通		
员工三级	2300	技术一级		
员工三级	2300	技术二级		
员工二级	1900	管理		
员工二级	1900	技术二级		
员工四级	2700	管理		
员工四级	2700	技术二级		
试用期	1200	普通		
试用期	1200	普通		
员工一级	1500	技术二级		
员工二级	1900	普通		
员工一级	1500	技术一级		
员工二级	1900	技术二级		

图8-8

❷ 选中E4单元格，在公式编辑栏中输入公式“=IF(D3=”普通”,50,IF(D3=”管理”,250,IF(D3=”技术一级”,350,IF(D3=”技术二级”,600,0))))” 按回车键后向下复制公式，即可根据岗位等级计算出员工的基本工资，如图8-9所示。

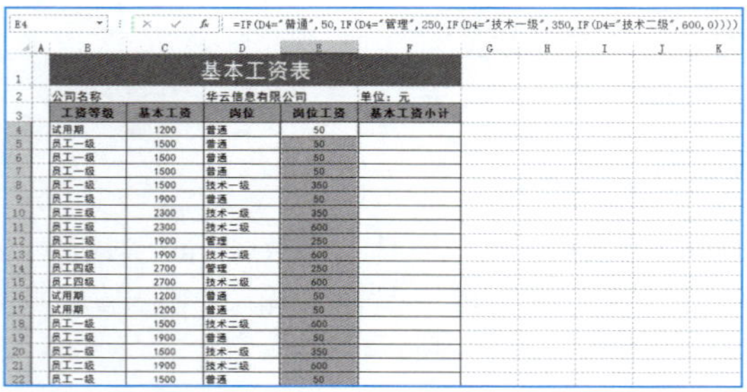

工资等级	基本工资	岗位	岗位工资	基本工资小计
试用期	1200	普通	50	
员工一级	1500	普通	50	
员工一级	1500	普通	50	
员工一级	1500	普通	50	
员工一级	1500	技术一级	350	
员工二级	1900	普通	50	
员工三级	2300	技术一级	350	
员工三级	2300	技术二级	600	
员工二级	1900	管理	250	
员工二级	1900	技术二级	600	
员工四级	2700	管理	250	
员工四级	2700	技术二级	600	
试用期	1200	普通	50	
试用期	1200	普通	50	
员工一级	1500	技术二级	600	
员工二级	1900	普通	50	
员工一级	1500	技术一级	350	
员工二级	1900	技术二级	600	
员工一级	1500	普通	50	

图8-9

❸ 选中F4单元格，在公式编辑栏中输入公式：“=C4+E4”，按回车键后向下复制公式，即可计算出不同等级和不同岗位工资的基本工资小计，如图8-10所示。

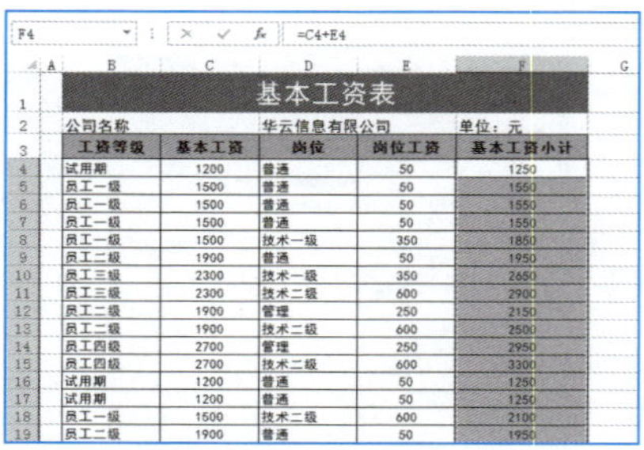

工资等级	基本工资	岗位	岗位工资	基本工资小计
试用期	1200	普通	50	1250
员工一级	1500	普通	50	1550
员工一级	1500	普通	50	1550
员工一级	1500	普通	50	1550
员工一级	1500	技术一级	350	1850
员工二级	1900	普通	50	1950
员工三级	2300	技术一级	350	2650
员工三级	2300	技术二级	600	2900
员工二级	1900	管理	250	2150
员工二级	1900	技术二级	600	2500
员工四级	2700	管理	250	2950
员工四级	2700	技术二级	600	3300
试用期	1200	普通	50	1250
试用期	1200	普通	50	1250
员工一级	1500	技术二级	600	2100
员工二级	1900	普通	50	1950

图8-10

文件86　员工工资明细表

员工工资明细表中反映了组成员工工资的不同数据，基本工资、岗位工资、工龄工资、奖金、出勤扣款、社保扣款、个人所得税扣款等。员工工资明细表是将不同工作表中显示的工资组成部分合计到一张明细表中，并计算出员工实发工资额。

制作要点与设计效果图

- VLOOKUP函数（参考函数36）
- IF函数（参考函数1、3）
- ISERROR函数（参考函数25）
- INDEX函数（参考函数37）
- MATCH函数（参考函数34）

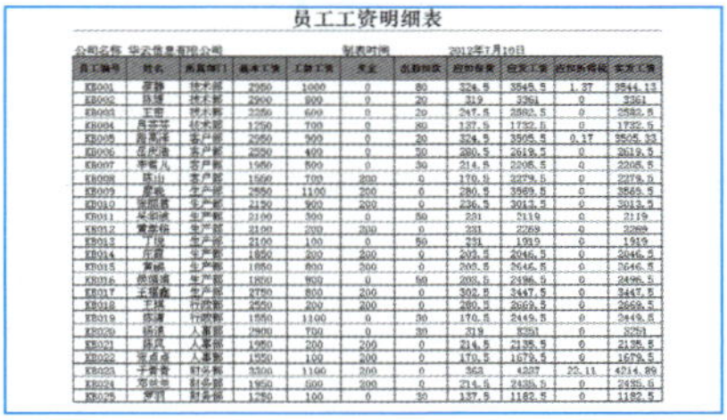

文件设计过程

步骤1：引用员工档案工作表进行计算

❶ 打开“员工档案”工作表，选中G3单元格，在公式编辑栏中输入公式：“=VLOOKUP(E3,基本工资表!$B$3:$C$22,2,FALSE)+VLOOKUP(F3,基本工资表!$D$3:$E$22,2,FALSE)”，按回车键后向下复制公式，即可计算出员工的基本工资，如图8-11所示。

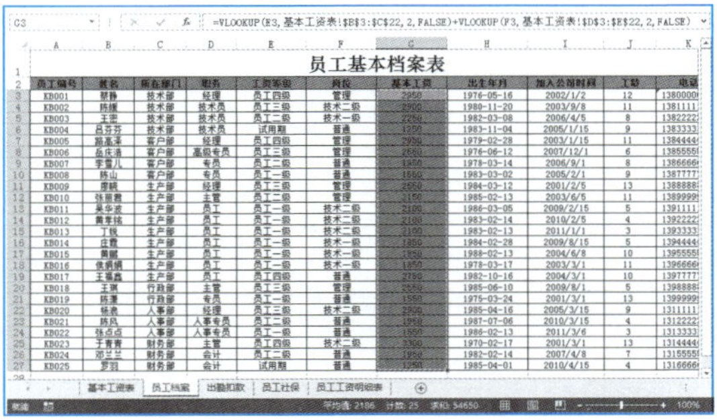

图8-11

❷ 打开“员工工资明细表”，选中A4单元格，在公式编辑栏中输入公式：“=员工档案!A3”，按回车键后向下向右填充到C4单元格，即可得到第一位员工基本信息，如图8-12所示。

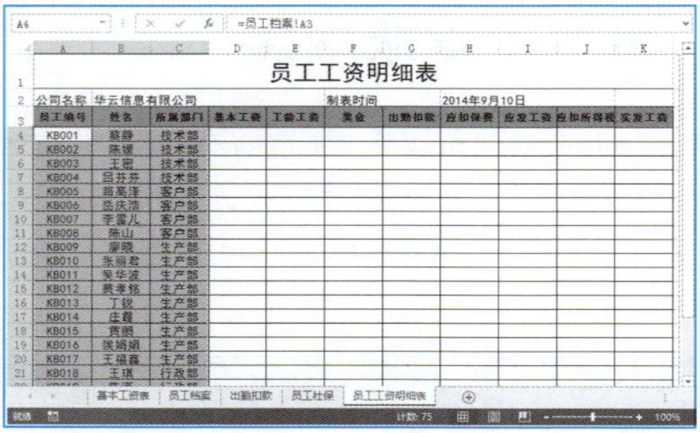

A4 =员工档案!A3

员工编号	姓名	所属部门	基本工资	工龄工资	奖金	出勤扣款	应扣保费	应发工资	应扣所得税	实发工资
KB001	蔡静	技术部								
KB002	陈媛	技术部								
KB003	王密	技术部								
KB004	吕芬芬	技术部								
KB005	路高泽	客户部								
KB006	岳庆浩	客户部								
KB007	李雪儿	客户部								
KB008	陈山	客户部								
KB009	廖晓	生产部								
KB010	张丽君	生产部								
KB011	吴华波	生产部								
KB012	黄孝铭	生产部								
KB013	丁锐	生产部								
KB014	庄霞	生产部								
KB015	黄鹏	生产部								
KB016	侯娟娟	生产部								
KB017	王福鑫	生产部								
KB018	王琪	行政部								

图8-12

3 选中D4单元格，在公式编辑栏中输入公式：“=VLOOKUP($A4,员工档案!$A$1:$K$26,7,FALSE)”，按回车键后向下复制公式，即可从员工档案工作表中引用基本工资，如图8-13所示。

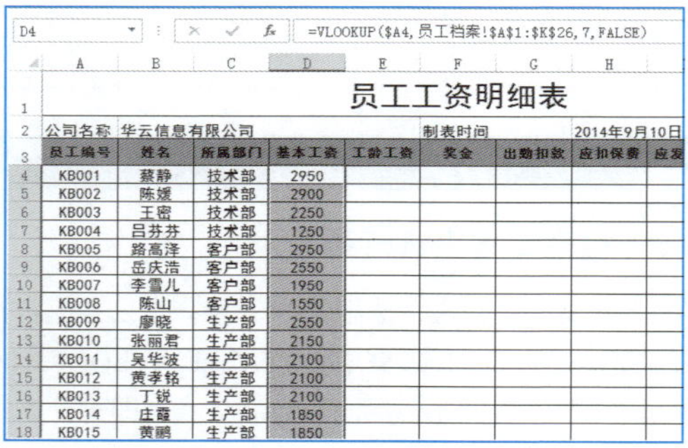

D4 =VLOOKUP($A4,员工档案!$A$1:$K$26,7,FALSE)

员工编号	姓名	所属部门	基本工资	工龄工资	奖金	出勤扣款	应扣保费	应发
KB001	蔡静	技术部	2950					
KB002	陈媛	技术部	2900					
KB003	王密	技术部	2250					
KB004	吕芬芬	技术部	1250					
KB005	路高泽	客户部	2950					
KB006	岳庆浩	客户部	2550					
KB007	李雪儿	客户部	1950					
KB008	陈山	客户部	1550					
KB009	廖晓	生产部	2550					
KB010	张丽君	生产部	2150					
KB011	吴华波	生产部	2100					
KB012	黄孝铭	生产部	2100					
KB013	丁锐	生产部	2100					
KB014	庄霞	生产部	1850					
KB015	黄鹏	生产部	1850					

图8-13

4 选中E4单元格，在公式编辑栏中输入公式：“=VLOOKUP($A4,员工档案!$A$1:$K$26,10,FALSE)*100”，按回车键后向下复制公式，即可从员工档案工作表中引用工龄并计算出工龄工资，如图8-14所示。

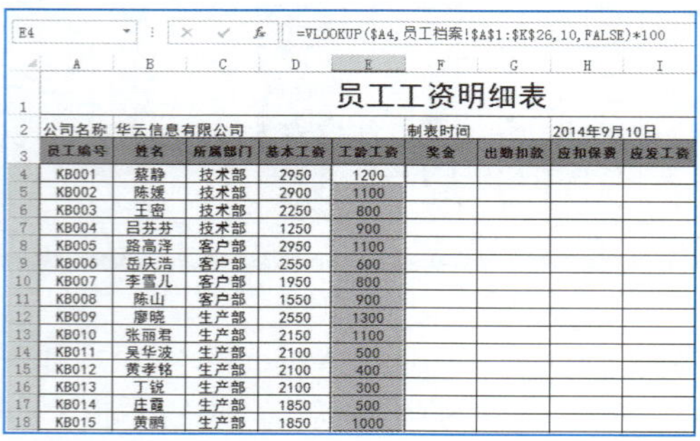

E4 =VLOOKUP($A4,员工档案!$A$1:$K$26,10,FALSE)*100

员工编号	姓名	所属部门	基本工资	工龄工资	奖金	出勤扣款	应扣保费	应发工资
KB001	蔡静	技术部	2950	1200				
KB002	陈媛	技术部	2900	1100				
KB003	王密	技术部	2250	800				
KB004	吕芬芬	技术部	1250	900				
KB005	路高泽	客户部	2950	1100				
KB006	岳庆浩	客户部	2550	600				
KB007	李雪儿	客户部	1950	800				
KB008	陈山	客户部	1550	900				
KB009	廖晓	生产部	2550	1300				
KB010	张丽君	生产部	2150	1100				
KB011	吴华波	生产部	2100	500				
KB012	黄孝铭	生产部	2100	400				
KB013	丁锐	生产部	2100	300				
KB014	庄霞	生产部	1850	500				
KB015	黄鹏	生产部	1850	1000				

图8-14

步骤2：引用其他数据并计算

1 选中F4单元格，在公式编辑栏中输入公式："=VLOOKUP($A4,出勤扣款!$A$1:$G$28,7,FALSE)"，按回车键后向下复制公式，即可从考勤扣款工作表中引用员工满勤奖，如图8-15所示。

2 选中G4单元格，在公式编辑栏中输入公式："=VLOOKUP($A4,出勤扣款!$A$1:$G$28,6,FALSE)"，按回车键后向下复制公式，即可从考勤扣款工作表中引用员工扣款合计，如图8-16所示。

F4　=VLOOKUP($A4,出勤扣款!$A$1:$G$28,7,FALSE)

员工工资明细表

公司名称　华云信息有限公司　制表时间　2014年9月

员工编号	姓名	所属部门	基本工资	工龄工资	奖金	出勤扣款	应扣保费
KB001	蔡静	技术部	2950	1200	0		
KB002	陈媛	技术部	2900	1100	0		
KB003	王密	技术部	2250	800	0		
KB004	吕芬芬	技术部	1250	900	0		
KB005	路高泽	客户部	2950	1100	0		
KB006	岳庆浩	客户部	2550	600	0		
KB007	李雪儿	客户部	1950	800	0		
KB008	陈山	客户部	1550	900	200		
KB009	廖晓	生产部	2550	1300	200		
KB010	张丽君	生产部	2150	1100	200		
KB011	吴华波	生产部	2100	500	0		
KB012	黄孝铭	生产部	2100	400	200		
KB013	丁锐	生产部	2100	300	0		
KB014	庄霞	生产部	1850	500	200		
KB015	黄鹏	生产部	1850	1000	200		
KB016	侯娟娟	生产部	1850	1100	0		
KB017	王福鑫	生产部	2750	1000	200		
KB018	王琪	行政部	2550	500	200		
KB019	陈潇	行政部	1550	1300	0		

图8-15

G4　=VLOOKUP($A4,出勤扣款!$A$1:$G$28,6,FALSE)

员工工资明细表

公司名称　华云信息有限公司　制表时间　2014年9月

员工编号	姓名	所属部门	基本工资	工龄工资	奖金	出勤扣款	应扣保费
KB001	蔡静	技术部	2950	1200	0	80	
KB002	陈媛	技术部	2900	1100	0	20	
KB003	王密	技术部	2250	800	0	20	
KB004	吕芬芬	技术部	1250	900	0	80	
KB005	路高泽	客户部	2950	1100	0	20	
KB006	岳庆浩	客户部	2550	600	0	50	
KB007	李雪儿	客户部	1950	800	0	30	
KB008	陈山	客户部	1550	900	200	0	
KB009	廖晓	生产部	2550	1300	200	0	
KB010	张丽君	生产部	2150	1100	200	0	
KB011	吴华波	生产部	2100	500	0	50	
KB012	黄孝铭	生产部	2100	400	200	0	
KB013	丁锐	生产部	2100	300	0	50	
KB014	庄霞	生产部	1850	500	200	0	
KB015	黄鹏	生产部	1850	1000	200	0	
KB016	侯娟娟	生产部	1850	1100	0	50	
KB017	王福鑫	生产部	2750	1000	200	0	
KB018	王琪	行政部	2550	500	200	0	
KB019	陈潇	行政部	1550	1300	0	30	

图8-16

3 选中H4单元格，在公式编辑栏中输入公式："=VLOOKUP($A4,员工社保!$A$1:$G$28,7,FALSE)"，按回车键后向下复制公式，即可从员工社保工作表中引用员工社保合计，如图8-17所示。

H4　=VLOOKUP($A4,员工社保!$A$1:$G$28,7,FALSE)

员工工资明细表

公司名称　华云信息有限公司　制表时间　2014年9月10日

员工编号	姓名	所属部门	基本工资	工龄工资	奖金	出勤扣款	应扣保费	应发工资	应扣所得税
KB001	蔡静	技术部	2950	1200	0	80	324.5		
KB002	陈媛	技术部	2900	1100	0	20	319		
KB003	王密	技术部	2250	800	0	20	247.5		
KB004	吕芬芬	技术部	1250	900	0	80	137.5		
KB005	路高泽	客户部	2950	1100	0	20	324.5		
KB006	岳庆浩	客户部	2550	600	0	50	280.5		
KB007	李雪儿	客户部	1950	800	0	30	214.5		
KB008	陈山	客户部	1550	900	200	0	170.5		
KB009	廖晓	生产部	2550	1300	200	0	280.5		
KB010	张丽君	生产部	2150	1100	200	0	236.5		
KB011	吴华波	生产部	2100	500	0	50	231		
KB012	黄孝铭	生产部	2100	400	200	0	231		
KB013	丁锐	生产部	2100	300	0	50	231		
KB014	庄霞	生产部	1850	500	200	0	203.5		
KB015	黄鹏	生产部	1850	1000	200	0	203.5		

图8-17

4 选中I4单元格，在公式编辑栏中输入公式："=D4+E4+F4+-G4-H4"，按回车键后向下复制公式，即可计算出员工的应发工资，如图8-18所示。

5 选中J4单元格，在公式编辑栏中输入公式："=IF((I4-3500)<=1500,ROUND((I4-3500)*0.03,2),IF((I4-3500)<=4500,ROUND(((I4-3500)*0.1-105),2),IF((I4-3500)<=9000,ROUND((I4-3500)*0.2-555,2),IF((I4-

第6章
第7章
第8章
第9章
第10章

3500)<=35000,ROUND((I4-3500)*0.25-1005,2),IF((I4-3500)<=55000,ROUND((I4-3500)*0.3-2755,2),IF((I4-3500)<=80000,ROUND((I4-3500)*0.35-5505,2),ROUND((I4-3500)*0.45-13505,2)))))))”，按回车键后向下复制公式，即可计算出员工应缴个人所得税，如图8-19所示。

I4 =D4+E4+F4+-G4-H4

员工工资明细表

公司名称 华云信息有限公司 制表时间 2014年9月10日

员工编号	姓名	所属部门	基本工资	工龄工资	奖金	出勤扣款	应扣保费	应发工资	应扣所得税
KB001	蔡静	技术部	2950	1200	0	80	324.5	3745.5	
KB002	陈媛	技术部	2900	1100	0	20	319	3661	
KB003	王密	技术部	2250	800	0	20	247.5	2782.5	
KB004	吕芬芬	技术部	1250	900	0	80	137.5	1932.5	
KB005	路高泽	客户部	2950	1100	0	20	324.5	3705.5	
KB006	岳庆浩	客户部	2550	600	0	50	280.5	2819.5	
KB007	李雪儿	客户部	1950	800	0	30	214.5	2505.5	
KB008	陈山	客户部	1550	900	200	0	170.5	2479.5	
KB009	廖晓	生产部	2550	1300	200	0	280.5	3769.5	
KB010	张丽君	生产部	2150	1100	200	0	236.5	3213.5	
KB011	吴华波	生产部	2100	500	0	50	231	2319	
KB012	黄孝铭	生产部	2100	400	200	0	231	2469	
KB013	丁锐	生产部	2100	300	0	50	231	2119	
KB014	庄霞	生产部	1850	500	200	0	203.5	2346.5	
KB015	黄鹏	生产部	1850	1000	200	0	203.5	2846.5	

图8-18

J4 =IF((I4-3500)<=1500,ROUND((I4-3500)*0.03,2),IF((I4-3500)<=4500,ROUND(((I4-3500)*0.1-105),2),IF((I4-3500)<=9000,ROUND((I4-3500)*0.2-555,2),IF((I4-3500)<=35000,ROUND((I4-3500)*0.25-1005,2),IF((I4-3500)<=55000,ROUND((I4-3500)*0.3-2755,2),IF((I4-3500)<=80000,ROUND((I4-3500)*0.35-5505,2),ROUND((I4-3500)*0.45-13505,2)))))))

员工工资明细表

公司名称 华云信息有限公司 制表时间 2014年9月10日

员工编号	姓名	所属部门	基本工资	工龄工资	奖金	出勤扣款	应扣保费	应发工资	应扣所得税	实发工资
KB001	蔡静	技术部	2950	1200	0	80	324.5	3745.5	7.37	
KB002	陈媛	技术部	2900	1100	0	20	319	3661	0	
KB003	王密	技术部	2250	800	0	20	247.5	2782.5	0	
KB004	吕芬芬	技术部	1250	900	0	80	137.5	1932.5	0	
KB005	路高泽	客户部	2950	1100	0	20	324.5	3705.5	6.17	
KB006	岳庆浩	客户部	2550	600	0	50	280.5	2819.5	0	
KB007	李雪儿	客户部	1950	800	0	30	214.5	2505.5	0	
KB008	陈山	客户部	1550	900	200	0	170.5	2479.5	0	
KB009	廖晓	生产部	2550	1300	200	0	280.5	3769.5	0	
KB010	张丽君	生产部	2150	1100	200	0	236.5	3213.5	0	
KB011	吴华波	生产部	2100	500	0	50	231	2319	0	
KB012	黄孝铭	生产部	2100	400	200	0	231	2469	0	
KB013	丁锐	生产部	2100	300	0	50	231	2119	0	
KB014	庄霞	生产部	1850	500	200	0	203.5	2346.5	0	
KB015	黄鹏	生产部	1850	1000	200	0	203.5	2846.5	0	

图8-19

6 选中K4单元格，在公式编辑栏中输入公式：“=I4-J4”，按回车键后向下复制公式，即可计算出员工的实发工资，如图8-20所示。

K4 =I4-J4

员工工资明细表

公司名称 华云信息有限公司 制表时间 2014年9月10日

员工编号	姓名	所属部门	基本工资	工龄工资	奖金	出勤扣款	应扣保费	应发工资	应扣所得税	实发工资
KB001	蔡静	技术部	2950	1200	0	80	324.5	3745.5	7.37	3738.13
KB002	陈媛	技术部	2900	1100	0	20	319	3661	0	3661
KB003	王密	技术部	2250	800	0	20	247.5	2782.5	0	2782.5
KB004	吕芬芬	技术部	1250	900	0	80	137.5	1932.5	0	1932.5
KB005	路高泽	客户部	2950	1100	0	20	324.5	3705.5	6.17	3699.33
KB006	岳庆浩	客户部	2550	600	0	50	280.5	2819.5	0	2819.5
KB007	李雪儿	客户部	1950	800	0	30	214.5	2505.5	0	2505.5
KB008	陈山	客户部	1550	900	200	0	170.5	2479.5	0	2479.5
KB009	廖晓	生产部	2550	1300	200	0	280.5	3769.5	0	3769.5
KB010	张丽君	生产部	2150	1100	200	0	236.5	3213.5	0	3213.5
KB011	吴华波	生产部	2100	500	0	50	231	2319	0	2319
KB012	黄孝铭	生产部	2100	400	200	0	231	2469	0	2469
KB013	丁锐	生产部	2100	300	0	50	231	2119	0	2119
KB014	庄霞	生产部	1850	500	200	0	203.5	2346.5	0	2346.5
KB015	黄鹏	生产部	1850	1000	200	0	203.5	2846.5	0	2846.5
KB016	侯娟娟	生产部	1850	1100	0	50	203.5	2696.5	0	2696.5
KB017	王福鑫	生产部	2750	1000	200	0	302.5	3647.5	0	3647.5

图8-20

文件87　员工工资条

工资条具有保密性，为了使每位员工清楚自己的工资情况，但又不希望泄露其他员工的工资，这时就需要为每一位员工发放工资条。工资条与普通表格不同之处在于每一条记录都需要对应一个行标题。

制作要点与设计效果图

- VLOOKUP函数（参考函数36）
- MOD函数（参考函数112）
- IF函数（参考函数1、3）
- INDEX函数（参考函数37）
- ROW函数（参考函数5、22）
- COLUMN函数（参考函数6）

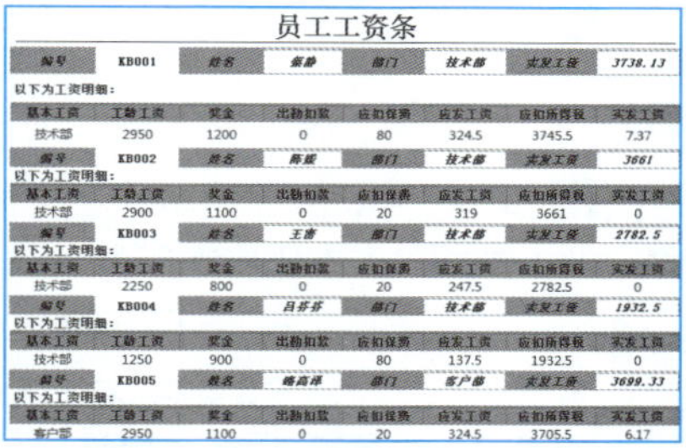

员工工资条

编号	KB001	姓名	蔡静	部门	技术部	实发工资	3738.13
以下为工资明细：							
基本工资	工龄工资	奖金	出勤扣款	应扣保费	应发工资	应扣所得税	实发工资
技术部	2950	1200	0	80	324.5	3745.5	7.37
编号	KB002	姓名	陈媛	部门	技术部	实发工资	3661
以下为工资明细：							
基本工资	工龄工资	奖金	出勤扣款	应扣保费	应发工资	应扣所得税	实发工资
技术部	2900	1100	0	20	319	3661	0
编号	KB003	姓名	王密	部门	技术部	实发工资	2782.5
以下为工资明细：							
基本工资	工龄工资	奖金	出勤扣款	应扣保费	应发工资	应扣所得税	实发工资
技术部	2250	800	0	20	247.5	2782.5	0
编号	KB004	姓名	吕芬芬	部门	技术部	实发工资	1932.5
以下为工资明细：							
基本工资	工龄工资	奖金	出勤扣款	应扣保费	应发工资	应扣所得税	实发工资
技术部	1250	900	0	80	137.5	1932.5	0
编号	KB005	姓名	路高泽	部门	客户部	实发工资	3699.33
以下为工资明细：							
基本工资	工龄工资	奖金	出勤扣款	应扣保费	应发工资	应扣所得税	实发工资
客户部	2950	1100	0	20	324.5	3705.5	6.17

文件设计过程

步骤1：定义名称

切换到“员工工资明细表”工作表中，选中从第3行开始的数据编辑区域，在名称编辑框中定义其名称为“工资明细表”，如图8-21所示。

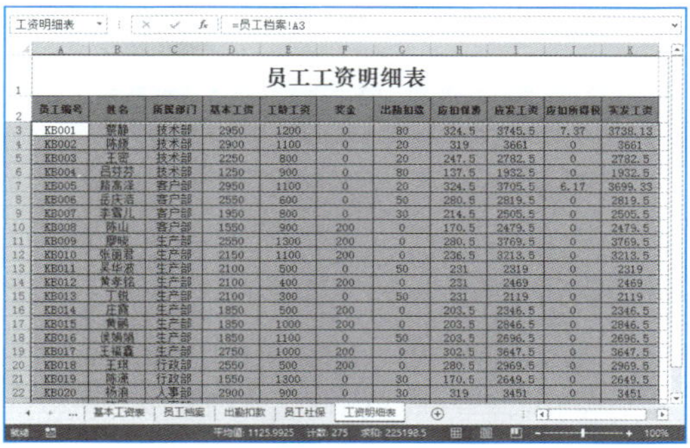

工资明细表　=员工档案!A3

员工工资明细表

员工编号	姓名	所属部门	基本工资	工龄工资	奖金	出勤扣款	应扣保费	应发工资	应扣所得税	实发工资
KB001	蔡静	技术部	2950	1200	0	80	324.5	3745.5	7.37	3738.13
KB002	陈媛	技术部	2900	1100	0	20	319	3661	0	3661
KB003	王密	技术部	2250	800	0	20	247.5	2782.5	0	2782.5
KB004	吕芬芬	技术部	1250	900	0	80	137.5	1932.5	0	1932.5
KB005	路高泽	客户部	2950	1100	0	20	324.5	3705.5	6.17	3699.33
KB006	岳庆浩	客户部	2550	600	0	50	280.5	2819.5	0	2819.5
KB007	李雪儿	客户部	1950	800	0	30	214.5	2505.5	0	2505.5
KB008	陈山	客户部	1550	900	200	0	170.5	2479.5	0	2479.5
KB009	廖晓	生产部	2550	1300	200	0	280.5	3769.5	0	3769.5
KB010	张丽君	生产部	2150	1100	200	0	236.5	3213.5	0	3213.5
KB011	吴华波	生产部	2100	500	0	50	231	2319	0	2319
KB012	黄孝铭	生产部	2100	400	200	0	231	2469	0	2469
KB013	丁锐	生产部	2100	300	0	50	231	2119	0	2119
KB014	庄霞	生产部	1850	500	200	0	203.5	2346.5	0	2346.5
KB015	黄鹂	生产部	1850	1000	200	0	203.5	2846.5	0	2846.5
KB016	侯娟娟	生产部	1850	1100	0	50	203.5	2696.5	0	2696.5
KB017	王福鑫	生产部	2750	1000	200	0	302.5	3647.5	0	3647.5
KB018	王琪	行政部	2550	500	200	0	280.5	2969.5	0	2969.5
KB019	陈潇	行政部	1550	1300	0	30	170.5	2649.5	0	2649.5
KB020	杨浪	人事部	2900	900	0	30	319	3451	0	3451

基本工资表　员工档案　出勤扣款　员工社保　工资明细表

就绪　平均值: 1125.9925　计数: 275　求和: 225198.5　100%

图8-21

步骤2：使用VLOOKUP函数引用基本信息

❶ 插入新工作表，重命名为“员工工资条”，规划好工资条的结构，建立标识并预留出显示值的区域，设置好编辑区域的文字格式、边框底纹等，如图8-22所示。

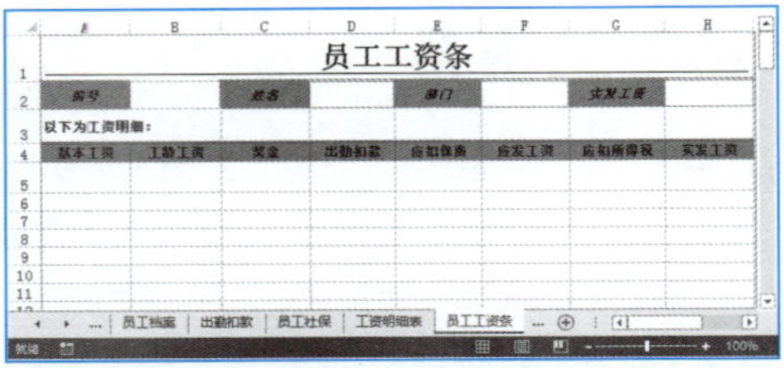

图8-22

2 切换回到“员工工资条”工作表中，在B2单元格中输入第一位员工的编号，接着选中D2单元格，输入公式：“=VLOOKUP(B2,工资明细表,2)”，按回车键，即可返回第一位员工的姓名，如图8-23所示。

3 选中F2单元格，输入公式：“=VLOOKUP(B2,工资明细表,3)”，按回车键，即可返回第一位员工的所属部门，如图8-24所示。

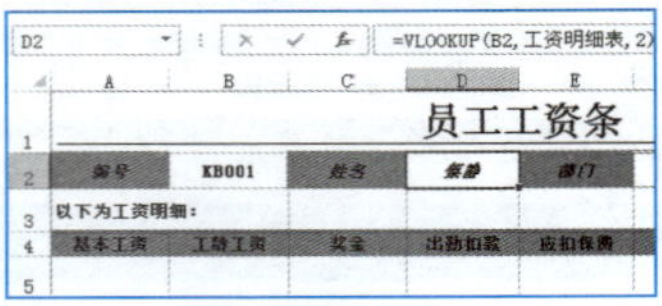

图8-23

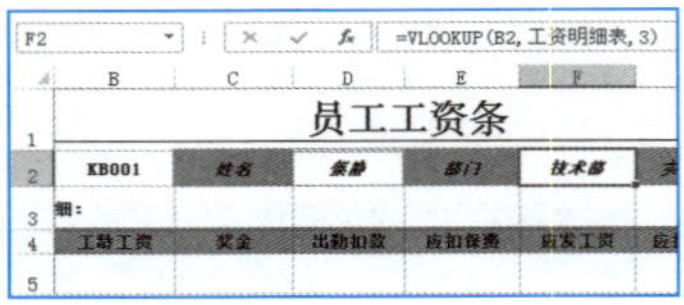

图8-24

4 选中H2单元格，输入公式：“=VLOOKUP(B2,工资明细表,11)”，按回车键，即可返回第一位员工的实发工资，如图8-25所示。

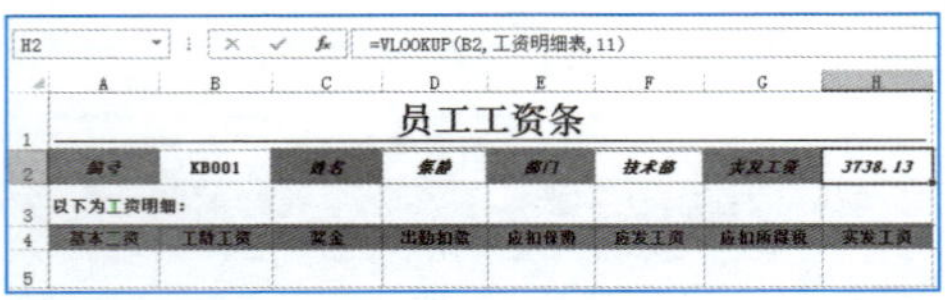

图8-25

步骤3：使用VLOOKUP函数引用工资信息

1 选中A5单元格，输入公式：“=VLOOKUP($B2,工资明细表,COLUMN(D1))”，按回车键，即可返回第一位员工的基本工资，如图8-26所示。

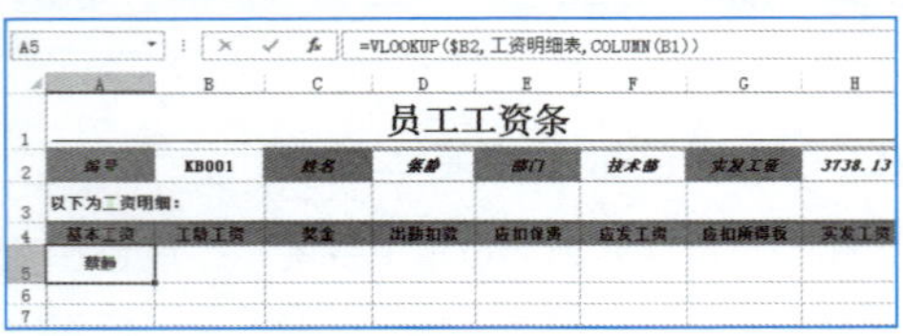

图8-26

公式分析：

=VLOOKUP($B2,工资明细表,COLUMN(D1))表示在定义为“工资明细表”的单元格区域查找与B2单元格相同的员工编号，并返回编号所在单元格指定的序列号，然后在A5单元格中医水平数组的方式返回D1列号。

❷ 选中A5单元格，将光标定位到该单元格右下角，出现十字形状时按住鼠标左键向右填充至H5单元格，释放鼠标即可一次性返回第一位员工的基本工资、工龄工资、奖金等，如图8-27所示。

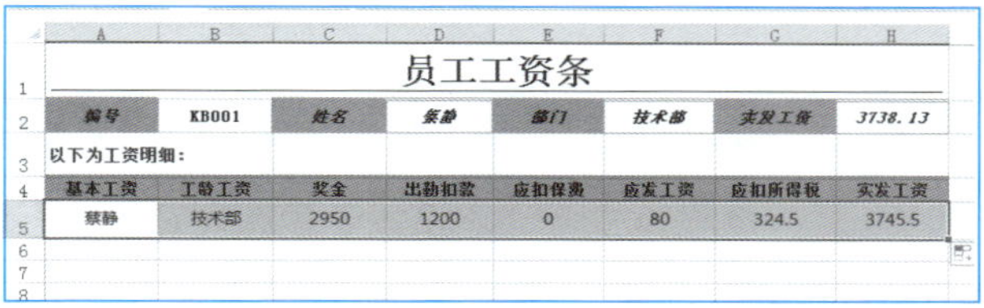

A	B	C	D	E	F	G	H
员工工资条							
编号	KB001	姓名	条静	部门	技术部	实发工资	3738.13
以下为工资明细：							
基本工资	工龄工资	奖金	出勤扣款	应扣保费	应发工资	应扣所得税	实发工资
蔡静	技术部	2950	1200	0	80	324.5	3745.5

图8-27

❸ 选中A2:H5单元格区域，将光标定位到该单元格区域右下角向下填充，即可得到每位员工的工资条，如图8-28所示。

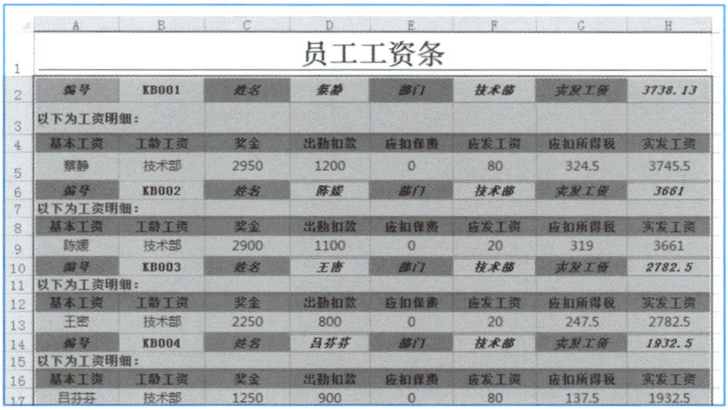

A	B	C	D	E	F	G	H
员工工资条							
编号	KB001	姓名	条静	部门	技术部	实发工资	3738.13
以下为工资明细：							
基本工资	工龄工资	奖金	出勤扣款	应扣保费	应发工资	应扣所得税	实发工资
蔡静	技术部	2950	1200	0	80	324.5	3745.5
编号	KB002	姓名	陈媛	部门	技术部	实发工资	3661
以下为工资明细：							
基本工资	工龄工资	奖金	出勤扣款	应扣保费	应发工资	应扣所得税	实发工资
陈媛	技术部	2900	1100	0	20	319	3661
编号	KB003	姓名	王密	部门	技术部	实发工资	2782.5
以下为工资明细：							
基本工资	工龄工资	奖金	出勤扣款	应扣保费	应发工资	应扣所得税	实发工资
王密	技术部	2250	800	0	20	247.5	2782.5
编号	KB004	姓名	吕芬芬	部门	技术部	实发工资	1932.5
以下为工资明细：							
基本工资	工龄工资	奖金	出勤扣款	应扣保费	应发工资	应扣所得税	实发工资
吕芬芬	技术部	1250	900	0	80	137.5	1932.5

图8-28

文件88　各部门平均工资透视图表

工资是对员工付出劳动的最直接的回报，企业通过对员工的工资进行分析，可以进一步了解企业的工资自定方案、工资结构是否合理等。在Excel 2013中可以使用数据透视表来分析各部门工资的情况。

制作要点与设计效果图

- 创建数据透视表
- 更改值汇总方式
- 删除字段
- 创建数据透视图
- 隐藏数据透视图的字段按钮

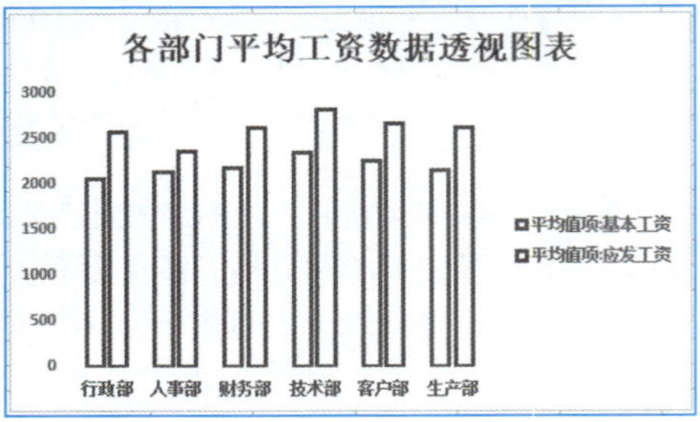

文件设计过程

步骤1：创建数据透视表

❶ 打开“员工工资明细表”，切换到“插入”选项卡，在“表格”选项组单击“数据透视表”按钮（如图8-29所示），打开“创建数据透视表”对话框，选择数据透视表要分析的数据和放置位置，如图8-30所示。

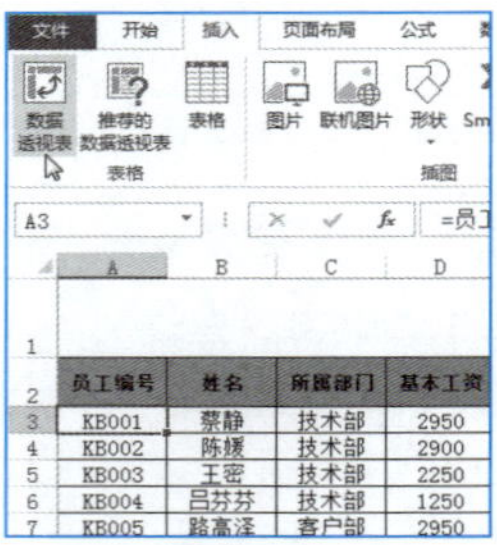

图8-29

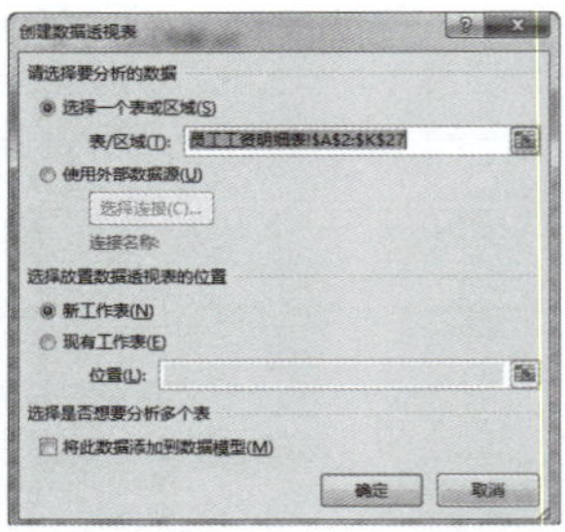

图8-30

❷ 在工作表前插入数据透视表，将“所属部门”添加到“行”字段，接着将“基本工资”、“出勤扣款”和“实发工资”添加到“值”字段，如图8-31所示。

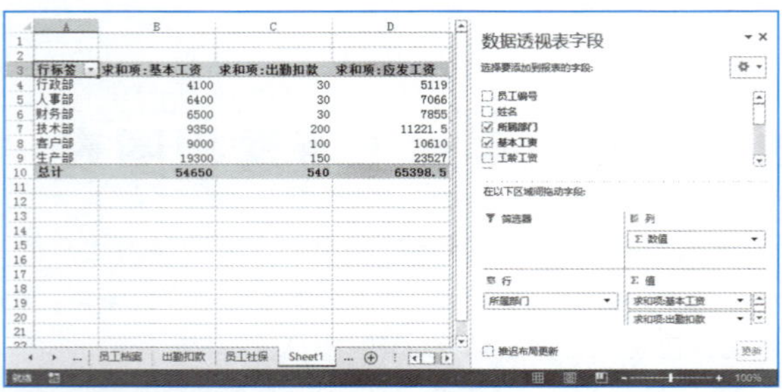

图8-31

步骤2：更改值字段计算类型

❶ 单击“求和项：基本工资”下拉按钮，在其下拉列表中单击“值字段设置”命令，如图8-32所示。

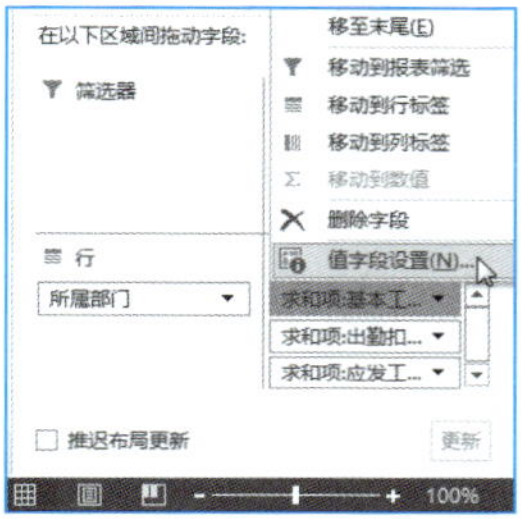

图8-32

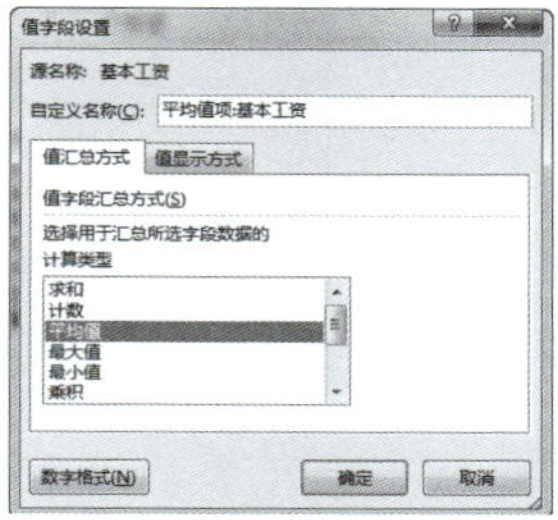

图8-33

❷ 打开“值字段设置”对话框，在“计算类型”列表框中单击“平均值”，单击“确定”按钮，如图8-33所示。

❸ 按照相同的方法，将“出勤扣款”和“实发工资”两个字段的汇总方式更改为“平均值”汇总方式，即可得到各部门平均工资情况，如图8-34所示。

	A	B	C	D
1				
2				
3	行标签	平均值项:基本工资	平均值项:出勤扣款	平均值项:应发工资
4	行政部	2050	15	2559.5
5	人事部	2133.333333	10	2355.333333
6	财务部	2166.666667	10	2618.333333
7	技术部	2337.5	50	2805.375
8	客户部	2250	25	2652.5
9	生产部	2144.444444	16.66666667	2614.111111
10	总计	2186	21.6	2615.94
11				
12				

图8-34

步骤3：删除字段

❶ 单击“平均值：出勤扣款”字段下拉按钮，在其下拉列表中选择“删除字段”选命令，如图8-35所示。

❷ 选中“删除”命令后，即可将字段从“数值”区域删除，如图8-36所示。

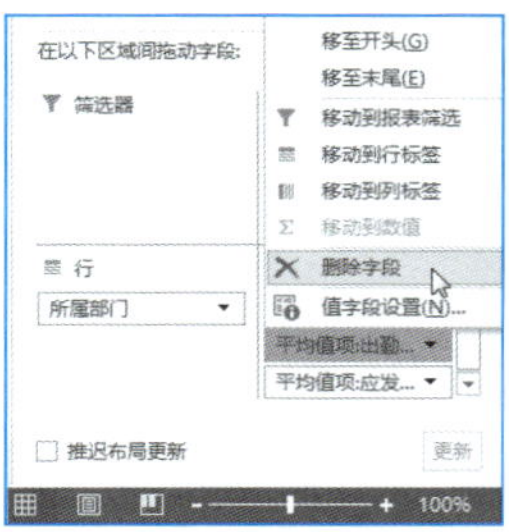

图8-35

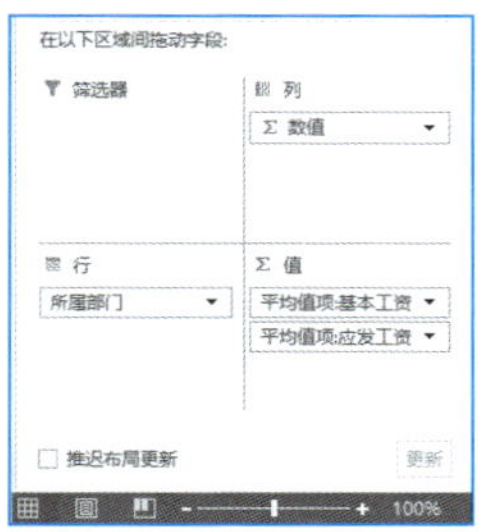

图8-36

步骤4：创建数据透视图

❶ 单击数据透视表中任意单元格，单击“数据透视表工具”→“分析”选项卡，在“工具”选项组单击“数据透视图”按钮，如图8-37所示。

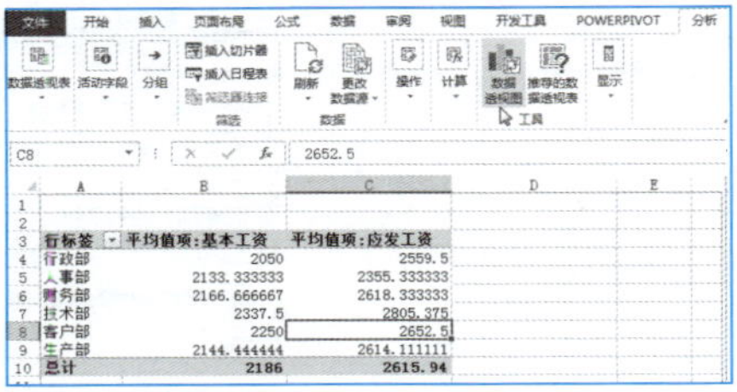

图8-37

❷ 打开“插入图表”对话框，在“柱形图”列表中单击“簇状柱形图”图表样式，单击“确定”按钮，如图8-38所示。

❸ 返回数据透视表中，即可根据数据透视表数值创建数据透视图，如图8-39所示。

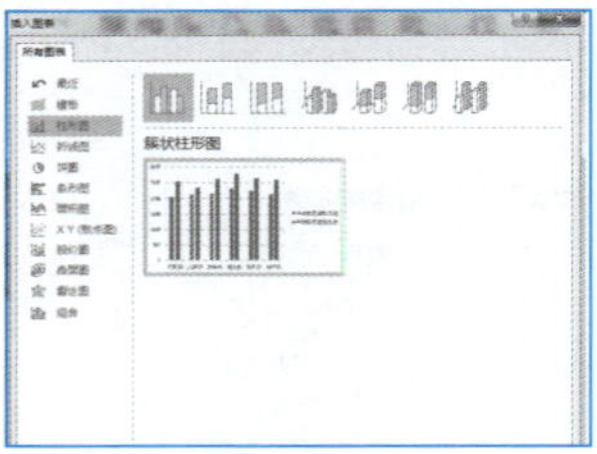

图8-38

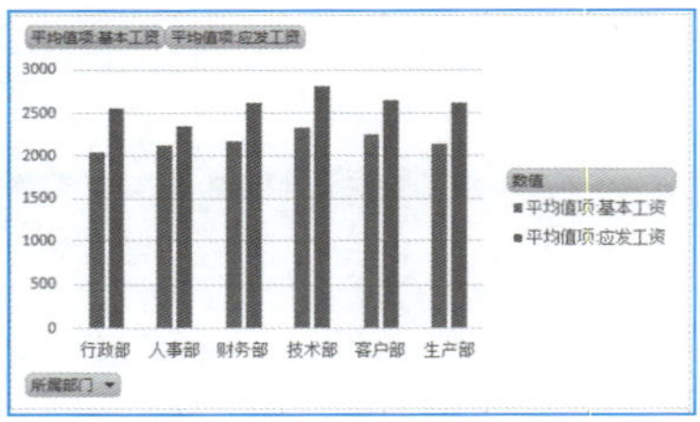

图8-39

步骤5：美化图表

❶ 选中数据透视图，单击“数据透视表工具”→“分析”选项卡，在“显示/隐藏”选项组单击“字段按钮”下拉按钮，在其下拉列表中选择“全部隐藏”即可将数据透视表中的字段按钮隐藏，如图8-40所示。

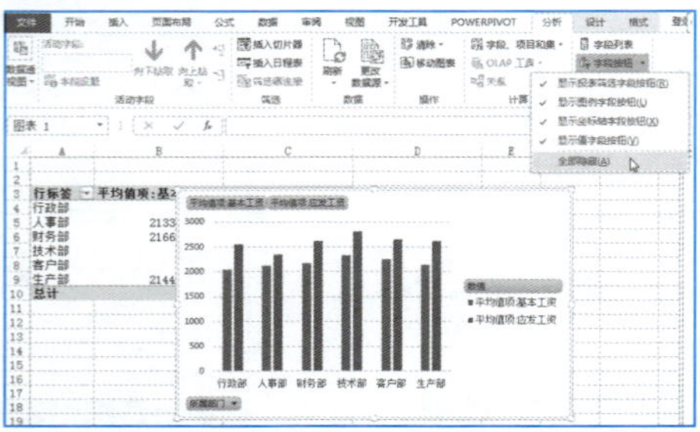

图8-40

❷ 选中数据透视图，单击“图表元素”按钮，打开下拉菜单，单击“图表标题”右侧按钮，如图8-41所示。在子菜单中选择图表标题显示的位置（单击鼠标即可应用），如这里单击“图表上方”，即可在图表上方添加“图表标题”文本框，重新输入标题为“各部门平均工资比较图表”，即可完成数据透视图图表标题的添加，如图8-42所示。

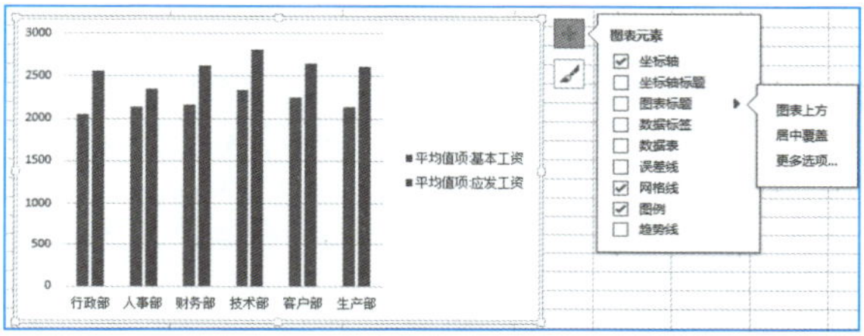

图8–41

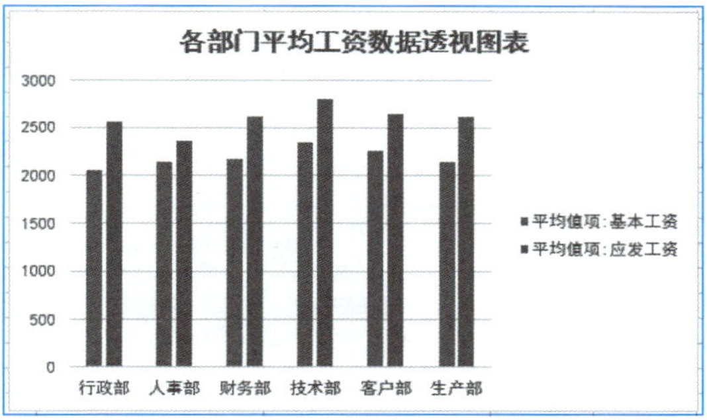

图8–42

❸ 选中图表，单击“图表样式”按钮，打开下拉列表，在“样式”栏下选择一种图表样式（单击即可应用），效果如图8-43所示。

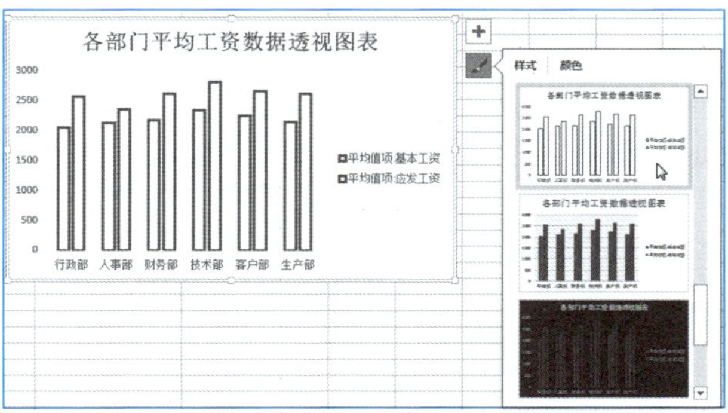

图8–43

文件89 上半年平均工资趋势图表

通过对各个部门上半年的平均工资进行分析，可以比较各个部门工资的变动趋势，在Excel 2013中除了可以使用普通的图表来呈现各个部门工资变化的趋势外，还可以使用迷你图直接在工作表中对工资数据进行分析。

制作要点与设计效果图

- 设置单元格填充效果
- SLN函数（参考函数187）

上半年各部门平均工资统计表

公司名称 华云信息有限公司 制表时间 2014年7月2日

部门	1月	2月	3月	4月	5月	6月	迷你图
技术部	7500	7850	8225.5	12756.5	8800	9356	
客户部	5625	5752	6035	4250	3580	4850	
生产部	9850	9980	12050	10200	9450	8050	
行政	3500	3263	3352	3452	3589	3852	
人事部	4200	4185	4258	4321.5	4052	4124	
财务部	3500	3263	3352	3452	3589	3852	

文件设计过程

步骤1：添加迷你图

❶ 打开“上半年各部门平均工资统计表”工作表，在“6月”列标识后输入“迷你图表”列标识。选中H4工作表，切换到“插入”选项卡，在“迷你图”选项组单击“折线图”按钮，如图8-44所示。

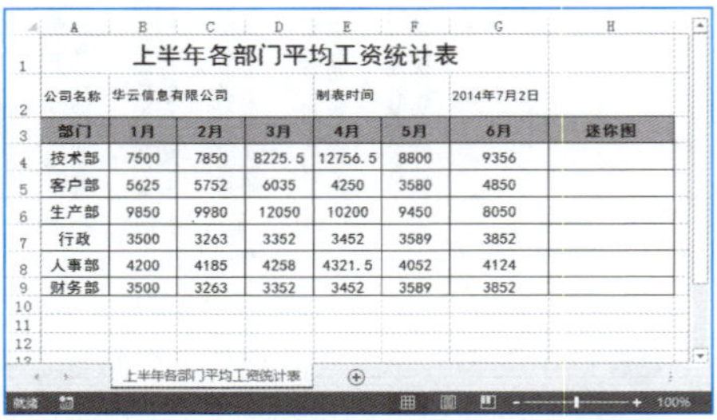

上半年各部门平均工资统计表

公司名称 华云信息有限公司 制表时间 2014年7月2日

部门	1月	2月	3月	4月	5月	6月	迷你图
技术部	7500	7850	8225.5	12756.5	8800	9356	
客户部	5625	5752	6035	4250	3580	4850	
生产部	9850	9980	12050	10200	9450	8050	
行政	3500	3263	3352	3452	3589	3852	
人事部	4200	4185	4258	4321.5	4052	4124	
财务部	3500	3263	3352	3452	3589	3852	

图8-44

❷ 打开“创建迷你图”对话框，设置“数据范围”为B4:G4单元格区域，单击“确定”按钮，如图8-45所示。

❸ 选中H4单元格，向下填充，即可为其他部门上半年平均工资数据添加迷你图，如图8-46所示。

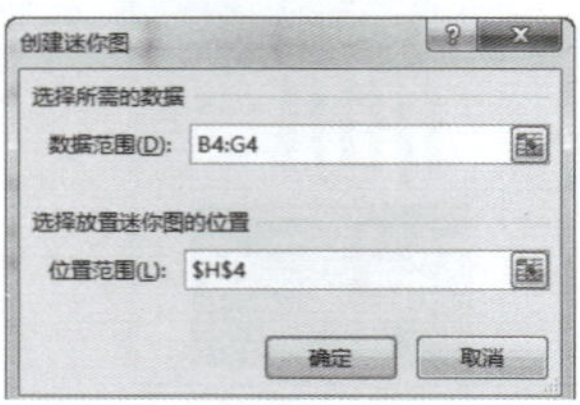

图8-45

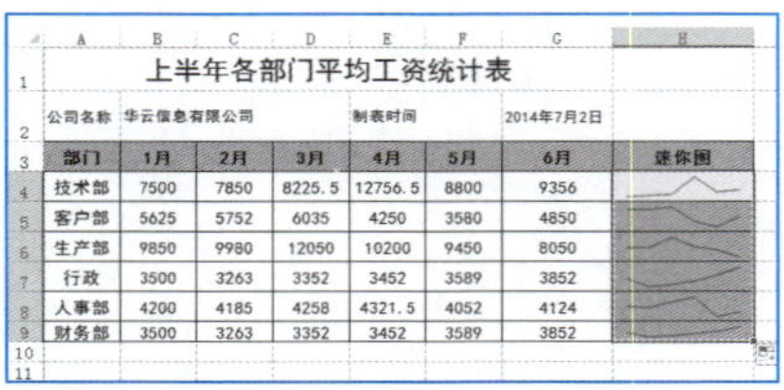

上半年各部门平均工资统计表

公司名称 华云信息有限公司 制表时间 2014年7月2日

部门	1月	2月	3月	4月	5月	6月	迷你图
技术部	7500	7850	8225.5	12756.5	8800	9356	
客户部	5625	5752	6035	4250	3580	4850	
生产部	9850	9980	12050	10200	9450	8050	
行政	3500	3263	3352	3452	3589	3852	
人事部	4200	4185	4258	4321.5	4052	4124	
财务部	3500	3263	3352	3452	3589	3852	

图8-46

步骤2：美化迷你图

❶ 选中迷你图所在单元格区域，单击“迷你图工具”→“设计”选项卡，在“显示”选项组选中“高点”和“低点”复选框，即可为迷你图添加高低点，如图8-47所示。

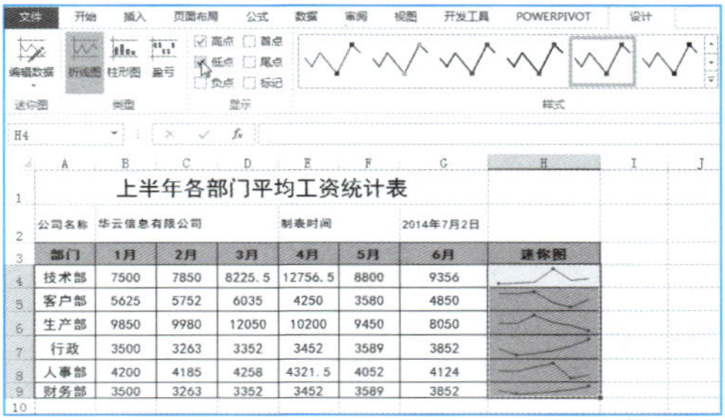

图8–47

❷ 单击“迷你图工具”→“设计”选项卡，在“样式”选项组单击“标记颜色”按钮，在其下拉列表中单击“高点”，在弹出的子菜单中选择“红色”，如图8-48所示。

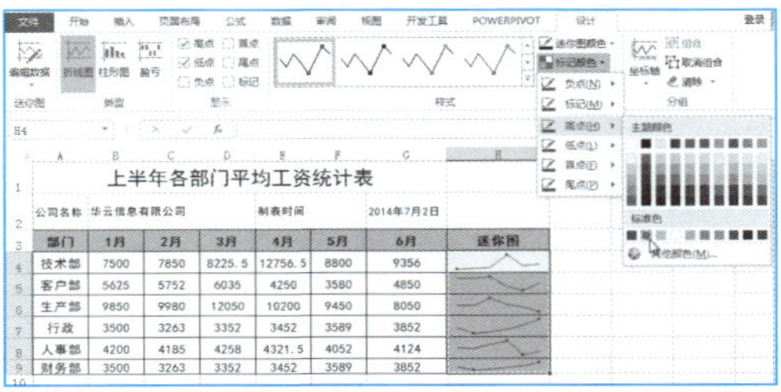

图8–48

❸ 接着在“样式”选项组单击“标记颜色”按钮，在其下拉列表中选择“低点”，在弹出子菜单中选择“绿色”，如图8-49所示。

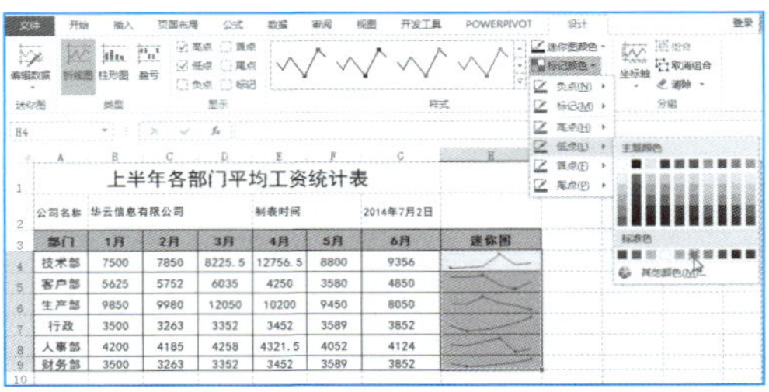

图8–49

4 设置完成后，返回工作表中，此时系统为迷你图添加高低点，并设置高点为红色显示，低点为绿色显示，如图8-50所示。

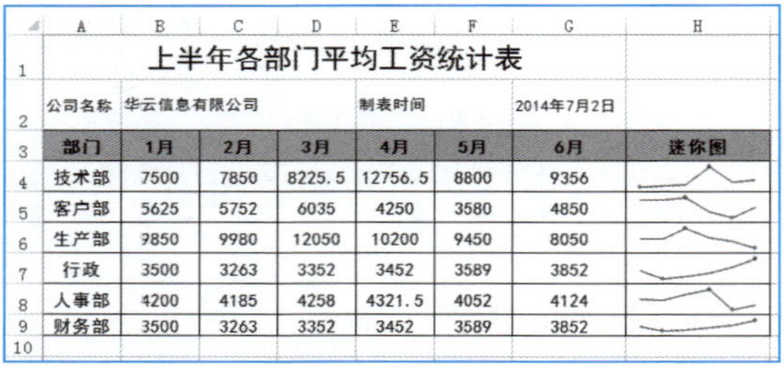

	A	B	C	D	E	F	G	H
1	上半年各部门平均工资统计表							
2	公司名称	华云信息有限公司			制表时间		2014年7月2日	
3	部门	1月	2月	3月	4月	5月	6月	迷你图
4	技术部	7500	7850	8225.5	12756.5	8800	9356	
5	客户部	5625	5752	6035	4250	3580	4850	
6	生产部	9850	9980	12050	10200	9450	8050	
7	行政	3500	3263	3352	3452	3589	3852	
8	人事部	4200	4185	4258	4321.5	4052	4124	
9	财务部	3500	3263	3352	3452	3589	3852	
10								

图8-50

步骤3：设置条件格式

1 选中B4:G4单元格区域，切换到“开始”选项卡，在“样式”选项组单击“条件格式”按钮，在其下拉列表中选择“项目选取规则”，在弹出的子菜单中选择“前10项”，如图8-51所示。

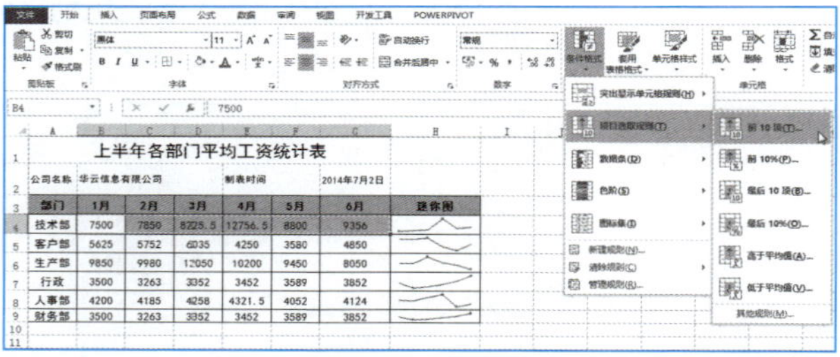

图8-51

2 打开“前10项”对话框，更改“10”为“1”，接着在“设置为”下拉列表中选择“黄填充色深黄色文本”。单击“确定”按钮，如图8-52所示。

3 按照相同的方法设置B5:G5、B6:G6、B7:G7、 B8:G8、 B9:G9单元格区域的突出显示规则，显出每个月中哪个部门的工资最高，如图8-53所示。

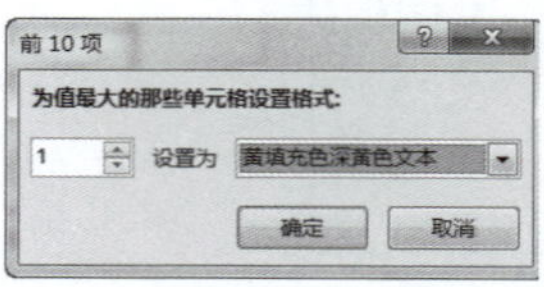

图8-52

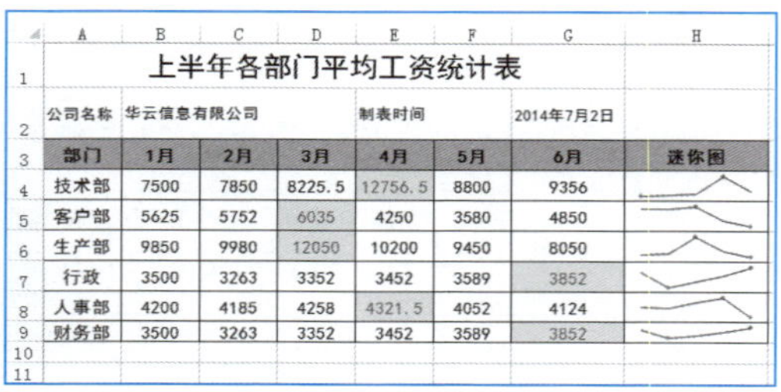

	A	B	C	D	E	F	G	H
1	上半年各部门平均工资统计表							
2	公司名称	华云信息有限公司			制表时间		2014年7月2日	
3	部门	1月	2月	3月	4月	5月	6月	迷你图
4	技术部	7500	7850	8225.5	12756.5	8800	9356	
5	客户部	5625	5752	6035	4250	3580	4850	
6	生产部	9850	9980	12050	10200	9450	8050	
7	行政	3500	3263	3352	3452	3589	3852	
8	人事部	4200	4185	4258	4321.5	4052	4124	
9	财务部	3500	3263	3352	3452	3589	3852	
10								
11								

图8-53

文件90　员工工资水平分布表

在员工工资水平分布表中，可以通过Excel中的频数函数轻松找出工资水平分布规律。

制作要点与设计效果图

- 创建数据透视表
- 插入函数
- FREQUENCY函数（参考函数27）
- 数组公式的应用

员工工资水平分布表

根据工资水平分组	上限值	频数
3000元以下	3000	0
3000元~3999元	3999	0
4000元~4999元	4999	15
5000元~5999元	5999	15
6000元~9999元	9999	1
15000元以下	15000	0

文件设计过程

步骤1：创建数据透视表

❶ 打开“员工工资明细表”，切换到“插入”选项卡，在“表格”选项组单击“数据透视表”按钮（如图8-54所示），打开“创建数据透视表”对话框，选择数据透视表要分析的数据和放置位置，如图8-55所示。

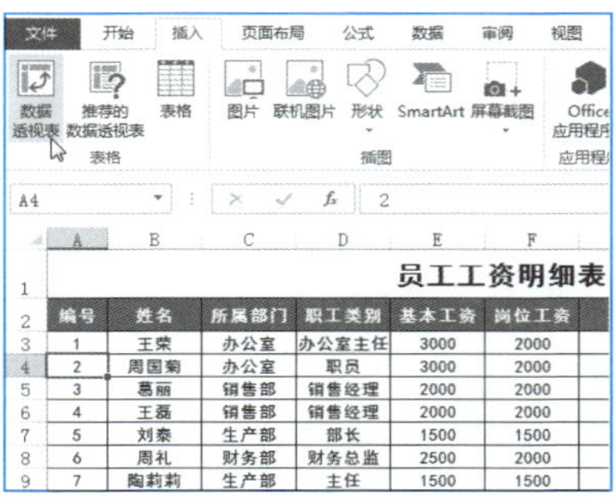

图8-54

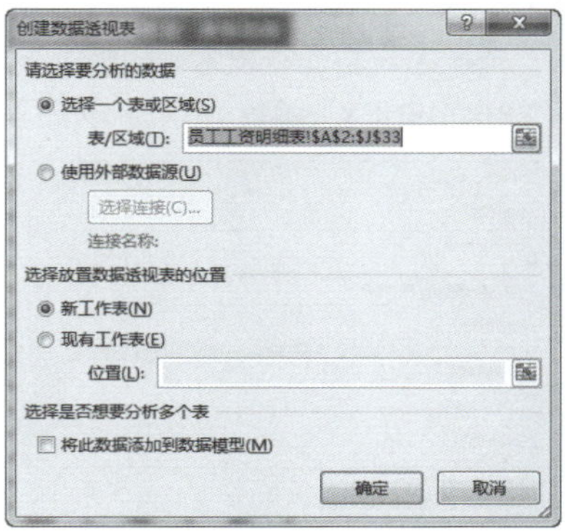

图8-55

❷ 在工作表前插入数据透视表，将“姓名”添加到“行”字段，接着将“应发工资”、“个人所得税”和“实发工资”添加到“值”字段，如图8-56所示。

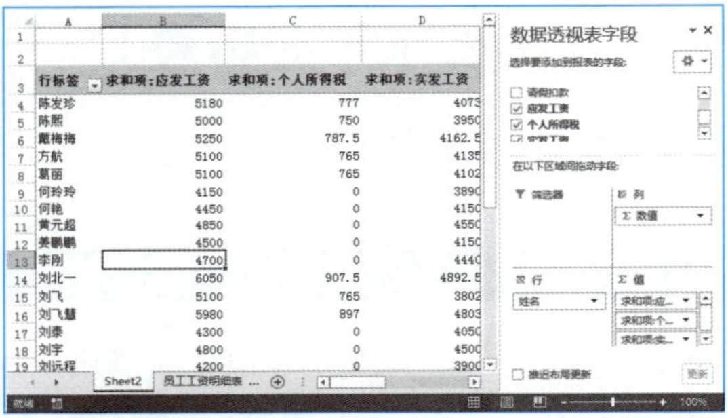

图8-56

步骤2：插入函数

在数据透视表右侧创建一个“员工工资水平分布表”表格。选中H4：H9单元格区域，在“公式”选项卡下，单击“函数库”选项组中的“插入函数”按钮，如图8-57所示。

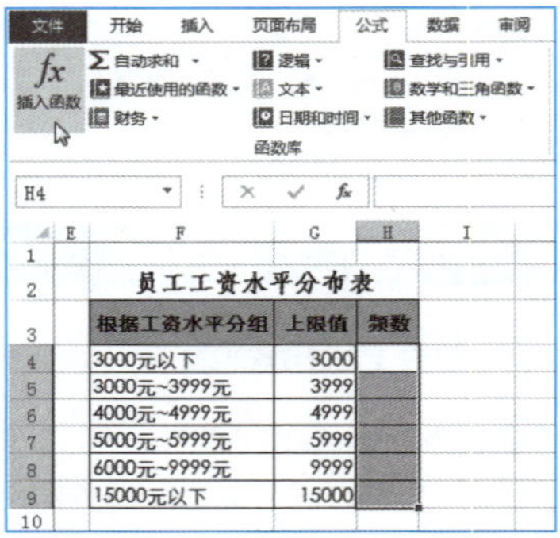

图8-57

步骤3：搜索函数

❶ 弹出“插入函数”对话框，在“搜索函数”文本框中输入“frequency”，单击“转到”按钮，如图8-58所示。

❷ 系统自动将搜索到的相关函数显示在“选择函数”列表框中，双击“FREQUENCY”函数，如图8-59所示。

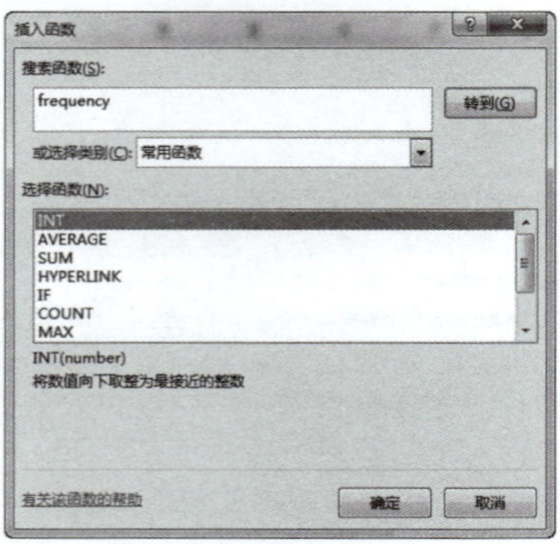

图8-58

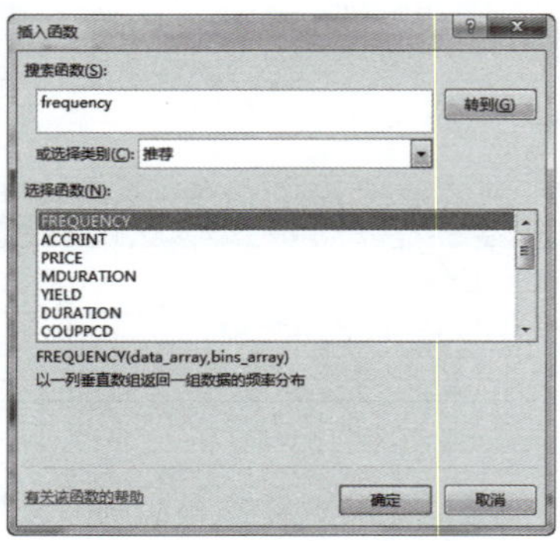

图8-59

步骤4：设置函数参数

❶ 弹出“函数参数”对话框在Data_array文本框中输入“B4：B34”，在Bins_array文本框中输入“G4：G9”，如图8-60所示。

❷ 函数参数设置完成后，按下Ctrl+Shift+Enter组合键确认数组公式的输入，依次计算出各水平分段的频数，此时完成员工工资水平分布表的创建，如图8-61所示。

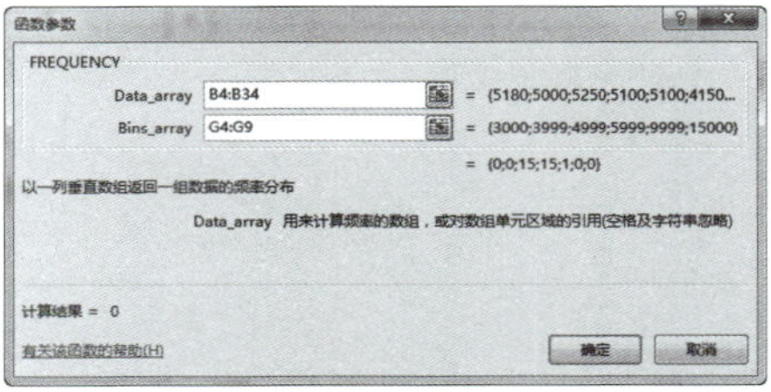

图8-60

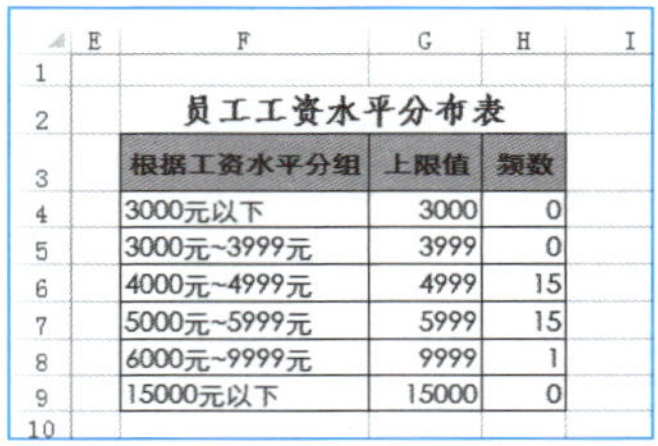

员工工资水平分布表

根据工资水平分组	上限值	频数
3000元以下	3000	0
3000元~3999元	3999	0
4000元~4999元	4999	15
5000元~5999元	5999	15
6000元~9999元	9999	1
15000元以下	15000	0

图8-61

文件91　员工工资水平分布图

在Excel中可以利用直方图创建频率分布图，让分段频数更加清晰、易懂。

制作要点与设计效果图

- 添加分析工具
- 直方图分析
- 更改图表标题
- 删除图例
- 显示数据标签

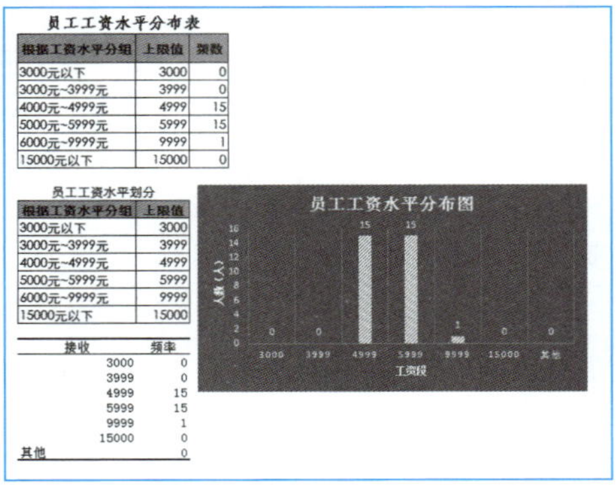

文件设计过程

步骤1：添加“分析工具”加载项

❶ 单击“文件”→“选项”命令，打开“Excel选项”对话框。在左侧列

表中选中“加载项”标签，如图8-62所示。

❷ 在右侧下方单击“转到”按钮，打开“加载宏”对话框。在“加载宏”对话框中的“可用加载宏”列表中选择要加载的宏，如图8-63所示。

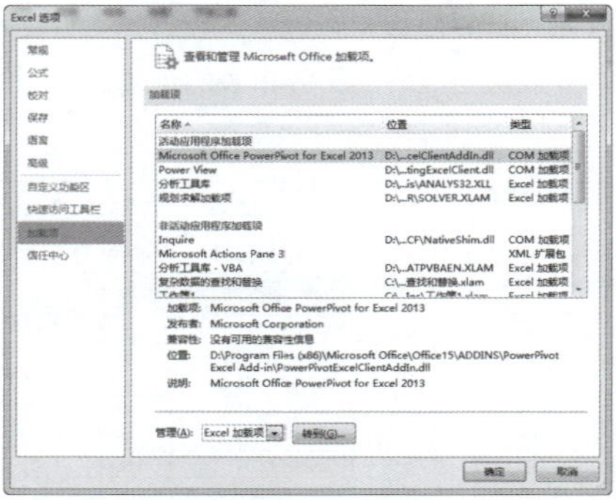

图8-62

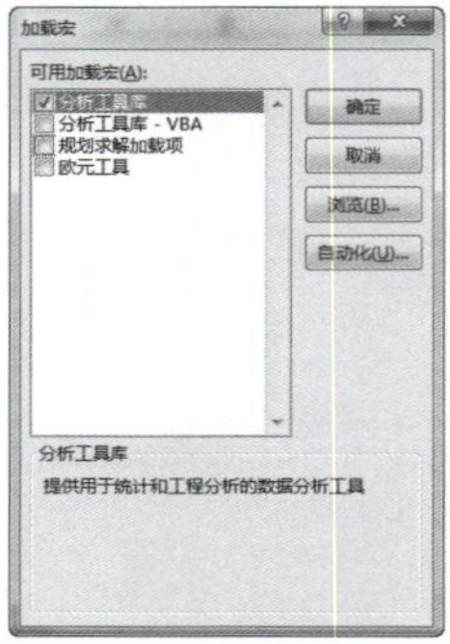

图8-63

❸ 返回工作表中，切换到“数据”选项卡，可以看到添加了“分析”选项组，并添加了“分析工具”按钮，如图8-64所示。

❹ 弹出“数据分析”对话框，单击“直方图”，单击“确定”按钮，如图8-65所示。

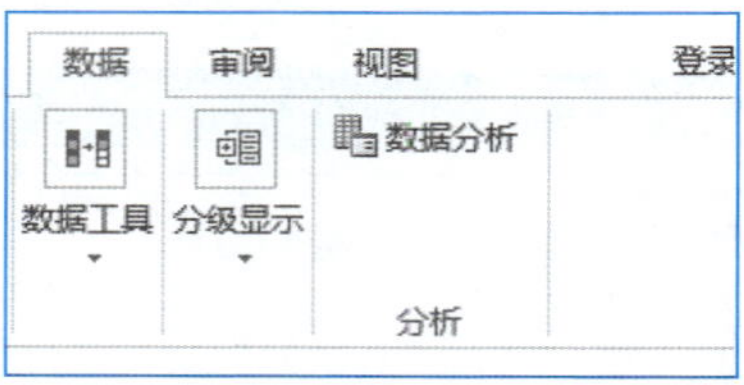

图8-64

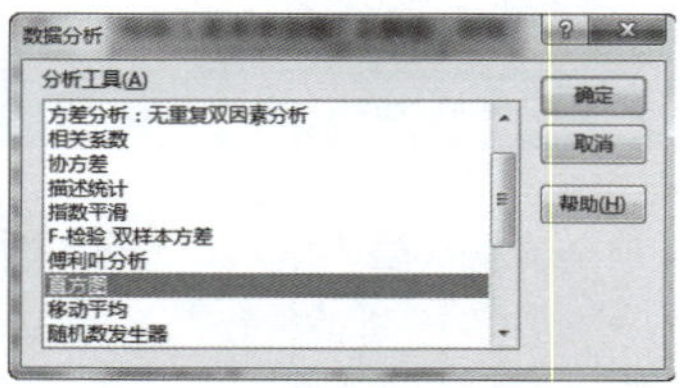

图8-65

步骤2：直方图分析

❶ 弹出“直方图”对话框，设置“输入区域”为“$B$4：$B$34”，设置“接收区域”为“$G$13：$G$18”，设置“输出区域”为“$F$20”，选中“图表输出”复选框，然后单击“确定”按钮，如图8-66所示。

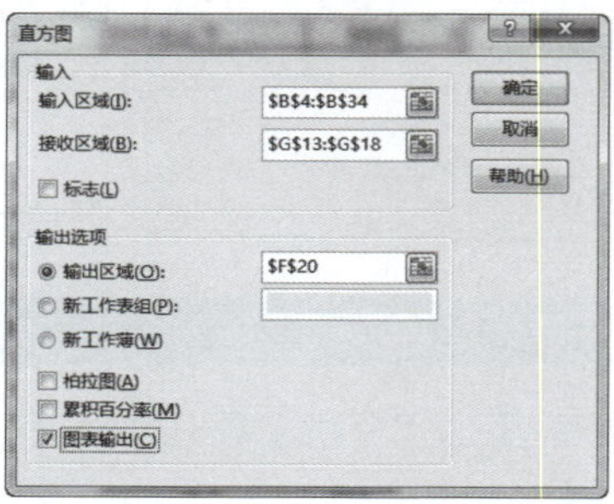

图8-66

❷ 返回工作表中，自动根据指定的参数计算出接收频率，并以

此为依据创建相应的直方图，如图8-67所示。

❸ 双击“图表标题”文本，激活图表标题文本框，其中输入“员工工资水平分布图”并将“频率”文本更改为“人数（人）”，将“接收”更改为“工资段”，如图8-68所示。

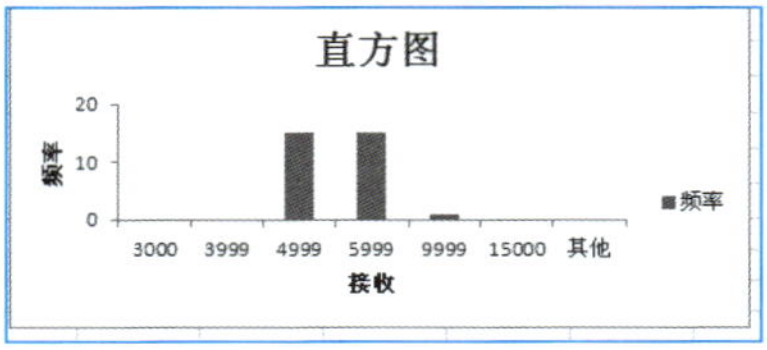

图8–67

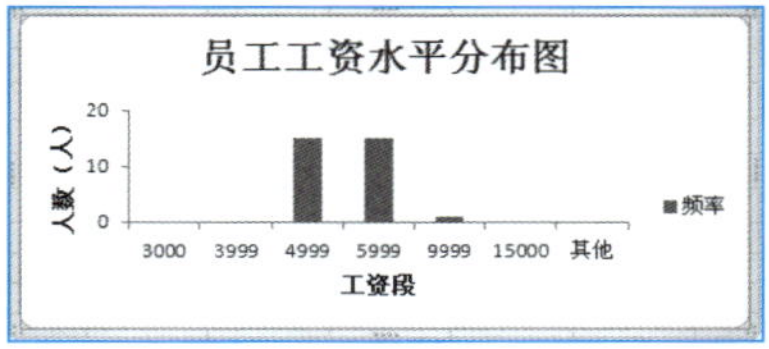

图8–68

步骤3：删除图例，显示数据标签

❶ 选中图表，单击“图表元素”按钮，打开下拉菜单，取消“图例”复选框的选中状态，如图8-69所示。

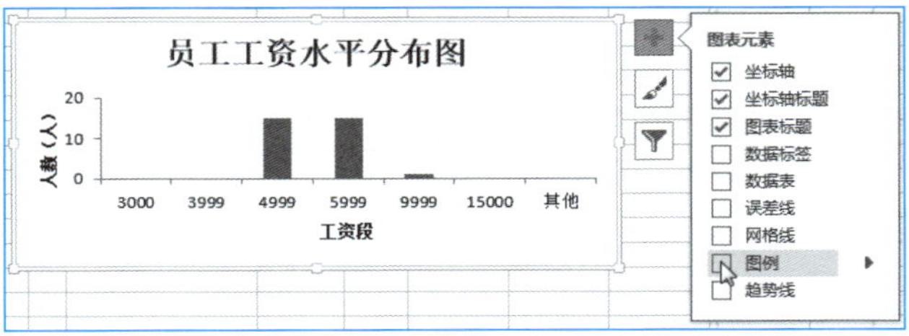

图8–69

❷ 选中图表，单击“图表元素”按钮，打开下拉菜单，单击“数据标签”右侧按钮，在子菜单中选择数据标签显示的位置（单击鼠标即可应用），如这里单击“数据标签外”，效果如图8-70所示。

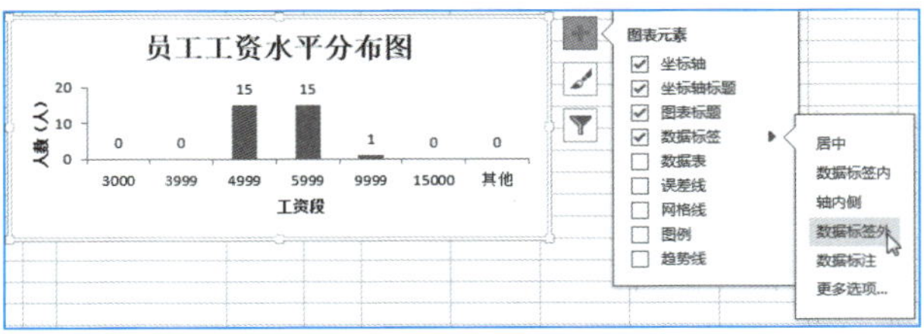

图8–70

❸ 选中图表，单击“图表样式”按钮，打开下拉列表，在“样式”栏下选择一种图表样式（单击即可应用），完成员工工资水平分布图的制作，如图8-71所示。

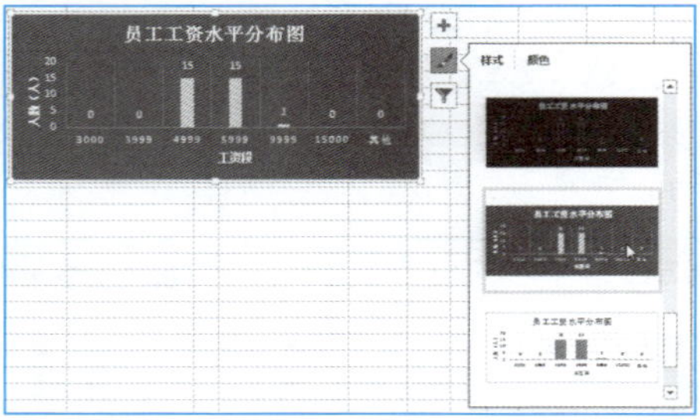

图8-71

公式分析：

分析工具是Excel内置的分析工具，属于加载项，一般不显示在工具栏中，第一次使用时，需要在“加载宏”对话框中找到“分析工具库”，将其添加到工具栏中。

第一次使用分析工具时需要加载，加载到工具栏后，下次就可以直接使用加载工具对数据进行分析。

文件92 年龄与薪资的相关性分析

想要了解员工的薪资与员工的年龄是否相关，可以借助Excel中的相关系数计算方法计算出两组数据的相关系数，并分析两组数据是否相关。

制作要点与设计效果图

- 数据分析
- 使用相关性系数工具

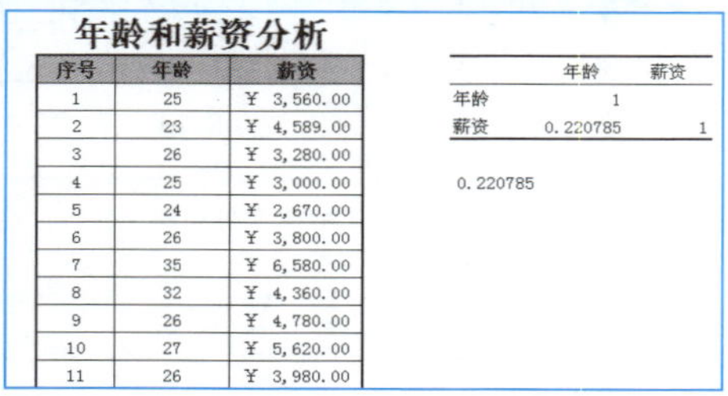

年龄和薪资分析

序号	年龄	薪资
1	25	￥ 3,560.00
2	23	￥ 4,589.00
3	26	￥ 3,280.00
4	25	￥ 3,000.00
5	24	￥ 2,670.00
6	26	￥ 3,800.00
7	35	￥ 6,580.00
8	32	￥ 4,360.00
9	26	￥ 4,780.00
10	27	￥ 5,620.00
11	26	￥ 3,980.00

	年龄	薪资
年龄	1	
薪资	0.220785	1

0.220785

文件设计过程

步骤1：创建年龄与薪资的相关性表格

打开“年龄与薪资相关性分析”工作簿，将“调查结果表”工作表中的“序号”、“年龄”和“薪资”数据复制到Sheet2工作表中，并重命名工作表为“年龄与薪资相关性分析”，如图8-72所示。

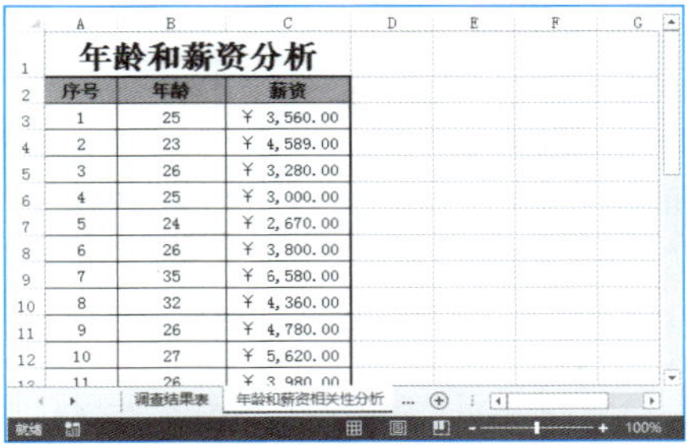

图8-72

步骤2：使用数据分析工具分析

❶ 单击“数据”选项卡，在“分析”选项组中单击“数据分析”按钮，如图8-73所示。

❷ 打开“数据分析”对话框，在“分析工具”列表框中选择“相关系数”，单击“确定”按钮，如图8-74所示。

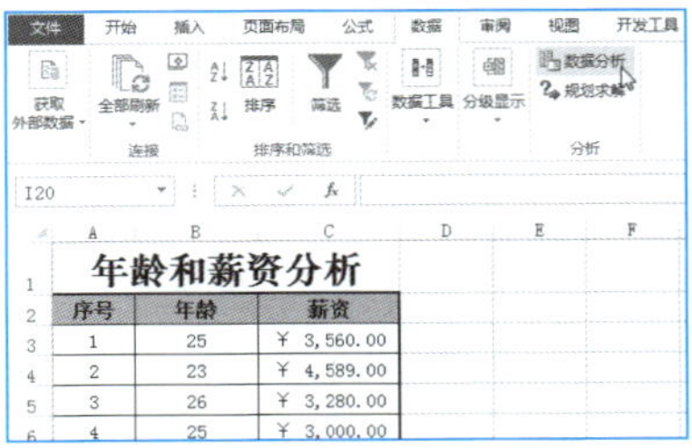

图8-73

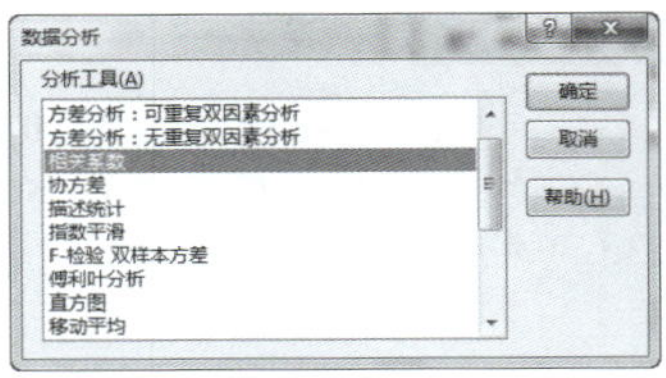

图8-74

❸ 打开“相关系数”对话框，设置输入区域为“$B$2:$C$30”，接着选中“标志位于第一行”复选框，在“输出选项”区域单击“输入区域”单选按钮，接着在文本框中输入“$E$2”，如图8-75所示。

❹ 单击“确定”按钮，返回工作表中，此时在E2单元格处显示了计算的相关系数为“0.220785”，说明两组数据的相关性不强，如图8-76所示。

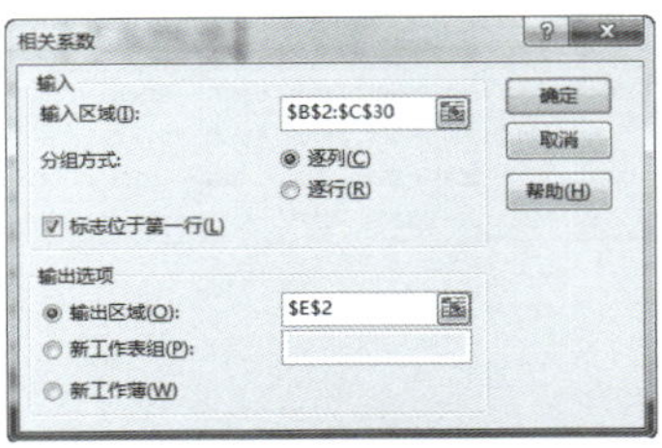

图8-75

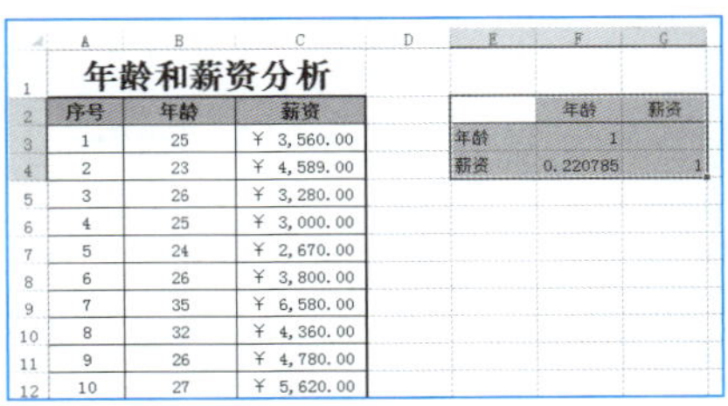

图8-76

提 示

相关系数是用来描述数组之间关联程度和关联方式的指标。相关系数的值节约-1和1之间，一般用r表示。当r=1时，说明两组数据完全正相关；当r=-1时，两组数据完全负相关；当r=0时，两组数据无相关性。因此，在判断两组数据是否相关时，可以借助相关系数来判断。

步骤3：使用CORREL函数检验相关系数正确性

选中E6单元格，在公式编辑栏中输入公式：“”，按回车键，即可在E6单元格中计算出相关系数为“0.220785”，与使用相关系数工具计算结果一致，如图8-77所示。

E6 =CORREL(B3:B30,C3:C30)

	A	B	C	D	E	F	G
1	年龄和薪资分析						
2	序号	年龄	薪资			年龄	薪资
3	1	25	￥ 3,560.00		年龄	1	
4	2	23	￥ 4,589.00		薪资	0.220785	1
5	3	26	￥ 3,280.00				
6	4	25	￥ 3,000.00		0.220785		
7	5	24	￥ 2,670.00				
8	6	26	￥ 3,800.00				

图8-77

公式分析：

“=CORREL(B3:B30,C3:C30)”公式分析：

“=CORREL(B3:B30,C3:C30)”表示根据B3:B30单元格区域数值和C3:C30单元格区域数值，计算出两组数据的相关系数。

文件93　税率等级速查表

在Excel中创建税率等级速查表，可以通过设置公式自动查询扣除金额。

制作要点与设计效果图

- 设置单元格填充（参考文件5）
- 设置表格边框（参考文件1、2、3）
- HLOOKUP函数（参考函数61）

税 率 等 级 速 查 表

等级	1	2	3	4	5	6	7	8	9
工资下限	1501	2001	3501	6501	21501	41501	61501	81501	101501
工资上限	2000	3500	6500	21500	41500	61500	81500	101500	
税率	5%	10%	15%	20%	25%	30%	35%	30%	45%
速算扣除数	0	25	125	375	1375	3375	6375	10375	15375

本月收入	7348
应采用税率	20%
速算扣除数	375

文件94　员工工资查询表

企业的员工人数众多，想要在偌大的工资表中查询某位员工的工资明细数据，除了使用Excel中的查找功能外，还可以创建一个专门用来查询员工工资的查询表，只要从“员工编号”下拉列表中选择编号，即可自动显示对应的工资项。

制作要点与设计效果图

- VLOOKUP函数（参考函数61）
- INDEX函数（参考函数37）

员工工资查询表

员工编号	KB001	员工姓名	蔡静	所在部门	技术部
职　　务	经理	工资等级	员工四级	岗　　位	管理
基本工资	￥2, 950. 00	岗位工资	￥1, 200. 00	奖　　金	￥0. 00
应发工资合计	￥3, 745. 50				
出勤扣款	￥80. 00	保险扣款	￥324. 50	所得税扣款	￥7. 37
扣款合计	￥411. 87				
实发工资	￥3, 333. 63				

说明：请从“员工编号”下拉列表中选择要查询的员工的编号，其余数据自动生成。

文件95　加班工资计算明细表

企业工作员工在工作日之外加班，就需要对加班的员工根据国家规定支付加班工资，加班通常分为平时延长工作时间加班、双休日加班和节假日加班三种情况，根据国家规定，双休日应付双倍工资，法定节假日加班应付三倍工资。

制作要点与设计效果图

- 设置单元格填充（参考文件5）
- 设置表格边框（参考文件1、2、3）
- 设置公式（参考文件5）

加班工资计算明细表

年度：　2014年

月份	月工资基数（元）	平时延长工作时间（小时）	休息日（小时）	法定节假日（小时）	加班工资数额（元）
1月	3500	16	24	8	￥ 1, 770. 11
2月	3480	4	16	16	￥ 1, 680. 00
3月	3521	6	8	0	￥ 445. 18
4月	3300	9. 5	16	16	￥ 1, 697. 41
5月	3450	24	24	16	￥ 2, 379. 31
6月	3520	12	8	0	￥ 566. 44
7月	3600	10	24	24	￥ 2, 689. 66
8月	3356	3	8	0	￥ 366. 46
9月	3452	4	8	48	￥ 3, 253. 61
10月	3620	6	16	8	￥ 1, 289. 89
11月	3520	30	24	0	￥ 1, 577. 93
12月	3500	20	8	8	￥ 1, 206. 90
合	计	144. 5	184	144	￥ 18, 922. 90
计算公式	月工资基数（元）/21. 75/8*平时延长工作时间+月工资基数（元）/21. 75/8*休息日（小时）数*2+月工资基数（元）/21. 75*（法定节假日（小时）/8）*3				

文件96　各等级薪资分布情况

很多企业会根据员工的薪资划分为多个等级进行分析，例如企业将薪资划分为4000以下、4000～4999、5000～5999以及7000以下等几个级别，可以使用FREQUENCY函数计算出领取各等级工资的员工人数，并创建饼图显示员工等级薪资分布情况。

制作要点与设计效果图

- FREQUENCY函数（参考函数27）
- 创建饼图（参考文件38）

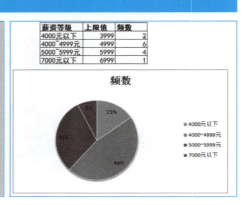

薪资等级	上限值	频数
4000元以下	3999	2
4000~4999元	4999	6
5000~5999元	5999	4
7000元以下	6999	1

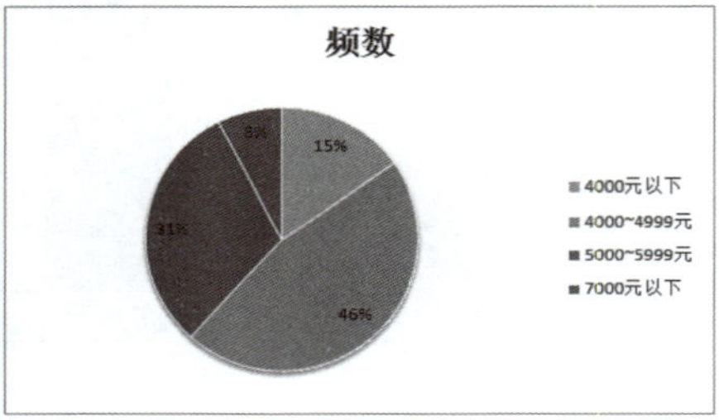

文件97　计件工资计算表

计件工资是按照工作生产的产品的数量和预先规定的计件单件来计算报酬的一种工资形式，它不以劳动时间来计量，而是用一定时间内的劳动成果来计算。计件工资需要按月或天统计出员工的作业量，然后乘以单价。

制作要点与设计效果图

- 数据验证（参考文件13）
- VLOOKUP函数（参考函数36）
- SUMIF函数（参考函数96）

计件工资计算表

编 号	姓 名	工 种	基本工资	计件工资	应发工资
1001	向国康	冲裁	¥ 200.00	¥ 526.68	¥ 726.68
1002	李治林	冲裁	¥ 200.00	¥ 120.65	¥ 320.65
1003	赖名财	冲裁	¥ 200.00	¥ 1,715.74	¥ 1,915.74
1004	梅松德	大冲	¥ 200.00	¥ 95.18	¥ 295.18
1005	柯月生	冲裁	¥ 200.00	¥ 452.54	¥ 652.54
1006	黄永山	冲裁	¥ 200.00	¥ 319.50	¥ 519.50
1007	钟定军	冲裁	¥ 200.00	¥ 282.00	¥ 482.00
1008	熊胜龙	大冲	¥ 200.00	¥ 460.00	¥ 660.00
1009	王平刚	冲裁	¥ 200.00	¥ 317.36	¥ 517.36
1010	许裕来	冲裁	¥ 200.00	¥ 27.50	¥ 227.50

文件98　变更工资申请表

在实际工作中，员工因为部门或岗位发生变化时，人事部门会让员工填写变更工资申请表，申请表中主要应包括员工的姓名、部门、职位、考核记录、申请变更工资的理由，对工作岗位的要求等内容。

制作要点与设计效果图

- 设置单元格填充（参考文件5）
- 设置表格边框（参考文件1、2、3）

变更工资申请表

申请日期：

姓　名	蔡静	所属部门	技术部	职　位	高级工程师	入职日期	2005/8/5
考核记录	[√] 优	[ ] 好		[ ] 普通		[ ] 差	
现在工作率	二级			将调整工作率	二级		
理由（任选一种）							
[ ] 晋升		[ ] 调整工作		[√] 考核优秀		[ ] 年资增加	
原工资等级	员工二级			要调至工资等级	员工三级		
前工作需要条件							
新工作需要条件	升级电脑配置，主要包括显示屏、内存、硬盘容量、网速						
备　注							
申请人	蔡静			批准人			

文件99　员工工资动态分析表

当管理者想要了解企业各个部门不同工龄及学历员工的工资情况如何时，可以根据员工的学历、工龄或所属部门来创建工资数据透视表，然后通过动态重组字段数据项，快速获得管理者想要了解的数据。

制作要点与设计效果图

- 创建数据透视表（参考文件72、73）
- 设置字段（参考文件72、73）
- 按季度将字段分组（参考文件75）
- 应用数据透视表样式（参考文件76）

员工工资动态分析表

求和项:平均工资	列标签				
行标签	财务部	技术部	销售部	行政部	总计
⊟工龄在3年及以下					
⊟1			18508		18508
本科			10368		10368
专科			8140		8140
⊟2	7460	18638	10810		36908
本科	7460	12768	10810		31038
专科		5870			5870
⊟3	3500	15660	3500		22660
本科	3500	5800			9300
专科			3500		3500
研究生		9860			9860
⊟工龄在3年以上					
⊟4		6890	16673		23563
本科			16673		16673
研究生		6890			6890
⊟5		16118		8800	24918
本科				2500	2500
专科				6300	6300
研究生		16118			16118
总计	10960	57306	49491	8800	126557

文件100 薪资涨幅趋势分析图

如果想了解企业近年来薪资涨幅情况，可以创建折线图来分析涨幅情况，还可以通过添加垂直线更直观分析。

制作要点与设计效果图

- 创建图表（参考文件38）
- 设置数据系列标签格式（参考文件38）
- 删除图例（参考文件91）

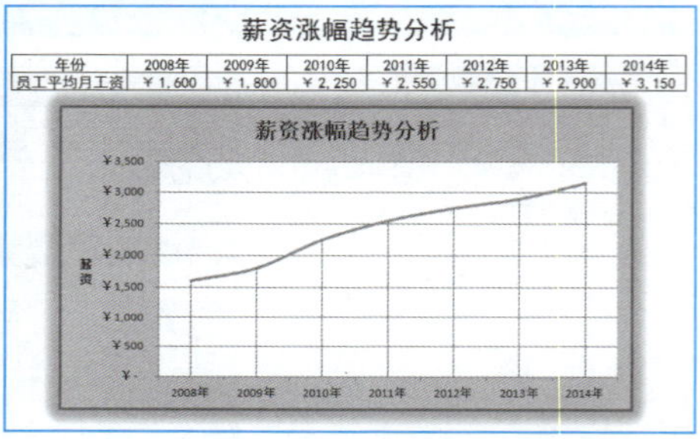

文件101 薪资与业绩关系图

员工的薪资与员工所取得的业绩是相关的，一般业绩越高越好，获取的薪资就越高，在分析时用户可以借助Excel中的散点图或折线图来表现薪资与业绩间的关系。

制作要点与设计效果图

- 创建图表（参考文件38）
- 设置数据系列标签格式（参考文件38）

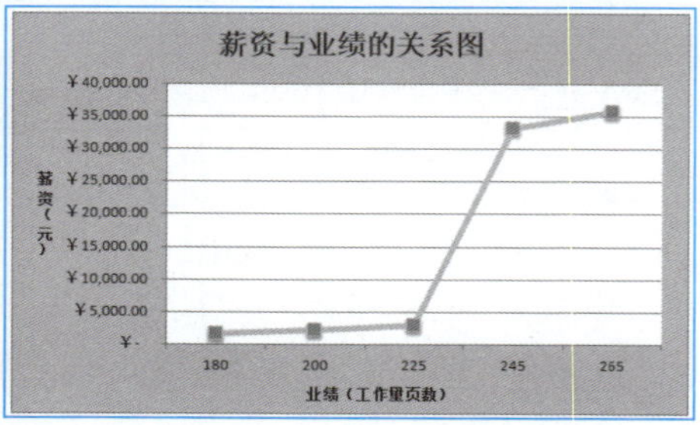

Excel

第9章 所得税申报表格

企业所得税是对我国内资企业和经营单位的生产经营所得和其他所得征收的一种税。企业所得税纳税人即所有实行独立经济核算的中华人民共和国境内的内资企业或其他组织，企业所得税的征税对象是纳税人取得的所得。包括销售货物所得、提供劳务所得、转让财产所得、股息红利所得、利息所得、租金所得、特许权使用费所得、接受捐赠所得和其他所得。

企业在每一个纳税年度，都应编制企业所得税申报表及附表，详细地列出所得税申报相关数据。企业所得税申报附表主要包括：收入明细表、成本费用明细表、纳税调整增加项目明细表等。

编号	文件名称	对应的数据源	重要星级
文件102	收入明细表	第9章\文件102 收入明细表.xlsx	★★★★★
文件103	纳税调整增加项目明细表	第9章\文件103 纳税调整增加项目明细表.xlsx	★★★★★
文件104	广告费和业务宣传费跨年度纳税调整表	第9章\文件104 广告费跨年度纳税调整表.xlsx	★★★★★
文件105	企业所得税年度纳税申报表	第9章\文件105 企业所得税年度纳税申报表.xlsx	★★★★
文件106	成本费用明细表	第9章\文件106 成本费用明细表.xlsx	★★★★
文件107	税前弥补亏损明细表	第9章\文件107 税前弥补亏损明细表.xlsx	★★★
文件108	税收优惠明细表	第9章\文件108 税收优惠明细表.xlsx	★★★
文件109	资产减值准备项目调整明细表	第9章\文件109 资产减值准备项目调整明细表.xlsx	★★★
文件110	投资所得（损失）明细表	第9章\文件110 投资所得（损失）明细表.xlsx	★★★
文件111	资产折旧、摊销明细表	第9章\文件111 资产折旧、摊销明细表.xlsx	★★★

文件102　收入明细表

收入明细表是企业所得税年度纳税申报的附表之一，它适用于执行《企业会计制度》、《小企业会计制度》的纳税人填报。纳税人应填报根据会计制度核算的“主营业务收入”、“企业业务收入”和“营业外收入”，以及根据税收规定应当在当期确认收入的“视同销售收入”和“其他收入”。

制作要点与设计效果图

- SUM函数（参考函数3、7、16）
- 计算公式
- 快速设置千分位分割数据格式

企业所得税年度纳税申报表附表一

收入明细表

填报时间：年　月　日　　　　金额单位:元（列至角分）

行次	项　目	金　额
1	一、销售（营业）收入合计（2+13）	2,038,000.00
2	（一）营业收入合计（3+8）	2,875,168.50
3	1.主营业务收入（4+5+6+7）	2,038,000.00
4	（1）销售货物	2,034,500.00
5	（2）提供劳务	-
6	（3）让渡资产使用权	3,500.00
7	（4）建造合同	-
8	2.其他业务收入（9+10+11+12）	837,168.50
9	（1）材料销售收入	578,112.00
10	（2）代购代销手续费收入	50,632.50
11	（3）包装物出租收入	156,312.00
12	（4）其他	52,112.00
13	（二）视同销售收入（14+15+16）	-
14	（1）非货币性交易视同销售收入	-
15	（2）货物、财产、劳务视同销售收入	-
16	（3）其他视同销售收入	-
17	二、营业外收入（18+19+20+21+22+23+24+25+26）	3,026.00
18	1.固定资产盘盈	1,088.00
19	2.处置固定资产净收益	688.00
20	3.非货币性资产交易收益	-
21	4.出售无形资产收益	1,250.00
22	5.罚款净收入	-

文件设计过程

步骤1：创建收入明细表

新建工作簿，重命名Sheet1工作表为“收入明细表”，在工作表中输入表格内容并输入原始数据，如图9-1所示。

	A	B	C
1	企业所得税年度纳税申报表附表一		
2		收入明细表	
3	填报时间：年　月　日	金额单位:元（列至角分）	
4	行次	项　目	金　额
5	1	一、销售（营业）收入合计（2+13）	
6	2	（一）营业收入合计（3+8）	
7	3	1.主营业务收入（4+5+6+7）	
8	4	（1）销售货物	
9	5	（2）提供劳务	0
10	6	（3）让渡资产使用权	3500
11	7	（4）建造合同	0
12	8	2.其他业务收入（9+10+11+12）	
13	9	（1）材料销售收入	578112
14	10	（2）代购代销手续费收入	50632.5
15	11	（3）包装物出租收入	156312
16	12	（4）其他	52112
17	13	（二）视同销售收入（14+15+16）	
18	14	（1）非货币性交易视同销售收入	0
19	15	（2）货物、财产、劳务视同销售收入	0
20	16	（3）其他视同销售收入	0
21	17	二、营业外收入（18+19+20+21+22+23+24+25+26）	
22	18	1.固定资产盘盈	1088
23	19	2.处置固定资产净收益	688

收入明细表

图9-1

步骤2：计算明细数据

❶ 选中C7单元格在公式编辑栏中输入公式：“=SUM(C8:C11)”，按回车键，即可计算出主营业务收入，如图9-2所示。

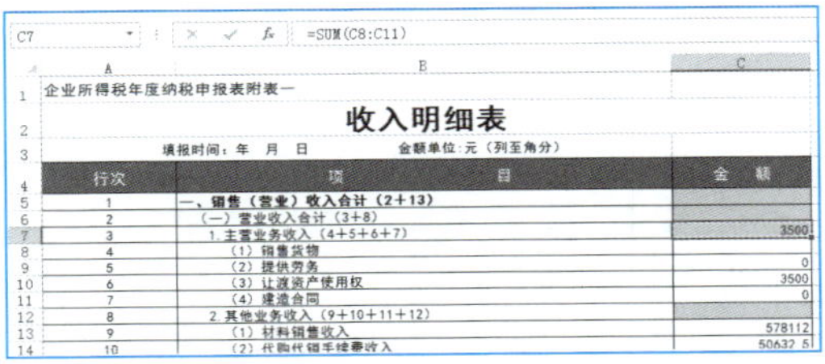

C7　=SUM(C8:C11)

企业所得税年度纳税申报表附表一

收入明细表

填报时间：年　月　日　　金额单位:元（列至角分）

行次	项目	金额
1	一、销售（营业）收入合计（2+13）	
2	（一）营业收入合计（3+8）	
3	1.主营业务收入（4+5+6+7）	3500
4	（1）销售货物	
5	（2）提供劳务	0
6	（3）让渡资产使用权	3500
7	（4）建造合同	0
8	2.其他业务收入（9+10+11+12）	
9	（1）材料销售收入	578112
10	（2）代购代销手续费收入	50632.5

图9-2

2 选中C12单元格在公式编辑栏中输入公式：“=SUM(C13:C16)”，按回车键，即可计算出其他业务收入。接着设置求和公式，计算视同销售收入和营业外收入，如图9-3所示。

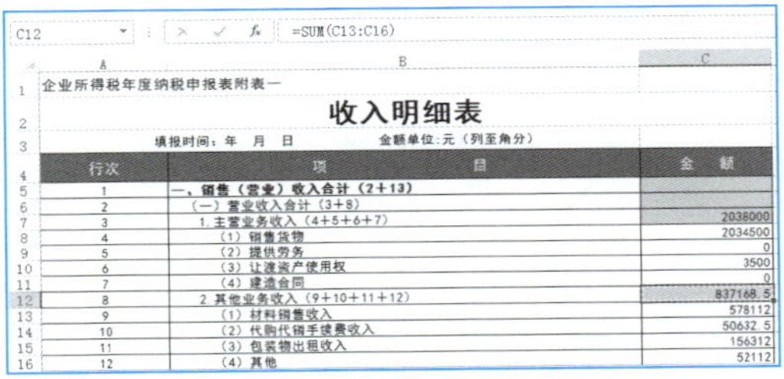

C12　=SUM(C13:C16)

企业所得税年度纳税申报表附表一

收入明细表

填报时间：年　月　日　　金额单位:元（列至角分）

行次	项目	金额
1	一、销售（营业）收入合计（2+13）	
2	（一）营业收入合计（3+8）	
3	1.主营业务收入（4+5+6+7）	2038000
4	（1）销售货物	2034500
5	（2）提供劳务	0
6	（3）让渡资产使用权	3500
7	（4）建造合同	0
8	2.其他业务收入（9+10+11+12）	837168.5
9	（1）材料销售收入	578112
10	（2）代购代销手续费收入	50632.5
11	（3）包装物出租收入	156312
12	（4）其他	52112

图9-3

3 选中C5单元格，在公式编辑栏中输入公式：“=C7+C17”，按回车键计算出销售(营业)收入合计，如图9-4所示。

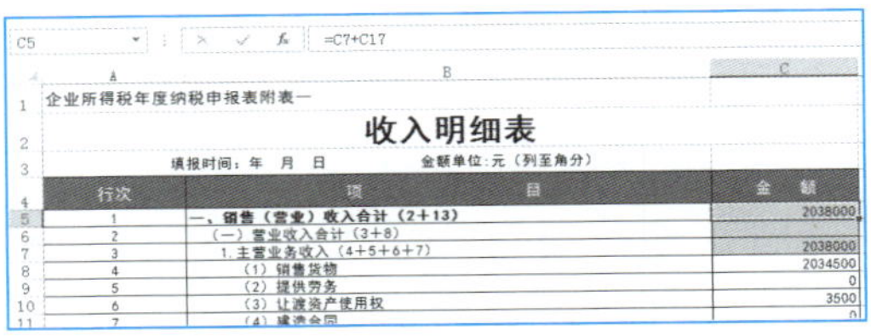

C5　=C7+C17

企业所得税年度纳税申报表附表一

收入明细表

填报时间：年　月　日　　金额单位:元（列至角分）

行次	项目	金额
1	一、销售（营业）收入合计（2+13）	2038000
2	（一）营业收入合计（3+8）	
3	1.主营业务收入（4+5+6+7）	2038000
4	（1）销售货物	2034500
5	（2）提供劳务	0
6	（3）让渡资产使用权	3500
7	（4）建造合同	0

图9-4

4 选中C6单元格，在公式编辑栏中输入公式：“=C7+C12”，按回车键计算营业收入合计，如图9-5所示。

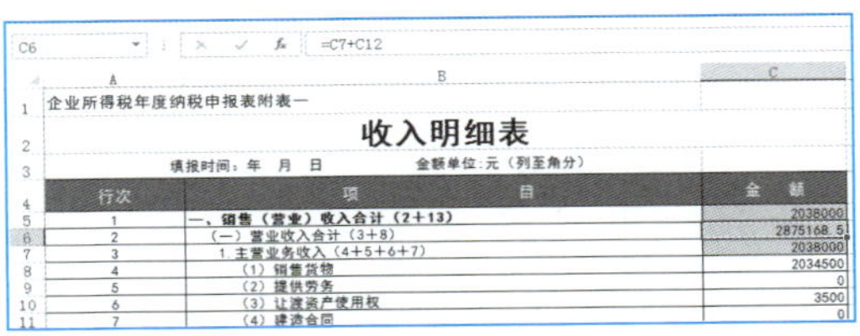

C6　=C7+C12

企业所得税年度纳税申报表附表一

收入明细表

填报时间：年　月　日　　金额单位:元（列至角分）

行次	项目	金额
1	一、销售（营业）收入合计（2+13）	2038000
2	（一）营业收入合计（3+8）	2875168.5
3	1.主营业务收入（4+5+6+7）	2038000
4	（1）销售货物	2034500
5	（2）提供劳务	0
6	（3）让渡资产使用权	3500
7	（4）建造合同	0

图9-5

5 选中C17单元格，在公式编辑栏中输入公式：“=SUM(C18:C20)”，按回车键计算出视同销售收入合计，如图9-6所示。

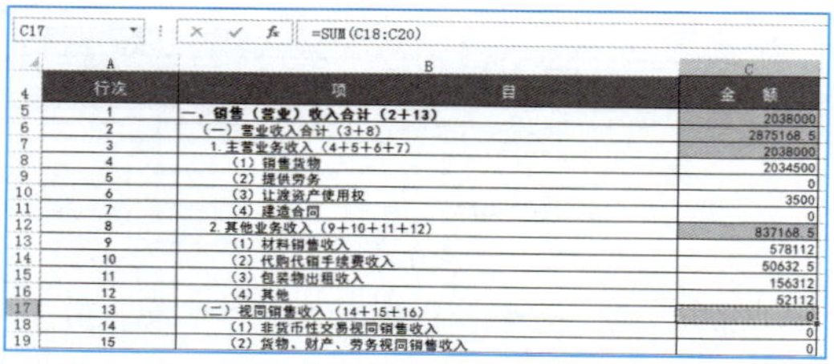

	行次	项目	金额
5	1	一、销售（营业）收入合计（2+13）	2038000
6	2	（一）营业收入合计（3+8）	2875168.5
7	3	1.主营业务收入（4+5+6+7）	2038000
8	4	（1）销售货物	2034500
9	5	（2）提供劳务	0
10	6	（3）让渡资产使用权	3500
11	7	（4）建造合同	0
12	8	2.其他业务收入（9+10+11+12）	837168.5
13	9	（1）材料销售收入	578112
14	10	（2）代购代销手续费收入	50632.5
15	11	（3）包装物出租收入	156312
16	12	（4）其他	52112
17	13	（二）视同销售收入（14+15+16）	0
18	14	（1）非货币性交易视同销售收入	0
19	15	（2）货物、财产、劳务视同销售收入	0

图9-6

6 选中C21单元格，在公式编辑栏中输入公式：“=SUM(C22:C30)”，按回车键计算营业外收入合计，如图9-7所示。

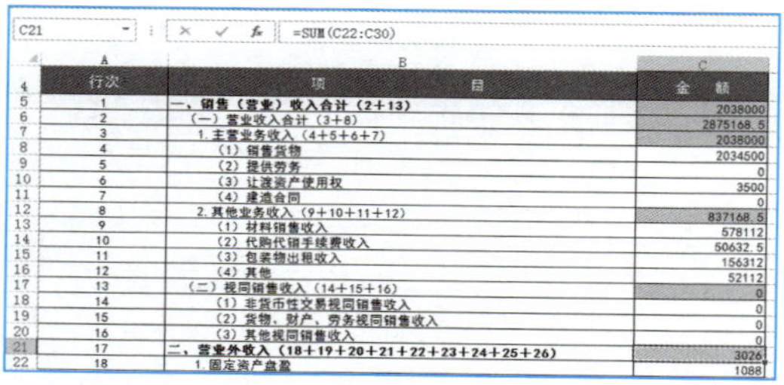

	行次	项目	金额
5	1	一、销售（营业）收入合计（2+13）	2038000
6	2	（一）营业收入合计（3+8）	2875168.5
7	3	1.主营业务收入（4+5+6+7）	2038000
8	4	（1）销售货物	2034500
9	5	（2）提供劳务	0
10	6	（3）让渡资产使用权	3500
11	7	（4）建造合同	0
12	8	2.其他业务收入（9+10+11+12）	837168.5
13	9	（1）材料销售收入	578112
14	10	（2）代购代销手续费收入	50632.5
15	11	（3）包装物出租收入	156312
16	12	（4）其他	52112
17	13	（二）视同销售收入（14+15+16）	0
18	14	（1）非货币性交易视同销售收入	0
19	15	（2）货物、财产、劳务视同销售收入	0
20	16	（3）其他视同销售收入	0
21	17	二、营业外收入（18+19+20+21+22+23+24+25+26）	3026
22	18	1.固定资产盘盈	1088

图9-7

步骤3：设置千分位分割数据格式

1 选中C5:C30单元格区域，切换到“开始”选项卡，在“数字”选项组单击“千分位分隔”按钮，如图9-8所示。

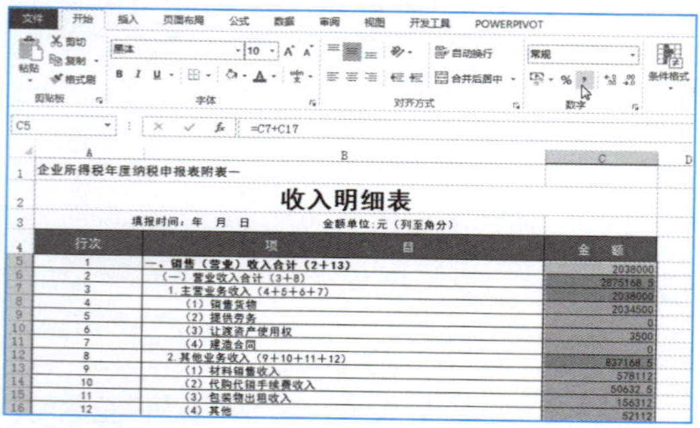

	行次	项目	金额
5	1	一、销售（营业）收入合计（2+13）	2038000
6	2	（一）营业收入合计（3+8）	2875168.5
7	3	1.主营业务收入（4+5+6+7）	2038000
8	4	（1）销售货物	2034500
9	5	（2）提供劳务	0
10	6	（3）让渡资产使用权	3500
11	7	（4）建造合同	0
12	8	2.其他业务收入（9+10+11+12）	837168.5
13	9	（1）材料销售收入	578112
14	10	（2）代购代销手续费收入	50632.5
15	11	（3）包装物出租收入	156312
16	12	（4）其他	52112

图9-8

2 返回工作表中，可以在单元格区域看到数字显示为千分位分隔数字格式，同时0值会自动显示为短横线，如图9-9所示。

企业所得税年度纳税申报表附表一

收入明细表

填报时间：年 月 日　　金额单位:元（列至角分）

行次	项目	金额
1	**一、销售（营业）收入合计（2+13）**	2,038,000.00
2	（一）营业收入合计（3+8）	2,875,168.50
3	1.主营业务收入（4+5+6+7）	2,038,000.00
4	（1）销售货物	2,034,500.00
5	（2）提供劳务	-
6	（3）让渡资产使用权	3,500.00
7	（4）建造合同	-
8	2.其他业务收入（9+10+11+12）	837,168.50
9	（1）材料销售收入	578,112.00
10	（2）代购代销手续费收入	50,632.50
11	（3）包装物出租收入	156,312.00
12	（4）其他	52,112.00
13	（二）视同销售收入（14+15+16）	-
14	（1）非货币性交易视同销售收入	-
15	（2）货物、财产、劳务视同销售收入	-
16	（3）其他视同销售收入	-
17	**二、营业外收入（18+19+20+21+22+23+24+25+26）**	3,026.00
18	1.固定资产盘盈	1,088.00
19	2.处置固定资产净收益	688.00
20	3.非货币性资产交易收益	-
21	4.出售无形资产收益	1,250.00
22	5.罚款净收入	-

图9-9

文件103　纳税调整增加项目明细表

在会计核算中，如果实际发生的成本费用金额与税收规定不符，应该进行纳税调整增加所得的金额；如果有未在收入总额中反映的收入项目及税收规定不允许扣除的支出项目，应在表中进行纳税调整增加。

制作要点与设计效果图

- IF函数（参考函数1、3）
- SUM函数（参考函数3、7、16）
- 在对话框框中设置数据格式

企业所得税年度纳税申报表附表三

纳税项目调整增加明细表

公司名称　华云信息有限公司　　填报时间　　2014年9月　单位：元

行次	项目	本期发生数	税前扣除限额	纳税调增金额
1	工资薪金支出	115,787.00	7,787.00	108,000.00
2	工会经费		0.00	0.00
3	职工福利费	34,989.00	507.00	34,482.00
4	职工教育经费	6,787.00	0.00	6,787.00
5	利息支出	12,437.00	507.00	11,930.00
6	业务招待费	14,689.00	0.00	14,689.00
7	本期转回以前年度确认的时间性差异	0.00	0.00	0.00
8	折旧、摊销支出	7,787.00	0.00	7,787.00
9	广告支出	12,527.00	0.00	12,527.00
10	业务宣传费	14,727.00	0.00	14,727.00
11	销售佣金	24,792.00	0.00	24,792.00
12	股权投资转让净损失("-"号表示净收益)	12,007.00	12,539.00	0.00
13	财产损失	1,409.00	1,487.00	0.00
14	坏帐准备金	7,487.00	212.00	7,275.00
15	各类社会保障性缴款(16+17+···+22)	71,311.00	5,265.00	66,046.00
16	其中：基本养老保险	18,207.00	487.00	17,720.00
17	失业保险	2,489.00	197.00	2,292.00
18	基本医疗保险	41,397.00	2,107.00	39,290.00
19	基本生育保险	5,007.00	2,487.00	2,520.00

文件设计过程

步骤1：冻结窗口

① 重命名Sheet2工作表为“纳税项目调整增加明细表”，在工作表中输入表格内容并输入原始数据，如图9-10所示。

② 选中A5单元格，切换到“视图”选项卡，在“窗口”选项组单击“冻结窗口”按钮，在其下拉列表中选择“冻结拆分窗格”，即可将标题和列标识所在行始终显示在工作表中，如图9-11所示。

第6章 第7章 第8章 第9章 第10章

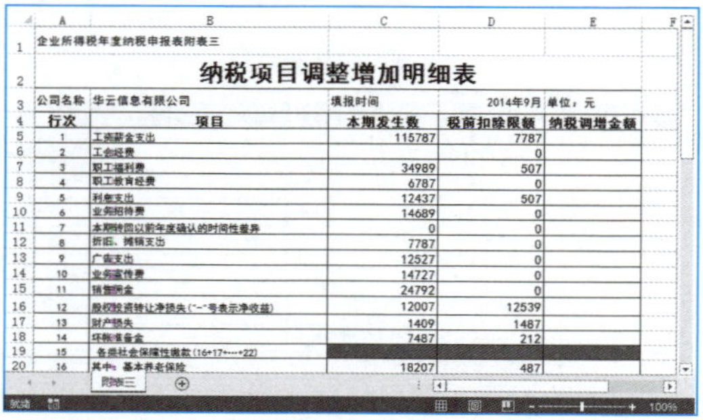

行次	项目	本期发生数	税前扣除限额	纳税调增金额
1	工资薪金支出	115787	7787	
2	工会经费		0	
3	职工福利费	34989	507	
4	职工教育经费	6787	0	
5	利息支出	12437	507	
6	业务招待费	14689	0	
7	本期转回以前年度确认的时间性差异	0	0	
8	折旧、摊销支出	7787	0	
9	广告支出	12527	0	
10	业务宣传费	14727	0	
11	销售佣金	24792	0	
12	股权投资转让净损失（"-"号表示净收益）	12007	12539	
13	财产损失	1409	1487	
14	坏账准备金	7487	212	
15	各类社会保障性缴款（16+17+…+22）			
16	其中：基本养老保险	18207	487	

图9-10

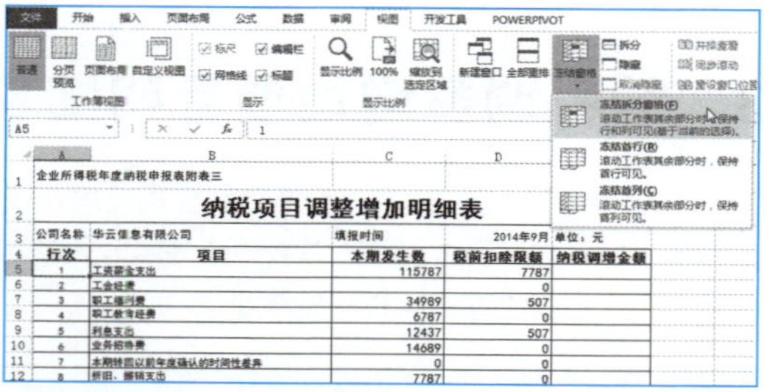

图9-11

步骤2：计算纳税调整增加项目

❶ 选中C19单元格在公式编辑栏中输入公式："=SUM(C20:C26)"，按回车键后，向右复制公式到D29单元和，计算各类社会保障性交款，如图9-12所示。

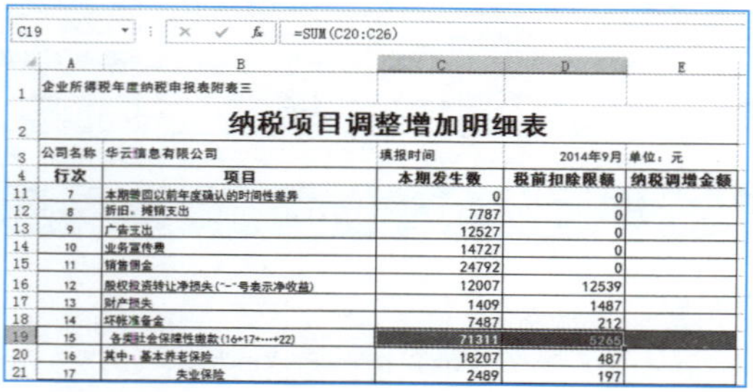

行次	项目	本期发生数	税前扣除限额	纳税调增金额
7	本期转回以前年度确认的时间性差异	0	0	
8	折旧、摊销支出	7787	0	
9	广告支出	12527	0	
10	业务宣传费	14727	0	
11	销售佣金	24792	0	
12	股权投资转让净损失（"-"号表示净收益）	12007	12539	
13	财产损失	1409	1487	
14	坏账准备金	7487	212	
15	各类社会保障性缴款（16+17+…+22）	71311	5265	
16	其中：基本养老保险	18207	487	
17	失业保险	2489	197	

图9-12

❷ 选中C29单元格在公式编辑栏中输入公式："=SUM(C30:C37)"，按回车键后，向右复制公式到D29单元和，计算本期增加的各项准备金，如图9-13所示。

C29　=SUM(C30:C37)

	A	B	C	D	E
1	企业所得税年度纳税申报表附表三				
2	纳税项目调整增加明细表				
3	公司名称	华云信息有限公司	填报时间	2014年9月	单位：元
4	行次	项目	本期发生数	税前扣除限额	纳税调增金额
20	16	其中：基本养老保险	18207	487	
21	17	失业保险	2489	197	
22	18	基本医疗保险	41397	2107	
23	19	基本生育保险	5007	2487	
24	20	工伤保险	4211	-13	
25	21	补充养老保险	0	0	
26	22	补充医疗保险	0	0	
27	23	上交总机构管理费		0	
28	24	住房公积金	0	0	
29	25	本期增提的各项准备金(26+27+…+33)	10733	6241	
30	26	其中：存货跌价准备	5555	793	

图9–13

❸ 选中C50单元格在公式编辑栏中输入公式“=SUM(C5:C48)”按回车键后，向右复制公式，计算合计金额，如图9-14所示。

C50　=SUM(C5:C49)

	A	B	C	D	E
1	企业所得税年度纳税申报表附表三				
2	纳税项目调整增加明细表				
3	公司名称	华云信息有限公司	填报时间	2014年9月	单位：元
4	行次	项目	本期发生数	税前扣除限额	纳税调增金额
40	36	本期预售收入的预计利润（房地产业务填报）			
41	37	其他纳税调增项目			
42	38	1、资本性支出	42033	0	
43	39	2、无形资产受让、开发支出	5035	0	
44	40	3、灾害事故损失赔偿	5225	6615	
45	41	4、为其他企业贷款担保的支出项目	3575	0	
46	42	5、在商业保险机构购买人寿保险支出	0	0	
47	43	6、未取得合法凭证支出	0	0	
48	44	7、为雇员支付的个人所得税	4765	243	
49	45	8、其他	5769	233	
50	46	合计	495915	53142	
51					

图9–14

❹ 选中E5单元格在公式编辑栏中输入公式：“=IF((C5-D5)<=0,0,C5-D5)”，按回车键后，向下复制公式，计算纳税调整金额，如图9-15所示。

E5　=IF((C5-D5)<=0,0,C5-D5)

	A	B	C	D	E
1	企业所得税年度纳税申报表附表三				
2	纳税项目调整增加明细表				
3	公司名称	华云信息有限公司	填报时间	2014年9月	单位：元
4	行次	项目	本期发生数	税前扣除限额	纳税调增金额
5	1	工资薪金支出	115787	7787	108000
6	2	工会经费		0	0
7	3	职工福利费	34989	507	34482
8	4	职工教育经费	6787	0	6787
9	5	利息支出	12437	507	11930
10	6	业务招待费	14689	0	14689
11	7	本期转回以前年度确认的时间性差异	0	0	0
12	8	折旧、摊销支出	7787	0	7787
13	9	广告支出	12527	0	12527
14	10	业务宣传费	14727	0	14727
15	11	销售佣金	24792	0	24792
16	12	股权投资转让净损失("-"号表示净收益)	12007	12539	0
17	13	财产损失	1409	1487	0
18	14	坏帐准备金	7487	212	7275
19	15	各类社会保障性缴款(16+17+…+22)	71311	5265	66046

图9–15

步骤3：添加千位符

❶ 选择C5:E50单元格区域，打开“设置单元格格式”对话框，在“分类”列表中单击“数值”，接着在右侧选中“使用千位分隔符”复选框，如图9-16所示。

2 单击“确定”按钮，返回工作表中，可以在单元格区域看到数字显示为千分位分隔数字格式，如图9-17所示。

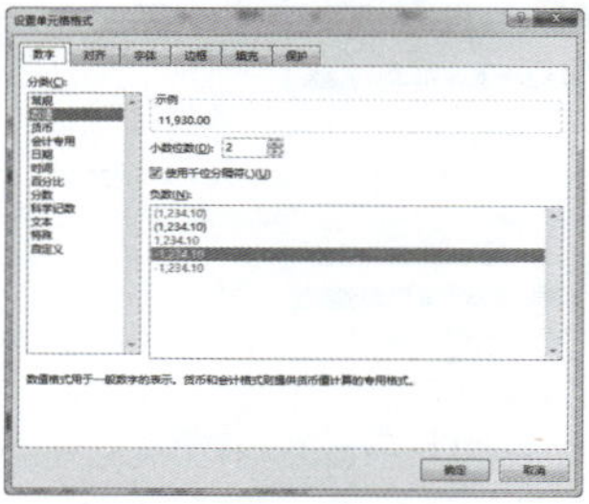

图9-16

企业所得税年度纳税申报表附表三

纳税项目调整增加明细表

公司名称 华云信息有限公司　填报时间 2014年9月　单位：元

行次	项目	本期发生数	税前扣除限额	纳税调增金额
1	工资薪金支出	115,787.00	7,787.00	108,000.00
2	工会经费		0.00	0.00
3	职工福利费	34,989.00	507.00	34,482.00
4	职工教育经费	6,787.00	0.00	6,787.00
5	利息支出	12,437.00	507.00	11,930.00
6	业务招待费	14,689.00	0.00	14,689.00
7	本期转回以前年度确认的时间性差异	0.00	0.00	0.00
8	折旧、摊销支出	7,787.00	0.00	7,787.00
9	广告支出	12,527.00	0.00	12,527.00
10	业务宣传费	14,727.00	0.00	14,727.00
11	销售佣金	24,792.00	0.00	24,792.00
12	股权投资转让净损失（"-"号表示净收益）	12,007.00	12,539.00	0.00
13	财产损失	1,409.00	1,487.00	0.00
14	坏账准备金	7,487.00	212.00	7,275.00
15	各类社会保障性缴款(16+17+…+22)	71,311.00	5,265.00	66,046.00
16	其中：基本养老保险	18,207.00	487.00	17,720.00

图9-17

文件104　广告费和业务宣传费跨年度纳税调整表

广告费跨年度纳税调整表填报纳税人本年发生的全部广告费用和业务宣传费支出的有关情况，先填报本年度广告费和业务宣传费支出金额，按税收规定可扣除额、本年广告费和业务宣传费扣除限额的销售收入，然后设置公式计算扣除限额，再加上以前年度累计结转扣除，减去本年扣除以前的以前年度结转额，最后得到累计结转以后年度扣除额。

制作要点与设计效果图

- 引用单元格中的数据
- I IF函数（参考函数1、3）

企业所得税年度纳税申报表附表八

广告费和业务宣传费跨年度纳税调整表

填报时间　年　月　日　　金额单位:元（列至角分）

行次	项　　目	金　额
1	本年度广告费和业务宣传费支出	285,000
2	其中：不允许扣除的广告费和业务宣传费支出	65,000
3	本年度符合条件的广告费和业务宣传费支出（1－2）	220,000
4	本年计算广告费和业务宣传费扣除限额的销售（营业）收入	1,455,000
5	税收规定的扣除率	17.5%
6	本年广告费和业务宣传费扣除限额（4×5）	254,625
7	本年广告费和业务宣传费支出纳税调整额（3≤6，本行＝2行；3>6，本行＝1－6）	65,000
8	本年结转以后年度扣除额（3>6，本行＝3－6；3≤6，本行＝0）	-
9	加：以前年度累计结转扣除额	78,000
10	减：本年扣除的以前年度结转额	5,000
11	累计结转以后年度扣除额（8+9－10）	73,000

经办人（签章）：　　法定代表人（签章）：

文件设计过程

步骤1：定义名称

1 重名Sheet3 工作表为“广告费纳税调整表”，在工作表中输入表格内容并输入原始数据。

2 选中C7单元格，在公式编辑栏中输入公式：“=C5-C6”，按回车键，计算本年度符合条件的广告费和业务宣传费支出金额，如图9-18所示。

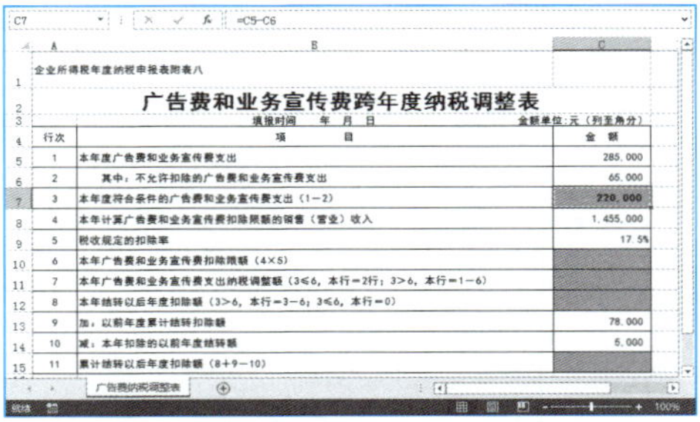

C7　=C5-C6

企业所得税年度纳税申报表附表八

广告费和业务宣传费跨年度纳税调整表

填报时间　　年　月　日　　　　金额单位：元（列至角分）

行次	项　　目	金　额
1	本年度广告费和业务宣传费支出	285,000
2	其中：不允许扣除的广告费和业务宣传费支出	65,000
3	本年度符合条件的广告费和业务宣传费支出（1−2）	220,000
4	本年计算广告费和业务宣传费扣除限额的销售（营业）收入	1,455,000
5	税收规定的扣除率	17.5%
6	本年广告费和业务宣传费扣除限额（4×5）	
7	本年广告费和业务宣传费支出纳税调整额（3≤6，本行=2行；3>6，本行=1−6）	
8	本年结转以后年度扣除额（3>6，本行=3−6；3≤6，本行=0）	
9	加：以前年度累计结转扣除额	78,000
10	减：本年扣除的以前年度结转额	5,000
11	累计结转以后年度扣除额（8+9−10）	

广告费纳税调整表

图9–18

3 选中C10单元格，在公式编辑栏中输入公式：“=C8*C9”，按回车键，计算本年度符合条件的广告费和业务宣传费扣除限额的销售收入金额，如图9-19所示。

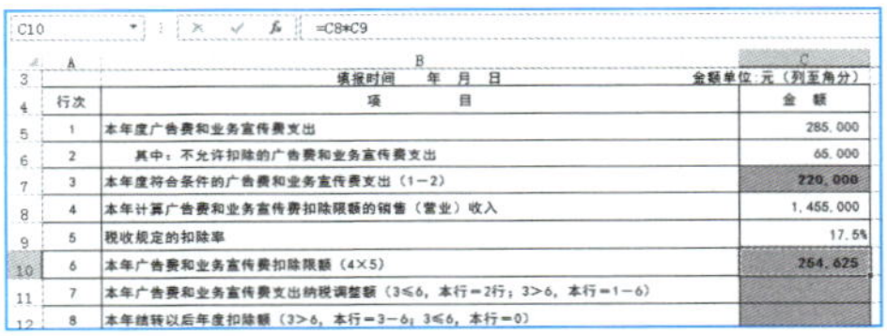

C10　=C8*C9

填报时间　　年　月　日　　　　金额单位：元（列至角分）

行次	项　　目	金　额
1	本年度广告费和业务宣传费支出	285,000
2	其中：不允许扣除的广告费和业务宣传费支出	65,000
3	本年度符合条件的广告费和业务宣传费支出（1−2）	220,000
4	本年计算广告费和业务宣传费扣除限额的销售（营业）收入	1,455,000
5	税收规定的扣除率	17.5%
6	本年广告费和业务宣传费扣除限额（4×5）	254,625
7	本年广告费和业务宣传费支出纳税调整额（3≤6，本行=2行；3>6，本行=1−6）	
8	本年结转以后年度扣除额（3>6，本行=3−6；3≤6，本行=0）	

图9–19

4 选中C11单元格，在公式编辑栏中输入公式：“=IF(C7<C10,C6,C5-C10)”，按回车键，计算本年度符合条件的广告费和业务宣传费支出纳税调整调整顿，如图9-20所示。

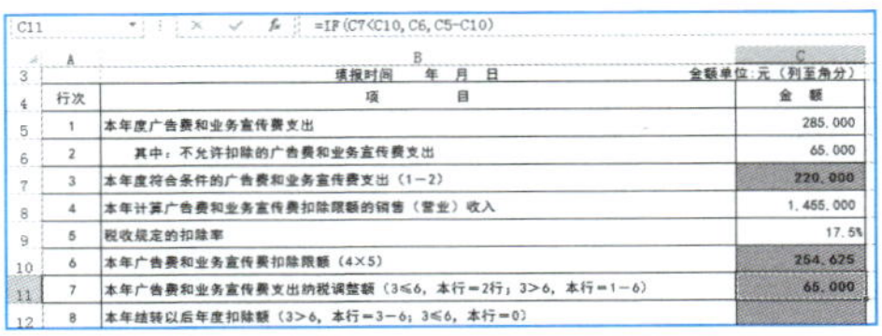

C11　=IF(C7<C10,C6,C5-C10)

填报时间　　年　月　日　　　　金额单位：元（列至角分）

行次	项　　目	金　额
1	本年度广告费和业务宣传费支出	285,000
2	其中：不允许扣除的广告费和业务宣传费支出	65,000
3	本年度符合条件的广告费和业务宣传费支出（1−2）	220,000
4	本年计算广告费和业务宣传费扣除限额的销售（营业）收入	1,455,000
5	税收规定的扣除率	17.5%
6	本年广告费和业务宣传费扣除限额（4×5）	254,625
7	本年广告费和业务宣传费支出纳税调整额（3≤6，本行=2行；3>6，本行=1−6）	65,000
8	本年结转以后年度扣除额（3>6，本行=3−6；3≤6，本行=0）	

图9–20

5 选中C12单元格，在公式编辑栏中输入公式：“=IF(C7>C10,C7-C10,0)”，按回车键，计算本年结转以后年度扣除额，如图9-21所示。

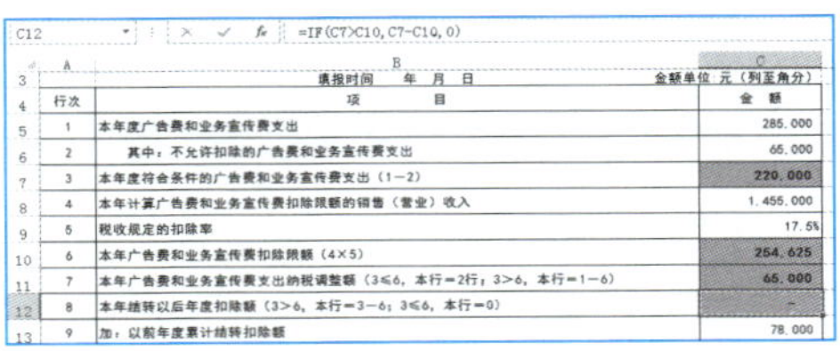

C12　=IF(C7>C10,C7-C10,0)

填报时间　　年　月　日　　　　金额单位：元（列至角分）

行次	项　　目	金　额
1	本年度广告费和业务宣传费支出	285,000
2	其中：不允许扣除的广告费和业务宣传费支出	65,000
3	本年度符合条件的广告费和业务宣传费支出（1−2）	220,000
4	本年计算广告费和业务宣传费扣除限额的销售（营业）收入	1,455,000
5	税收规定的扣除率	17.5%
6	本年广告费和业务宣传费扣除限额（4×5）	254,625
7	本年广告费和业务宣传费支出纳税调整额（3≤6，本行=2行；3>6，本行=1−6）	65,000
8	本年结转以后年度扣除额（3>6，本行=3−6；3≤6，本行=0）	-
9	加：以前年度累计结转扣除额	78,000

图9–21

❻ 选中C15单元格，在公式编辑栏中输入公式：“=C12+C13-C14”，按回车键，计算累积结转后年度扣除额，如图9-22所示。

C15 =C12+C13-C14

	A	B	C
3		填报时间　年　月　日	金额单位:元（列至角分）
4	行次	项　目	金　额
5	1	本年度广告费和业务宣传费支出	285,000
6	2	其中：不允许扣除的广告费和业务宣传费支出	65,000
7	3	本年度符合条件的广告费和业务宣传费支出（1－2）	220,000
8	4	本年计算广告费和业务宣传费扣除限额的销售（营业）收入	1,455,000
9	5	税收规定的扣除率	17.5%
10	6	本年广告费和业务宣传费扣除限额（4×5）	254,625
11	7	本年广告费和业务宣传费支出纳税调整额（3≤6，本行＝2行；3>6，本行＝1－6）	65,000
12	8	本年结转以后年度扣除额（3>6，本行＝3－6；3≤6，本行＝0）	-
13	9	加：以前年度累计结转扣除额	78,000
14	10	减：本年扣除的以前年度结转额	5,000
15	11	累计结转以后年度扣除额（8＋9－10）	73,000
16			

图9-22

文件105　企业所得税年度纳税申报表

企业所得税纳税申报表，是企业所得税纳税人理性纳税义务，以规范的格式向税务机关申报纳税的书面报告，也是税务机关审核纳税人税款缴纳情况的重要依据。通常企业所得税年度纳税申报表都采用以全国统一的企业会计报表所反映的利润总额为基础，并按税收规定进行调整计算的方法来确定应纳税所得额和应纳的所得税额。

制作要点与设计效果图

- 复制工作表
- 更改工作表标签名称
- 引用其他工作表中的数据
- SUM函数（参考函数3、7、16）
- 设置公式计算

企业所得税年度纳税申报表

税款所属期间：　年　月　日至　年　月　日

纳税人识别号：□□□□□□□□□□□□□□□□□□　金额单位：元（列至角分）

纳税人名称：

	行次	项　目	金　额
收入总额	1	销售（营业）收入（请填附表一）	2,038,000.00
	2	投资收益（请填附表四）	5,042,294.04
	3	投资转让净收入（请填附表四）	-
	4	补贴收入	-
	5	其他收入（请填附表一）	3,026.00
	6	收入总额合计（1＋2＋3＋4＋5）	7,083,320.04
扣除项目	7	销售（营业）成本（请填附表二）	1,952,000.00
	8	主营业务税金及附加	12,550.00
	9	期间费用（请填附表二）	252,600.00
	10	投资转让成本（请填附表四）	819,914.00
	11	其他扣除项目（请填附表二）	15,126.00
	12	扣除项目合计（7＋8＋9＋10＋11）	3,052,190.00
应纳税所得额的计算	13	纳税调整前所得（6－12）	4,031,130.04
	14	加：纳税调整增加额（请填附表三）	5,536.00
	15	减：纳税调整减少额（请填附表五）	-
	16	纳税调整后所得（13＋14－15）	4,036,666.04
	17	减：弥补以前年度亏损（填附表六）（17≤16）	245,393.25
	18	减：免税所得（请填附表七）（18≤16－17）	153,685.37
	19	加：应补税投资收益已缴所得税额	-
	20	减：允许扣除的公益救济性捐赠额（请填附表八）	-
	21	减：加计扣除额（21≤16-17-18＋19-20）	-
	22	应纳税所得额（16－17－18＋19－20－21）	3,637,587.42
应纳所	23	适用税率	25%
	24	境内所得应纳所得税额（22×23）	909,396.86
	25	减：境内投资所得抵免税额	-
	26	加：境外所得应纳所得税额（请填附表十）	
	27	减：境外所得抵免税额（请填附表十）	

文件设计过程

步骤1：“移动或复制”工作表

❶ 新建空白工作簿，保存为“企业所得税年度纳税申报表”，重命名Sheet1工作表为“纳税申报表”，在工作表中输入表格内容，如图9-23所示。

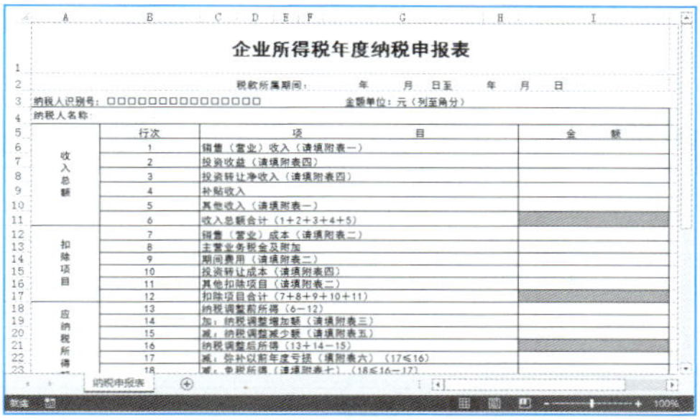

图9-23

2 切换到“收入明细表”工作表，选中表格标签，单击鼠标右键，在右键菜单中选择“移动或复制”命令，如图9-24所示。

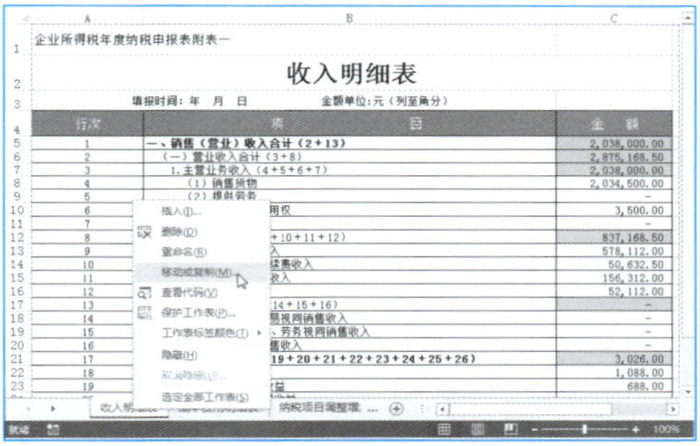

图9-24

3 打开“移动或复制工作表”对话框，在“工作簿”列表中选择“企业所得税年度纳税申报表”，选中“建立副本”复选框，单击“确定”按钮，如图9-25所示。

4 即可将“收入明细表”复制到“企业所得税年度纳税申报表”工作簿中，按照类似的方法将其与所得税度申报表的附表复制到工作簿中，并依次将工作表标签更改为“附表一”、“附表二”…如图9-26所示。

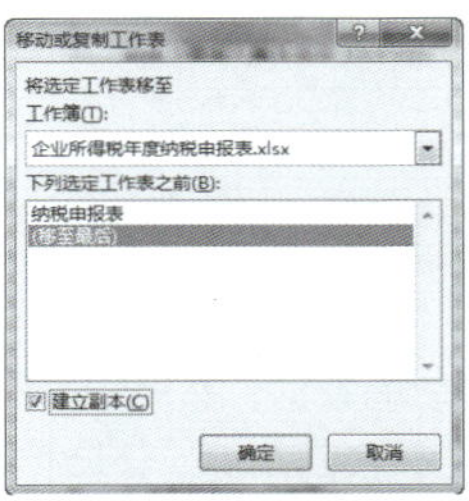

图9-25

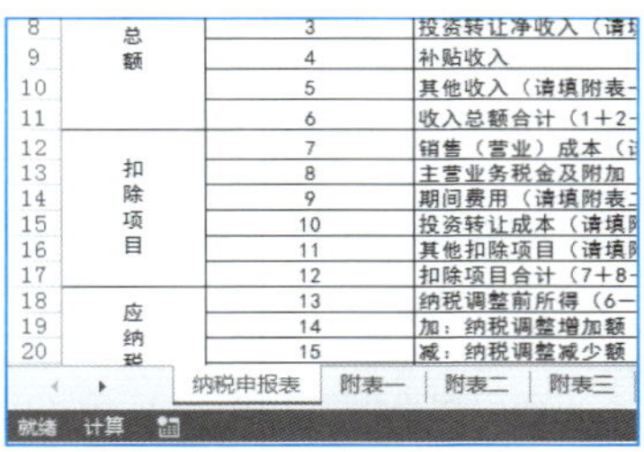

图9-26

步骤2：引用其他表格的数据

❶ 切换到“纳税申报表”工作表，选中I6单元格，在公式编辑栏中输入公式“=附表一!C5”按回车键，从附表一中引用销售收入数据，如图9-27所示。

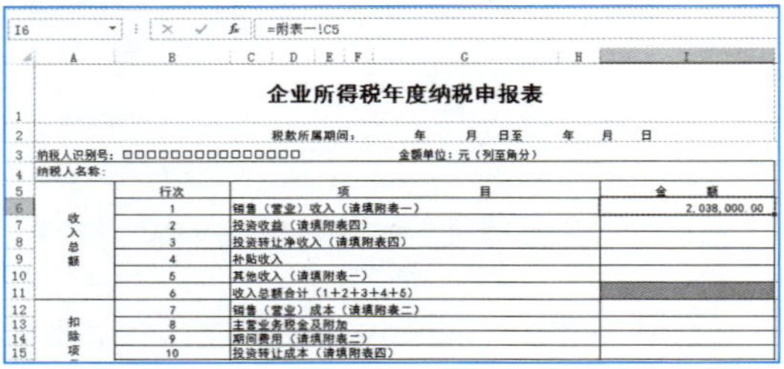

图9-27

❷ 选中I7单元格，在公式编辑栏中输入公式“=附表三!N24”按回车键，从附表四中引用投资收益，如图9-28所示。

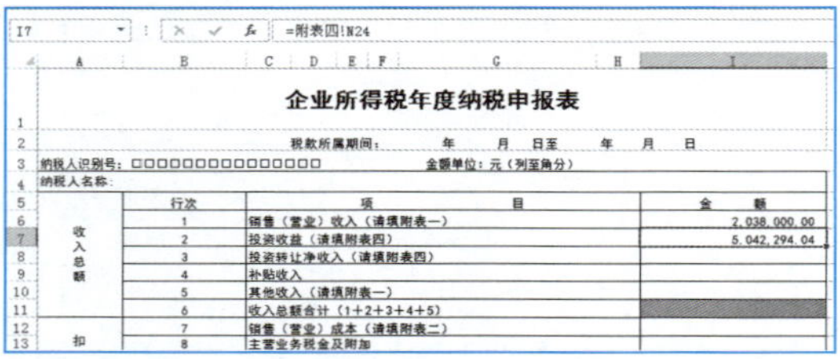

图9-28

步骤3：设置公式计算

❶ 按照项目设置类似公式引用附表内容，选中I11单元格，在公式编辑栏中输入公式：“=SUM(I6:I10)”，按回车键，计算收入总合计，如图9-29所示。

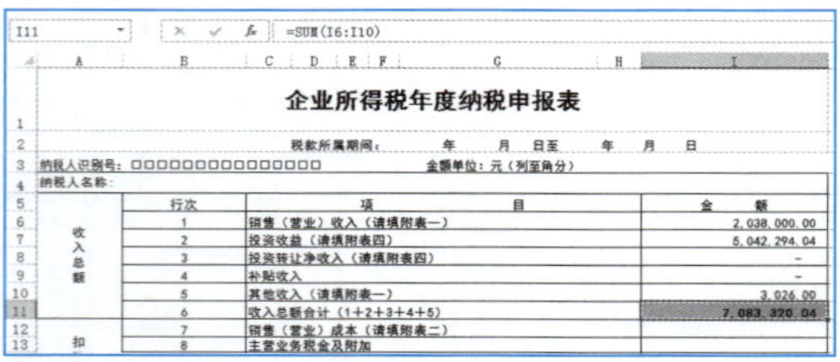

图9-29

❷ 按照类似的方法从附表中引用扣除项目对应的数据，然后选中I17单元格，在公式编辑栏中输入公式：“=SUM(I12:I16)”，按回车键，计算扣除项目合计数，如图9-30所示。

I17　=SUM(I12:I16)

企业所得税年度纳税申报表

税款所属期间：　年　月　日至　年　月　日

纳税人识别号：□□□□□□□□□□□□□□□□□□□　金额单位：元（列至角分）

纳税人名称：

	行次	项　目	金　额
收入总额	1	销售（营业）收入（请填附表一）	2,038,000.00
	2	投资收益（请填附表四）	5,042,294.04
	3	投资转让净收入（请填附表四）	-
	4	补贴收入	-
	5	其他收入（请填附表一）	3,026.00
	6	收入总额合计（1+2+3+4+5）	7,083,320.04
扣除项目	7	销售（营业）成本（请填附表二）	1,952,000.00
	8	主营业务税金及附加	12,550.00
	9	期间费用（请填附表二）	252,600.00
	10	投资转让成本（请填附表四）	819,914.00
	11	其他扣除项目（请填附表二）	15,126.00
	12	扣除项目合计（7+8+9+10+11）	3,052,190.00
应纳税…	13	纳税调整前所得（6−12）	
	14	加：纳税调整增加额（请填附表三）	
	15	减：纳税调整减少额（请填附表五）	
	16	纳税调整后所得（13+14−15）	

图9–30

3 选中I27单元格，在公式编辑栏中输入公式：“=I21-I22-I23+I24-I25+I26，”按回车键，计算应纳税的所得数额，如图9-31所示。

I27　=I21-I22-I23+I24-I25+I26

	行次	项　目	金　额
	5	其他收入（请填附表一）	3,026.00
	6	收入总额合计（1+2+3+4+5）	7,083,320.04
扣除项目	7	销售（营业）成本（请填附表二）	1,952,000.00
	8	主营业务税金及附加	12,550.00
	9	期间费用（请填附表二）	252,600.00
	10	投资转让成本（请填附表四）	819,914.00
	11	其他扣除项目（请填附表二）	15,126.00
	12	扣除项目合计（7+8+9+10+11）	3,052,190.00
应纳税所得额的计算	13	纳税调整前所得（6−12）	4,031,130.04
	14	加：纳税调整增加额（请填附表三）	5,536.00
	15	减：纳税调整减少额（请填附表五）	-
	16	纳税调整后所得（13+14−15）	4,036,666.04
	17	减：弥补以前年度亏损（填附表六）（17≤16）	245,393.25
	18	减：免税所得（请填附表七）（18≤16−17）	153,685.37
	19	加：应补税投资收益已缴所得税额	-
	20	减：允许扣除的公益救济性捐赠额（请填附表八）	-
	21	减：加计扣除额（21≤16-17-18+19-20）	-
	22	应纳税所得额（16−17−18+19−20−21）	3,637,587.42

图9–31

4 选中I29单元格，在公式编辑栏中输入公式：“=I27*I28”，按回车键，计算应纳税所得税税额，如图9-32所示。

I29　=I27*I28

	行次	项　目	金　额
扣除项目	8	主营业务税金及附加	12,550.00
	9	期间费用（请填附表二）	252,600.00
	10	投资转让成本（请填附表四）	819,914.00
	11	其他扣除项目（请填附表二）	15,126.00
	12	扣除项目合计（7+8+9+10+11）	3,052,190.00
应纳税所得额的计算	13	纳税调整前所得（6−12）	4,031,130.04
	14	加：纳税调整增加额（请填附表三）	5,536.00
	15	减：纳税调整减少额（请填附表五）	-
	16	纳税调整后所得（13+14−15）	4,036,666.04
	17	减：弥补以前年度亏损（填附表六）（17≤16）	245,393.25
	18	减：免税所得（请填附表七）（18≤16−17）	153,685.37
	19	加：应补税投资收益已缴所得税额	-
	20	减：允许扣除的公益救济性捐赠额（请填附表八）	-
	21	减：加计扣除额（21≤16-17-18+19-20）	-
	22	应纳税所得额（16−17−18+19−20−21）	3,637,587.42
	23	适用税率	25%
	24	境内所得应纳所得税额（22×23）	909,396.86
应…	25	减：境内投资所得抵免税额	-

图9–32

提 示

新所得税法规定法定税率为25%，内资企业和外资企业一致，国家需要重点扶持的高新技术企业为15%，小型微利企业为20%，非居民企业为20%。

文件106　成本费用明细表

成本费用明细表填报与“收入明细表”相对应的销售成本、其他业务支出以及营业外支出等具体构成项目和期间费用。销售成本合计主要包括主管理业务成本、其他业务成本和视同销售成本；期间费用包括营业费用、管理费用和财务费用。

制作要点与设计效果图

- SUM函数（参考函数3、7、16）
- 创建饼图
- 设置轴标签

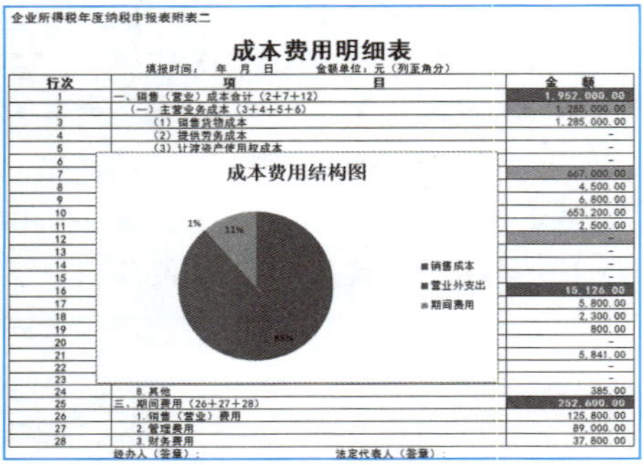

文件设计过程

步骤1：计算成本费用

❶ 插入新工作表，并重命名为“成本明细表”，在工作表中输入表格内容并输入原始数据。

❷ 选中C6单元格在公式编辑栏中输入公式：“=SUM(C7:C10)”，按回车键，即可计算出主营业务成本。接着设置公式计算“其他业务成本”和“视同销售业务成本”，如图9-33所示。

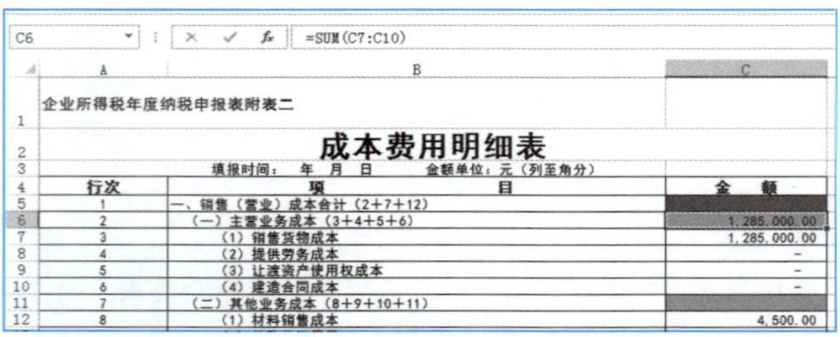

C6 =SUM(C7:C10)

企业所得税年度纳税申报表附表二

成本费用明细表

填报时间： 年 月 日 金额单位：元（列至角分）

行次	项目	金额
1	一、销售（营业）成本合计（2+7+12）	
2	（一）主营业务成本（3+4+5+6）	1,285,000.00
3	（1）销售货物成本	1,285,000.00
4	（2）提供劳务成本	-
5	（3）让渡资产使用权成本	-
6	（4）建造合同成本	-
7	（二）其他业务成本（8+9+10+11）	
8	（1）材料销售成本	4,500.00

图9-33

❸ 选中C5单元格，在公式编辑栏中输入公式：“=C6+C11+C18”，按回车键计算出“销售(营业)成本”合计，如图9-34所示。

❹ 选中C20单元格，在公式编辑栏中输入公式：“=SUM（C21:C28）”，按回车键，即可计算出“营业外支出”，如图9-35所示。

C5　=C6+C11+C16

	A	B	C
1	企业所得税年度纳税申报表附表二		
2	成本费用明细表		
3	填报时间：　年　月　日	金额单位：元（列至角分）	
4	行次	项　　　　目	金　额
5	1	一、销售（营业）成本合计（2+7+12）	1,952,000.00
6	2	（一）主营业务成本（3+4+5+6）	1,285,000.00
7	3	（1）销售货物成本	1,285,000.00
8	4	（2）提供劳务成本	-
9	5	（3）让渡资产使用权成本	-
10	6	（4）建造合同成本	-
11	7	（二）其他业务成本（8+9+10+11）	667,000.00
12	8	（1）材料销售成本	4,500.00
13	9	（2）代购代销费用	6,800.00
14	10	（3）包装物出租成本	653,200.00
15	11	（4）其他	2,500.00
16	12	（三）视同销售成本（13+14+15）	-
17	13	（1）非货币性交易视同销售成本	-
18	14	（2）货物、财产、劳务视同销售成本	-

图9-34

C20　=SUM(C21:C28)

	A	B	C
4	行次	项　　　　目	金　额
5	1	一、销售（营业）成本合计（2+7+12）	1,952,000.00
6	2	（一）主营业务成本（3+4+5+6）	1,285,000.00
7	3	（1）销售货物成本	1,285,000.00
8	4	（2）提供劳务成本	-
9	5	（3）让渡资产使用权成本	-
10	6	（4）建造合同成本	-
11	7	（二）其他业务成本（8+9+10+11）	667,000.00
12	8	（1）材料销售成本	4,500.00
13	9	（2）代购代销费用	6,800.00
14	10	（3）包装物出租成本	653,200.00
15	11	（4）其他	2,500.00
16	12	（三）视同销售成本（13+14+15）	-
17	13	（1）非货币性交易视同销售成本	-
18	14	（2）货物、财产、劳务视同销售成本	-
19	15	（3）其他视同销售成本	-
20	16	二、营业外支出（17+18+……+24）	15,126.00
21	17	1.固定资产盘亏	5,800.00
22	18	2.处置固定资产净损失	2,300.00
23	19	3.出售无形资产损失	800.00

图9-35

❺ 选中C29单元格，在公式编辑栏中输入公式：“=SUM(C30:C32)”，按回车键，即可计算“期间费用”合计，如图9-36所示。

C29　=SUM(C30:C32)

	A	B	C
12	8	（1）材料销售成本	4,500.00
13	9	（2）代购代销费用	6,800.00
14	10	（3）包装物出租成本	653,200.00
15	11	（4）其他	2,500.00
16	12	（三）视同销售成本（13+14+15）	-
17	13	（1）非货币性交易视同销售成本	-
18	14	（2）货物、财产、劳务视同销售成本	-
19	15	（3）其他视同销售成本	-
20	16	二、营业外支出（17+18+……+24）	15,126.00
21	17	1.固定资产盘亏	5,800.00
22	18	2.处置固定资产净损失	2,300.00
23	19	3.出售无形资产损失	800.00
24	20	4.债务重组损失	-
25	21	5.罚款支出	5,841.00
26	22	6.非常损失	-
27	23	7.捐赠支出	-
28	24	8.其他	385.00
29	25	三、期间费用（26+27+28）	252,600.00
30	26	1.销售（营业）费用	125,800.00
31	27	2.管理费用	89,000.00
32	28	3.财务费用	37,800.00
33		经办人（签章）：　　法定代表人（签章）：	

图9-36

步骤2：插入饼图分析

❶ 按Ctrl键依次选中C5、C20、C29单元格，切换到“插入”选项卡，在“图表”选项组单击“插入饼图”按钮，在其下拉列表中选择“二维饼图”图表类型，如图9-37所示。

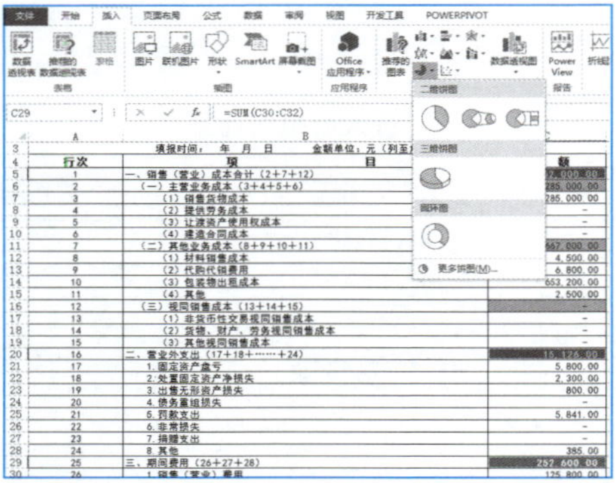

图9-37

2 返回工作表，即可创建饼图，选中图表，单击鼠标右键，在右键菜单中单击“选择数据”命令，如图9-38所示。

3 打开“选择数据源”对话框，在“水平(分类)轴标签”列表中单击“编辑”按钮，如图9-39所示。

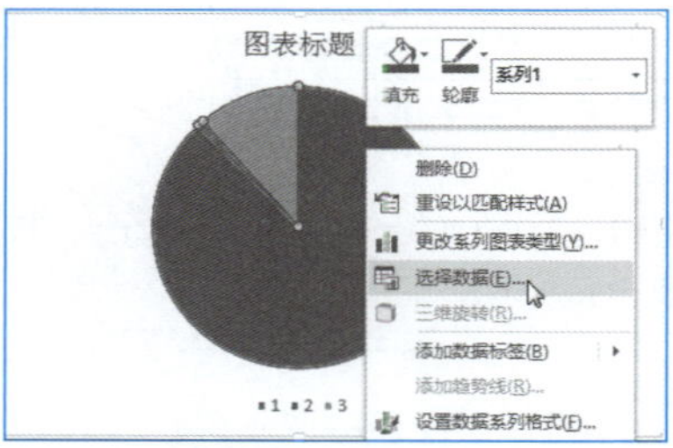

图9-38

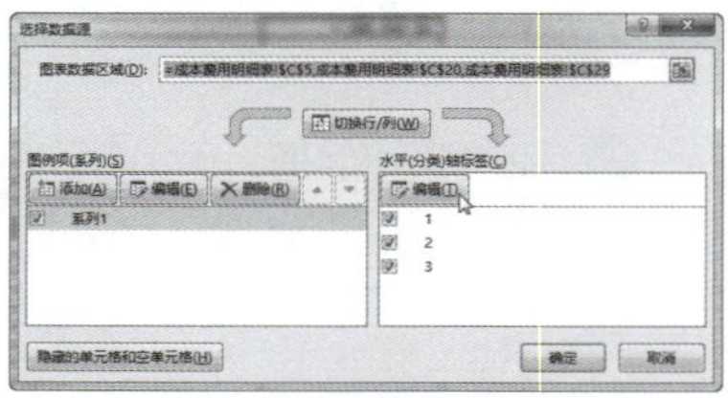

图9-39

4 打开“轴标签”对话框，在“轴标签区域”文本框中手动输入“销售成本,营业外支出,期间费用”，单击“确定”按钮，如图9-40所示。

5 返回图表后，图例会根据轴标签的更改而更改，为图标添加百分比数据标签和图表标题，即可完成对图表的编辑效果，如图9-41所示。

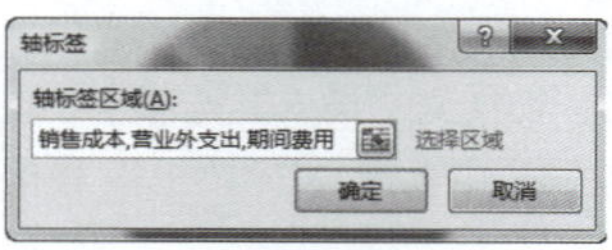

图9-40

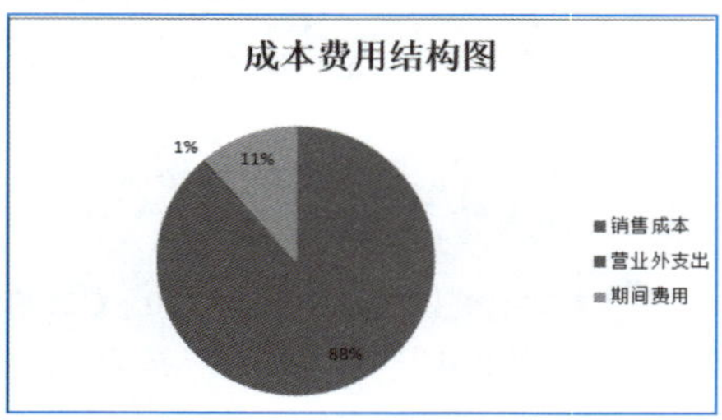

图9-41

文件107　税前弥补亏损明细表

税前弥补亏损明细表用来填报本年以及本年度纳税申报前5年发生的尚未弥补的亏损额，税前弥补亏损明细表反映纳税调整后所得为正数，按规定可以弥补以前年度结转的亏损额。

制作要点与设计效果图

- YEAR函数（参考函数12）
- IF函数（参考函数1、3）

企业所得税年度纳税申报表附表六

企业所得税弥补亏损明细表

填报时间：　年　月　日　　　　金额单位：元(列至角分)

行次	项目	年度	盈利额或亏损额	合并分立企业转入可弥补亏损额	当年可弥补的所得额	以前年度亏损弥补额					本年度实际弥补的以前年度亏损额	可结转以后年度弥补的亏损额
						前四年度	前三年度	前二年度	前一年度	合计		
		1	2	3	4	5	6	7	8	9	10	11
15	第一年	2007	-12416.5	-236409	-248826	0	248825.52	0	0	248825.52	248825.52	*
2	第二年	2008	-236410	-58588	-294998	*	0	0	0	0	0	-294998
3	第三年	2009	252287	12674	264961	*	*	0	0	0	0	0
4	第四年	2010	-8620.25	-2408	-11028.3	*	*	*	60633	60633	60633	49604.75
5	第五年	2011	62590.5	-1693.5	60897	*	*	*	*	0	0	0
6	本年	2012	124714	12684	137398	*	*	*	*	*	0	0
7	可结转以后年度弥补的亏损额合计											-245,393.25

经办人(签章)：　　　　法定代表人(签章)：

文件108　税收优惠明细表

税收优惠明细表主要用来列出根据国家税收政策，包括应该免税的收入、减计税收入、加计扣除额、减免税所得额、创建投资、创建抵扣的应纳所得税额以及抵免所得税等项目。

制作要点与设计效果图

- SUM函数SUM函数（参考函数3、7、16）
- 设置货币格式（参考文件23）

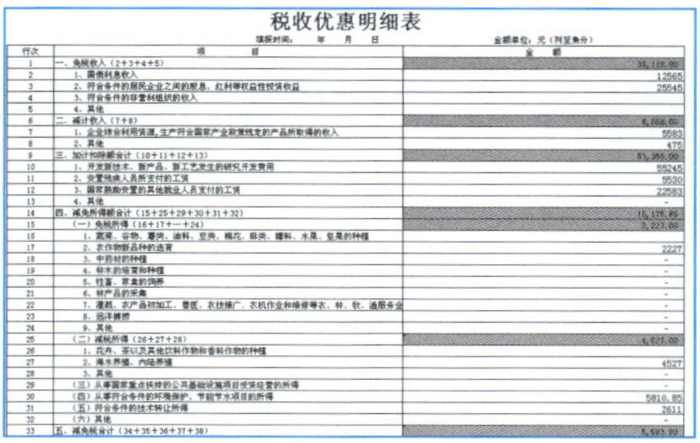

税收优惠明细表

填报时间：　年　月　日　　　　金额单位：元（列至角分）

行次	项目	金额
1	一、免税收入（2+3+4+5）	38,110.00
2	1、国债利息收入	12565
3	2、符合条件的居民企业之间的股息、红利等权益性投资收益	25545
4	3、符合条件的非营利组织的收入	
5	4、其他	
6	二、减计收入（7+8）	6,058.00
7	1、企业综合利用资源，生产符合国家产业政策规定的产品所取得的收入	5583
8	2、其他	475
9	三、加计扣除额合计（10+11+12+13）	83,358.00
10	1、开发新技术、新产品、新工艺发生的研究开发费用	55245
11	2、安置残疾人员所支付的工资	5530
12	3、国家鼓励安置的其他就业人员支付的工资	22583
13	4、其他	-
14	四、减免所得额合计（15+25+29+30+31+32）	[illegible]
15	（一）免税所得（16+17+…+24）	2,227.00
16	1、蔬菜、谷物、薯类、油料、豆类、棉花、麻类、糖料、水果、坚果的种植	
17	2、农作物新品种的选育	2227
18	3、中药材的种植	-
19	4、林木的培育和种植	-
20	5、牲畜、家禽的饲养	-
21	6、林产品的采集	-
22	7、灌溉、农产品初加工、兽医、农技推广、农机作业和维修等农、林、牧、渔服务业	-
23	8、远洋捕捞	-
24	9、其他	-
25	（二）减税所得（26+27+28）	4,527.00
26	1、花卉、茶以及其他饮料作物和香料作物的种植	
27	2、海水养殖、内陆养殖	4527
28	3、其他	-
29	（三）从事国家重点扶持的公共基础设施项目投资经营的所得	-
30	（四）从事符合条件的环境保护、节能节水项目的所得	5810.85
31	（五）符合条件的技术转让所得	2611
32	（六）其他	-
33	五、减免税合计（34+35+36+37+38）	[illegible]

文件109　资产减值准备项目调整明细表

资产减值准备项目调整明细表主要用于填报各项资产减值准备、风险准备等准备支出，以及会计处理与税收处理差异的纳税调整额。通常包括期初余额、本期转回额、本期计提额、期末余额和纳税调整额。

制作要点与设计效果图

- SUM函数（参考函数3、7、16）
- 设置公式（参考函数5）

文件110　投资所得（损失）明细表

投资所得（损失）明细表，主要用于填报纳税人的各项境内投资收益、投资转让所得的详细信息。纳税人应根据投资性质、投资期限进行归类、分别按债权投资和股权投资两大类填报。短期债权、长期债权投资项目较多时，可以分类填报。

制作要点与设计效果图

- 设置表格边框（参考文件1、2、3）
- 设置公式（参考函数5）

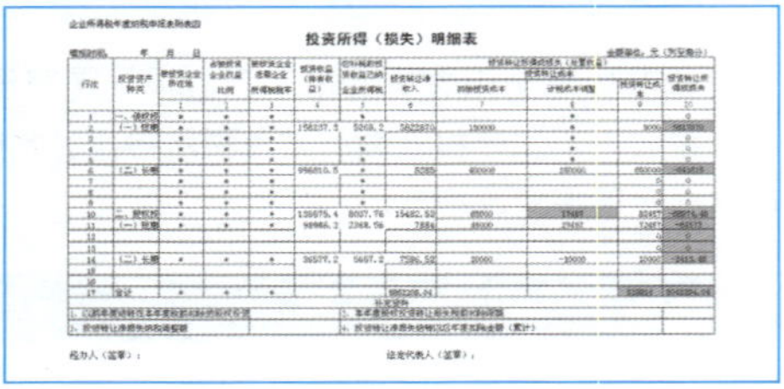

文件111　资产折旧、摊销明细表

资产折旧、摊销明细表填报纳税人本年度计提折旧或者摊销的有关情况，按税收规定允许税前扣除和折旧或摊销额，应作纳税调整额及以前年度确认折旧或摊销的时间性差异等。

制作要点与设计效果图

- SUM函数（参考函数3、7、16）
- 设置表格边框（参考文件1、2、3）
- 设置公式（参考函数5）

Excel

第10章 常见财务报表

财务报表是指在日常会计核算资料的基础上，按照规定的格式、内容和方法定期编制的，综合反映企业某一特定日期财务状况和某一特定时间的经营成果、现金流量状况的书面文件。财务报表可以全面系统地揭示企业一定时期的财务状况，经营成果和现金流量，有利于管理者了解企业经济运行的状况，有利于投资者掌握企业的财务状况。

常见的财务报表主要包括资产负债表、利润表、现金流量表、现金流量结构表、利润分配表、应交增值税明细表、所有者权益增减变动表等。

编号	文件名称	对应的数据源	重要星级
文件112	资产负债表	第10章\文件112 资产负债表.xlsx	★★★★★
文件113	利润表	第10章\文件113 利润表.xlsx	★★★★★
文件114	现金流量表	第10章\文件114 现金流量表.xlsx	★★★★★
文件115	应缴增值税明细表	第10章\文件115 应缴增值税明细表.xlsx	★★★★
文件116	所有者权益增减变动报表	第10章\文件116 所有者权益增减变动报表.xlsx	★★★★
文件117	年度销售量增减变动报表	第10章\文件117 年度销售量增减变动报表.xlsx	★★★★★
文件118	资产减值准备明细表	第10章\文件118 资产减值准备明细表.xlsx	★★★
文件119	财务分部报表	第10章\文件119 财务分部报表.xlsx	★★★
文件120	销售利润年度报表	第10章\文件120 销售利润年度报表.xlsx	★★★★★
文件121	利润分配表	第10章\文件121 利润分配表.xlsx	★★★
文件122	现金流量结构表	第10章\文件122 现金流量结构表.xlsx	★★★
文件123	成本费用明细表	第10章\文件123 成本费用明细表.xlsx	★★★

文件112 资产负债表

资产负债表是反映企业某一特定日期财务状况的会计报表，是企业经营管理者必须分析的报表质疑，它根据“资产=负债+所有者权益”的会计等式，按照一定的标准和顺序，把企业在一定日期的资产、负债和所有者权益项目予以适当地排列，按照一定的要求编制而成。

制作要点与设计效果图

- SUMIF函数（参考函数96）
- 引用其他工作表中的数据

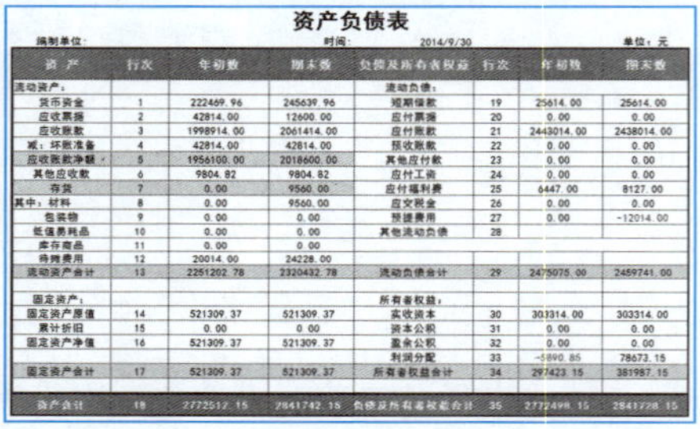

资产负债表

编制单位：　　时间：2014/9/30　　单位：元

资 产	行次	年初数	期末数	负债及所有者权益	行次	年初数	期末数
流动资产：				流动负债：			
货币资金	1	222469.96	245639.96	短期借款	19	25614.00	25614.00
应收票据	2	42814.00	12600.00	应付票据	20	0.00	0.00
应收账款	3	1998914.00	2061414.00	应付账款	21	2443014.00	2438014.00
减：坏账准备	4	42814.00	42814.00	预收账款	22	0.00	0.00
应收账款净额	5	1956100.00	2018600.00	其他应付款	23	0.00	0.00
其他应收款	6	9804.82	9804.82	应付工资	24	0.00	0.00
存货	7	0.00	9560.00	应付福利费	25	6447.00	8127.00
其中：材料	8	0.00	9560.00	应交税金	26	0.00	0.00
包装物	9	0.00	0.00	预提费用	27	0.00	-12014.00
低值易耗品	10	0.00	0.00	其他流动负债	28		
库存商品	11	0.00	0.00				
待摊费用	12	20014.00	24228.00				
流动资产合计	13	2251202.78	2320432.78	流动负债合计	29	2475075.00	2459741.00
固定资产：				所有者权益：			
固定资产原值	14	521309.37	521309.37	实收资本	30	303314.00	303314.00
累计折旧	15	0.00	0.00	资本公积	31	0.00	0.00
固定资产净值	16	521309.37	521309.37	盈余公积	32	0.00	0.00
				利润分配	33	-5890.85	78673.15
固定资产合计	17	521309.37	521309.37	所有者权益合计	34	297423.15	381987.15
资产合计	18	2772512.15	2841742.15	负债及所有者权益合计	35	2772498.15	2841728.15

文件设计过程

步骤1：计算年初数据

打开“总账”工作表，重命名Sheet2工作表为“资产负债表”，在工作表中设置表格格式，并输入原始数据，如图10-1所示。

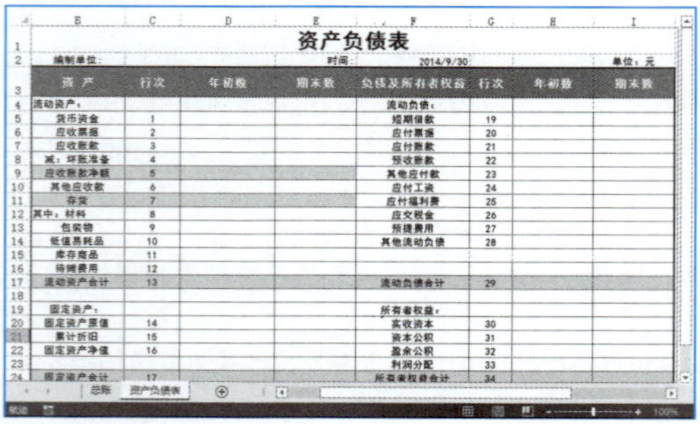

资产负债表

编制单位：　　时间：2014/9/30　　单位：元

资 产	行次	年初数	期末数	负债及所有者权益	行次	年初数	期末数
流动资产：				流动负债：			
货币资金	1			短期借款	19		
应收票据	2			应付票据	20		
应收账款	3			应付账款	21		
减：坏账准备	4			预收账款	22		
应收账款净额	5			其他应付款	23		
其他应收款	6			应付工资	24		
存货	7			应付福利费	25		
其中：材料	8			应交税金	26		
包装物	9			预提费用	27		
低值易耗品	10			其他流动负债	28		
库存商品	11						
待摊费用	12						
流动资产合计	13			流动负债合计	29		
固定资产：				所有者权益：			
固定资产原值	14			实收资本	30		
累计折旧	15			资本公积	31		
固定资产净值	16			盈余公积	32		
				利润分配	33		
固定资产合计	17			所有者权益合计	34		

图10-1

步骤2：设置公式计算流动资产数据

❶ 选中E5单元格在公式编辑栏中输入公式“=SUMIF(总账!$B:$B," <1010", 总账!E:E)”按回车键后，复制公式至E5单元格，将公式最后一个参数改为

“总账!I:I”，从总账工作表中计算出“货币资金”的年初数和年末数，如图10-2所示。

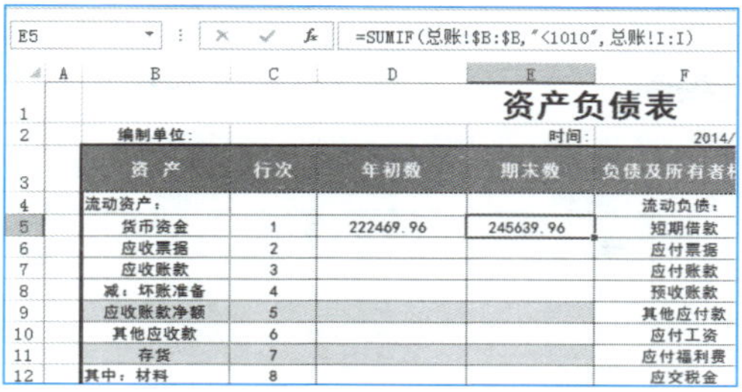

图10–2

2 选中E6单元格在公式编辑栏中输入公式“=SUMIF(总账!$B:$B," =1111",总账!E:E)” 按回车键后，复制公式至E6单元格，将公式最后一个参数改为“总账!I:I”从总账工作表中计算出“应收票据”的年初数和年末数，如图10-3所示。

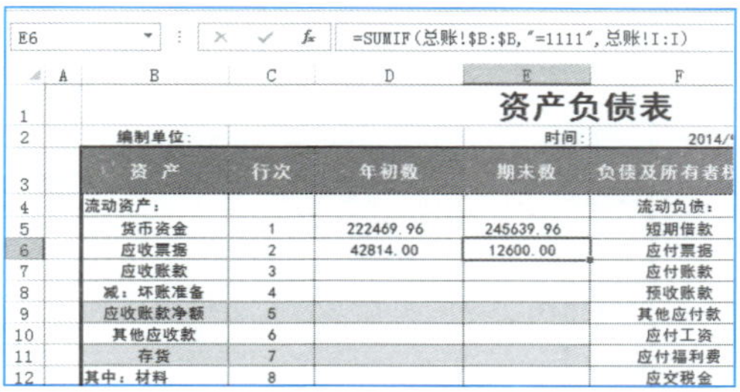

图10–3

3 选中E7单元格在公式编辑栏中输入公式“=SUMIF(总账!$B:$B,"=1131",总账!E:E)” 按回车键后，复制公式至E7单元格，将公式最后一个参数改为“总账!I:I”从总账工作表中计算出“应收账款”的年初数和年末数，如图10-4所示。

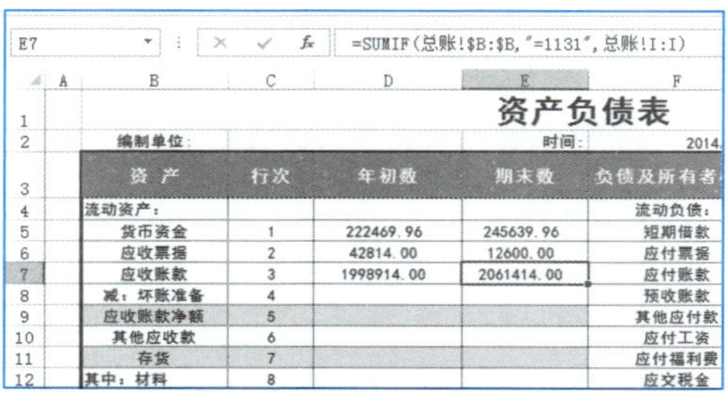

图10–4

❹ 选中E8单元格在公式编辑栏中输入公式“=SUMIF(总账!B:B,"=1141",总账!E:E)” 按回车键后,复制公式至E8单元格，将公式最后一个参数改为“总账!I:I”从总账工作表中计算出“坏账准备”的年初数和年末数，如图10-5所示。

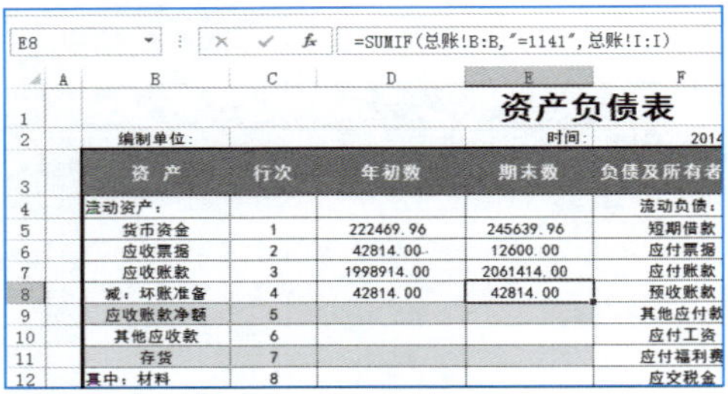

E8 =SUMIF(总账!B:B,"=1141",总账!I:I)

资产负债表

编制单位： 时间： 2014

资 产	行次	年初数	期末数	负债及所有者
流动资产：				流动负债：
货币资金	1	222469.96	245639.96	短期借款
应收票据	2	42814.00	12600.00	应付票据
应收账款	3	1998914.00	2061414.00	应付账款
减：坏账准备	4	42814.00	42814.00	预收账款
应收账款净额	5			其他应付款
其他应收款	6			应付工资
存货	7			应付福利费
其中：材料	8			应交税金

图10-5

❺ 选中E10单元格在公式编辑栏中输入公式“=SUMIF(总账!$B:$B,"=1133",总账!E:E)” 按回车键后，复制公式至E10单元格，将公式最后一个参数改为“总账!I:I”从总账工作表中计算出“其他应收款”的年初数和年末数，如图10-6所示。

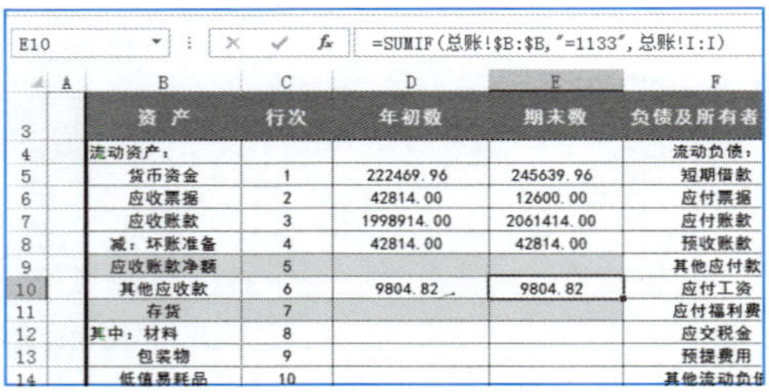

E10 =SUMIF(总账!$B:$B,"=1133",总账!I:I)

资 产	行次	年初数	期末数	负债及所有者
流动资产：				流动负债：
货币资金	1	222469.96	245639.96	短期借款
应收票据	2	42814.00	12600.00	应付票据
应收账款	3	1998914.00	2061414.00	应付账款
减：坏账准备	4	42814.00	42814.00	预收账款
应收账款净额	5			其他应付款
其他应收款	6	9804.82	9804.82	应付工资
存货	7			应付福利费
其中：材料	8			应交税金
包装物	9			预提费用
低值易耗品	10			其他流动负债

图10-6

❻ 选中E12单元格在公式编辑栏中输入公式“=SUMIF(总账!$B:$B,"=1211",总账!E:E)” 按回车键后,复制公式至E12单元格，从总账工作表中计算出“其他应收款”的年初数和年末数，按照相同的方法计算其他资产的年初数和期末数，如图10-7所示。

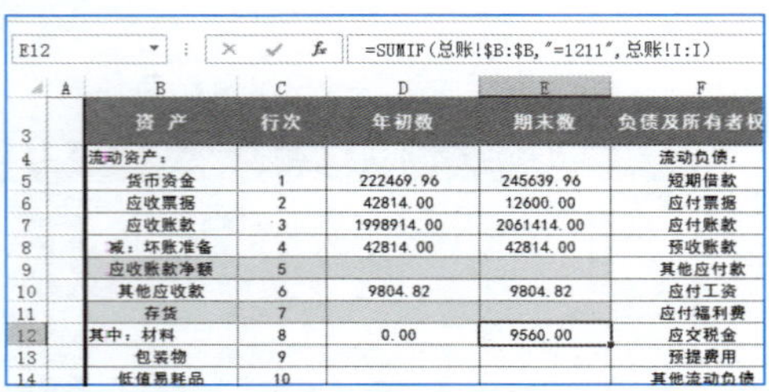

E12 =SUMIF(总账!$B:$B,"=1211",总账!I:I)

资 产	行次	年初数	期末数	负债及所有者权
流动资产：				流动负债：
货币资金	1	222469.96	245639.96	短期借款
应收票据	2	42814.00	12600.00	应付票据
应收账款	3	1998914.00	2061414.00	应付账款
减：坏账准备	4	42814.00	42814.00	预收账款
应收账款净额	5			其他应付款
其他应收款	6	9804.82	9804.82	应付工资
存货	7			应付福利费
其中：材料	8	0.00	9560.00	应交税金
包装物	9			预提费用
低值易耗品	10			其他流动负债

图10-7

7 分别在D9、D11 、D17、D24、D26单元格输入公式“=D7-D8”、“=SUM(D12:D15)”、“=D5+D6+D9+D10+D11+D16”、“=D22”、“=D17+D24”，按回车键后向右填充到E列，计算出对应的年初数和期末数，如图10-8所示。

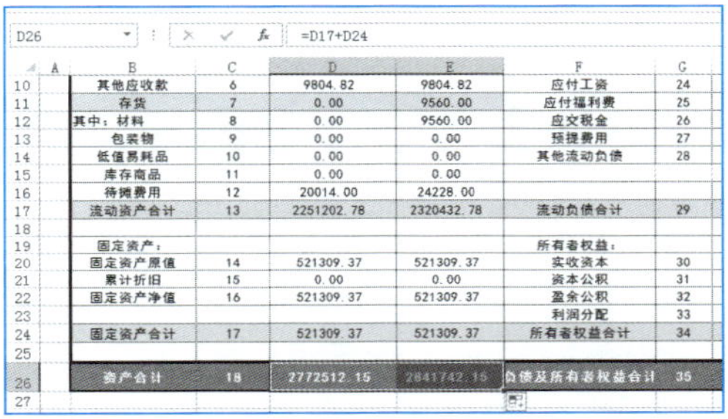

D26　=D17+D24

	B	C	D	E	F	G
10	其他应收款	6	9804.82	9804.82	应付工资	24
11	存货	7	0.00	9560.00	应付福利费	25
12	其中：材料	8	0.00	9560.00	应交税金	26
13	包装物	9	0.00	0.00	预提费用	27
14	低值易耗品	10	0.00	0.00	其他流动负债	28
15	库存商品	11	0.00	0.00		
16	待摊费用	12	20014.00	24228.00		
17	流动资产合计	13	2251202.78	2320432.78	流动负债合计	29
18						
19	固定资产：				所有者权益：	
20	固定资产原值	14	521309.37	521309.37	实收资本	30
21	累计折旧	15	0.00	0.00	资本公积	31
22	固定资产净值	16	521309.37	521309.37	盈余公积	32
23					利润分配	33
24	固定资产合计	17	521309.37	521309.37	所有者权益合计	34
25						
26	资产合计	18	2772512.15	2841742.15	负债及所有者权益合计	35
27						

图10-8

8 选中I5单元格在公式编辑栏中输入公式“=SUMIF(总账!$B:$B,"<2101",总账!E:E)”按回车键，引用 “短期借款”的年初数和期末数，按类似的方法从“总账”工作表中引用其余负债和所有者权益的年初数和期末数，如图10-9所示。

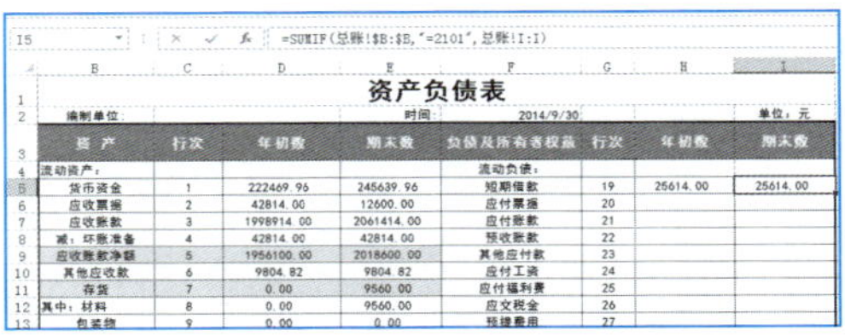

I5　=SUMIF(总账!$B:$B,"=2101",总账!I:I)

	B	C	D	E	F	G	H	I
1	资产负债表							
2	编制单位:			时间:	2014/9/30			单位：元
3	资　产	行次	年初数	期末数	负债及所有者权益	行次	年初数	期末数
4	流动资产：				流动负债：			
5	货币资金	1	222469.96	245639.96	短期借款	19	25614.00	25614.00
6	应收票据	2	42814.00	12600.00	应付票据	20		
7	应收账款	3	1998914.00	2061414.00	应付账款	21		
8	减：坏账准备	4	42814.00	42814.00	预收账款	22		
9	应收账款净额	5	1956100.00	2018600.00	其他应付款	23		
10	其他应收款	6	9804.82	9804.82	应付工资	24		
11	存货	7	0.00	9560.00	应付福利费	25		
12	其中：材料	8	0.00	9560.00	应交税金	26		
13	包装物	9	0.00	0.00	预提费用	27		

图10-9

9 分别在H17、H24、H26单元格输入公式：“=SUM(H5:H14)”、“=SUM(H20:H23)”、“=H17+H24”，按回车键后向右填充到E列。查看计算结果对应期初数和期末数与资产合计栏的数据是否相同，如图10-10所示。

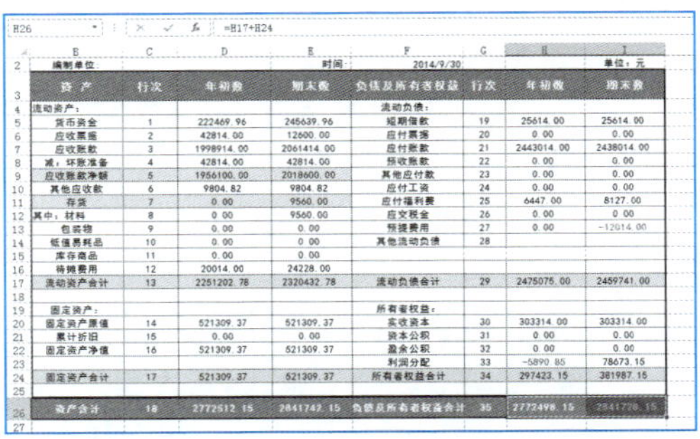

H26　=H17+H24

	B	C	D	E	F	G	H	I
2	编制单位:			时间:	2014/9/30			单位：元
3	资　产	行次	年初数	期末数	负债及所有者权益	行次	年初数	期末数
4	流动资产：				流动负债：			
5	货币资金	1	222469.96	245639.96	短期借款	19	25614.00	25614.00
6	应收票据	2	42814.00	12600.00	应付票据	20	0.00	0.00
7	应收账款	3	1998914.00	2061414.00	应付账款	21	2443014.00	2438014.00
8	减：坏账准备	4	42814.00	42814.00	预收账款	22	0.00	0.00
9	应收账款净额	5	1956100.00	2018600.00	其他应付款	23	0.00	0.00
10	其他应收款	6	9804.82	9804.82	应付工资	24	0.00	0.00
11	存货	7	0.00	9560.00	应付福利费	25	6447.00	8127.00
12	其中：材料	8	0.00	9560.00	应交税金	26	0.00	0.00
13	包装物	9	0.00	0.00	预提费用	27	0.00	-12014.00
14	低值易耗品	10	0.00	0.00	其他流动负债	28		
15	库存商品	11	0.00	0.00				
16	待摊费用	12	20014.00	24228.00				
17	流动资产合计	13	2251202.78	2320432.78	流动负债合计	29	2475075.00	2459741.00
18								
19	固定资产：				所有者权益：			
20	固定资产原值	14	521309.37	521309.37	实收资本	30	303314.00	303314.00
21	累计折旧	15	0.00	0.00	资本公积	31	0.00	0.00
22	固定资产净值	16	521309.37	521309.37	盈余公积	32	0.00	0.00
23					利润分配	33	-5890.85	78673.15
24	固定资产合计	17	521309.37	521309.37	所有者权益合计	34	297423.15	381987.15
25								
26	资产合计	18	2772512.15	2841742.15	负债及所有者权益合计	35	2772498.15	2841728.15
27								

图10-10

文件113 利润表

利润表是反映企业一定时期的经营成果及其分配情况的会计报表。按月编制和报送，也是企业经营管理制应该分析的报表之一，通过利润表的编制和分析，可以反映企业一定时间的盈亏状况，以及盈亏的原因和构成。

制作要点与设计效果图

- SUMIF函数（参考函数96）
- 设置公式计算
- 设置表格格式

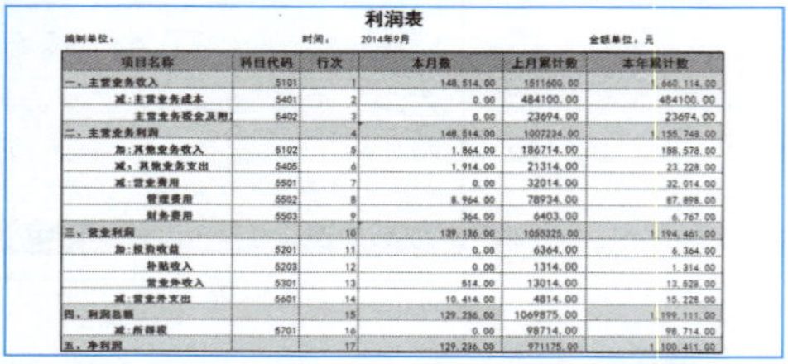

利润表

编制单位： 时间： 2014年9月 金额单位：元

项目名称	科目代码	行次	本月数	上月累计数	本年累计数
一、主营业务收入	5101	1	148,514.00	1511600.00	1,660,114.00
减：主营业务成本	5401	2	0.00	484100.00	484100.00
主营业务税金及附	5402	3	0.00	23694.00	23694.00
二、主营业务利润		4	148,514.00	1007234.00	1,155,748.00
加：其他业务收入	5102	5	1,864.00	186714.00	188,578.00
减：其他业务支出	5405	6	1,914.00	21314.00	23,228.00
减：营业费用	5501	7	0.00	32014.00	32,014.00
管理费用	5502	8	8,964.00	78934.00	87,898.00
财务费用	5503	9	364.00	6403.00	6,767.00
三、营业利润		10	139,136.00	1055325.00	1,194,461.00
加：投资收益	5201	11	0.00	6364.00	6,364.00
补贴收入	5203	12	0.00	1314.00	1,314.00
营业外收入	5301	13	614.00	13014.00	13,628.00
减：营业外支出	5601	14	10,414.00	4814.00	15,228.00
四、利润总额		15	129,236.00	1069875.00	1,199,111.00
减：所得税	5701	16	0.00	98714.00	98,714.00
五、净利润		17	129,236.00	971175.00	1,100,411.00

文件设计过程

步骤1：SUMIF函数的使用

1 新建工作表，将其重命名为“利润表”，接着在工作表中设置表格格式，并输入原始数据，如图10-11所示。

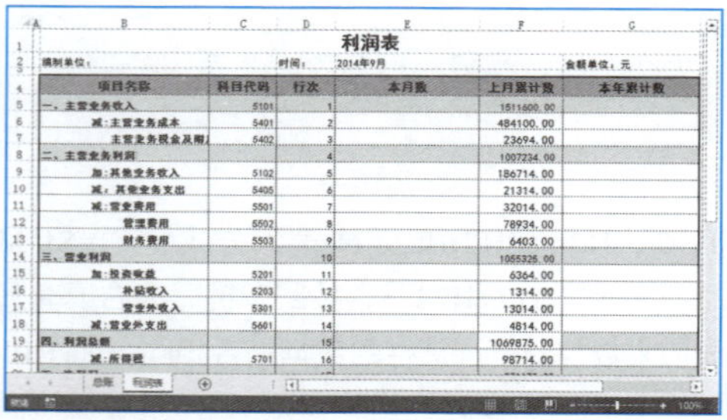

利润表

编制单位： 时间： 2014年9月 金额单位：元

项目名称	科目代码	行次	本月数	上月累计数	本年累计数
一、主营业务收入	5101	1		1511600.00	
减：主营业务成本	5401	2		484100.00	
主营业务税金及附	5402	3		23694.00	
二、主营业务利润		4		1007234.00	
加：其他业务收入	5102	5		186714.00	
减：其他业务支出	5405	6		21314.00	
减：营业费用	5501	7		32014.00	
管理费用	5502	8		78934.00	
财务费用	5503	9		6403.00	
三、营业利润		10		1055325.00	
加：投资收益	5201	11		6364.00	
补贴收入	5203	12		1314.00	
营业外收入	5301	13		13014.00	
减：营业外支出	5601	14		4814.00	
四、利润总额		15		1069875.00	
减：所得税	5701	16		98714.00	

图10-11

2 选中E5单元格在公式编辑栏中输入公式：“=SUMIF(总账!$B$3:$B$83,C5,总账!$G$3:$G$83)”,按回车键后,复制公式至E7单元格，计算主营业收入，如图10-12所示。

公式分析:

“=SUMIF(总账!$B$3:$B$83,C5,总账!$G$3:$G$83)”表示在“总账”工作表中的B3:B83单元格中查找与C5单元格一样的内容，并在值所在单元格G3:G83单元格中计算满足要求的值的总额，在C5单元格返回逻辑值。

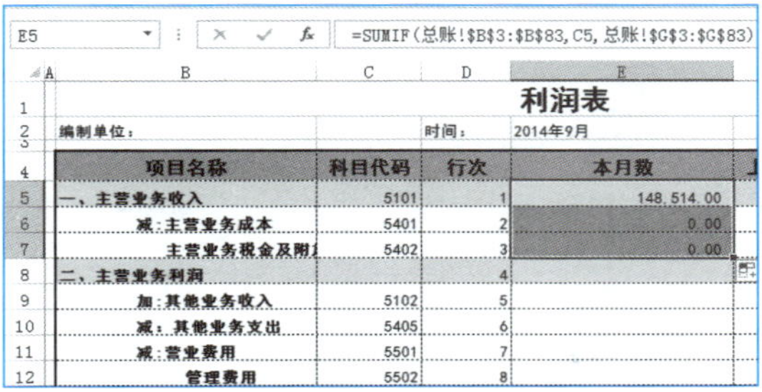

E5　=SUMIF(总账!$B$3:$B$83,C5,总账!$G$3:$G$83)

利润表

编制单位：　时间：2014年9月

	项目名称	科目代码	行次	本月数
5	一、主营业务收入	5101	1	148,514.00
6	减:主营业务成本	5401	2	0.00
7	主营业务税金及附加	5402	3	0.00
8	二、主营业务利润		4	
9	加:其他业务收入	5102	5	
10	减：其他业务支出	5405	6	
11	减:营业费用	5501	7	
12	管理费用	5502	8	

图10-12

3 选中E9单元格在公式编辑栏中输入公式："=SUMIF(总账!$B$3:$B$83,C9,总账!$G$3:$G$83)"，按回车键后,复制公式至E13单元格，计算主营业务利润，如图10-13所示。

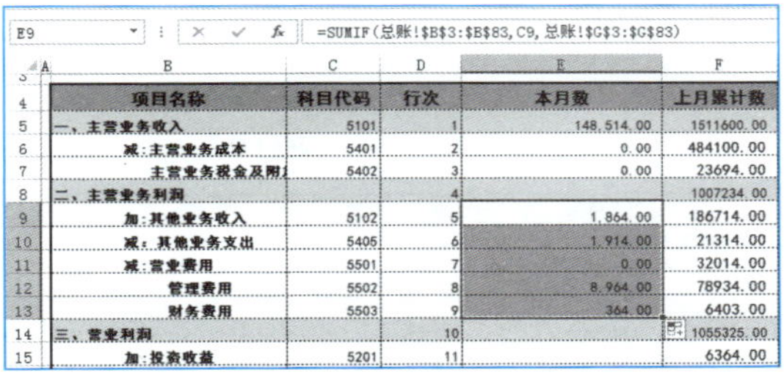

E9　=SUMIF(总账!$B$3:$B$83,C9,总账!$G$3:$G$83)

	项目名称	科目代码	行次	本月数	上月累计数
5	一、主营业务收入	5101	1	148,514.00	1511600.00
6	减:主营业务成本	5401	2	0.00	484100.00
7	主营业务税金及附加	5402	3	0.00	23694.00
8	二、主营业务利润		4		1007234.00
9	加:其他业务收入	5102	5	1,864.00	186714.00
10	减：其他业务支出	5405	6	1,914.00	21314.00
11	减:营业费用	5501	7	0.00	32014.00
12	管理费用	5502	8	8,964.00	78934.00
13	财务费用	5503	9	364.00	6403.00
14	三、营业利润		10		1055325.00
15	加:投资收益	5201	11		6364.00

图10-13

4 选中E15单元格在公式编辑栏中输入公式："=SUMIF(总账!$B$3:$B$83,C15,总账!$G$3:$G$83)"，按回车键后复制公式至E18单元格，计算营业利润，如图10-14所示。

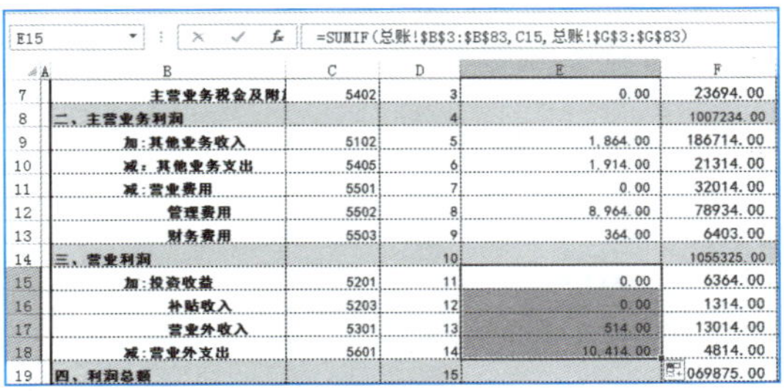

E15　=SUMIF(总账!$B$3:$B$83,C15,总账!$G$3:$G$83)

	B	C	D	E	F
7	主营业务税金及附加	5402	3	0.00	23694.00
8	二、主营业务利润		4		1007234.00
9	加:其他业务收入	5102	5	1,864.00	186714.00
10	减：其他业务支出	5405	6	1,914.00	21314.00
11	减:营业费用	5501	7	0.00	32014.00
12	管理费用	5502	8	8,964.00	78934.00
13	财务费用	5503	9	364.00	6403.00
14	三、营业利润		10		1055325.00
15	加:投资收益	5201	11	0.00	6364.00
16	补贴收入	5203	12	0.00	1314.00
17	营业外收入	5301	13	514.00	13014.00
18	减:营业外支出	5601	14	10,414.00	4814.00
19	四、利润总额		15		069875.00

图10-14

5 选中E20单元格在公式编辑栏中输入公式："=SUMIF(总账!$B$3:$B$83,利润表!C20,总账!$F$3:$F$83)"，按回车键，计算利润总额所得税，如图10-15所示。

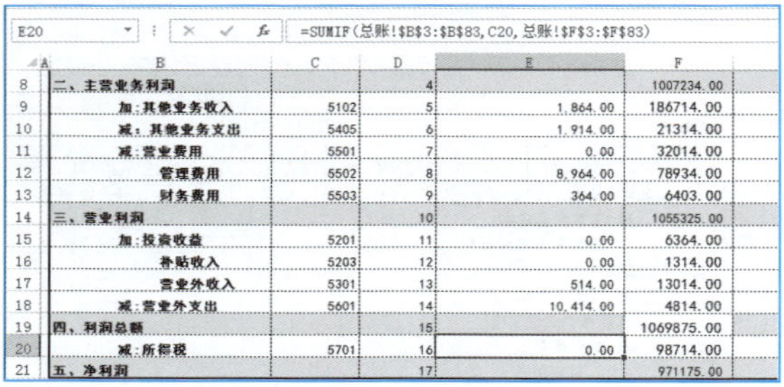

E20 =SUMIF(总账!$B$3:$B$83,C20,总账!$F$3:$F$83)

	B	C	D	E	F
8	二、主营业务利润		4		1007234.00
9	加：其他业务收入	5102	5	1,864.00	186714.00
10	减：其他业务支出	5405	6	1,914.00	21314.00
11	减：营业费用	5501	7	0.00	32014.00
12	管理费用	5502	8	8,964.00	78934.00
13	财务费用	5503	9	364.00	6403.00
14	三、营业利润		10		1055325.00
15	加：投资收益	5201	11	0.00	6364.00
16	补贴收入	5203	12	0.00	1314.00
17	营业外收入	5301	13	514.00	13014.00
18	减：营业外支出	5601	14	10,414.00	4814.00
19	四、利润总额		15		1069875.00
20	减：所得税	5701	16	0.00	98714.00
21	五、净利润		17		971175.00

图10–15

步骤2：设置公式进行计算

❶ 选中E8单元格在公式编辑栏中输入公式：“=E5-E6-E7”，按回车键后，计算主营业务利润，如图10-16所示。

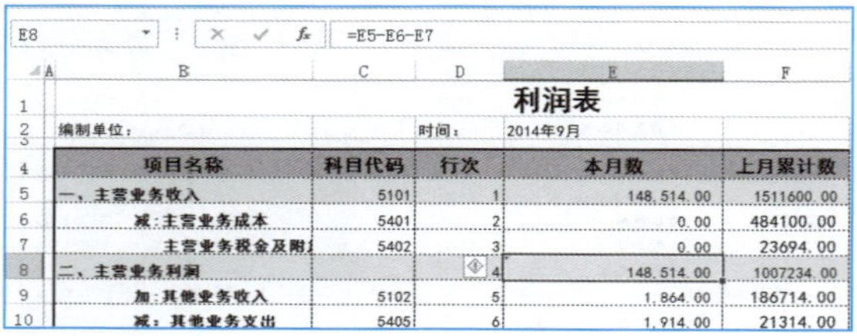

E8 =E5-E6-E7

	B	C	D	E	F
1				利润表	
2	编制单位：		时间：	2014年9月	
4	项目名称	科目代码	行次	本月数	上月累计数
5	一、主营业务收入	5101	1	148,514.00	1511600.00
6	减：主营业务成本	5401	2	0.00	484100.00
7	主营业务税金及附加	5402	3	0.00	23694.00
8	二、主营业务利润		4	148,514.00	1007234.00
9	加：其他业务收入	5102	5	1,864.00	186714.00
10	减：其他业务支出	5405	6	1,914.00	21314.00

图10–16

❷ 选中E14单元格在公式编辑栏中输入公式：“=E8+E9-E10-E11-E12-E13”，按回车键，计算本月营业利润，如图10-17所示。

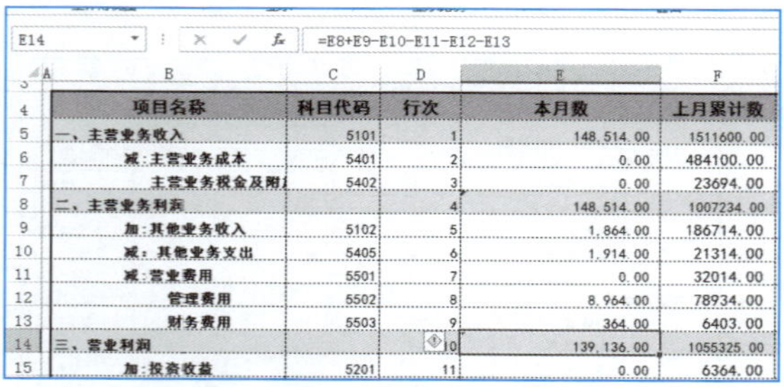

E14 =E8+E9-E10-E11-E12-E13

	B	C	D	E	F
4	项目名称	科目代码	行次	本月数	上月累计数
5	一、主营业务收入	5101	1	148,514.00	1511600.00
6	减：主营业务成本	5401	2	0.00	484100.00
7	主营业务税金及附加	5402	3	0.00	23694.00
8	二、主营业务利润		4	148,514.00	1007234.00
9	加：其他业务收入	5102	5	1,864.00	186714.00
10	减：其他业务支出	5405	6	1,914.00	21314.00
11	减：营业费用	5501	7	0.00	32014.00
12	管理费用	5502	8	8,964.00	78934.00
13	财务费用	5503	9	364.00	6403.00
14	三、营业利润		10	139,136.00	1055325.00
15	加：投资收益	5201	11	0.00	6364.00

图10–17

❸ 分别在E19、E21单元格中输入公式：“=E14+E15+E16+E17-E18”、“=E19-E20”，按回车键，分别计算出利润总额和净利润，如图10-18所示。

❹ 选中G5单元格在公式编辑栏中输入公式“=E5+F5”按回车键后，向下复制公式，接着设置单元格格式，得到利润表最终效果，如图10-19所示。

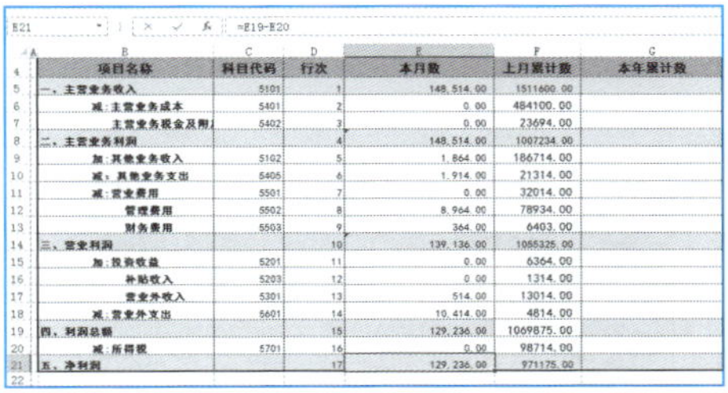

E21 =E19-E20

项目名称	科目代码	行次	本月数	上月累计数	本年累计数
一、主营业务收入	5101	1	148,514.00	1511600.00	
减：主营业务成本	5401	2	0.00	484100.00	
主营业务税金及附	5402	3	0.00	23694.00	
二、主营业务利润		4	148,514.00	1007234.00	
加：其他业务收入	5102	5	1,864.00	186714.00	
减：其他业务支出	5405	6	1,914.00	21314.00	
减：营业费用	5501	7	0.00	32014.00	
管理费用	5502	8	8,964.00	78934.00	
财务费用	5503	9	364.00	6403.00	
三、营业利润		10	139,136.00	1055325.00	
加：投资收益	5201	11	0.00	6364.00	
补贴收入	5203	12	0.00	1314.00	
营业外收入	5301	13	514.00	13014.00	
减：营业外支出	5601	14	10,414.00	4814.00	
四、利润总额		15	129,236.00	1069875.00	
减：所得税	5701	16	0.00	98714.00	
五、净利润		17	129,236.00	971175.00	

图10-18

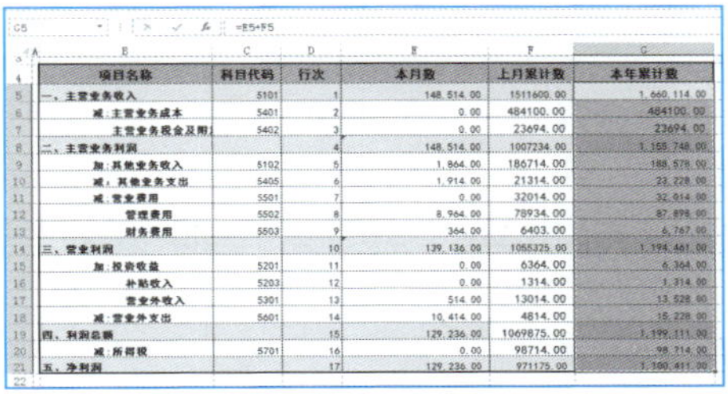

C5 =E5+F5

项目名称	科目代码	行次	本月数	上月累计数	本年累计数
一、主营业务收入	5101	1	148,514.00	1511600.00	1,660,114.00
减：主营业务成本	5401	2	0.00	484100.00	484100.00
主营业务税金及附	5402	3	0.00	23694.00	23694.00
二、主营业务利润		4	148,514.00	1007234.00	1,155,748.00
加：其他业务收入	5102	5	1,864.00	186714.00	188,578.00
减：其他业务支出	5405	6	1,914.00	21314.00	23,228.00
减：营业费用	5501	7	0.00	32014.00	32,014.00
管理费用	5502	8	8,964.00	78934.00	87,898.00
财务费用	5503	9	364.00	6403.00	6,767.00
三、营业利润		10	139,136.00	1055325.00	1,194,461.00
加：投资收益	5201	11	0.00	6364.00	6,364.00
补贴收入	5203	12	0.00	1314.00	1,314.00
营业外收入	5301	13	514.00	13014.00	13,528.00
减：营业外支出	5601	14	10,414.00	4814.00	15,228.00
四、利润总额		15	129,236.00	1069875.00	1,199,111.00
减：所得税	5701	16	0.00	98714.00	98,714.00
五、净利润		17	129,236.00	971175.00	1,100,411.00

图10-19

文件114　现金流量表

现金流量表反映企业一定会计期间经营活动，筹资活动和筹资挥动产生的现金流入、流出量等情况的会计报表。企业经营处处离不开现金，现在满足企业各种需求主要表现在四个方便，1.交易需要；2.预防需要；3.筹资需要；4.运营需要。现金流量表中的现金流量反映实际的现金活动，因此现金流量表备受关注。

制作要点与设计效果图

- TEXT函数（参考函数34）
- SUM函数（参考函数3、7、16）
- 设置会计专用数字格式
- 设置单元格填充格式

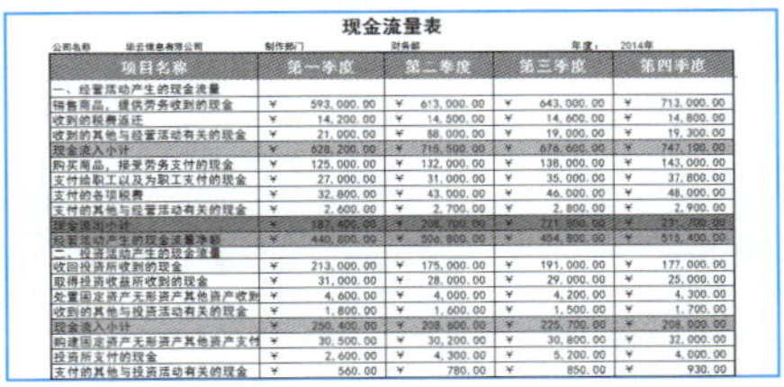

现金流量表

公司名称　华云信息有限公司　制作部门　财务部　年度：2014年

项目名称	第一季度	第二季度	第三季度	第四季度
一、经营活动产生的现金流量				
销售商品，提供劳务收到的现金	¥ 593,000.00	¥ 613,000.00	¥ 643,000.00	¥ 713,000.00
收到的税费返还	¥ 14,200.00	¥ 14,500.00	¥ 14,600.00	¥ 14,800.00
收到的其他与经营活动有关的现金	¥ 21,000.00	¥ 88,000.00	¥ 19,000.00	¥ 19,300.00
现金流入小计	¥ 628,200.00	¥ 715,500.00	¥ 676,600.00	¥ 747,100.00
购买商品，接受劳务支付的现金	¥ 125,000.00	¥ 132,000.00	¥ 138,000.00	¥ 143,000.00
支付给职工以及为职工支付的现金	¥ 27,000.00	¥ 31,000.00	¥ 35,000.00	¥ 37,800.00
支付的各项税费	¥ 32,800.00	¥ 43,000.00	¥ 46,000.00	¥ 48,000.00
支付的其他与经营活动有关的现金	¥ 2,600.00	¥ 2,700.00	¥ 2,800.00	¥ 2,900.00
现金流出小计	¥ 187,400.00	¥ 208,700.00	¥ 221,800.00	¥ 231,700.00
经营活动产生的现金流量净额	¥ 440,800.00	¥ 506,800.00	¥ 454,800.00	¥ 515,400.00
二、投资活动产生的现金流量				
收回投资所收到的现金	¥ 213,000.00	¥ 175,000.00	¥ 191,000.00	¥ 177,000.00
取得投资收益所收到的现金	¥ 31,000.00	¥ 28,000.00	¥ 29,000.00	¥ 25,000.00
处置固定资产无形资产其他资产收到	¥ 4,600.00	¥ 4,000.00	¥ 4,200.00	¥ 4,300.00
收到的其他与投资活动有关的现金	¥ 1,800.00	¥ 1,600.00	¥ 1,500.00	¥ 1,700.00
现金流入小计	¥ 250,400.00	¥ 208,600.00	¥ 225,700.00	¥ 208,000.00
购建固定资产无形资产其他资产支付	¥ 30,500.00	¥ 30,200.00	¥ 30,800.00	¥ 32,000.00
投资所支付的现金	¥ 2,600.00	¥ 4,300.00	¥ 5,200.00	¥ 4,000.00
支付的其他与投资活动有关的现金	¥ 560.00	¥ 780.00	¥ 850.00	¥ 930.00

文件设计过程

步骤1：显示当前年份

❶ 打开“现金流量表”，工作表，选中F2单元格，在公式编辑栏中输入公

式“=TEXT(NOW(),” e年”)”按回车键，在单元格中显示当前年份，如图10-20所示。

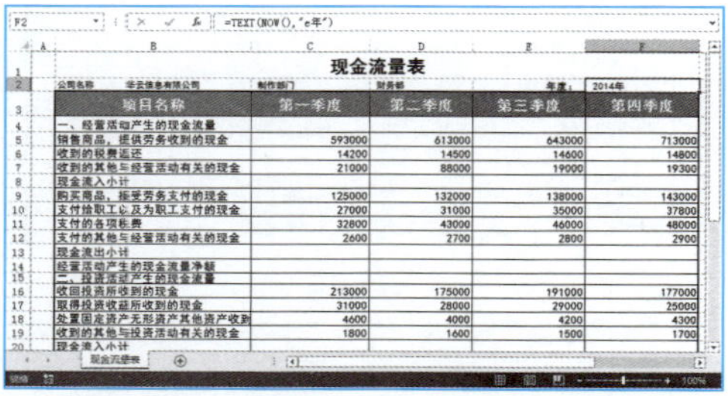

图10-20

❷ 选中A4单元格，切换到“视图”选项卡，在“窗口”选项组单击“冻结窗格”按钮，在其下拉列表中选择“冻结拆分单元格”，即可冻结列标识行，让其始终显示在工作表中，如图10-21所示。

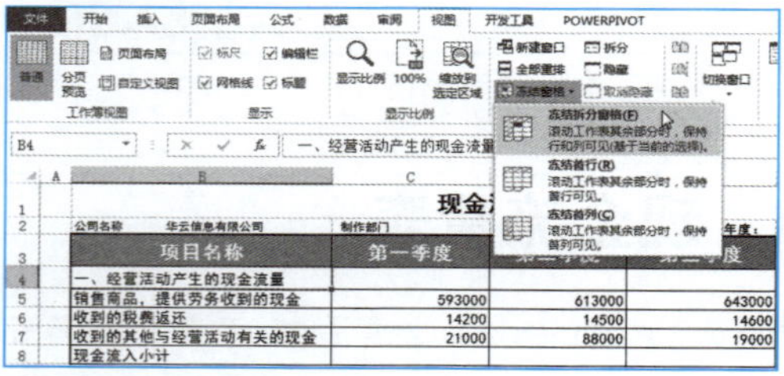

图10-21

步骤2：设置公式计算

❶ 选中C8单元格，在公式编辑栏中输入公式：“=SUM(C5:C7)”，按回车键后，向右复制到F8单元格，计算各个季度经营活动所产生的现金流入合计，如图10-22所示。

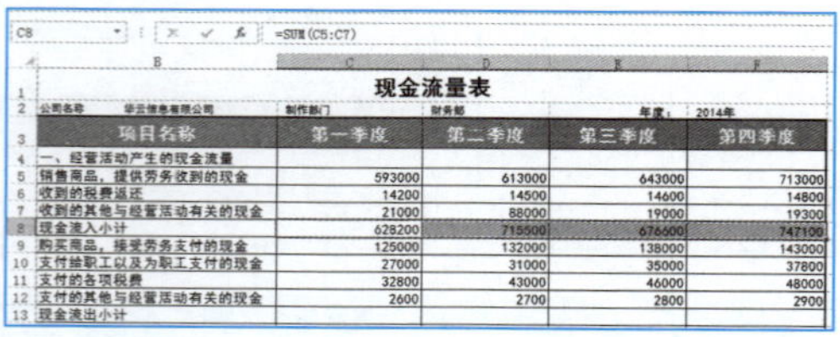

图10-22

❷ 选中C13单元格，在公式编辑栏中输入公式：“=SUM(C9:C12)”，按回车键后，向右复制到F13单元格，计算各个季度经营活动所产生的现金流出合

计，如图10-23所示。

C13　=SUM(C9:C12)

	现金流量表			
公司名称　华云信息有限公司	制作部门	财务部	年度：	2014年
项目名称	第一季度	第二季度	第三季度	第四季度
销售商品，提供劳务收到的现金	593000	613000	643000	713000
收到的税费返还	14200	14500	14600	14800
收到的其他与经营活动有关的现金	21000	88000	19000	19300
现金流入小计	628200	715500	676600	747100
购买商品，接受劳务支付的现金	125000	132000	138000	143000
支付给职工以及为职工支付的现金	27000	31000	35000	37800
支付的各项税费	32800	43000	46000	48000
支付的其他与经营活动有关的现金	2600	2700	2800	2900
现金流出小计	187400	208700	221800	231700
经营活动产生的现金流量净额				

图10-23

❸ 选中C14单元格，在公式编辑栏中输入公式："=C8-C13"，按回车键后，向右复制到F14单元格，计算各个季度经营活动所产生的净现金流量，如图10-24所示。

C14　=C8-C13

	现金流量表			
公司名称　华云信息有限公司	制作部门	财务部	年度：	2014年
项目名称	第一季度	第二季度	第三季度	第四季度
销售商品，提供劳务收到的现金	593000	613000	643000	713000
收到的税费返还	14200	14500	14600	14800
收到的其他与经营活动有关的现金	21000	88000	19000	19300
现金流入小计	628200	715500	676600	747100
购买商品，接受劳务支付的现金	125000	132000	138000	143000
支付给职工以及为职工支付的现金	27000	31000	35000	37800
支付的各项税费	32800	43000	46000	48000
支付的其他与经营活动有关的现金	2600	2700	2800	2900
现金流出小计	187400	208700	221800	231700
经营活动产生的现金流量净额	440800	506800	454800	515400
二、投资活动产生的现金流量				
收回投资所收到的现金	213000	175000	191000	177000

图10-24

❹ 在C20、C24单元格中分别输入公式："=SUM(C16:C19)""=SUM(C21:C23)"，按回车键后分别复制公式到F20、F24单元格中，计算出投资活动流入和流出小计，接着在C25单元格中输入公式："=C20-BC24"，按回车键后，向右复制公式到F25单元格，计算投资活动产生的净现金流量，如图10-25所示。

C25　=C20-C24

	现金流量表			
公司名称　华云信息有限公司	制作部门	财务部	年度：	2014年
项目名称	第一季度	第二季度	第三季度	第四季度
经营活动产生的现金流量净额	440800	506800	454800	515400
二、投资活动产生的现金流量				
收回投资所收到的现金	213000	175000	191000	177000
取得投资收益所收到的现金	31000	28000	29000	25000
处置固定资产无形资产其他资产收到	4600	4000	4200	4300
收到的其他与投资活动有关的现金	1800	1600	1500	1700
现金流入小计	250400	208600	225700	208000
购建固定资产无形资产其他资产支付	30500	30200	30800	32000
投资所支付的现金	2600	4300	5200	4000
支付的其他与投资活动有关的现金	560	780	850	930
现金流出小计	33660	35280	36850	36930
投资活动产生的现金流量净额	216740	173320	188850	171070
三、筹资活动产生的现金流量				

图10-25

❺ 用类似的方法分别计算出筹资活动的现金流入、流出小计和净现金流量。选中C36单元格，在公式编辑栏中输入公式："=C14+C25+C35"，按回车键后复制到F36单元格，计算出所有现金增加额，如图10-26所示。

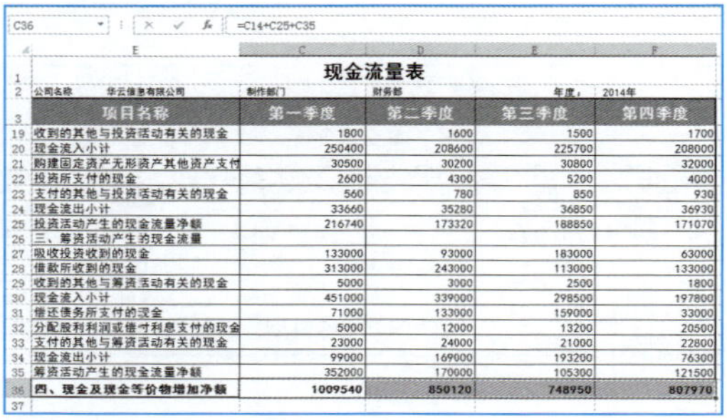

	项目名称	第一季度	第二季度	第三季度	第四季度
1	现金流量表				
2	公司名称 华云信息有限公司	制作部门	财务部	年度：	2014年
19	收到的其他与投资活动有关的现金	1800	1600	1500	1700
20	现金流入小计	250400	208600	225700	208000
21	购建固定资产无形资产其他资产支付	30500	30200	30800	32000
22	投资所支付的现金	2600	4300	5200	4000
23	支付的其他与投资活动有关的现金	560	780	850	930
24	现金流出小计	33660	35280	36850	36930
25	投资活动产生的现金流量净额	216740	173320	188850	171070
26	三、筹资活动产生的现金流量				
27	吸收投资收到的现金	133000	93000	183000	63000
28	借款所收到的现金	313000	243000	113000	133000
29	收到的其他与筹资活动有关的现金	5000	3000	2500	1800
30	现金流入小计	451000	339000	298500	197800
31	偿还债务所支付的现金	71000	133000	159000	33000
32	分配股利利润或偿付利息支付的现金	5000	12000	13200	20500
33	支付的其他与筹资活动有关的现金	23000	24000	21000	22800
34	现金流出小计	99000	169000	193200	76300
35	筹资活动产生的现金流量净额	352000	170000	105300	121500
36	四、现金及现金等价物增加净额	1009540	850120	748950	807970

图10-26

步骤3：设置数据格式和单元格填充

❶ 选中C5:F36单元格，切换到“开始”选项卡，在“数字”选项组单击“数字格式”按钮，在其下拉列表中选择“会计专用”，即可将数据更改为会计专用格式，如图10-27所示。

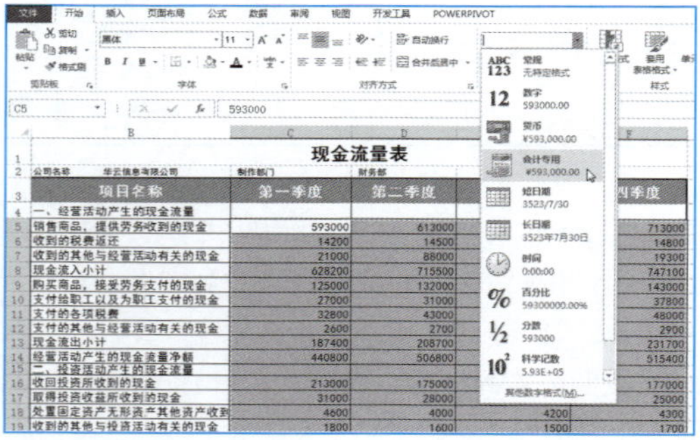

	项目名称	第一季度	第二季度		第四季度
1	现金流量表				
2	公司名称 华云信息有限公司	制作部门	财务部		
4	一、经营活动产生的现金流量				
5	销售商品，提供劳务收到的现金	593000	613000		713000
6	收到的税费返还	14200	14500		14800
7	收到的其他与经营活动有关的现金	21000	88000		19300
8	现金流入小计	628200	715500		747100
9	购买商品，接受劳务支付的现金	125000	132000		143000
10	支付给职工以及为职工支付的现金	27000	31000		37800
11	支付的各项税费	32800	43000		48000
12	支付的其他与经营活动有关的现金	2600	2700		2900
13	现金流出小计	187400	208700		231700
14	经营活动产生的现金流量净额	440800	506800		515400
15	二、投资活动产生的现金流量				
16	收回投资所收到的现金	213000	175000		177000
17	取得投资收益所收到的现金	31000	28000		25000
18	处置固定资产无形资产其他资产收到	4600	4000	4200	4300
19	收到的其他与投资活动有关的现金	1800	1600	1500	1700

图10-27

❷ 将所有“现金流入小计”行填充为橙色，将所有“现金流出小计”填充为蓝色，将所有“现金净额”行填充为浅灰色，如图10-28所示。

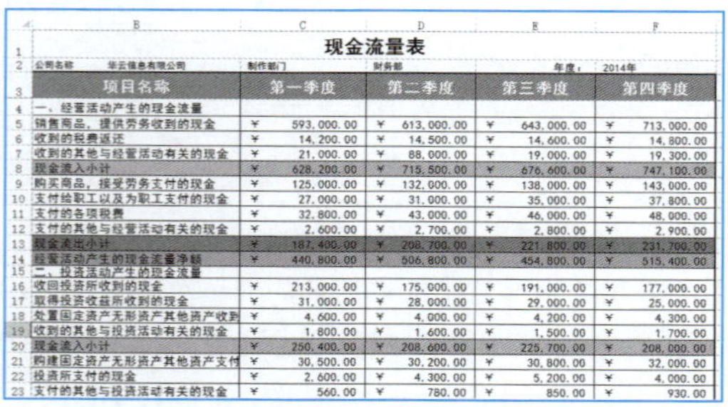

	项目名称	第一季度	第二季度	第三季度	第四季度
1	现金流量表				
2	公司名称 华云信息有限公司	制作部门	财务部	年度：	2014年
4	一、经营活动产生的现金流量				
5	销售商品，提供劳务收到的现金	¥ 593,000.00	¥ 613,000.00	¥ 643,000.00	¥ 713,000.00
6	收到的税费返还	¥ 14,200.00	¥ 14,500.00	¥ 14,600.00	¥ 14,800.00
7	收到的其他与经营活动有关的现金	¥ 21,000.00	¥ 88,000.00	¥ 19,000.00	¥ 19,300.00
8	现金流入小计	¥ 628,200.00	¥ 715,500.00	¥ 676,600.00	¥ 747,100.00
9	购买商品，接受劳务支付的现金	¥ 125,000.00	¥ 132,000.00	¥ 138,000.00	¥ 143,000.00
10	支付给职工以及为职工支付的现金	¥ 27,000.00	¥ 31,000.00	¥ 35,000.00	¥ 37,800.00
11	支付的各项税费	¥ 32,800.00	¥ 43,000.00	¥ 46,000.00	¥ 48,000.00
12	支付的其他与经营活动有关的现金	¥ 2,600.00	¥ 2,700.00	¥ 2,800.00	¥ 2,900.00
13	现金流出小计	¥ 187,400.00	¥ 208,700.00	¥ 221,800.00	¥ 231,700.00
14	经营活动产生的现金流量净额	¥ 440,800.00	¥ 506,800.00	¥ 454,800.00	¥ 515,400.00
15	二、投资活动产生的现金流量				
16	收回投资所收到的现金	¥ 213,000.00	¥ 175,000.00	¥ 191,000.00	¥ 177,000.00
17	取得投资收益所收到的现金	¥ 31,000.00	¥ 28,000.00	¥ 29,000.00	¥ 25,000.00
18	处置固定资产无形资产其他资产收到	¥ 4,600.00	¥ 4,000.00	¥ 4,200.00	¥ 4,300.00
19	收到的其他与投资活动有关的现金	¥ 1,800.00	¥ 1,600.00	¥ 1,500.00	¥ 1,700.00
20	现金流入小计	¥ 250,400.00	¥ 208,600.00	¥ 225,700.00	¥ 208,000.00
21	购建固定资产无形资产其他资产支付	¥ 30,500.00	¥ 30,200.00	¥ 30,800.00	¥ 32,000.00
22	投资所支付的现金	¥ 2,600.00	¥ 4,300.00	¥ 5,200.00	¥ 4,000.00
23	支付的其他与投资活动有关的现金	¥ 560.00	¥ 780.00	¥ 850.00	¥ 930.00

图10-28

❸ 将最后一行设置为红色填充，并设置字体为白色加粗，最后设置表格的外边框为粗边框形式，完成表格的最后操作，如图10-29所示。

	B	C	D	E	F
1	现金流量表				
2	公司名称　华云信息有限公司	制作部门	财务部	年度：	2014年
3	项目名称	第一季度	第二季度	第三季度	第四季度
19	收到的其他与投资活动有关的现金	¥ 1,800.00	¥ 1,600.00	¥ 1,500.00	¥ 1,700.00
20	现金流入小计	¥ 250,400.00	¥ 208,600.00	¥ 225,700.00	¥ 208,000.00
21	购建固定资产无形资产其他资产支付	¥ 30,500.00	¥ 30,200.00	¥ 30,800.00	¥ 32,000.00
22	投资所支付的现金	¥ 2,600.00	¥ 4,300.00	¥ 5,200.00	¥ 4,000.00
23	支付的其他与投资活动有关的现金	¥ 560.00	¥ 780.00	¥ 850.00	¥ 930.00
24	现金流出小计	¥ 33,660.00	¥ 35,280.00	¥ 36,850.00	¥ 36,930.00
25	投资活动产生的现金流量净额	¥ 216,740.00	¥ 173,320.00	¥ 188,850.00	¥ 171,070.00
26	三、筹资活动产生的现金流量				
27	吸收投资收到的现金	¥ 133,000.00	¥ 93,000.00	¥ 183,000.00	¥ 63,000.00
28	借款所收到的现金	¥ 313,000.00	¥ 243,000.00	¥ 113,000.00	¥ 133,000.00
29	收到的其他与筹资活动有关的现金	¥ 5,000.00	¥ 3,000.00	¥ 2,500.00	¥ 1,800.00
30	现金流入小计	¥ 451,000.00	¥ 339,000.00	¥ 298,500.00	¥ 197,800.00
31	偿还债务所支付的现金	¥ 71,000.00	¥ 133,000.00	¥ 159,000.00	¥ 33,000.00
32	分配股利利润或偿付利息支付的现金	¥ 5,000.00	¥ 12,000.00	¥ 13,200.00	¥ 20,500.00
33	支付的其他与筹资活动有关的现金	¥ 23,000.00	¥ 24,000.00	¥ 21,000.00	¥ 22,800.00
34	现金流出小计	¥ 99,000.00	¥ 169,000.00	¥ 193,200.00	¥ 76,300.00
35	筹资活动产生的现金流量净额	¥ 352,000.00	¥ 170,000.00	¥ 105,300.00	¥ 121,500.00
36	四、现金及现金等价物增加净额	¥ 1,009,540.00	¥ 850,120.00	¥ 748,950.00	¥ 807,970.00
37					

图10-29

文件115　应交增值税明细表

增值税是对销售货物或者加工、修配劳务及进出口货物的单位和个人就其实现的增值额征收的一个税种，应交增值税明细表是资产负债表的附表，是反映企业在一定时期应交增值税和未交增值税情况的报表，通常按月编制。通过该报表可以了解企业期初未抵扣的数额，当期抵扣情况和未交增值税数额。

制作要点与设计效果图

- 设置表格格式
- SUM函数（参考函数3、7、16）
- IF函数（参考函数1、3）

应缴增值税明细表

编制单位：华云信息有限公司　日期：2014年9月　金额：元

项目	行次	本月数	本年累计数
一、应交增值税			
1. 年初未抵扣数（以“-”号填列）	1	¥0.00	¥0.00
2. 销项税项	2	¥35,250.00	¥375,250.00
出口退税	3	¥0.00	¥0.00
进项税额转出	4	¥1,850.00	¥8,650.00
转出多交增值税	5	¥0.00	¥0.00
3. 进项税额	6	¥29,750.00	¥137,250.00
已交税金	7	¥30,450.00	¥243,950.00
出口抵减内销产品应交纳税额	8		¥0.00
转出未交增值税	9		¥0.00
4. 期末未抵扣数（以“-”号填列）	10	(¥23,100.00)	¥2,700.00
二、未交增值税			
1. 年初未交数	11	¥650.00	¥3,550.00
2. 本期转入数	12	¥0.00	¥2,700.00
3. 本期已交数	13	¥0.00	¥0.00
4. 期末未交数	14	¥650.00	¥6,250.00

文件设计过程

步骤1：插入新工作表

❶ 插入新工作表，重命名为“应交增值税明细表”，在工作表中创建应交增值税明细表并设置表格格式。

❷ 在应交增值税明细表中输入本月应交增值税的各项数据以及本年累计的各项数据，如图10-30所示。

应交增值税明细表

编制单位：华云信息有限公司	日期：	2014年9月	金额：元
项目	行次	本月数	本年累计数
一、应交增值税			
1. 年初未抵扣数（以“-”号填列）	1	0	0
2. 销项税项	2	35250	375250
出口退税	3	0	0
进项税额转出	4	1850	8650
转出多交增值税	5	0	0
3. 进项税额	6	29750	137250
已交税金	7	30450	243950
出口抵减内销产品应交纳税额	8		0
转出未交增值税	9		0
4. 期末未抵扣数（以“-”号填列）	10		
二、未交增值税			
1. 年初未交数	11	650	3550
2. 本期转入数	12		

图10-30

步骤2：设置公式计算

❶ 选中D14单元格，在公式编辑栏中输入公式“=SUM(D5:D9)-SUM(D10:D13)”，按回车键后向右复制公式到E14，计算期末抵扣本月数和本年累计数，如图10-31所示。

D14 =SUM(D5:D9)-SUM(D10:D13)

	B	C	D	E
6	2. 销项税项	2	35250	375250
7	出口退税	3	0	0
8	进项税额转出	4	1850	8650
9	转出多交增值税	5	0	0
10	3. 进项税额	6	29750	137250
11	已交税金	7	30450	243950
12	出口抵减内销产品应交纳税额	8		0
13	转出未交增值税	9		0
14	4. 期末未抵扣数（以“-”号填列）	10	-23100	2700
15	二、未交增值税			
16	1. 年初未交数	11	650	3550
17	2. 本期转入数	12		
18	3. 本期已交数	13	0	0
19	4. 期末未交数	14		

图10-31

❷ 选中D17单元格，在公式编辑栏中输入公式“=IF(D14>0,D14,0)”，按回车键后向右复制公式到E17，计算本期转入数，如图10-32所示。

D17 =IF(D14>0, D14, 0)

	B	C	D	E
6	2. 销项税项	2	35250	375250
7	出口退税	3	0	0
8	进项税额转出	4	1850	8650
9	转出多交增值税	5	0	0
10	3. 进项税额	6	29750	137250
11	已交税金	7	30450	243950
12	出口抵减内销产品应交纳税额	8		0
13	转出未交增值税	9		0
14	4. 期末未抵扣数（以“-”号填列）	10	-23100	2700
15	二、未交增值税			
16	1. 年初未交数	11	650	3550
17	2. 本期转入数	12	0	2700
18	3. 本期已交数	13	0	0
19	4. 期末未交数	14		
20				

图10-32

❸ 选中D19单元格，在公式编辑栏中输入公式“=D16+D17-D18”，按回车键后向右复制公式到E19，计算期末未交本月数和本年累计数，如图10-33所示。

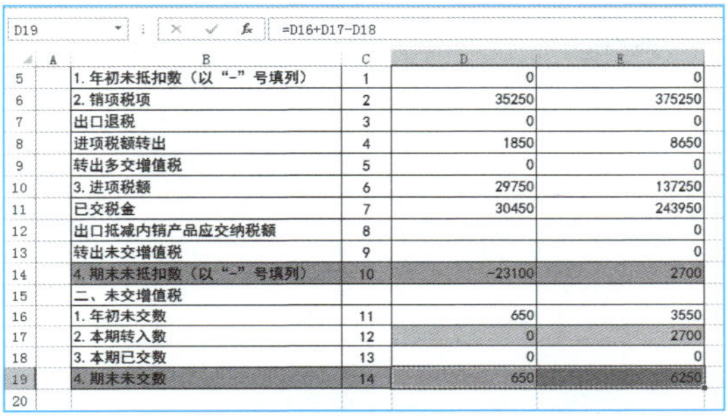

	A	B	C	D	E
5		1. 年初未抵扣数（以“-”号填列）	1	0	0
6		2. 销项税项	2	35250	375250
7		出口退税	3	0	0
8		进项税额转出	4	1850	8650
9		转出多交增值税	5	0	0
10		3. 进项税额	6	29750	137250
11		已交税金	7	30450	243950
12		出口抵减内销产品应交纳税额	8		0
13		转出未交增值税	9		0
14		4. 期末未抵扣数（以“-”号填列）	10	-23100	2700
15		二、未交增值税			
16		1. 年初未交数	11	650	3550
17		2. 本期转入数	12	0	2700
18		3. 本期已交数	13	0	0
19		4. 期末未交数	14	650	6250
20					

图10-33

步骤3：设置货币格式

选中D5:E19单元格区域，切换到“开始”选项卡，在“数字”选项组单击“数字格式”按钮，在其下拉列表中选择“货币”，即可将工作表中数据更改为货币格式，如图10-34所示。

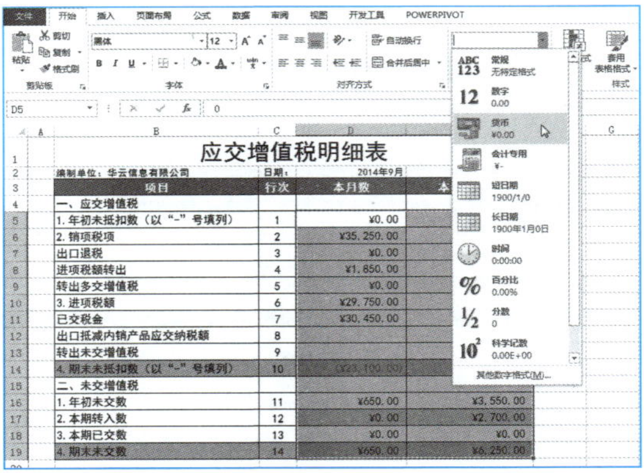

图10-34

文件116　所有者权益增减变动报表

所有者权益增减报表是资产负债表的一个附表，所有者权益增减报表主要反映企业年末所有者权益增减变动情况，便于会计信息使用者深入分析，进而对企业的保值增值情况做出判断。

制作要点与设计效果图

- SUM函数（参考函数3、7、16）
- 创建三维柱形图
- 编辑数据系列

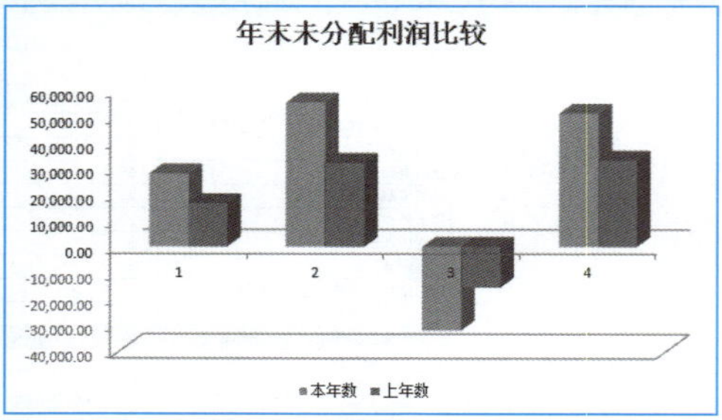

文件设计过程

步骤1：设置公式计算

1 打开“所有者权益增减变动表”工作表，选中C6单元格，在公式编辑栏中输入公式：“=SUM(C7:C10)”按回车键后，向右复制到D6单元格，计算“实收资本”增加数，如图10-35所示。

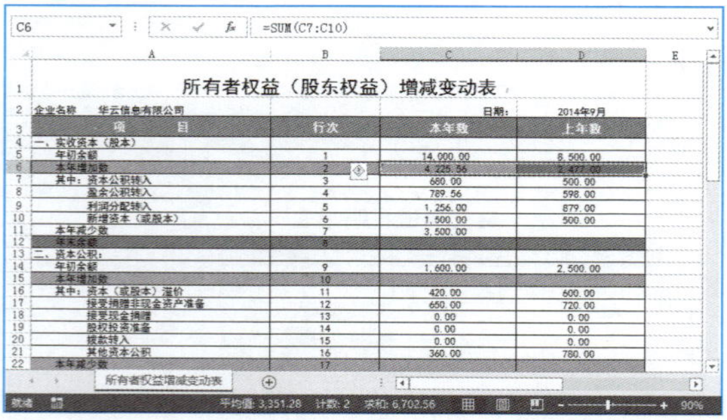

C6 =SUM(C7:C10)

所有者权益（股东权益）增减变动表

企业名称 华云信息有限公司 日期： 2014年9月

	项　　目	行次	本年数	上年数
4	一、实收资本（股本）			
5	年初余额	1	14,000.00	8,500.00
6	本年增加数	2	4,225.56	2,477.00
7	其中：资本公积转入	3	680.00	500.00
8	盈余公积转入	4	789.56	598.00
9	利润分配转入	5	1,256.00	879.00
10	新增资本（或股本）	6	1,500.00	500.00
11	本年减少数	7	3,500.00	
12	年末余额	8		
13	二、资本公积：			
14	年初余额	9	1,600.00	2,500.00
15	本年增加数	10		
16	其中：资本（或股本）溢价	11	420.00	600.00
17	接受捐赠非现金资产准备	12	650.00	720.00
18	接受现金捐赠	13	0.00	0.00
19	股权投资准备	14	0.00	0.00
20	拨款转入	15	0.00	0.00
21	其他资本公积	16	360.00	780.00
22	本年减少数	17		

所有者权益增减变动表

就绪 平均值: 3,351.28 计数: 2 求和: 6,702.56 90%

图10-35

2 选中C12单元格，在个公式编辑栏中输入公式：“=C6+C5-C11”，按回车键后向下向右到D12年末余额，如图10-36所示。

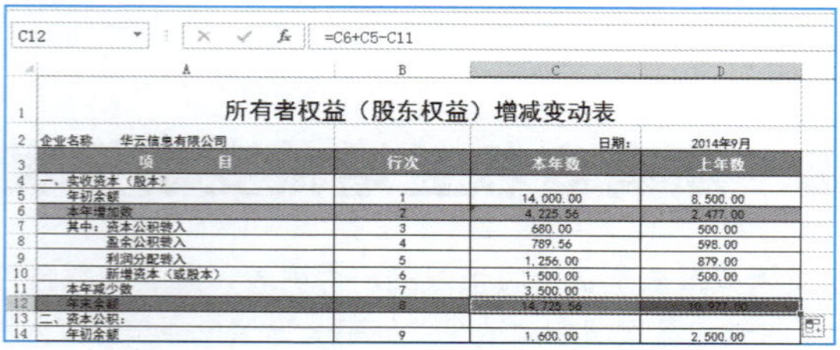

C12 =C6+C5-C11

所有者权益（股东权益）增减变动表

企业名称 华云信息有限公司 日期： 2014年9月

	项　　目	行次	本年数	上年数
4	一、实收资本（股本）			
5	年初余额	1	14,000.00	8,500.00
6	本年增加数	2	4,225.56	2,477.00
7	其中：资本公积转入	3	680.00	500.00
8	盈余公积转入	4	789.56	598.00
9	利润分配转入	5	1,256.00	879.00
10	新增资本（或股本）	6	1,500.00	500.00
11	本年减少数	7	3,500.00	
12	年末余额	8	14,725.56	10,977.00
13	二、资本公积：			
14	年初余额	9	1,600.00	2,500.00

图10-36

③ 选中C15单元格，在公式编辑栏中输入公式：“=SUM(C16:C21)”，按回车键后向下向右到D15单元格，计算“资本公积”增加数，如图10-37所示。

C15　=SUM(C16:C21)

	A	B	C	D
1	所有者权益（股东权益）增减变动表			
2	企业名称　华云信息有限公司		日期：	2014年9月
3	项　　目	行次	本年数	上年数
4	一、实收资本（股本）			
5	年初余额	1	14,000.00	8,500.00
6	本年增加数	2	4,225.56	2,477.00
7	其中：资本公积转入	3	680.00	500.00
8	盈余公积转入	4	789.56	598.00
9	利润分配转入	5	1,256.00	879.00
10	新增资本（或股本）	6	1,500.00	500.00
11	本年减少数	7	3,500.00	
12	年末余额	8	14,725.56	10,977.00
13	二、资本公积：			
14	年初余额	9	1,600.00	2,500.00
15	本年增加数	10	1,430.00	2,100.00
16	其中：资本（或股本）溢价	11	420.00	600.00
17	接受捐赠非现金资产准备	12	650.00	720.00

图10-37

④ 因为“本年减少数”等于“转增资本”，选中C22单元格，在公式编辑栏中输入公式“=C23”，按回车键后向下向右到D22单元格，得到“资本公积”减少数，如图10-38所示。

C22　=C23

	A	B	C	D
3	项　　目	行次	本年数	上年数
4	一、实收资本（股本）			
5	年初余额	1	14,000.00	8,500.00
6	本年增加数	2	4,225.56	2,477.00
7	其中：资本公积转入	3	680.00	500.00
8	盈余公积转入	4	789.56	598.00
9	利润分配转入	5	1,256.00	879.00
10	新增资本（或股本）	6	1,500.00	500.00
11	本年减少数	7	3,500.00	
12	年末余额	8	14,725.56	10,977.00
13	二、资本公积：			
14	年初余额	9	1,600.00	2,500.00
15	本年增加数	10	1,430.00	2,100.00
16	其中：资本（或股本）溢价	11	420.00	600.00
17	接受捐赠非现金资产准备	12	650.00	720.00
18	接受现金捐赠	13	0.00	0.00
19	股权投资准备	14	0.00	0.00
20	拨款转入	15	0.00	0.00
21	其他资本公积	16	360.00	780.00
22	本年减少数	17	300.00	500.00
23	其中：转增资本（或股本）	18	300.00	500.00

图10-38

⑤ 选中C24单元格，在公式编辑栏中输入公式：“=C14+C15-C22”，按回车键后，向右复制到D24单元格中，计算出“资本公积”年末余额，如图10-39所示。

C24　=C14+C15-C22

	A	B	C	D
3	项　　目	行次	本年数	上年数
4	一、实收资本（股本）			
5	年初余额	1	14,000.00	8,500.00
6	本年增加数	2	4,225.56	2,477.00
7	其中：资本公积转入	3	680.00	500.00
8	盈余公积转入	4	789.56	598.00
9	利润分配转入	5	1,256.00	879.00
10	新增资本（或股本）	6	1,500.00	500.00
11	本年减少数	7	3,500.00	
12	年末余额	8	14,725.56	10,977.00
13	二、资本公积：			
14	年初余额	9	1,600.00	2,500.00
15	本年增加数	10	1,430.00	2,100.00
16	其中：资本（或股本）溢价	11	420.00	600.00
17	接受捐赠非现金资产准备	12	650.00	720.00
18	接受现金捐赠	13	0.00	0.00
19	股权投资准备	14	0.00	0.00
20	拨款转入	15	0.00	0.00
21	其他资本公积	16	360.00	780.00
22	本年减少数	17	300.00	500.00
23	其中：转增资本（或股本）	18	300.00	500.00
24	年末余额	19	2,730.00	4,100.00
25	三、法定和任意盈余公积：			

图10-39

6 设置类似的公式，计算“法定和任意盈余公积”、“法定公益金”和“未分配利润”的相关数据，完成表格的数据计算，如图10-40所示。

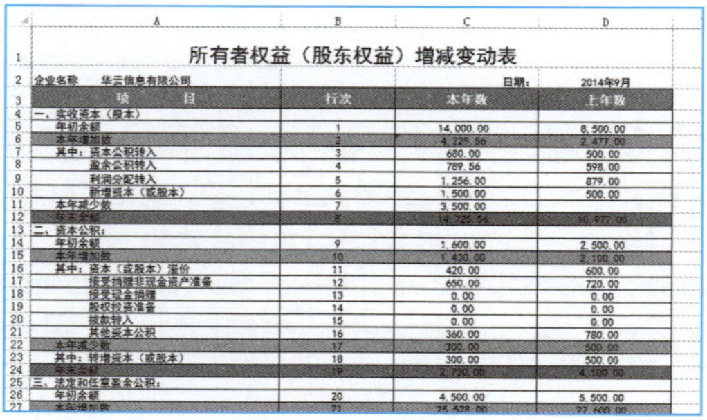

所有者权益（股东权益）增减变动表

企业名称　华云信息有限公司　　日期：2014年9月

项目	行次	本年数	上年数
一、实收资本（股本）			
年初余额	1	14,000.00	8,500.00
本年增加数	2	4,225.56	2,477.00
其中：资本公积转入	3	680.00	500.00
盈余公积转入	4	789.56	598.00
利润分配转入	5	1,256.00	879.00
新增资本（或股本）	6	1,500.00	500.00
本年减少数	7	3,500.00	
年末余额	8	14,725.56	10,977.00
二、资本公积：			
年初余额	9	1,600.00	2,500.00
本年增加数	10	1,430.00	2,100.00
其中：资本（或股本）溢价	11	420.00	600.00
接受捐赠非现金资产准备	12	650.00	720.00
接受现金捐赠	13	0.00	0.00
股权投资准备	14	0.00	0.00
拨款转入	15	0.00	0.00
其他资本公积	16	360.00	780.00
本年减少数	17	300.00	500.00
其中：转增资本（或股本）	18	300.00	500.00
年末余额	19	2,730.00	4,100.00
三、法定和任意盈余公积：			
年初余额	20	4,500.00	5,500.00
本年增加数	21	25,578.00	27,600.00

图10-40

步骤2：创建柱形图

1 按Ctrl键依次选中C3:D3单元格区域和C48:D51单元格区域，切换到“插入”选项卡，在“图表”选项组单击“插入柱形图”按钮，在其下拉列表中选择“三维簇状柱形图”图表类型，如图10-41所示。

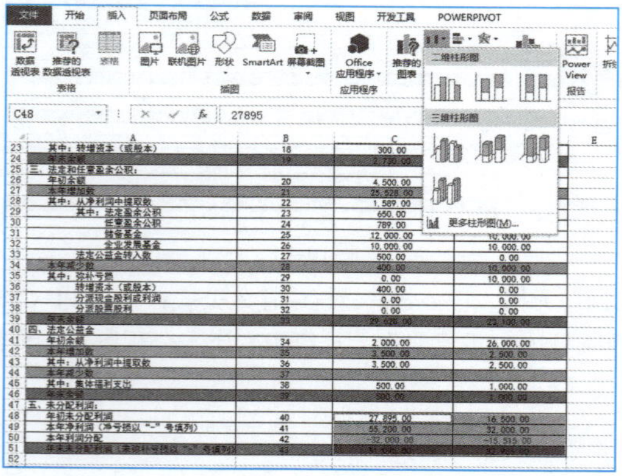

图10-41

2 返回工作表中，系统根据所选择的数据源创建三维簇状柱形图，选中图表，切换到“设计”选项卡，在“数据”选项组单击“切换行/列”按钮，如图10-42所示。

3 切换行列后，图表数据行列发生变化，打开“选择数据源”对话框，在“图例项(系列)”列表中选中“系列1”，单击“编辑”按钮（如图10-43所示），打开“编辑数据系列”对话框，设置系列名称为A48单元格，单击“确定”按钮即可更改系列1名称，如图10-44所示。

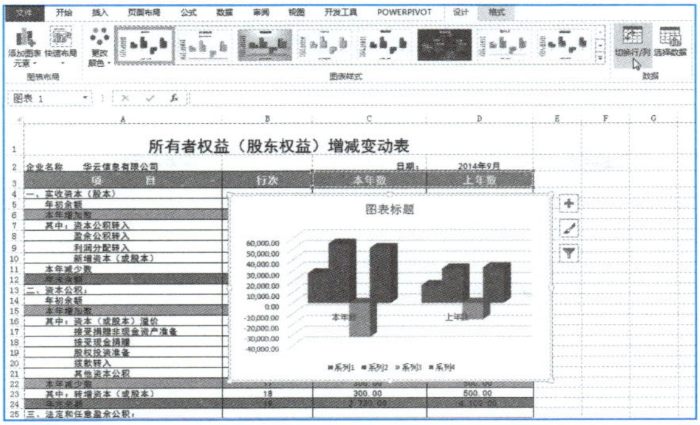

图10-42

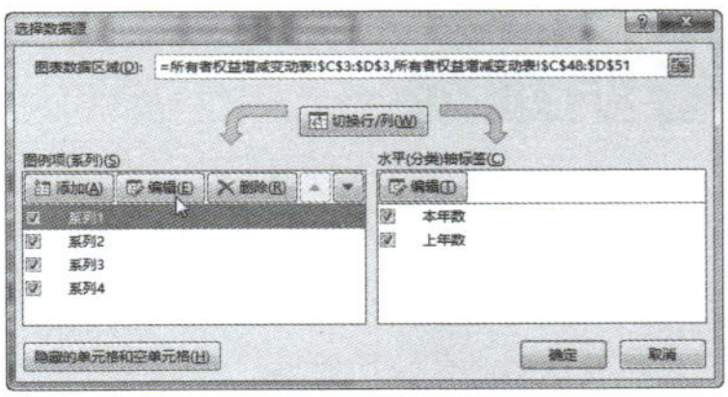

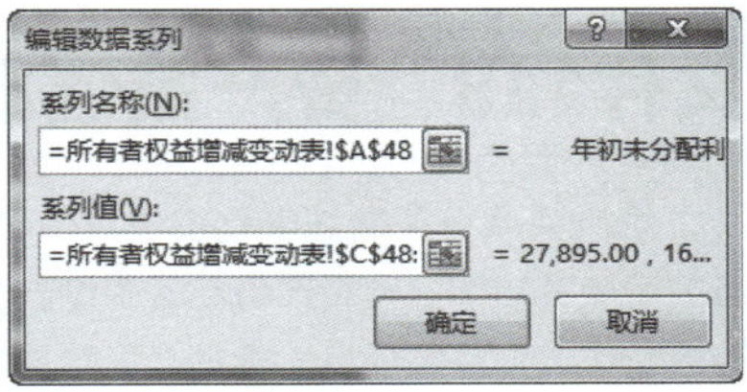

图10-43　　　　图10-44

4 按照相同的方法设置其他数据系列的名称，并为图表添加标题，可以从图表分析本年度与上年度年末未分配利润比较，如图10-45所示。

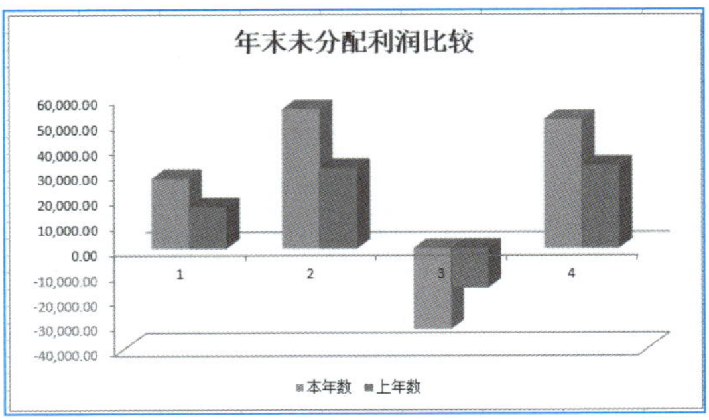

图10-45

文件117　年度销售量增减变动报表

销售量增加变动报表可以反映企业在一定期间的总销售量、总增长率、平均销量、平均增长率等数据指标。

制作要点与设计效果图

- IF函数（参考函数1、3）
- 设置条件格式（参考文件53）
- 公式运算（参考函数5）

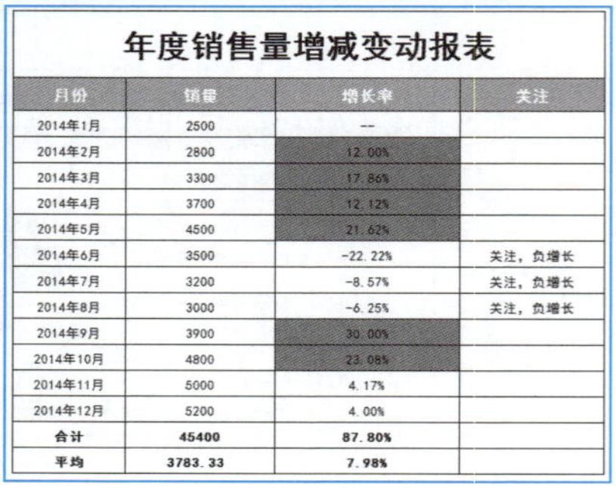

年度销售量增减变动报表

月份	销量	增长率	关注
2014年1月	2500	--	
2014年2月	2800	12.00%	
2014年3月	3300	17.86%	
2014年4月	3700	12.12%	
2014年5月	4500	21.62%	
2014年6月	3500	-22.22%	关注，负增长
2014年7月	3200	-8.57%	关注，负增长
2014年8月	3000	-6.25%	关注，负增长
2014年9月	3900	30.00%	
2014年10月	4800	23.08%	
2014年11月	5000	4.17%	
2014年12月	5200	4.00%	
合计	45400	87.80%	
平均	3783.33	7.98%	

文件118 资产减值准备明细表

资产减值准备明细表是资产负债表的附表，用来引用企业各项资产减值准备的增减变动情况。资产值准备明细表通常包括年初余额、本年增加数、本年回转数和年末余额等项目，根据“坏账准备”、“短期投资跌价准备”等科目分析填列。

制作要点与设计效果图

- SUM函数（参考函数3、7、16）
- 创建饼图（参考文件38）
- 设置数据系列标签格式（参考文件38）

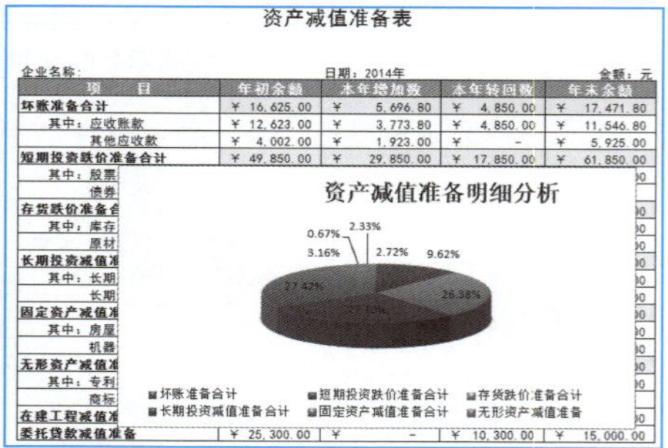

资产减值准备表

企业名称：　　日期：2014年　　金额：元

项目	年初余额	本年增加数	本年转回数	年末余额
坏账准备合计	¥ 16,625.00	¥ 5,696.80	¥ 4,850.00	¥ 17,471.80
其中：应收账款	¥ 12,623.00	¥ 3,773.80	¥ 4,850.00	¥ 11,546.80
其他应收款	¥ 4,002.00	¥ 1,923.00	¥ -	¥ 5,925.00
短期投资跌价准备合计	¥ 49,850.00	¥ 29,850.00	¥ 17,850.00	¥ 61,850.00
委托贷款减值准备	¥ 25,300.00	¥ -	¥ 10,300.00	¥ 15,000.00

文件119 财务分部报表

在企业存在多种经营或跨区域经营的情况下，应编制财务分部报告，规范分部报表的标识方法和应披露的信息，对企业的经营情况做出全面的判断。分部报告所反映的会计信息能够帮助管理者评估不同的因素对企业的影响，有利于更好地理解企业以往的经营业绩和对企业未来发展趋势的判断。

制作要点与设计效果图

- SUM函数（参考函数3、7、16）
- 创建三维柱形图（参考文件116）
- 编辑数据系列（参考文件116）

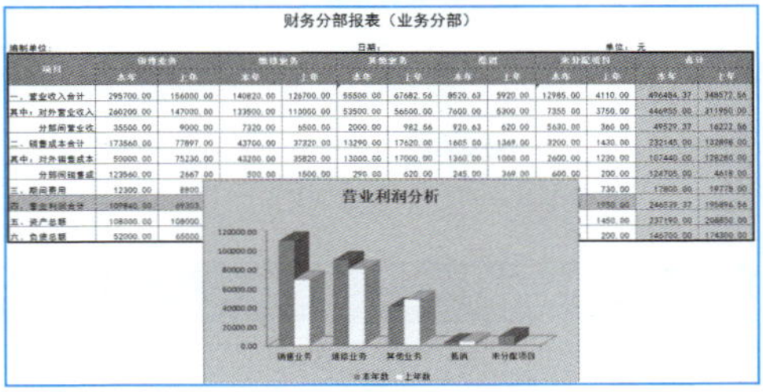

文件120　销售利润年度报表

销售利润年度报表可以按产品的分类来编制，既可以反映该年度利润的构成情况，还可以比较各产品之间的单位利润。

制作要点与设计效果图

- 设置单元格填充（参考文件5）
- 设置表格边框（参考文件1、2、3）
- RANK函数（参考函数63）
- 设置公式（参考文件5）

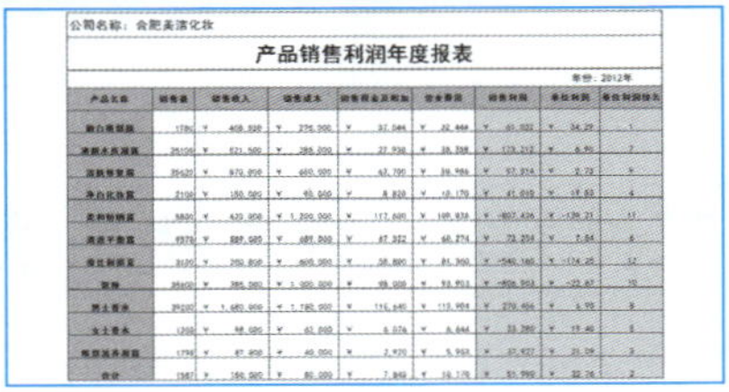

文件121　利润分配表

利润分配表是利润表的附表，是反映企业在一定时期内利润分配情况和年末未分配利润的结余情况的报表，通常按月或年编制。利润表的作用是反映企业利润的形成情况，而利润分配表反映的是利润的分配情况。

制作要点与设计效果图

- 应用单元格样式（参考文件16）
- 设置单元格填充（参考文件5）
- 设置表格边框（参考文件1、2、3）
- 设置公式（参考文件5）

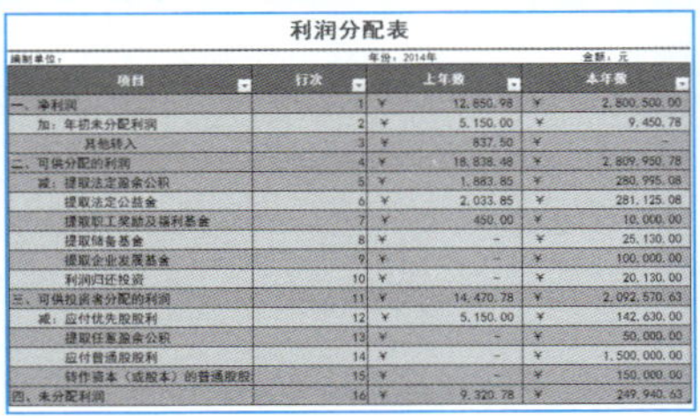

利润分配表

编制单位：　年份：2014年　金额：元

项目	行次	上年数	本年数
一、净利润	1	¥ 12,850.98	¥ 2,800,500.00
加：年初未分配利润	2	¥ 5,150.00	¥ 9,450.78
其他转入	3	¥ 837.50	¥ -
二、可供分配的利润	4	¥ 18,838.48	¥ 2,809,950.78
减：提取法定盈余公积	5	¥ 1,883.85	¥ 280,995.08
提取法定公益金	6	¥ 2,033.85	¥ 281,125.08
提取职工奖励及福利基金	7	¥ 450.00	¥ 10,000.00
提取储备基金	8	¥ -	¥ 25,130.00
提取企业发展基金	9	¥ -	¥ 100,000.00
利润归还投资	10	¥ -	¥ 20,130.00
三、可供投资者分配的利润	11	¥ 14,470.78	¥ 2,092,570.63
减：应付优先股股利	12	¥ 5,150.00	¥ 142,630.00
提取任意盈余公积	13	¥ -	¥ 50,000.00
应付普通股股利	14	¥ -	¥ 1,500,000.00
转作资本（或股本）的普通股股	15	¥ -	¥ 150,000.00
四、未分配利润	16	¥ 9,320.78	¥ 249,940.63

文件122　现金流量结构表

通过对现金流量结构分析，可以反映企业经营活动现金收入、投资活动现金收入、筹资活动现金收入、现金及现金等价物增加净额在全部现金收入中的比重，还可以反映各项现金支出的比重。

制作要点与设计效果图

- 应用单元格样式（参考文件16）
- 设置单元格填充（参考文件5）
- 设置公式（参考文件5）

现金流量结构表

2014年

项目名称	内部结构	流入结构	流出结构	流入流出比
一、经营活动产生的现金流量				
销售商品，提供劳务收到的现金	91.52%			
收到的税费返还	2.14%			
收到的其他与经营活动有关的现金	6.34%			
现金流入小计	100.00%	53.26%		
购买商品，接受劳务支付的现金	19.55%			
支付给职工以及为职工支付的现金	4.60%			
支付的各项税费	6.03%			
支付的其他与经营活动有关的现金	0.40%			
现金流出小计	100.00%		52.15%	3.27
经营活动产生的现金流量净额				
二、投资活动产生的现金流量				
收回投资所收到的现金	84.56%			
取得投资收益所收到的现金	12.85%			
处置固定资产无形资产其他资产收到的现金净额	1.87%			
收到的其他与投资活动有关的现金	0.72%			
现金流入小计	100.00%	18.05%		
购建固定资产无形资产其他资产支付的现金	86.49%			
投资所支付的现金	11.44%			
支付的其他与投资活动有关的现金	2.07%			
现金流出小计	100.00%		8.93%	6.47
投资活动产生的现金流量净额				
三、筹资活动产生的现金流量				
吸收投资收到的现金	37.57%			
借款所收到的现金	61.46%			
收到的其他与筹资活动有关的现金	0.96%			
现金流入小计	100.00%	28.69%		
偿还债务所支付的现金	78.71%			
分配股利利润或偿付利息支付的现金	6.55%			
支付的其他与筹资活动有关的现金	14.74%			
现金流出小计	100.00%		38.92%	2.36

文件123　成本费用明细表

成本费用报表是以企业产品成本和经营管理费用为依据，定期编制，反映企业一定时期内产品成本和经营管理费用水平及构成情况的数字形式的书面报表。成本费用报表不是对外报送或者公开的报表，而是企业的内部报表。

制作要点与设计效果图

- 使用序列填充（参考文件1）
- 应用单元格样式（参考文件16）
- 设置单元格填充（参考文件5）
- SUM函数（参考函数3、7、16）

成本费用明细表

填报时间：　　　　金额单位：

行次	项目	金额
1	一、销售（营业）成本合计（2+7+12）	623374.77
2	（一）主营业务成本（3+4+5+6）	587109.7
3	（1）销售货物成本	512586.5
4	（2）提供劳务成本	74523.2
5	（3）让渡资产使用权成本	0
6	（4）建造合同成本	0
7	（二）其他业务成本（8+9+10+11）	29205.12
8	（1）材料销售成本	12563.6
9	（2）代购代销费用	5800
10	（3）包装物出租成本	5258.52
11	（4）其他	5583
12	（三）视同销售成本（13+14+15）	7059.95
13	（1）非货币性交易视同销售成本	1823.65
14	（2）货物、财产、劳务视同销售成本	5236.3
15	（3）其他视同销售成本	0
16	二、营业外支出（17＋18＋……＋24）	15845.07
17	1.固定资产盘亏	1236.5
18	2.处置固定资产净损失	852.5
19	3.出售无形资产损失	444.2
20	4.债务重组损失	2356
21	5.罚款支出	585
22	6.非常损失	4125
23	7.捐赠支出	5000
24	8.其他	1245.87
25	三、期间费用（26＋27＋28）	23598.95
26	1.销售（营业）费用	12542.5
27	2.管理费用	7800
28	3.财务费用	3256.45

Excel

第11章

财务预算表格

财务预算是一系列专门反映企业未来一定期限内预计财务状况和经营成果，以及先进收支等价值指标的各种预算的总称。财务预算是反映某一方面财务活动的预算，如反映现金收支活动的现金预算；反映销售活动的资本预算等。反映成本、费用支出的生产费用预算等。

综合的财务预算是反映财务活动总体情况变动的预算，主要有销售收入预算表格、材料预算表、直接人工预算分析、三项费用预算及分析、制造费用预算分析、预算损益表、预算现金流量表、生产产量预算表、固定资产折旧预算表等。

编号	文件名称	对应的数据源	重要星级
文件124	销售收入预算表	第11章\文件124 销售收入预算表.xlsx	★★★★★
文件125	材料预算表	第11章\文件125 材料预算表.xlsx	★★★★★
文件126	直接人工预算分析	第11章\文件126 直接人工预算分析.xlsx	★★★★★
文件127	三项费用预算及分析	第11章\文件127 三项费用预算及分析.xlsx	★★★★
文件128	制造费用预算分析	第11章\文件128 制造费用预算分析.xlsx	★★★★
文件129	日常费用支出预算表	第11章\文件129 日常费用支出预算表.xlsx	★★★
文件130	预算损益表	第11章\文件130 预算损益表.xlsx	★★★
文件131	固定资产折旧预算表	第11章\文件131 固定资产折旧预算表.xlsx	★★★
文件132	预算现金流量表	第11章\文件132 预算现金流量表.xlsx	★★★
文件133	生产产量预算表	第11章\文件133 生产产量预算表.xlsx	★★★
文件134	直接材料和采购预算	第11章\文件134 生产产量预算表.xlsx	★★★★
文件135	预算资产负债表	第11章\文件135 预算资产负债表.xlsx	★★★★
文件136	财务指标预算分析表	第11章\文件136 财务指标预算分析表.xlsx	★★★

文件124 销售收入预算表

销售预算是编制一切财务预算的起点，销售收入预算是销售预算中最基本的预算。在知晓企业产品在一年中各个月份可能的销量，以及基本价格和各月价格可能的变动率，可以先根据价格变动比率计算出各月可能的单价，然后再根据收入等于单价乘以销量，预算出各个月及整年度的销售收入。

制作要点与设计效果图

- SUM函数（参考函数3、7、16）
- IF函数（参考函数1、3）

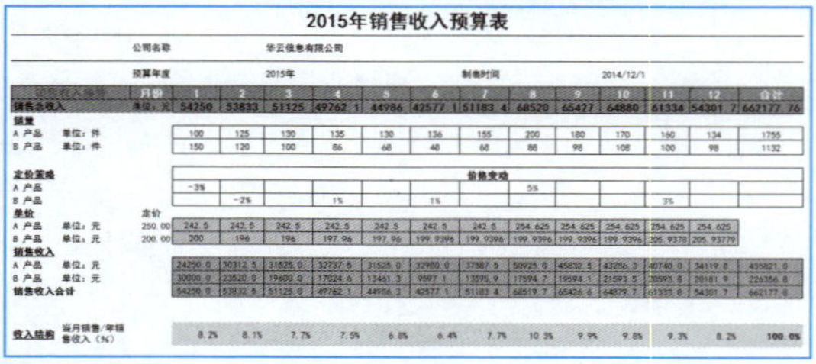

文件设计过程

步骤1：预算各产品单价

❶ 新建工作簿，重命名Sheet1工作表为“销售收入预算”，在工作表中设置预算表格，并输入产品“月销售数量”和“预期价格变动”等基本信息，如图11-1所示。

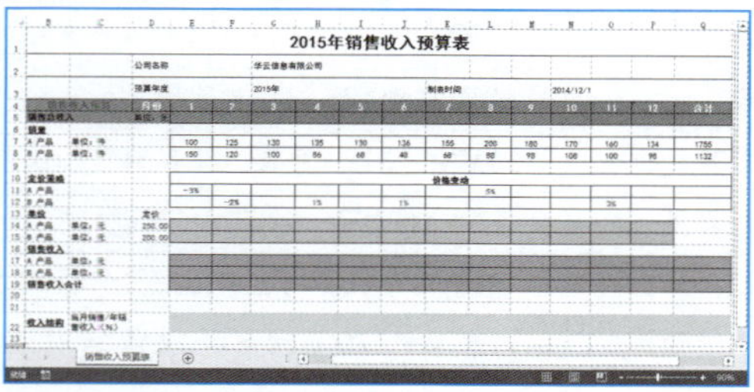

图11–1

❷ 选中E14单元格，在公式编辑栏中输入公式：“=D14*（1+E11）”，按回车键后，向右填充公式到P14单元格，即可计算出A产品各月预计单价，如图11-2所示。

❸ 选中E15单元格，在公式编辑栏中输入公式：“=D15*（1+E12）”，按回车键后，向右填充公式到P15单元格，即可计算出B产品各月预计单价，如图11-3所示。

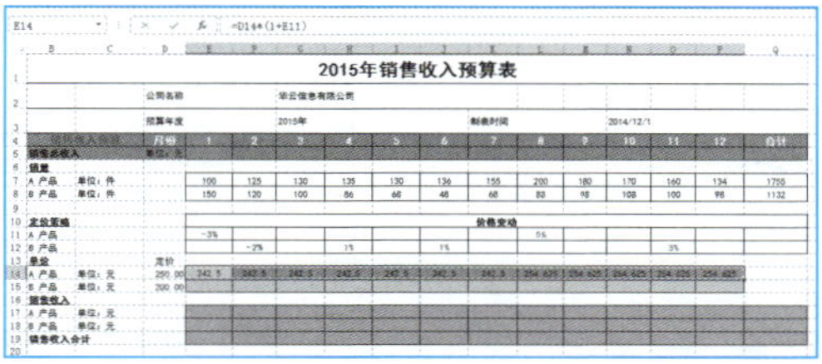

图11-2

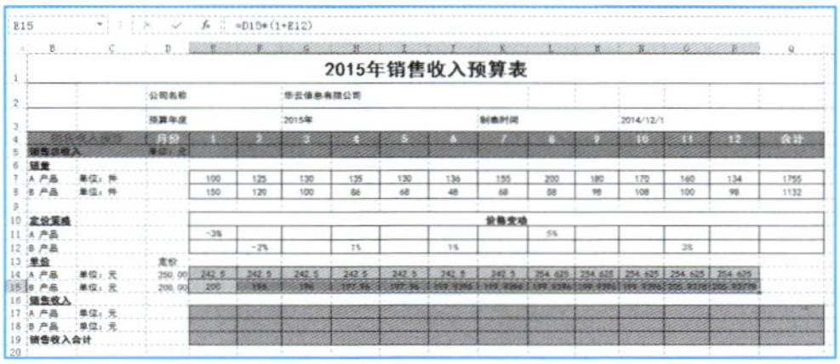

图11-3

步骤2：预算产品销售收入

❶ 选中E17单元格，在公式编辑栏中输入公式："=E7*E14"，按回车键后，向右向下填充公式到P18单元格，计算出两种产品各月销售收入，如图11-4所示。

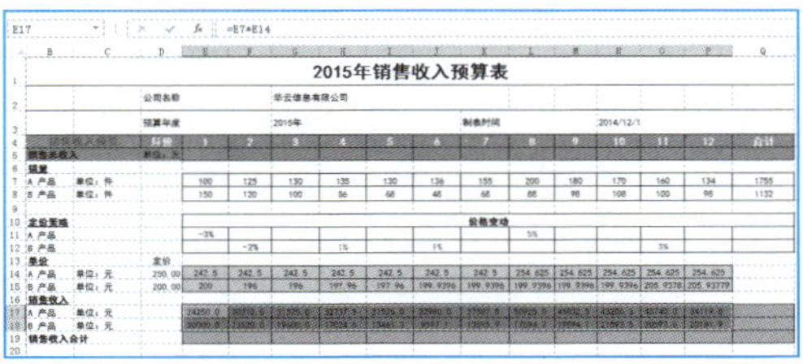

图11-4

❷ 选中E19单元格，在公式编辑栏中输入公式："=SUM（E17:E18）"，按回车键后，向右填充公式到P19单元格，即可计算出两种产品的各月的总销售收入，如图11-5所示。

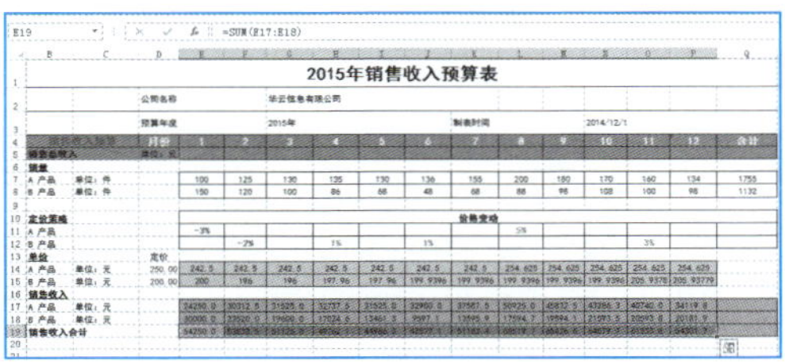

图11-5

3 选中Q17单元格，在公式编辑栏中输入公式：“=SUM（E17:P17）”，按回车键后，向下复公式到Q19单元格，计算各产品年销售总额和年总销售额，如图11-6所示。

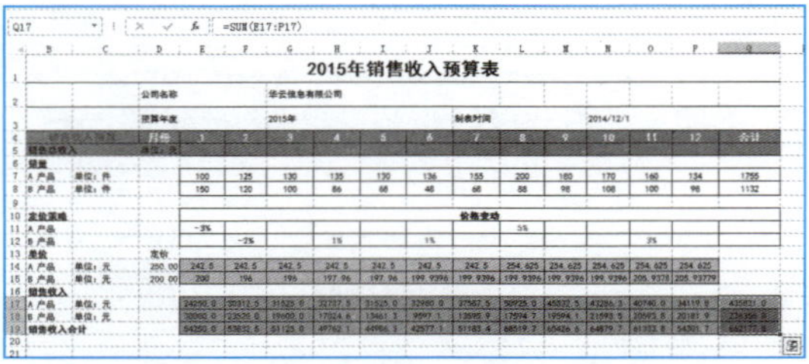

图11-6

步骤3：预算收入结构

1 选中E22单元格，在公式编辑栏中输入公式：“=IF（E19=0,0,+E19/$Q$19）”，按回车键后，向右复制公式到Q22单元格，即可预算出各个月的销售收入占整年销售收入的百分比，如图11-7所示。

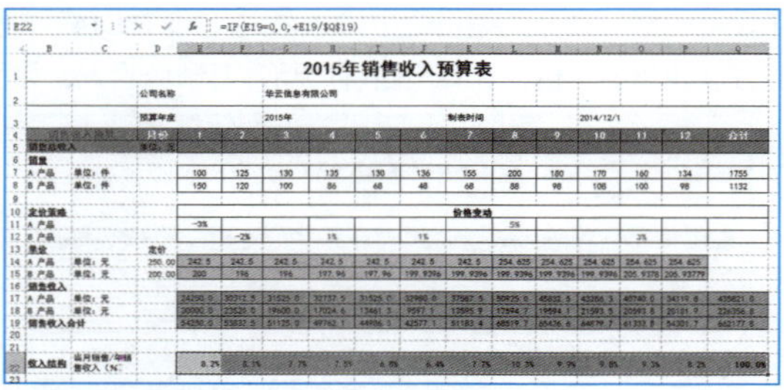

图11-7

2 选中E5单元格，在公式编辑栏中输入公式：“=E19”，按回车键后，向右复公式到Q6单元格，即可引用两种产品各月总销售收入，如图11-8所示。

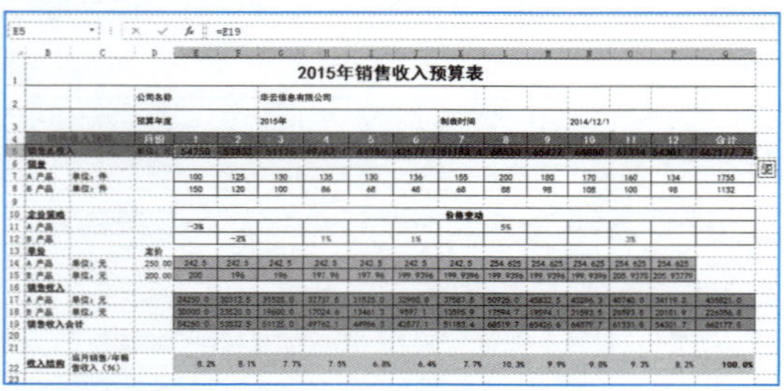

图11-8

公式分析：

=IF（E19=0,0,+E19/$Q$19）表示如果E19单元格数值等于0，则返回0值，否则返回E19单元格数值除以Q19单元格数值商的绝对值。

文件125　材料预算表

如果知晓产品的单位物料成本和产量，可以预算出产品各月所需的物料成本，从而预算出各年度中材料的总数。通过计算各月总材料占成本预算销售收入的比例，初步判断企业的收入是否能够维持企业的日常生产经营活动。

制作要点与设计效果图

- 设置公式
- SUM函数（参考函数3、7、16）
- 引用其他工作表中的数据

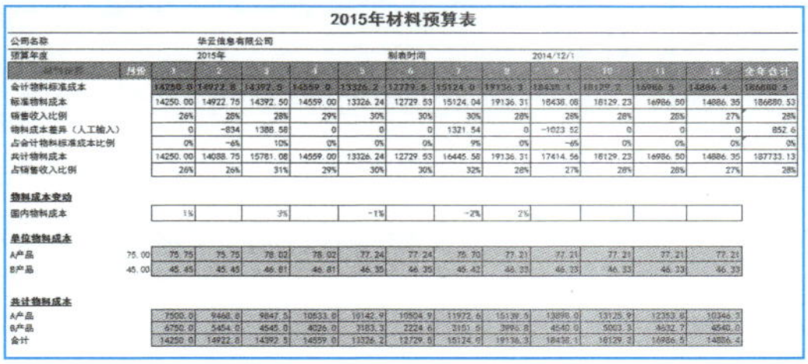

2015年材料预算表

公司名称		华云信息有限公司												
预算年度		2015年				制表时间		2014/12/1						
[illegible]	月份	1	2	3	4	5	6	7	8	9	10	11	12	全年合计
会计物料标准成本		14250.0	14922.8	14392.5	14559.0	13326.2	12729.5	15124.0	19136.3	18438.1	18129.2	16986.5	14886.4	186680.5
标准物料成本		14250.00	14922.75	14392.50	14559.00	13326.24	12729.53	15124.04	19136.31	18438.08	18129.23	16986.50	14886.35	186880.53
销售收入比例		26%	28%	28%	29%	30%	30%	30%	28%	28%	28%	28%	27%	28%
物料成本差异（人工输入）		0	-834	1388.58	0	0	0	1321.54	0	-1023.52	0	0	0	852.6
占会计物料标准成本比例		0%	-6%	10%	0%	0%	0%	9%	0%	-6%	0%	0%	0%	0%
共计物料成本		14250.00	14088.75	15781.08	14559.00	13326.24	12729.53	16445.58	19136.31	17414.56	18129.23	16986.50	14886.35	187733.13
占销售收入比例		26%	26%	31%	29%	30%	30%	32%	28%	27%	28%	28%	27%	28%
物料成本变动														
国内物料成本		1%		3%		-1%		-2%	2%					
单位物料成本														
A产品	75.00	75.75	75.75	78.02	78.02	77.24	77.24	75.70	77.21	77.21	77.21	77.21	77.21	
B产品	45.00	45.45	45.45	46.81	46.81	46.35	46.35	45.42	46.33	46.33	46.33	46.33	46.33	
共计物料成本														
A产品		7500.0	9468.8	9847.5	10533.0	10142.9	10504.9	11972.6	15139.5	13898.0	13125.9	12353.6	10346.3	
B产品		6750.0	5454.0	4545.0	4026.0	3183.3	2224.6	3151.5	3996.8	4540.0	5003.3	4632.7	4540.0	
合计		14250.0	14922.8	14392.5	14559.0	13326.2	12729.5	15124.0	19136.3	18438.1	18129.2	16986.5	14886.4	

文件设计过程

步骤1：计算单位物料成本

❶ 重命名Sheet2工作表为“材料预算表”，在工作表中创建材料预算表格并输入基本数据以及各月成本差异值，如图11-9所示。

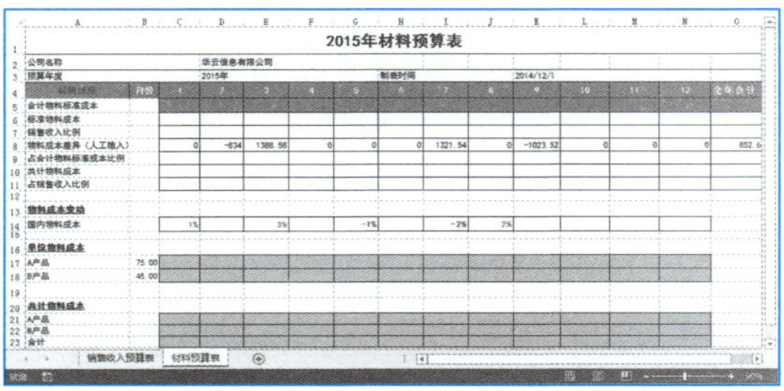

2015年材料预算表

公司名称		华云信息有限公司												
预算年度		2015年				制表时间		2014/12/1						
[illegible]	月份	1	2	3	4	5	6	7	8	9	10	11	12	全年合计
会计物料标准成本														
标准物料成本														
销售收入比例														
物料成本差异（人工输入）		0	-834	1388.58	0	0	0	1321.54	0	-1023.52	0	0	0	852.6
占会计物料标准成本比例														
共计物料成本														
占销售收入比例														
物料成本变动														
国内物料成本		1%		3%		-1%		-2%	2%					
单位物料成本														
A产品	75.00													
B产品	45.00													
共计物料成本														
A产品														
B产品														
合计														

图11-9

❷ 选中C17单元格，在公式编辑栏中输入公式：“=B17*（1+C14）”，按回车键后，向右填充公式到N17单元格，即可计算出A产品各月单位物料成本，如图11-10所示。

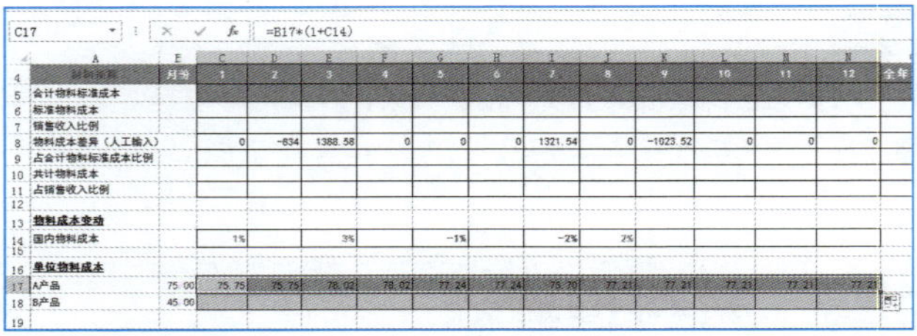

C17 =B17*(1+C14)

	A	E	C	D	E	F	G	H	I	J	K	L	M	N	
4	[illegible]	月份	1	2	3	4	5	6	7	8	9	10	11	12	全年
5	会计物料标准成本														
6	标准物料成本														
7	销售收入比例														
8	物料成本差异（人工输入）		0	-834	1388.58	0	0	0	1321.54	0	-1023.52	0	0	0	
9	占会计物料标准成本比例														
10	共计物料成本														
11	占销售收入比例														
12															
13	物料成本变动														
14	国内物料成本		1%		3%		-1%		-2%	2%					
15															
16	单位物料成本														
17	A产品	75.00	75.75	75.75	78.02	78.02	77.24	77.24	75.70	77.21	77.21	77.21	77.21	77.21	
18	B产品	45.00													
19															

图11-10

3 选中C18单元格，在公式编辑栏中输入公式：“=B18*（1+C14）”，按回车键后，向右填充公式到N18单元格，即可计算出B产品各月单位物料成本，如图11-11所示。

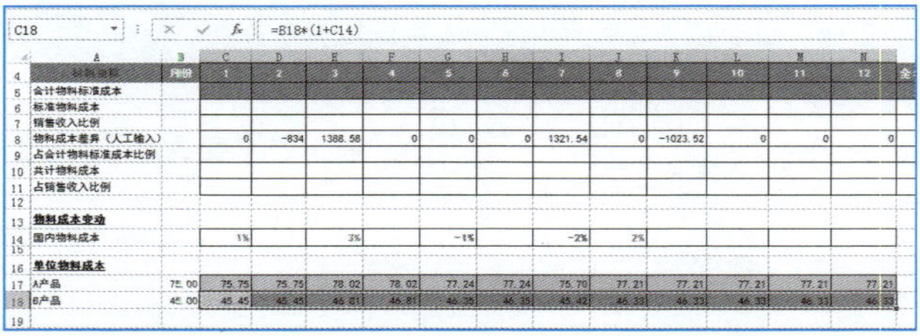

C18 =B18*(1+C14)

	A	B	C	D	E	F	G	H	I	J	K	L	M	N
4	[illegible]	月份	1	2	3	4	5	6	7	8	9	10	11	12
5	会计物料标准成本													
6	标准物料成本													
7	销售收入比例													
8	物料成本差异（人工输入）		0	-834	1388.58	0	0	0	1321.54	0	-1023.52	0	0	0
9	占会计物料标准成本比例													
10	共计物料成本													
11	占销售收入比例													
12														
13	物料成本变动													
14	国内物料成本		1%		3%		-1%		-2%	2%				
15														
16	单位物料成本													
17	A产品	75.00	75.75	75.75	78.02	78.02	77.24	77.24	75.70	77.21	77.21	77.21	77.21	77.21
18	B产品	45.00	45.45	45.45	46.81	46.81	46.35	46.35	45.42	46.33	46.33	46.33	46.33	46.33
19														

图11-11

步骤2：计算共计物料成本

1 选中C21单元格，在公式编辑栏中输入公式：“=销售收入预算表!E7*B17”，按回车键，向右向下填充公式到N22单元格，即可计算两种产品各月共计物料成本，如图11-12所示。

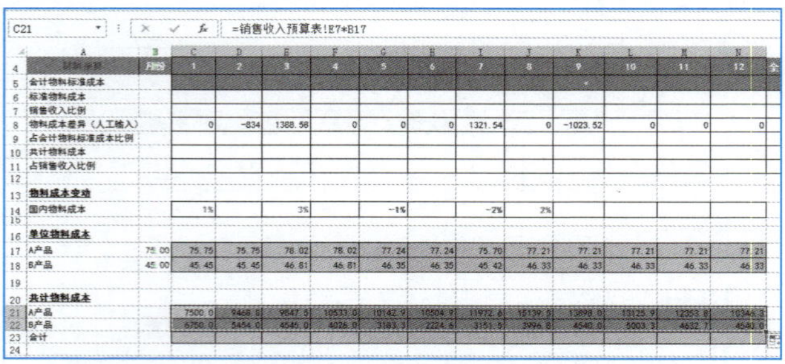

C21 =销售收入预算表!E7*B17

	A	B	C	D	E	F	G	H	I	J	K	L	M	N
4	[illegible]	月份	1	2	3	4	5	6	7	8	9	10	11	12
5	会计物料标准成本													
6	标准物料成本													
7	销售收入比例													
8	物料成本差异（人工输入）		0	-834	1388.58	0	0	0	1321.54	0	-1023.52	0	0	0
9	占会计物料标准成本比例													
10	共计物料成本													
11	占销售收入比例													
12														
13	物料成本变动													
14	国内物料成本		1%		3%		-1%		-2%	2%				
15														
16	单位物料成本													
17	A产品	75.00	75.75	75.75	78.02	78.02	77.24	77.24	75.70	77.21	77.21	77.21	77.21	77.21
18	B产品	45.00	45.45	45.45	46.81	46.81	46.35	46.35	45.42	46.33	46.33	46.33	46.33	46.33
19														
20	共计物料成本													
21	A产品		7500.0	9468.8	9847.5	10533.0	10142.9	10504.9	11972.6	15139.5	13898.0	13125.9	12353.8	10346.3
22	B产品		6750.0	5454.0	4545.0	4026.0	3183.3	2224.6	3151.5	3996.8	4540.0	5003.3	4632.7	4540.0
23	合计													
24														

图11-12

2 选中C23单元格，在公式编辑栏中输入公式：“=SUM（C21:C22）”，按回车键，向右填充公式到N23单元格，即可计算出两种产品各个月共计物料成本总额，如图11-13所示。

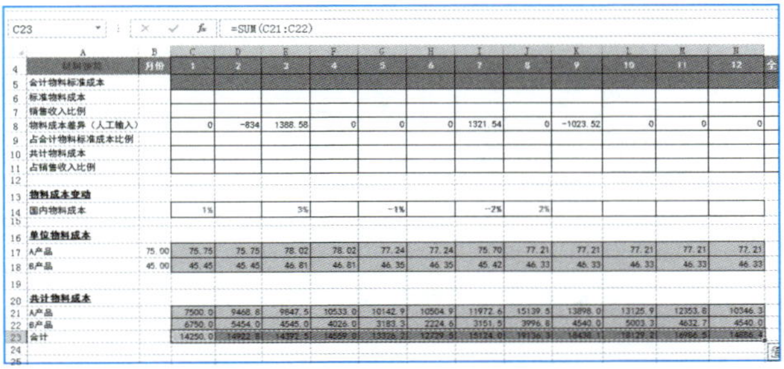

C23　=SUM(C21:C22)

	A	B	C	D	E	F	G	H	I	J	K	L	M	N
4	[illegible]	月份	1	2	3	4	5	6	7	8	9	10	11	12
5	会计物料标准成本													
6	标准物料成本													
7	销售收入比例													
8	物料成本差异（人工输入）		0	-834	1388.58	0	0	0	1321.54	0	-1023.52	0	0	0
9	占会计物料标准成本比例													
10	共计物料成本													
11	占销售收入比例													
12														
13	物料成本变动													
14	国内物料成本		1%		3%		-1%		-2%	2%				
16	单位物料成本													
17	A产品	75.00	75.75	75.75	78.02	78.02	77.24	77.24	75.70	77.21	77.21	77.21	77.21	77.21
18	B产品	45.00	45.45	45.45	46.81	46.81	46.35	46.35	45.42	46.33	46.33	46.33	46.33	46.33
19														
20	共计物料成本													
21	A产品		7500.0	9468.8	9847.5	10533.0	10142.9	10504.9	11972.6	15139.5	13898.0	13125.9	12353.8	10346.3
22	B产品		6750.0	5454.0	4545.0	4026.0	3183.3	2224.6	3151.5	3996.8	4540.0	5003.3	4632.7	4540.0
23	合计		14250.0	14922.8	14392.5	14559.0	13326.2	12729.5	15124.0	19136.3	18438.1	18129.2	16986.5	14886.4

图11-13

步骤3：计算材料预算情况

① 选中C5单元格，在公式编辑栏中输入公式："=C6"，按回车键，向右填充公式到N5单元格，按回车键，即可计算出物料标准成本合计，如图11-14所示。

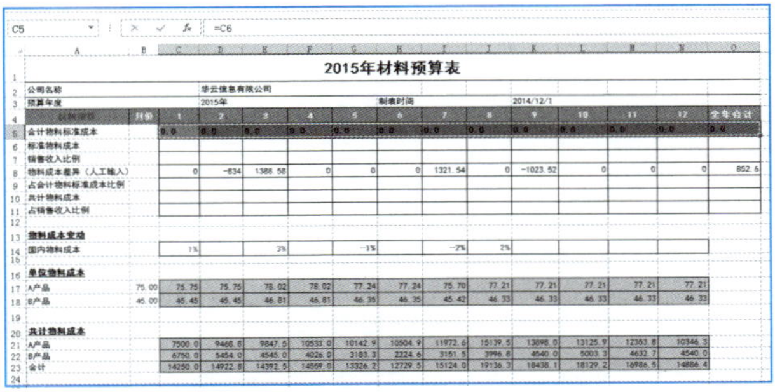

C5　=C6

2015年材料预算表

	A	B	C	D	E	F	G	H	I	J	K	L	M	N	O
2	公司名称			华云信息有限公司											
3	预算年度			2015年				制表时间			2014/12/1				
4	[illegible]	月份	1	2	3	4	5	6	7	8	9	10	11	12	全年合计
5	会计物料标准成本		0.0	0.0	0.0	0.0	0.0	0.0	0.0	0.0	0.0	0.0	0.0	0.0	0.0
6	标准物料成本														
7	销售收入比例														
8	物料成本差异（人工输入）		0	-834	1388.58	0	0	0	1321.54	0	-1023.52	0	0	0	852.6
9	占会计物料标准成本比例														
10	共计物料成本														
11	占销售收入比例														
13	物料成本变动														
14	国内物料成本		1%		3%		-1%		-2%	2%					
16	单位物料成本														
17	A产品	75.00	75.75	75.75	78.02	78.02	77.24	77.24	75.70	77.21	77.21	77.21	77.21	77.21	
18	B产品	45.00	45.45	45.45	46.81	46.81	46.35	46.35	45.42	46.33	46.33	46.33	46.33	46.33	
20	共计物料成本														
21	A产品		7500.0	9468.8	9847.5	10533.0	10142.9	10504.9	11972.6	15139.5	13898.0	13125.9	12353.8	10346.3	
22	B产品		6750.0	5454.0	4545.0	4026.0	3183.3	2224.6	3151.5	3996.8	4540.0	5003.3	4632.7	4540.0	
23	合计		14250.0	14922.8	14392.5	14559.0	13326.2	12729.5	15124.0	19136.3	18438.1	18129.2	16986.5	14886.4	

图11-14

② 选中C6单元格，在公式编辑栏中输入公式："=C23"，按回车键，向右填充公式到N6单元格，返回两种产品各月合计物料成本总额，并计算出全年合计，如图11-15所示。

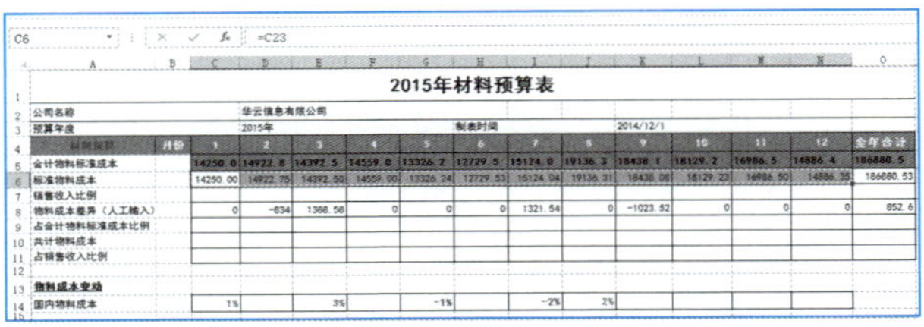

C6　=C23

2015年材料预算表

	A	B	C	D	E	F	G	H	I	J	K	L	M	N	O
2	公司名称			华云信息有限公司											
3	预算年度			2015年				制表时间			2014/12/1				
4	[illegible]	月份	1	2	3	4	5	6	7	8	9	10	11	12	全年合计
5	会计物料标准成本		14250.0	14922.8	14392.5	14559.0	13326.2	12729.5	15124.0	19136.3	18438.1	18129.2	16986.5	14886.4	186880.5
6	标准物料成本		14250.00	14922.75	14392.50	14559.00	13326.24	12729.53	15124.04	19136.31	18438.08	18129.23	16986.50	14886.35	186880.53
7	销售收入比例														
8	物料成本差异（人工输入）		0	-834	1388.58	0	0	0	1321.54	0	-1023.52	0	0	0	852.6
9	占会计物料标准成本比例														
10	共计物料成本														
11	占销售收入比例														
13	物料成本变动														
14	国内物料成本		1%		3%		-1%		-2%	2%					

图11-15

③ 选中C7单元格，在公式编辑栏中输入公式："=C6/销售收入预算表!E5"，按回车键后，向右填充公式到O7单元格，计算销售收入比例，如图11-16所示。

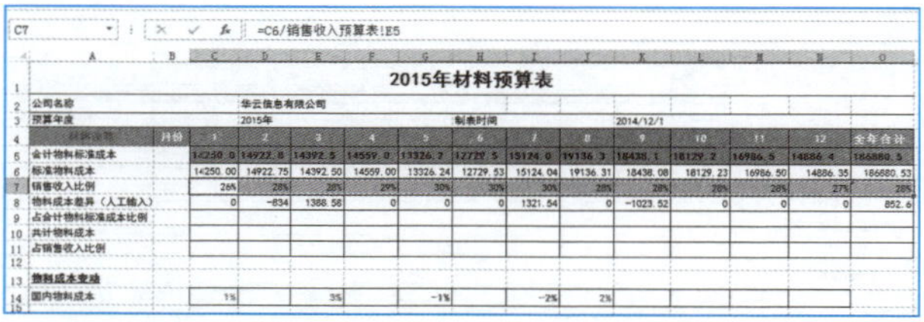

C7 =C6/销售收入预算表!E5

	A	B	C	D	E	F	G	H	I	J	K	L	M	N	O
1	2015年材料预算表														
2	公司名称			华云信息有限公司											
3	预算年度			2015年				制表时间			2014/12/1				
4	材料名称	月份	1	2	3	4	5	6	7	8	9	10	11	12	全年合计
5	合计物料标准成本		14250.0	14922.8	14392.5	14559.0	13326.2	12729.5	15124.0	19136.3	18438.1	18129.2	16986.5	14886.4	186880.5
6	标准物料成本		14250.00	14922.75	14392.50	14559.00	13326.24	12729.53	15124.04	19136.31	18438.08	18129.23	16986.50	14886.35	186880.53
7	销售收入比例		26%	28%	28%	29%	30%	30%	30%	28%	28%	28%	28%	27%	28%
8	物料成本差异（人工输入）		0	-834	1388.58	0	0	0	1321.54	0	-1023.52	0	0	0	852.6
9	占合计物料标准成本比例														
10	共计物料成本														
11	占销售收入比例														
12															
13	物料成本变动														
14	国内物料成本		1%		3%		-1%		-2%	2%					

图11-16

4 选中C9单元格，在公式编辑栏中输入公式：“=C8/C6”，按回车键后，向右填充公式到O9单元格，计算出占合计物料标准成本比例，如图11-17所示。

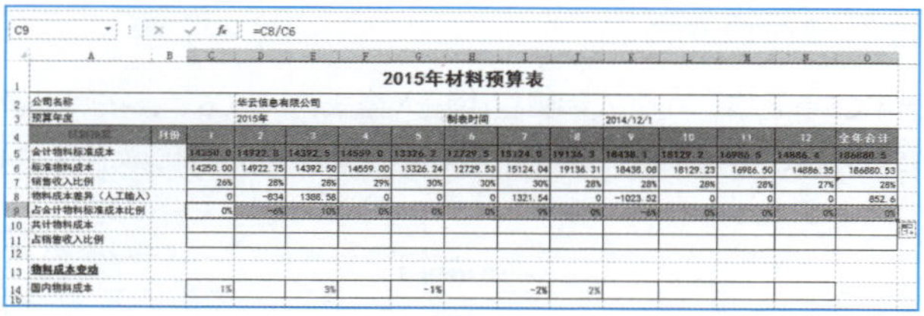

C9 =C8/C6

	A	B	C	D	E	F	G	H	I	J	K	L	M	N	O
1	2015年材料预算表														
2	公司名称			华云信息有限公司											
3	预算年度			2015年				制表时间			2014/12/1				
4	材料名称	月份	1	2	3	4	5	6	7	8	9	10	11	12	全年合计
5	合计物料标准成本		14250.0	14922.8	14392.5	14559.0	13326.2	12729.5	15124.0	19136.3	18438.1	18129.2	16986.5	14886.4	186880.5
6	标准物料成本		14250.00	14922.75	14392.50	14559.00	13326.24	12729.53	15124.04	19136.31	18438.08	18129.23	16986.50	14886.35	186880.53
7	销售收入比例		26%	28%	28%	29%	30%	30%	30%	28%	28%	28%	28%	27%	28%
8	物料成本差异（人工输入）		0	-834	1388.58	0	0	0	1321.54	0	-1023.52	0	0	0	852.6
9	占合计物料标准成本比例		0%	-6%	10%	0%	0%	0%	9%	0%	-6%	0%	0%	0%	0%
10	共计物料成本														
11	占销售收入比例														
12															
13	物料成本变动														
14	国内物料成本		1%		3%		-1%		-2%	2%					

图11-17

5 选中C10单元格，在公式编辑栏中输入公式：“=C6+C8”，按回车键，向右填充公式到O10单元格，计算各月共计物料成本，如图11-18所示。

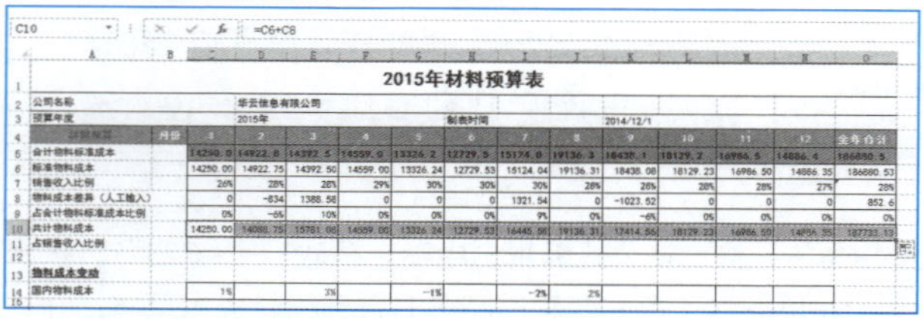

C10 =C6+C8

	A	B	C	D	E	F	G	H	I	J	K	L	M	N	O
1	2015年材料预算表														
2	公司名称			华云信息有限公司											
3	预算年度			2015年				制表时间			2014/12/1				
4	材料名称	月份	1	2	3	4	5	6	7	8	9	10	11	12	全年合计
5	合计物料标准成本		14250.0	14922.8	14392.5	14559.0	13326.2	12729.5	15124.0	19136.3	18438.1	18129.2	16986.5	14886.4	186880.5
6	标准物料成本		14250.00	14922.75	14392.50	14559.00	13326.24	12729.53	15124.04	19136.31	18438.08	18129.23	16986.50	14886.35	186880.53
7	销售收入比例		26%	28%	28%	29%	30%	30%	30%	28%	28%	28%	28%	27%	28%
8	物料成本差异（人工输入）		0	-834	1388.58	0	0	0	1321.54	0	-1023.52	0	0	0	852.6
9	占合计物料标准成本比例		0%	-6%	10%	0%	0%	0%	9%	0%	-6%	0%	0%	0%	0%
10	共计物料成本		14250.00	14088.75	15781.08	14559.00	13326.24	12729.53	16445.58	19136.31	17414.56	18129.23	16986.50	14886.35	187733.13
11	占销售收入比例														
12															
13	物料成本变动														
14	国内物料成本		1%		3%		-1%		-2%	2%					

图11-18

6 选中C11单元格，在公式编辑栏中输入公式：“=C10/销售收入预算表!E5”，按回车键后，向右填充公式到O11单元格，计算出占销售收入比例，在第5列中引用标准物料成本数据，完成表格数据的计算，如图11-19所示。

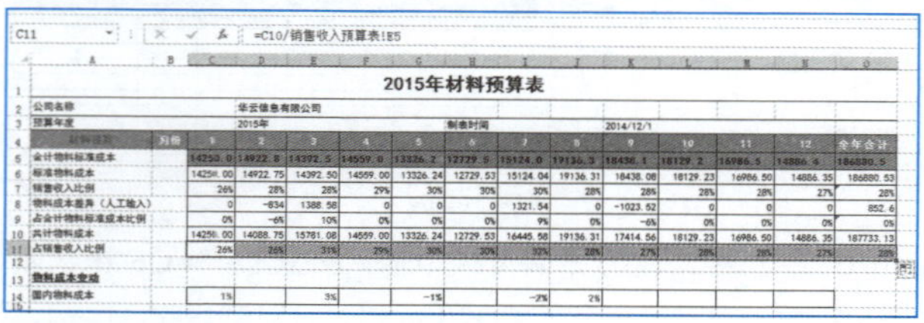

C11 =C10/销售收入预算表!E5

	A	B	C	D	E	F	G	H	I	J	K	L	M	N	O
1	2015年材料预算表														
2	公司名称			华云信息有限公司											
3	预算年度			2015年				制表时间			2014/12/1				
4	材料名称	月份	1	2	3	4	5	6	7	8	9	10	11	12	全年合计
5	合计物料标准成本		14250.0	14922.8	14392.5	14559.0	13326.2	12729.5	15124.0	19136.3	18438.1	18129.2	16986.5	14886.4	186880.5
6	标准物料成本		14250.00	14922.75	14392.50	14559.00	13326.24	12729.53	15124.04	19136.31	18438.08	18129.23	16986.50	14886.35	186880.53
7	销售收入比例		26%	28%	28%	29%	30%	30%	30%	28%	28%	28%	28%	27%	28%
8	物料成本差异（人工输入）		0	-834	1388.58	0	0	0	1321.54	0	-1023.52	0	0	0	852.6
9	占合计物料标准成本比例		0%	-6%	10%	0%	0%	0%	9%	0%	-6%	0%	0%	0%	0%
10	共计物料成本		14250.00	14088.75	15781.08	14559.00	13326.24	12729.53	16445.58	19136.31	17414.56	18129.23	16986.50	14886.35	187733.13
11	占销售收入比例		26%	26%	31%	29%	30%	30%	32%	28%	27%	28%	28%	27%	28%
12															
13	物料成本变动														
14	国内物料成本		1%		3%		-1%		-2%	2%					

图11-19

文件126　直接人工预算分析

直接人工预算是根据生产预算中所确定的预算期生产量来计算的，其主要包括预计产量、单击产品工时、人工总工时、每小时人工成本和人工总成本。

制作要点与设计效果图

- 设置公式
- SUM函数（参考函数3、7、16）
- 引用其他工作表中的数据

直接人工预算分析表

项目	一季度	二季度	三季度	四季度	合计
预计生产量（个）	3020	3030	6050	5170	17270
单位产品工时（工时）	0.3	0.3	0.3	0.3	0.3
人工总工时（工时）	906	909	1815	1551	5181
每小时工人成本（元）	4.8	4.8	4.8	4.8	4.8
人工总成本（元）	4348.8	4363.2	8712	7444.8	24868.8

文件设计过程

步骤1：创建表格

新建工作表，将其重命名为“直接人工预算分析”。在工作表中创建如图11-20所示的直接人工预算分析表。

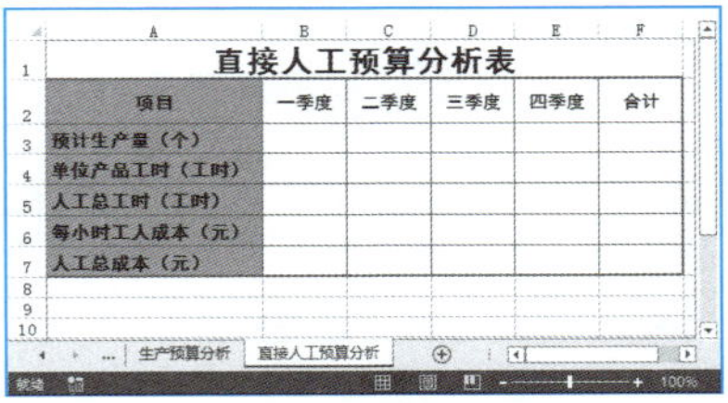

直接人工预算分析表

项目	一季度	二季度	三季度	四季度	合计
预计生产量（个）					
单位产品工时（工时）					
人工总工时（工时）					
每小时工人成本（元）					
人工总成本（元）					

图11-20

步骤2：设置公式

❶ 选中B3单元格，在公式编辑栏中输入公式：“=生产预算分析!B7”，按回车键，向右复制公式至E3单元格，即可从“生产预算分析”工作表中引用各季度的预计生产量，如图11-21所示。

❷ 选中B4单元格，在公式编辑栏中输入公式：“=预计定额成本表!$B$4”，按回车键，向右复制公式至F4单元格，即可从“预计定额成本表”工作表中引用各季度的单位产品工时，如图11-22所示。

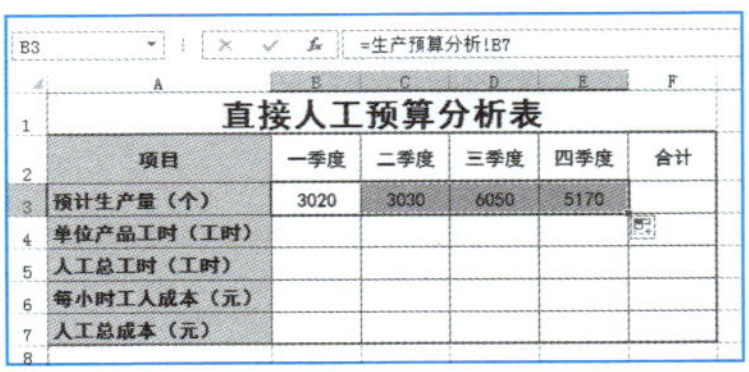

直接人工预算分析表

项目	一季度	二季度	三季度	四季度	合计
预计生产量（个）	3020	3030	6050	5170	
单位产品工时（工时）					
人工总工时（工时）					
每小时工人成本（元）					
人工总成本（元）					

图11-21

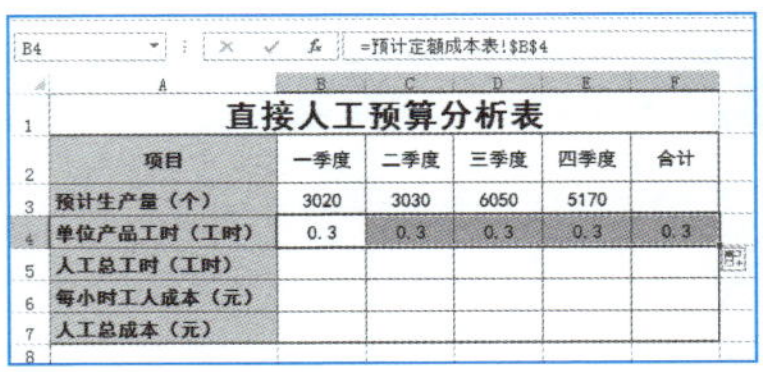

直接人工预算分析表

项目	一季度	二季度	三季度	四季度	合计
预计生产量（个）	3020	3030	6050	5170	
单位产品工时（工时）	0.3	0.3	0.3	0.3	0.3
人工总工时（工时）					
每小时工人成本（元）					
人工总成本（元）					

图11-22

❸ 选中B5单元格，在公式编辑栏中输入公式：“=B3*B4”，按回车键，向右复制公式至E5单元格，即可计算出各季度的人工总工时，如图11-23所示。

4 选中B6单元格，在公式编辑栏中输入公式：“=预计定额成本表!$B$5”，按回车键，向右复制公式到F6单元格，即可从“预计定额成本表”工作表中引用各季度的每小时工人成本，结果如图11-24所示。

B5 =B3*B4

直接人工预算分析表					
项目	一季度	二季度	三季度	四季度	合计
预计生产量（个）	3020	3030	6050	5170	
单位产品工时（工时）	0.3	0.3	0.3	0.3	0.3
人工总工时（工时）	906	909	1815	1551	
每小时工人成本（元）					
人工总成本（元）					

图11-23

B6 =预计定额成本表!$B$5

直接人工预算分析表					
项目	一季度	二季度	三季度	四季度	合计
预计生产量（个）	3020	3030	6050	5170	
单位产品工时（工时）	0.3	0.3	0.3	0.3	0.3
人工总工时（工时）	906	909	1815	1551	
每小时工人成本（元）	4.8	4.8	4.8	4.8	4.8
人工总成本（元）					

图11-24

5 选中B7单元格，在公式编辑栏中输入公式：“=B5*B6”，按回车键，向右复制公式到E7单元格，计算出各季度的人工总成本，结果如图11-25所示。

6 选中F3单元格，在公式编辑栏中输入公式：“=SUM（B3:E3）”，按回车键，将公式复制到F5、F7单元格，计算出合计值，结果如图11-26所示。

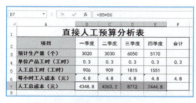

B7 =B5*B6

直接人工预算分析表					
项目	一季度	二季度	三季度	四季度	合计
预计生产量（个）	3020	3030	6050	5170	
单位产品工时（工时）	0.3	0.3	0.3	0.3	0.3
人工总工时（工时）	906	909	1815	1551	
每小时工人成本（元）	4.8	4.8	4.8	4.8	4.8
人工总成本（元）	4348.8	4363.2	8712	7444.8	

图11-25

F3 =SUM(B3:E3)

直接人工预算分析表					
项目	一季度	二季度	三季度	四季度	合计
预计生产量（个）	3020	3030	6050	5170	17270
单位产品工时（工时）	0.3	0.3	0.3	0.3	0.3
人工总工时（工时）	906	909	1815	1551	5181
每小时工人成本（元）	4.8	4.8	4.8	4.8	4.8
人工总成本（元）	4348.8	4363.2	8712	7444.8	24868.8

图11-26

文件127　三项费用预算及分析

费用预算是财务预算中费用重要的内容，合理的费用预算和控制是企业取得最大化利润的前提。三项费用是指公司在会计年度内发生的期间费用，包括管理费用、营业费用和财务费用。通过合理的预算各月可能发生的三项费用，可以严格地控制企业的期间费用，科学地降低产品的成本，提高企业效率。

制作要点与设计效果图

- 设置公式
- 创建数据点折线图
- 创建三维饼图

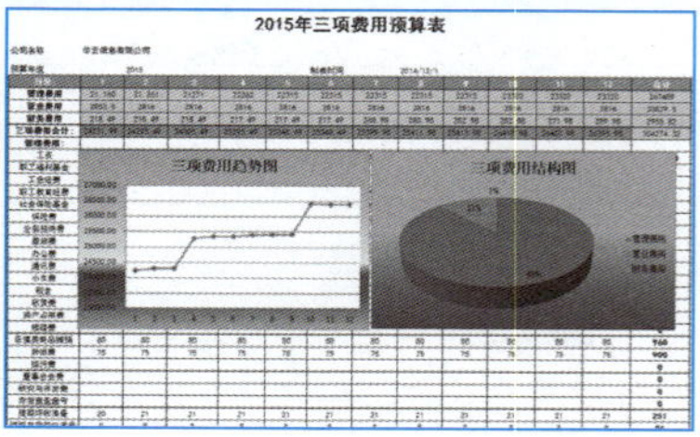

文件设计过程

步骤1：设置公式预算费用

❶ 打开“三项费用预算表”工作表，选中B5单元格，在公式编辑栏中输入公式：“=B46”，按回车键后向右复制到M5单元格，从下方的小计行中引用管理费用预算结果值，如图11-27所示。

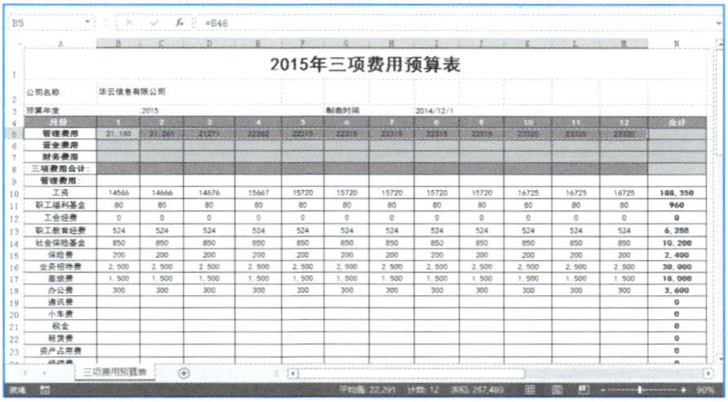

图11–27

❷ 选中B6单元格，在公式编辑栏中输入公式：“=B64”，按回车键后向右复制到M6单元格，从下方的小计行中引用营业费用预算结果值，如图11-28所示。

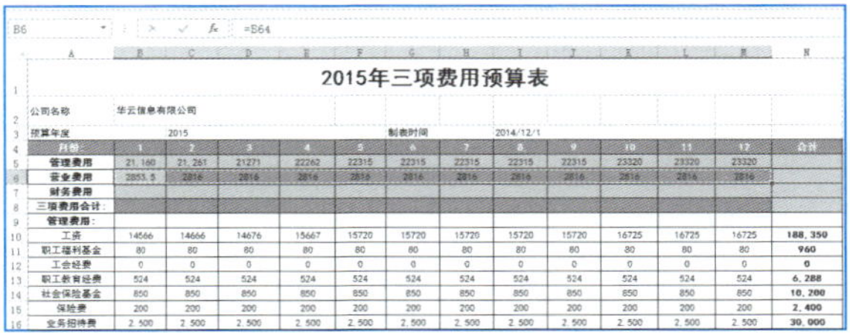

图11–28

❸ 选中B7单元格，在公式编辑栏中输入公式：“=B74”，按回车键后向右复制到M7单元格，从下方的小计行中引用财务费用预算结果值，如图11-29所示。

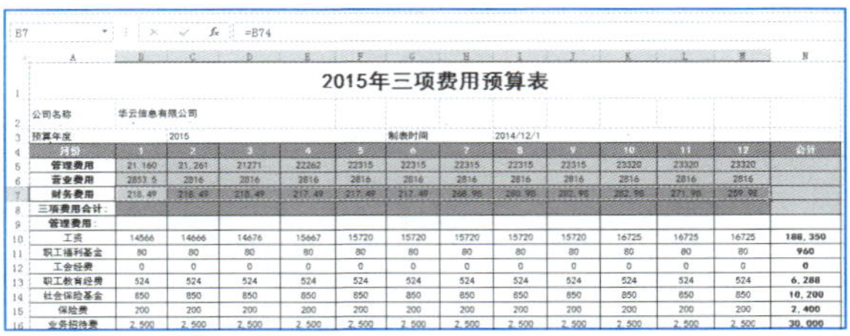

图11–29

❹ 选中B8单元格，在公式编辑栏中输入公式：“=SUM（B5:B7）”，按回车键后向右复制到M8单元格，计算各月三项费用合计数，如图11-30所示。

图11-30

❺ 选中N5单元格，在公式编辑栏中输入公式：“=SUM（B5:M5）”，按回车键后，向下填充到N6单元格，计算出各项费用2013年预算合计，以及总预算合计，如图11-31所示。

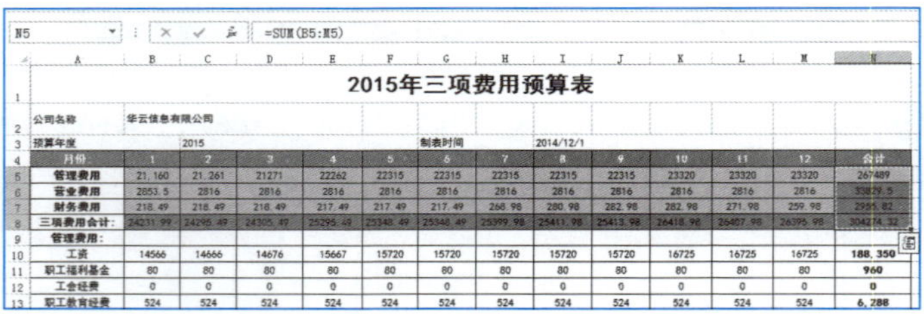

图11-31

步骤2：创建折线图

选中A8:M8单元格区域，切换到“插入”选项卡，在“图表”选项组单击“插入折线图”按钮，在其下拉列表中选择“带数据标记的折线图”图表类型，如图11-32所示。

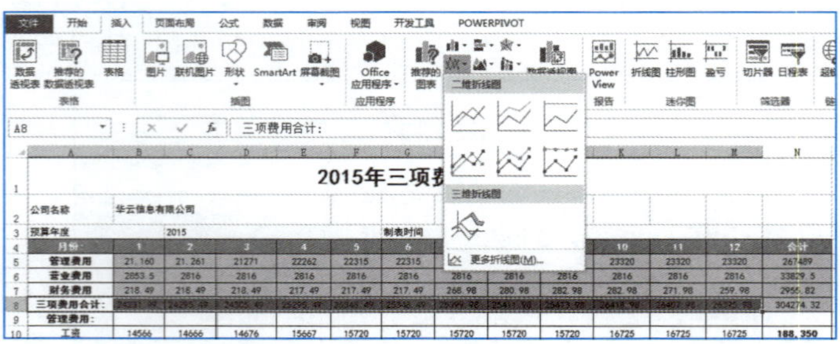

图11-32

文件128 制造费用预算分析

制造费用主要是指企业各生产单位为产品生产和提供服务而发生的各项间接费用。

制作要点与设计效果图

- 设置公式
- SUM函数（参考函数3、7、16）
- 引用其他工作表中的数据

制造费用预算分析表

项目	一季度	二季度	三季度	四季度	全年	费用分配率（元/时）
变动制造费用（元）	1800	2200	2300	2480	8780	0.35
固定制造费用（元）	1780	2000	2450	2280	8510	0.34
折旧费用（元）	680	780	880	780	3120	0.13
费用合计（元）	4260	4980	5630	5540	20410	0.82
现金支出的费用（元）	3580	4200	4750	4760	17290	0.70

文件设计过程

步骤1：创建表格

❶ 打开工作簿，将工作表其重命名为“预计制造费用表”。输入预计制造费用表相关数据，并进行相关格式设置，效果如图11-33所示。

❷ 新建工作表，将其重命名为“制造费用预算分析”，在工作表中创建制造费用预算分析表格，效果如图11-34所示。

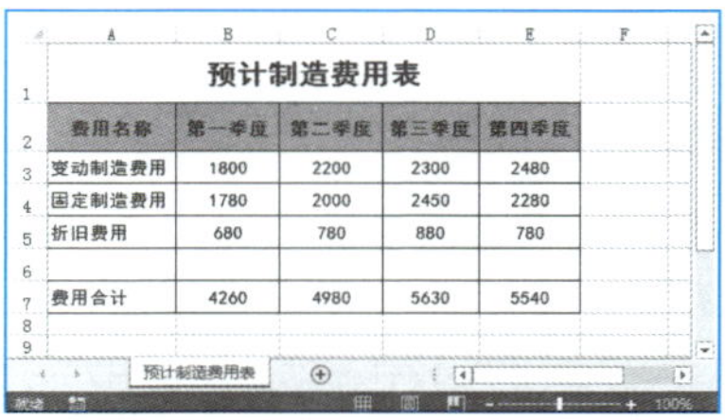

预计制造费用表

费用名称	第一季度	第二季度	第三季度	第四季度
变动制造费用	1800	2200	2300	2480
固定制造费用	1780	2000	2450	2280
折旧费用	680	780	880	780
费用合计	4260	4980	5630	5540

图11-33

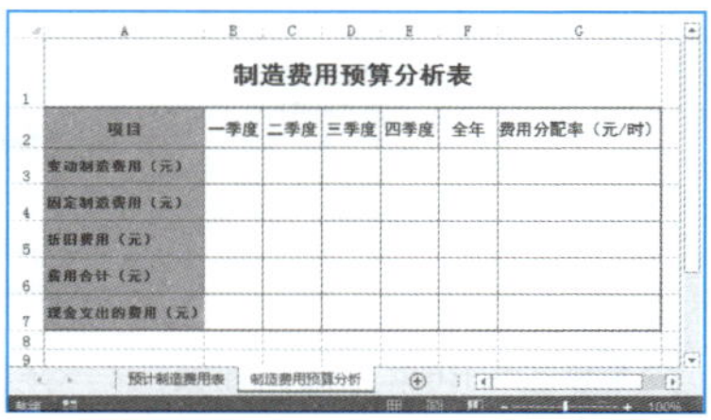

制造费用预算分析表

项目	一季度	二季度	三季度	四季度	全年	费用分配率（元/时）
变动制造费用（元）						
固定制造费用（元）						
折旧费用（元）						
费用合计（元）						
现金支出的费用（元）						

图11-34

步骤2：设置公式

❶ 选中B3单元格，在公式编辑栏中输入公式：“=预计制造费用表!B3”，按回车键，向右复制公式至E3单元格，即可从“预计制造费用表”中引用各季度的变动制造费用，如图11-35所示。

❷ 选中B4单元格，在公式编辑栏中输入公式：“=预计制造费用表!B4”，按回车键，向右复制公式至E4单元格，即可从“预计制造费用表”工作表中引用各季度的固定制造费用，如图11-36所示。

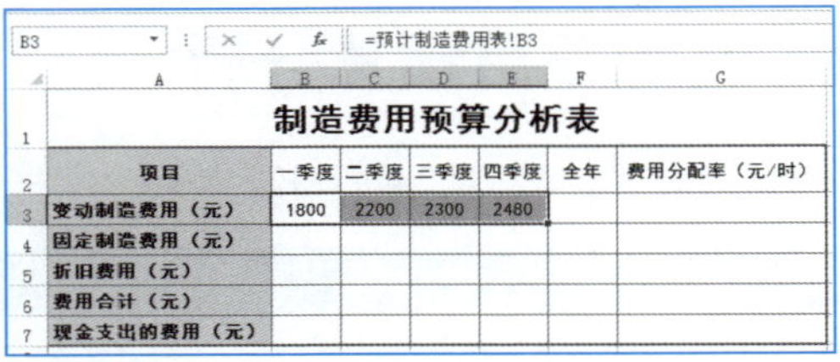

B3 =预计制造费用表!B3

制造费用预算分析表						
项目	一季度	二季度	三季度	四季度	全年	费用分配率（元/时）
变动制造费用（元）	1800	2200	2300	2480		
固定制造费用（元）						
折旧费用（元）						
费用合计（元）						
现金支出的费用（元）						

图11-35

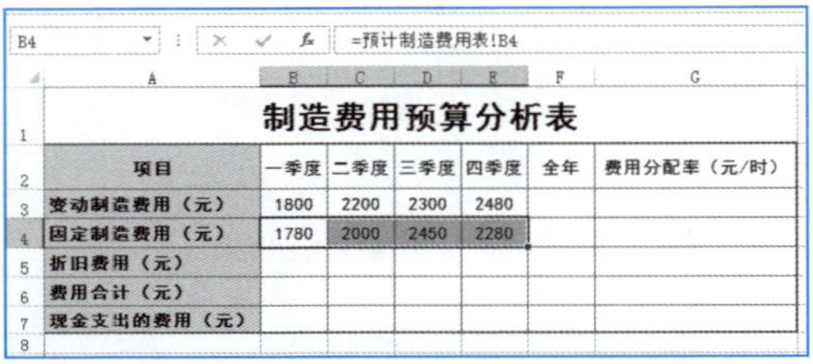

B4 =预计制造费用表!B4

制造费用预算分析表						
项目	一季度	二季度	三季度	四季度	全年	费用分配率（元/时）
变动制造费用（元）	1800	2200	2300	2480		
固定制造费用（元）	1780	2000	2450	2280		
折旧费用（元）						
费用合计（元）						
现金支出的费用（元）						

图11-36

③ 选中B5单元格，在公式编辑栏中输入公式："=预计制造费用表!B5"，按回车键，向右复制公式至E5单元格，即可从"预计制造费用表"工作表中引用各季度的折旧费用，结果如图11-37所示。

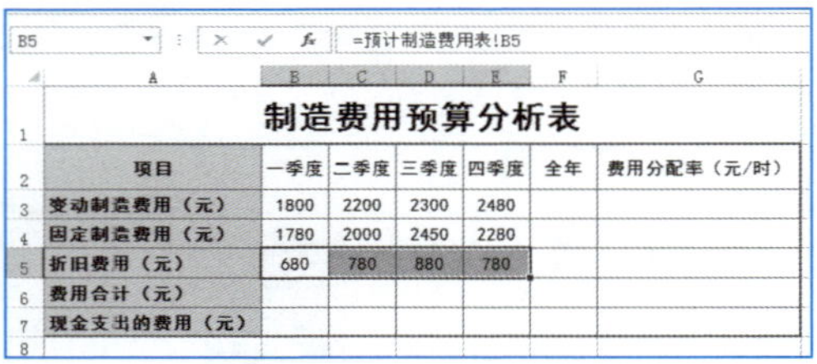

B5 =预计制造费用表!B5

制造费用预算分析表						
项目	一季度	二季度	三季度	四季度	全年	费用分配率（元/时）
变动制造费用（元）	1800	2200	2300	2480		
固定制造费用（元）	1780	2000	2450	2280		
折旧费用（元）	680	780	880	780		
费用合计（元）						
现金支出的费用（元）						

图11-37

④ 选中B6单元格，在公式编辑栏中输入公式："=预计制造费用表!B7"，按回车键，向右复制公式到E6单元格，即可从"预计制造费用表"工作表中引用各季度的费用合计，结果如图11-38所示。

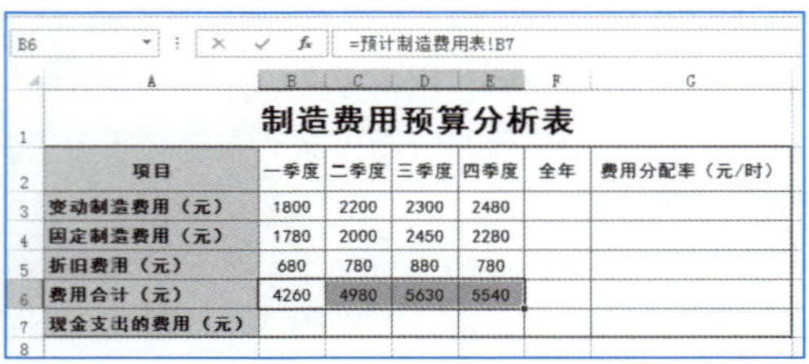

B6 =预计制造费用表!B7

制造费用预算分析表						
项目	一季度	二季度	三季度	四季度	全年	费用分配率（元/时）
变动制造费用（元）	1800	2200	2300	2480		
固定制造费用（元）	1780	2000	2450	2280		
折旧费用（元）	680	780	880	780		
费用合计（元）	4260	4980	5630	5540		
现金支出的费用（元）						

图11-38

5 选中B7单元格，在公式编辑栏中输入公式："=B6-B5"，按回车键，向右复制公式到E7单元格，计算出各季度的现金支出的费用，结果如图11-39所示。

B7　=B6-B5

	A	B	C	D	E	F	G
1	制造费用预算分析表						
2	项目	一季度	二季度	三季度	四季度	全年	费用分配率（元/时）
3	变动制造费用（元）	1800	2200	2300	2480		
4	固定制造费用（元）	1780	2000	2450	2280		
5	折旧费用（元）	680	780	880	780		
6	费用合计（元）	4260	4980	5630	5540		
7	现金支出的费用（元）	3580	4200	4750	4760		
8							

图11-39

6 选中F3单元格，在公式编辑栏中输入公式："=SUM（B3:E3）"，按回车键，向下复制公式到F7单元格，即可计算出全年各项制造费用合计值以及总的现金支出费用合计值，结果如图11-40所示。

F3　=SUM(B3:E3)

	A	B	C	D	E	F	G
1	制造费用预算分析表						
2	项目	一季度	二季度	三季度	四季度	全年	费用分配率（元/时）
3	变动制造费用（元）	1800	2200	2300	2480	8780	
4	固定制造费用（元）	1780	2000	2450	2280	8510	
5	折旧费用（元）	680	780	880	780	3120	
6	费用合计（元）	4260	4980	5630	5540	20410	
7	现金支出的费用（元）	3580	4200	4750	4760	17290	
8							

图11-40

7 选中G3单元格，在公式编辑栏中输入公式："=F3/直接人工预算分析!$F$7"，按回车键，向下复制公式到G7单元格，即可计算出各项制造费用合计值以及现金支出费用的费用配率，结果如图11-41所示。

G3　=F3/直接人工预算分析!$F$7

	A	B	C	D	E	F	G
1	制造费用预算分析表						
2	项目	一季度	二季度	三季度	四季度	全年	费用分配率（元/时）
3	变动制造费用（元）	1800	2200	2300	2480	8780	0.35
4	固定制造费用（元）	1780	2000	2450	2280	8510	0.34
5	折旧费用（元）	680	780	880	780	3120	0.13
6	费用合计（元）	4260	4980	5630	5540	20410	0.82
7	现金支出的费用（元）	3580	4200	4750	4760	17290	0.70
8							

图11-41

文件129 日常费用支出预算表

对于大多数企业来说，日常费用都是企业比较大的开支，同时也是较难控制的开支。为了有效地控制日常费用的支出，更合理地安排和利用企业资源，财务部门可以对日常企业费用进行预测分析，尽量避免企业存在闲散资金。

制作要点与设计效果图

- 设置公式
- 移动平均
- 指数平滑图

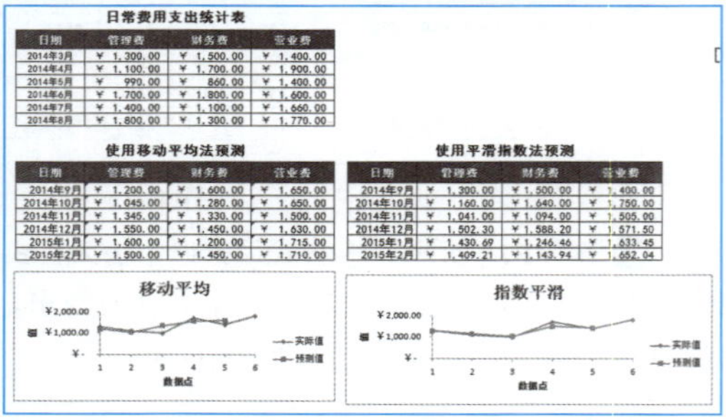

文件设计过程

步骤1：创建表格

❶ 新建工作表，将其重命名为“日常费用支出预算表”，在表格中建立相应列标识，并设置表格的文字格式、边框底纹格式等，如图11-42所示。

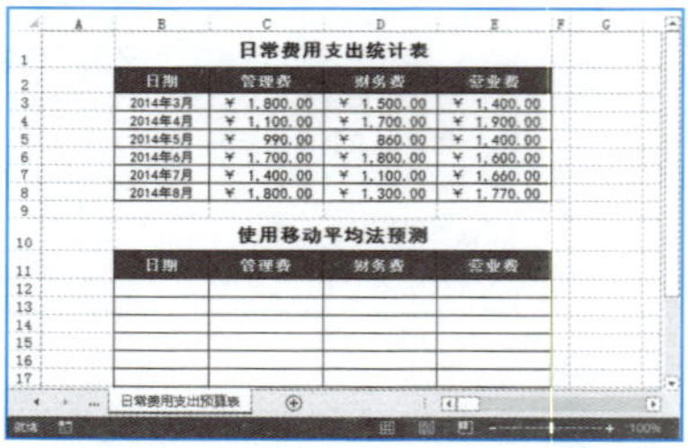

图11-42

❷ 在B12单元格中输入“2014年9月”，向下填充到B17单元格，单击“自动填充选项”按钮，在打开的菜单中选中“以月填充”单选框（如图13-43所示），即可实现以月数进行填充，如图13-44所示。

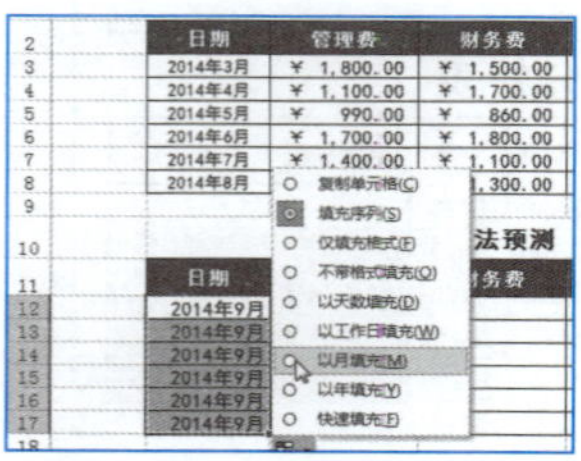

图11-43

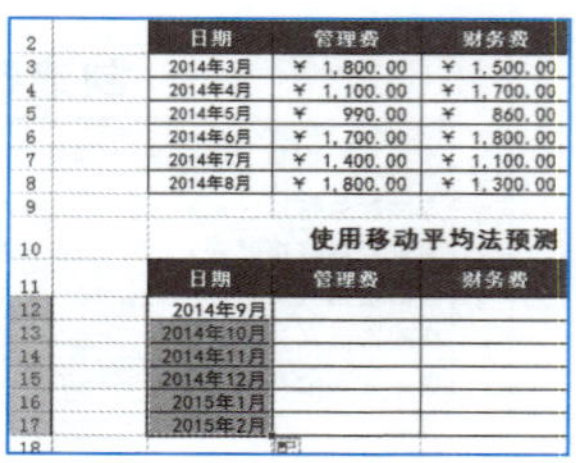

图11-44

步骤2：移动平均法预测

❶ 切换至“数据”选项卡下，在“分析”组中单击“数据分析”按钮，弹出“数据分析”对话框，选中“移动平均”，接着单击“确定”按钮（如图13-45所示），打开“移动平均”对话框。

❷ 根据需要设置输入区域、间隔、输出区域等参数值，如图13-46所示。

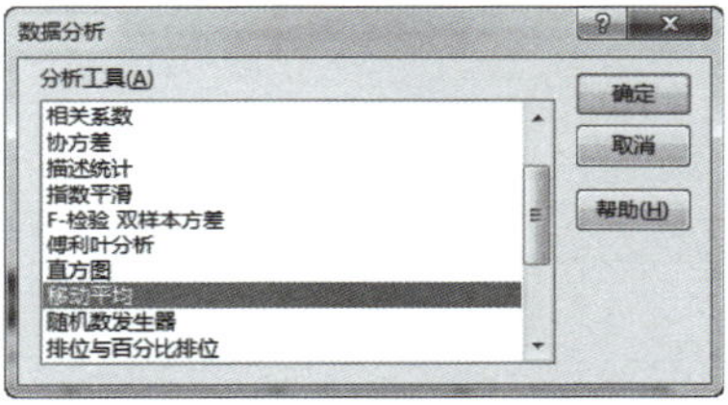

图11-45

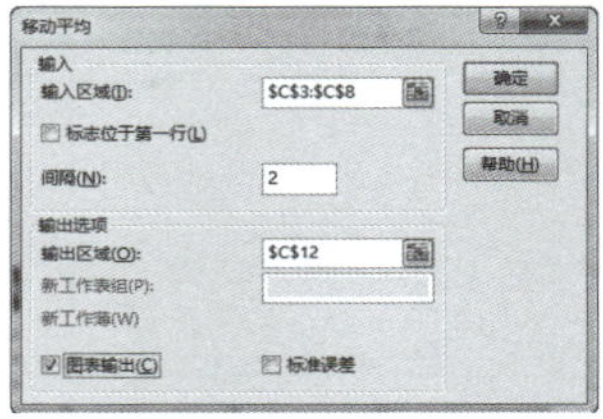

图11-46

❸ 此时在输入区域中显示了利用平均法计算出的结果和移动平均图表，该方法只能算出5个月的数据，如图11-47所示。

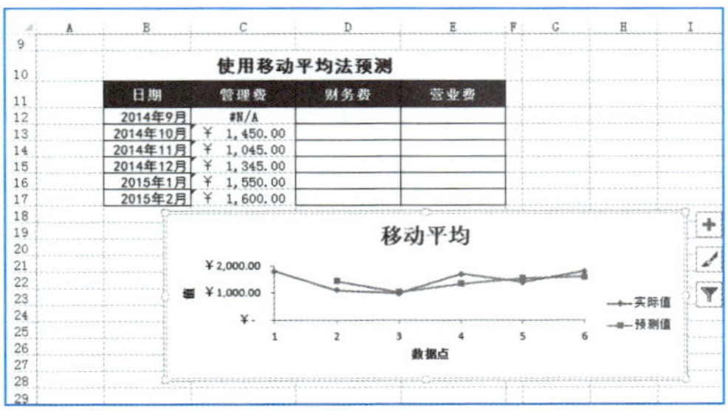

图11-47

❹ 删除C12单元格中的错误值，并将计算出的结果向上移一个单元格，选中C12：C16单元格区域，拖动填充柄向右复制公式计算出预测值，如图13-48所示。

❺ 假设2014年9月的预测值为实际值，则可以在单元格C17输入公式：=AVERAGE（C8，C12），按回车键，向右复制公式，得到2015年2月的预测费用，如图13-49所示。

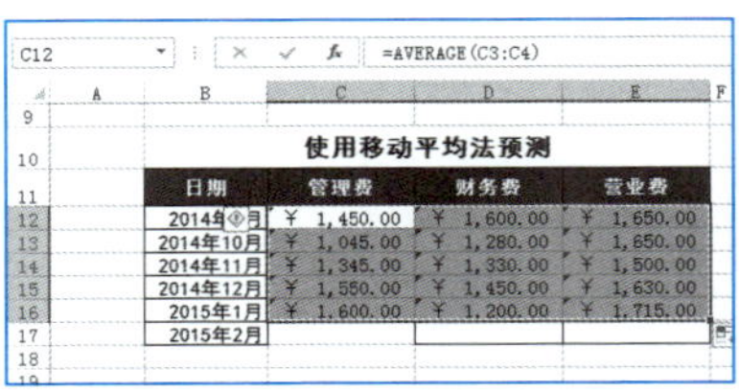

图11-48

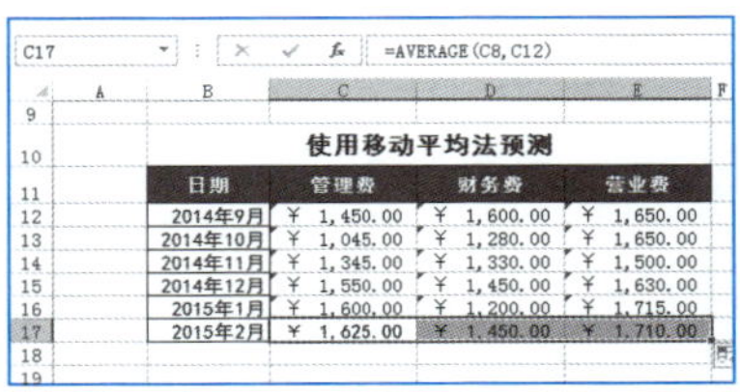

图11-49

步骤3：指数平滑法预测

❶ 复制“使用移动平均法预测”表格，清除计算结果，并将表格标题更改为“使用平滑指数法预测”，设置后效果如图11-50所示。

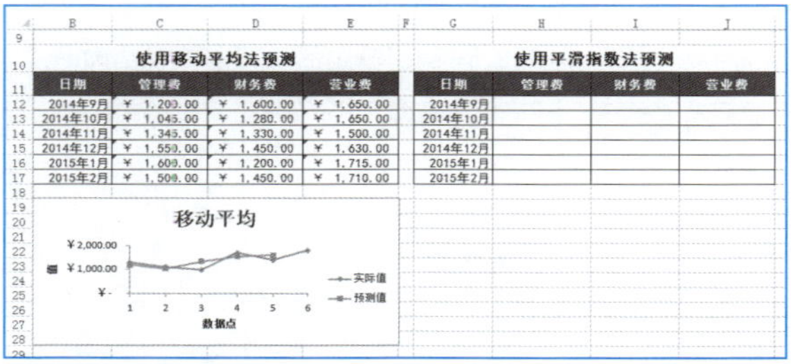

图11-50

❷ 切换至“数据”选项卡下，在“分析”组中单击“数据分析”按钮，弹出“数据分析”对话框，选中“指数平滑”，接着单击“确定”按钮（如图11-51所示），打开“指数平滑”对话框。

❸ 设置输入区域，阻尼系数，输出区域参数，并选中“图表输出”复选框，如图11-52所示。

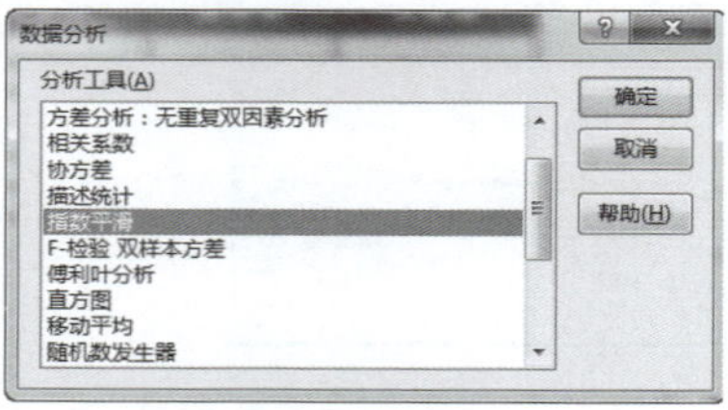

图11-51

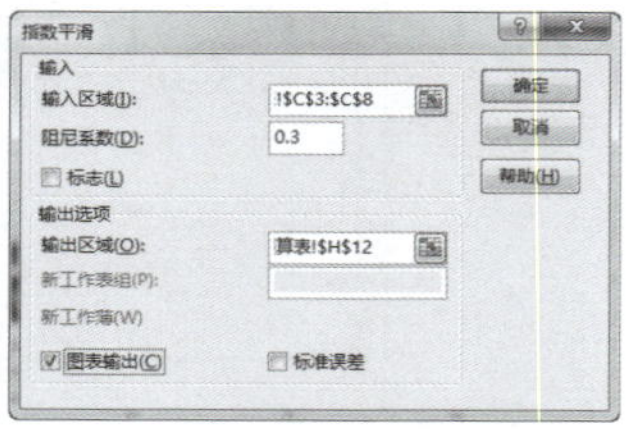

图11-52

❹ 此时在目标单元格中显示了指数平滑法计算结果和图表，它与移动平均法相同，只能预测出5个月的管理费用数据，如图13-53所示。

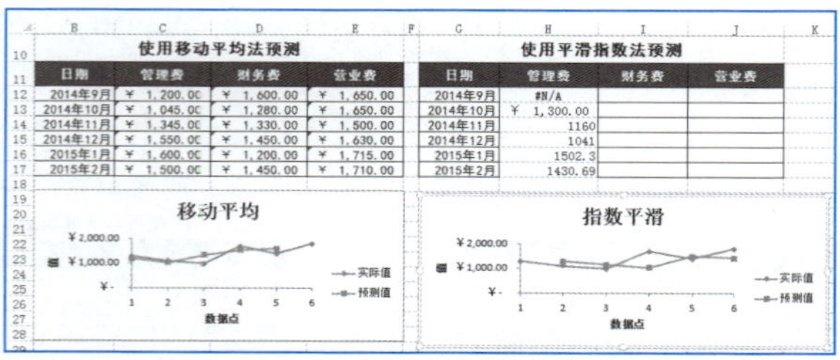

图11-53

❺ 删除H12单元格，并向上移动单元格，然后利用自动填充功能，向右复

制公式，计算出各费用项目的费用金额，如图13-54所示。

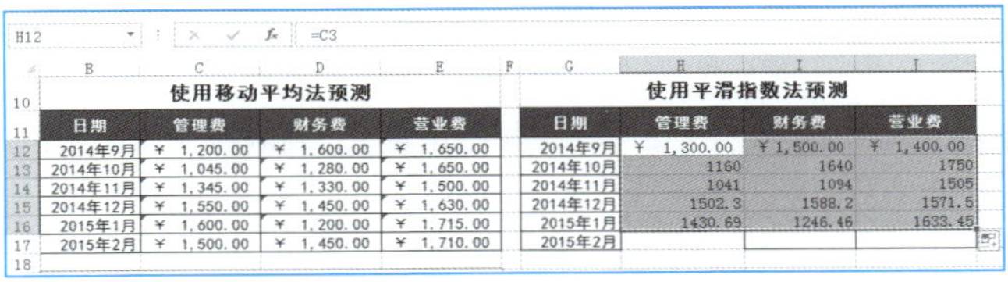

H12 　=C3

日期	管理费	财务费	营业费		日期	管理费	财务费	营业费
2014年9月	￥ 1,200.00	￥ 1,600.00	￥ 1,650.00		2014年9月	￥ 1,300.00	￥ 1,500.00	￥ 1,400.00
2014年10月	￥ 1,045.00	￥ 1,280.00	￥ 1,650.00		2014年10月	1160	1640	1750
2014年11月	￥ 1,345.00	￥ 1,330.00	￥ 1,500.00		2014年11月	1041	1094	1505
2014年12月	￥ 1,550.00	￥ 1,450.00	￥ 1,630.00		2014年12月	1502.3	1588.2	1571.5
2015年1月	￥ 1,600.00	￥ 1,200.00	￥ 1,715.00		2015年1月	1430.69	1246.46	1633.45
2015年2月	￥ 1,500.00	￥ 1,450.00	￥ 1,710.00		2015年2月			

图11–54

6 此时在输入区域中显示了利用平均法计算出的结果和移动平均图表，该方法只能算出5个月的数据，如图11-55所示。

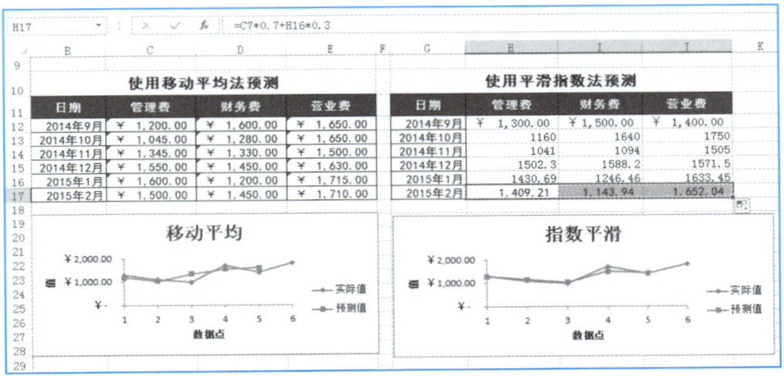

日期	管理费	财务费	营业费		日期	管理费	财务费	营业费
2014年9月	￥ 1,200.00	￥ 1,600.00	￥ 1,650.00		2014年9月	￥ 1,300.00	￥ 1,500.00	￥ 1,400.00
2014年10月	￥ 1,045.00	￥ 1,280.00	￥ 1,650.00		2014年10月	1160	1640	1750
2014年11月	￥ 1,345.00	￥ 1,330.00	￥ 1,500.00		2014年11月	1041	1094	1505
2014年12月	￥ 1,550.00	￥ 1,450.00	￥ 1,630.00		2014年12月	1502.3	1588.2	1571.5
2015年1月	￥ 1,600.00	￥ 1,200.00	￥ 1,715.00		2015年1月	1430.69	1246.46	1633.45
2015年2月	￥ 1,500.00	￥ 1,450.00	￥ 1,710.00		2015年2月	1,409.21	1,143.94	1,652.04

图11–55

文件130　预算损益表

预算损益表综合反映企业在预算期间的收入、成本费用以及经营成果的情况。因为整个财务预算是以销售收入为起点，所以预算损益表指定了销售收入，才能进一步对与销售收入配比的成本费用进行规划和预算。

制作要点与设计效果图

- 引用其他工作表数据
- SUM函数（参考函数3、7、16）
- IF函数（参考函数1、3）

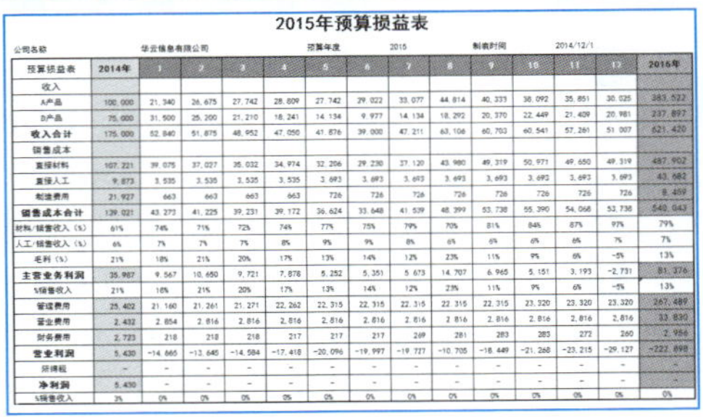

文件设计过程

步骤1：计算销售收入和销售成本数据

❶ 插入新工作表，重命名为“预算损益表”，在表格中设置表格格式，并输入2014年的各项标识的基本数据。

❷ 选中D5单元格，在公式编辑栏中输入公式：“=销售收入预算表!E17”，按回车键后，向右向下复制公式到O6单元格，引用销售预算表格中的数据，如图11-56所示。

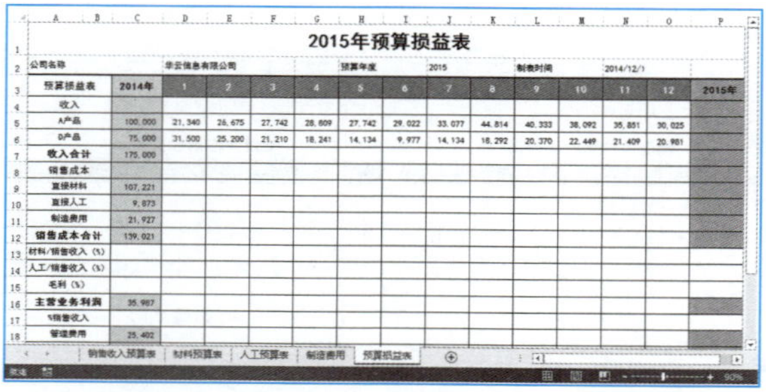

2015年预算损益表

公司名称		华云信息有限公司				预算年度		2015		制表时间		2014/12/1		
预算损益表	2014年	1	2	3	4	5	6	7	8	9	10	11	12	2015年
收入														
A产品	100,000	21,340	26,675	27,742	28,809	27,742	29,022	33,077	44,814	40,333	38,092	35,851	30,025	
D产品	75,000	31,500	25,200	21,210	18,241	14,134	9,977	14,134	18,292	20,370	22,449	21,409	20,981	
收入合计	175,000													
销售成本														
直接材料	107,221													
直接人工	9,873													
制造费用	21,927													
销售成本合计	139,021													
材料/销售收入（%）														
人工/销售收入（%）														
毛利（%）														
主营业务利润	35,987													
%销售收入														
管理费用	25,402													

图11-56

❸ 选中D7单元格，在公式编辑栏中输入公式：“=SUM（D5:D6）”，按回车键后，向右复制公式到O7单元格，计算销售收入的合计，如图11-57所示。

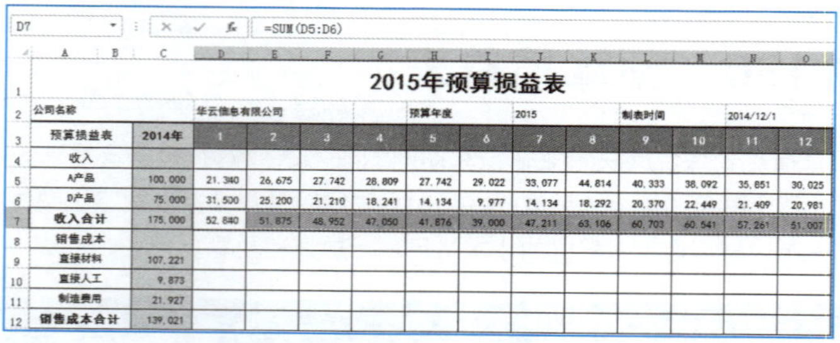

2015年预算损益表

公司名称		华云信息有限公司				预算年度		2015		制表时间		2014/12/1	
预算损益表	2014年	1	2	3	4	5	6	7	8	9	10	11	12
收入													
A产品	100,000	21,340	26,675	27,742	28,809	27,742	29,022	33,077	44,814	40,333	38,092	35,851	30,025
D产品	75,000	31,500	25,200	21,210	18,241	14,134	9,977	14,134	18,292	20,370	22,449	21,409	20,981
收入合计	175,000	52,840	51,875	48,952	47,050	41,876	39,000	47,211	63,106	60,703	60,541	57,261	51,007
销售成本													
直接材料	107,221												
直接人工	9,873												
制造费用	21,927												
销售成本合计	139,021												

图11-57

❹ 选中D9单元格，在公式编辑栏中输入公式：“=材料预算表!D3”在D10单元格中输入公式：“=人工预算表!C3”，在D11单元格中输入公式：“=制造费用!B4”，在D12单元格中输入公式：“=SUM（D9:D11）”，按回车键后，分别向右复制公式，计算各项销售成本费用以及销售成本合计，如图11-58所示。

❺ 在C13单元格中输入公式“=C9/C$7”，在C14单元格中输入公式：“=C10/C$7”，在C15单元格中输入公式：“=IF（C7=0,0,1-C12/C7）”，按回车键后，向右复制公式，计算各个部分占收入的比重，如图11-59所示。

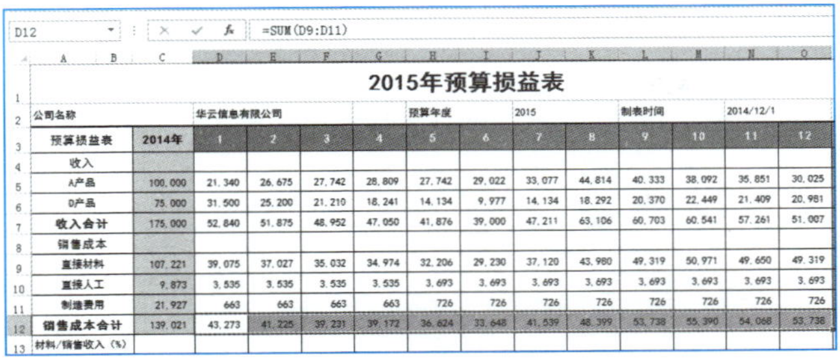

D12　=SUM(D9:D11)

2015年预算损益表													
公司名称		华云信息有限公司				预算年度		2015		制表时间		2014/12/1	
预算损益表	2014年	1	2	3	4	5	6	7	8	9	10	11	12
收入													
A产品	100,000	21,340	26,675	27,742	28,809	27,742	29,022	33,077	44,814	40,333	38,092	35,851	30,025
D产品	75,000	31,500	25,200	21,210	18,241	14,134	9,977	14,134	18,292	20,370	22,449	21,409	20,981
收入合计	175,000	52,840	51,875	48,952	47,050	41,876	39,000	47,211	63,106	60,703	60,541	57,261	51,007
销售成本													
直接材料	107,221	39,075	37,027	35,032	34,974	32,206	29,230	37,120	43,980	49,319	50,971	49,650	49,319
直接人工	9,873	3,535	3,535	3,535	3,535	3,693	3,693	3,693	3,693	3,693	3,693	3,693	3,693
制造费用	21,927	663	663	663	663	726	726	726	726	726	726	726	726
销售成本合计	139,021	43,273	41,225	39,231	39,172	36,624	33,648	41,539	48,399	53,738	55,390	54,068	53,738
材料/销售收入(%)													

图11-58

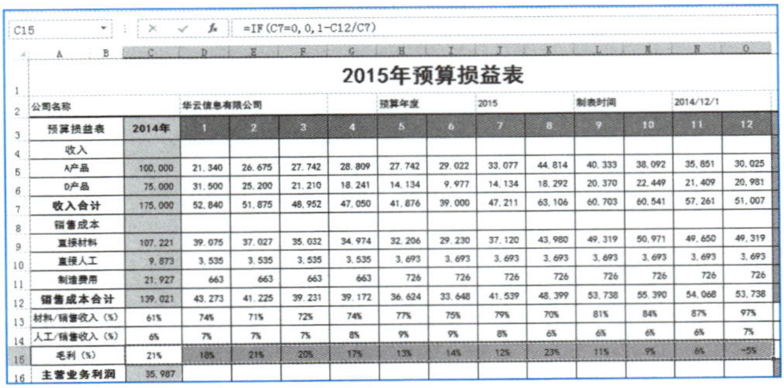

C15　=IF(C7=0,0,1-C12/C7)

2015年预算损益表													
公司名称		华云信息有限公司				预算年度		2015		制表时间		2014/12/1	
预算损益表	2014年	1	2	3	4	5	6	7	8	9	10	11	12
收入													
A产品	100,000	21,340	26,675	27,742	28,809	27,742	29,022	33,077	44,814	40,333	38,092	35,851	30,025
D产品	75,000	31,500	25,200	21,210	18,241	14,134	9,977	14,134	18,292	20,370	22,449	21,409	20,981
收入合计	175,000	52,840	51,875	48,952	47,050	41,876	39,000	47,211	63,106	60,703	60,541	57,261	51,007
销售成本													
直接材料	107,221	39,075	37,027	35,032	34,974	32,206	29,230	37,120	43,980	49,319	50,971	49,650	49,319
直接人工	9,873	3,535	3,535	3,535	3,535	3,693	3,693	3,693	3,693	3,693	3,693	3,693	3,693
制造费用	21,927	663	663	663	663	726	726	726	726	726	726	726	726
销售成本合计	139,021	43,273	41,225	39,231	39,172	36,624	33,648	41,539	48,399	53,738	55,390	54,068	53,738
材料/销售收入(%)	61%	74%	71%	72%	74%	77%	75%	79%	70%	81%	84%	87%	97%
人工/销售收入(%)	6%	7%	7%	7%	8%	9%	9%	8%	6%	6%	6%	6%	7%
毛利(%)	21%	18%	21%	20%	17%	13%	14%	12%	23%	11%	9%	6%	-5%
主营业务利润	35,987												

图11-59

步骤2：计算主营业利润、营业利润和净利润数据

❶ 在D16单元格中输入公式：“=D7-D12”，在C17单元格中输入公式：“=C16/C7”，按回车键后，向右复制公式，计算主营业务利润占销售收入的比重，如图11-60所示。

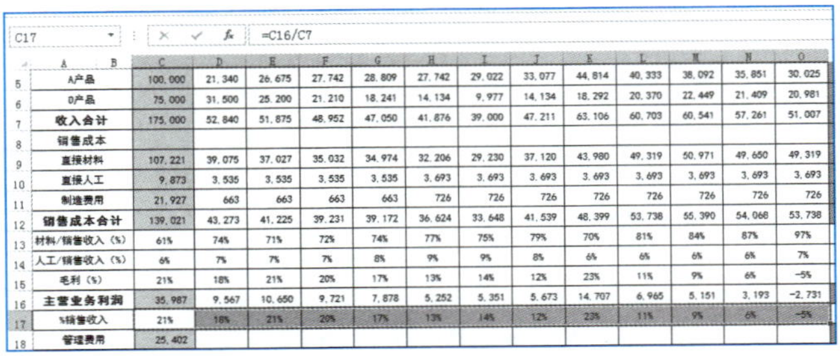

C17　=C16/C7

A产品	100,000	21,340	26,675	27,742	28,809	27,742	29,022	33,077	44,814	40,333	38,092	35,851	30,025
D产品	75,000	31,500	25,200	21,210	18,241	14,134	9,977	14,134	18,292	20,370	22,449	21,409	20,981
收入合计	175,000	52,840	51,875	48,952	47,050	41,876	39,000	47,211	63,106	60,703	60,541	57,261	51,007
销售成本													
直接材料	107,221	39,075	37,027	35,032	34,974	32,206	29,230	37,120	43,980	49,319	50,971	49,650	49,319
直接人工	9,873	3,535	3,535	3,535	3,535	3,693	3,693	3,693	3,693	3,693	3,693	3,693	3,693
制造费用	21,927	663	663	663	663	726	726	726	726	726	726	726	726
销售成本合计	139,021	43,273	41,225	39,231	39,172	36,624	33,648	41,539	48,399	53,738	55,390	54,068	53,738
材料/销售收入(%)	61%	74%	71%	72%	74%	77%	75%	79%	70%	81%	84%	87%	97%
人工/销售收入(%)	6%	7%	7%	7%	8%	9%	9%	8%	6%	6%	6%	6%	7%
毛利(%)	21%	18%	21%	20%	17%	13%	14%	12%	23%	11%	9%	6%	-5%
主营业务利润	35,987	9,567	10,650	9,721	7,878	5,252	5,351	5,673	14,707	6,965	5,151	3,193	-2,731
%销售收入	21%	18%	21%	20%	17%	13%	14%	12%	23%	11%	9%	6%	-5%
管理费用	25,402												

图11-60

❷ 选中D18单元格，在公式编辑栏中输入公式：“=三项费用预算表!B5”，按回车键后，向右向下复制公式到O20单元格，引用“三项费用预算表”工作表中数据，如图11-61所示。

D18 =三项费用预算表!B3

	A B	C	D	E	F	G	H	I	J	K	L	M	N	O
5	A产品	100,000	21,340	26,675	27,742	28,809	27,742	29,022	33,077	44,814	40,333	38,092	35,851	30,025
6	D产品	75,000	31,500	25,200	21,210	18,241	14,134	9,977	14,134	18,292	20,370	22,449	21,409	20,981
7	收入合计	175,000	52,840	51,875	48,952	47,050	41,876	39,000	47,211	63,106	60,703	60,541	57,261	51,007
8	销售成本													
9	直接材料	107,221	39,075	37,027	35,032	34,974	32,206	29,230	37,120	43,980	49,319	50,971	49,650	49,319
10	直接人工	9,873	3,535	3,535	3,535	3,535	3,693	3,693	3,693	3,693	3,693	3,693	3,693	3,693
11	制造费用	21,927	663	663	663	663	726	726	726	726	726	726	726	726
12	销售成本合计	139,021	43,273	41,225	39,231	39,172	36,624	33,648	41,539	48,399	53,738	55,390	54,068	53,738
13	材料/销售收入（%）	61%	74%	71%	72%	74%	77%	75%	79%	70%	81%	84%	87%	97%
14	人工/销售收入（%）	6%	7%	7%	7%	8%	9%	9%	8%	6%	6%	6%	6%	7%
15	毛利（%）	21%	18%	21%	20%	17%	13%	14%	12%	23%	11%	9%	6%	-5%
16	主营业务利润	35,987	9,567	10,650	9,721	7,878	5,252	5,351	5,673	14,707	6,965	5,151	3,193	-2,731
17	%销售收入	21%	18%	21%	20%	17%	13%	14%	12%	23%	11%	9%	6%	-5%
18	管理费用	25,402	21,160	21,261	21,271	22,262	22,315	22,315	22,315	22,315	22,315	23,320	23,320	23,320
19	营业费用	2,432	2,854	2,816	2,816	2,816	2,816	2,816	2,816	2,816	2,816	2,816	2,816	2,816
20	财务费用	2,723	218	218	218	217	217	217	269	281	283	283	272	260
21	营业利润	5,430												

图11-61

3 选中D21单元格，在公式编辑栏中输入公式：“=D16-D18-D19-D20”，按回车键后，向右复制公式到O21单元格，计算营业利润，如图11-62所示。

D21 =D16-D18-D19-D20

	A B	C	D	E	F	G	H	I	J	K	L	M	N	O
6	D产品	75,000	31,500	25,200	21,210	18,241	14,134	9,977	14,134	18,292	20,370	22,449	21,409	20,981
7	收入合计	175,000	52,840	51,875	48,952	47,050	41,876	39,000	47,211	63,106	60,703	60,541	57,261	51,007
8	销售成本													
9	直接材料	107,221	39,075	37,027	35,032	34,974	32,206	29,230	37,120	43,980	49,319	50,971	49,650	49,319
10	直接人工	9,873	3,535	3,535	3,535	3,535	3,693	3,693	3,693	3,693	3,693	3,693	3,693	3,693
11	制造费用	21,927	663	663	663	663	726	726	726	726	726	726	726	726
12	销售成本合计	139,021	43,273	41,225	39,231	39,172	36,624	33,648	41,539	48,399	53,738	55,390	54,068	53,738
13	材料/销售收入（%）	61%	74%	71%	72%	74%	77%	75%	79%	70%	81%	84%	87%	97%
14	人工/销售收入（%）	6%	7%	7%	7%	8%	9%	9%	8%	6%	6%	6%	6%	7%
15	毛利（%）	21%	18%	21%	20%	17%	13%	14%	12%	23%	11%	9%	6%	-5%
16	主营业务利润	35,987	9,567	10,650	9,721	7,878	5,252	5,351	5,673	14,707	6,965	5,151	3,193	-2,731
17	%销售收入	21%	18%	21%	20%	17%	13%	14%	12%	23%	11%	9%	6%	-5%
18	管理费用	25,402	21,160	21,261	21,271	22,262	22,315	22,315	22,315	22,315	22,315	23,320	23,320	23,320
19	营业费用	2,432	2,854	2,816	2,816	2,816	2,816	2,816	2,816	2,816	2,816	2,816	2,816	2,816
20	财务费用	2,723	218	218	218	217	217	217	269	281	283	283	272	260
21	营业利润	5,430	-4,665	-13,645	-14,584	-17,418	-20,096	-19,997	-19,727	-10,705	-18,449	-21,266	-23,215	-29,127
22	所得税	-												

图11-62

4 选中D22单元格，在公式编辑栏中输入公式：“=IF（D21<=0,0, D21*0.3）”，按回车键后，向右复制公式到O22单元格，根据营业利润和所得税税率计算所得税，如图11-63所示。

D22 =IF(D21<=0, 0, D21*0.3)

	A B	C	D	E	F	G	H	I	J	K	L	M	N	O
8	销售成本													
9	直接材料	107,221	39,075	37,027	35,032	34,974	32,206	29,230	37,120	43,980	49,319	50,971	49,650	49,319
10	直接人工	9,873	3,535	3,535	3,535	3,535	3,693	3,693	3,693	3,693	3,693	3,693	3,693	3,693
11	制造费用	21,927	663	663	663	663	726	726	726	726	726	726	726	726
12	销售成本合计	139,021	43,273	41,225	39,231	39,172	36,624	33,648	41,539	48,399	53,738	55,390	54,068	53,738
13	材料/销售收入（%）	61%	74%	71%	72%	74%	77%	75%	79%	70%	81%	84%	87%	97%
14	人工/销售收入（%）	6%	7%	7%	7%	8%	9%	9%	8%	6%	6%	6%	6%	7%
15	毛利（%）	21%	18%	21%	20%	17%	13%	14%	12%	23%	11%	9%	6%	-5%
16	主营业务利润	35,987	9,567	10,650	9,721	7,878	5,252	5,351	5,673	14,707	6,965	5,151	3,193	-2,731
17	%销售收入	21%	18%	21%	20%	17%	13%	14%	12%	23%	11%	9%	6%	-5%
18	管理费用	25,402	21,160	21,261	21,271	22,262	22,315	22,315	22,315	22,315	22,315	23,320	23,320	23,320
19	营业费用	2,432	2,854	2,816	2,816	2,816	2,816	2,816	2,816	2,816	2,816	2,816	2,816	2,816
20	财务费用	2,723	218	218	218	217	217	217	269	281	283	283	272	260
21	营业利润	5,430	-4,665	-13,645	-14,584	-17,418	-20,096	-19,997	-19,727	-10,705	-18,449	-21,266	-23,215	-29,127
22	所得税	-	-	-	-	-	-	-	-	-	-	-	-	-

图11-63

5 选中D23单元格，在公式编辑栏中输入公式：“=IF（D21<0,0, D11-D22）”，计算净利润，接着在C24单元格中输入公式“=C23/C7”，然后向右复制公式，计算百分比。接着结算各项合计值，效果如图11-64所示。

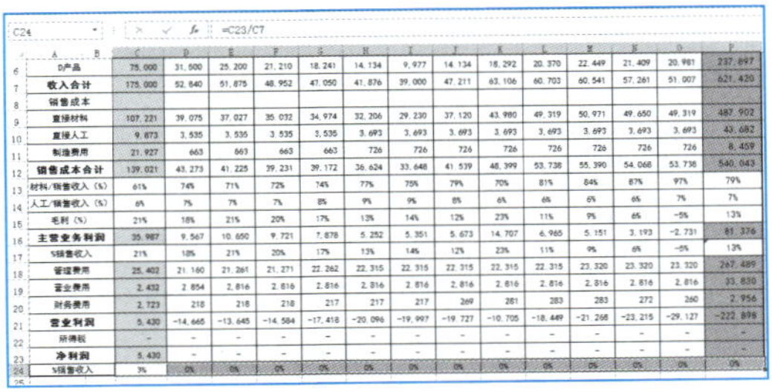

图11-64

文件131　固定资产折旧预算表

对固定资产折旧预算可以提前预知企业在下一个年度里各月的固定资产折旧数额，在编制固定资产折旧预算表时，可以按资产类型进行表示，分别显示出各类资产各月的预计折旧额。

制作要点与设计效果图

- SUM函数（参考函数3、7、16）
- 设置表格格式
- 创建带数据点折线图

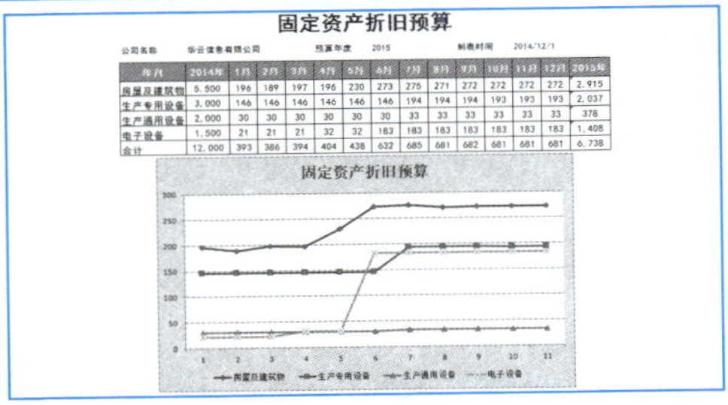

文件设计过程

步骤1：创建折线图

❶ 插入新工作表，重命名为“固定资产折旧预算表”，在工作表中设置固定资产折旧预算表格并输入基本数据，如图11-65所示。

❷ 选中O4单元格，在公式编辑栏中输入公式：“=SUM（C4:N4）”，按回车键后，向下复制公式，计算各固定资产2015年预算总计，如图11-66所示。

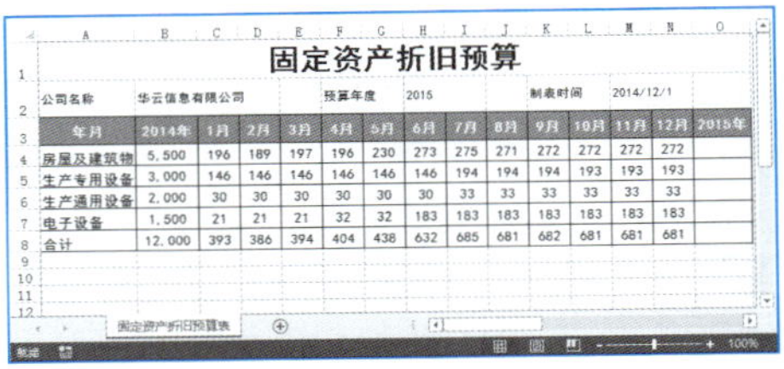

固定资产折旧预算

公司名称 华云信息有限公司　预算年度 2015　制表时间 2014/12/1

年月	2014年	1月	2月	3月	4月	5月	6月	7月	8月	9月	10月	11月	12月	2015年
房屋及建筑物	5,500	196	189	197	196	230	273	275	271	272	272	272	272	
生产专用设备	3,000	146	146	146	146	146	146	194	194	194	193	193	193	
生产通用设备	2,000	30	30	30	30	30	30	33	33	33	33	33	33	
电子设备	1,500	21	21	21	32	32	183	183	183	183	183	183	183	
合计	12,000	393	386	394	404	438	632	685	681	682	681	681	681	

图11-65

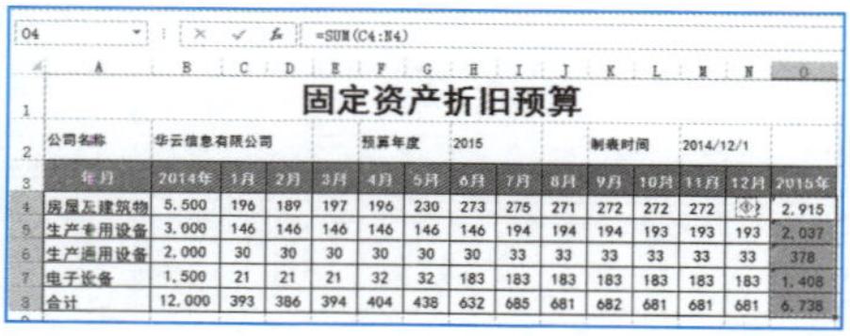

固定资产折旧预算														
公司名称	华云信息有限公司				预算年度		2015			制表时间		2014/12/1		
年月	2014年	1月	2月	3月	4月	5月	6月	7月	8月	9月	10月	11月	12月	2015年
房屋及建筑物	5,500	196	189	197	196	230	273	275	271	272	272	272	[illegible]	2,915
生产专用设备	3,000	146	146	146	146	146	146	194	194	194	193	193	193	2,037
生产通用设备	2,000	30	30	30	30	30	30	33	33	33	33	33	33	378
电子设备	1,500	21	21	21	32	32	183	183	183	183	183	183	183	1,408
合计	12,000	393	386	394	404	438	632	685	681	682	681	681	681	6,738

图11-66

3 按Ctrl 键依次选中A4:A7单元格区域和C4:N7单元格区域，切换到“插入”选项卡，在“图表”选项组单击“插入折线图”按钮，在其下拉列表中选择“带数据点的折线图”图表类型，如图11-67所示。

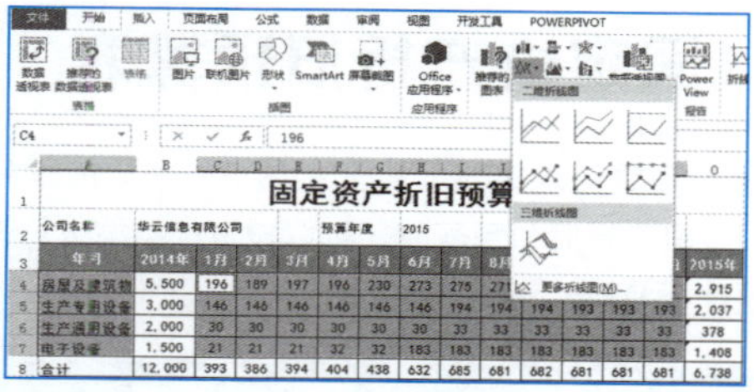

图11-67

步骤2：美化图标

1 返回工作表中，系统根据选择的数据源创建带数据点的折线图，显示各固定资产每月折旧预算趋势，如图11-68所示。

2 为图表添加标题为“固定资产折旧预算”，切换到“图表工具”→“格式”选项卡，在“形状样式”选项组设置图表数据系列的样式和轮廓填充，并设置绘图区域渐变填充，完成图表的美化操作，如图11-69所示。

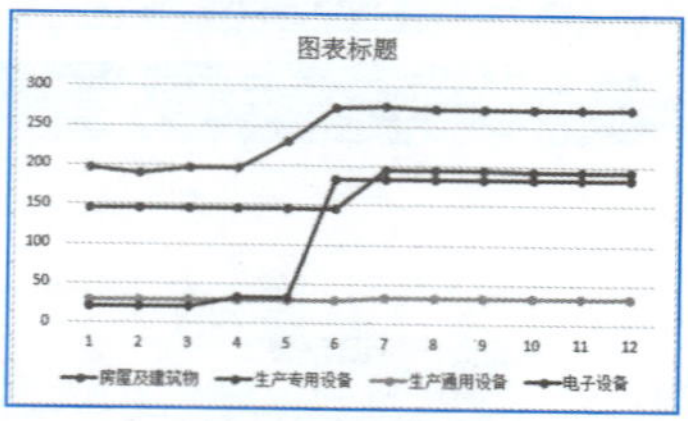

图11-68

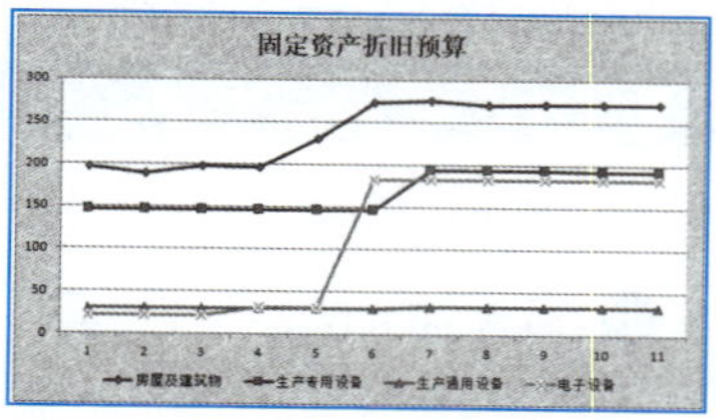

图11-69

文件132　预算现金流量表

现金流量表示以经营、投资、筹资活动产生的现金流入及流出量、反映企业预算期间现金流量的方向、规模和结构。以现金流入、流出的净值反映企业的支付能力和偿还能力。

制作要点与设计效果图

- SUM函数（参考函数3、7、16）
- 创建数据点折线图（参考文件127）
- 编辑数据系列（参考文件116）

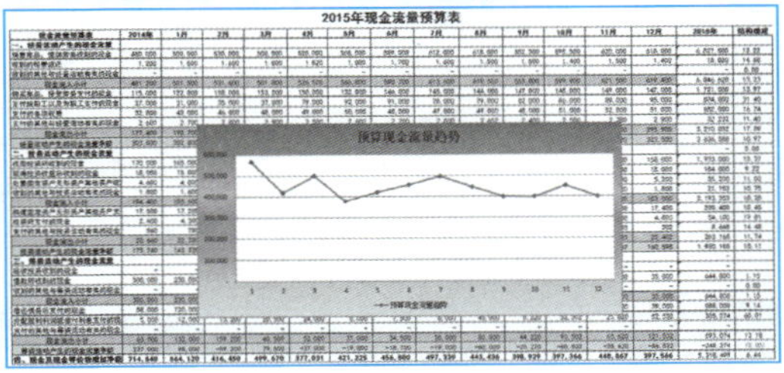

文件133　生产产量预算表

企业通常根据产品的销售量和库存商品量进行生产产量预算，生产产量预算的主要内容有销售量、期初和期末存货量、预计生产量等。通过对产量的预算，可以为预算生产成本等提供依据。

制作要点与设计效果图

- SUM函数（参考函数3、7、16）
- 创建柱形图（参考文件54）
- 设置图表格式（参考文件37、89）

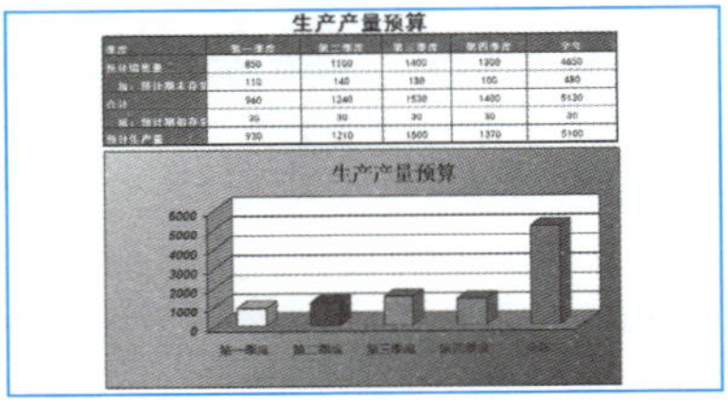

文件134　直接材料和采购预算

直接材料和采购预算主要包括三部分内容：一是直接材料需要量；二是直接材料采购量和采购额；三是计算预计期内需要支付的材料采购款。

制作要点与设计效果图

- 设置公式（参考文件5）
- SUM函数（参考函数3、7、16）
- 引用其他工作表中的数据（参考文件125）

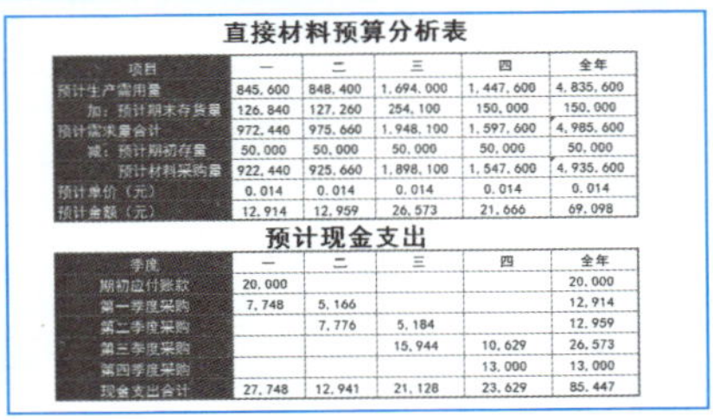

直接材料预算分析表

项目	一	二	三	四	全年
预计生产需用量	845.600	848.400	1,694.000	1,447.600	4,835.600
加：预计期末存货量	126.840	127.260	254.100	150.000	150.000
预计需求量合计	972.440	975.660	1,948.100	1,597.600	4,985.600
减：预计期初存量	50.000	50.000	50.000	50.000	50.000
预计材料采购量	922.440	925.660	1,898.100	1,547.600	4,935.600
预计单价（元）	0.014	0.014	0.014	0.014	0.014
预计金额（元）	12.914	12.959	26.573	21.666	69.098

预计现金支出

季度	一	二	三	四	全年
期初应付账款	20.000				20.000
第一季度采购	7.748	5.166			12.914
第二季度采购		7.776	5.184		12.959
第三季度采购			15.944	10.629	26.573
第四季度采购				13.000	13.000
现金支出合计	27.748	12.941	21.128	23.629	85.447

文件135 预算资产负债表

预算资产负责表与实际的资产负债表内容、格式相同，只不过数据是反映预算期末的财务状况。编制预算资产负债表的目的，是用于判断预算反映的财务状况的稳定性和流动性。通常，预算资产负债表是利用本期期初资产负债表、根据销售生产等预算的有关数据加以调整编制的。

制作要点与设计效果图

- SUM函数（参考函数3、7、16）
- 设置单元格填充（参考文件5）

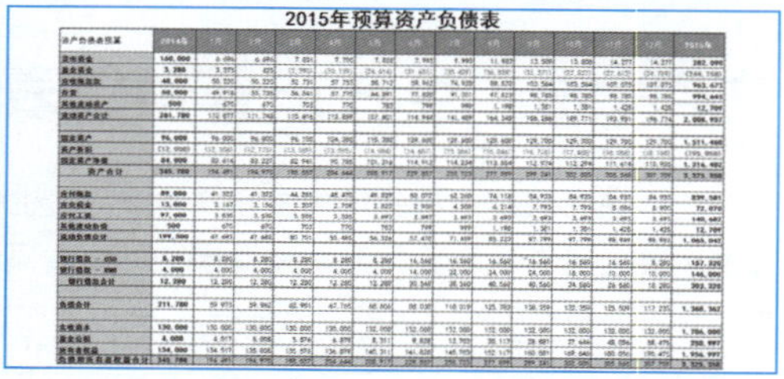

文件136 财务指标预算分析表

在预算资产负债表、预算损益表的基础上，根据这些预算的数据来计算财务指标，并可进行预算财务状况分析，然后根据分析结果，再反过来调整财务预算中的某些项目，以保证企业所做的财务预算更科学、更合理。

制作要点与设计效果图

- 使用自动填充序列（参考文件4）
- 引用其他工作表数据（参考文件125）

主要财务指标分析表

编制单位： 2014年度

项目名称	行次	本年预算数	项目名称	行次	本年预算数
一、效益指标：	1	——	二、资产运行状况指标：	13	——
（一）净资产收益率（%）	2	6.96%	（一）资产增长率（%）	14	8.616977314
（二）主营业务收入增长率（%）	3	278.39%	（二）速动比率	15	95.24%
（三）主营业务利润率（%）	4	33.02%	（三）流动比率	16	188.63%
（四）利润增长率（%）	5	1240.34%	（四）资产负债率（%）	17	41.15%
（五）总资产报酬率（%）	6	4.13%	（五）现金流动负债比率（%）	18	32.03%
（六）资本收益率（%）	7	4.27%	（六）所有者权益比率（%）	19	58.85%
（七）利息保障倍数	8	36.17527073	（七）产权比率（%）	20	69.9%
（八）成本费用利润率（%）	9	16.41%			
（九）成本费用占营业收入比率（%）	10	66.98%			
（十）人工成本占主营业收入比率（	11	66.98%			
（十一）人工成本利润率（%）	12	166.6%			

Excel

第12章

产品成本管理表格

产品成本是指企业为了生产产品而发生的各种耗费。可以是一定时期生产产品单位成本，也可以是生产一定产品而发生的成本总额。产品成本是企业生产经营管理的一项综合指标，通过分析产品成本能了解一个企业整体生产经营管理水平的高低。

在Excel工作表表中建立图表来分析产品的成本管理，可以更加直观。本章主要包括年度生产成本分析表、年度生产成本趋势分析图表、成产成本结构分析饼图、单位成本比较图表等。

编号	文件名称	对应的数据源	重要星级
文件137	企业产品制造成本分析	第12章\文件137 企业产品制造成本分析.xlsx	★★★★★
文件138	年度生产成本分析表	第12章\文件138 年度生产成本分析表.xlsx	★★★★
文件139	年度生产成本趋势分析图表	第12章\文件139 年度生产成本趋势分析图表.xlsx	★★★★★
文件140	产品成本降低完成情况分析	第12章\文件140 产品成本降低完成情况分析.xlsx	★★★
文件141	产品单位成本升降分析	第12章\文件141 产品单位成本升降分析.xlsx	★★★★★
文件142	生产成本结构分析图	第12章\文件142 生产成本结构分析图.xlsx	★★★★★
文件143	各月生产成本年度比较图表	第12章\文件143 各月生产成本年度比较图表.xlsx	★★★★★
文件144	生产成本与产量相关性分析	第12章\文件144 生产成本与产量相关性分析.xlsx	★★★★★
文件145	按成本性分析季度成本和费用	第12章\文件145 按成本性分析季度成本和费用.xlsx	★★★
文件146	按产品比较单位成本	第12章\文件146 按产品比较单位成本.xlsx	★★★★★
文件147	单位成本比较表	第12章\文件147 单位成本比较表.xlsx	★★★
文件148	行业成本费用结果分析	第12章\文件148 行业成本费用结果分析.xlsx	★★★★★
文件149	成本费用收入结构分析	第12章\文件149\成本费用收入结构分析.xlsx	★★★★★
文件150	年度成本项目对比分析图表	第12章\文件150 年度成本项目对比分析图表.xlsx	★★★★★
文件151	总成本与明细成本复合图表	第12章\文件151 总成本与明细成本复合图表.xlsx	★★★★★
文件152	同类子产品成本比较图表	第12章\文件152 同类子产品成本比较图表.xlsx	★★★★
文件153	成本随产量变动趋势分析图表	第12章\文件153 成本随产量变动趋势分析图表.xlsx	★★★★

文件137　企业产品制造成本分析

为了防止企业处于亏损状态，需要不定期地对产品进行分析研究，使企业能及时地调整生产、经营策略，从而获得更高的利润。

制作要点与设计效果图

- SUM函数（参考函数3、7、16）
- IF函数（参考函数1、3）
- 创建柱形图
- 应用图表样式

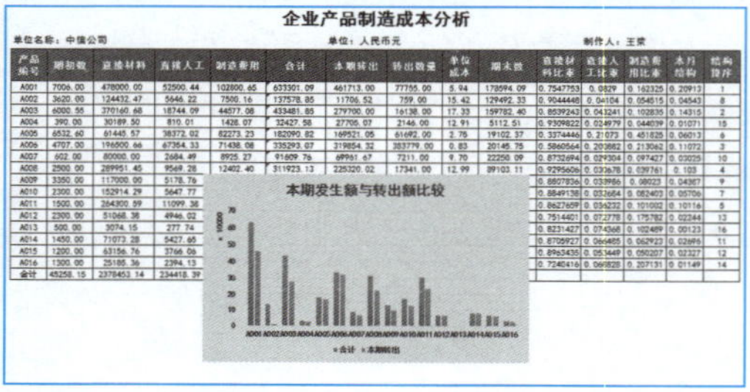

文件设计过程

步骤1：创建表格

打开工作表，将“Sheet1”工作表重命名为“企业产品制造成本分析”，在工作表中根据产品制造成本的实际情况，输入原始数据，创建如图12-1所示的表格。

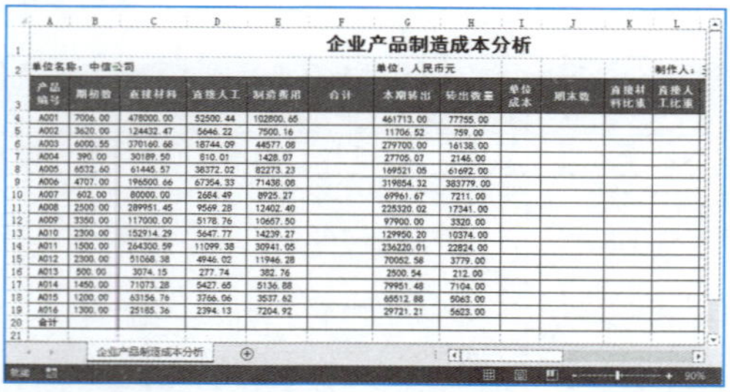

企业产品制造成本分析

单位名称：中信公司　　单位：人民币元　　制作人：

产品编号	期初数	直接材料	直接人工	制造费用	合计	本期转出	转出数量	单位成本	期末数	直接材料比重	直接人工比重
A001	7006.00	478000.00	52500.44	102800.65		461713.00	77755.00				
A002	3620.00	124432.47	5646.22	7500.16		11706.52	759.00				
A003	6000.55	370160.68	18744.09	44577.08		279700.00	16138.00				
A004	390.00	30189.50	810.01	1428.07		27705.07	2146.00				
A005	6532.60	61445.57	38372.02	82273.23		169521.05	61692.00				
A006	4707.00	196500.66	67354.33	71438.08		319854.32	383779.00				
A007	602.00	80000.00	2684.49	8925.27		69961.67	7211.00				
A008	2500.00	289951.45	9569.28	12402.40		225320.02	17341.00				
A009	3350.00	117000.00	5178.76	10667.50		97900.00	3320.00				
A010	2300.00	152914.29	5647.77	14239.27		129950.20	10374.00				
A011	1500.00	264300.59	11099.38	30941.05		236220.01	22824.00				
A012	2300.00	51068.38	4946.02	11946.28		70052.58	3779.00				
A013	500.00	3074.15	277.74	382.76		2500.54	212.00				
A014	1450.00	71073.28	5427.65	5136.88		79951.48	7104.00				
A015	1200.00	63156.76	3766.06	3537.62		65512.88	5063.00				
A016	1300.00	25185.36	2394.13	7204.92		29721.21	5623.00				
合计											

图12-1

步骤2：设置公式

❶ 选中F4单元格，在公式编辑栏中输入公式：=SUM（C4:E4），按回车键后向下填充公式到F19单元格，计算出生产不同产品的制造成本合计值，如图12-2所示。

❷ 选中I4单元格，在公式编辑栏中输入公式：=IF（H4=0,"",G4/H4），按回车键后向下填充公式到I19单元格，计算出生产不同产品的单位成本，如图12-3所示。

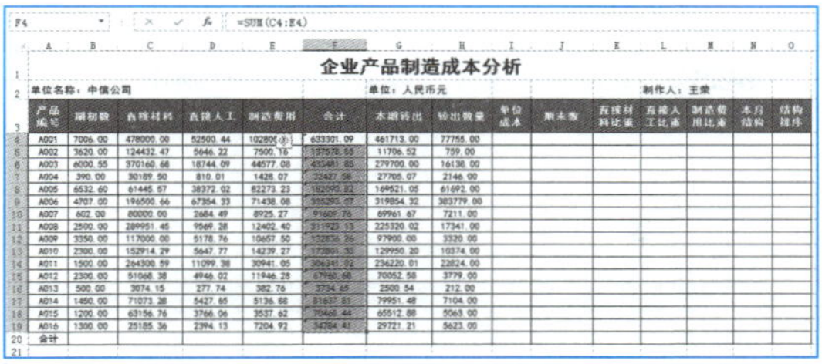
F4　=SUM(C4:E4)

企业产品制造成本分析

单位名称：中信公司　　单位：人民币元　　制作人：王荣

产品编号	期初数	直接材料	直接人工	制造费用	合计	本期转出	转出数量	单位成本	期末数	直接材料比重	直接人工比重	制造费用比重	本月结构	结构排序
A001	7006.00	478000.00	52500.44	102800.65	633301.09	461713.00	77755.00							
A002	3620.00	124432.47	5646.22	7500.16	137578.85	11706.52	759.00							
A003	6000.55	370160.68	18744.09	44577.08	433481.85	279700.00	16138.00							
A004	390.00	30189.50	810.01	1428.07	32427.58	27705.07	2146.00							
A005	6532.60	61445.57	38372.02	82273.23	182090.82	169521.05	61692.00							
A006	4707.00	196500.66	67354.33	71438.08	335293.07	319854.32	383779.00							
A007	602.00	80000.00	2684.49	8925.27	91609.76	69961.67	7211.00							
A008	2500.00	289951.45	9569.28	12402.40	311923.13	225320.02	17341.00							
A009	3350.00	117000.00	5178.76	10657.50	132836.26	97900.00	3320.00							
A010	2300.00	152914.29	5647.77	14239.27	172801.33	129950.20	10374.00							
A011	1500.00	264300.59	11099.38	30941.05	306341.02	236220.01	22824.00							
A012	2300.00	51066.38	4946.02	11946.28	67960.68	70052.58	3779.00							
A013	500.00	3074.15	277.74	382.76	3734.65	2500.54	212.00							
A014	1450.00	71073.28	5427.65	5136.88	81637.81	79951.48	7104.00							
A015	1200.00	63156.76	3766.06	3537.62	70460.44	65512.88	5063.00							
A016	1300.00	25185.36	2394.13	7204.92	34784.41	29721.21	5623.00							
合计														

图12-2

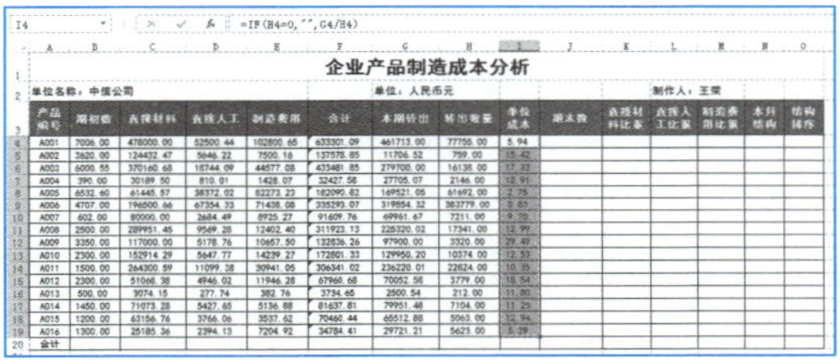
I4　=IF(H4=0,"",G4/H4)

企业产品制造成本分析

单位名称：中信公司　　单位：人民币元　　制作人：王荣

产品编号	期初数	直接材料	直接人工	制造费用	合计	本期转出	转出数量	单位成本	期末数	直接材料比重	直接人工比重	制造费用比重	本月结构	结构排序
A001	7006.00	478000.00	52500.44	102800.65	633301.09	461713.00	77755.00	5.94						
A002	3620.00	124432.47	5646.22	7500.16	137578.85	11706.52	759.00	15.42						
A003	6000.55	370160.68	18744.09	44577.08	433481.85	279700.00	16138.00	17.33						
A004	390.00	30189.50	810.01	1428.07	32427.58	27705.07	2146.00	12.91						
A005	6532.60	61445.57	38372.02	82273.23	182090.82	169521.05	61692.00	2.75						
A006	4707.00	196500.66	67354.33	71438.08	335293.07	319854.32	383779.00	0.83						
A007	602.00	80000.00	2684.49	8925.27	91609.76	69961.67	7211.00	9.70						
A008	2500.00	289951.45	9569.28	12402.40	311923.13	225320.02	17341.00	12.99						
A009	3350.00	117000.00	5178.76	10657.50	132836.26	97900.00	3320.00	29.49						
A010	2300.00	152914.29	5647.77	14239.27	172801.33	129950.20	10374.00	12.53						
A011	1500.00	264300.59	11099.38	30941.05	306341.02	236220.01	22824.00	10.35						
A012	2300.00	51066.38	4946.02	11946.28	67960.68	70052.58	3779.00	18.54						
A013	500.00	3074.15	277.74	382.76	3734.65	2500.54	212.00	11.80						
A014	1450.00	71073.28	5427.65	5136.88	81637.81	79951.48	7104.00	11.25						
A015	1200.00	63156.76	3766.06	3537.62	70460.44	65512.88	5063.00	12.94						
A016	1300.00	25185.36	2394.13	7204.92	34784.41	29721.21	5623.00	5.29						
合计														

图12-3

3 选中J4单元格，在公式编辑栏中输入公式：=B4+F4-G4，按回车键后向下复制公式到J19单元格，计算出生产不同产品的期末数，如图12-4所示。

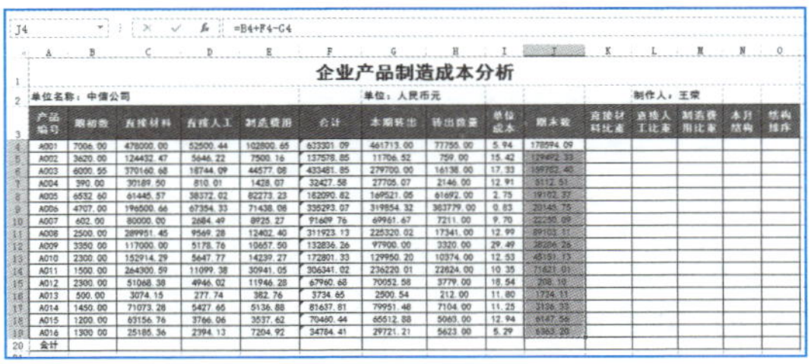
J4　=B4+F4-G4

企业产品制造成本分析

单位名称：中信公司　　单位：人民币元　　制作人：王荣

产品编号	期初数	直接材料	直接人工	制造费用	合计	本期转出	转出数量	单位成本	期末数	直接材料比重	直接人工比重	制造费用比重	本月结构	结构排序
A001	7006.00	478000.00	52500.44	102800.65	633301.09	461713.00	77755.00	5.94	178594.09					
A002	3620.00	124432.47	5646.22	7500.16	137578.85	11706.52	759.00	15.42	129492.33					
A003	6000.55	370160.68	18744.09	44577.08	433481.85	279700.00	16138.00	17.33	159782.40					
A004	390.00	30189.50	810.01	1428.07	32427.58	27705.07	2146.00	12.91	5112.51					
A005	6532.60	61445.57	38372.02	82273.23	182090.82	169521.05	61692.00	2.75	19102.37					
A006	4707.00	196500.66	67354.33	71438.08	335293.07	319854.32	383779.00	0.83	20145.75					
A007	602.00	80000.00	2684.49	8925.27	91609.76	69961.67	7211.00	9.70	22250.09					
A008	2500.00	289951.45	9569.28	12402.40	311923.13	225320.02	17341.00	12.99	89103.11					
A009	3350.00	117000.00	5178.76	10657.50	132836.26	97900.00	3320.00	29.49	38286.26					
A010	2300.00	152914.29	5647.77	14239.27	172801.33	129950.20	10374.00	12.53	45151.13					
A011	1500.00	264300.59	11099.38	30941.05	306341.02	236220.01	22824.00	10.35	71621.01					
A012	2300.00	51066.38	4946.02	11946.28	67960.68	70052.58	3779.00	18.54	208.10					
A013	500.00	3074.15	277.74	382.76	3734.65	2500.54	212.00	11.80	1734.11					
A014	1450.00	71073.28	5427.65	5136.88	81637.81	79951.48	7104.00	11.25	3136.33					
A015	1200.00	63156.76	3766.06	3537.62	70460.44	65512.88	5063.00	12.94	6147.56					
A016	1300.00	25185.36	2394.13	7204.92	34784.41	29721.21	5623.00	5.29	6363.20					
合计														

图12-4

4 选中K4单元格，在公式编辑栏中输入公式：=IF（F4=0,0,C4/F4），按回车键后向下复制公式到K19单元格，计算出生产不同产品的直接材料比重，如图12-5所示。

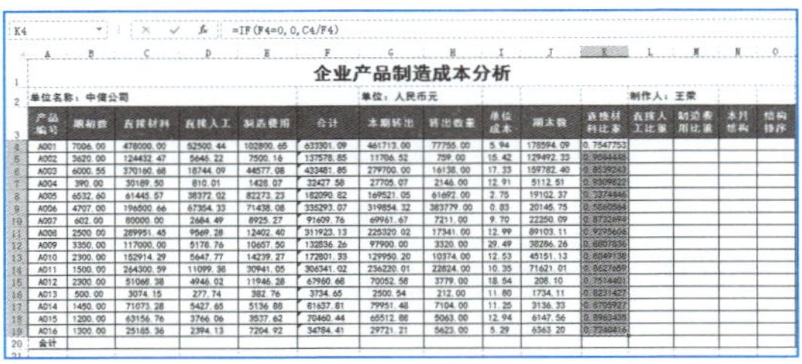
K4　=IF(F4=0,0,C4/F4)

企业产品制造成本分析

单位名称：中信公司　　单位：人民币元　　制作人：王荣

产品编号	期初数	直接材料	直接人工	制造费用	合计	本期转出	转出数量	单位成本	期末数	直接材料比重	直接人工比重	制造费用比重	本月结构	结构排序
A001	7006.00	478000.00	52500.44	102800.65	633301.09	461713.00	77755.00	5.94	178594.09	0.7547753				
A002	3620.00	124432.47	5646.22	7500.16	137578.85	11706.52	759.00	15.42	129492.33	0.9044448				
A003	6000.55	370160.68	18744.09	44577.08	433481.85	279700.00	16138.00	17.33	159782.40	0.8539243				
A004	390.00	30189.50	810.01	1428.07	32427.58	27705.07	2146.00	12.91	5112.51	0.9309822				
A005	6532.60	61445.57	38372.02	82273.23	182090.82	169521.05	61692.00	2.75	19102.37	0.3374446				
A006	4707.00	196500.66	67354.33	71438.08	335293.07	319854.32	383779.00	0.83	20145.75	0.5860564				
A007	602.00	80000.00	2684.49	8925.27	91609.76	69961.67	7211.00	9.70	22250.09	0.8732694				
A008	2500.00	289951.45	9569.28	12402.40	311923.13	225320.02	17341.00	12.99	89103.11	0.9295606				
A009	3350.00	117000.00	5178.76	10657.50	132836.26	97900.00	3320.00	29.49	38286.26	0.8807836				
A010	2300.00	152914.29	5647.77	14239.27	172801.33	129950.20	10374.00	12.53	45151.13	0.8849138				
A011	1500.00	264300.59	11099.38	30941.05	306341.02	236220.01	22824.00	10.35	71621.01	0.8627659				
A012	2300.00	51066.38	4946.02	11946.28	67960.68	70052.58	3779.00	18.54	208.10	0.7514401				
A013	500.00	3074.15	277.74	382.76	3734.65	2500.54	212.00	11.80	1734.11	0.8231427				
A014	1450.00	71073.28	5427.65	5136.88	81637.81	79951.48	7104.00	11.25	3136.33	0.8705927				
A015	1200.00	63156.76	3766.06	3537.62	70460.44	65512.88	5063.00	12.94	6147.56	0.8963435				
A016	1300.00	25185.36	2394.13	7204.92	34784.41	29721.21	5623.00	5.29	6363.20	0.7240416				
合计														

图12-5

5 选中L4单元格，在公式编辑栏中输入公式：=IF（F4=0,0,D4/F4），按回车键后向下填充公式到L19单元格，计算出生产不同产品的直接人工比重，如图12-6所示。

L4 =IF(F4=0,0,D4/F4)

企业产品制造成本分析

单位名称：中信公司　单位：人民币元　制作人：王荣

产品编号	期初数	直接材料	直接人工	制造费用	合计	本期转出	转出数量	单位成本	期末数	直接材料比重	直接人工比重	制造费用比重	本月结构	结构排序
A001	7006.00	478000.00	52500.44	102800.65	633301.09	461713.00	77755.00	5.94	178594.09	0.7547753	0.0829			
A002	3620.00	124432.47	5646.22	7500.16	137578.85	11706.52	759.00	15.42	129492.33	0.9044448	0.04104			
A003	6000.55	370160.68	18744.09	44577.08	433481.85	279700.00	16138.00	17.33	159782.40	0.8539243	0.043241			
A004	390.00	30189.50	810.01	1428.07	32427.58	27705.07	2146.00	12.91	5112.51	0.9309822	0.024979			
A005	6532.60	61445.57	38372.02	82273.23	182090.82	169521.05	61692.00	2.75	19102.37	0.3374446	0.21073			
A006	4707.00	196500.66	67354.33	71438.08	335293.07	319854.32	383779.00	0.83	20145.75	0.5860564	0.200882			
A007	602.00	80000.00	2684.49	8925.27	91609.76	69961.67	7211.00	9.70	22250.09	0.8732694	0.029304			
A008	2500.00	289951.45	9569.28	12402.40	311923.13	225320.02	17341.00	12.99	89103.11	0.9295606	0.030678			
A009	3350.00	117000.00	5178.76	10657.50	132836.26	97900.00	3320.00	29.49	38286.26	0.8807836	0.038986			
A010	2300.00	152914.29	5647.77	14239.27	172801.33	129950.20	10374.00	12.53	45151.13	0.8849138	0.032684			
A011	1500.00	264300.59	11099.38	30941.05	306341.02	236220.01	22824.00	10.35	71621.01	0.8627659	0.036232			
A012	2300.00	51068.38	4946.02	11946.28	67960.68	70052.58	3779.00	18.54	208.10	0.7514401	0.072778			
A013	500.00	3074.15	277.74	382.76	3734.65	2500.54	212.00	11.80	1734.11	0.8231427	0.074368			
A014	1450.00	71073.28	5427.65	5136.88	81637.81	79951.48	7104.00	11.25	3136.33	0.8705927	0.066485			
A015	1200.00	63156.76	3766.06	3537.62	70460.44	65512.88	5063.00	12.94	6147.56	0.8963435	0.053449			
A016	1300.00	25185.36	2394.13	7204.92	34784.41	29721.21	5623.00	5.29	6363.20	0.7240416	0.068828			
合计														

图12-6

6 选中M4单元格，在公式编辑栏中输入公式：=IF（F4=0,0,E4/F4），按回车键后向下填充公式到M19单元格，计算出不同产品的制造费用比重，如图12-7所示。

M4 =IF(F4=0,0,E4/F4)

企业产品制造成本分析

单位名称：中信公司　单位：人民币元　制作人：王荣

产品编号	期初数	直接材料	直接人工	制造费用	合计	本期转出	转出数量	单位成本	期末数	直接材料比重	直接人工比重	制造费用比重	本月结构	结构排序
A001	7006.00	478000.00	52500.44	102800.65	633301.09	461713.00	77755.00	5.94	178594.09	0.7547753	0.0829	0.162325		
A002	3620.00	124432.47	5646.22	7500.16	137578.85	11706.52	759.00	15.42	129492.33	0.9044448	0.04104	0.054515		
A003	6000.55	370160.68	18744.09	44577.08	433481.85	279700.00	16138.00	17.33	159782.40	0.8539243	0.043241	0.102835		
A004	390.00	30189.50	810.01	1428.07	32427.58	27705.07	2146.00	12.91	5112.51	0.9309822	0.024979	0.044039		
A005	6532.60	61445.57	38372.02	82273.23	182090.82	169521.05	61692.00	2.75	19102.37	0.3374446	0.21073	0.451825		
A006	4707.00	196500.66	67354.33	71438.08	335293.07	319854.32	383779.00	0.83	20145.75	0.5860564	0.200882	0.213062		
A007	602.00	80000.00	2684.49	8925.27	91609.76	69961.67	7211.00	9.70	22250.09	0.8732694	0.029304	0.097427		
A008	2500.00	289951.45	9569.28	12402.40	311923.13	225320.02	17341.00	12.99	89103.11	0.9295606	0.030678	0.039761		
A009	3350.00	117000.00	5178.76	10657.50	132836.26	97900.00	3320.00	29.49	38286.26	0.8807836	0.038986	0.08023		
A010	2300.00	152914.29	5647.77	14239.27	172801.33	129950.20	10374.00	12.53	45151.13	0.8849138	0.032684	0.082403		
A011	1500.00	264300.59	11099.38	30941.05	306341.02	236220.01	22824.00	10.35	71621.01	0.8627659	0.036232	0.101002		
A012	2300.00	51068.38	4946.02	11946.28	67960.68	70052.58	3779.00	18.54	208.10	0.7514401	0.072778	0.175782		
A013	500.00	3074.15	277.74	382.76	3734.65	2500.54	212.00	11.80	1734.11	0.8231427	0.074368	0.102489		
A014	1450.00	71073.28	5427.65	5136.88	81637.81	79951.48	7104.00	11.25	3136.33	0.8705927	0.066485	0.062923		
A015	1200.00	63156.76	3766.06	3537.62	70460.44	65512.88	5063.00	12.94	6147.56	0.8963435	0.053449	0.050207		
A016	1300.00	25185.36	2394.13	7204.92	34784.41	29721.21	5623.00	5.29	6363.20	0.7240416	0.068828	0.207131		
合计														

图12-7

7 选中B20单元格，在公式编辑栏中输入公式：=SUM（B4:B19），按回车键后向下复制公式到H20单元格，计算出所有6月份产品各项合计值，如图12-8所示。

B20 =SUM(B4:B19)

企业产品制造成本分析

单位名称：中信公司　单位：人民币元　制作人：王荣

产品编号	期初数	直接材料	直接人工	制造费用	合计	本期转出	转出数量	单位成本	期末数	直接材料比重	直接人工比重	制造费用比重	本月结构	结构排序
A001	7006.00	478000.00	52500.44	102800.65	633301.09	461713.00	77755.00	5.94	178594.09	0.7547753	0.0829	0.162325		
A002	3620.00	124432.47	5646.22	7500.16	137578.85	11706.52	759.00	15.42	129492.33	0.9044448	0.04104	0.054515		
A003	6000.55	370160.68	18744.09	44577.08	433481.85	279700.00	16138.00	17.33	159782.40	0.8539243	0.043241	0.102835		
A004	390.00	30189.50	810.01	1428.07	32427.58	27705.07	2146.00	12.91	5112.51	0.9309822	0.024979	0.044039		
A005	6532.60	61445.57	38372.02	82273.23	182090.82	169521.05	61692.00	2.75	19102.37	0.3374446	0.21073	0.451825		
A006	4707.00	196500.66	67354.33	71438.08	335293.07	319854.32	383779.00	0.83	20145.75	0.5860564	0.200882	0.213062		
A007	602.00	80000.00	2684.49	8925.27	91609.76	69961.67	7211.00	9.70	22250.09	0.8732694	0.029304	0.097427		
A008	2500.00	289951.45	9569.28	12402.40	311923.13	225320.02	17341.00	12.99	89103.11	0.9295606	0.030678	0.039761		
A009	3350.00	117000.00	5178.76	10657.50	132836.26	97900.00	3320.00	29.49	38286.26	0.8807836	0.038986	0.08023		
A010	2300.00	152914.29	5647.77	14239.27	172801.33	129950.20	10374.00	12.53	45151.13	0.8849138	0.032684	0.082403		
A011	1500.00	264300.59	11099.38	30941.05	306341.02	236220.01	22824.00	10.35	71621.01	0.8627659	0.036232	0.101002		
A012	2300.00	51068.38	4946.02	11946.28	67960.68	70052.58	3779.00	18.54	208.10	0.7514401	0.072778	0.175782		
A013	500.00	3074.15	277.74	382.76	3734.65	2500.54	212.00	11.80	1734.11	0.8231427	0.074368	0.102489		
A014	1450.00	71073.28	5427.65	5136.88	81637.81	79951.48	7104.00	11.25	3136.33	0.8705927	0.066485	0.062923		
A015	1200.00	63156.76	3766.06	3537.62	70460.44	65512.88	5063.00	12.94	6147.56	0.8963435	0.053449	0.050207		
A016	1300.00	25185.36	2394.13	7204.92	34784.41	29721.21	5623.00	5.29	6363.20	0.7240416	0.068828	0.207131		
合计	45258.15	2378453.14	234418.39	415391.22	3028262.75	2277290.56	625120.00							

图12-8

8 选中N4单元格，在公式编辑栏中输入公式：=IF（$F$20=0,"",F4/$F$20），按回车键后向下复制公式到N19单元格，计算出不同产品的本月结构，如图12-9所示。

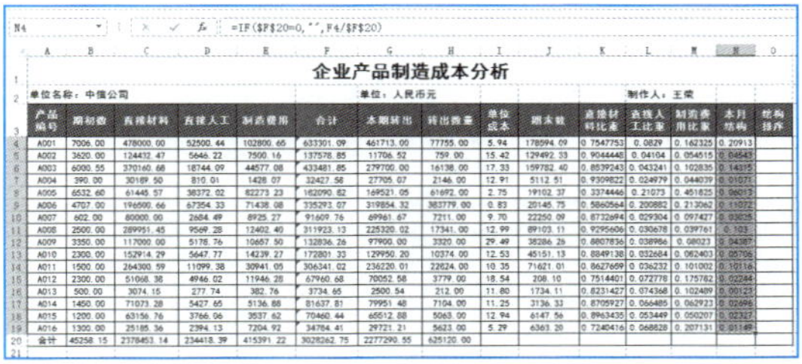

N4　=IF($F$20=0,"",F4/$F$20)

企业产品制造成本分析

单位名称：中信公司　单位：人民币元　制作人：王荣

产品编号	期初数	直接材料	直接人工	制造费用	合计	本期转出	转出数量	单位成本	期末数	直接材料比率	直接人工比率	制造费用比率	本月结构	结构排序
A001	7006.00	478000.00	52500.44	102800.65	633301.09	461713.00	77755.00	5.94	178594.09	0.7547753	0.0829	0.162325	0.20913	
A002	3620.00	124432.47	5646.22	7500.16	137578.85	11706.52	759.00	15.42	129492.33	0.9044448	0.04104	0.054515	0.04543	
A003	6000.55	370160.68	18744.09	44577.08	433481.85	279700.00	16138.00	17.33	159782.40	0.8539243	0.043241	0.102835	0.14315	
A004	390.00	30189.50	810.01	1428.07	32427.58	27705.07	2146.00	12.91	5112.51	0.9309822	0.024979	0.044039	0.01071	
A005	6532.60	61445.57	38372.02	82273.23	182090.82	169521.05	61692.00	2.75	19102.37	0.3374446	0.21073	0.451825	0.06013	
A006	4707.00	196500.66	67354.33	71438.08	335293.07	319854.32	383779.00	0.83	20145.75	0.5860564	0.200882	0.213062	0.11072	
A007	602.00	80000.00	2684.49	8925.27	91609.76	69961.67	7211.00	9.70	22250.09	0.8732694	0.029304	0.097427	0.03025	
A008	2500.00	289951.45	9569.28	12402.40	311923.13	225320.02	17341.00	12.99	89103.11	0.9295606	0.030678	0.039761	0.103	
A009	3350.00	117000.00	5178.76	10657.50	132836.26	97900.00	3320.00	29.49	38286.26	0.8807836	0.038986	0.08023	0.04387	
A010	2300.00	152914.29	5647.77	14239.27	172801.33	129950.20	10374.00	12.53	45151.13	0.8849138	0.032684	0.082403	0.05706	
A011	1500.00	264300.59	11099.38	30941.05	306341.02	236220.01	22824.00	10.35	71621.01	0.8627659	0.036232	0.101002	0.10116	
A012	2300.00	51068.38	4946.02	11946.28	67960.68	70052.58	3779.00	18.54	208.10	0.7514401	0.072778	0.175782	0.02244	
A013	500.00	3074.15	277.74	382.76	3734.65	2500.54	212.00	11.80	1734.11	0.8231427	0.074368	0.102489	0.00123	
A014	1450.00	71073.28	5427.65	5136.88	81637.81	79951.48	7104.00	11.25	3136.33	0.8705927	0.066485	0.062923	0.02696	
A015	1200.00	63156.76	3766.06	3537.62	70460.44	65512.88	5063.00	12.94	6147.56	0.8963435	0.053449	0.050207	0.02327	
A016	1300.00	25185.36	2394.13	7204.92	34784.41	29721.21	5623.00	5.29	6363.20	0.7240416	0.068828	0.207131	0.01149	
合计	45258.15	2378453.14	234418.39	415391.22	3028262.75	2277290.55	625120.00							

图12-9

9 选中K4：N10单元格区域，将其设置为百分比格式，并保留两位小数，效果如图12-10所示。

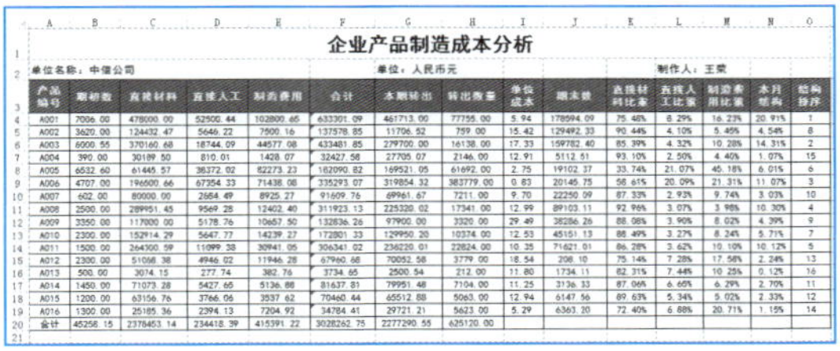

企业产品制造成本分析

单位名称：中信公司　单位：人民币元　制作人：王荣

产品编号	期初数	直接材料	直接人工	制造费用	合计	本期转出	转出数量	单位成本	期末数	直接材料比率	直接人工比率	制造费用比率	本月结构	结构排序
A001	7006.00	478000.00	52500.44	102800.65	633301.09	461713.00	77755.00	5.94	178594.09	75.48%	8.29%	16.23%	20.91%	1
A002	3620.00	124432.47	5646.22	7500.16	137578.85	11706.52	759.00	15.42	129492.33	90.44%	4.10%	5.45%	4.54%	8
A003	6000.55	370160.68	18744.09	44577.08	433481.85	279700.00	16138.00	17.33	159782.40	85.39%	4.32%	10.28%	14.31%	2
A004	390.00	30189.50	810.01	1428.07	32427.58	27705.07	2146.00	12.91	5112.51	93.10%	2.50%	4.40%	1.07%	15
A005	6532.60	61445.57	38372.02	82273.23	182090.82	169521.05	61692.00	2.75	19102.37	33.74%	21.07%	45.18%	6.01%	6
A006	4707.00	196500.66	67354.33	71438.08	335293.07	319854.32	383779.00	0.83	20145.75	58.61%	20.09%	21.31%	11.07%	3
A007	602.00	80000.00	2684.49	8925.27	91609.76	69961.67	7211.00	9.70	22250.09	87.33%	2.93%	9.74%	3.03%	10
A008	2500.00	289951.45	9569.28	12402.40	311923.13	225320.02	17341.00	12.99	89103.11	92.96%	3.07%	3.98%	10.30%	4
A009	3350.00	117000.00	5178.76	10657.50	132836.26	97900.00	3320.00	29.49	38286.26	88.08%	3.90%	8.02%	4.39%	9
A010	2300.00	152914.29	5647.77	14239.27	172801.33	129950.20	10374.00	12.53	45151.13	88.49%	3.27%	8.24%	5.71%	7
A011	1500.00	264300.59	11099.38	30941.05	306341.02	236220.01	22824.00	10.35	71621.01	86.28%	3.62%	10.10%	10.12%	5
A012	2300.00	51068.38	4946.02	11946.28	67960.68	70052.58	3779.00	18.54	208.10	75.14%	7.28%	17.58%	2.24%	13
A013	500.00	3074.15	277.74	382.76	3734.65	2500.54	212.00	11.80	1734.11	82.31%	7.44%	10.25%	0.12%	16
A014	1450.00	71073.28	5427.65	5136.88	81637.81	79951.48	7104.00	11.25	3136.33	87.06%	6.65%	6.29%	2.70%	11
A015	1200.00	63156.76	3766.06	3537.62	70460.44	65512.88	5063.00	12.94	6147.56	89.63%	5.34%	5.02%	2.33%	12
A016	1300.00	25185.36	2394.13	7204.92	34784.41	29721.21	5623.00	5.29	6363.20	72.40%	6.88%	20.71%	1.15%	14
合计	45258.15	2378453.14	234418.39	415391.22	3028262.75	2277290.55	625120.00							

图12-10

10 选中O4单元格，在公式编辑栏中输入公式：=IF（$F$20=0,"",F4/$F$20），按回车键后向下复制公式到O19单元格，结果如图12-11所示。从排序结果可以得出哪种产品耗费成本最多，哪种其次，哪种最低。

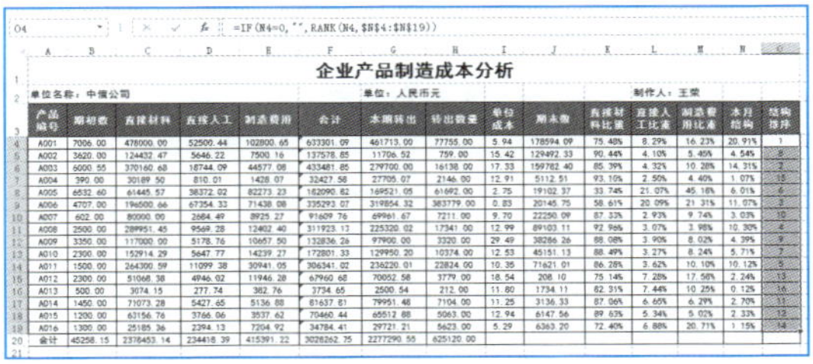

O4　=IF(N4=0,"",RANK(N4,$N$4:$N$19))

企业产品制造成本分析

单位名称：中信公司　单位：人民币元　制作人：王荣

产品编号	期初数	直接材料	直接人工	制造费用	合计	本期转出	转出数量	单位成本	期末数	直接材料比率	直接人工比率	制造费用比率	本月结构	结构排序
A001	7006.00	478000.00	52500.44	102800.65	633301.09	461713.00	77755.00	5.94	178594.09	75.48%	8.29%	16.23%	20.91%	1
A002	3620.00	124432.47	5646.22	7500.16	137578.85	11706.52	759.00	15.42	129492.33	90.44%	4.10%	5.45%	4.54%	8
A003	6000.55	370160.68	18744.09	44577.08	433481.85	279700.00	16138.00	17.33	159782.40	85.39%	4.32%	10.28%	14.31%	2
A004	390.00	30189.50	810.01	1428.07	32427.58	27705.07	2146.00	12.91	5112.51	93.10%	2.50%	4.40%	1.07%	15
A005	6532.60	61445.57	38372.02	82273.23	182090.82	169521.05	61692.00	2.75	19102.37	33.74%	21.07%	45.18%	6.01%	6
A006	4707.00	196500.66	67354.33	71438.08	335293.07	319854.32	383779.00	0.83	20145.75	58.61%	20.09%	21.31%	11.07%	3
A007	602.00	80000.00	2684.49	8925.27	91609.76	69961.67	7211.00	9.70	22250.09	87.33%	2.93%	9.74%	3.03%	10
A008	2500.00	289951.45	9569.28	12402.40	311923.13	225320.02	17341.00	12.99	89103.11	92.96%	3.07%	3.98%	10.30%	4
A009	3350.00	117000.00	5178.76	10657.50	132836.26	97900.00	3320.00	29.49	38286.26	88.08%	3.90%	8.02%	4.39%	9
A010	2300.00	152914.29	5647.77	14239.27	172801.33	129950.20	10374.00	12.53	45151.13	88.49%	3.27%	8.24%	5.71%	7
A011	1500.00	264300.59	11099.38	30941.05	306341.02	236220.01	22824.00	10.35	71621.01	86.28%	3.62%	10.10%	10.12%	5
A012	2300.00	51068.38	4946.02	11946.28	67960.68	70052.58	3779.00	18.54	208.10	75.14%	7.28%	17.58%	2.24%	13
A013	500.00	3074.15	277.74	382.76	3734.65	2500.54	212.00	11.80	1734.11	82.31%	7.44%	10.25%	0.12%	16
A014	1450.00	71073.28	5427.65	5136.88	81637.81	79951.48	7104.00	11.25	3136.33	87.06%	6.65%	6.29%	2.70%	11
A015	1200.00	63156.76	3766.06	3537.62	70460.44	65512.88	5063.00	12.94	6147.56	89.63%	5.34%	5.02%	2.33%	12
A016	1300.00	25185.36	2394.13	7204.92	34784.41	29721.21	5623.00	5.29	6363.20	72.40%	6.88%	20.71%	1.15%	14
合计	45258.15	2378453.14	234418.39	415391.22	3028262.75	2277290.55	625120.00							

图12-11

步骤3：创建图表

1 按“Ctrl”键，选中A3:A19单元格区域和F3:G19单元格区域，单击“插入”选项卡，在“图表”组中单击“插入柱形图”按钮，在下拉列表中单击“簇状柱形图”，如图12-12所示。

2 执行上述命令，系统会在工作表区域创建如图12-13所示的图表。双击纵坐标轴，打开“设置坐标轴格式”窗格，在“坐标轴选项”栏下单击“显示单位”设置框按钮，在下拉列表中选择“10000”，如图12-14所示。

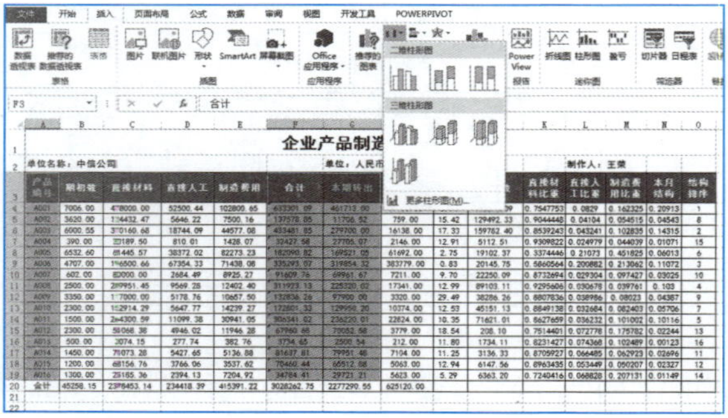

图12-12

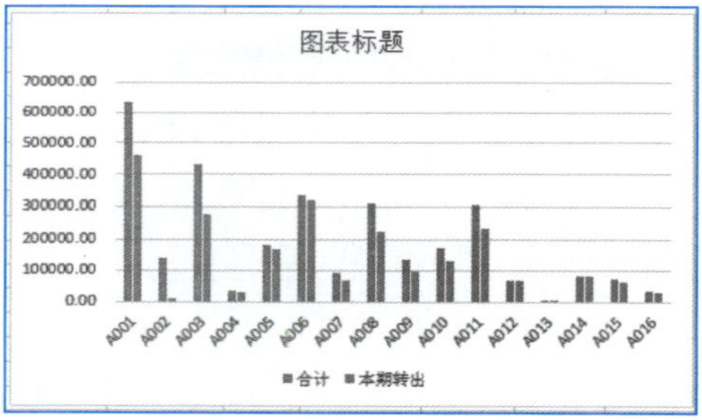

图12-13

图12-14

3 在“数字”栏下单击“类别”设置框下拉按钮，在下拉列表中单击“数字”，在“小数位置”设置框中输入保留的小数位数为“0”，如图12-15所示。

4 单击“关闭”按钮，可以看到纵坐标轴中的数字都以百位的整数显示，并且显示了单位，如图12-16所示。

图12-15

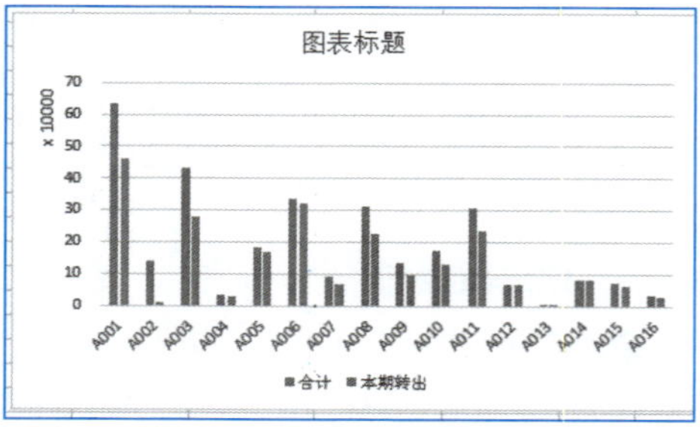

图12-16

5 选中图表，单击“图表工具”→“设计”选项卡，在“图表样式”组中单击“其他” 下拉按钮，打开下拉菜单。选择某种样式后，单击一次鼠标即可应用到图表上，这里单击“样式6”，如图12-17所示。

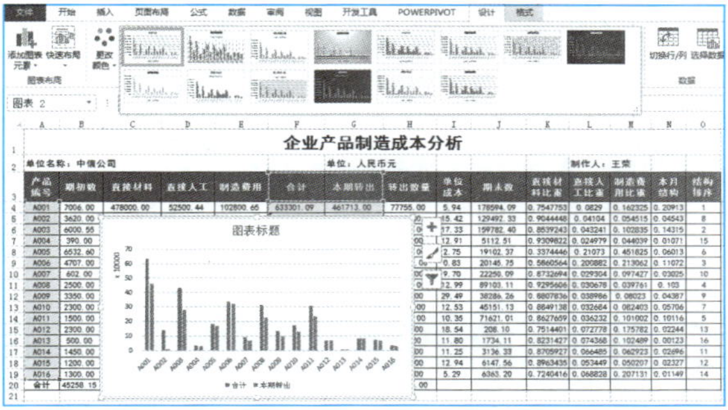

图12-17

6 选中图表区，在“图表工具”→“格式”选项卡下，在“形状样式”组中单击“形状填充”按钮，打开下拉菜单。在“主题颜色”栏中可以选择填充颜色，单击即可应用，如图12-18所示。

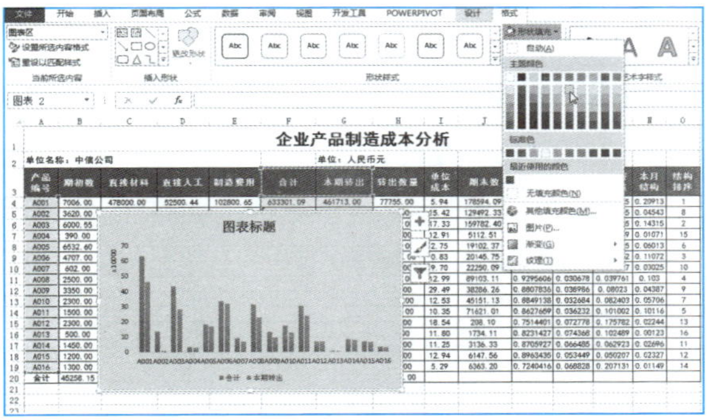

图12-18

7 在标题编辑框中输入图表标题“本期发生额与结转额比较”，并将图表文字设置为“黑体”，效果如图12-19所示。

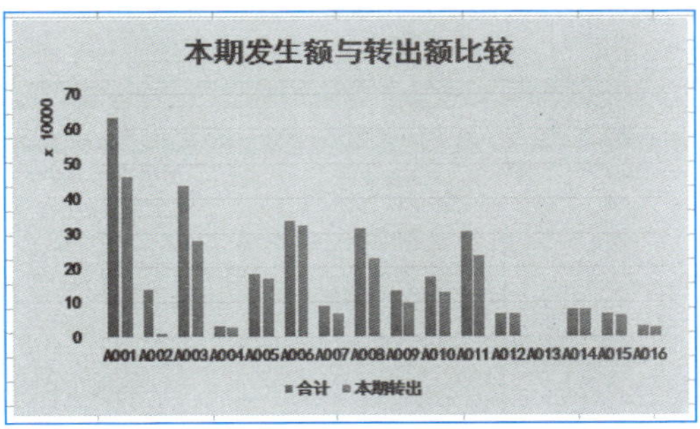

图12-19

文件138 年度生产成本分析表

生产成本一般由直接材料、直接人工、制造费用和其他费用构成。在实际工作中，生产部门每月需对生产成本进行统计核算。在年末的时候，需要对总年度生产成本进行计算，分析各个月中成本的结构比例，以及整个年度中，各生产成本要素的比例、平均值等。

制作要点与设计效果图

- SUM函数（参考函数3、7、16）
- IF函数（参考函数1、3）
- RANK函数（参考函数63）
- SQRT函数（参考函数71）
- DEVSQ函数（参考函数71）

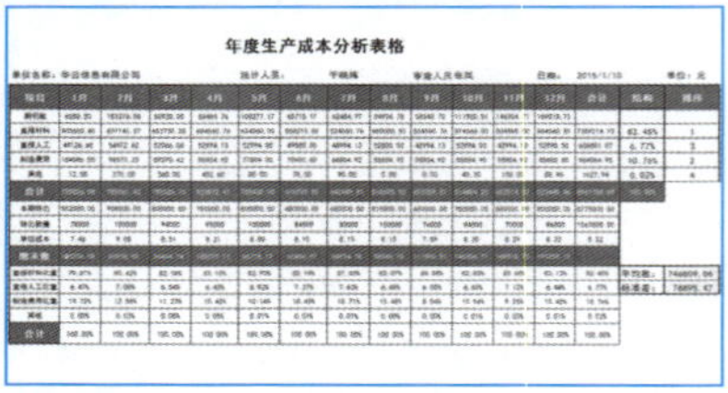

文件设计过程

步骤1：计算各月生产成本数据

❶ 打开“年度生产成本分析表”工作表，选中B9单元格，在公式编辑栏中输入公式：“=SUM（B5:B8）”，按回车键后向右填充公式，计算出各个月份生产成本合计数，如图12-20所示。

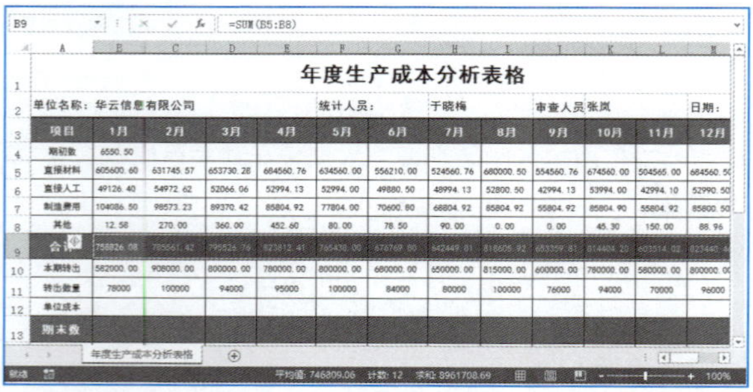

图12-20

❷ 选中B12单元格，在公式编辑栏中输入公式：“=IF（B11=0,"",B10/B11）”，按回车键后向右填充公式，根据本期转出与转出数量计算出各个月份的单位成本，如图12-21所示。

❸ 选中B13单元格，在公式编辑栏中输入公式：“=B4+B9-B10”，按回车键后向右复制公式，如图12-22所示。

B12　　=IF(B11=0,"",B10/B11)

	A	B	C	D	E	F	G	H	I	J	K
3	项目	1月	2月	3月	4月	5月	6月	7月	8月	9月	10月
4	期初数	6550.50									
5	直接材料	605600.60	631745.57	653730.28	684560.76	634560.00	556210.00	524560.76	680000.50	554560.76	674560.00
6	直接人工	49126.40	54972.62	52066.06	52994.13	52994.00	49880.50	48994.13	52800.50	42994.13	53994.00
7	制造费用	104086.50	98573.23	89370.42	85804.92	77804.00	70600.80	68804.92	85804.92	55804.92	85804.90
8	其他	12.58	270.00	360.00	452.60	80.00	78.50	90.00	0.00	0.00	45.30
9	合计	758826.08	785561.42	795526.76	823812.41	765438.00	676769.80	642449.81	818605.92	653359.81	814404.20
10	本期转出	582000.00	908000.00	800000.00	780000.00	800000.00	680000.00	650000.00	815000.00	600000.00	780000.00
11	转出数量	78000	100000	94000	95000	100000	84000	80000	100000	76000	94000
12	单位成本	7.46	9.08	8.51	8.21	8.00	8.10	8.13	8.15	7.89	8.30
13	期末数										

图12-21

B13　　=B4+B9-B10

	A	B	C	D	E	F	G	H	I	J	K
3	项目	1月	2月	3月	4月	5月	6月	7月	8月	9月	10月
4	期初数	6550.50									
5	直接材料	605600.60	631745.57	653730.28	684560.76	634560.00	556210.00	524560.76	680000.50	554560.76	674560.00
6	直接人工	49126.40	54972.62	52066.06	52994.13	52994.00	49880.50	48994.13	52800.50	42994.13	53994.00
7	制造费用	104086.50	98573.23	89370.42	85804.92	77804.00	70600.80	68804.92	85804.92	55804.92	85804.90
8	其他	12.58	270.00	360.00	452.60	80.00	78.50	90.00	0.00	0.00	45.30
9	合计	758826.08	785561.42	795526.76	823812.41	765438.00	676769.80	642449.81	818605.92	653359.81	814404.20
10	本期转出	582000.00	908000.00	800000.00	780000.00	800000.00	680000.00	650000.00	815000.00	600000.00	780000.00
11	转出数量	78000	100000	94000	95000	100000	84000	80000	100000	76000	94000
12	单位成本	7.46	9.08	8.51	8.21	8.00	8.10	8.13	8.15	7.89	8.30
13	期末数	183376.58			43812.41				3605.92	53359.81	34404.20
14	直接材料比重										

图12-22

4 选中C4单元格，在公式编辑栏中输入公式："=B13"按回车键后向右复制公式，即可计算出各月初期数（实际上各月初期数就等于上期期末数）接着期末数所在单元格数据结果会发生相应的更改，如图12-23所示。

C4　　=B13

	A	B	C	D	E	F	G	H	I	J
3	项目	1月	2月	3月	4月	5月	6月	7月	8月	9月
4	期初数	6550.50	183376.58	60938.00	56464.76	100277.17	65715.17	62484.97	54934.78	58540.70
5	直接材料	605600.60	631745.57	653730.28	684560.76	634560.00	556210.00	524560.76	680000.50	554560.76
6	直接人工	49126.40	54972.62	52066.06	52994.13	52994.00	49880.50	48994.13	52800.50	42994.13
7	制造费用	104086.50	98573.23	89370.42	85804.92	77804.00	70600.80	68804.92	85804.92	55804.92
8	其他	12.58	270.00	360.00	452.60	80.00	78.50	90.00	0.00	0.00
9	合计	758826.08	785561.42	795526.76	823812.41	765438.00	676769.80	642449.81	818605.92	653359.81

图12-23

步骤2：计算成本比例和合计数

1 选中B14单元格，在公式编辑栏中输入公式："=IF（B$9=0,"",B5/B$9）"，按回车键后分别向下向右复制公式，计算出各月成本要素占该月总成本的百分比，如图12-24所示。

B14　　=IF(B$9=0,"",B5/B$9)

	A	B	C	D	E	F	G	H	I	J	K
6	直接人工	49126.40	54972.62	52066.06	52994.13	52994.00	49880.50	48994.13	52800.50	42994.13	53994.00
7	制造费用	104086.50	98573.23	89370.42	85804.92	77804.00	70600.80	68804.92	85804.92	55804.92	85804.90
8	其他	12.58	270.00	360.00	452.60	80.00	78.50	90.00	0.00	0.00	45.30
9	合计	758826.08	785561.42	795526.76	823812.41	765438.00	676769.80	642449.81	818605.92	653359.81	814404.20
10	本期转出	582000.00	908000.00	800000.00	780000.00	800000.00	680000.00	650000.00	815000.00	600000.00	780000.00
11	转出数量	78000	100000	94000	95000	100000	84000	80000	100000	76000	94000
12	单位成本	7.46	9.08	8.51	8.21	8.00	8.10	8.13	8.15	7.89	8.30
13	期末数	183376.58	60938.00	56464.76	100277.17	65715.17	62484.97	54934.78	58540.70	111900.61	146304.71
14	直接材料比重	79.81%	80.42%	82.18%	83.10%	82.90%	82.19%	81.65%	83.07%	84.88%	82.83%
15	直接人工比重	6.47%	7.00%	6.54%	6.43%	6.92%	7.37%	7.63%	6.45%	6.58%	6.63%
16	制造费用比重	13.72%	12.55%	11.23%	10.42%	10.16%	10.43%	10.71%	10.48%	8.54%	10.54%
17	其他	0.00%	0.03%	0.05%	0.05%	0.01%	0.01%	0.01%	0.00%	0.00%	0.01%
18	合计	100.00%	100.00%	100.00%	100.00%	100.00%	100.00%	100.00%	100.00%	100.00%	100.00%
19											

图12-24

❷ 选中N5单元格，在公式编辑栏中输入公式：“=SUM（B5:M5）”，按回车键后向下复制公式．计算本年度各类成本要素各自合计数，如图12-25所示。

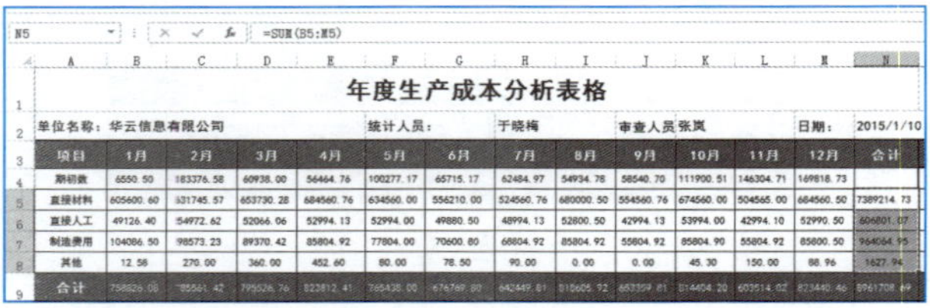
N5 =SUM(B5:M5)

年度生产成本分析表格

单位名称：华云信息有限公司　统计人员：于晓梅　审查人员 张岚　日期：2015/1/10

项目	1月	2月	3月	4月	5月	6月	7月	8月	9月	10月	11月	12月	合计
期初数	6550.50	183376.58	60938.00	56464.76	100277.17	65715.17	62484.97	54934.78	58540.70	111900.51	146304.71	169818.73	
直接材料	605600.60	631745.57	653730.28	684560.76	634560.00	556210.00	524560.76	680000.50	554560.76	674560.00	504565.00	684560.50	7389214.73
直接人工	49126.40	54972.62	52066.06	52994.13	52994.00	49880.50	48994.13	52800.50	42994.13	53994.00	42994.10	52990.50	606801.07
制造费用	104086.50	98573.23	89370.42	85804.92	77804.00	70600.80	68804.92	85804.92	55804.92	85804.90	55804.92	85800.50	964064.95
其他	12.58	270.00	360.00	452.60	80.00	78.50	90.00	0.00	0.00	45.30	150.00	88.96	1627.94
合计	758826.08	785561.42	795526.76	823812.41	765438.00	676769.80	642449.81	818605.92	653359.81	814404.20	603514.02	823440.46	8961708.69

图12-25

步骤3：计算各月生产成本结构比例和排序

❶ 选中O5单元格，在公式编辑栏中输入公式：“=IF（$N$9=0,"",N5/$N$9）”，按回车键后向下填充公式，计算出年度总额成本各元素的百分比，如图12-26所示。

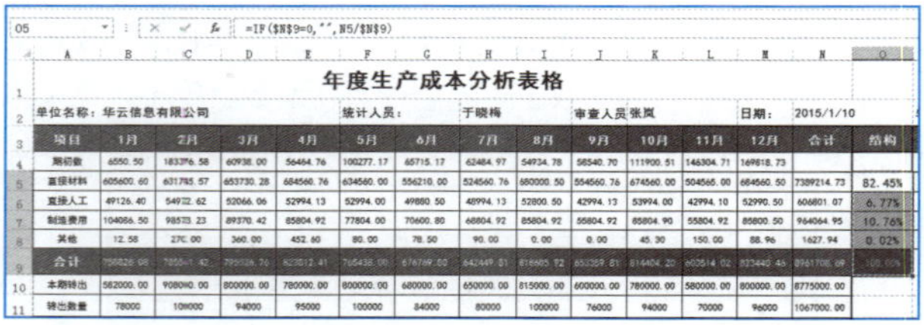
O5 =IF($N$9=0,"",N5/$N$9)

年度生产成本分析表格

单位名称：华云信息有限公司　统计人员：于晓梅　审查人员 张岚　日期：2015/1/10

项目	1月	2月	3月	4月	5月	6月	7月	8月	9月	10月	11月	12月	合计	结构
期初数	6550.50	183376.58	60938.00	56464.76	100277.17	65715.17	62484.97	54934.78	58540.70	111900.51	146304.71	169818.73		
直接材料	605600.60	631745.57	653730.28	684560.76	634560.00	556210.00	524560.76	680000.50	554560.76	674560.00	504565.00	684560.50	7389214.73	82.45%
直接人工	49126.40	54972.62	52066.06	52994.13	52994.00	49880.50	48994.13	52800.50	42994.13	53994.00	42994.10	52990.50	606801.07	6.77%
制造费用	104086.50	98573.23	89370.42	85804.92	77804.00	70600.80	68804.92	85804.92	55804.92	85804.90	55804.92	85800.50	964064.95	10.76%
其他	12.58	270.00	360.00	452.60	80.00	78.50	90.00	0.00	0.00	45.30	150.00	88.96	1627.94	0.02%
合计	758826.08	785561.42	795526.76	823812.41	765438.00	676769.80	642449.81	818605.92	653359.81	814404.20	603514.02	823440.46	8961708.69	100.00%
本期转出	582000.00	908000.00	800000.00	780000.00	800000.00	680000.00	650000.00	815000.00	600000.00	780000.00	580000.00	800000.00	8775000.00	
转出数量	78000	100000	94000	95000	100000	84000	80000	100000	76000	94000	70000	96000	1067000.00	

图12-26

❷ 选中P5单元格，在公式编辑栏中输入公式：“=IF（O5="","",RANK（O5,$O$5:$O$8））”，按回车键后向下复制公式，计算出各个成本元素在本年度总成本的排名情况，如图12-27所示。

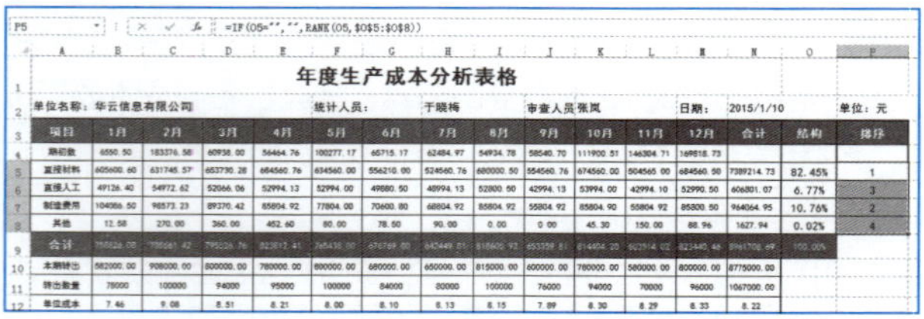
P5 =IF(O5="","",RANK(O5,$O$5:$O$8))

年度生产成本分析表格

单位名称：华云信息有限公司　统计人员：于晓梅　审查人员 张岚　日期：2015/1/10　单位：元

项目	1月	2月	3月	4月	5月	6月	7月	8月	9月	10月	11月	12月	合计	结构	排序
期初数	6550.50	183376.58	60938.00	56464.76	100277.17	65715.17	62484.97	54934.78	58540.70	111900.51	146304.71	169818.73			
直接材料	605600.60	631745.57	653730.28	684560.76	634560.00	556210.00	524560.76	680000.50	554560.76	674560.00	504565.00	684560.50	7389214.73	82.45%	1
直接人工	49126.40	54972.62	52066.06	52994.13	52994.00	49880.50	48994.13	52800.50	42994.13	53994.00	42994.10	52990.50	606801.07	6.77%	3
制造费用	104086.50	98573.23	89370.42	85804.92	77804.00	70600.80	68804.92	85804.92	55804.92	85804.90	55804.92	85800.50	964064.95	10.76%	2
其他	12.58	270.00	360.00	452.60	80.00	78.50	90.00	0.00	0.00	45.30	150.00	88.96	1627.94	0.02%	4
合计	758826.08	785561.42	795526.76	823812.41	765438.00	676769.80	642449.81	818605.92	653359.81	814404.20	603514.02	823440.46	8961708.69	100.00%	
本期转出	582000.00	908000.00	800000.00	780000.00	800000.00	680000.00	650000.00	815000.00	600000.00	780000.00	580000.00	800000.00	8775000.00		
转出数量	78000	100000	94000	95000	100000	84000	80000	100000	76000	94000	70000	96000	1067000.00		
单位成本	7.46	9.08	8.51	8.21	8.00	8.10	8.13	8.15	7.89	8.30	8.29	8.33	8.22		

图12-27

步骤4：计算各月生产成本平均数和标准差

❶ 选中P14单元格，在公式编辑栏中输入公式：“=IF（N9="","",N9/12）”，按回车键，计算本年度各月生产成本的平均数，如图12-28所示。

P14　=IF(N9="","",N9/12)

项目	1月	2月	3月	4月	5月	6月	7月	8月	9月	10月	11月	12月	合计	结构	排序
期初数	6550.50	183376.58	60938.00	56464.76	100277.17	65715.17	62484.97	54934.78	58540.70	111900.51	146304.71	169818.73			
直接材料	605600.60	631745.57	653730.28	684560.76	634560.00	556210.00	524560.76	680000.50	554560.76	674560.00	504565.00	684560.50	7389214.73	82.45%	1
直接人工	49126.40	54972.62	52066.06	52994.13	52994.00	49880.50	48994.13	52800.50	42994.13	53994.00	42994.10	52990.50	606801.07	6.77%	3
制造费用	104086.50	98573.23	89370.42	85804.92	77804.00	70600.80	68804.92	85804.92	55804.92	85804.90	55804.92	85800.50	964064.95	10.76%	2
其他	12.58	270.00	360.00	452.60	80.00	78.50	90.00	0.00	0.00	45.30	150.00	88.96	1627.94	0.02%	4
合计	758826.08	785561.42	795526.76	823812.41	765438.00	676769.80	642449.81	818605.92	653359.81	814404.20	603514.02	823440.46	8961708.69	100.00%	
本期转出	582000.00	908000.00	800000.00	780000.00	800000.00	680000.00	650000.00	815000.00	600000.00	780000.00	580000.00	800000.00	8775000.00		
转出数量	78000	100000	94000	95000	100000	84000	80000	100000	76000	94000	70000	96000	1067000.00		
单位成本	7.46	9.08	8.51	8.21	8.00	8.10	8.13	8.15	7.89	8.30	8.29	8.33	8.22		
期末数	183376.58	60938.00	56464.76	100277.17	65715.17	62484.97	54934.78	58540.70	111900.51	146304.71	169818.73	193259.19			
直接材料比重	79.81%	80.42%	82.18%	83.10%	82.90%	82.19%	81.65%	83.07%	84.88%	82.83%	83.60%	83.13%	82.45%	平均数：	746809.06
直接人工比重	6.47%	7.00%	6.54%	6.43%	6.92%	7.37%	7.63%	6.45%	6.58%	6.63%	7.12%	6.44%	6.77%	标准差：	
制造费用比重	13.72%	12.55%	11.23%	10.42%	10.16%	10.43%	10.71%	10.48%	8.54%	10.54%	9.25%	10.42%	10.76%		
其他	0.00%	0.03%	0.05%	0.05%	0.01%	0.01%	0.01%	0.00%	0.00%	0.01%	0.02%	0.01%	0.02%		

图12-28

2 选中P15单元格，在公式编辑栏中输入公式：“=SQRT（DEVSQ（B9:M9）/12）”，按回车键，计算出各个月生产成本的标准差，如图12-29所示。

P15　=SQRT(DEVSQ(B9:M9)/12)

项目	1月	2月	3月	4月	5月	6月	7月	8月	9月	10月	11月	12月	合计	结构	排序
期初数	6550.50	183376.58	60938.00	56464.76	100277.17	65715.17	62484.97	54934.78	58540.70	111900.51	146304.71	169818.73			
直接材料	605600.60	631745.57	653730.28	684560.76	634560.00	556210.00	524560.76	680000.50	554560.76	674560.00	504565.00	684560.50	7389214.73	82.45%	1
直接人工	49126.40	54972.62	52066.06	52994.13	52994.00	49880.50	48994.13	52800.50	42994.13	53994.00	42994.10	52990.50	606801.07	6.77%	3
制造费用	104086.50	98573.23	89370.42	85804.92	77804.00	70600.80	68804.92	85804.92	55804.92	85804.90	55804.92	85800.50	964064.95	10.76%	2
其他	12.58	270.00	360.00	452.60	80.00	78.50	90.00	0.00	0.00	45.30	150.00	88.96	1627.94	0.02%	4
合计	758826.08	785561.42	795526.76	823812.41	765438.00	676769.80	642449.81	818605.92	653359.81	814404.20	603514.02	823440.46	8961708.69	100.00%	
本期转出	582000.00	908000.00	800000.00	780000.00	800000.00	680000.00	650000.00	815000.00	600000.00	780000.00	580000.00	800000.00	8775000.00		
转出数量	78000	100000	94000	95000	100000	84000	80000	100000	76000	94000	70000	96000	1067000.00		
单位成本	7.46	9.08	8.51	8.21	8.00	8.10	8.13	8.15	7.89	8.30	8.29	8.33	8.22		
期末数	183376.58	60938.00	56464.76	100277.17	65715.17	62484.97	54934.78	58540.70	111900.51	146304.71	169818.73	193259.19			
直接材料比重	79.81%	80.42%	82.18%	83.10%	82.90%	82.19%	81.65%	83.07%	84.88%	82.83%	83.60%	83.13%	82.45%	平均数：	746809.06
直接人工比重	6.47%	7.00%	6.54%	6.43%	6.92%	7.37%	7.63%	6.45%	6.58%	6.63%	7.12%	6.44%	6.77%	标准差：	76895.47
制造费用比重	13.72%	12.55%	11.23%	10.42%	10.16%	10.43%	10.71%	10.48%	8.54%	10.54%	9.25%	10.42%	10.76%		

图12-29

公式分析：

“=IF（B11=0,"", B10/B11）”表示，若B11单元格不为“0”，则执行公式B10/B11，且将所得结果返回B12单元格。

文件139　年度生产成本趋势分析图表

当根据企业在某年度投入的生产成本，可以创建图表分析该年度生产成本投入趋势。根据生产成本的投入趋势，可以反映生产的高峰期和低谷期，为企业指定下一年度的成产成本计划提供资料。

制作要点与设计效果图

- 创建折线图
- 编辑数据系列
- 更改坐标值刻度
- 更改图例位置
- 显示模拟运算表

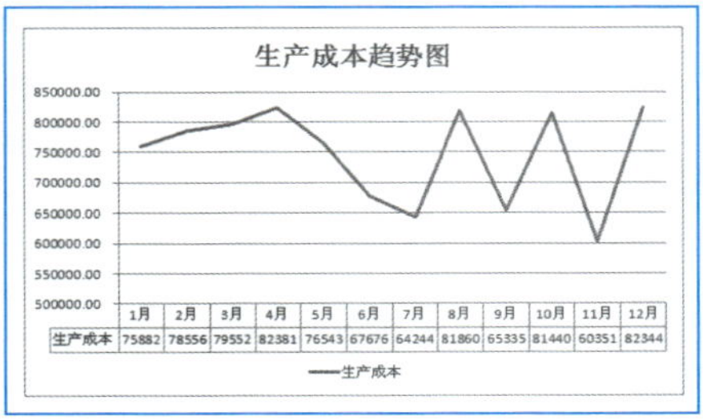

文件设计过程

步骤1：插入图表

❶ 重命名Sheet2工作表为“成产成本趋势分析”，单击“插入”选项卡，在“图表”选项组中单击“插入折线图”按钮，如图12-30所示。在其下拉列表中选择“折线图”图表。

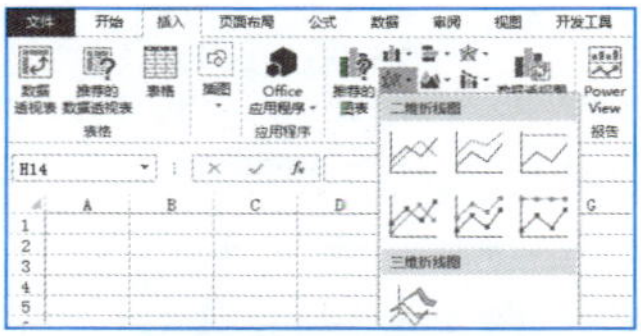

图12-30

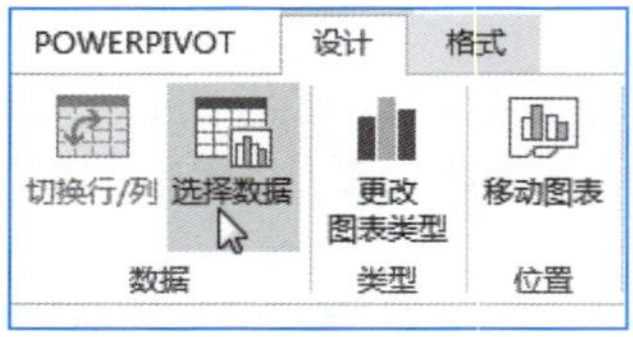

图12-31

❷ 选中图表后，系统会在工作表区域创建一个空白的图表模板。在“数据”选项组单击“选择数据”按钮，如图12-31所示。

❸ 打开“选择数据源”对话框，单击图表数据区域右侧的按钮，在“年度生产成本分析表格”中拖动鼠标选中B3:M3单元格区域，按Ctrl键，接着选中B9:M9单元格区域，如图12-32所示。

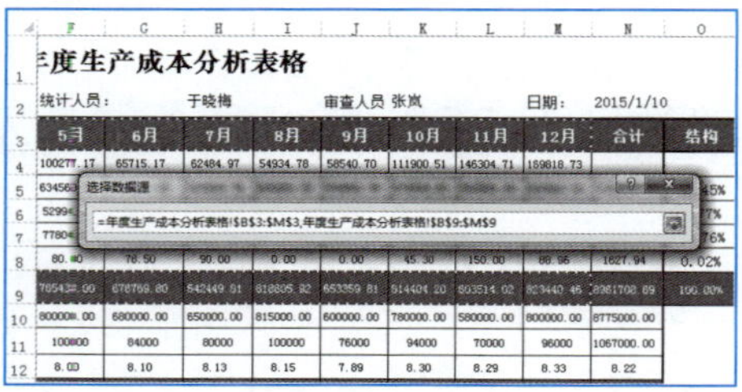

图12-32

❹ 再次单击图表数据区域右侧的按钮，展开“选择数据源”对话框，系统会自动从选择的区域中识别水平轴标签，单击“确定”按钮，如图12-33所示。

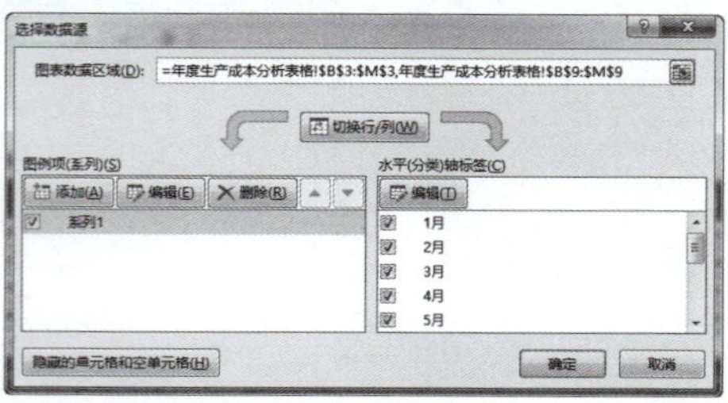

图12-33

5 此时系统会根据图表设置的数据源在图表中将数据源显示出来，如图12-34所示。

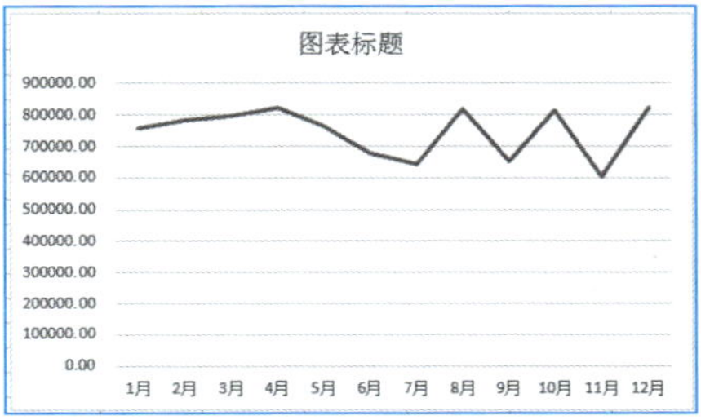

图12-34

步骤2：更改系列名称

1 再次打开“选择数据源”对话框，在“图例项（系列）”文本框中选中“系列1”，接着单击“编辑”按钮，如图12-35所示。

2 打开“编辑数据系列”对话框，在“系列名称”文本框中输入“生产成本”，如图12-36所示。

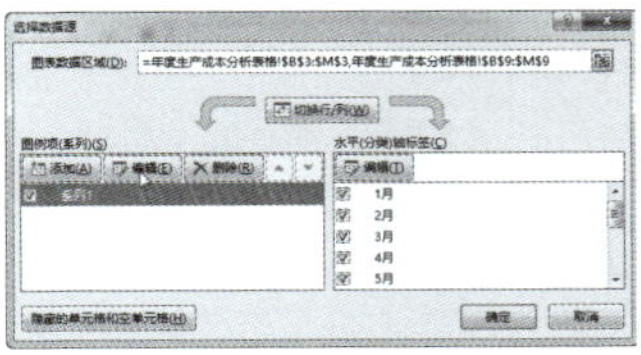

图12-35

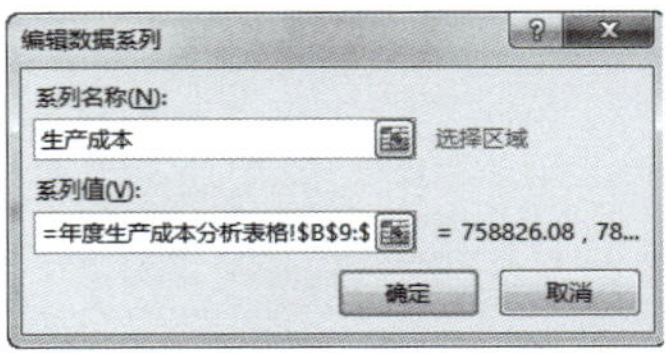

图12-36

步骤3：更改坐标轴格式

1 连续两次单击“确定”按钮返回到工作表中，选中垂直坐标轴，单击鼠标右键，在右键菜单中单击“设置坐标轴格式”命令，如图12-37所示。

2 打开“设置坐标轴格式”窗格，在“最小值”设置框中输入“500000”，在“主要刻度值”设置框中输入“50000”，单击“关闭”按钮，如图12-38所示。

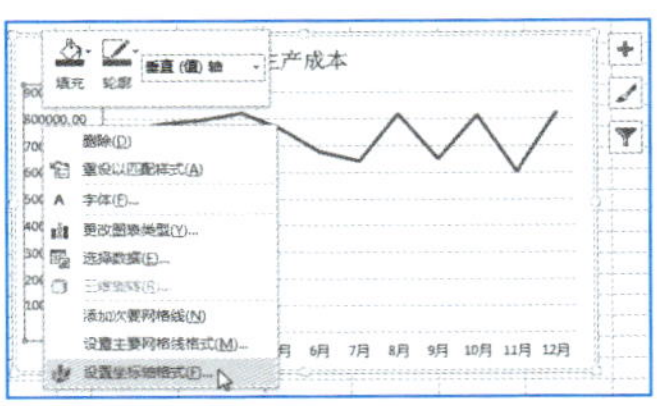

图12-37

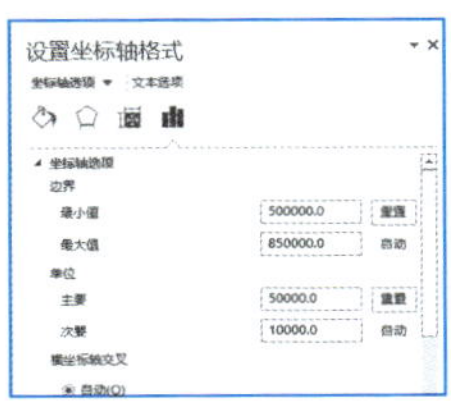

图12-38

❸ 返回工作表中，可以看到图标的坐标轴发生变化，通过更改坐标轴刻度值显示，更直观显示出图表的数据变化，如图12-39所示。

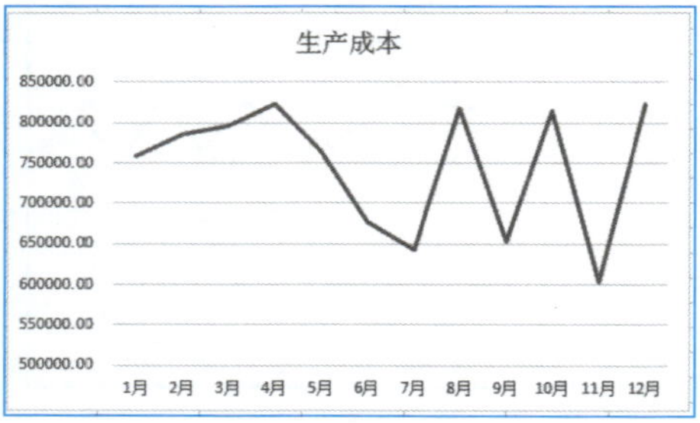

图12–39

步骤3：在底部显示图例

❶ 选中图表，单击“图表元素”按钮，打开下拉菜单，单击“图例”右侧按钮，如图12-40所示。

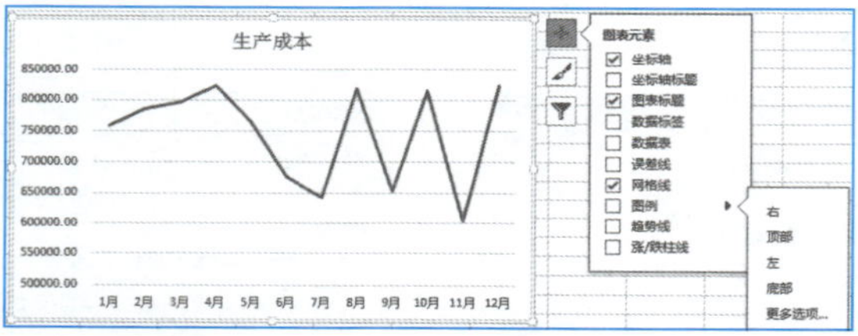

图12–40

❷ 在子菜单中选择要添加的图例位置（单击鼠标即可应用），如这里单击“底部”，效果如图12-41所示。

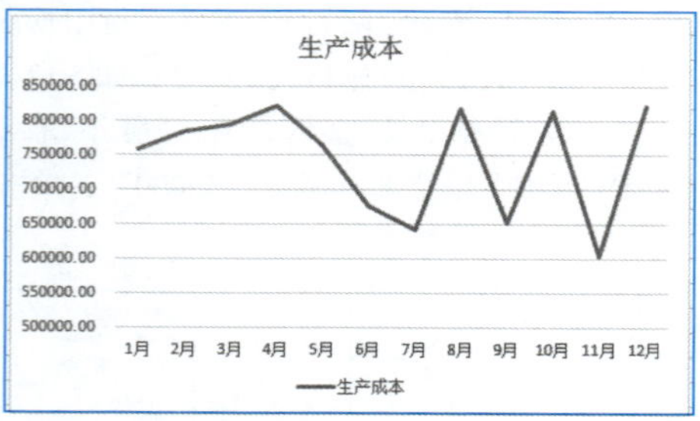

图12–41

步骤4：显示模拟运算表

❶ 选中图表，“图表工具”→“设计”选项卡，在“图表布局”选项组中

单击“快速布局”按钮，在其下拉列表中选择布局，如图12-42所示。

2 返回工作表中，系统会显示选择的图表布局，选中图表标题，将标题更改为“生产成本趋势图”达到最终效果图，如图12-43所示。

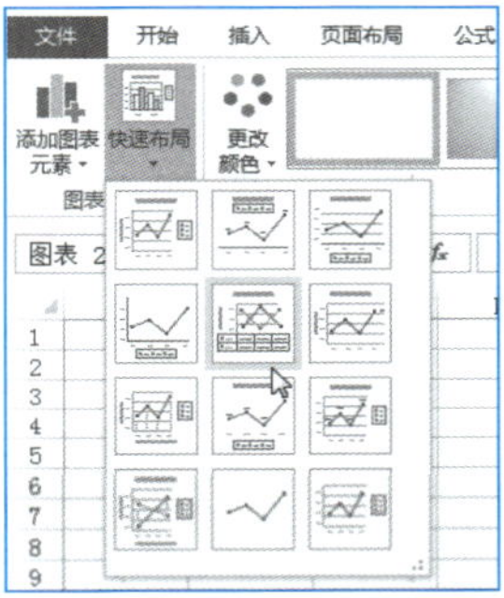

图12-42

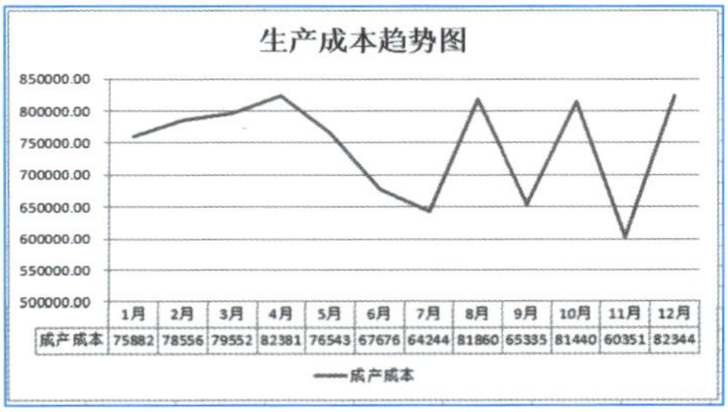

图12-43

提 示

系统自动生成的图表刻度值数据间隔大，刻度值也大，不能直观地显示出数据的变化情况，此时可以根据选择的数据源手动更改坐标轴的刻度间隔和刻度值。

文件140　产品成本降低完成情况分析

在已知上年平均单位成本和本年计划产量的情况下，可以制定本年的成本计划，并设置公式计算出本年计划总成本、计划成本的降低额，以及成本降低率，还可以在Excel中使用图表进行比较分析。

制作要点与设计效果图

- SUM函数（参考函数3、7、16）
- AVERAGE函数（参考函数17）
- 插入文本框

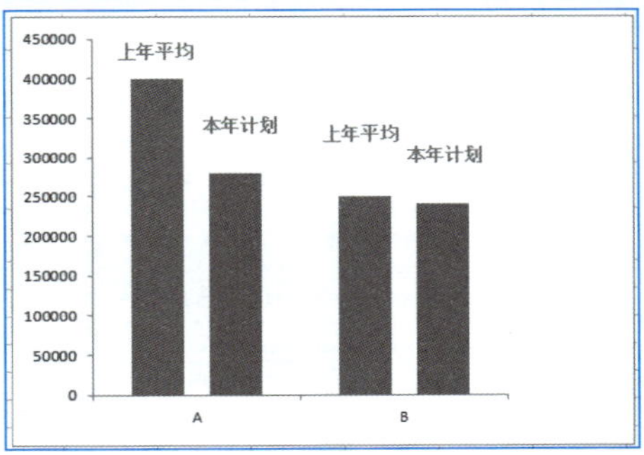

文件设计过程

步骤1：设置公式

❶ 在E4单元格中输入公式："=B4*C4"，按回车键，然后复制公式到单元格E5，计算两种产品上年平均总成本，如图12-44所示。

❷ 将F4单元格中输入公式："=B4*D4"，按回车键后复制公式至F5单元格，计算本年计划总成本数，如图12-45所示。

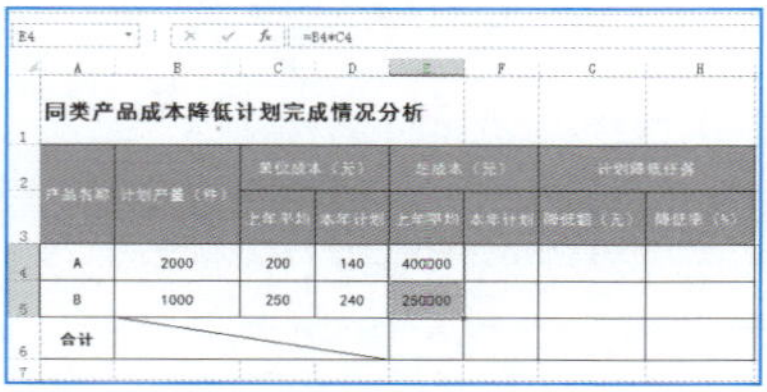

E4 =B4*C4

同类产品成本降低计划完成情况分析

产品名称	计划产量（件）	单位成本（元）		总成本（元）		计划降低任务	
		上年平均	本年计划	上年平均	本年计划	降低额（元）	降低率（%）
A	2000	200	140	400000			
B	1000	250	240	250000			
合计							

图12-44

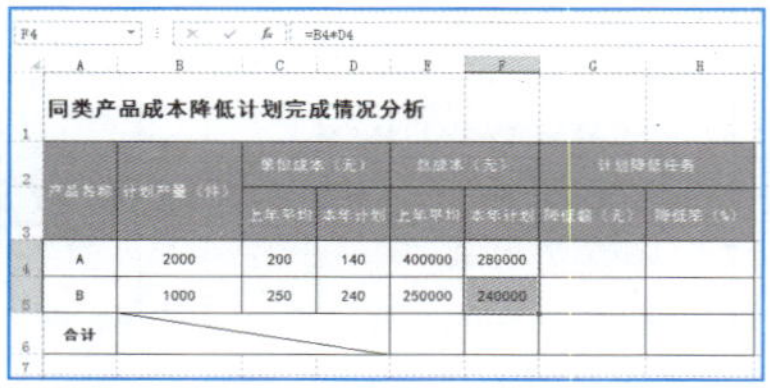

F4 =B4*D4

同类产品成本降低计划完成情况分析

产品名称	计划产量（件）	单位成本（元）		总成本（元）		计划降低任务	
		上年平均	本年计划	上年平均	本年计划	降低额（元）	降低率（%）
A	2000	200	140	400000	280000		
B	1000	250	240	250000	240000		
合计							

图12-45

❸ 在G4单元格中输入公式："=E4-F4"，按回车键，向下复制公式至G5单元格，计算计划成本的降低额，如图12-46所示。

❹ 在H4单元格中输入公式："=G4/E4*100"，按回车键，向下复制公式至H5，计算计划成本降低率，如图12-47所示。

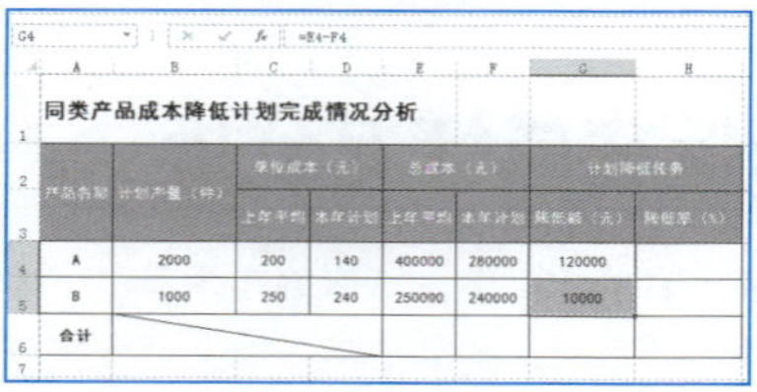

G4 =E4-F4

同类产品成本降低计划完成情况分析

产品名称	计划产量（件）	单位成本（元）		总成本（元）		计划降低任务	
		上年平均	本年计划	上年平均	本年计划	降低额（元）	降低率（%）
A	2000	200	140	400000	280000	120000	
B	1000	250	240	250000	240000	10000	
合计							

图12-46

H4 =G4/E4*100

同类产品成本降低计划完成情况分析

产品名称	计划产量（件）	单位成本（元）		总成本（元）		计划降低任务	
		上年平均	本年计划	上年平均	本年计划	降低额（元）	降低率（%）
A	2000	200	140	400000	280000	120000	30.00
B	1000	250	240	250000	240000	10000	4.00
合计							

图12-47

❺ 在E6单元格中输入公式："=SUM（E4:E5）"，按回车键，向右复制公式至单元格G6，计算上年、本年总成本以及降低额合计，如图12-48所示。

❻ 在H6单元格汇总输入公式："=AVERAGE（H4:H5）"，计算平均降低率，如图12-49所示。

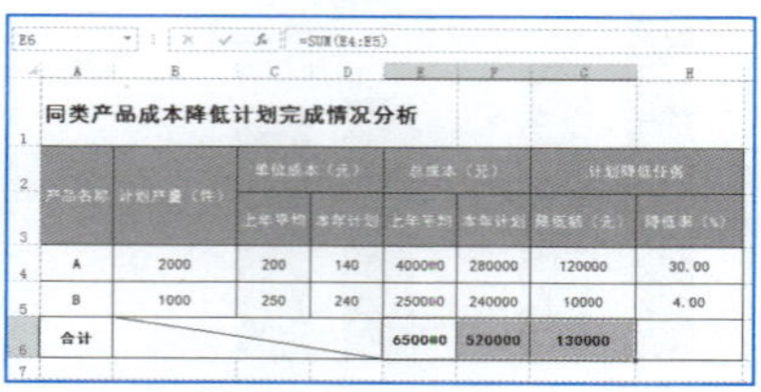

E6 =SUM(E4:E5)

同类产品成本降低计划完成情况分析

产品名称	计划产量（件）	单位成本（元）		总成本（元）		计划降低任务	
		上年平均	本年计划	上年平均	本年计划	降低额（元）	降低率（%）
A	2000	200	140	400000	280000	120000	30.00
B	1000	250	240	250000	240000	10000	4.00
合计				650000	520000	130000	

图12-48

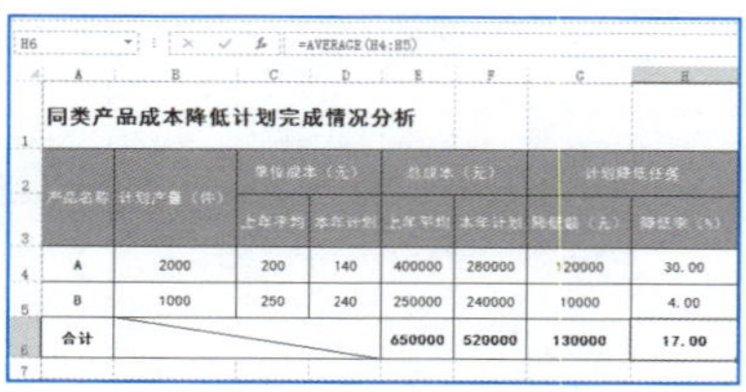

H6 =AVERAGE(H4:H5)

同类产品成本降低计划完成情况分析

产品名称	计划产量（件）	单位成本（元）		总成本（元）		计划降低任务	
		上年平均	本年计划	上年平均	本年计划	降低额（元）	降低率（%）
A	2000	200	140	400000	280000	120000	30.00
B	1000	250	240	250000	240000	10000	4.00
合计				650000	520000	130000	17.00

图12-49

步骤2：创建并设置图表

❶ 以A、B产品上年平均和本年计划总成本为源数据，创建成本比较柱形图，并进行相关格式设置，如图12-50所示。

❷ 打开“设置数据系列格式”窗格，在“系列选项”栏下设置“系列层叠”，如图12-51所示。

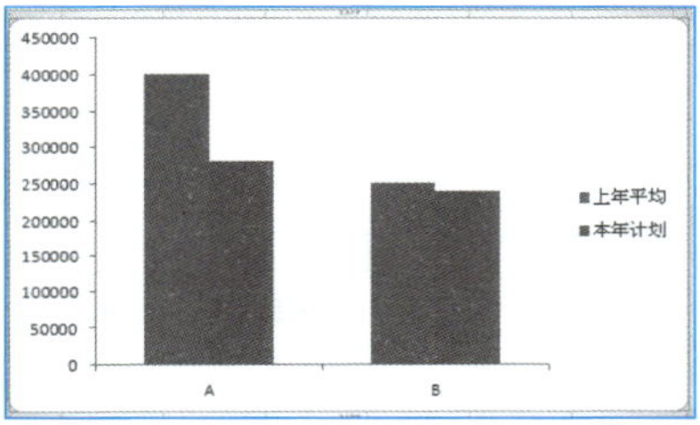

图12-50

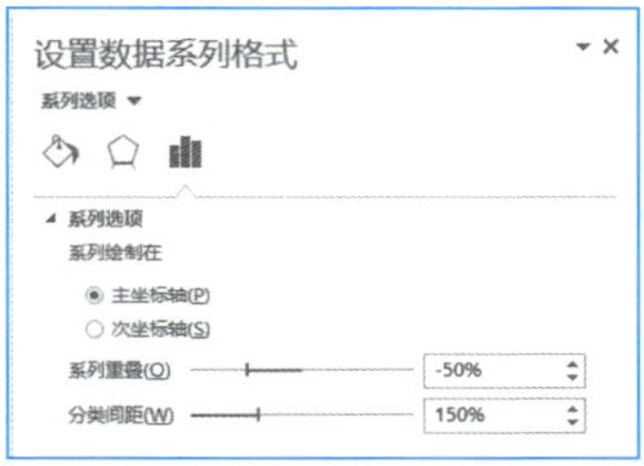

图12-51

❸ 删除图表中的图例项，使用文本框在系列的上方标识出系列，进一步完善，得到图表的最终效果，如图12-52所示。

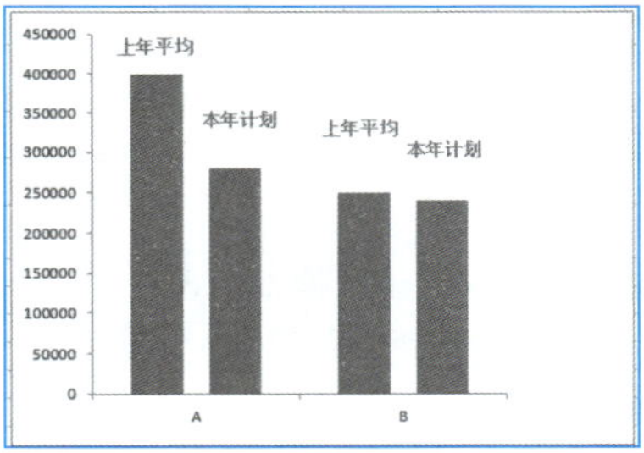

图12-52

文件141　产品单位成本升降分析

在Excel 中使用公式计算并用柱形图分析影响生产成本的各个项目的变化情况。

制作要点与设计效果图

- 设置公式
- 创建柱形图
- 显示数据标签
- 隐藏数据点
- 设置数据点填充色

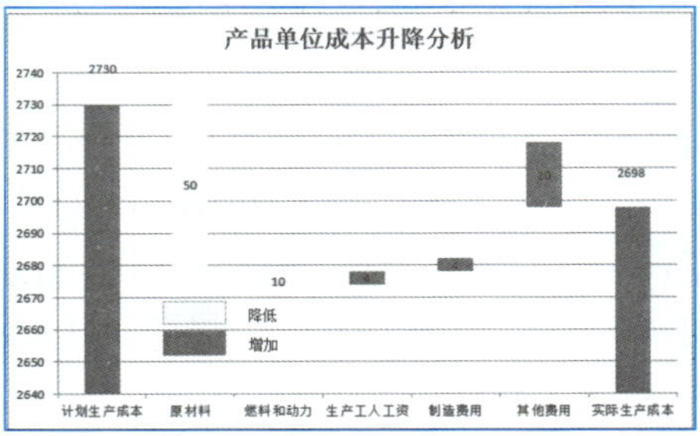

文件设计过程

步骤1：设置公式

❶ 在D4单元格中输入公式："=B4-C4"，向下复制公式至D8单元格，如图12-53所示。

❷ 在B9单元格中输入公式："=SUM（B4:B8）"，计算计划成本数额，向右复制公式至D9单元格，计算计算生产成本和降低额合计数，如图12-54所示。

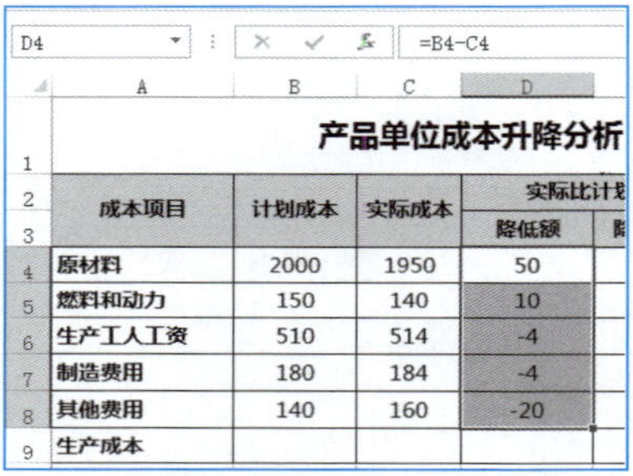
D4 =B4-C4

成本项目	计划成本	实际成本	实际比计划 降低额
原材料	2000	1950	50
燃料和动力	150	140	10
生产工人工资	510	514	-4
制造费用	180	184	-4
其他费用	140	160	-20
生产成本			

图12-53

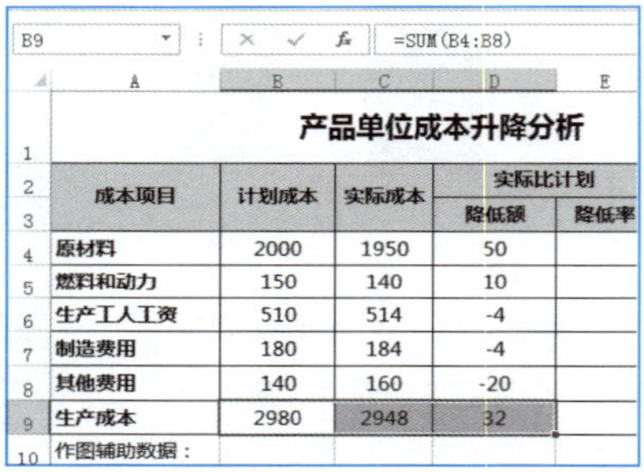
B9 =SUM(B4:B8)

成本项目	计划成本	实际成本	实际比计划 降低额	降低率
原材料	2000	1950	50	
燃料和动力	150	140	10	
生产工人工资	510	514	-4	
制造费用	180	184	-4	
其他费用	140	160	-20	
生产成本	2980	2948	32	
作图辅助数据：				

图12-54

❸ 在E4单元格中输入公式："=D4/B4"，将计算结果设置为百分比格式，向下复制公式至E9单元格，计算各项目的降低率，如图12-55所示。

❹ 在F4单元格中输入公式："=D4/$B$9"，向下复制公式至F9单元格，并将计算结果设置为百分比格式，如图12-56所示。

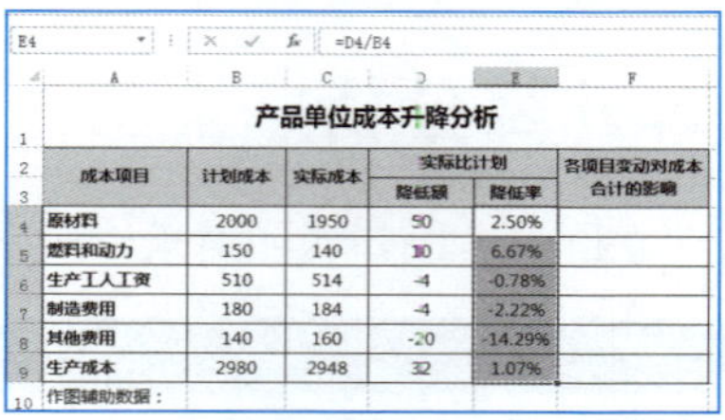
E4 =D4/B4

成本项目	计划成本	实际成本	实际比计划 降低额	降低率	各项目变动对成本合计的影响
原材料	2000	1950	50	2.50%	
燃料和动力	150	140	10	6.67%	
生产工人工资	510	514	-4	-0.78%	
制造费用	180	184	-4	-2.22%	
其他费用	140	160	-20	-14.29%	
生产成本	2980	2948	32	1.07%	
作图辅助数据：					

图12-55

F4 =D4/$B$9

成本项目	计划成本	实际成本	实际比计划 降低额	降低率	各项目变动对成本合计的影响
原材料	2000	1950	50	2.50%	1.68%
燃料和动力	150	140	10	6.67%	0.34%
生产工人工资	510	514	-4	-0.78%	-0.13%
制造费用	180	184	-4	-2.22%	-0.13%
其他费用	140	160	-20	-14.29%	-0.67%
生产成本	2980	2948	32	1.07%	1.07%
作图辅助数据：					

图12-56

步骤2：创建作图辅助数据表

在A11：D18单元格区域中创建辅助数据表，在C12单元格中输入0，在C13单元格中输入公式："=D4"，向下复制公式至C17单元格。在B13单元格中输入公式："=B12-C13"，复制公式至B18单元格，如图12-57和图15-58所示。

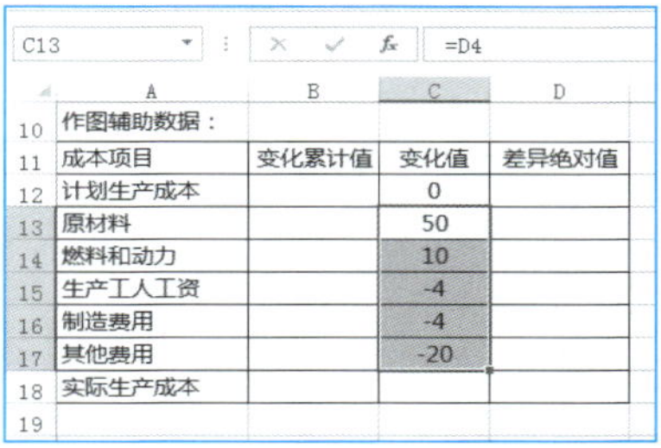

C13 =D4

	A	B	C	D
10	作图辅助数据：			
11	成本项目	变化累计值	变化值	差异绝对值
12	计划生产成本		0	
13	原材料		50	
14	燃料和动力		10	
15	生产工人工资		-4	
16	制造费用		-4	
17	其他费用		-20	
18	实际生产成本			
19				

图12-57

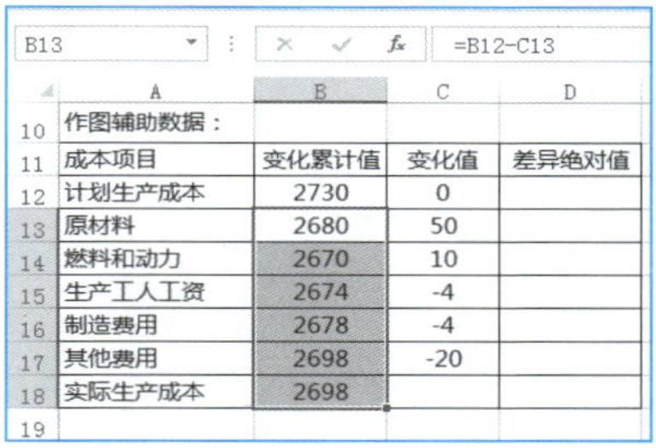

B13 =B12-C13

	A	B	C	D
10	作图辅助数据：			
11	成本项目	变化累计值	变化值	差异绝对值
12	计划生产成本	2730	0	
13	原材料	2680	50	
14	燃料和动力	2670	10	
15	生产工人工资	2674	-4	
16	制造费用	2678	-4	
17	其他费用	2698	-20	
18	实际生产成本	2698		
19				

图12-58

步骤3：设置工商局计算差异绝对值表

在D12单元格中输入公式："=ABS（C12）"，然后复制公式至D17单元格，如图12-59所示。

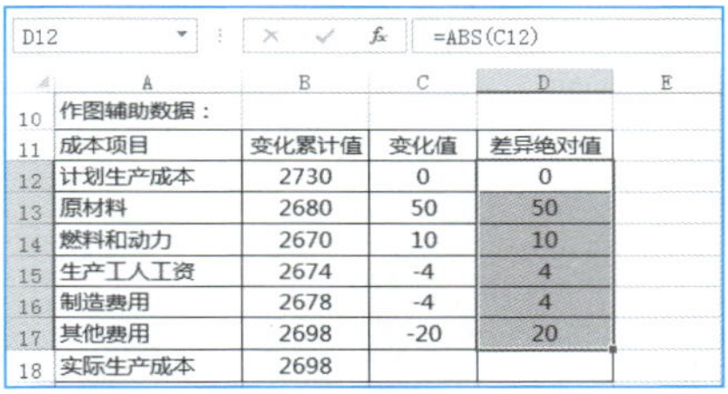

D12 =ABS(C12)

	A	B	C	D	E
10	作图辅助数据：				
11	成本项目	变化累计值	变化值	差异绝对值	
12	计划生产成本	2730	0	0	
13	原材料	2680	50	50	
14	燃料和动力	2670	10	10	
15	生产工人工资	2674	-4	4	
16	制造费用	2678	-4	4	
17	其他费用	2698	-20	20	
18	实际生产成本	2698			

图12-59

步骤4：创建图表

❶ 选择A12：B18、D12：D18单元格区域，单击"插入"选项卡下"图表"选项组中"柱形图"下拉按钮，在下拉菜单中选择一种图表子类型，如图12-60所示。

❷ 在Excel中创建默认的堆积柱形图，删除图例项，如图12-61所示。

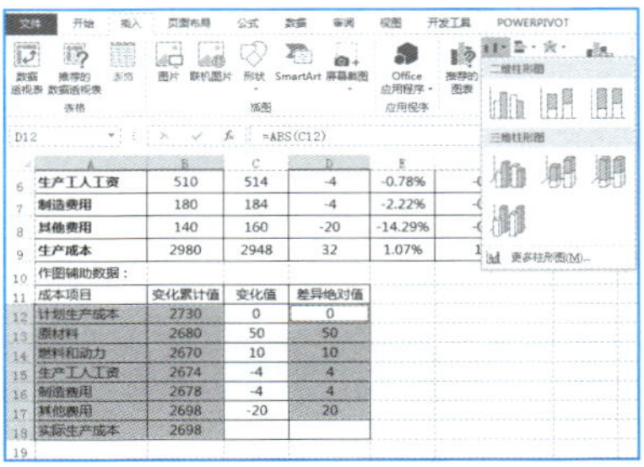

图12-60

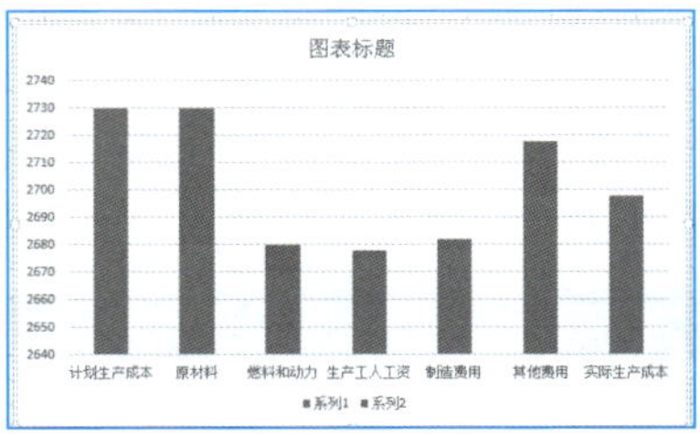

图12-61

步骤5：设置数据标签表

❶ 显示堆积柱形图的数据标签，将第一个和最后一个数据标签移至数据条上方，删除系列1其余数据点的数据标签和图例，如图12-62所示。

❷ 依次选中构成成本各个项目的系列1的数据点，设置为无填充色，将这

些数据点隐藏起来，只显示变化的值。将系列2中降低的数据点填充为黄色，将增加的数据点填充为红色，如图12-63所示。

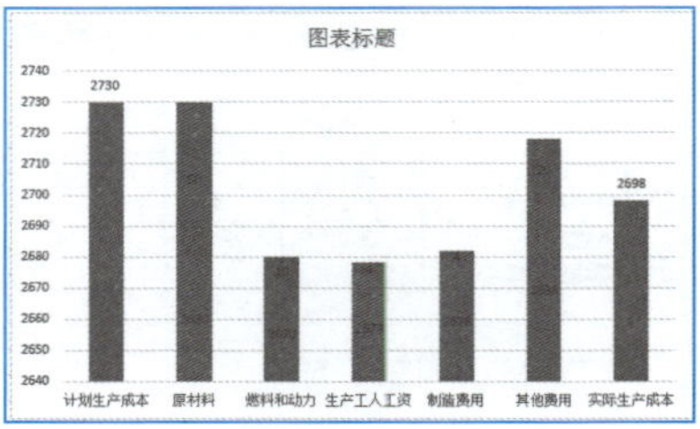

图12-62

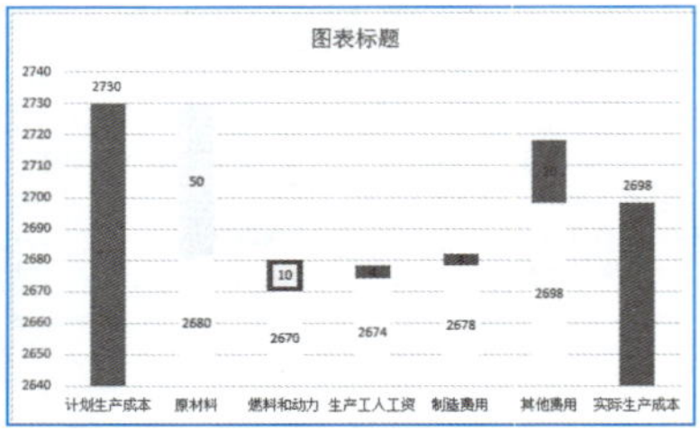

图12-63

3 使用文本框在绘图区中绘制一个颜色填充的说明，得到最终效果，如图12-64所示。

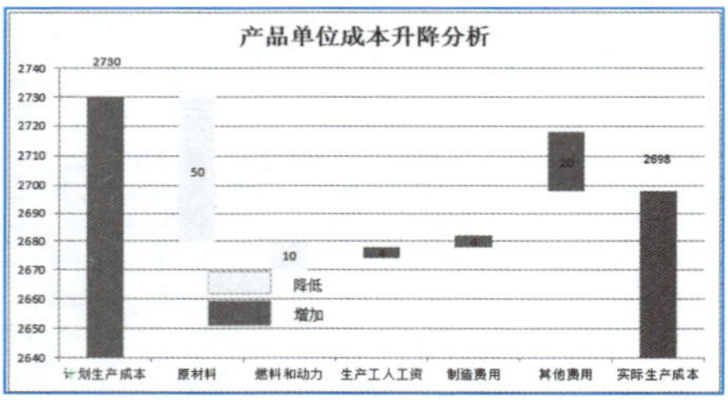

图12-64

文件142　生产成本结构分析图

饼图通常用来显示数据系列中的项目和该项目数值综合的比例关系。饼图突出显示的是部分月整体的关系，使用饼图来分析企业的生产成本，可以更直观地反映在一年里，直接材料、直接人工、制造费用等成本要素占总和的百分比。

制作要点与设计效果图

- 创建饼图
- 添加图表标题
- 设置图标区格式
- 添加百分比标签

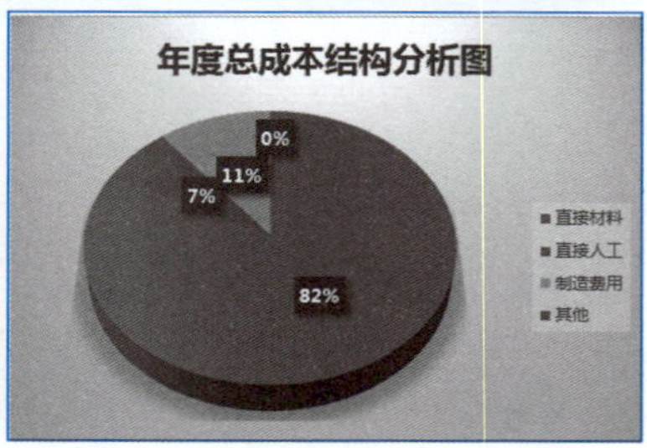

文件设计过程

步骤1：插入饼形图

❶ 重命名Sheet3工作表为“成产成本结构分析饼图”。切换到“插入”选项卡，在“图表”选项组单击“插入饼图”按钮，在其下拉列表中选择“三维饼图”图表，如图12-65所示。

❷ 选中新建的空白图表，打开“选中数据源”对话框，选择数据区域A5:A8和O5:O8单元格区域，单击“确定”按钮，如图12-66所示。

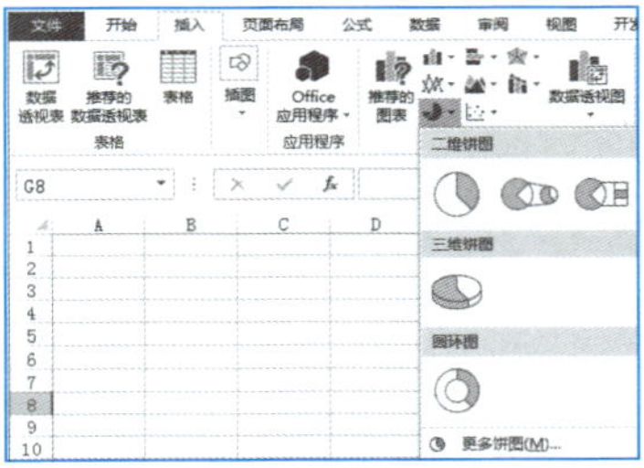

图12-65

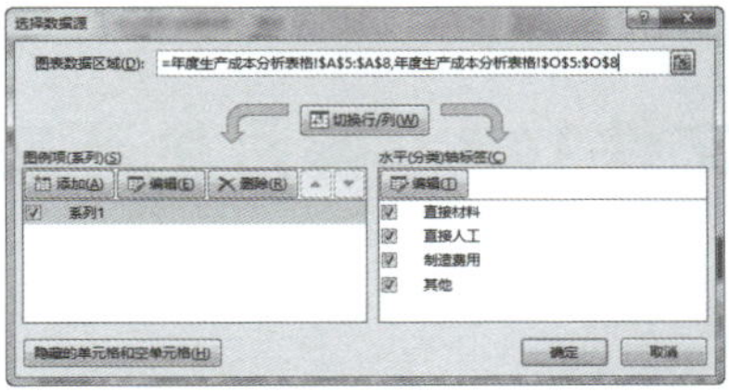

图12-66

❸ 返回工作表中，系统会根据为图表设置的数据源在图表中将数据源呈现出来，如图12-67所示。

步骤2：添加标题

在图表标题文本框中输入表格的图表标题“年度总成本结构分析图”，如图12-68所示。

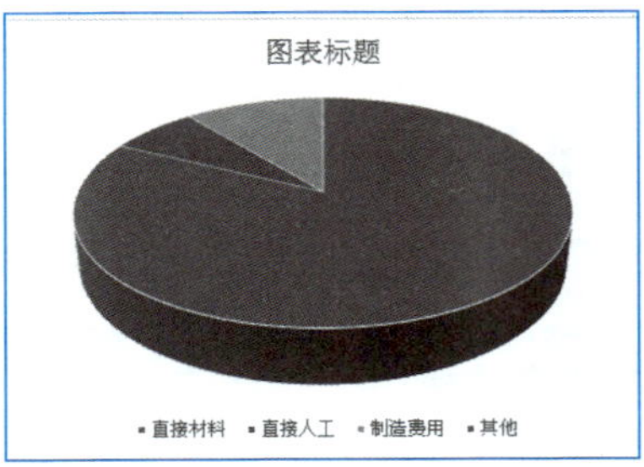

图12-67

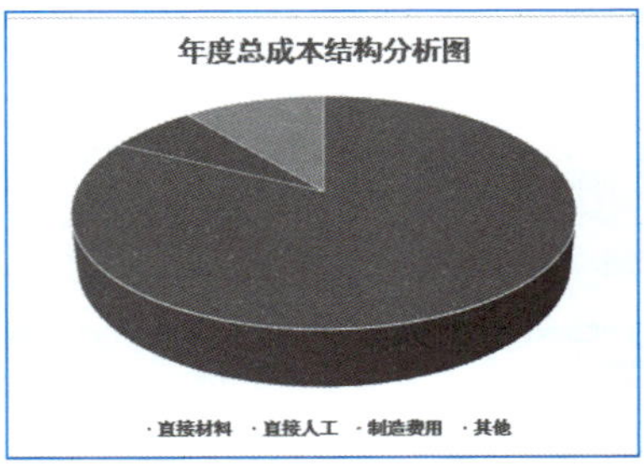

图12-68

步骤3：套用图表样式

选中图表，单击“图表样式”按钮，打开扩展项，可以通过套用样式快速布局图表，如图12-69所示。

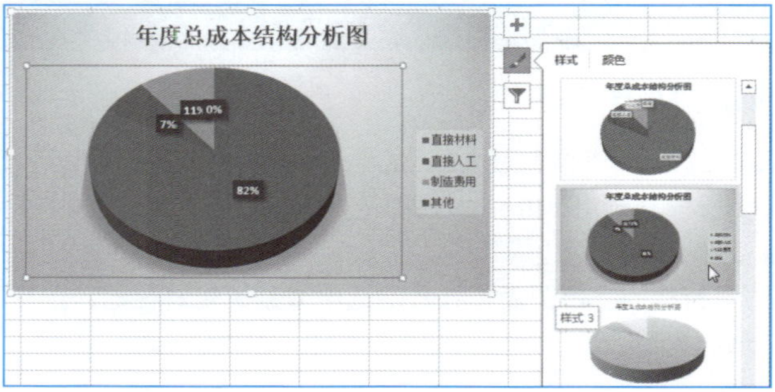

图12-69

文件143　各月生产成本年度比较图表

通过将本年度的生产成本与上年度各月的生产成本进行比较，可以反映企业在相邻的两个年度之间各月生产产量以及耗费成本的变动情况，通过将计算各月的增减比率，也可以反映成本的变动趋势。在Excel 中，可以使用柱形图和折线图的混合图形来显示比较效果。

制作要点与设计效果图

- 创建柱形图
- 添加数据系列
- 更改系列绘制坐标轴
- 更改系列的图表类型

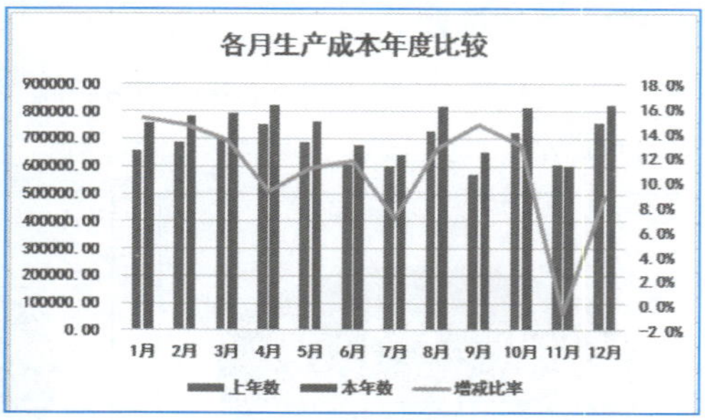

文件设计过程

步骤1：插入柱形图

❶ 插入新工作表，并重命名为“各月生产成本比较”，输入上年和今年各月的生产成本数据。在E4单元格中输入公式：“=IF（B4=0,0,D4/B4）”按回车键后向下填充公式，即可计算生产成本的增减比率，接着计算合计数，如图12-70所示。

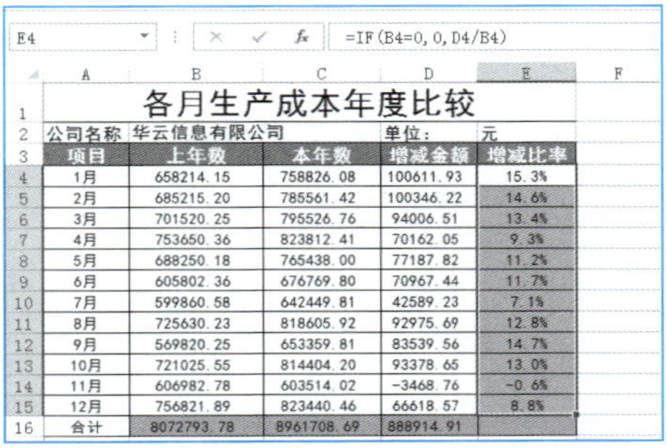

E4　=IF(B4=0, 0, D4/B4)

	A	B	C	D	E
1	各月生产成本年度比较				
2	公司名称	华云信息有限公司		单位：	元
3	项目	上年数	本年数	增减金额	增减比率
4	1月	658214.15	758826.08	100611.93	15.3%
5	2月	685215.20	785561.42	100346.22	14.6%
6	3月	701520.25	795526.76	94006.51	13.4%
7	4月	753650.36	823812.41	70162.05	9.3%
8	5月	688250.18	765438.00	77187.82	11.2%
9	6月	605802.36	676769.80	70967.44	11.7%
10	7月	599860.58	642449.81	42589.23	7.1%
11	8月	725630.23	818605.92	92975.69	12.8%
12	9月	569820.25	653359.81	83539.56	14.7%
13	10月	721025.55	814404.20	93378.65	13.0%
14	11月	606982.78	603514.02	-3468.76	-0.6%
15	12月	756821.89	823440.46	66618.57	8.8%
16	合计	8072793.78	8961708.69	888914.91	

图12-70

2 选中A3:C15单元格区域，切换到“插入”选项组，在“图表”选项组单击“插入柱形图”按钮，在其下拉列表中选择“簇状柱形图”图表类型，如图12-71所示。

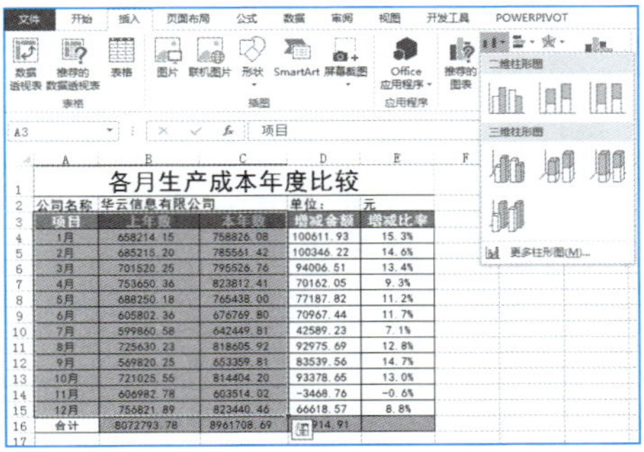

	A	B	C	D	E
1	各月生产成本年度比较				
2	公司名称	华云信息有限公司		单位：	元
3	项目	上年数	本年数	增减金额	增减比率
4	1月	658214.15	758826.08	100611.93	15.3%
5	2月	685215.20	785561.42	100346.22	14.6%
6	3月	701520.25	795526.76	94006.51	13.4%
7	4月	753650.36	823812.41	70162.05	9.3%
8	5月	688250.18	765438.00	77187.82	11.2%
9	6月	605802.36	676769.80	70967.44	11.7%
10	7月	599860.58	642449.81	42589.23	7.1%
11	8月	725630.23	818605.92	92975.69	12.8%
12	9月	569820.25	653359.81	83539.56	14.7%
13	10月	721025.55	814404.20	93378.65	13.0%
14	11月	606982.78	603514.02	-3468.76	-0.6%
15	12月	756821.89	823440.46	66618.57	8.8%
16	合计	8072793.78	8961708.69	914.91	

图12-71

3 返回工作表中，系统会创建一个二维簇状柱形图，如图12-72所示。

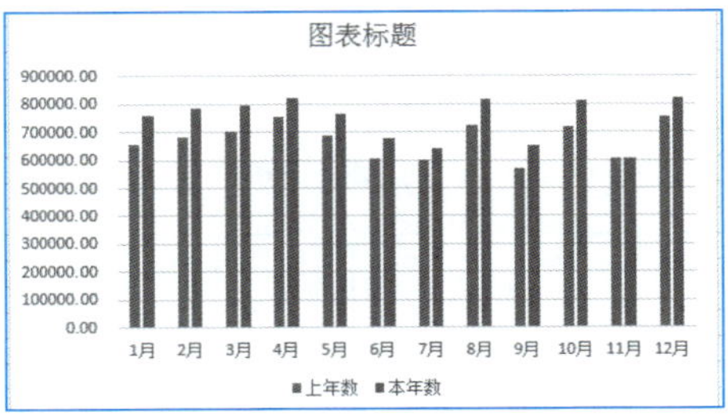

图12-72

步骤2：添加数据系列

1 选中图表，在“图表工具”→“设计”选项卡，在“数据”选项组单击

“选择数据”选项，打开“选择数据源”对话框，单击“添加”按钮，如图12-73所示。

❷ 打开“编辑数据系列”对话框，设置“系列名称”引用E3单元格，接着设置“系列值”引用单元格为E4:E15单元格区域，单击“确定”按钮，如图12-74所示。

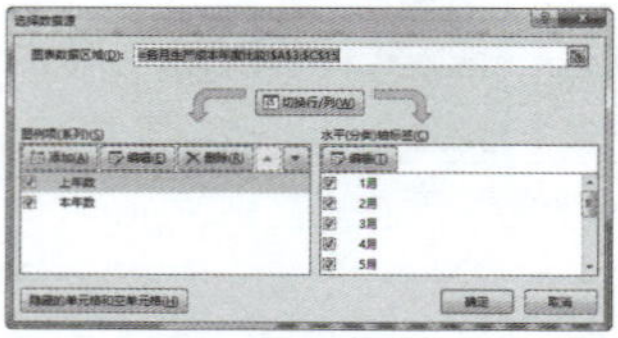
图12-73

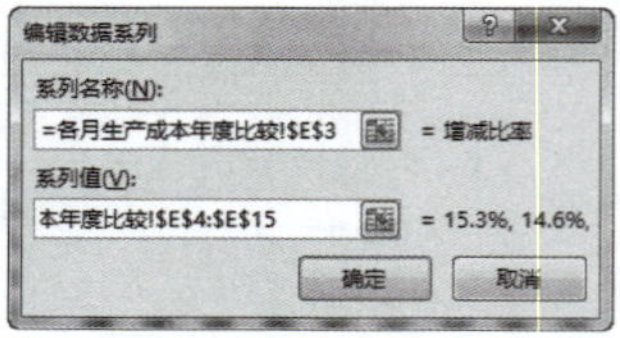

图12-74

❸ 单击“确定”按钮后，系统会将选中的数据系列添加到图表区域中，如图12-75所示。

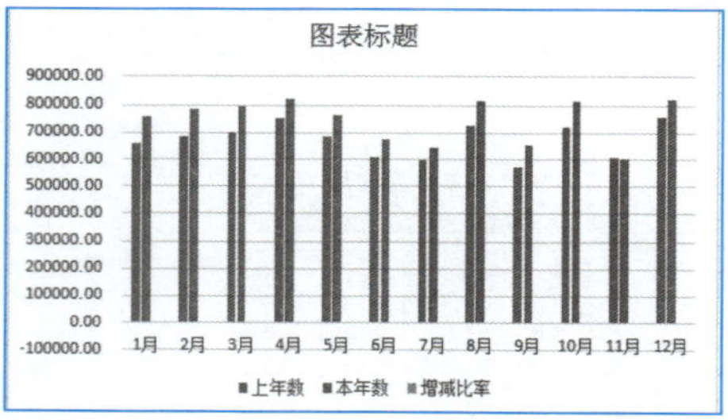

图12-75

步骤3：添加次坐标轴

❶ 选中图表中“增减比率”数据系列，在右键菜单中单击“设置数据系列格式”命令，如图12-76所示。

❷ 打开“设置数据系列格式”窗格，在“系列绘制在”区域中选中“次坐标轴”单选项，单击“关闭”按钮，如图12-77所示。

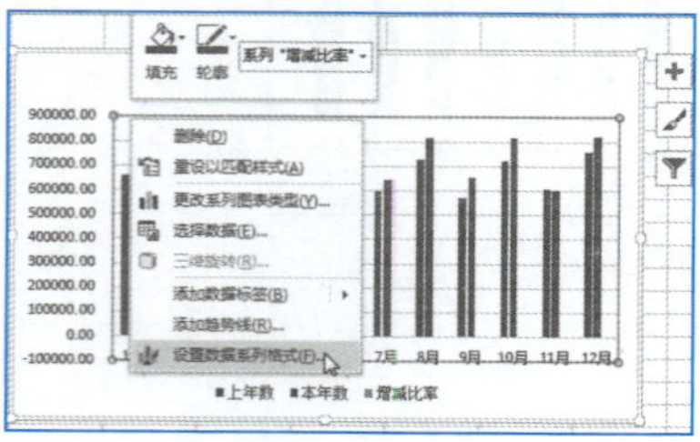

图12-76

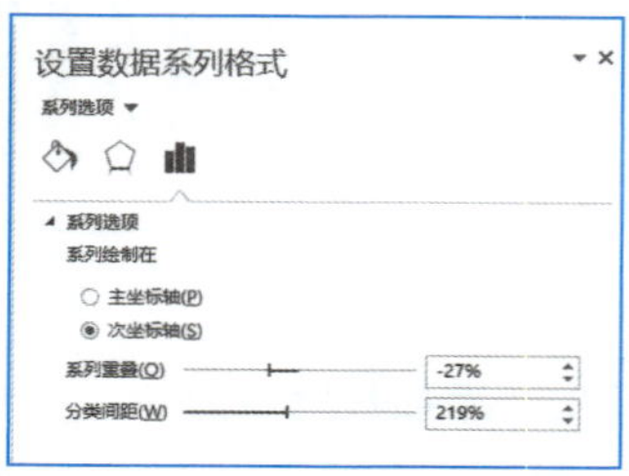

图12-77

步骤4：更改图表类型

❶ 系统会在次坐标上显示出“百分比率”数据系列，选中“百分比率”数据系列，单击鼠标右键，在右键菜单中单击“更改系列图表类型”命令，如图12-78所示。

❷ 打开“更改图表类型”对话框，在“为您的数据系列选择图表类型和轴”下单击“增减比率”设置框下拉按钮，在下拉菜单中选择要更改的图表类型，如图12-79所示。

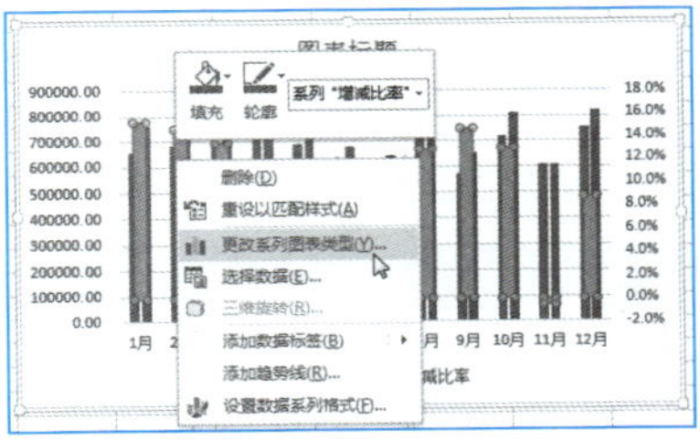

图12-78

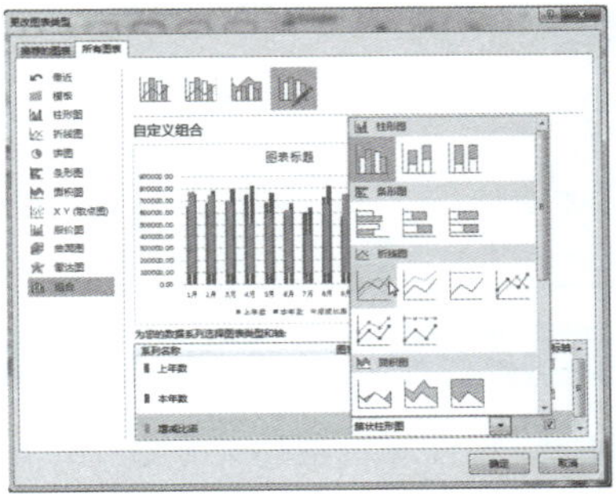

图12-79

❸ 返回工作表中，此时可以看到“增减比率”数据系列更改为折线图显示效果，并绘制在次坐标轴上。在图表标题文本框中输入表格的图表标题“各月生产成本年度比较”，至此，各月生产成本年度比较图表基本制作完成，如图12-80所示。

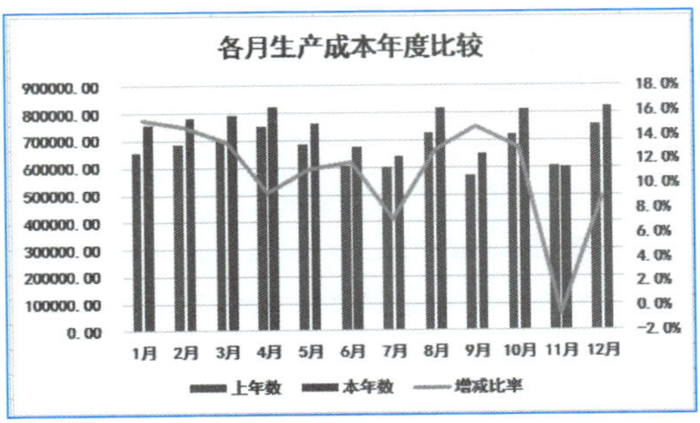

图12-80

文件144　生产成本与产量相关性分析

在实际工作中，研究分析生产成本时，除了将不同期间或者不同的生产成本要素进行比较外，还需要研究生产成本与其他因素，如生产产量和生产质量等的相关性，以便分析和总结出更多的影响生产成本的因素，指定更为科学的生产成本管理方案。

制作要点与设计效果图

- 设置单元格填充效果
- SLN函数（参考函数187）

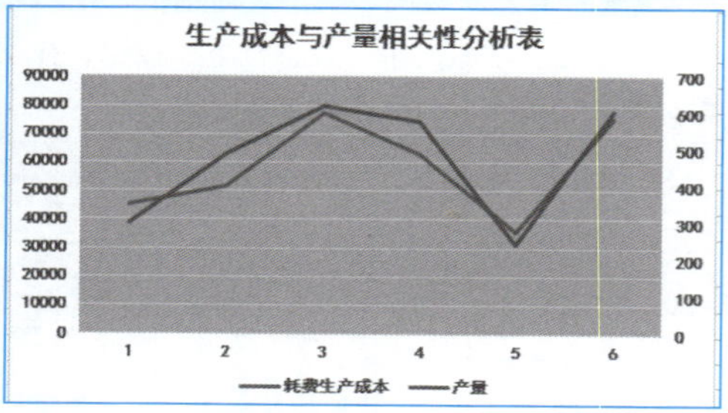

文件设计过程

步骤1：计算产量相关系数

❶ 插入新工作表，并重命名为“生产成本与产量相关性分析”，在工作表中输入要分析的一组生产成本与产量数据。

❷ 选中C11单元格，在公式编辑栏中输入公式：“=CORREL（B4:B9，C4:C9）”按回车键，即可计算出相关系数，如图12-81所示。

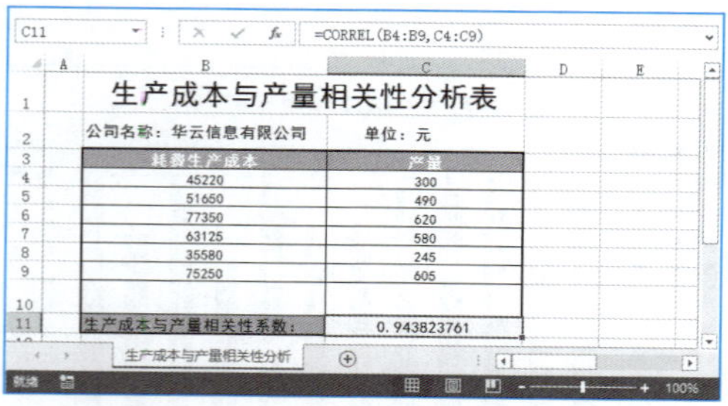

图12-81

步骤2：插入折线图

❶ 选中B3:C9单元格区域，切换到“插入”选项卡，在“图表”选项组单击“插入折线图”按钮，在其下拉列表中选择“折线图”图表类型，如图12-82所示。

❷ 选择图表后，即可创建折线图，产量数据系列数据比耗资生产成本数据要小太多，在同一个坐标轴中，产量数据系列显示近似于一条直线，如图12-83所示。

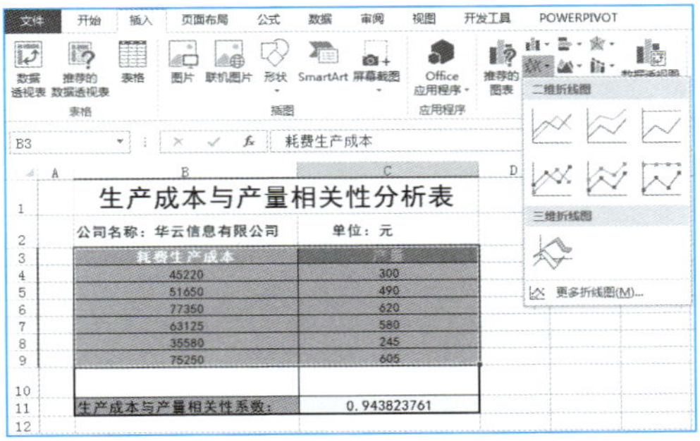

图12-82

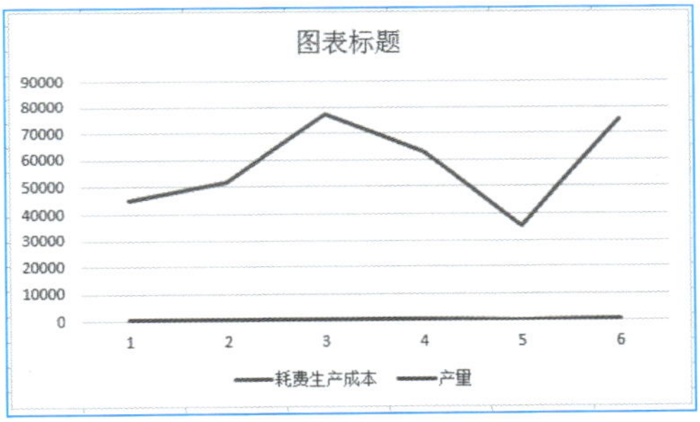

图12-83

步骤3：添加次坐标轴

❶ 选中“产量”数据系列，单击鼠标右键，在右键菜单中单击“设置数据系列格式”命令，如图12-84所示。

❷ 打开“设置数据系列格式”窗格，在“系列选项”区域选中“次坐标轴”单选项，单击“关闭”按钮，如图12-85所示。

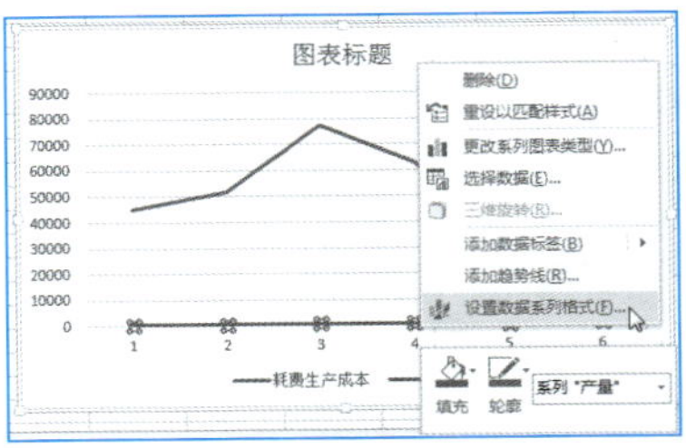

图12-84

图12-85

❸ 返回工作表中，此时可以看到“产量”数据系列绘制在次坐标轴上，从图表中可以看出产量和成本两个数据系列的变动趋势类似，如图12-86所示。

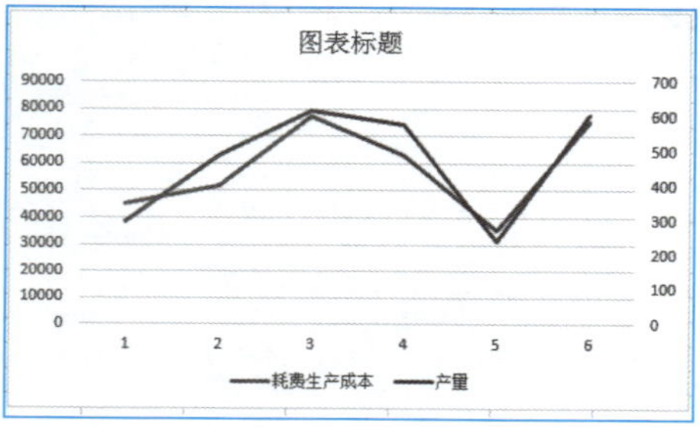

图12-86

步骤4：设置绘图区填充颜色

❶ 选中图表区，在“图表工具”→“格式”选项卡下，在“形状样式”组中单击“形状填充”按钮，打开下拉菜单。

❷ 在“主题颜色”栏中可以选择填充颜色，鼠标指向设置选项时，图表即时预览效果，如图12-87所示。

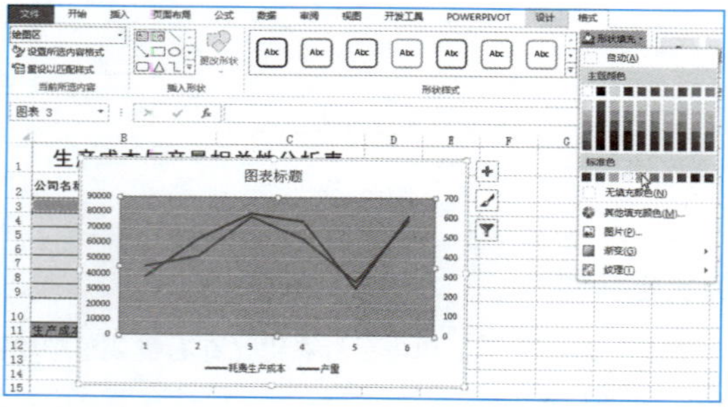

图12-87

❸ 返回工作表中，在图表标题文本框中输入表格的图表标题“各月生产成本年度比较”，最终效果如图12-88所示。

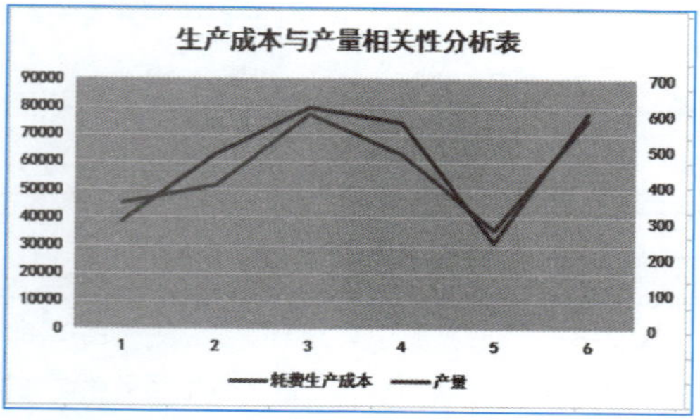

图12-88

提 示

"=CORREL（B4:B9,C4:C9）"表示，返回B3:B8和C3:C8单元格区域的相关系数。

函数返回的结果值代表两组数据之间的相关性，如果越接近1说明相关性越显著，越接近0表示相关性越不显著；如果值为正说明两组数据互为正相关，如果值为负责说明两组数据互为负相关。

文件145　按成本性分析季度成本和费用

成本性分析的目的是揭示成本与业务量之间的内在联系，考查当业务量变动时，与其相应的成本如何变动，从而在数量上具体把握产品成本与生产能力的规律性联系。

制作要点与设计效果图

- HLOOKUP函数（参考函数61）
- 创建复合饼图
- 设置第二绘图区值格式
- 设置数据标签
- 显示百分比数据标签

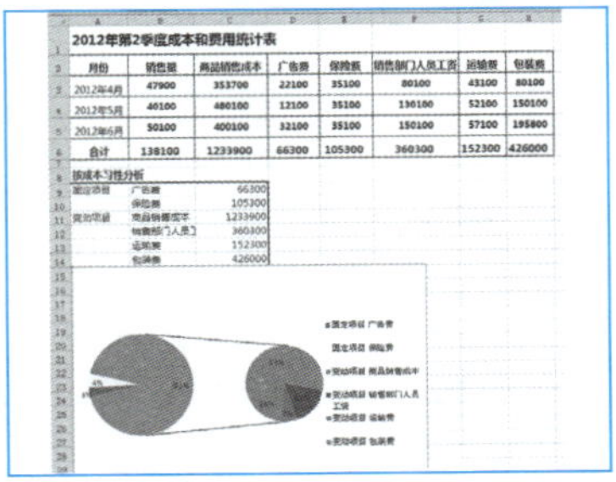

文件设计过程

步骤1：创建表格

① 在原始数据表格下方创建按成本习性分析表格，如图12-89所示。

月份	销售量	商品销售成本	广告费	保险费	销售部门人员工资	运输费	包装费
2014年4月	47900	353700	22100	35100	80100	43100	80100
2014年5月	40100	480100	12100	35100	130100	52100	150100
2014年6月	50100	400100	32100	35100	150100	57100	195800
合计	138100	1233900	66300	105300	360300	152300	426000

（表头：2014年第2季度成本和费用统计表）

按成本习性分析

固定项目	广告费
	保险费
变动项目	商品销售成本
	销售部门人员工资
	运输费
	包装费

图12-89

2 在C9单元格中输入公式：“=HLOOKUP（$B9,$A$2:$H$6,5,FALSE）”，引用第一季度的广告费。向右复制公式至C14，得到其余各项的费用值，如图12-90所示。

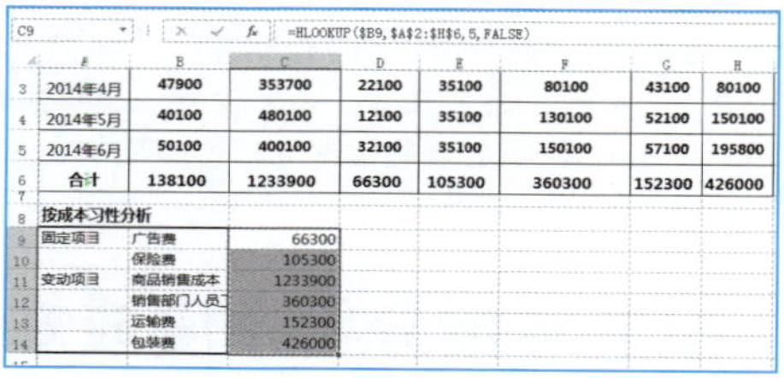

	A	B	C	D	E	F	G	H
3	2014年4月	47900	353700	22100	35100	80100	43100	80100
4	2014年5月	40100	480100	12100	35100	130100	52100	150100
5	2014年6月	50100	400100	32100	35100	150100	57100	195800
6	合计	138100	1233900	66300	105300	360300	152300	426000
8	按成本习性分析							
9	固定项目	广告费	66300					
10		保险费	105300					
11	变动项目	商品销售成本	1233900					
12		销售部门人员工	360300					
13		运输费	152300					
14		包装费	426000					

图12-90

步骤2：创建饼图

1 选择A9：C14单元格区域，单击“插入”选项卡下“图表”选项组中的“插入饼图”按钮，在下拉菜单中选择子图表类型，如图12-91所示。

2 返工作表中会自动将选中的数据区域中最后两个数据绘制在第二绘图区，如图12-92所示。

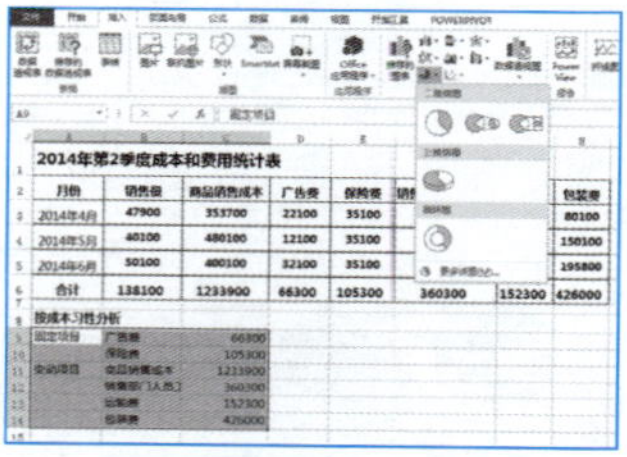

图12-91

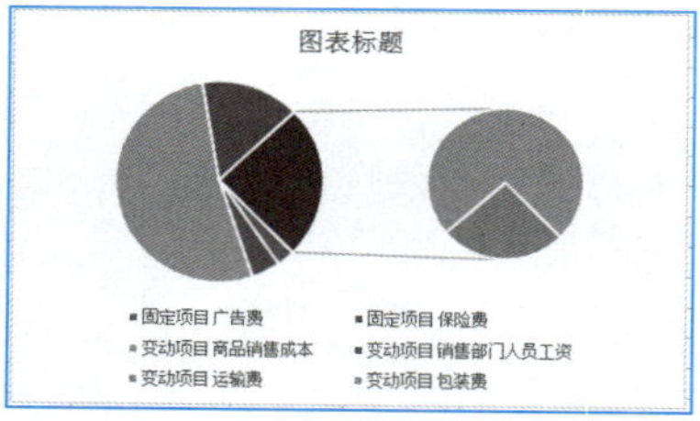

图12-92

步骤3：更改第二绘图区值个数

1 右键单击图表数据系列，在弹出的菜单中单击“设置数据系列格式”命令（如图12-93），打开“设置数据集系列格式”窗格，在“系列选项”区域设置“第二绘图区包含最后一个”值为“4”，如图12-94所示。

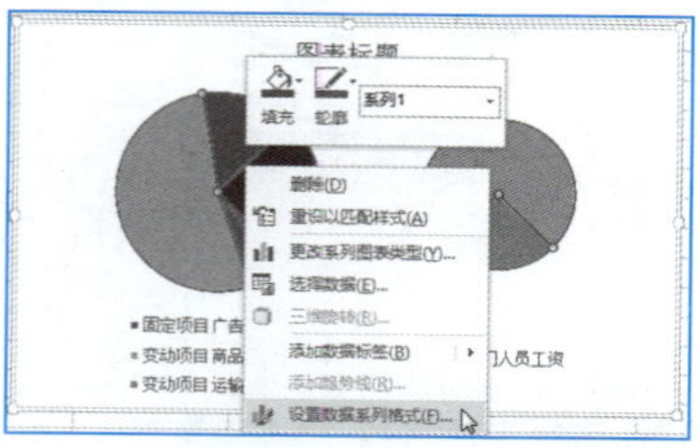

图12-93

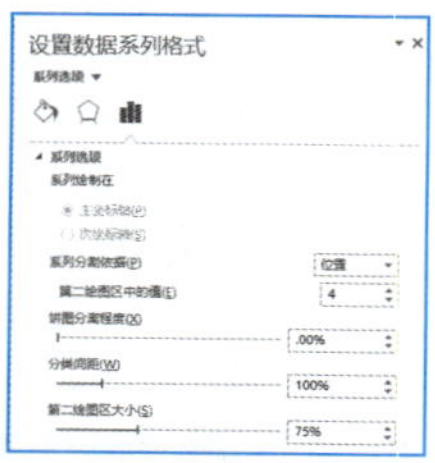

图12-94

❷ 更改第二绘图区值个数，得到最终图表效果，如图12-95所示。

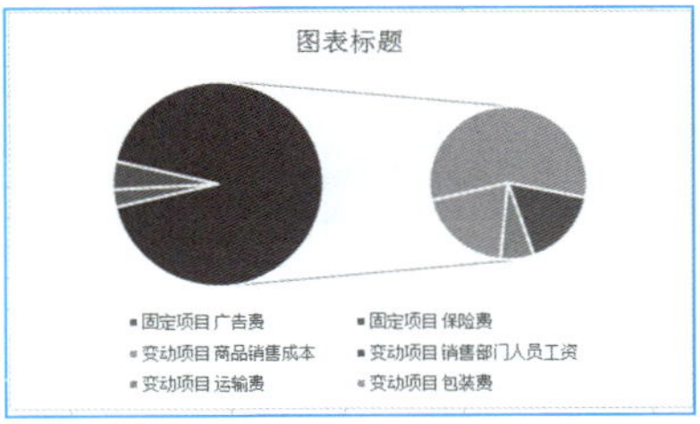

图12-95

步骤4：设置数据标签

❶ 选中图表，单击“图表元素”按钮，打开下拉菜单，单击“数据标签”右侧按钮，在子菜单中单击“更多选项”（如图12-96所示），打开“设置数据标签格式”窗格。

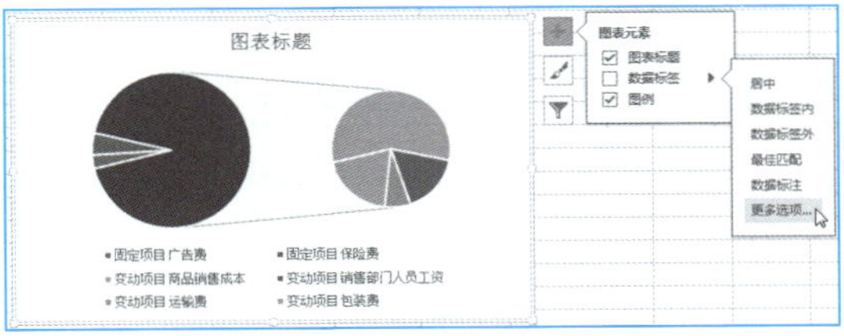

图12-96

❷ 在“标签包括”栏下选中要显示标签前的复选框，如图12-97所示，这里选中“百分比”，进一步完善效果如图12-98所示。

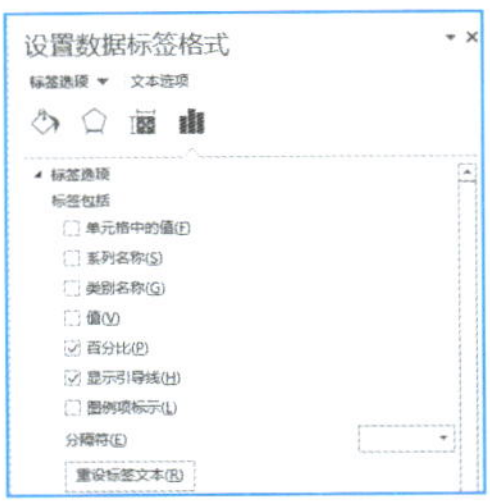

图12-97

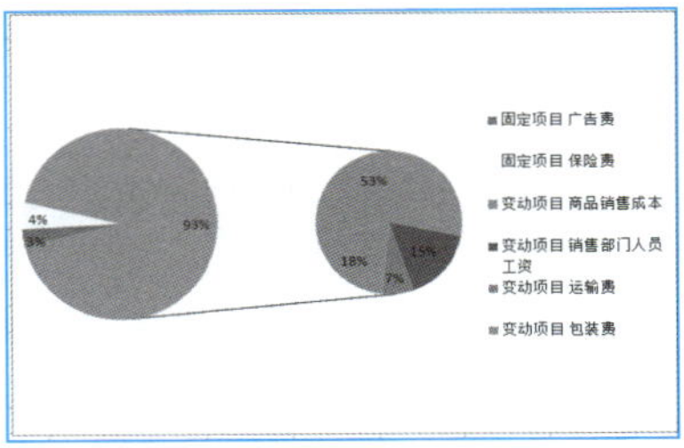

图12-98

文件146　按产品比较单位成本

在Excel 中，比较几个量的值时，可以使用条形图进行分析。

制作要点与设计效果图

- 创建柱形图（参考文件137）
- 设置坐标轴格式（参考文件139）
- 添加数据标签（参考文件141）

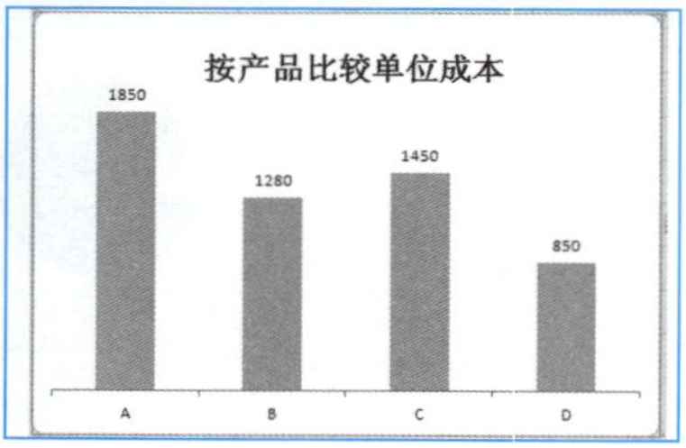

文件147　单位成本比较表

根据成本和业务量是否存在依存关系，可以将全部成本规划为规定固定成本和变动成本，单位成本是指单位产品所消耗的成本，通过计划单位成本和实际单位成本进行比较，可以反映单位成本的降低或升高。

制作要点与设计效果图

- 创建饼图（参考文件38）
- 创建柱形图（参考文件137）
- 设置数据点填充格式（参考文件104）

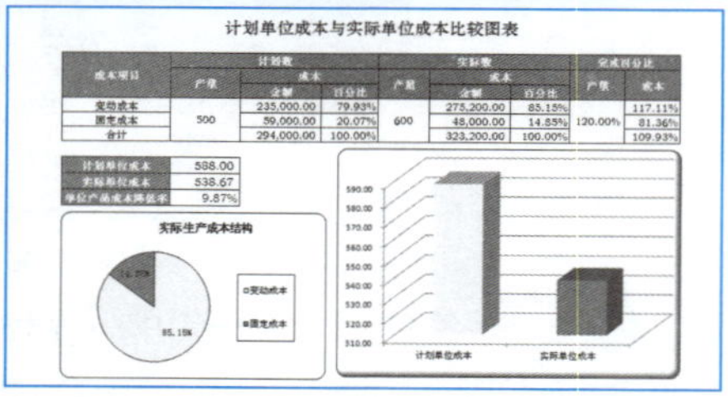

文件148　行业成本费用结果分析

使企业了解自身的成本费用结果率与行业水平的差距，可以对整个行业成本费用结构进行分析。

制作要点与设计效果图

- 创建图表（参考文件38）
- 设置数据点填充色（参考文件38）

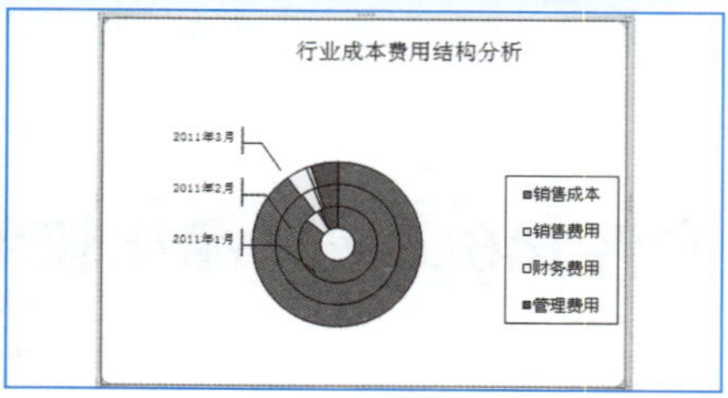

文件149　成本费用收入结构分析

成本费用收入，是指分析销售过程中的销售成本、销售费用、财务费用和管理费用分别占销售收入的比例。

制作要点与设计效果图

- SUM函数（参考函数3、7、16）
- IF函数（参考函数1、3）
- SQRT函数（参考函数71）
- DEVSQ函数（参考函数71）

行业成本费用收入结构分析

	销售收入	销售成本	销售费用	财务费用	管理费用
2014年2月	100.00%	85.53%	2.88%	0.79%	4.90%
2014年3月	100.00%	85.42%	3.11%	0.70%	4.15%
2014年4月	100.00%	91.49%	3.80%	0.94%	5.59%

企业内部成本费用收入结构分析

	销售收入	销售成本	销售费用	财务费用	管理费用
2014年2月	100.00%	83.33%	3.00%	1.67%	5.00%
2014年3月	100.00%	88.00%	3.33%	1.33%	3.33%
2014年4月	100.00%	92.75%	3.04%	0.72%	2.54%

文件150　年度成本项目对比分析图表

通过对本年年度成本的构成要素：直接材料、直接人工、制造费用等本年度相应的项目进行比较，进一步掌握成本变化的主要因素，以及各个项目的增减比例，可以使用环型图同时显示出来。

制作要点与设计效果图

- IF函数（参考函数1、3）
- OR函数（参考函数26）
- 创建图表（参考文件38）

年度生产成本项目对比分析图表

项目	上年数	本年数	增减金额	增减比率	金额排序	比率排序	上年结构	本年结构	结构增减	增减排序	备注
直接材料	42350.00	47560.00	5210.00	12.3%	2	3	41.2%	45.5%	4.3%	2	关注
直接人工	40342.00	42958.00	2616.00	6.5%	3	4	39.2%	41.1%	1.8%	3	关注
制造费用	18780.00	12453.30	-6326.70	-33.7%	1	1	18.3%	11.9%	-6.4%	1	关注
其他	1365.00	1659.78	294.78	21.6%	4	2	1.3%	1.6%	0.3%	4	关注
合计	102837.00	104631.08	1794.08	1.7%			100.0%	100.0%			

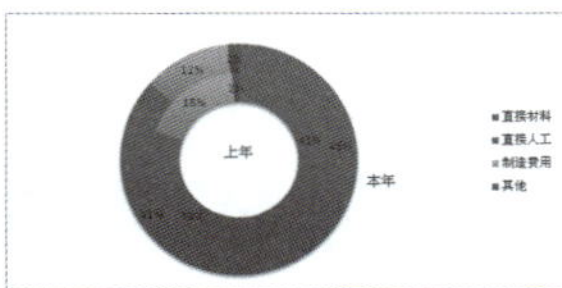

文件151　总成本与明细成本复合图表

企业需要定期对固定资产的使用情况进行清查，当发现存在闲置的固定资产时，需要对闲置的固定资产编制闲置固定资产明细表。闲置固定资产明细表应包括固定资产的基本资料、账面价值、已使用年数、闲置的原因以及处理意见等。

制作要点与设计效果图

- 创建饼图（参考文件38）
- 设置数据点填充色（参考文件141）
- 设置数据系列标签格式（参考文件38）

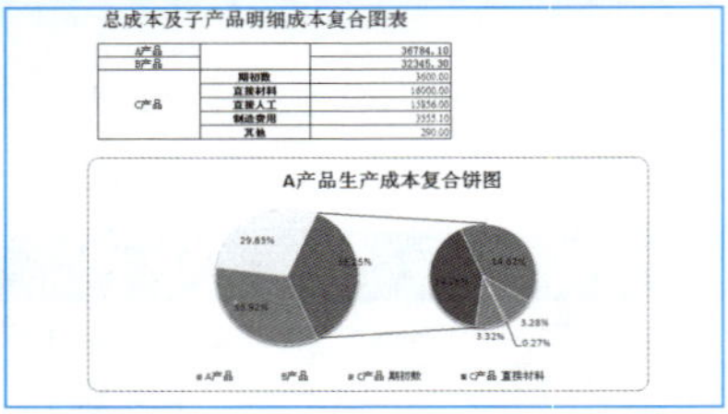

文件152　同类子产品成本比较图表

将同类子产品进行比较，可以确定哪一种产品的耗费成本更低，然后再对其销售收入进行比较，即可得出生产哪一种生成产品创造的利润更大。

制作要点与设计效果图

- 创建图表（参考文件38）
- 设置数据系列格式（参考文件38）

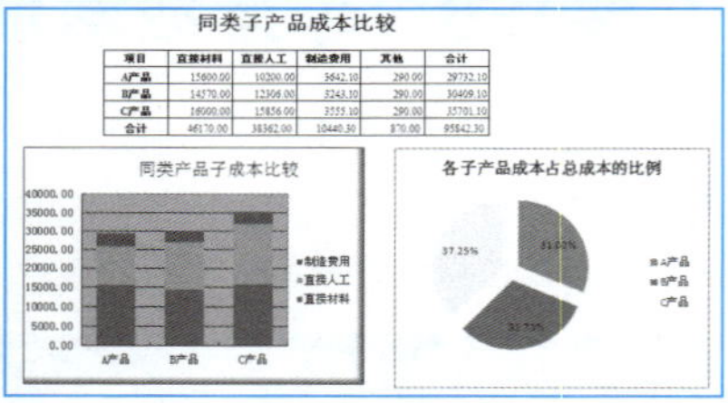

文件153　成本随产量变动趋势分析图表

在总成本的固定成本不变的情况下，增加投入的直接材料等于变动成本后，当产量增加时，总成本及单位承办随产量的变化趋势是正比还是反比呢？通过创建图表可以直观地显示出成本随产量的变动趋势。

制作要点与设计效果图

- 创建折线图（参考文件139）
- 设置数据点填充色（参考文件141）
- 设置数据系列标签格式（参考文件38）

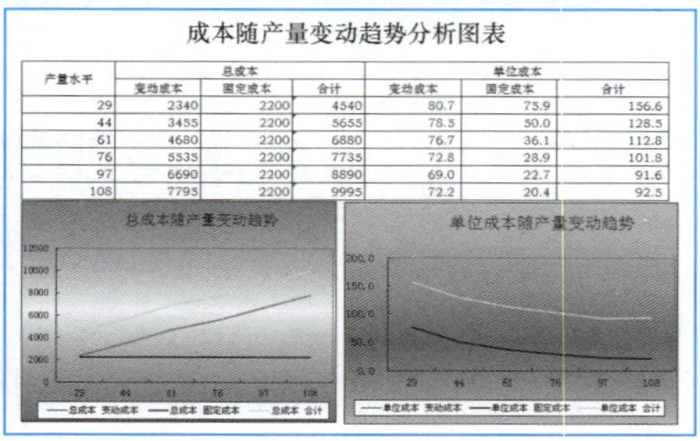

Excel

第13章

财务报表分析图表

投资者在对一个企业进行投资之前，一定要看这个企业的财务报表，企业编制财务报表的主要目的，是提供企业财务状况和经营成果信息，以供企业的经营管理者和投资决策之用。一般情况下，财务报表所提供的数据和有关指标，只能概括反映企业的财务状况和经营成果，并不能充分、有效地提供企业偿债能力、盈利能力、资金周转能力等。

所以，还需要对报表中的数据进行加工、联系和对比，并对相关的数据进行分析、评价、总结和考核，为制定下一阶段或年度的财务指标和经济管理目标提供依据。主要需要对财务总量及构成分析、对资产变化状况分析、对资产负债指标分析等。

编号	文件名称	对应的数据源	重要星级
文件154	资产总量及结构分析	第13章\文件154 资产总量及结构分析.xlsx	★★★★★
文件155	资产变化状况分析	第13章\文件155 资产变化状况分析.xlsx	★★★★★
文件156	资产负债指标分析	第13章\文件156 资产负债指标分析.xlsx	★★★★
文件157	利润表比率分析	第13章\文件157 利润表比率分析.xlsx	★★★★
文件158	现金流量表结构分析	第13章\文件158 现金流量表结构分析.xlsx	★★★★
文件159	现金流量表趋势分析	第13章\文件159 现金流量表趋势分析.xlsx	★★★
文件160	现金流出比例分析	第13章\文件160 现金流出比例分析.xlsx	★★★★★
文件161	负债变化状况分析	第13章\文件161 负债变化状况分析.xlsx	★★★
文件162	销售量增减变动报表	第13章\文件162 销售量增减变动报表.xlsx	★★★★★
文件163	货币资金支付能力分析表	第13章\文件163 货币资金支付能力分析表.xlsx	★★★
文件164	利润总额及构成分析	第13章\文件164 利润总额及构成分析.xlsx	★★★
文件165	现金收入结构趋势分析	第13章\文件165 现金收入结构趋势分析.xlsx	★★★
文件166	现金流量表比率分析	第13章\文件166 现金流量表比率分析.xlsx	★★★★★
文件167	利润表结构分析	第13章\文件167 利润表结构分析.xlsx	★★★

文件154 资产总量及结构分析

资产负债表能完整地、系统地反映企业的资产总量及其构成情况，反映企业所拥有的固定资产、流动资产等其他资产的数额及各类资产在总资产中所占份额比重。对其进行分析，可以了解企业所拥有或控制的资源结构是否合理，从而为优化资源结构提供重要依据。

制作要点与设计效果图

- 引用其他工作表中数据
- 创建复合饼图
- 更改第二个绘图区域值个数
- 设置数据标签格式
- 设置图表域格式

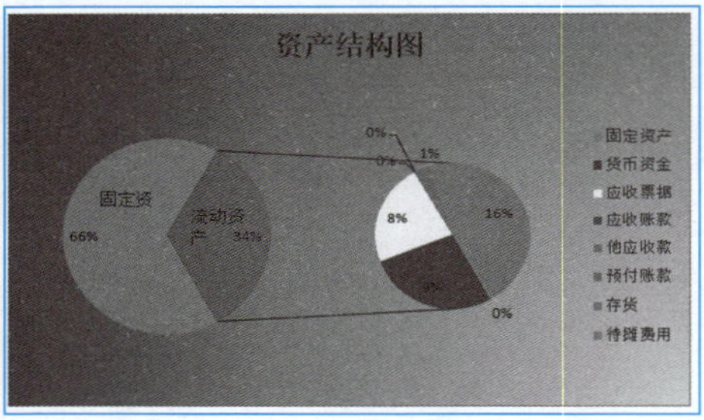

文件设计过程

步骤1：引用“资产负债表”数据

❶ 打开“财务报表分析图表”工作簿，重命名Sheet2 工作表为“资产总量及构成分析”，接着在工作表中输入内容并设置表格格式，如图13-1所示。

❷ 选中C4单元格在公式编辑栏中输入公式：“=资产负债表!C32”，按回车键后复制到D4单元格，从“资产负债表”工作表中引用“固定资产”的期初数和期末数，如图13-2所示。

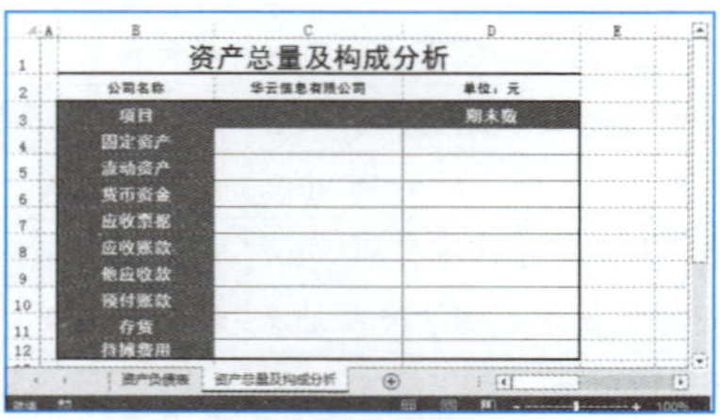

资产总量及构成分析

公司名称	华云信息有限公司	单位：元
项目		期末数
固定资产		
流动资产		
货币资金		
应收票据		
应收账款		
他应收款		
预付账款		
存货		
摊销费用		

图13-1

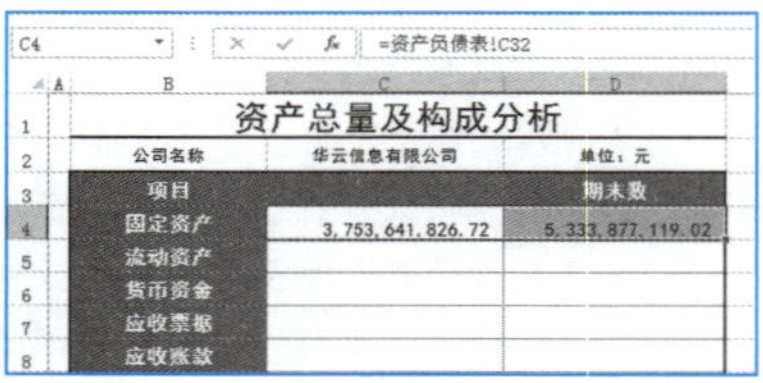

C4 =资产负债表!C32

资产总量及构成分析

公司名称	华云信息有限公司	单位：元
项目		期末数
固定资产	3,753,641,826.72	5,333,877,119.02
流动资产		
货币资金		
应收票据		
应收账款		

图13-2

❸ 选中C5单元格在公式编辑栏中输入公式：“=资产负债表!C18”，按回车键后复制到D5单元格，从“资产负债表”工作表中引用“流动资产”的期初数和期末数，如图13-3所示。

4 选中“期初数”列其他单元格，设置类似的公式按照“项目”列单元格内容在“资产负债表”中引用各个项目的期初数和期末数，如图13-4所示。

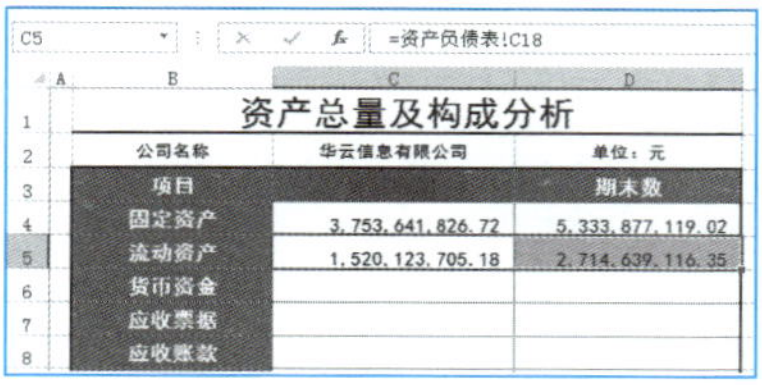

图13-3

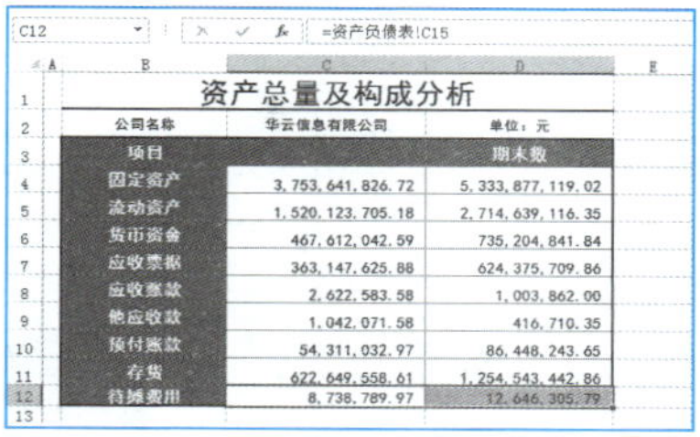

图13-4

步骤2：创建复合饼图

1 按Ctrl键依次选中B4单元格、B6:B12单元格区域、D4单元格、和D6：D12单元格区域，切换到“插入”选项卡，在“图表”选项组单击“插入饼图”下拉按钮，在其下拉列表中选择“复合饼图”图表类型，如图13-5所示。

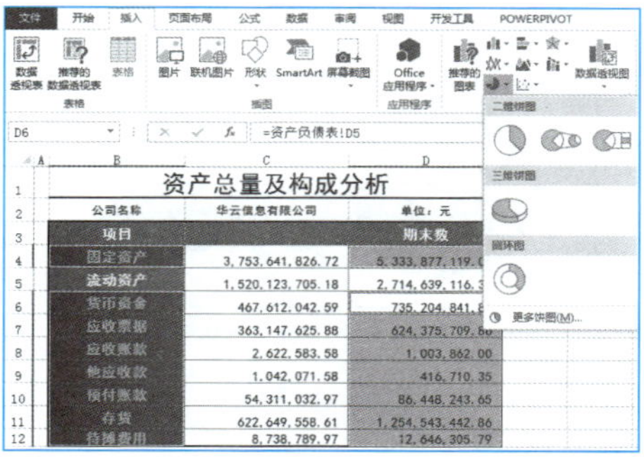

图13-5

2 系统会根据选定的数据区域创建复合饼图，自动将最后几个数值放置到第二绘图区，如图13-6所示。

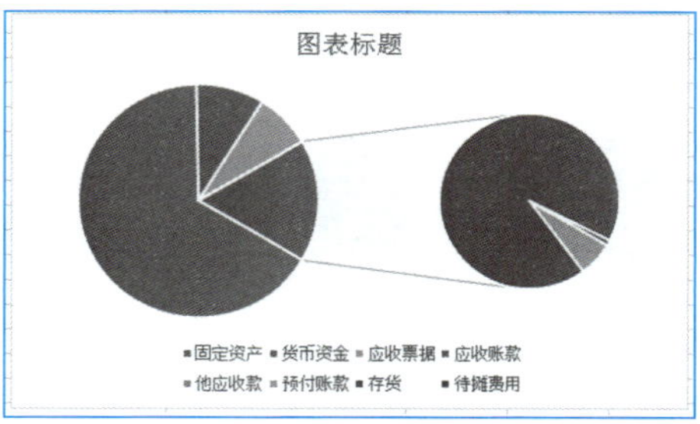

图13-6

步骤3：设置第二绘图区值个数

❶ 选中数据系列，在右键菜单中选择“设置数据系列格式”命令，如图13-7所示。

❷ 打开“设置数据系列格式”窗格，在“第二绘图区包含最后一个”文本框中输入“7”，单击“关闭”按钮，如图13-8所示。

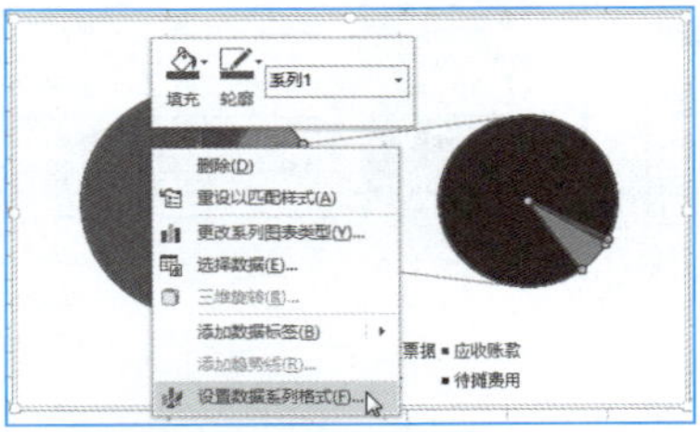

图13-7

图13-8

❸ 返回工作表中，即可看到复合饼图发生变化，第一绘图区域仅包含两个值，而第二绘图区域包含7个值，如图13-9所示。

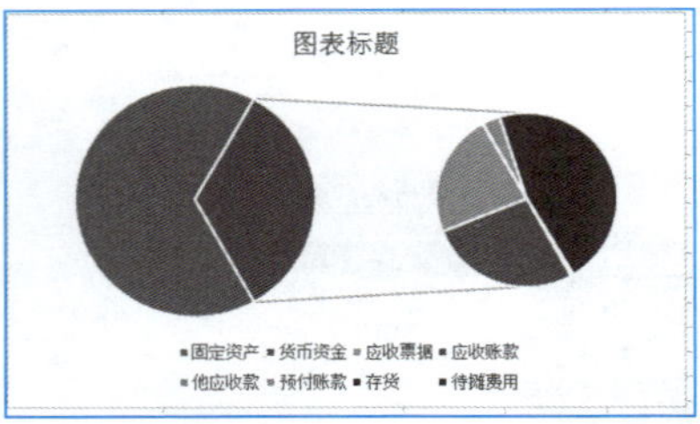

图13-9

步骤3：添加数据标签

❶ 选中图表，单击“图表元素”按钮，打开下拉菜单，单击“数据标签”右侧按钮，在子菜单中单击“更多选项”（如图13-10所示），打开“设置数据标签格式”窗格。

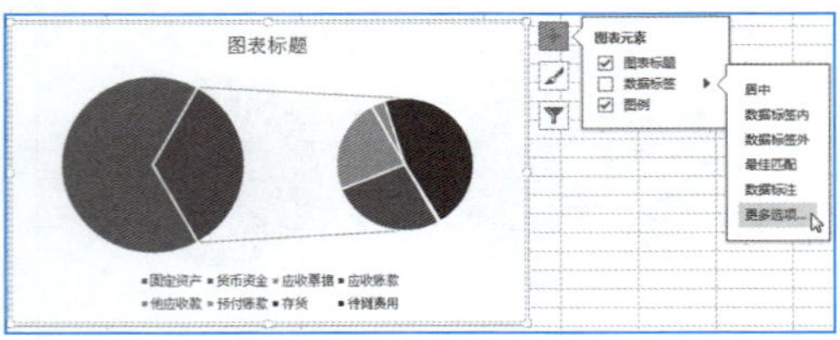

图13-10

❷ 在“标签包括”栏下选中要显示标签前的复选框，如图13-11所示，这

里选中“百分比”、“显示引导线”，效果如图13-12所示。

图13-11

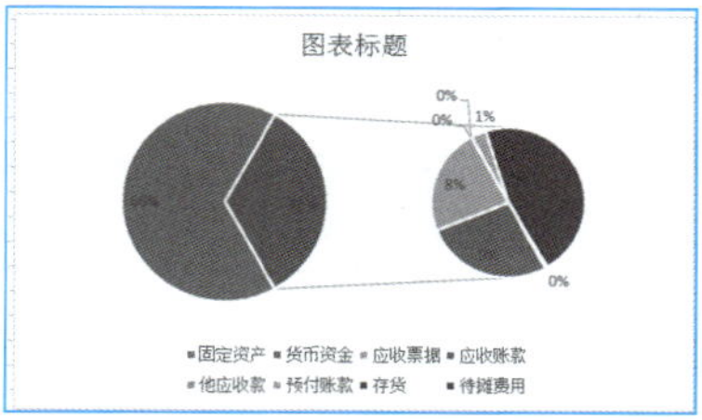

图13-12

3 切换到“插入”选项卡，在“文本”选项组单击“文本框”下拉按钮，在其下拉列表中选择“横排文本框”，接着在第一绘图区域绘制两个文本框，并分别输入“固定资产”和“流动资产”，如图13-13所示。

4 为图表添加标题名称为“资产结构图”，为图表绘图区域设置渐变填充格式，并设置各个系列的填充颜色，对图表进行美化，如图13-14所示。

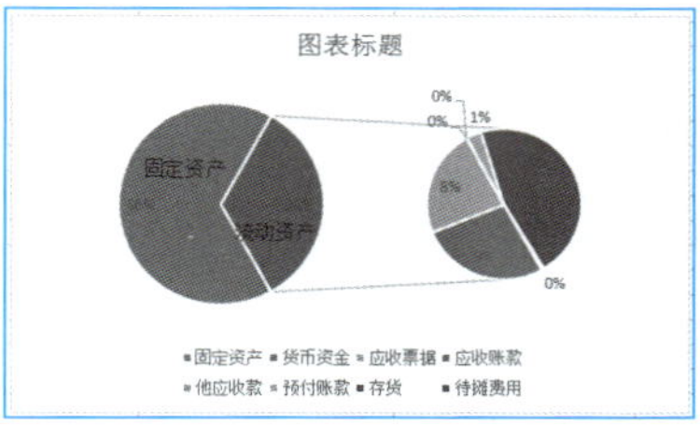

图13-13

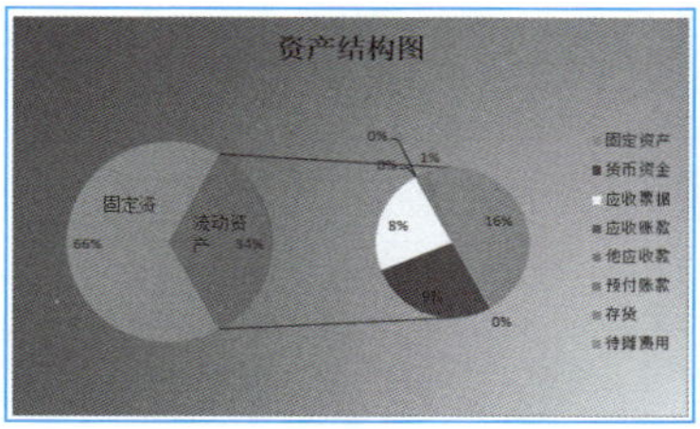

图13-14

文件155　资产变化状况分析

通过将资产负债表中的各项资产项目的期初数和期末数进行对比，可以反映企业在这一会计期间内资产的变化状况，还可以通过计算各项资产的增长率来反映资产的增加或减少比率，并创建复合图表来反映变动值和变动比率。

制作要点与设计效果图

- VLOOKUP函数（参考函数61）
- SUM函数（参考函数3、7、16）
- 创建柱形图
- 设置次坐标
- 更改图表类型

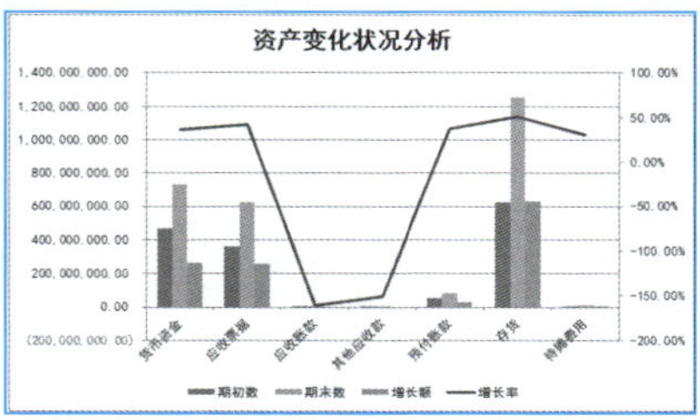

文件设计过程

步骤1：VLOOKUP函数的 引用

❶ 重命名Sheet3工作表为“财务状况分析”，在工作表中输入表格内容并输入原始数据，如图13-15所示。

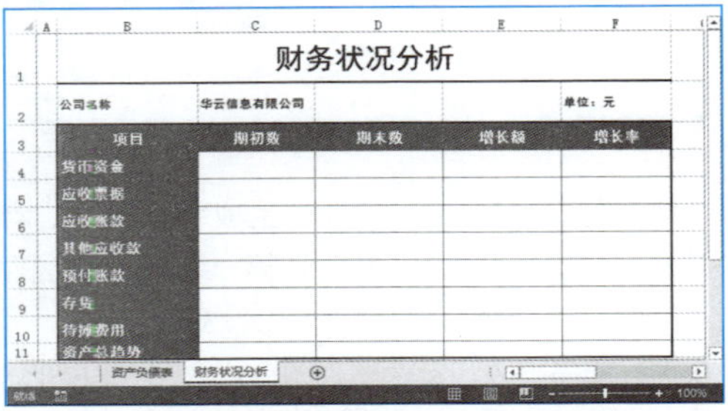

财务状况分析

公司名称	华云信息有限公司			单位：元
项目	期初数	期末数	增长额	增长率
货币资金				
应收票据				
应收账款				
其他应收款				
预付账款				
存货				
待摊费用				
资产总趋势				

图13-15

❷ 选中C4单元格在公式编辑栏中输入公式：“=VLOOKUP（$B4,资产负债表!$B$1:$H$40,2,FALSE）”按回车键后复制到C10单元格，从“资产负债表”中引用各资产项目的期初数，如图13-16所示。

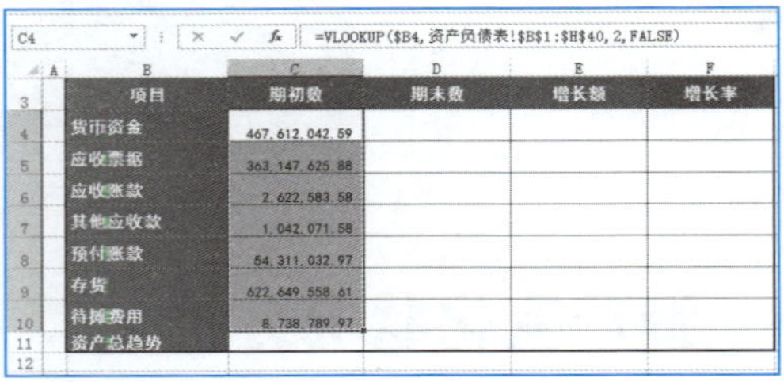

C4 =VLOOKUP($B4, 资产负债表!$B$1:$H$40, 2, FALSE)

项目	期初数	期末数	增长额	增长率
货币资金	467, 612, 042. 59			
应收票据	363, 147, 625. 88			
应收账款	2, 622, 583. 58			
其他应收款	1, 042, 071. 58			
预付账款	54, 311, 032. 97			
存货	622, 649, 558. 61			
待摊费用	8, 738, 789. 97			
资产总趋势				

图13-16

❸ 选中D4单元格在公式编辑栏中输入公式：“=VLOOKUP（$B4,资产负债表!$B$1:$H$40,3,FALSE）”，按回车键后复制到D9单元格，从“资产负债表”中引用各资产项目的期末数，如图13-17所示。

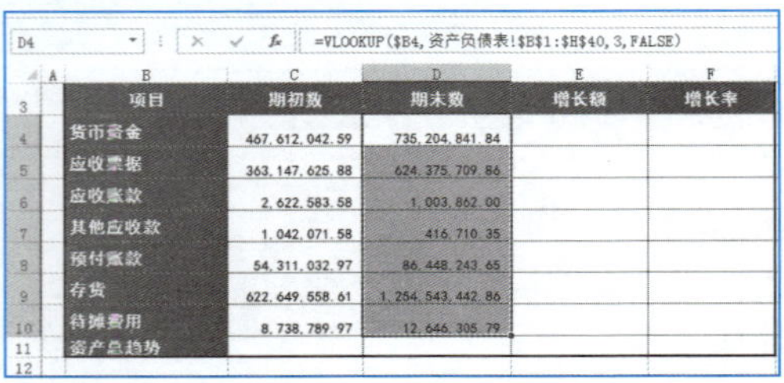

D4 =VLOOKUP($B4, 资产负债表!$B$1:$H$40, 3, FALSE)

项目	期初数	期末数	增长额	增长率
货币资金	467, 612, 042. 59	735, 204, 841. 84		
应收票据	363, 147, 625. 88	624, 375, 709. 86		
应收账款	2, 622, 583. 58	1, 003, 862. 00		
其他应收款	1, 042, 071. 58	416, 710. 35		
预付账款	54, 311, 032. 97	86, 448, 243. 65		
存货	622, 649, 558. 61	1, 254, 543, 442. 86		
待摊费用	8, 738, 789. 97	12, 646, 305. 79		
资产总趋势				

图13-17

步骤2：设置公式计算

❶ 选中E4单元格在公式编辑栏中输入公式：“=D4-C4”，按回车键后复制到E10单元格，计算本会计期间内的增长（减少）额，如图13-18所示。

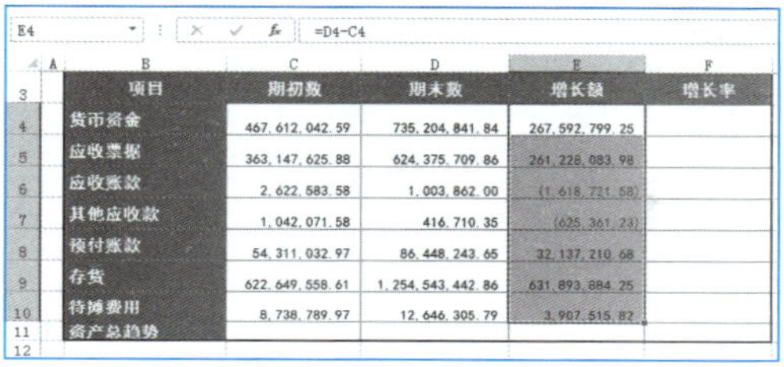
E4　=D4-C4

项目	期初数	期末数	增长额	增长率
货币资金	467,612,042.59	735,204,841.84	267,592,799.25	
应收票据	363,147,625.88	624,375,709.86	261,228,083.98	
应收账款	2,622,583.58	1,003,862.00	(1,618,721.58)	
其他应收款	1,042,071.58	416,710.35	(625,361.23)	
预付账款	54,311,032.97	86,448,243.65	32,137,210.68	
存货	622,649,558.61	1,254,543,442.86	631,893,884.25	
待摊费用	8,738,789.97	12,646,305.79	3,907,515.82	
资产总趋势				

图13-18

❷ 选中F4单元格在公式编辑栏中输入公式：“=E4/D4”，按回车键后复制到F10单元格，计算本会计期间内的增长（减少）率，如图13-19所示。

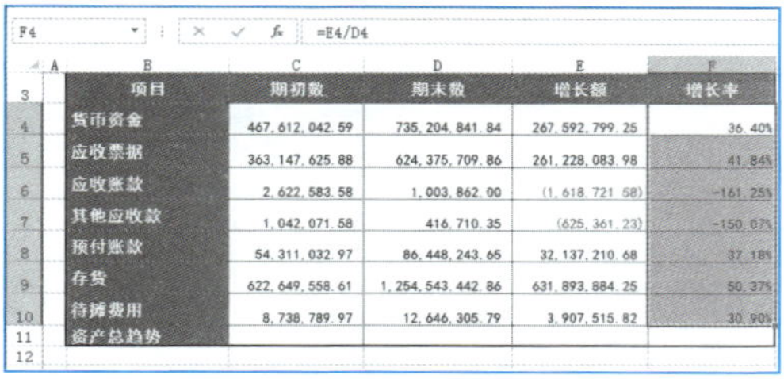
F4　=E4/D4

项目	期初数	期末数	增长额	增长率
货币资金	467,612,042.59	735,204,841.84	267,592,799.25	36.40%
应收票据	363,147,625.88	624,375,709.86	261,228,083.98	41.84%
应收账款	2,622,583.58	1,003,862.00	(1,618,721.58)	-161.25%
其他应收款	1,042,071.58	416,710.35	(625,361.23)	-150.07%
预付账款	54,311,032.97	86,448,243.65	32,137,210.68	37.18%
存货	622,649,558.61	1,254,543,442.86	631,893,884.25	50.37%
待摊费用	8,738,789.97	12,646,305.79	3,907,515.82	30.90%
资产总趋势				

图13-19

❸ 选中C11单元格在公式编辑栏中输入公式：“=SUM（C4:C10）”，按回车键后复制到F11单元格，计算资产总趋势变动，如图13-20所示。

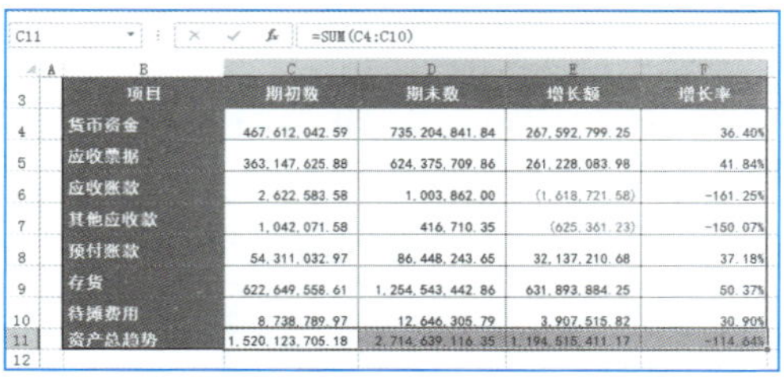
C11　=SUM(C4:C10)

项目	期初数	期末数	增长额	增长率
货币资金	467,612,042.59	735,204,841.84	267,592,799.25	36.40%
应收票据	363,147,625.88	624,375,709.86	261,228,083.98	41.84%
应收账款	2,622,583.58	1,003,862.00	(1,618,721.58)	-161.25%
其他应收款	1,042,071.58	416,710.35	(625,361.23)	-150.07%
预付账款	54,311,032.97	86,448,243.65	32,137,210.68	37.18%
存货	622,649,558.61	1,254,543,442.86	631,893,884.25	50.37%
待摊费用	8,738,789.97	12,646,305.79	3,907,515.82	30.90%
资产总趋势	1,520,123,705.18	2,714,639,116.35	1,194,515,411.17	-114.64%

图13-20

步骤3：创建混合图表

❶ 选中B3:F10单元格区域，创建“二维簇状柱形图”图表，在图表中选中“增长率”数据系列，单击鼠标右键，在右键菜单中选择“设置数据系列格式”命令，如图13-21所示。

2 打开“设置数据系列格式”窗格，在“系列绘制在”列表中单击“次坐标轴”单选项，单击“关闭”按钮，如图13-22所示。

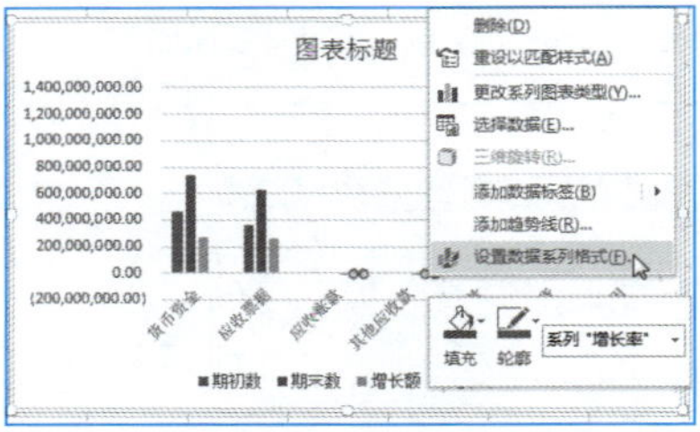

图13-21

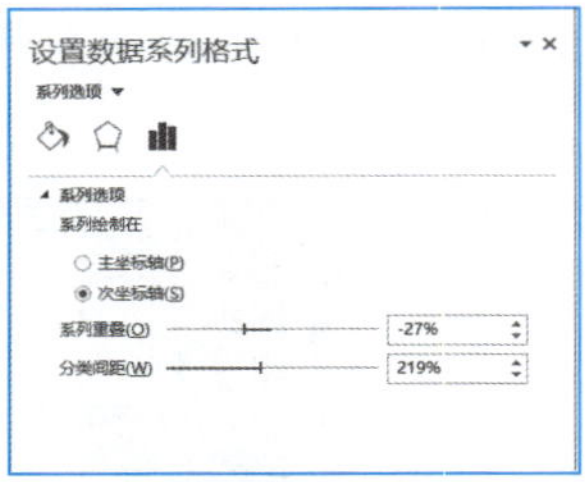

图13-22

3 返回图表，可以看到添加次坐标轴，接着单击鼠标右键，在右键菜单中选择“更改系列图表类型”命令，如图13-23所示。

4 打开“更改图表类型”对话框，在“为您的数据系列选择图表类型和轴：”下单击“增长率”设置框下拉按钮，在下拉菜单中选择要更改的图表类型，如图13-24所示。

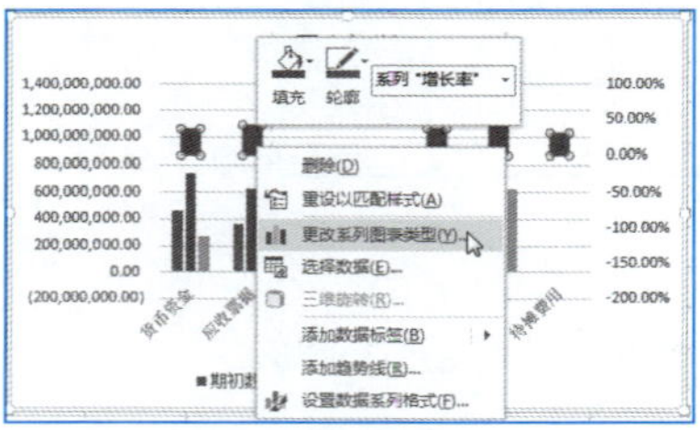

图13-23

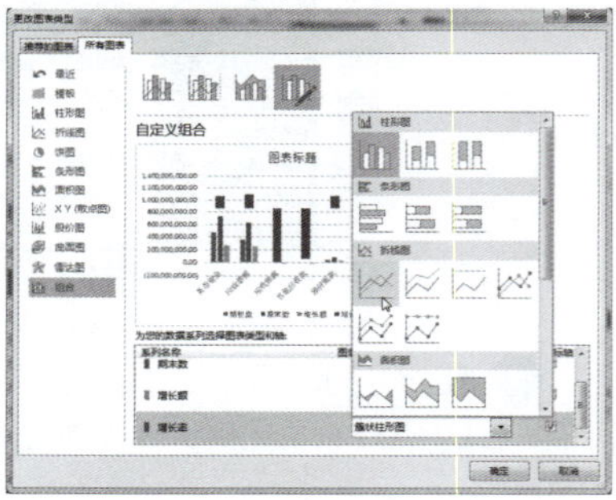

图13-24

5 返回工作表中，即可创建混合型数据图表，编辑图表标题，进一步完善，得到最终的图表，如图13-25所示。

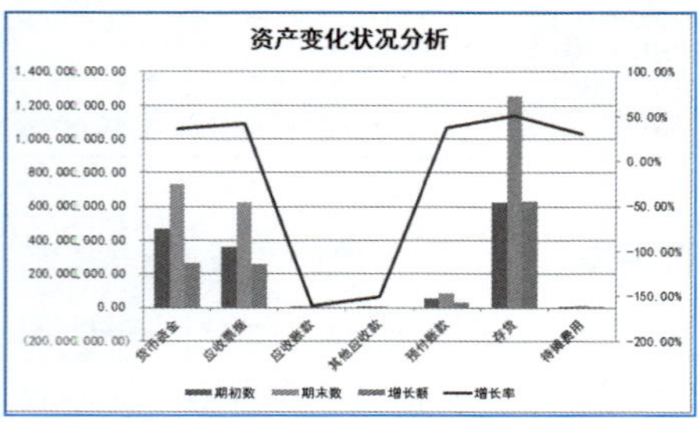

图13-25

文件156　资产负债指标分析

资产负债表指标主要包括资产结构和企业偿债能力指标两类。企业的资产结构包括负债与所有者权益资产的比例，负债中流动负债与长期负债之间的比例等，资本结构的合理与否将直接关系到企业财务状况的好坏。企业偿还能力是指企业偿还债务的能力，重点是短期偿债能力。

制作要点与设计效果图

- 引用其他工作表数据
- 使用填充柄复制公式

资产负债表指标分析

公司名称　华云信息有限公司　单位：元

一、资产结构分析

指标	年初数	期末数	增减比率
资产负债率	147.49%	143.00%	-4.49%
所有者权益比率	51.74%	53.66%	1.92%
产权比率	93.26%	86.36%	-6.90%

二、偿债能力分析

指标	年初数	期末数	增减比率
流动比率	100.86%	127.91%	27.05%
速动比率	59.55%	68.80%	9.25%
利息保障倍数	26.10	44.95	18.85

文件设计过程

步骤1：计算资产结构分析期初数和期末数

❶ 插入新工作表，重命名为“资产负债表指示分析”，接着在工作表中输入内容并设置表格格式，如图13-26所示。

资产负债表指标分析

公司名称　华云信息有限公司　单位：元

一、资产结构分析

指标	年初数	期末数	增减比率
资产负债率			
所有者权益比率			
产权比率			

二、偿债能力分析

指标	年初数	期末数	增减比率
流动比率			
速动比率			
利息保障倍数			

资产负债表　利润表　资产负债表指标分析

图13-26

❷ 根据“资产负债率=负债总额/资产总额”，选中C5单元格在公式编辑栏中输入公式：“=资产负债表!C32/资产负债表!G27”后按回车键后复制到D5单元格，计算出资产负债率，如图13-27所示。

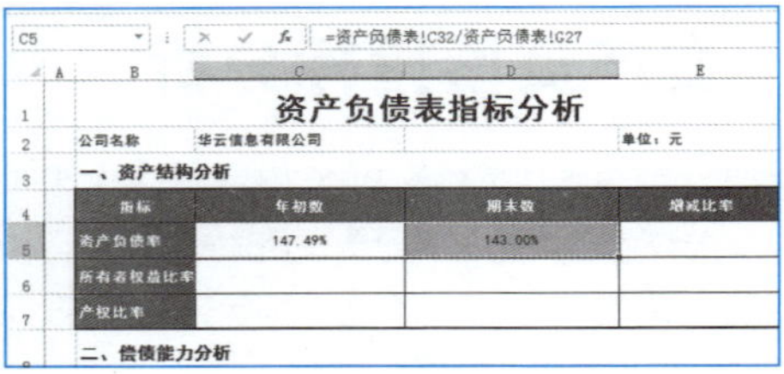

C5 =资产负债表!C32/资产负债表!G27

资产负债表指标分析

公司名称 华云信息有限公司 单位：元

一、资产结构分析

指标	年初数	期末数	增减比率
资产负债率	147.49%	143.00%	
所有者权益比率			
产权比率			

二、偿债能力分析

图13-27

❸ 根据“所有者权益比率=所有者权益总额/资产总额”，选中C6单元格在公式编辑栏中输入公式：“=资产负债表!G35/资产负债表!C40”后按回车键后复制到D6单元格，计算出所有权比率，如图13-28所示。

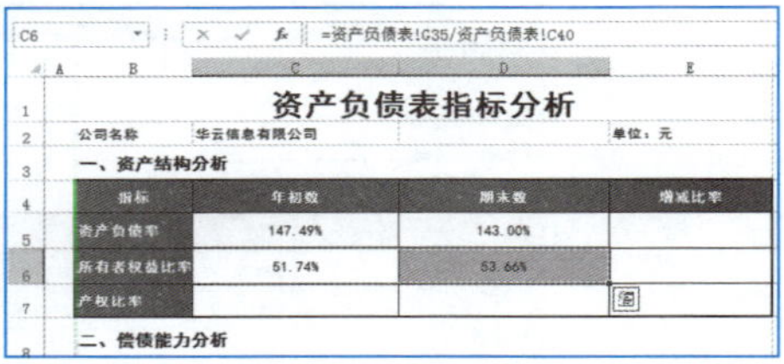

C6 =资产负债表!G35/资产负债表!C40

资产负债表指标分析

公司名称 华云信息有限公司 单位：元

一、资产结构分析

指标	年初数	期末数	增减比率
资产负债率	147.49%	143.00%	
所有者权益比率	51.74%	53.66%	
产权比率			

二、偿债能力分析

图13-28

❹ 根据“产权比率=负债总额/所有者权益总额”，选中C7单元格在公式编辑栏中输入公式：“=资产负债表!G27/资产负债表!G35”按回车键后复制到D7单元格，计算出产权比率，如图13-29所示。

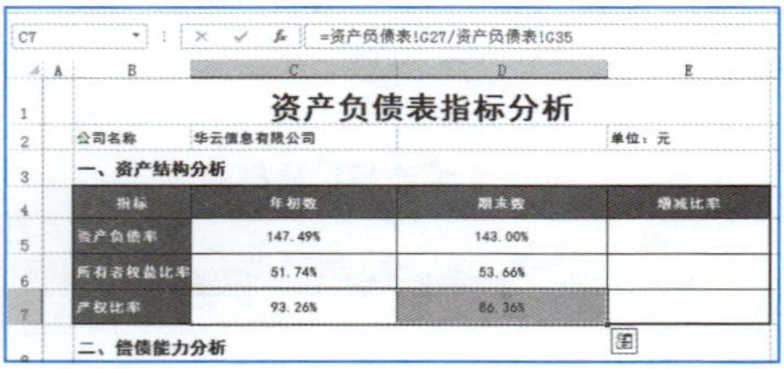

C7 =资产负债表!G27/资产负债表!G35

资产负债表指标分析

公司名称 华云信息有限公司 单位：元

一、资产结构分析

指标	年初数	期末数	增减比率
资产负债率	147.49%	143.00%	
所有者权益比率	51.74%	53.66%	
产权比率	93.26%	86.36%	

二、偿债能力分析

图13-29

步骤2：计算偿债能力分析期初数和期末数

❶ 根据“流动比率=流动资产/流动负债”，选中C10单元格在公式编辑栏中输入公式：“=资产负债表!C18/资产负债表!G18”按回车键后复制到D10单元格，计算出流动比率，如图13-30所示。

❷ 根据“速动比率=流动资产-存货/流动负债”，选中C11单元格在公式编辑栏中输入公式：“=（资产负债表!C18-资产负债表!C14）/资产负债表!G18”，按回车键后复制到D11单元格，计算出速动比率，如图13-31所示。

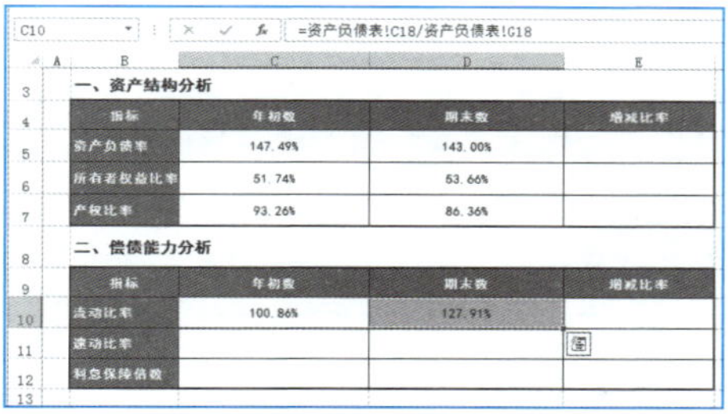
C10 =资产负债表!C18/资产负债表!G18

指标	年初数	期末数	增减比率
一、资产结构分析			
资产负债率	147.49%	143.00%	
所有者权益比率	51.74%	53.66%	
产权比率	93.26%	86.36%	
二、偿债能力分析			
流动比率	100.86%	127.91%	
速动比率			
利息保障倍数			

图13-30

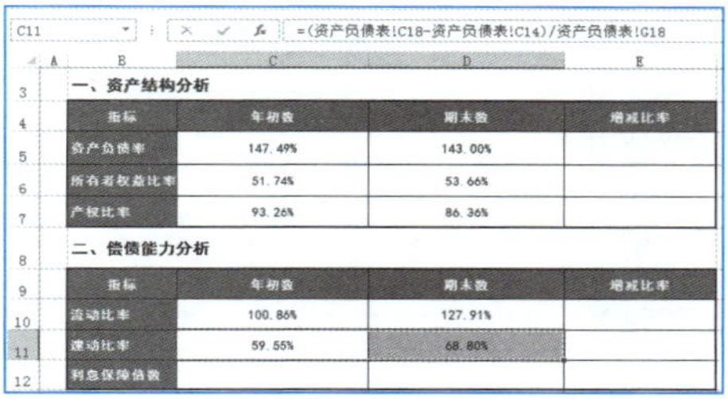
C11 =(资产负债表!C18-资产负债表!C14)/资产负债表!G18

指标	年初数	期末数	增减比率
一、资产结构分析			
资产负债率	147.49%	143.00%	
所有者权益比率	51.74%	53.66%	
产权比率	93.26%	86.36%	
二、偿债能力分析			
流动比率	100.86%	127.91%	
速动比率	59.55%	68.80%	
利息保障倍数			

图13-31

❸ 根据“利息保障倍数=净利润+所得税+利息支出/利息支出”，选中C12单元格在公式编辑栏中输入公式：“=（利润表!C19+利润表!C18+利润表!C11）/利润表!C11”，按回车键后复制到D12单元格，计算出利息保障倍数，如图13-32所示。

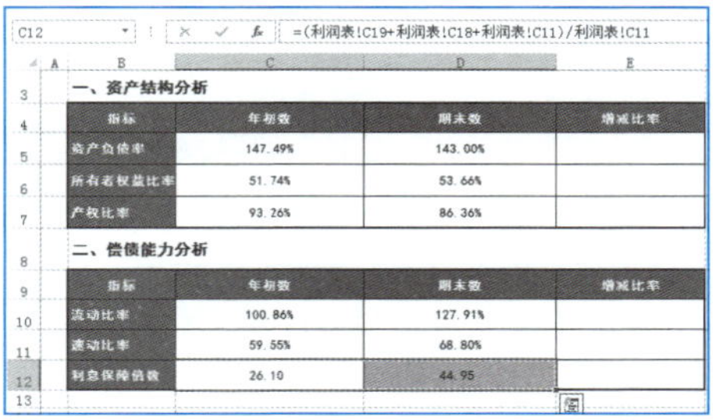
C12 =(利润表!C19+利润表!C18+利润表!C11)/利润表!C11

指标	年初数	期末数	增减比率
一、资产结构分析			
资产负债率	147.49%	143.00%	
所有者权益比率	51.74%	53.66%	
产权比率	93.26%	86.36%	
二、偿债能力分析			
流动比率	100.86%	127.91%	
速动比率	59.55%	68.80%	
利息保障倍数	26.10	44.95	

图13-32

步骤3：计算增减比率

❶ 选中E5单元格在公式编辑栏中输入公式：“=D5-C5”按回车键后复制到E7单元格，计算出各指标的增长比例，如图13-33所示。

❷ 选中E10单元格在公式编辑栏中输入公式：“=D10-C10”按回车键后复制到E12单元格，计算出流动比率、速动比率的增长比率，如图13-34所示。

E5 =D5-C5

一、资产结构分析			
指标	年初数	期末数	增减比率
资产负债率	147.49%	143.00%	-4.49%
所有者权益比率	51.74%	53.66%	1.92%
产权比率	93.26%	86.36%	-6.90%
二、偿债能力分析			

图13-33

E10 =D10-C10

一、资产结构分析			
指标	年初数	期末数	增减比率
资产负债率	147.49%	143.00%	-4.49%
所有者权益比率	51.74%	53.66%	1.92%
产权比率	93.26%	86.36%	-6.90%
二、偿债能力分析			
指标	年初数	期末数	增减比率
流动比率	100.86%	127.91%	27.05%
速动比率	59.55%	68.80%	9.25%
利息保障倍数	26.10	44.95	1884.93%

图13-34

3 将E12单元格数据格式更改为数值，即可计算出利息保障倍数，至此资产负债指标分析基本完成，如图13-35所示。

一、资产结构分析			
指标	年初数	期末数	增减比率
资产负债率	147.49%	143.00%	-4.49%
所有者权益比率	51.74%	53.66%	1.92%
产权比率	93.26%	86.36%	-6.90%
二、偿债能力分析			
指标	年初数	期末数	增减比率
流动比率	100.86%	127.91%	27.05%
速动比率	59.55%	68.80%	9.25%
利息保障倍数	26.10	44.95	18.85

图13-35

文件157　利润表比率分析

利润表的比率分析主要是分析企业的盈利能力和成本费用消化能力。反映企业盈利能力的指标有很多，主要有主营业利润率、主营业业务毛利率、总资产报酬率、净资产收益率和资本保值增值率。成本和费用消化能力主要通过主营业务成本率、管理费用率、财务费用率和成本、费用利润几个指标来体现。

制作要点与设计效果图

- 设置公式计算比率
- IF函数（参考函数1、3）
- 引用工作表中的数据

利润表比率分析

公司名称　华云信息有限公司　单位：元

一、盈利能力分析

分析指标	百分比	参考值	是否正常
主营业务利润率	21.30%	18%	正常
主营业务成本利润率	27.25%	25%	正常
主营业务税金及附加利润率	3843.38%	3800%	正常
总资产报酬率	20.10%	30%	异常
净资产收益率	27.86%	25%	正常
资本收益率	219.53%	100%	正常

二、成本、费用消化能力分析

指标	百分比	参考值	是否正常
主营业务成本率	78.15%	70%	异常
管理费用率	1.81%	5%	正常
财务费用率	0.43%	3%	正常
成本、费用利润率	23.19%	90%	正常

文件设计过程

步骤1：盈利能力分析

1 插入新工作表，重命名为“利润表比率分析”，在工作表中输入表格内容并输入原始数据，如图13-36所示。

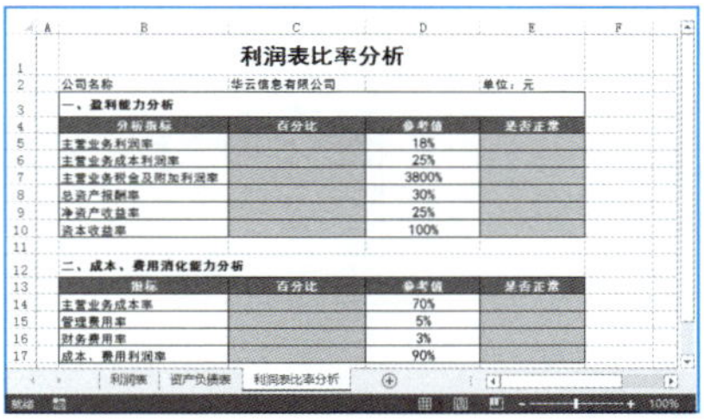

图13-36

2 根据“主营业务利润比率=利润总额/主营业务收入”，选中C5单元格在公式编辑栏中输入公式：“=利润表!D7/利润表!D4”按回车键计算出主营业务利润百分比，如图13-37所示。

3 根据“主营业务成本利润率=主营业务利润/主营业务成本”，选中C6单元格在公式编辑栏中输入公式：“=利润表!D7/利润表!D5”后按回车键，计算出主营业务成本利润率，如图13-38所示。

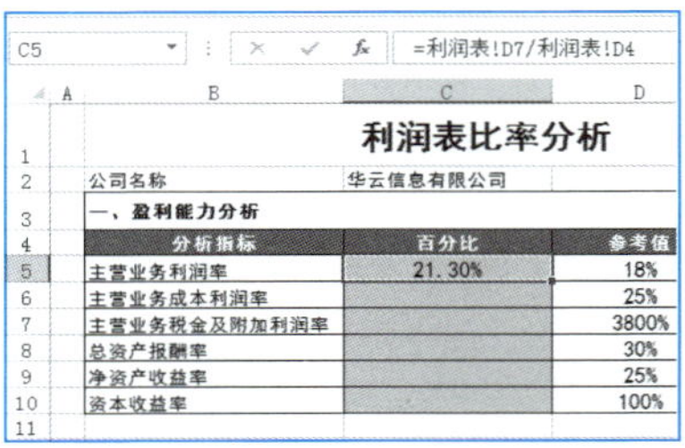

图13-37

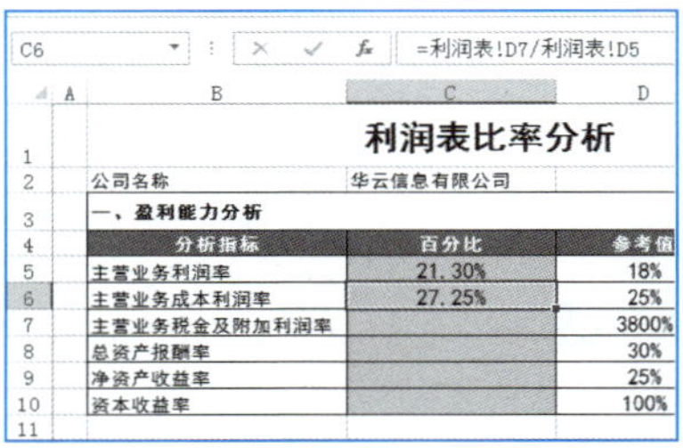

图13-38

4 根据“主营业务税金及附加利润率=主营业务利润/主营业务税金及附加”，选中C7单元格在公式编辑栏中输入公式：“=利润表!D7/利润表!D6”按回车键，计算出主营业务税金及附加利润率，如图13-39所示。

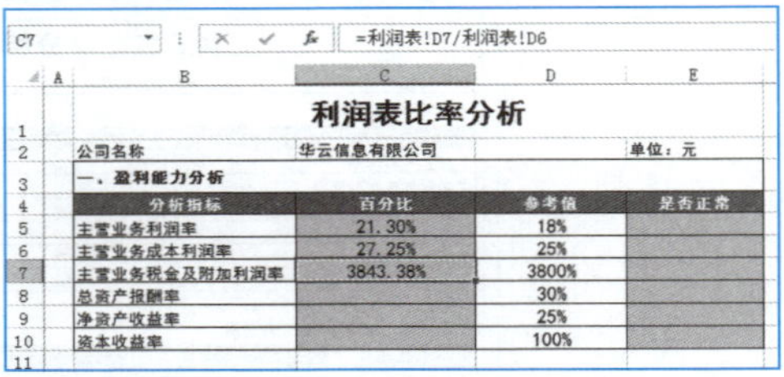

C7 =利润表!D7/利润表!D6

利润表比率分析			
公司名称	华云信息有限公司		单位：元
一、盈利能力分析			
分析指标	百分比	参考值	是否正常
主营业务利润率	21.30%	18%	
主营业务成本利润率	27.25%	25%	
主营业务税金及附加利润率	3843.38%	3800%	
总资产报酬率		30%	
净资产收益率		25%	
资本收益率		100%	

图13-39

5 根据“总资产报酬率=利润总额/平均资产总额”，选中C8单元格在公式编辑栏中输入公式：“=（利润表!D17）/（（资产负债表!C40+资产负债表!D40）/2*100%）”按回车键，计算出总资产报酬率，如图13-40所示。

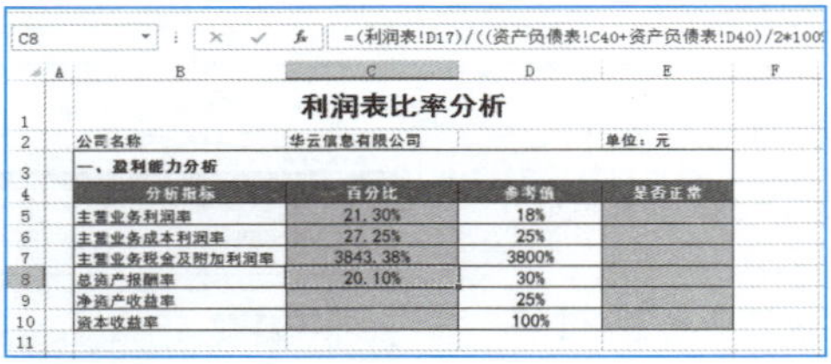

C8 =(利润表!D17)/((资产负债表!C40+资产负债表!D40)/2*100

利润表比率分析			
公司名称	华云信息有限公司		单位：元
一、盈利能力分析			
分析指标	百分比	参考值	是否正常
主营业务利润率	21.30%	18%	
主营业务成本利润率	27.25%	25%	
主营业务税金及附加利润率	3843.38%	3800%	
总资产报酬率	20.10%	30%	
净资产收益率		25%	
资本收益率		100%	

图13-40

6 净资产收益率是净利润率与平均所有者权益的百分比，选中C9单元格在公式编辑栏中输入公式：“=利润表!D19/（（资产负债表!H35+资产负债表!G35）/2）”按回车键，计算出资产收益率，如图13-41所示。

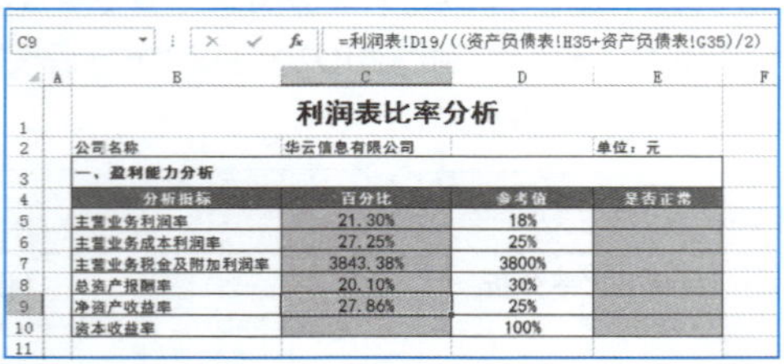

C9 =利润表!D19/((资产负债表!H35+资产负债表!G35)/2)

利润表比率分析			
公司名称	华云信息有限公司		单位：元
一、盈利能力分析			
分析指标	百分比	参考值	是否正常
主营业务利润率	21.30%	18%	
主营业务成本利润率	27.25%	25%	
主营业务税金及附加利润率	3843.38%	3800%	
总资产报酬率	20.10%	30%	
净资产收益率	27.86%	25%	
资本收益率		100%	

图13-41

7 资本收益率是净利润与实收资本的百分比，选中C10单元格在公式编辑栏中输入公式：“=利润表!D19/资产负债表!G29”后按回车键，计算出资本收益率，如图13-42所示。

8 选中E5单元格在公式编辑栏中输入公式：“=IF（C5<D5,”异常”,”正常”）”按回车键后复制到E10单元格，判断当前各个指标与参考值相比，是否正常，如图13-43所示。

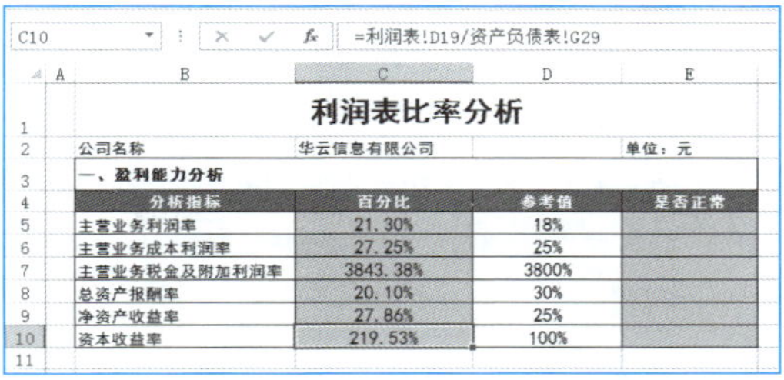

C10　=利润表!D19/资产负债表!G29

利润表比率分析			
公司名称	华云信息有限公司		单位：元
一、盈利能力分析			
分析指标	百分比	参考值	是否正常
主营业务利润率	21.30%	18%	
主营业务成本利润率	27.25%	25%	
主营业务税金及附加利润率	3843.38%	3800%	
总资产报酬率	20.10%	30%	
净资产收益率	27.86%	25%	
资本收益率	219.53%	100%	

图13-42

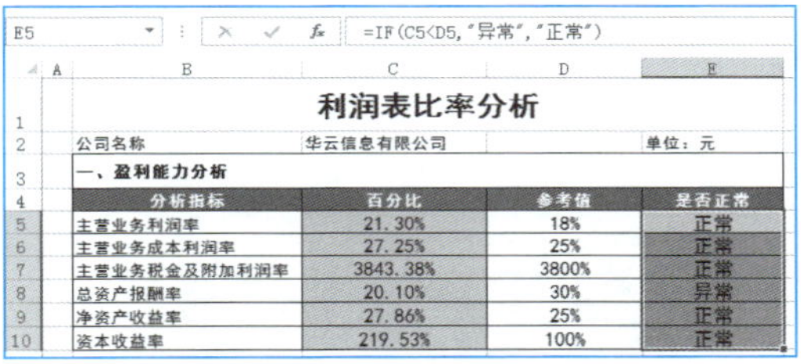

E5　=IF(C5<D5,"异常","正常")

利润表比率分析			
公司名称	华云信息有限公司		单位：元
一、盈利能力分析			
分析指标	百分比	参考值	是否正常
主营业务利润率	21.30%	18%	正常
主营业务成本利润率	27.25%	25%	正常
主营业务税金及附加利润率	3843.38%	3800%	正常
总资产报酬率	20.10%	30%	异常
净资产收益率	27.86%	25%	正常
资本收益率	219.53%	100%	正常

图13-43

步骤2：成本、费用消化能力分析

❶ 主营业务成本率是指主营业务成本与主营业务收入的百分比，选中C14单元格在公式编辑栏中输入公式“：=利润表!D5/利润表!D4”按回车键，计算主营业务成本率，如图13-44所示。

❷ 管理费用率是指管理费用与主营业务收入的百分比，选中C15单元格在公式编辑栏中输入公式：“=利润表!D10/利润表!D4”，按回车键计算管理费用率，如图13-45所示。

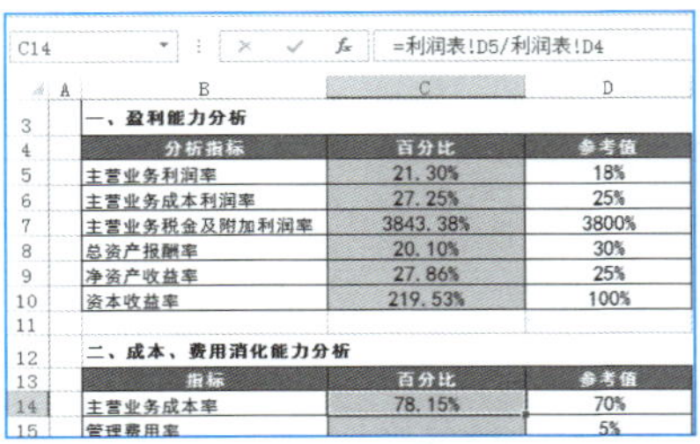

C14　=利润表!D5/利润表!D4

一、盈利能力分析		
分析指标	百分比	参考值
主营业务利润率	21.30%	18%
主营业务成本利润率	27.25%	25%
主营业务税金及附加利润率	3843.38%	3800%
总资产报酬率	20.10%	30%
净资产收益率	27.86%	25%
资本收益率	219.53%	100%
二、成本、费用消化能力分析		
指标	百分比	参考值
主营业务成本率	78.15%	70%
管理费用率		5%

图13-44

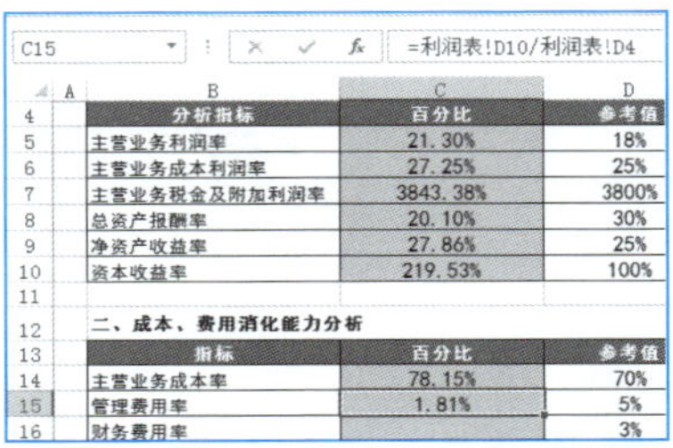

C15　=利润表!D10/利润表!D4

分析指标	百分比	参考值
主营业务利润率	21.30%	18%
主营业务成本利润率	27.25%	25%
主营业务税金及附加利润率	3843.38%	3800%
总资产报酬率	20.10%	30%
净资产收益率	27.86%	25%
资本收益率	219.53%	100%
二、成本、费用消化能力分析		
指标	百分比	参考值
主营业务成本率	78.15%	70%
管理费用率	1.81%	5%
财务费用率		3%

图13-45

❸ 财务费用率是指财务费用与主营业务收入的百分比，选中C16单元格在公式编辑栏中输入公式：“=利润表!D11/利润表!D4”按回车键，计算出财务费用率，如图13-46所示。

C16　=利润表!D11/利润表!D4

	A	B	C	D	E
5		主营业务利润率	21.30%	18%	正常
6		主营业务成本利润率	27.25%	25%	正常
7		主营业务税金及附加利润率	3843.38%	3800%	正常
8		总资产报酬率	20.10%	30%	异常
9		净资产收益率	27.86%	25%	正常
10		资本收益率	219.53%	100%	正常
11					
12		二、成本、费用消化能力分析			
13		指标	百分比	参考值	是否正常
14		主营业务成本率	78.15%	70%	
15		管理费用率	1.81%	5%	
16		财务费用率	0.43%	3%	
17		成本、费用利润率		90%	
18					

图13-46

4 成本、费用利润率是利润总额与成本、费用率的百分比，它反映每百元成本、费用支出能获得的利润。选中C17单元格在公式编辑栏中输入公式："=利润表!D17/（利润表!D5+利润表!D9+利润表!D10+利润表!D11）"按回车键，计算成本、费用利润率，如图13-47所示。

C17　=利润表!D17/(利润表!D5+利润表!D9+利润表!D10+利润表!D11)

	A	B	C	D	E	F
5		主营业务利润率	21.30%	18%	正常	
6		主营业务成本利润率	27.25%	25%	正常	
7		主营业务税金及附加利润率	3843.38%	3800%	正常	
8		总资产报酬率	20.10%	30%	异常	
9		净资产收益率	27.86%	25%	正常	
10		资本收益率	219.53%	100%	正常	
11						
12		二、成本、费用消化能力分析				
13		指标	百分比	参考值	是否正常	
14		主营业务成本率	78.15%	70%		
15		管理费用率	1.81%	5%		
16		财务费用率	0.43%	3%		
17		成本、费用利润率	23.19%	90%		
18						

图13-47

5 选中E14单元格在公式编辑栏中输入公式："=IF（C14>D14,"异常","正常"）"按回车键后复制到E17单元格，判断当前各个指标与参考值相比，是否正常，如图13-48所示。

E14　=IF(C14>D14,"异常","正常")

	A	B	C	D	E	F
5		主营业务利润率	21.30%	18%	正常	
6		主营业务成本利润率	27.25%	25%	正常	
7		主营业务税金及附加利润率	3843.38%	3800%	正常	
8		总资产报酬率	20.10%	30%	异常	
9		净资产收益率	27.86%	25%	正常	
10		资本收益率	219.53%	100%	正常	
11						
12		二、成本、费用消化能力分析				
13		指标	百分比	参考值	是否正常	
14		主营业务成本率	78.15%	70%	异常	
15		管理费用率	1.81%	5%	正常	
16		财务费用率	0.43%	3%	正常	
17		成本、费用利润率	23.19%	90%	正常	
18						

图13-48

文件158　现金流量表结构分析

现金流量的结果分析是指在现金流量表有关数据的基础上进一步明确现金的收入结构、现金支出结构和现金余额是如何形成的。现金流量表的结构分析可以分为现金收入结构分析、现金支出结构分析和现金净额结构分析三个方面。从这三个方面来掌握营业活动、投资活动和筹资活动中的现金流量结构。

制作要点与设计效果图

- SUM函数（参考函数3、7、16）
- INDEX函数（参考函数37）
- 创建分离型饼图
- 在饼图中绘制下拉列表
- 设置控件格式

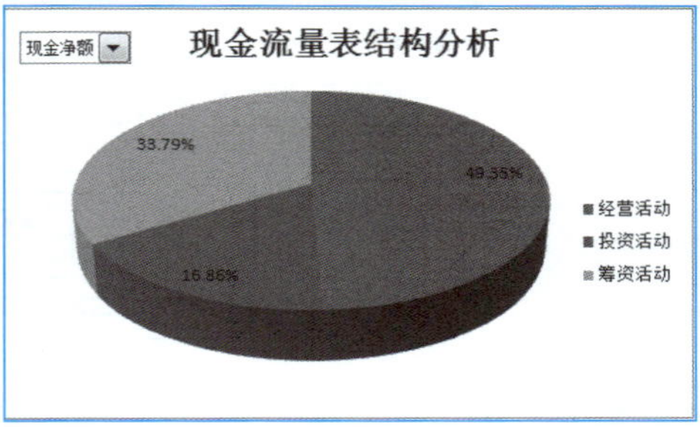

文件设计过程

步骤1：设置公式对数据进行引用和计算

❶ 将“现金流量表”复制到“财务报表分析图表”工作簿，插入新工作表，重命名为“现金流量结构分析”，在工作表中输入表格内容并输入原始数据。

❷ 根据“现金流量表”表格引用“现金流入”和“现金流出”的相关数据，如图13-49所示。

现金流量表结构分析

公司名称	华云信息有限公司	制表部门	财务部	单位：元
现金金额	经营活动	投资活动	筹资活动	合计
现金流入	8,815,547,212.62	532,094,639.00	2,336,995,093.70	
现金流出	7,454,592,125.91	67,217,152.58	1,405,058,852.58	
现金净额				

百分比	经营活动	投资活动	筹资活动
现金流入			
现金流出			
现金净额			

图13-49

❸ 选中C6单元格中在公式编辑栏中输入公式：“=C4-C5”按回车键后，向右填充到E6单元格计算出各种活动的现金净额，如图13-50所示。

C6　=C4-C5

现金流量表结构分析

公司名称	华云信息有限公司	制表部门	财务部	单位：元
现金金额	经营活动	投资活动	筹资活动	合计
现金流入	8,815,547,212.62	532,094,639.00	2,336,995,093.70	
现金流出	7,454,592,125.91	67,217,152.58	1,405,058,852.58	
现金净额	1,360,955,086.71	464,877,486.42	931,936,241.12	

百分比	经营活动	投资活动	筹资活动
现金流入			
现金流出			
现金净额			

图13-50

4 选中F4单元格中在公式编辑栏输入公式：“=SUM（C4:E4）”按回车键后向下复制到F6单元格，计算出各项数据的合计数据，如图13-51所示。

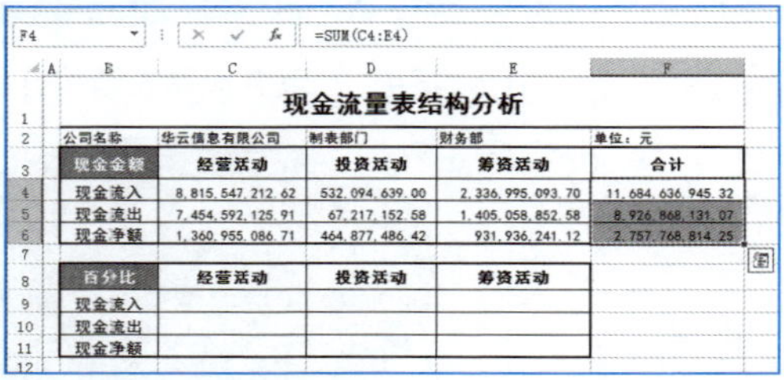

F4 =SUM(C4:E4)

现金流量表结构分析

公司名称	华云信息有限公司	制表部门	财务部	单位：元
现金金额	经营活动	投资活动	筹资活动	合计
现金流入	8,815,547,212.62	532,094,639.00	2,336,995,093.70	11,684,636,945.32
现金流出	7,454,592,125.91	67,217,152.58	1,405,058,852.58	8,926,868,131.07
现金净额	1,360,955,086.71	464,877,486.42	931,936,241.12	2,757,768,814.25
百分比	经营活动	投资活动	筹资活动	
现金流入				
现金流出				
现金净额				

图13-51

5 选中C9单元格在公式编辑栏中输入公式：“=C4/$F4”按回车键后复制向右向下复制公式，计算出各项数据的百分比，如图13-52所示。

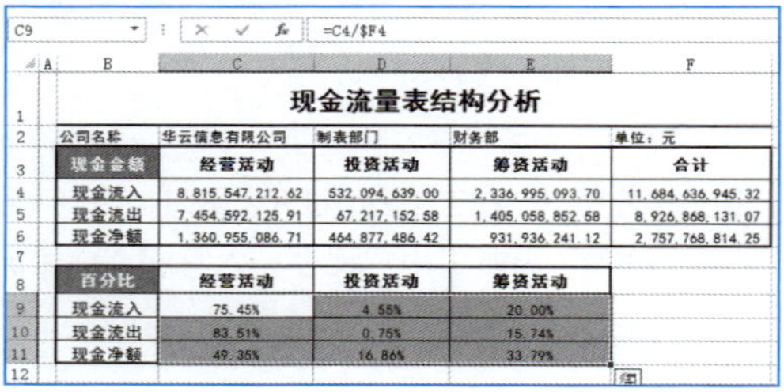

C9 =C4/$F4

现金流量表结构分析

公司名称	华云信息有限公司	制表部门	财务部	单位：元
现金金额	经营活动	投资活动	筹资活动	合计
现金流入	8,815,547,212.62	532,094,639.00	2,336,995,093.70	11,684,636,945.32
现金流出	7,454,592,125.91	67,217,152.58	1,405,058,852.58	8,926,868,131.07
现金净额	1,360,955,086.71	464,877,486.42	931,936,241.12	2,757,768,814.25
百分比	经营活动	投资活动	筹资活动	
现金流入	75.45%	4.55%	20.00%	
现金流出	83.51%	0.75%	15.74%	
现金净额	49.35%	16.86%	33.79%	

图13-52

6 在C13单元格中输入“1”，选中C13单元格在公式编辑栏中输入公式：“=INDEX（C9:C11,$B$13）”按回车键后复制向右复制公式到E13单元格，如图13-53所示。

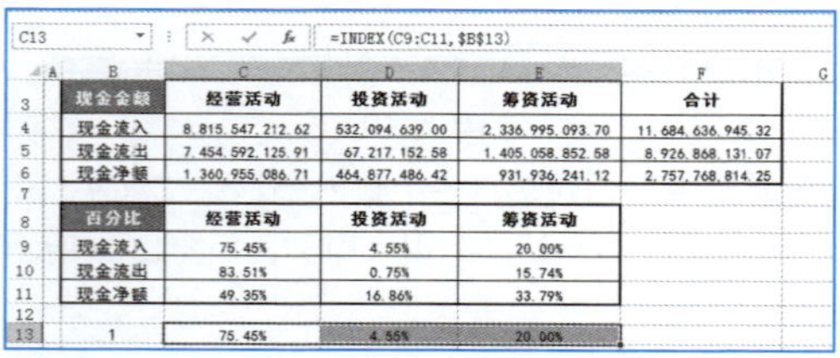

C13 =INDEX(C9:C11,$B$13)

现金金额	经营活动	投资活动	筹资活动	合计
现金流入	8,815,547,212.62	532,094,639.00	2,336,995,093.70	11,684,636,945.32
现金流出	7,454,592,125.91	67,217,152.58	1,405,058,852.58	8,926,868,131.07
现金净额	1,360,955,086.71	464,877,486.42	931,936,241.12	2,757,768,814.25
百分比	经营活动	投资活动	筹资活动	
现金流入	75.45%	4.55%	20.00%	
现金流出	83.51%	0.75%	15.74%	
现金净额	49.35%	16.86%	33.79%	
1	75.45%	4.55%	20.00%	

图13-53

步骤2：创建饼形图

1 按Ctrl键依次选中C8:E8单元格区域和C13:E13单元格区域，切换到“插入”选项卡，在“图表”选项组中单击“插入饼图”按钮，在其下拉列表中选择“三维饼图”图表类型，如图13-54所示。

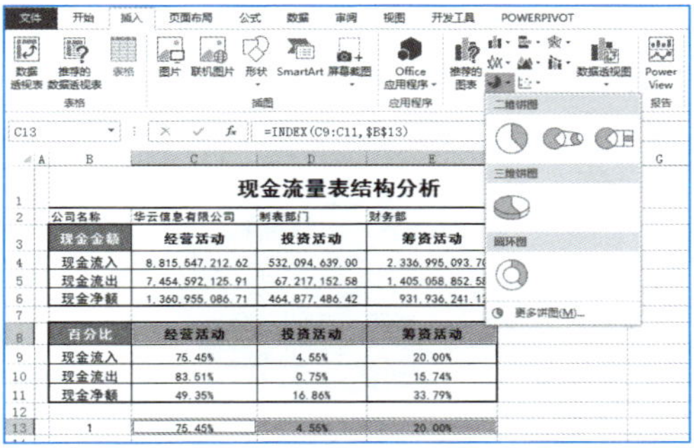

图13-54

2 返回工作表中，系统根据悬着的数据源创建分三维饼图。接着为图表添加数据标签，并在“设置数据标签格式”对话框中设置标签格式为百分比格式，如图13-55所示。

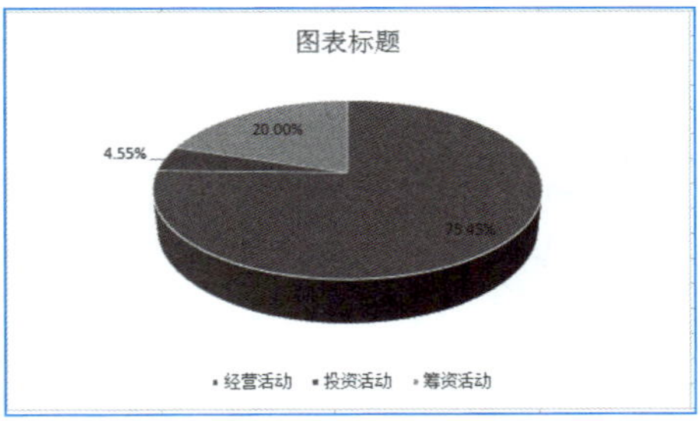

图13-55

步骤3：添加控件窗口

1 切换到“开发工具”选项卡，在“控件”选项组单击“插入”按钮，在其下拉列表中选择“组合框”窗体控件，如图13-56所示。

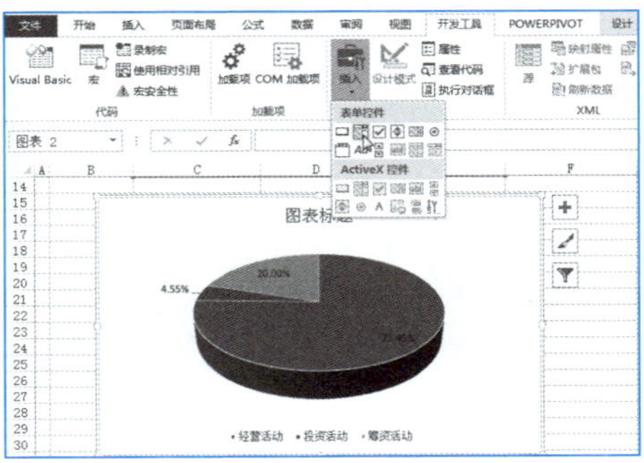

图13-56

❷ 返回工作表中，拖动鼠标在图表左上角绘制一个组合框，将鼠标至于控点上，当指针变为箭头形状时，可以调节、控件窗体大小，如图13-57所示。

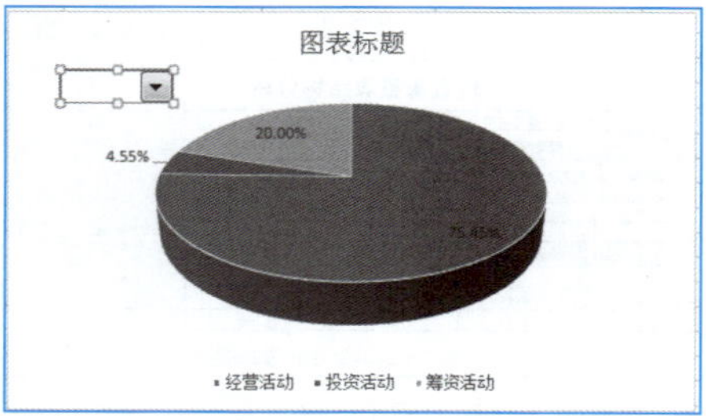

图13-57

❸ 选中控件窗体，单击鼠标右键，在右键菜单中选择“设置控件格式”命令，如图13-58所示。

❹ 打开“设置对象格式”对话框，设置数据源区域为单元格B8:B10单元格区域，设置“单元格链接”为B12单元格区域，在“下拉显示项数”文本框中输入“3”，单击“确定”按钮，如图13-59所示。

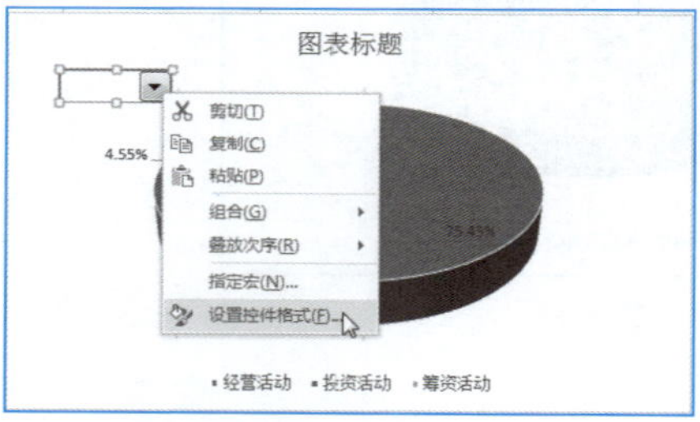

图13-58

图13-59

❺ 返回图表中，单击图表中的下拉按钮，从下拉列表中选择“现金流出”，随后图表中会显示出现金流出结构图，在下拉列表中选择“现金净额”，则图表会发生相应的更改，如图13-60所示。

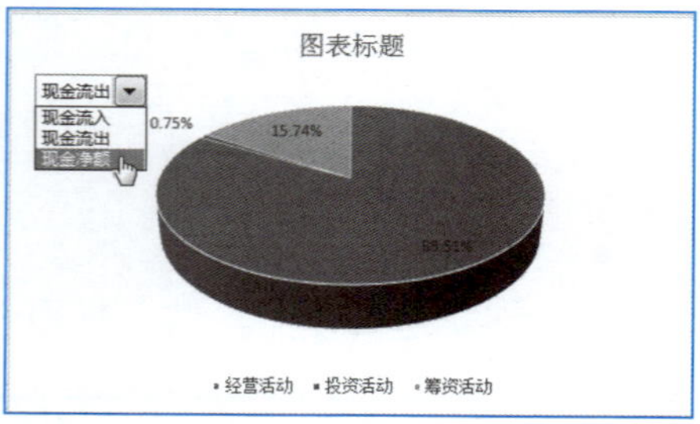

图13-60

文件159　现金流量表趋势分析

通过现金流量表的趋势分析可以了解各项目变动的基本趋势，判断趋势的利弊，并对企业的未来发展做出预测。

制作要点与设计效果图

- SUM函数（参考函数3、7、16）
- 创建折线图
- 切换行/列
- 设置坐标轴格式
- 设置形状填充

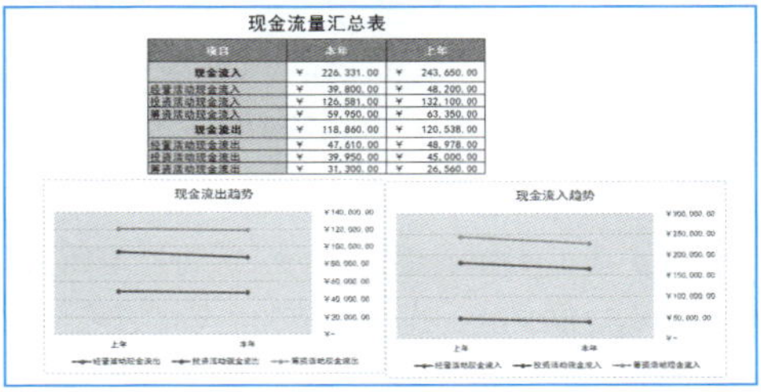

现金流量汇总表

项目	本年	上年
现金流入	¥ 226,331.00	¥ 243,650.00
经营活动现金流入	¥ 39,800.00	¥ 48,200.00
投资活动现金流入	¥ 126,581.00	¥ 132,100.00
筹资活动现金流入	¥ 59,950.00	¥ 63,350.00
现金流出	¥ 118,860.00	¥ 120,538.00
经营活动现金流出	¥ 47,610.00	¥ 48,978.00
投资活动现金流出	¥ 39,950.00	¥ 45,000.00
筹资活动现金流出	¥ 31,300.00	¥ 26,560.00

文件设计过程

步骤1：设置公式

❶ 新建工作表，并将其命名为“现金流量表趋势分析”，在工作表中输入表格内容并输入原始数据，效果如图13-61所示。

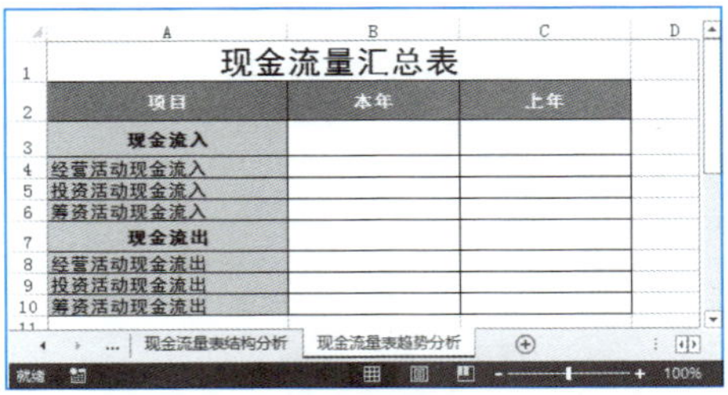

现金流量汇总表

项目	本年	上年
现金流入		
经营活动现金流入		
投资活动现金流入		
筹资活动现金流入		
现金流出		
经营活动现金流出		
投资活动现金流出		
筹资活动现金流出		

图13-61

❷ 选中B4单元格，在公式编辑栏中输入公式：=现金流量表!B9，按回车键，向右向下复制公式，得到的结果如图13-62所示。

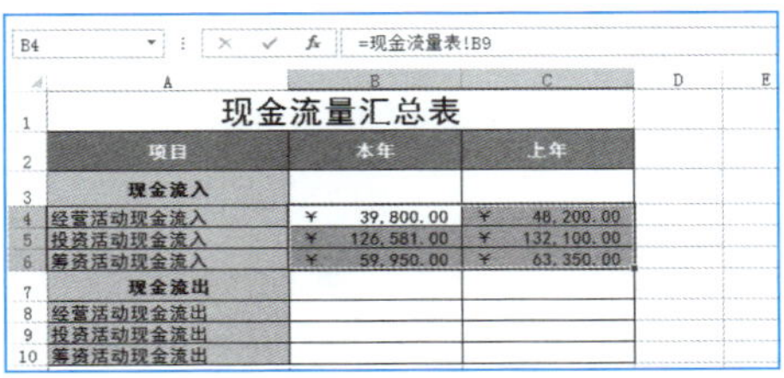

现金流量汇总表

项目	本年	上年
现金流入		
经营活动现金流入	¥ 39,800.00	¥ 48,200.00
投资活动现金流入	¥ 126,581.00	¥ 132,100.00
筹资活动现金流入	¥ 59,950.00	¥ 63,350.00
现金流出		
经营活动现金流出		
投资活动现金流出		
筹资活动现金流出		

图13-62

❸ 选中B8单元格，在公式编辑栏中输入公式：=现金流量表!B14，按回车键，向右向下复制公式，得到结果如图13-63所示。

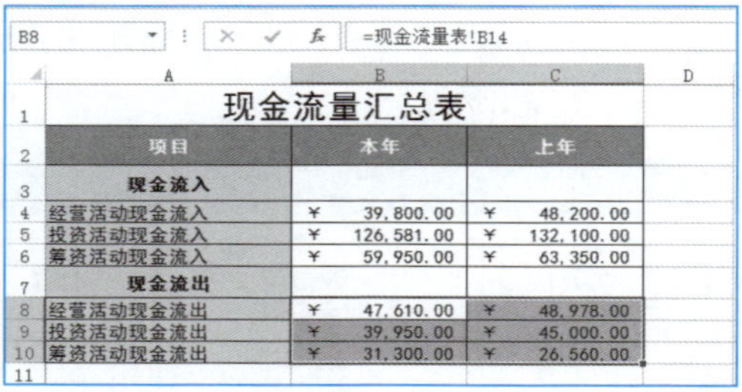
B8 =现金流量表!B14

现金流量汇总表		
项目	本年	上年
现金流入		
经营活动现金流入	¥ 39,800.00	¥ 48,200.00
投资活动现金流入	¥ 126,581.00	¥ 132,100.00
筹资活动现金流入	¥ 59,950.00	¥ 63,350.00
现金流出		
经营活动现金流出	¥ 47,610.00	¥ 48,978.00
投资活动现金流出	¥ 39,950.00	¥ 45,000.00
筹资活动现金流出	¥ 31,300.00	¥ 26,560.00

图13-63

❹ 选中B3单元格，在公式编辑栏中输入公式：=SUM（B4:B6），按回车键，向右复制公式，得出本年和上年的现金流入合计值，如图13-64所示。

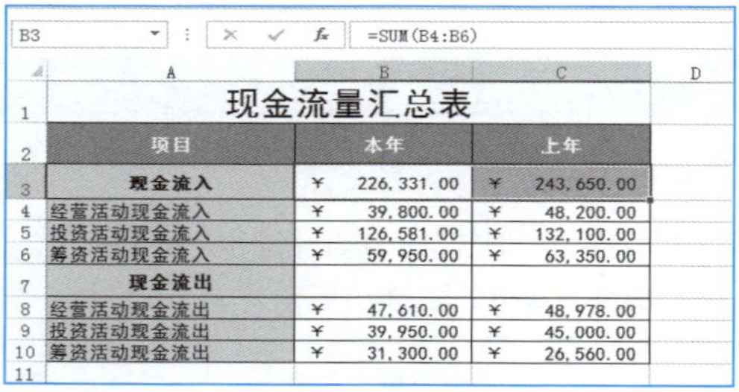
B3 =SUM(B4:B6)

现金流量汇总表		
项目	本年	上年
现金流入	¥ 226,331.00	¥ 243,650.00
经营活动现金流入	¥ 39,800.00	¥ 48,200.00
投资活动现金流入	¥ 126,581.00	¥ 132,100.00
筹资活动现金流入	¥ 59,950.00	¥ 63,350.00
现金流出		
经营活动现金流出	¥ 47,610.00	¥ 48,978.00
投资活动现金流出	¥ 39,950.00	¥ 45,000.00
筹资活动现金流出	¥ 31,300.00	¥ 26,560.00

图13-64

❺ 选中B7单元格，在公式编辑栏中输入公式：=SUM（B8:B10），按回车键，向右复制公式，得出本年和上年的现金流出合计值，如图13-65所示。

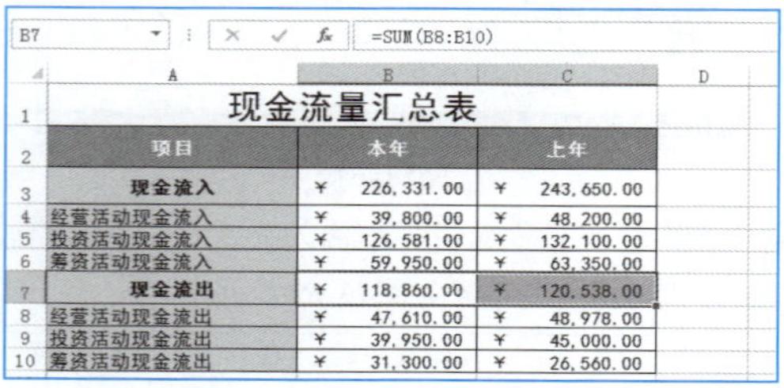
B7 =SUM(B8:B10)

现金流量汇总表		
项目	本年	上年
现金流入	¥ 226,331.00	¥ 243,650.00
经营活动现金流入	¥ 39,800.00	¥ 48,200.00
投资活动现金流入	¥ 126,581.00	¥ 132,100.00
筹资活动现金流入	¥ 59,950.00	¥ 63,350.00
现金流出	¥ 118,860.00	¥ 120,538.00
经营活动现金流出	¥ 47,610.00	¥ 48,978.00
投资活动现金流出	¥ 39,950.00	¥ 45,000.00
筹资活动现金流出	¥ 31,300.00	¥ 26,560.00

图13-65

步骤2：创建折线图

❶ 选中A4:C6单元格区域，切换到“插入”选项卡，在“图表”组中单击“插入折线图”按钮，在其下拉列表中单击“带数据标记的折线图”图表类型，如图13-66所示。

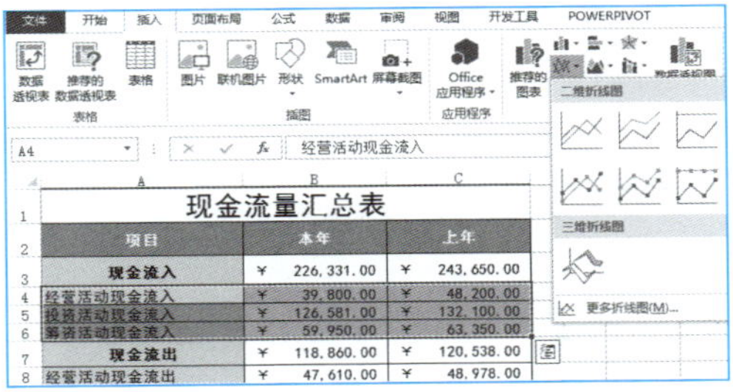

图13-66

2 执行上述操作，即可创建图表。在“图表工具”→“设计”选项卡下，单击“数据”组中的“选择数据”按钮，打开“选择数据源”对话框。单击“切换行/列”按钮，如图13-67所示。

3 单击“水平（分类）轴标签”列表框中的“编辑”按钮（如图13-68所示），弹出“轴标签”对话框。

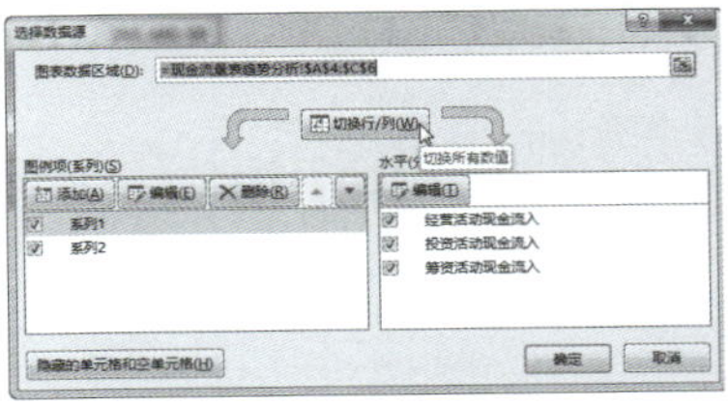

图13-67

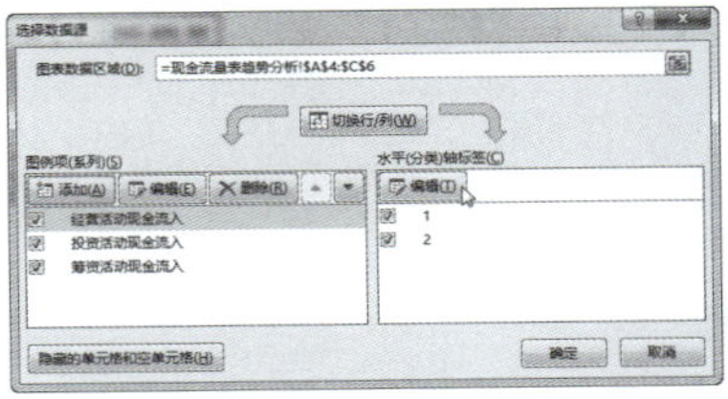

图13-68

4 在工作表中利用鼠标选取B2：C2单元格区域，如图13-69所示。

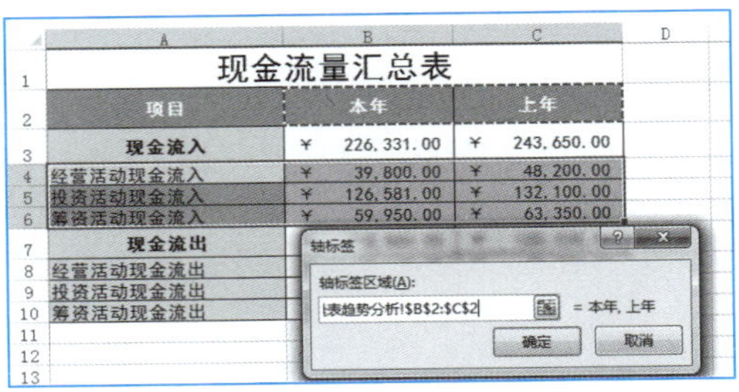

图13-69

5 选中横坐标轴，单击鼠标右键，在右键菜单中单击“设置坐标轴格式”命令，打开“设置坐标轴格式”窗格。在“坐标轴位置”栏下选中“逆序类别”复选框，如图13-70所示。

6 经过上述操作，可以看到图表中选中了横坐标的标签为“上年”和“本年”，并且横坐标变成了从右向左显示的情况。在标题栏中编辑标题后，效果如图13-71所示。

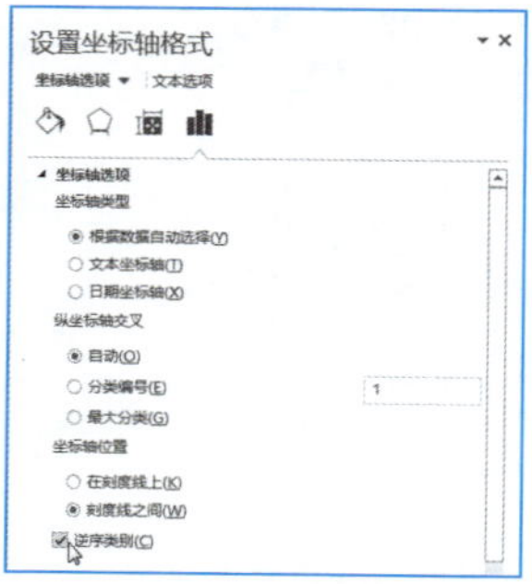

图13-70

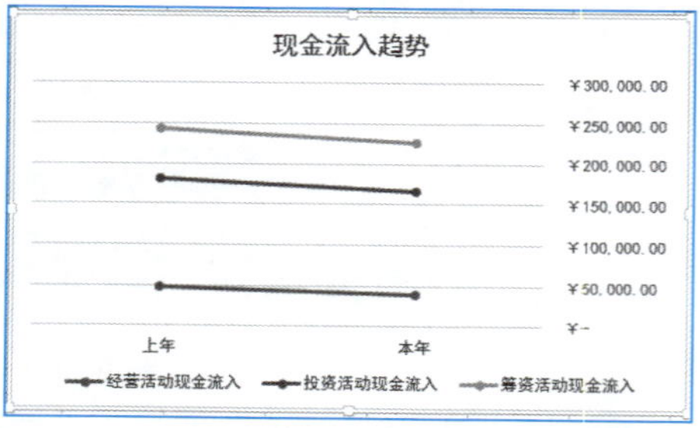

图13-71

7 选中绘图区，在“图表工具”→“格式”选项卡下，在“形状样式”组中单击“形状填充”按钮，打开下拉菜单。在“主题颜色”栏中可以选择填充颜色，鼠标指向设置选项时，图表即时预览效果，如图13-72所示。

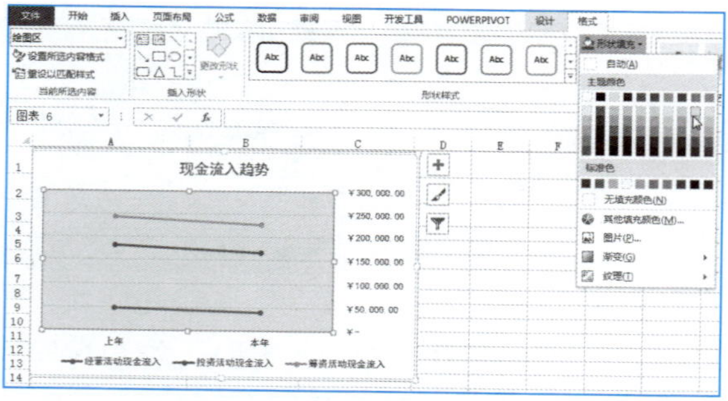

图13-72

8 复制图表，打开该图表对应的“选择数据源”对话框，重新选择其数据源为A8：C10区域，并编辑水平轴标签为A2：C2区域，如图13-73所示。

9 单击“确定”按钮，从图表中可以看出只有经营活动的现金流量稍有上涨趋势，投资活动和筹资活动的现金流量都在减少，如图13-74所示。

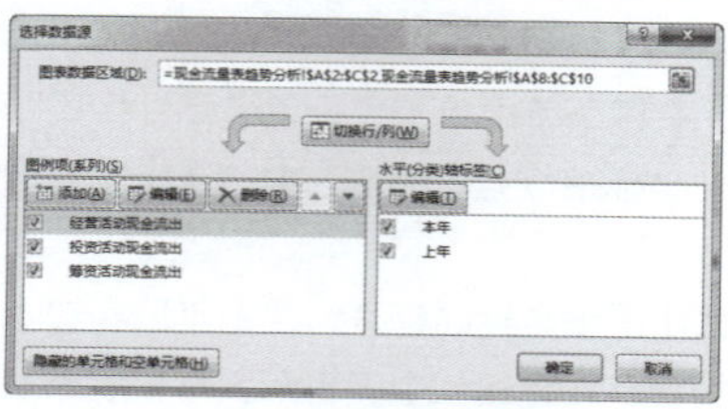

图13-73

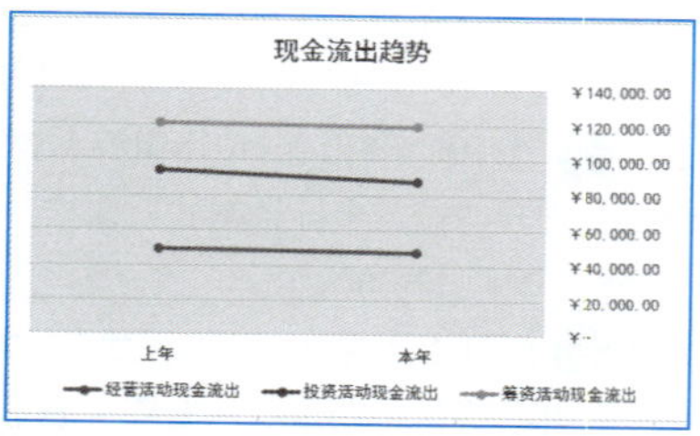

图13-74

文件160　现金流出比例分析

使用柱形图绘制出现金流出占流入金额的百分比图表，可以比较上年与本年现金流出的比例情况。这里将上年和本年的现金收入比例看为1，而计算出各年现金流出占流入的百分比。

制作要点与设计效果图

- SUM函数（参考函数3、7、16）
- 创建柱形图
- 设置坐标轴格式

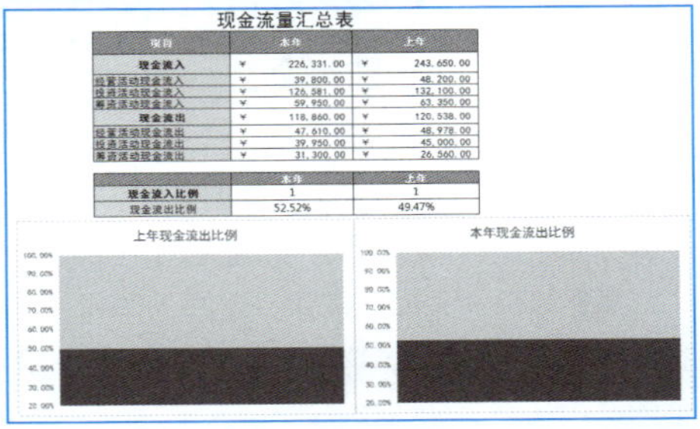

文件设计过程

步骤1：设置公式

❶ 在“现金流量表趋势分析”工作表中创建一个现金流出比例表格，如图13-75所示。

❷ 选中B14单元格，在公式编辑栏中输入公式：“=B7/B3”后按回车键，向右复制公式，计算出上年和本年的现金流出比例，如图13-76所示。

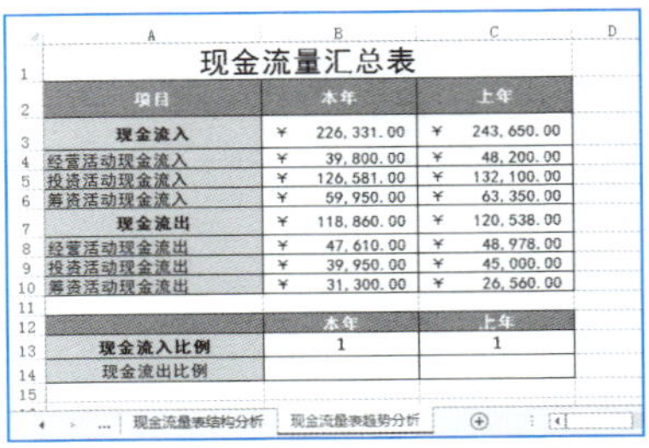

现金流量汇总表

项目	本年	上年
现金流入	￥ 226,331.00	￥ 243,650.00
经营活动现金流入	￥ 39,800.00	￥ 48,200.00
投资活动现金流入	￥ 126,581.00	￥ 132,100.00
筹资活动现金流入	￥ 59,950.00	￥ 63,350.00
现金流出	￥ 118,860.00	￥ 120,538.00
经营活动现金流出	￥ 47,610.00	￥ 48,978.00
投资活动现金流出	￥ 39,950.00	￥ 45,000.00
筹资活动现金流出	￥ 31,300.00	￥ 26,560.00

	本年	上年
现金流入比例	1	1
现金流出比例		

图13-75

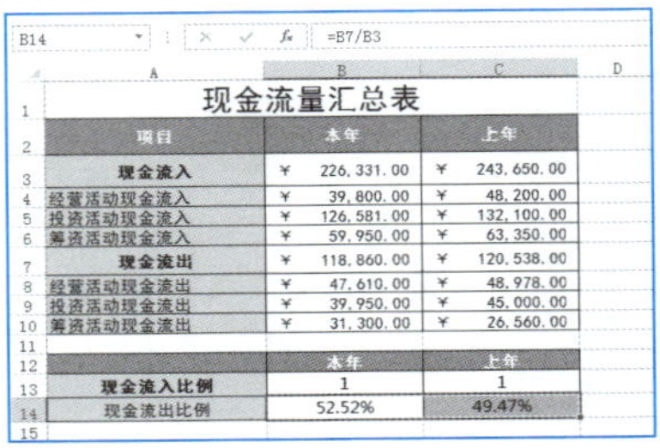

现金流量汇总表

项目	本年	上年
现金流入	￥ 226,331.00	￥ 243,650.00
经营活动现金流入	￥ 39,800.00	￥ 48,200.00
投资活动现金流入	￥ 126,581.00	￥ 132,100.00
筹资活动现金流入	￥ 59,950.00	￥ 63,350.00
现金流出	￥ 118,860.00	￥ 120,538.00
经营活动现金流出	￥ 47,610.00	￥ 48,978.00
投资活动现金流出	￥ 39,950.00	￥ 45,000.00
筹资活动现金流出	￥ 31,300.00	￥ 26,560.00

	本年	上年
现金流入比例	1	1
现金流出比例	52.52%	49.47%

图13-76

步骤2：创建折线图

❶ 按住“Ctrl”键，选择A12：B12单元格区域和A14:A14单元格区域，单击“插入”选项卡，在“图表”组中单击“插入柱形图”按钮，在下拉菜单中单击“簇状柱形图”，如图13-77所示。

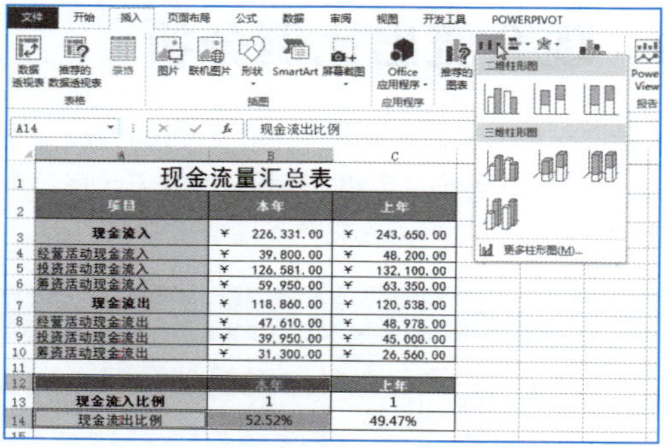

图13–77

2 创建图表后，双击数据系列，打开“设置数据系列格式”窗格，拖动“分类间距”右侧的滑块，向左拖动，将其比例调整为“0%”，如图13-78所示。

3 单击“关闭”按钮，返回工作表。选中图表，单击“图表元素”按钮，打开下拉菜单，单击“坐标轴”右侧按钮，在子菜单中取消“主要横坐标”复选框的选中状态，如图13-79所示。

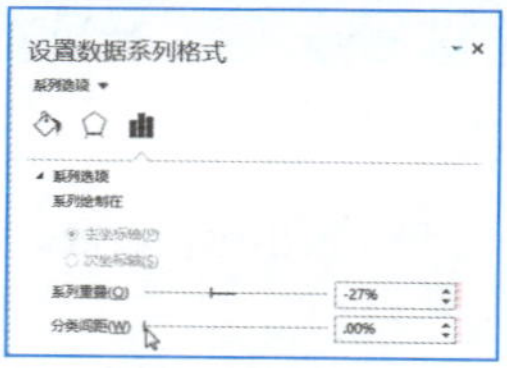

图13–78

图13–79

4 双击纵坐标，打开“设置坐标轴格式”窗格。在“坐标轴选项”栏下将“最大值”和“主要刻度单位”设置为“1.0”和“0.2”，如图13-80所示。

5 单击“关闭”按钮，返回工作表。选中图表，单击“图表元素”按钮，打开下拉菜单，单击“网络线”右侧按钮，在子菜单中取消“主轴主要水平网络线”复选框的选中状态，如图13-81所示。

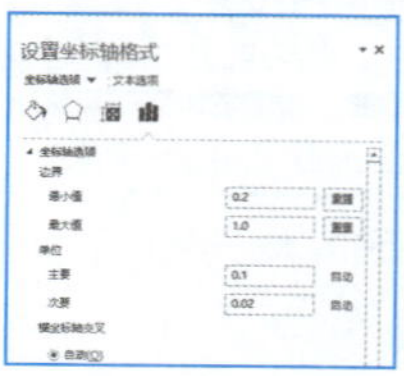

图13–80

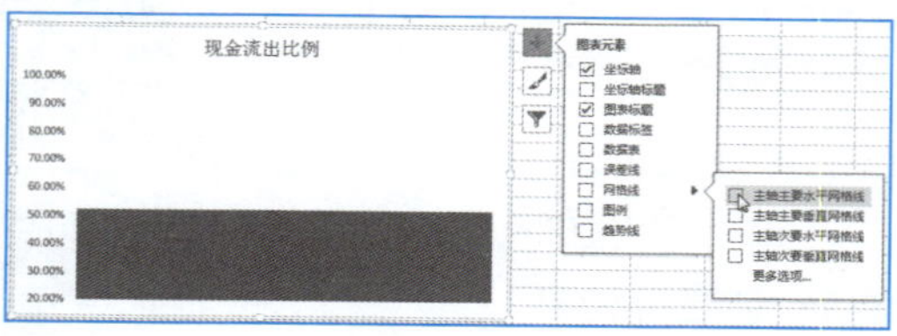

图13–81

6 选中绘图区，在“图表工具”→“格式”选项卡下，在“形状样式”组中单击“形状填充”按钮，打开下拉菜单。在“主题颜色”栏中可以选择填充颜色，鼠标指向设置选项时，图表即时预览效果，如图13-82所示。用同样的方法设置数据系列颜色。

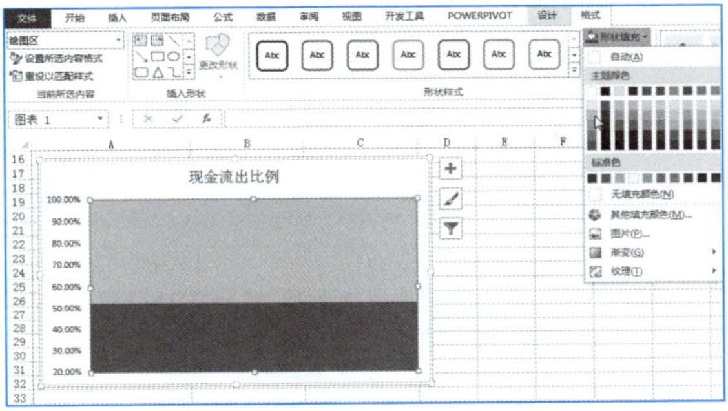

图13-82

7 选中图表，单击“图表元素”按钮，打开下拉菜单，单击“数据标签”右侧按钮，在子菜单中选择数据标签显示的位置（单击鼠标即可应用），如这里单击“数据标签外”，如图13-83所示。

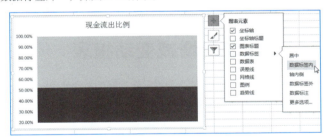

图13-83

8 将图表标题更改为“本年现金流出比例”，并将图表中的文字设置为“黑体”，得到最终效果如图13-84所示。将图表复制一份，更改标题为“”，然后将数据源更为A12、C12、A14、C14单元格，得到最终的上年现金流出比例图，如图13-85所示。可以看出上年现金流出的较本年更低一些。

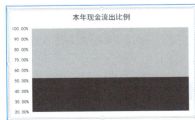

图13-84

图13-85

文件161　负债变化状况分析

通过将各个负债项目的期末数和年初数进行对比，可以反映企业在该会计期间，各个负债项目，如应付票据、应付账款、预收账款等其他应付账款的变化情况。

制作要点与设计效果图

- VLOOKUP函数（参考函数61）
- 创建混合图表（参考文件155）
- 添加次坐标轴（参考文件155）

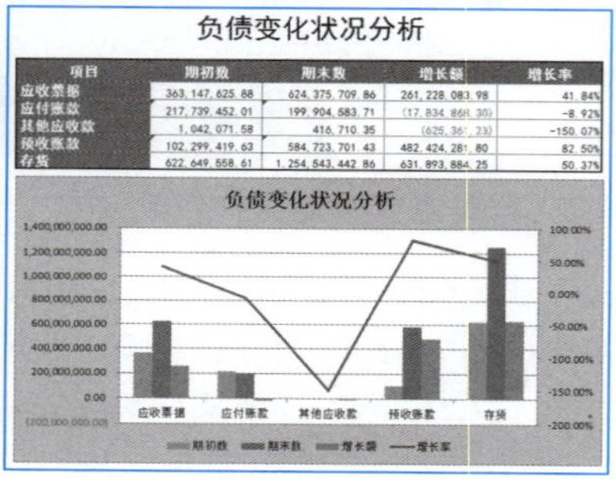

负债变化状况分析

项目	期初数	期末数	增长额	增长率
应收票据	363,147,625.88	624,375,709.86	261,228,083.98	41.84%
应付账款	217,739,452.01	199,904,583.71	(17,834,868.30)	-8.92%
其他应收款	1,042,071.58	416,710.35	(625,361.23)	-150.07%
预收账款	102,299,419.63	584,723,701.43	482,424,281.80	82.50%
存货	622,649,558.61	1,254,543,442.86	631,893,884.25	50.37%

文件162　销售量增减变动报表

销售量增加变动报表可以反映企业在一定期间的总销售量、总增长率、平均销量、平均增长率等数据指标。

制作要点与设计效果图

- IF函数（参考函数1、3）
- 设置条件格式（参考文件53）

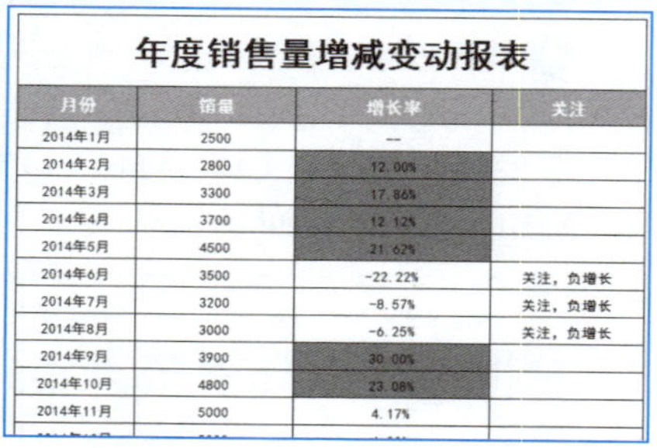

年度销售量增减变动报表

月份	销量	增长率	关注
2014年1月	2500	--	
2014年2月	2800	12.00%	
2014年3月	3300	17.86%	
2014年4月	3700	12.12%	
2014年5月	4500	21.62%	
2014年6月	3500	-22.22%	关注，负增长
2014年7月	3200	-8.57%	关注，负增长
2014年8月	3000	-6.25%	关注，负增长
2014年9月	3900	30.00%	
2014年10月	4800	23.08%	
2014年11月	5000	4.17%	

文件163　货币资金支付能力分析表

货币资金的分析是从货币资金结存量和货币资金周转率两个方面进行分

析，借以评价企业货币资金的支付能力和使用效率。货币资金结存量分析的基本方法是将货币资金结存量与近期支付款项净额加以比较，分析其结存量水平与当时支付需要是否相适应。

制作要点与设计效果图

- SUM函数（参考函数3、7、16）
- IF函数（参考函数1、3）

货币资金支付能力分析

可用于支付的资金	金额	近期支付款项	金额
1.银行存款	¥ 41,732.00	1.应付账款	¥ 60,132.00
2.现金	¥ 532.00	2.应付税金	¥ 22,132.00
3.应收账款	¥ 100,132.00	3.应付工资	¥ 40,132.00
4.其他应收款	¥ 3,132.00	4.应付利润	¥ 4,132.00
		5.其他应付款	¥ 2,132.00
合计	¥ 145,528.00	合计	¥ 128,660.00
不足数	¥ -	多余数	¥ 16,868.00
平衡	¥ 145,528.00	平衡	¥ 145,528.00
货币资金支付能力	¥ 1.66	支付能力较强	

货币资金周转率

货币资金期初余额	¥ 1,713,200.00
本期销售额	¥ 2,113,260.00
现销比例	80.00%
收回以前赊销款项	¥ 1,755,000.00
资金周转率	2.01

文件164　利润总额及构成分析

利润总额分析，包括利润总额的增长情况分析和利润总额完成情况分析两个部分。利润总额的增长分析是本年利润与上年利润对比的结果，利润总额完成情况分析是本年利润与计划对比的结果。

制作要点与设计效果图

- 创建混合图表（参考文件155）
- 添加次坐标轴（参考文件155）
- 设置数据系列格式（参考文件154）

利润总额及其构成分析

项目	上年实际数	本年计划数	本年实际数	利润增长率	利润完成率
主营业务利润	21350	26500	31500	47.54%	18.87%
其他业务利润	9350	10500	11500	22.99%	9.52%
营业利润	25350	31500	36500	43.98%	15.87%
利润总额	33350	41500	44500	33.43%	7.23%

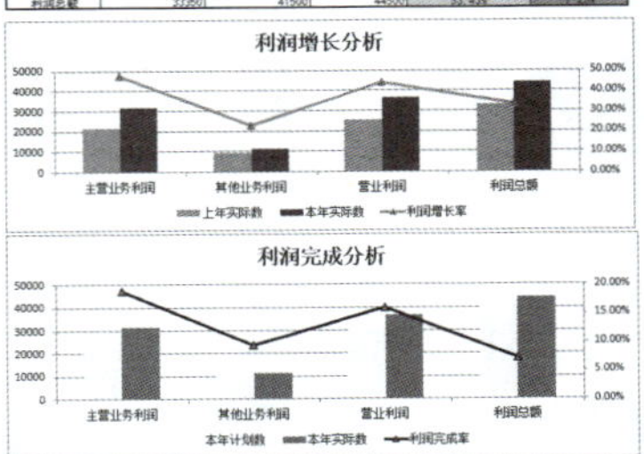

文件165　现金收入结构趋势分析

现金收入结构反映企业经营活动现金收入、投资活动现金收入和筹资活动现金收入在全部现金收入中的比重，以及各项业务活动现金收入中具体项目的构成情况。通过比较相邻的几个年度的现金收入结构，还可以对其趋势进行分析。

制作要点与设计效果图

- 创建数据点折线图（参考文件127）
- 设置数据点填充色（参考文件141）

现金收入结构趋势分析

项 目	2012年	2013年	2014年
经营活动现金收入	56.21%	58.18%	72.90%
投资活动现金收入	8.56%	6.42%	3.10%
筹资活动现金收入	35.23%	35.40%	24.00%
现金收入合计	100.00%	100.00%	100.00%

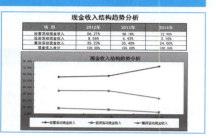

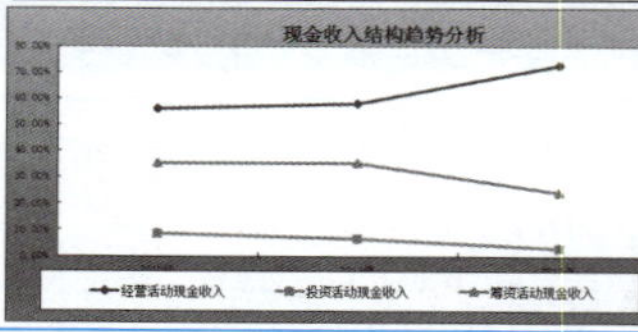

文件166 现金流量表比率分析

现金流量表的比率分析，主要是指对现金比率、短期债务、长期债务等指标的分析。通过对这些指标反映企业的短期偿还能力、综合偿债能力、在投资力度以及支付现金股利的能力等，为企业投资者及管理者提供决策的依据。

制作要点与设计效果图

- 设置公式（参考文件5）
- IF函数（参考函数1、3）

现金流量表比率分析

指 标	值	评价
现金比率	182.97%	短期偿债能力强
经营净现金比率（短期债务）	90.30%	短期偿债能力强
经营净现金比率（全部债务）	53.48%	综合偿债能力强
现金再投资比率	28.61%	再投资力度较理想
经营活动净现金流量对现金股利比率	4.80	支付现金股利能力较强

文件167 利润表结构分析

利润表的结构分析主要分析企业的一定期限内各个项目占主营业务的百分比，反映企业一定期间的主营业务收入的具体情况，主要由主营业业务收入、主营业业务利润、营业利润等几个项目来体现。

制作要点与设计效果图

- 引用工作表中的数据（参考文件112）
- IF函数（参考函数1、3）

本期利润表结构分析

（2014年10月）

单位名称：华云信息有限公司　　金额单位：元

项目	注释	本月数	结构分析
一、主营业务收入		4430831908.53	100.00%
减：主营业务成本		3740862175.41	84.43%
主营业务税金及附加		25903095.79	0.58%
二、主营业务利润（亏损以负号"-"填列）		664066637.33	14.99%
加：其他业务利润		7375703.40	0.17%
减：营业费用		23527801.89	0.53%
管理费用		104415744.90	2.36%
财务费用		20501429.67	0.46%
三、营业利润（亏损以负号"-"填列）		522997364.27	11.80%
加：投资收益（亏损以负号"-"填列）		0.00	0.00%
补贴收入		0.00	0.00%
营业外收入		1115286.72	0.03%
减：营业外支出		9552286.72	0.22%
四、利润总额（亏损以负号"-"填列）		514560364.27	11.61%
减：所得税		165476111.91	3.73%
五、净利润		349084252.36	7.88%

Excel

第14章

财务预测分析图表

预测是进行科学决策的前提，它是根据所研究现象的过去信息，结合该现象的一些影响因素，运用科学的方法，预测现象将来的发展趋势。财务预测，是指财务工作者根据企业过去一段时间财务活动的资料，结合企业现在面临和即将面临的各种变化因素，运用数理统计方法，以及结合主观判断，来预测企业未来财务状况。

财务预测分析图表主要有企业需要量预测分析、企业日常费用线性预测、移动平均法预测主营业务利润、指数平滑法预测产品销量、销售量与利润总额回归分析图表等等。

编号	文件名称	对应的数据源	重要星级
文件168	资金需要量预测分析	第14章\文件168 资金需要量预测分析.xlsx	★★★★★
文件169	销售收入预测	第14章\文件169 销售收入预测.xlsx	★★★★★
文件170	销售成本预测	第14章\文件170 销售成本预测.xlsx	★★★
文件171	销售费用预测	第14章\文件171 销售费用预测.xlsx	★★★★
文件172	企业日常费用线性预测	第14章\文件172 企业日常费用线性预测.xlsx	★★★★★
文件173	移动平均法预测主营业务利润	第14章\文件173 移动平均法预测主营业务利润.xlsx	★★★★★
文件174	生产成本预测	第14章\文件174 生产成本预测.xlsx	★★★
文件175	指数平滑法预测产品销量	第14章\文件175 指数平滑法预测产品销量.xlsx	★★★★★
文件176	销售量与利润总额回归分析	第14章\文件176 销售量与利润总额回归分析.xlsx	★★★★★
文件177	最佳现金持有量预测	第14章\文件177 最佳现金持有量预测.xlsx	★★★
文件178	销售额预测表	第14章\文件178 销售额预测表.xlsx	★★★★★
文件179	主营业务收入预测与趋势分析	第14章\文件179 主营业务收入预测与趋势分析.xlsx	★★★★★
文件180	市场需求量预测	第14章\文件180\市场需求量预测.xlsx	★★★
文件181	指数法预测生产成本	第14章\文件181 指数法预测生产成本.xlsx	★★★★★
文件182	因素分析法预测成本	第14章\文件182 因素分析法预测成本.xlsx	★★★★★
文件183	多元线性回归法预测生产产量	第14章\文件183 多元线性回归法预测生产产量.xlsx	★★★★★
文件184	根据计划产量预测存货量	第14章\文件184 根据计划产量预测存货量.xlsx	★★★★★
文件185	移动平均预测销售额	第14章\文件185 移动平均预测销售额.xlsx	★★★

文件168 资金需要量预测分析

资金需要量预测是指对企业未来某一时间内的资金需要量进行科学的预计和判断，资金需要量预测是财务预测的重要组成部分，科学预测企业的资金需要量是合理筹划和运用资金、提高经济效益的重要保证。

制作要点与设计效果图

- MAX函数（参考函数34）
- MIN函数（参考函数2）
- INDEX函数（参考函数37）
- MATCH函数（参考函数34）
- SLOPE函数（参考函数59）
- INTERCEPT函数（参考函数64）

产销量与资金变化情况资料

公司名称 华云信息有限公司 单位：元

年度	产销量（万件）	资金占用量（万元）
2009	780	655
2010	730	630
2011	630	580
2012	830	680
2013	930	730
2014	1030	780

高低点法资金需要量预测

项目	产销量（万件）	资金占用（万元）
产销量高点	1030	780
产销量低点	630	580
预测方程变量项b	0.50	
预测方程常数项a	265	
2015年预测值	1350	940.00

回归分析法资金需要量预测

预测方程变量项b	0.50	
预测方程常数项a	265.00	
2015年预测值	1350	940.00

文件设计过程

步骤1：计算产量高低点

❶ 打开“财务预测分析”工作簿，在“资金需要量预测分析”工作表中创建预测分析表格，并设置表格格式，如图14-1所示。

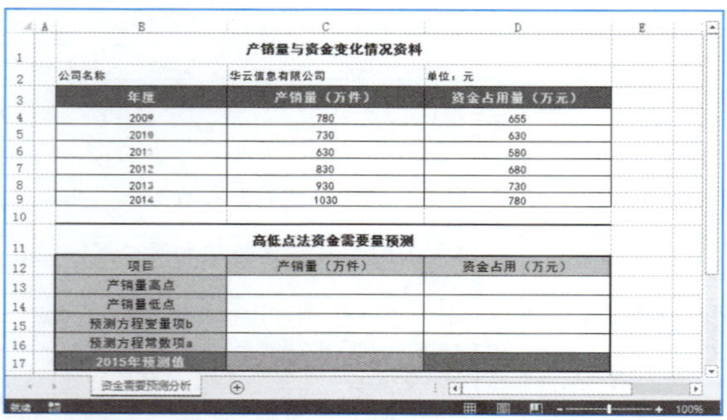

产销量与资金变化情况资料

公司名称 华云信息有限公司 单位：元

年度	产销量（万件）	资金占用量（万元）
2009	780	655
2010	730	630
2011	630	580
2012	830	680
2013	930	730
2014	1030	780

高低点法资金需要量预测

项目	产销量（万件）	资金占用（万元）
产销量高点		
产销量低点		
预测方程变量项b		
预测方程常数项a		
2015年预测值		

图14–1

❷ 选中C13单元格，在公式编辑栏中输入公式：“=MAX(C4:C9)”，按回车键，计算出产销量最高点值，如图14-2所示。

❸ 选中C14单元格，在公式编辑栏中输入公式：“=MIN(C4:C9)”，按回车键，计算出产销量最低点值，如图14-3所示。

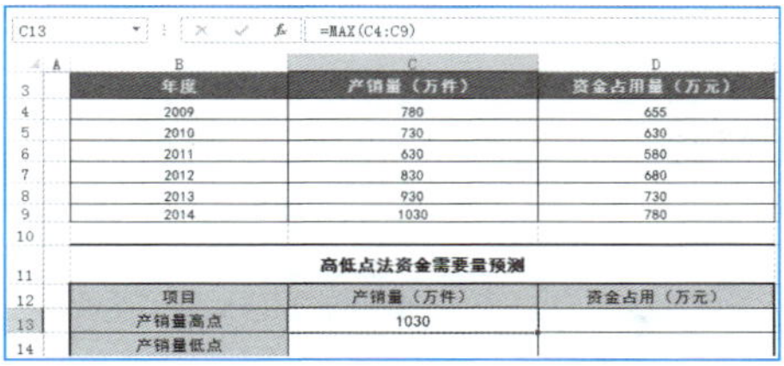
C13　=MAX(C4:C9)

年度	产销量（万件）	资金占用量（万元）
2009	780	655
2010	730	630
2011	630	580
2012	830	680
2013	930	730
2014	1030	780

高低点法资金需要量预测

项目	产销量（万件）	资金占用（万元）
产销量高点	1030	
产销量低点		

图14-2

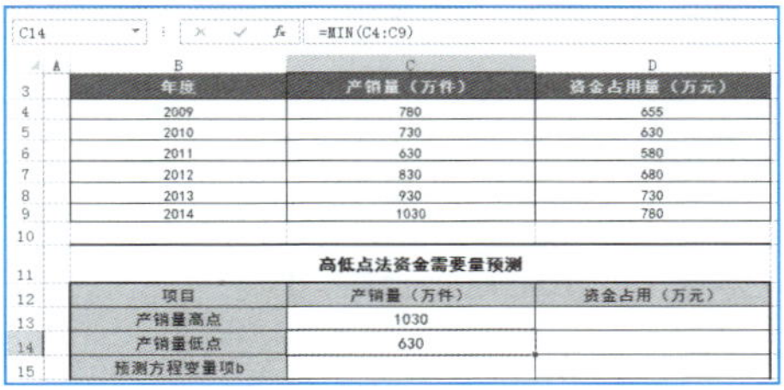
C14　=MIN(C4:C9)

年度	产销量（万件）	资金占用量（万元）
2009	780	655
2010	730	630
2011	630	580
2012	830	680
2013	930	730
2014	1030	780

高低点法资金需要量预测

项目	产销量（万件）	资金占用（万元）
产销量高点	1030	
产销量低点	630	
预测方程变量项b		

图14-3

步骤2：计算预测方程变量

❶ 选中D13单元格在公式编辑栏中输入公式：“=INDEX($D$4:$D$9,MATCH(C13,$C$4:$C$9))”，按回车键后，复制到D14单元格，引用最高点和最低点的资金占用额，如图14-4所示。

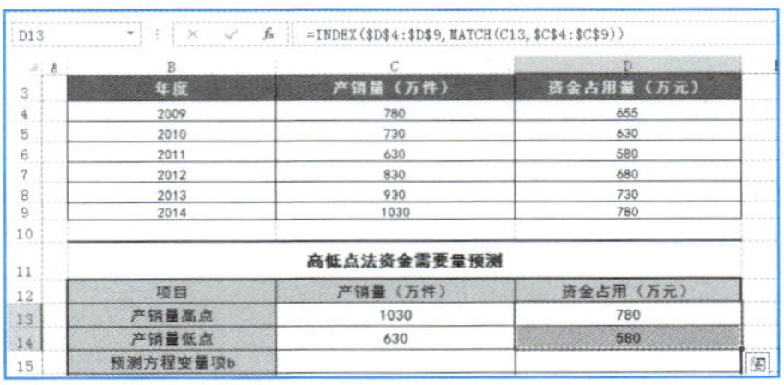
D13　=INDEX($D$4:$D$9,MATCH(C13,$C$4:$C$9))

年度	产销量（万件）	资金占用量（万元）
2009	780	655
2010	730	630
2011	630	580
2012	830	680
2013	930	730
2014	1030	780

高低点法资金需要量预测

项目	产销量（万件）	资金占用（万元）
产销量高点	1030	780
产销量低点	630	580
预测方程变量项b		

图14-4

❷ 选中C15单元格，在公式编辑栏中输入公式：“=(D13-D14)/(C13-C14))”，按回车键，计算预测方程变量项b，如图14-5所示。

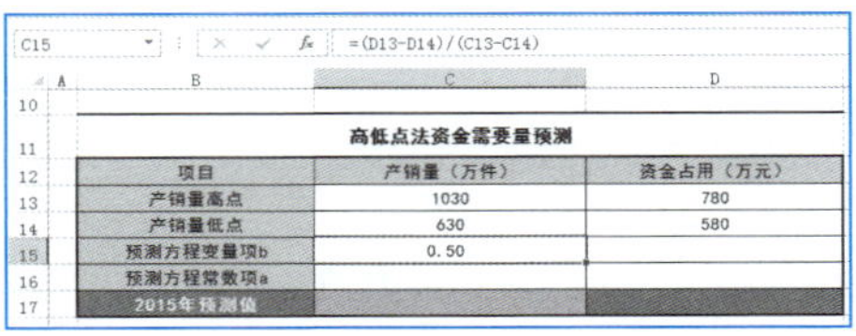
C15　=(D13-D14)/(C13-C14)

高低点法资金需要量预测

项目	产销量（万件）	资金占用（万元）
产销量高点	1030	780
产销量低点	630	580
预测方程变量项b	0.50	
预测方程常数项a		
2015年预测值		

图14-5

❸ 选中C16单元格，在公式编辑栏中输入公式：“=D13-C13*C15”，按回车键，计算预测方程变量项a，如图14-6所示。

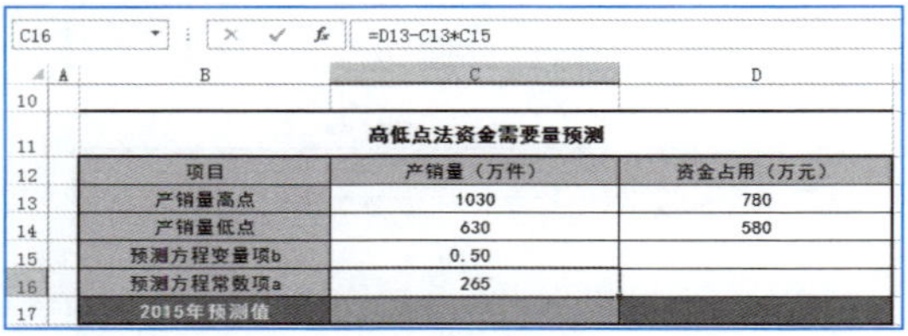
C16 =D13-C13*C15

项目	产销量（万件）	资金占用（万元）
产销量高点	1030	780
产销量低点	630	580
预测方程变量项b	0.50	
预测方程常数项a	265	
2015年预测值		

图14-6

步骤3：计算预测产量

在C17单元格中输入2015年预计产量“1350”万件，选中D17单元格，在公式编辑栏中输入公式：“=C16+C15*C17”，按回车键，计算出对应的资金需要量为940万元，如图14-7所示。

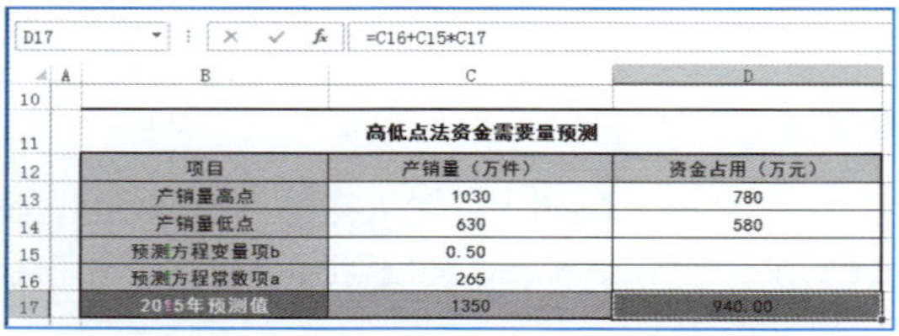
D17 =C16+C15*C17

项目	产销量（万件）	资金占用（万元）
产销量高点	1030	780
产销量低点	630	580
预测方程变量项b	0.50	
预测方程常数项a	265	
2015年预测值	1350	940.00

图14-7

步骤4：回归分析法资金需要量预测

❶ 选中C19单元格，在公式编辑栏中输入公式：“=SLOPE(D4:D9,C4:C9)”，按回车键，计算预测方程变量项b值为0.50，如图14-8所示。

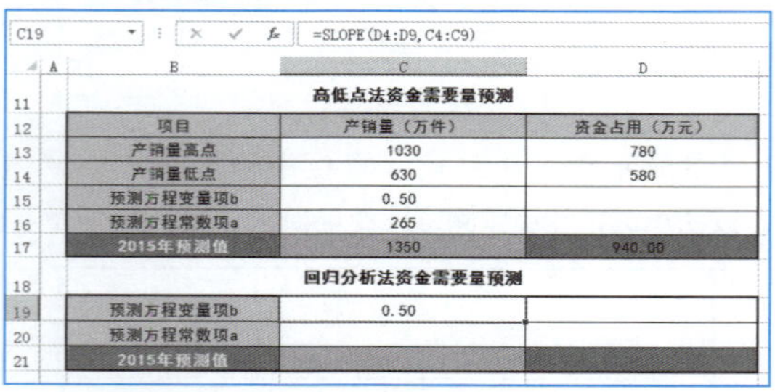
C19 =SLOPE(D4:D9,C4:C9)

高低点法资金需要量预测

项目	产销量（万件）	资金占用（万元）
产销量高点	1030	780
产销量低点	630	580
预测方程变量项b	0.50	
预测方程常数项a	265	
2015年预测值	1350	940.00

回归分析法资金需要量预测

预测方程变量项b	0.50	
预测方程常数项a		
2015年预测值		

图14-8

❷ 选中C20单元格，在公式编辑栏中输入公式：“=INTERCEPT(D4:D9,C4:C9)”，按回车键，计算预测方程变量项a值为265，如图14-9所示。

C20　=INTERCEPT(D4:D9,C4:C9)

	A	B	C	D
11		高低点法资金需要量预测		
12		项目	产销量（万件）	资金占用（万元）
13		产销量高点	1030	780
14		产销量低点	630	580
15		预测方程变量项b	0.50	
16		预测方程常数项a	265	
17		2015年预测值	1350	940.00
18		回归分析法资金需要量预测		
19		预测方程变量项b	0.50	
20		预测方程常数项a	265.00	
21		2015年预测值		

图14-9

❸ 在C21单元格中输入2015年预计产量“1350”万件，选中D21单元格，在公式编辑栏中输入公式：“=C20+C21*C19”，按回车键，计算出对应的资金需要量为940万元，如图14-10所示。

D21　=C20+C21*C19

	A	B	C	D
11		高低点法资金需要量预测		
12		项目	产销量（万件）	资金占用（万元）
13		产销量高点	1030	780
14		产销量低点	630	580
15		预测方程变量项b	0.50	
16		预测方程常数项a	265	
17		2015年预测值	1350	940.00
18		回归分析法资金需要量预测		
19		预测方程变量项b	0.50	
20		预测方程常数项a	265.00	
21		2015年预测值	1350	940.00

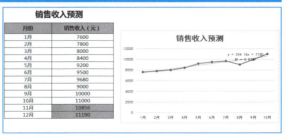

图14-10

文件169　销售收入预测

销售预测可以加强销售计划性，减少盲目性，使企业取得较好的经济效益。销售收入预测是企业根据过去的销售情况，结合市场决策和产销活动。

制作要点与设计效果图

- 创建折线图
- 添加趋势线
- 显示公式和R平方值

销售收入预测

月份	销售收入（元）
1月	7600
2月	7800
3月	8000
4月	8400
5月	9200
6月	9500
7月	9680
8月	9000
9月	10000
10月	11000
11月	10856
12月	11190

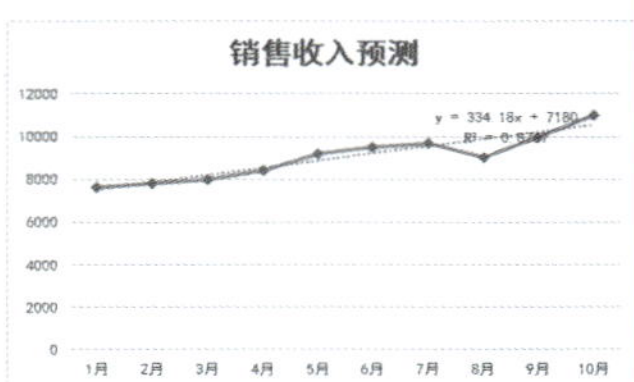

文件设计过程

步骤1：创建折线图

❶ 选择A3：B12单元格区域，单击“插入”选项卡下“图表”选项组中“插入折线图”下拉菜单子图表类型“带数据标记的折线图”，如图14-11所示。

❷ 即可显示默认的图表，设置图表标记以及标记线条颜色，如图14-12所示。

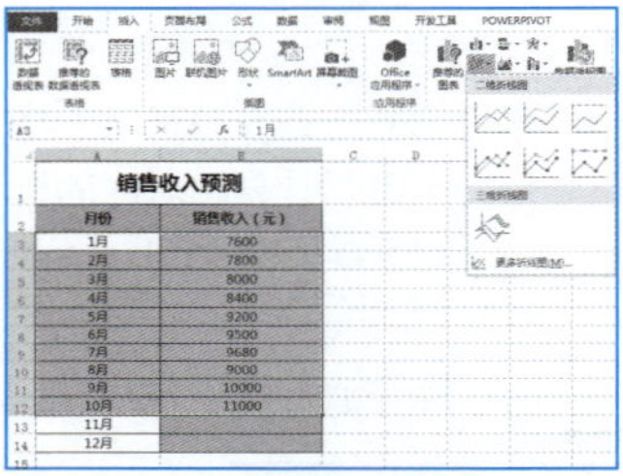

图14-11

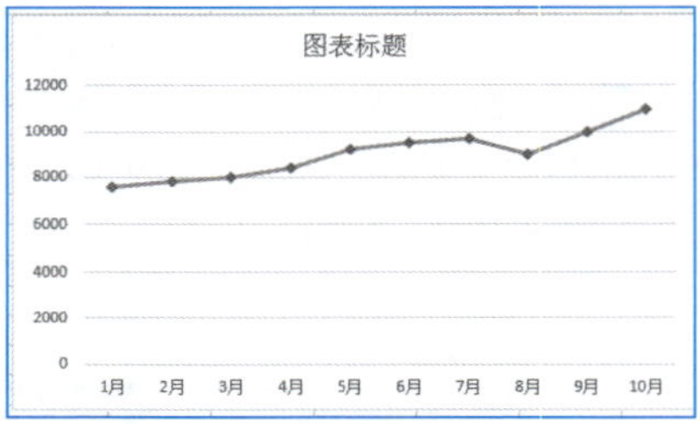

图14-12

步骤2：添加趋势线

❶ 选中数据系列，单击鼠标右键，在右键菜单中选中“添加趋势线”命令，如图14-13所示。

❷ 打开“设置趋势线格式”窗格，在“趋势线选项”栏下选中“线性”单选项，在“向前”设置框中输入“2”，接着选中“显示公式”和“显示R平方值”复选框，如图14-14所示。

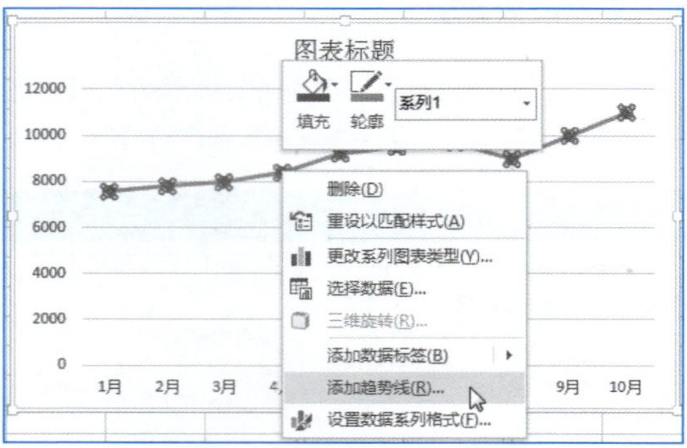

图14-13

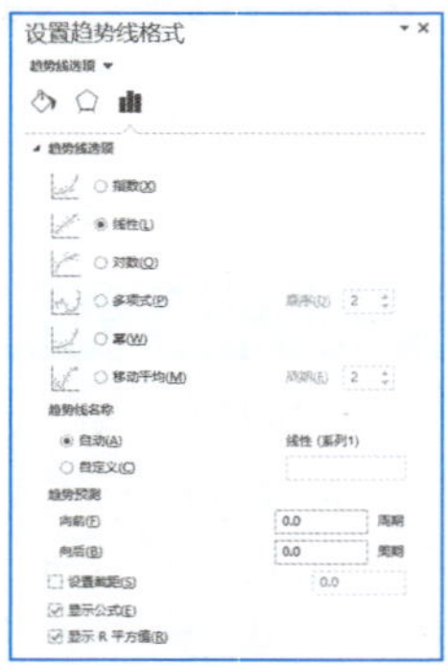

图14-14

❸ 返回工作表中，图表中的线性趋势线旁边会显示线性公式和R平方值，更改图表标题为“销售收入预测”，效果如图14-15所示。

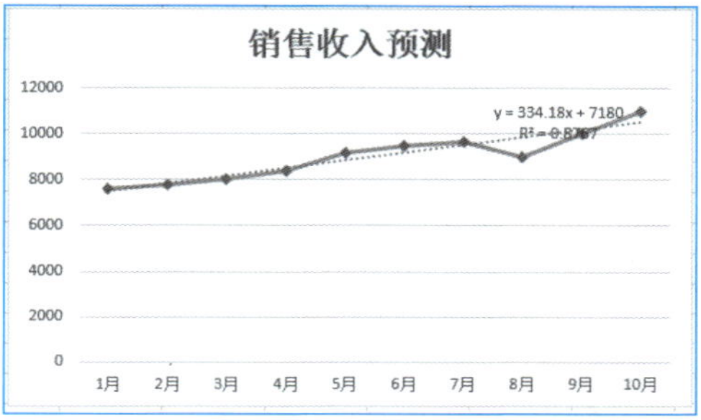

图14–15

4 根据图表中显示的预测公式，，如图14-16所示，在B13单元格中输入公式：“=334.18*LEFT(A13,2)+7180”，按Enter键，向下复制公式，得到12月的销售收入预测值，如图14-17所示。

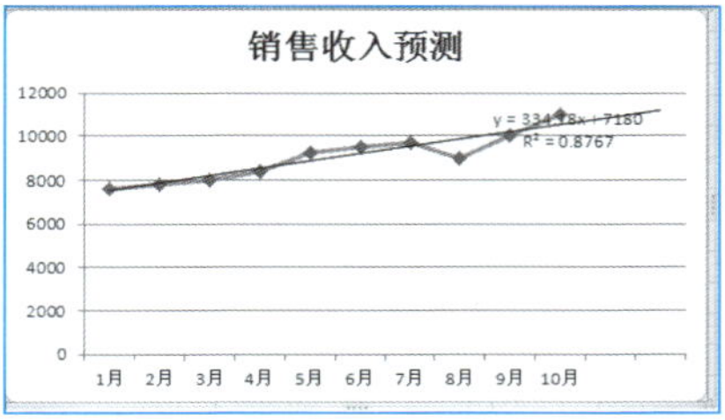

图14–16

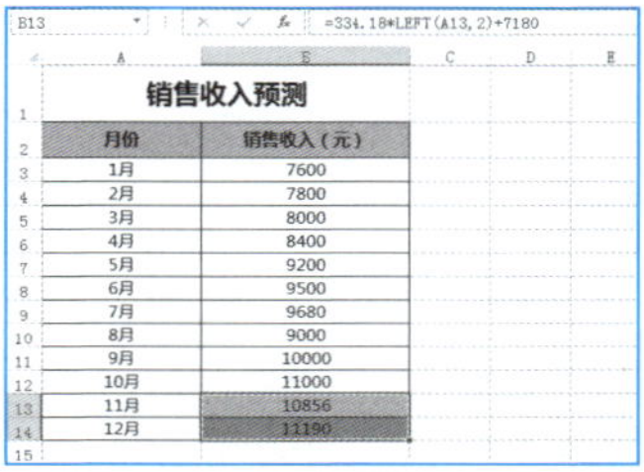
B13 =334.18*LEFT(A13,2)+7180

销售收入预测

月份	销售收入（元）
1月	7600
2月	7800
3月	8000
4月	8400
5月	9200
6月	9500
7月	9680
8月	9000
9月	10000
10月	11000
11月	10856
12月	11190

图14–17

文件170 销售成本预测

在已知一组订货量和对应的销售成本数据后，需要预测另一组订货量和相应的销售成本，可以使用指数趋势线或者GROWTH函数来进行指数预测。

制作要点与设计效果图

- 创建散点图
- 添加指数趋势线
- GROWTH函数（参考文件69）

指数法预测销售成本

订货量	销售成本
60	480
120	800
200	1000
300	1100
400	1200
500	1300
600	1400
700	1500
800	1580
900	1600

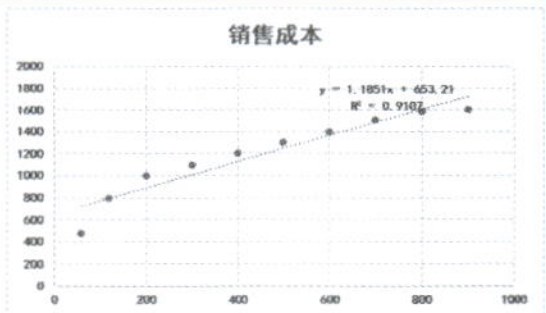

预计订货量	图表公式预测销售成本	函数预测销售成本
1100	2260.08	2348.78
1250	2665.52	2784.72
1400	3143.70	3301.57
1550	3707.66	3914.34
1800	4881.25	5198.65
2000	6082.41	6523.42

文件设计过程

步骤1：创建散点图

❶ 选择A2：B12单元格区域，单击“插入”选项卡下“图表”选项组中的“插入散点图或气泡图”按钮，在下拉菜单中选择“散点图”子类型，如图14-18所示。

❷ 工作表会按默认的样式创建散点图，如图14-19所示。

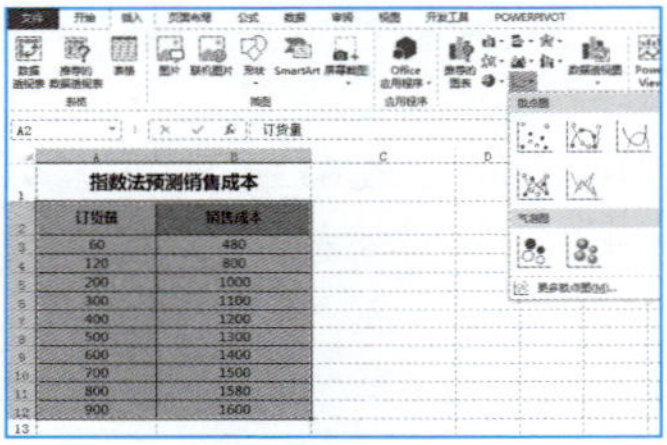

图14-18

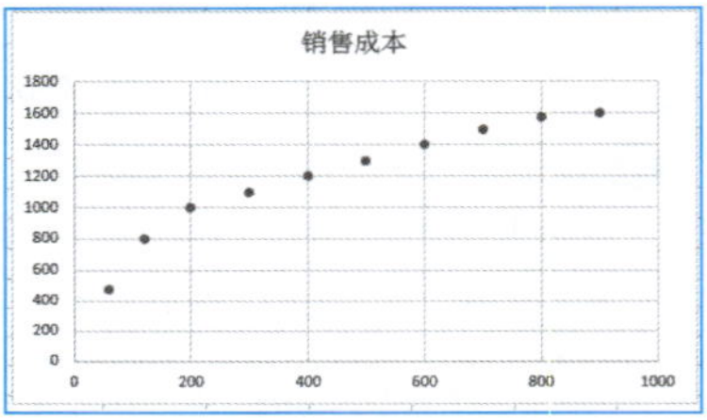

图14-19

步骤2：添加趋势线

❶ 选中数据系列，单击鼠标右键，在右键菜单中选中“添加趋势线”命令，如图14-20所示。

❷ 打开“设置趋势线格式”窗格，在“趋势线选项”栏下选中“线性”单选项，接着选中“显示公式”和“显示R平方值”复选框，如图14-21所示。

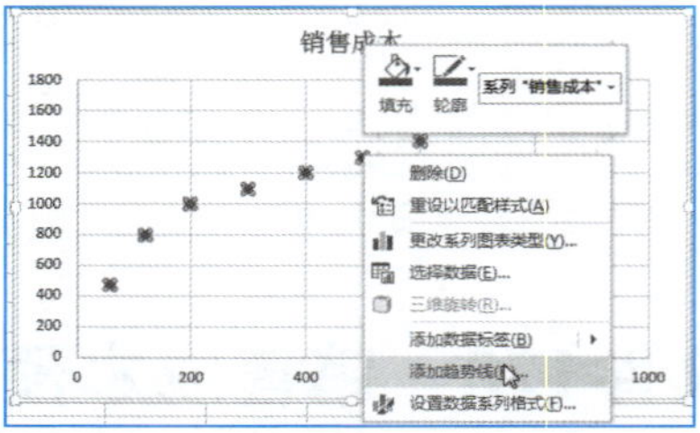

图14-20

❸ 返回工作表中，图表中的线性趋势线旁边会显示线性公式和R平方值，效果如图14-22所示。

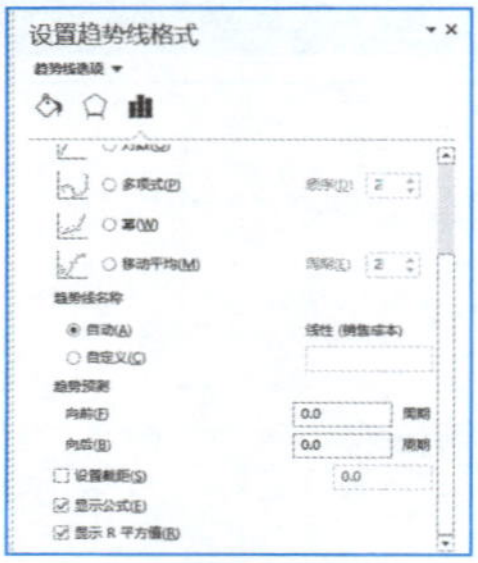

图14-21

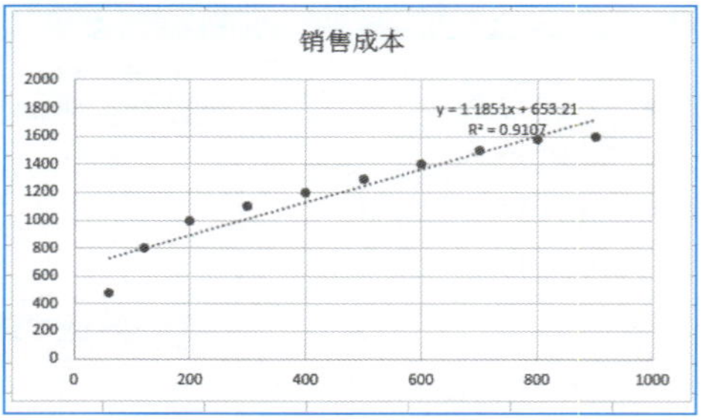

图14-22

步骤3：使用公式预测销售成本

❶ 在B15单元格中输入公式：“=673.95*EXP(0.0011*A15)”，按回车键，向下复制公式至B20单元格，如图14-23所示。

❷ 选择C15:C20单元格区域，输入公式：“=GROWTH(B3:B12,A3:A12,A15:A20)”，按<Ctrl+Shift+Enter>组合键，得到函数预测结果值，如图14-24所示。

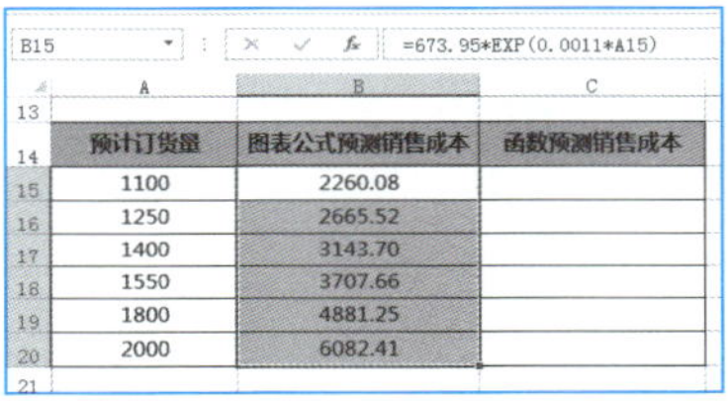

B15　=673.95*EXP(0.0011*A15)

预计订货量	图表公式预测销售成本	函数预测销售成本
1100	2260.08	
1250	2665.52	
1400	3143.70	
1550	3707.66	
1800	4881.25	
2000	6082.41	

图14-23

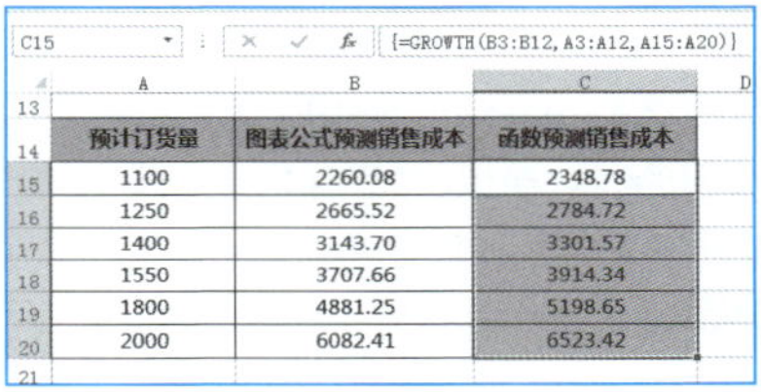

C15　{=GROWTH(B3:B12,A3:A12,A15:A20)}

预计订货量	图表公式预测销售成本	函数预测销售成本
1100	2260.08	2348.78
1250	2665.52	2784.72
1400	3143.70	3301.57
1550	3707.66	3914.34
1800	4881.25	5198.65
2000	6082.41	6523.42

图14-24

文件171　销售费用预测

将销售费用分为固定费用和变动性费用，前者通常不随销售量的变化而变化，而后者通常与销售量成正比关系，因此，在进行销售费用预算时，应分别对固定费用和可变费用进行预算。

制作要点与设计效果图

- 公式计算
- TREND函数（参考文件66）
- 创建折线图

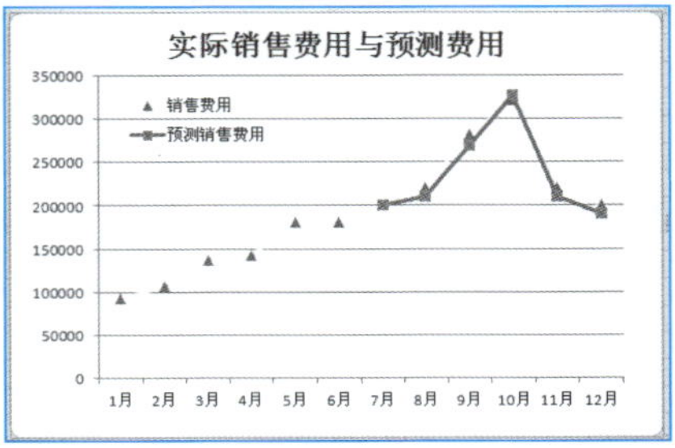

文件设计过程

步骤1：计算公式

❶ 在E5单元格中输入公式：“=C5+D5”，按回车键，向下复制公式至E10单元格，如图14-25所示。

❷ 选择C15:C20单元格区域，然后输入公式：“=TREND(C5:C10,B5:B10,B15:B20)”，按“Ctrl+Shift+Enter”组合键生成数组公式，如图14-26所示。

2014年下半年销售费用预算模型

上半年实际销量和销售费用

月份	实际销量（件）	实际销售费用 变动性费用	实际销售费用 固定性费用	销售费用合计
1月	280	80000	12000	92000
2月	350	95000	12000	107000
3月	450	125000	12000	137000
4月	550	130000	12000	142000
5月	600	168000	12000	180000
6月	750	168500	12000	180500

图14-25

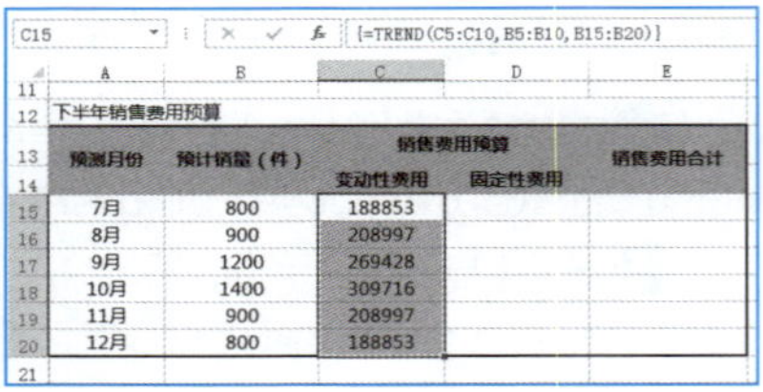

下半年销售费用预算

预测月份	预计销量（件）	销售费用预算 变动性费用	销售费用预算 固定性费用	销售费用合计
7月	800	188853		
8月	900	208997		
9月	1200	269428		
10月	1400	309716		
11月	900	208997		
12月	800	188853		

图14-26

❸ 在D15单元格中输入公式：“=D5”，向下复制公式至D20单元格，引用各月的固定费用，如图14-27所示。

❹ 在E15单元格中输入公式：“=C15+D15”，向下复制公式，得到各月预测的销售费用合计值，如图14-28所示。

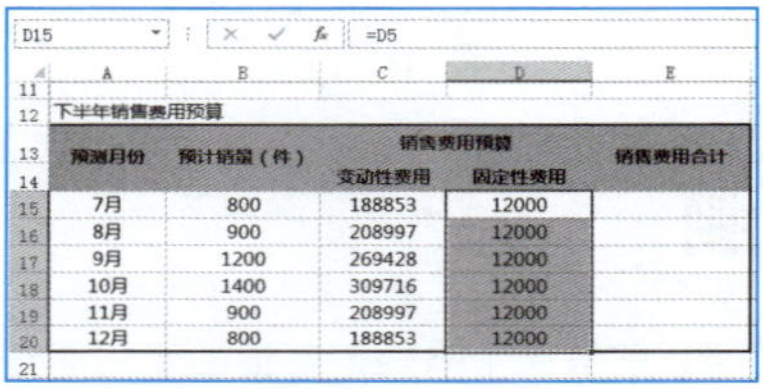

下半年销售费用预算

预测月份	预计销量（件）	销售费用预算 变动性费用	销售费用预算 固定性费用	销售费用合计
7月	800	188853	12000	
8月	900	208997	12000	
9月	1200	269428	12000	
10月	1400	309716	12000	
11月	900	208997	12000	
12月	800	188853	12000	

图14-27

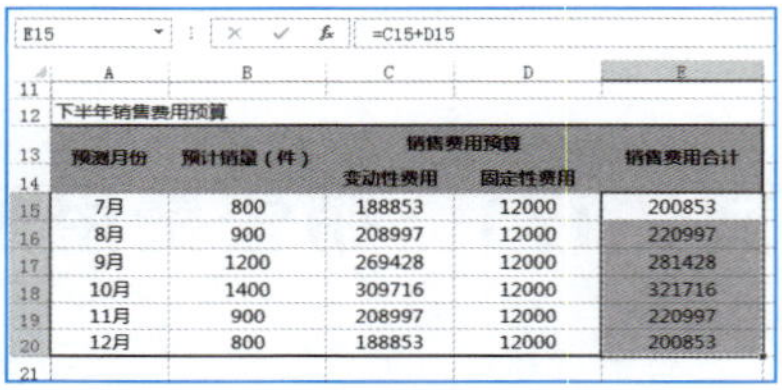

下半年销售费用预算

预测月份	预计销量（件）	销售费用预算 变动性费用	销售费用预算 固定性费用	销售费用合计
7月	800	188853	12000	200853
8月	900	208997	12000	220997
9月	1200	269428	12000	281428
10月	1400	309716	12000	321716
11月	900	208997	12000	220997
12月	800	188853	12000	200853

图14-28

步骤2：创建图表

❶ 在A23:C35单元格区域中创建作图辅助表格，A列中输入月份，B列中输入各月的实际销售费用或预测销售费用，C列中只输入预测销售费用，如图14-29所示。

❷ 单击“插入”选项卡下“图表”选项组中“插入折线图”按钮，在下拉菜单中选择“折线图”子类型，如图14-30所示。

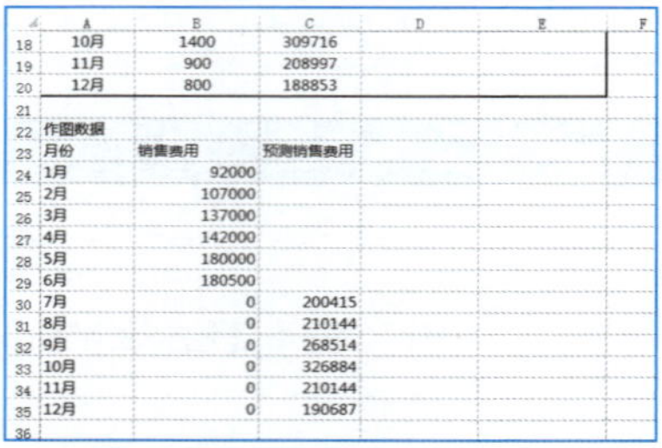

10月	1400	309716
11月	900	208997
12月	800	188853

作图数据

月份	销售费用	预测销售费用
1月	92000	
2月	107000	
3月	137000	
4月	142000	
5月	180000	
6月	180500	
7月	0	200415
8月	0	210144
9月	0	268514
10月	0	326884
11月	0	210144
12月	0	190687

图14-29

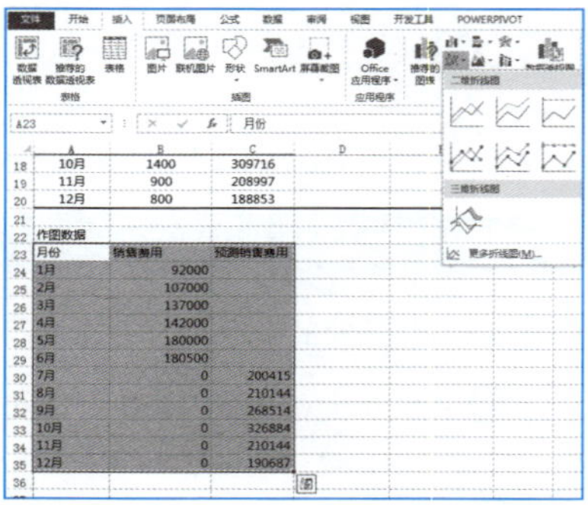

图14-30

3 工作表中即可显示默认的图表效果。

4 根据需要为折线图、数据点设置颜色，将图例拖动至图表的左上角，更改图表标题“实际销售费用与预测费用”，得到最终效果如图14-31所示。

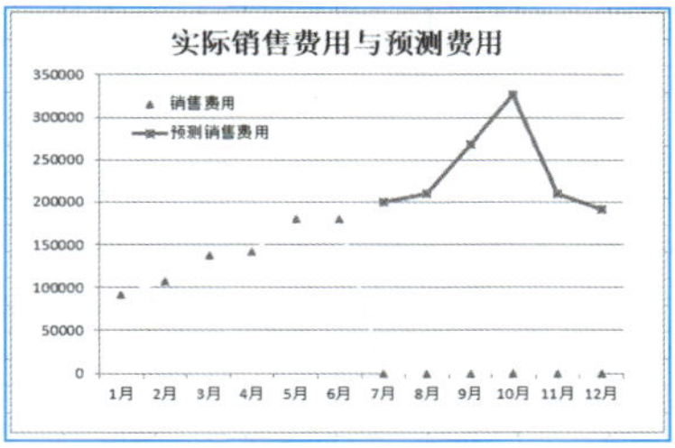

图14-31

文件172　企业日常费用线性预测

对于大多数企业来说，日常费用都是企业比较大的开支，同时也是较难控制的开支。为了有效地控制日常费用的支出，更合理地安排和利用企业资源，财务部门可以对日常企业费用进行预测分析，尽量避免企业存在闲散资金。

制作要点与设计效果图

- VLOOKUP函数（参考函数36）
- IF函数（参考函数1、3）
- ISERROR函数（参考函数25）

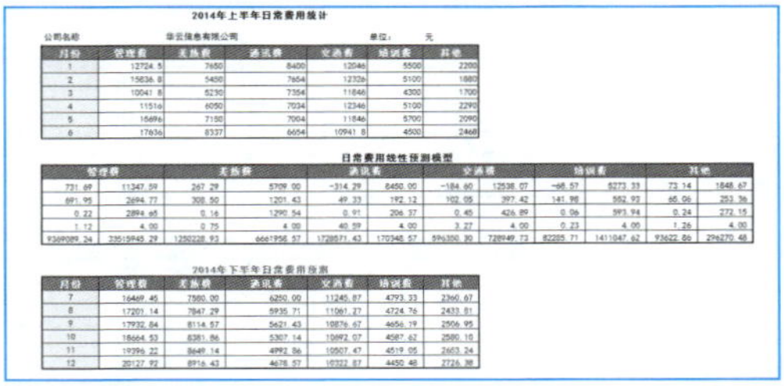

文件设计过程

步骤1：设置线性预测模型

1 打开“日常费用线性预测”工作表，在表格中创建预测分析表格，并设置表格格式，如图14-32所示。

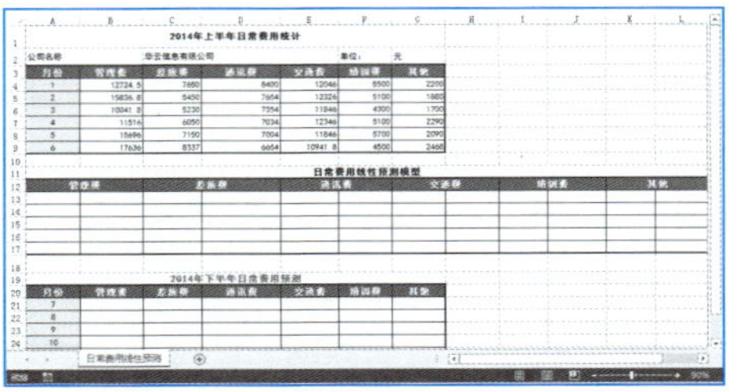

图14-32

2 选中A13:B17单元格区域，在公式编辑栏中输入公式："=LINEST(B4:B9,A4:A9,,1)"，按"Ctrl+Shift+Enter"组合键，设置管理费预测模型，如图14-33所示。

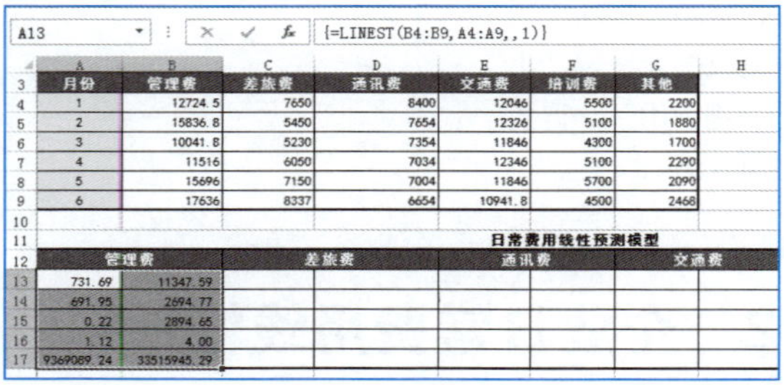

A13 {=LINEST(B4:B9,A4:A9,,1)}

月份	管理费	差旅费	通讯费	交通费	培训费	其他
1	12724.5	7650	8400	12046	5500	2200
2	15836.8	5450	7654	12326	5100	1880
3	10041.8	5230	7354	11846	4300	1700
4	11516	6050	7034	12346	5100	2290
5	15696	7150	7004	11846	5700	2090
6	17636	8337	6654	10941.8	4500	2468

日常费用线性预测模型

管理费		差旅费		通讯费		交通费	
731.69	11347.59						
691.95	2694.77						
0.22	2894.65						
1.12	4.00						
9369089.24	33515945.29						

图14-33

3 选中C13:：D17单元格区域，在公式编辑栏中输入公式："=LINEST(C4:C9,A4:A9,,1)"，按"Ctrl+Shift+Enter"组合键，设置差旅费预测模型，如图14-34所示。

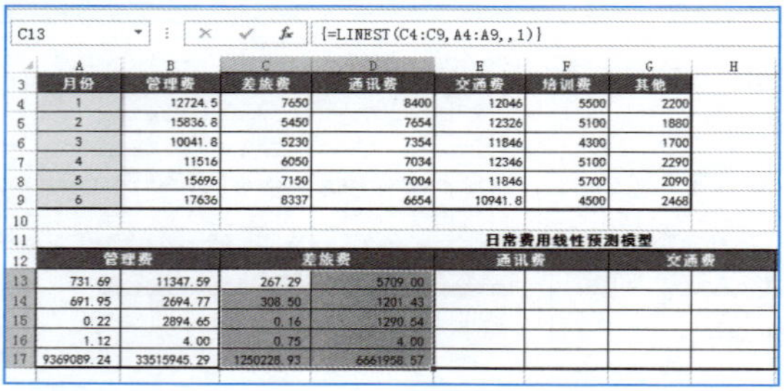

C13 {=LINEST(C4:C9,A4:A9,,1)}

月份	管理费	差旅费	通讯费	交通费	培训费	其他
1	12724.5	7650	8400	12046	5500	2200
2	15836.8	5450	7654	12326	5100	1880
3	10041.8	5230	7354	11846	4300	1700
4	11516	6050	7034	12346	5100	2290
5	15696	7150	7004	11846	5700	2090
6	17636	8337	6654	10941.8	4500	2468

日常费用线性预测模型

管理费		差旅费		通讯费		交通费	
731.69	11347.59	267.29	5709.00				
691.95	2694.77	308.50	1201.43				
0.22	2894.65	0.16	1290.54				
1.12	4.00	0.75	4.00				
9369089.24	33515945.29	1250228.93	6661958.57				

图14-34

4 选中E13:：F17单元格区域，在公式编辑栏中输入公式："=LINEST(D4:D9,A4:A9,,1)"，按"Ctrl+Shift+Enter"组合键，设置通讯费预测模型，如图14-35所示。

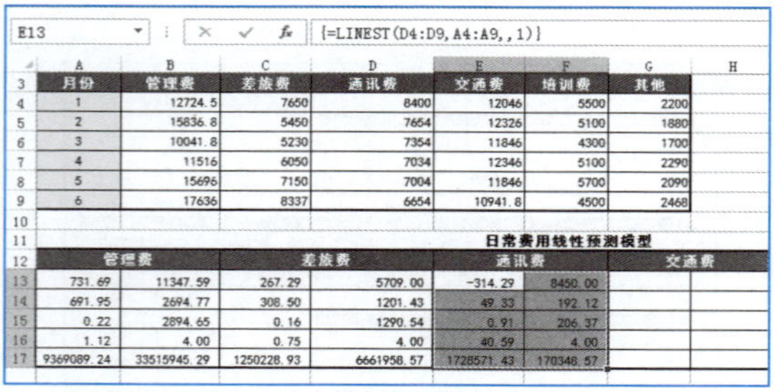

E13 {=LINEST(D4:D9,A4:A9,,1)}

月份	管理费	差旅费	通讯费	交通费	培训费	其他
1	12724.5	7650	8400	12046	5500	2200
2	15836.8	5450	7654	12326	5100	1880
3	10041.8	5230	7354	11846	4300	1700
4	11516	6050	7034	12346	5100	2290
5	15696	7150	7004	11846	5700	2090
6	17636	8337	6654	10941.8	4500	2468

日常费用线性预测模型

管理费		差旅费		通讯费		交通费	
731.69	11347.59	267.29	5709.00	-314.29	8450.00		
691.95	2694.77	308.50	1201.43	49.33	192.12		
0.22	2894.65	0.16	1290.54	0.91	206.37		
1.12	4.00	0.75	4.00	40.59	4.00		
9369089.24	33515945.29	1250228.93	6661958.57	1728571.43	170348.57		

图14-35

5 选中G13:：H17单元格区域，在公式编辑栏中输入公式：“=LINEST(E4:E9,A4:A9,,1)”，按“Ctrl+Shift+Enter”组合键，设置交通费预测模型，如图14-36所示。

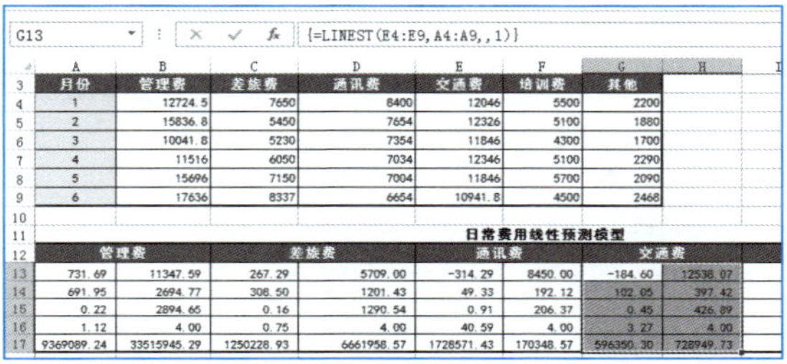

图14-36

6 选中I13:：J17单元格区域，在公式编辑栏中输入公式：“=LINEST(F4:F9,A4:A9,,1)”，按“Ctrl+Shift+Enter”组合键，设置培训费预测模型，如图14-37所示。

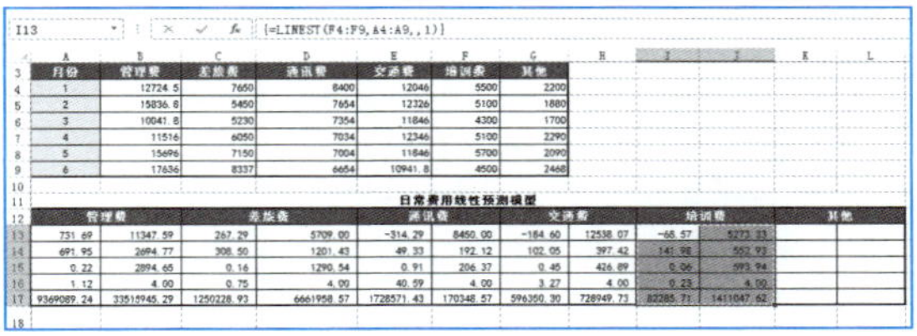

图14-37

7 选中K13:：L17单元格区域，在公式编辑栏中输入公式：“=LINEST(G4:G9,A4:A9,,1)”，按“Ctrl+Shift+Enter”组合键，设置其他费预测模型，如图14-38所示。

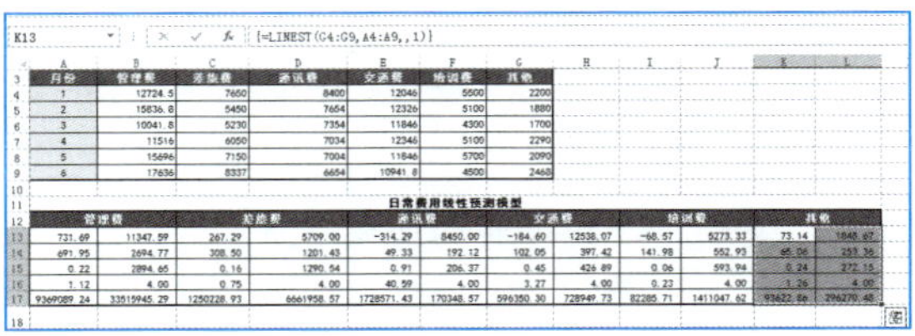

图14-38

步骤2：预测下半年日常费用

1 选中B21单元格，在公式编辑栏中输入公式：“=A$13*$A21+B$13”，按回车键后，复制到B26单元格，计算下半年的管理费，如图14-39所示。

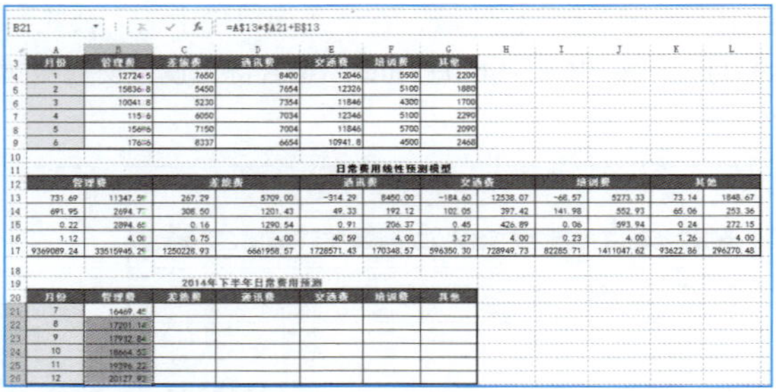

图14-39

❷ 选中C21单元格，在公式编辑栏中输入公式：“=C$13*$A21+D$13”，按回车键后复制到C26单元格，计算下半年的差旅费，如图14-40所示。

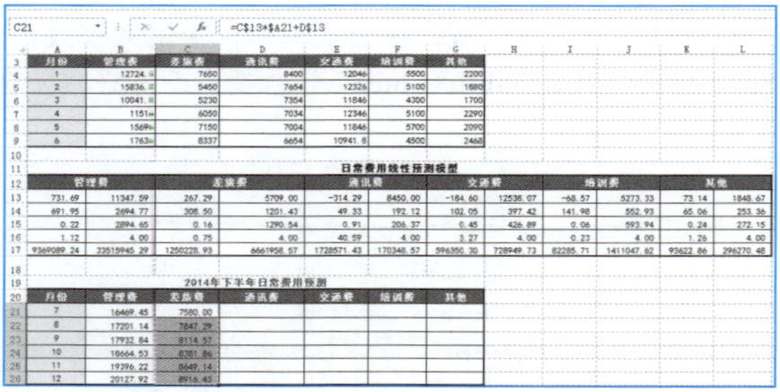

图14-40

❸ 选中D21单元格，在公式编辑栏中输入公式：“=E$13*$A21+F$13”，按回车键后，复制到D26单元格，计算下半年的通讯费，如图14-41所示。

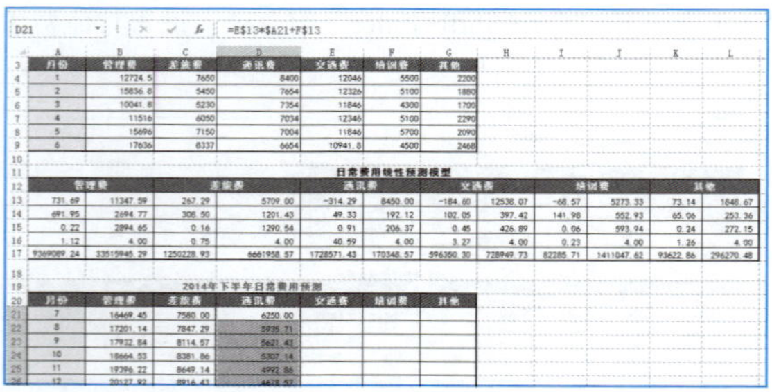

图14-41

❹ 选中E21单元格，在公式编辑栏中输入公式：“=G$13*$A21+H$13”，按回车键后，复制到E26单元格，计算下半年的交通费，如图14-42所示。

❺ 选中F21单元格，在公式编辑栏中输入公式：“=I$13*$A21+J$13”，按回车键后，复制到F26单元格，计算下半年的培训费，如图14-43所示。

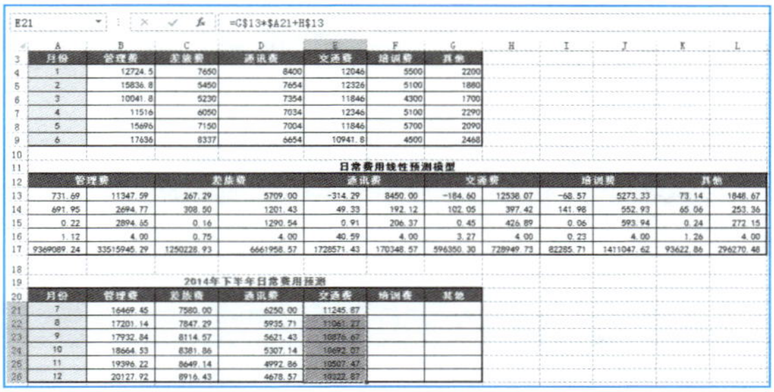

图14-42

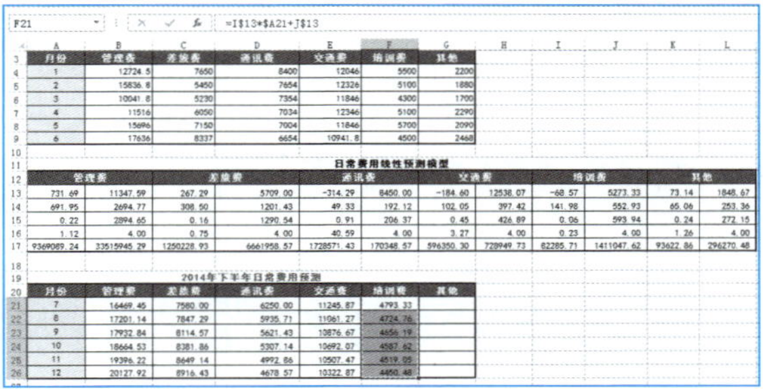

图14-43

6 选中G21单元格，在公式编辑栏中输入公式：“=K$13*$A21+L$13”，按回车键后，复制到G26单元格，计算下半年的其他费用，如图14-44所示。

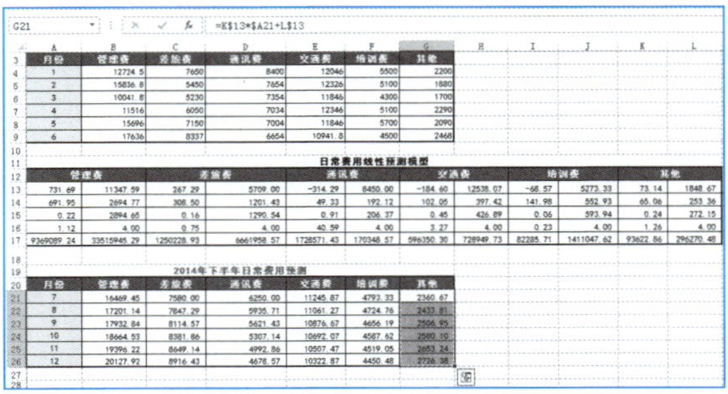

图14-44

公式分析：

“=LINEST(B4:B9,A4:A9,,1)”表示当常量b为1时，根据B4:B9区域的y值集合和A4:A9区域的x值集合计算直线的统计值。

B4:B9是关系表达式“y=mx+b”中的y值的集合，A4:A9是关系表达式“y=mx+b”中的x值的集合。

文件173　移动平均法预测主营业务利润

企业利润是反映其衡量企业经济效益的重要指标，主营业务利润是企业利润构成中的核心部分，在企业利润总额中占据很大的比重。通过对主营业务利润进行预测分析，可以更好地帮助企业规划企业的主营业务。

制作要点与设计效果图

- "&"运算符
- 使用"移动平均"分析工具

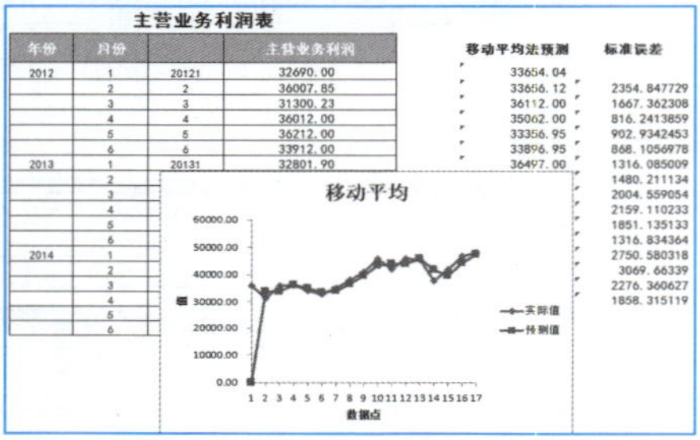

文件设计过程

步骤1：使用"分析工具"分析

❶ 打开"主营业务利润表"，在C列"月份"后面插入一列，选中D3单元格，在公式编辑栏输入公式："=B3&CHAR(13)&C3"按回车键后复制到D20单元格，合并年份和月份列，如图14-45所示。

❷ 切换到"数据"选项卡，在"分析"选项组单击"数据分析"按钮（如图14-46所示），打开"数据分析"对话框，在"分析工具"列表中选中"移动平均"工具，单击"确定"按钮，如图14-47所示。

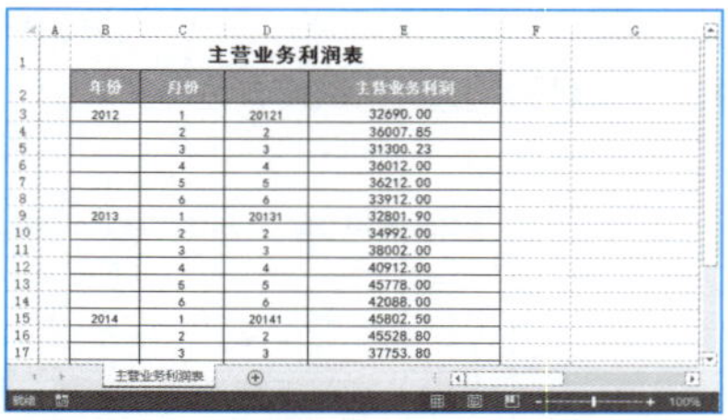

主营业务利润表

年份	月份		主营业务利润
2012	1	20121	32690.00
	2	2	36007.85
	3	3	31300.23
	4	4	36012.00
	5	5	36212.00
	6	6	33912.00
2013	1	20131	32801.90
	2	2	34992.00
	3	3	38002.00
	4	4	40912.00
	5	5	45778.00
	6	6	42088.00
2014	1	20141	45802.50
	2	2	45528.80
	3	3	37753.80

图14-45

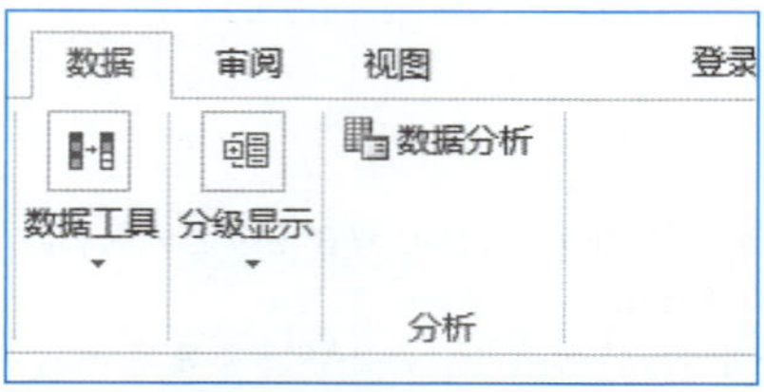

图14-46

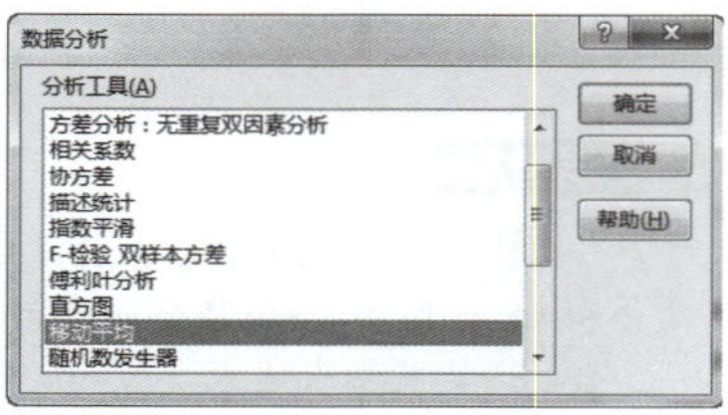

图14-47

③ 打开“移动平均”对话框，在“输入”区域单击▣（如图14-48所示），在工作表中拖动鼠标选中E3:E20单元格区域，如图14-49所示。

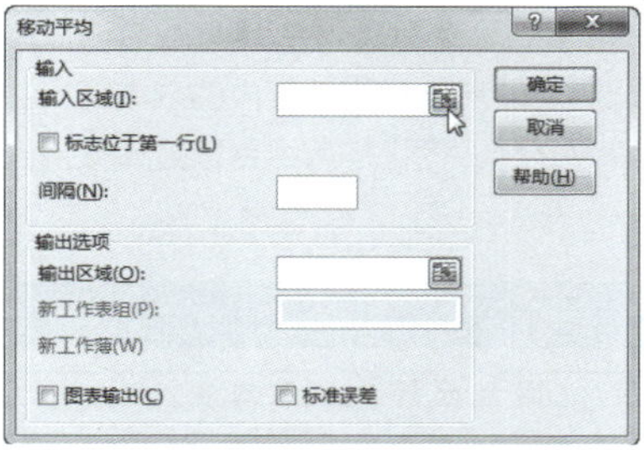

图14-48

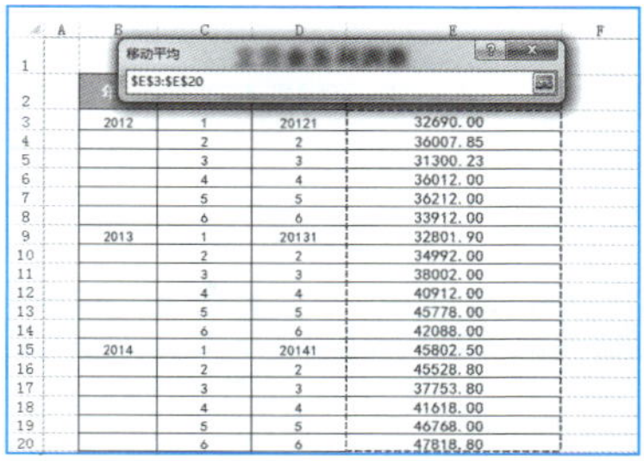

行	B	C	D	E
3	2012	1	20121	32690.00
4		2	2	36007.85
5		3	3	31300.23
6		4	4	36012.00
7		5	5	36212.00
8		6	6	33912.00
9	2013	1	20131	32801.90
10		2	2	34992.00
11		3	3	38002.00
12		4	4	40912.00
13		5	5	45778.00
14		6	6	42088.00
15	2014	1	20141	45802.50
16		2	2	45528.80
17		3	3	37753.80
18		4	4	41618.00
19		5	5	46768.00
20		6	6	47818.80

图14-49

④ 再次单击▣返回到“移动平均”对话框中，选中“标志位于第一行”复选框，接着在“间隔”文本框中输入“2”，如图14-50所示。

⑤ 接着设置“输入区域”为G3单元格，并选中“图表输出”和“标准误差”复选框，单击“确定”按钮，如图14-51所示。

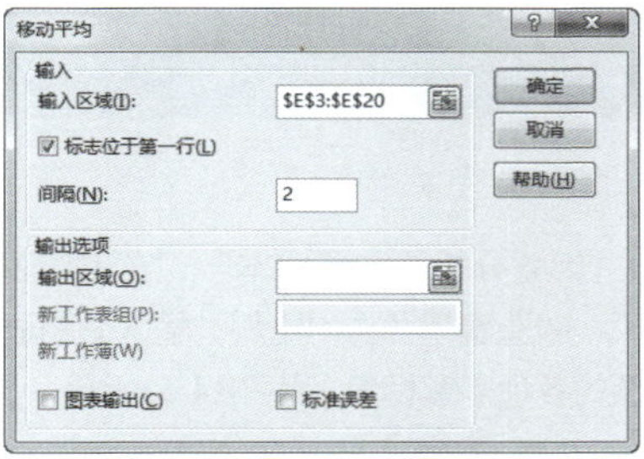

图14-50

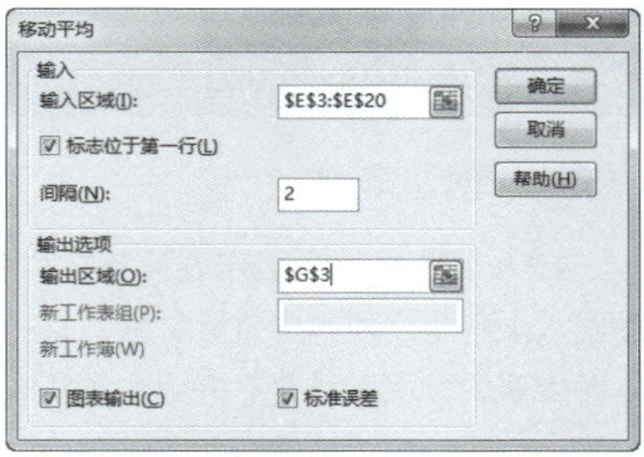

图14-51

⑥ 返回工作表中，“移动平均”工具在选定的区域输入移动平均值误差和标准误差，并且在图表中显示出实际值和预测数据点的折线图。为平局值误差和标准误差添加列标识，得到最终效果，如图14-52所示。

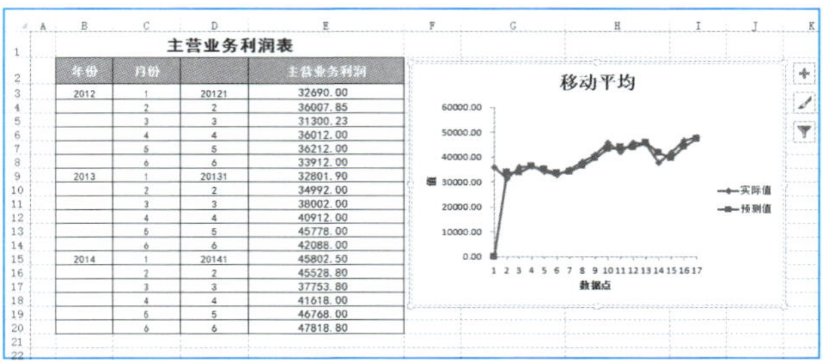

年份	月份		主营业务利润
2012	1	20121	32690.00
	2	2	36007.85
	3	3	31300.23
	4	4	36012.00
	5	5	36212.00
	6	6	33912.00
2013	1	20131	32801.90
	2	2	34992.00
	3	3	38002.00
	4	4	40912.00
	5	5	45778.00
	6	6	42088.00
2014	1	20141	45802.50
	2	2	45528.80
	3	3	37753.80
	4	4	41618.00
	5	5	46768.00
	6	6	47818.80

图14-52

文件174　生产成本预测

成本预测是指企业根据产品成本前期相关的分析数据，结合一些影响成本变化的变动因素，利用特定的计算方法来预测产品未来一段时期内的成本情况。成本的预测可以帮助管理者在产品定价、资源分配、优化产品组合等方面做出正确的经营决策。

制作要点与设计效果图

- SUM函数（参考函数3、7、16）
- 设置公式

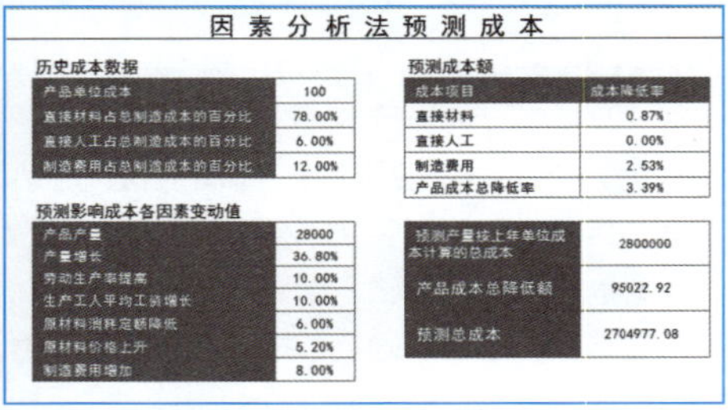

因素分析法预测成本

历史成本数据

产品单位成本	100
直接材料占总制造成本的百分比	78.00%
直接人工占总制造成本的百分比	6.00%
制造费用占总制造成本的百分比	12.00%

预测影响成本各因素变动值

产品产量	28000
产量增长	36.80%
劳动生产率提高	10.00%
生产工人平均工资增长	10.00%
原材料消耗定额降低	6.00%
原材料价格上升	5.20%
制造费用增加	8.00%

预测成本额

成本项目	成本降低率
直接材料	0.87%
直接人工	0.00%
制造费用	2.53%
产品成本总降低率	3.39%

预测产量按上年单位成本计算的总成本	2800000
产品成本总降低额	95022.92
预测总成本	2704977.08

文件设计过程

步骤1：创建表格

插入工作表，将工作表标签重命名为“因素分析法预测成本”，在工作表中输入上年生产成本中直接材料、直接人工、制造费用各占的比例；输入影响成本各因素的预测变动值，并建立预测成本额的各项求解标识，如图14-53所示。

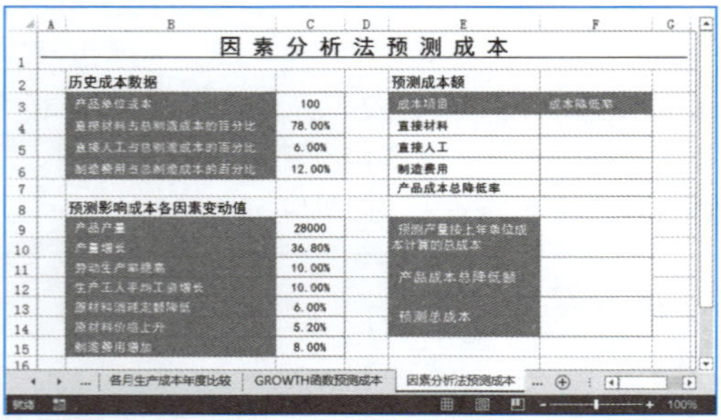

	A	B	C	D	E	F	G
1		因素分析法预测成本					
2		历史成本数据			预测成本额		
3		产品单位成本	100		成本项目	成本降低率	
4		直接材料占总制造成本的百分比	78.00%		直接材料		
5		直接人工占总制造成本的百分比	6.00%		直接人工		
6		制造费用占总制造成本的百分比	12.00%		制造费用		
7					产品成本总降低率		
8		预测影响成本各因素变动值					
9		产品产量	28000		预测产量按上年单位成本计算的总成本		
10		产量增长	36.80%				
11		劳动生产率提高	10.00%		产品成本总降低额		
12		生产工人平均工资增长	10.00%				
13		原材料消耗定额降低	6.00%		预测总成本		
14		原材料价格上升	5.20%				
15		制造费用增加	8.00%				

图14-53

步骤2：设置公式

❶ 选中F4单元格，输入公式：“=(1-(1-C13)*(1+C14))*C4”，按回车键，即可计算出直接材料的成本降低率，如图14-54所示。

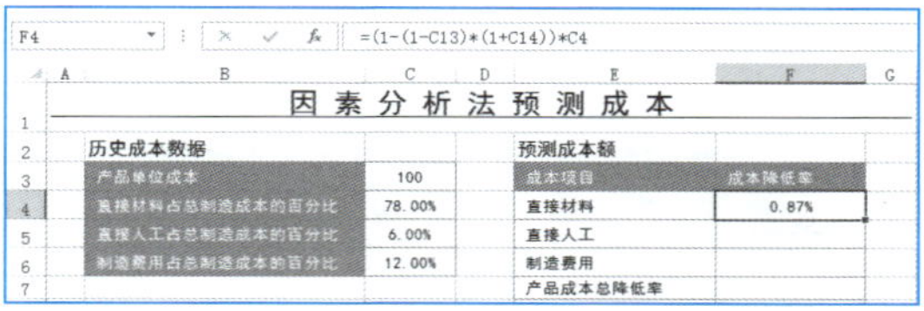

F4　=(1-(1-C13)*(1+C14))*C4

因素分析法预测成本			
历史成本数据		预测成本额	
产品单位成本	100	成本项目	成本降低率
直接材料占总制造成本的百分比	78.00%	直接材料	0.87%
直接人工占总制造成本的百分比	6.00%	直接人工	
制造费用占总制造成本的百分比	12.00%	制造费用	
		产品成本总降低率	

图14-54

2 选中F5单元格，输入公式："=(1-(1+C12)/(1+C11))*C5"，按回车键，即可计算出直接人工的成本降低率，如图14-55所示。

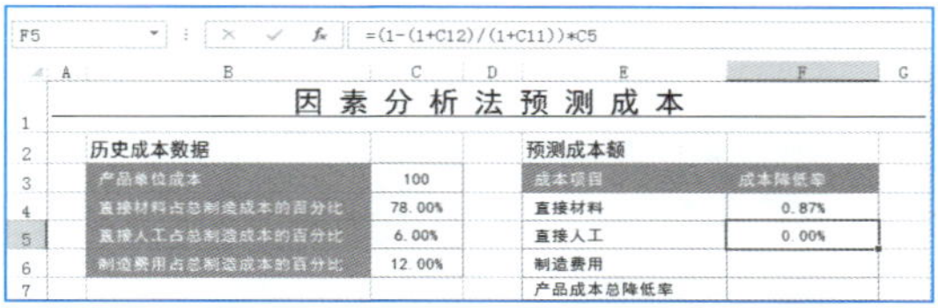

F5　=(1-(1+C12)/(1+C11))*C5

因素分析法预测成本			
历史成本数据		预测成本额	
产品单位成本	100	成本项目	成本降低率
直接材料占总制造成本的百分比	78.00%	直接材料	0.87%
直接人工占总制造成本的百分比	6.00%	直接人工	0.00%
制造费用占总制造成本的百分比	12.00%	制造费用	
		产品成本总降低率	

图14-55

3 选中F6单元格，输入公式："=(1-(1+C15)/(1+C10))*C6"，按回车键，即可计算出直接人工的成本降低率，如图14-56所示。

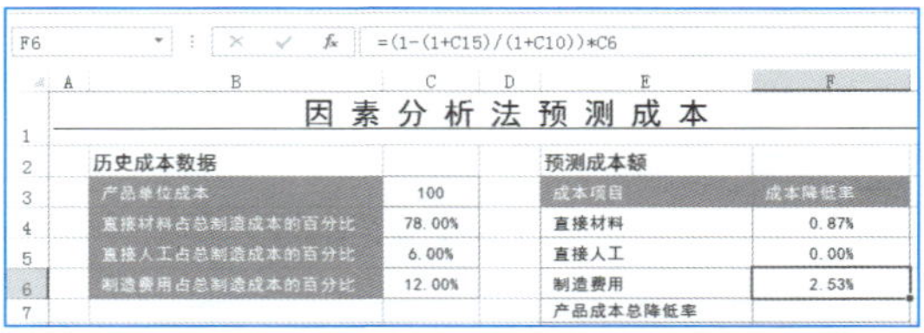

F6　=(1-(1+C15)/(1+C10))*C6

因素分析法预测成本			
历史成本数据		预测成本额	
产品单位成本	100	成本项目	成本降低率
直接材料占总制造成本的百分比	78.00%	直接材料	0.87%
直接人工占总制造成本的百分比	6.00%	直接人工	0.00%
制造费用占总制造成本的百分比	12.00%	制造费用	2.53%
		产品成本总降低率	

图14-56

4 选中F7单元格，输入公式："=SUM(F4:F6)"，按回车键，即可计算出产品成本总降低率，如图14-57所示。

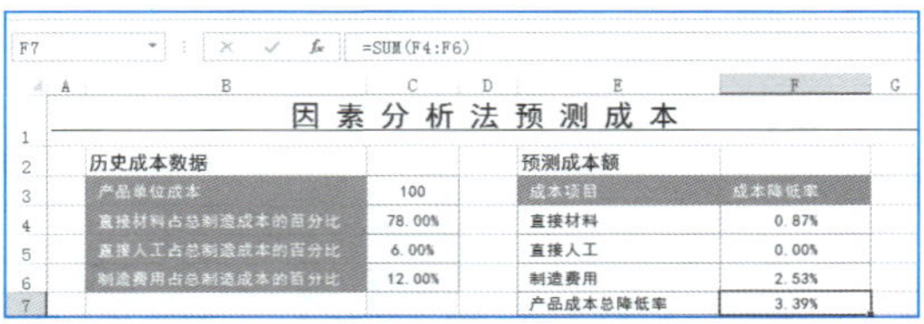

F7　=SUM(F4:F6)

因素分析法预测成本			
历史成本数据		预测成本额	
产品单位成本	100	成本项目	成本降低率
直接材料占总制造成本的百分比	78.00%	直接材料	0.87%
直接人工占总制造成本的百分比	6.00%	直接人工	0.00%
制造费用占总制造成本的百分比	12.00%	制造费用	2.53%
		产品成本总降低率	3.39%

图14-57

5 选中F9单元格，输入公式："=C3*C9"，按回车键，即可计算出预测产量按上年单位成本计算的总成本，如图14-58所示。

6 选中F11单元格，输入公式："=F7*F9"，按回车键，即可计算出产品成本总降低额，如图14-59所示。

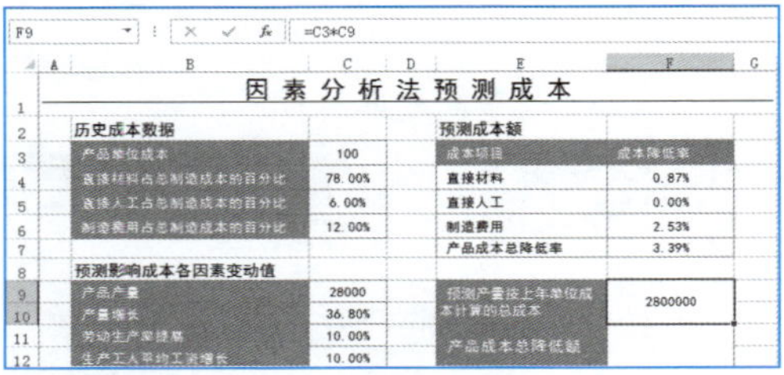

图14-58

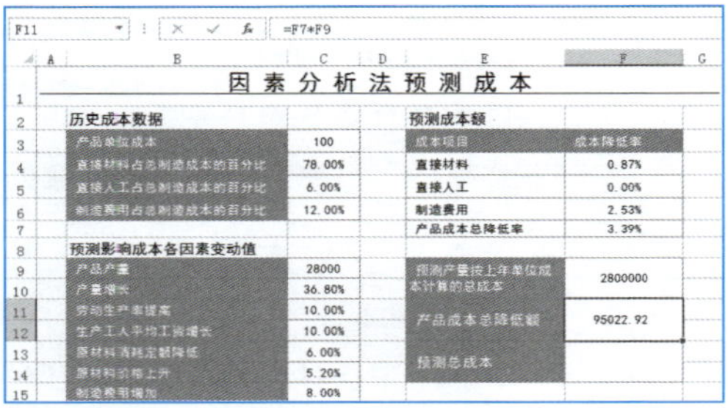

图14-59

7 选中F13单元格，输入公式：“=F9-F11”，按回车键，即可计算出预测总成本，如图14-60所示。

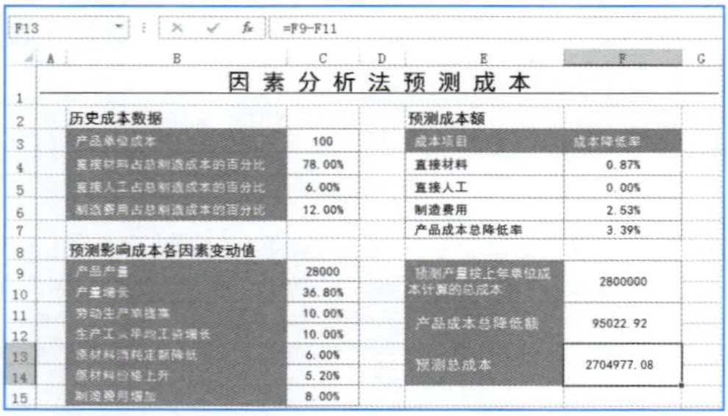

图14-60

文件175　指数平滑法预测产品销量

产品的销量是影响利润总额的重要因素之一，同时也会影响主营业务利润。通过对产品销量进行预测，既可以有效地制定生产计划，又可以为企业的预测提供数据参考。指数平滑法通过对历史时间序列进行指数平滑的计算，从而消除了随机因素的影响，识别现象的基本变化趋势并预测未来。

制作要点与设计效果图

- “指数平滑”分析工具
- 创建数据点折线图
- 添加指数趋势线

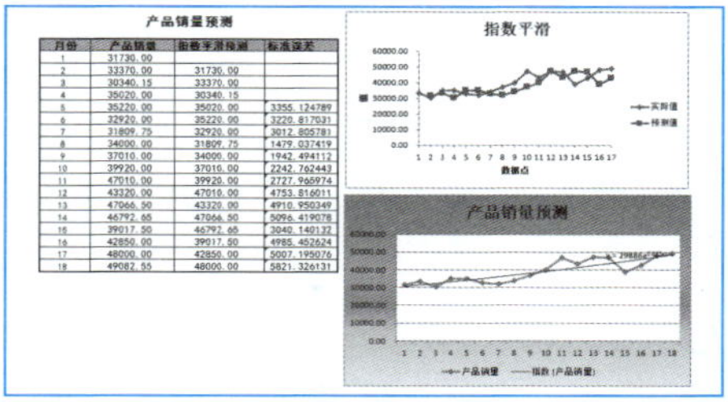

文件设计过程

步骤1：使用指数平滑法分析数据

❶ 打开“产品销量预测”工作表，切换到“数据”选项卡，在“分析”选项组单击“数据分析”按钮，如图14-61所示。

❷ 打开“数据分析”对话框，在“分析工具”列表框中选中“指数平滑”工具，接着单击“确定”按钮，如图14-62所示。

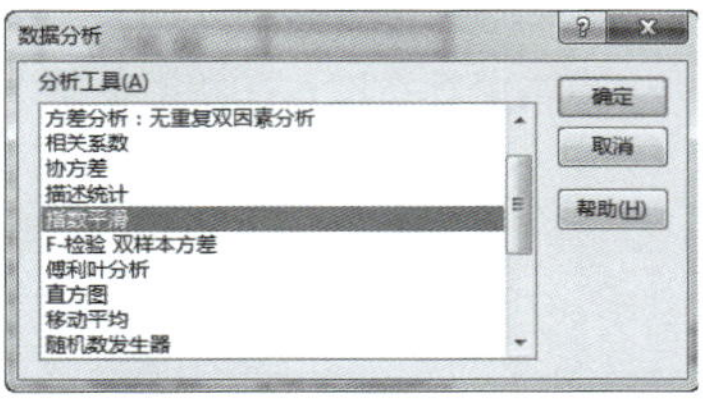

图14-61

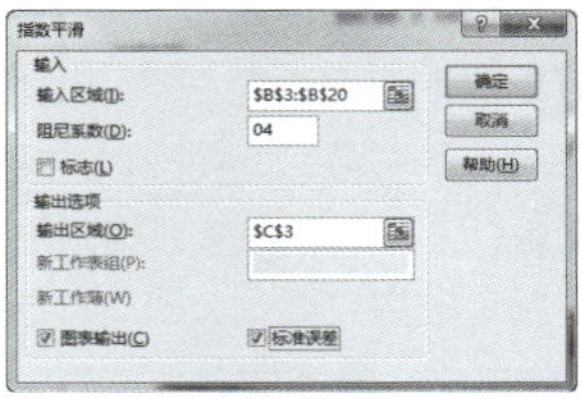

图14-62

❸ 打开“指数平滑”对话框，设置“输入区域”为B3:B20单元格区域，设置“阻尼系数”为“04”，设置“输出区域”为C3单元格，接着选中“标识”、“图表输出”和“标准误差”复选框，单击“确定”按钮。

❹ 返回工作表中，“移动平均”工具在选定的区域输入指数平滑预测和标准误差，并且在图表中显示出实际值和预测数据点的折线图，如图14-63所示。

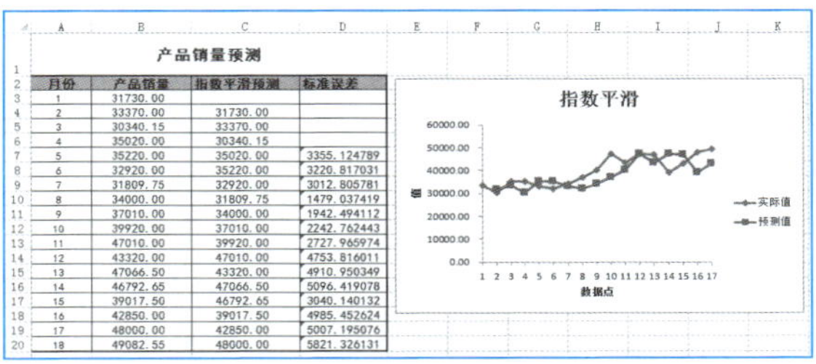

产品销量预测

月份	产品销量	指数平滑预测	标准误差
1	31730.00		
2	33370.00	31730.00	
3	30340.15	33370.00	
4	35020.00	30340.15	
5	35220.00	35020.00	3355.124789
6	32920.00	35220.00	3220.817031
7	31809.75	32920.00	3012.805781
8	34000.00	31809.75	1479.037419
9	37010.00	34000.00	1942.494112
10	39920.00	37010.00	2242.762443
11	47010.00	39920.00	2727.965974
12	43320.00	47010.00	4753.816011
13	47066.50	43320.00	4910.950349
14	46792.65	47066.50	5096.419078
15	39017.50	46792.65	3040.140132
16	42850.00	39017.50	4985.452624
17	48000.00	42850.00	5007.195076
18	49082.55	48000.00	5821.326131

图14-63

步骤2：创建数据点直线图

❶ 选中B2:B20单元格区域，切换到“插入”选项卡，在“图表”选项组单击“插入折线图”按钮，在其下拉列表中选择“带数据标记的折线图”图表类型，如图14-64所示。

❷ 返回工作表中，系统会根据选中的数据源创建带数据标记的折线图，更改图表标题为“产品销量预测”，如图14-65所示。

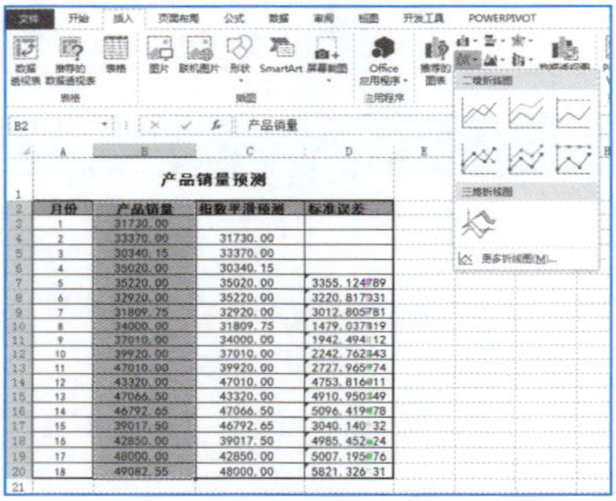

图14-64

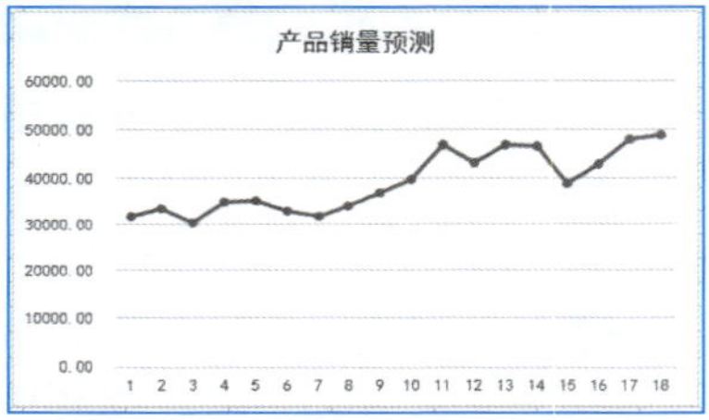

图14-65

❸ 选中图表中的产品销量数据系列，单击鼠标右键，在右键菜单中选中“添加趋势线”命令，如图14-66所示。

❹ 打开“设置趋势线格式”窗格，在“趋势线选项”栏下选中“指数”单选项，接着选中“显示公式”复选框，如图14-67所示。

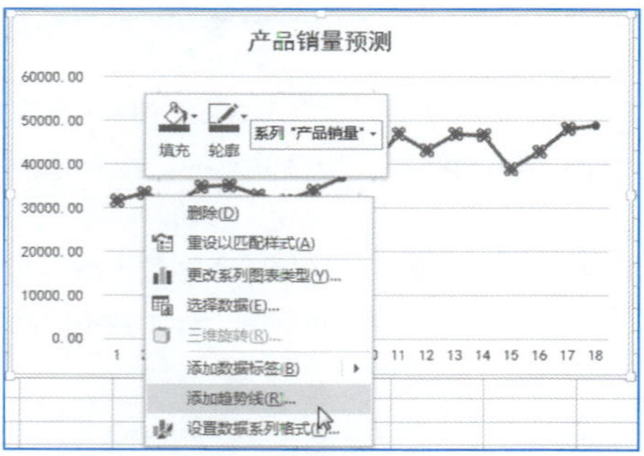

图14-66

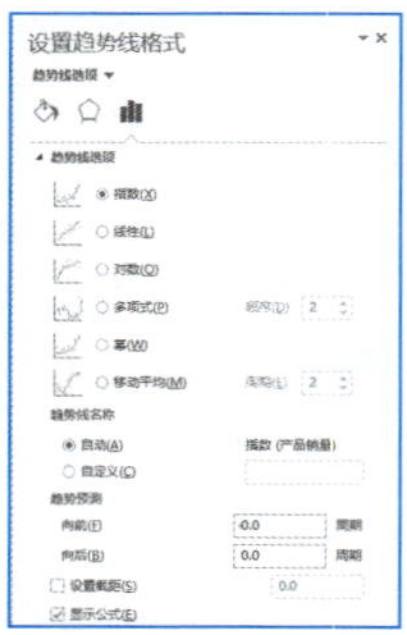

图14-67

❺ 返回工作表中，即可为图表数据系列添加指数趋势线，并显示出趋势线的公式，如图14-68所示。

❻ 选中图表，单击“图表元素”按钮，打开下拉菜单，单击“图例”右侧按钮，在子菜单中选择要添加的图例位置（单击鼠标即可应用），如这里单击“底部”，如图14-69所示。

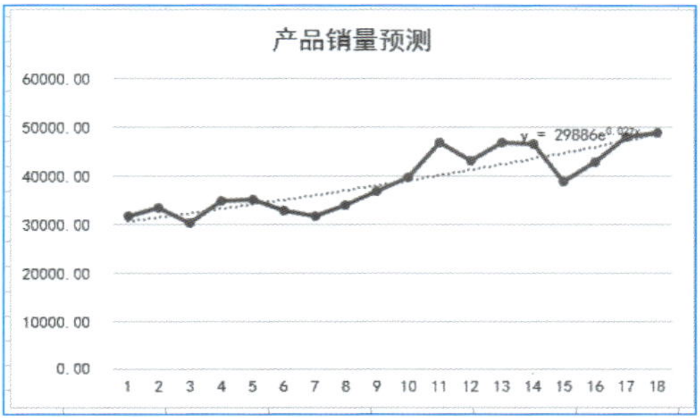

图14-68

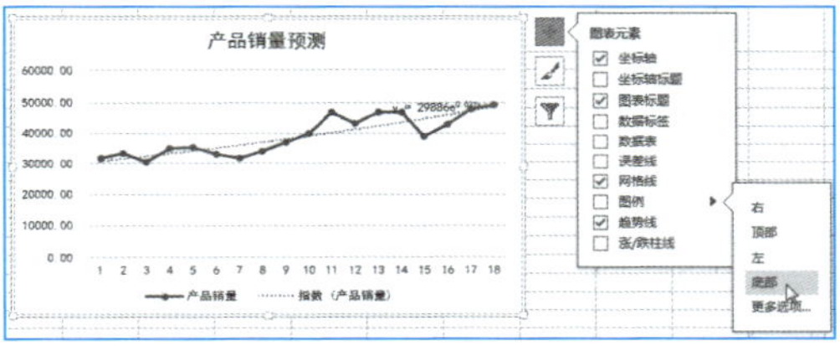

图14-69

7 设置图表的数据系列填充和数据点填充，并设置绘图区域的渐变填充，完成对图表的美化操作，如图14-70所示。

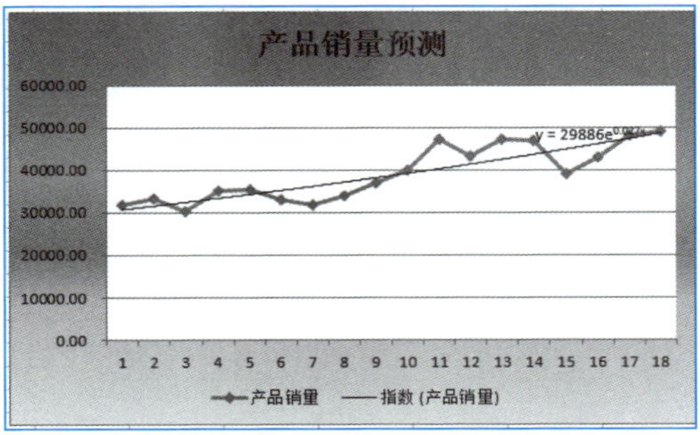

图14-70

文件176　销售量与利润总额回归分析

通过对一段时间内产品的销量和该期间产品利润总额进行分析，可以分析出销售量和销售利润总额的关系，在Excel 中可以使用“回归”分析工具，使用“最小二乘法”直线拟合来执行线性回归分析。

制作要点与设计效果图

- “回归”分析工具
- “回归”参数设置
- 编辑线性拟合图

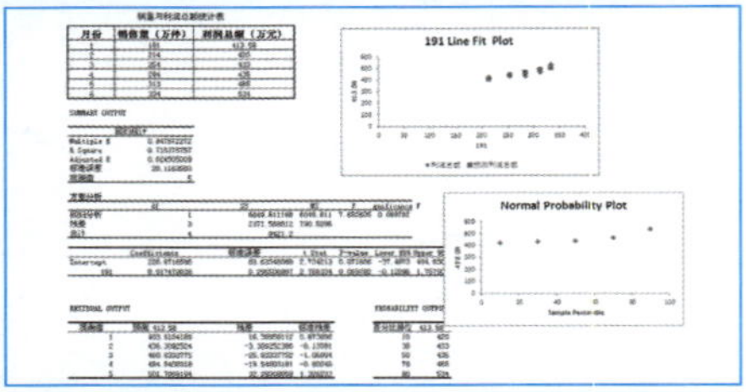

文件设计过程

步骤1：使用回归线法分析

❶ 打开“销量与利润总额统计表”工作表，切换到“数据”选项卡，在“分析”选项组单击“数据分析”按钮，如图14-71所示。

❷ 打开“数据分析”对话框，在“分析工具”列表框中选中“回归”工具，接着单击“确定”按钮，如图14-72所示。

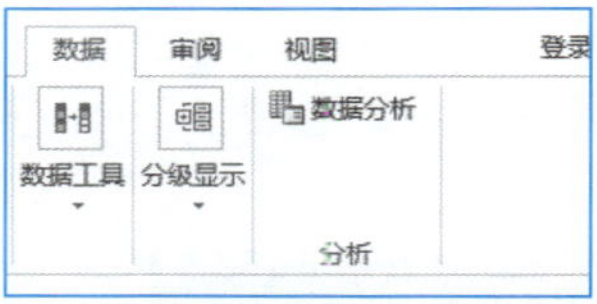

图14-71

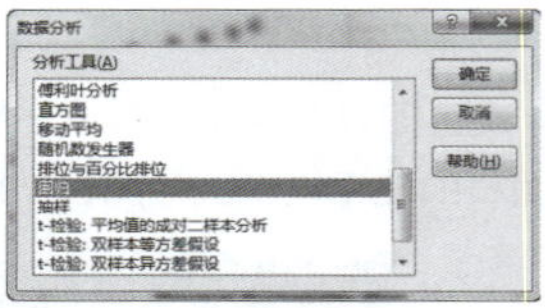

图14-72

❸ 打开“回归”对话框，在“输入”区域设置“Y值区域”为D3:D8单元格区域，设置“X值输入区域”为“C3:C8”单元格区域，接着选中“标识”和“置信度”复选框，如图14-73所示。

❹ 在“输出选项”区域选中“输出区域”按钮，设置“输出区域”为B10单元格。接着在“残差”区域选中“标准残差”和“线性拟合图”复选框，在“正态分布”区域选中“正态概率图”复选框，单击“确定”按钮，如图14-74所示。

图14-73

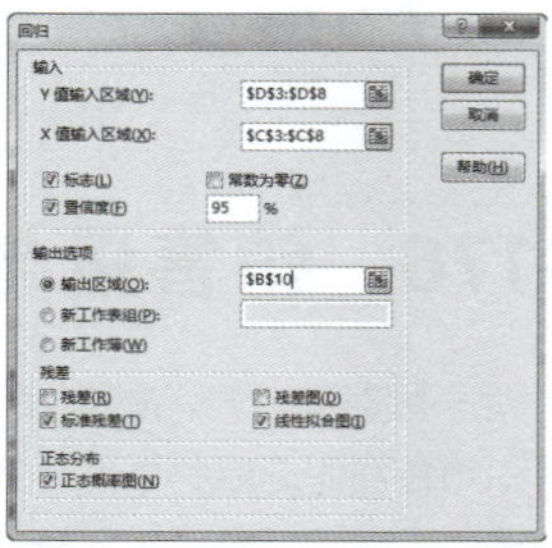

图14-74

5 返回工作表中，会显示回归工具输出结果。包括回归统计值、方差分析、标准差以及残差、线性拟合图以及正态概率图，如图14-75所示。

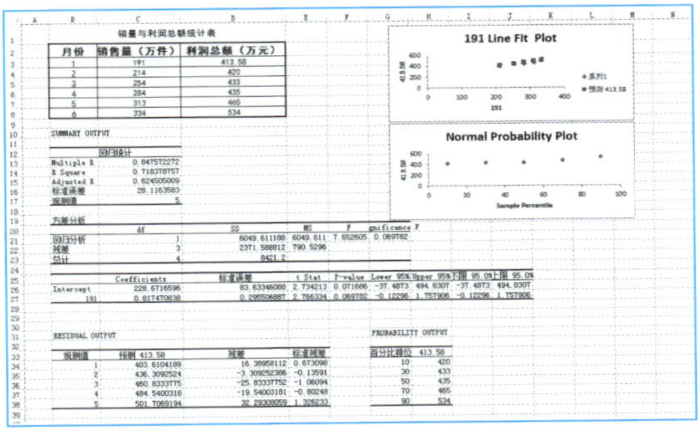

图14-75

步骤2：编辑数据系列名称

1 选中线性拟合图，单击鼠标右键，在右键菜单中选中“选择数据”选项，如图14-76所示。

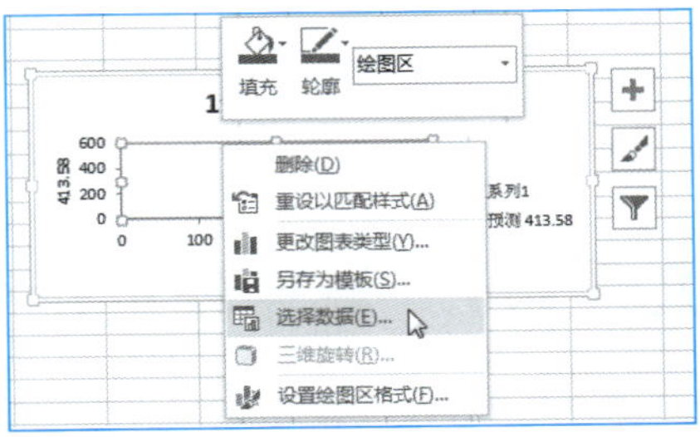

图14-76

2 打开“选择数据源”对话框，在“图例项（系列）”列表框中选中“系列1”，单击“编辑”按钮，如图14-77所示。

3 打开“编辑数据系列”对话框中，在“系列名称”文本框中输入“利润总额”，单击“确定”按钮，如图14-78所示。

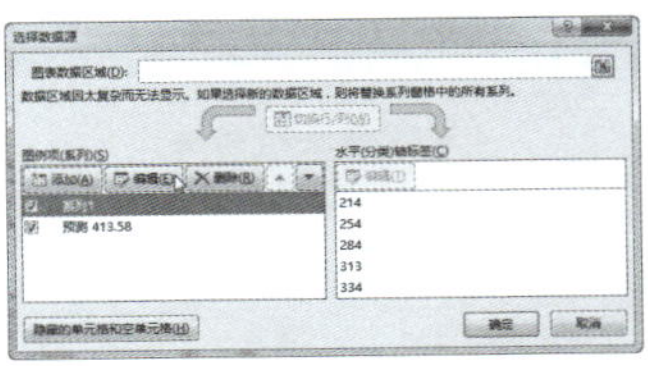

图14-77

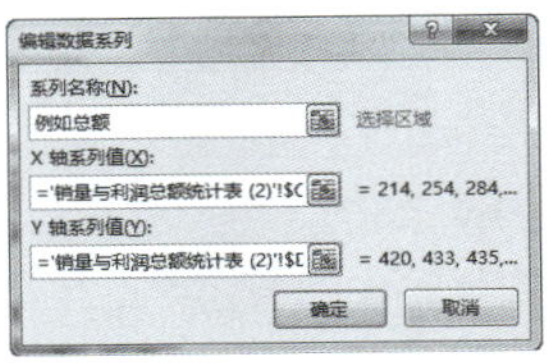

图14-78

4 返回“选择数据源”对话框中，接着在“图例项（系列）”列表框中选中“预测413.58”，单击“编辑”按钮，如图14-79所示。

5 打开“编辑数据系列”对话框中，在“系列名称”文本框中输入“预测利润总额”，单击“确定”按钮，返回“选择数据源”对话框中，再次单击“确定”按钮，如图14-80所示。

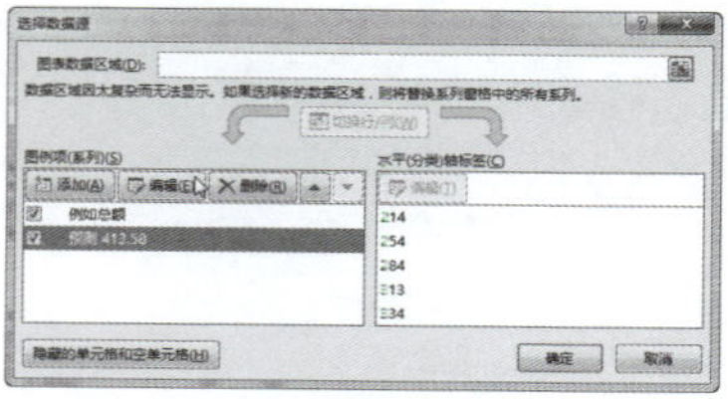

图14-79

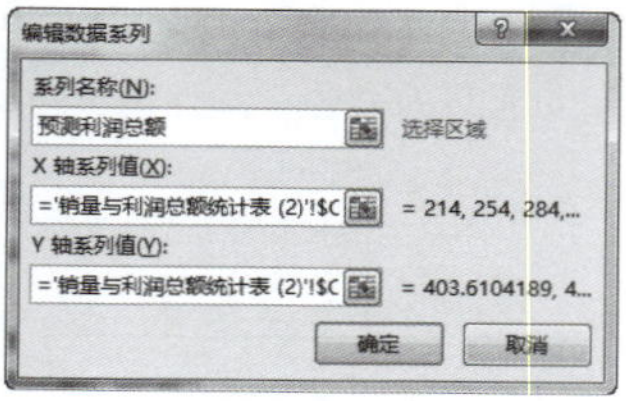

图14-80

6 返回工作表中，系统会依据设置的系列名称更改图例项名称，将图例项移动到图表底部，如图14-81所示。

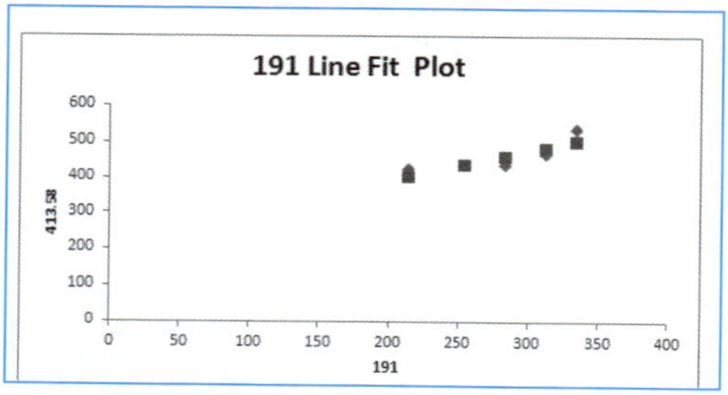

图14-81

文件177 最佳现金持有量预测

某企业预计1个月经营所需现金为1500000元，准备用有价证券变现取得，每次买卖证券的固定成本为250元，证券市场的月利率为1.5%，企业要求最低现金持有量为120000元。利用规划求解工具求解最佳现金持有量。

制作要点与设计效果图

- 设置公式
- 规划求解

最佳现金持有量

单位： 元

全月现金需要量	1500000		最佳现金持有量	223606.8094
证券每次交易成本	250		总成本	3354.101966
有加证券月利率	1.50%		最佳变现次数	7

文件设计过程

步骤1：设置公式

1 在工作表中，建立如图14-82所示的“最佳现金持有量规划求解模型”

表格。将已知的相关资料填入对应的单元格。

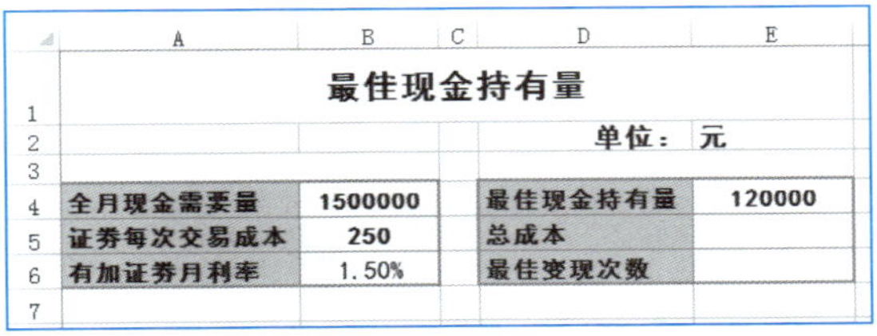

图14-82

❷ 选中E5单元格，在公式编辑栏中输入公式：“=E4/2*B6+B4/E4*B5”，按回车键，计算总成本，如图14-83所示。

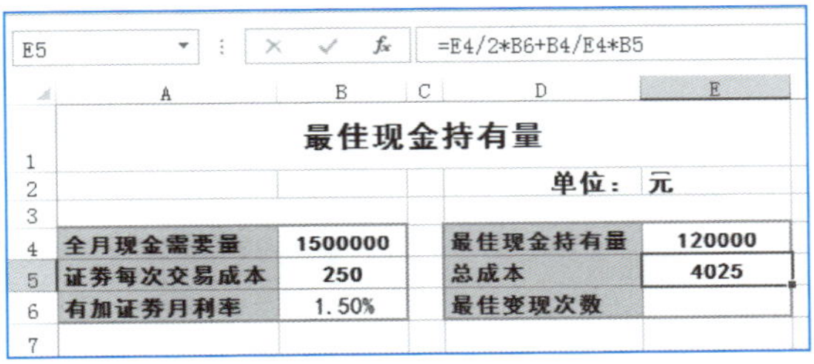

图14-83

❸ 选中E6单元格，在公式编辑栏中输入公式：“=B4/E4”，按回车键，计算最佳变现次数，如图14-84所示。

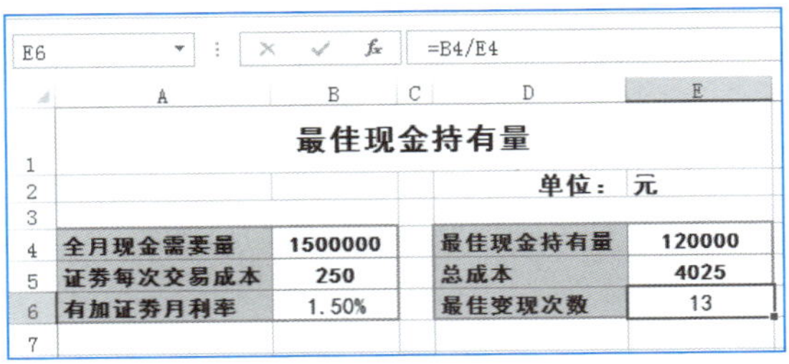

图14-84

步骤2：使用回归线法分析

❶ 在“数据”选项卡“分析”组中，单击“规划求解”按钮（如图14-85所示），打开“规划求解参数”对话框。

❷ 单击“设置目标”右侧的拾取器按钮回到工作表选择“E5”，如图14-86所示。在“规划求解参数”对话框下的“遵守约束”栏中单击“添加”按钮，打开“添加约束”对话框。

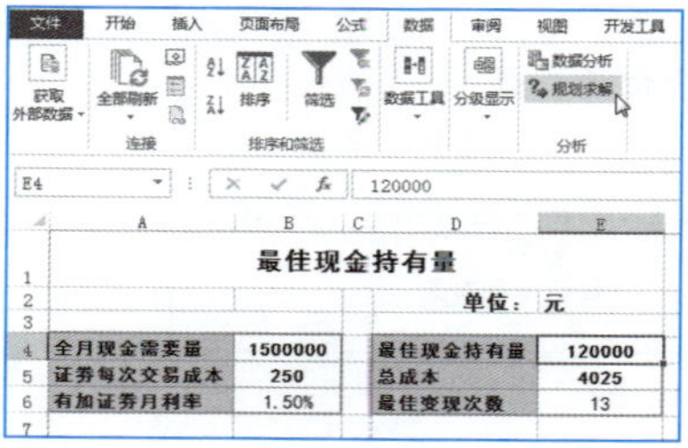

图14–85

图14–86

❸ 设置“单元格的引用”为“E4”单元格（可手工输入也可单击按钮回到工作表中选择），设置条件为“>=”，“约束”值为“120000”，如图14-87所示。

❹ 单击“确定”按钮回到“规则求解参数”对话框中，在列表中可以看到添加的约束条件，如图14-88所示。

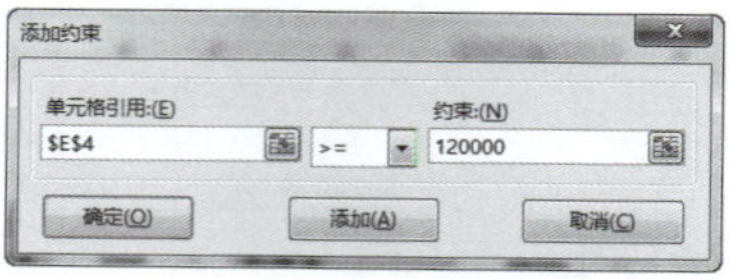

图14–87

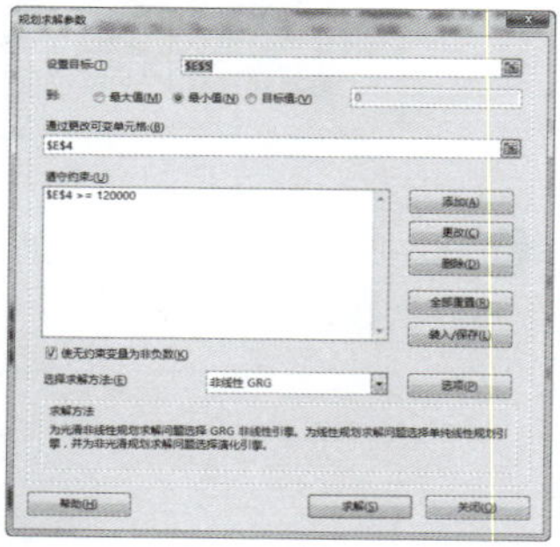

图14–88

❺ 单击“求解”按钮，弹出“规划求解结果”对话框，如图14-89所示。

❻ 单击“确定”按钮，Excel就按要求计算相应的结果。根据求解的结果，可以得出最佳现金持有量为223606，变现次数为7次，如图14-90所示。

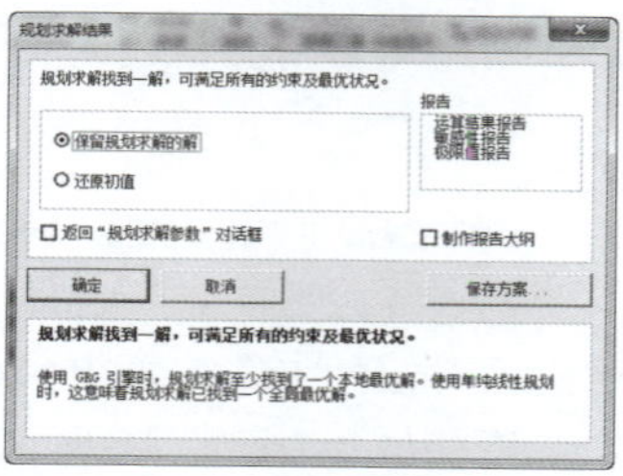

图14–89

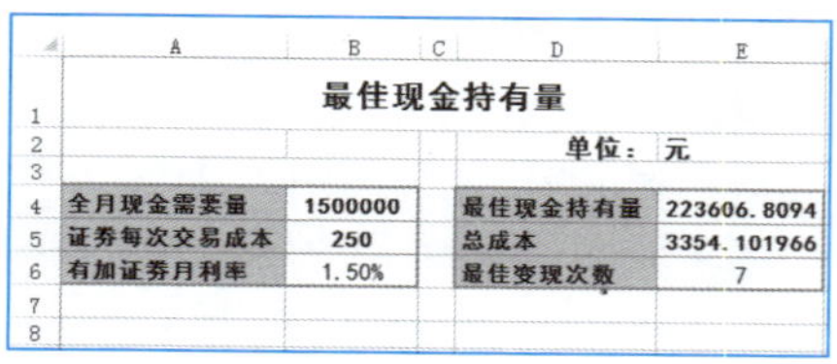

图14–90

文件178　销售额预测表

如果企业的销售额主要受季节因素的影响，企业需要根据上一年度完成的销售额数据基础上，对未来时间内的销售额进行预测。销售预测是企业进行财务预测的首要工作，是企业制定财务计划的基础。

制作要点与设计效果图

- INDEX函数（参考函数37）
- LINEST函数（参考函数65）
- LOGEST函数（参考函数67）

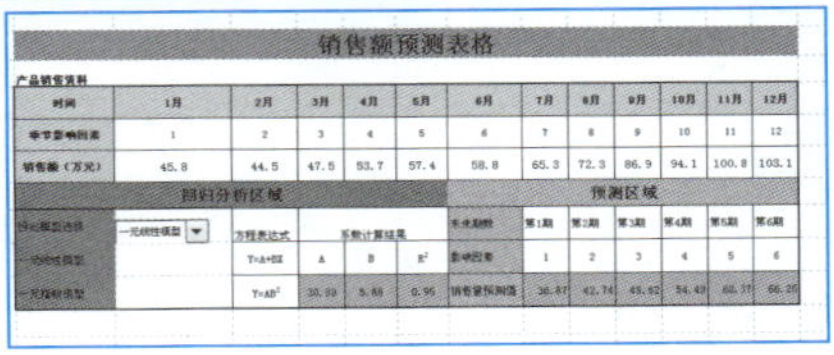
销售额预测表格

产品销售资料

时间	1月	2月	3月	4月	5月	6月	7月	8月	9月	10月	11月	12月
季节影响因素	1	2	3	4	5	6	7	8	9	10	11	12
销售额（万元）	45.8	44.5	47.5	53.7	57.4	58.8	65.3	72.3	86.9	94.1	100.8	103.1

回归分析区域						预测区域						
[illegible]	一元线性模型	方程表达式	系数计算结果			[illegible]	第1期	第2期	第3期	第4期	第5期	第6期
[illegible]		Y=A+BX	A	B	R^2	影响因素	1	2	3	4	5	6
[illegible]		$Y=AB^X$	30.89	5.88	0.96	销售量预测值	36.87	42.74	45.82	54.49	60.37	66.26

文件179　主营业务收入预测与趋势分析

主营业务收入通常占据企业收入的主要部分，直接影响企业的经济效益和利润。在实际工作中，根据前几期的主营业务收入，可以使用科学的方法对后几期进行预测趋势分析。

制作要点与设计效果图

- TREND函数（参考文件66）
- 创建数据点折线图（参考文件169）
- 添加线性趋势性（参考文件169）
- 显示公式（参考文件169）

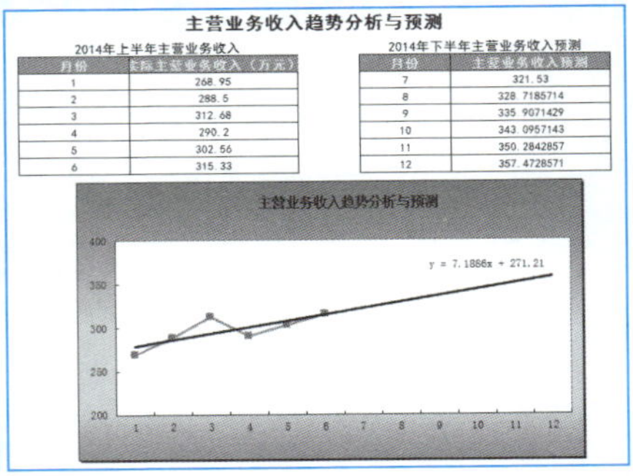

月份	实际主营业务收入（万元）
1	268.95
2	288.5
3	312.68
4	290.2
5	302.56
6	315.33

月份	主营业务收入预测
7	321.53
8	328.7185714
9	335.9071429
10	343.0957143
11	350.2842857
12	357.4728571

文件180　市场需求量预测

可以根据已有数据，使用指数平滑法进行预测购买某一产品的顾客群体的总数。

制作要点与设计效果图

- 公式计算（参考文件5）
- “指数平滑”分析（参考文件175）

市场需求量预测

期间	市场需求量（万人）	预测值	标准误差
1	400		
2	680	400.0	
3	1000	568.0	
4	1280	827.2	
5	1600	1098.9	395.8
6	2200	1399.6	462.9
7	2000	1879.8	604.7
8	2280	1951.9	549.6
9	2400	2148.8	504.2
10	3000	2299.5	248.5
11	2500	2719.8	469.6
12	3200	2587.9	448.0

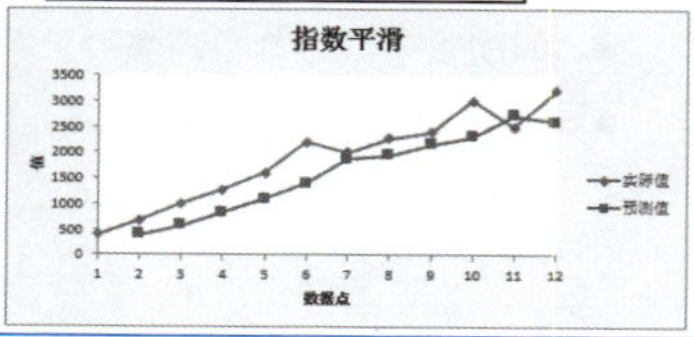

文件181　指数法预测生产成本

成本预测是根据企业未来的发展目标和实现条件，参考已有资料，利用专门的方法对企业未来成本水平及变动趋势进行估算和预测。指数法是常用的一种预测方法，它主要根据时间序列的态势具有的稳定性或规则性，可被合理地顺势推延。

制作要点与设计效果图

- 创建数据点折线图（参考文件169）
- 添加指数趋势线（参考文件169）
- GROWTH函数（参考文件69）

生产成本指数预测分析

某产品生产资料

生产期间	1	2	3	4	5	6	7	8	9	10	11	12
产量（万件）	215	225	235	245	255	265	275	285	295	305	315	325
生产成本（万元）	150	153	156	159	162	165	168	171	174	177	180	183

产量与生产成本预测

生产期间	13	14	15	16
目标产量（万件）	341.47	354.48	367.99	382.02
目标成本预测（万元）	189.07	193.57	198.35	203.44

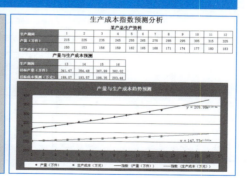

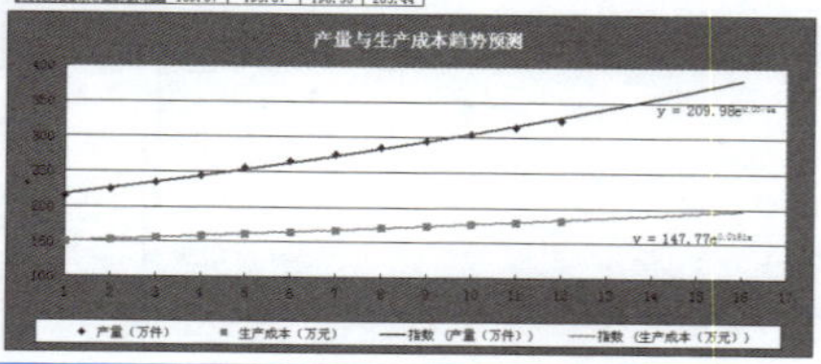

文件182　因素分析法预测成本

预测期成本受各个因素影响时，可以采用因素分析法来预测成本，分析出主要成本与上年相比的降低额和降低率，进而计算得出预测期的产品成本。

制作要点与设计效果图

- 设置单元格填充（参考文件5）
- 设置表格边框（参考文件1、2、3）
- 设置公式（参考文件5）

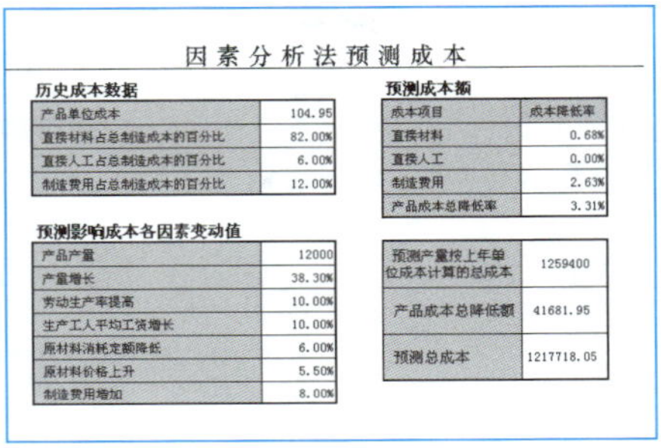

因素分析法预测成本

历史成本数据

产品单位成本	104.95
直接材料占总制造成本的百分比	82.00%
直接人工占总制造成本的百分比	6.00%
制造费用占总制造成本的百分比	12.00%

预测成本额

成本项目	成本降低率
直接材料	0.68%
直接人工	0.00%
制造费用	2.63%
产品成本总降低率	3.31%

预测影响成本各因素变动值

产品产量	12000
产量增长	38.30%
劳动生产率提高	10.00%
生产工人平均工资增长	10.00%
原材料消耗定额降低	6.00%
原材料价格上升	5.50%
制造费用增加	8.00%

预测产量按上年单位成本计算的总成本	1259400
产品成本总降低额	41681.95
预测总成本	1217718.05

文件183　多元线性回归法预测生产产量

在实际工作中，产品的产量与生产设备或仪器、生产班组等多个因素之间有着紧密的关系。一般说来，生产设备越好，生产班组技术越娴熟，产量会越高。假设这两个因素分别为因素1和因素2，可以使用二元回归法分析，模型预测生产产量。

制作要点与设计效果图

- INDEX函数（参考函数37）
- LINEST函数（参考函数65）

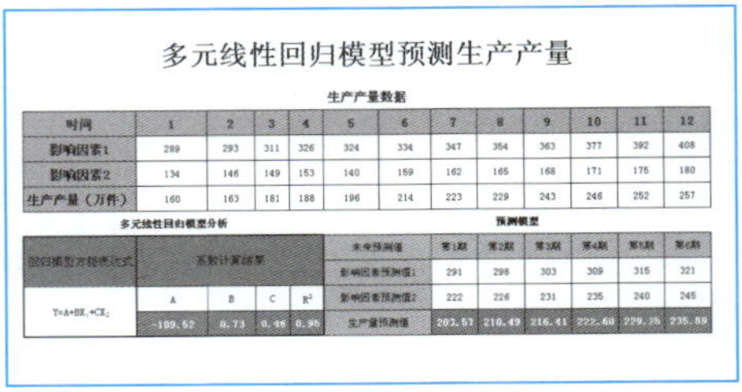

多元线性回归模型预测生产产量

生产产量数据

时间	1	2	3	4	5	6	7	8	9	10	11	12
影响因素1	289	293	311	326	324	334	347	354	363	377	392	408
影响因素2	134	146	149	153	140	159	162	165	168	171	175	180
生产产量（万件）	160	163	181	188	196	214	223	229	243	246	252	257

多元线性回归模型分析

回归模型方程表达式	系数计算结果			
$Y=A+BX_1+CX_2$	A	B	C	R^2
	-189.52	0.73	0.46	0.96

预测模型

未来预测值	第1期	第2期	第3期	第4期	第5期	第6期
影响因素预测值1	291	298	303	309	315	321
影响因素预测值2	222	226	231	235	240	245
生产量预测值	203.57	210.49	216.41	222.60	229.75	235.89

文件184　根据计划产量预测存货量

存货是企业实物资产的重要组成部分，通常数量较多，金额也比较高，如何才能使企业拥有最合理的存货量，既能满足市场的需求，又不会产生库存过剩。可以使用因素分析法来预测企业的产量和存货量，为企业制定合理库存方案提供依据。

制作要点与设计效果图

- INDEX函数（参考函数37）
- LINEST函数（参考函数65）
- 在图表中显示公式（参考函数169）

根据计划产量预测存货量

时间	1	2	3	4	5	6	7	8	9	10	11	12
产量	278	282	300	315	320	323	336	343	352	366	381	397
存货量（万件）	117	194	279	369	424	462	543	621	698	779	855	917

多元线性回归模型分析

回归模型方程表达式	系数计算结果		
Y=A+BX	A	B	R^2
	-1784.36	6.929698	0.988734

预测模型

未来预测值	第1期	第2期	第3期	第4期
计划产量	400	410	420	420
存货量预测值	988	1057	1126	1126

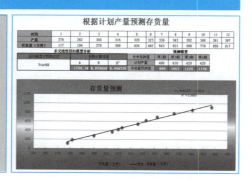

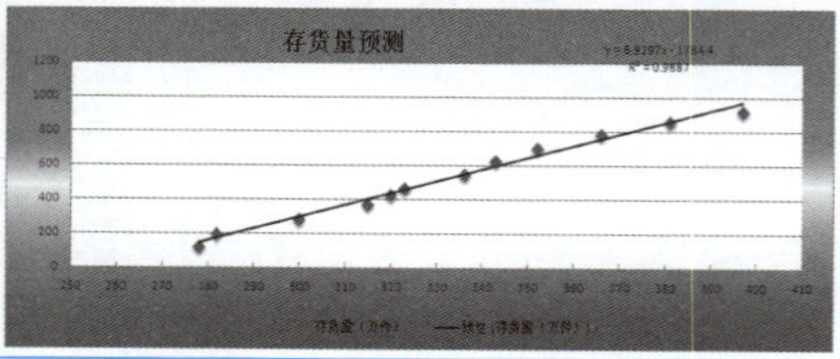

文件185　移动平均预测销售额

某公司统计了上半年6个月的产品销售额，使用一次移动平均预测来得到下个月的产品销售额。

制作要点与设计效果图

- AVERAGE函数（参考函数17）
- 使用“移动平均”分析工具（参考文件173）

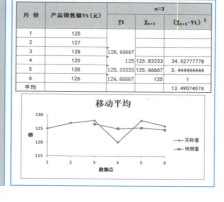

月 份	产品销售额Yt（元）	n=3		
		Yt	Y_{t+1}	$(Y_{t+1}-Yt)^2$
1	125			
2	127			
3	128	126.66667		
4	120	125	125.83333	34.02777778
5	128	125.33333	125.66667	5.444444444
6	126	124.66667	125	1
平均				13.49074074

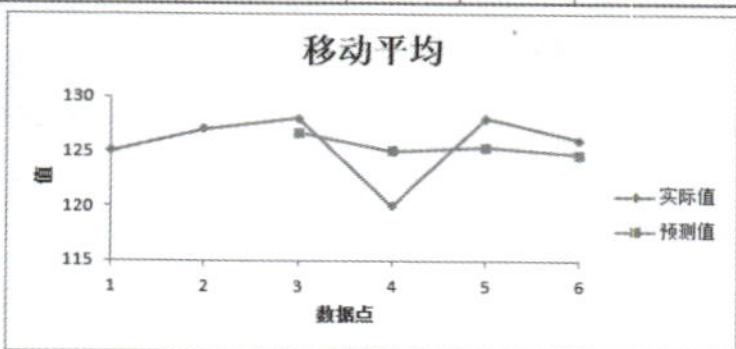

Excel

第15章

销售收入管理图表

销售收入是指企业通过销售产品、自制半成品或提供劳动等收到的贷款，劳务价款或者取得索取价款凭证确认的收入。

在管理和分析企业的销售收入时，根据企业的实际情况将销售收入细分到不同的产品中去，可以分析销售收入随时间的变动趋势，还可以将销售收入与上年同期进行同比分析、将销售收入与销售成本、销售费用及销售税金等销售过程中发生的数据进行对比分析等。

编号	文件名称	对应的数据源	重要星级
文件186	按品牌统计分析销售收入	第15章\文件186 按品牌统计分析销售收入.xlsx	★★★★★
文件187	销售收入变动趋势分析	第15章\文件187 销售收入变动趋势分析.xlsx	★★★★★
文件188	月销售收入总和分析	第15章\文件188 月销售收入总和分析.xlsx	★★★★
文件189	月销售收入结构图表分析	第15章\文件189 月销售收入结构图表分析.xlsx	★★★★
文件190	企业年收入比较表	第15章\文件190 上企业年收入比较表.xlsx	★★★★
文件191	各店面销售收入统计与分析	第15章\文件191 各店面销售收入统计与分析.xlsx	★★★★★
文件192	统计各店面各产品销售收入	第15章\文件192 统计各店面各产品销售收入.xlsx	★★★★★
文件193	各月销售收入及增长率分析	第15章\文件193 各月销售收入及增长率分析.xlsx	★★★★
文件194	销售收入同比分析	第15章\文件194 销售收入同比分析.xlsx	★★★
文件195	销售收入与销售费用对比分析	第15章\文件195 销售收入与销售费用对比分析.xlsx	★★★
文件196	销售收入与销售成本对比分析	第15章\文件196 销售收入与销售成本对比分析.xlsx	★★★
文件197	销售收入与销售税金对比分析	第15章\文件197 销售收入与销售税金对比分析.xlsx	★★★
文件198	影响销售收入的因素分析	第15章\文件198 影响销售收入的因素分析.xlsx	★★★
文件199	不同品牌收入占比分析	第15章\文件199 不同品牌收入占比分析.xlsx	★★★★★
文件200	各月销售收入与平均销售收入	第15章\文件200 各月销售收入与平均销售收入.xlsx	★★★★★
文件201	价格对销售收入的影响	第15章\文件201 价格对销售收入的影响.xlsx	★★★★
文件202	日销售收入变化图	第15章\文件202 日销售收入变化图.xlsx	★★★★★
文件203	计划与实际收入比较分析	第15章\文件203 计划与实际收入比较分析.xlsx	★★★★★

文件186　按品牌统计分析销售收入

在实际工作中，核对产品销售收入时，通常根据产品的品牌设置明细科目，企业或营业厅每月会对各种品牌的产品销售绘制销售记录表，在Excel 中可以通过设置条件求和公式分别统计出各类茶农的销售收入，还可以创建饼图直观表明收入的结构。

制作要点与设计效果图

- SUMIF函数（参考函数96）
- 创建饼图
- 显示百分比数据标签

按产品统计销售收入

公司名称	华云信息有限公司	单位：元
产品名称	销售数量	销售收入
宜家	243	¥75,136.00
名匠轩	416	¥519,978.00
一点家居	236	¥232,312.00
藤缘名居	314	¥81,435.00
丰穗家具	119	¥76,184.00
合计	1328	¥985,045.00

文件设计过程

步骤1：引用销售记录表数据

❶ 销售数据来源于日常创建的销售记录表，打开“销售记录表”工作表，重命名Sheet2工作表为“按产品统计销售收入”，接着在工作表中输入表格内容，如图15-1所示。

❷ 选中C4单元格，在公式编辑栏中输入公式：“=SUMIF(销售记录表!$C:$C,B4,销售记录表!$H:$H)”，按回车键后向下复制公式到C8单元格，即可得到各个品牌的总销售数量，如图15-2所示。

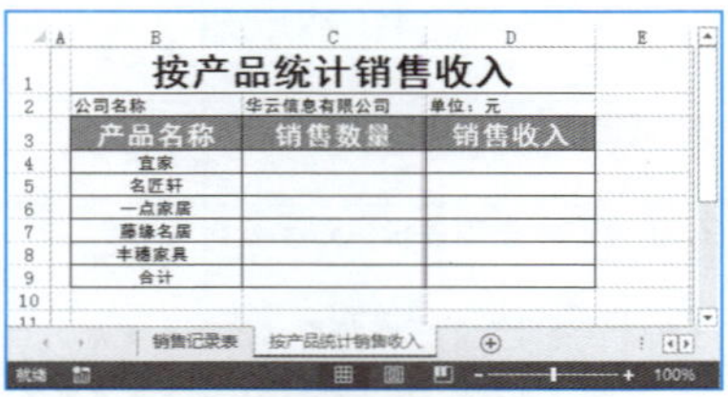

按产品统计销售收入

公司名称	华云信息有限公司	单位：元
产品名称	销售数量	销售收入
宜家		
名匠轩		
一点家居		
藤缘名居		
丰穗家具		
合计		

图15-1

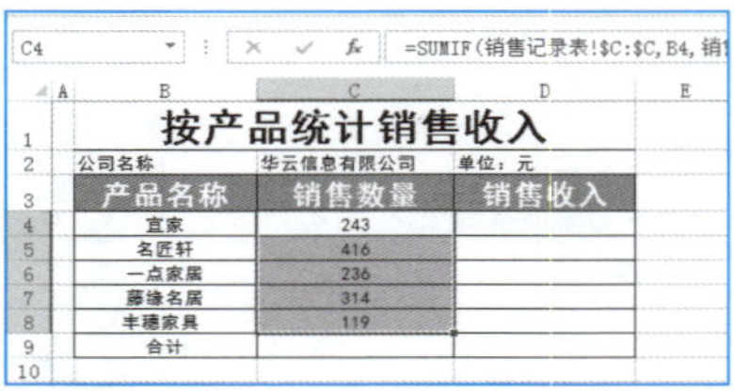

按产品统计销售收入

公司名称	华云信息有限公司	单位：元
产品名称	销售数量	销售收入
宜家	243	
名匠轩	416	
一点家居	236	
藤缘名居	314	
丰穗家具	119	
合计		

图15-2

❸ 选中D4单元格在公式编辑栏中输入公式：“=SUMIF(销售记录表!$C:$C,B4,销售记录表!$I:$I)”，按回车键后向下复制公式到D8单元格，即可得到各个品牌的总销售金额，如图15-3所示。

❹ 选中C9单元格在公式编辑栏中输入公式：“=SUM(C4:C8)”，按回车键后向下复制公式到D9单元格，即可计算出合计数，如图15-4所示。

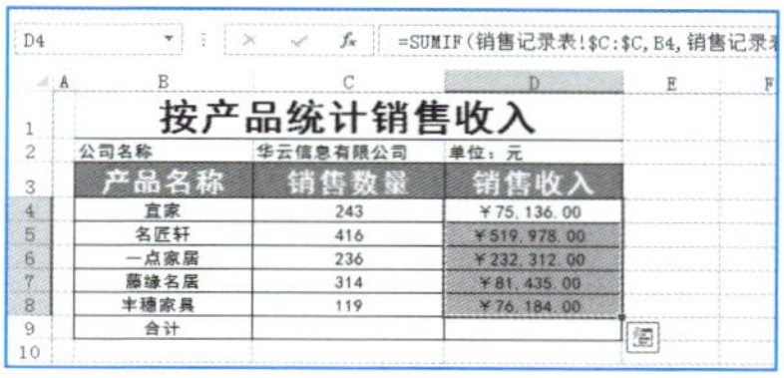

图15-3

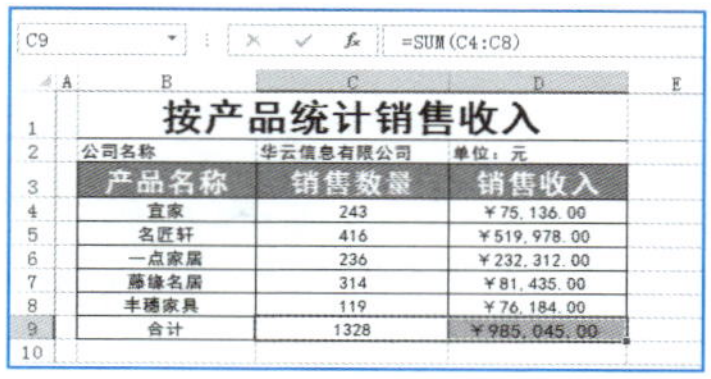

图15-4

步骤2：创建饼图

❶ 按Ctrl键依次选中B4:B8和D4:D8单元格区域，切换到“插入”选项卡，在“图表”选项组单击“插入饼图”按钮，在其下拉列表中选择“三维饼图”图形类型，如图15-5所示。

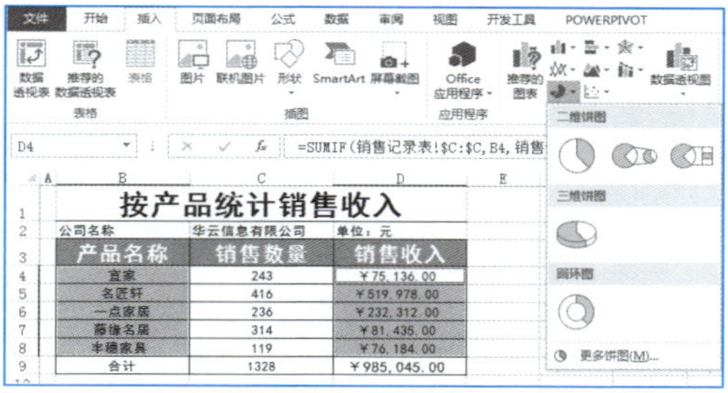

图15-5

❷ 返回工作表中，系统根据选中的数据源和图形样式在工作表中创建饼形图，如图15-6所示。

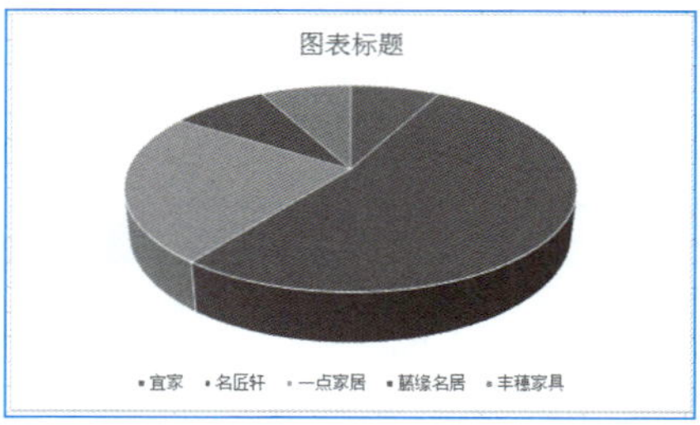

图15-6

步骤3：添加数据标签和图表标题

❶ 选中图表，单击“图表元素”按钮，打开下拉菜单，单击“数据标签”

右侧按钮，在子菜单中单击“更多选项”（如图15-7所示），打开“设置数据标签格式”窗格。

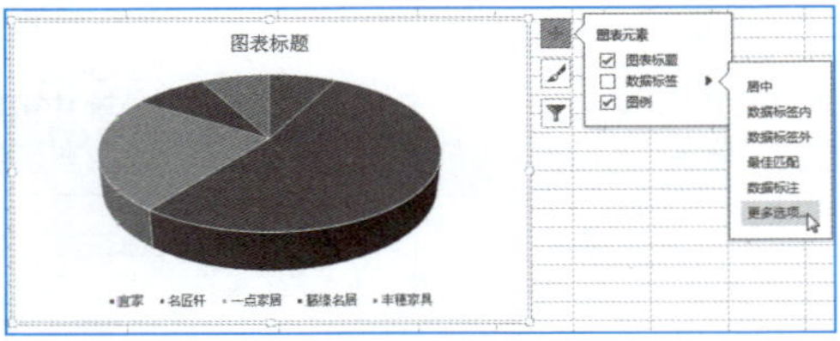

图15-7

2 在“标签选项”栏下选中要显示标签前的复选框，这里选中“百分比”复选框，效果如图15-8所示。

3 返回工作表中，即可看到图表的数据标签格式更改为百分比数据标签格式，接着在图表中将图表标题更改为“品牌销售收入结构图表”，如图15-9所示。

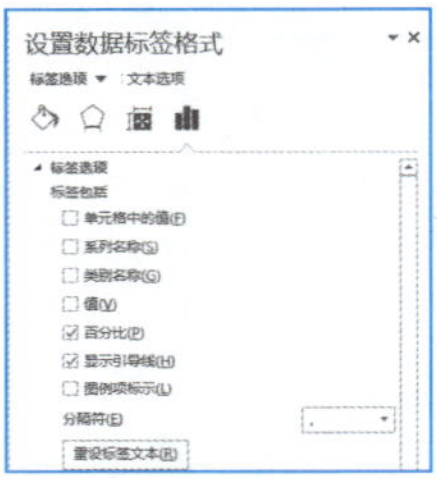

图15-8

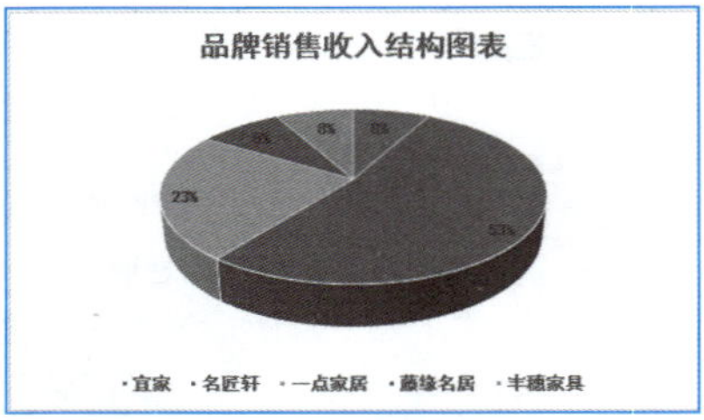

图15-9

文件187　销售收入变动趋势分析

通过统计一个月内每日的销售金额，并对每日销售金额创建图表进行分析，可以反映企业在该月内销售收入的变动趋势。在Excel 中，常用来进行趋势分析的图表类型有折线图、散点图等。

制作要点与设计效果图

- 序列填充的使用
- SUMIF函数（参考函数96）
- 创建散点图
- 更改图表区域
- 设置坐标轴格式

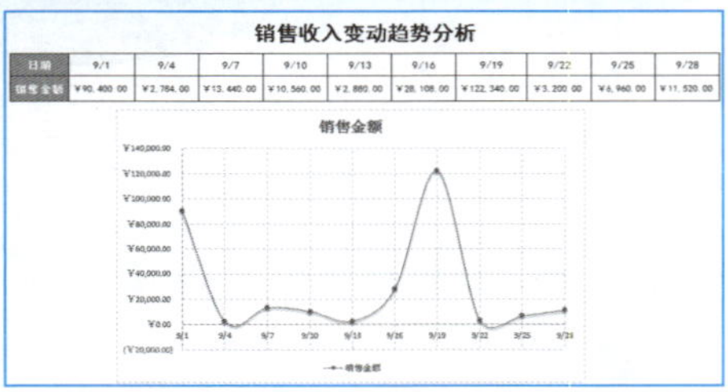

文件设计过程

步骤1：设置序列填充

❶ 重命名Sheet3工作表为“销售收入变动趋势分析”，接着输入标题、日期，在C2单元格输入起始日期，选中C3:L3单元格区域，单击“开始”选项卡，在“编辑”选项组单击“填充”按钮，在其下拉列表中选择“序列”命令，如图15-10所示。

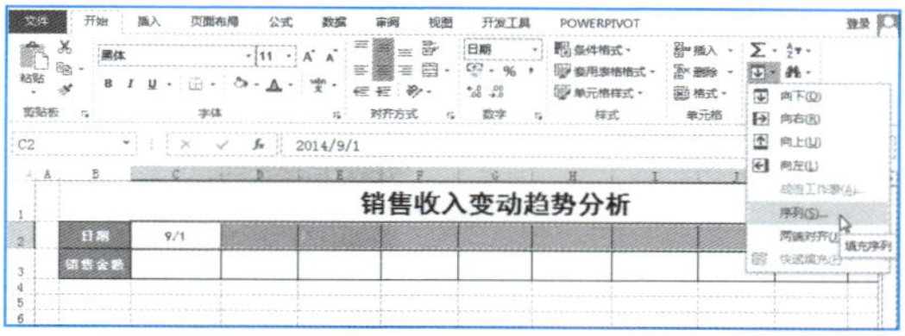

图15-10

❷ 打开“序列”，对话框，在“类型”列表中单击“日期”单选项，接着设置步长值为“3”，设置终止值为“9-30”，如图15-11所示。

❸ 返回工作表中，即可得到一个步长值为3的等差序列，如图15-12所示。

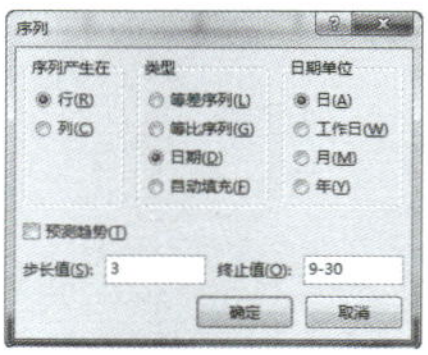

图15-11

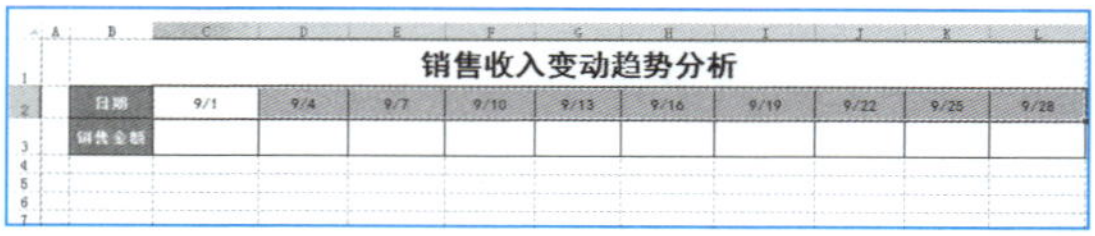

图15-12

❹ 选中C3单元格，在公式编辑栏中输入公式：“=SUMIF(销售记录表!$A:$A,C2,销售记录表!$I:$I)”，按回车键后向右复制公式，分别统计出对应日期的销售额，如图15-13所示。

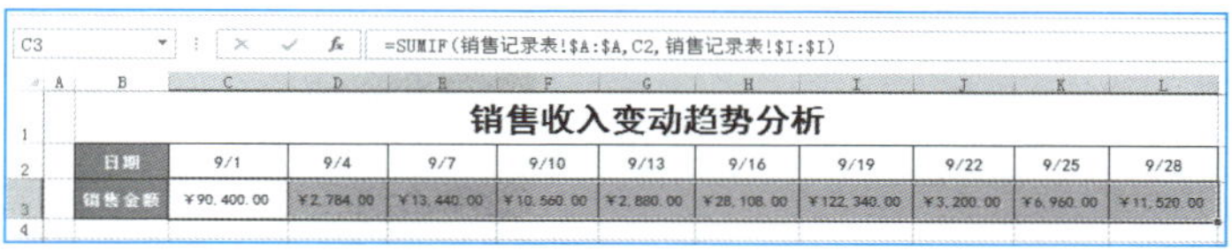

图15-13

步骤2：创建散点图

❶ 选中B2:L3单元格区域，切换到“插入”选项卡，在“图表”选项组单击“插入散点图或气泡图”按钮，在其下拉列表中选择“带平滑线和数据标记的

散点图”，如图15-14所示。

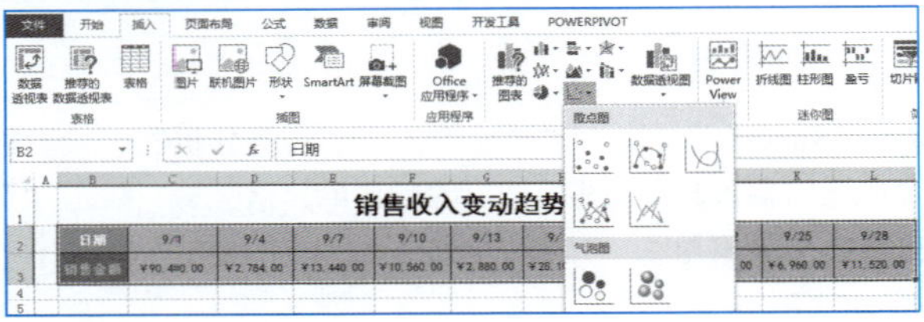

图15-14

❷ 返回工作表中，系统会根据当前选择的数据区域创建带平滑线和数据标记的散点图，如图15-15所示。

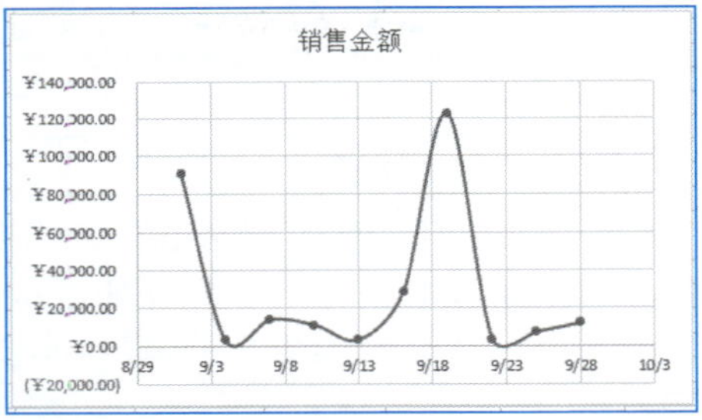

图15-15

步骤3：设置坐标轴格式

❶ 选中图表水平轴，单击鼠标右键，在右键菜单中选择“设置坐标轴格式”命令，如图15-16所示。

❷ 打开“设置坐标轴格式”窗格，设置最小值为“41883”，接着设置最大值为“41910”，设置主要刻度单位为“3”，单击“关闭”按钮，如图15-18所示。返回工作表中，系统会按设置的坐标轴格式显示横坐标轴，即最小值为9-1，最大值为9-28，刻度间距为“3天”，如图15-17所示。

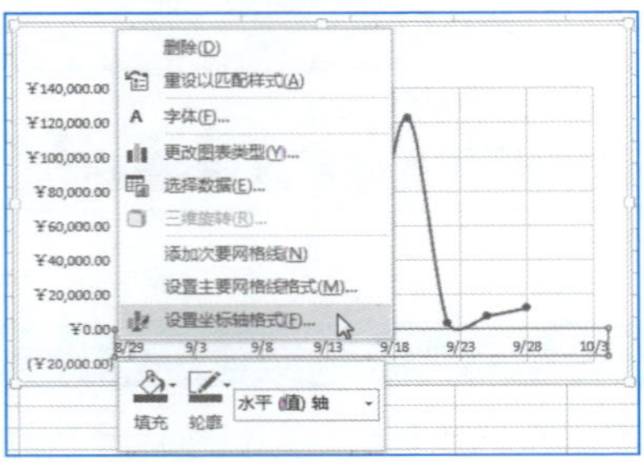

图15-16

图15-17

③ 选中图表，单击“图表样式”按钮，打开下拉列表，在“样式”栏下选择一种图表样式（单击即可应用），效果如图15-18所示。

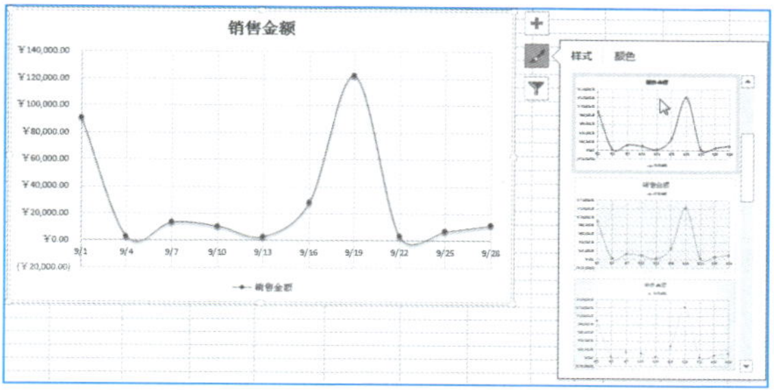

图15-18

提 示

系统默认建立的分类横坐标轴并不是按照表格中的日期显示的，此时需要对表格的横坐标轴进行更改。在“设置坐标轴”对话框中，日期是按数字格式显示的，所以先需要将日期转化为常规数值，方法很简单，在单元格中输入“2015-91”，接着在“数字”选项卡单击“日期”文本框下拉按钮，在其下拉列表中选择“常规”，即可对日期进行转化，按同样的方法转化9-30为41910。

文件188　月销售收入总和分析

需要从多个角度来分析销售收入数据时，可以在工作表中创建多个数据透视表来显示不同角度的数据，如将不同品牌、不同客户和不同业务员的销售情况罗列在一张数据透视表中显示，可以更直观地对销售收入进行分析。

制作要点与设计效果图

- 创建数据透视表
- 插入切片器
- 建立数据透视表的链接
- 设置数据透视表样式

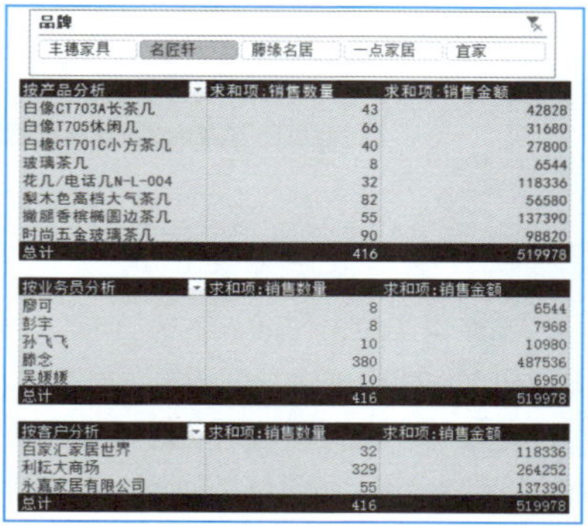

品牌

丰穗家具　名匠轩　藤缘名居　一点家居　宜家

按产品分析	求和项:销售数量	求和项:销售金额
白像CT703A长茶几	43	42828
白像T705休闲几	66	31680
白橡CT701C小方茶几	40	27800
玻璃茶几	8	6544
花几/电话几N-L-004	32	118336
梨木色高档大气茶几	82	56580
撇腿香槟椭圆边茶几	55	137390
时尚五金玻璃茶几	90	98820
总计	416	519978

按业务员分析	求和项:销售数量	求和项:销售金额
廖可	8	6544
彭宇	8	7968
孙飞飞	10	10980
滕念	380	487536
吴媛媛	10	6950
总计	416	519978

按客户分析	求和项:销售数量	求和项:销售金额
百家汇家居世界	32	118336
利耘大商场	329	264252
永嘉家居有限公司	55	137390
总计	416	519978

文件设计过程

步骤1：创建数据透视表

❶ 打开“销售记录表”，切换到“插入”选项卡，在“表格”选项组单击“数据透视表”按钮，如图15-19所示。

❷ 打开“创建数据透视表”对话框，设置“表/区域”为“销售记录表!$A$2:$K$52”，在“选择放置数据透视表的位置”列表中选中“新工作表”单选项，如图15-20所示。

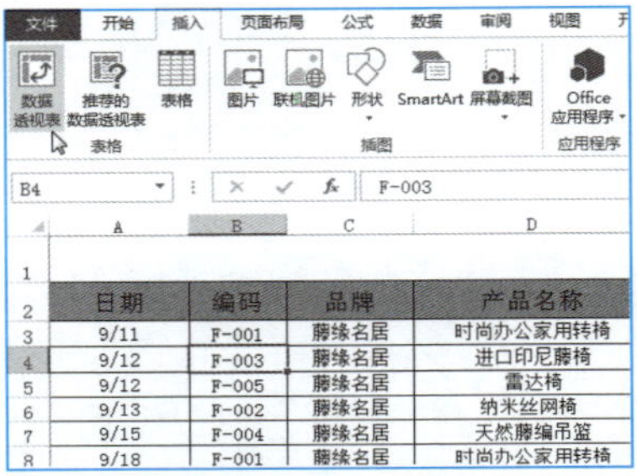

图15-19

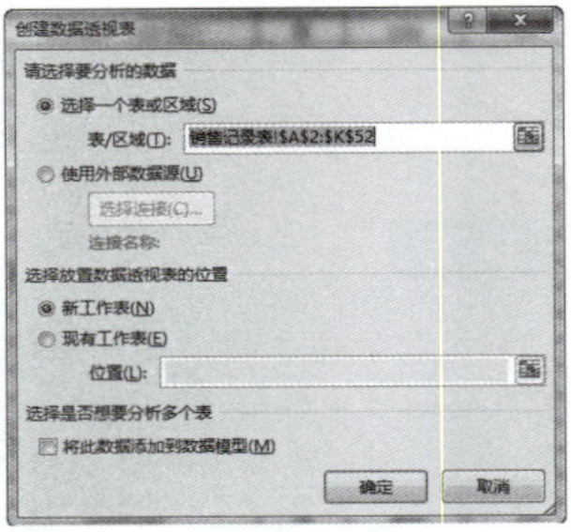

图15-20

❸ 在创建的数据透视表中，将“产品名称”拖动到“行”标签，将“销售数量”和“销售金额”拖动到“值”标签，如图15-21所示。

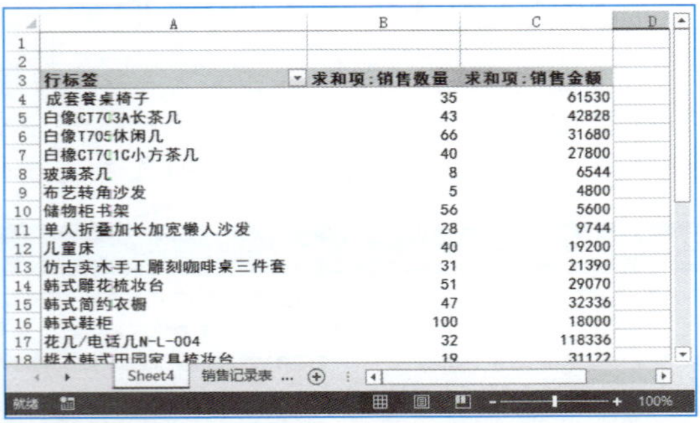

图15-21

步骤2：添加数据透视表

❶ 再次单击“插入”选项卡中“表格”选项组的“数据透视表”按钮，在Sheet4工作表中创建一个新的数据透视表，如图15-22所示。

❷ 将“业务员”拖动到“行”标签，将“销售数量”和“销售金额”拖动到“值”标签，如图15-23所示。

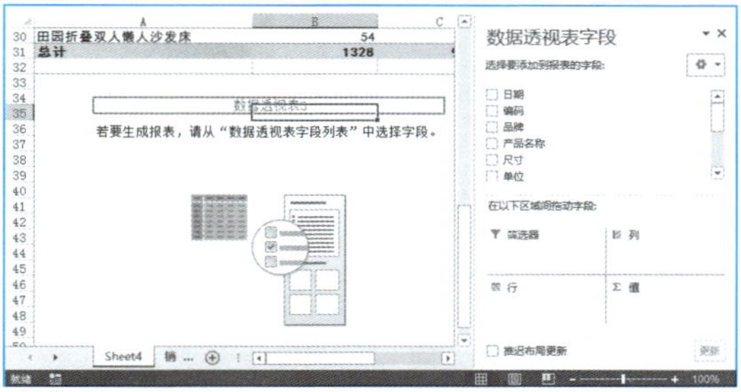

图15-22

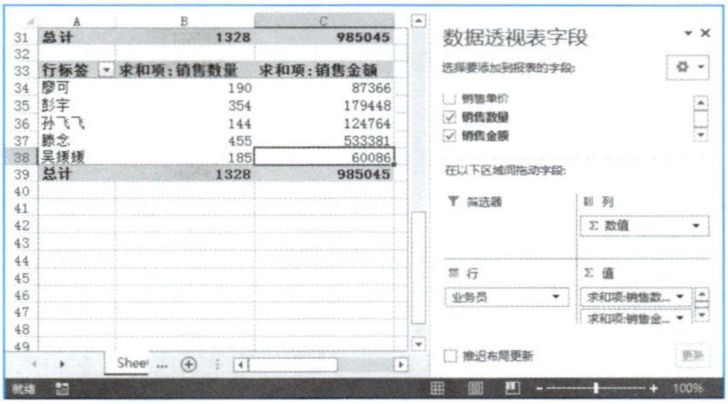

图15-23

3 按照相同的方法在工作表中添加一个新的数据透视表，将“客户”拖动到“行”标签，将“销售数量”和“销售金额”拖动到“值”标签，如图15-24所示。

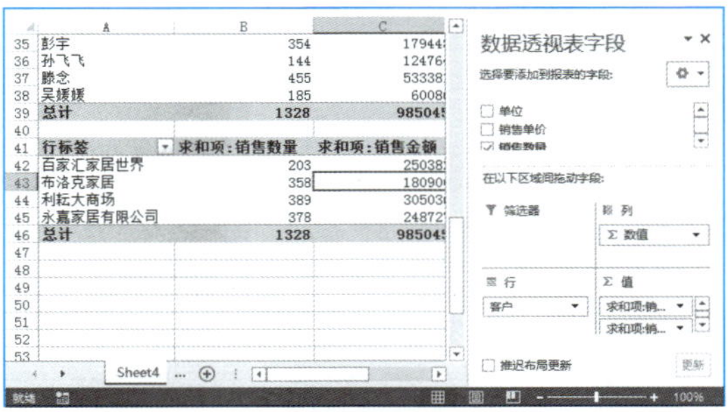

图15-24

提 示

当创建第二、三个数据透视表时，打开“创建数据透视”对话框时，“表/区域”文本框为空白，需要在“销售记录表”中选中 A2:K52单元格区域，并且需要设置当前工作表中数据透视表放置的位置。

步骤3：添加“切片器

❶ 单击数据透视中的“行标签”单元格，分别将3个数据透视表中的行标签更改为“按产品分析”、“按业务员分析”和“按客户分析，如图15-25所示。

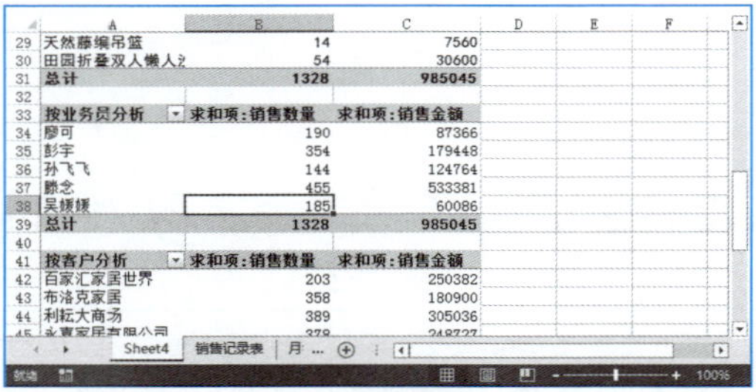

图15-25

❷ 单击“按产品分析”数据透视表中任意单元格，切换在“数据透视表工具”→“分析”选项卡，在“筛选”选项组单击“插入切片器”按钮，在其下拉列表中选择“插入切片器”选项，如图15-26所示。

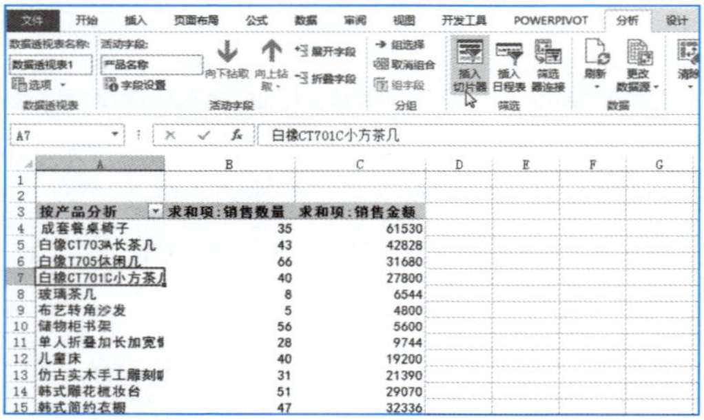

图15-26

❸ 打开“插入切片器”对话框，选中“品牌”字段复选框，单击“确定”按钮（如图15-27所示）。即可将“品牌”字段作为切片器插入到工作表中，如图15-28所示。

图15-27

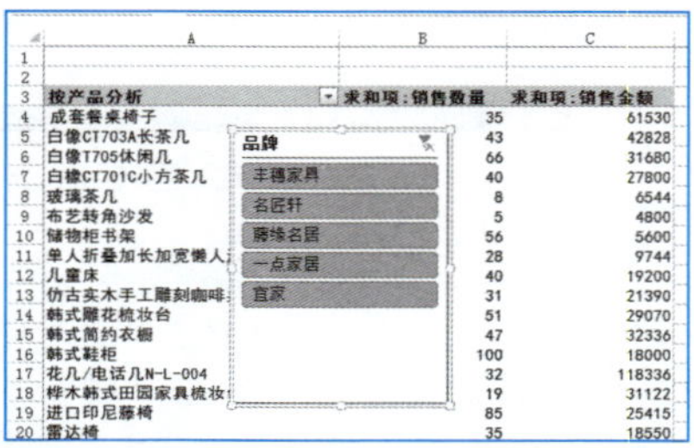

图15-28

步骤4：设置切片器

❶ 选中"切片器"切换到"选项"选项卡，在"按钮"选项组的"列"文本框中输入"5"，接着设置高度为"0.5里面"，设置宽度为"2.5"厘米，如图15-29所示。

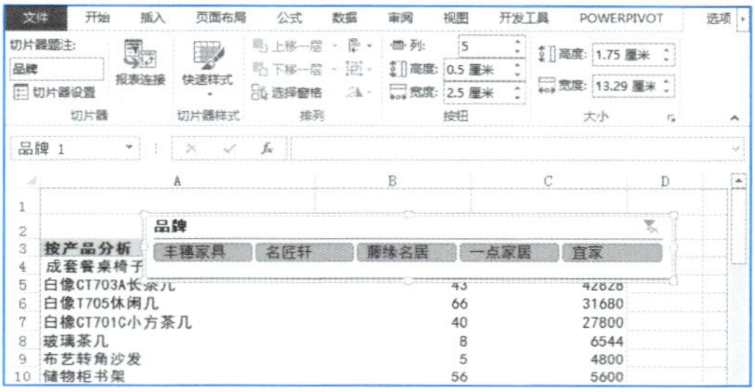

图15–29

❷ 接着在"切片器"选项组单击"报表连接"按钮（如图15-30所示），打开"数据透视表连接（品牌）"对话框，选中要建立连接的数据透视表，单击"确定"按钮，如图15-31所示。

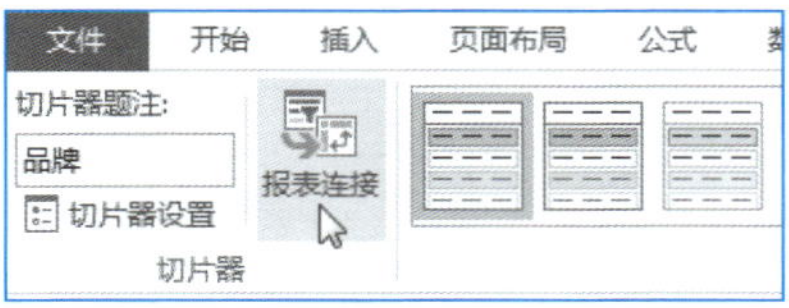

图15–30

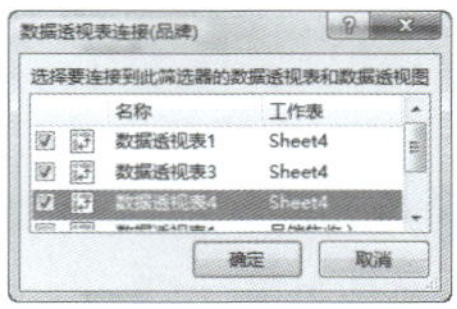

图15–31

❸ 在"切片器"中单击"一点家居"按钮，此时所有的数据透视表中只显示品牌为"一点家居"的数据统计结果，如图15-32所示。

❹ 在"切片器"中单击"名匠轩"按钮，则系统会自动更正所有的数据透视表中只显示出品牌为"名匠轩"的数据统计结果，如图15-33所示。

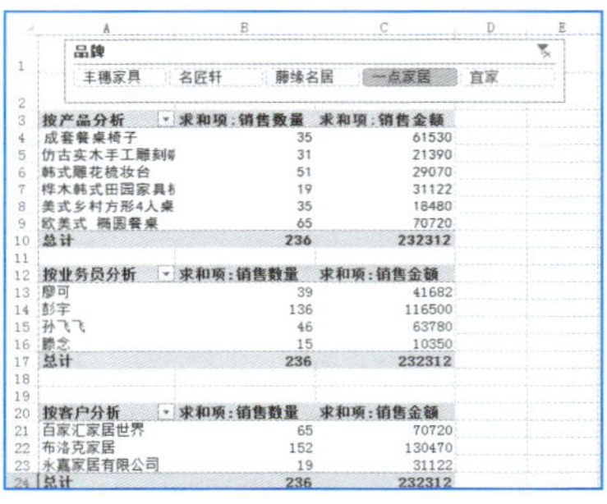

图15–32

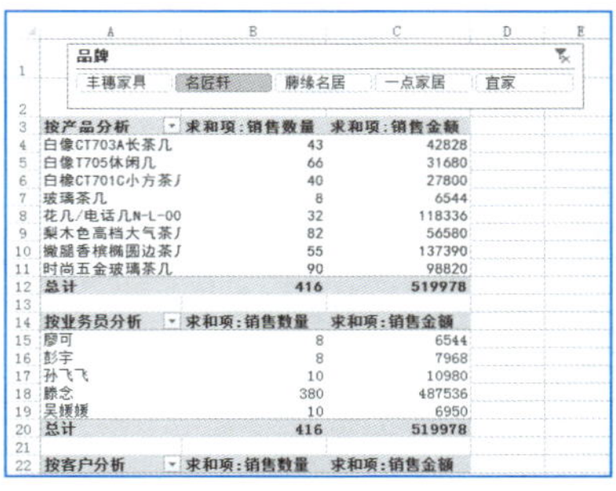

图15–33

步骤5：美化切片器和数据透视表

❶ 选中切片器，切换到“选项”选项卡，在“切片器样式”选项组单击▾按钮，在下拉列表中选择一种切片器样式，如图15-34所示。

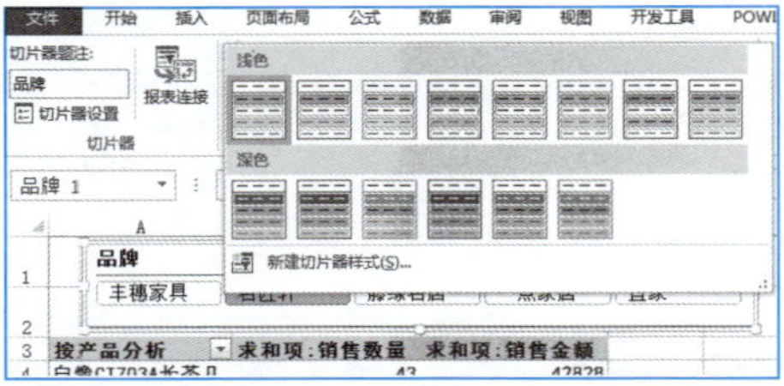

图15-34

❷ 为切片器选择适合的样式后，系统会自动设置切片器的样式，此时选中的按钮显示为深绿色，未选中的按钮显示为灰色，如图15-35所示。

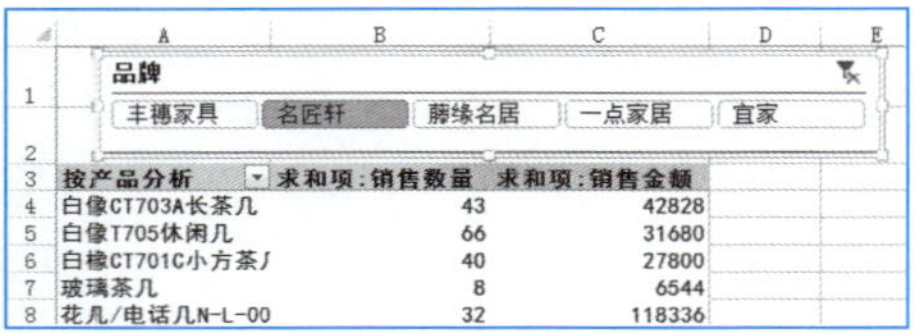

图15-35

❸ 按Ctrl键依次选中数据透视表，切换到“设计”选项卡，在“数据表格样式”选项组单击▾按钮，在下拉列表中选择一种数据透视表样式，如图15-36所示。

❹ 系统会依次为三个数据透视表应用选中的数据透视表样式，至此，月销售收入综合分析数据透视表基本制作完成，如图15-37所示。

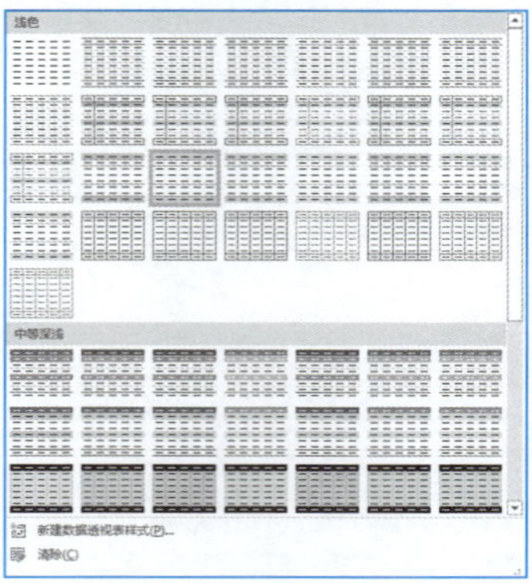

图15-36

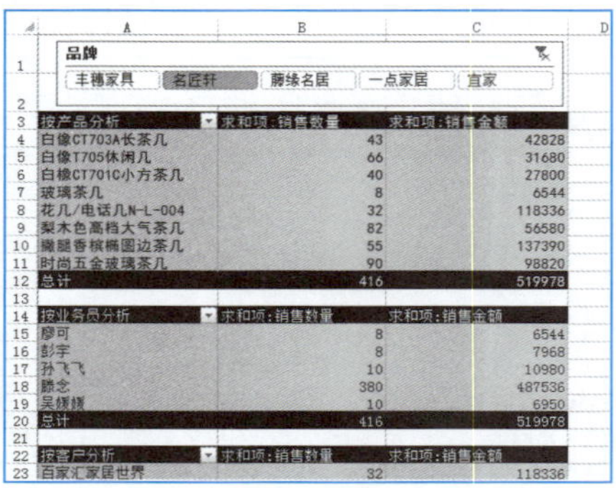

图15-37

文件189　月销售收入结构图表分析

通过创建数据透视表可以很好地分析月销售收入，但图表始终比数据来的更直观，更具有说服力。用户可以在数据透视表中为不同的分析数据透视表创建图表，更直观地将分析的结果显示出来。

制作要点与设计效果图

- 删除数据透视表中的字段
- 创建数据透视图
- 添加百分比数据标签

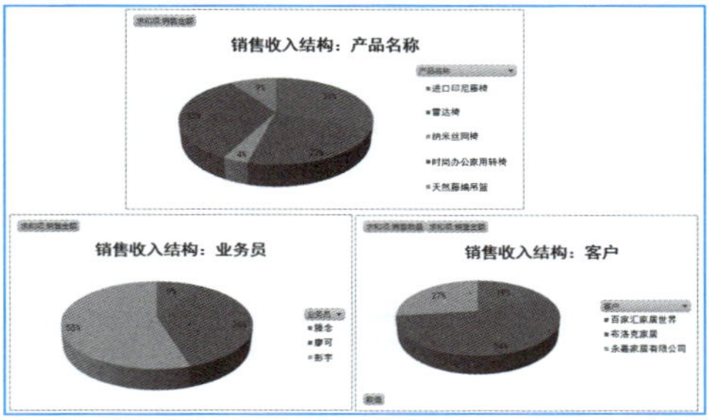

文件设计过程

步骤1：创建数据透视图

❶ 选中“按产品分析”数据透视表，在“数据透视表字段列表”窗格中取消选中“销售数量”字段，按同样的方法删除其他两个数据透视表中的“销售数量”字段，如图15-38所示。

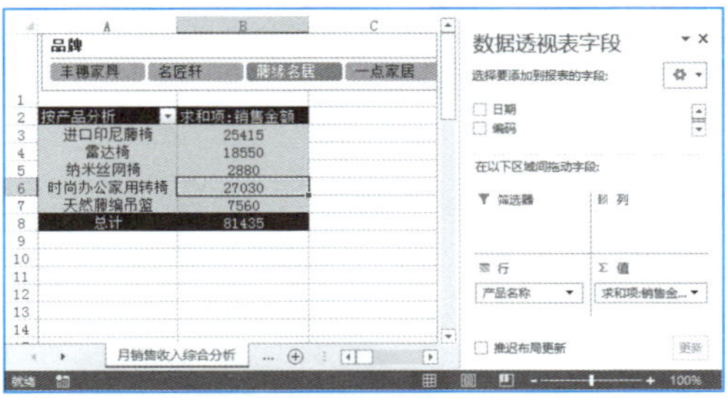

图15-38

❷ 单击“按产品分析”数据透视表中任意单元格，切换到“插入”选项卡，在“图表”选项组单击“插入饼图”按钮，在其下拉列表中选择“三维饼图”图表类型，如图15-39所示。

❸ 系统会以当前选中的数据透视表为数据源，创建一个数据透视图，将数据透视图中标题更改为“销售收入结构：产品名称”，如图15-40所示。

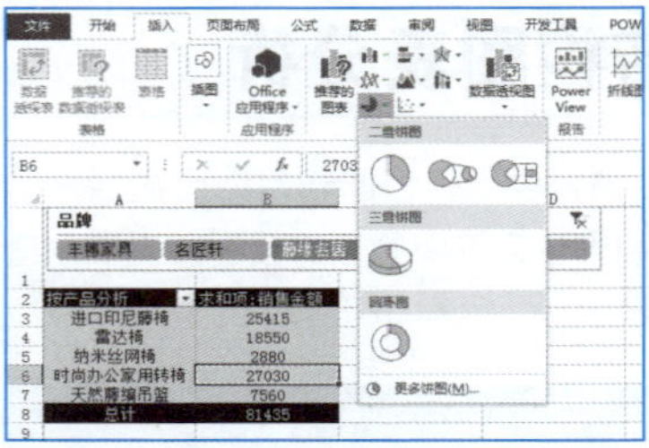

图15-39

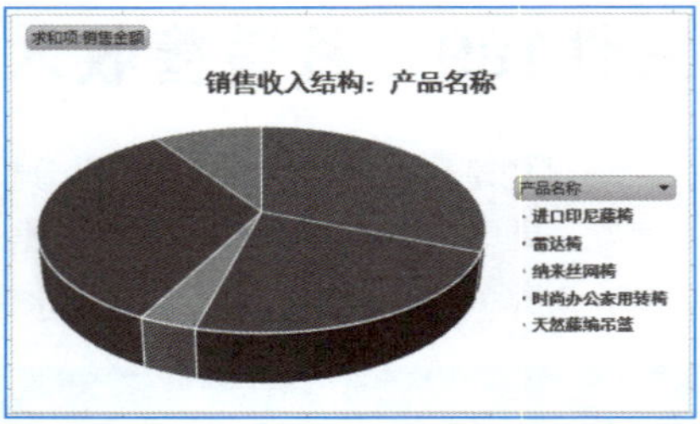

图15-40

步骤2：添加百分比数据系列格式

❶ 选中图表，单击“图表元素”按钮，打开下拉菜单，单击“数据标签”右侧按钮，在子菜单中单击“更多选项”（如图15-41所示），打开“设置数据标签格式”窗格。

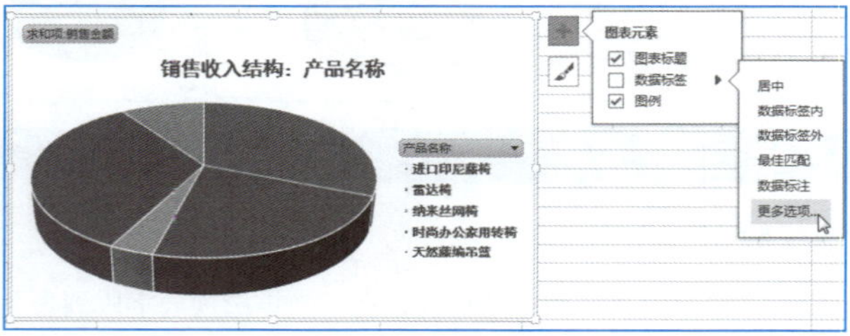

图15-41

❷ 在“标签选项”栏下选中要显示标签前的复选框，如图15-42所示，这里选中“百分比”，效果如图15-43所示。系统会为图表添加百分比数据标签，按照相同的方法为其余两个数据透视表创建数据透视图，并分别为其设置百分比数据标签格式。

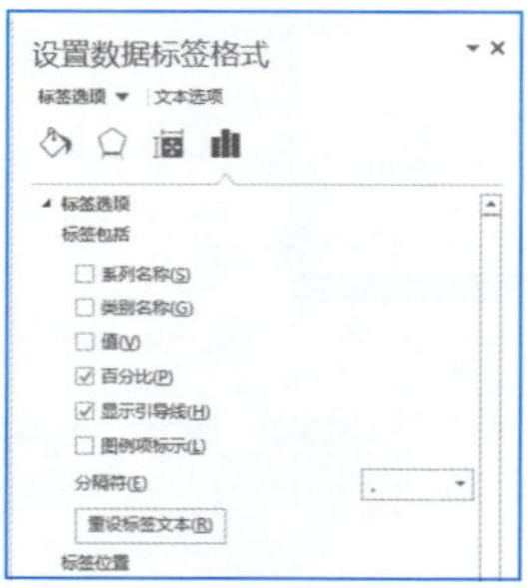

图15-42

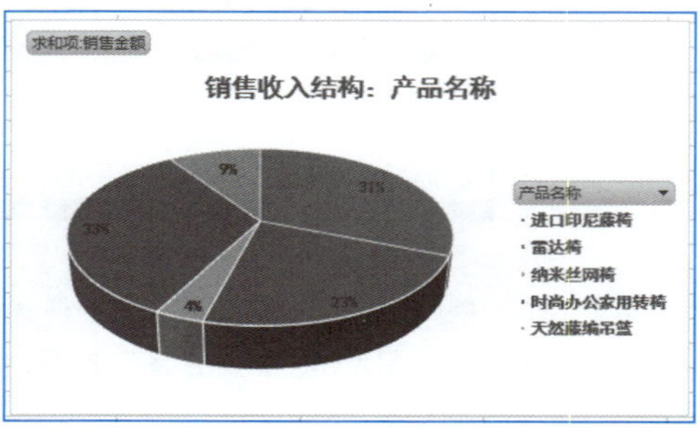

图15-43

❸ 按照相同的方法可以设置业务员和客户的销售收入结构。

文件190　企业年收入比较表

企业除了主营业务收入外，还可能包括利息收入、佣金收入、租赁收入、等其他收入项目。根据企业的各项收入，在Excel中可以使用柱形图比较不同类型的收入，还可以使用饼图来分析各收入占总额的比例。

制作要点与设计效果图

- 升序排列
- 创建三维柱形图
- 隐藏网格线和坐标轴

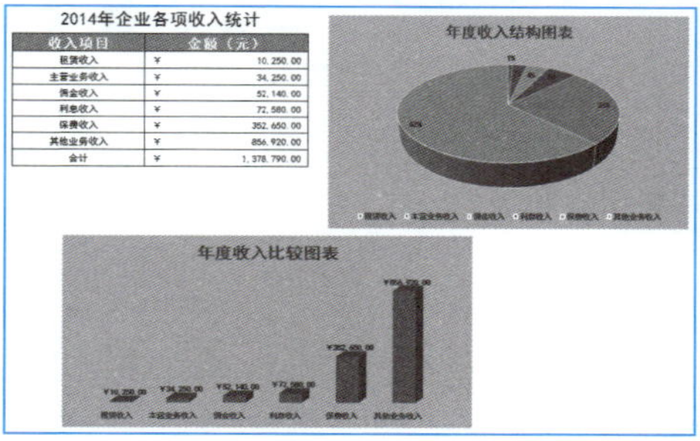

文件设计过程

步骤1：创建柱形图

❶ 打开“企业年收入比较图表”工作表，选中B3:B9单元格区域任意单元格，切换到“数据”选项卡在“排序和筛选”选项组单击“升序”按钮，如图15-44所示。

❷ 返回工作表中，系统会对B3:B9单元格数据按升序排列，选中A2:B8单元格，切换到“插入”选项卡，在“图表”选项组单击“插入柱形图”按钮，在其下拉列表中选择“三维簇状柱形图”图表类型，如图15-45所示。

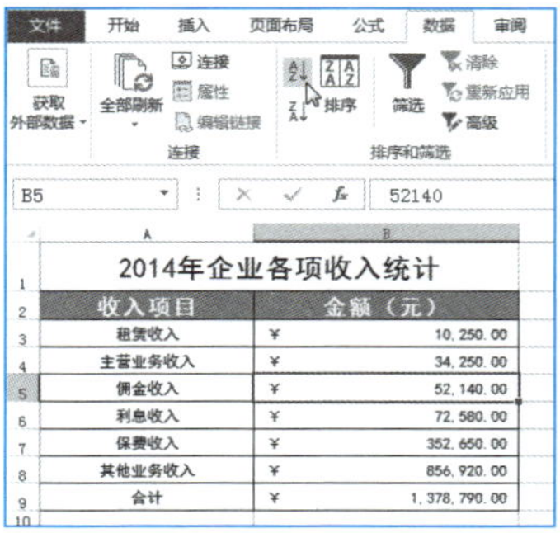

图15-44

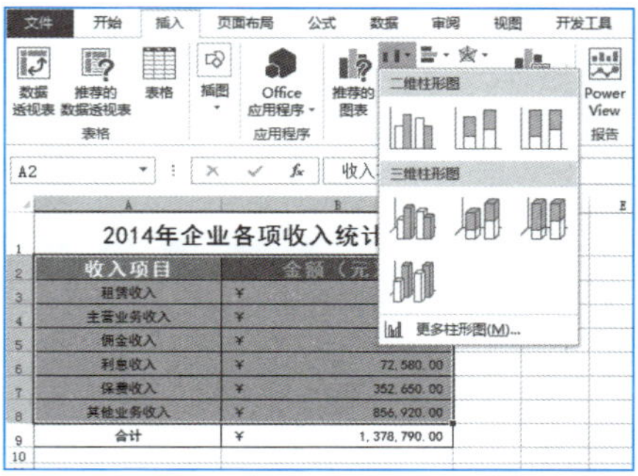

图15-45

步骤2：隐藏网格线

选中图表，单击“图表元素”按钮，打开下拉菜单，取消“网络线”复选框选中，即可看到系统将图表中的网格线隐藏起来，如图15-46所示。

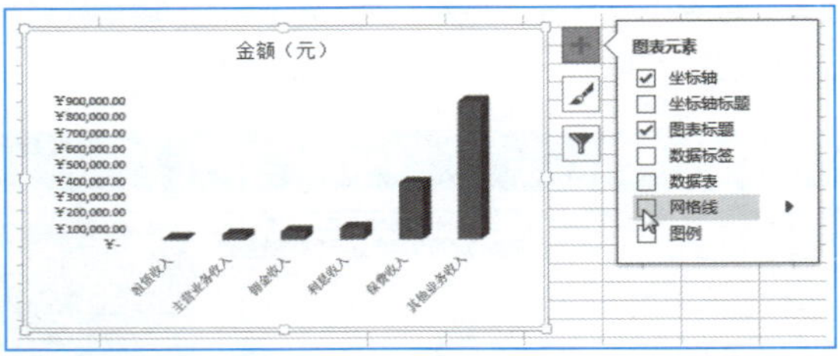

图15-46

步骤3：添加数据标签

❶ 选中图表，单击“图表元素”按钮，打开下拉菜单，选中“数据标签”复选框，系统会将数据源中的数据显示在数据系列上，如图15-47所示。

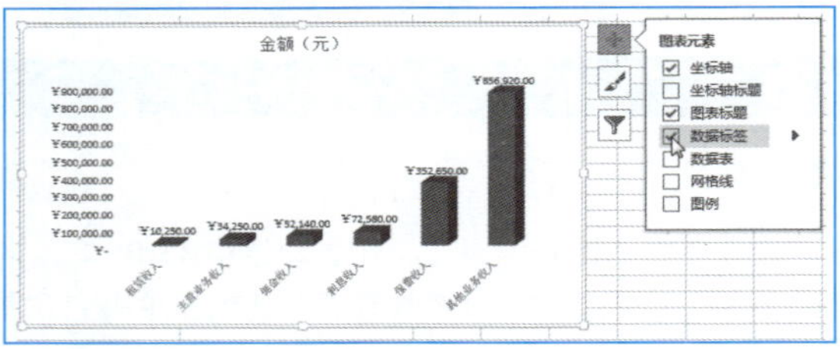

图15-47

❷ 选中图表，单击“图表元素”按钮，打开下拉菜单，单击“坐标轴标题”右侧按钮，在子菜单中取消“主要纵坐标轴”复选框的选中状态，如图15-48所示。

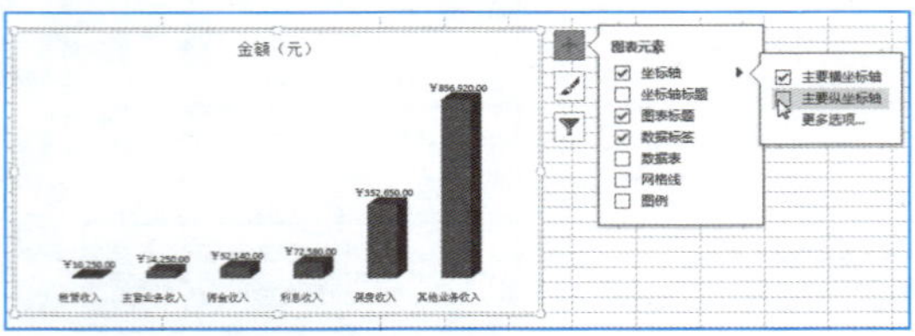

图15-48

❸ 返回工作表中，即可看到图表中显示数据标签以及隐藏主要纵坐标轴后的效果，将图表标题更改为“年度收入比较图表”。选中图表，单击“格式”选项卡，在“形状样式”选项组单击“形状填充”按钮，为图表设置背景填充效

果，如图15-49所示。

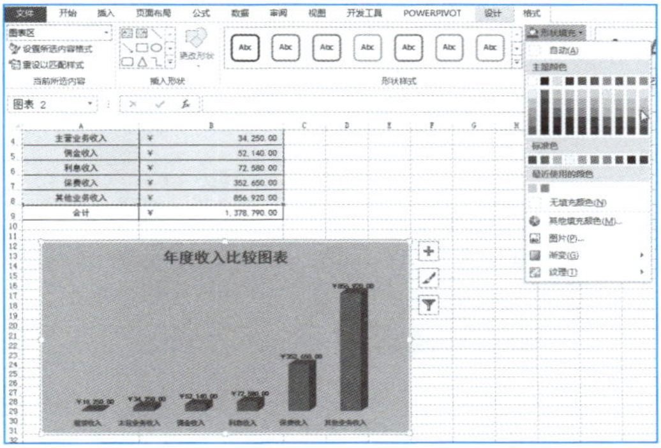

图15-49

步骤4：创建饼图

❶ 选中A2:B8单元格，切换到“插入”选项卡，在“图表”选项组单击“插入饼图”下拉按钮，在其下拉列表中选择“三维饼图”图表类型，如图15-50所示。

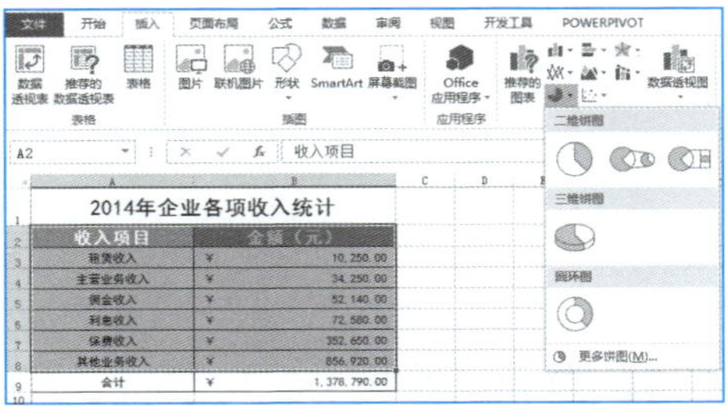

图15-50

❷ 返回工作表中，系统会为数据源创建饼图，将图表标题更改为“年度收入结构图表”，如图15-51所示。

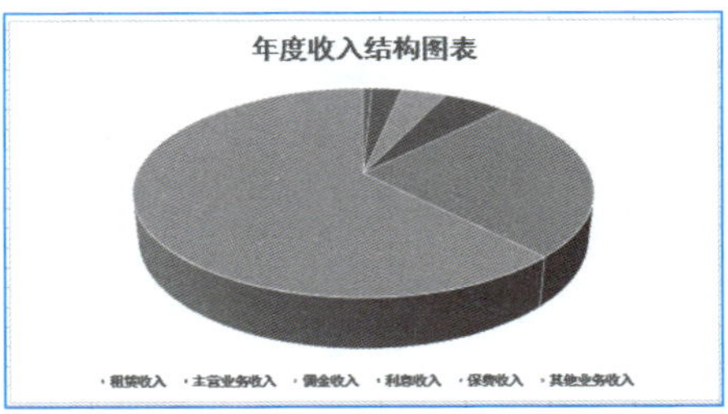

图15-51

步骤5：添加数据标签

❶ 选中图表，单击“图表元素”按钮，打开下拉菜单，单击“数据标签”右侧按钮，在子菜单中单击“更多选项”（如图15-52所示），打开“设置数据标签格式”窗格。

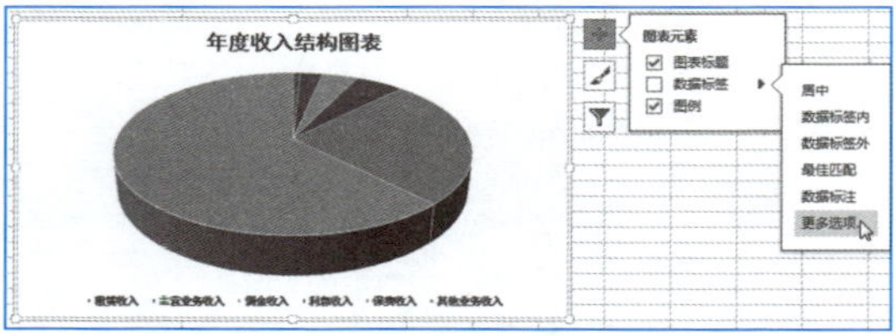

图15-52

❷ 在“标签选项”栏下选中要显示标签前的复选框，如图15-53所示，这里选中“百分比”。返回工作表中，则图表中只显示百分比数据标签，接着在“格式”选项卡为图表设置填充效果为橙色，完成表格的最终操作，如图15-54所示。

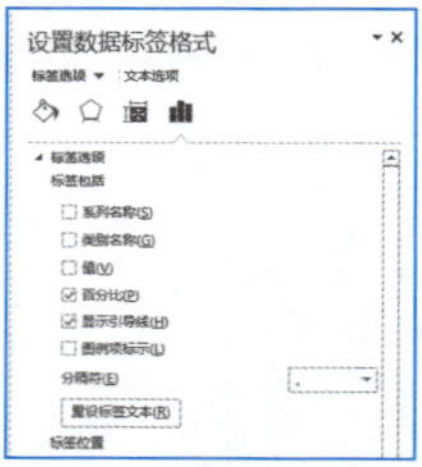

图15-53

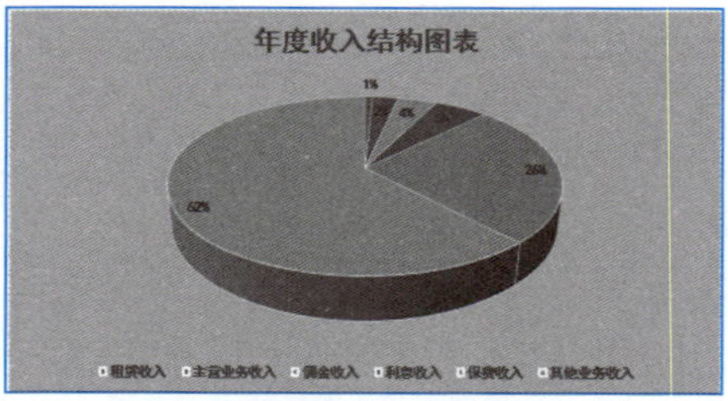

图15-54

文件191　各店面销售收入统计与分析

在Excel 中可以使用公式快速统计出各个店面的销售收入数据，然后使用图表对销售收入的结果进行分析。

制作要点与设计效果图

- SUMIF函数（参考函数96）
- 创建柱形图
- 设置坐标轴格式
- 应用图表样式

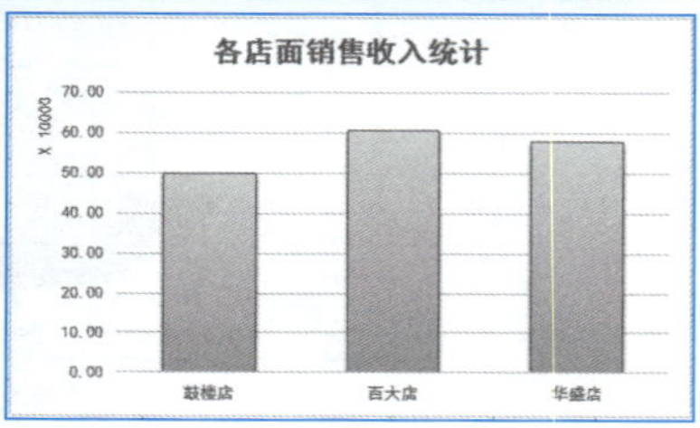

文件设计过程

步骤1：创建表格

❶ 在工作表中创建“各店面销售收入统计与分析”表格，如图15-55所示。

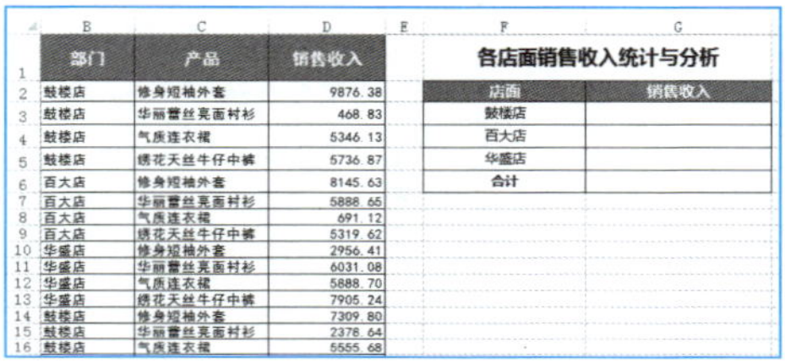

图15-55

❷ 在单元格G3中输入公式：“=SUMIF($B$2:$B$342,F3,$D$2:$D$342)”，按回车键，向下复制公式至单元格G5，如图15-56所示。

❸ 在单元格G6中 输入公式：“=SUM(G3:G5)”，按回车键，计算各店面该月的销售收入合计，如图15-57所示。

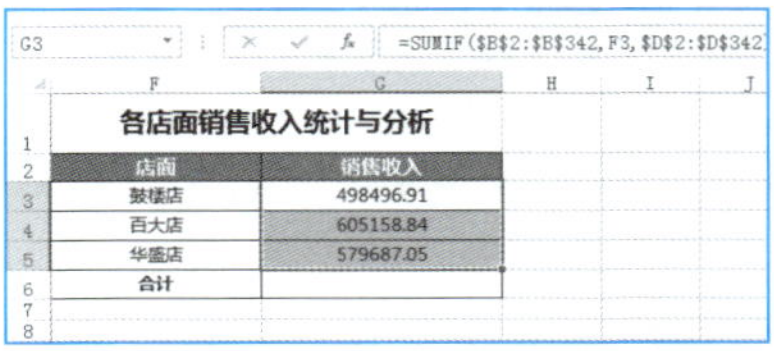

图15-56

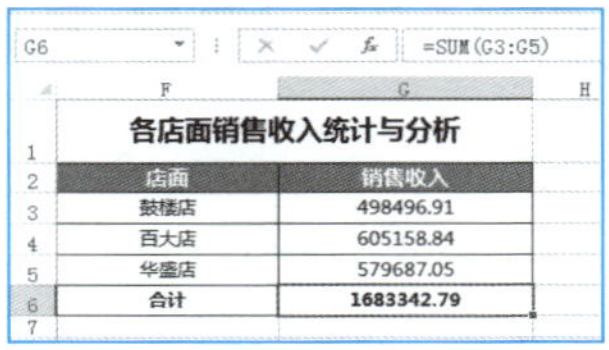

图15-57

步骤2：创建并设置柱形图

❶ 选择单元格F3：G5单元格区域，单击“插入”选项卡下“图表”选项组中“插入柱形图”按钮，在下拉列表中选择“簇状柱形图”子图表类型，如图15-58所示。

❷ 工作表中会显示默认效果的柱形图，如图15-59所示。

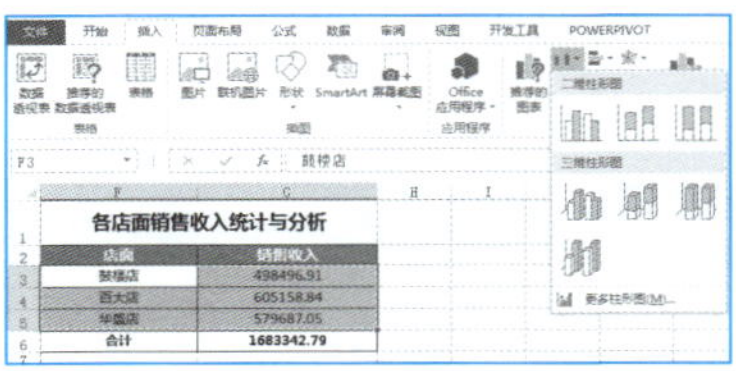

图15-58

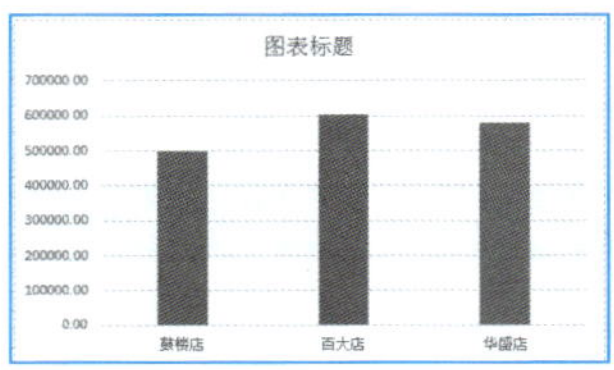

图15-59

步骤3：美化图表

❶ 将图表标题改为“各店面销售收入统计”，并双击图表中的纵坐标轴打开“设置坐标轴格式”窗格，单击“显示单位”下三角按钮，在下拉列表中选择

“10000”，如图15-60所示。

2 选中图表，单击“图表样式”按钮，打开下拉列表，在“样式”栏下选择一种图表样式（单击即可应用），效果如图15-61所示。

图15-60

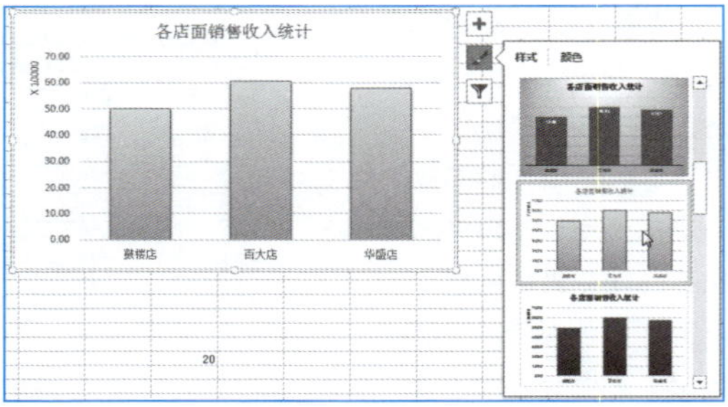

图15-61

文件192 统计各店面各产品销售收入

在Excel 中可以创建柱形图来分析各店面各产品销售收入情况，在创建图表之前，先使用SUMPRODUCT函数来进行多条件求和。

制作要点与设计效果图

- SUMPRODUCT函数（参考函数8、13）
- SUM函数（参考函数3、7、16）
- 创建柱形图
- 设置坐标轴格式

各店面各产品销售收入

	修身短袖外套	华丽蕾丝莫面衬衫	气质连衣裙	绣花天丝牛仔中裤	合计
鼓楼店	121275. 3205	116567. 7352	140241. 9704	106898. 8043	484983. 83
百大店	138063. 1759	153407. 0909	126291. 2706	162256. 0756	580017. 61
华盛店	110239. 2092	155700. 1853	156019. 7991	136072. 1228	558031. 32
合计	369577. 7055	425675. 0114	422553. 0402	405227. 0028	1623032. 8

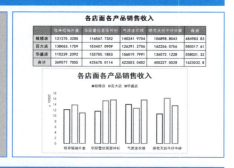

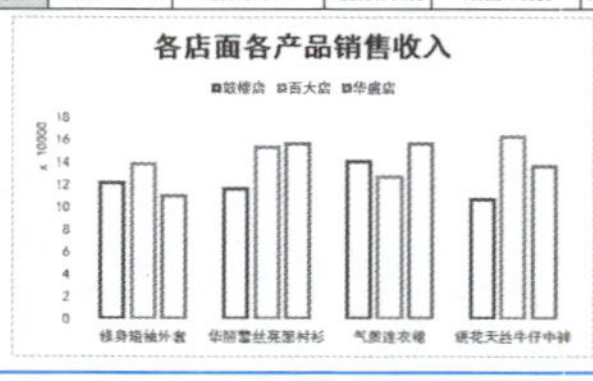

文件设计过程

步骤1：创建图表

在“销售收入数据”工作表中创建表格，如图15-62所示。

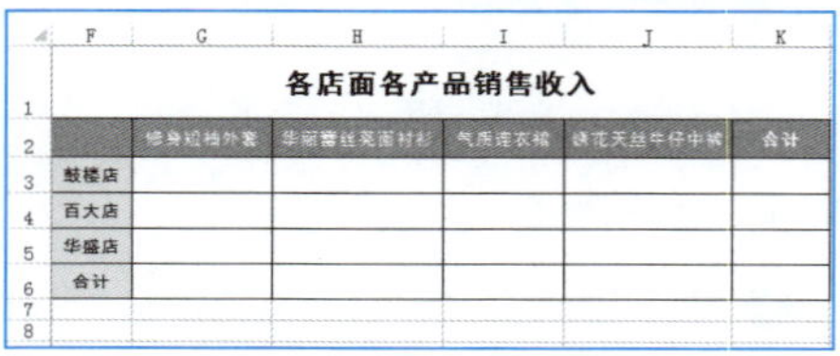

图15-62

步骤2：设置公式统计销售收入

1 在G3单元格中输入公式："=SUMPRODUCT((B2:B330=F3)*(C2:C330=G2)*(D2:D330))"，按回车键，单元格中会显示"鼓楼店"该月所有"修身短袖外套"的销售收入，如图15-63所示。

2 将G3单元格中的公式更改为："=SUMPRODUCT(($B$2:$B$330=$F3)*($C$2:$C$330=G$2)*($D$2:$D$330))"，向右填充至J3单元格，再向下拖动填充至J5单元格，如图15-64所示。

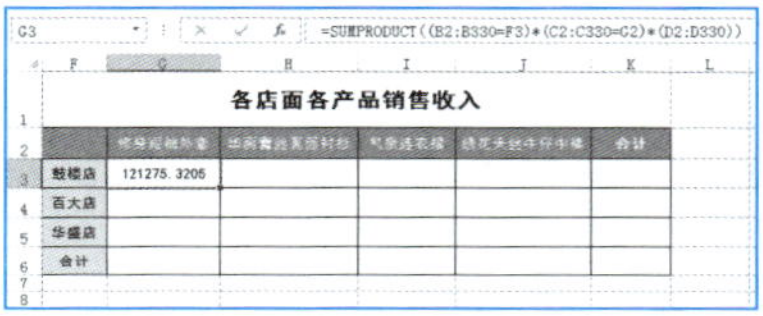

图15-63

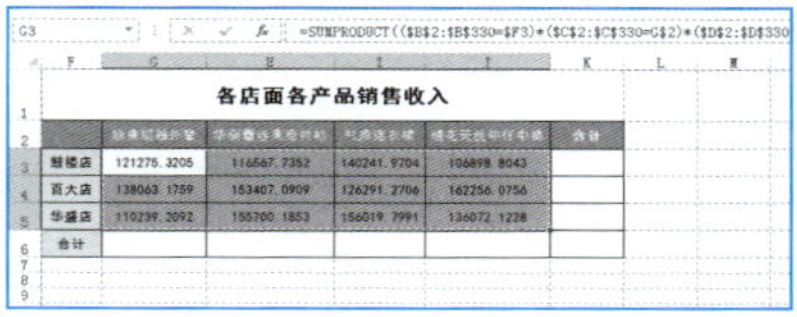

图15-64

3 在G6单元格中输入公式："=SUM(G3:G5)"，按回车键，向右复制公式至J6单元格，在K3单元格中输入公式："=SUM(G3:J3)"，然后向下复制公式至K6单元格，如图15-65和图15-66所示。

图15-65

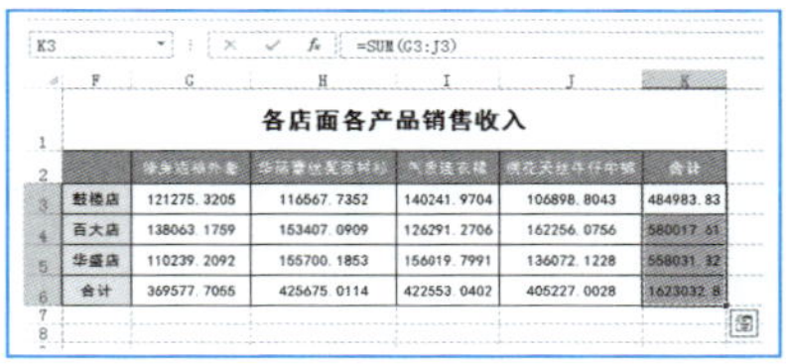

图15-66

步骤3：创建图表

1 选择F2:J5单元格区域，单击"插入"选项卡下"图表"选项组中"插入柱形图"按钮，在下拉菜单中单击"簇状柱形图"子类型，如图15-67所示。

2 此时工作表中会自动创建默认的柱形图，如图15-68所示。

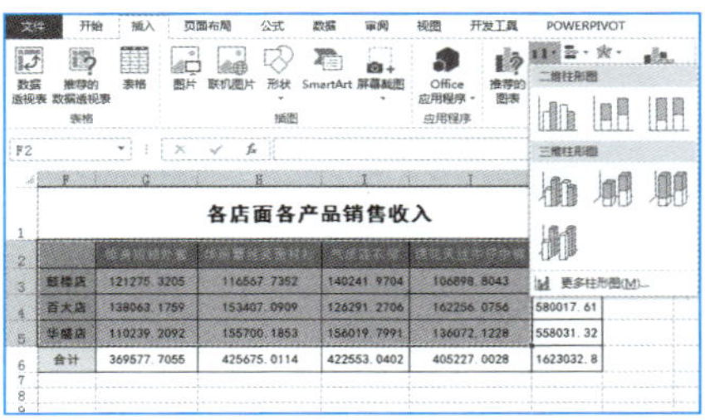

图15-67

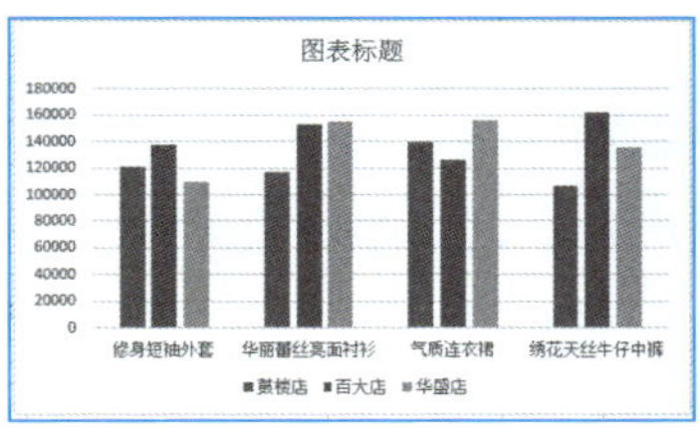

图15-68

步骤4：美化图表

❶ 将图表标题改为“各店面各产品销售收入”，并双击图表中的纵坐标轴打开“设置坐标轴格式”窗格，单击“显示单位”下三角按钮，在下拉列表中选择“10000”，如图15-69所示。

❷ 选中图表，单击“图表样式”按钮，打开下拉列表，在“样式”栏下选择一种图表样式（单击即可应用），效果如图15-70所示。

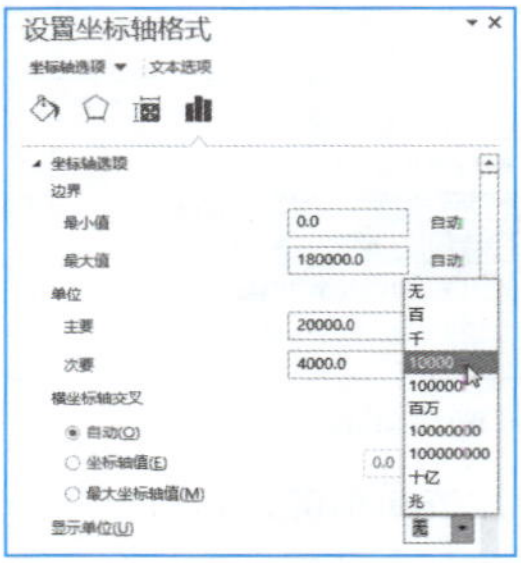

图15-69

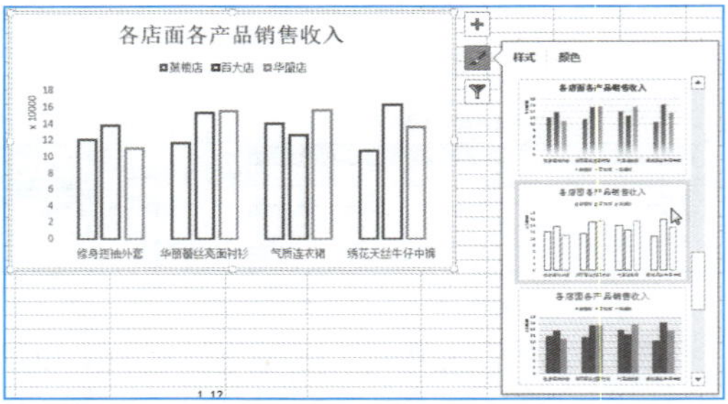

图15-70

文件193　各月销售收入及增长率分析

在Excel 中可以建立柱形图，并绘制增长率折线图来查看一年中销售收入增长率的变化趋势。

制作要点与设计效果图

- 创柱形图
- 添加数据系列
- 设置数据系列格式
- 更改系列图表类型

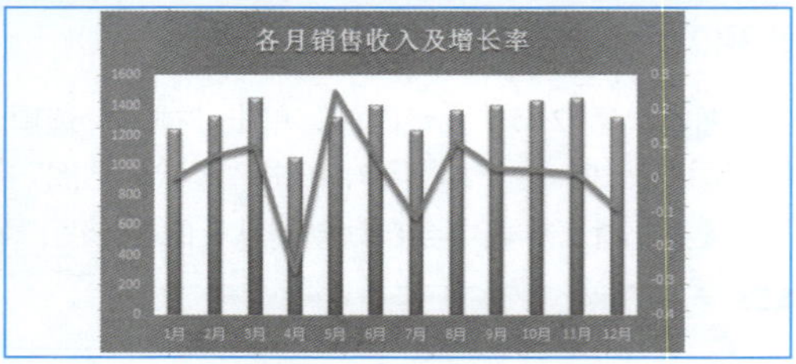

文件设计过程

步骤1：创建图表

❶ 在C2单元格中输入0，接着在C3单元格中输入公式：“=（B3-B2）/B2”，向下复制公式至C13单元格，计算出销售收入增长率，如图15-71所示。

❷ 选择A2:B13单元格区域，单击“插入”选项卡下“图表”选项组中的

“插入柱形图”按钮，在下拉列表中选择“簇状柱形图”子图表类型，如图15-72所示。

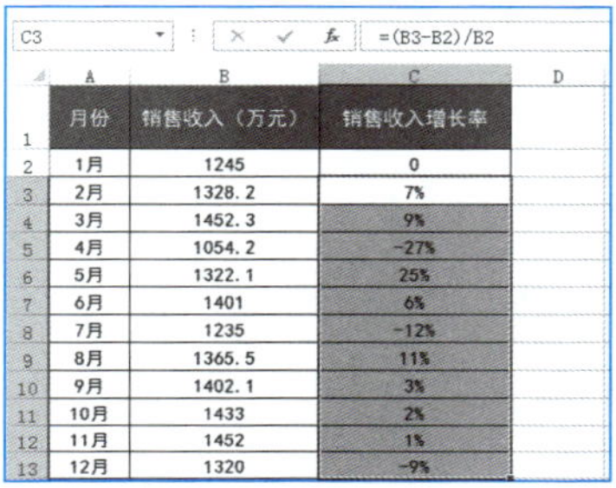

月份	销售收入（万元）	销售收入增长率
1月	1245	0
2月	1328.2	7%
3月	1452.3	9%
4月	1054.2	-27%
5月	1322.1	25%
6月	1401	6%
7月	1235	-12%
8月	1365.5	11%
9月	1402.1	3%
10月	1433	2%
11月	1452	1%
12月	1320	-9%

图15-71

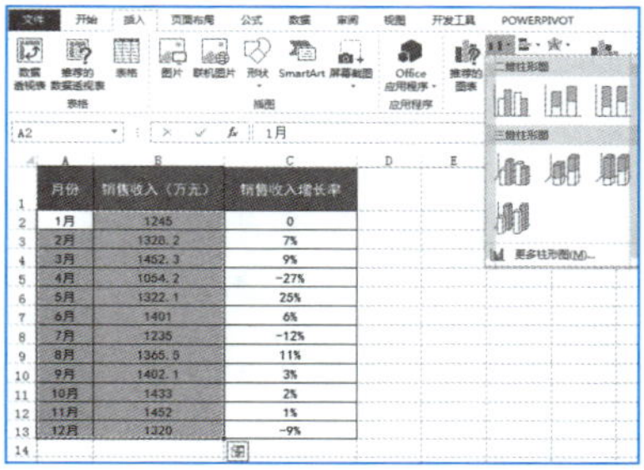

图15-72

❸ 返回工作表中，系统根据选中的数据源和图形样式在工作表中创建柱形图，如图15-73所示。

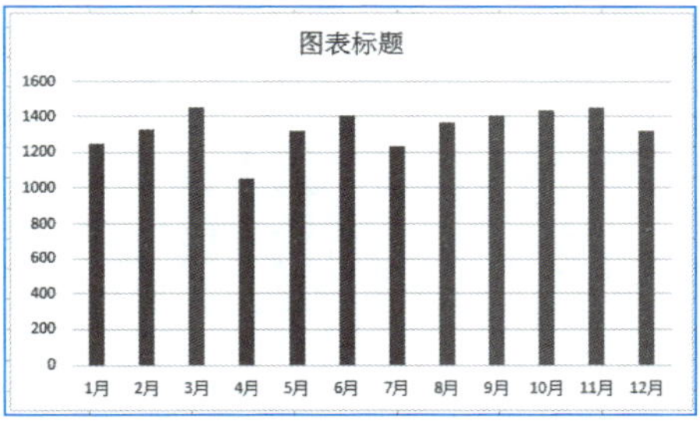

图15-73

步骤2：添加并设置数据系列

❶ 单击“设计”选项卡下“数据”选项组中“选择数据”按钮，打开“选择数据源”对话框，在对话框中单击“添加”按钮，如图15-74所示。

❷ 在“系列名称”框中输入“增长率”，单击“系列值”右侧的按钮选择C2:C13单元格区域，如图15-75所示。

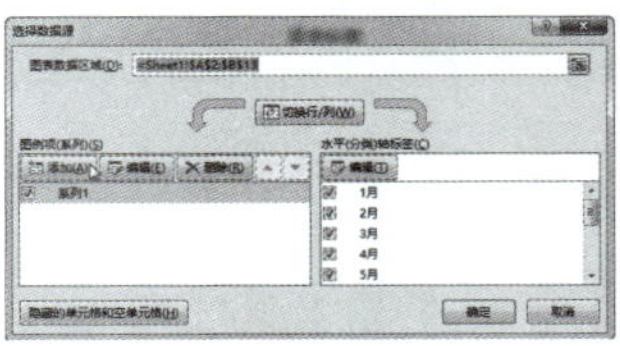

图15-74

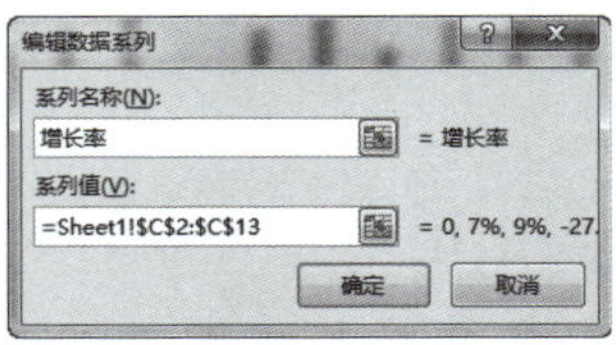

图15-75

❸ 返回“选择数据源”对话框中，在“水平（分类）轴标签”区域单击“编辑”按钮，打开“轴标签”对话框，设置“轴标签区域”为单元格区域

A2:A13，如图15-76所示。

4 连续两次单击“确定”按钮返回到工作表中，右键单击添加的数据系列，在弹出的菜单中选择“设置数据系列格式”命令，如图15-77所示。

图15-76

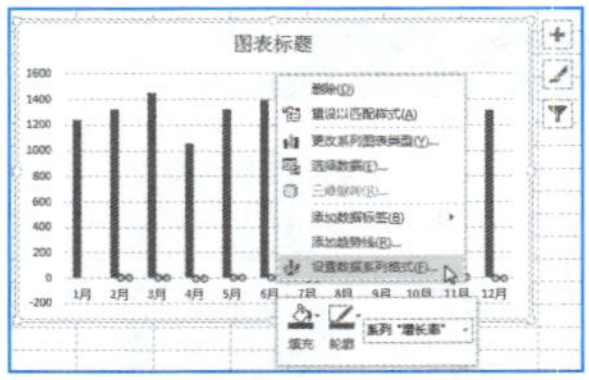

图15-77

5 在“设置数据系列格式”窗格中的“系列绘制在”区域中单击选中“次坐标轴”单选按钮，如图15-78所示。

6 右键单击“增长率”数据系列，在弹出的菜单中选择“更改系列图表类型”命令，如图15-79所示。

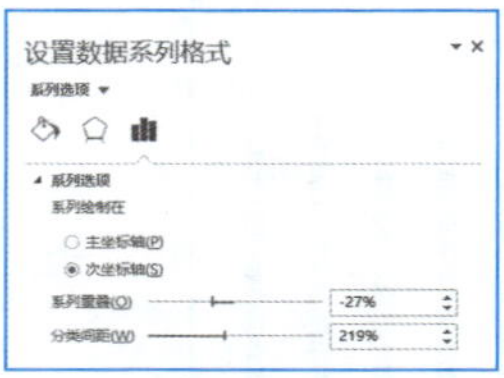

图15-78

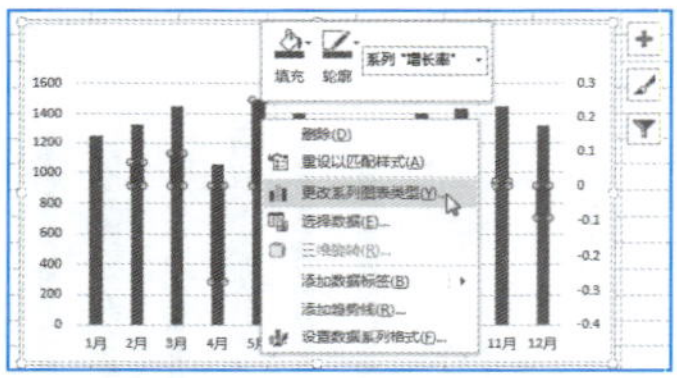

图15-79

7 打开“更改图表类型”对话框，在“为您的数据系列选择图表类型和轴”下单击“增长率”设置框下拉按钮，在下拉菜单中选择要更改的图表类型，如图15-80所示。

8 返回工作表中，此时可以看到“增长率”数据系列更改为折线图显示效果，并绘制在次坐标轴上。更改图表标题为“各月销售收入及增长率”，对图表区格式进行设置，可以在图表中比较各月销售收入的同时，也可以比较销售收入的增长率，如图15-81所示。

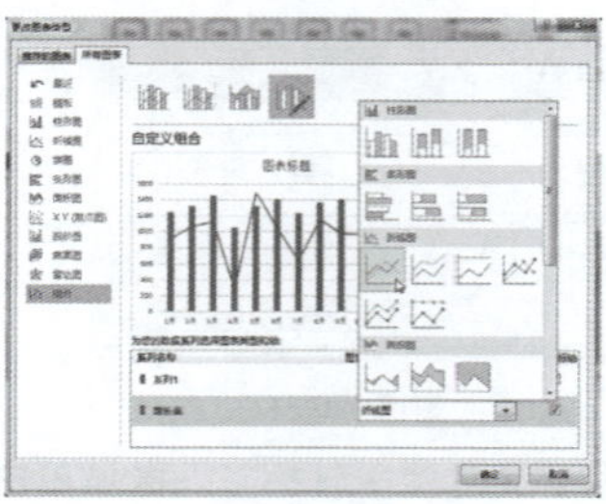

图15-80

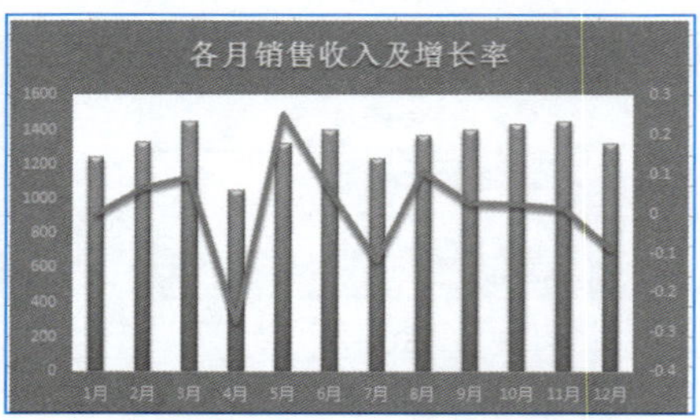

图15-81

文件194　销售收入同比分析

对不同年份的销售数进行同比分析，是指为了消除季节因素的影响，将本年度与上一年的同期销售收入进行比较，使用双坐标轴图表，在比较收入值的同时，比较同比增长率的变化。

制作要点与设计效果图

- 创建柱形图（参考文件191）
- 添加次坐标轴（参考文件155）
- 创建混合图表（参考文件155）

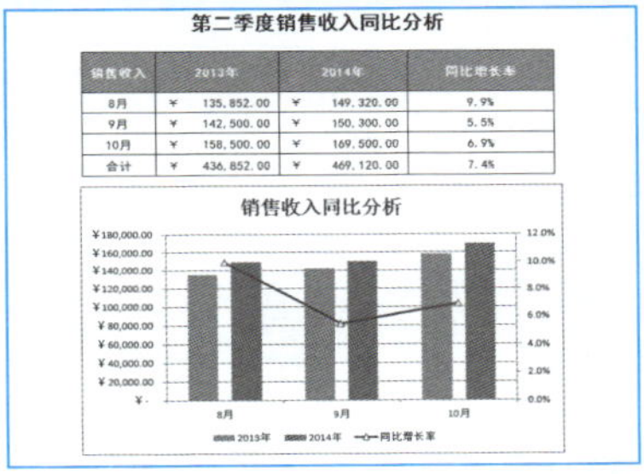
第二季度销售收入同比分析

销售收入	2013年	2014年	同比增长率
8月	¥ 135,852.00	¥ 149,320.00	9.9%
9月	¥ 142,500.00	¥ 150,300.00	5.5%
10月	¥ 158,500.00	¥ 169,500.00	6.9%
合计	¥ 436,852.00	¥ 469,120.00	7.4%

文件195　销售收入与销售费用对比分析

销售费用是在销售过程中所支出的项目，通过对销售收入与销售费用进行对比分析，可以查看销售收入与费用之间是否存在相关性，在Excel工作表中可以使用折线图来进行分析查看。

制作要点与设计效果图

- SUM函数（参考函数3、7、16）
- 创建带数据点折线图（参考文件127）
- 添加次坐标轴（参考文件155）

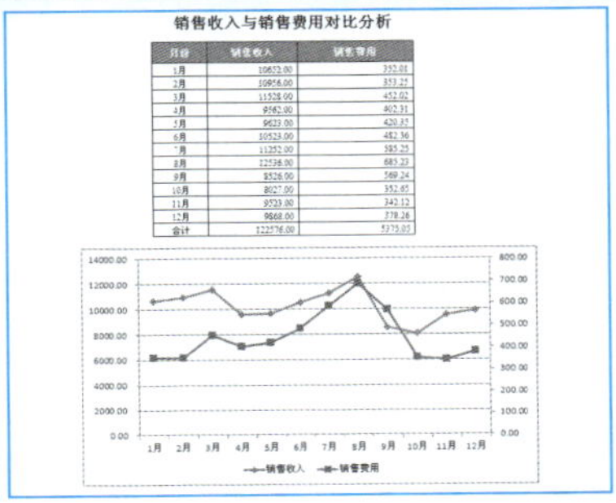
销售收入与销售费用对比分析

月份	销售收入	销售费用
1月	10652.00	352.01
2月	10956.00	353.25
3月	11528.00	452.02
4月	9562.00	402.31
5月	9623.00	420.35
6月	10523.00	482.36
7月	11252.00	585.25
8月	12536.00	685.23
9月	8526.00	569.24
10月	8027.00	352.65
11月	9523.00	342.12
12月	9868.00	378.26
合计	122576.00	5375.05

文件196　销售收入与销售成本对比分析

通过分析企业的销售收入与销售成本，可以查看销售收入与销售成本之间是否存在一定程度的相关性。通过创建面积图，可以直观地显示分析结果，还可以初步掌握企业的毛利润。

制作要点与设计效果图

- SUM函数（参考函数3、7、16）
- 创建图表（参考文件186、187）

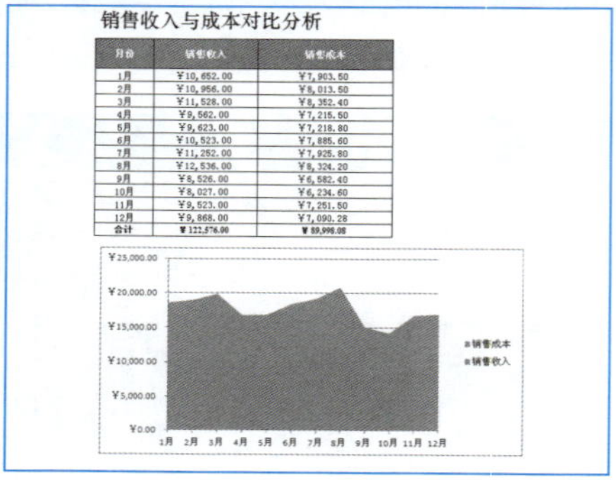

销售收入与成本对比分析

月份	销售收入	销售成本
1月	¥10,652.00	¥7,903.50
2月	¥10,956.00	¥8,013.50
3月	¥11,528.00	¥8,352.40
4月	¥9,562.00	¥7,215.50
5月	¥9,623.00	¥7,218.80
6月	¥10,523.00	¥7,885.60
7月	¥11,252.00	¥7,925.80
8月	¥12,536.00	¥8,324.20
9月	¥8,526.00	¥6,582.40
10月	¥8,027.00	¥6,234.60
11月	¥9,523.00	¥7,251.50
12月	¥9,868.00	¥7,090.28
合计	¥122,576.00	¥89,996.08

文件197　销售收入与销售税金对比分析

销售税金是指由销售产品、提供劳务等负担的销售税金和教育附加费，包括营业税、消费税、城市建设税等。销售税金也是销售生产过程中必然发生的一项支出，通常可用销售税金率来衡量。

制作要点与设计效果图

- 添加数据系列（参考文件193）
- 创建混合型图表（参考文件155）
- 添加次坐标数（参考文件155）

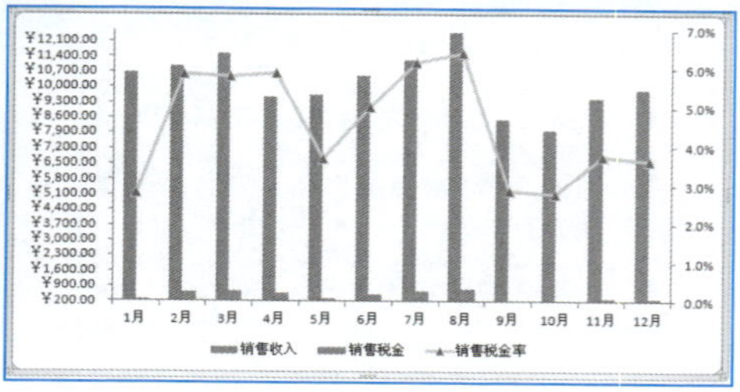

文件198　影响销售收入的因素分析

通过对影响销售收入的数据和销售数据进行分析，可以查看这两组数据之间的相关性，即分析数据对销售收入的影响，在Excel中可以使用折线图来对两组数据进行分析，以达到直观显示的效果。

制作要点与设计效果图

- 创建折线图（参考文件159）
- 隐藏纵坐标和网格线（参考文件190）
- 添加趋势线（参考文件169）

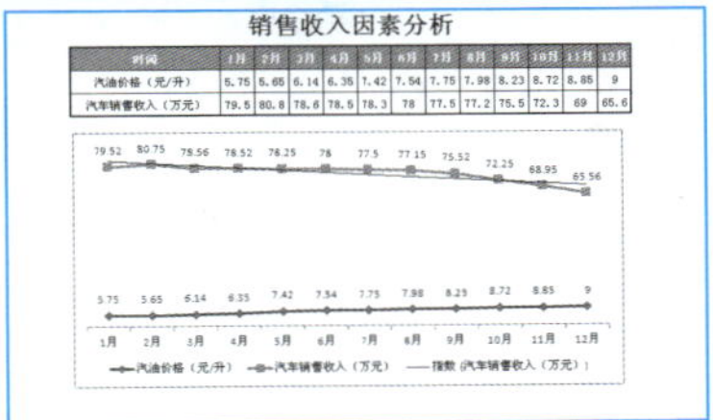

文件199　不同品牌收入占比分析

为了分析各产品的收入占总收入的比例，可以创建饼图来分析。

制作要点与设计效果图

- 创建饼图（参考文件186）
- 添加数据系列（参考文件193）
- 设置数据系列格式（参考文件193）

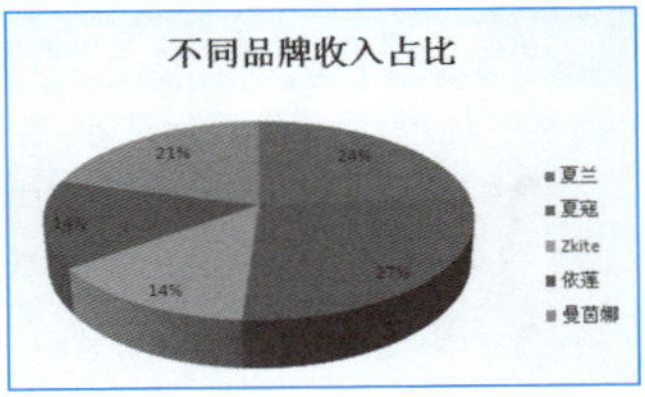

文件200　各月销售收入与平均销售收入

在Excel 中为了直观地显示高于或低于平均值的月份，可以创建柱形图并使用散点图和误差线添加一条平均值直线。

制作要点与设计效果图

- AVERAGE函数
- 创建柱形图（参考文件191）

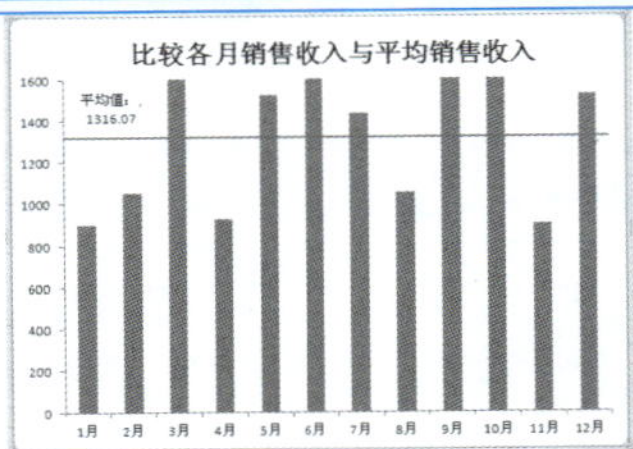

文件201　价格对销售收入的影响

在Excel 中分析两组量是否具有相关性时，可以使用相关函数，也可以使用柱形图进行分析。

制作要点与设计效果图

- 创建柱形图（参考文件191）
- 添加趋势线（参考文件169）

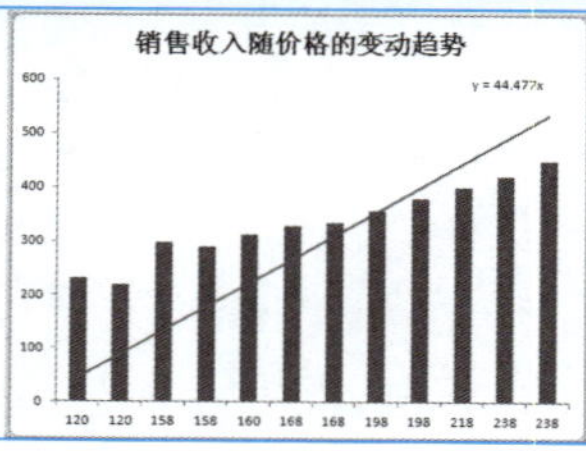

文件202　日销售收入变化图

为了描绘某个月份中日销售收入的变化情况，在Excel 中可以通过创建散点图和误差线来设置。

制作要点与设计效果图

- HLOOKUP函数（参考函数61）
- 创建散点图（参考文件187）
- 设置坐标轴格式（参考文件139）

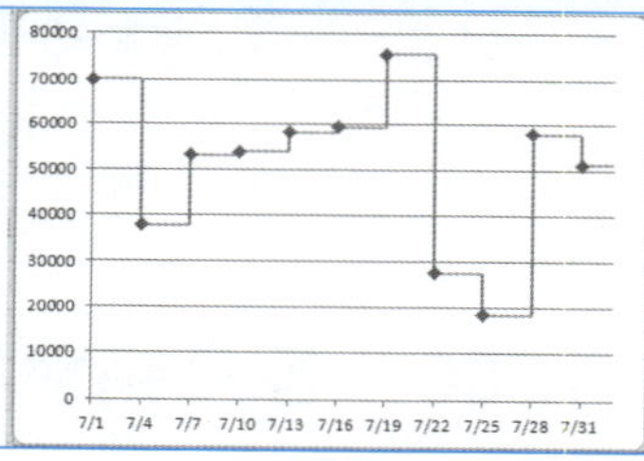

文件203　计划与实际收入比较分析

通常在年初的时候企业都会为各个销售店面指定销售计划，在年末根据实际取得的收入与计划收入进行对比分析。

制作要点与设计效果图

- SUMIF函数（参考函数96）
- 创建饼图（参考文件186）
- 设置数据标签格式（参考文件186）

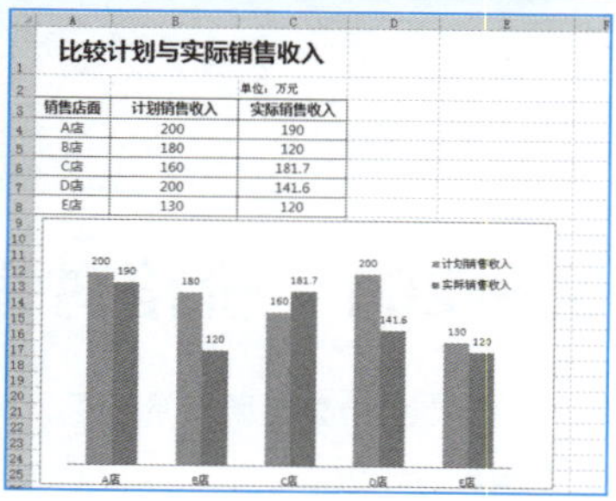

Excel

第16章

销售利润管理图表

产品销售利润是企业利润的主要组成部分，也是反映企业产品生产、成本和销售工作的综合性指标，通过分析可以查找影响销售利润的具体原因，设计增加销售利润的有效方法。

销售利润永远是商业经济活动中的行为目标，如何才能够将利益最大化是企业财务工作的一项重点。本章主要涉及的表格和图表有各月销售利润结构图表、销售利润变动趋势分析、销售利润相关性分析、客户销售利润排行榜等，从不同的角度分析销售数据对销售利润的影响。

编号	文件名称	对应的数据源	重要星级
文件204	各月销售利润结构图表	第16章\文件204 各月销售利润结构图表.xlsx	★★★★★
文件205	销售利润变动趋势分析	第16章\文件205 销售利润变动趋势分析.xlsx	★★★★
文件206	销售利润相关性分析	第16章\文件206 销售利润相关性分析.xlsx	★★★★★
文件207	客户销售利润排行榜	第16章\文件207 客户销售利润排行榜.xlsx	★★★★
文件208	影响利润的因素分析图表	第16章\文件208 影响利润的因素分析图表.xlsx	★★★★
文件209	利润总额及构成分析	第16章\文件209 利润总额及构成分析.xlsx	★★★★★
文件210	各季度利润比较图	第16章\文件210 各季度利润比较图.xlsx	★★★★
文件211	产品利润完成情况分析	第16章\文件211 产品利润完成情况分析.xlsx	★★★★★
文件212	各子公司利润结构图	第16章\文件212 各子公司利润结构图.xlsx	★★★
文件213	销售利润年度比较表	第16章\文件213 销售利润年度比较表.xlsx	★★★
文件214	主要利润中心利润产品结构图	第16章\文件214 主要利润中心利润产品结构图.xlsx	★★★
文件215	产品单位利润比较图	第16章\文件215 产品单位利润比较图.xlsx	★★★
文件216	产品利润趋势变动	第16章\文件216 产品利润趋势变动.xlsx	★★★

文件204 各月销售利润结构图表

销售利润等于销售收入减去销售成本、销售费用、销售税金后的余额，如果知晓一年中企业各个月份的销售收入、销售成本、销售费用和销售税金，可以计算出年度各月的销售利润并对销售利润进行排名，还可以创建图表分析销售利润的结构比例。

制作要点与设计效果图

- 设置公式计算销售利润和利润排名
- 创建饼图
- 调整图例大小

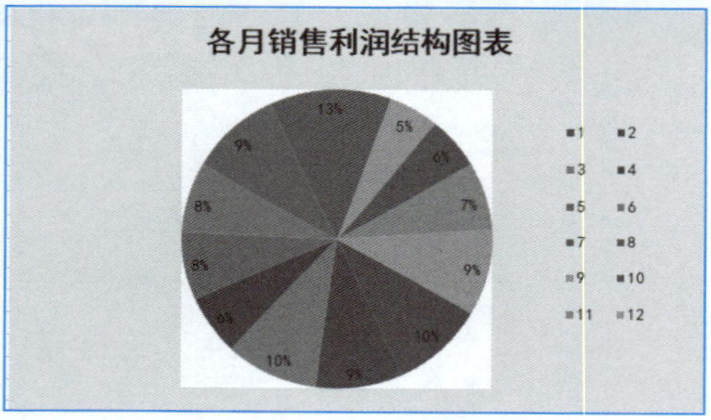

文件设计过程

步骤1：计算销售利润和利润排序

1 打开“销售利润统计表”工作表，选中G4单元格，在公式编辑栏中输入公式：“=C4-D4-E4-F4”，按回车键后向下填充，即可计算出各月的销售利润，如图16-1所示。

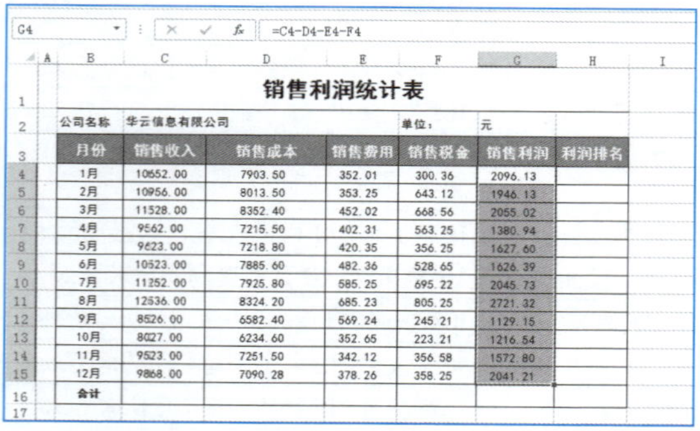

G4 =C4-D4-E4-F4

销售利润统计表

公司名称	华云信息有限公司			单位：	元	
月份	销售收入	销售成本	销售费用	销售税金	销售利润	利润排名
1月	10652.00	7903.50	352.01	300.36	2096.13	
2月	10956.00	8013.50	353.25	643.12	1946.13	
3月	11528.00	8352.40	452.02	668.56	2055.02	
4月	9562.00	7215.50	402.31	563.25	1380.94	
5月	9623.00	7218.80	420.35	356.25	1627.60	
6月	10523.00	7885.60	482.36	528.65	1626.39	
7月	11252.00	7925.80	585.25	695.22	2045.73	
8月	12536.00	8324.20	685.23	805.25	2721.32	
9月	8526.00	6582.40	569.24	245.21	1129.15	
10月	8027.00	6234.60	352.65	223.21	1216.54	
11月	9523.00	7251.50	342.12	356.58	1572.80	
12月	9868.00	7090.28	378.26	358.25	2041.21	
合计						

图16-1

2 选中H4单元格在公式编辑栏中输入公式：“=RANK(G4,$G$4:$G$15)”，按回车键后向下复制公式即可计算出各个月份销售利润的排名，如图16-2所示。

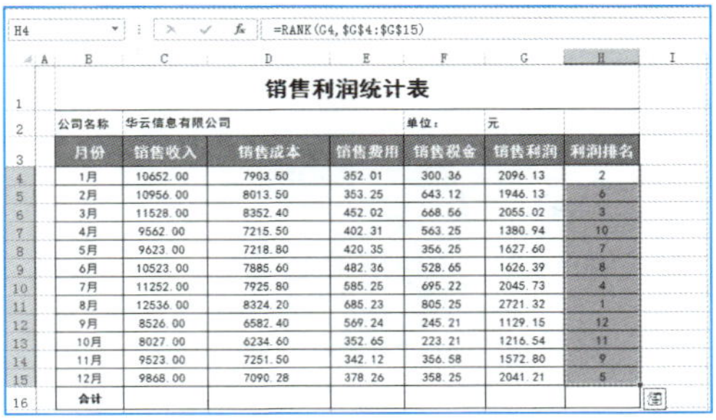

H4　=RANK(G4,$G$4:$G$15)

销售利润统计表

公司名称	华云信息有限公司			单位：	元	
月份	销售收入	销售成本	销售费用	销售税金	销售利润	利润排名
1月	10652.00	7903.50	352.01	300.36	2096.13	2
2月	10956.00	8013.50	353.25	643.12	1946.13	6
3月	11528.00	8352.40	452.02	668.56	2055.02	3
4月	9562.00	7215.50	402.31	563.25	1380.94	10
5月	9623.00	7218.80	420.35	356.25	1627.60	7
6月	10523.00	7885.60	482.36	528.65	1626.39	8
7月	11252.00	7925.80	585.25	695.22	2045.73	4
8月	12536.00	8324.20	685.23	805.25	2721.32	1
9月	8526.00	6582.40	569.24	245.21	1129.15	12
10月	8027.00	6234.60	352.65	223.21	1216.54	11
11月	9523.00	7251.50	342.12	356.58	1572.80	9
12月	9868.00	7090.28	378.26	358.25	2041.21	5
合计						

图16-2

3 选中C16单元格在公式编辑栏中输入公式：“=SUM(C4:C15)”，按回车键后向右复制公式即可计算合计值，如图16-3所示。

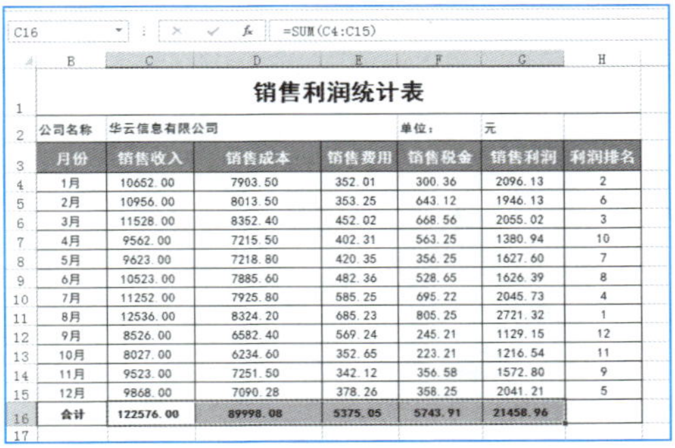

C16　=SUM(C4:C15)

销售利润统计表

公司名称	华云信息有限公司			单位：	元	
月份	销售收入	销售成本	销售费用	销售税金	销售利润	利润排名
1月	10652.00	7903.50	352.01	300.36	2096.13	2
2月	10956.00	8013.50	353.25	643.12	1946.13	6
3月	11528.00	8352.40	452.02	668.56	2055.02	3
4月	9562.00	7215.50	402.31	563.25	1380.94	10
5月	9623.00	7218.80	420.35	356.25	1627.60	7
6月	10523.00	7885.60	482.36	528.65	1626.39	8
7月	11252.00	7925.80	585.25	695.22	2045.73	4
8月	12536.00	8324.20	685.23	805.25	2721.32	1
9月	8526.00	6582.40	569.24	245.21	1129.15	12
10月	8027.00	6234.60	352.65	223.21	1216.54	11
11月	9523.00	7251.50	342.12	356.58	1572.80	9
12月	9868.00	7090.28	378.26	358.25	2041.21	5
合计	122576.00	89998.08	5375.05	5743.91	21458.96	

图16-3

步骤2：插入饼图

1 选中G3:G15单元格区域，切换到“插入”选项卡，在“图表”选项组单击“插入饼图”按钮，在其下拉列表中单击“饼图”图表类型，如图16-4所示。

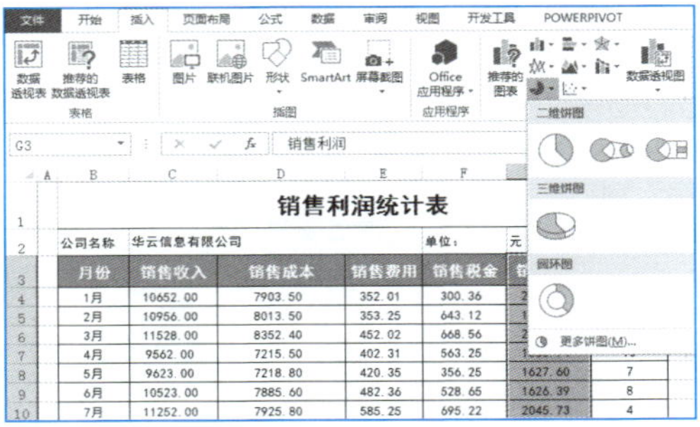

图16-4

2 Excel会根据当前选择区域的数据源创建饼图，如图16-5所示。

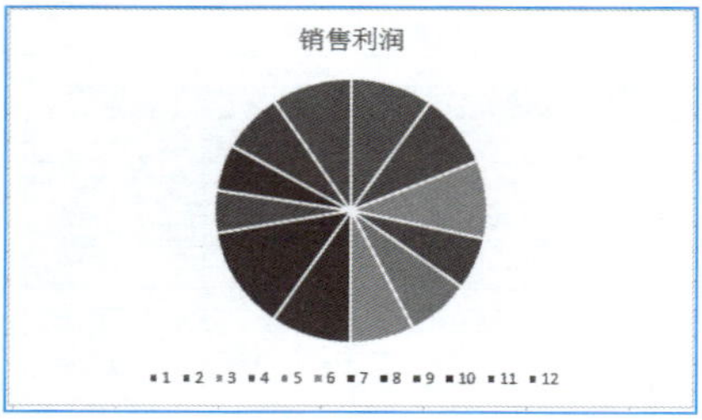

图16-5

步骤2：添加数据标签

1 选中图表，单击“图表元素”按钮，打开下拉菜单，单击“数据标签”右侧按钮，在子菜单中单击“更多选项”（如图16-6所示），打开“设置数据标签格式”窗格。

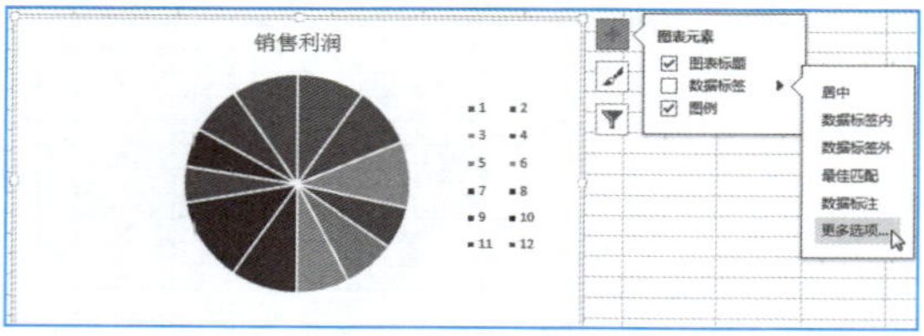

图16-6

2 在“标签选项”栏下选中要显示标签前的复选框，这里选中“百分比”，如图16-7所示。

3 返回工作表中，即可为图表添加百分比数据标签。选中图表区，在“图表工具”→“格式”选项卡下，在“形状样式”组中单击“形状填充”按钮，打开下拉菜单。在“主题颜色”栏中可以选择填充颜色，鼠标指向设置选项时，图表即时预览效果，如图16-8所示。

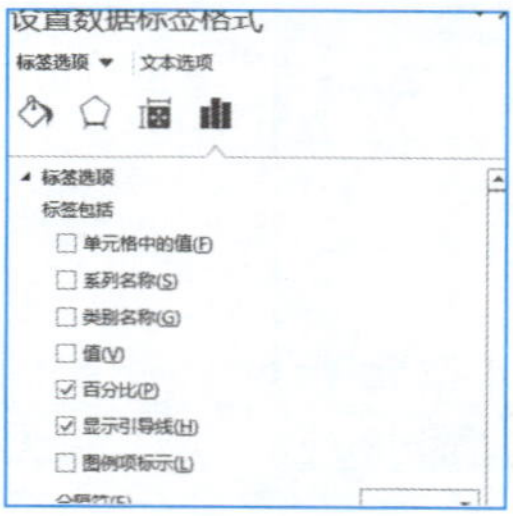

图16-7

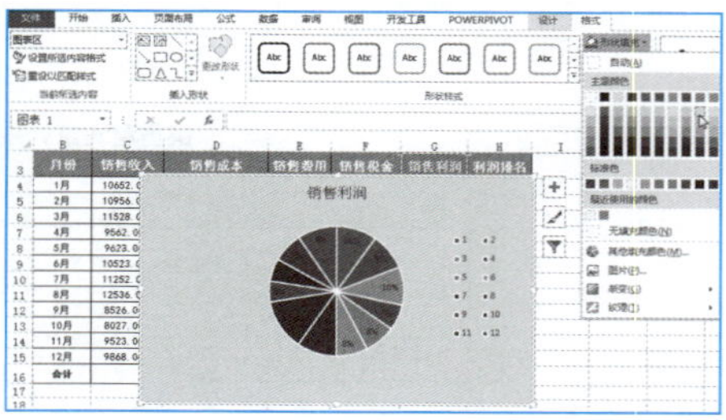

图16-8

❹ 将图表标题更改为“各月销售利润结构图表”，并设置绘图区的颜色填充，如图16-9所示。

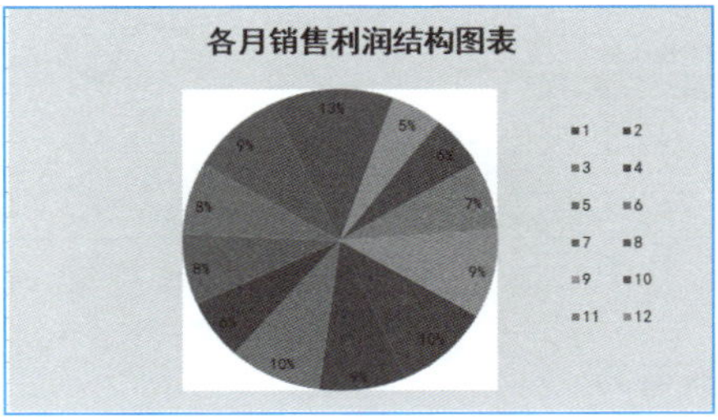

图16–9

文件205　销售利润变动趋势分析

在计算出销售利润后，通过创建数据点折线图可以反映一年中销售利润的变动趋势，如果需要将销售利润与销售收入、销售成本的变动趋势进行比较，可以在图表中添加相应的系列，并可以添加趋势线对销售利润进行预测。

制作要点与设计效果图

- 创建数据点折线图
- 添加数据系列
- 添加图例
- 添加趋势性
- 显示趋势性公式

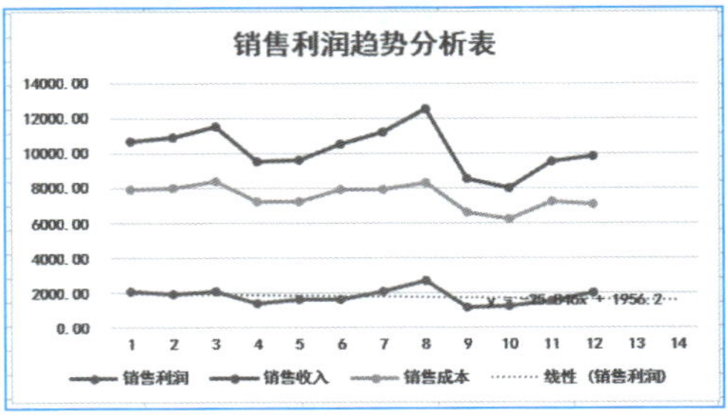

文件设计过程

步骤1：插入折线图

❶ 打开“销售利润变动趋势”工作表，选中G2:G14单元格区域，切换到“插入”选项卡，在“图表”选项组单击“插入折线图”按钮，在其下拉列表中选择“带数据标记的折线图”图表类型，如图16-10所示。

❷ 返回工作表后，系统即可依据销售利润系列为数据源创建折线图，如图16-11所示。

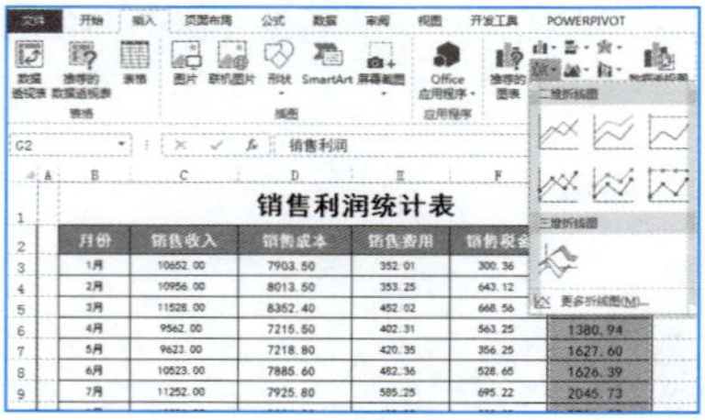

图16-10

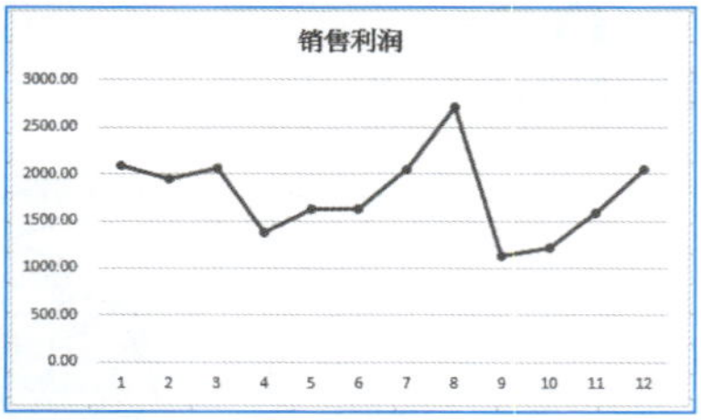

图16-11

步骤2：添加数据系列

❶ 选中图表，切换到“图表工具”→“设计”选项卡，在“数据”选项组单击“选择数据”按钮，打开“选择数据源”对话框，单击“添加”按钮，如图16-12所示。

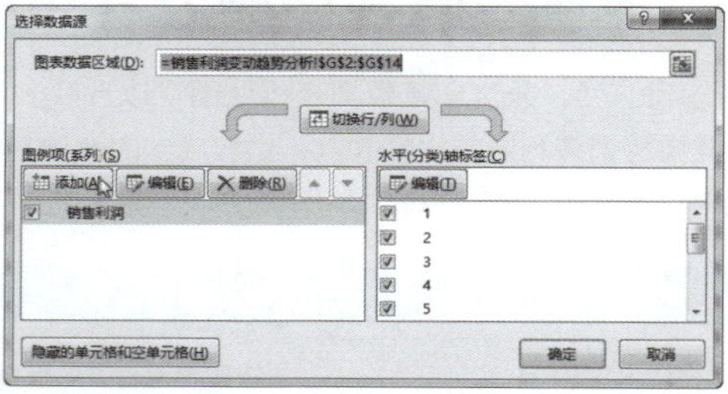

图16-12

❷ 打开“编辑数据系列”对话框，设置“系列名称”为C2，设置“系列值”为C3:C14单元格区域，单击“确定”按钮，如图16-13所示。

❸ 返回“选择数据源”对话框，再次打开“编辑数据系列”对话框，设置“系列名称”为D2，设置“系列值”为D3:D14单元格区域，单击“确定”按钮，如图16-14所示。

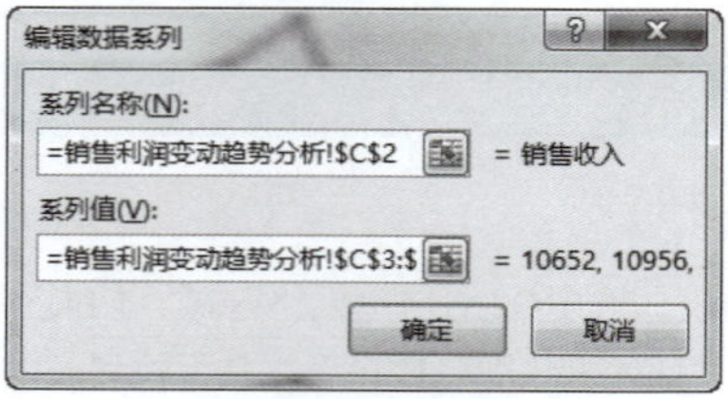

图16-13

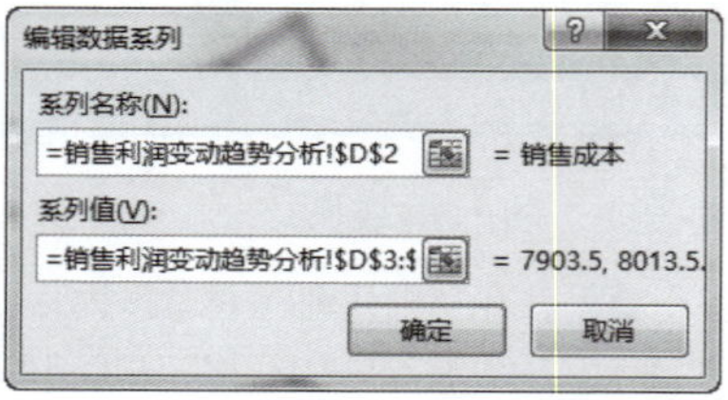

图16-14

❹ 返回“选择数据源”对话框，可以看到添加了“销售收入”和“销售成本”数据系列，如图16-15所示。

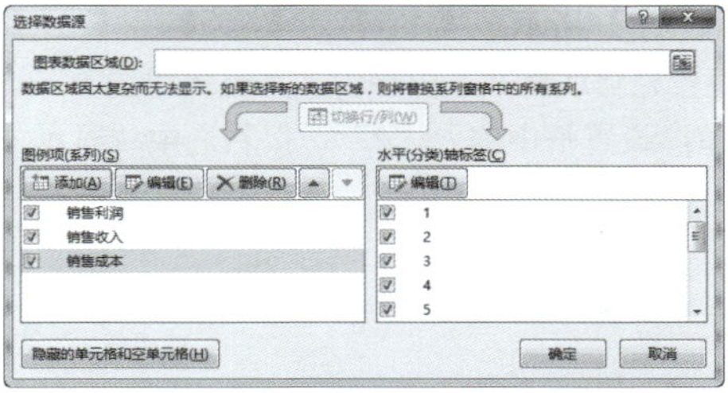

图16-15

5 返回工作表中，即可为图表添加“销售收入”和“销售成本”两个数据系列，如图16-16所示。

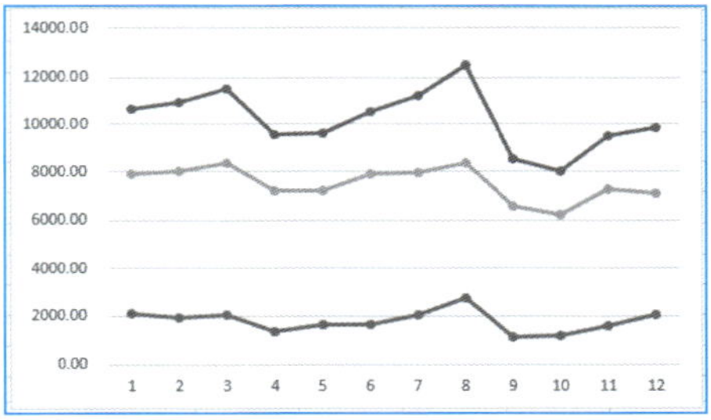

图16-16

步骤3：添加图例

选中图表，单击“图表元素”按钮，打开下拉菜单，单击“图例”右侧按钮，在子菜单中选择要添加的图例位置（单击鼠标即可应用），如这里单击“底部”，如图16-17所示。

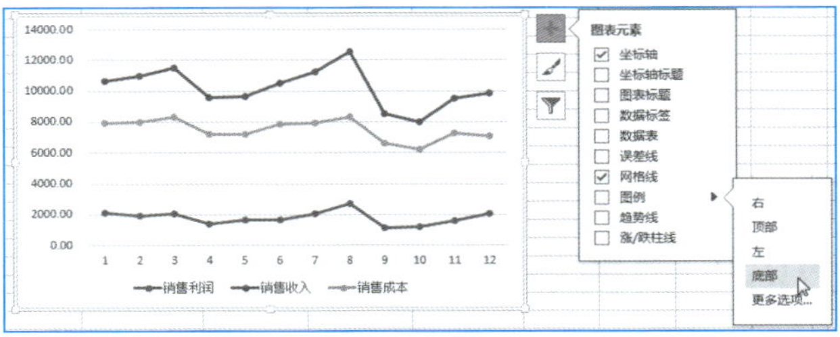

图16-17

步骤4：添加趋势线

1 选中“销售利润”数据系列，单击鼠标右键，在右键菜单中选中“添加趋势线”命令，如图16-18所示。

2 打开“设置趋势线格式”窗格，在“趋势线选项”栏下选中“线性”单选项，在“向前”设置框中输入“2”，接着选中“显示公式”复选框，如图16-19所示。

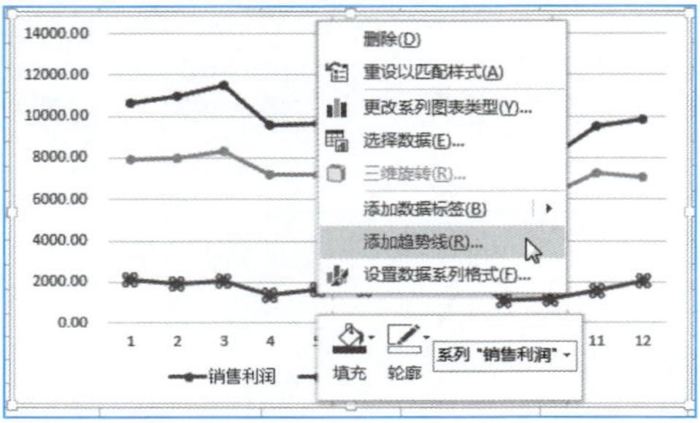

图16–18

图16–19

3 返回工作表中，即可显示出趋势线的公式，为图表添加标题，重新输入标题为“销售利润趋势分析表”，图表制作基本完成，如图16-20所示。

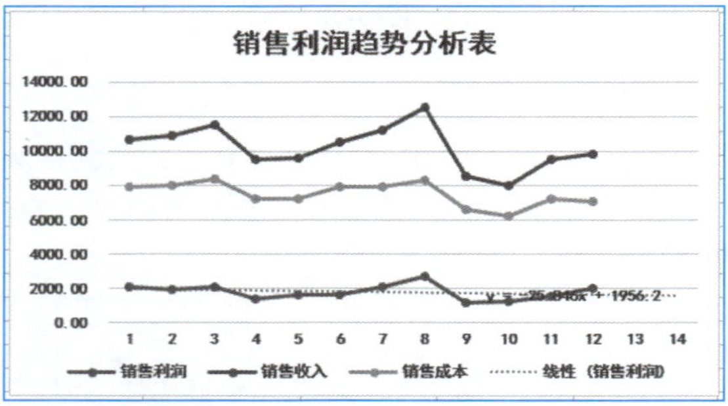

图16–20

文件206 销售利润相关性分析

我们知道销售毛利润与销售成本、销售费用和销售税金有关，那么这些数据之间到底存在什么样的关系呢？创建一个销售利润因素分析表，使用Excel中的回归函数以及相关系数计算函数，可以计算出利润和各个因素之间的回归方程，使用公式和数据来说话。

制作要点与设计效果图

- LINEST函数（参考函数65）
- IF函数（参考函数1、3）

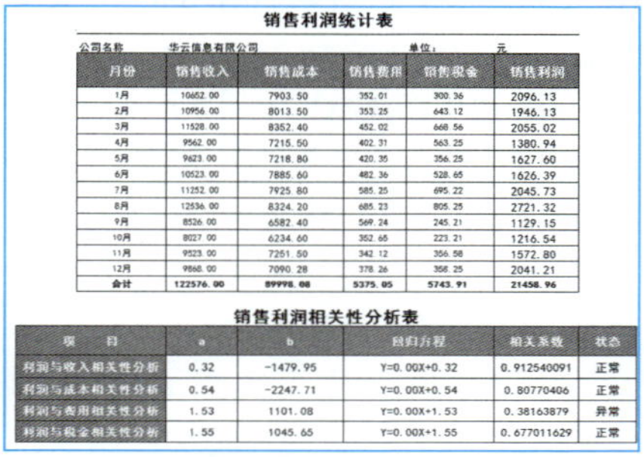

销售利润统计表

公司名称　华云信息有限公司　单位：元

月份	销售收入	销售成本	销售费用	销售税金	销售利润
1月	10652.00	7903.50	352.01	300.36	2096.13
2月	10956.00	8013.50	353.25	643.12	1946.13
3月	11528.00	8352.40	452.02	668.56	2055.02
4月	9562.00	7215.50	402.31	563.25	1380.94
5月	9623.00	7218.80	420.35	356.25	1627.60
6月	10523.00	7885.60	482.36	528.65	1626.39
7月	11252.00	7925.80	585.25	695.22	2045.73
8月	12536.00	8324.20	685.23	805.25	2721.32
9月	8526.00	6582.40	569.24	245.21	1129.15
10月	8027.00	6234.60	352.65	223.21	1216.54
11月	9523.00	7251.50	342.12	356.58	1572.80
12月	9868.00	7090.28	378.26	358.25	2041.21
合计	122576.00	89998.08	5375.05	5743.91	21458.96

销售利润相关性分析表

项　目	a	b	回归方程	相关系数	状态
利润与收入相关性分析	0.32	-1479.95	Y=0.00X+0.32	0.912540091	正常
利润与成本相关性分析	0.54	-2247.71	Y=0.00X+0.54	0.80770406	正常
利润与费用相关性分析	1.53	1101.08	Y=0.00X+1.53	0.38163879	异常
利润与税金相关性分析	1.55	1045.65	Y=0.00X+1.55	0.677011629	正常

文件设计过程

步骤1：返回a、b参数值

❶ 复制“销售利润统计表”工作表，将其重命名为“销售利润相关性分析表”，接着在表格下方创建销售利润相关性分析表，如图16-21所示。

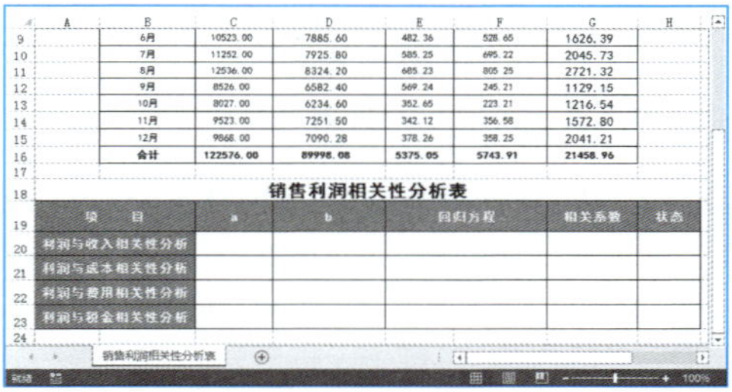

图16-21

❷ 选中C20:D20单元格区域，在公式编辑栏中输入公式：“=LINEST(G3:G14,C3:C14)”，按“Ctrrl+Shift+Enter”组合键，返回利润和收入的线性回归方程的参数a和b，如图16-22所示。

❸ 选中C21:D21单元格区域，在公式编辑栏中输入公式：“=LINEST(G3:G14,D3:D14)”，按“Ctrrl+Shift+ Enter”组合键，返回利润和成本的线性回归方程的参数a和b，如图16-23所示。

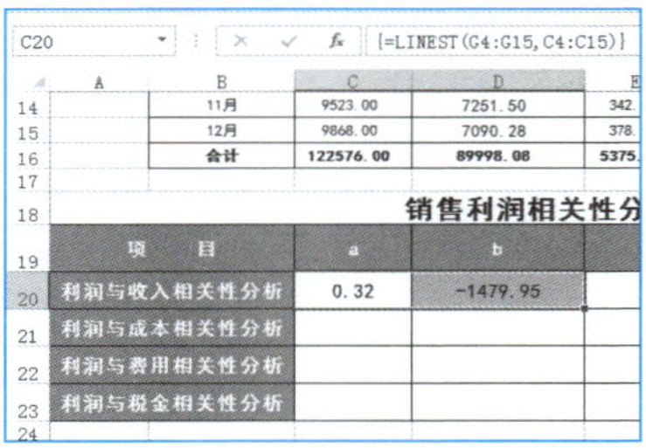

图16-22

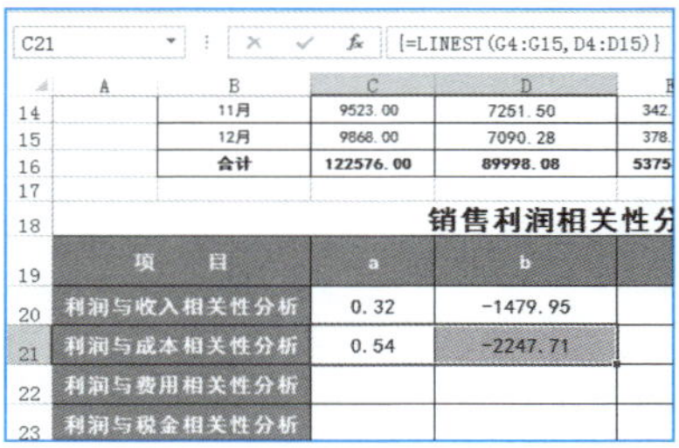

图16-23

❹ 选中C22:D22单元格区域，在公式编辑栏中输入公式：“=LINEST(G3:G14,E3:E14)”，按Ctrrl+Shift+Enter组合键，返回利润和费用的线性回归方程的参数a和b，如图16-24所示。

❺ 选中C23:D23单元格区域，在公式编辑栏中输入公式：“=LINEST(G3:G14,F3:F14)”，按Ctrrl+Shift+Enter组合键，返回利润和税金的线性回归方程的参数a和b，如图16-25所示。

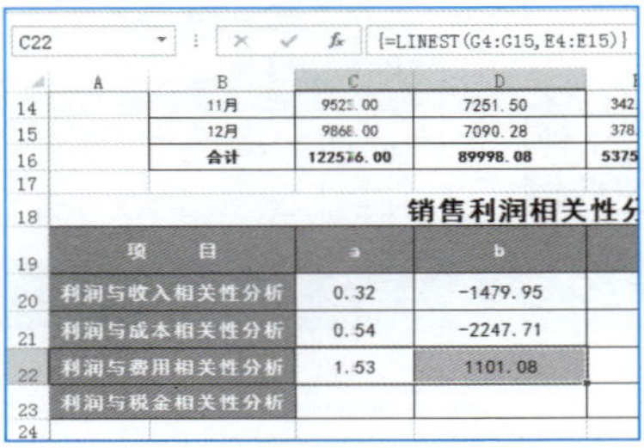

项目	a	b
11月	9523.00	7251.50
12月	9868.00	7090.28
合计	122576.00	89998.08
利润与收入相关性分析	0.32	-1479.95
利润与成本相关性分析	0.54	-2247.71
利润与费用相关性分析	1.53	1101.08
利润与税金相关性分析		

图16-24

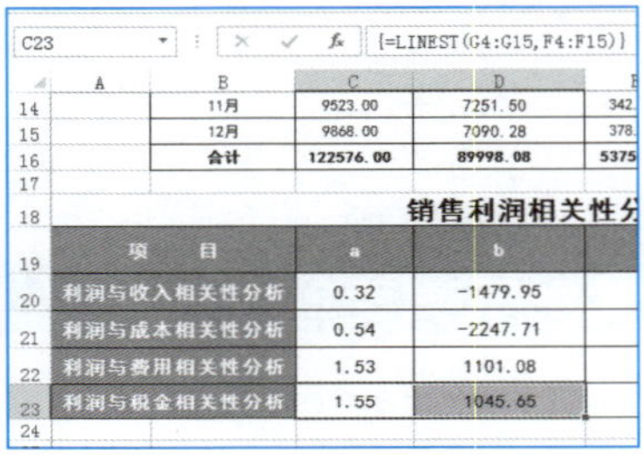

项目	a	b
利润与收入相关性分析	0.32	-1479.95
利润与成本相关性分析	0.54	-2247.71
利润与费用相关性分析	1.53	1101.08
利润与税金相关性分析	1.55	1045.65

图16-25

步骤2：生成线性回归方程

选中E20单元格，在公式编辑栏中输入公式：“=CONCATENATE("Y=",TEXT(B20,"0.00"),"X+",TEXT(C20,"0.00"))”，按回车键后向下填充公式，生成各个不同组合项目的线性回归方程，如图16-26所示。

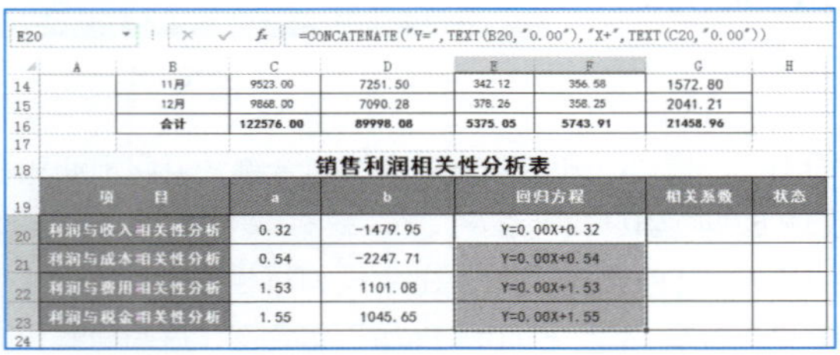

销售利润相关性分析表

项目	a	b	回归方程	相关系数	状态
利润与收入相关性分析	0.32	-1479.95	Y=0.00X+0.32		
利润与成本相关性分析	0.54	-2247.71	Y=0.00X+0.54		
利润与费用相关性分析	1.53	1101.08	Y=0.00X+1.53		
利润与税金相关性分析	1.55	1045.65	Y=0.00X+1.55		

图16-26

步骤3：计算相关系数并显示出状态

❶ 选中G20单元格，在个公式编辑栏中输入公式：“=CORREL(G4:G15,C4:C15)”，按回车键后，即可以得到当前数据所显示的销售利润与销售收入具有显著的相关性，如图16-27所示。

❷ 选中G21单元格，在个公式编辑栏中输入公式：“=CORREL(G4:G15,D4:D15)”，按回车键后从结果可以得到当前数据所显示的销售利润与销售成本具有显著的相关性，如图16-28所示。

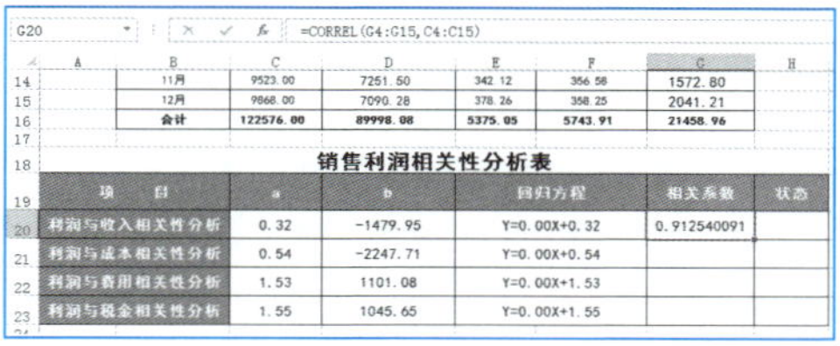

G20 =CORREL(G4:G15,C4:C15)

	B	C	D	E	F	G
14	11月	9523.00	7251.50	342.12	356.58	1572.80
15	12月	9868.00	7090.28	378.26	358.25	2041.21
16	合计	122576.00	89998.08	5375.05	5743.91	21458.96

销售利润相关性分析表

项目	a	b	回归方程	相关系数	状态
利润与收入相关性分析	0.32	-1479.95	Y=0.00X+0.32	0.912540091	
利润与成本相关性分析	0.54	-2247.71	Y=0.00X+0.54		
利润与费用相关性分析	1.53	1101.08	Y=0.00X+1.53		
利润与税金相关性分析	1.55	1045.65	Y=0.00X+1.55		

图16-27

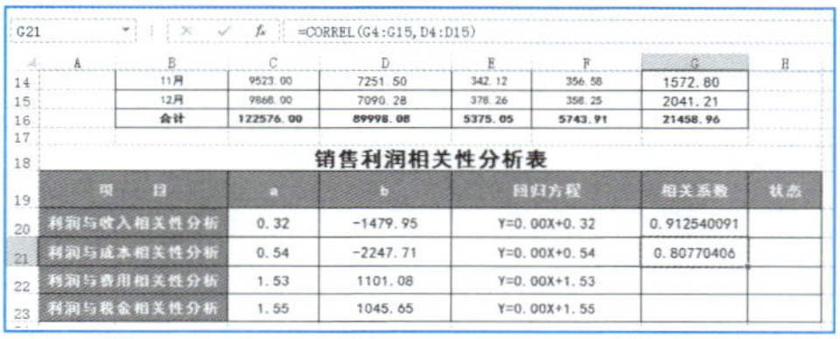

G21 =CORREL(G4:G15,D4:D15)

	B	C	D	E	F	G
14	11月	9523.00	7251.50	342.12	356.58	1572.80
15	12月	9868.00	7090.28	378.26	358.25	2041.21
16	合计	122576.00	89998.08	5375.05	5743.91	21458.96

销售利润相关性分析表

项目	a	b	回归方程	相关系数	状态
利润与收入相关性分析	0.32	-1479.95	Y=0.00X+0.32	0.912540091	
利润与成本相关性分析	0.54	-2247.71	Y=0.00X+0.54	0.80770406	
利润与费用相关性分析	1.53	1101.08	Y=0.00X+1.53		
利润与税金相关性分析	1.55	1045.65	Y=0.00X+1.55		

图16-28

3 在G22、G23单元格中分别输入公式，即可从显示的结果中得到销售利润与销售利润和销售税金之间的相关性，如图16-29所示。

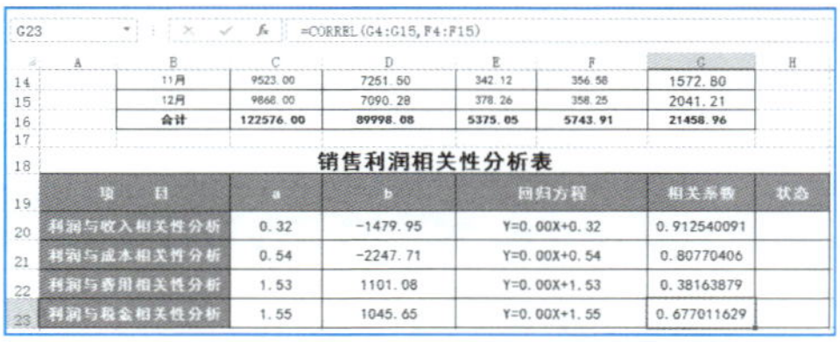

G23 =CORREL(G4:G15,F4:F15)

	B	C	D	E	F	G
14	11月	9523.00	7251.50	342.12	356.58	1572.80
15	12月	9868.00	7090.28	378.26	358.25	2041.21
16	合计	122576.00	89998.08	5375.05	5743.91	21458.96

销售利润相关性分析表

项目	a	b	回归方程	相关系数	状态
利润与收入相关性分析	0.32	-1479.95	Y=0.00X+0.32	0.912540091	
利润与成本相关性分析	0.54	-2247.71	Y=0.00X+0.54	0.80770406	
利润与费用相关性分析	1.53	1101.08	Y=0.00X+1.53	0.38163879	
利润与税金相关性分析	1.55	1045.65	Y=0.00X+1.55	0.677011629	

图16-29

4 选中H20单元格，在个公式编辑栏中输入公式："=IF(ABS(G20)<0.5,"异常","正常")"，按回车键后向下填充公式，根据相关性数值判断当前数据表现是否正常，如图16-30所示。

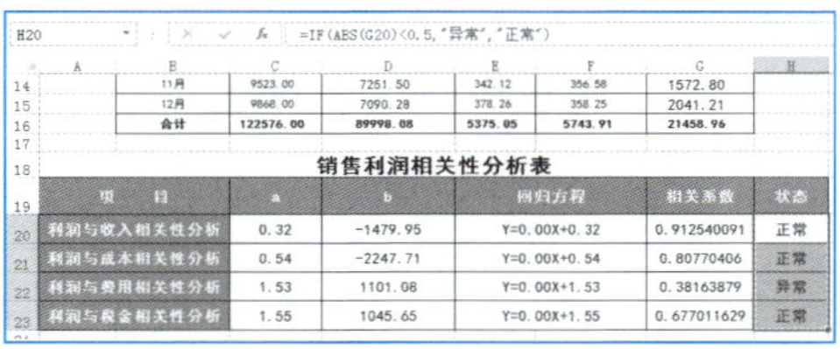

H20 =IF(ABS(G20)<0.5,"异常","正常")

	B	C	D	E	F	G
14	11月	9523.00	7251.50	342.12	356.58	1572.80
15	12月	9868.00	7090.28	378.26	358.25	2041.21
16	合计	122576.00	89998.08	5375.05	5743.91	21458.96

销售利润相关性分析表

项目	a	b	回归方程	相关系数	状态
利润与收入相关性分析	0.32	-1479.95	Y=0.00X+0.32	0.912540091	正常
利润与成本相关性分析	0.54	-2247.71	Y=0.00X+0.54	0.80770406	正常
利润与费用相关性分析	1.53	1101.08	Y=0.00X+1.53	0.38163879	异常
利润与税金相关性分析	1.55	1045.65	Y=0.00X+1.55	0.677011629	正常

图16-30

提 示

单元格G22、G23单元格的公式分别为：

"=CORREL(G3:G14,E3:E14)"

"=CORREL(G3:G14,F3:F14)"

文件207　客户销售利润排行榜

通过对企业各个客户的销售收入与销售利润进行分析，可以找出积累销售利润最高和最低的客户，但销售利润率更能说明问题。通过计算销售利润率，并比较销售利润率，可以找出企业利润的核心客户，同时可以找出赢利较低或不能赢利的客户。

制作要点与设计效果图

- RANK函数（参考函数63）
- 创建三维饼图
- 创建三维柱形图

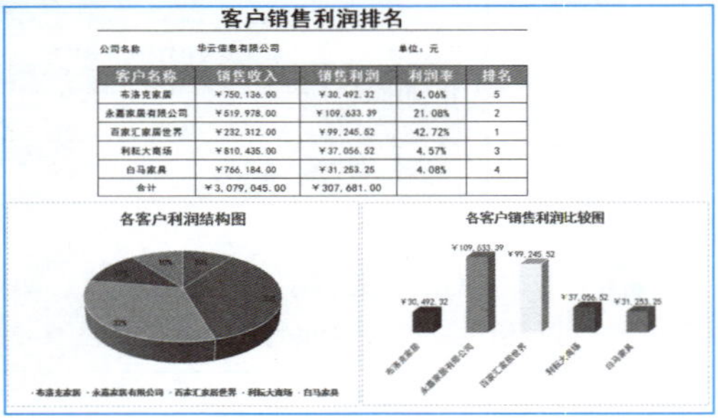

客户销售利润排名

公司名称　华云信息有限公司　单位：元

客户名称	销售收入	销售利润	利润率	排名
布洛克家居	￥750,136.00	￥30,492.32	4.06%	5
永嘉家居有限公司	￥519,978.00	￥109,633.39	21.08%	2
百家汇家居世界	￥232,312.00	￥99,245.52	42.72%	1
利耘大商场	￥810,435.00	￥37,056.52	4.57%	3
白马家具	￥766,184.00	￥31,253.25	4.08%	4
合计	￥3,079,045.00	￥307,681.00		

文件设计过程

步骤1：计算销售利润率和排名

① 打开“客户销售利润排行榜”工作表，选中E4单元格，在个公式编辑栏中输入公式：“=D4/C4”，按回车键后向下填充公式，计算出各个客户的销售利润率，如图16-31所示。

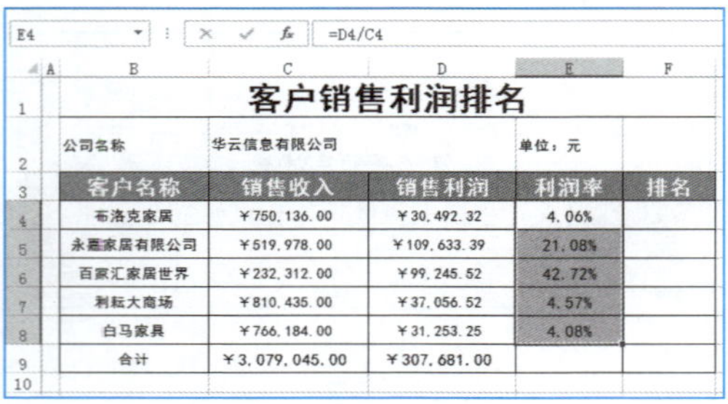

E4　=D4/C4

客户销售利润排名

公司名称　华云信息有限公司　单位：元

客户名称	销售收入	销售利润	利润率	排名
布洛克家居	￥750,136.00	￥30,492.32	4.06%	
永嘉家居有限公司	￥519,978.00	￥109,633.39	21.08%	
百家汇家居世界	￥232,312.00	￥99,245.52	42.72%	
利耘大商场	￥810,435.00	￥37,056.52	4.57%	
白马家具	￥766,184.00	￥31,253.25	4.08%	
合计	￥3,079,045.00	￥307,681.00		

图16-31

② 选中F4单元格，在个公式编辑栏中输入公式：“=RANK(E4,$E$4:$E$8”，按回车键后向下填充公式，计算出各个客户的销售利润率排名，如图16-32所示。

F4　=RANK(E4,$E$4:$E$8)

客户销售利润排名

公司名称　华云信息有限公司　单位：元

客户名称	销售收入	销售利润	利润率	排名
布洛克家居	¥750,136.00	¥30,492.32	4.06%	5
永嘉家居有限公司	¥519,978.00	¥109,633.39	21.08%	2
百家汇家居世界	¥232,312.00	¥99,245.52	42.72%	1
利耘大商场	¥810,435.00	¥37,056.52	4.57%	3
白马家具	¥766,184.00	¥31,253.25	4.08%	4
合计	¥3,079,045.00	¥307,681.00		

图16–32

步骤2：创建饼图

❶ 按Ctrl键依次选中B3:B8、D3:D8单元格区域，切换到“插入”选项卡，在“图表”选项组单击“插入饼图”按钮，在其下拉列表中选择“三维饼图”图表类型，如图16-33所示。

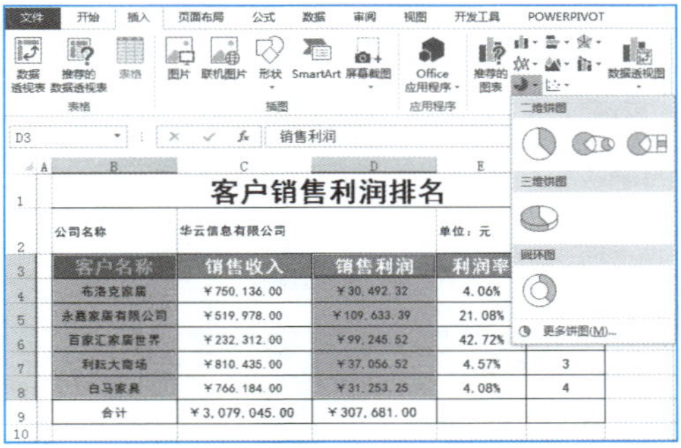

图16–33

❷ 返回工作表中，即可创建饼图，选中图表，选中图表，单击“图表元素”按钮，打开下拉菜单，单击“数据标签”右侧按钮，在子菜单中单击“更多选项”（如图16-34所示），打开“设置数据标签格式”窗格。

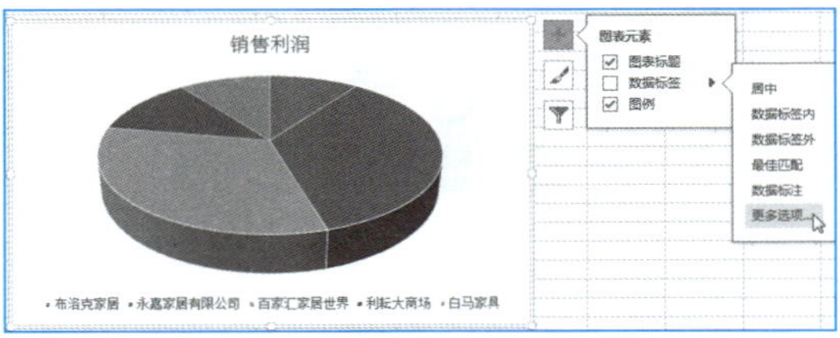

图16–34

❸ 在“标签选项”栏下选中要显示标签前的复选框，这里选中“百分比”，如图16-35所示。

④ 返回工作表中，系统会为图表添加百分比数据标签，更改图表标题为“各客户利润结构图”，如图16-36所示。

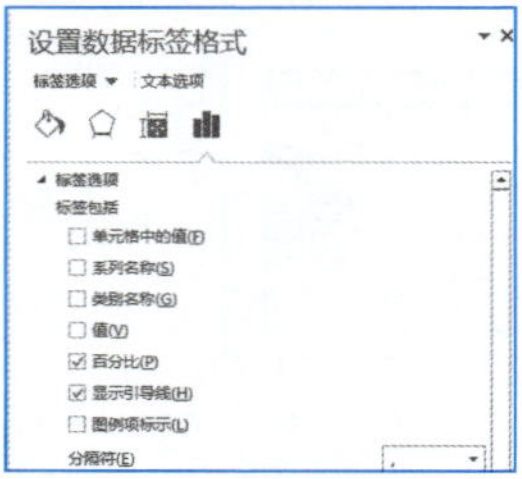

图16-35

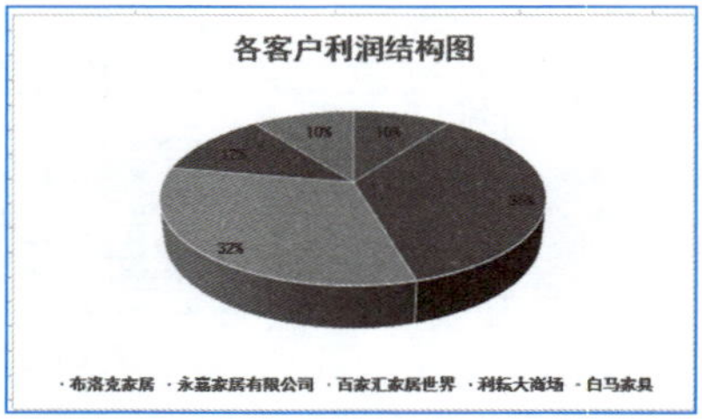

图16-36

步骤3：创建柱形图

① 按Ctrl键依次选中B3:B8、D3:D8单元格区域，切换到“插入”选项卡，在“图表”选项组单击“插入柱形图”按钮，在其下拉列表中选择“三维簇状柱形图”图表类型，如图16-37所示。

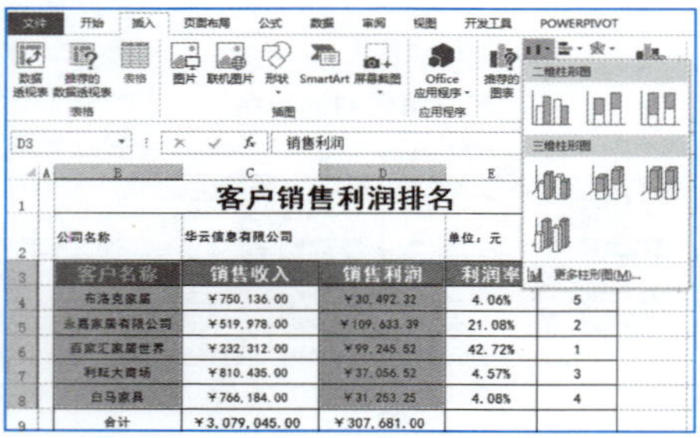

图16-37

② 返回工作表中，即可创建三维柱形图，如图16-38所示。

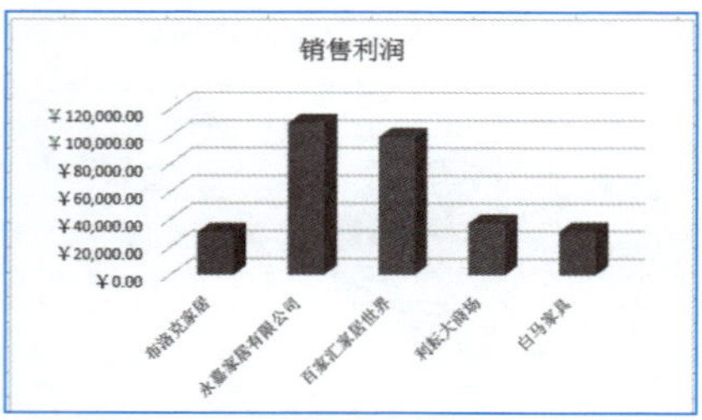

图16-38

③ 选中图表，切换到“图表工具”→“格式”选项卡，在“形状样式”选项组单击“形状填充”按钮，为不同的数据系列填充不同的颜色，使图表更加美

观，如图16-39所示。

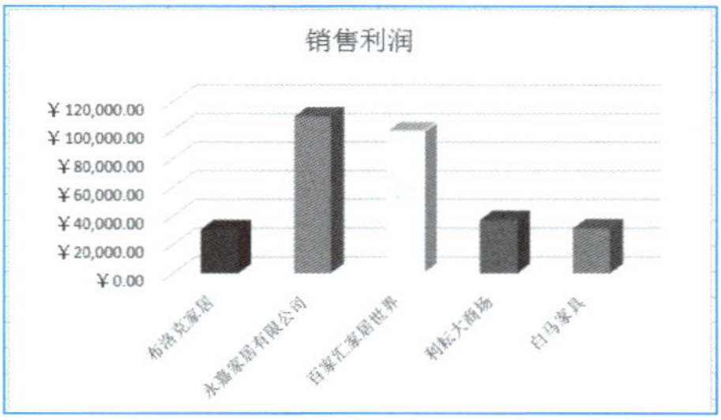

图16–39

4 重新输入图表标题为“各客户销售利润比较图”，接着删除主要纵坐标轴，并添加数据系列的数据标签，进一步完善，最终效果如图16-40所示。

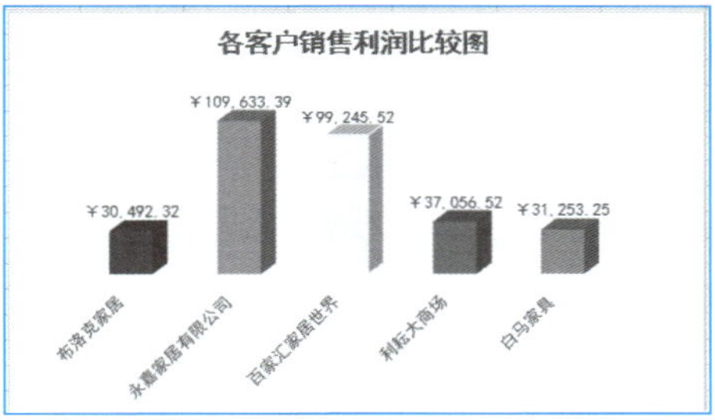

图16–40

文件208　影响利润的因素分析图表

如果知晓企业各产品上半年度和本年度的销售数量、销售收入、销售成本、销售税金以及销售利润，那么可以通过在表格中计算出单位收入、单位成本、单位售价和单位税金，计算出各个变量对利润的影响，并用图表表示出来。

制作要点与设计效果图

- IF函数（参考函数1、3）
- ROUND函数（参考函数68）
- OR函数（参考函数26）
- 创建柱形图

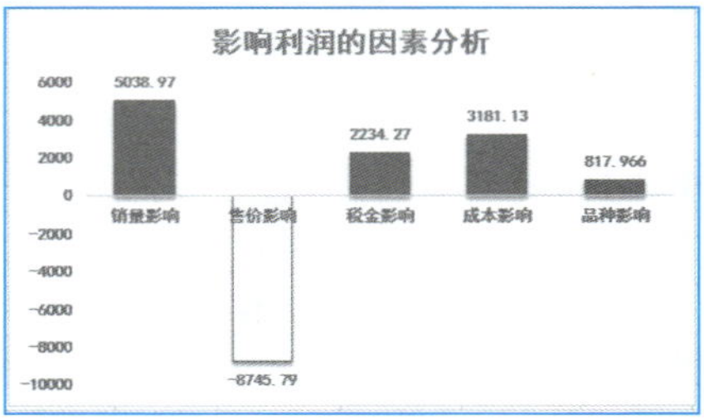

文件设计过程

步骤1：计算上年同期数据

❶ 打开“影响利润的分析”工作表，选中C14单元格，在个公式编辑栏中输入公式：“=IF($C5=0,0,ROUND(D5/$C5,4))”，按回车键后向下向右填充公式，如图16-41所示。

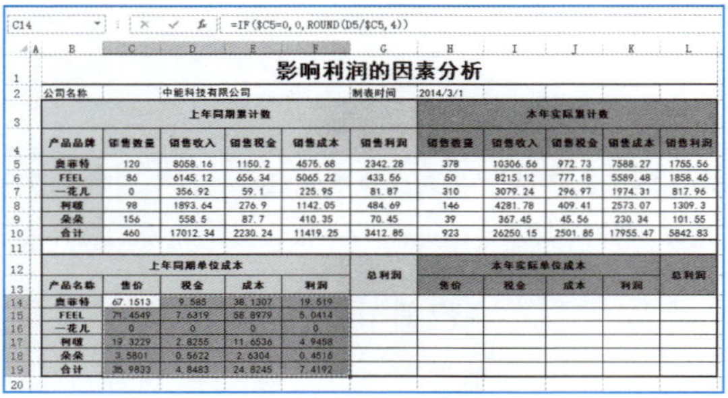

C14 =IF($C5=0,0,ROUND(D5/$C5,4))

影响利润的因素分析

公司名称		中能科技有限公司			制表时间	2014/3/1				
	上年同期累计数					本年实际累计数				
产品品牌	销售数量	销售收入	销售税金	销售成本	销售利润	销售数量	销售收入	销售税金	销售成本	销售利润
奥菲特	120	8058.16	1150.2	4575.68	2342.28	378	10306.56	972.73	7588.27	1755.56
FEEL	86	6145.12	656.34	5065.22	433.56	50	8215.12	777.18	5589.48	1858.46
一花儿	0	356.92	59.1	225.95	81.87	310	3079.24	296.97	1974.31	817.96
柯暖	98	1893.64	276.9	1142.05	484.69	146	4281.78	409.41	2573.07	1309.3
朵朵	156	558.5	87.7	410.35	70.45	39	367.45	45.56	230.34	101.55
合计	460	17012.34	2230.24	11419.25	3412.85	923	26250.15	2501.85	17955.47	5842.83
	上年同期单位成本				总利润	本年实际单位成本				总利润
产品名称	售价	税金	成本	利润		售价	税金	成本	利润	
奥菲特	67.1513	9.585	38.1307	19.519						
FEEL	71.4549	7.6319	58.8979	5.0414						
一花儿	0	0	0	0						
柯暖	19.3229	2.8255	11.6536	4.9458						
朵朵	3.5801	0.5622	2.6304	0.4516						
合计	36.9833	4.8483	24.8245	7.4192						

图16-41

❷ 选中G14单元格，在个公式编辑栏中输入公式：“=ROUND(C5*F14,2)”，按回车键后向下填充公式，计算出上年同期各个产品的总利润，如图16-42所示。

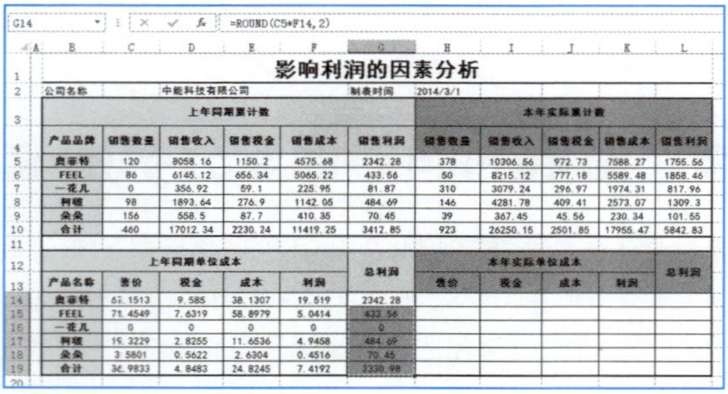

G14 =ROUND(C5*F14,2)

影响利润的因素分析

公司名称		中能科技有限公司			制表时间	2014/3/1				
	上年同期累计数					本年实际累计数				
产品品牌	销售数量	销售收入	销售税金	销售成本	销售利润	销售数量	销售收入	销售税金	销售成本	销售利润
奥菲特	120	8058.16	1150.2	4575.68	2342.28	378	10306.56	972.73	7588.27	1755.56
FEEL	86	6145.12	656.34	5065.22	433.56	50	8215.12	777.18	5589.48	1858.46
一花儿	0	356.92	59.1	225.95	81.87	310	3079.24	296.97	1974.31	817.96
柯暖	98	1893.64	276.9	1142.05	484.69	146	4281.78	409.41	2573.07	1309.3
朵朵	156	558.5	87.7	410.35	70.45	39	367.45	45.56	230.34	101.55
合计	460	17012.34	2230.24	11419.25	3412.85	923	26250.15	2501.85	17955.47	5842.83
	上年同期单位成本				总利润	本年实际单位成本				总利润
产品名称	售价	税金	成本	利润		售价	税金	成本	利润	
奥菲特	67.1513	9.585	38.1307	19.519	2342.28					
FEEL	71.4549	7.6319	58.8979	5.0414	433.56					
一花儿	0	0	0	0	0					
柯暖	19.3229	2.8255	11.6536	4.9458	484.69					
朵朵	3.5801	0.5622	2.6304	0.4516	70.45					
合计	36.9833	4.8483	24.8245	7.4192	3330.98					

图16-42

步骤2：计算本年实际数据

❶ 选中H14单元格，在个公式编辑栏中输入公式：“=IF($H5=0,0,ROUND(I5/$H5,4))”，按回车键后向下向右复制公式，计算出本年度实际单位售价、成本等数据，如图16-43所示。

❷ 选中L14单元格，在个公式编辑栏中输入公式：“=K14*H5”，按回车键后向下复制公式，计算出上本年实际总利润，如图16-44所示。

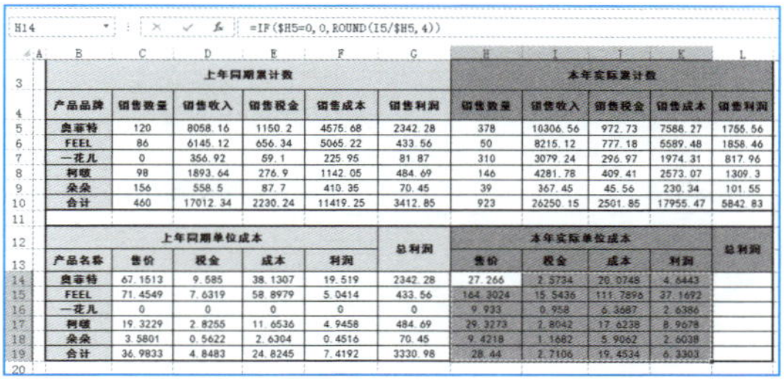
H14　=IF($H5=0,0,ROUND(I5/$H5,4))

上年同期累计数						本年实际累计数				
产品品牌	销售数量	销售收入	销售税金	销售成本	销售利润	销售数量	销售收入	销售税金	销售成本	销售利润
奥菲特	120	8058.16	1150.2	4575.68	2342.28	378	10306.56	972.73	7588.27	1755.56
FEEL	86	6145.12	656.34	5065.22	433.56	50	8215.12	777.18	5589.48	1858.46
一花儿	0	356.92	59.1	225.95	81.87	310	3079.24	296.97	1974.31	817.96
柯顿	98	1893.64	276.9	1142.05	484.69	146	4281.78	409.41	2573.07	1309.3
朵朵	156	558.5	87.7	410.35	70.45	39	367.45	45.56	230.34	101.55
合计	460	17012.34	2230.24	11419.25	3412.85	923	26250.15	2501.85	17955.47	5842.83

上年同期单位成本					总利润	本年实际单位成本				总利润
产品名称	售价	税金	成本	利润		售价	税金	成本	利润	
奥菲特	67.1513	9.585	38.1307	19.519	2342.28	27.266	2.5734	20.0748	4.6443	
FEEL	71.4549	7.6319	58.8979	5.0414	433.56	164.3024	15.5436	111.7896	37.1692	
一花儿	0	0	0	0	0	9.933	0.958	6.3687	2.6386	
柯顿	19.3229	2.8255	11.6536	4.9458	484.69	29.3273	2.8042	17.6238	8.9678	
朵朵	3.5801	0.5622	2.6304	0.4516	70.45	9.4218	1.1682	5.9062	2.6038	
合计	36.9833	4.8483	24.8245	7.4192	3330.98	28.44	2.7106	19.4534	6.3303	

图16-43

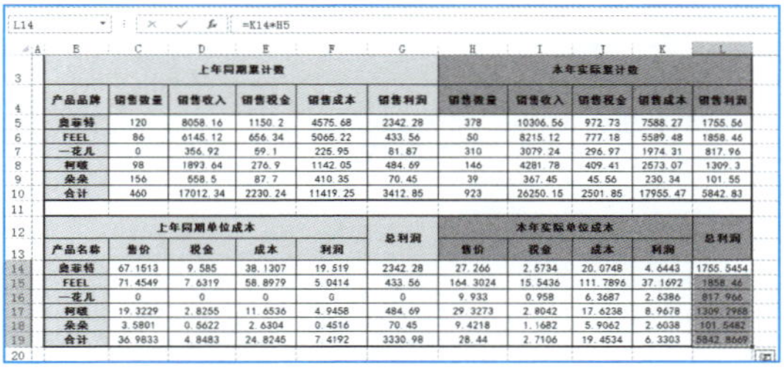
L14　=K14*H5

上年同期累计数						本年实际累计数				
产品品牌	销售数量	销售收入	销售税金	销售成本	销售利润	销售数量	销售收入	销售税金	销售成本	销售利润
奥菲特	120	8058.16	1150.2	4575.68	2342.28	378	10306.56	972.73	7588.27	1755.56
FEEL	86	6145.12	656.34	5065.22	433.56	50	8215.12	777.18	5589.48	1858.46
一花儿	0	356.92	59.1	225.95	81.87	310	3079.24	296.97	1974.31	817.96
柯顿	98	1893.64	276.9	1142.05	484.69	146	4281.78	409.41	2573.07	1309.3
朵朵	156	558.5	87.7	410.35	70.45	39	367.45	45.56	230.34	101.55
合计	460	17012.34	2230.24	11419.25	3412.85	923	26250.15	2501.85	17955.47	5842.83

上年同期单位成本					总利润	本年实际单位成本				总利润
产品名称	售价	税金	成本	利润		售价	税金	成本	利润	
奥菲特	67.1513	9.585	38.1307	19.519	2342.28	27.266	2.5734	20.0748	4.6443	1755.5454
FEEL	71.4549	7.6319	58.8979	5.0414	433.56	164.3024	15.5436	111.7896	37.1692	1858.46
一花儿	0	0	0	0	0	9.933	0.958	6.3687	2.6386	817.966
柯顿	19.3229	2.8255	11.6536	4.9458	484.69	29.3273	2.8042	17.6238	8.9678	1309.2968
朵朵	3.5801	0.5622	2.6304	0.4516	70.45	9.4218	1.1682	5.9062	2.6038	101.5482
合计	36.9833	4.8483	24.8245	7.4192	3330.98	28.44	2.7106	19.4534	6.3303	5842.8669

图16-44

步骤3：计算利润变化数据

❶ 使用SUM函数计算合计，接着选中C22单元格，在公式编辑栏中输入公式："=L14-G14"，按回车键后，向下复制公式，计算出各个产品的利润的变化，如图16-45所示。

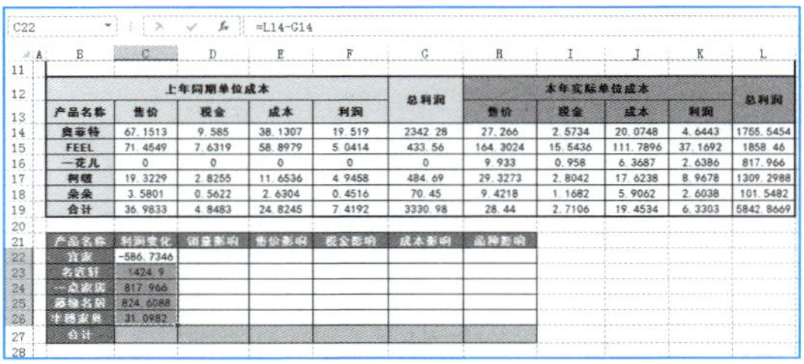
C22　=L14-G14

上年同期单位成本					总利润	本年实际单位成本				总利润
产品名称	售价	税金	成本	利润		售价	税金	成本	利润	
奥菲特	67.1513	9.585	38.1307	19.519	2342.28	27.266	2.5734	20.0748	4.6443	1755.5454
FEEL	71.4549	7.6319	58.8979	5.0414	433.56	164.3024	15.5436	111.7896	37.1692	1858.46
一花儿	0	0	0	0	0	9.933	0.958	6.3687	2.6386	817.966
柯顿	19.3229	2.8255	11.6536	4.9458	484.69	29.3273	2.8042	17.6238	8.9678	1309.2968
朵朵	3.5801	0.5622	2.6304	0.4516	70.45	9.4218	1.1682	5.9062	2.6038	101.5482
合计	36.9833	4.8483	24.8245	7.4192	3330.98	28.44	2.7106	19.4534	6.3303	5842.8669

产品名称	利润变化	销量影响	售价影响	税金影响	成本影响	品种影响
宜家	-586.7346					
名匠轩	1424.9					
一点家居	817.966					
[illegible]	824.6088					
[illegible]	31.0982					
合计						

图16-45

❷ 选中D22单元格，在公式编辑栏中输入公式："=IF(OR(C5=0,H5=0),0,ROUND((H5-C5)*F14,2))"，按回车键后，向下复制公式，计算出变量对利润的影响值，如图16-46所示。

❸ 选中E22单元格，在公式编辑栏中输入公式："=IF(OR(C5=0,H5=0),0,ROUND((H14-C14)*H5,2))"，按回车键后，向下复制公式，计算出售价的变化对利润的影响值，如图16-47所示。

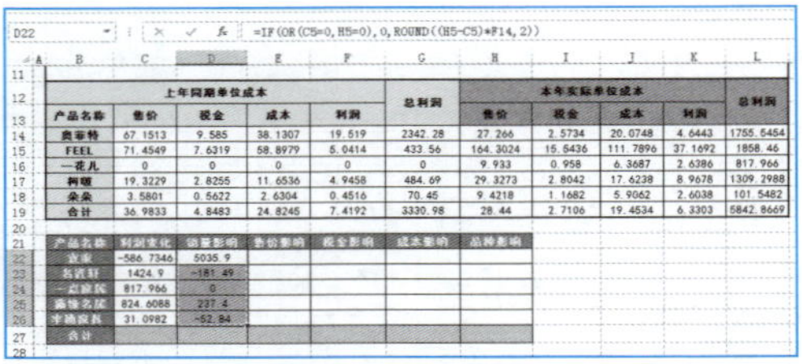

D22 =IF(OR(C5=0,H5=0),0,ROUND((H5-C5)*F14,2))

	上年同期单位成本				总利润	本年实际单位成本				总利润
产品名称	售价	税金	成本	利润		售价	税金	成本	利润	
奥菲特	67.1513	9.585	38.1307	19.519	2342.28	27.266	2.5734	20.0748	4.6443	1755.5454
FEEL	71.4549	7.6319	58.8979	5.0414	433.56	164.3024	15.5436	111.7896	37.1692	1858.46
一花儿	0	0	0	0	0	9.933	0.958	6.3687	2.6386	817.966
柯暖	19.3229	2.8255	11.6536	4.9458	484.69	29.3273	2.8042	17.6238	8.9678	1309.2988
朵朵	3.5801	0.5622	2.6304	0.4516	70.45	9.4218	1.1682	5.9062	2.6038	101.5482
合计	36.9833	4.8483	24.8245	7.4192	3330.98	28.44	2.7106	19.4534	6.3303	5842.8669

产品名称	利润变化	销量影响	售价影响	税金影响	成本影响	品种影响
宜家	-586.7346	5035.9				
名匠轩	1424.9	-181.49				
一点家居	817.966	0				
晶缘名居	824.6088	237.4				
丰德家具	31.0982	-52.84				
合计						

图16-46

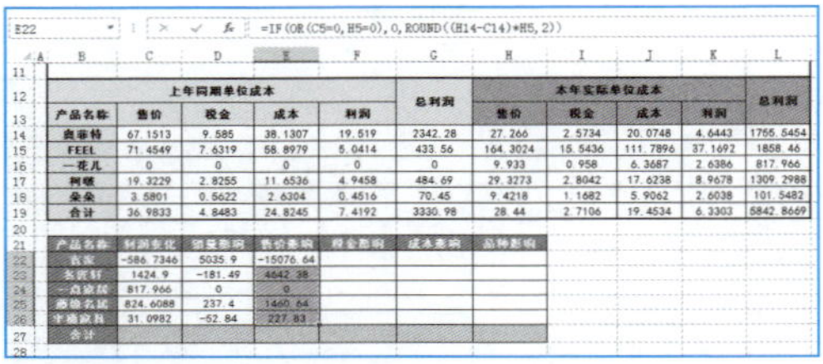

E22 =IF(OR(C5=0,H5=0),0,ROUND((H14-C14)*H5,2))

	上年同期单位成本				总利润	本年实际单位成本				总利润
产品名称	售价	税金	成本	利润		售价	税金	成本	利润	
奥菲特	67.1513	9.585	38.1307	19.519	2342.28	27.266	2.5734	20.0748	4.6443	1755.5454
FEEL	71.4549	7.6319	58.8979	5.0414	433.56	164.3024	15.5436	111.7896	37.1692	1858.46
一花儿	0	0	0	0	0	9.933	0.958	6.3687	2.6386	817.966
柯暖	19.3229	2.8255	11.6536	4.9458	484.69	29.3273	2.8042	17.6238	8.9678	1309.2988
朵朵	3.5801	0.5622	2.6304	0.4516	70.45	9.4218	1.1682	5.9062	2.6038	101.5482
合计	36.9833	4.8483	24.8245	7.4192	3330.98	28.44	2.7106	19.4534	6.3303	5842.8669

产品名称	利润变化	销量影响	售价影响	税金影响	成本影响	品种影响
宜家	-586.7346	5035.9	-15076.64			
名匠轩	1424.9	-181.49	4642.38			
一点家居	817.966	0	0			
晶缘名居	824.6088	237.4	1460.64			
丰德家具	31.0982	-52.84	227.83			
合计						

图16-47

4 选中F22单元格，在公式编辑栏中输入公式：“=IF(OR(C5=0,H5=0),0,ROUND((D14-I14)*H5,2))”，按回车键后，向下复制公式，计算出税金变化价的变化对利润的影响值，如图16-48所示。

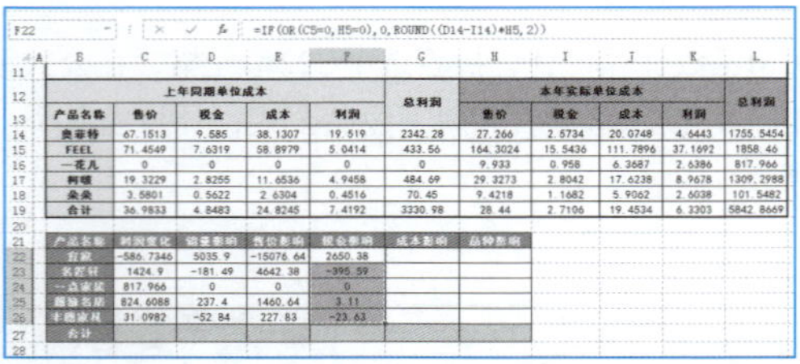

F22 =IF(OR(C5=0,H5=0),0,ROUND((D14-I14)*H5,2))

	上年同期单位成本				总利润	本年实际单位成本				总利润
产品名称	售价	税金	成本	利润		售价	税金	成本	利润	
奥菲特	67.1513	9.585	38.1307	19.519	2342.28	27.266	2.5734	20.0748	4.6443	1755.5454
FEEL	71.4549	7.6319	58.8979	5.0414	433.56	164.3024	15.5436	111.7896	37.1692	1858.46
一花儿	0	0	0	0	0	9.933	0.958	6.3687	2.6386	817.966
柯暖	19.3229	2.8255	11.6536	4.9458	484.69	29.3273	2.8042	17.6238	8.9678	1309.2988
朵朵	3.5801	0.5622	2.6304	0.4516	70.45	9.4218	1.1682	5.9062	2.6038	101.5482
合计	36.9833	4.8483	24.8245	7.4192	3330.98	28.44	2.7106	19.4534	6.3303	5842.8669

产品名称	利润变化	销量影响	售价影响	税金影响	成本影响	品种影响
宜家	-586.7346	5035.9	-15076.64	2650.38		
名匠轩	1424.9	-181.49	4642.38	-395.59		
一点家居	817.966	0	0	0		
晶缘名居	824.6088	237.4	1460.64	3.11		
丰德家具	31.0982	-52.84	227.83	-23.63		
合计						

图16-48

5 选中G22单元格，在公式编辑栏中输入公式：“=IF(OR(C5=0,H5=0),0,ROUND((E14-J14)*H5,2))”，按回车键后，向下复制公式，计算出成本税金变化价的变化对利润的影响值，如图16-49所示。

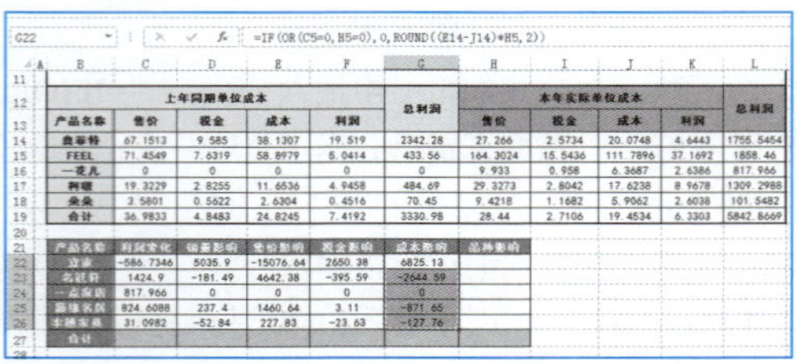

G22 =IF(OR(C5=0,H5=0),0,ROUND((E14-J14)*H5,2))

	上年同期单位成本				总利润	本年实际单位成本				总利润
产品名称	售价	税金	成本	利润		售价	税金	成本	利润	
奥菲特	67.1513	9.585	38.1307	19.519	2342.28	27.266	2.5734	20.0748	4.6443	1755.5454
FEEL	71.4549	7.6319	58.8979	5.0414	433.56	164.3024	15.5436	111.7896	37.1692	1858.46
一花儿	0	0	0	0	0	9.933	0.958	6.3687	2.6386	817.966
柯暖	19.3229	2.8255	11.6536	4.9458	484.69	29.3273	2.8042	17.6238	8.9678	1309.2988
朵朵	3.5801	0.5622	2.6304	0.4516	70.45	9.4218	1.1682	5.9062	2.6038	101.5482
合计	36.9833	4.8483	24.8245	7.4192	3330.98	28.44	2.7106	19.4534	6.3303	5842.8669

产品名称	利润变化	销量影响	售价影响	税金影响	成本影响	品种影响
宜家	-586.7346	5035.9	-15076.64	2650.38	6825.13	
名匠轩	1424.9	-181.49	4642.38	-395.59	-2644.59	
一点家居	817.966	0	0	0	0	
晶缘名居	824.6088	237.4	1460.64	3.11	-871.65	
丰德家具	31.0982	-52.84	227.83	-23.63	-127.76	
合计						

图16-49

❻ 选中H22单元格，在公式编辑栏中输入公式：“=IF(C5=0,L14,IF(H5=0,-G14,0))”，按回车键后，向下复制公式，计算出成本税产品化价的变化对利润的影响值，如图16-50所示。

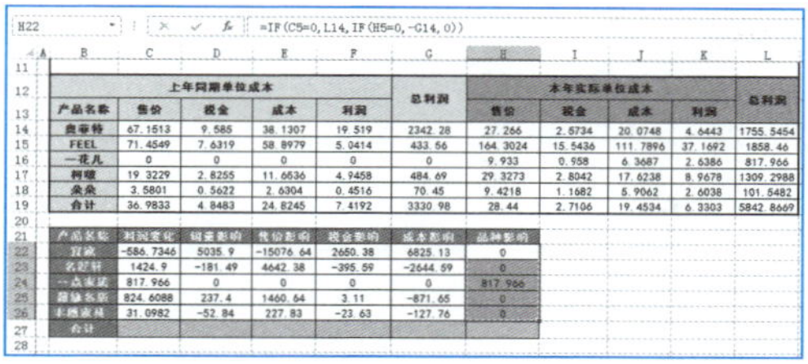

图16-50

❼ 选中C27单元格，在公式编辑栏中输入公式：“=SUM(C22:C26)”，按回车键后，向右复制公式，计算合计值，如图16-51所示。

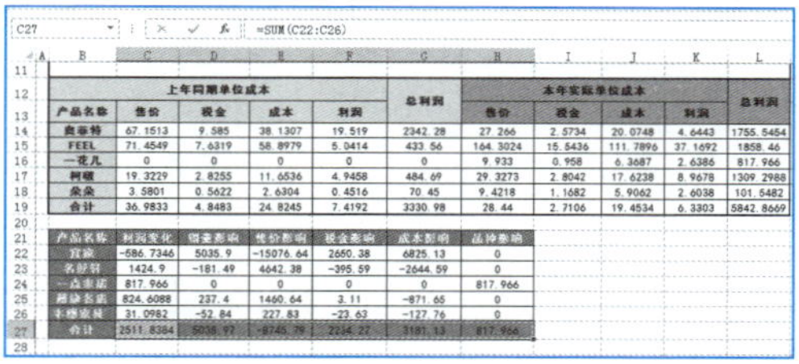

图16-51

步骤4：插入柱形图分析

❶ 按Ctrl键依次选中D21:H21和D27:H27单元格区域，切换到“插入”选项卡，在“图表”选项组单击“插入柱形图”按钮，在其下拉列表中选择“簇状柱形图”图表类型，如图16-52所示。

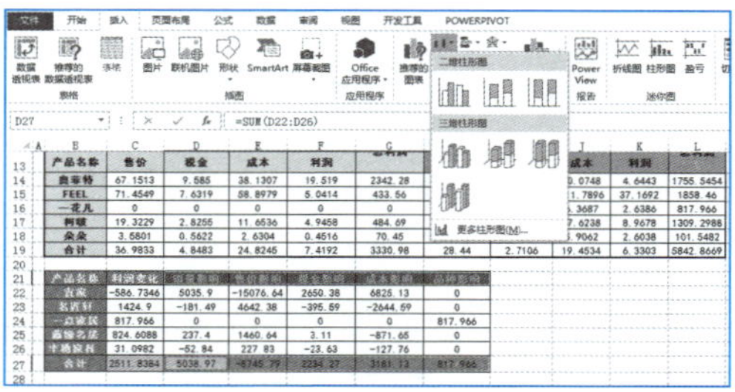

图16-52

❷ 返回工作表中，系统会根据所选择的数据源区域创建默认的二维簇状柱形图，如图16-53所示。

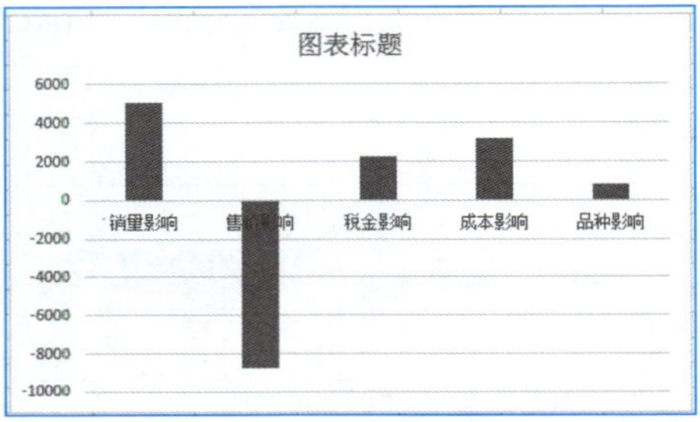

图16-53

3 选中图表，单击“图表样式”按钮，打开下拉列表，在“样式”栏下选择一种图表样式（单击即可应用），效果如图16-54所示。

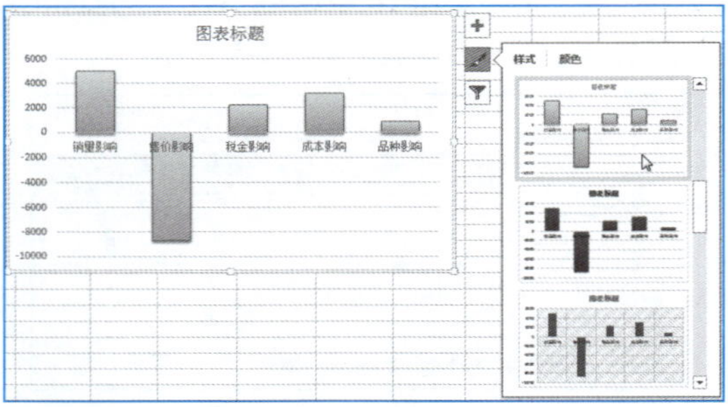

图16-54

4 选中图表，切换到在“图表工具”→“格式”选项卡，在“形状样式”选项组单击“形状填充”下拉按钮，将数据值为正数的数据系列填充为红色，将数据系值为负数的值填充为黄色，如图16-55所示。

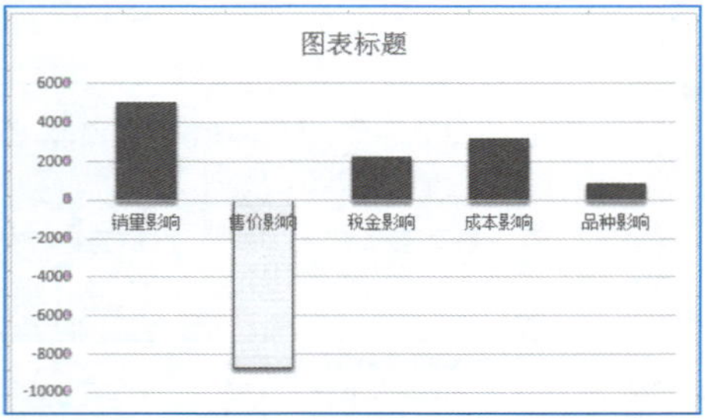

图16-55

5 选中图表，单击“图表元素”按钮，打开下拉菜单，单击“数据标签”右侧按钮，在子菜单中选择数据标签显示的位置（单击鼠标即可应用），如这里单击“数据标签外”，效果如图16-56所示。

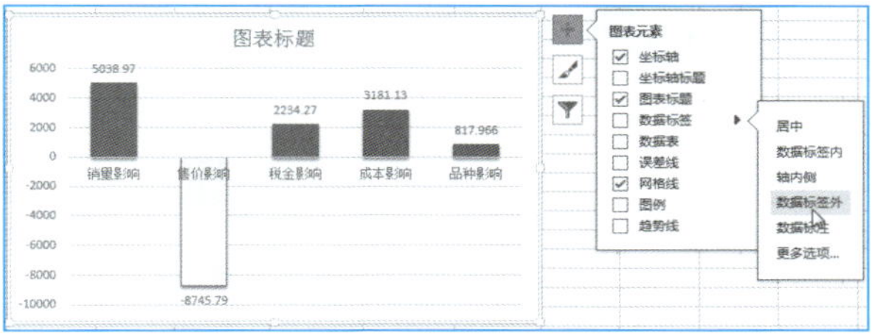

图16-56

6 将图表标题更改为“影响利润的因素分析”，隐藏图表中的网络线，进一步完善，得到最终效果如图16-57所示。

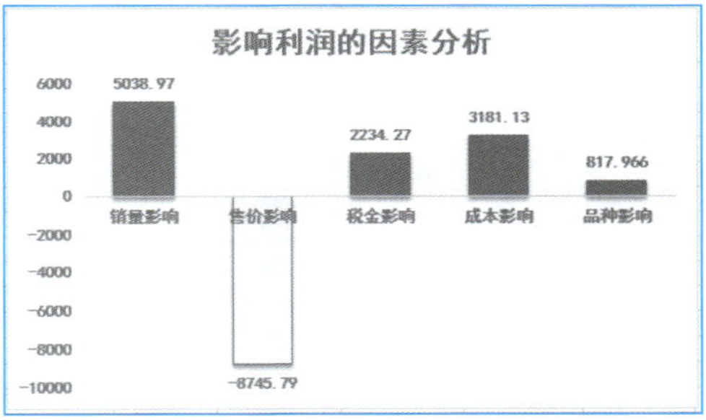

图16-57

文件209　利润总额及构成分析

在Excel中可以使用圆环图形进行多个系列的结构分析。

制作要点与设计效果图

- VLOOKUP函数（参考函数61）
- 创建圆环图
- 设置数据系列格式
- 设置数据标签

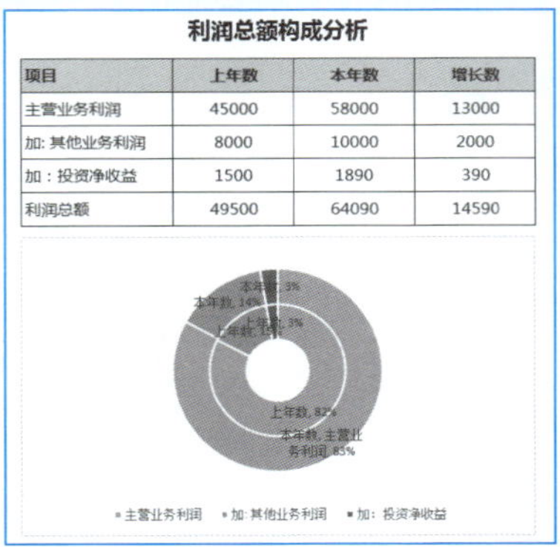

利润总额构成分析

项目	上年数	本年数	增长数
主营业务利润	45000	58000	13000
加：其他业务利润	8000	10000	2000
加：投资净收益	1500	1890	390
利润总额	49500	64090	14590

文件设计过程

步骤1：定义名称

在“利润表”工作表中选择A3：C16单元格区域，在“名称框”中输入名称“can”，然后按回车键，如图16-58所示。

步骤2：创建表格润

插入新工作表，将其重命名为“利润构成分析”，在工作表中创建利润总额构成分析表格，如图16-59所示。

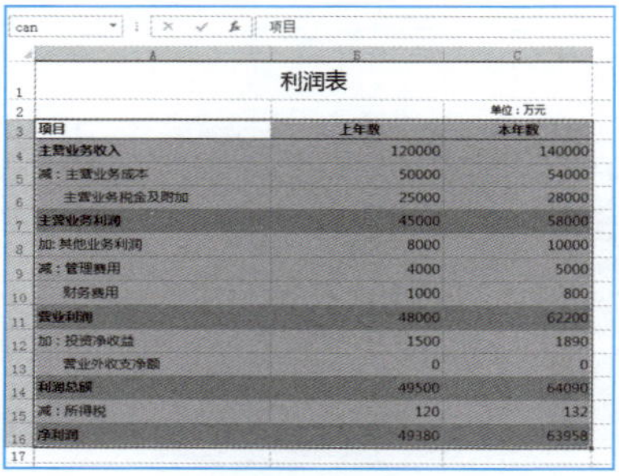

利润表

单位：万元

项目	上年数	本年数
主营业务收入	120000	140000
减：主营业务成本	50000	54000
主营业务税金及附加	25000	28000
主营业务利润	45000	58000
加：其他业务利润	8000	10000
减：管理费用	4000	5000
财务费用	1000	800
营业利润	48000	62200
加：投资净收益	1500	1890
营业外收支净额	0	0
利润总额	49500	64090
减：所得税	120	132
净利润	49380	63958

图16-58

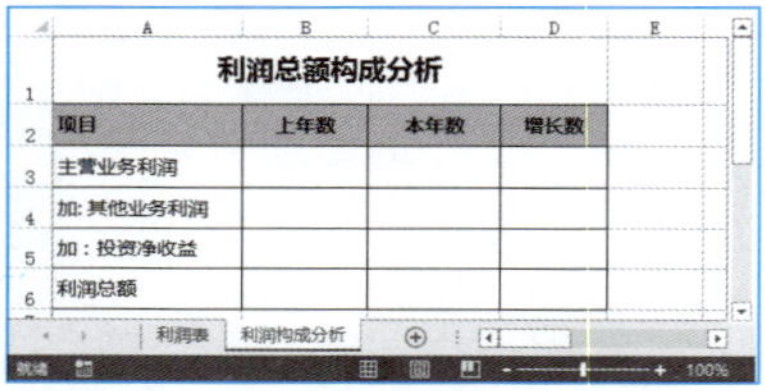

利润总额构成分析

项目	上年数	本年数	增长数
主营业务利润			
加：其他业务利润			
加：投资净收益			
利润总额			

图16-59

步骤3：设置公式

❶ 在B3单元格中输入公式：“=VLOOKUP(A3,can,2,FALSE)”，按回车键，向下复制公式至B6单元格，如图16-60所示。

❷ 在C3单元格中输入公式：“=VLOOKUP(A3,can,3,FALSE)”，然后复制公式至C6单元格，如图16-61所示。

❸ 在D3单元格中输入公式：“=C3-B3”，然后复制公式至D6单元格，如图16-62所示。

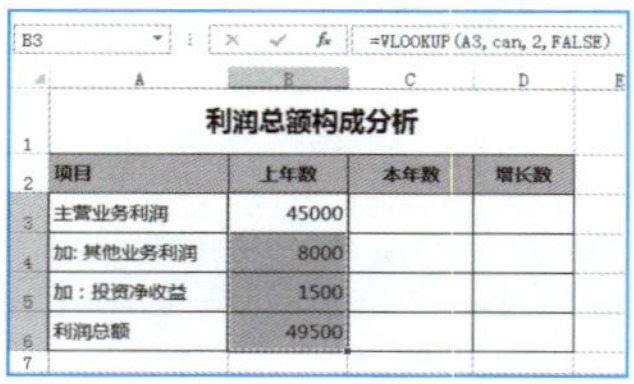

利润总额构成分析

项目	上年数	本年数	增长数
主营业务利润	45000		
加：其他业务利润	8000		
加：投资净收益	1500		
利润总额	49500		

图16-60

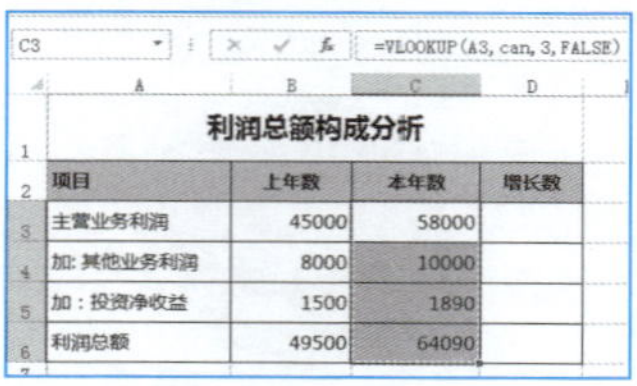

利润总额构成分析

项目	上年数	本年数	增长数
主营业务利润	45000	58000	
加：其他业务利润	8000	10000	
加：投资净收益	1500	1890	
利润总额	49500	64090	

图16-61

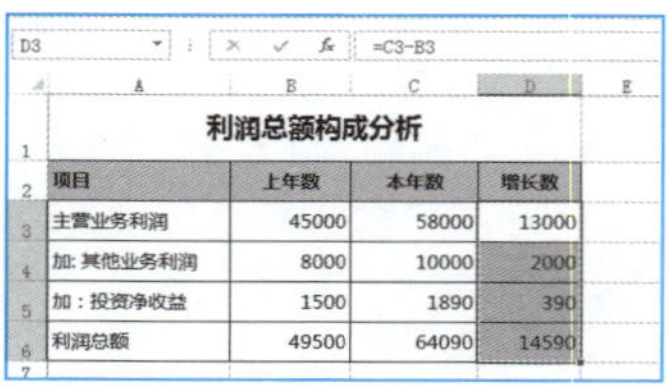

利润总额构成分析

项目	上年数	本年数	增长数
主营业务利润	45000	58000	13000
加：其他业务利润	8000	10000	2000
加：投资净收益	1500	1890	390
利润总额	49500	64090	14590

图16-62

步骤4：创建图表

❶ 选择A2：C5单元格区域，单击“插入”选项卡下“图表”选项组中“插入饼图或圆环图”按钮，在下拉菜单中选择“圆环图”子图表类型，如图16-63所示。

❷ 即可创建默认的圆环图，如图16-64所示。

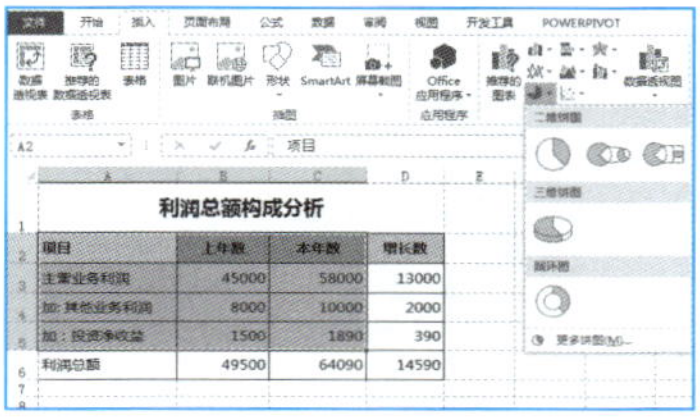

图16-63

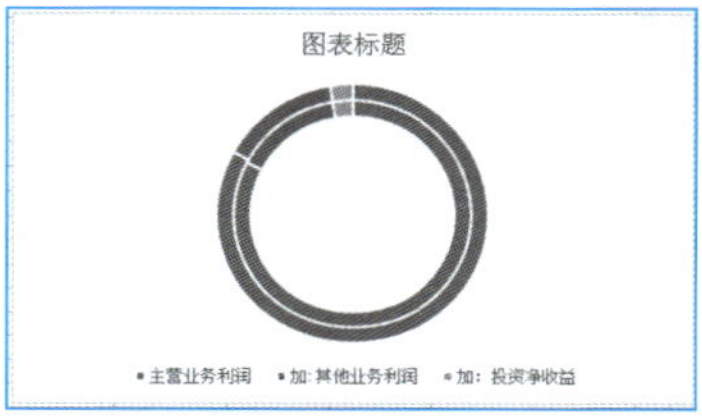

图16-64

步骤5：设置数据系列格式

❶ 打开“设置数据系列格式”窗格，在对话框中拖动“圆环图内径大小”的滑块至30%处，如图16-65所示。

❷ 选中图表，单击“图表样式”按钮，打开下拉列表，单击“颜色”标签，在列表选择一种图表颜色（单击即可应用），效果如图16-66所示。

图16-65

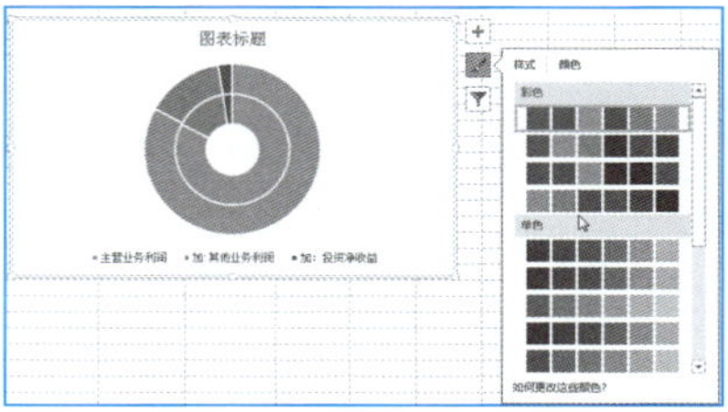

图16-66

步骤6：设置数据标签

❶ 选中图表中“上年数”系列，单击“图表元素”按钮，打开下拉菜单，单击“数据标签”右侧按钮，在子菜单中单击“更多选项”（如图16-67所示），打开“设置数据标签格式”窗格。

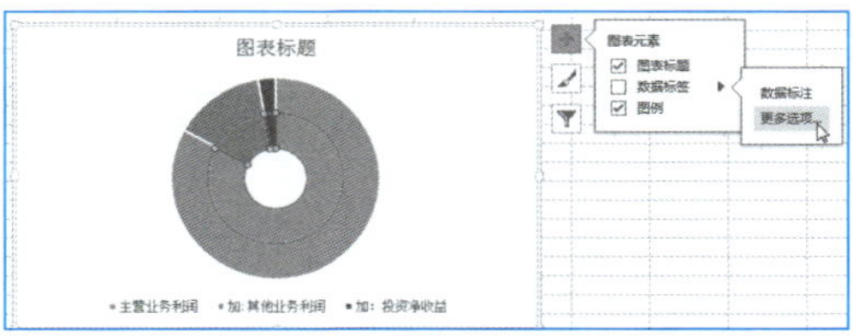

图16-67

❷ 在“标签选项”栏下选中要显示标签前的复选框，这里选中“系列名称”、“百分比”，如图16-68所示。

❸ 返回工作表中，系统会为图表添加系列名称和百分比标签，如图16-69所示。

图16-68

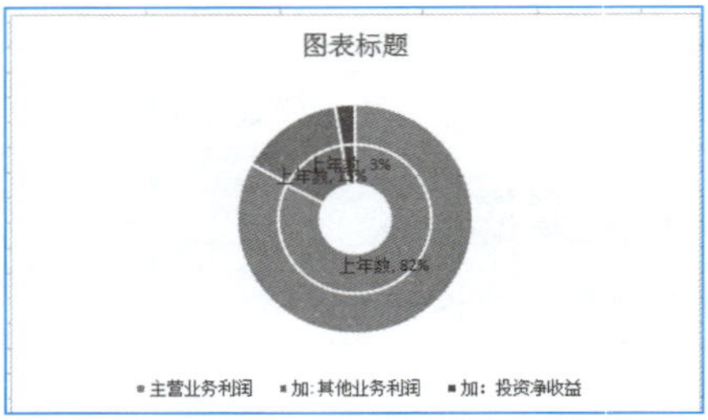

图16-69

❹ 使用相同的方法，显示“本年数”系列的系列名称和百分比标签，删除图表标题框，进一步完善，效果如图16-70所示。

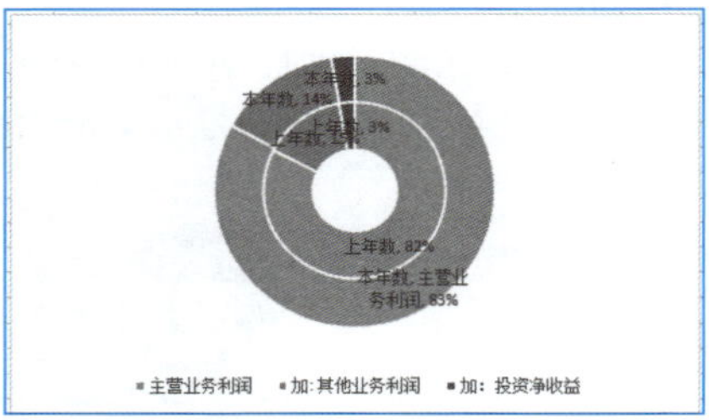

图16-70

文件210　各季度利润比较图

为了解各季度的利润情况，可以使用迷你图分析全年每个季度的利润情况。

制作要点与设计效果图

- 设置公式
- 创建迷你图
- 更改迷你图颜色
- 标出高点

全年各季度利润统计表　　单位：万元

	1季度	2季度	3季度	4季度
万达店	4.8	2.58	2.45	6.35
百大店	4.6	3.15	2.95	5.46
天鹅湖店	2.8	4.4	5.42	1.8
新地中心店	3.52	4.56	5.8	2.12
合计	15.72	14.69	16.62	15.73

文件设计过程

步骤1：创建表格

打开“全年各季度利润统计表”工作表，选中B7单元格，在公式编辑栏中输入公式：“=SUM(B3:B6)”，按回车键后向右填充，即可计算出各店铺各季度的销售总利润，如图16-71所示。

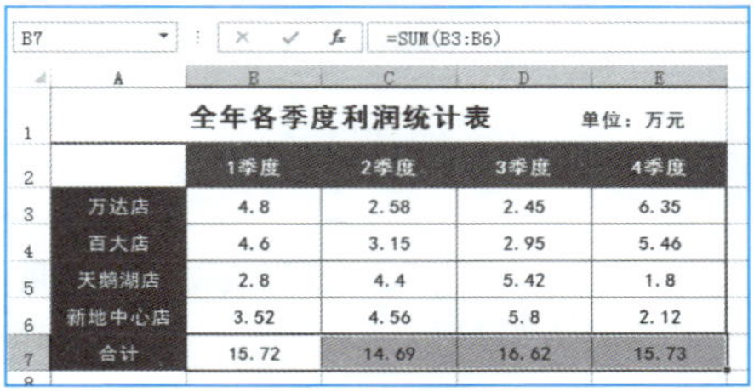

图16-71

步骤2：创建迷你图

1 选中要在其中绘制图表的单元格，切换到“插入”选项卡，在“迷你图”组中选择一种合适迷你图类型，如“柱形图”，如图16-72所示。

2 打开“创建迷你图”对话框，在“数据范围”文本框中输入或从表格中选择需要引用的数据区域，如B3:E3单元格区域，“位置范围”框中自动显示为之前选中的用于绘制图表的单元格（如果之前未选择，则可以直接输入），如图16-73所示。

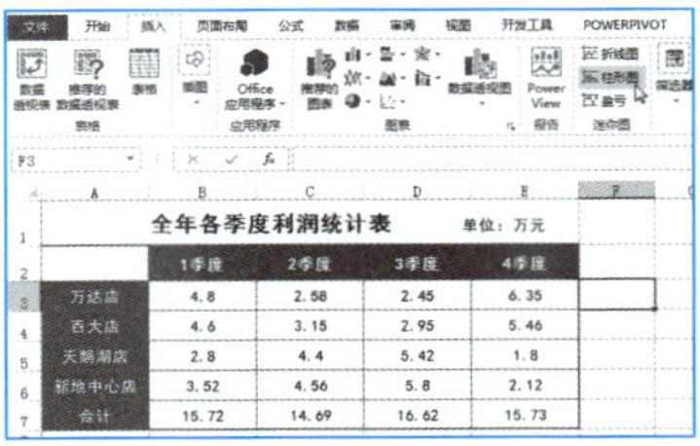

图16-72

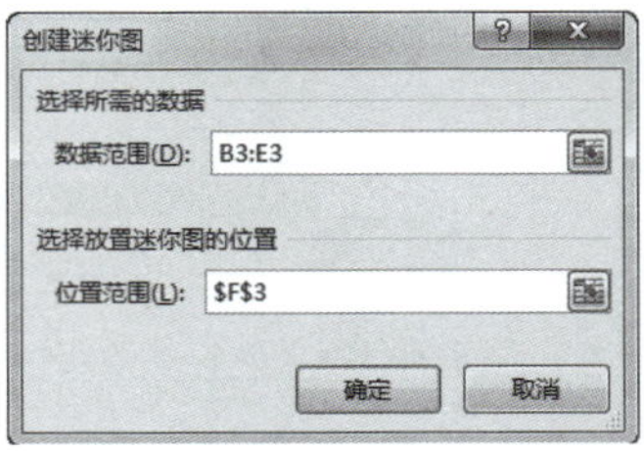

图16-73

3 单击“确定”按钮，即可在B8单元格中创建一个柱形迷你图，如图16-74所示。

4 选中F3单元格，将鼠标放置在单元格右下角，当鼠标变成实心十字形，按住鼠标向下拖动，即可得出其他数据的迷你图，可以方便比较各个季度中各店的利润高低，如图16-75所示。

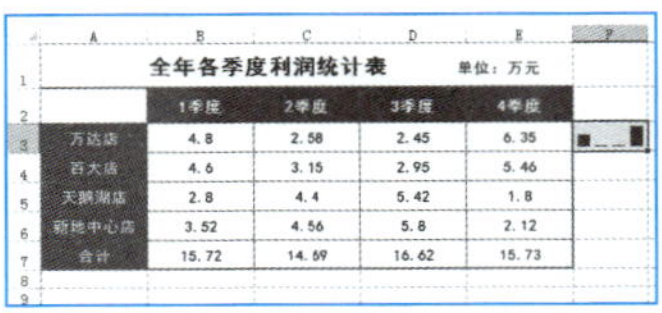

图16-74

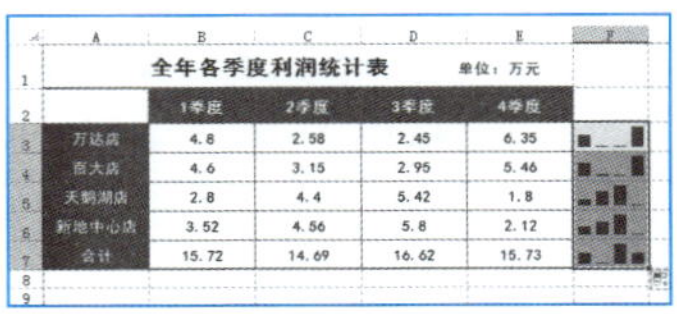

图16-75

步骤3：更改迷你图颜色

单击“迷你图工具”→“分析”选项卡，在“样式”选项组中单击“迷你图颜色”按钮，从展开的下拉列表中选择绿色，如图16-76所示。

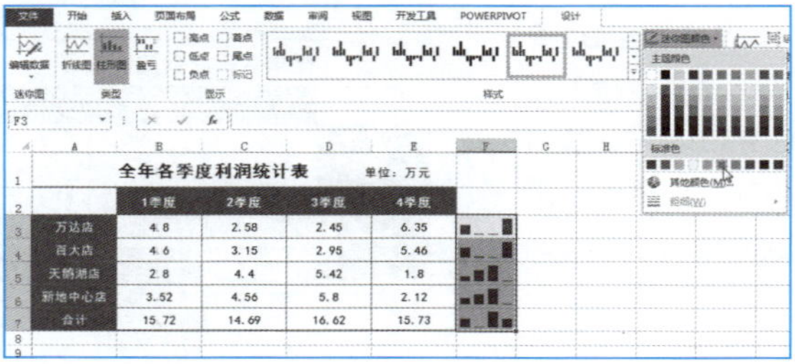

图16-76

步骤4：标记高低点

❶ 单击“迷你图工具”→“分析”选项卡，在“样式”选项组中单击“标记颜色”按钮，从展开的下拉列表中单击“高点”，在子菜单中选择一种颜色，如图16-77所示。

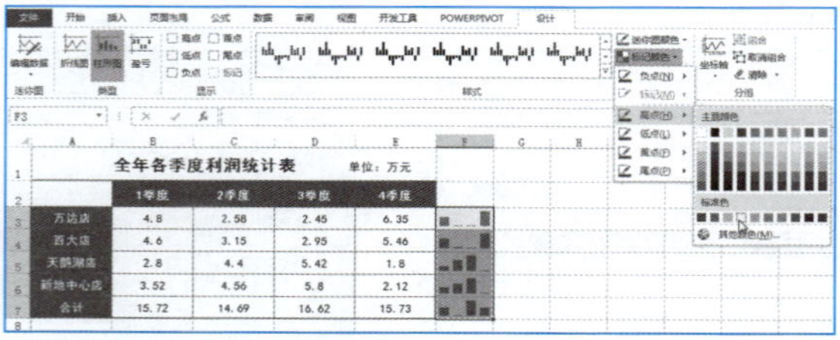

图16-77

❷ 此时，选中的迷你图应用指定的颜色并标记出着高点。接着在“样式”选项组中单击“标记颜色”按钮，从展开的下拉列表中单击“低点”，在子菜单中选择一种颜色，如图16-78所示。

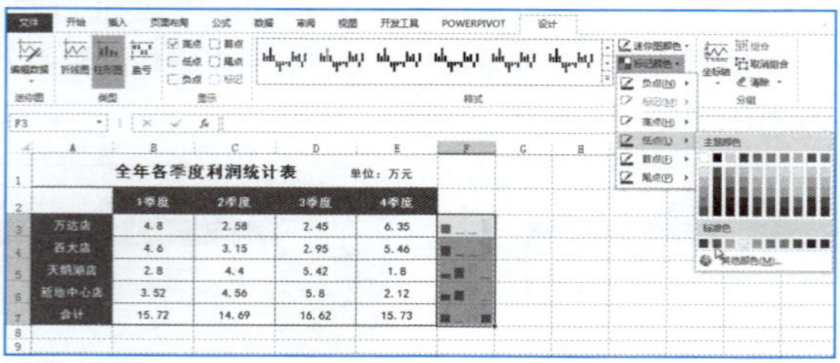

图16-78

3 此时，选中的迷你图应用指定的颜色并标记出着低点，如图16-79所示。

	A	B	C	D	E	F
1	全年各季度利润统计表			单位：万元		
2		1季度	2季度	3季度	4季度	
3	万达店	4.8	2.58	2.45	6.35	
4	百大店	4.6	3.15	2.95	5.46	
5	天鹅湖店	2.8	4.4	5.42	1.8	
6	新地中心店	3.52	4.56	5.8	2.12	
7	合计	15.72	14.69	16.62	15.73	
8						

图16-79

文件211　产品利润完成情况分析

在Excel中，可以使用条件格式突出显示完成计划利润的产品。

制作要点与设计效果图

- 设置单元格填充（参考文件5）
- 设置表格边框（参考文件1、2、3）
- 设置公式（参考文件5）

各产品利润完成情况表

单位：万元

产品名称	上年实际数		本年计划数		本年实际数	
	利润额	成本利润率（%）	利润额	成本利润率（%）	利润额	成本利润率（%）
A	18000	12.85	19000	15.75	14550	10.6
B	16665	8.76	13465	14.76	23950	14.78
C	17688	13.56	20826	12.28	16500	10.31
合计	52353	11.72	53291	14.26	55000	11.90

文件212　各子公司利润结构图

对于大型的集团公司，旗下会存在不同的单独核算的子公司，通常在年末，应分别分析各个子公司在本年度的利润结构图，以便掌握哪些子公司盈利，哪些子公司亏损。

制作要点与设计效果图

- VLOOKUP函数（参考函数61）
- INDEX函数（参考函数37）
- 创建复合饼图（参考文件154）

各子公司利润结构分析

子公司名称		销售利润
芜湖		1198148.5
安庆		1225945.6
合肥	合肥A公司	355386.2
	合肥B公司	435755.5
	合肥C公司	298670.6
	合肥D公司	359085.5

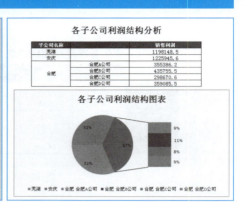

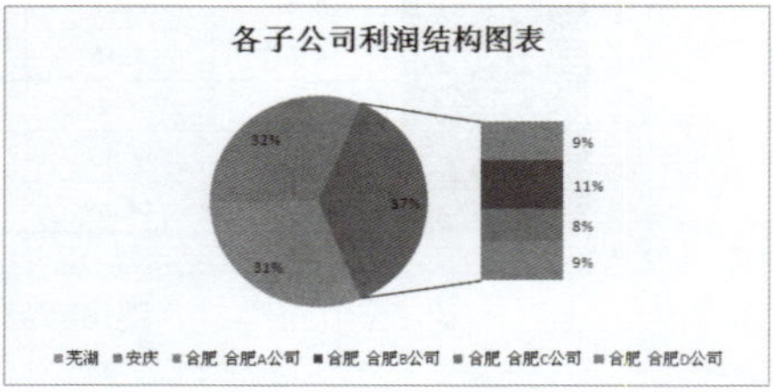

文件213　销售利润年度比较表

如果知晓公司上年度与本年度的销售收入、销售成本、销售税金以及销售费用等，可以比较本年度与上年度间销售利润的增长情况，计算出销售利润以及增减比例后，可以使用图表直观地显示出利润的增减值。

制作要点与设计效果图

- 创建混合图表（参考文件155）
- 隐藏纵坐标和网格线（参考文件190）

销售利润年度比较图表

项目	上年度	本年度	增减比率
销售收入	94642.11	114528.49	21.01%
销售成本	8338.85	7078.38	-15.12%
销售费用	6858.82	6209.40	-9.47%
销售税金	3878.08	4243.76	9.43%
销售利润	75716.36	97146.95	28.30%

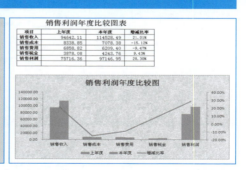

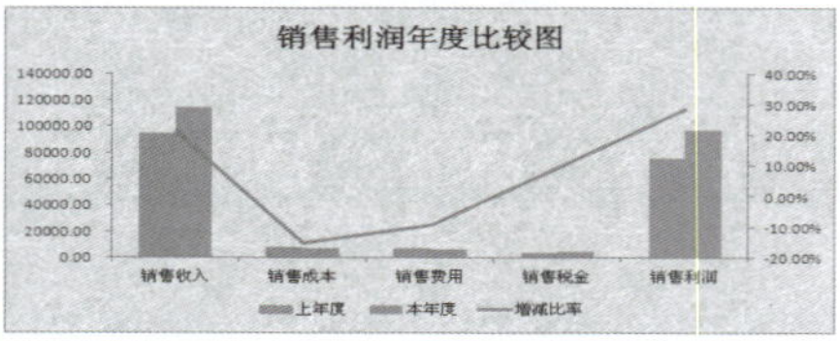

文件214　主要利润中心利润产品结构图

如果知晓主要利润中心的整年结构，想要在图表中继续反映主要利润中心产品结构图，可以创建复合饼图，在第二个绘图区域中反映产品的利润结构。

制作要点与设计效果图

- 创建复合饼图（参考文件154）
- 添加数据标签（参考文件141）
- 设置数据系列格式（参考文件193）

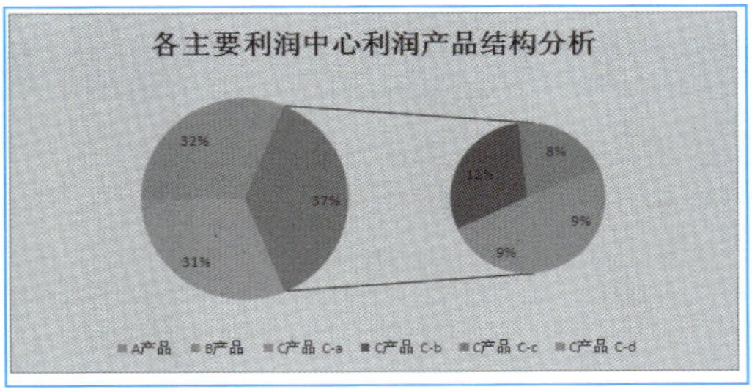

文件215　产品单位利润比较图

通过对产品单位利润进行比较，可以得出企业高价值产品和低价值产品。并分别对高价值产品和低价值产品制定出销售策略。

制作要点与设计效果图

- 定义动态名称区域（参考文件63）
- 数据验证（参考文件13）
- VLOOKUP函数（参考函数36）
- SUMIF函数（参考函数96）

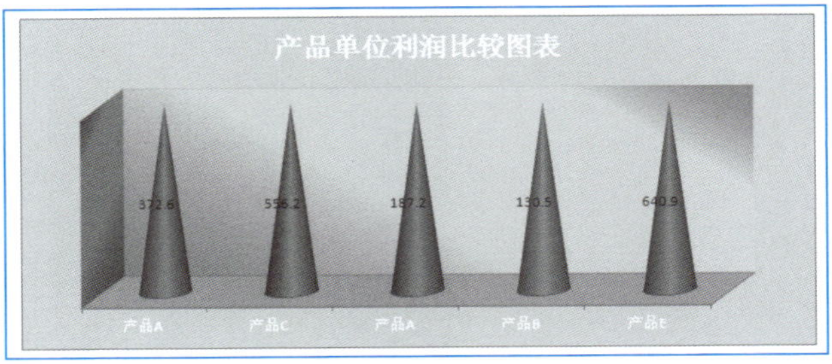

文件216　产品利润趋势变动图

利润率是衡量产量利润的一个主要指标，通过分析产品利润率随时间的变化趋势，可以分析出产品利润随着季节变动等因素而引起的变动，并绘制折线图对产品利润率进行预测分析。

制作要点与设计效果图

- 创建带数据点折线图（参考文件127）
- 添加趋势线参考文件169）
- 显示公式（参考文件169）

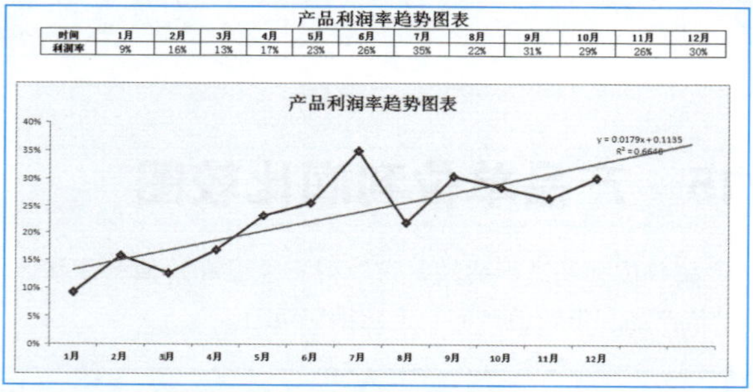

Excel

第17章

固定资产管理表格

在固定资产管理中，必须包含固定资产的折旧管理。折旧是指固定资产在使用过程中因损耗而转到产品中去的那部分价值的一种补偿方式。通常，固定资产的折旧法有：余额法、年限总和法、双倍余额递减法、直线法。

除了固定资产的折旧外，企业在日常工作中还应加强固定资产的管理，让企业的固定资产得到运用，为企业尽可能的带来更多的经济效益。

编号	文件名称	对应的数据源	重要星级
文件217	固定资产清单	第17章\文件217 固定资产清单.xlsx	★★★★
文件218	余额法计提折旧表	第17章\文件218 余额法计提折旧表.xlsx	★★★★★
文件219	双倍余额递减法计提折旧表	第17章\文件219 双倍余额递减法计提折旧表.xlsx	★★★★★
文件220	年限总和法计提折旧表	第17章\文件220 年限总和法计提折旧表.xlsx	★★★★
文件221	多种折旧方法综合计算表	第17章\文件221 多种折旧方法综合计算表.xlsx	★★★★
文件222	固定资产累计折旧明细表	第17章\文件222 固定资产累计折旧明细表.xlsx	
文件223	固定资产累计折旧明细表	第17章\文件223 固定资产累计折旧明细表.xlsx	★★★
文件224	固定资产的查询	第17章\文件224 固定资产的查询.xlsx	★★★
文件225	固定资产减损单	第17章\文件225 固定资产减损单.xlsx	★★★
文件226	固定资产增加	第17章\文件226 固定资产增加.xlsx	★★★
文件227	固定资产转移单	第17章\文件227 固定资产转移单.xlsx	★★
文件228	固定资产出售比价	第17章\文件228 固定资产出售比价.xlsx	★★★
文件229	固定资产改造、大修审批表	第17章\文件229 固定资产改造、大修审批表.xlsx	★★★
文件230	折旧费用分布统计表	第17章\文件230 折旧费用分布统计表.xlsx	★★

文件217 固定资产清单

固定资产是指使用超过一年的房屋、建筑物、机器、机械、运输工具以及其他与生产经营有关的设备、器具、工具等。企业的固定资产是其进行生产经营活动的根本条件，在企业总资产中占有相当大比重。固定资产清单相当于一个固定资产的数据库，用来记录固定资产的所有数据。

制作要点与设计效果图

- IF函数（参考函数1、3）
- MONTH函数（参考函数3）
- YEAR函数（参考函数12）
- DAYS360函数（参考函数39）

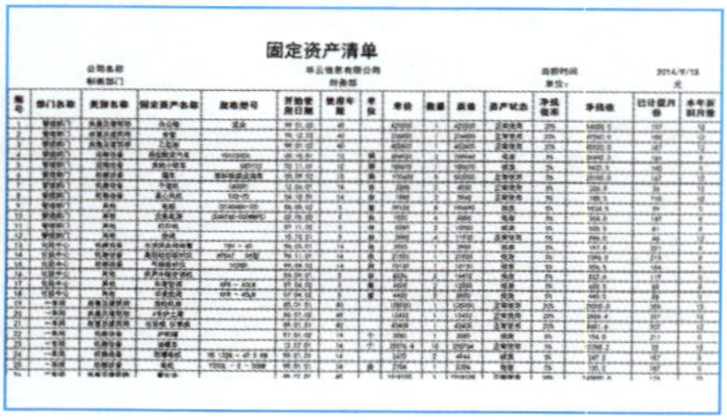

文件设计过程

步骤1：冻结窗格

❶ 打开“固定资产清单”工作表，选中O2单元格，在公式编辑栏中输入公式：“=TODAY()”，按回车键，即可得到当前年月，如图17-1所示。

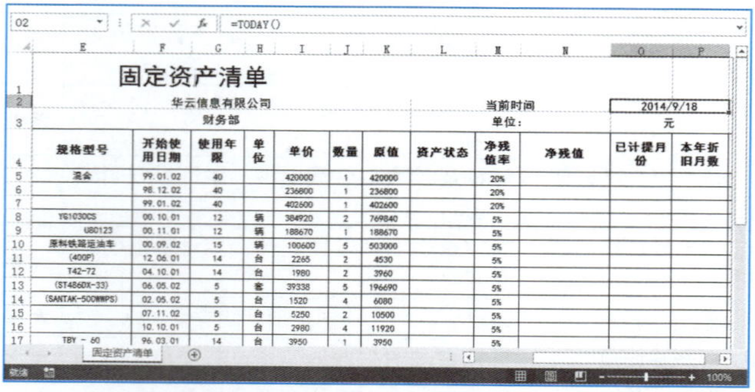

固定资产清单

华云信息有限公司　　当前时间　2014/9/18

财务部　　单位：　元

规格型号	开始使用日期	使用年限	单位	单价	数量	原值	资产状态	净残值率	净残值	已计提月份	本年折旧月数
混合	99.01.02	40		420000	1	420000		20%			
	98.12.02	40		236800	1	236800		20%			
	99.01.02	40		402600	1	402600		20%			
YG1030CS	00.10.01	12	辆	384920	2	769840		5%			
U80123	00.11.01	12	辆	188670	1	188670		5%			
原料铁路运油车	00.09.02	15	辆	100600	5	503000		5%			
(400P)	12.06.01	14	台	2265	2	4530		5%			
T42-72	04.10.01	14	台	1980	2	3960		5%			
(ST486DX-33)	06.05.02	5	套	39338	5	196690		5%			
(SANTAK-500WWPS)	02.05.02	5	台	1520	4	6080		5%			
	07.11.02	5	台	5250	2	10500		5%			
	10.10.01	5	台	2980	4	11920		5%			
TBY－60	96.03.01	14	台	3950	1	3950		5%			

图17–1

❷ 选中A5单元格，切换到“视图”选项卡，在“窗口”选项组单击“冻结窗口”按钮，在下拉列表中选择“冻结拆分窗口”命令，如图17-2所示。

❸ 冻结拆分单元格后，可以向下翻滚查看数据，而行列标识始终显示出来，如图17-3所示。

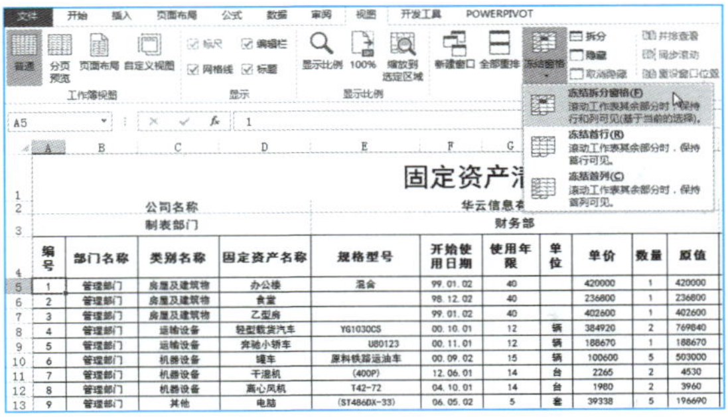

图17-2

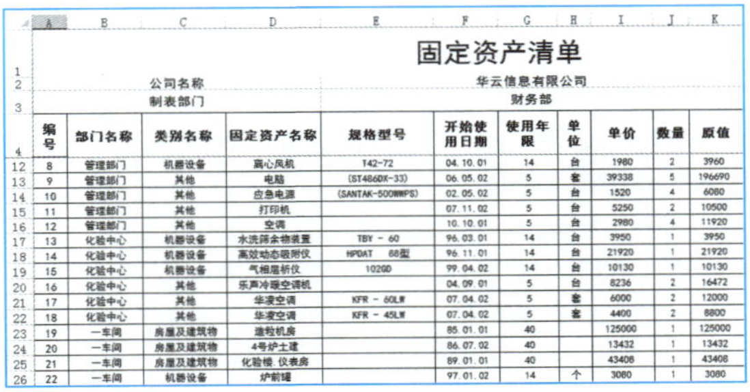

图17-3

步骤2：设置公式计算固定资产情况

❶ 选中L5单元格，在公式编辑栏中输入公式：“=IF(AND(YEAR($O$2)=YEAR(F5),MONTH($O$2)=MONTH(F5)),"当月新增",IF((DAYS360(F5,$O$2))/365<=G5,"正常使用","报废"))”按回车键后向下复制公式，即可得到固定资产目前状态，如图17-4所示。

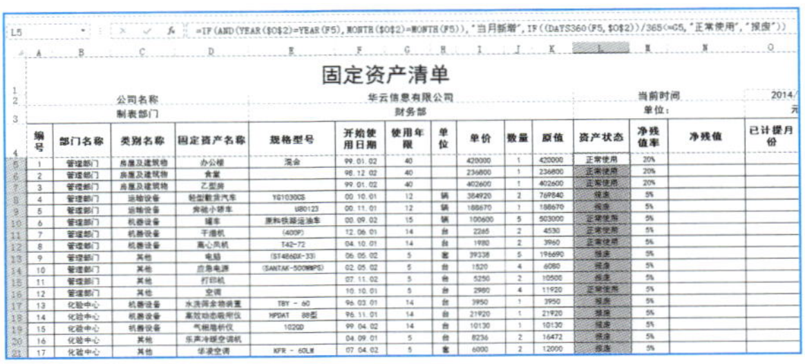

图17-4

❷ 选中N5单元格，在公式编辑栏中输入公式：“=K5*M5”按回车键后向下复制公式，即可计算出各项资产期末残净值，如图17-5所示。

N5 =K5*M5

固定资产清单

华云信息有限公司 当前时间 2014/9/18

财务部 单位： 元

固定资产名称	规格型号	开始使用日期	使用年限	单位	单价	数量	原值	资产状态	净残值率	净残值	已计提月份	本年折旧月数
办公楼	混合	99.01.02	40		420000	1	420000	正常使用	20%	84000.0		
食堂		98.12.02	40		236800	1	236800	正常使用	20%	47360.0		
乙型房		99.01.02	40		402600	1	402600	正常使用	20%	80520.0		
轻型载货汽车	YG1030CS	00.10.01	12	辆	384920	2	769840	报废	5%	38492.0		
奔驰小轿车	UH0123	00.11.01	12	辆	188670	1	188670	报废	5%	9433.5		
罐车	原料铁路运油车	00.09.02	15	辆	100600	5	503000	正常使用	5%	25150.0		
干燥机	(400P)	12.06.01	14	台	2265	2	4530	正常使用	5%	226.5		
离心风机	T42-72	04.10.01	14	台	1980	2	3960	正常使用	5%	198.0		
电脑	(ST4860X-33)	06.05.02	5	套	39338	5	196690	报废	5%	9834.5		
应急电源	(SANTAK-500WWPS)	02.05.02	5	台	1520	4	6080	报废	5%	304.0		
打印机		07.11.02	5	台	5250	2	10500	报废	5%	525.0		
空调		10.10.01	5	台	2980	4	11920	正常使用	5%	596.0		
水洗筛余物装置	TBY - 60	96.03.01	14	台	3950	1	3950	报废	5%	197.5		
高效动态吸附仪	HPDAT 08型	96.11.01	14	台	21920	1	21920	报废	5%	1096.0		
气相层析仪	1020E	99.04.02	14	台	10130	1	10130	报废	5%	506.5		
乐声冷暖空调机		04.09.01	5	台	8236	2	16472	报废	5%	823.6		
华凌空调	KFR - 60LW	07.04.02	5	套	6000	2	12000	报废	5%	600.0		

图17-5

提 示

公式“=IF(AND(YEAR($O$2)=YEAR(F5),MONTH($O$2)=MONTH(F5)),”当月新增",IF((DAYS360(F5,$O$2))/365<=G5,"正常使用","报废"))”

1. “=IF(AND(YEAR($O$2)=YEAR(F5),MONTH($O$2)=MONTH(F5)),”当月新增"”表示，如果F5单元格中时间的年份等于O2单元格的年份，且F5单元格中的月份也等于O2单元格中的月份，则在L5单元格中返回“本月新增”。

2. “IF((DAYS360(F5,$O$2))/365<=G5,”正常使用","报废"”表示，如果F5单元格的起始日期和O2单元格中的结束日期之间的值除以365天小于G5的值，则在L5单元格中返回“正常使用”，如果两个日期之间除以365大于G5单元格的值，则在L5单元格中返回“报废”。

❸ 选中O5单元格，在公式编辑栏中输入公式：“=IF(A5="","",IF(L5="当月新增",0,(YEAR($O$2)-YEAR(F5))*12+MONTH($O$2)-MONTH(F5)-1))”，按回车键后向下复制公式，即可计算出已提取的折旧月数，如图17-6所示。

O5 =IF(A5="","",IF(L5="当月新增",0,(YEAR($O$2)-YEAR(F5))*12+MONTH($O$2)-MONTH(F5)-1))

固定资产清单

华云信息有限公司 当前时间 2014/9/18

财务部 单位： 元

固定资产名称	规格型号	开始使用日期	使用年限	单位	单价	数量	原值	资产状态	净残值率	净残值	已计提月份	本年折旧月数
办公楼	混合	99.01.02	40		420000	1	420000	正常使用	20%	84000.0	187	
食堂		98.12.02	40		236800	1	236800	正常使用	20%	47360.0	188	
乙型房		99.01.02	40		402600	1	402600	正常使用	20%	80520.0	187	
轻型载货汽车	YG1030CS	00.10.01	12	辆	384920	2	769840	报废	5%	38492.0	166	
奔驰小轿车	UH0123	00.11.01	12	辆	188670	1	188670	报废	5%	9433.5	165	
罐车	原料铁路运油车	00.09.02	15	辆	100600	5	503000	正常使用	5%	25150.0	167	
干燥机	(400P)	12.06.01	14	台	2265	2	4530	正常使用	5%	226.5	26	
离心风机	T42-72	04.10.01	14	台	1980	2	3960	正常使用	5%	198.0	118	
电脑	(ST4860X-33)	06.05.02	5	套	39338	5	196690	报废	5%	9834.5	99	
应急电源	(SANTAK-500WWPS)	02.05.02	5	台	1520	4	6080	报废	5%	304.0	147	
打印机		07.11.02	5	台	5250	2	10500	报废	5%	525.0	81	
空调		10.10.01	5	台	2980	4	11920	正常使用	5%	596.0	46	
水洗筛余物装置	TBY - 60	96.03.01	14	台	3950	1	3950	报废	5%	197.5	221	
高效动态吸附仪	HPDAT 08型	96.11.01	14	台	21920	1	21920	报废	5%	1096.0	213	
气相层析仪	1020E	99.04.02	14	台	10130	1	10130	报废	5%	506.5	184	
乐声冷暖空调机		04.09.01	5	台	8236	2	16472	报废	5%	823.6	119	
华凌空调	KFR - 60LW	07.04.02	5	套	6000	2	12000	报废	5%	600.0	88	

图17-6

❹ 选中P5单元格，在公式编辑栏中输入公式：“=IF(L5="报废",0,IF(AND(YEAR(F5)<YEAR($O$2),YEAR($O$2)<(YEAR(F5)+G5)),12,12-MONTH(F5)))”，按回车键后向下复制公式，即可计算出本年度应该提取的折旧月数，如图17-7所示。

P5　=IF(L5="报废",0,IF(AND(YEAR(F5)<YEAR($O$2),YEAR($O$2)<(YEAR(F5)+G5)),12,12-MONTH(F5)))

固定资产清单

华云信息有限公司　　当前时间　2014/9/18

财务部　　单位：　元

固定资产名称	规格型号	开始使用日期	使用年限	单位	单价	数量	原值	资产状态	净残值率	净残值	已计提月份	本年折旧月数
办公楼	混合	99.01.02	40		420000	1	420000	正常使用	20%	84000.0	187	12
食堂		98.12.02	40		236800	1	236800	正常使用	20%	47360.0	188	12
乙型房		99.01.02	40		402600	1	402600	正常使用	20%	80520.0	187	12
轻型载货汽车	YG1030CS	00.10.01	12	辆	384920	2	769840	报废	5%	38492.0	166	0
奔驰小轿车	U80123	00.11.01	12	辆	188670	1	188670	报废	5%	9433.5	165	0
罐车	原料铁路运油车	00.09.02	15	辆	100600	5	503000	正常使用	5%	25150.0	167	12
干湿机	(400P)	12.06.01	14	台	2265	2	4530	正常使用	5%	226.5	26	12
离心风机	T42-72	04.10.01	14	台	1980	2	3960	正常使用	5%	198.0	118	12
电脑	(ST486DX-33)	06.05.02	5	套	39338	5	196690	报废	5%	9834.5	99	0
应急电源	(SANTAK-500WWPS)	02.05.02	5	台	1520	4	6080	报废	5%	304.0	147	0
打印机		07.11.02	5	台	5250	2	10500	报废	5%	525.0	81	0
空调		10.10.01	5	台	2980	4	11920	正常使用	5%	596.0	46	12
水洗筛余物装置	TBY - 60	96.03.01	14	台	3950	1	3950	报废	5%	197.5	221	0
高效动态吸附仪	HPDAT 88型	96.11.01	14	台	21920	1	21920	报废	5%	1096.0	213	0
气相层析仪	102GD	99.04.02	14	台	10130	1	10130	报废	5%	506.5	184	0
乐声冷暖空调机		04.09.01	5	台	8236	2	16472	报废	5%	823.6	119	0

图17-7

文件218　余额法计提折旧表

固定余额递减法是固定资产折旧法中的一种，它是指用一个固定的折旧率乘以各个年初固定资产账面净值计算各年折旧额的一种方法。在Excel中可以使用固定余额递减法函数BD函数计算出相关的折旧数据。

制作要点与设计效果图

- 设置数据验证（参考文件13）
- IF函数（参考函数1、3）
- ROW函数（参考函数5、22）
- DB函数（参考函数181）

余额法提计折旧表

公司名称　华云信息有限公司　　单位：　元

当前日期	2014/9/18	已计提月数	166		
编号	4	固定资产名称	轻型载货汽车		
类别名称	运输设备	使用部门	管理部门		
启用日期	2000/10/1	使用年限	12	资产状态	报废
资产原值	769840.0	净残值率	5%	净残值	38492.0

固定资产折旧计算

年份	年折旧额	年折旧率	月折旧额	月折旧率	累计折旧额	折余价值
0						769840.00
1	￥28,355.77	3.68%	￥2,362.98	0.307%	￥28,355.77	￥741,484.23
2	￥163,868.01	21.29%	￥13,655.67	1.774%	￥192,223.79	￥577,616.21
3	￥127,653.18	16.58%	￥10,637.77	1.382%	￥319,876.97	￥449,963.03
4	￥99,441.83	12.92%	￥8,286.82	1.076%	￥419,318.80	￥350,521.20
5	￥77,465.19	10.06%	￥6,455.43	0.839%	￥496,783.99	￥273,056.01
6	￥60,345.38	7.84%	￥5,028.78	0.653%	￥557,129.36	￥212,710.64
7	￥47,009.05	6.11%	￥3,917.42	0.509%	￥604,138.41	￥165,701.59
8	￥36,620.05	4.76%	￥3,051.67	0.396%	￥640,758.47	￥129,081.53
9	￥28,527.02	3.71%	￥2,377.25	0.309%	￥669,285.48	￥100,554.52
10	￥22,222.55	2.89%	￥1,851.88	0.241%	￥691,508.03	￥78,331.97
11	￥17,311.36	2.25%	￥1,442.61	0.187%	￥708,819.40	￥61,020.60
12	￥13,485.55	1.75%	￥1,123.80	0.146%	￥722,304.95	￥47,535.05

文件设计过程

步骤1：定义名称

❶ 打开“固定资产清单”工作表，在“公式”选项卡的“定义名称”选项组单击“定义名称”按钮，如图17-8所示。

❷ 打开“新建名称”对话框，输入名称“编号”，接着设置引用位置公式为：“=OFFSET(固定资产清单!$A$4,,,COUNTA(固定资产清单!$A:$A)-3,)”，如图17-9所示。

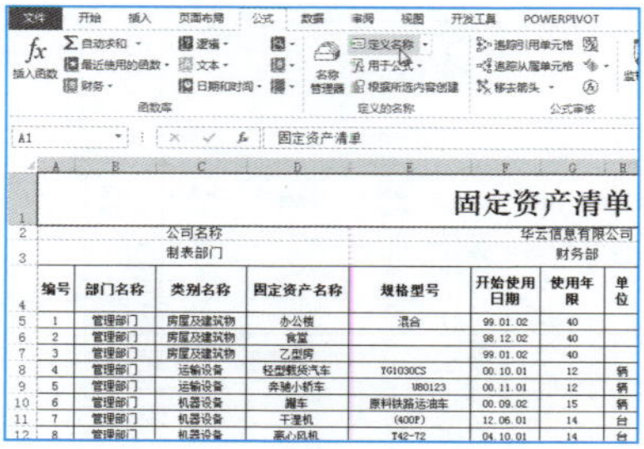

图17-8

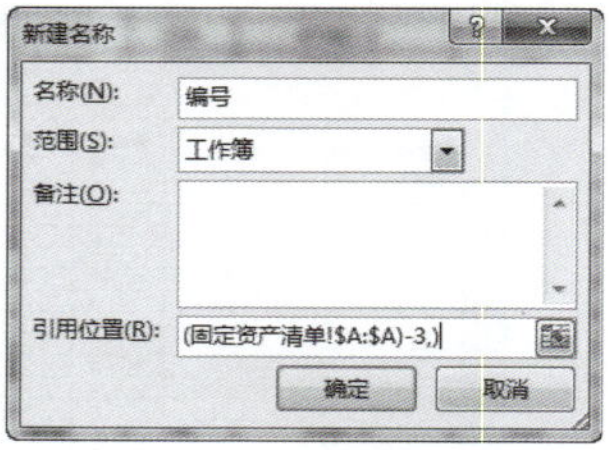

图17-9

步骤2：设置数据验证

❶ 插入新工作表，将其重命名为“余额法提计折旧表”，在工作表中输入“余额法计提折旧表”的内容，选中C4单元格，打开“数据验证”对话框，在“允许”下拉列表中选择“序列”，设置来源为：“=编号”，如图17-10所示。

❷ 返回工作表中，单击C4单元格右侧的下拉按钮，可以直接从下拉列表中选择需要计算折旧的固定资产编号，如图17-11所示。

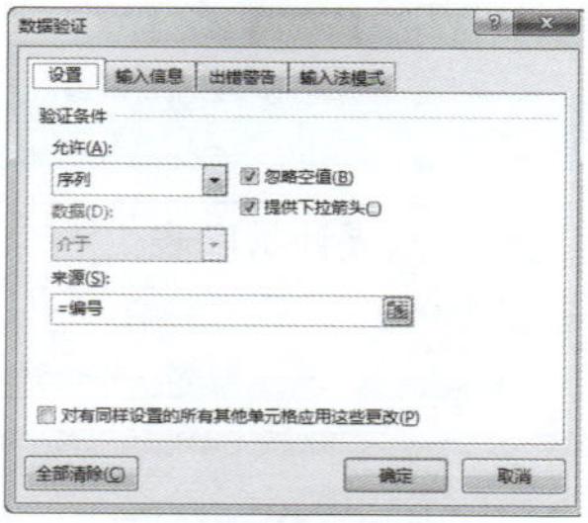

图17-10

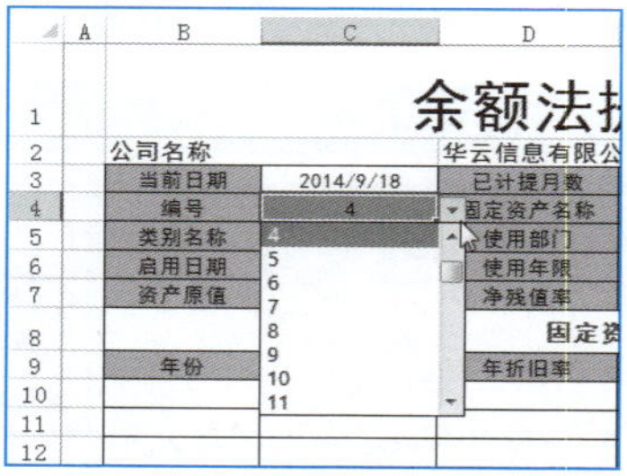

图17-11

步骤3：VLOOKUP函数返回资产信息

❶ 选中E3单元格，在公式编辑栏中输入公式：“=VLOOKUP($C$4,固定资产清单!$A:$P,15,FALSE)”，按回车键，即可得到固定资产已提计月数，如图17-12所示。

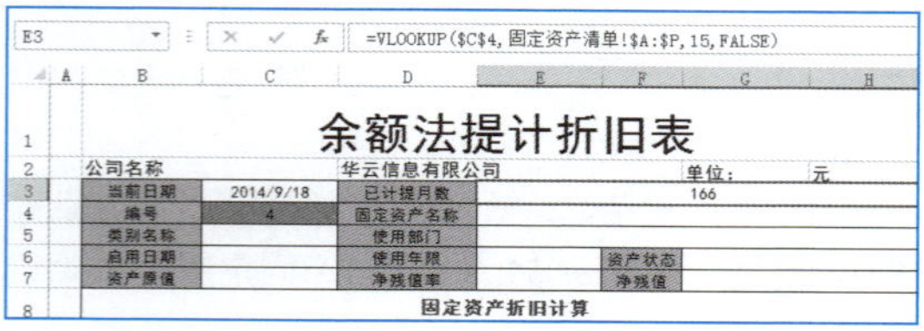

图17-12

❷ 选中E4单元格，在公式编辑栏中输入公式：“=VLOOKUP($C$4,固定资产清单!$A:$P,4,FALSE)”，按回车键，即可得到固定资产名称,如图17-13所示。

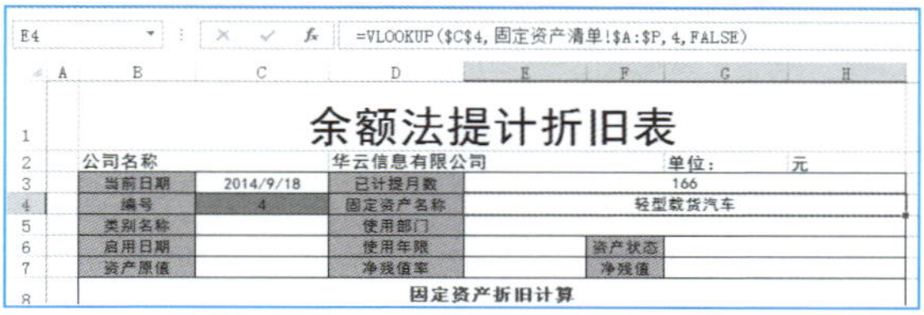

图17-13

❸ 使用类似的公式完成固定资产的其他数据的提取，如图17-14所示。

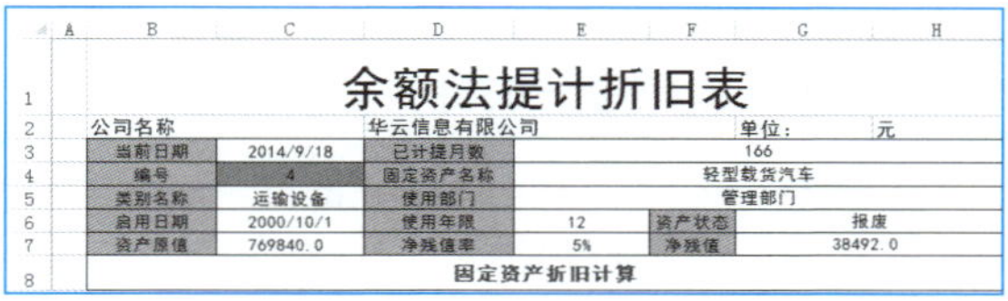

图17-14

步骤4：使用余额法提计折旧表

❶ 在B10单元格中输入0，选中B11单元格，在公式编辑栏中输入公式：“=IF((ROW()-ROW($B$10))<=$E$6,ROW()-ROW($B$10),"")”按回车键后向下填充公式，来获取该固定资产应提取折旧的年分数，如图17-15所示。

图17-15

❷ 选中C11单元格，在公式编辑栏中输入公式：“=DB($C$7,$G$7,$E$6,B11,12-MONTH($C$6))”按回车键后向下填充公式，即可按固定余额法计算各年应提取的折旧额数，如图17-16所示。

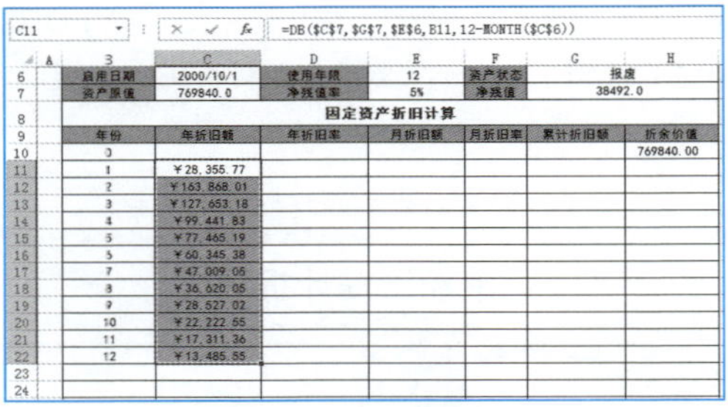

C11 =DB($C$7,$G$7,$E$6,B11,12-MONTH($C$6))

行	B	C	D	E	F	G	H
6	启用日期	2000/10/1	使用年限	12	资产状态	报废	
7	资产原值	769840.0	净残值率	5%	净残值	38492.0	
8	固定资产折旧计算						
9	年份	年折旧额	年折旧率	月折旧额	月折旧率	累计折旧额	折余价值
10	0						769840.00
11	1	￥28,355.77					
12	2	￥163,868.01					
13	3	￥127,653.18					
14	4	￥99,441.83					
15	5	￥77,465.19					
16	6	￥60,345.38					
17	7	￥47,009.05					
18	8	￥36,620.05					
19	9	￥28,527.02					
20	10	￥22,222.55					
21	11	￥17,311.36					
22	12	￥13,485.55					

图17-16

公式分析：

"=DB($C$7,$G$7,$E$6,B11,12-MONTH($C$6))"表示根据C7单元格中原资产值、G7单元格中资产残值、E6单元格资产使用寿命、B11单元格需要计算折旧值的时间和月份数计算资产在第一年的折旧值。

❸ 选中D11单元格，在公式编辑栏中输入公式："=IF(B11="","",C11/$C$7)"按回车键后向下填充公式，即可计算出年折旧率，如图17-17所示。

❹ 选中E11单元格，在公式编辑栏中输入公式："=IF($B11="","",ROUND(C11/12,2))"按回车键后向下填充公式，即可计算出月折旧额，如图17-18所示。

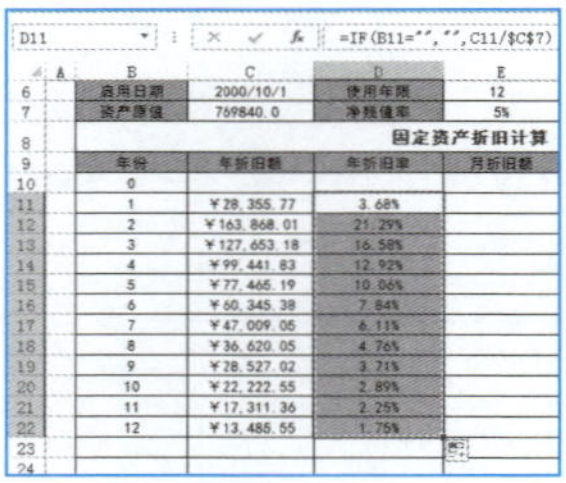

D11 =IF(B11="","",C11/$C$7)

行	B	C	D	E
6	启用日期	2000/10/1	使用年限	12
7	资产原值	769840.0	净残值率	5%
8	固定资产折旧计算			
9	年份	年折旧额	年折旧率	月折旧额
10	0			
11	1	￥28,355.77	3.68%	
12	2	￥163,868.01	21.29%	
13	3	￥127,653.18	16.58%	
14	4	￥99,441.83	12.92%	
15	5	￥77,465.19	10.06%	
16	6	￥60,345.38	7.84%	
17	7	￥47,009.05	6.11%	
18	8	￥36,620.05	4.76%	
19	9	￥28,527.02	3.71%	
20	10	￥22,222.55	2.89%	
21	11	￥17,311.36	2.25%	
22	12	￥13,485.55	1.75%	

图17-17

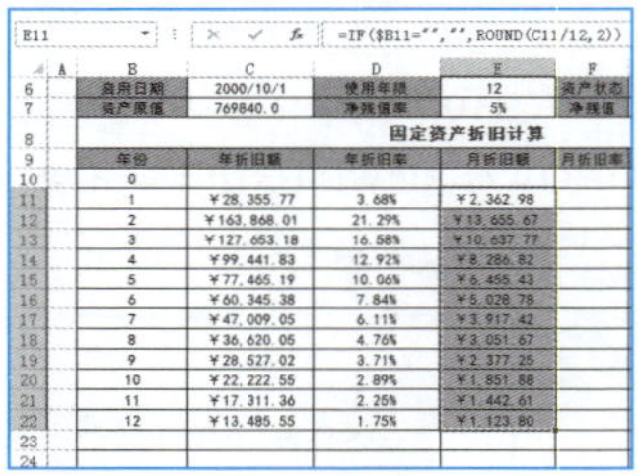

E11 =IF($B11="","",ROUND(C11/12,2))

行	B	C	D	E	F
6	启用日期	2000/10/1	使用年限	12	资产状态
7	资产原值	769840.0	净残值率	5%	净残值
8	固定资产折旧计算				
9	年份	年折旧额	年折旧率	月折旧额	月折旧率
10	0				
11	1	￥28,355.77	3.68%	￥2,362.98	
12	2	￥163,868.01	21.29%	￥13,655.67	
13	3	￥127,653.18	16.58%	￥10,637.77	
14	4	￥99,441.83	12.92%	￥8,286.82	
15	5	￥77,465.19	10.06%	￥6,455.43	
16	6	￥60,345.38	7.84%	￥5,028.78	
17	7	￥47,009.05	6.11%	￥3,917.42	
18	8	￥36,620.05	4.76%	￥3,051.67	
19	9	￥28,527.02	3.71%	￥2,377.25	
20	10	￥22,222.55	2.89%	￥1,851.88	
21	11	￥17,311.36	2.25%	￥1,442.61	
22	12	￥13,485.55	1.75%	￥1,123.80	

图17-18

❺ 选中F11单元格，在公式编辑栏中输入公式："=IF(B11="","", ROUND(D11/12,5))"按回车键后向下填充公式，即可计算出月折率，如图17-19所示。

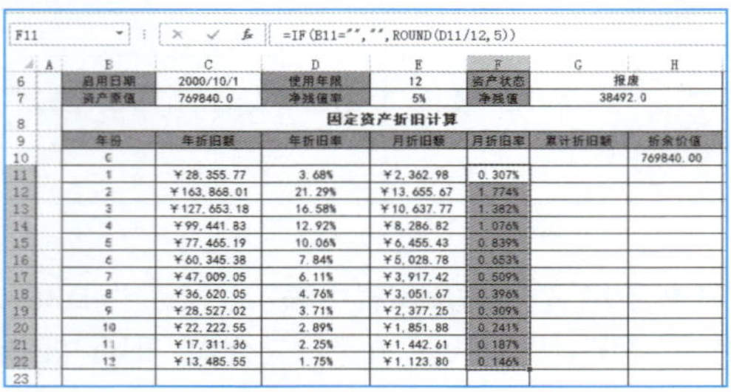

F11 =IF(B11="","",ROUND(D11/12,5))

行	B	C	D	E	F	G	H
6	启用日期	2000/10/1	使用年限	12	资产状态	报废	
7	资产原值	769840.0	净残值率	5%	净残值	38492.0	
8	固定资产折旧计算						
9	年份	年折旧额	年折旧率	月折旧额	月折旧率	累计折旧额	折余价值
10	0						769840.00
11	1	￥28,355.77	3.68%	￥2,362.98	0.307%		
12	2	￥163,868.01	21.29%	￥13,655.67	1.774%		
13	3	￥127,653.18	16.58%	￥10,637.77	1.382%		
14	4	￥99,441.83	12.92%	￥8,286.82	1.076%		
15	5	￥77,465.19	10.06%	￥6,455.43	0.839%		
16	6	￥60,345.38	7.84%	￥5,028.78	0.653%		
17	7	￥47,009.05	6.11%	￥3,917.42	0.509%		
18	8	￥36,620.05	4.76%	￥3,051.67	0.396%		
19	9	￥28,527.02	3.71%	￥2,377.25	0.309%		
20	10	￥22,222.55	2.89%	￥1,851.88	0.241%		
21	11	￥17,311.36	2.25%	￥1,442.61	0.187%		
22	12	￥13,485.55	1.75%	￥1,123.80	0.146%		

图17-19

6 选中G11单元格，在公式编辑栏中输入公式：“=IF(B11="","",C11+G10)”按回车键后向下填充公式，即可计算出年累计折旧额，如图17-20所示。

G11 =IF(B11="","",C11+G10)

	A	B	C	D	E	F	G	H	I
6		启用日期	2000/10/1	使用年限	12	资产状态	报废		
7		资产原值	769840.0	净残值率	5%	净残值	38492.0		
8		固定资产折旧计算							
9		年份	年折旧额	年折旧率	月折旧额	月折旧率	累计折旧额	折余价值	
10		0						769840.00	
11		1	￥28,355.77	3.68%	￥2,362.98	0.307%	￥28,355.77		
12		2	￥163,868.01	21.29%	￥13,655.67	1.774%	￥192,223.79		
13		3	￥127,653.18	16.58%	￥10,637.77	1.382%	￥319,876.97		
14		4	￥99,441.83	12.92%	￥8,286.82	1.076%	￥419,318.80		
15		5	￥77,465.19	10.06%	￥6,455.43	0.839%	￥496,783.99		
16		6	￥60,345.38	7.84%	￥5,028.78	0.653%	￥557,129.36		
17		7	￥47,009.05	6.11%	￥3,917.42	0.509%	￥604,138.41		
18		8	￥36,620.05	4.76%	￥3,051.67	0.396%	￥640,758.47		
19		9	￥28,527.02	3.71%	￥2,377.25	0.309%	￥669,285.48		
20		10	￥22,222.55	2.89%	￥1,851.88	0.241%	￥691,508.03		
21		11	￥17,311.36	2.25%	￥1,442.61	0.187%	￥708,819.40		
22		12	￥13,485.55	1.75%	￥1,123.80	0.146%	￥722,304.95		
23									
24									

图17-20

7 选中H11单元格，在公式编辑栏中输入公式：“=IF(B11="","",$H$10-G11)”按回车键后向下填充公式，即可计算出年折余价值，如图17-21所示。

H11 =IF(B11="","",$H$10-G11)

	A	B	C	D	E	F	G	H	I
6		启用日期	2000/10/1	使用年限	12	资产状态	报废		
7		资产原值	769840.0	净残值率	5%	净残值	38492.0		
8		固定资产折旧计算							
9		年份	年折旧额	年折旧率	月折旧额	月折旧率	累计折旧额	折余价值	
10		0						769840.00	
11		1	￥28,355.77	3.68%	￥2,362.98	0.307%	￥28,355.77	￥741,484.23	
12		2	￥163,868.01	21.29%	￥13,655.67	1.774%	￥192,223.79	￥577,616.21	
13		3	￥127,653.18	16.58%	￥10,637.77	1.382%	￥319,876.97	￥449,963.03	
14		4	￥99,441.83	12.92%	￥8,286.82	1.076%	￥419,318.80	￥350,521.20	
15		5	￥77,465.19	10.06%	￥6,455.43	0.839%	￥496,783.99	￥273,056.01	
16		6	￥60,345.38	7.84%	￥5,028.78	0.653%	￥557,129.36	￥212,710.64	
17		7	￥47,009.05	6.11%	￥3,917.42	0.509%	￥604,138.41	￥165,701.59	
18		8	￥36,620.05	4.76%	￥3,051.67	0.396%	￥640,758.47	￥129,081.53	
19		9	￥28,527.02	3.71%	￥2,377.25	0.309%	￥669,285.48	￥100,554.52	
20		10	￥22,222.55	2.89%	￥1,851.88	0.241%	￥691,508.03	￥78,331.97	
21		11	￥17,311.36	2.25%	￥1,442.61	0.187%	￥708,819.40	￥61,020.60	
22		12	￥13,485.55	1.75%	￥1,123.80	0.146%	￥722,304.95	￥47,535.05	
23									

图17-21

提 示

“IF($B11="","",ROUND(C11/12,2)”表示如果B11单元格不为零值，返回C11单元格数值，除以12的值并保留两位小数。

文件219　双倍余额递减法计提折旧表

双倍余额递减法是加速折旧方法中的一种，是在不考虑固定自残净残值的情况下，根据每年年初固定资产账面余额和双倍直线折旧率计算固定资产的一种折旧方法。

制作要点与设计效果图

- IF函数（参考函数1、3）
- ROW函数（参考函数5、22）
- DDB函数（参考函数184）

双倍余额递减法计提折旧表						
公司名称		华云信息有限公司			单位：	元
当前日期	2014/9/16	已计提月数	167			
编号	6	固定资产名称	罐车			
类别名称	机器设备	使用部门	管理部门			
启用日期	2000/9/2	使用年限	15	资产状态	正常使用	
资产原值	503000.0	净残值率	5%	净残值	25150.0	
固定资产折旧计算						
年份	年折旧额	年折旧率	月折旧额	月折旧率	累计折旧额	折余价值
0						503000.00
1	¥67,066.67	13.33%	¥5,588.89	1.111%	¥67,066.67	¥435,933.33
2	¥58,124.44	11.56%	¥4,843.70	0.963%	¥125,191.11	¥377,808.89
3	¥50,374.52	10.01%	¥4,197.88	0.835%	¥175,565.63	¥327,434.37
4	¥43,657.92	8.68%	¥3,638.16	0.723%	¥219,223.55	¥283,776.45
5	¥37,836.86	7.52%	¥3,153.07	0.627%	¥257,060.41	¥245,939.59
6	¥32,791.95	6.52%	¥2,732.66	0.543%	¥289,852.35	¥213,147.65
7	¥28,419.69	5.65%	¥2,368.31	0.471%	¥318,272.04	¥184,727.96
8	¥24,630.39	4.90%	¥2,052.53	0.408%	¥342,902.43	¥160,097.57
9	¥21,346.34	4.24%	¥1,778.86	0.354%	¥364,248.78	¥138,751.22
10	¥18,500.16	3.68%	¥1,541.68	0.306%	¥382,748.94	¥120,251.06
11	¥16,033.47	3.19%	¥1,336.12	0.266%	¥398,782.41	¥104,217.59
12	¥13,895.68	2.76%	¥1,157.97	0.230%	¥412,678.09	¥90,321.91
13	¥12,042.92	2.39%	¥1,003.58	0.200%	¥424,721.01	¥78,278.99
14	¥10,437.20	2.07%	¥869.77	0.173%	¥435,158.21	¥67,841.79
15	¥9,045.57	1.80%	¥753.80	0.150%	¥444,203.78	¥58,796.22

文件设计过程

步骤1：复制工作表

插入新工作表将“余额法计提折旧表”内容复制到新工作表，并更改表格标题为“双倍余额递减法计提折旧表”重命名新工作表为“双倍余额递减法计提折旧表”，如图17-22所示。

双倍余额递减法计提折旧表						
公司名称		华云信息有限公司			单位：	元
当前日期	2014/9/18	已计提月数	166			
编号	4	固定资产名称	轻型载货汽车			
类别名称	运输设备	使用部门	管理部门			
启用日期	2000/10/1	使用年限	12	资产状态	报废	
资产原值	769840.0	净残值率	5%	净残值	38492.0	
固定资产折旧计算						
年份	年折旧额	年折旧率	月折旧额	月折旧率	累计折旧额	折余价值
0						769840.00
1	¥28,355.77	3.68%	¥2,362.98	0.307%	¥28,355.77	¥741,484.23
2	¥163,868.01	21.29%	¥13,655.67	1.774%	¥192,223.79	¥577,616.21
3	¥127,653.18	16.58%	¥10,637.77	1.382%	¥319,876.97	¥449,963.03
4	¥99,441.83	12.92%	¥8,286.82	1.076%	¥419,318.80	¥350,521.20
5	¥77,465.19	10.06%	¥6,455.43	0.839%	¥496,783.99	¥273,056.01
6	¥60,345.38	7.84%	¥5,028.78	0.653%	¥557,129.36	¥212,710.64
7	¥47,009.05	6.11%	¥3,917.42	0.509%	¥604,138.41	¥165,701.59
8	¥36,620.05	4.76%	¥3,051.67	0.396%	¥640,758.47	¥129,081.53
9	¥28,527.02	3.71%	¥2,377.25	0.309%	¥669,285.48	¥100,554.52
10	¥22,222.55	2.89%	¥1,851.88	0.241%	¥691,508.03	¥78,331.97

图17-22

步骤2：重新选择资产

1. 单击C4单元格下拉按钮，在其下拉列表中选择要固定资产编号。
2. 重新选择编号后，可以看到工作表内容发生了变化，如图17-23所示。

双倍余额递减法计提折旧表						
公司名称		华云信息有限公司			单位：	元
当前日期	2014/9/18	已计提月数	167			
编号	6	固定资产名称	罐车			
类别名称	机器设备	使用部门	管理部门			
启用日期	2000/9/2	使用年限	15	资产状态	正常使用	
资产原值	503000.0	净残值率	5%	净残值	25150.0	
固定资产折旧计算						
年份	年折旧额	年折旧率	月折旧额	月折旧率	累计折旧额	折余价值
0						503000.00
1	¥22,760.75	4.53%	¥1,896.73	0.377%	¥22,760.75	¥480,239.25
2	¥86,923.30	17.28%	¥7,243.61	1.440%	¥109,684.05	¥393,315.95
3	¥71,190.19	14.15%	¥5,932.52	1.179%	¥180,874.24	¥322,125.76
4	¥58,304.76	11.59%	¥4,858.73	0.966%	¥239,179.00	¥263,821.00
5	¥47,751.60	9.49%	¥3,979.30	0.791%	¥286,930.60	¥216,069.40
6	¥39,108.56	7.78%	¥3,259.05	0.648%	¥326,039.16	¥176,960.84
7	¥32,029.91	6.37%	¥2,669.16	0.531%	¥358,069.08	¥144,930.92
8	¥26,232.50	5.22%	¥2,186.04	0.435%	¥384,301.57	¥118,698.43
9	¥21,484.42	4.27%	¥1,790.37	0.356%	¥405,785.99	¥97,214.01
10	¥17,595.74	3.50%	¥1,466.31	0.292%	¥423,381.72	¥79,618.28
11	¥14,410.91	2.86%	¥1,200.91	0.239%	¥437,792.63	¥65,207.37
12	¥11,802.53	2.35%	¥983.54	0.196%	¥449,595.17	¥53,404.83
13						

图17-23

步骤3：使用双倍余额递减法计提折旧表

❶ 清除“年折旧额”列数据，选中C11单元格，在公式编辑栏中输入公式“=DDB($C$7,$G$7,$E$6,B11)”按回车键，即可使用双倍余额递减法计算出第一年的年折旧额，如图17-24所示。

C11 =DDB($C$7, $G$7, $E$6, B11)

双倍余额递减法计提折旧表						
公司名称		华云信息有限公司			单位：	元
当前日期	2014/9/18	已计提月数	167			
编号	6	固定资产名称	罐车			
类别名称	机器设备	使用部门	管理部门			
启用日期	2000/9/2	使用年限	15	资产状态	正常使用	
资产原值	503000.0	净残值率	5%	净残值	25150.0	
固定资产折旧计算						
年份	年折旧额	年折旧率	月折旧额	月折旧率	累计折旧额	折余价值
0						503000.00
1	¥67,066.67	13.33%	¥5,588.89	1.111%	¥67,066.67	¥435,933.33
2		0.00%	¥0.00	0.000%	¥67,066.67	¥435,933.33
3		0.00%	¥0.00	0.000%	¥67,066.67	¥435,933.33
4		0.00%	¥0.00	0.000%	¥67,066.67	¥435,933.33
5		0.00%	¥0.00	0.000%	¥67,066.67	¥435,933.33
6		0.00%	¥0.00	0.000%	¥67,066.67	¥435,933.33
7		0.00%	¥0.00	0.000%	¥67,066.67	¥435,933.33
8		0.00%	¥0.00	0.000%	¥67,066.67	¥435,933.33
9		0.00%	¥0.00	0.000%	¥67,066.67	¥435,933.33

图17-24

❷ 选中C11:H11单元格区域，向下填充到C24：H24单元格区域，即可得到双倍余额递减法进行折旧计算后的所有数据，如图17-25所示。

双倍余额递减法计提折旧表						
公司名称		华云信息有限公司			单位：	元
当前日期	2014/9/18	已计提月数	167			
编号	6	固定资产名称	罐车			
类别名称	机器设备	使用部门	管理部门			
启用日期	2000/9/2	使用年限	15	资产状态	正常使用	
资产原值	503000.0	净残值率	5%	净残值	25150.0	
固定资产折旧计算						
年份	年折旧额	年折旧率	月折旧额	月折旧率	累计折旧额	折余价值
0						503000.00
1	¥67,066.67	13.33%	¥5,588.89	1.111%	¥67,066.67	¥435,933.33
2	¥58,124.44	11.56%	¥4,843.70	0.963%	¥125,191.11	¥377,808.89
3	¥50,374.52	10.01%	¥4,197.88	0.835%	¥175,565.63	¥327,434.37
4	¥43,657.92	8.68%	¥3,638.16	0.723%	¥219,223.55	¥283,776.45
5	¥37,836.86	7.52%	¥3,153.07	0.627%	¥257,060.41	¥245,939.59
6	¥32,791.95	6.52%	¥2,732.66	0.543%	¥289,852.35	¥213,147.65
7	¥28,419.69	5.65%	¥2,368.31	0.471%	¥318,272.04	¥184,727.96
8	¥24,630.39	4.90%	¥2,052.53	0.408%	¥342,902.43	¥160,097.57
9	¥21,346.34	4.24%	¥1,778.86	0.354%	¥364,248.78	¥138,751.22
10	¥18,500.16	3.68%	¥1,541.68	0.306%	¥382,748.94	¥120,251.06
11	¥16,033.47	3.19%	¥1,336.12	0.266%	¥398,782.41	¥104,217.59
12	¥13,895.68	2.76%	¥1,157.97	0.230%	¥412,678.09	¥90,321.91

图17-25

❸ 在C4单元格中选中不同固定资产的编号，可以得到不同固定资产使用双倍余额递减法计算出的折旧数据，如图17-26所示。

双倍余额递减法计提折旧表						
公司名称		华云信息有限公司			单位：	元
当前日期	2014/9/18	已计提月数	118			
编号	8	固定资产名称	离心风机			
类别名称	机器设备	使用部门	管理部门			
启用日期	2004/10/1	使用年限	14	资产状态	正常使用	
资产原值	3960.0	净残值率	5%	净残值	198.0	
固定资产折旧计算						
年份	年折旧额	年折旧率	月折旧额	月折旧率	累计折旧额	折余价值
0						3960.00
1	¥565.71	14.29%	¥47.14	1.190%	¥565.71	¥3,394.29
2	¥484.90	12.24%	¥40.41	1.020%	¥1,050.61	¥2,909.39
3	¥415.63	10.50%	¥34.64	0.875%	¥1,466.24	¥2,493.76
4	¥356.25	9.00%	¥29.69	0.750%	¥1,822.49	¥2,137.51
5	¥305.36	7.71%	¥25.45	0.643%	¥2,127.85	¥1,832.15
6	¥261.74	6.61%	¥21.81	0.551%	¥2,389.58	¥1,570.42
7	¥224.35	5.67%	¥18.70	0.472%	¥2,613.93	¥1,346.07
8	¥192.30	4.86%	¥16.02	0.405%	¥2,806.23	¥1,153.77
9	¥164.82	4.16%	¥13.74	0.347%	¥2,971.05	¥988.95
10	¥141.28	3.57%	¥11.77	0.297%	¥3,112.33	¥847.67
11	¥121.10	3.06%	¥10.09	0.255%	¥3,233.42	¥726.58
12	¥103.80	2.62%	¥8.65	0.218%	¥3,337.22	¥622.78
13	¥88.97	2.25%	¥7.41	0.187%	¥3,426.19	¥533.81
14	¥76.26	1.93%	¥6.35	0.160%	¥3,502.45	¥457.55

图17-26

提 示

“=DDB($C$7,$G$7,$E$6,B11)”，表示根据C7单元格中的原资产值和G7单元格的净残值和E6单元格中的资产使用寿命、使用年限总和折旧法计算出B11单元格中使用年份的折旧值。

文件220　年限总和法计提折旧表

年限总和法是将固定资产的原值减去残值后的净额乘以一个逐年递减的分数计算固定资产折旧额的一种方法。逐年递减分数代表着固定资产还可以使用的年数、分母代表使用年数的逐年数字之和。

制作要点与设计效果图

- SYD函数（参考函数186）
- 设置公式（参考文件5）

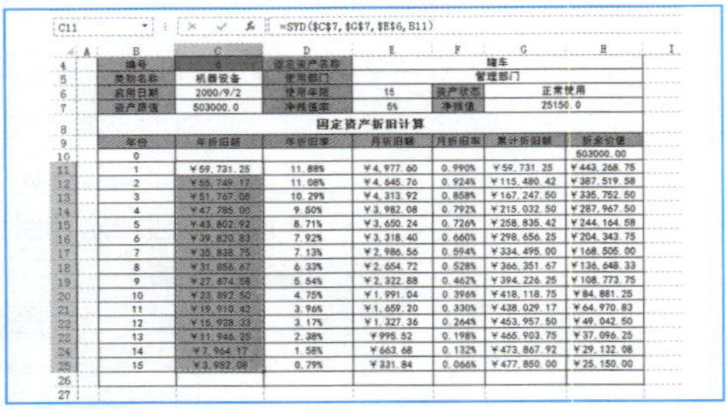

文件设计过程

步骤1：复制工作表

❶ 选中“双倍余额递减法计提折旧表”工作表标签，单击鼠标右键，在右键菜单中选择“移动或复制”命令，如图17-27所示。

❷ 打开“移动或复制工作表”对话框，在“下列选定工作表之前”列表框中选择要放置工作表的位置，接着选中“建立副本”复选框，如图17-28所示。

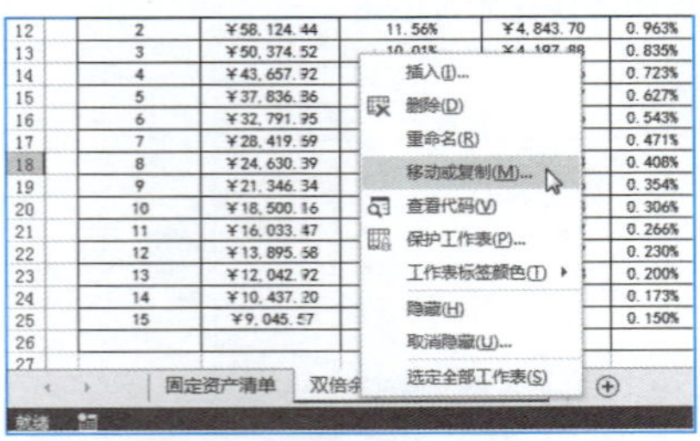

图17-27

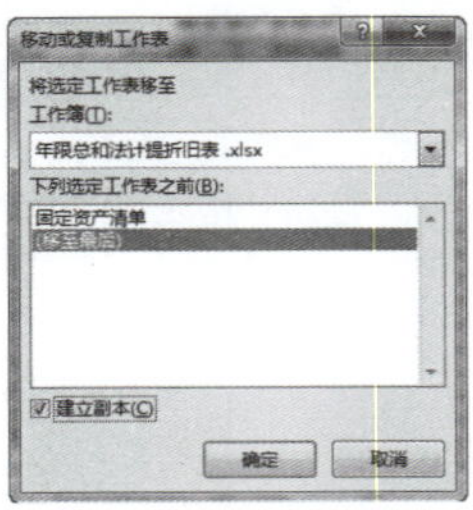

图17-28

步骤2：使用年限总和法计提折旧表

❶ 将复制的工作表标签重命名为“年限总和法提计折旧表”，表格标题重命名新工作表为“年限总和法计提折旧表”，如图17-29所示。

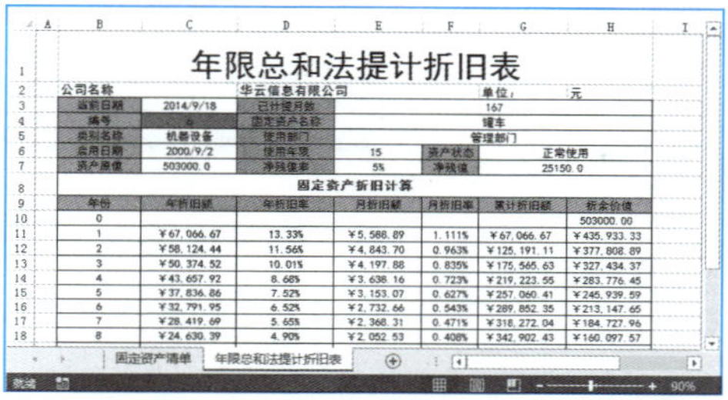

年限总和法提计折旧表

公司名称		华云信息有限公司		单位：	元
当前日期	2014/9/18	已计提月数	167		
编号	6	固定资产名称	罐车		
类别名称	机器设备	使用部门	管理部门		
启用日期	2000/9/2	使用年限	15	资产状态	正常使用
资产原值	503000.0	净残值率	5%	净残值	25150.0

固定资产折旧计算

年份	年折旧额	年折旧率	月折旧额	月折旧率	累计折旧额	折余价值
0						503000.00
1	¥67,066.67	13.33%	¥5,588.89	1.111%	¥67,066.67	¥435,933.33
2	¥58,124.44	11.56%	¥4,843.70	0.963%	¥125,191.11	¥377,808.89
3	¥50,374.52	10.01%	¥4,197.88	0.835%	¥175,565.63	¥327,434.37
4	¥43,657.92	8.68%	¥3,638.16	0.723%	¥219,223.55	¥283,776.45
5	¥37,836.86	7.52%	¥3,153.07	0.627%	¥257,060.41	¥245,939.59
6	¥32,791.95	6.52%	¥2,732.66	0.543%	¥289,852.35	¥213,147.65
7	¥28,419.69	5.65%	¥2,368.31	0.471%	¥318,272.04	¥184,727.96
8	¥24,630.39	4.90%	¥2,052.53	0.408%	¥342,902.43	¥160,097.57

图17-29

❷ 清除“年折旧额”列数据，选中C11单元格，在公式编辑栏中更改公式：“=SYD($C$7,$G$7,$E$6,B11)”，按回车键后向下复制公式，其余列中的数据会自动更改，如图17-30所示。

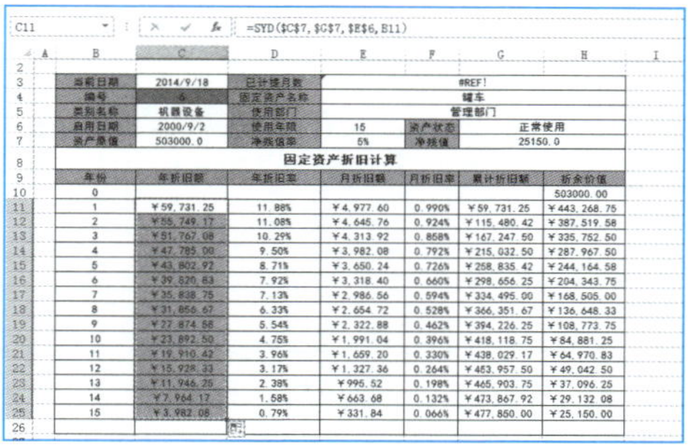

当前日期	2014/9/18	已计提月数	#REF!		
编号	6	固定资产名称	罐车		
类别名称	机器设备	使用部门	管理部门		
启用日期	2000/9/2	使用年限	15	资产状态	正常使用
资产原值	503000.0	净残值率	5%	净残值	25150.0

固定资产折旧计算

年份	年折旧额	年折旧率	月折旧额	月折旧率	累计折旧额	折余价值
0						503000.00
1	¥59,731.25	11.88%	¥4,977.60	0.990%	¥59,731.25	¥443,268.75
2	¥55,749.17	11.08%	¥4,645.76	0.924%	¥115,480.42	¥387,519.58
3	¥51,767.08	10.29%	¥4,313.92	0.858%	¥167,247.50	¥335,752.50
4	¥47,785.00	9.50%	¥3,982.08	0.792%	¥215,032.50	¥287,967.50
5	¥43,802.92	8.71%	¥3,650.24	0.726%	¥258,835.42	¥244,164.58
6	¥39,820.83	7.92%	¥3,318.40	0.660%	¥298,656.25	¥204,343.75
7	¥35,838.75	7.13%	¥2,986.56	0.594%	¥334,495.00	¥168,505.00
8	¥31,856.67	6.33%	¥2,654.72	0.528%	¥366,351.67	¥136,648.33
9	¥27,874.58	5.54%	¥2,322.88	0.462%	¥394,226.25	¥108,773.75
10	¥23,892.50	4.75%	¥1,991.04	0.396%	¥418,118.75	¥84,881.25
11	¥19,910.42	3.96%	¥1,659.20	0.330%	¥438,029.17	¥64,970.83
12	¥15,928.33	3.17%	¥1,327.36	0.264%	¥453,957.50	¥49,042.50
13	¥11,946.25	2.38%	¥995.52	0.198%	¥465,903.75	¥37,096.25
14	¥7,964.17	1.58%	¥663.68	0.132%	¥473,867.92	¥29,132.08
15	¥3,982.08	0.79%	¥331.84	0.066%	¥477,850.00	¥25,150.00

图17-30

提 示

“SYD($C$7,$G$7,$E$6,B11)”表示根据C7单元格中的原资产值和G7单元格的净残值和E6单元格中的资产使用寿命，使用年限总和折旧法计算出B11单元格中使用年份的折旧值。

文件221　多种折旧方法综合计算表

在实际工作中，企业对于不同类型的固定资产可能采取不同的折旧方法，财务人员可以在固定资产清单中添加“折旧方法”列标识，事先输入各项固定资产的折旧方法，然后再计算表中引用该列数据，在计算时使用多重条件来判断确定应该采用的折旧方法即可。

制作要点与设计效果图

- 设置数据验证（参考文件13）
- IF函数（参考函数1、3）
- DB函数（参考函数181）
- DDB函数（参考函数184）
- SYD函数（参考函数186）
- SLN函数（参考函数187）

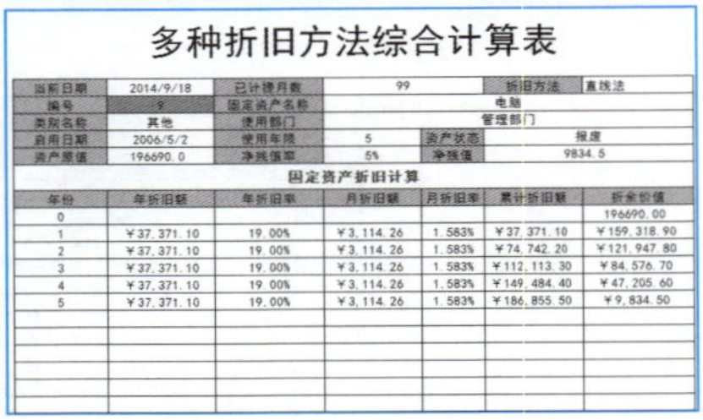
多种折旧方法综合计算表

当前日期	2014/9/18	已计提月数	99		折旧方法	直线法
编号	9	固定资产名称	电脑			
类别名称	其他	使用部门	管理部门			
启用日期	2006/5/2	使用年限	5	资产状态	报废	
资产原值	196690.0	净残值率	5%	净残值	9834.5	

固定资产折旧计算

年份	年折旧额	年折旧率	月折旧额	月折旧率	累计折旧额	折余价值
0						196690.00
1	¥37,371.10	19.00%	¥3,114.26	1.583%	¥37,371.10	¥159,318.90
2	¥37,371.10	19.00%	¥3,114.26	1.583%	¥74,742.20	¥121,947.80
3	¥37,371.10	19.00%	¥3,114.26	1.583%	¥112,113.30	¥84,576.70
4	¥37,371.10	19.00%	¥3,114.26	1.583%	¥149,484.40	¥47,205.60
5	¥37,371.10	19.00%	¥3,114.26	1.583%	¥186,855.50	¥9,834.50

文件设计过程

步骤1：设置数据验证

❶ 打开“固定资产清单”工作表，在“本年折旧月数”列标识右侧插入新列，并输入列标识为“折旧方法”，如图17-31所示。

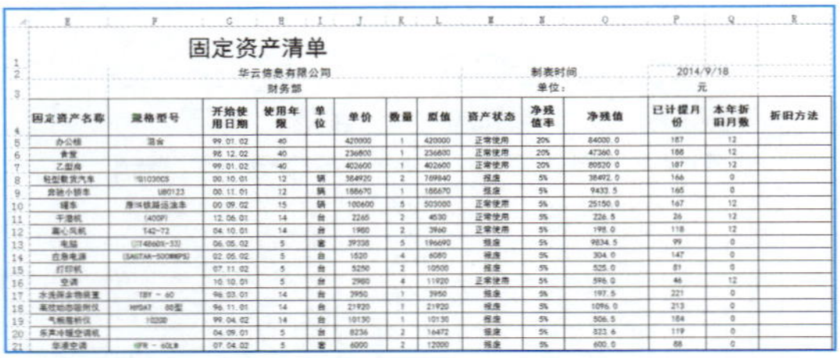
固定资产清单

华云信息有限公司 财务部　　制表时间 2014/9/18　单位：元

固定资产名称	规格型号	开始使用日期	使用年限	单位	单价	数量	原值	资产状态	净残值率	净残值	已计提月份	本年折旧月数	折旧方法
办公楼	混合	99.01.02	40		420000	1	420000	正常使用	20%	84000.0	187	12	
食堂		98.12.02	40		236800	1	236800	正常使用	20%	47360.0	188	12	
乙型舟		99.01.02	40		402600	1	402600	正常使用	20%	80520.0	187	12	
轻型载货汽车	[illegible]1030CS	00.10.01	12	辆	384920	2	769840	报废	5%	38492.0	166	0	
奔驰小轿车	U80123	00.11.01	12	辆	188670	1	188670	报废	5%	9433.5	165	0	
罐车	[illegible]铁路运油车	00.09.02	15	辆	100600	5	503000	正常使用	5%	25150.0	167	12	
干燥机	(400P)	12.06.01	14	台	2265	2	4530	正常使用	5%	226.5	26	12	
离心风机	142-72	04.10.01	14	台	1980	2	3960	正常使用	5%	198.0	118	12	
电脑	(JT48600-33)	06.05.02	5	套	39338	5	196690	报废	5%	9834.5	99	0	
应急电源	(SANTAK-500MPS)	02.05.02	5	台	1520	4	6080	报废	5%	304.0	147	0	
打印机		07.11.02	5	台	5250	2	10500	报废	5%	525.0	81	0	
空调		10.10.01	5	台	2980	4	11920	正常使用	5%	596.0	46	12	
水浸探金物装置	TBY－60	96.03.01	14	台	3950	1	3950	报废	5%	197.5	221	0	
高效动态吸附仪	HPDAT 80型	96.11.01	14	台	21920	1	21920	报废	5%	1096.0	213	0	
气相色析仪	10200	99.04.02	14	台	10130	1	10130	报废	5%	506.5	184	0	
乐声冷暖空调机		04.09.01	5	台	8236	2	16472	报废	5%	823.6	119	0	
华凌空调	KFR－60LW	07.04.02	5	套	6000	2	12000	报废	5%	600.0	88	0	

图17-31

❷ 选中R5:R46单元格区域，打开“数据验证”对话框，在“允许”下拉列表中选择“序列”，接着在“来源”文本框中输入“固定余额递减法,年限总和法,双倍余额递减法,直线法”，如图17-32所示。

❸ 返回工作表中，可以在R5:R46单元格区域中选择适当的折旧方法，如图17-33所示。

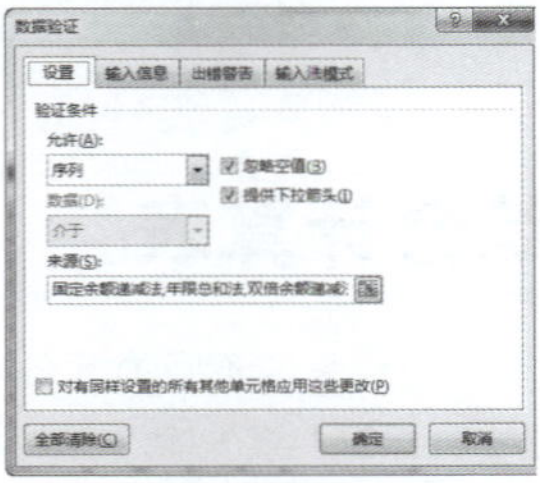

图17-32

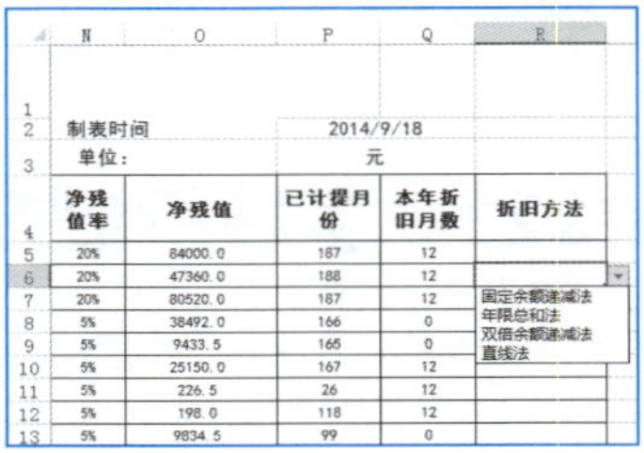

制表时间		2014/9/18		
单位：		元		
净残值率	净残值	已计提月份	本年折旧月数	折旧方法
20%	84000.0	187	12	
20%	47360.0	188	12	
20%	80520.0	187	12	固定余额递减法
5%	38492.0	166	0	年限总和法
5%	9433.5	165	0	双倍余额递减法
5%	25150.0	167	12	直线法
5%	226.5	26	12	
5%	198.0	118	12	
5%	9834.5	99	0	

图17-33

步骤2：设置多种折旧方法并行

❶ 复制“双倍余额递减法计提折旧表”到新工作表，并在“已提计月数”列标识后面添加“折旧方法”列标识，重命名工作表为“多种折旧方法综合计算表”。

❷ 选中G3单元格，在公式编辑栏中输入公式“=VLOOKUP($B$4,固定资产清单!$B:$R,17,FALSE)”按回车键，即可返回应选择的折旧方法，如图17-34所示。

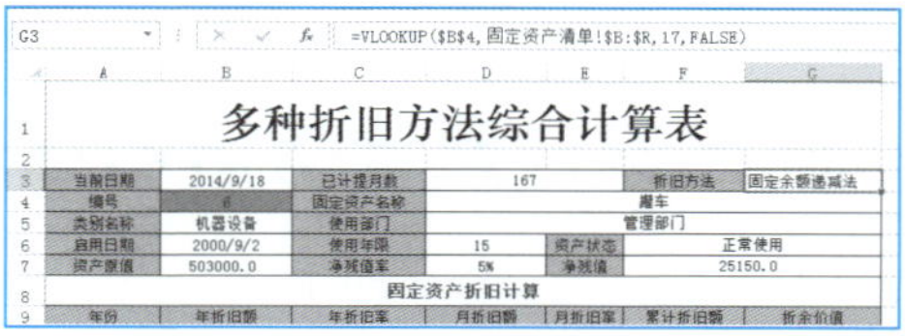
G3　=VLOOKUP($B$4,固定资产清单!$B:$R,17,FALSE)

多种折旧方法综合计算表

当前日期	2014/9/18	已计提月数	167		折旧方法	固定余额递减法
编号	6	固定资产名称	[illegible]			
类别名称	机器设备	使用部门	管理部门			
启用日期	2000/9/2	使用年限	15	资产状态	正常使用	
资产原值	503000.0	净残值率	5%	净残值	25150.0	
固定资产折旧计算						
年份	年折旧额	年折旧率	月折旧额	月折旧率	累计折旧额	折余价值

图17–34

❸ 清除“年折旧额”列数据，选中B11单元格，在公式编辑栏中输入公式“=IF(A11="","",IF($G$3=”固定余额递减法”,DB($B$7,$F$7,$D$6,A11,12-MONTH($B$6)),IF($G$3=”双倍余额递减法”,DDB($B$7,$F$7,$D$6,A11),IF($G$3=”年限总和法”,SYD($B$7,$F$7,$D$6,A11),SLN($B$7,$F$7,$D$6)))))”按回车键后向下填充，即可得到相应折旧方法所得折旧额，如图17-35所示。

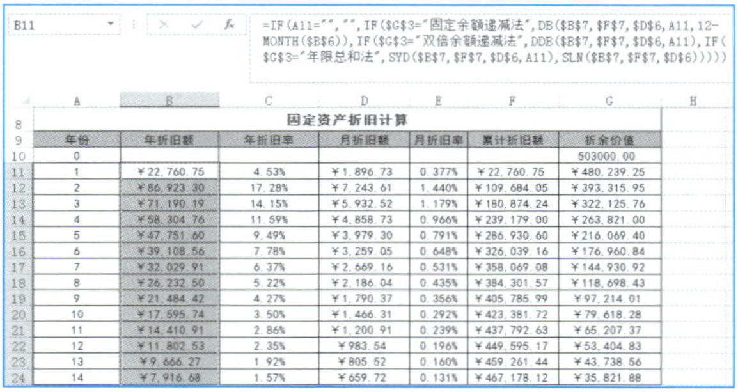
B11　=IF(A11="","",IF($G$3="固定余额递减法",DB($B$7,$F$7,$D$6,A11,12-MONTH($B$6)),IF($G$3="双倍余额递减法",DDB($B$7,$F$7,$D$6,A11),IF($G$3="年限总和法",SYD($B$7,$F$7,$D$6,A11),SLN($B$7,$F$7,$D$6)))))

固定资产折旧计算

年份	年折旧额	年折旧率	月折旧额	月折旧率	累计折旧额	折余价值
0						503000.00
1	¥22,760.75	4.53%	¥1,896.73	0.377%	¥22,760.75	¥480,239.25
2	¥86,923.30	17.28%	¥7,243.61	1.440%	¥109,684.05	¥393,315.95
3	¥71,190.19	14.15%	¥5,932.52	1.179%	¥180,874.24	¥322,125.76
4	¥58,304.76	11.59%	¥4,858.73	0.966%	¥239,179.00	¥263,821.00
5	¥47,751.60	9.49%	¥3,979.30	0.791%	¥286,930.60	¥216,069.40
6	¥39,108.56	7.78%	¥3,259.05	0.648%	¥326,039.16	¥176,960.84
7	¥32,029.91	6.37%	¥2,669.16	0.531%	¥358,069.08	¥144,930.92
8	¥26,232.50	5.22%	¥2,186.04	0.435%	¥384,301.57	¥118,698.43
9	¥21,484.42	4.27%	¥1,790.37	0.356%	¥405,785.99	¥97,214.01
10	¥17,595.74	3.50%	¥1,466.31	0.292%	¥423,381.72	¥79,618.28
11	¥14,410.91	2.86%	¥1,200.91	0.239%	¥437,792.63	¥65,207.37
12	¥11,802.53	2.35%	¥983.54	0.196%	¥449,595.17	¥53,404.83
13	¥9,666.27	1.92%	¥805.52	0.160%	¥459,261.44	¥43,738.56
14	¥7,916.68	1.57%	¥659.72	0.131%	¥467,178.12	¥35,821.88

图17–35

❹ 在B4下拉列表中选择不同固定资产的编号，可以使用不同的折旧方法计算选择的固定资产折旧情况，如图17-36所示。

提 示

在“固定资产清单”中添加“折旧方法”可为不同的固定资产选择不同的折旧方法，在使用多种折旧方法综合计算时，可以准确地显示出不同的折旧方法以及不同的折旧方法得到的折旧情况。

多种折旧方法综合计算表

当前日期	2014/9/18	已计提月数	99		折旧方法	直线法
编号	9	固定资产名称	电脑			
类别名称	其他	使用部门	管理部门			
启用日期	2006/5/2	使用年限	5	资产状态	报废	
资产原值	196690.0	净残值率	5%	净残值	9834.5	

固定资产折旧计算

年份	年折旧额	年折旧率	月折旧额	月折旧率	累计折旧额	折余价值
0						196690.00
1	¥37,371.10	19.00%	¥3,114.26	1.583%	¥37,371.10	¥159,318.90
2	¥37,371.10	19.00%	¥3,114.26	1.583%	¥74,742.20	¥121,947.80
3	¥37,371.10	19.00%	¥3,114.26	1.583%	¥112,113.30	¥84,576.70
4	¥37,371.10	19.00%	¥3,114.26	1.583%	¥149,484.40	¥47,205.60
5	¥37,371.10	19.00%	¥3,114.26	1.583%	¥186,855.50	¥9,834.50

图17-36

文件222　固定资产累计折旧明细表

固定资产累计折旧明细表一般采用卡片的形式，记载企业各类固定资产增减变化的明细账。

制作要点与设计效果图

- 设置单元格填充（参考文件5）
- 设置表格边框（参考文件1、2、3）

固定资产累计折旧明细表

填表日期：

固定资产名称	原值	本期减少	本期增加	期末余额	备注

制表人：　　　　审核人：

文件223　固定资产台账管理

固定资产台账记录了每种物资以及它们流转的每一个环节，从台账中可以直接看出每种物资收、付、存的情况。

制作要点与设计效果图

- 设置单元格填充（参考文件5）
- 设置表格边框（参考文件1、2、3）
- 设置数据验证（参考文件13）

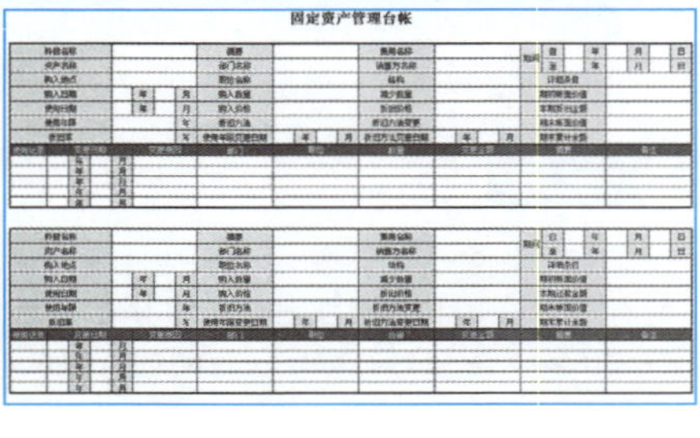

文件224　固定资产的查询

在建立了固定资产清单后，可以使用VLOOKUP函数建立固定资产的折旧计算，并查询某一种固定资产的信息和折旧情况，也可以使用排序和筛选功能，查看不同固定资产的使用情况。

制作要点与设计效果图

- 设置单元格填充（参考文件5）
- 设置表格边框（参考文件1、2、3）
- 筛选（参考文件27）

固定资产清单

当前日期　2014/9/18

编号	部门名称	类别名称	固定资产名称	规格型号	开始使用日期	使用年限	单位	单价	数量	原值	资产状态
7	管理部门	机器设备	干燥机	(400P)	12.06.01	14	台	2265	2	4530	正常使用
8	管理部门	机器设备	离心风机	T42-72	04.10.01	14	台	1980	2	3960	正常使用
13	化验中心	机器设备	水洗筛余物装置	TBY - 60	96.03.01	14	台	3950	1	3950	报损
14	化验中心	机器设备	高效动态吸附仪	MFDAT　88型	06.11.01	14	台	21920	1	21920	正常使用
15	化验中心	机器设备	气相层析仪	102GD	99.04.02	14	台	10130	1	10130	报损
22	一车间	机器设备	炉前罐		97.01.02	14	个	3080	1	3080	报损
23	一车间	机器设备	油槽车		12.06.01	14	个	25576.4	10	255764	正常使用
24	一车间	机器设备	防爆电机	YB 132M - 47.5 KW	99.01.01	14		2472	2	4944	报损
25	一车间	机器设备	电机	Y200L - 2 - 30KW	99.01.01	14	台	2704	1	2704	报损
29	二车间	机器设备	开关电源	YJ118A - 1801 - 5	03.07.02	14	台	2020	5	10100	正常使用
30	二车间	机器设备	物位变送器	RF - 90542 BL=700	03.07.02	14	支	10700	1	10700	正常使用
31	二车间	机器设备	压力变送器	PMC330G.R.F.P15	03.07.02	14	台	4670	1	4670	正常使用
32	二车间	机器设备	压力变送器	PMC330G.R.F.P150-10WR	03.07.02	14	台	4670	1	4670	正常使用
33	二车间	机器设备	压力变送器	PMC330G.R.F.P150-2WR	03.07.02	14	台	4670	1	4670	正常使用
37	辅助车间	机器设备	叉车		06.12.02	14	台	90000	1	90000	正常使用
38	辅助车间	机器设备	高频热气机		06.12.02	14	台	9000	1	9000	正常使用
39	辅助车间	机器设备	盘盈设备		06.01.01	14		930000	1	930000	正常使用
6	管理部门	机器设备	罐车	原料铁路运油车	00.09.02	15	辆	100600	5	503000	正常使用

文件225　固定资产减损单

当某项固定资产超出正常使用年限，或者非正常使用原因导致固定资产提前报废时，需要制定固定资产减损单。固定资产减损单应包括固定资产基本资料、已折旧额和账面残值、减损原因、处理意见等。

制作要点与设计效果图

- IF函数（参考函数1、3）
- MONTH函数（参考函数3）
- YEAR函数（参考函数12）
- SLN函数（参考函数187）

固定资产减损单

财产编号：	DX-10			日期：	2014年9月18日
中文名称	水洗筛余物装置	购置日期	1996/3/1	使用年限	14
英文名称		数　量	1	净残值率	5.00%
规格型号	TBY - 60	厂　牌	京装	已使用年数	18
购入价格	￥3,950.00	已提取折旧金额	￥3,752.50	账面残值	￥197.50
减损原因	超出使用年限，正常报废			估计废品价值	￥10,000.00
				处理费用	￥500.00
审计意见	超出使用年限，正常报废			实际损失额	￥-9,302.50
				抵押行库	
处理办法	出售，减损该项固定资产			保险单号码	PA12520
				月折旧额	￥268.04
总经理	刘兴华	财务核准	魏欢欢	设备管理部	卢明
财产管理部负责人	张虎	使用部门负责人	吴远	设备使用人	李夏洲

文件226　固定资产增加单

当企业新增加一项固定资产时，应填制固定资产增加单。通常固定资产增加单中要包含固定资产名称、新增日期、数量、规格型号、资产原值、使用年限、月折旧额、备注等。

制作要点与设计效果图

- 设置单元格填充（参考文件5）
- 设置表格边框（参考文件1、2、3）
- SLN函数（参考函数187）

固定资产增加单

财产编号：DX-89　　新增日期：2014年9月10日

中文名称	电脑	取得日期	2012/6/12	资产成本记录		
英文名称		数　量	5套	设备内容	数量	花费成本
规格型号	(ST4860X-33)	资产原值	￥39,750.00			
厂　牌	苹果	使用年限	5			
存放地点	管理部门	月折旧额	￥563.13	合　计		
附属设备	无					
备　注	该新增固定资产新增当月投入生产使用，采用直线法进行折旧。					
财产管理部负责人	魏欢欢		使用部门负责人	林岚	会计部门主管	张华

文件227　固定资产转移单

当需要在企业内部重新调配固定资产时，财务部门为了对固定资产实施追踪管理，应编制固定资产转移单。固定资产转移单上除了标注资产的构成和折旧数据外，还应注明转入和转出部门。

制作要点与设计效果图

- IF函数（参考函数1、3）
- MONTH函数（参考函数3）
- YEAR函数（参考函数12）
- VDB函数（参考函数188）
- DB函数（参考函数181）

固定资产移转单

财产编号：DX-35　　日期：2014年9月1日

中文名称		复印机	购置日期	2011/1/1	使用年限	2
英文名称			数　量	1	净残值率	10.00%
规格型号		NP3020	厂　牌	华硕	已折旧金额	￥7,051.33
购入价格		￥30,220.00	已使用年数	3	本年折旧额	#NUM!
存放地点	移出	二车间	备　注	设备重修调配		
	移入	管理部门				
附属设备		无				
备　注		无				
移入部门负责人		张笑		移出部门负责人	卢明辉	
财产管理部负责人		魏欢欢		使用部门负责人	林岚	

文件228　固定资产出售比价单

当企业因为某种原因需要出售正常使用的固定资产时，需要编制固定资产出售比价单。固定资产出售比价单包括固定资产基本资料、已折旧额、剩余价值、残净值以及各意向购买方的出价情况等。

制作要点与设计效果图

- MONTH函数（参考函数3）
- YEAR函数（参考函数12）
- VDB函数（参考函数188）

固定资产出售比价单

					日期	2014/9/18
名称		高效动态吸附仪	厂牌规格	102GD	使用部门	化验中心
					附属设备	无
					购置日期	2006/11/1
单位		台	数量	1	使用年限	14
比价记录	厂商	A公司	B公司	C公司	原　价	￥21,920.00
	单价	￥10,800.00	￥11,050.00	￥9,800.00	已提折旧	￥11,337.60
	总价	￥10,800.00	￥11,050.00	￥9,800.00	净　值	￥2,192.00
	有关要求				剩余价值	￥8,390.40
制表人		李靖	保管人	方伟	会计部	张华
财务审核		葛欢欢	财务总监		总经理	刘兴华

文件229　固定资产改造、大修审批表

当固定资产使用一定年限后，需要对固定资产进行改造或者对某些固定资产进行大修，此时财务部门需要将需要改造或大修的固定资产统计出来，并呈报专门鉴定部门鉴定。

制作要点与设计效果图

- 设置单元格填充（参考文件5）
- 设置表格边框（参考文件1、2、3）
- VLOOKUP函数（参考函数61）

固定资产改造、大修审批表

公司名称　华云信息有限公司　　制表时间　2014/9/5

单位：元

改造、大修资产基本情况

资产编号	资产名称		规格型号	耐用年限	单价	数量	使用年数	合计金额	残值
	中文	英文							
15	气相层析仪		102GD	14	10130	1	15.33	10130	506.5
16	乐声冷暖空调机			5	8236	2	9.92	16472	823.6
22	炉前罐			14	3080	1	17.58	3080	154
23	油槽车			14	25576.4	10	2.08	255764	12788.2
24	防爆电机		YB 132M - 47.5 KW	14	2472	2	15.58	4944	247.2
25	电机		Y200L - 2 - 30KW	14	2704	1	15.58	2704	135.2
26	蓄水池			40	1219100	1	9.58	1219100	243820
30	物位变送器		RF - 90542 BL=700	14	10700	1	11.08	10700	535
31	压力变送器		PMO330G.R.F.P15	14	4670	1	11.08	4670	233.5
32	压力变送器		PMO330G.R.F.P150-10WR	14	4670	1	11.08	4670	233.5
33	压力变送器		PMO330G.R.F.P150-2WR	14	4670	1	11.08	4670	233.5

资产改造、大修原因

鉴定部门鉴定结果

使用部门意见	财务部意见	总经理审核意见	资产管理部门审批意见
签字	签字	签字	签字
盖章	盖章	盖章	盖章
年 月 日	年 月 日	年 月 日	年 月 日

备注

文件230　折旧费用分布统计表

建立当月固定资产报表时，需要对折旧费用的分布情况进行分析，例如按使用部门分析折旧费用的分配情况、按费用类别分析折旧费用的分配情况等，以方便查看固定资产折旧费用情况。

制作要点与设计效果图

- 创建数据透视表（参考文件72、73）
- 设置字段（参考文件72、73）

折旧费用分布统计

	原值	净残值	年折旧额	月折旧额	累计折旧	折余价值
⊟房屋及建筑物	**4933823.51**	**986764.70**	**98676.47**	**8223.04**	**497271.38**	**4428329.09**
二车间	3414495.21	682899.04	68289.90	5690.83	159343.11	3249461.27
辅助车间	227954.98	45591.00	4559.10	379.92	79128.72	148446.33
企业管理	1123442.89	224688.58	22468.86	1872.40	187666.26	933904.23
一车间	167930.43	33586.09	3358.61	279.88	71133.29	96517.26
⊟机器设备	**2459167.78**	**122958.39**	**166872.10**	**13906.01**	**379798.57**	**2065463.21**
二车间	27803.43	1390.17	1886.66	157.22	7232.20	20414.01
辅助车间	1535845.49	76792.27	104218.09	8684.84	132430.83	1394729.82
企业管理	571490.00	28574.50	38779.68	3231.64	29570.16	538688.20
一车间	286022.41	14301.12	19408.66	1617.39	185297.50	99107.52
中心化验室	38006.45	1900.32	2579.01	214.92	25267.86	12523.67
⊟其他	**140737.41**	**7036.87**	**16179.53**	**1348.29**	**31320.57**	**52486.54**
二车间	44710.00	2235.50	8494.90	707.91	19821.43	24180.66
企业管理	66082.00	3304.10	1995.00	166.25	6982.50	3351.25
中心化验室	29945.41	1497.27	5689.63	474.14	4516.64	24954.64
⊟运输设备	**573590.00**	**28679.50**	**45409.21**	**3784.10**	**297699.26**	**272106.64**
企业管理	573590.00	28679.50	45409.21	3784.10	297699.26	272106.64
总计	**8107318.70**	**1145439.46**	**327137.31**	**27261.44**	**1206089.78**	**6818385.48**

Excel

第18章

筹资决策管理表格

筹资是通过一定的渠道、采取适当的方式筹措资金的财务活动，是财务管理的首要环节。筹资对于一个企业来说，既是资金运动的起点，又是扩大再生产的前提条件。在市场经济条件下，筹资渠道和筹资历史已经由过去的依靠银行贷款和财政拨款，发展到股票、债券、银行借款、租赁、商业信用等多元化的途径。

对于企业财务管理人员来说，如何以最低成本为企业筹集经营和发展所需要的资金，是一项非常重要的课题，必须进行认真分析。主要筹资决策管理表格有：租赁筹资决策模型、债券筹资决策模型、贷款偿还进度分析等等。

编号	文件名称	对应的数据源	重要星级
文件231	长期借款筹资单变量模拟运算	第18章\文件231 长期借款筹资单变量模拟运算.xls	★★★★★
文件232	长期借款筹资决策分析表	第18章\文件232 长期借款筹资决策分析表.xls	★★★★
文件233	租赁筹资决策模型	第18章\文件233 租赁筹资决策模型.xls	★★★★
文件234	租赁筹资方案现值计算表	第18章\文件234 租赁筹资方案现值计算表.xls	★★★★
文件235	债券筹资决策模型	第18章\文件235 债券筹资决策模型.xls	★★★★★
文件236	贷款偿还进度分析	第18章\文件236 贷款偿还进度分析.xls	★★★★
文件237	逆算利率和贷款额模型	第18章\文件237 逆算利率和贷款额模型.xls	★★★★
文件238	确定公司的最佳贷款方案	第18章\文件238 确定公司的最佳贷款方案.xls	★★★★
文件239	筹资风险分析	第18章\文件239 筹资风险分析.xls	★★★
文件240	企业资金来源结构分析	第18章\文件240 企业资金来源结构分析.xls	★★★
文件241	长期借款双变量模拟分析	第18章\文件241 长期借款双变量模拟分析.xls	★★★
文件242	股票筹资分析模型	第18章\文件242 股票筹资分析模型.xls	★★★
文件243	等额摊还法计划表	第18章\文件243 等额摊还法计划表.xls	★★★
文件244	等额本金还法计划表	第18章\文件244 等额本金还法计划表.xls	★★★
文件245	最佳还款方案决策模	第18章\文件245 最佳还款方案决策模.xls	★★★

文件231 长期借款筹资单变量模拟运算

长期借款是企业向金融单位借入的期限在一年以上的借款。在长期借款决策模型中，企业最为关心的是贷款期限、利率、贷款金额和还款期限、每月还款金额等因素。企业需要结合自身的实际情况，根据企业能够承受的还款额度、以及当前的贷款利率，来确定最佳的贷款方案。

制作要点与设计效果图

- PMT函数（参考函数192）
- 单变量模拟运算表
- 设置数字格式

长期借款筹资单变量模拟运算

公司名称：华云信息有限公司　制表时间：2014-9-30

执行日期：　单位：元

长期借款基本信息	
贷款本金	250000
借款年利率	8%
借款期限	8
每年还款期数	1
还款总期数	8
分期等额还款金额	-43,503.69

借款额	每期应偿还金额
¥250,000.00	-43,503.69
¥350,000.00	-60,905.17
¥500,000.00	-87,007.38
¥100,000.00	-17,401.48
¥80,000.00	-13,921.18
¥50,000.00	-8,700.74

财务部意见	总经理意见
签字 盖章 年 月 日	签字 盖章 年 月 日
备注	

文件设计过程

步骤1：输入本金并计算每月偿还数

❶ 新建工作簿，重命名Sheet1工作表为“长期借款筹资模型”，在工作表中输入借款金额、年利率等数据，如图18-1所示。

❷ 选中C10单元格，在公式编辑栏中输入公式：“=C8*C9”，按回车键，计算出还款总期数，如图18-2所示。

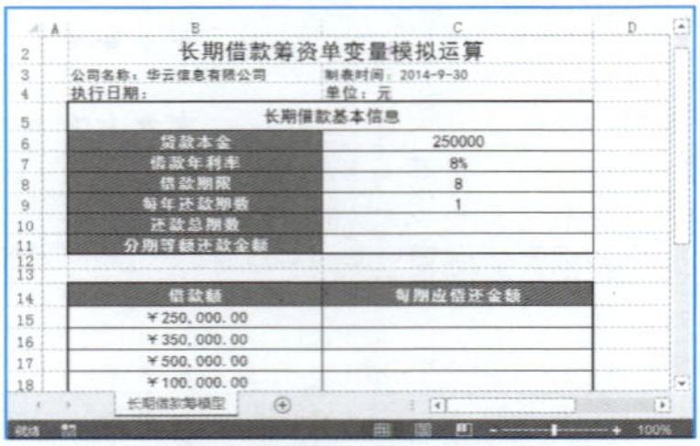

图18-1

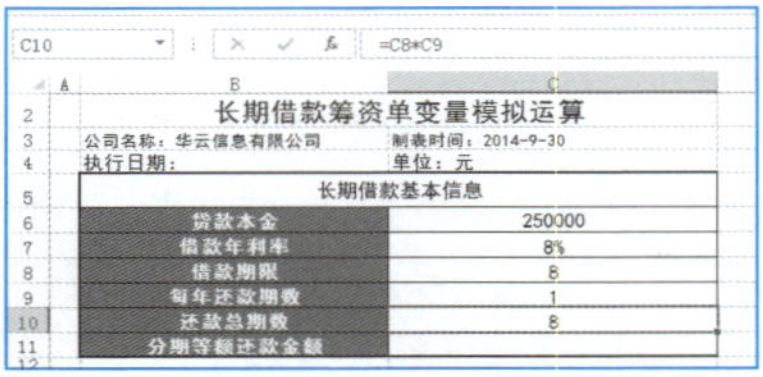

图18-2

❸ 选中C11单元格，在公式编辑栏中输入公式：“=PMT($C$7/$C$9,$C$10,$C$6,)”，按回车键，计算出贷款为250000元时，每期偿还金额，如图18-3所示。

4 在工作表B列中输入不同的借款金额，选中C15单元格，再次在公式编辑栏输入公式：“=PMT($C$7/$C$9,$C$10,$C$6,)”，按回车键，计算出贷款为250000元时，每期偿还金额，如图18-4所示。

图18-3

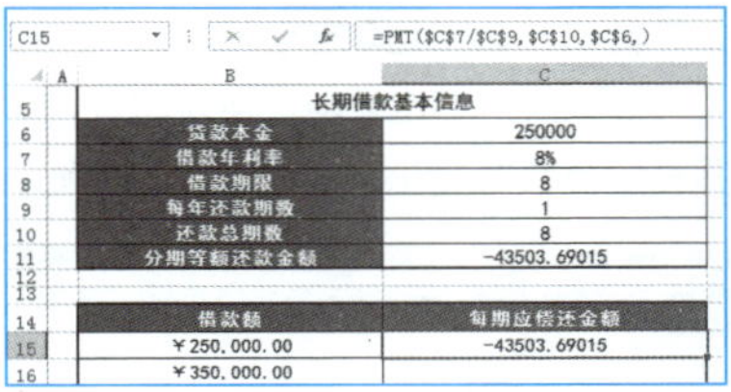

图18-4

步骤2：使用模拟运算工具分析

1 选中B15:C20单元格区域，切换到“数据”选项卡，在“数据工具”选项组单击“模拟分析”按钮，在其下拉列表中选择“模拟运算表”命令，如图18-5所示。

2 打开“模拟运算表”对话框，设置“输入引用列的单元格”为“C6”单元格，接着单击“确定”按钮，如图18-6所示。

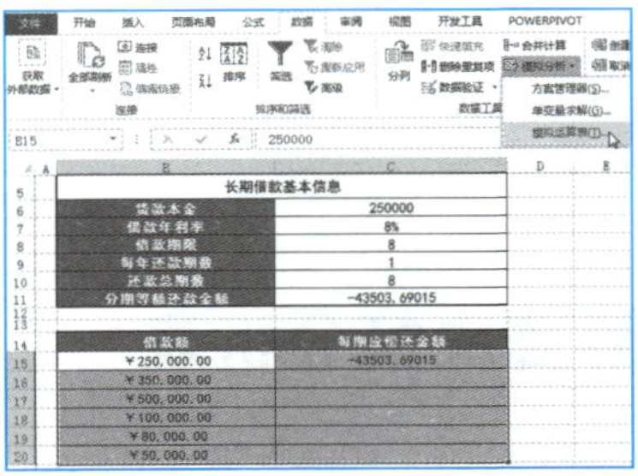

图18-5

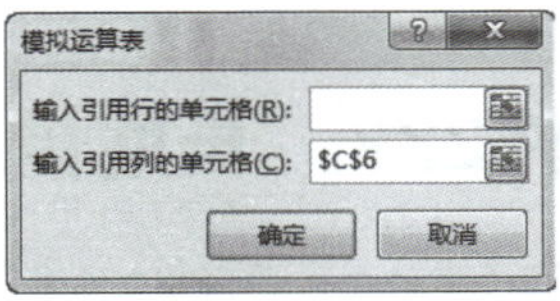

图18-6

3 返回工作表中，即可求得不同借款金额每期应偿还金额，如图18-7所示。

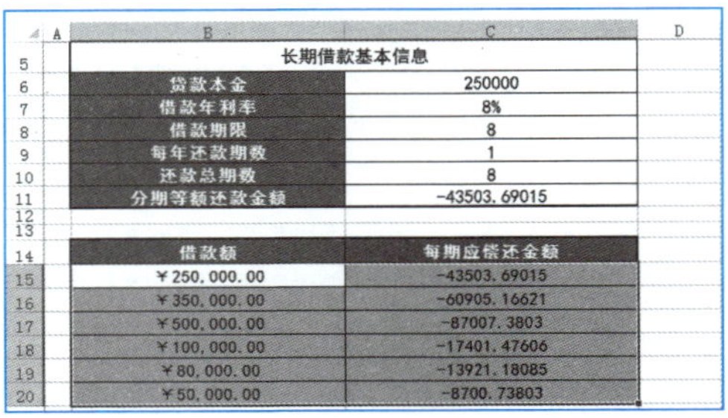

图18-7

步骤3：设置数据格式

❶ 依次选中C11单元格和C15:C20单元格区域，打开“设置单元格格式”对话框，在“分类”列表中选择“货币”，在右侧选择负数显示格式，单击“确定”按钮，如图18-8所示。

❷ 返回工作表中，系统将选定单元格和单元格区域数据格式更改为货币，并设置负数时显示红色，如图18-9所示。

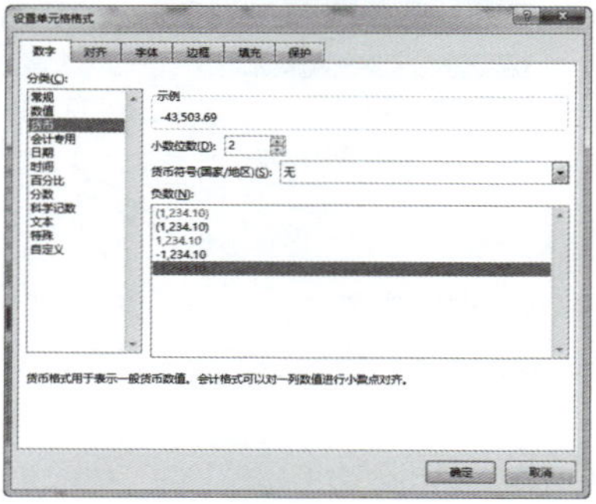

图18-8

	A	B	C	D
1				
2		长期借款筹资单变量模拟运算		
3		公司名称：华云信息有限公司	制表时间：2014-9-30	
4		执行日期：	单位：元	
5		长期借款基本信息		
6		贷款本金	250000	
7		借款年利率	8%	
8		借款期限	8	
9		每年还款期数	1	
10		还款总期数	8	
11		分期等额还款金额	-43,503.69	
12				
13				
14		借款额	每期应偿还金额	
15		￥250,000.00	-43,503.69	
16		￥350,000.00	-60,905.17	
17		￥500,000.00	-87,007.38	
18		￥100,000.00	-17,401.48	
19		￥80,000.00	-13,921.18	
20		￥50,000.00	-8,700.74	

图18-9

公式分析：

“=PMT($C$7/$C$9,$C$10,$C$6,)”表示根据C7/C9单元格计算出的每期贷款利率、和还款总期数、本金计算出贷款每期应偿还额。

文件232　长期借款筹资决策分析表

假设某公司长期借款120万，借款年利率为8%，借款年限为10年，一年偿还一次，每年等额偿还本息，下面在Excel中建立长期借款筹资决策分析表。

制作要点与设计效果图

- ROW函数（参考函数5、22）
- PPMT函数（参考函数194）
- IPMT函数（参考函数197）

长期借款筹资决策分析表

所得税率：0.28　贴现率：0.08　单位：元

期限	等额还款金额	偿还本金	期初尚欠本金	偿还利息	避税额	净现金流量	现值
1	¥14,559.31	¥5,993.48	¥1,200,000.00	¥9,600.00	¥2,688.00	¥11,871.31	¥10,991.95
2	¥14,559.31	¥6,041.43	¥1,194,006.52	¥9,552.05	¥2,674.57	¥11,884.74	¥10,189.25
3	¥14,559.31	¥6,089.76	¥1,187,965.09	¥9,503.72	¥2,661.04	¥11,898.27	¥9,445.23
4	¥14,559.31	¥6,138.48	¥1,181,875.32	¥9,455.00	¥2,647.40	¥11,911.91	¥8,755.61
5	¥14,559.31	¥6,187.59	¥1,175,736.84	¥9,405.89	¥2,633.65	¥11,925.66	¥8,116.40
6	¥14,559.31	¥6,237.09	¥1,169,549.26	¥9,356.39	¥2,619.79	¥11,939.52	¥7,523.92
7	¥14,559.31	¥6,286.99	¥1,163,312.17	¥9,306.50	¥2,605.82	¥11,953.49	¥6,974.75
8	¥14,559.31	¥6,337.28	¥1,157,025.18	¥9,256.20	¥2,591.74	¥11,967.57	¥6,465.71
9	¥14,559.31	¥6,387.98	¥1,150,687.90	¥9,205.50	¥2,577.54	¥11,981.77	¥5,993.87
10	¥14,559.31	¥6,439.08	¥1,144,299.92	¥9,154.40	¥2,563.23	¥11,996.08	¥5,556.51
合计	¥145,593.11	¥62,139.16		¥93,795.67	¥26,262.79	¥119,330.33	¥80,013.20

文件设计过程

步骤1：创建表格

在工作表中创建长期借款筹资决策分析表，根据实际情况填写相关数据，如图18-10所示。

图18-10

步骤2：设置公式

❶ 选中A12单元格，在公式编辑栏中输入公式：“=IF(ROW()-ROW ($A$11)<=$B$6,ROW()-ROW($A$11),"")”，按回车键，向下复制公式到A21单元格，结果如图18-11所示。

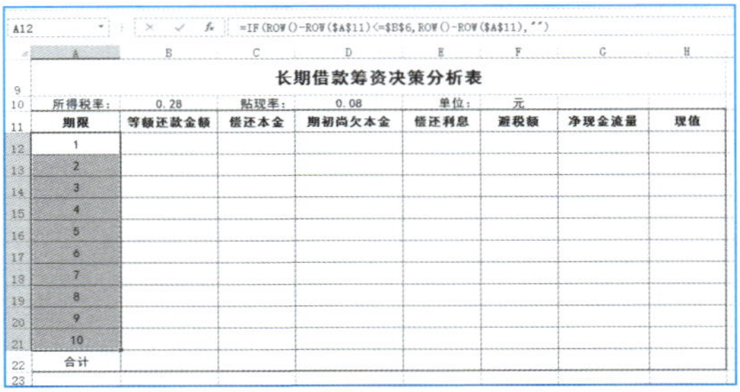

图18-11

❷ 选中B12单元格，在公式编辑栏中输入公式：“=IF(A38="","",$B$7)”，按回车键，向下复制公式到B21单元格，即可计算出各年还款金额，结果如图18-12所示。

❸ 选中C12单元格区域，在公式编辑栏中输入公式：“=PPMT($B$3/$B$5,A38,$B$6,-$B$2)”，按回车键，向下复制公式到C21单元格，即可计算出各年还款的本金金额，结果如图18-13所示。

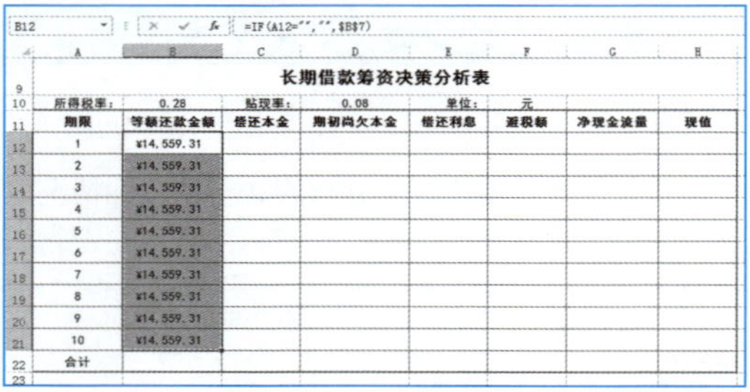

B12 =IF(A12="","",$B$7)

长期借款筹资决策分析表

所得税率： 0.28 贴现率： 0.08 单位： 元

期限	等额还款金额	偿还本金	期初尚欠本金	偿还利息	避税额	净现金流量	现值
1	¥14,559.31						
2	¥14,559.31						
3	¥14,559.31						
4	¥14,559.31						
5	¥14,559.31						
6	¥14,559.31						
7	¥14,559.31						
8	¥14,559.31						
9	¥14,559.31						
10	¥14,559.31						
合计							

图18-12

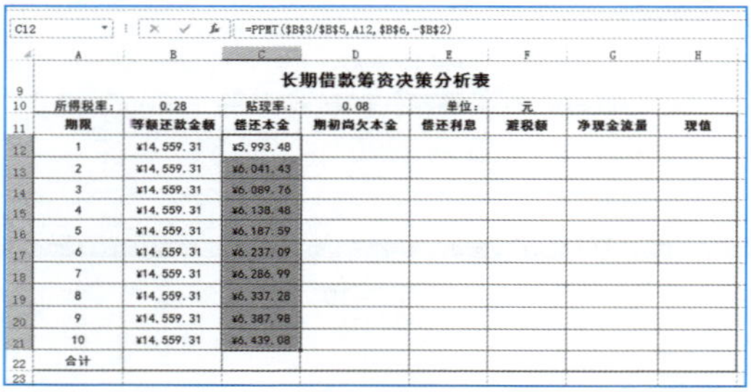

C12 =PPMT($B$3/$B$5,A12,$B$6,-$B$2)

长期借款筹资决策分析表

所得税率： 0.28 贴现率： 0.08 单位： 元

期限	等额还款金额	偿还本金	期初尚欠本金	偿还利息	避税额	净现金流量	现值
1	¥14,559.31	¥5,993.48					
2	¥14,559.31	¥6,041.43					
3	¥14,559.31	¥6,089.76					
4	¥14,559.31	¥6,138.48					
5	¥14,559.31	¥6,187.59					
6	¥14,559.31	¥6,237.09					
7	¥14,559.31	¥6,286.99					
8	¥14,559.31	¥6,337.28					
9	¥14,559.31	¥6,387.98					
10	¥14,559.31	¥6,439.08					
合计							

图18-13

4 选中D12单元格，在公式编辑栏中输入公式："=B2"，按回车键，计算出第一年期初尚欠金额，如图18-14所示。第二年的期初偿欠本金为第一年的期初尚欠本金减去第一年尚欠本金，因此这里选中D13单元格，在公式编辑栏中输入公式："=D12-C12"，按回车键，向下复制公式到D21单元格，即可计算出各年期初尚欠金额，结果如图18-15所示。

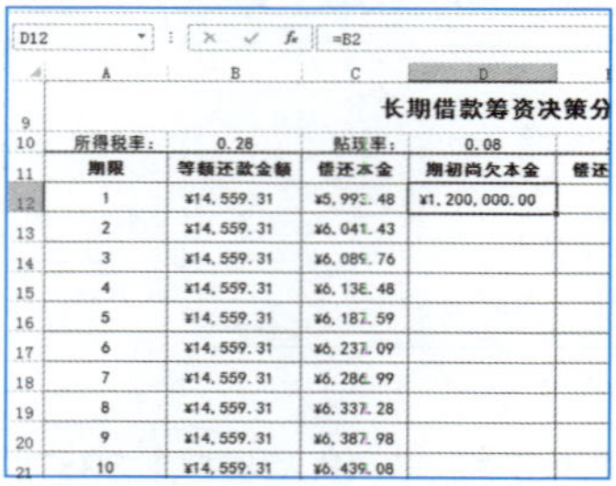

D12 =B2

长期借款筹资决策分

所得税率： 0.28 贴现率： 0.08

期限	等额还款金额	偿还本金	期初尚欠本金	偿还
1	¥14,559.31	¥5,993.48	¥1,200,000.00	
2	¥14,559.31	¥6,041.43		
3	¥14,559.31	¥6,089.76		
4	¥14,559.31	¥6,138.48		
5	¥14,559.31	¥6,187.59		
6	¥14,559.31	¥6,237.09		
7	¥14,559.31	¥6,286.99		
8	¥14,559.31	¥6,337.28		
9	¥14,559.31	¥6,387.98		
10	¥14,559.31	¥6,439.08		

图18-14

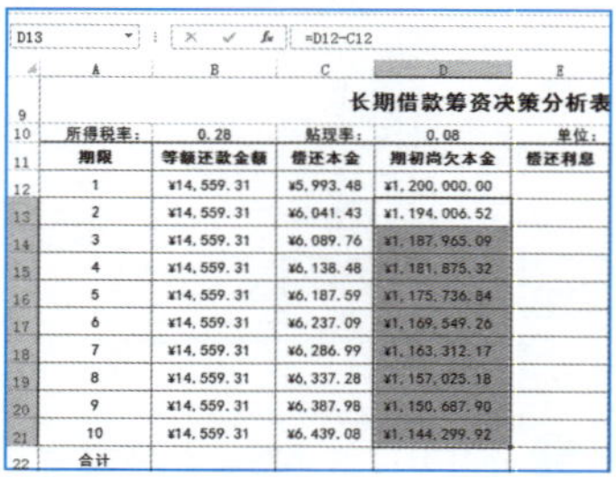

D13 =D12-C12

长期借款筹资决策分析表

所得税率： 0.28 贴现率： 0.08 单位：

期限	等额还款金额	偿还本金	期初尚欠本金	偿还利息
1	¥14,559.31	¥5,993.48	¥1,200,000.00	
2	¥14,559.31	¥6,041.43	¥1,194,006.52	
3	¥14,559.31	¥6,089.76	¥1,187,965.09	
4	¥14,559.31	¥6,138.48	¥1,181,875.32	
5	¥14,559.31	¥6,187.59	¥1,175,736.84	
6	¥14,559.31	¥6,237.09	¥1,169,549.26	
7	¥14,559.31	¥6,286.99	¥1,163,312.17	
8	¥14,559.31	¥6,337.28	¥1,157,025.18	
9	¥14,559.31	¥6,387.98	¥1,150,687.90	
10	¥14,559.31	¥6,439.08	¥1,144,299.92	
合计				

图18-15

5 选中E12单元格，在公式编辑栏中输入公式："=IPMT($B$3/$B$5,A12,$B$6,-$B$2)"，按回车键，向下复制公式到E21单元格，即可计算出各年应偿还的利息，结果如图18-16所示。

6 选中F12单元格，在公式编辑栏中输入公式："=E12*$B$10"，按回车键，向下复制公式到F21单元格，即可计算出各年避税额，结果如图18-17所示。

E12　=IPMT($B$3/$B$5,A12,$B$6,-$B$2)

长期借款筹资决策分析表				
所得税率：	0.28	贴现率：	0.08	单位：
期限	等额还款金额	偿还本金	期初尚欠本金	偿还利息
1	¥14,559.31	¥5,993.48	¥1,200,000.00	¥9,600.00
2	¥14,559.31	¥6,041.43	¥1,194,006.52	¥9,552.05
3	¥14,559.31	¥6,089.76	¥1,187,965.09	¥9,503.72
4	¥14,559.31	¥6,138.48	¥1,181,875.32	¥9,455.00
5	¥14,559.31	¥6,187.59	¥1,175,736.84	¥9,405.89
6	¥14,559.31	¥6,237.09	¥1,169,549.26	¥9,356.39
7	¥14,559.31	¥6,286.99	¥1,163,312.17	¥9,306.50
8	¥14,559.31	¥6,337.28	¥1,157,025.18	¥9,256.20
9	¥14,559.31	¥6,387.98	¥1,150,687.90	¥9,205.50
10	¥14,559.31	¥6,439.08	¥1,144,299.92	¥9,154.40
合计				

图18–16

F12　=E12*$B$10

长期借款筹资决策分析表				
0.28	贴现率：	0.08	单位：	元
等额还款金额	偿还本金	期初尚欠本金	偿还利息	避税额
¥14,559.31	¥5,993.48	¥1,200,000.00	¥9,600.00	¥2,688.00
¥14,559.31	¥6,041.43	¥1,194,006.52	¥9,552.05	¥2,674.57
¥14,559.31	¥6,089.76	¥1,187,965.09	¥9,503.72	¥2,661.04
¥14,559.31	¥6,138.48	¥1,181,875.32	¥9,455.00	¥2,647.40
¥14,559.31	¥6,187.59	¥1,175,736.84	¥9,405.89	¥2,633.65
¥14,559.31	¥6,237.09	¥1,169,549.26	¥9,356.39	¥2,619.79
¥14,559.31	¥6,286.99	¥1,163,312.17	¥9,306.50	¥2,605.82
¥14,559.31	¥6,337.28	¥1,157,025.18	¥9,256.20	¥2,591.74
¥14,559.31	¥6,387.98	¥1,150,687.90	¥9,205.50	¥2,577.54
¥14,559.31	¥6,439.08	¥1,144,299.92	¥9,154.40	¥2,563.23

图18–17

7 选中G12单元格，在公式编辑栏中输入公式：“=B12-F12”，按回车键，向下复制公式到G21单元格，即可计算出各年净现金流量，结果如图18-18所示。

G12　=B12-F12

长期借款筹资决策分析表							
所得税率：	0.28	贴现率：	0.08	单位：	元		
期限	等额还款金额	偿还本金	期初尚欠本金	偿还利息	避税额	净现金流量	现值
1	¥14,559.31	¥5,993.48	¥1,200,000.00	¥9,600.00	¥2,688.00	¥11,871.31	
2	¥14,559.31	¥6,041.43	¥1,194,006.52	¥9,552.05	¥2,674.57	¥11,884.74	
3	¥14,559.31	¥6,089.76	¥1,187,965.09	¥9,503.72	¥2,661.04	¥11,898.27	
4	¥14,559.31	¥6,138.48	¥1,181,875.32	¥9,455.00	¥2,647.40	¥11,911.91	
5	¥14,559.31	¥6,187.59	¥1,175,736.84	¥9,405.89	¥2,633.65	¥11,925.66	
6	¥14,559.31	¥6,237.09	¥1,169,549.26	¥9,356.39	¥2,619.79	¥11,939.52	
7	¥14,559.31	¥6,286.99	¥1,163,312.17	¥9,306.50	¥2,605.82	¥11,953.49	
8	¥14,559.31	¥6,337.28	¥1,157,025.18	¥9,256.20	¥2,591.74	¥11,967.57	
9	¥14,559.31	¥6,387.98	¥1,150,687.90	¥9,205.50	¥2,577.54	¥11,981.77	
10	¥14,559.31	¥6,439.08	¥1,144,299.92	¥9,154.40	¥2,563.23	¥11,996.08	
合计							

图18–18

8 选中H12单元格，在公式编辑栏中输入公式：“=G12/(1+$D$10)^A12”，按回车键，向下复制公式到H21单元格，即可计算出各年的现值，结果如图18-19所示。

H12　=G12/(1+$D$10)^A12

长期借款筹资决策分析表							
所得税率：	0.28	贴现率：	0.08	单位：	元		
期限	等额还款金额	偿还本金	期初尚欠本金	偿还利息	避税额	净现金流量	现值
1	¥14,559.31	¥5,993.48	¥1,200,000.00	¥9,600.00	¥2,688.00	¥11,871.31	¥10,991.95
2	¥14,559.31	¥6,041.43	¥1,194,006.52	¥9,552.05	¥2,674.57	¥11,884.74	¥10,189.25
3	¥14,559.31	¥6,089.76	¥1,187,965.09	¥9,503.72	¥2,661.04	¥11,898.27	¥9,445.23
4	¥14,559.31	¥6,138.48	¥1,181,875.32	¥9,455.00	¥2,647.40	¥11,911.91	¥8,755.61
5	¥14,559.31	¥6,187.59	¥1,175,736.84	¥9,405.89	¥2,633.65	¥11,925.66	¥8,116.40
6	¥14,559.31	¥6,237.09	¥1,169,549.26	¥9,356.39	¥2,619.79	¥11,939.52	¥7,523.92
7	¥14,559.31	¥6,286.99	¥1,163,312.17	¥9,306.50	¥2,605.82	¥11,953.49	¥6,974.75
8	¥14,559.31	¥6,337.28	¥1,157,025.18	¥9,256.20	¥2,591.74	¥11,967.57	¥6,465.71
9	¥14,559.31	¥6,387.98	¥1,150,687.90	¥9,205.50	¥2,577.54	¥11,981.77	¥5,993.87
10	¥14,559.31	¥6,439.08	¥1,144,299.92	¥9,154.40	¥2,563.23	¥11,996.08	¥5,556.51
合计							

图18–19

9 选中B22单元格，在公式编辑栏中输入公式：“=SUM(B12:B12)”，按回车键，结果如图18-20所示。向右复制公式到H22单元格，除D22单元格不复制公式，结果如图18-21所示。

B22 =SUM(B12:B21)

长期借款筹资决策分析表

所得税率:	0.28	贴现率:	0.08	单位:	元		
期限	等额还款金额	偿还本金	期初尚欠本金	偿还利息	避税额	净现金流量	现值
1	¥14,559.31	¥5,993.48	¥1,200,000.00	¥9,600.00	¥2,688.00	¥11,871.31	¥10,991.95
2	¥14,559.31	¥6,041.43	¥1,194,006.52	¥9,552.05	¥2,674.57	¥11,884.74	¥10,189.25
3	¥14,559.31	¥6,089.76	¥1,187,965.09	¥9,503.72	¥2,661.04	¥11,898.27	¥9,445.23
4	¥14,559.31	¥6,138.48	¥1,181,875.32	¥9,455.00	¥2,647.40	¥11,911.91	¥8,755.61
5	¥14,559.31	¥6,187.59	¥1,175,736.84	¥9,405.89	¥2,633.65	¥11,925.66	¥8,116.40
6	¥14,559.31	¥6,237.09	¥1,169,549.26	¥9,356.39	¥2,619.79	¥11,939.52	¥7,523.92
7	¥14,559.31	¥6,286.99	¥1,163,312.17	¥9,306.50	¥2,605.82	¥11,953.49	¥6,974.75
8	¥14,559.31	¥6,337.28	¥1,157,025.18	¥9,256.20	¥2,591.74	¥11,967.57	¥6,465.71
9	¥14,559.31	¥6,387.98	¥1,150,687.90	¥9,205.50	¥2,577.54	¥11,981.77	¥5,993.87
10	¥14,559.31	¥6,439.08	¥1,144,299.92	¥9,154.40	¥2,563.23	¥11,996.08	¥5,556.51
合计	¥145,593.11						

图18-20

长期借款筹资决策分析表

所得税率:	0.28	贴现率:	0.08	单位:	元		
期限	等额还款金额	偿还本金	期初尚欠本金	偿还利息	避税额	净现金流量	现值
1	¥14,559.31	¥5,993.48	¥1,200,000.00	¥9,600.00	¥2,688.00	¥11,871.31	¥10,991.95
2	¥14,559.31	¥6,041.43	¥1,194,006.52	¥9,552.05	¥2,674.57	¥11,884.74	¥10,189.25
3	¥14,559.31	¥6,089.76	¥1,187,965.09	¥9,503.72	¥2,661.04	¥11,898.27	¥9,445.23
4	¥14,559.31	¥6,138.48	¥1,181,875.32	¥9,455.00	¥2,647.40	¥11,911.91	¥8,755.61
5	¥14,559.31	¥6,187.59	¥1,175,736.84	¥9,405.89	¥2,633.65	¥11,925.66	¥8,116.40
6	¥14,559.31	¥6,237.09	¥1,169,549.26	¥9,356.39	¥2,619.79	¥11,939.52	¥7,523.92
7	¥14,559.31	¥6,286.99	¥1,163,312.17	¥9,306.50	¥2,605.82	¥11,953.49	¥6,974.75
8	¥14,559.31	¥6,337.28	¥1,157,025.18	¥9,256.20	¥2,591.74	¥11,967.57	¥6,465.71
9	¥14,559.31	¥6,387.98	¥1,150,687.90	¥9,205.50	¥2,577.54	¥11,981.77	¥5,993.87
10	¥14,559.31	¥6,439.08	¥1,144,299.92	¥9,154.40	¥2,563.23	¥11,996.08	¥5,556.51
合计	¥145,593.11	¥62,139.16		¥93,795.67	¥26,262.79	¥119,330.33	¥80,013.20

图18-21

⑩ 操作完成后，无论是更改借款金额、借款利率，还是借款期限，在长期借款筹资决策分析表中都可以根据指定条件自动计算出各期借款信息。

文件233　租赁筹资决策模型

租赁是出租人以收取租金为条件，埋在契约或合同的固定期限内，将资产租给承租人使用的一种经济行为。在租赁筹资时，每期应付租金的计算要收到租金支付方式的影响，所以在建立租赁筹资模型时，要先考虑每期应付租金公式的建立，根据不同的租金方式建立不同的公式，在Excel中可以使用双变量模拟运算表来建立分析模型。

制作要点与设计效果图

- 设置数据验证
- IF函数（参考函数1、3）
- PMT函数（参考函数192）
- ABS函数（参考函数205）
- 双变量模拟运算表

租赁筹资分析模型

租赁设备名称	A设备
租金	¥800,000.00
租金支付方式	先付
租赁年利率	7.50%
租赁年限	5
年付款期数	2
总付款期数	10
等期应付租金	¥93,888.26
实际总付租金	¥938,882.64

双变量模拟运算表模型

公司名称　华云信息有限公司　制表时间　2014/9/30　单位：元

¥93,888.26	3	5	8	10	15
5.00%	¥141,697.54	¥89,177.57	¥59,784.58	¥50,066.05	¥37,289.87
5.50%	¥142,536.90	¥90,113.65	¥60,805.53	¥51,131.27	¥38,450.16
6.00%	¥143,376.70	¥91,052.82	¥61,833.67	¥52,206.37	¥39,626.61
6.50%	¥144,216.93	¥91,995.02	¥62,868.87	¥53,291.14	¥40,818.76
7.00%	¥145,057.55	¥92,940.19	¥63,910.98	¥54,385.37	¥42,026.15
7.50%	¥145,898.56	¥93,888.26	¥64,959.87	¥55,488.85	¥43,248.29
8.00%	¥146,739.93	¥94,839.19	¥66,015.38	¥56,601.35	¥44,484.69
8.50%	¥147,581.63	¥95,792.90	¥67,077.39	¥57,722.66	¥45,734.87
9.00%	¥148,423.65	¥96,749.34	¥68,145.74	¥58,852.55	¥46,998.31
9.50%	¥149,265.96	¥97,708.44	¥69,220.28	¥59,990.81	¥48,274.52
10.00%	¥150,108.55	¥98,670.15	¥70,300.88	¥61,137.21	¥49,563.00

文件设计过程

步骤1：数据验证设置

❶ 将工作表重命名为“租赁筹资分析模型”，在工作表中输入租赁设备、租金、租金年利率、租赁期限、年付款期数等信息，如图18-22所示。

❷ 选中C4单元格，切换到“数据”选项卡，在“数据工具”选项组单击“数据验证”按钮，如图18-23所示。

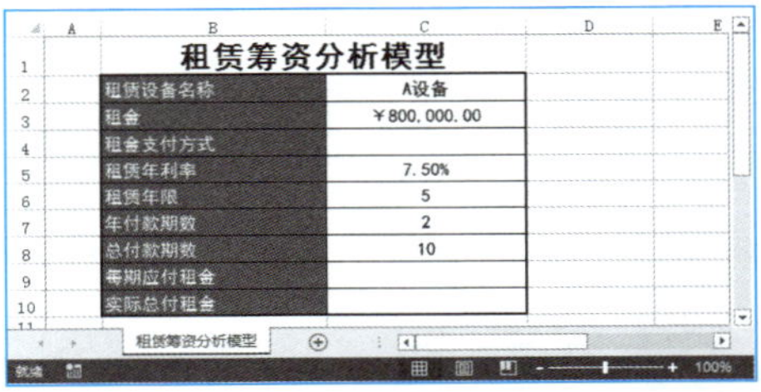

图18-22

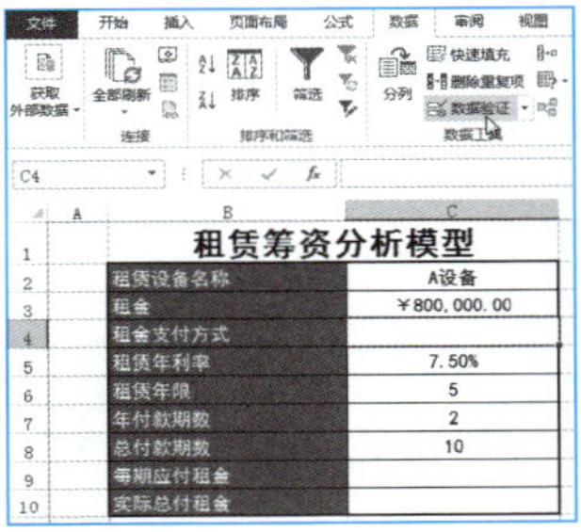

图18-23

❸ 打开“数据验证”对话框，在“允许”下拉列表中选中“序列”，接着在“来源”文本框中输入“先付,后付”，单击“确定”按钮，如图18-24所示。

❹ 返回工作表中，单击C4单元格右侧下拉按钮，可以在其下拉列表中看到可供选择的选项，单击“后付”，如图18-25所示。

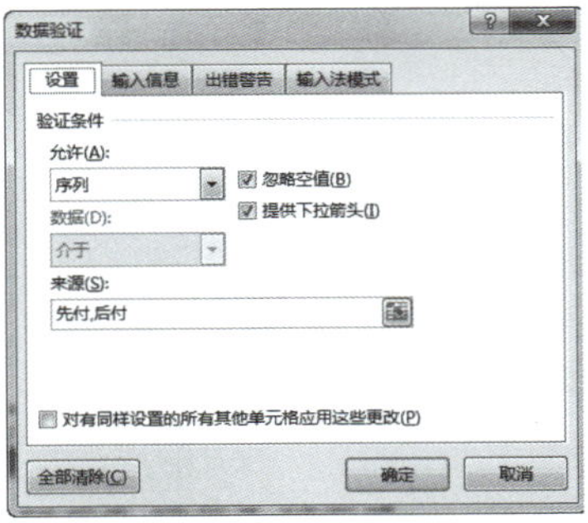

图18-24

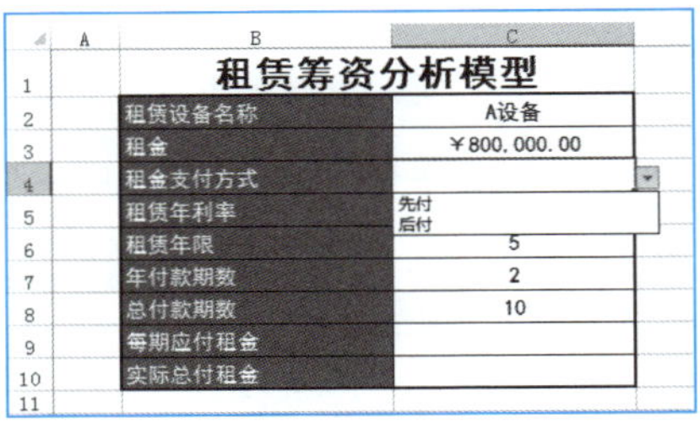

图18-25

步骤2：设置公式计算

❶ 选中C9单元格，在公式编辑栏中输入公式“=IF(C4="先付",ABS(PMT(C5/C7,C8,C3,0,1)),ABS(PMT(C5/C7,C8,C3,0,0)))”，按“回车键，即可计算每期应付租金数，如图18-26所示。

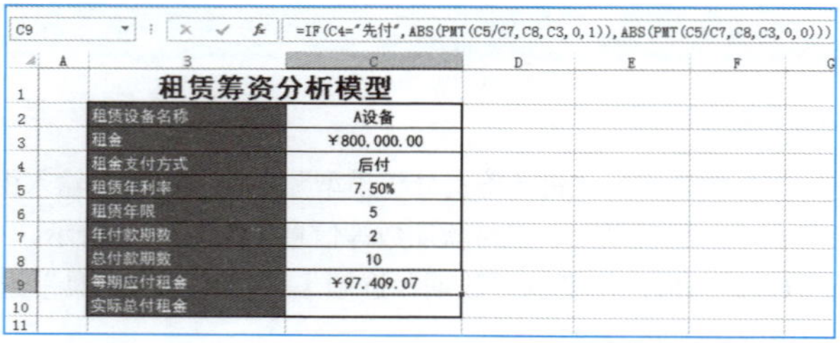

C9　=IF(C4="先付",ABS(PMT(C5/C7,C8,C3,0,1)),ABS(PMT(C5/C7,C8,C3,0,0)))

租赁筹资分析模型	
租赁设备名称	A设备
租金	￥800,000.00
租金支付方式	后付
租赁年利率	7.50%
租赁年限	5
年付款期数	2
总付款期数	10
每期应付租金	￥97,409.07
实际总付租金	

图18-26

❷ 选中C10单元格，在公式编辑栏中输入公式“=C9*C8”，按“回车键，即可计算实际应付租金总额，如图18-27所示。

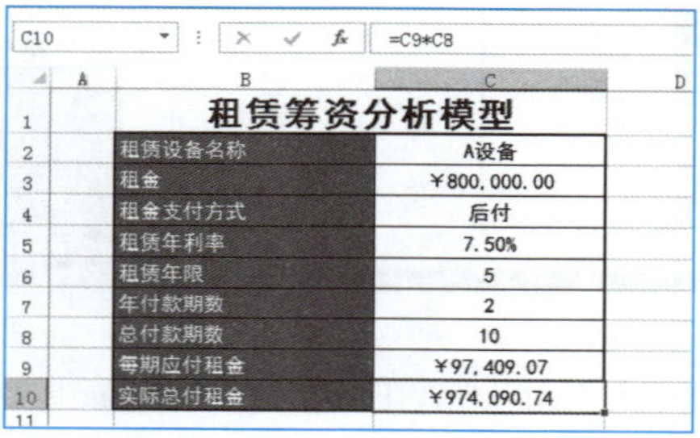

C10　=C9*C8

租赁筹资分析模型	
租赁设备名称	A设备
租金	￥800,000.00
租金支付方式	后付
租赁年利率	7.50%
租赁年限	5
年付款期数	2
总付款期数	10
每期应付租金	￥97,409.07
实际总付租金	￥974,090.74

图18-27

步骤3：使用“模拟运算表”分析

❶ 在工作表中创建“双变量模拟分析运算模型”，并输入不同租赁年利率和不同的还款年限，如图18-28所示。

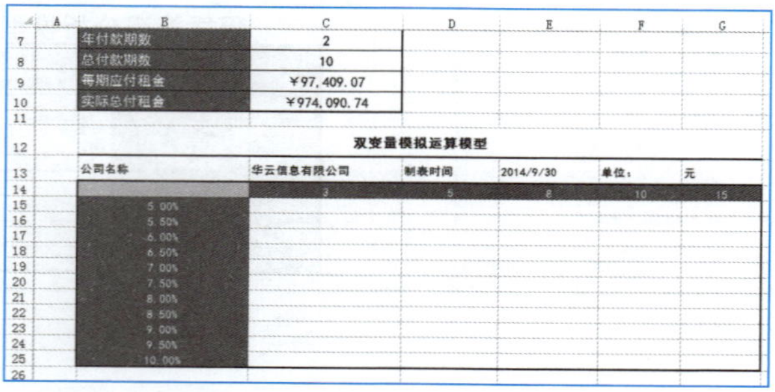

年付款期数	2
总付款期数	10
每期应付租金	￥97,409.07
实际总付租金	￥974,090.74

双变量模拟运算模型

公司名称	华云信息有限公司	制表时间	2014/9/30	单位：	元
	3	5	8	10	15
5.00%					
5.50%					
6.00%					
6.50%					
7.00%					
7.50%					
8.00%					
8.50%					
9.00%					
9.50%					
10.00%					

图18-28

❷ 选中B14单元格，在公式编辑栏中再次输入公式“=IF(C4="先付",ABS(PMT(C5/C7,C8,C3,0,1)),ABS(PMT(C5/C7,C8,C3,0,0)))”，按回车键，计算出总付款期为“10”时每期应付租金数，如图18-29所示。

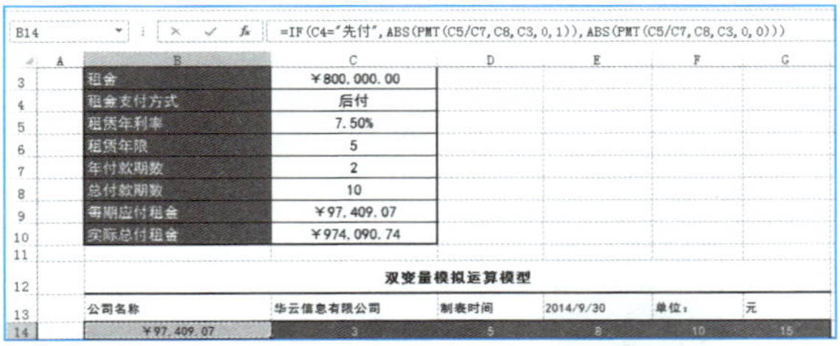

图18-29

公式分析：

“=IF(C4="先付",ABS(PMT(C5/C7,C8,C3,0,1)),ABS(PMT(C5/C7,C8,C3,0,0)))”表示如果C4单元格为“先付”，则返回“(PMT(C5/C7,C8,C3,0,1))”每期应还款的绝对值，否则执行PMT(C5/C7,C8,C3,0,0)每期应还款的绝对值。

❸ 选中B14:G25单元格区域，在“数据工具”选项组单击“模拟分析”按钮，在其下拉列表中选择“模拟运算表”命令，如图18-30所示。

❹ 打开“模拟运算表”对话框，在“设置输入引用行的单元格”为C6单元格，设置“输入引用列的单元格”为C5单元格。单击“确定”按钮，如图18-31所示。

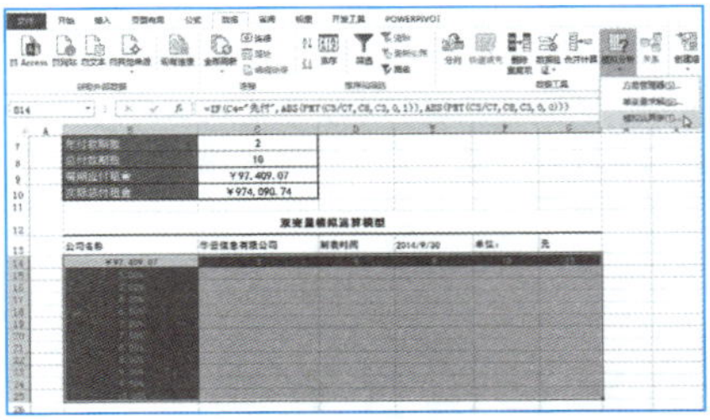

图18-30

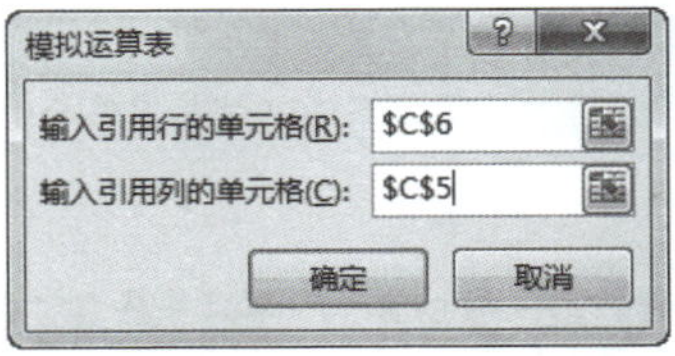

图18-31

❺ 返回工作表中，即可看到双变量模拟运算表输出结果，企业可以根据自身的实际情况，选择最适合的还款年限和利率，如图18-32所示。

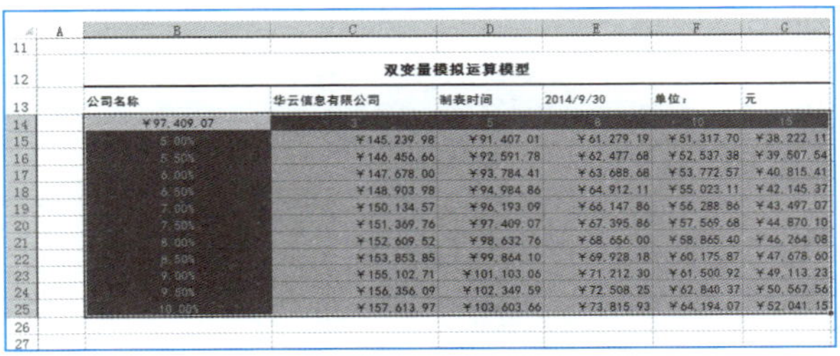

￥97,409.07	3	5	8	10	15
5.00%	￥145,239.98	￥91,407.01	￥61,279.19	￥51,317.70	￥38,222.11
5.50%	￥146,456.66	￥92,591.78	￥62,477.68	￥52,537.38	￥39,507.54
6.00%	￥147,678.00	￥93,784.41	￥63,688.68	￥53,772.57	￥40,815.41
6.50%	￥148,903.98	￥94,984.86	￥64,912.11	￥55,023.11	￥42,145.37
7.00%	￥150,134.57	￥96,193.09	￥66,147.86	￥56,288.86	￥43,497.07
7.50%	￥151,369.76	￥97,409.07	￥67,395.86	￥57,569.68	￥44,870.10
8.00%	￥152,609.52	￥98,632.76	￥68,656.00	￥58,865.40	￥46,264.08
8.50%	￥153,853.85	￥99,864.10	￥69,928.18	￥60,175.87	￥47,678.60
9.00%	￥155,102.71	￥101,103.06	￥71,212.30	￥61,500.92	￥49,113.23
9.50%	￥156,356.09	￥102,349.59	￥72,508.25	￥62,840.37	￥50,567.56
10.00%	￥157,613.97	￥103,603.66	￥73,815.93	￥64,194.07	￥52,041.15

图18-32

❻ 在C4下拉列表中选择“先付”，表格中和双变量模拟运算表中的数据会自动更新，显示“先付”方式下的各期付款情况。可以得出，采用“先付”方式，实际支付资金总额更少一些，如图18-33所示。

租赁筹资分析模型

租赁设备名称	A设备
租金	¥800,000.00
租金支付方式	先付
租赁年利率	7.50%
租赁年限	5
年付款期数	2
总付款期数	10
每期应付租金	¥93,888.26
实际总付租金	¥938,882.64

双变量模拟运算模型

公司名称	华云信息有限公司	制表时间	2014/9/30	单位：	元
¥93,888.26	3	5	8	10	15
5.00%	¥141,697.54	¥89,177.57	¥59,784.58	¥50,066.05	¥37,289.87
5.50%	¥142,536.90	¥90,113.65	¥60,805.53	¥51,131.27	¥38,450.16
6.00%	¥143,376.70	¥91,052.82	¥61,833.67	¥52,206.37	¥39,626.61
6.50%	¥144,216.93	¥91,995.02	¥62,868.87	¥53,291.14	¥40,818.76
7.00%	¥145,057.55	¥92,940.19	¥63,910.98	¥54,385.37	¥42,026.15
7.50%	¥145,898.56	¥93,888.26	¥64,959.87	¥55,488.85	¥43,248.29
8.00%	¥146,739.93	¥94,839.19	¥66,015.38	¥56,601.35	¥44,484.69
8.50%	¥147,581.63	¥95,792.90	¥67,077.39	¥57,722.66	¥45,734.87
9.00%	¥148,423.65	¥96,749.34	¥68,145.74	¥58,852.55	¥46,998.31
9.50%	¥149,265.96	¥97,708.44	¥69,220.28	¥59,990.81	¥48,274.52
10.00%	¥150,108.55	¥98,670.15	¥70,300.88	¥61,137.21	¥49,563.00

图18-33

公式分析：

Excel模拟运算表是一个单元格区域，它可以显示出某个计算公式中一个或多个变量替换完成不同值时的结果，分为单变量模拟运算表和双变量模拟运算表两种类型。

在单变量模拟运算表中，用户可以对一个变量输入不同的值从而查看它对计算结果的影响；在双变量模拟运算表中，用户可以对两个变量输入不同的值从而查看它对起算结果的影响。需要注意的是模拟运算表生成的值是作为一个数组保存的，用户不能更改其中某一个值，不然屏幕上会弹出错误提示对话框。

文件234　租赁筹资方案现值计算表

假设企业需要一台价值200万的设备，使用5年，无残值。如果要租赁该设备，租赁公司要以8%的租费率，每年支付一次。下面通过设置公式计算租赁筹资方案现值。

制作要点与设计效果图

- SUM函数（参考函数3、7、16）
- 公式运算

租赁筹资分析模型

租赁设备名称	A设备
租金	¥2,000,000.00
租金支付方式	先付
租赁年利率	8.00%
租赁年限	5
年付款期数	1
总付款期数	5
每期应付租金	¥463,808.25
实际总付租金	¥2,319,041.25

年末	租金支付额	避税额	税后现值流量	现值
0	¥463,808.25		¥463,808.25	¥463,808.25
1	¥463,808.25	¥115,952.06	¥347,856.19	¥322,089.06
2	¥463,808.25	¥115,952.06	¥347,856.19	¥298,230.61
3	¥463,808.25	¥115,952.06	¥347,856.19	¥276,139.46
4	¥463,808.25	¥115,952.06	¥347,856.19	¥255,684.68
5		¥0.00	¥0.00	¥0.00
合计	¥2,319,041.25	¥463,808.25	¥1,855,233.00	¥1,615,952.06

文件设计过程

步骤1：创建表格

❶ 新建工作表，在工作表中创建“租赁筹资分析模型”表格，如图18-34所示。

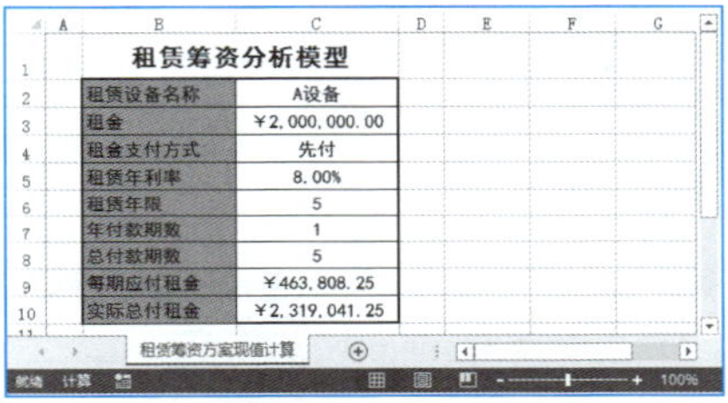

租赁筹资分析模型	
租赁设备名称	A设备
租金	¥2,000,000.00
租金支付方式	先付
租赁年利率	8.00%
租赁年限	5
年付款期数	1
总付款期数	5
每期应付租金	¥463,808.25
实际总付租金	¥2,319,041.25

图18-34

❷ 在E2：I9单元格区域中创建如图18-35所示的现金计算表。

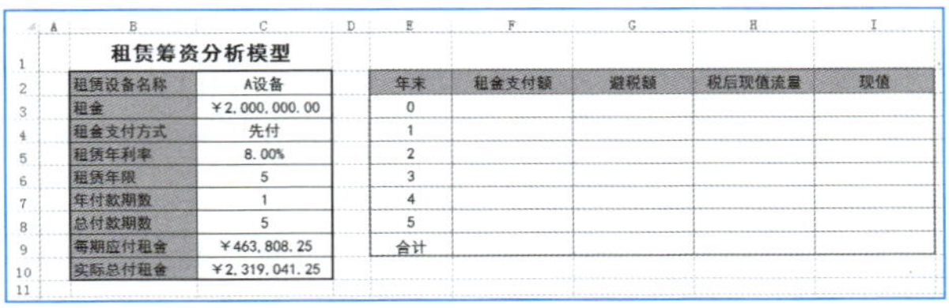

年末	租金支付额	避税额	税后现值流量	现值
0				
1				
2				
3				
4				
5				
合计				

图18-35

步骤2：设置公式

❶ 选中F3单元格区域，在公式编辑栏中输入公式：“=$C$9”，按回车键，向下复制公式到F7单元格，即可计算出各期应付租金，结果如图18-36所示。

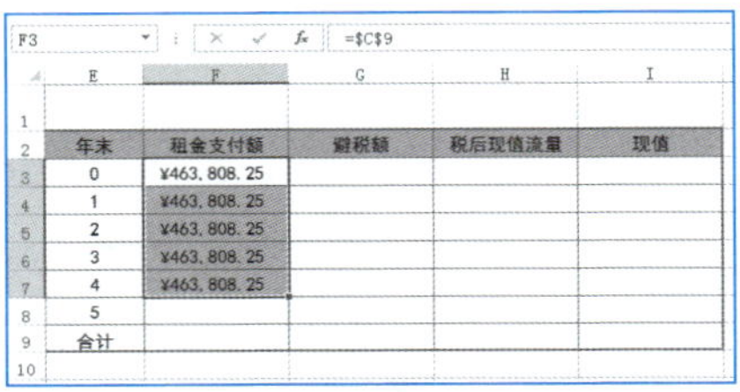

年末	租金支付额	避税额	税后现值流量	现值
0	¥463,808.25			
1	¥463,808.25			
2	¥463,808.25			
3	¥463,808.25			
4	¥463,808.25			
5				
合计				

图18-36

❷ 选中G4单元格，在公式编辑栏中输入公式：“=F4*0.25”，按回车键，向下复制公式到G8单元格，即可计算出各期避税额，结果如图18-37所示。

❸ 选中H3单元格，在公式编辑栏中输入公式：“=F3-G3”，按回车键，向下复制公式到H8单元格，即可计算出各期税后现金流量，结果如图18-38所示。

G4　=F4*0.25

年末	租金支付额	避税额	税后现值流量	现值
0	¥463,808.25			
1	¥463,808.25	¥115,952.06		
2	¥463,808.25	¥115,952.06		
3	¥463,808.25	¥115,952.06		
4	¥463,808.25	¥115,952.06		
5		¥0.00		
合计				

图18-37

H3　=F3-G3

年末	租金支付额	避税额	税后现值流量	现值
0	¥463,808.25		¥463,808.25	
1	¥463,808.25	¥115,952.06	¥347,856.19	
2	¥463,808.25	¥115,952.06	¥347,856.19	
3	¥463,808.25	¥115,952.06	¥347,856.19	
4	¥463,808.25	¥115,952.06	¥347,856.19	
5		¥0.00	¥0.00	
合计				

图18-38

4 选中I3单元格，在公式编辑栏中输入公式：“=H3/(1+8%)^E3”，按回车键，向下复制公式到I8单元格，即可计算出各期现值，结果如图18-39所示。

I3　=H3/(1+8%)^E3

年末	租金支付额	避税额	税后现值流量	现值
0	¥463,808.25		¥463,808.25	¥463,808.25
1	¥463,808.25	¥115,952.06	¥347,856.19	¥322,089.06
2	¥463,808.25	¥115,952.06	¥347,856.19	¥298,230.61
3	¥463,808.25	¥115,952.06	¥347,856.19	¥276,139.46
4	¥463,808.25	¥115,952.06	¥347,856.19	¥255,684.68
5		¥0.00	¥0.00	¥0.00
合计				

图18-39

5 选中F9单元格，在公式编辑栏中输入公式：“=SUM(F3:F8)”，按回车键，向右复制公式到I9单元格，即可计算出各项金额的合计值，结果如图18-40所示。

F9　=SUM(F3:F8)

年末	租金支付额	避税额	税后现值流量	现值
0	¥463,808.25		¥463,808.25	¥463,808.25
1	¥463,808.25	¥115,952.06	¥347,856.19	¥322,089.06
2	¥463,808.25	¥115,952.06	¥347,856.19	¥298,230.61
3	¥463,808.25	¥115,952.06	¥347,856.19	¥276,139.46
4	¥463,808.25	¥115,952.06	¥347,856.19	¥255,684.68
5		¥0.00	¥0.00	¥0.00
合计	¥2,319,041.25	¥463,808.25	¥1,855,233.00	¥1,615,952.06

图18-40

文件235　债券筹资决策模型

债券是金融市场上一种重要的金融工具，债券具有债券面值、债券价格、债券还本期限和债券利率四个要素。发行债券是债务人筹集资金的一种方式，购买债券则是投资者竞相投资的一种方式。发行和购买债券的双方通过债券实现了资金交易，但这种交易不同与发行股票，它是一种借贷活动。

制作要点与设计效果图

- ACCRINT函数（参考函数220）
- INTRATE函数（参考函数236）
- YIELD函数（参考函数246）

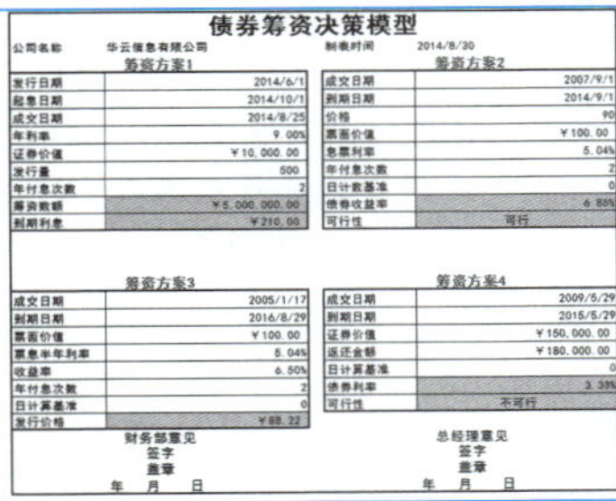

债券筹资决策模型

公司名称　华云信息有限公司　　制表时间　2014/8/30

筹资方案1		筹资方案2	
发行日期	2014/6/1	成交日期	2007/9/1
起息日期	2014/10/1	到期日期	2014/9/1
成交日期	2014/8/25	价格	90
年利率	9.00%	票面价值	¥100.00
证券价值	¥10,000.00	息票利率	5.04%
发行量	500	年付息次数	2
年付息次数	2	日计数基准	0
筹资数额	¥5,000,000.00	债券收益率	6.88%
到期利息	¥210.00	可行性	可行

筹资方案3		筹资方案4	
成交日期	2005/1/17	成交日期	2009/5/29
到期日期	2016/8/29	到期日期	2015/5/29
票面价值	¥100.00	证券价值	¥150,000.00
票息半年利率	5.04%	返还金额	¥180,000.00
收益率	6.50%	日计算基准	0
年付息次数	2	债券利率	3.33%
日计算基准	0	可行性	不可行
发行价格	¥88.22		

财务部意见　签字　盖章　年　月　日　　总经理意见　签字　盖章　年　月　日

文件设计过程

步骤1：计算筹资金额和利息

❶ 新建工作表，重命名为“债券筹资决策模型”，在工作表中输入四种不同筹资方案，以及四种不同筹资方案中的基本信息，如图18-41所示。

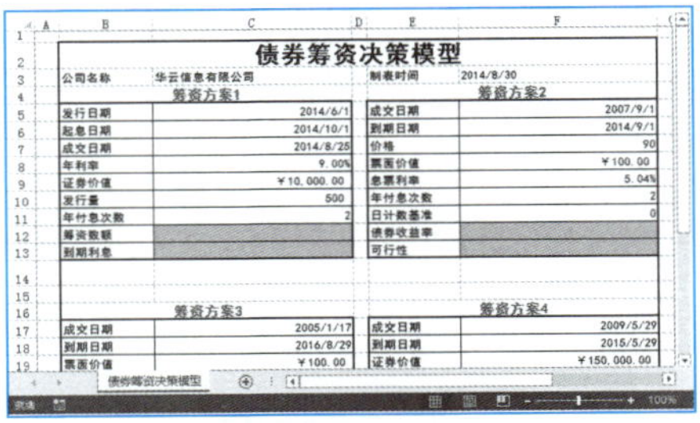

债券筹资决策模型

公司名称　华云信息有限公司　　制表时间　2014/8/30

筹资方案1		筹资方案2	
发行日期	2014/6/1	成交日期	2007/9/1
起息日期	2014/10/1	到期日期	2014/9/1
成交日期	2014/8/25	价格	90
年利率	9.00%	票面价值	¥100.00
证券价值	¥10,000.00	息票利率	5.04%
发行量	500	年付息次数	2
年付息次数	2	日计数基准	0
筹资数额		债券收益率	
到期利息		可行性	

筹资方案3		筹资方案4	
成交日期	2005/1/17	成交日期	2009/5/29
到期日期	2016/8/29	到期日期	2015/5/29
票面价值	¥100.00	证券价值	¥150,000.00

图18–41

❷ 选中C12单元格，在公式编辑栏中输入公式：“=C9*C10”，按回车键，根据已知条件计算出筹资数额，如图18-42所示。

❸ 选中C13单元格，在公式编辑栏中输入公式：“=ACCRINT(C5,C6,C7,C8,C9,C11)”，按回车键，根据已知条件计算出债券到期时应支付的利息，如图18-43所示。

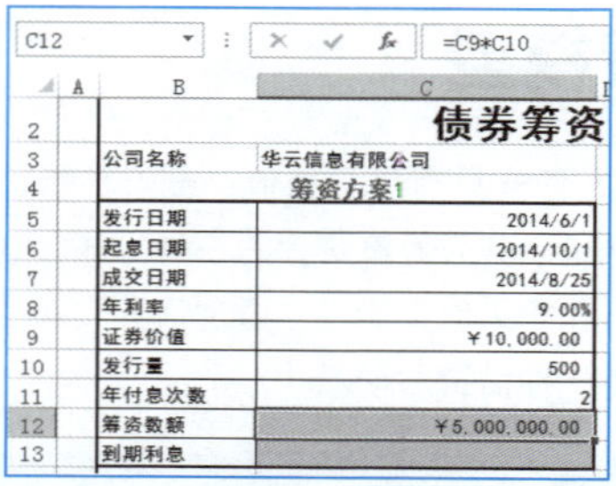

C12 =C9*C10

行	B	C
2		债券筹资
3	公司名称	华云信息有限公司
4		筹资方案1
5	发行日期	2014/6/1
6	起息日期	2014/10/1
7	成交日期	2014/8/25
8	年利率	9.00%
9	证券价值	￥10,000.00
10	发行量	500
11	年付息次数	2
12	筹资数额	￥5,000,000.00
13	到期利息	

图18–42

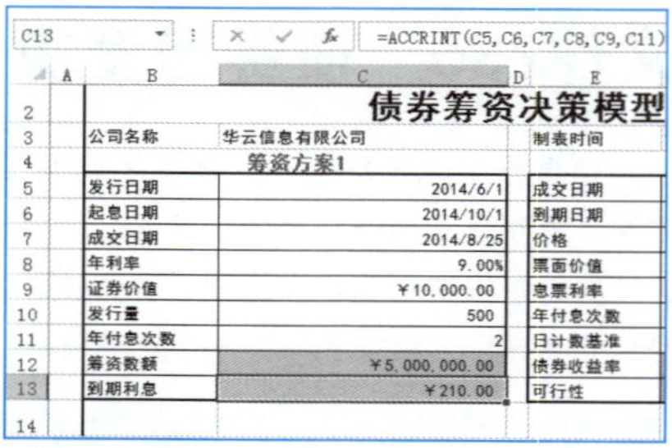

C13 =ACCRINT(C5,C6,C7,C8,C9,C11)

行	B	C	E
2		债券筹资决策模型	
3	公司名称	华云信息有限公司	制表时间
4		筹资方案1	
5	发行日期	2014/6/1	成交日期
6	起息日期	2014/10/1	到期日期
7	成交日期	2014/8/25	价格
8	年利率	9.00%	票面价值
9	证券价值	￥10,000.00	息票利率
10	发行量	500	年付息次数
11	年付息次数	2	日计数基准
12	筹资数额	￥5,000,000.00	债券收益率
13	到期利息	￥210.00	可行性

图18–43

公式分析:

"=ACCRINT(C5,C6,C7,C8,C9,C11)"表示根据C5单元格中的证券发行日、C6单元格中的证券起息日、C7单元格中的证券成交日、C8单元格年息票利率、C9单元格中的证券价值和C11单元格中的按半年期支付年付息，计算出债券到期的利息。

步骤2：判断方案二的可行性

❶ 选中F12单元格，在公式编辑栏中输入公式："=YIELD(F5,F6,F9,F7,F8,F10,F11)"，按回车键，计算出方案2中的债券收益率，如图18-44所示。

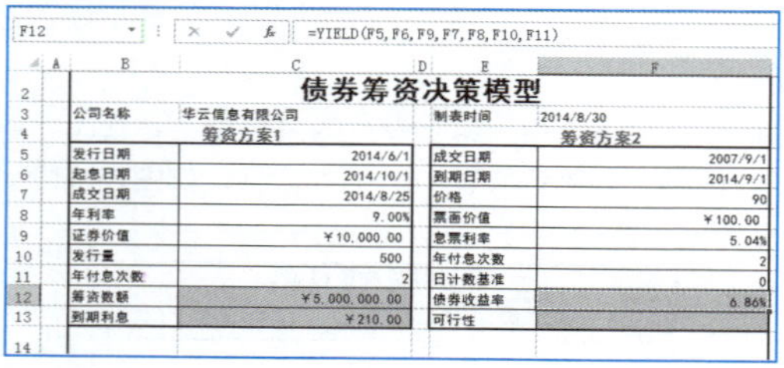

F12 =YIELD(F5,F6,F9,F7,F8,F10,F11)

行	B	C	E	F
2		债券筹资决策模型		
3	公司名称	华云信息有限公司	制表时间	2014/8/30
4		筹资方案1		筹资方案2
5	发行日期	2014/6/1	成交日期	2007/9/1
6	起息日期	2014/10/1	到期日期	2014/9/1
7	成交日期	2014/8/25	价格	90
8	年利率	9.00%	票面价值	￥100.00
9	证券价值	￥10,000.00	息票利率	5.04%
10	发行量	500	年付息次数	2
11	年付息次数	2	日计数基准	0
12	筹资数额	￥5,000,000.00	债券收益率	6.86%
13	到期利息	￥210.00	可行性	

图18–44

❷ 选中F13单元格，在公式编辑栏中输入公式："=IF(F12>0.05,"可行","")"，按回车键，即可计算出方案2的可行性，如图18-45所示。

F13 =IF(F12>0.05,"可行","")

行	B	C	E	F
2		债券筹资决策模型		
3	公司名称	华云信息有限公司	制表时间	2014/8/30
4		筹资方案1		筹资方案2
5	发行日期	2014/6/1	成交日期	2007/9/1
6	起息日期	2014/10/1	到期日期	2014/9/1
7	成交日期	2014/8/25	价格	90
8	年利率	9.00%	票面价值	￥100.00
9	证券价值	￥10,000.00	息票利率	5.04%
10	发行量	500	年付息次数	2
11	年付息次数	2	日计数基准	0
12	筹资数额	￥5,000,000.00	债券收益率	6.86%
13	到期利息	￥210.00	可行性	可行

图18–45

公式分析：

"=YIELD(F5,F6,F9,F7,F8,F10,F11)"表示根据F5单元格中的证券结算日、F6单元格中的到期日、F9单元格年息票利率、F7单元格中的价值和F8单元格票面价值、F8中按半年支付付息次数以及F11中日计数基准类型，计算出债券的收益率。

步骤3：计算发行价格

选中C24单元格，在公式编辑栏中输入公式："=PRICE(C17,C18,C20,C21,C19,C22,C23)"，按回车键，即可计算出方案3中债券的发行价格，如图18-46所示。

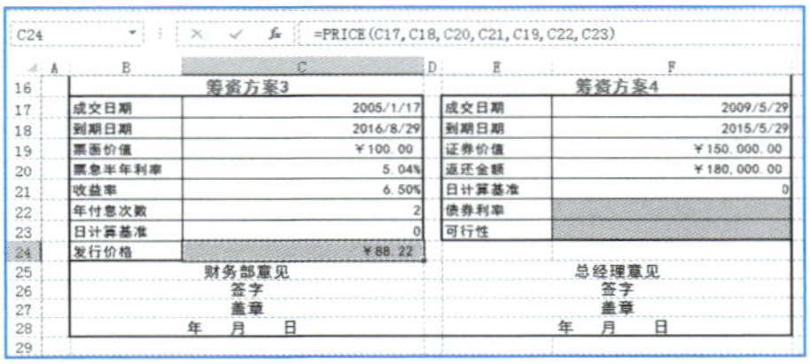
C24　=PRICE(C17,C18,C20,C21,C19,C22,C23)

	B	C	E	F
16	筹资方案3		筹资方案4	
17	成交日期	2005/1/17	成交日期	2009/5/29
18	到期日期	2016/8/29	到期日期	2015/5/29
19	票面价值	￥100.00	证券价值	￥150,000.00
20	票息半年利率	5.04%	返还金额	￥180,000.00
21	收益率	6.50%	日计算基准	0
22	年付息次数	2	债券利率	
23	日计算基准	0	可行性	
24	发行价格	￥88.22		
25	财务部意见		总经理意见	
26	签字		签字	
27	盖章		盖章	
28	年　月　日		年　月　日	

图18-46

步骤4：判断方案4的可行性

❶ 选中F22单元格，在公式编辑栏中输入公式："=INTRATE(F17,F18,F19,F20,F21)"，按回车键，即可计算出方案4债券利率，如图18-47所示。

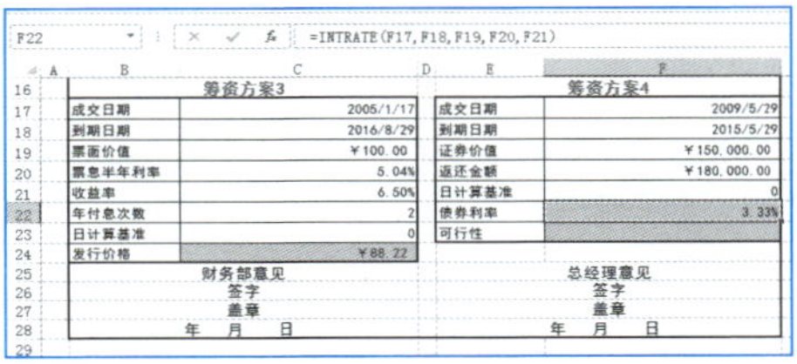
F22　=INTRATE(F17,F18,F19,F20,F21)

	B	C	E	F
16	筹资方案3		筹资方案4	
17	成交日期	2005/1/17	成交日期	2009/5/29
18	到期日期	2016/8/29	到期日期	2015/5/29
19	票面价值	￥100.00	证券价值	￥150,000.00
20	票息半年利率	5.04%	返还金额	￥180,000.00
21	收益率	6.50%	日计算基准	0
22	年付息次数	2	债券利率	3.33%
23	日计算基准	0	可行性	
24	发行价格	￥88.22		
25	财务部意见		总经理意见	
26	签字		签字	
27	盖章		盖章	
28	年　月　日		年　月　日	

图18-47

❷ 选中F23单元格，在公式编辑栏中输入公式："=IF(F22>0.05,"可行","不可行")"，按回车键，判断该筹资方案的可行性，如图18-48所示。

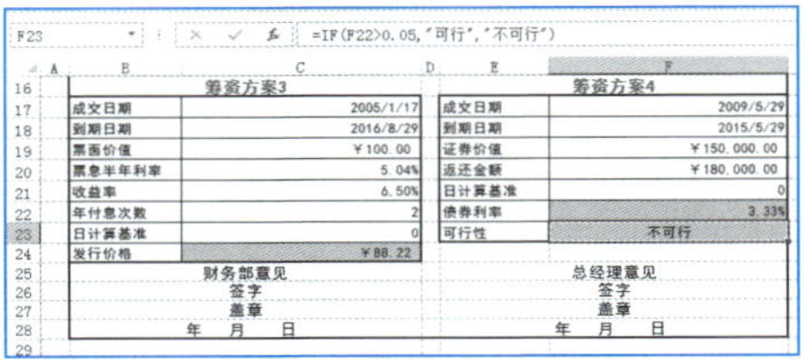
F23　=IF(F22>0.05,"可行","不可行")

	B	C	E	F
16	筹资方案3		筹资方案4	
17	成交日期	2005/1/17	成交日期	2009/5/29
18	到期日期	2016/8/29	到期日期	2015/5/29
19	票面价值	￥100.00	证券价值	￥150,000.00
20	票息半年利率	5.04%	返还金额	￥180,000.00
21	收益率	6.50%	日计算基准	0
22	年付息次数	2	债券利率	3.33%
23	日计算基准	0	可行性	不可行
24	发行价格	￥88.22		
25	财务部意见		总经理意见	
26	签字		签字	
27	盖章		盖章	
28	年　月　日		年　月　日	

图18-48

公式分析：

“=PRICE(C17,C18,C20,C21,C19,C22,C23)”表示根据C17单元格中的证券结算日、C18单元格中的证券到期日、C20单元格中的年息票利率、C21单元格票面价值、C22单元格中的按半年期支付年付息和日计数基准类型，计算出债券的发行价格。

“=INTRATE(F17,F18,F19,F20,F21)”表示根据F17单元格中的成交日、F18单元格中的到期日、F19投资额、F20单元格中的兑换值和F21单元格中日计数基准类型，计算出债券的利率。

文件236　贷款偿还进度分析

当企业与银行签订贷款协议时，双方就贷款偿还问题达成一致，规定贷款年还款额及还款日期。企业为了维护自己的商业信誉，需要严格按照合同或协议约定偿还贷款，还可以对贷款的进度进行跟踪分析。

制作要点与设计效果图

- “指数平滑”分析工具
- 创建数据点折线图
- 添加指数趋势线

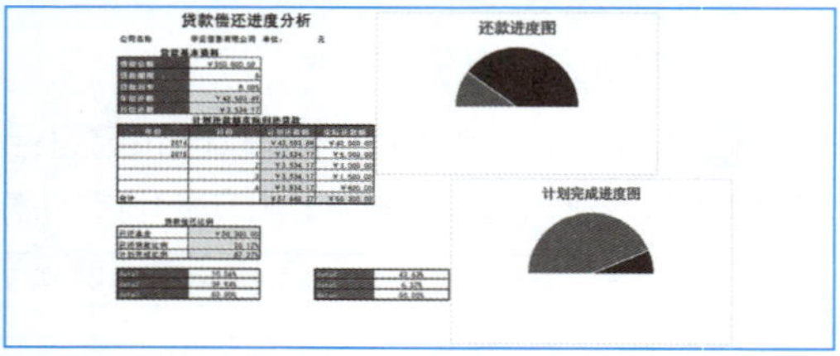

文件设计过程

步骤1：计算年偿还额和月偿还额

❶ 新建工作表，将其重命名为“贷款偿还进度分析”，在工作表中输入贷款基本资料、计划还款额、实际归还贷款、贷款偿还比例等基本信息，如图18-49所示。

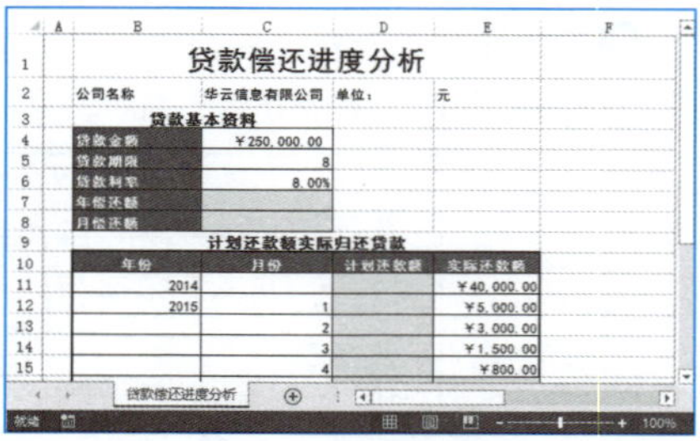

	A	B	C	D	E
1		贷款偿还进度分析			
2		公司名称	华云信息有限公司	单位：	元
3		贷款基本资料			
4		贷款金额	¥250,000.00		
5		贷款期限	8		
6		贷款利率	8.00%		
7		年偿还额			
8		月偿还额			
9		计划还款额实际归还贷款			
10		年份	月份	计划还款额	实际还款额
11		2014			¥40,000.00
12		2015	1		¥5,000.00
13			2		¥3,000.00
14			3		¥1,500.00
15			4		¥800.00

图18-49

❷ 选中C7单元格，在公式编辑栏中输入公式：“=PMT($C$6,$C$5,-$C$4)”，按回车键，计算出贷款年偿还金额，如图18-50所示。

❸ 选中C8单元格，在公式编

辑栏中输入公式：“=PMT(C6/12,C5*12,-C4))”，按回车键，计算出贷款月偿还金额，如图18-51所示。

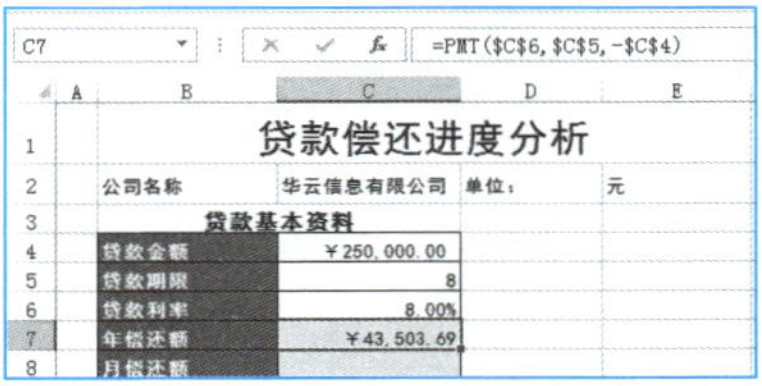

图18-50

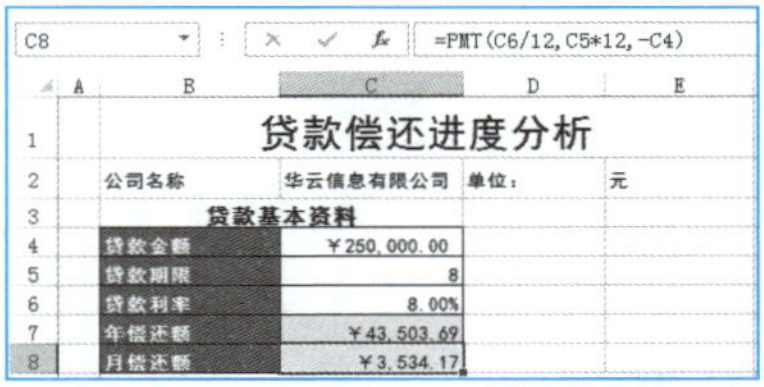

图18-51

公式分析：

=PMT($C$6,$C$5,-$C$4表示根据C6单元格的每期的贷款利率、C5还款期限、C4本金计算出贷款每期应偿还额。在公式中，因为要显示正数，在计算时将C4单元格引用为负数。

步骤2：计算指定期间偿还额

❶ 选中D11单元格，在公式编辑栏中输入公式：“=PMT($C$6,$C$5,-$C$4)”，按回车键，计算出2014年贷款年偿还金额，如图18-52所示。

❷ 选中D12单元格，在公式编辑栏中输入公式：“=PMT($C$6/12,$C$5*12,-$C$4)”，按回车键后，向下复制工作到D15单元格中，计算指定期间的还款数额，如图18-53所示。

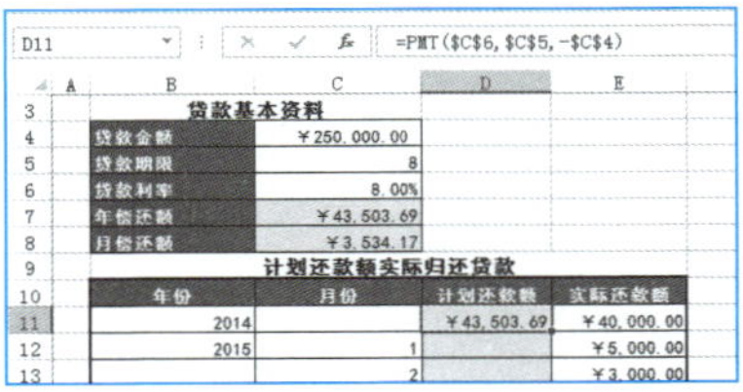

图18-52

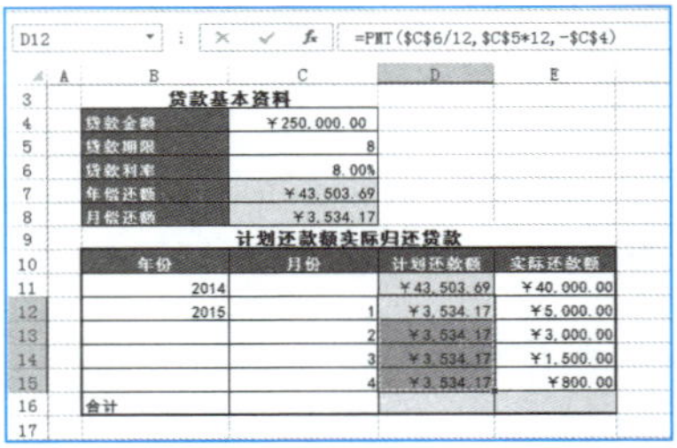

图18-53

❸ 选中D16单元格，在公式编辑栏中输入公式：“=SUM(D11:D15)”，按回车键后，向下复制工作到E16单元格中，计划还款额和实际还款额的合计数，如图18-54所示。

步骤3：计算偿还比例

分别在C19单元格中输入公式：“=E16”，在C20单元格中输入公式：“=C19/C4”，在C21单元格中输入公式：“=E16/D16”查看贷款还款比例情况，如图18-55所示。

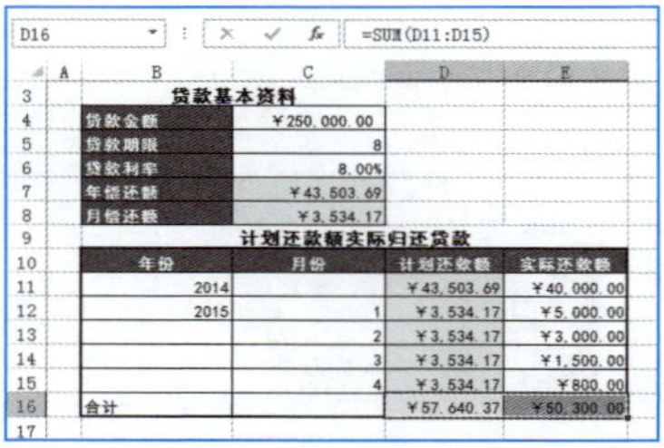

图18-54

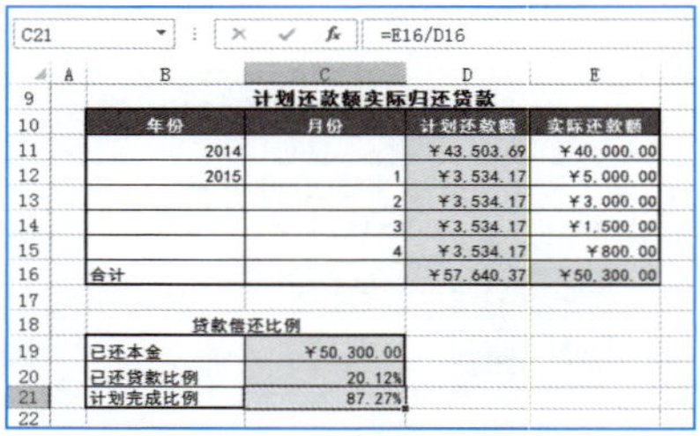

图18-55

步骤4：创建数据表

❶ 在工作中“贷款还款比例”列表下，创建两个数据表，在表格中输入data1、data2、data3…行标识，并在data3、和data6行标识后输入50%，如图18-56所示。

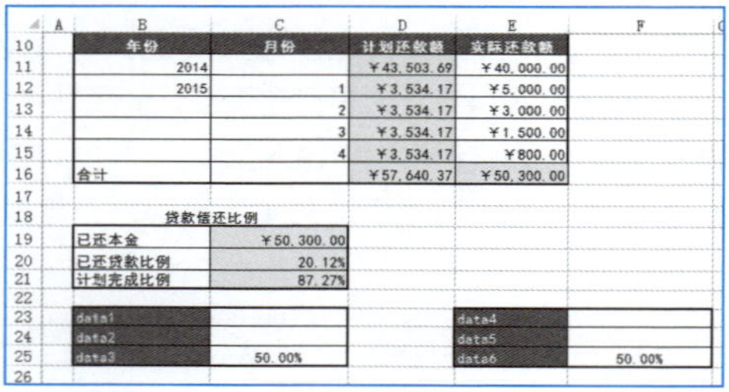

图18-56

❷ 分别在C23单元格中输入公式：“=C20/2”，在C24单元格中输入公式“=C25-C23”，如图18-57所示。

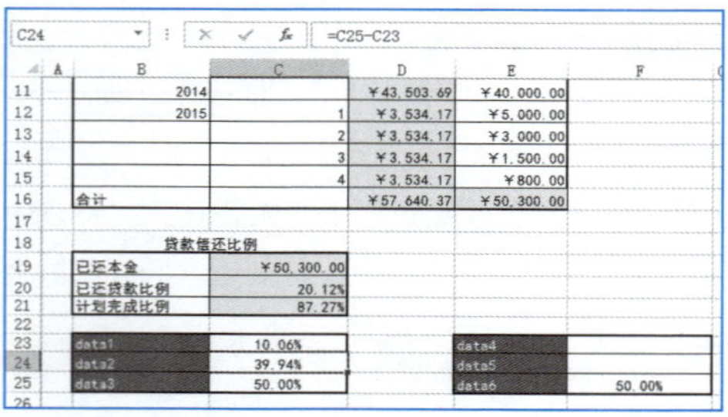

图18-57

❸ 分别在F23单元格中输：“=C21/2”，在F24单元格中输入公式“=F25-F23”，如图18-58所示。

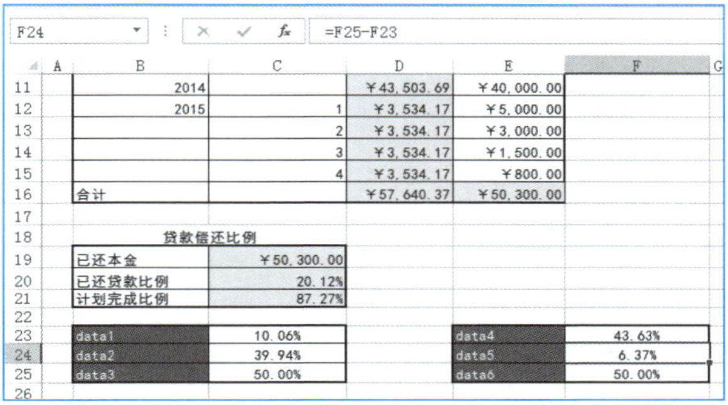

图18–58

公式分析：

在工作表中创建数据列表计算出还款进度和计划完成进度，为创建饼图分析还款进度提供数据源。

步骤5：创建饼图

❶ 选中C23:C25单元格区域，切换到“插入”选项卡，在“图表”选项组单击“插入饼图”按钮，在其下拉列表中选择“二维饼图”图表类型，如图18-59所示。

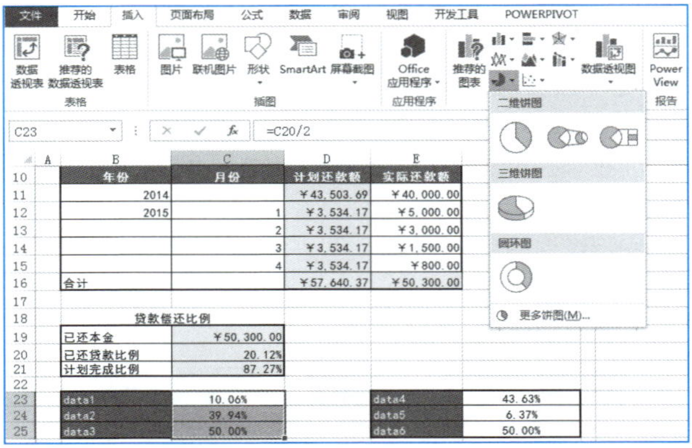

图18–59

❷ 返回工作表中，即可根据选择的数据源创建二维饼图，选中图表，单击鼠标右键，在右键菜单中选中“设置数据系列格式”命令，如图18-60所示。

❸ 打开“设置数据系列格式”窗格，设置在“第一扇区起始角度”为“270”，单击“关闭”按钮，如图18-61所示。

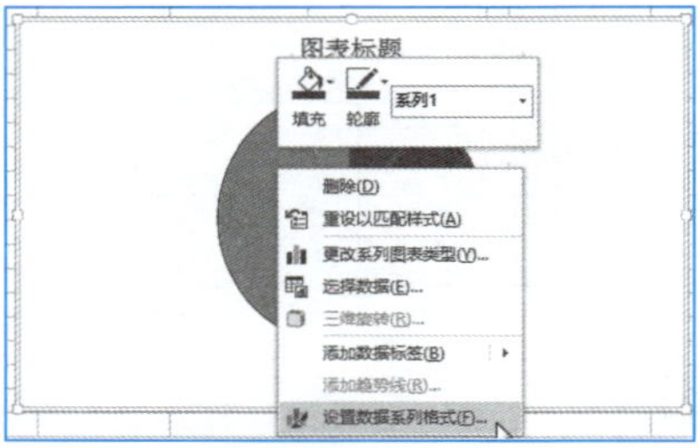

图18-60

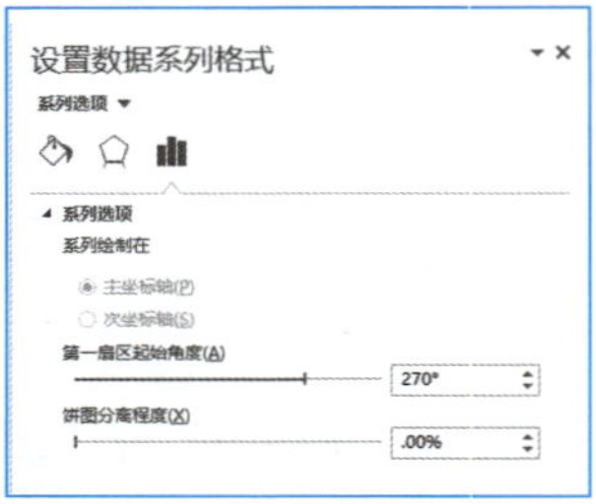

图18-61

❹ 返回图表中，可以看到饼图中数据系列从270度开始排列。选中“3”数据系点，在右键菜单中选择“设置数据点格式”命令，如图18-62所示。

❺ 打开“设置数据点格式”窗格，在左侧窗格单击“填充线条”标签，在“填充”栏下选中“无填充”单选项，单击“关闭”按钮，如图18-63所示。

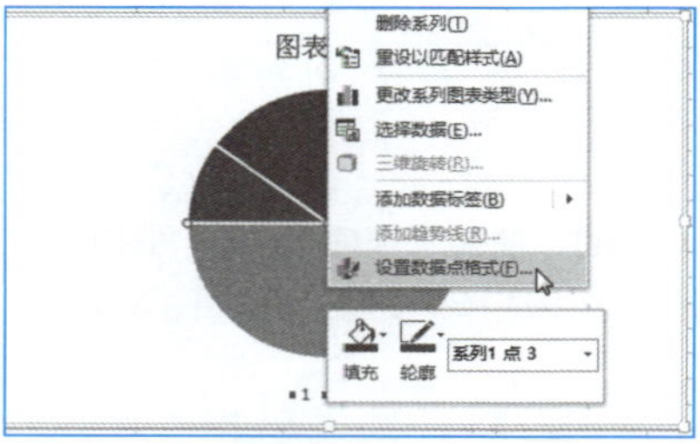

图18-62

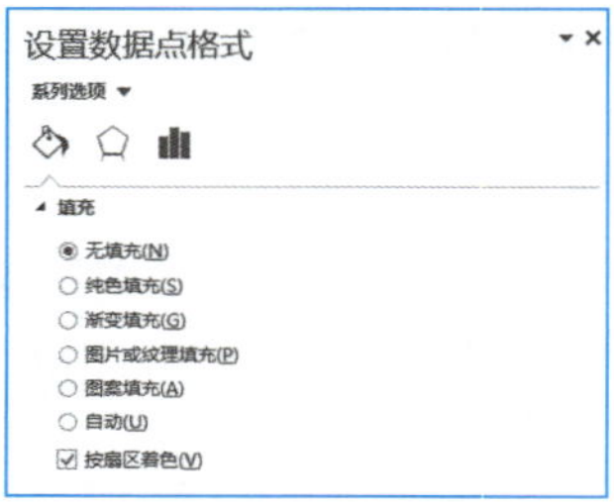

图18-63

❻ 返回图表中，可以看到“3”数据点被隐藏。选中“2”数据点，单击“图表工具”→“格式”选项卡，在“形状样式”组中单击“形状填充”按钮，打开下拉菜单，在“主题颜色”栏中可以选择黑色，如图18-64所示。

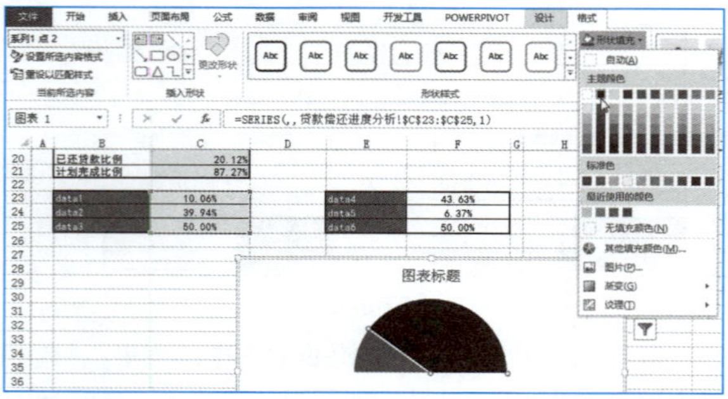

图18-64

❼ 删除图例，为图表添加标题为“还款进度图”，完成对图表的操作，如图18-65所示。

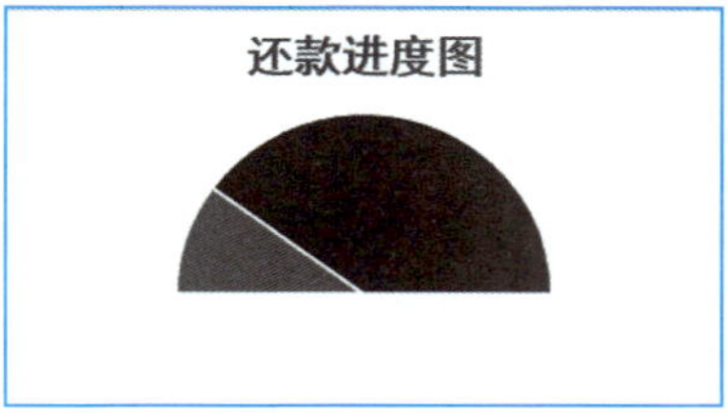

图18-65

步骤6：更改数据源

❶ 复制图表并选中，切换到“图表工具”→“设计”选项卡下，在“数据”组中单击“选择数据”按钮，打开“选择数据源”对话框，设置图表数据区域为F22:F24单元格区域，单击“确定”按钮，如图18-66所示。

❷ 返回图表中，可以看到图表按F22:F24数据源重新显示各个数据系列，将图表标题更改为“计划完成进度图”完成对图表的操作，如图18-67所示。

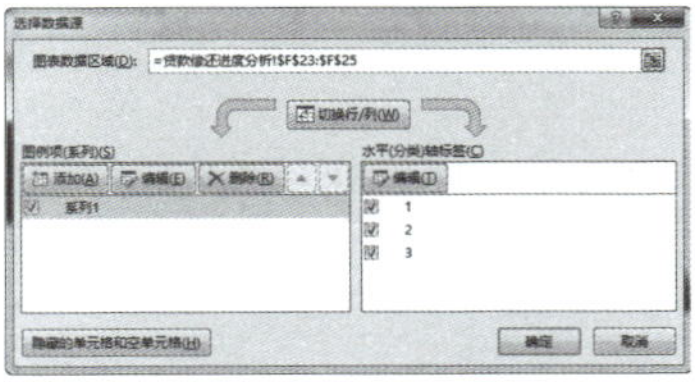

图18-66

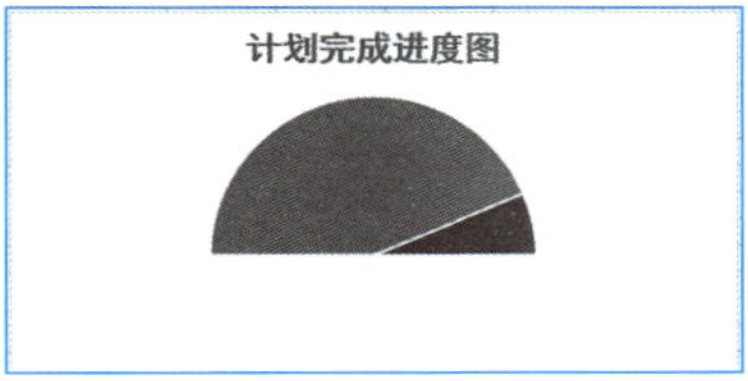

图18-67

文件237　逆算利率和贷款额模型

在知晓企业的贷款年限、每月可承受的还款额、贷款利率的情况下，可以使用函数或者单变量求解分析工具逆算出企业所需要的带来总额。

制作要点与设计效果图

- RATE函数（参考函数213）
- PMT函数（参考函数192）
- 单变量求解

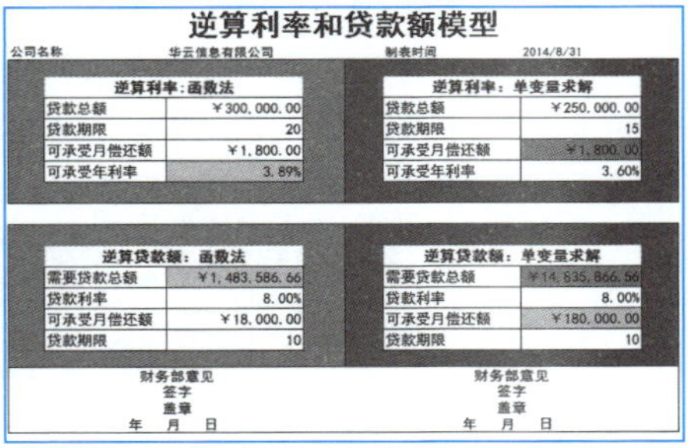

逆算利率和贷款额模型

公司名称　华云信息有限公司　制表时间　2014/8/31

逆算利率：函数法	
贷款总额	￥300,000.00
贷款期限	20
可承受月偿还额	￥1,800.00
可承受年利率	3.89%

逆算利率：单变量求解	
贷款总额	￥250,000.00
贷款期限	15
可承受月偿还额	￥1,800.00
可承受年利率	3.60%

逆算贷款额：函数法	
需要贷款总额	￥1,483,586.66
贷款利率	8.00%
可承受月偿还额	￥18,000.00
贷款期限	10

逆算贷款额：单变量求解	
需要贷款总额	￥14,835,866.56
贷款利率	8.00%
可承受月偿还额	￥180,000.00
贷款期限	10

财务部意见
签字
盖章
年　月　日

财务部意见
签字
盖章
年　月　日

文件设计过程

步骤1：逆算利率模型

❶ 插入新工作表，重命名为“逆算利率和贷款额模型”，分别输入逆算利率和逆算贷款额的函数法和单变量求解模型，并输入原始数据。

❷ 选中D8单元格，在公式编辑栏中输入公式：“=RATE(D6*12,D7,-D5)*12”，按回车键，计算出可承受年利率，如图18-68所示。

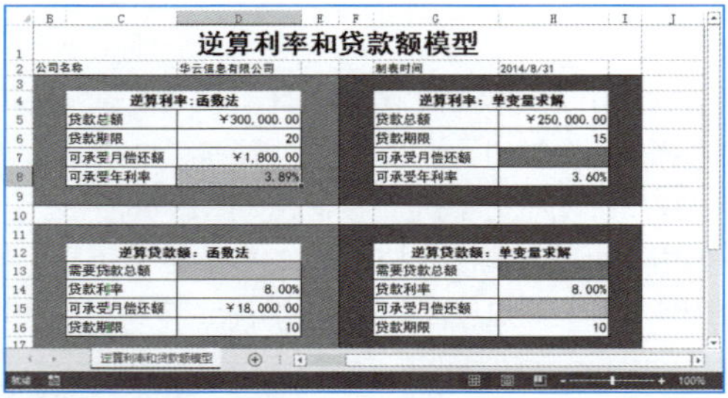

图18-68

❸ 选中H7单元格，在公式编辑栏中输入公式：“=PMT(H8/12,H6*12,-H5)”，按回车键，计算出可承受月偿还额，如图18-69所示。

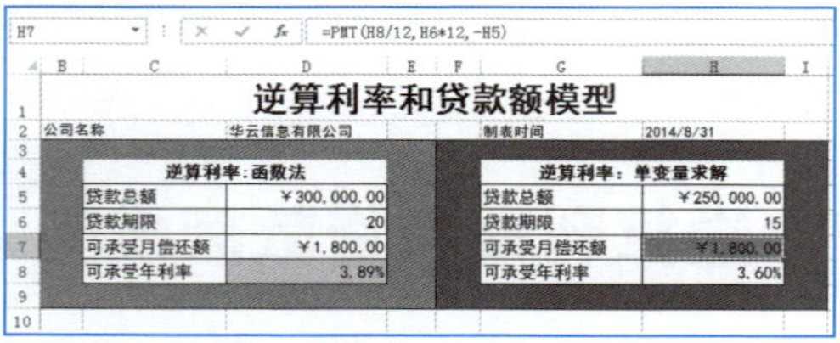

图18-69

❹ 选中H7单元格，切换到“数据”选项，在“数据工具”选项组单击“模拟分析”按钮，在其下拉列表中选择“单变量求解”命令，如图18-70所示。

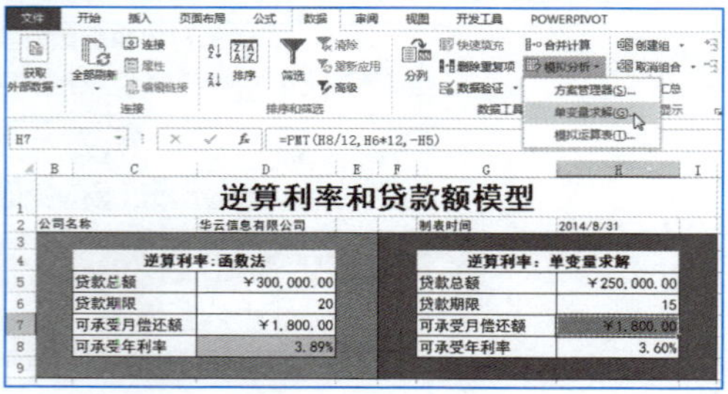

图18-70

5 打开“单变量求解”对话框，设置“目标单元格”为H7单元格，设置“目标值”为“1800”，设置“可变单元格”为H8单元格，单击“确定”按钮，如图18-71所示。

6 设置完成后，H7单元格中会显示求解结果，同时系统会弹出“单变量求解状态”对话框，提示求解结果，单击“确定”按钮，关闭对话框，即可完成单变量求解运算，如图18-72所示。

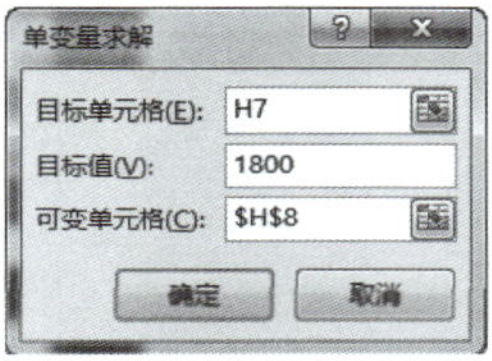

图18-71

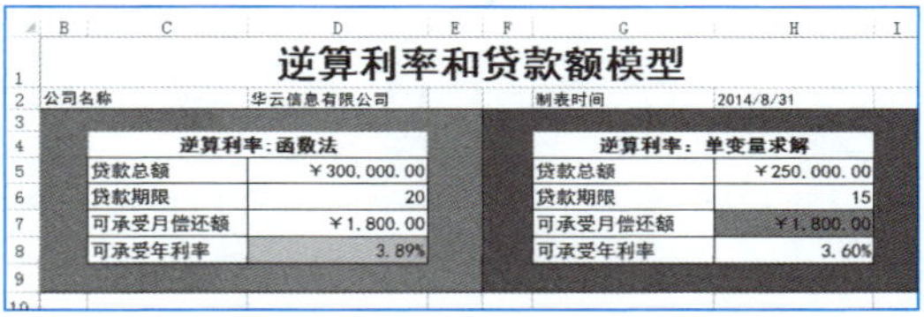

图18-72

提　示

“=RATE(D5*12,D6,-D4)*12”表示根据付款总月数、每月应偿还额以及贷款总额计算出可承受的年利率。

步骤2：逆算贷款额模型

1 选中D13单元格，在公式编辑栏中输入公式“=PV(D14/12,D16*12,-D15)”，按回车键，计算出总贷款额，如图18-73所示。

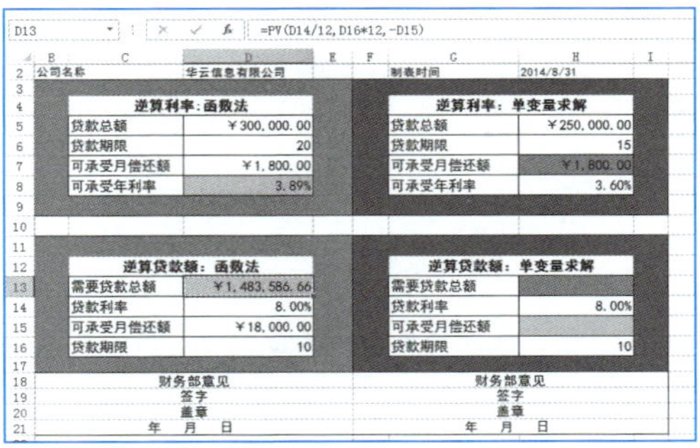

图18-73

2 选中H15单元格，在公式编辑栏中输入公式“=PMT(H14/12,H16*12,-H13)”，按回车键，计算出可承受月偿还额，如图18-74所示。

3 选中H13单元格，切换到“数据”选项，在“数据工具”选项组单击“模拟分析”按钮，在其下拉列表中选择“单变量求解”命令。

4 打开“单变量求解”对话框，设置“目标单元格”为H15单元格，设置

“目标值”为“180000”，设置“可变单元格”为H13单元格，单击“确定”按钮，如图18-75所示。

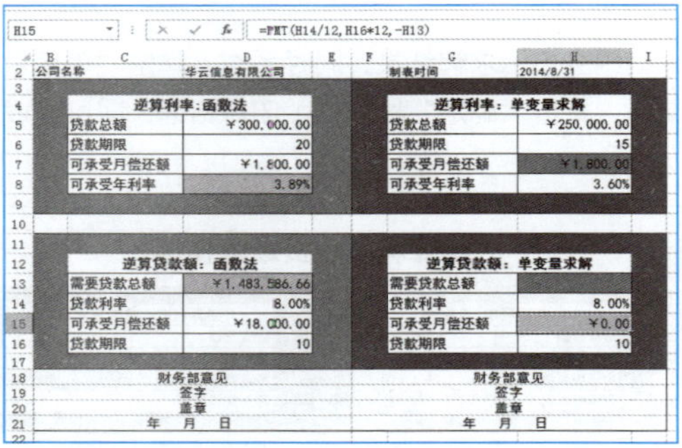

图18-74

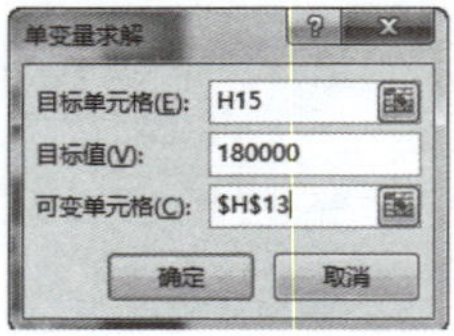

图18-75

5 设置完成后，H13单元格中会显示求解结果，同时系统会弹出“单变量求解状态”对话框，提示求解结果，单击“确定”按钮，关闭对话框，即可完成单变量求解运算，如图18-76所示。

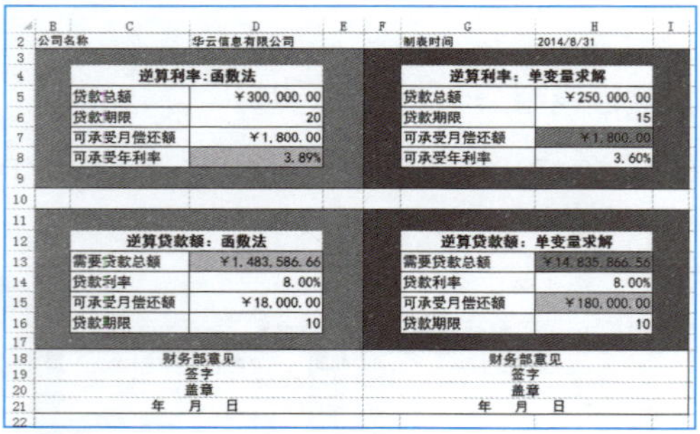

图18-76

提 示

在Excel中，单变量求解是提供的目标值，将引用的单元格不断调整直至达到所需要要求的公式的目标值时，变量的值才能确定。

文件238 确定公司的最佳贷款方案

在实际生活中，通常还款的方式有等额本息和等额本金两种。如果需要根据月还款金额和支付的本息总额来确定最佳的贷款方案，月还款金额均在企业可承受的范围内，还款本息总额较低的方案更优。

制作要点与设计效果图

- PMT函数（参考函数192）
- MAX函数（参考函数34）
- IF函数（参考函数1、3）
- 公式运算

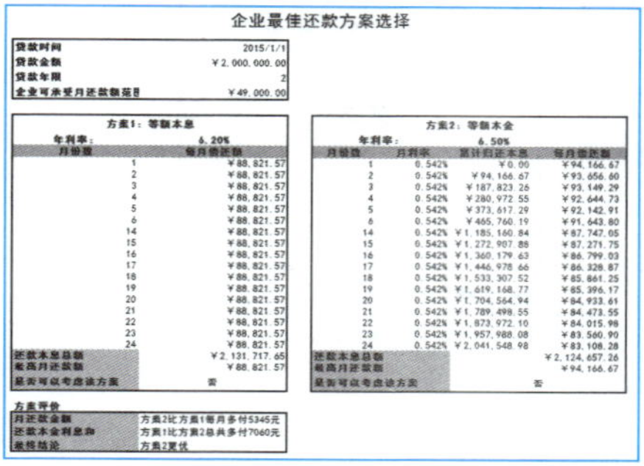

文件设计过程

步骤1：设置公式

❶ 在C10单元格中输入公式："=PMT($C$8/12,$C$4*12,-$C$3)"，按回车键，向下复制公式，计算每月还款金额，如图18-77所示。

❷ 在C34单元格中输入公式："=SUM(C10:C33)"，计算在方案1（等额本息）方式下还款的本金和利息总额，如图18-78所示。

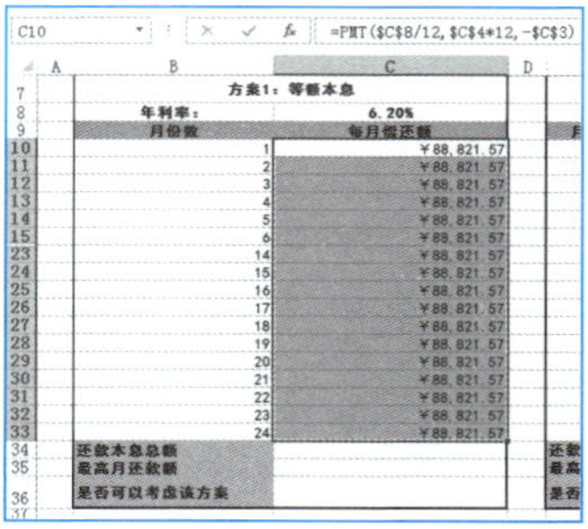

图18–77

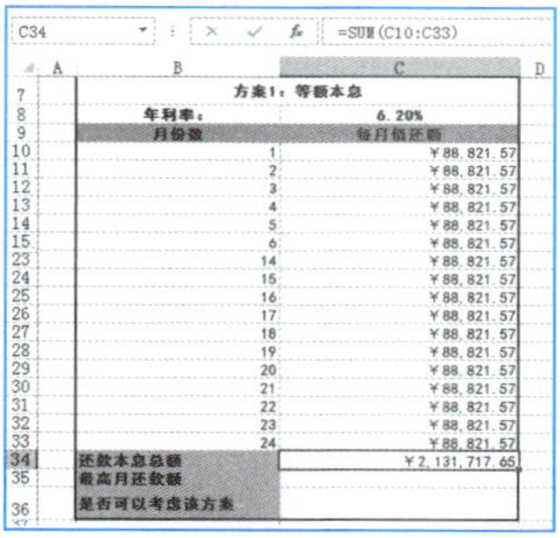

图18–78

❸ 在C35单元格中输入公式："=MAX(C10:C33)"，得到等额本息方式下的最高月还款额，如图18-79所示。

❹ 在C36单元格中输入公式："=IF(C35>C5,"否","是")"，计算在方案1的月还款金额是否在企业可承受月还款金额之内，如图18-80所示。

❺ 在F10单元格中输入公式："=$G$8/12"，计算等额本金下的月利率，如图18-81所示。

❻ 在H10单元格中输入公式："=$C$3/($C$4*12)+($C$3-G10)*F10"，计算每月还款金额，如图18-82所示。

第16章　第17章　第18章　第19章　第20章

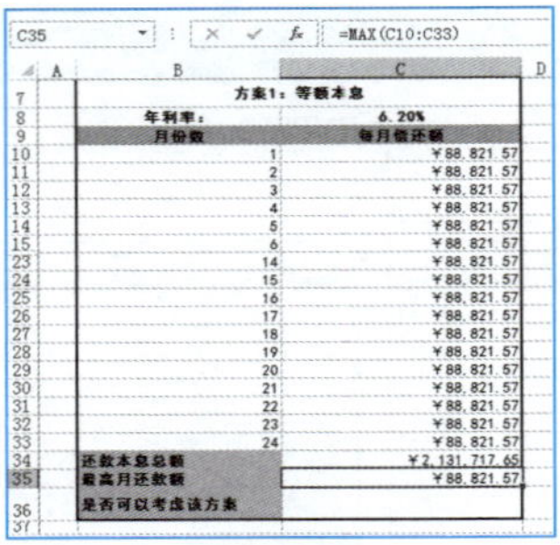

图18-79

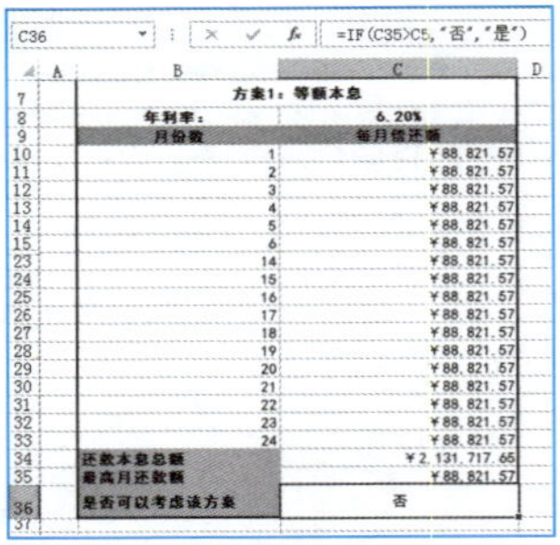

图18-80

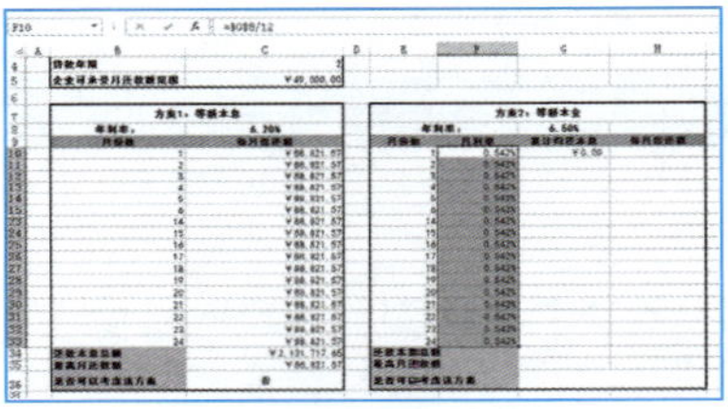

图18-81

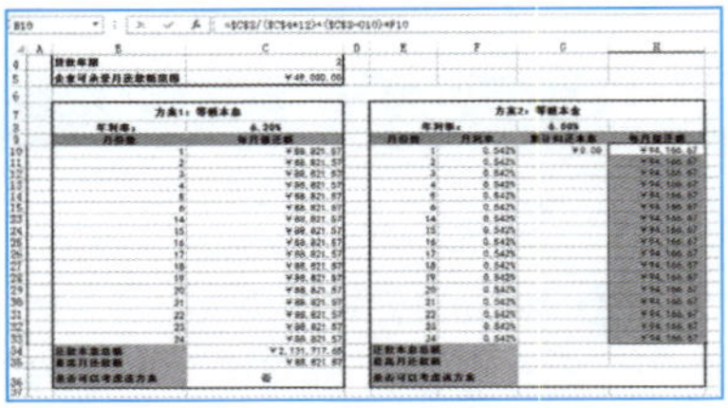

图18-82

7 在G11单元格中输入公式："=G10+H10"，然后向下复制公式，计算各月的累计归还本息数，如图18-83所示。

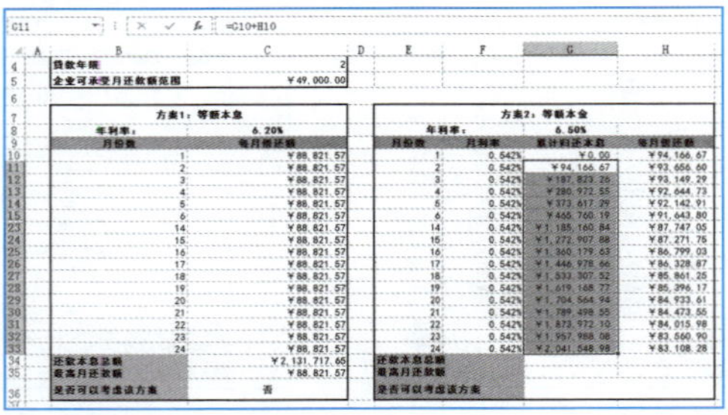

图18-83

步骤2：判断和比较方案

1 在H34单元格中计算出每月还款合计，在H35单元格中计算出最高月还款额，在G36单元格中输入公式："=IF(H35>C5,"否","是")"，判断方案2是否可行，如图18-84所示。

2 在C39单元格中输入公式："=IF(C35>H35,"方案1比方案2每月多付"&INT(ABS(C35-H35))&"元","方案2比方案1每月多付"&INT(ABS(C35-H35))&"元")"，如图18-85所示。

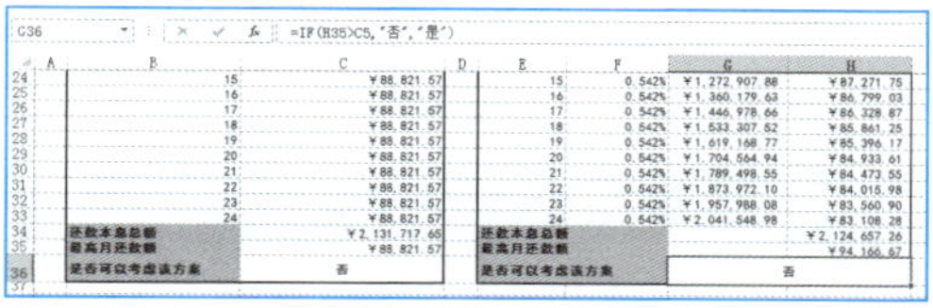

图18-84

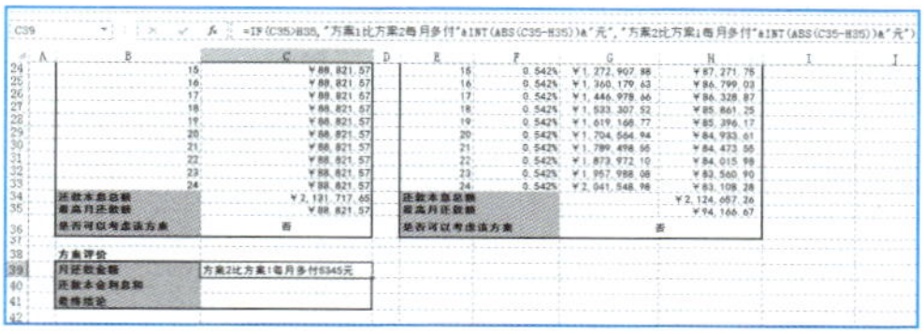

图18-85

3 在C40单元格中输入公式："=IF(C34>H34,"方案1比方案2总共多付"&INT(ABS(C34-H34))&"元","方案2比方案1总共多付"&INT(ABS(C34-H34))&"元")"，如图18-86所示。

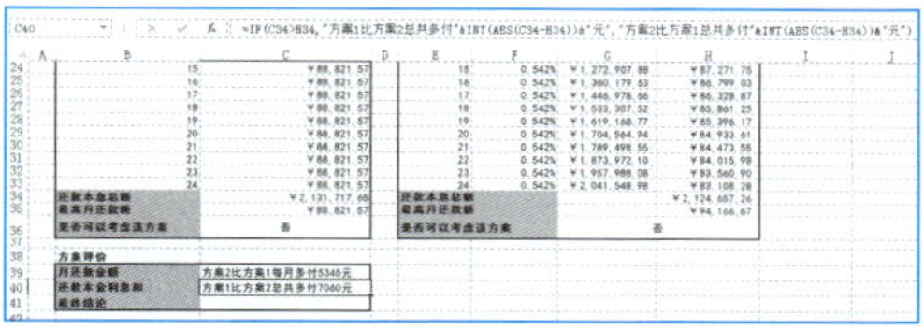

图18-86

4 在C41单元格中输入公式："=IF(C34<H34,"方案1更优","方案2更优")"，得出结论，如图18-87所示。

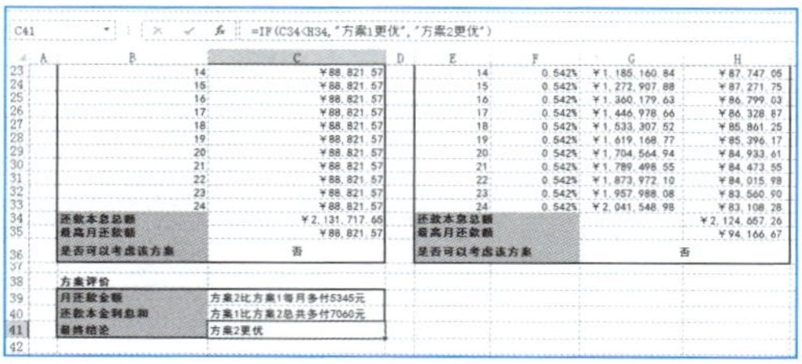

图18-87

文件239　筹资风险分析

筹资活动是一个企业生产经营活动的起点。一般企业筹集资金的主要目的，是为了扩大生产经营规模，提高经济效益。筹资风险又称为财务风险，是指企业因借入资金而产生的丧失偿债能力的可能性和企业利润的可变性，主要包括两个方面：资本结构风险和财务结构风险。

制作要点与设计效果图

- 设置公式（参考文件5）
- 创建折线图（参考文件159）

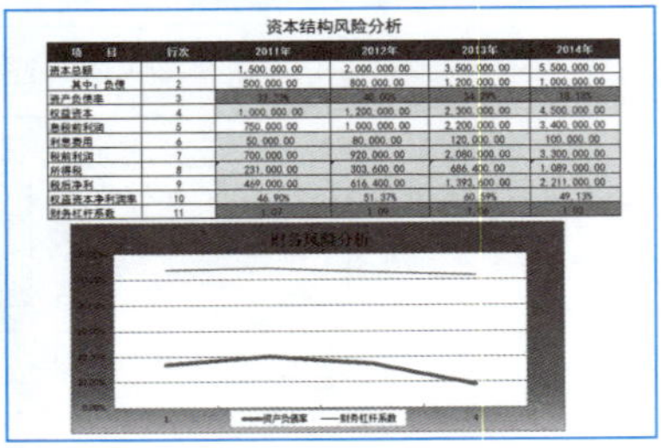

文件240　企业资金来源结构分析

企业的资金来源有多种渠道，除了一部分的自有资金外，大部分可能来源于长期借款、租赁、发行股票等筹资方式。通过分析企业资金结构来源占各个部分资金占整个资金的比例。

制作要点与设计效果图

- 创建复合饼图（参考文件154）
- 添加数据标签（参考文件141）
- 设置数据系列格式（参考文件193

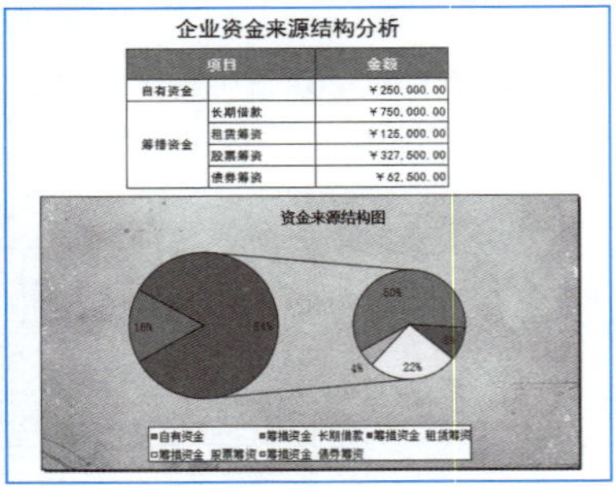

文件241　长期借款双变量模拟分析

如果长期借款的利率和年限均可为可变的量，企业可以根据自身的发展规划和经济能力，选择适当的利率和年限。在Excel 中可以使用双变量模拟运算表来选择适当的利率和还款年限。

制作要点与设计效果图

- PMT函数（参考函数192）
- 双变量模拟运算（参考函数233）

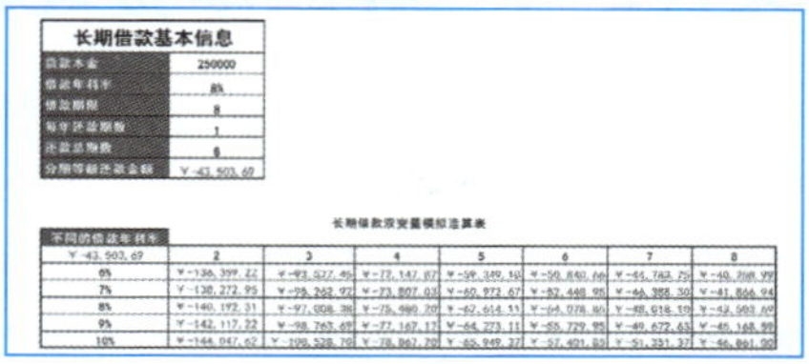

文件242　股票筹资分析模型

发行股票是股份制有限公司筹集自有资金的基本方式，特别是在公司创办期中，可以使用股票筹资来筹集资金。在知晓企业各个年度发行股票的数量和单价时，可以使用图表来分析股票筹资的趋势。

制作要点与设计效果图

- SUMPRODUCT函数（参考函数8、13）
- 创建数据点折线图（参考文件127）

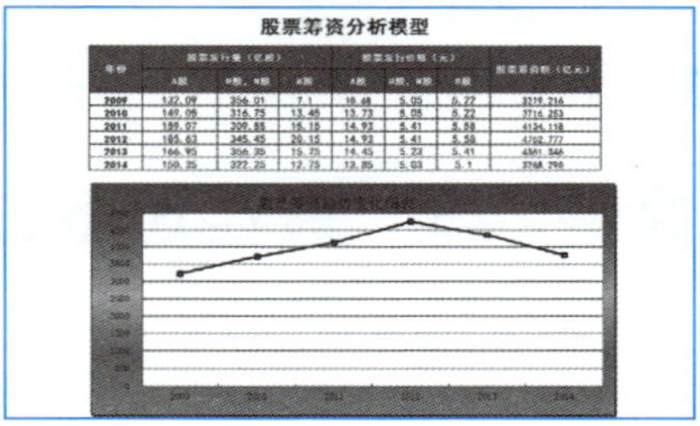

文件243　等额摊还法计划表

企业以长期借款方式筹集的资金属于接入资金，需要按期还本付息，企业在向银行或其他非银行金融机构借入款项之前，需要对还本付息的方式做出选择。等额摊还法是指各期偿还额相同，所不同的是各期偿还本金与偿还利息不同。

制作要点与设计效果图

- PPMT函数（参考函数194）
- IPMT函数（参考函数197）
- IF函数（参考函数1、3）
- 添加控件（参考函数158）

文件244　等额本金还法计划表

企业以长期借款方式筹集的资金属于接入资金，需要按期还本付息，企业在向银行或其他非银行金融机构借入款项之前，需要对还本付息的方式做出选择。等额本金还款法每年偿还本金相同，所不同的是偿还利息额。

制作要点与设计效果图

- IF函数（参考函数1、3）
- 添加控件（参考函数158）

等额本金还款计划表

借款金额（万元）	100
借款期限（年）	10
借款年利率（%）	5.58%

期数	年偿还额	支付利息	偿还本金	剩余本金
总计	¥130.69	¥30.69	¥100.00	
0				¥100.00
1	¥15.58	¥5.58	¥10.00	¥90.00
2	¥15.02	¥5.02	¥10.00	¥80.00
3	¥14.46	¥4.46	¥10.00	¥70.00
4	¥13.91	¥3.91	¥10.00	¥60.00
5	¥13.35	¥3.35	¥10.00	¥50.00
6	¥12.79	¥2.79	¥10.00	¥40.00
7	¥12.23	¥2.23	¥10.00	¥30.00
8	¥11.67	¥1.67	¥10.00	¥20.00
9	¥11.12	¥1.12	¥10.00	¥10.00
10	¥10.56	¥0.56	¥10.00	¥0.00

文件245　最佳还款方案决策模型

贷款通常有两种还款方案“等额本息法和等额本金法。等额本息贷款的特点是每月偿还金额相等，在偿还期初利息支出最大，本金最少，以后离心逐渐减少，本机逐渐增加；等额本金贷法的特点是在还款期间内等额还款本金并还清当期本金产生的利息。企业可以根据自身的实际情况来选择最佳的还款方案。

制作要点与设计效果图

- PMT函数（参考函数192）
- MAX函数（参考函数34）
- IF函数（参考函数1、3）

基本信息

贷款时间	2015/1/1
贷款金额	¥150,000.00
贷款利率	8.14%
贷款年限	2
企业可承受最高月还款额	¥7,000.00
最优还款方式	等额本金还贷法

方案1：等额本息

月份数	每月偿还额
1	¥6,793.68
2	¥6,793.68
3	¥6,793.68
4	¥6,793.68
5	¥6,793.68
6	¥6,793.68
14	¥6,793.68
15	¥6,793.68
16	¥6,793.68
17	¥6,793.68
18	¥6,793.68
19	¥6,793.68
20	¥6,793.68
21	¥6,793.68
22	¥6,793.68
23	¥6,793.68
24	¥6,793.68
还款本息总额	¥163,048.21
最高月还款额	¥6,793.68
	可以考虑此方式

方案2：等额本金

月份数	月利率	累计归还本金	每月偿还额
1	0.67%	¥0.00	¥7,255.00
2	0.67%	¥7,255.00	¥7,206.39
3	0.67%	¥14,461.39	¥7,158.11
4	0.67%	¥21,619.50	¥7,110.15
5	0.67%	¥28,729.65	¥7,062.51
6	0.67%	¥35,792.16	¥7,015.19
14	0.67%	¥90,615.14	¥6,647.88
15	0.67%	¥97,263.02	¥6,603.34
16	0.67%	¥103,866.36	¥6,559.10
17	0.67%	¥110,425.45	¥6,515.15
18	0.67%	¥116,940.60	¥6,471.50
19	0.67%	¥123,412.10	¥6,428.14
20	0.67%	¥129,840.24	¥6,385.07
21	0.67%	¥136,225.31	¥6,342.29
22	0.67%	¥142,567.60	¥6,299.80
23	0.67%	¥148,867.40	¥6,257.59
24	0.67%	¥155,124.98	¥6,215.66
还款本息总额			¥161,340.65
最高月还款额			¥7,255.00
			不可考虑此方式

Excel

第19章

投资决策管理表格

企业为了在竞争中求得生存，获得发展，扩大生产经营规模和经营范围，或者为了获取更多的利润都需要进行投资。企业在进行每一项投资前，都应该合理地预计投资方案的收益与风险，做好可行性分析，通过对各种可能的投资方案进行比较，选择最佳方案。

合理的投资决策关系到企业生存发展的命脉。企业主要投资决策分析文件有投资静态指标评价模型、净现值法投资模型、内部收益法投资评价模型、项目投资可行性分析等。

编号	文件名称	对应的数据源	重要星级
文件246	投资静态指标评价模型	第19章\文件246 投资静态指标评价模型.xlsx	★★★★★
文件247	净现值法投资模型	第19章\文件247 净现值法投资模型.xlsx	★★★★
文件248	内部收益法投资评价模型	第19章\文件248 内部收益法投资评价模型.xlsx	★★★★★
文件249	项目投资可行性分析	第19章\文件249 项目投资可行性分析.xlsx	★★★★
文件250	生产利润最大化规划求解	第19章\文件250 生产利润最大化规划求解.xlsx	★★★★
文件251	生产利润最大化规划求解	第19章\文件251 生产利润最大化规划求解.xlsx	★★★★
文件252	项目甘特图表	第19章\文件252 项目甘特图表.xlsx	★★★
文件253	股票投资组合分析模型	第19章\文件253 股票投资组合分析模型.xlsx	★★★
文件254	现金指数法方案评价	第19章\文件254 现金指数法方案评价.xlsx	★★★
文件255	投资项目敏感性分析	第19章\文件255 投资项目敏感性分析.xlsx	★★★
文件256	生产成本最小化规划求解	第19章\文件256 生产成本最小化规划求解.xlsx	★★★
文件257	投资方案比较	第19章\文件257 投资方案比较.xlsx	★★★
文件258	投资方案优选	第19章\文件258 投资方案优选.xlsx	★★

文件246 投资静态指标评价模型

投资静态指标评价模型时指非贴现率指标评价，是指不考虑资金的时间价值，即贴现率为0时的评价方法。主要包括投资回收期法和平均收益率法。

制作要点与设计效果图

- 设置公式
- IF函数（参考函数1、3）

投资项目可行性分析

公司名	华云信息有限公司	单位	元
投资项目名称	开发新产品		
贴现率	0	基准投资回收期	8
期初投入金额（万元）	300	基准投资收益率	15%
平均年净现金流量（万元）	57.53		
投资回收期（年）	6	投资可行性	可行
投资收益率	19.18%	投资可行性	
财务部意见 签字 盖章 年 月 日		总经理意见 签字 盖章 年 月 日	
备注			

文件设计过程

步骤1：创建表格并输入已知数据

新建工作簿，重命名Sheet1工作表为“投资静态指标评价模型”，在工作表中设置投资项目名称、贴现率、期初投入金额、平均年净现金流量、基准投资回收期、基准投资收益率等行列标识，并输入已知数据，如图19-1所示。

投资项目可行性分析

公司名	华云信息有限公司	单位	元
投资项目名称	开发新产品		
贴现率	0	基准投资回收期	8
期初投入金额（万元）	300	基准投资收益率	15%
平均年净现金流量（万元）	57.53		
投资回收期（年）		投资可行性	
投资收益率		投资可行性	

投资静态指标评价模型

图19-1

步骤2：计算回收期和收益率

❶ 选中C8单元格，在公式编辑栏中输入公式：“=CEILING(C5/C6,1)”，按回车键，即可计算出投资回收期，如图19-2所示。

❷ 选中C9单元格，在公式编辑栏中输入公式：“=C6/C5”，按回车键，

即可计算出投资收益率，如图19-3所示。

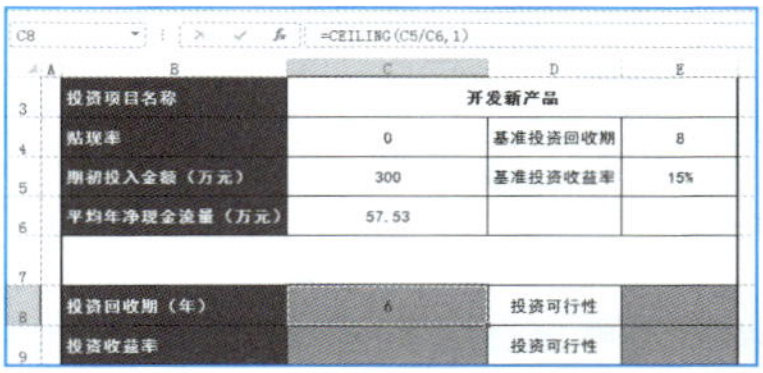

图19-2

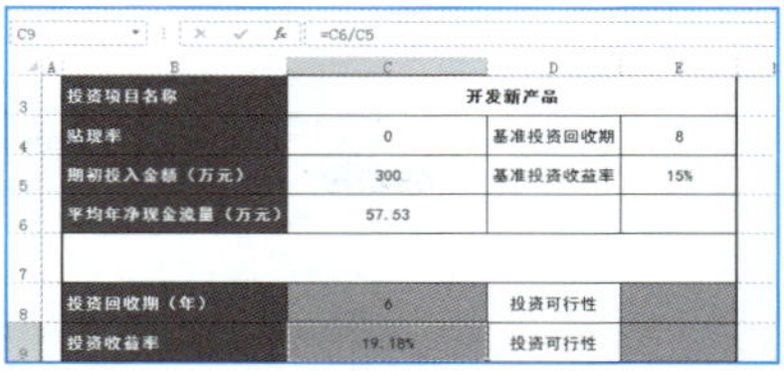

图19-3

步骤3：判断可行性

❶ 选中E8单元格，在公式编辑栏中输入公式："=IF(C8<=E4,"可行","不行")"，按回车键，即可根据投资回收期和基准投资回收期的比较来判断可行性，如图19-4所示。

❷ 选中E9单元格，在公式编辑栏中输入公式："=IF(C9>E5,"可行","不行")"，按回车键，即可根据投资收益率和基准投资收益率来判断可行性，如图19-5所示。

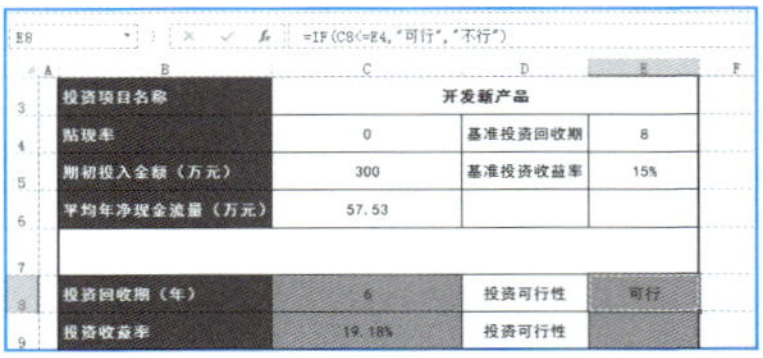

图19-4

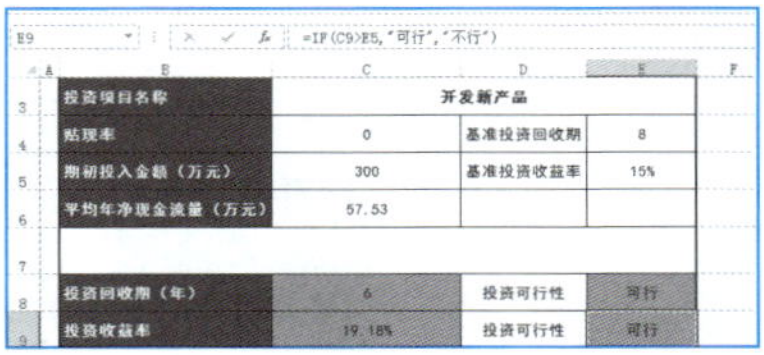

图19-5

公式分析：

"=CEILING(C5/C6,1)"计算出C5单元格与C6单元格数值的商数，并保留一位小数。

"=IF(C8<=E4,"可行","不行")"。表示如果C8单元格数据小于等于E4单元格数据，返回"可行"否则返回"不行"。

文件247　净现值法投资模型

净现值法是指按照货币时间价值观点，将未来净现金流量与投资总额都折算为现值，按照净现值大小选择投资方案的方法。在Excel 中用于计算净现值的函数为NPV函数，如果净现值为正数，表示方案可取，净现值越大越好，如果净现值小于"0"则说明当前方案不可取。

制作要点与设计效果图

- PV函数（参考函数203）
- NPV函数（参考函数207）
- IF函数（参考函数1、3）

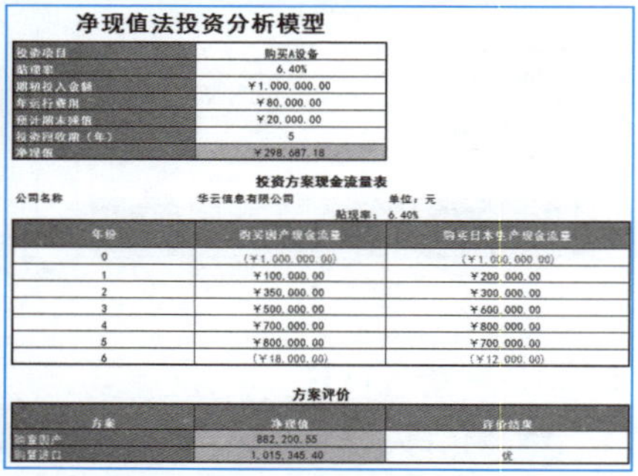

文件设计过程

步骤1：计算净现值

❶ 新建工作簿，重命名Sheet1工作表为“净现值法投资分析模型”，在工作表中输入投资项目的基本信息、不同产地该设备的每年现金流量，以及方案评价表格，并输入数据信息，如图19-6所示。

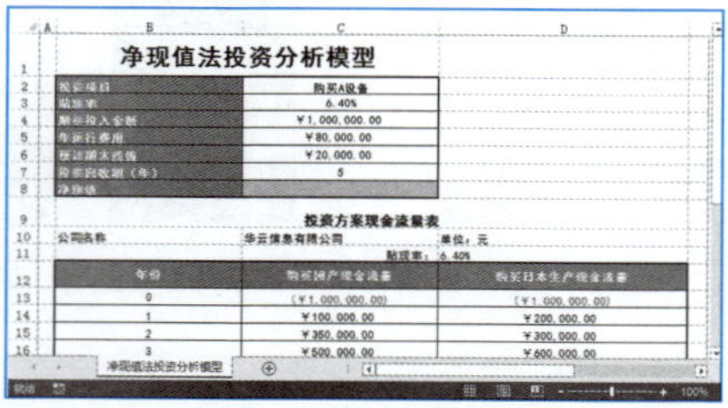

图19-6

❷ 选中C8单元格，在公式编辑栏中输入公式：“=PV(C3,C7,-C5,C6)-C6”，按回车键，即可计算出净现值，如图19-7所示。

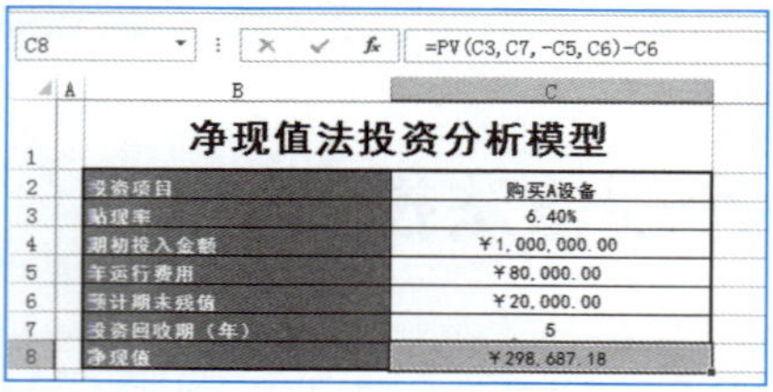

图19-7

❸ 选中C23单元格，在公式编辑栏中输入公式：“=NPV(D11,C13:C19)”，按回车键，即可计算出购置国产的设备所产生的净现值，如图19-8所示。

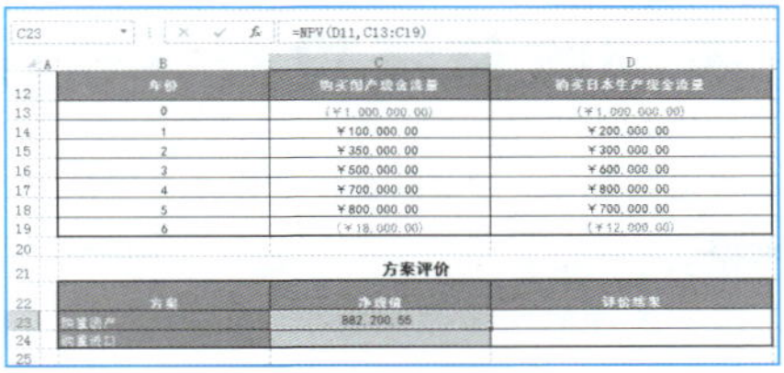

图19-8

4 选中C24单元格，在公式编辑栏中输入公式：“=NPV(D11,D13:D19)”，按回车键，即可计算出购置进口设备所产生的净现值，如图19-9所示。

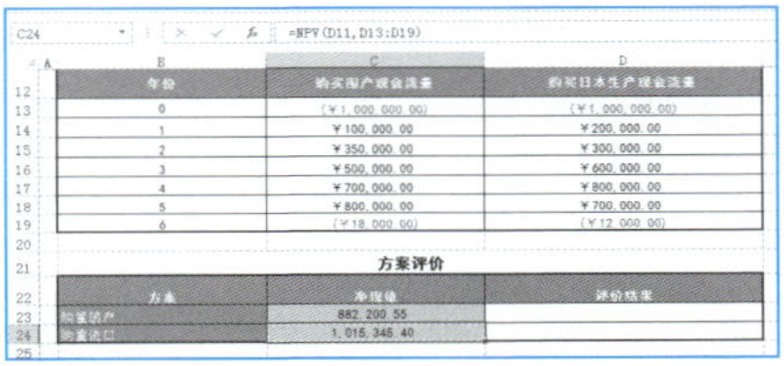

图19-9

步骤2：判断更优方案

1 选中D23单元格，在公式编辑栏中输入公式：“=IF(C23>C24,"优","")”，按回车键，即可判断出哪个方案更优，如图19-10所示。

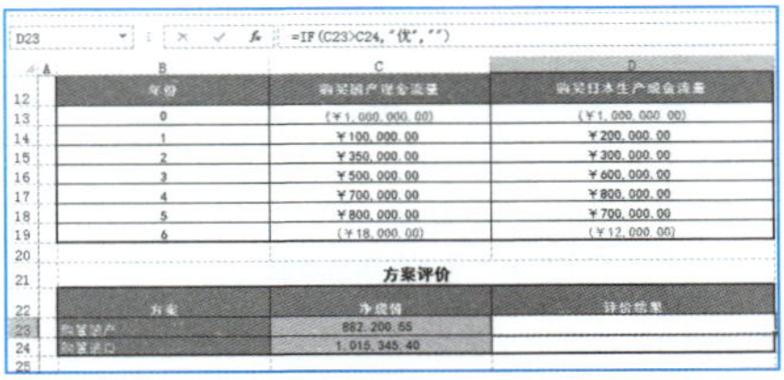

图19-10

2 选中D24单元格，在公式编辑栏中输入公式：“=IF(C24>C23,"优","")”，按回车键，即可判断出哪个方案更优，如图19-11所示。

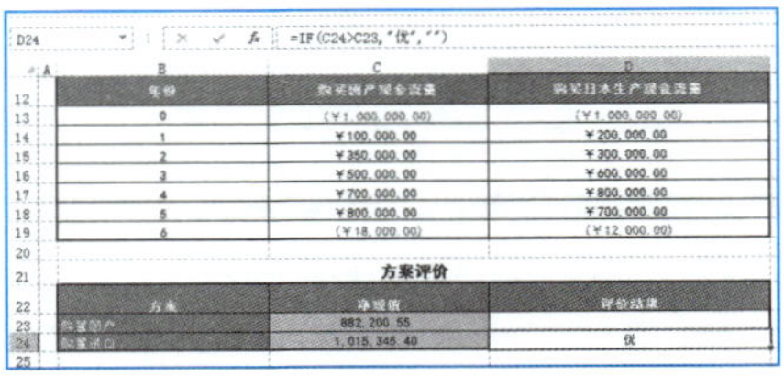

图19-11

文件248　内部收益法投资评价模型

内部收益率也称内部报酬率（即IRR）是指投资方案的净现值等于0时的贴现率。内部收益法是根据估计的收益率分别计算出现金流入和现金流出两项现值，并用现金流入减现金流出的净额所得值来分析内部收益率。如果值为正数，说明内部收益率过低；如果为负数，说明内部收益率高，应调低，直至净额为0。

制作要点与设计效果图

- NPV函数（参考函数207）
- IF函数（参考函数1、3）
- IRR函数（参考函数211）
- YIELD函数（参考函数246）

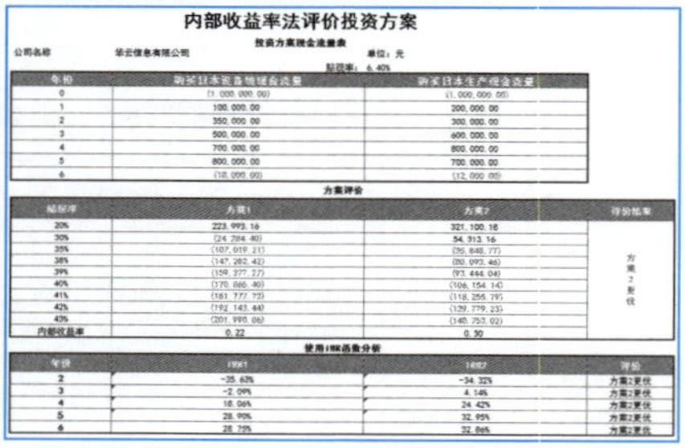

文件设计过程

步骤1：计算现金流量

❶ 新建工作簿，重命名Sheet1工作表为“内部收益率法评价投资方案”，在工作表中输入投资方案现金流量表并输入数据，设置方案评价和IRR函数分析模型，如图19-12所示。

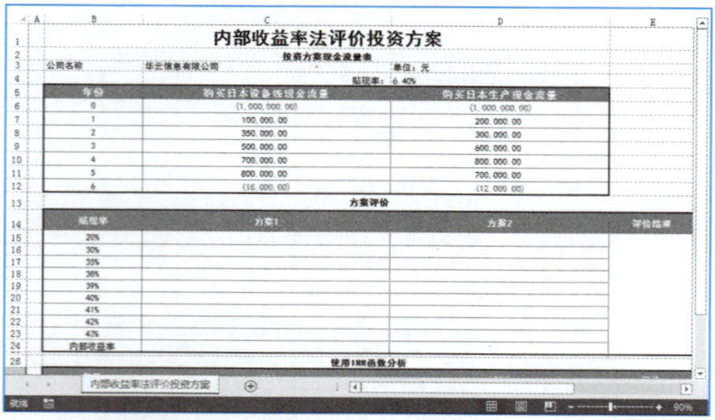

图19-12

❷ 选中C15单元格，在公式编辑栏中输入公式：“=NPV($B15,C$6:C$12)”，按回车键后，向下复制公式到C23单元格，如图19-13所示。

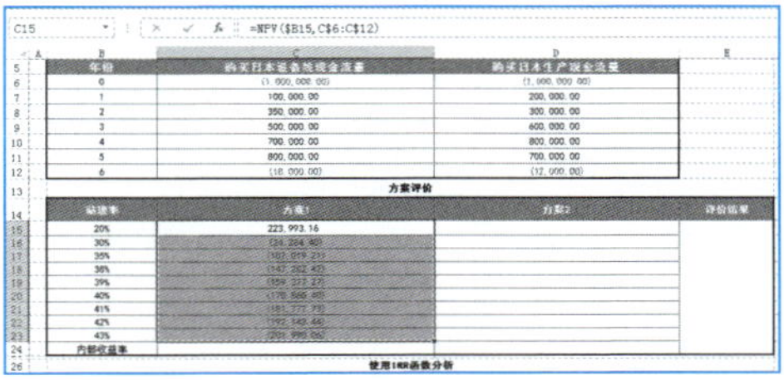

图19-13

步骤2：计算收益率并评价方案

❶ 选中D15单元格，在公式编辑栏中输入公式：“=NPV($B15,D$6:D$12)”，按回车键后，向下复制公式到D23单元格，如图19-14所示。

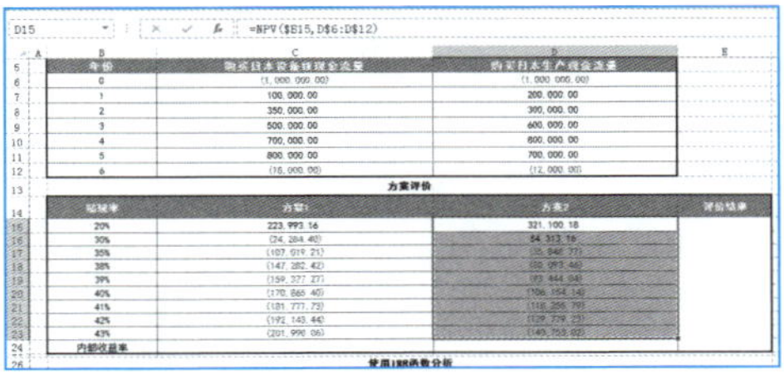

图19-14

❷ 选中C24单元格，在公式编辑栏中输入公式：“=$B22+C22*($B23-$B22)/(C22-C23)”，按回车键后，向右复制公式到D24单元格，即可计算出两种方案的内部收益率，如图19-15所示。

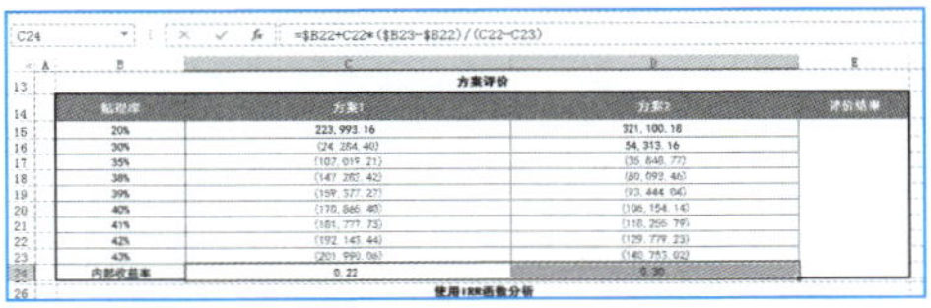

图19-15

❸ 选中E15单元格，在公式编辑栏中输入公式：“=IF(C24>D24,"方案1更优","方案2更优")”，按回车键，判断那种方案更优，如图19-16所示。

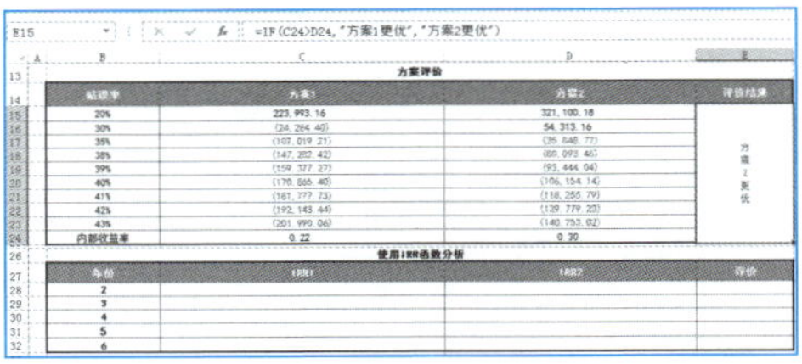

图19-16

公式分析：

“=NPV($B15,C$6:C$12)”表示根据B15单元格的贴现率、C6:C12单元格区域的支出及收入的参数来计算投资的净现值。

步骤3：IRR函数分析

❶ 选中C28单元格，在公式编辑栏中输入公式：“=IRR(C$6:$C8)”，按回车键后，向右复制公式到C32单元格，如图19-17所示。

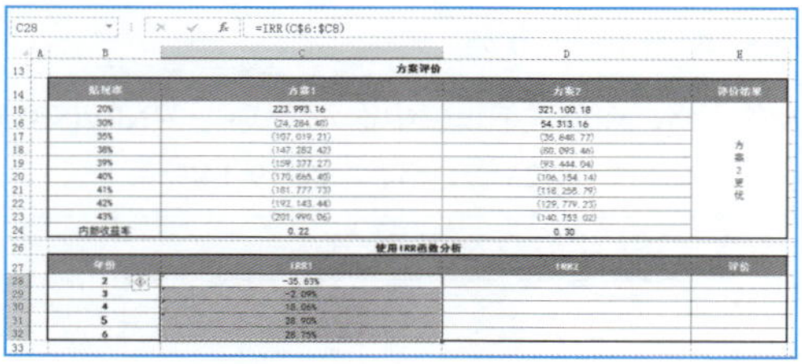

C28 =IRR(C$6:$C8)

方案评价

贴现率	方案1	方案2	评价结果
20%	223,993.16	321,100.18	方案2更优
30%	(24,284.40)	54,313.16	
35%	(107,019.21)	(35,848.77)	
38%	(147,282.42)	(80,093.46)	
39%	(159,377.27)	(93,444.04)	
40%	(170,865.40)	(106,154.14)	
41%	(181,777.73)	(118,255.79)	
42%	(192,143.44)	(129,779.23)	
43%	(201,990.06)	(140,753.02)	
内部收益率	0.22	0.30	

使用IRR函数分析

年份	IRR1	IRR2	评价
2	-35.63%		
3	-2.09%		
4	18.06%		
5	28.90%		
6	28.75%		

图19-17

❷ 选中D28单元格，在公式编辑栏中输入公式：“=IRR(D$6:D8)”，按回车键后，向右复制公式到D32单元格，如图19-18所示。

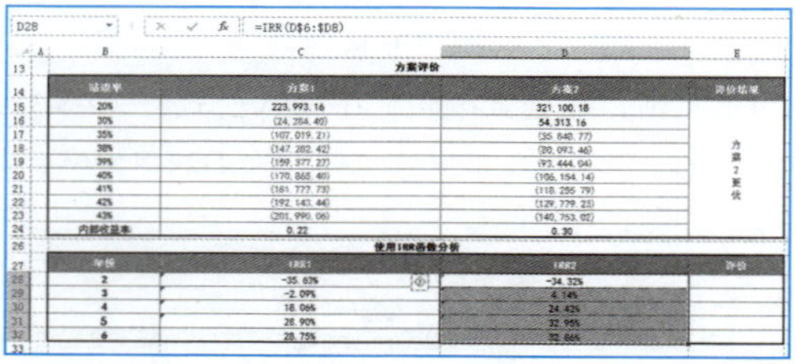

D28 =IRR(D$6:$D8)

方案评价

贴现率	方案1	方案2	评价结果
20%	223,993.16	321,100.18	方案2更优
30%	(24,284.40)	54,313.16	
35%	(107,019.21)	(35,848.77)	
38%	(147,282.42)	(80,093.46)	
39%	(159,377.27)	(93,444.04)	
40%	(170,865.40)	(106,154.14)	
41%	(181,777.73)	(118,255.79)	
42%	(192,143.44)	(129,779.23)	
43%	(201,990.06)	(140,753.02)	
内部收益率	0.22	0.30	

使用IRR函数分析

年份	IRR1	IRR2	评价
2	-35.63%	-34.32%	
3	-2.09%	4.14%	
4	18.06%	24.42%	
5	28.90%	32.95%	
6	28.75%	32.86%	

图19-18

❸ 选中E28单元格，在公式编辑栏中输入公式：“=IF(C28>D28,”方案1更优”,”方案2更优”)”，按回车键后，向右复制公式到E32单元格，可以看出方案2更优，如图19-19所示。

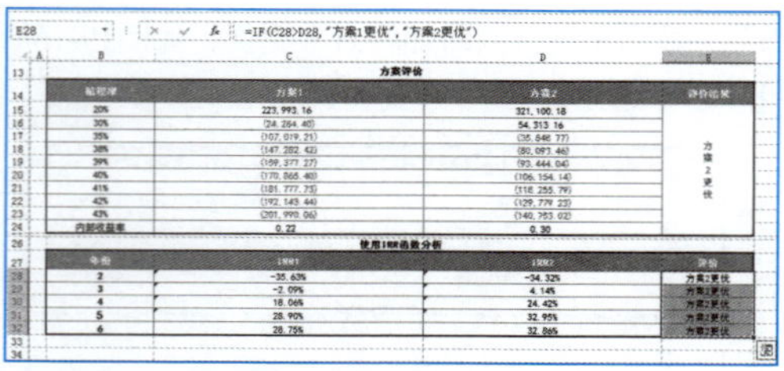

E28 =IF(C28>D28,"方案1更优","方案2更优")

方案评价

贴现率	方案1	方案2	评价结果
20%	223,993.16	321,100.18	方案2更优
30%	(24,284.40)	54,313.16	
35%	(107,019.21)	(35,848.77)	
38%	(147,282.42)	(80,093.46)	
39%	(159,377.27)	(93,444.04)	
40%	(170,865.40)	(106,154.14)	
41%	(181,777.73)	(118,255.79)	
42%	(192,143.44)	(129,779.23)	
43%	(201,990.06)	(140,753.02)	
内部收益率	0.22	0.30	

使用IRR函数分析

年份	IRR1	IRR2	评价
2	-35.63%	-34.32%	方案2更优
3	-2.09%	4.14%	方案2更优
4	18.06%	24.42%	方案2更优
5	28.90%	32.95%	方案2更优
6	28.75%	32.86%	方案2更优

图19-19

公式分析：

“IRR(B$6:$B8”表示对B6:B8单元格区域数值的引用，返回方案1的内部收益率。

函数 IRR 根据数值的顺序来解释现金流的顺序。故应确定按需要的顺序输入支付和收入的数值。如果数组或引用包含文本、逻辑值或空白单元格，这些数值将被忽略。

文件249　项目投资可行性分析

在进行一项新的投资项目之前，企业需要对项目进行可行性分析。一般情况下可以根据净现值以及内部收益率指标来判断项目的可行性。例如企业预计投资300万投资一个新厂房，年利率为5.25%，通过前期调整和数据统计，预计一段时期的现金流量，对该项目投资的可行性进行分析。

制作要点与设计效果图

- XNPV函数（参考函数208）
- IF函数（参考函数1、3）

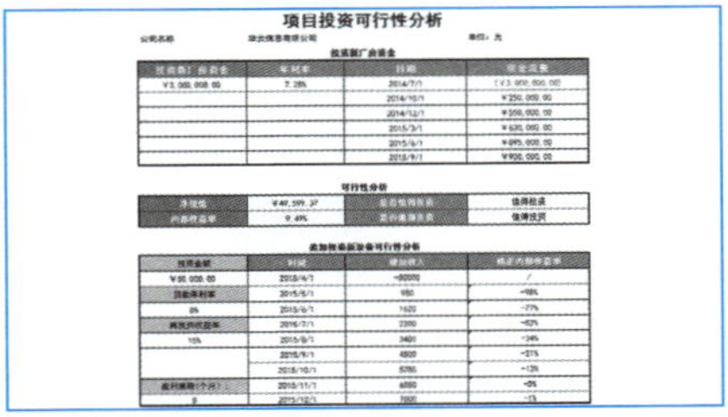

文件设计过程

步骤1：可行性分析

❶ 新建工作簿，重命名Sheet1工作表为“内部收益率法评价投资方案”，在工作表中输入投资新厂房的基本信息并输入数据，设置可行性分析表格，如图19-20所示。

项目投资可行性分析

公司名称　华云信息有限公司　单位：元

投资新厂房资金

投资新厂房资金	年利率	日期	现金流量
¥3,000,000.00	7.25%	2014/7/1	(¥3,000,000.00)
		2014/10/1	¥250,000.00
		2014/12/1	¥550,000.00
		2015/3/1	¥630,000.00
		2015/6/1	¥895,000.00
		2015/9/1	¥900,000.00

可行性分析

净现值		是否值得投资	
内部收益率		是否值得投资	

项目投资可行性分析

图19-20

2 选中C13单元格，在公式编辑栏中输入公式：“=XNPV(C5,E5:E10,D5:D10)”，按回车键，即可计算出净现值，如图19-21所示。

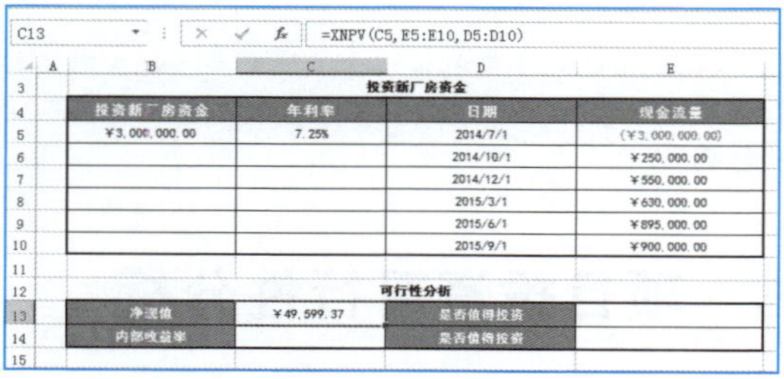

C13 =XNPV(C5,E5:E10,D5:D10)

投资新厂房资金

投资新厂房资金	年利率	日期	现金流量
¥3,000,000.00	7.25%	2014/7/1	(¥3,000,000.00)
		2014/10/1	¥250,000.00
		2014/12/1	¥550,000.00
		2015/3/1	¥630,000.00
		2015/6/1	¥895,000.00
		2015/9/1	¥900,000.00

可行性分析

净现值	¥49,599.37	是否值得投资	
内部收益率		是否值得投资	

图19-21

3 选中C14单元格，在公式编辑栏中输入公式：“=XIRR(E5:E10,D5:D10)”，按回车键，即可计算出内部收益率，如图19-22所示。

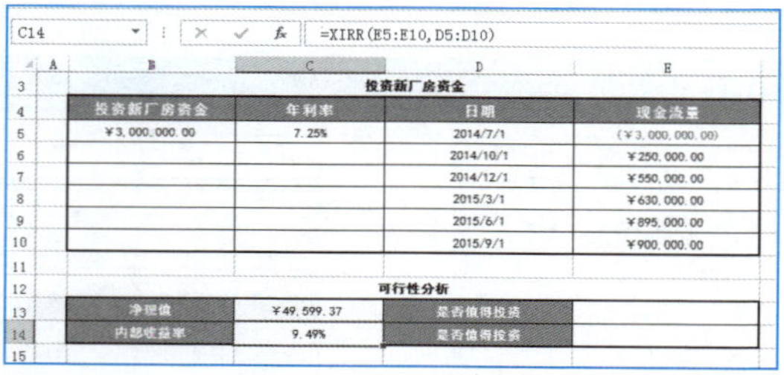

C14 =XIRR(E5:E10,D5:D10)

投资新厂房资金

投资新厂房资金	年利率	日期	现金流量
¥3,000,000.00	7.25%	2014/7/1	(¥3,000,000.00)
		2014/10/1	¥250,000.00
		2014/12/1	¥550,000.00
		2015/3/1	¥630,000.00
		2015/6/1	¥895,000.00
		2015/9/1	¥900,000.00

可行性分析

净现值	¥49,599.37	是否值得投资	
内部收益率	9.49%	是否值得投资	

图19-22

4 选中E13单元格，在公式编辑栏中输入公式：“=IF(C13>0,”值得投资”,”不值得投资”)”，按回车键，即可根据计算出的净现值判断是否值得投资，如图19-23所示。

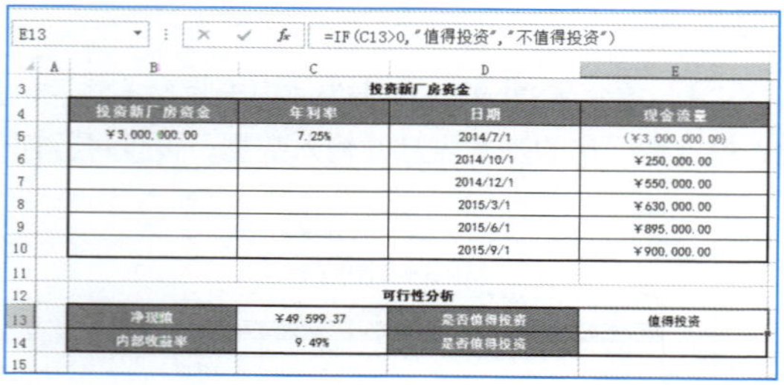

E13 =IF(C13>0,"值得投资","不值得投资")

投资新厂房资金

投资新厂房资金	年利率	日期	现金流量
¥3,000,000.00	7.25%	2014/7/1	(¥3,000,000.00)
		2014/10/1	¥250,000.00
		2014/12/1	¥550,000.00
		2015/3/1	¥630,000.00
		2015/6/1	¥895,000.00
		2015/9/1	¥900,000.00

可行性分析

净现值	¥49,599.37	是否值得投资	值得投资
内部收益率	9.49%	是否值得投资	

图19-23

5 选中E14单元格，在公式编辑栏中输入公式：“=IF(C14>C5,"值得投资","不值得投资")”，按回车键，即可根据计算得到的内部收益率判断是否值得投资，如图19-24所示。

E14　=IF(C14>C5,"值得投资","不值得投资")

	B	C	D	E
3	投资新厂房资金			
4	投资新厂房资金	年利率	日期	现金流量
5	¥3,000,000.00	7.25%	2014/7/1	(¥3,000,000.00)
6			2014/10/1	¥250,000.00
7			2014/12/1	¥550,000.00
8			2015/3/1	¥630,000.00
9			2015/6/1	¥895,000.00
10			2015/9/1	¥900,000.00
11				
12	可行性分析			
13	净现值	¥49,599.37	是否值得投资	值得投资
14	内部收益率	9.49%	是否值得投资	值得投资
15				

图19-24

公式分析：

“=XNPV(C5,E5:E10,D2:D10)”表示根据C2单元格的现金流贴现率、E5:E10单元格区域的一系列现金流，以及D5:D10单元格区域的现金流对应的支付日期，计算出现金流的净现值。

“=XIRR(E5:E10,D5:D10)”表示根据E5:E10,D5:D10发生的现金流计算出内部收益率。

步骤2：追加投资设备可行性分析

❶ 在工作表“可行性分析”表格下创建“追加投资新设备可行性分析”表格，并在表格中输入基本信息，如图19-25所示。

	B	C	D	E
11				
12	可行性分析			
13	净现值	¥49,599.37	是否值得投资	值得投资
14	内部收益率	9.49%	是否值得投资	值得投资
15				
16	追加投资新设备可行性分析			
17	投资金额	时间	增加收入	修正内部收益率
18	¥50,000.00	2015/4/1	-50000	/
19	贷款年利率	2015/5/1	980	
20	8%	2015/6/1	1620	
21	再投资收益率	2015/7/1	2200	
22	15%	2015/8/1	3480	
23		2015/9/1	4500	
24		2015/10/1	5780	
25	盈利周期（个月）：	2015/11/1	6550	
26	8	2015/12/1	7800	

图19-25

❷ 选中E19单元格，在公式编辑栏中输入公式：“=MIRR($D$18:D19,$B$20,$B$22)”，按回车键后，向下复公式到E26单元格，即可计算出追加新设备修正内部收益率，如图19-26所示。

公式分析：

“MIRR($D$18:D19,$B$20,$B$22”表示引用D17：D18单元格数组、B19单元格的资金支付的利率以及B21单元格的收益率返回现金流的修正内部收益率。

❸ 选中E18:E26单元格区域，切换到“开始”选项卡，在“数据”选项组单击“数字格式”下拉按钮，在其下拉列表中选择“百分比”，完成对单元格数据格式的设置，如图19-27所示。

E19 =MIRR($D$18:D19,$B$20,$B$22)

可行性分析

净现值	¥49,599.37	是否值得投资	值得投资
内部收益率	9.49%	是否值得投资	值得投资

追加投资新设备可行性分析

投资金额	时间	增加收入	修正内部收益率
¥50,000.00	2015/4/1	-50000	/
贷款年利率	2015/5/1	980	-0.9804
8%	2015/6/1	1620	-0.765607167
再投资收益率	2015/7/1	2200	-0.524986519
15%	2015/8/1	3480	-0.337311401
	2015/9/1	4500	-0.207915408
	2015/10/1	5780	-0.116947127
盈利周期(个月)：	2015/11/1	6550	-0.054346155
8	2015/12/1	7800	-0.008535715

图19-26

可行性分析

净现值	¥49,599.37	是否值得投资	值得投资
内部收益率	9.49%	是否值得投资	值得投资

追加投资新设备可行性分析

投资金额	时间	增加收入	修正内部收益率
¥50,000.00	2015/4/1	-50000	/
贷款年利率	2015/5/1	980	-98%
8%	2015/6/1	1620	-77%
再投资收益率	2015/7/1	2200	-52%
15%	2015/8/1	3480	-34%
	2015/9/1	4500	-21%
	2015/10/1	5780	-12%
盈利周期(个月)：	2015/11/1	6550	-5%
8	2015/12/1	7800	-1%

图19-27

文件250 生产利润最大化规划求解

企业从事生产或出售产品的目的是为了赚取最大化利润，企业利润最大化原则就是产量的边际收益等于边际成本的原则。边际收益是最后增加一单位产量所增加的收益，边际成本是最后增加一单位产量所增加的成本。如果边际收益大于边际成本，则意味着增加产量可以增加利润；如果边际收益小于边际成本，则意味着增加产量会发生亏损。

制作要点与设计效果图

- SUMPRODUCT函数（参考函数8、13）
- 加载“规划求解分析”工具
- 规划求解参数设置数
- 创建规划求解报告

生产利润最大化方案规划求解

产品	成本（元/吨）	生产时间（天/吨）	利润（吨/吨）	产量（吨）	生产利润小计（元）
A	4421.00	5	5118.00	10	51,180.00
B	4380.00	8	5000.00	15	75,000.00
C	4450.00	10	5550.00	20	111,000.00

生产成本限制	¥200,000.00
生产时间限制	18
机型A产量限制（吨）	10
机型B产量限制（吨）	15
机型C产量限制（吨）	20
实际生产成本	198,910.00
实际生产时间	6
每天最高生产利润	237,180.00

文件设计过程

步骤1：设置公式计算

❶ 新建工作簿，重命名Sheet1工作表为“生产利润最大化规划求解”，在工作表中输入产品基本信息，并设置表格格式，如图19-28所示。

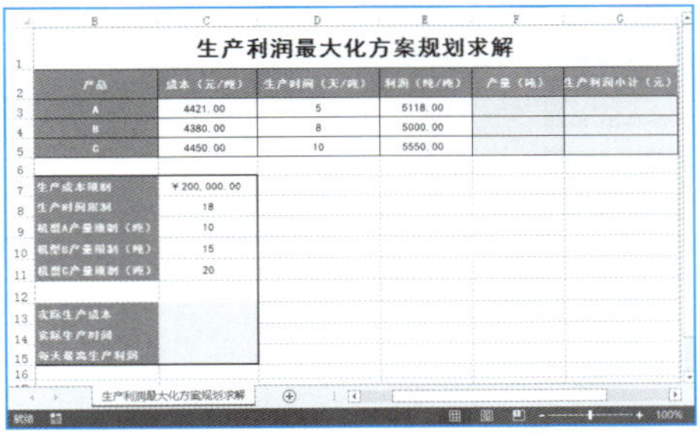

图19-28

❷ 选中G3单元格，在公式编辑栏中输入公式：“=E3*F3”，按回车键后，向下填充到F5单元格，即可计算出生产利润小计，如图19-29所示。

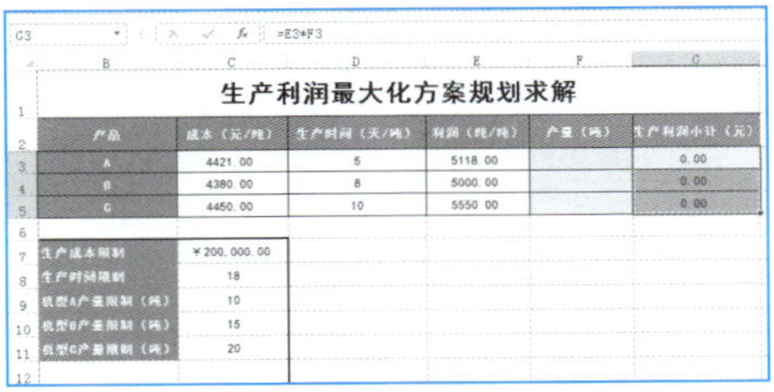

图19-29

❸ 选中C13单元格，在公式编辑栏中输入公式：“=SUMPRODUCT(C3:C5, F3:F5)”，按回车键，根据表格中的项目计算实际生产成本，如图19-30所示。

❹ 选中C14单元格，在公式编辑栏中输入公式：“=INT(SUMPRODUCT(D3:D5,F3:F5)/60)”，按回车键，即可计算出实际生产时间，如图19-31所示。

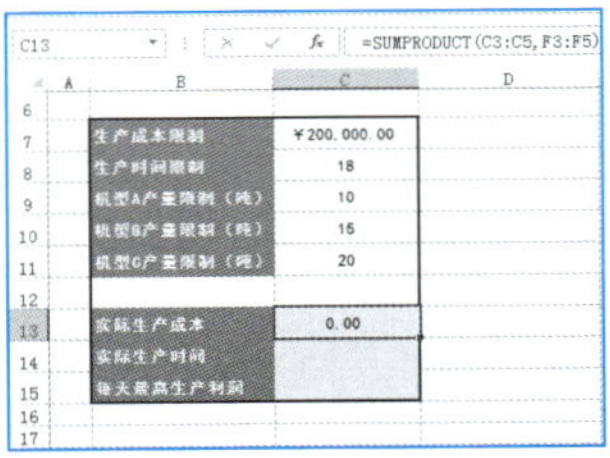

图19-30

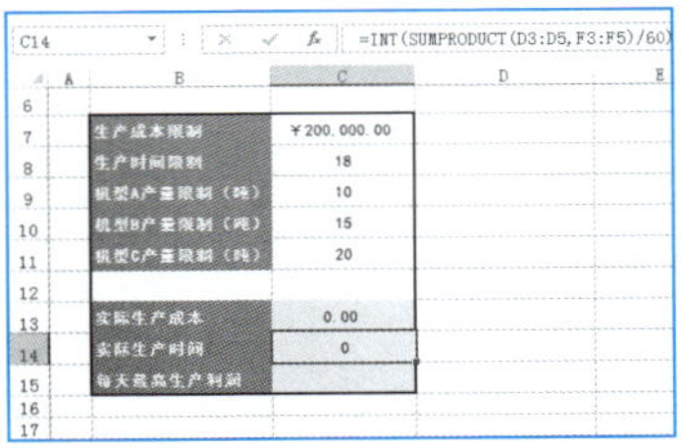

图19-31

❺ 选中C15单元格，在公式编辑栏中输入公式：“=SUM(G3:G5)”，按回车键，即可计算出每天最高生产利润，如图19-32所示。

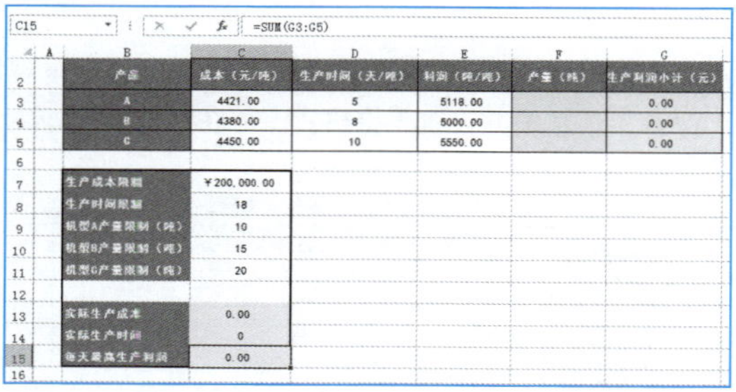

图19-32

步骤2：加载规划求解工具

❶ 单击“文件”→“选项”命令，打开“Excel选项”对话框。在左侧列表中选中“加载项”标签，如图19-33所示。

❷ 在右侧下方单击“转到”按钮，打开“加载宏”对话框。在“加载宏”对话框中的“可用加载宏”列表中选择要加载的宏，如图19-34所示。

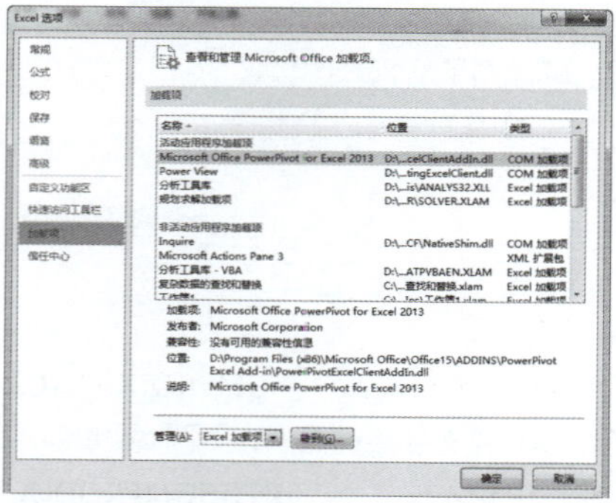

图19-33

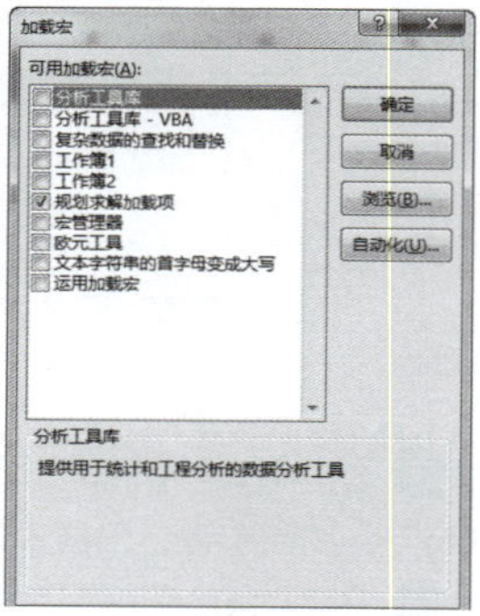

图19-34

❸ 单击“确定”按钮，即可完成分析工具的加载。在工作簿的“数据”选项卡下自动生成“分析”组，并显示出所加载的分析工具，如图19-35所示。

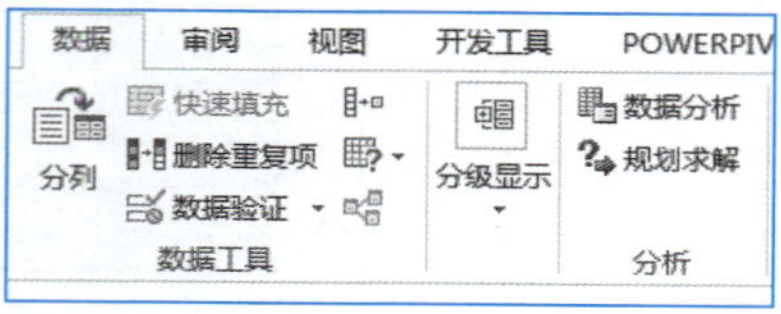

图19-35

步骤3：设置规划求解参数

❶ 选中C15单元格，切换到“数据”选项卡，在“数据工具”选项组单击“规划求解”按钮，如图19-36所示。

❷ 打开“规划求解参数”对话框，选中“最大值”单选项，接着设置“可变单元格”为F3:F5单元格区域，单击“添加”按钮，如图19-37所示。

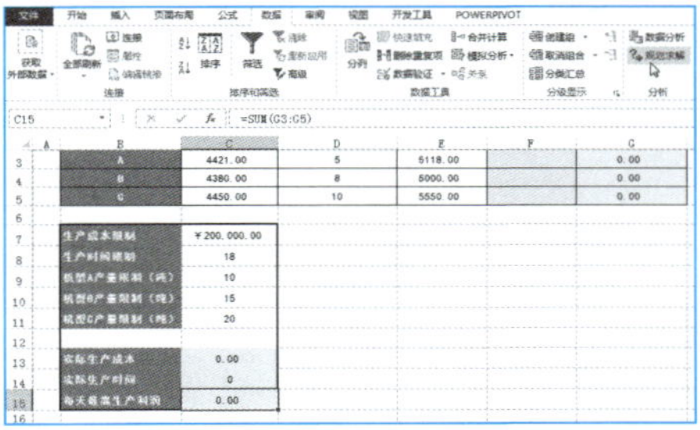

图19-36

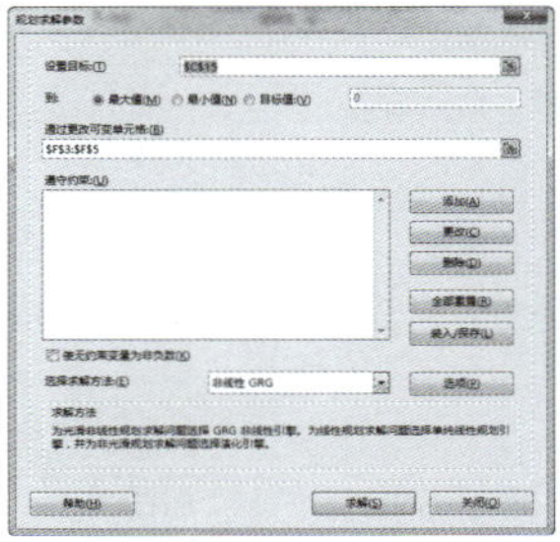

图19-37

❸ 再次打开“添加约束”对话框，设置“单元格引用”为C14单元格，设置约束条件为<=，设置“约束”为C8单元格，单击“确定”按钮，如图19-39所示。

❹ 打开“添加约束”对话框，设置“单元格引用”为C13单元格，设置约束条件为<=，设置“约束”为C7单元格，单击“确定”按钮，如图19-38所示。

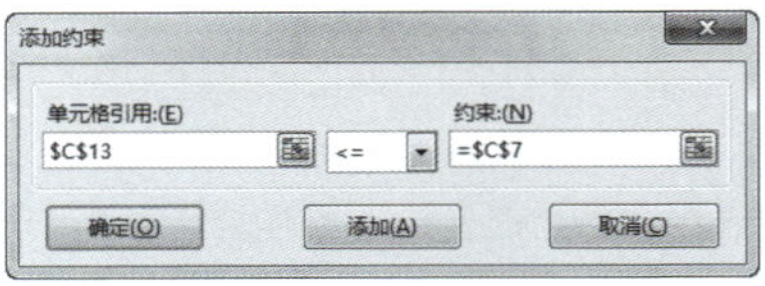

图19-38

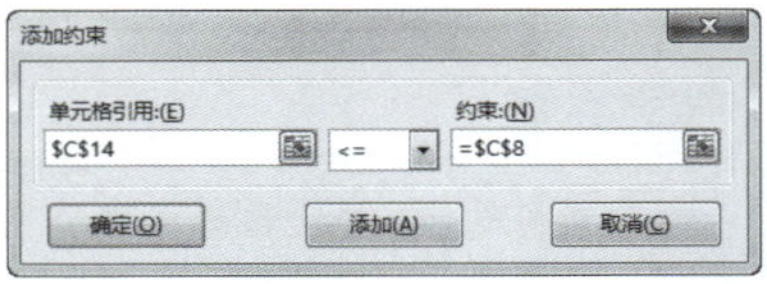

图19-39

❺ 按照相同的方法依次添加规划求解的其他约束条件，添加完成后单击“确定”按钮，返回“规划求解参数”对话框，可以看到添加的约束条件。单击“求解”按钮，如图19-40所示。

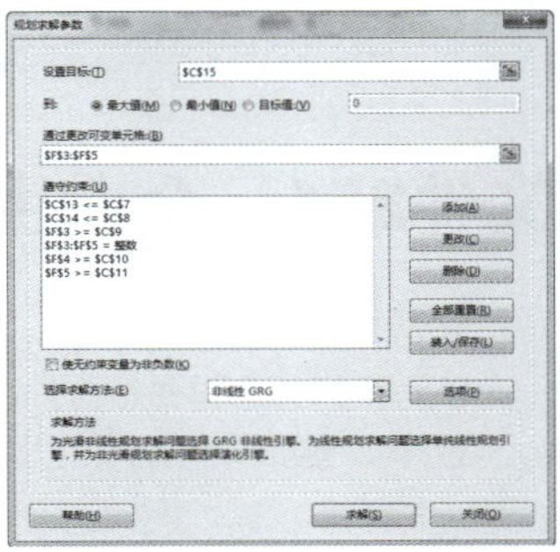

图19-40

步骤4：规划求解结果

❶ 打开“规划求解结果”对话框，对话框中提示已找到一解，在“报告”列表框中选中“运算结果报告”，选中“制作报告大纲”复选框，单击“确定”按钮，如图19-41所示。

❷ 返回到工作表中，可以看到规划求解设置的可变单元格区域F3:F5单元

格区域，会显示出求解结果，如图19-42所示。

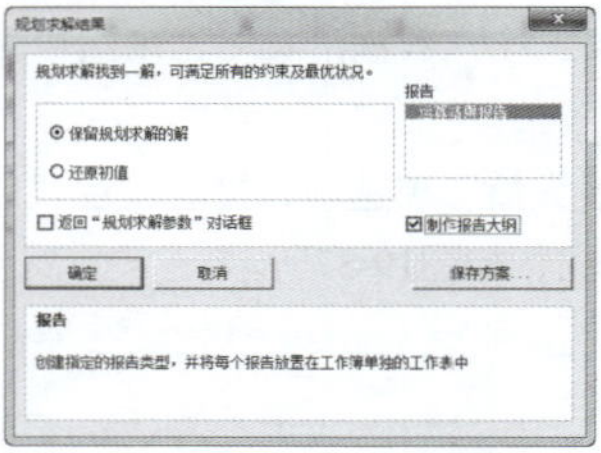

图19-41

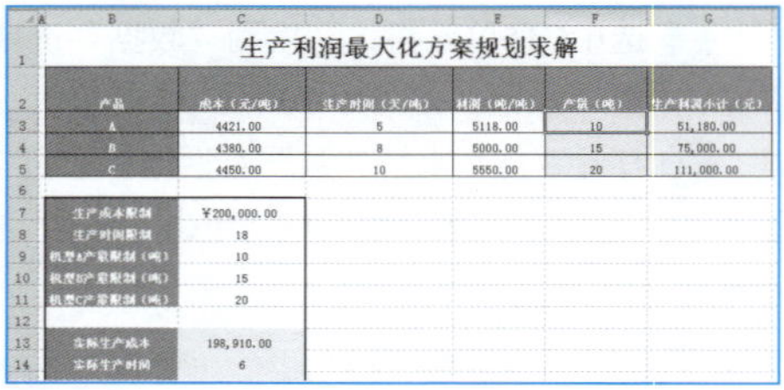

图19-42

③ 切换到“运算结果报告1”工作表标签，在工作表中会显示该规划求解生成的运算结果，如图19-43所示。

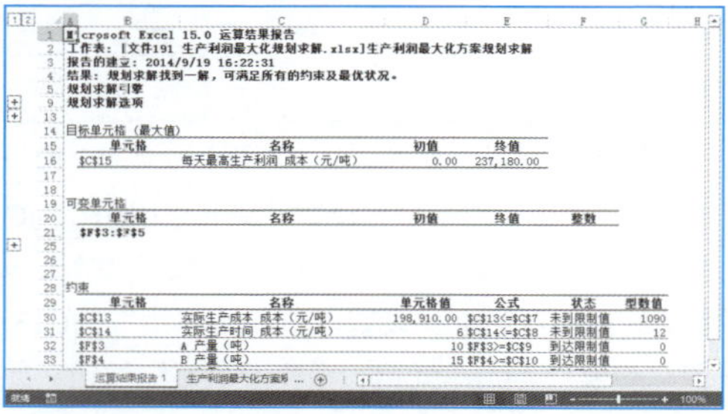

图19-43

提 示

如果想要可变单元格的求解结果为整数，则在设置约束条件时需要添加整数约束，但如果不需要该约束时，可以设置忽略整数约束。在“规划求解参数”对话框单击“选项”按钮，打开“选项”对话框，在“具有整数约束求解”区域选中“忽略整数约束”复选框即可。

文件251　企业生产计划决策分析

假设某公司要生产A、B、C三种产品，这三种产品的生产成本分别为10元、15元和22元；每生产一件A、B、C产品分别耗费生产时间为1分钟、1.5分钟、3分钟；每销售一件A、B、C产品分别获取的利润为4元、8.5元、12元。现在经研究讨论决定，企业每天购买原材料的金额不得超过10000元，机器设备每天运转时间不能超过18小时；同时A产品每天产量不得少于120件、B产品每天产量不得少于110件、C产品每天产量不得少于100件。根据上述约束的条件，该公司该如何分配A、B、C三种产品的生产比例才能获取最高的利润？

制作要点与设计效果图

- 设置公式
- 规划求解

产 品 生 产 计 划 表

生产限制与约束条件原始数据			
项目	A产品	B产品	C产品
成本（元/件）	10	15	22
生产时间（分钟/件）	1	1.5	3
利润（元/件）	4	8.5	12
最低生产量（件）（件）	120	110	100
生产成本约束（元）	10000		
生产时间约束　（时）	18		

生产计划及利润预测			
实际生产成本（元）	9996	A产品计划产量	121
实际生产时间（时）	18	B产品计划产量	200
A产品毛利	484	C产品计划产量	263
B产品毛利	1700	总销售利润（元）	5340
C产品毛利	3156		

文件设计过程

步骤1：设置公式计算

❶ 打开“企业生产计划决策分析”工作表，选中C14单元格，在公式编辑栏中输入公式：“=C6*E12”，按回车键计算出A产品毛利，如图19-44所示。

❷ 分别设置C15、C16单元格的公式为：“=D6*E13”、“ =E6*E14”，计算出B产品、C产品毛利（由于当前显示产量的单元格为空，所以毛利额为0当利用规划求解功能求出生产数量后，则自动计算出毛利额），如图19-45所示。

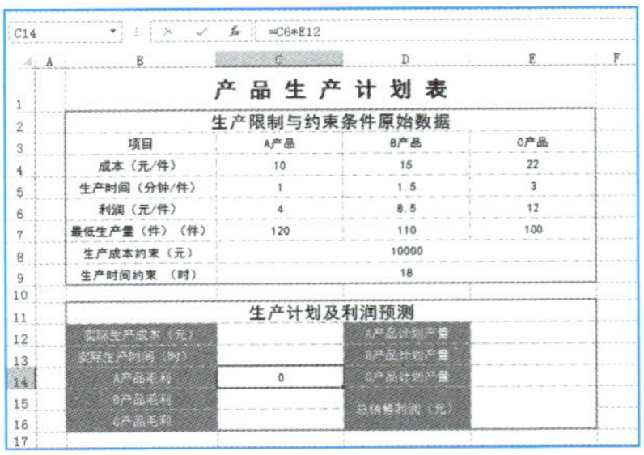

图19-44

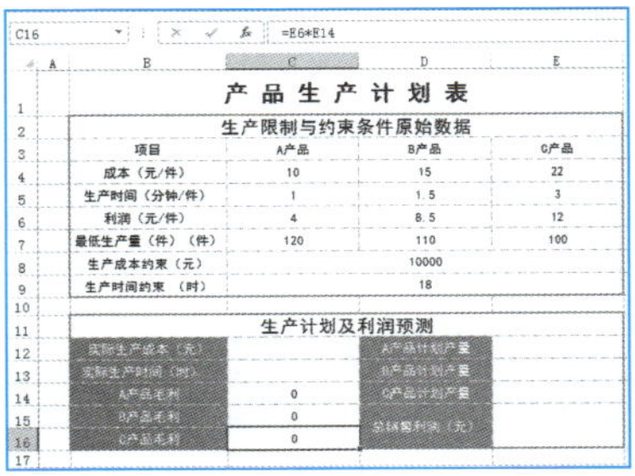

图19-45

❸ 选中C12单元格，输入公式：“ =C4*E12+D4*E13+E4*E14”，按回车键计算出实际消耗成本，如图19-46所示。

❹ 选中C13单元格，输入公式：“=(C5/60)*E12+(D5/60)*E13+(E5/60)*E14”，按回车键计算出实际生产时间，如图19-47所示。

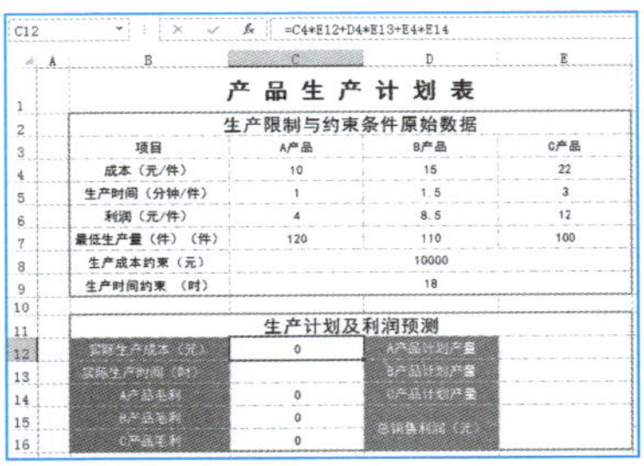

图19-46

❺ 选中E15单元格，输入公式：“=SUM(C14:C16)”，按回车键即可计算出总收益，如图19-48所示。

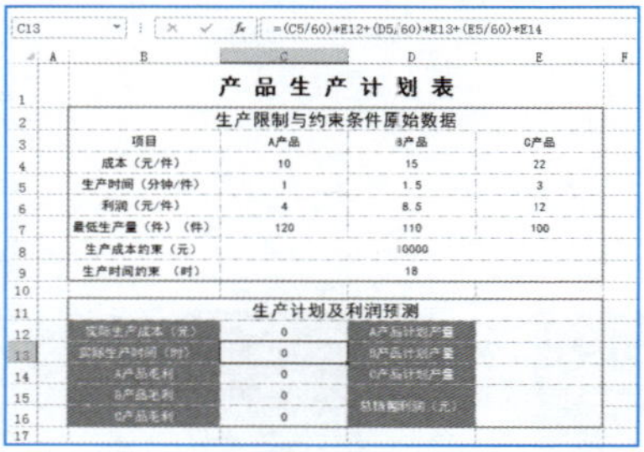

图19-47

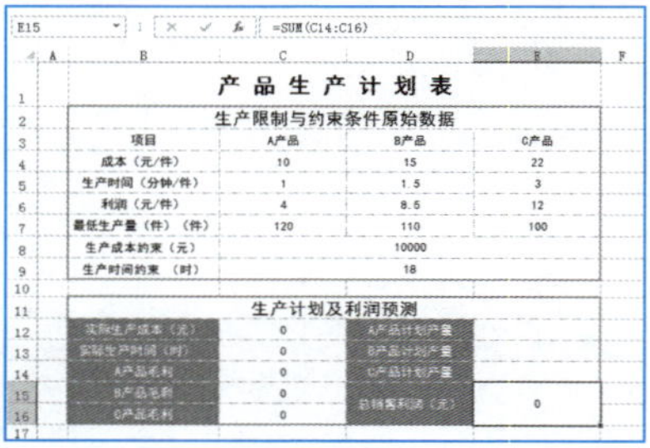

图19-48

步骤2：设置规划求解参数

❶ 选中E15单元格，单击“数据”选项，然后单击“分析”选项组中的“规划求解”按钮，打开“规划求解参数”对话框，设置目标单元格为E15单元格，如图19-49所示。

❷ 设置“可变单元格”为E12:E14单元格区域，单击“添加”按钮，如图19-50所示。

图19-49

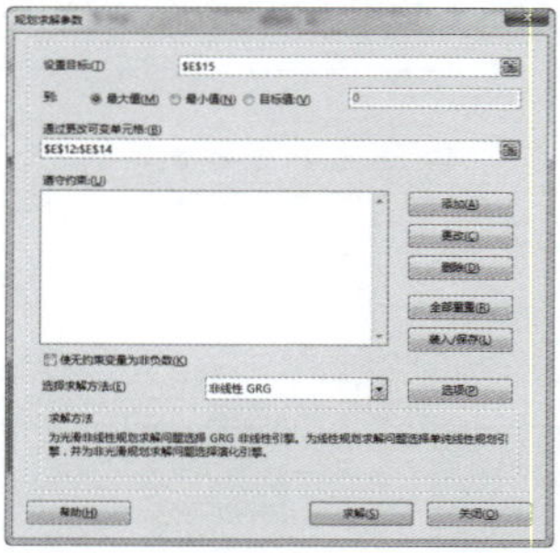

图19-50

❸ 打开“添加约束”对话框。设置“$C$12<=$C$8”，表示实际成本应小于成本限额，如图19-51所示。

❹ 单击“添加”按钮，打开新的“添加约束”对话框，设置“$C$13<=$C$9”，实际的生产时间应小于每天生产限时，如图19-52所示。

图19-51

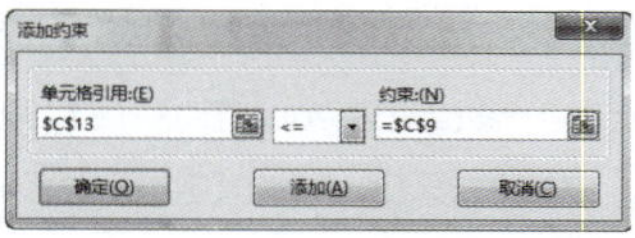

图19-52

❺ 重复上述操作：单击“添加”按钮，打开“添加约束”对话框。依次设置：

“$E$12:$E$14>=0”，表示生产量大于等于零；

“$E$12:$E$14=int”，表示生产量为整数；

“$E$12>=$C$7”，表示A产品产量必须大于约定的A产品最低生产量；

“$E$13>=$D$7”，表示B产品产量必须大于约定的B产品最低生产量；

“$E$14>=$E$7”，表示C产品产量必须大于约定的C产品最低生产量。

❻ 设置完成后单击“确定”按钮返回到“规划求解参数”对话框中，在“约束”列表中可以看到所有添加的约束条件，单击“求解”按钮，如图19-53所示。

❼ 弹出“规划求解结果”对话框，提示规划求解找到一解，可满足所有的约束及最优状况，单击“确定”按钮，如图19-54所示。

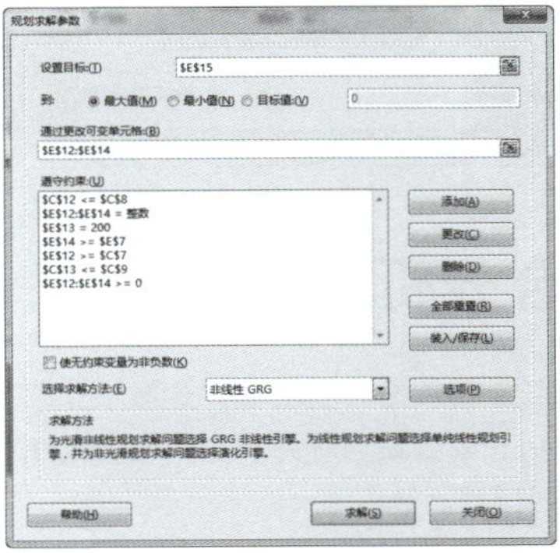

图19-53

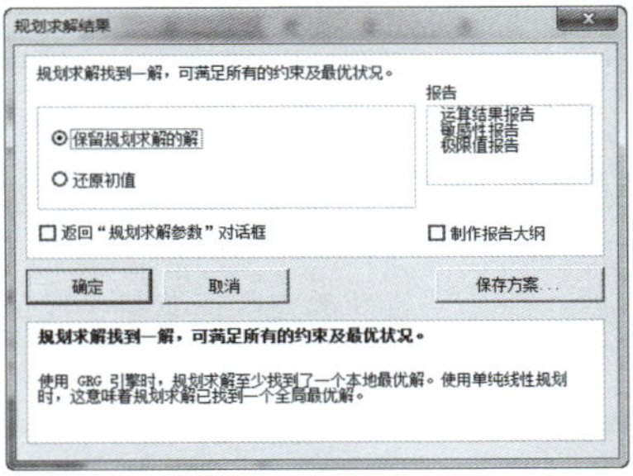

图19-54

❽ 回到工作表中，即可看到规划求解后的结果，从而得出三种产品的应生产量分别为多少，如图19-55所示。

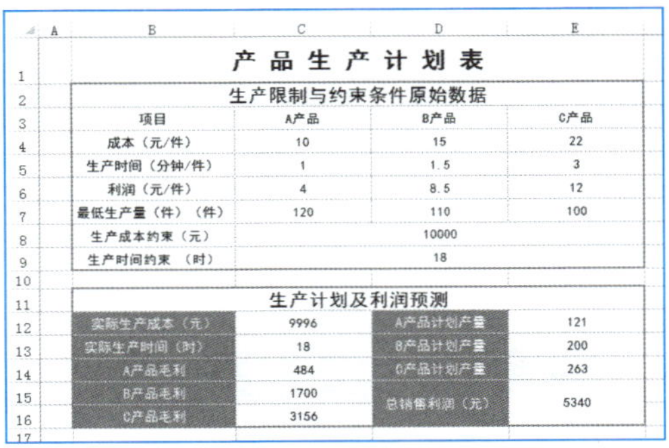

	A	B	C	D	E
1		产品生产计划表			
2		生产限制与约束条件原始数据			
3		项目	A产品	B产品	C产品
4		成本（元/件）	10	15	22
5		生产时间（分钟/件）	1	1.5	3
6		利润（元/件）	4	8.5	12
7		最低生产量（件）（件）	120	110	100
8		生产成本约束（元）		10000	
9		生产时间约束（时）		18	
10					
11		生产计划及利润预测			
12		实际生产成本（元）	9996	A产品计划产量	121
13		实际生产时间（时）	18	B产品计划产量	200
14		A产品毛利	484	C产品计划产量	263
15		B产品毛利	1700	总销售利润（元）	5340
16		C产品毛利	3156		
17					

图19-55

文件252　项目甘特图表

甘特图是项目管理中最常用的分析图，主要用来表示项目所需要时间。在Excel中，可以使用条形图中的“堆积条形图”子类型进行变形巧妙地生成项目甘特图。

制作要点与设计效果图

- 创建图表（参考文件58）
- 添加数据系列（参考文件205）
- 设置数据系列格式（参考文件38）

项目甘特图表

任务	开始时间	所需时间（天）	完成时间
系统分析	8/1	5	8/4
软件项目计划	8/5	5	8/8
需求分析	8/4	6	8/8
软件设计	8/9	40	9/18
编码	9/10	25	10/5
软件测试	9/13	23	10/5
编写文档	10/6	3	10/9

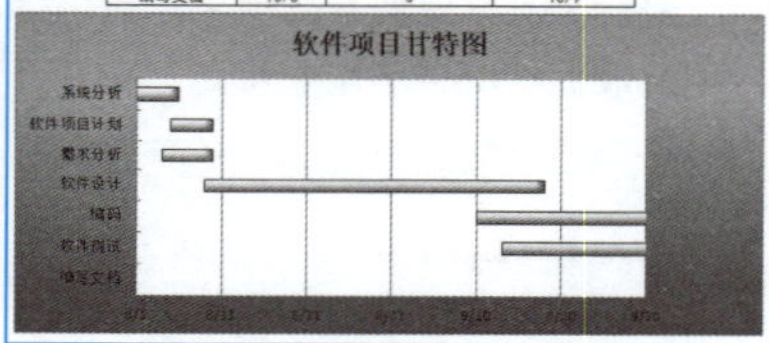

文件253　股票投资组合分析模型

企业投资股票的目的通常是为了闲散资金谋求更大的收益，这就决定了企业投资在追求高效益的同时存在风险。在Excel中，可以使用分析工具对股票投资组合进行分析，尽量规避风险。

制作要点与设计效果图

- 使用“规划求解”分析工具（参考文件250）
- 添加和编辑约束条件（参考文件250）

股票投资组合分析模型

原始数据

无风险利率	5.50%	市场总风险率	4.50%	市场总收益率	12.50%

组合分析

	市场指数β	每股风险率	权数	加权β	加权每股风险率
股票1	0.38	0.35	12.55%	0.047697573	0.005514338
股票2	1.35	0.15	40.89%	0.552018389	0.025080189
股票3	1.29	0.2	30.12%	0.388579088	0.018147192
股票4	1.6	0.4	16.44%	0.262965537	0.010804824
合计			**100.00%**	**1.25**	**0.06**

总收益率	14.26%	总风险率	13.00%

文件254　现金指数法方案评价

现金指数法是指投资方案未来的现金流入量的总现值与原始投资额度之间

的比例。使用该方法判定方案的原理是：将计算的现值指数与1比较，大于1说明方案可行，小于1说明方案不行。

制作要点与设计效果图

- NPV函数（参考函数207）
- INDEX函数（参考函数37）
- MATCH函数（参考函数34）
- MAX函数（参考函数34）

投资方案现金流量表

贴现率　8%　单位：元

年份	方案1现金流量	方案2现金流量	方案3现金流量
0	-270000	-250000	-320000
1	60000	40000	69000
2	70000	50000	66000
3	82000	60000	75000
4	80000	70000	87000
5	76000	80000	90000
6	64000	83000	77000
7	56000	87000	78000

现值指数法方案评价

方案	方案1	方案2	方案3
总现值	¥364,196.55	¥336,500.40	¥399,246.07
现值指数	1.35	1.35	1.25
评价结果	方案1最优		

文件255　投资项目敏感性分析

敏感性分析是投资决策中常用的一种重要的分析方法。它是用来衡量当投资方案中某个因素发生了变动时，对该方案预期结果的影响程度。

制作要点与设计效果图

- 设置公式（参考文件5）
- NVP函数（参考函数207）

投资项目敏感性分析

原始数据：　贴现率：　8%　单位：元

年份	0	1	2	3	4	5	6	7	8	9
现金流入：	¥0.00	¥75,000.00	¥79,000.00	¥80,000.00	¥775,000.00	¥80,000.00	¥65,000.00	¥60,000.00	¥55,000.00	¥53,000.00
销售收入		¥75,000.00	¥79,000.00	¥80,000.00	¥775,000.00	¥80,000.00	¥65,000.00	¥60,000.00	¥55,000.00	¥43,000.00
期末残值	¥0.00	¥0.00	¥0.00	¥0.00	¥0.00	¥0.00	¥0.00	¥0.00	¥0.00	¥10,000.00
现金流出	¥208,000.00	¥80,000.00	¥80,000.00	¥80,000.00	¥80,000.00	¥80,000.00	¥80,000.00	¥80,000.00	¥80,000.00	¥80,000.00
投资额	¥208,000.00	¥0.00	¥0.00	¥0.00	¥0.00	¥0.00	¥0.00	¥0.00	¥0.00	¥0.00
运营费用	¥0.00	¥45,000.00	¥45,000.00	¥45,000.00	¥45,000.00	¥45,000.00	¥45,000.00	¥45,000.00	¥45,000.00	¥45,000.00
税金		¥35,000.00	¥35,000.00	¥35,000.00	¥35,000.00	¥35,000.00	¥35,000.00	¥35,000.00	¥35,000.00	¥35,000.00
净现金流量	(¥208,000.00)	(¥5,000.00)	(¥1,000.00)	¥0.00	¥695,000.00	¥0.00	(¥15,000.00)	(¥20,000.00)	(¥25,000.00)	(¥27,000.00)
净现值	¥249,222.98									

敏感性分析

变化率	新投资额	净现值	新运营费用	净现值	新税金	净现值
		249222.98		249222.98		249222.98
-0.1	187200.00	141920.07	40500.00	119675.63	31500.00	119583.03
-0.08	191360.00	141920.07	40500.00	119675.63	31500.00	119583.03
-0.06	195520.00	141920.07	40500.00	119675.63	31500.00	119583.03
-0.04	199680.00	141920.07	40500.00	119675.63	31500.00	119583.03
-0.02	203840.00	141920.07	40500.00	119675.63	31500.00	119583.03
0	208000.00	141920.07	40500.00	119675.63	31500.00	119583.03
0.02	212160.00	141920.07	40500.00	119675.63	31500.00	119583.03
0.04	216320.00	141920.07	40500.00	119675.63	31500.00	119583.03
0.06	220480.00	141920.07	40500.00	119675.63	31500.00	119583.03
0.08	224640.00	141920.07	40500.00	119675.63	31500.00	119583.03
0.1	228800.00	141920.07	40500.00	119675.63	31500.00	119583.03

文件256　生产成本最小化规划求解

在生产和销售行为中，企业总是希望在有限的生产资源下，以最低的成本获得最大的收益，如何使成本最小化，也是企业生产方案规划求解中常见的问题。在Excel 中，可以使用“规划求解”工具来分析得出答案。

制作要点与设计效果图

- SUMPRODUCT函数（参考函数8、13）
- SUM函数（参考函数3、7、16）
- 规划求解（参考文件250）

生产成本最小化方案规划求解

产品	成本（元/吨）	生产时间（天/吨）	利润（吨/吨）	产量（吨）	生产利润小计（元）
A	4421.00	5	5118.00	10	51,180.00
B	4380.00	10	5000.00	57	285,000.00
C	4450.00	15	5550.00	10	55,500.00

每日需实现销售利润	¥335,000.00
生产时间限制	18
机型A产量限制（吨）	10
机型B产量限制（吨）	10
机型C产量限制（吨）	10
实际销售利润	338,370.00
实际生产时间	12
每天最低生产成本	391,680.00

文件257 投资方案比较

不同的投资方案，由于现金流量和净现值不同，得到的内部收益率也会有所差别。因此在确定具体投资方案前，需要对不同的投资方案进行比较分析，通过分析结果，得到结论。

制作要点与设计效果图

- NPV函数（参考函数207）
- IF函数（参考函数1、3）
- 规划求解（参考文件250）

投 资 方 案 比 较

单位：万元

年份	初始投资	净现金流量			净现值	获利指数	内部收益率
	0	1	2	3			
项目A	-100	20	35	165	63.202669	1.632027	35.58%
项目B	-100	65	65	85	70.354637	1.703546	47.85%

内部收益率	12.00%
结论：	选择项目B

文件258 投资方案优选

当企业比较多个投资方案时，不同的投资方案，其可以获利值也各不相同，因此在确定最终投资方案前，需要对各种投资方案进行比较分析，从而选择最优的投资方案。

制作要点与设计效果图

- PV函数（参考函数203）
- INDEX函数（参考函数37）
- MATCH函数（参考函数34）
- MAX函数（参考函数34）

投 资 方 案 优 选

单位：万元

方案	A	B	C	D
初始投资	205	255	150	220
年净现金流量	30	35	22	32
寿命期（年）	22	32	25	28
净现值	¥24.34	¥28.91	¥22.55	¥35.50

内部收益率	12.00%
选择方案	方案D

Excel

第20章

货币资金时间价值分析图表

货币资金是以货币的形态存在的资产，是流动性最强的资产。在企业的各项经济活动中，货币资金起着非常重要的作用。货币资金按期存放的地点和用途，可以分为现金、银行存款和其他货币资金。

货币资金在不同的时间具有不同的价值，将货币资金存入银行可以获取利息，用于投资可以得到收益。这种利息和收益称为资金的时间价值。衡量资金时间价值的大小的标志是利率，利率又分为单利和复利。

编号	文件名称	对应的数据源	重要星级
文件259	存款单利终值计算与分析	第20章\文件259 存款单利终值计算与分析.xlsx	★★★★
文件260	普通年现金值与终值计算表	第20章\文件260 普通年现金值与终值计算表.xlsx	★★★★
文件261	普通年金与先付年金比较分析	第20章\文件261 普通年金与先付年金比较分析.xlsx	★★★★★
文件262	计算可变利率下的未来值	第20章\文件262 计算可变利率下的未来值.xlsx	★★★★★
文件263	账户余额变化阶梯图	第20章\文件263 账户余额变化阶梯图.xlsx	★★★★★
文件264	存款复利终值与资金变动分析	第20章\文件264 存款复利终值与资金变动分析.xlsx	★★★
文件265	复利现值的计算与资金变化	第20章\文件265 复利现值的计算与资金变化.xlsx	★★★
文件266	单利现值的计算与资金变化	第20章\文件266 单利现值的计算与资金变化.xlsx	★★★★★
文件267	单利现值的计算与资金变化	第20章\文件267 单利现值的计算与资金变化.xlsx	★★★★★
文件268	外币存款与汇率相关性分析	第20章\文件268 外币存款与汇率相关性分析.xlsx	★★★

文件259 存款单利终值计算与分析

单利是指在计算利息时，每一次都按照原先融资双方确认的本金计算利息。每次计算，每次计算的利息并不转入下一次本金中，因而不产生利息。终值是指现在存入一笔钱，按照一定的利率和利息计算方式，在指定的某个时间后的将来应该是多少钱。通过存款单利终值的计算，可以计算一笔存款在指定存款期后会增值多少。

制作要点与设计效果图

- PV函数（参考函数203）
- MONTH函数（参考函数3）
- 设置坐标轴类型
- 设置图表格式

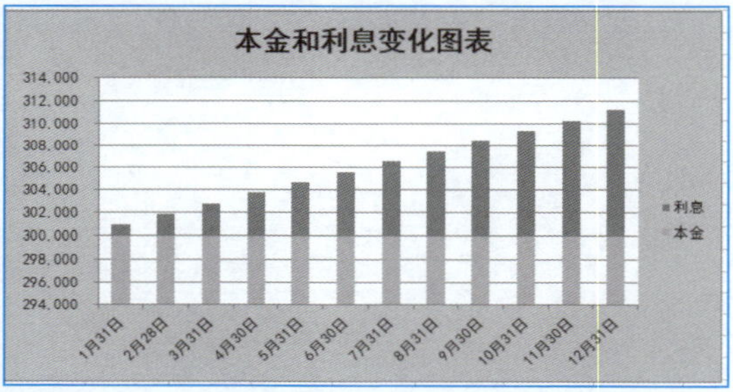

文件设计过程

步骤1：预算各产品单价

❶ 新建工作簿，重命名Sheet1工作表为“存款单利终值计算与分析”，在工作表中创建两个表格，并输入存入本金的数额和年利率，设置存期为1年，如图20-1所示。

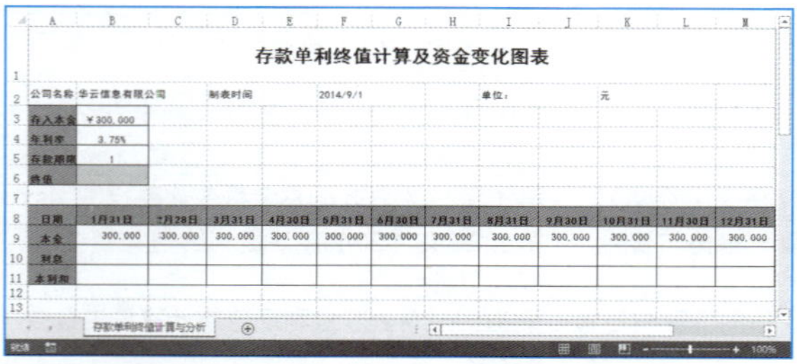

图20-1

❷ 选中B6单元格，在公式编辑栏中输入公式：“=FV(B4,B5,0,-B3)”，按Enter键后，计算出该笔存款的终值，如图20-2所示。

❸ 选中B10单元格，在公式编辑栏中输入公式：“=B9*$B$4/12*MONTH

(B8)”，按Enter键后，向右复制公式到M10单元格，计算各个月底的利息数额，如图20-3所示。

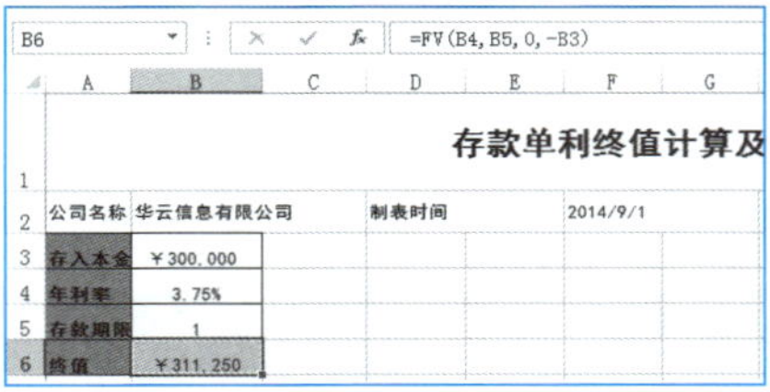

图20–2

图20–3

4 选中B11单元格，在公式编辑栏中输入公式：“=B9+B10”，按Enter键后，向右复制公式到M11单元格，计算本利额，如图20-4所示。

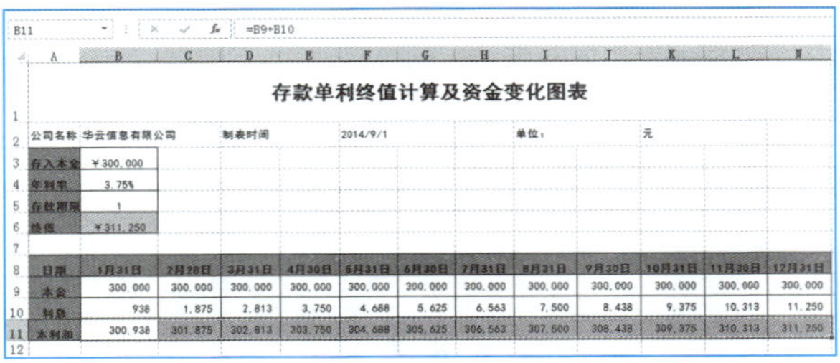

图20–4

公式分析：

“=FV(B4,B5,0,-B3)”表示根据B4单元格的年利率、B5单元格的存款期限以及B3单元格的总金额计算出总金额的未来值。

步骤2：创建柱形图

1 选中A8:M10单元格区域，在“插入”选项卡的“图表”选项组单击“插入柱形图”按钮，在其下拉列表中选择“堆积柱形图”图表类型，图20-5所示。

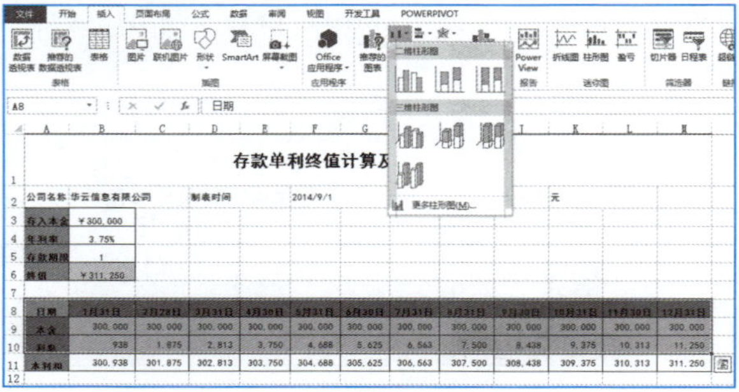

图20-5

2 返回工作表中，系统会根据所选择的数据源创建默认堆积柱形图，如图20-6所示。

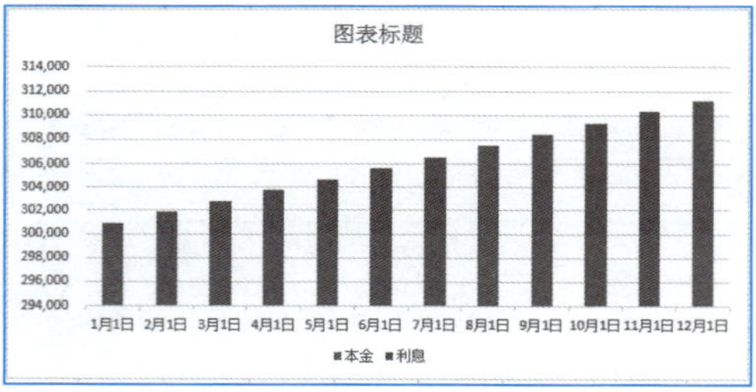

图20-6

3 接着为图表添加标题，并设置图表格式，得到最终的图表效果，可以看到利息随着月份的增加情况，如图20-7所示。

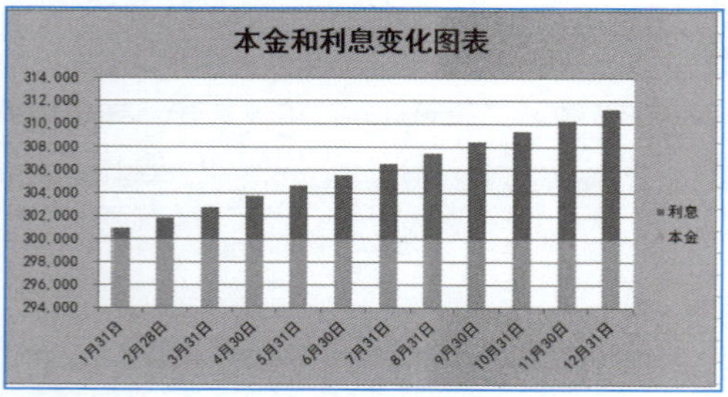

图20-7

文件260　普通年金现值与终值计算表

在财务管理学中，把定期等额收付款的形式叫做年金，它与平常的一次性收付款相比有两个明显的特点，一是定期收付，每间隔相等的时间收款或付款一次；二是金额相等，即每次收到或付出的货币金额相等。

制作要点与设计效果图

- FV函数（参考函数218）
- PV函数（参考函数203）
- PMT函数（参考函数192）
- IPMT函数（参考函数197）
- PPMT函数（参考函数196）
- ABS函数（参考函数205）

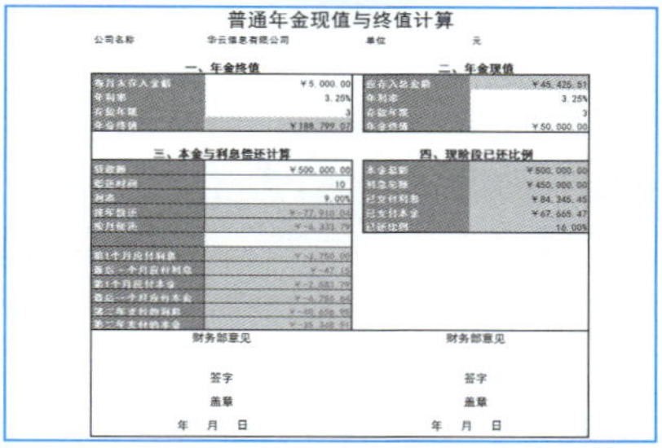

文件设计过程

步骤1：计算年金终值和年金现值

❶ 打开“普通年金现值与终值计算”工作表，选中C7单元格，在公式编辑栏输入公式：“=FV(C5/12,C6*12,-C4)”，按Enter键计算年金终值，如图20-8所示。

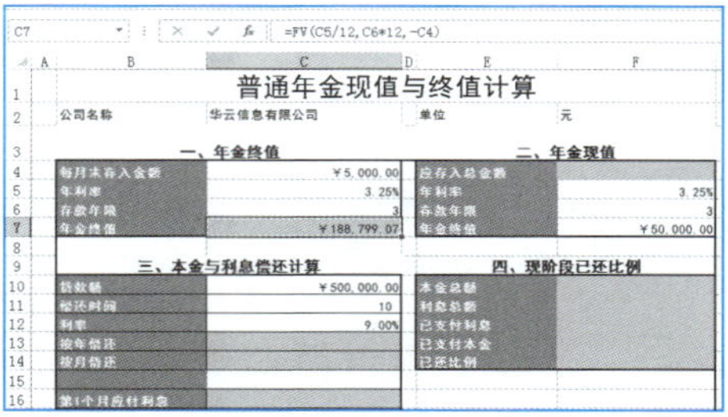

图20-8

❷ 选中F4单元格，在公式编辑栏中输入公式：“=PV(F5,F6,0,-F7,0)”，按Enter键后，计算出年利率为3.25%时，3年后存款为50000的年现金现在需要存入多少金额，如图20-9所示。

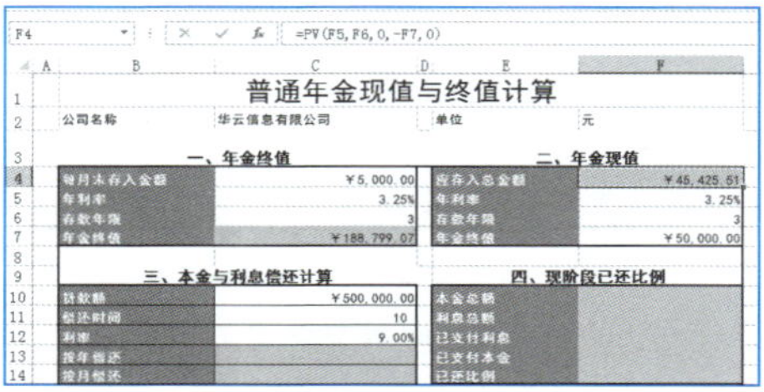

图20-9

公式分析:

“=PV(F5,F6,0,-F7,0)”表示根据F5单元格的年利率、F6单元格的存款期限以及B3单元格的年金终值计算该出需要存入的总金额。

步骤2：计算本金与利息偿还

❶ 选中C13单元格，在公式编辑栏中输入公式：“=PMT(C12,C11,C10)”，按Enter键后，计算每年应偿还的数额，如图20-10所示。

❷ 选中C14单元格，在公式编辑栏中输入公式：“=PMT(C12/12,C11*12,C10)”，按Enter键后，计算每年应偿还的数额，如图20-11所示。

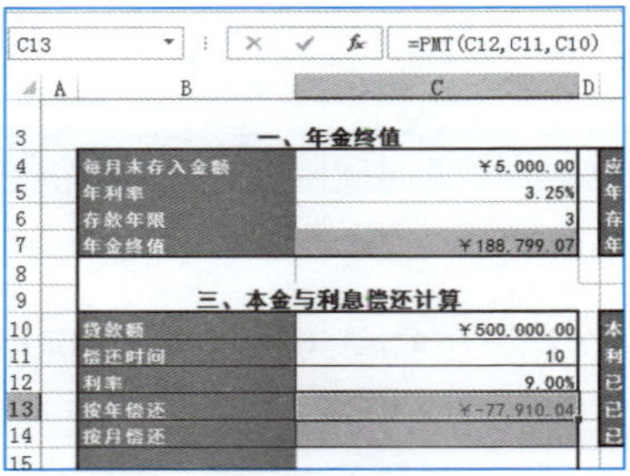

图20-10

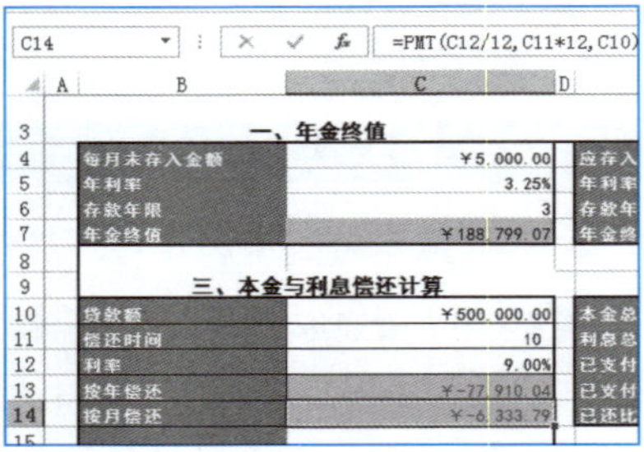

图20-11

公式分析:

“=PMT(C12,C11,C10)”表示根据C12单元格的利率、C11单元格的偿还时间以及C10单元格的贷款额计算出每年应偿还贷款金额。

❸ 选中C16单元格，在公式编辑栏中输入公式：“=IPMT(C12/12,1,C11*12,C10)”，按Enter键，计算该笔贷款第1个月应支付利息，如图20-12所示。

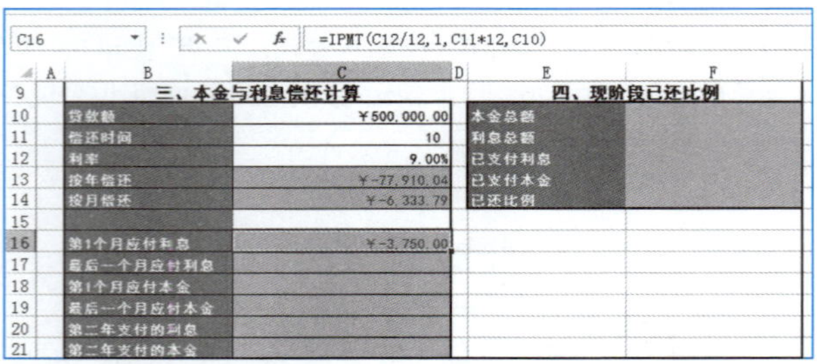

图20-12

❹ 选中C17单元格，在公式编辑栏中输入公式：“=IPMT(C12/12,C11*12,C11*12,C10)”，按Enter键，计算该笔贷款最后1个月应支付利息，如图20-13所示。

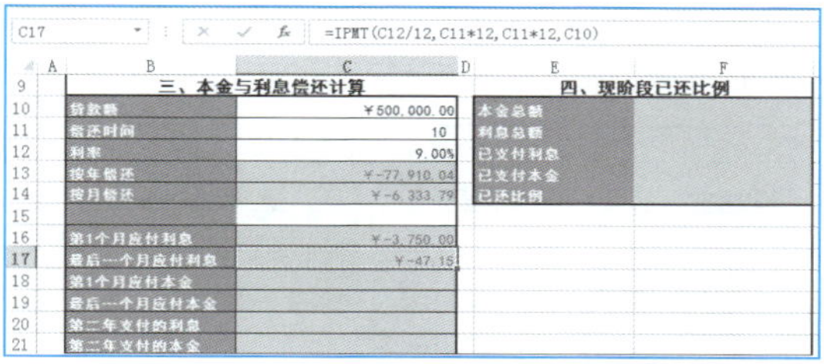

图20-13

公式分析：

"=IPMT(C12/12,1,C11*12,C10)"表示根据C12单元格的利率计算出的月利率、C11单元格的偿还月数以及C10单元格的贷款额计算出第1期的利息额。

5 选中C18单元格，在公式编辑栏中输入公式："=PPMT(C12/12,1,C11*12,C10)"，按Enter键后，计算该笔贷款第1个月应支付的本金，如图20-14所示。

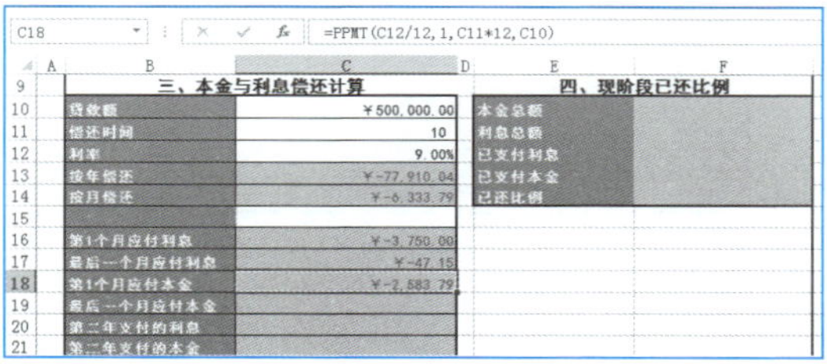

图20-14

6 选中C19单元格，在公式编辑栏中输入公式："=PPMT(C12/12,C11*12,C11*12,C10)"，按Enter键后，计算该笔贷款最后1个月应付本金，如图20-15所示。

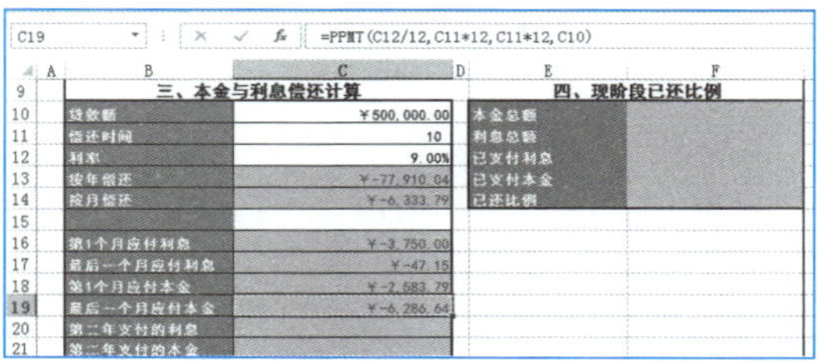

图20-15

公式分析：

"=PPMT(C12/12,1,C11*12,C10)"表示根据C12单元格的利率计算出的月利率、C11单元格的偿还月数以及C10单元格的贷款额计算出第1期的本金偿还额。

7 选中C20单元格，在公式编辑栏中输入公式：“=CUMIPMT(C12/12,C11*12,C10,13,24,0)”，按Enter键后，计算该笔贷款第2年支付利息，如图20-16所示。

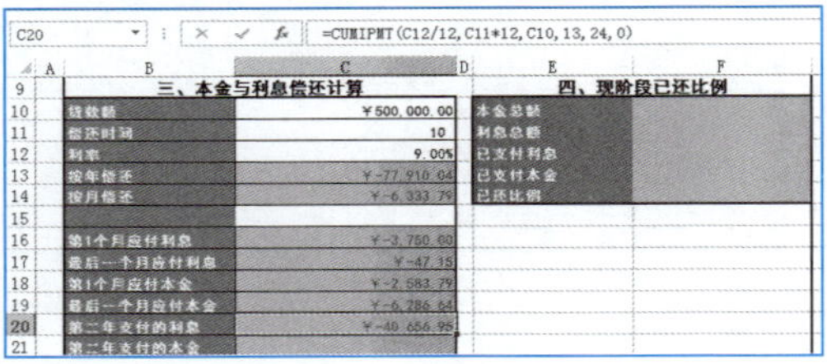

图20-16

8 选中C21单元格，在公式编辑栏中输入公式：“=CUMPRINC(C12/12,C11*12,C10,13,24,0)”，按Enter键后，计算该笔贷款第2年支付本金，如图20-17所示。

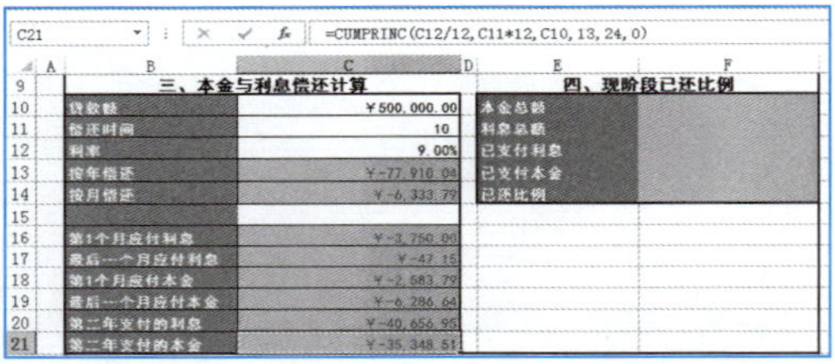

图20-17

公式分析：

“=CUMIPMT(C12/12,C11*12,C10,13,24,0)”表示根据C12单元格的利率计算出的月利率、C11单元格的偿还月数以及C10单元格的贷款额计算出第2年应还款的利息数额。

“=CUMIPMT(C12/12,C11*12,C10,13,24,0)”中的“13”和“24”分别代表计算的首期为第13个月，计算的末期为第24个月，即还款第二年期间。

步骤3：计算现阶段已还比例

1 在F10单元格中输入公式：“=C10”，计算本金总额，在F11单元格中输入公式“=C10*C12*C11”计算利息总额，如图20-18所示。

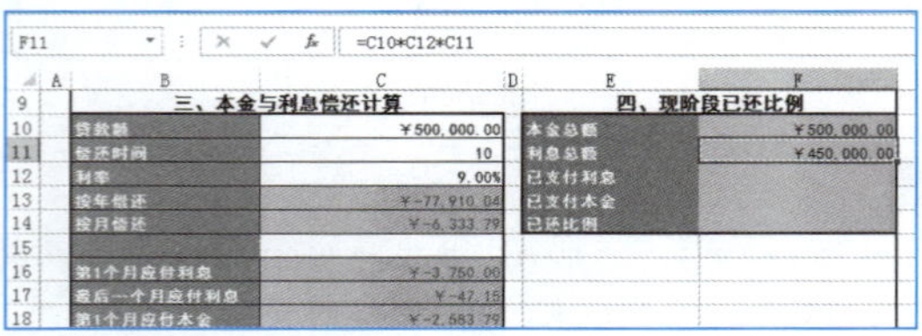

图20-18

② 选中F12单元格，在公式编辑栏中输入公式："=ABS(CUMIPMT(C12/12,C11*12,C10,1,24,0))"，按Enter键，计算已支付利息数，如图20-19所示。

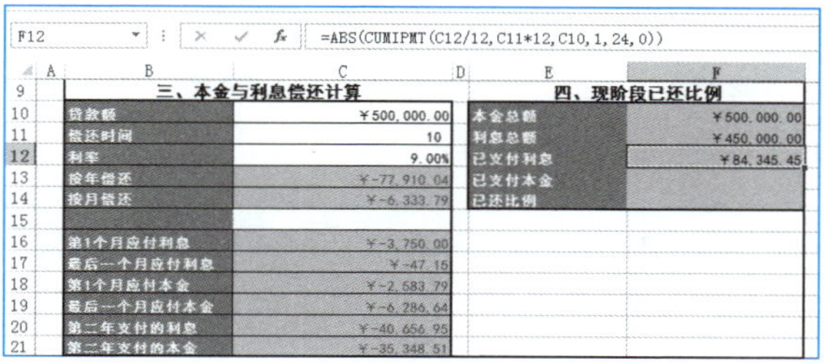

F12　=ABS(CUMIPMT(C12/12,C11*12,C10,1,24,0))

	B	C	E	F
9	三、本金与利息偿还计算		四、现阶段已还比例	
10	贷款额	￥500,000.00	本金总额	￥500,000.00
11	偿还时间	10	利息总额	￥450,000.00
12	利率	9.00%	已支付利息	￥84,345.45
13	按年偿还	￥-77,910.04	已支付本金	
14	按月偿还	￥-6,333.79	已还比例	
15				
16	第1个月应付利息	￥-3,750.00		
17	最后一个月应付利息	￥-47.15		
18	第1个月应付本金	￥-2,583.79		
19	最后一个月应付本金	￥-6,286.64		
20	第二年支付的利息	￥-40,656.95		
21	第二年支付的本金	￥-35,348.51		

图20-19

③ 选中F13单元格，在公式编辑栏中输入公式："=ABS(CUMPRINC(C12/12,C11*12,C10,1,24,0))"，按Enter键，计算已支付本金，如图20-20所示。

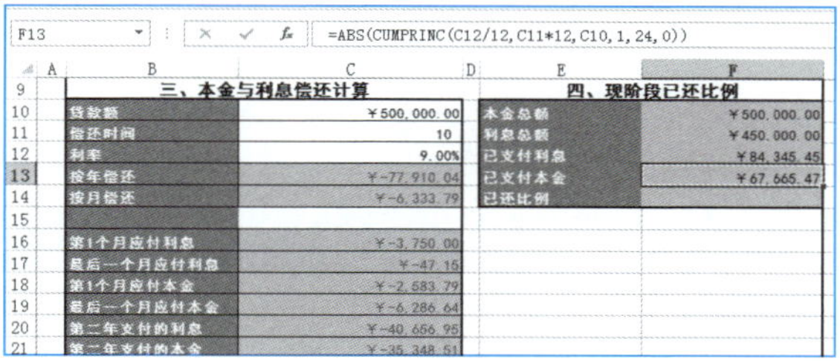

F13　=ABS(CUMPRINC(C12/12,C11*12,C10,1,24,0))

	B	C	E	F
9	三、本金与利息偿还计算		四、现阶段已还比例	
10	贷款额	￥500,000.00	本金总额	￥500,000.00
11	偿还时间	10	利息总额	￥450,000.00
12	利率	9.00%	已支付利息	￥84,345.45
13	按年偿还	￥-77,910.04	已支付本金	￥67,665.47
14	按月偿还	￥-6,333.79	已还比例	
15				
16	第1个月应付利息	￥-3,750.00		
17	最后一个月应付利息	￥-47.15		
18	第1个月应付本金	￥-2,583.79		
19	最后一个月应付本金	￥-6,286.64		
20	第二年支付的利息	￥-40,656.95		
21	第二年支付的本金	￥-35,348.51		

图20-20

④ 选中F14单元格，在公式编辑栏中输入公式："=(F12+F13)/(F10+F11)"，按Enter键，计算该笔贷款已偿还比例，如图20-21所示。

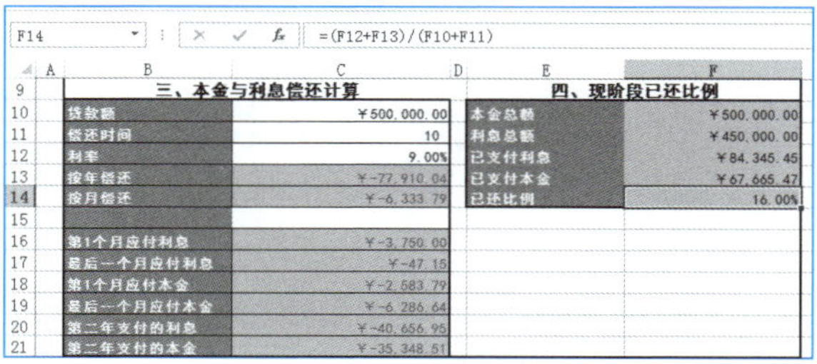

F14　=(F12+F13)/(F10+F11)

	B	C	E	F
9	三、本金与利息偿还计算		四、现阶段已还比例	
10	贷款额	￥500,000.00	本金总额	￥500,000.00
11	偿还时间	10	利息总额	￥450,000.00
12	利率	9.00%	已支付利息	￥84,345.45
13	按年偿还	￥-77,910.04	已支付本金	￥67,665.47
14	按月偿还	￥-6,333.79	已还比例	16.00%
15				
16	第1个月应付利息	￥-3,750.00		
17	最后一个月应付利息	￥-47.15		
18	第1个月应付本金	￥-2,583.79		
19	最后一个月应付本金	￥-6,286.64		
20	第二年支付的利息	￥-40,656.95		
21	第二年支付的本金	￥-35,348.51		

图20-21

公式分析：

"=ABS(CUMPRINC(C12/12,C11*12,C10,1,24,0))"表示计算出根据C12单元格的利率计算出的月利率、C11单元格的偿还月数以及C10单元格的贷款额计算出第1年应还款的支付本金的绝对正值。

文件261　普通年金与先付年金比较分析

选择普通年金还是选择先付年金，企业需要考虑实际经济状况和企业的支付能力，应对普通年金与先付年金在各年的支付情况进行对比，选择最节约、最适合企业的支付方式。

制作要点与设计效果图

- CUMIPMT函数（参考函数216）
- 创建柱形图（参考文件137）

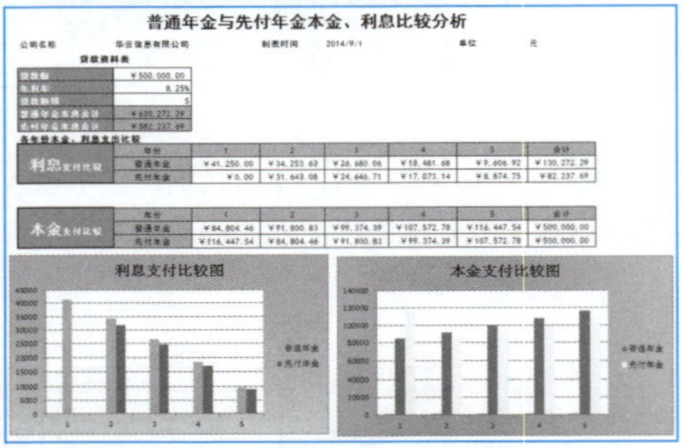

文件设计过程

步骤1：计算利息支出情况

❶ 打开“普通年金与先付年金本金、利息比较分析”工作表，选中D11单元格，在公式编辑栏中输入公式：“=-CUMIPMT($C$5,$C$6,$C$4,D10,D10,0)”，按Enter键后，向右复制到H11单元格，计算普通年金各年支付利息数，图20-22所示。

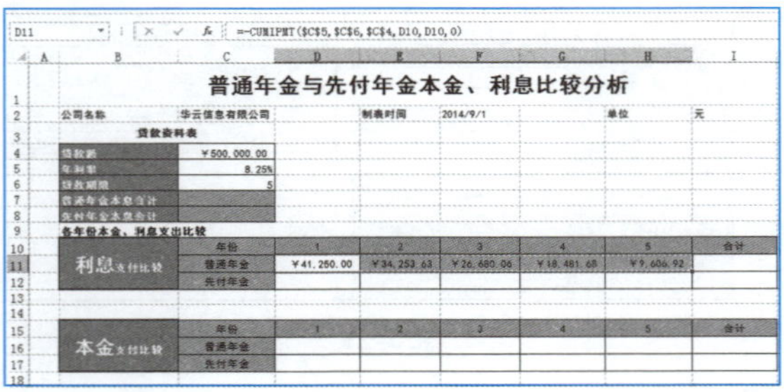

图20-22

❷ 选中D12单元格，在公式编辑栏中输入公式：“=-CUMIPMT($C$5,$C$6,$C$4,H10,H10,1)”，按Enter键后，向右复制到H12单元格，计算先付年金各年支付利息数，图20-23所示。

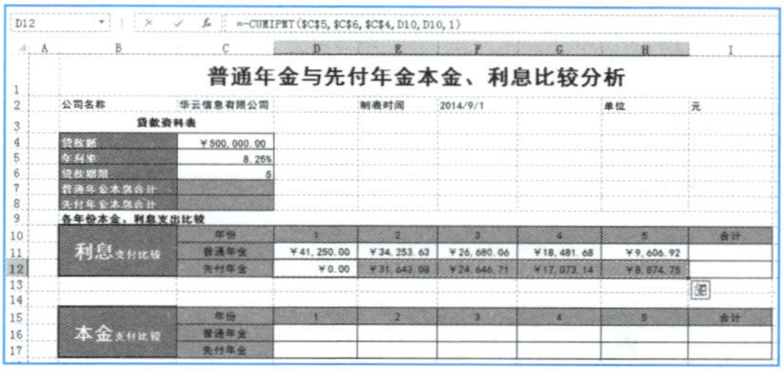

图20-23

提 示

“=-CUMIPMT($C$5,$C$6,$C$4,D10,D10,1)”由于是支出，所以在引用公式时在公式钱添加了负号。

❸ 选中I11单元格，在公式编辑栏中输入公式：“=SUM(D11:H11)”，按Enter键后，向下复制到I12单元格，即可计算两种年金利息合计金额，图20-24所示。

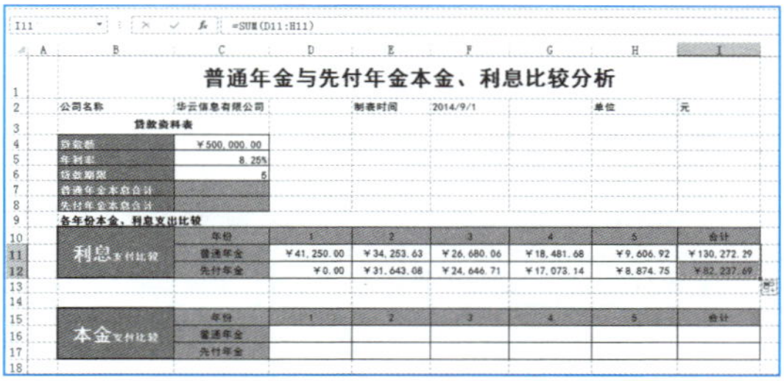

图20-24

步骤2：计算本金支出情况

❶ 选中D16单元格，在公式编辑栏中输入公式：“=-CUMPRINC($C$5,$C$6,$C$4,D15,D15,0)”，按Enter键后，向右复制到H16单元格，计算普通年金各年支付本金数额，图20-25所示。

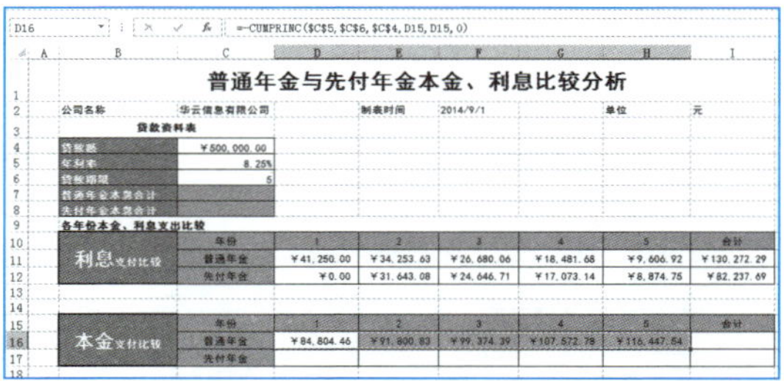

图20-25

2 选中D17单元格，在公式编辑栏中输入公式：“=-CUMPRINC($C$5,$C$6,$C$4,D15,D15,1)”，按Enter键后，向右复制到H17单元格，计算先付年金各年支付本金数额，接着计算两种年金本金合计金额，图20-26所示。

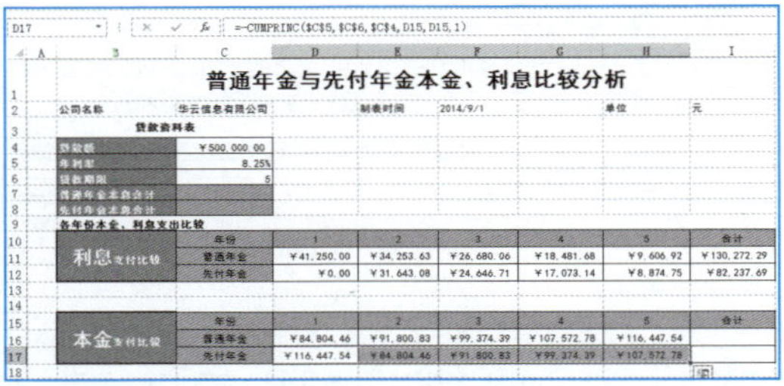

图20-26

3 选中I16单元格，在公式编辑栏中输入公式：“=SUM(D16:H16)”，按Enter键后，向下复制到I17单元格，即可计算两种年金本金合计金额，图20-27所示。

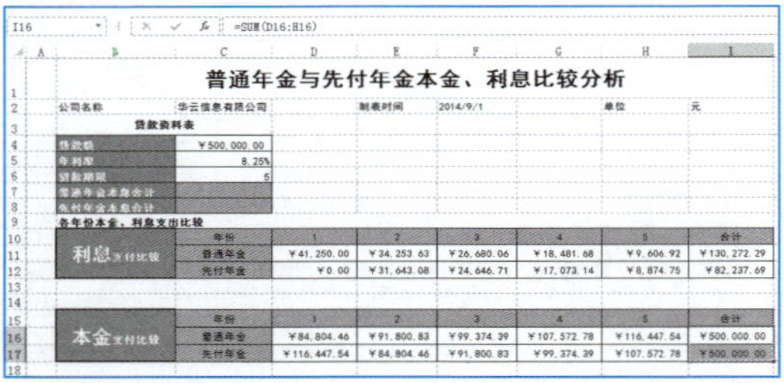

图20-27

步骤3：计算本息合计情况

1 选中C7单元格，在公式编辑栏中输入公式：“=I11+I16”，按Enter键计算普通年金本息合计，图20-28所示。

2 选中C8单元格，在公式编辑栏中输入公式：“=I12+I17”，按Enter键计算先付年金本息合计，图20-29所示。

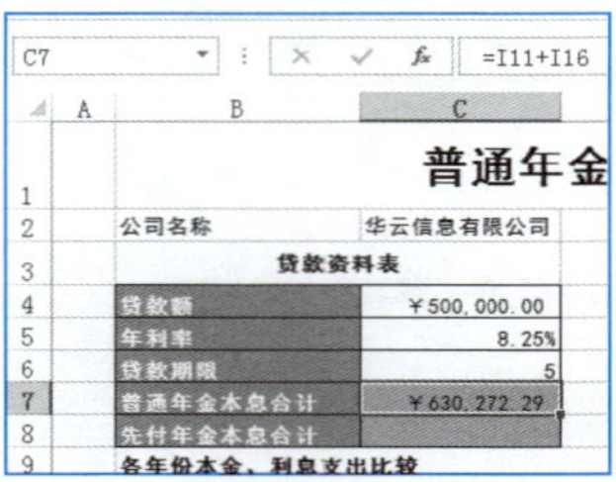

图20-28

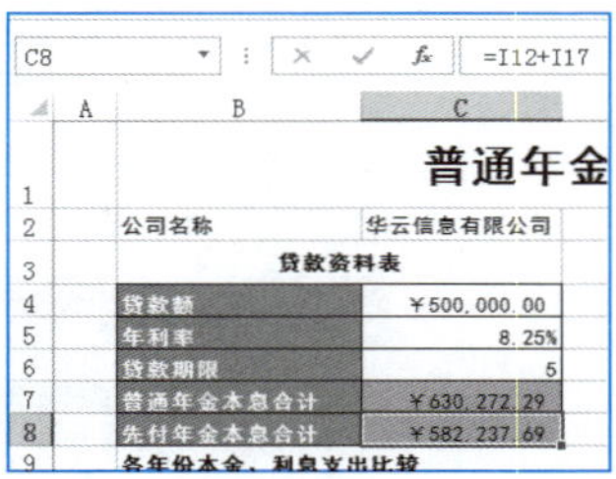

图20-29

步骤4：创建簇状柱形图

❶ 选中C10:H12单元格区域，切换到“插入”选项卡，在“图表”选项组单击“插入柱形图”按钮，在其下拉列表中选择“簇状柱形图”图表类型，图20-30所示。

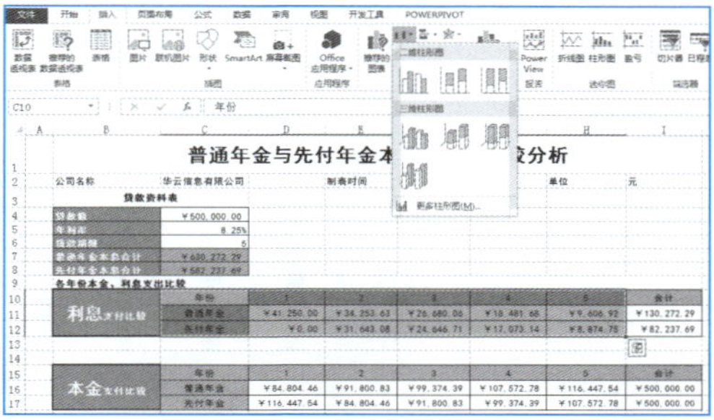

图20-30

❷ 返回工作表中，系统会根据选择的数据源簇状柱形图，显示普通年金和先付年金的对比情况，图20-31所示。

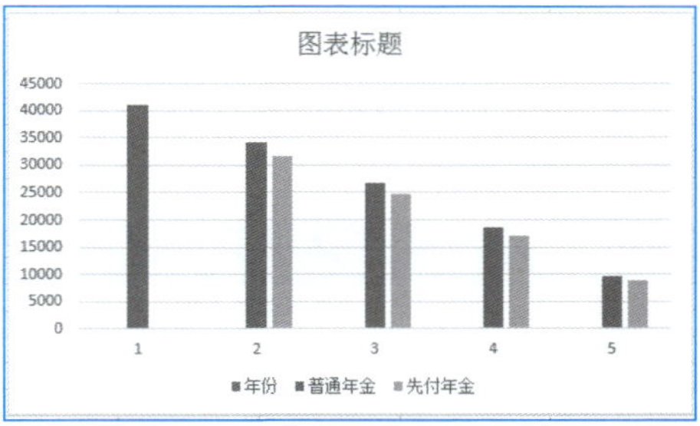

图20-31

❸ 为创建的簇状柱形图设置表格格式，并添加图表标题为“利息支付比较图”，图20-32所示。

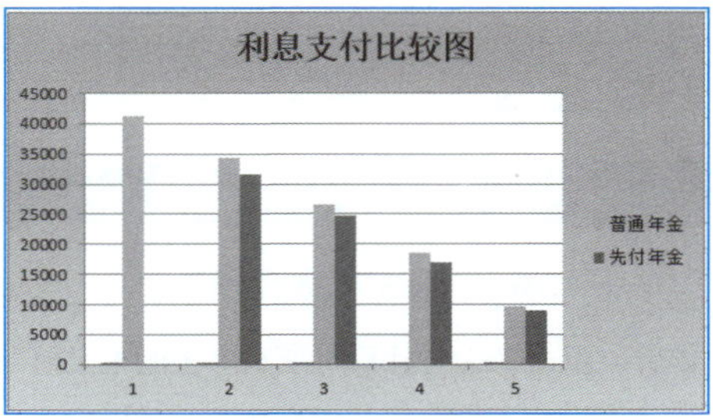

图20-32

步骤5：更改图表数据源

❶ 复制图表，打开“选择数据源”对话框，更改“图表数据区域”为C15:H17单元格区域，单击“确定”按钮，如图20-33所示。

❷ 返回图表中，即可更改图表数据源，将图表标题更改为“本金支付比较图”，如图20-34所示。

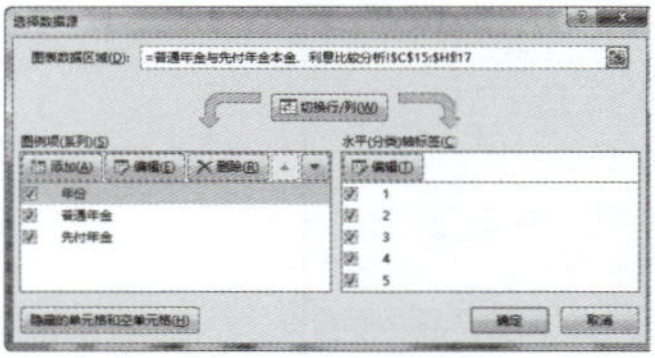

图20-33

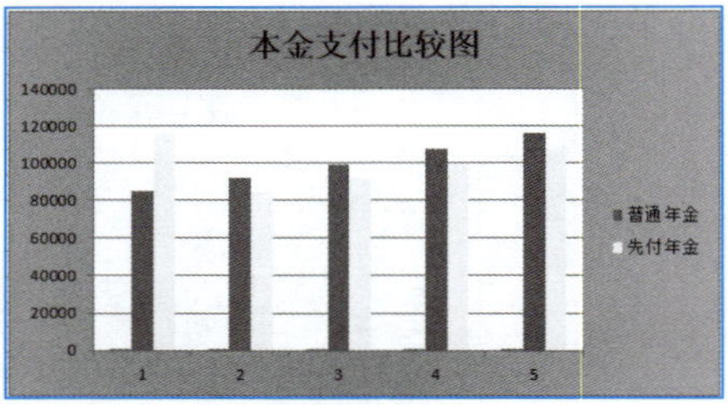

图20-34

文件262　计算可变利率下的未来值

实际生活中，银行的利率并不是固定不变的，而是随着市场经济下的宏观调控而发生变化，在Excel中，可以使用FVSCHEDULE函数来计算出当利率为可变时，存款的未来值是多少。

制作要点与设计效果图

- 设置公式（参考函数5）
- FVSCHEDULE函数（参考函数209）

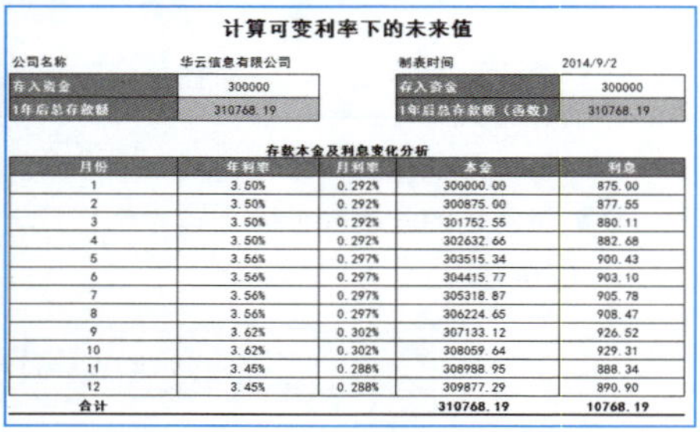

计算可变利率下的未来值

公司名称	华云信息有限公司	制表时间	2014/9/2
存入资金	300000	存入资金	300000
1年后总存款额	310768.19	1年后总存款额（函数）	310768.19

存款本金及利息变化分析

月份	年利率	月利率	本金	利息
1	3.50%	0.292%	300000.00	875.00
2	3.50%	0.292%	300875.00	877.55
3	3.50%	0.292%	301752.55	880.11
4	3.50%	0.292%	302632.66	882.68
5	3.56%	0.297%	303515.34	900.43
6	3.56%	0.297%	304415.77	903.10
7	3.56%	0.297%	305318.87	905.78
8	3.56%	0.297%	306224.65	908.47
9	3.62%	0.302%	307133.12	926.52
10	3.62%	0.302%	308059.64	929.31
11	3.45%	0.288%	308988.95	888.34
12	3.45%	0.288%	309877.29	890.90
合计			310768.19	10768.19

文件设计过程

步骤1：计算月利率并计算出各月本息金额

❶ 插入新工作表，重命名为“计算可变利率下的未来值”，工作表中创建三个表格并输入存入金额以及各期的年利率，如图20-35所示。

	A	B	C	D	E
1	计算可变利率下的未来值				
2	公司名称	华云信息有限公司		制表时间	2014/9/2
3	存入资金	300000		存入资金	300000
4	1年后总存款额			1年后总存款额（函数）	
5					
6	存款本金及利息变化分析				
7	月份	年利率	月利率	本金	利息
8	1	3.50%		300000.00	0.00
9	2	3.50%			
10	3	3.50%			
11	4	3.50%			
12	5	3.56%			
13	6	3.56%			
14	7	3.56%			
15	8	3.56%			
16	9	3.62%			
17	10	3.62%			
18	11	3.45%			
19	12	3.45%			

计算可变利率下的未来值

图20-35

❷ 选中C8单元格，在公式编辑栏中输入公式“=B8/12”，按Enter键后，向下复制公式，计算各月的月利率，如图20-36所示。

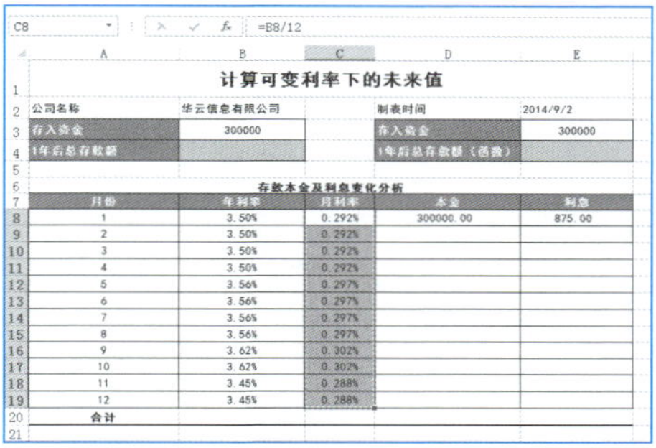

C8　=B8/12

	A	B	C	D	E
1	计算可变利率下的未来值				
2	公司名称	华云信息有限公司		制表时间	2014/9/2
3	存入资金	300000		存入资金	300000
4	1年后总存款额			1年后总存款额（函数）	
5					
6	存款本金及利息变化分析				
7	月份	年利率	月利率	本金	利息
8	1	3.50%	0.292%	300000.00	875.00
9	2	3.50%	0.292%		
10	3	3.50%	0.292%		
11	4	3.50%	0.292%		
12	5	3.56%	0.297%		
13	6	3.56%	0.297%		
14	7	3.56%	0.297%		
15	8	3.56%	0.297%		
16	9	3.62%	0.302%		
17	10	3.62%	0.302%		
18	11	3.45%	0.288%		
19	12	3.45%	0.288%		
20	合计				

图20-36

❸ 选中E8单元格，在公式编辑栏中输入公式“=D8*C8”，按Enter键后，向下复制公式，计算各个月份应得利息数额，如图20-37所示。

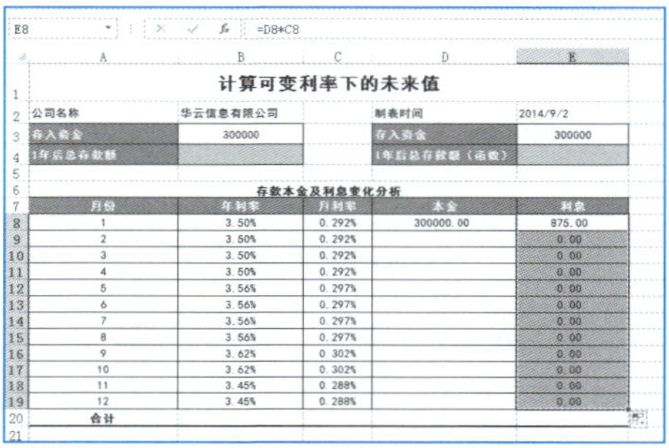

E8　=D8*C8

	A	B	C	D	E
1	计算可变利率下的未来值				
2	公司名称	华云信息有限公司		制表时间	2014/9/2
3	存入资金	300000		存入资金	300000
4	1年后总存款额			1年后总存款额（函数）	
5					
6	存款本金及利息变化分析				
7	月份	年利率	月利率	本金	利息
8	1	3.50%	0.292%	300000.00	875.00
9	2	3.50%	0.292%		0.00
10	3	3.50%	0.292%		0.00
11	4	3.50%	0.292%		0.00
12	5	3.56%	0.297%		0.00
13	6	3.56%	0.297%		0.00
14	7	3.56%	0.297%		0.00
15	8	3.56%	0.297%		0.00
16	9	3.62%	0.302%		0.00
17	10	3.62%	0.302%		0.00
18	11	3.45%	0.288%		0.00
19	12	3.45%	0.288%		0.00
20	合计				

图20-37

❹ 选中D9单元格，在公式编辑栏中输入公式“=D8+E8”按Enter键后，向下复制公式，计算出每月应得本金数额，并显示出每月定的利息数额，如图20-38所示。

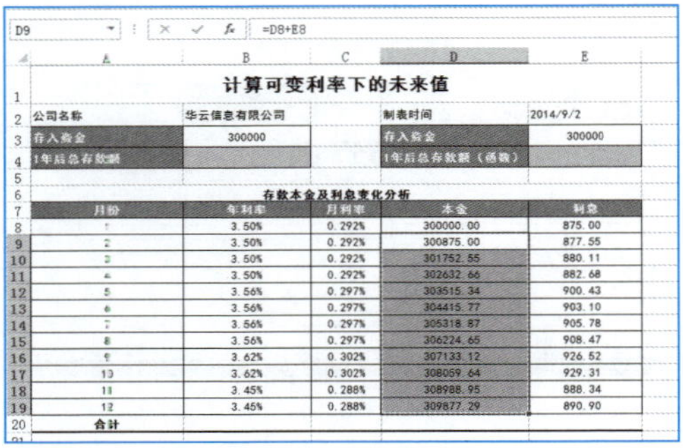

D9 =D8+E8

	A	B	C	D	E
1	计算可变利率下的未来值				
2	公司名称	华云信息有限公司		制表时间	2014/9/2
3	存入资金	300000		存入资金	300000
4	1年后总存款额			1年后总存款额（函数）	
5					
6	存款本金及利息变化分析				
7	月份	年利率	月利率	本金	利息
8	1	3.50%	0.292%	300000.00	875.00
9	2	3.50%	0.292%	300875.00	877.55
10	3	3.50%	0.292%	301752.55	880.11
11	4	3.50%	0.292%	302632.66	882.68
12	5	3.56%	0.297%	303515.34	900.43
13	6	3.56%	0.297%	304415.77	903.10
14	7	3.56%	0.297%	305318.87	905.78
15	8	3.56%	0.297%	306224.65	908.47
16	9	3.62%	0.302%	307133.12	926.52
17	10	3.62%	0.302%	308059.64	929.31
18	11	3.45%	0.288%	308988.95	888.34
19	12	3.45%	0.288%	309877.29	890.90
20	合计				

图20-38

5 在D20单元格中输入公式“=D19+E19”，计算本金终值，在E20单元格中输入公式“=SUM(E8:E19)”，计算利息终值，如图20-39所示。

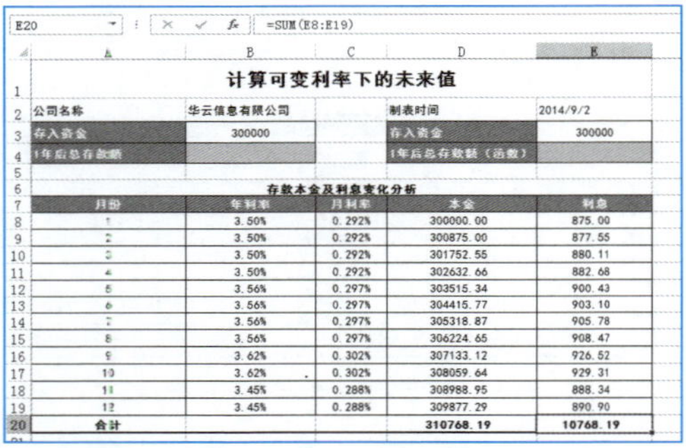

E20 =SUM(E8:E19)

	A	B	C	D	E
1	计算可变利率下的未来值				
2	公司名称	华云信息有限公司		制表时间	2014/9/2
3	存入资金	300000		存入资金	300000
4	1年后总存款额			1年后总存款额（函数）	
5					
6	存款本金及利息变化分析				
7	月份	年利率	月利率	本金	利息
8	1	3.50%	0.292%	300000.00	875.00
9	2	3.50%	0.292%	300875.00	877.55
10	3	3.50%	0.292%	301752.55	880.11
11	4	3.50%	0.292%	302632.66	882.68
12	5	3.56%	0.297%	303515.34	900.43
13	6	3.56%	0.297%	304415.77	903.10
14	7	3.56%	0.297%	305318.87	905.78
15	8	3.56%	0.297%	306224.65	908.47
16	9	3.62%	0.302%	307133.12	926.52
17	10	3.62%	0.302%	308059.64	929.31
18	11	3.45%	0.288%	308988.95	888.34
19	12	3.45%	0.288%	309877.29	890.90
20	合计			310768.19	10768.19

图20-39

步骤2：计算存款终值

1 选中B4单元格，在公式编辑栏输入公式：“=D20”，按Enter键得出1年后的存款总额，如图20-40所示。

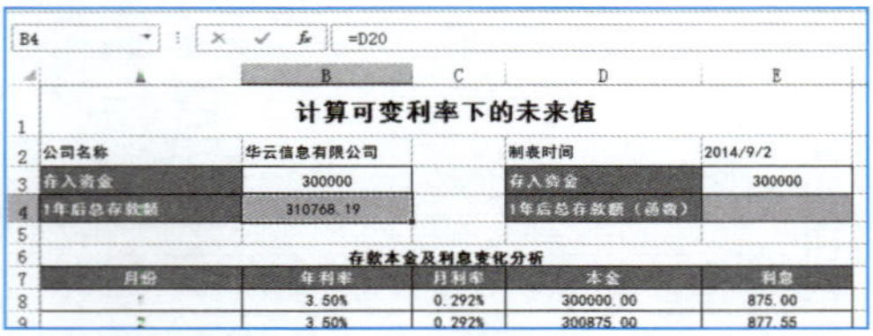

B4 =D20

	A	B	C	D	E
1	计算可变利率下的未来值				
2	公司名称	华云信息有限公司		制表时间	2014/9/2
3	存入资金	300000		存入资金	300000
4	1年后总存款额	310768.19		1年后总存款额（函数）	
5					
6	存款本金及利息变化分析				
7	月份	年利率	月利率	本金	利息
8	1	3.50%	0.292%	300000.00	875.00
9	2	3.50%	0.292%	300875.00	877.55

图20-40

2 选中E4单元格，在公式编辑栏中输入公式：“=FVSCHEDULE(E3,C8:C19)”，按Enter键，也可以计算出1年后存款总额，计算结果等于B4单元格数值，如图20-41所示。

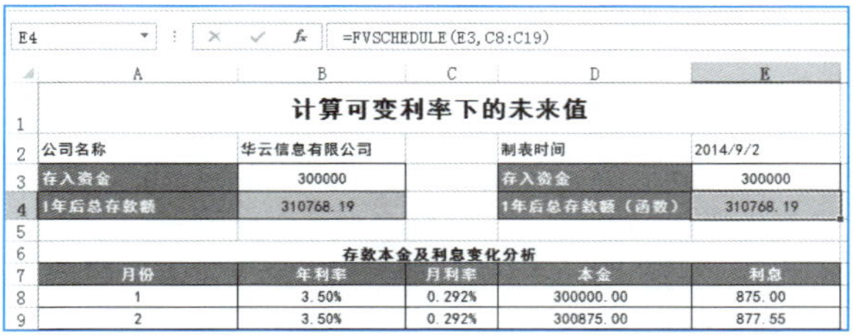

E4 =FVSCHEDULE(E3,C8:C19)

	A	B	C	D	E
1	计算可变利率下的未来值				
2	公司名称	华云信息有限公司		制表时间	2014/9/2
3	存入资金	300000		存入资金	300000
4	1年后总存款额	310768.19		1年后总存款额（函数）	310768.19
5					
6	存款本金及利息变化分析				
7	月份	年利率	月利率	本金	利息
8	1	3.50%	0.292%	300000.00	875.00
9	2	3.50%	0.292%	300875.00	877.55

图20-41

公式分析:

"=FVSCHEDULE(E3,C8:C19)"表示根据E3单元格的存款以及C8:C19单元格区域的变动利率，计算出存款的未来值。

文件263　账户余额变化阶梯图

企业参与慈善事业或因为业务往来专门开设了对外存款账户，并定期存入一定数额的资金，当有需要时，可以直接从该账户支取。管理人员可以使用Excel 中的阶梯图来进行分析，查看账户金额在某一段时间的变化情况。

制作要点与设计效果图

- 创建散点图
- 添加误差线
- 设置误差线格式

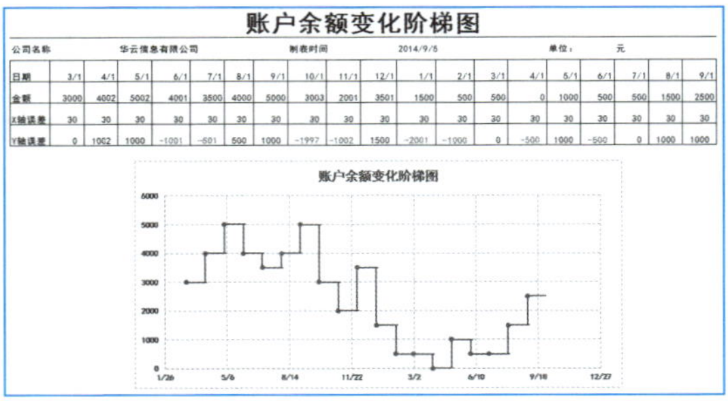

账户余额变化阶梯图

公司名称 华云信息有限公司 制表时间 2014/9/5 单位： 元

日期	3/1	4/1	5/1	6/1	7/1	8/1	9/1	10/1	11/1	12/1	1/1	2/1	3/1	4/1	5/1	6/1	7/1	8/1	9/1
金额	3000	4002	5002	4001	3500	4000	5000	3003	2001	3501	1500	500	500	0	1000	500	500	1500	2500
X轴误差	30	30	30	30	30	30	30	30	30	30	30	30	30	30	30	30	30	30	30
Y轴误差	0	1002	1000	-1001	-501	500	1000	-1997	-1002	1500	-2001	-1000	0	-500	1000	-500	0	1000	1000

文件设计过程

步骤1：创建折线图

1. 打开"账户余额变化阶梯图"工作表，在B5单元格中输入"30"并填充数据到T5单元格，在B6单元格中输入0，接着选中C6单元格，在公式编辑栏中输入公式"=C4-B4"按Enter键后复制到T6单元格，如图20-42所示。
2. 选中B3:T4单元格区域，切换到"插入"选项卡，在"图表"选项组单击“插入散点图或气泡图”按钮，在其下拉列表中选择“散点图”图表类型，如图20-43所示。

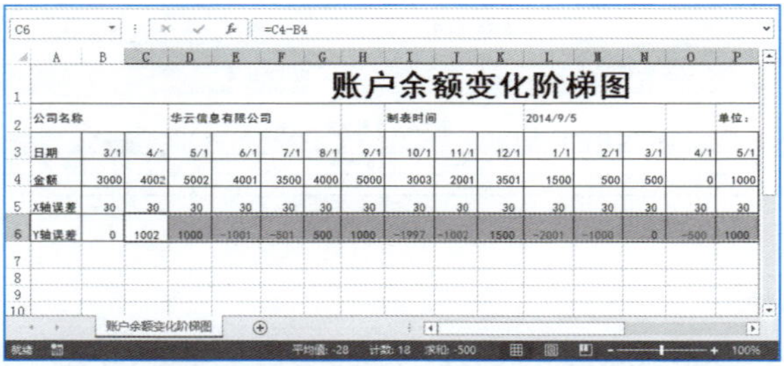

图20-42

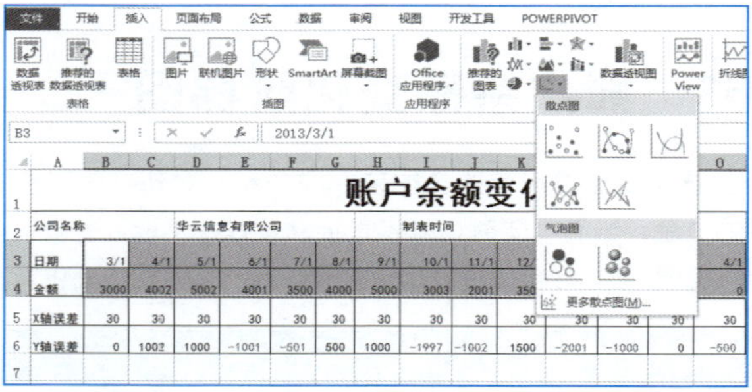

图20-43

3 系统根据选择的数据源创建仅带数据标记的散点图，如图20-44所示。

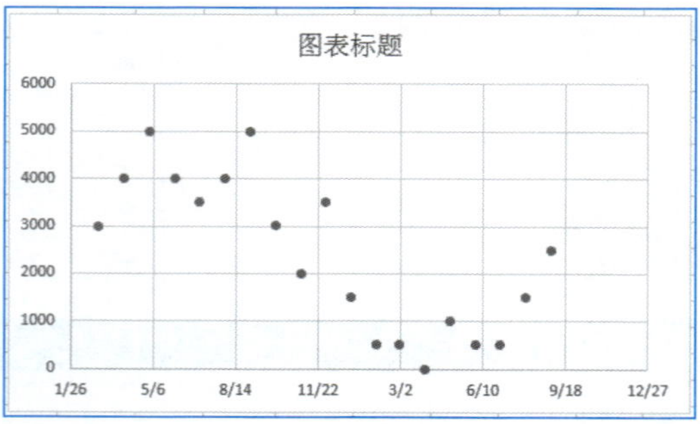

图20-44

步骤2：添加标准误差线

1 选中图表，单击“图表元素”按钮，打开下拉菜单，单击“误差线”右侧按钮，在子菜单中单击“标准误差”，如图20-45所示。

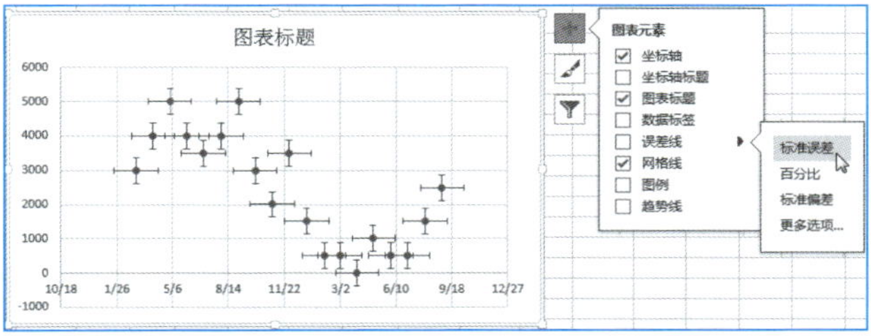

图20-45

2 选中图表，切换到“布局”→“格式”选项卡，在“当前所选内容”选项组单击“图表元素”按钮，在其下拉列表中选择“系列1X误差线”命令，接着单击“设置所选内容格式”按钮，如图20-46所示。

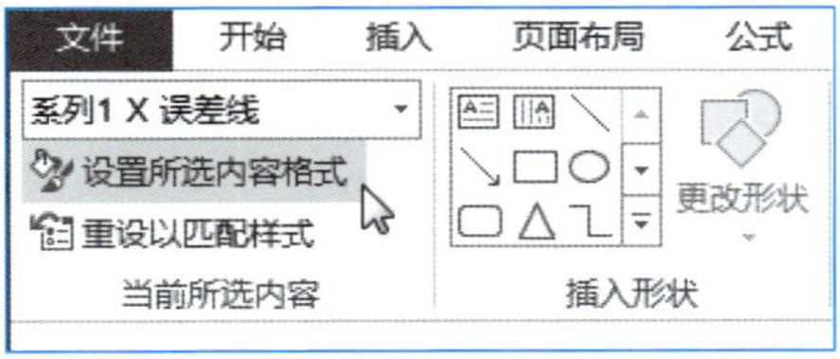

图20-46

3 打开“设置误差线格式”窗格，在“方向”区域选中“正偏差”单选项，在“末端样式”区域选中“无线端”单选项，选中“自定义”单选项，接着单击“指定值”按钮，如图20-47所示。

4 打开“自定义错误栏”对话框，设置“正错误值”为B5:T5单元格区域，单击“确定”按钮，如图20-48所示。

5 单击“填充线型”标签，设置“宽度”值为“1.5磅”，单击“关闭”按钮，如图20-49所示。

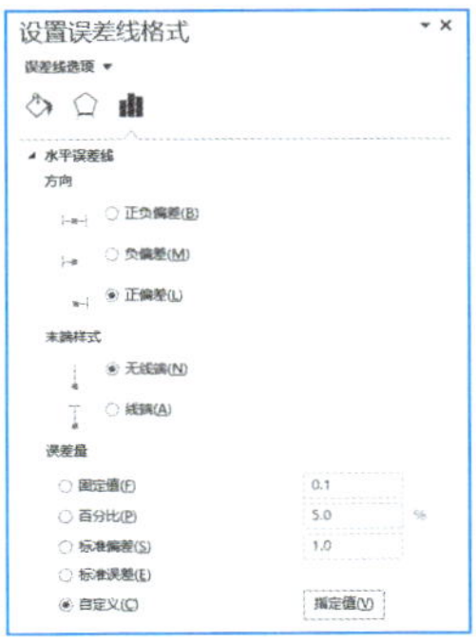

图20-47

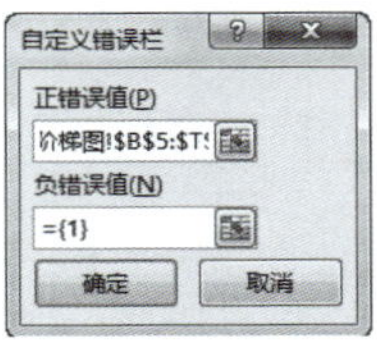

图20-48

图20-49

第16章
第17章
第18章
第19章
第20章

步骤3：添加标准误差线

❶ 在“当前所选内容”选项组单击“图表元素”按钮，在其下拉列表中选择“系列1Y误差线”选项，接着单击“设置所选内容格式”按钮，图20-50所示。

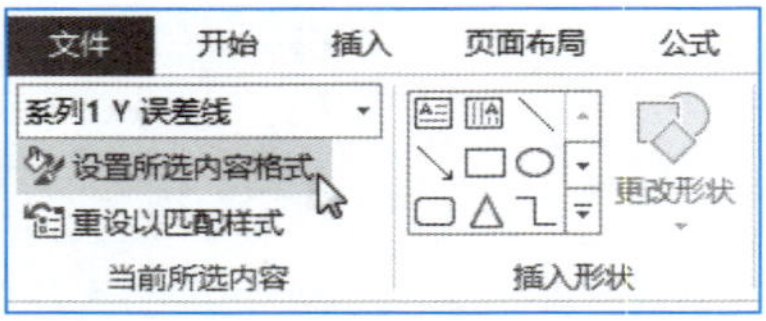

图20-50

❷ 打开“设置误差线格式”窗格，在“方向”区域选中“负偏差”单选按钮，在“末端样式”区域选中“线端”单选按钮，选中“自定义”单选按钮，接着单击“指定值”选项，图20-51所示。

❸ 打开“自定义错误栏”对话框，设置“负错误值”为B6:T6单元格区域，单击“确定”按钮，，图20-52所示。

❹ 单击“填充线型”标签，设置“宽度”值为“1.5磅”，单击“关闭”按钮图20-53所示。

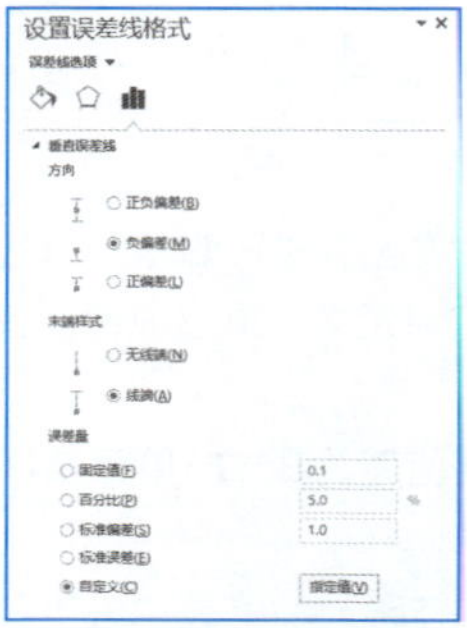

图20-51

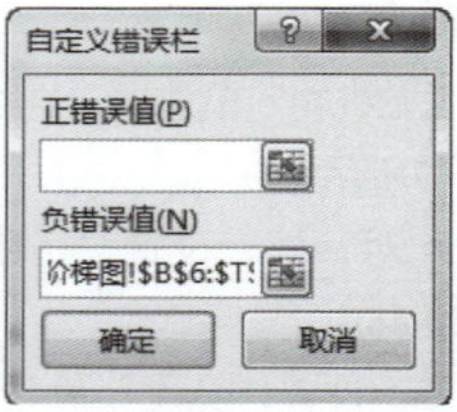

图20-52

图20-53

❺ 返回图表中，编辑图表标题为“账户余额变化阶梯图”，可以得到阶梯图的最终效果，图20-54所示。

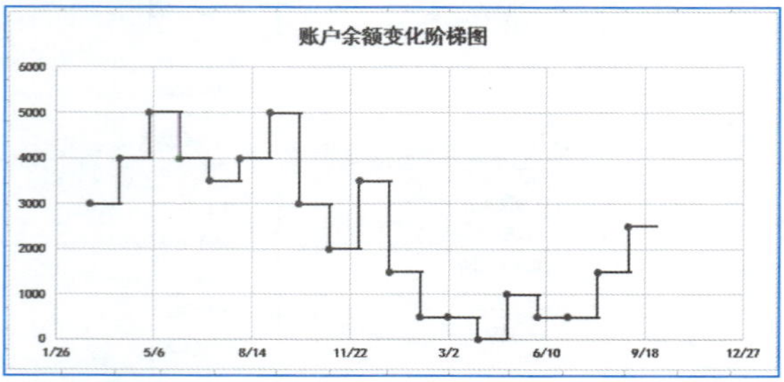

图20-54

文件264　存款复利终值与资金变动分析

复利是指每一次计算出利息后，将利息重新加入本金，从而使下一次的利息计算在上一次的本利基础上进行，即通常所说的利滚利。

制作要点与设计效果图

- 设置公式（参考函数5）
- 创建图表（参考文件259）

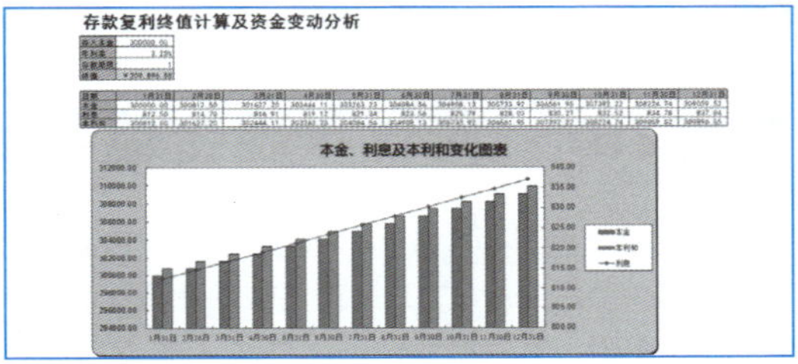

文件265　复利现值的计算与资金变化

企业根据未来的发展需要，可以预先存入一定金额的资金放置在银行，财务人员可以按根据存款期限，并假定按复利方式计算利息，年利息计算出需要存入多少现金，得到的终值满足预期的发展。

制作要点与设计效果图

- 设置公式（参考函数5）
- 创建图表（参考文件259）
- 添加线性趋势线（参考文件169）

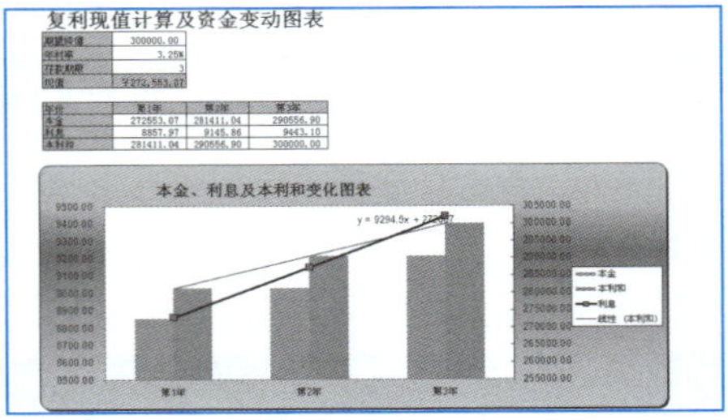

文件266　单利现值的计算与资金变化

企业根据未来的发展需要，可以预先存入一定金额的资金放置在银行，财务人员可以根据存款期限，并假定按单利方式计算利息，计算出需要存入多少现金，得到的终值满足预期的发展。

制作要点与设计效果图

- 设置公式（参考函数5）
- 创建图表（参考文件259）
- 添加线性趋势线（参考文件169）
- 设置图表格式（参考函数259）

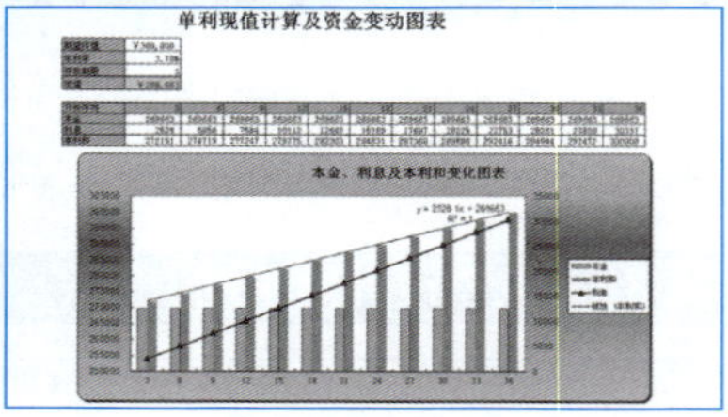

文件267　先付年现金值与终值计算

与普通年金不同，先付年金是指每次收款的时间不是在期末，而是在期中。先付年金的终值与普通年金终值的计算思路相似，都是将每次收付款折算到某一个点的值，然后求和。

制作要点与设计效果图

- FV函数（参考函数218）
- PV函数（参考函数203）
- PMT函数（参考函数192）
- IPMT函数（参考函数197）
- PPMT函数（参考函数196）

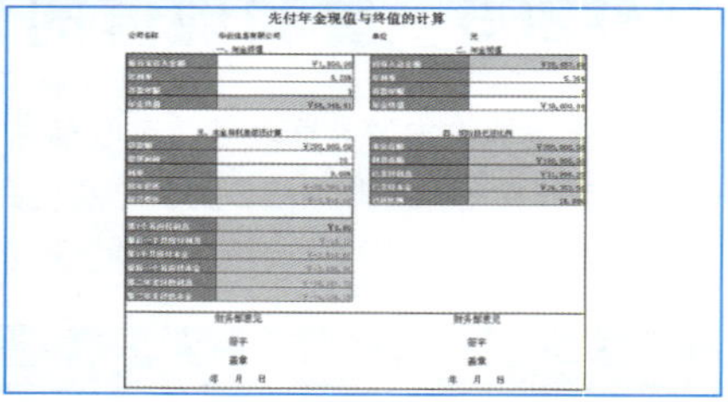

文件268　外币存款与汇率相关性分析

对于一些中外合资企业来说，存在着办理外币存款、核算企业的外币现金流量等问题，由于汇率是一个变动数据，因此同样数额的外币，可能会因为折算时间的不同而换取的人民币的金额也不同。

制作要点与设计效果图

- 设置公式（参考文件5）
- 使用分析工具分析（参考文件250）

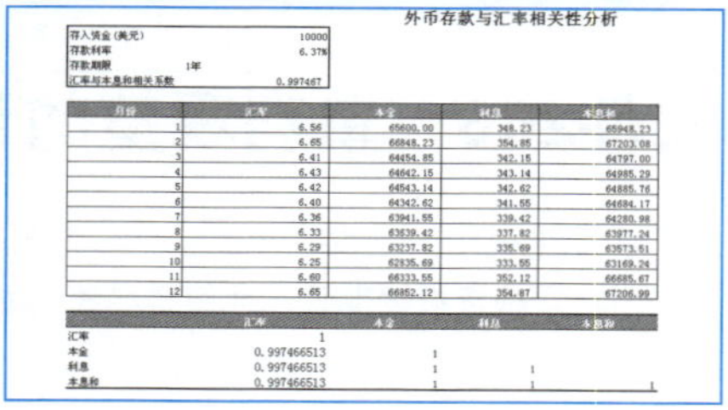

外币存款与汇率相关性分析

存入资金（美元）		10000
存款利率		6.37%
存款期限	1年	
汇率与本息和相关系数		0.997467

月份	汇率	本金	利息	本息和
1	6.56	65600.00	348.23	65948.23
2	6.65	66848.23	354.85	67203.08
3	6.41	64454.85	342.15	64797.00
4	6.43	64642.15	343.14	64985.29
5	6.42	64543.14	342.62	64885.76
6	6.40	64342.62	341.55	64684.17
7	6.36	63941.55	339.42	64280.98
8	6.33	63639.42	337.82	63977.24
9	6.29	63237.82	335.69	63573.51
10	6.25	62835.69	333.55	63169.24
11	6.60	66333.55	352.12	66685.67
12	6.65	66852.12	354.87	67206.99

	汇率	本金	利息	本息和
汇率	1			
本金	0.997466513	1		
利息	0.997466513	1	1	
本息和	0.997466513	1	1	1

第21章

函数在日常财务工作中的应用

Excel

函数1 判断应收账款是否到期

在账务管理中经常要对应收账款的账龄进行分析，以及时催收账龄过长的账款，这时候需要使用TODAY函数。

1 选中E2单元格，在公式编辑栏中输入公式："=IF(TODAY()-D2>90,B2-C2,"未到期")"，按回车键即可判断出第一笔应收账款是否到期（超过90天为到期），如果到期计算出应收的款项，如果未到期显示出"未到期"字样。

2 将光标移到E2单元格的右下角，光标变成十字形状后，按住鼠标左键向下拖动进行公式填充，即可快速判断其他各笔应收账款是否到期，如图21-1所示。

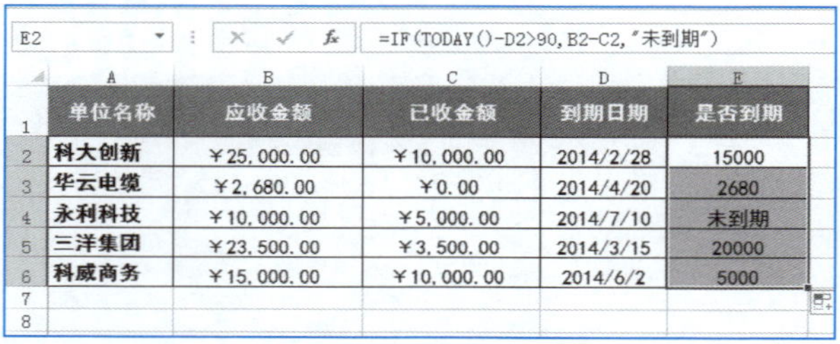

E2 =IF(TODAY()-D2>90,B2-C2,"未到期")

单位名称	应收金额	已收金额	到期日期	是否到期
科大创新	￥25,000.00	￥10,000.00	2014/2/28	15000
华云电缆	￥2,680.00	￥0.00	2014/4/20	2680
永利科技	￥10,000.00	￥5,000.00	2014/7/10	未到期
三洋集团	￥23,500.00	￥3,500.00	2014/3/15	20000
科威商务	￥15,000.00	￥10,000.00	2014/6/2	5000

图21-1

函数2 将非日期数据转换为财务日期

在财务日常表格中输入数据时，未来快速输入，有时输入的日期可能不规范，此时可以配合DATE函数和MID函数将表格中的日期转化为财务日期。

1 选中B2单元格，在公式编辑栏中输入公式："=DATE(MID(A2,1,4),MID(A2,5,2),MID(A2,7,2))"，按回车键，即可将非日期数据转化为财务日期。

2 将光标移到B2单元格的右下角，光标变成十字形状后，按住鼠标左键向下拖动进行公式填充，即可将其他非日期数据转为财务数据，如图21-2所示。

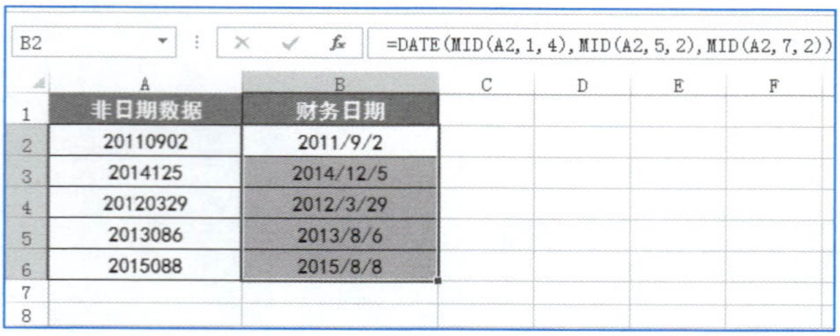

B2 =DATE(MID(A2,1,4),MID(A2,5,2),MID(A2,7,2))

非日期数据	财务日期
20110902	2011/9/2
2014125	2014/12/5
20120329	2012/3/29
2013086	2013/8/6
2015088	2015/8/8

图21-2

函数3　计算本月账款金额总计

当前表格中统计了账款金额与借款日期，现在需要统计出本月账款合计值，可以使用如下方法设置公式。

选中B13单元格，在公式编辑栏中输入公式：“=SUM(IF(MONTH(B3:B11)=MONTH(TODAY()),A3:A11))”，按“Ctrl+Shift+Enter”组合键即可计算出本月账款合计值，如图21-3所示。

B13　{=SUM(IF(MONTH(B3:B11)=MONTH(TODAY()),A3:A11))}

	A	B
1-2	借款金额	借款日期
3	￥250,000.00	2014/8/1
4	￥230,000.00	2014/7/2
5	￥35,000.00	2014/8/12
6	￥56,000.00	2014/9/28
7	￥25,000.00	2014/7/5
8	￥2,680.00	2014/7/8
9	￥10,000.00	2014/9/1
10	￥23,500.00	2014/6/5
11	￥15,000.00	2014/3/5
12		
13	本月账款金额	￥66,000.00

图21-3

函数4　自动生成凭证号

使用CONCATENATE函数的合并功能，在进行账目处理时可以实现自动生成凭证号，具体操作如下。

1 选中E2单元格，在公式编辑栏中输入公式：=CONCATENATE(A2,B2,C2,D2)，按回车键即可快速生成凭证号。

2 将光标移到E2单元格的右下角，光标变成十字形状后，按住鼠标左键向下拖动进行公式填充，即可得出其他各项凭证号，如图21-4所示。

E2　=CONCATENATE(A2,B2,C2,D2)

	A	B	C	D	E	F	G
1	年	月	日	序号	凭证号	科目代码	科目名称
2	11	03	03	1	1103031	121101	原材料-甲材料
3	11	03	03	1	1103031	212102	应付账款-燕山信息
4	11	03	04	2	1103042	100202	银行存款-中国农业银行
5	11	03	04	2	1103042	1811	待处理财产损溢
6	11	03	04	3	1103043	217105	应交税金-应交所得税

图21-4

函数5　提取材料类别编码

在材料管理表格中，要根据材料的具体编码提取其类别编码，可以使用LEFT函数实现。

❶ 选中C2单元格，在公式编辑栏中输入公式："=LEFT(B2,3)"，按回车键即可提取第一个材料名称的类别编码。

❷ 选中C2单元格，光标变成十字形状后，按住鼠标左键向下拖动进行公式填充，即可提取出每个材料名称的类别编码，如图21-5所示。

C2　=LEFT(B2, 3)

	A	B	C
1	材料类别	完整编码	类别编码
2	电容	XSQ-1021	XSQ
3	集成块	JCK-3415	JCK
4	电容	XSQ-1021	XSQ
5	集成块	JCK-2345	JCK
6	电阻	YZB-0023	YZB
7			

图21-5

函数6　统计出大于指定申领数量的材料

当前表格中统计了材料类别、规格型号和申领数量，现在要统计出申领数量大于500的材料，可以使用COUNTIF函数来实现。

选中B15单元格，在公式编辑栏中输入公式："=COUNTIF(D2:D13,">=500")"，按回车键即可统计出在D2:D13单元格区域申领数量大于500的材料，如图21-6所示。

B15　=COUNTIF(D2:D13,">=500")

	A	B	C	D	E
1	材料类别	规格型号	单位	申领数量	
2	电容	10F	支	200	
3	电容	50F	支	520	
4	电容	25F	支	400	
5	集成块	AEu8145	支	65	
6	电容	18F	支	100	
7	电容	100F	支	620	
8	电容	0.5F	支	500	
9	集成块	AEu8139	支	55	
10	电阻	25Ω	支	200	
11	电阻	32Ω	支	300	
12	电阻	100Ω	支	40	
13	电阻	320Ω	支	80	
14					
15	申领数量大于300的记录	3			
16					

图21-6

函数7　对二车间材料申领累计求和

在材料申领单中根据部门按日期统计了材料的申领数量，使用OFFSET函数配合ROW函数可以实现对材料申领累计求和。

1 选中D2单元格，在公式编辑栏中输入公式：“=SUM(OFFSET($C$2,0,0,ROW()-1))”，按回车键得到第一项累计的结果，即D2单元格的值。

2 选中D2单元格，光标变成十字形状后，按住鼠标左键向下拖动进行公式填充，可以求出累计的材料申领量，如图21-7所示。

D2　=SUM(OFFSET($C$2,0,0,ROW()-1))

部门	日期	申领数量	累计求和
二车间	2014/2/5	200	200
二车间	2014/2/15	520	720
二车间	2014/2/20	400	1120
二车间	2014/3/1	65	1185
二车间	2014/3/15	100	1285
二车间	2014/3/29	620	1905
二车间	2014/4/2	500	2405
二车间	2014/4/16	55	2460
二车间	2014/5/3	200	2660
二车间	2014/5/21	300	2960
二车间	2014/6/12	40	3000
二车间	2014/7/2	80	3080

图21-7

函数8　计算各单位6月应收账款总额

当建立了销售记录表后，财务部门需要对每个月各个单位的应收账款进行统计，此时可以使用SUMPRODUCT函数直接引用“销售记录表”中的数据，并统计出每个单位应收账款的总额。

1 选中B2单元格，在公式编辑栏中输入公式：“=SUMPRODUCT((销售记录表!$B$3:$B$30=$B$2)*(销售记录表!$D$3:$D$30=A4)*销售记录表!$L$3:$L$30)”，按回车键即可统计出第一个单位的应收账款总额。

2 选中B2单元格，光标变成十字形状后，按住鼠标左键向下拖动进行公式填充，可以求出各个单位的应收账款总额，如图21-8所示。

B4　=SUMPRODUCT((销售记录表!$B$3:$B$30=$B$2)*(销售记录表!$D$3:$D$30=A4)*销售记录表!$L$3:$L$30)

应收账款月报表

月份：	6	月
单位名称	应收账款金额	
永嘉家居有限公司	￥	99,840.00
利标大商场	￥	-
百家汇家居世界	￥	435,580.00
布洛克家居	￥	165,060.00
合　计		

图21-8

3 选中B8单元格，在公式编辑栏中输入公式："=SUM(B4:C7)"，按回车键即可统计出6月应收账款总额，如图21-9所示。

B8 =SUM(B4:C7)

应收账款月报表		
月份：	6	月
单位名称	应收账款金额	
永嘉家居有限公司	¥	99,840.00
利耘大商场	¥	-
百家汇家居世界	¥	435,580.00
布洛克家居	¥	165,060.00
合　计	¥	700,480.00

图21-9

函数9　计算出账龄时向上舍入

在对坏账提取与计算工作表中，需要对应收账款的账龄进行计算，根据账龄对应收账款提取相应的坏账，对账龄的计算可以使用ROUNDUP函数实现向上舍入，对坏账提取可以使用IF函数实现。

1 选中D2单元格，在公式编辑栏中输入公式："=ROUNDUP((TODAY()-C2)/365,2)"，按回车键后向下复制公式，即可计算出各个单位应收账款账龄，并保留两位小数（第三位小数得到），如图21-10所示。

D2 =ROUNDUP((TODAY()-C2)/365,2)

客户名称	应收账款	欠款到期日	账龄	应提坏账
永嘉家居有限公司	¥49,000.00	2014/5/5	0.39	
利耘大商场	¥468,004.00	2014/5/20	0.35	
百家汇家居世界	¥765,518.93	2014/5/28	0.33	
布洛克家居	¥25,000.00	2014/6/12	0.28	
白马服饰城	¥10,500.00	2010/10/26	3.91	

图21-10

2 选中E2单元格，在公式编辑栏中输入公式："=IF(D2<=0.5,B2*0.02,IF(D2<1,B2*0.1,IF(B2<2,B2*0.2,B2*1)))"，按回车键后向下复制公式，即可计算出各个单位应该计提的坏账金额，如图21-11所示。

E2 =IF(D2<=0.5,B2*0.02,IF(D2<1,B2*0.1,IF(B2<2,B2*0.2,B2*1)))

客户名称	应收账款	欠款到期日	账龄	应提坏账
永嘉家居有限公司	¥49,000.00	2014/5/5	0.39	¥980.00
利耘大商场	¥468,004.00	2014/5/20	0.35	¥9,360.08
百家汇家居世界	¥765,518.93	2014/5/28	0.33	¥15,310.38
布洛克家居	¥25,000.00	2014/6/12	0.28	¥500.00
白马服饰城	¥10,500.00	2010/10/26	3.91	¥10,500.00

图21-11

函数10　提取办公物品采购月份

根据办公物品的采购日期提取物品采购月份。

❶ 选中D2单元格，在公式编辑栏中输入公式：“=MONTH(C2)&”月份””，按回车键即可根据产品采购日期提取产品采购月份。

❷ 将光标移到D2右下角，光标变成黑色十字形时，按住鼠标左键向下拖动进行公式填充，松开鼠标左键即可根据其他产品采购日期提取产品采购月份，如图21-12所示。

D2　=MONTH(C2)&"月份"

	A	B	C	D
1	采购物品	产品型号	采购日期	采购月份
2	三星一体机	IG_001	2014/8/1	8月份
3	联想打印机	D1_45	2014/9/5	9月份
4	点钞机	DE_J1	2014/10/25	10月份
5				

图21–12

函数11　返回请购设备的应到日期

当企业办公设备请购表创建完成后，可以根据请购设备的“请购日期”、“时限”、“已到日期”，返回请购设备的“应到日期”。

❶ 根据请购设备的“请购日期”和“时限”，返回请购设备“应到日期”：在工作表中选中I2单元格，在公式编辑栏中输入公式：“=IF(G2="","",G2+H2)”，即可返回对应的办公请购设备“应到日期”。

❷ 将光标移到I2右下角，光标变成黑色十字形时，按住鼠标左键向下拖动进行公式填充，松开鼠标左键即可返回其他办公设备请购设备“应到日期”，如图21-13所示。

I2　=IF(G2="","",G2+H2)

	B	C	D	E	F	G	H	I
1	请购设备	规格型号	单位	数量	用途	请购日期	时限	应到日期
2	档案柜	SP_20F	组	2	存储	2014/8/5	10	2014/8/15
3	办公桌	CT_1	张	3	办公	2014/8/11	10	2014/8/21
4	办公椅	JF7	把	3	办公	2014/8/11	10	2014/8/21
5	办公电脑	联想P4	台	20	开发	2014/8/16	20	2014/9/5
6	电话机	123-44-26	部	10	改进	2014/8/27	12	2014/9/8
7	打印机	HP_D2468	台	2	办公	2014/9/1	15	2014/9/16
8	打印纸	A4	包	10	办公	2014/9/1	15	2014/9/16
9	传真机	优达770P	台	1	办公	2014/9/12	15	2014/9/27
10								

图21–13

函数12　计算员工工龄

当统计了员工进入公司的日期后，使用YEAR和TODAY函数可以计算出员工的工龄。

❶ 选中F2单元格，在公式编辑栏中输入公式："=YEAR(TODAY())-YEAR(E2)"，按回车键返回日期值，将光标移动到F2单元格右下角，向下复制公式，如图21-14所示。

F2　=YEAR(TODAY())-YEAR(E2)

	A	B	C	D	E	F	G
1	姓名	所在部门	基本工资	出生年月	入职时间	工龄	工龄工资
2	李明	技术部	3000	1975/2/1	2003/8/1	1900/1/11	
3	张诚	技术部	2500	1976/2/1	2003/8/1	1900/1/11	
4	何佳	技术部	2800	1974/1/1	2004/5/1	1900/1/10	
5	李明诚	技术部	2200	1980/5/1	2005/4/1	1900/1/9	
6	李涛	客户部	2600	1966/2/1	2008/8/1	1900/1/6	
7	张晓群	客户部	2100	1979/7/1	2009/1/1	1900/1/5	
8	邓捷	客户部	2600	1965/2/1	2003/10/1	1900/1/11	
9	舒小英	客户部	1500	1979/2/1	2004/12/1	1900/1/10	
10	李军	生产部	2400	1970/2/1	2007/8/1	1900/1/7	
11	何明天	生产部	2100	1971/1/1	2006/8/1	1900/1/8	
12							
13							

图21-14

❷ 选中"工龄"列函数返回的日期值，设置单元格格式为"常规"，即可根据入职日期返回员工的工龄，如图21-15所示。

F2　=YEAR(TODAY())-YEAR(E2)

	A	B	C	D	E	F	G
1	姓名	所在部门	基本工资	出生年月	入职时间	工龄	工龄工资
2	李明	技术部	3000	1975/2/1	2003/8/1	11	
3	张诚	技术部	2500	1976/2/1	2003/8/1	11	
4	何佳	技术部	2800	1974/1/1	2004/5/1	10	
5	李明诚	技术部	2200	1980/5/1	2005/4/1	9	
6	李涛	客户部	2600	1966/2/1	2008/8/1	6	
7	张晓群	客户部	2100	1979/7/1	2009/1/1	5	
8	邓捷	客户部	2600	1965/2/1	2003/10/1	11	
9	舒小英	客户部	1500	1979/2/1	2004/12/1	10	
10	李军	生产部	2400	1970/2/1	2007/8/1	7	
11	何明天	生产部	2100	1971/1/1	2006/8/1	8	
12							

图21-15

函数13　统计所有办公物品的采购金额

在办公物品采购统计报表中，财务人员需要统计出办公物品总采购金额。

选中B8单元格，在编辑栏中输入公式："=SUMPRODUCT(B2:B7,C2:C6)"，按回车键即可统计算出所有采购产品的总金额，如图21-16所示。

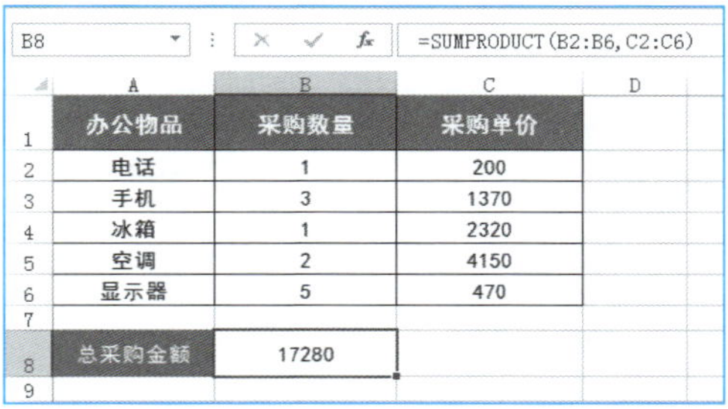
B8 =SUMPRODUCT(B2:B6,C2:C6)

	A	B	C	D
1	办公物品	采购数量	采购单价	
2	电话	1	200	
3	手机	3	1370	
4	冰箱	1	2320	
5	空调	2	4150	
6	显示器	5	470	
7				
8	总采购金额	17280		
9				

图21-16

函数14　自动填写报表中的月份

产品销售报表需要每月建立且结构相似，对于表头信息需要更改月份值的情况，可以使用MONTH和TODAY函数来实现月份的自动填写。

选中B1单元格，在公式编辑栏中输入公式：“=MONTH(TODAY())”，按回车键即可自动填写当前的销售月份，如图21-17所示。

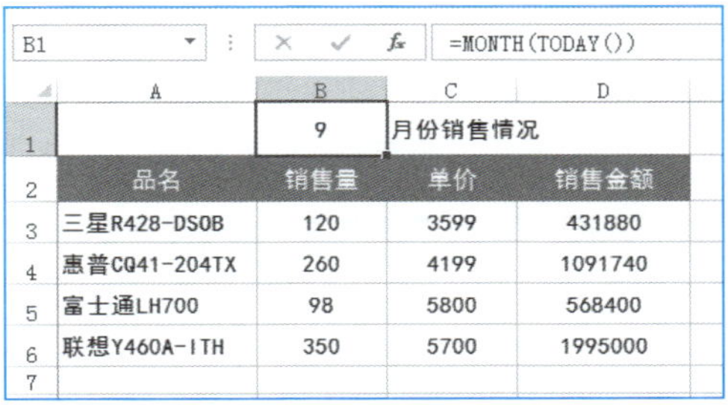
B1 =MONTH(TODAY())

	A	B	C	D
1		9	月份销售情况	
2	品名	销售量	单价	销售金额
3	三星R428-DSOB	120	3599	431880
4	惠普CQ41-204TX	260	4199	1091740
5	富士通LH700	98	5800	568400
6	联想Y460A-ITH	350	5700	1995000
7				

图21-17

函数15　判断领用物品是否到期

使用公式根据领用物品的使用期限判断该领用物品是否到期。

❶ 选中G2单元格，在公式编辑栏中输入公式：“=IF(F2="","",IF(F2>NOW(),"未到期","到期"))”，如按回车键，即可根据使用期限和当前日期来判断用品是否到期。如果使用期限大于当前日期，则显示为“未到期”；反之，显示为“到期”。

❷ 将光标移到G2右下角，光标变成黑色十字形时，按住鼠标左键向下拖动进行公式填充，松开鼠标左键即可判断其他领用物品是否到期，如图21-18所示。

G2 =IF(F2="","",IF(F2>NOW(),"未到期","到期"))

	A	B	C	D	E	F	G
1	领用日期	所在部门	物品名称	数量	领用事由	使用期限	是否到期
2	2014/9/1	设计部	资料袋	2	办公需求	2014/9/25	未到期
3	2014/9/1	开发部	调试机	1	软件测试		
4	2014/9/2	行政部	打印纸	2	办公需求		
5	2014/9/3	设计部	IC卡	10	程序设计		
6	2014/9/5	采购部	塑胶密封袋	5	设备保存		
7	2014/9/5	市场部	激光扫描器	1	客户查看	2014/9/6	到期
8	2014/9/8	市场部	纸茶杯	2	办公需求		
9	2014/9/9	设计部	加压器	1	设备设计	2014/9/26	未到期
10	2014/9/9	财务部	明细账本	1	财务记账		
11	2014/9/11	财务部	三联单据	10	财务记账		
12	2014/9/11	行政部	数码相机	1	会议拍摄	2014/9/19	到期

图21-18

函数16　计算员工报销费用总额

根据员工出差情况和出差补贴计算出报销总额。

❶ 选中J2单元格，在公式编辑栏中输入公式："=SUM(E2:I2)"，按回车键，即可计算出该员工的出差报销总额。

❷ 将光标移到J2单元格的右下角，光标变成十字形状后，按住鼠标左键向下拖动进行公式填充，即可计算出其他该员工的出差报销总额，如图21-19所示。

J2 =SUM(E2:I2)

	A	B	C	D	E	F	G	H	I	J
1	员工姓名	所属部门	职务	出差天数	交通费	住宿费	餐饮费	电话费	出差补贴	总计
2	陈南	销售部	员工	6	302	720	304	100	300	1726
3	孙文胜	销售部	员工	2	151	280	84	50	100	665
4	马梅	销售部	部门经理	2	160	210	100	50	100	620
5	唐虎	销售部	员工	3	137	386	185	50	150	908
6	钟华	销售部	员工	2	182	240	80	50	100	652
7	张兴	销售部	员工	1	189	0	130	50	50	419
8	徐磊	行政部	经理助理	5	206	680	280	100	250	1516
9	刘平	行政部	员工	3	258	385	180	50	150	1023
10	汪任	销售部	员工	4	260	556	260	50	200	1326
11	赵青军	研发部	员工	5	545	680	303	100	250	1878
12	孙丽萍	研发部	员工	8	632	1055	559	300	400	2946
13	韩学平	销售部	员工	1	83	0	55	50	50	238

图21-19

函数17　求每季度办公费用支出金额

工作表中有每季度的办公费用支出金额，现在要求计算平均支出金额。

选中C7单元格，在编辑栏中输入公式："=AVERAGE(B2:B5)"，按回车键即可统计算出每季度办公费用支出金额，如图21-20所示。

C7 =AVERAGE(B2:B5)

季度	支出金额
一季度	1600
二季度	890
三季度	1200
四季度	3500
每季度平均支出	1797.5

图21-20

函数18 计算企业报销金额

这里设定公司医疗费用的报销范围是：公司报销全部医疗费用的80%，员工承担其余的20%，公司报销的最大限额为该员工的年工资额。

❶ 选中H2单元格，在公式编辑栏中输入公式："=IF(G2="","",IF(G2<=E2*12,G2*0.8,E2*12))"，按回车键，即可计算出该员工企业报销金额。

❷ 将光标移到H2单元格的右下角，光标变成十字形状后，按住鼠标左键向下拖动进行公式填充，即可计算出其他该员工的企业报销金额，如图21-21所示。

H2 =IF(G2="","",IF(G2<=E2*12,G2*0.8,E2*12))

员工编号	员工姓名	性别	所属部门	工资情况	医疗报销种类	医疗费用	企业报销金额
NL001	葛丽	女	财务部	¥3,000.00	药品费	600	480
NL002	周国菊	女	行政部	¥3,000.00	注射费	350	280
NL003	蓝心桥	男	研发部	¥1,500.00	住院费	5000	4000
NL004	徐莹	男	后勤部	¥2,800.00	体检费	220	176
NL005	杨荣伟	女	销售部	¥2,000.00	药品费	136	108.8
NL011	陶丽	女	行政部	¥1,500.00	药品费	580	464
NL015	唐敏	男	销售部	¥1,500.00	药品费	100	80
NL018	唐刘云	男	行政部	¥1,600.00	手术费	3000	2400
NL025	钱丽丽	男	研发部	¥3,500.00	理疗费	260	208
NL029	李姗姗	女	销售部	¥1,800.00	注射费	160	128
NL030	汪豪	男	后勤部	¥2,100.00	药品费	458	366.4

图21-21

函数19 返回请购设备的应到日期

当企业设备请购表创建完成后，可以根据请购设备的"请购日期"、"时限"、"已到日期"返回请购设备的"应到日期"。

❶ 根据请购设备的"请购日期"和"时限"返回请购设备"应到日期"：在工作表中选中J2单元格，在公式编辑栏中输入公式：=IF(H2="","",H2+I2)，按回车键，即可返回对应的请购设备"应到日期"。

2 将光标移到J2单元格的右下角，光标变成十字形状后，按住鼠标左键向下拖动进行公式填充，即可返回其他对应的请购设备“应到日期”，如图21-22所示。

J2　=IF(H2="","",H2+I2)

请购编号	请购设备	规格型号	单位	数量	用途	请购日期	时限	应到日期	已到日期
NL_0001	档案柜	SP_20F	组	2	存储	2014/5/5	10	2014/5/15	2014/5/10
NL_0002	办公桌	CT_1	张	3	办公	2014/5/11	10	2014/5/21	2014/5/22
NL_0003	办公椅	JF7	把	3	办公	2014/5/11	10	2014/5/21	2014/5/22
NL_0004	办公电脑	联想P4	台	20	开发	2014/5/16	20	2014/6/5	2014/5/27
NL_0005	电话机	123-44-26	部	10	改进	2014/5/27	12	2014/6/8	2014/6/7
NL_0006	打印机	HP_D2468	台	2	办公	2014/6/1	15	2014/6/16	
NL_0007	打印纸	A4	包	10	办公	2014/6/1	15	2014/6/16	
NL_0008	传真机	优达770P	台	1	办公	2014/6/12	15	2014/6/27	

图21-22

函数20　计算精确账龄

在账龄计算过程中，可以使用DATEDIF函数来计算精确的账龄（精确到天）。

1 选中E2单元格，在公式编辑栏中输入公式：=CONCATENATE(DATEDIF(D2,TODAY(),"Y"),"年",DATEDIF(D2,TODAY(),"YM"),"个月",DATEDIF(D2,TODAY(),"MD"),"日")，按回车键即可计算出第一项应收账款的账龄。

2 将光标移到E2单元格的右下角，光标变成十字形状后，向下复制公式，即可快速计算出各项应收款的账龄，如图21-23所示。

E2　=CONCATENATE(DATEDIF(D2,TODAY(),"Y"),"年",DATEDIF(D2,TODAY(),"YM"),"个月",DATEDIF(D2,TODAY(),"MD"),"日")

发票号码	应收金额	已收金额	到期日期	账龄计算
12023	20850	1000	2013/1/5	1年8个月17日
12584	1000	0	2014/1/5	0年8个月17日
20596	5600	2000	2012/4/8	2年5个月14日
23562	12000	5000	2014/1/24	0年7个月29日
63001	15000	0	2011/2/1	3年7个月21日

图21-23

函数21　自动比较两个部门的采购价格是否一致

公司主管如果需要系统地比较一下各采购部门采购产品的价格是否一致时，可以使用EXACT函数来实现。

❶ 选中D2单元格，在公式编辑栏中输入公式：=EXACT(B2,C2)，按回车键即可比较出B2、C2单元格的价格是否一致，如果一致返回TRUE，否则返回FALSE。

❷ 将光标移到D2单元格的右下角，光标变成十字形状后，按住鼠标左键向下拖动进行公式填充，即可快速比较出B列与C列中其他价格是否一致，如图21-24所示。

D2　=EXACT(B2,C2)

	A	B	C	D
1	产品名称	采购1部	采购2部	价格比较情况
2	枪机	185	189	FALSE
3	球机	156	156	TRUE
4	半球	278	278	TRUE
5	红外防水一体机	260	260	TRUE
6	20米红外摄像机	240	250	FALSE
7	40米红外摄像机	420	420	TRUE
8	60米红外摄像机	510	500	FALSE
9				

图21-24

函数22　计算每日库存数

根据报表中统计的每日的出入库数量，计算每日库存数。

选中E2单元格，在公式编辑栏中输入公式：“=MMULT(N(ROW(2:9)>=TRANSPOSE(ROW(2:9))),B2:B9-C2:C9)”,按“Ctrl+Shift+Enter”组合键，向下复制公式，即可计算每日库存数，如图21-25所示。

E2　{=MMULT(N(ROW(2:9)>=TRANSPOSE(ROW(2:9))),B2:B9-C2:C9)}

	A	B	C	D	E	F	G	H
1	1月1日	进库数	出库数		每日库存数			
2	1月2日	100	80		20			
3	1月3日	120	118		2			
4	1月4日	80	68		12			
5	1月5日	100	89		11			
6	1月6日	90	45		45			
7	1月7日	88	62		26			
8	1月8日	60	26		34			
9	1月9日	120	112		8			
10								

图21-25

函数23　统计所有产品的采购金额

在产品采购统计报表中，统计出产品总采购金额。

选中B9单元格，在编辑栏中输入公式：“=SUMPRODUCT(B2:B7,C2:C7)”，按回车键即可统计算出所有采购产品的总金额，如图21-26所示。

B9 =SUMPRODUCT(B2:B7,C2:C7)

	A	B	C	D
1	采购产品	采购数量	采购单价	
2	微波炉	100	430	
3	电话	150	200	
4	手机	200	1370	
5	冰箱	180	2320	
6	空调	60	4150	
7	显示器	50	470	
8				
9	总采购金额	1037100		
10				

图21-26

函数24　计算采购员平均采购单价

根据统计的某产品的采购量报表，计算采购员产品平均采购单价。

选中C10单元格，在编辑栏中输入公式："=CEILING(AVERAGE(C2:C8),1)"，按回车键即可返回员工产品平均销售量，如图21-27所示。

C10 =CEILING(AVERAGE(C2:C8),1)

	A	B	C	D
1	采购员	采购量	采购单价	总额
2	王荣	800	132	105600
3	周国菊	102	182	18564
4	陶丽	122	137	16714
5	周蓓	110	132	14520
6	王涛	100	157	15700
7	葛丽	120	147	17640
8	黄寅	104	112	11648
9				
10		平均采购单价	143	
11				

图21-27

函数25　显示产品出库情况

在产品库存报表中，当产品缺货时，提示"暂时缺货"提示信息。

❶ 选中E2单元格中，在公式编辑栏中输入公式："=IF(ISERROR(D2),"暂时缺货",D2)"，按回车键即可根据D2单元格中的数值返回实际产品出库情况。当D列中出现"#VALUE！"时，则显示"暂时缺货"提示。

❷ 将光标移到E2单元格的右下角，光标变成十字形状后，按住鼠标左键向下拖动进行公式填充，即可根据其他D列中的数据返回对应的产品出库信息，如图21-28所示。

E2	=IF(ISERROR(D2),"暂时缺货",D2)			
出库编码	提货数量（件）	销售单价	总金额	实际出库情况
8002	800	150	17850	17850
03	缺货	1180	#VALUE!	暂时缺货
6804	680	100	11550	11550
05	缺货	200	#VALUE!	暂时缺货
2806	280	50	6125	6125

图21-28

函数26　识别库存产品的产品类别

作为企业的仓库管理人员，每天、每周或每月要对库存的产品进行记录，并进行分类管理。例如，判断库存的产品是否为生活用品，如果是，分类为“生活用品”；反之，分类为“化学试剂”。

❶ 选中C2单元格，在公式编辑栏中输入公式：“=IF(OR(A2="肥皂",A2="牙膏",A2="洗衣粉"),"生活用品","化学试剂")”，按回车键即可对库存产品进行判断，如果判断结果正确赋予条件值（日常用品）；反之，显示为“化学试剂”。

❷ 将光标移到C2单元格的右下角，光标变成十字形状后，按住鼠标左键向下拖动进行公式填充，即可判断其他库存产品是否满足条件，并对满足条件进行赋值，如图21-29所示。

C2	=IF(OR(A2="肥皂",A2="牙膏",A2="洗衣粉"),"生活用品","化学试剂")	
库存产品	产品数量	产品类别
肥皂	30	生活用品
单质钙/250g	5	化学试剂
牙膏	20	生活用品
铁粉/100g	10	化学试剂
洗衣粉	40	生活用品

图21-29

函数27　计算出库的月份有几个

有10种不同的产品在不同的日期出库。现需要计算要出库的月份有几个。

选中D2单元格，在公式编辑栏中输入公式：“=COUNT(0/FREQUENCY(MONTH(B2:B11),MONTH(B2:B11)))”,按“Ctrl+Shift+Enter”组合键，即可返回要出库的月份有几个，如图21-30所示。

D2 {=COUNT(0/FREQUENCY(MONTH(B2:B11),MONTH(B2:B11)))}

	A	B	C	D
1	产品	出库日期		需要出库的月份有几个
2	1	2014/7/18		5
3	2	2014/8/12		
4	3	2014/8/15		
5	4	2014/9/15		
6	5	2014/9/28		
7	6	2014/10/5		
8	7	2014/10/8		
9	8	2014/11/1		
10	9	2014/11/8		
11	10	2014/11/10		

图21-30

函数28 统计无货商品的数量

根据报表中的数量，统计无货商品的数量。对于无货的商品，将其数量输入“#N/A”。

选中F1单元格，在公式编辑栏中输入公式：“=COUNTIF(C2:C10,#N/A)”，按回车键，即可计算出无货商品的数量，如图21-31所示。

F1 =COUNTIF(C2:C10,#N/A)

	A	B	C	D	E	F
1	商品	价格	数量		无货商品数量	3
2	洗衣机	2500	20			
3	电脑	4800	#N/A			
4	微波炉	500	18			
5	空调	2500	18			
6	手机	5820	#N/A			
7	电视	1800	21			
8	洗衣机	1500	14			
9	冰箱	2800	28			
10	音响	1200	#N/A			

图21-31

函数29 统计本月下旬出库数量

根据报表中的出库数量，统计本月下旬出库数量。

选中E2单元格，在公式编辑栏中输入公式：“=SUM(C2:C9*(DAY(B2:B9)>20))”,按“Ctrl+Shift+Enter”组合键，即可统计本月下旬出库数量，如图21-32所示。

E2 {=SUM(C2:C9*(DAY(B2:B9)>20))}

	A	B	C	D	E
1	产品	1月1日	出库数		本月下旬出库数
2	A	8月12日	80		207
3	B	8月22日	118		
4	C	8月14日	68		
5	D	8月28日	89		
6	E	8月16日	45		
7	F	8月17日	62		
8	G	8月13日	26		
9	H	8月19日	112		

图21-32

函数30　计算产品入库天数

根据产品入库时间，计算产品入库天数。

❶ 选中D2单元格，在公式编辑栏中输入公式："=DATEDIF(C2,TODAY(),"D")"，按回车键即可根据产品入库日期得到产品入库天数。

❷ 将光标移到D2单元格的右下角，光标变成十字形状后，按住鼠标左键向下拖动进行公式填充，即可根据其他产品入库日期得到产品入库天数，如图21-33所示。

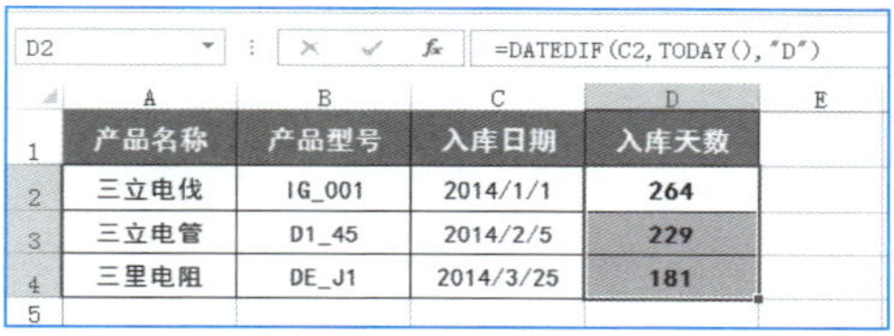

D2　=DATEDIF(C2,TODAY(),"D")

产品名称	产品型号	入库日期	入库天数
三立电伐	IG_001	2014/1/1	264
三立电管	D1_45	2014/2/5	229
三里电阻	DE_J1	2014/3/25	181

图21-33

函数31　某一类产品的最高出库单价

在产品出库统计数据库中，一类产品有多个品种，如果要统计出某一类产品的多个品种中最高出库单价，可以使用DMAX函数来实现。

❶ 在F4:F5单元格区域中设置条件，即产品名称以"VOV"开头，因此使用了"VOV"条件。选中G5单元格，在公式编辑栏中输入公式："=DMAX(A1:D13,4,F4:F5)"，按回车键即可统计出"VOV"系列产品的最高出库单价，如图21-34所示。

❷ 在F7:F8单元格区域中设置条件，即产品名称以"水之印"开头，因此使用了"水之印"条件。选中G8单元格，在公式编辑栏中输入公式：=DMAX(A1:D13,4,F7:F8)，按回车键即可统计出"水之印"系列产品的最高出库金额，如图21-35所示。

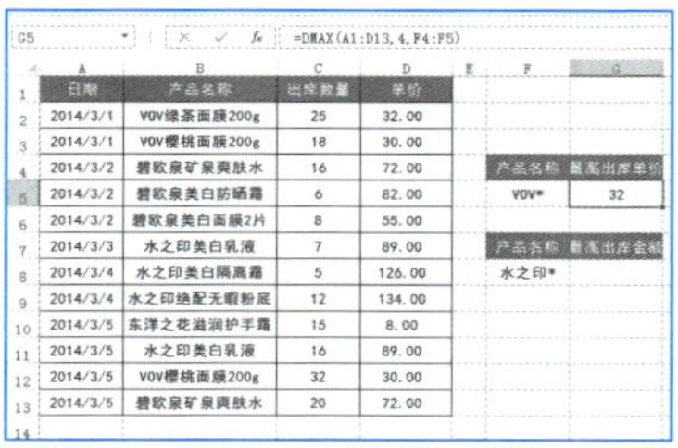

G5　=DMAX(A1:D13,4,F4:F5)

日期	产品名称	出库数量	单价
2014/3/1	VOV绿茶面膜200g	25	32.00
2014/3/1	VOV樱桃面膜200g	18	30.00
2014/3/2	碧欧泉矿泉爽肤水	16	72.00
2014/3/2	碧欧泉美白防晒霜	6	82.00
2014/3/2	碧欧泉美白面膜2片	8	55.00
2014/3/3	水之印美白乳液	7	89.00
2014/3/4	水之印美白隔离霜	5	126.00
2014/3/4	水之印绝配无暇粉底	12	134.00
2014/3/5	东洋之花滋润护手霜	15	8.00
2014/3/5	水之印美白乳液	16	89.00
2014/3/5	VOV樱桃面膜200g	32	30.00
2014/3/5	碧欧泉矿泉爽肤水	20	72.00

产品名称	最高出库单价
VOV*	32

产品名称	最高出库金额
水之印*	

图21-34

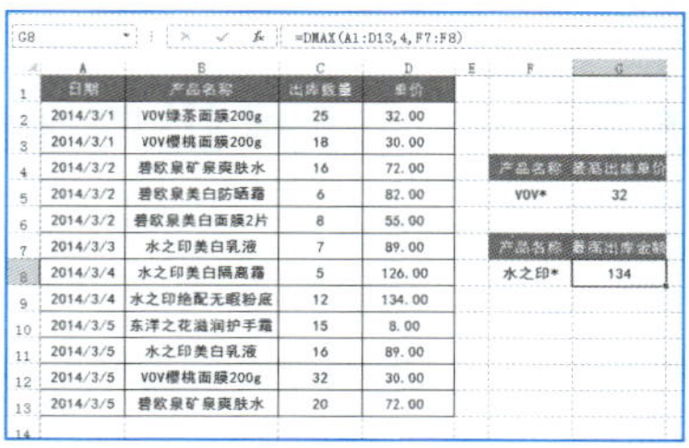

G8　=DMAX(A1:D13,4,F7:F8)

日期	产品名称	出库数量	单价
2014/3/1	VOV绿茶面膜200g	25	32.00
2014/3/1	VOV樱桃面膜200g	18	30.00
2014/3/2	碧欧泉矿泉爽肤水	16	72.00
2014/3/2	碧欧泉美白防晒霜	6	82.00
2014/3/2	碧欧泉美白面膜2片	8	55.00
2014/3/3	水之印美白乳液	7	89.00
2014/3/4	水之印美白隔离霜	5	126.00
2014/3/4	水之印绝配无暇粉底	12	134.00
2014/3/5	东洋之花滋润护手霜	15	8.00
2014/3/5	水之印美白乳液	16	89.00
2014/3/5	VOV樱桃面膜200g	32	30.00
2014/3/5	碧欧泉矿泉爽肤水	20	72.00

产品名称	最高出库单价
VOV*	32

产品名称	最高出库金额
水之印*	134

图21-35

函数32 对每日出库量累计求和

本例中按日统计了产品的出库量，使用OFFSET函数配合ROW函数可以实现对每日出库量累计求和。

❶ 选中C2单元格，在公式编辑栏中输入公式：“=SUM(OFFSET($B$2,0,0,ROW()-1))”，按回车键即可计算出第一项累计计算结果。

❷ 将光标移到C2单元格的右下角，光标变成十字形状后，按住鼠标左键向下拖动进行公式填充，即可求出每日的累计出库量，如图21-36所示。

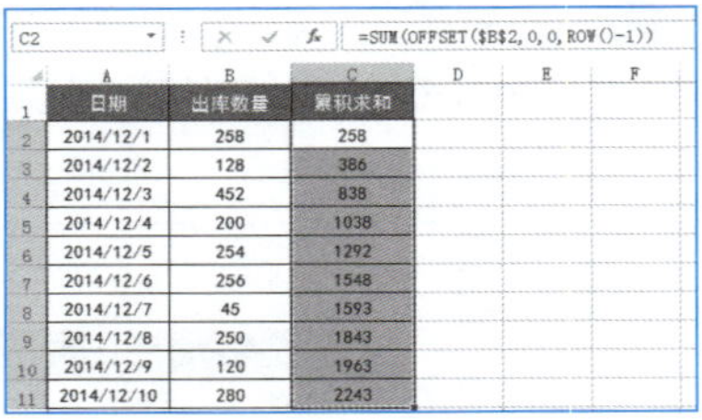
C2 =SUM(OFFSET($B$2,0,0,ROW()-1))

日期	出库数量	累积求和
2014/12/1	258	258
2014/12/2	128	386
2014/12/3	452	838
2014/12/4	200	1038
2014/12/5	254	1292
2014/12/6	256	1548
2014/12/7	45	1593
2014/12/8	250	1843
2014/12/9	120	1963
2014/12/10	280	2243

图21-36

函数33 计算累计入库数

可以根据每日的进库数，计算累计库存量。

选中D2单元格，在公式编辑栏输入公式：“=MMULT(N(ROW(2:11)>=TRANSPOSE(ROW(2:11))),B2:B11)”，按回车键，向下复制公式，即可计算出累计库存量，如图21-37所示。

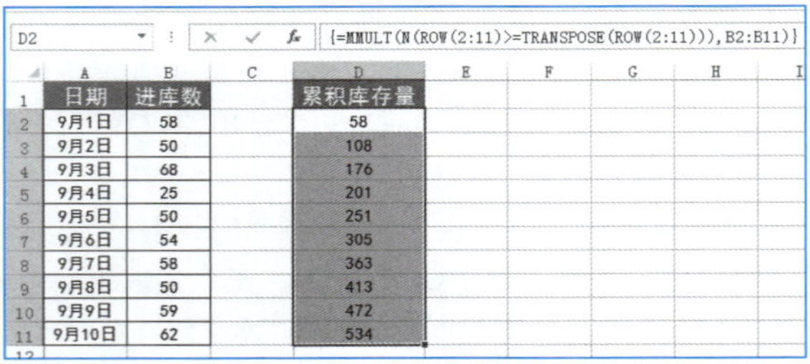
D2 {=MMULT(N(ROW(2:11)>=TRANSPOSE(ROW(2:11))),B2:B11)}

日期	进库数		累积库存量
9月1日	58		58
9月2日	50		108
9月3日	68		176
9月4日	25		201
9月5日	50		251
9月6日	54		305
9月7日	58		363
9月8日	50		413
9月9日	59		472
9月10日	62		534

图21-37

函数34 计算出库最高的季度

工作表中有12个月的出库量明细，现需计算出库量最高的季度。

选中D2单元格，在公式编辑栏中输入公式：“=TEXT(MATCH(MAX(SUBTOTAL(9,OFFSET(A1,{0,3,6,9},1,3))),SUBTOTAL(9,OFFSET(A1,{0,3,6,9},1,3)),0),”[DBNum1]0季度”)”，按Enter键，即可计算出库量最高的季度名称，如图21-38所示。

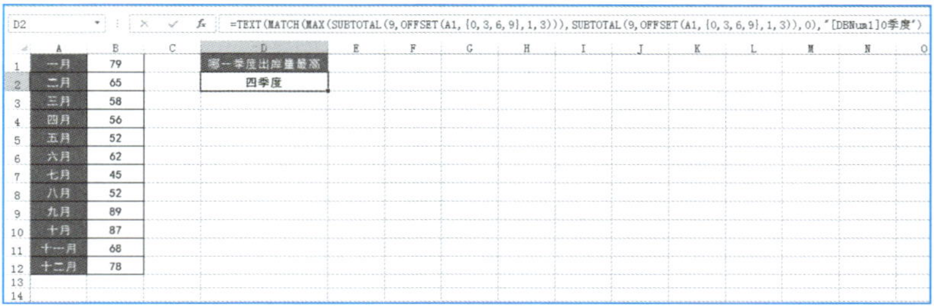

D2　=TEXT(MATCH(MAX(SUBTOTAL(9,OFFSET(A1,{0,3,6,9},1,3))),SUBTOTAL(9,OFFSET(A1,{0,3,6,9},1,3)),0),"[DBNum1]0季度")

	A	B	C	D
1	一月	79		哪一季度出库量最高
2	二月	65		四季度
3	三月	58		
4	四月	56		
5	五月	52		
6	六月	62		
7	七月	45		
8	八月	52		
9	九月	89		
10	十月	87		
11	十一月	68		
12	十二月	78		

图21-38

函数35　核对两组库存产品数据

公司的财务部门会不定期的统计产品的数量，为了便于核对库存产品的数量,通常我们会采用NOT函数来实现。

❶ 选中D2单元格，在公式编辑栏中输入公式：“=IF(NOT(B2:B8=C2:C8),"请核对","")”，按回车键即可得到第一个产品数量的核对情况。

❷ 将光标移到D2单元格的右下角，光标变成十字形状后，按住鼠标左键向下拖动进行公式填充，即可得到其他产品数量的核对情况，如图21-39所示。

D2　=IF(NOT(B2:B8=C2:C8),"请核对","")

	A	B	C	D
1	库存产品名称	统计1	统计2	比较结果
2	枪机	185	189	请核对
3	球机	156	156	
4	半球	278	266	请核对
5	红外防水一体机	123	123	
6	20米红外摄像机	148	148	
7	40米红外摄像机	189	180	请核对
8	60米红外摄像机	220	220	

图21-39

函数36　根据产品类别返回库存数量

实现根据编号查询指定产品类别的库存数量，使用VLOOKUP函数的操作如下。

建立相应查询列标识，并输入要查询的编号。选中B9单元格，在公式编辑栏中输入公式：“=VLOOKUP($A$9,$A$2:$D$6,COLUMN(B1),FALSE)”，按回车键即可得到编号为“BD-004”的产品，向右复制公式，即可获取其他编号的产品的相关库存信息，如图21-40所示。

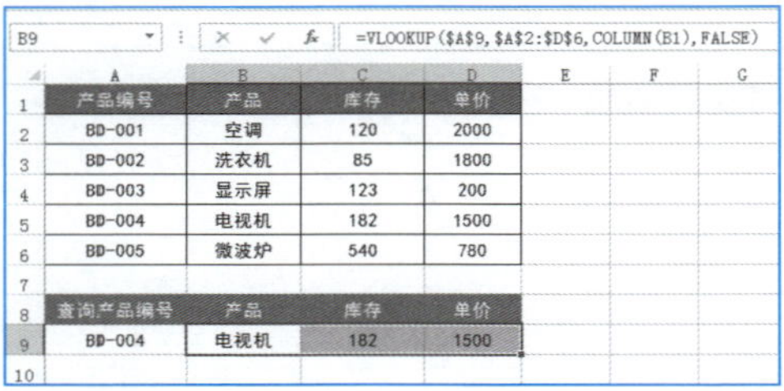

B9 =VLOOKUP($A$9,$A$2:$D$6,COLUMN(B1),FALSE)

产品编号	产品	库存	单价
BD-001	空调	120	2000
BD-002	洗衣机	85	1800
BD-003	显示屏	123	200
BD-004	电视机	182	1500
BD-005	微波炉	540	780

查询产品编号	产品	库存	单价
BD-004	电视机	182	1500

图21-40

函数37　显示指定的店面的出库记录

本例中统计了各个门面的出库情况，现在要实现将某一个店面的所有记录都依次显示出来。我们可以使用INDEX函数配合SMALL和ROW函数来实现。

❶ 在工作表中建立查询表。选中F4:F11单元格区域，在编辑栏中输入公式："=IF(ISERROR(SMALL(IF(($A$2:$A$11=$H$1),ROW(2:11)),ROW(1:11))),"",INDEX(A:A,SMALL(IF(($A$2:$A$11=$H$1),ROW(2:11)),ROW(1:11))))"，同时按"Ctrl+Shift+Enter"组合键，可一次性将A列中所有等于H1单元格中指定的店面的记录都显示出来，如图21-41所示。

❷ 选中F4:F11单元格，将光标移到右下角，光标变成十字形状后，按住鼠标左键向右拖动进行公式填充，即可得到H1单元格中指定店面的所有记录，如图21-42所示。

❸ 当需要查询其他店面的销售记录时，只需要在H1单元格中重新选择店面名称即可。

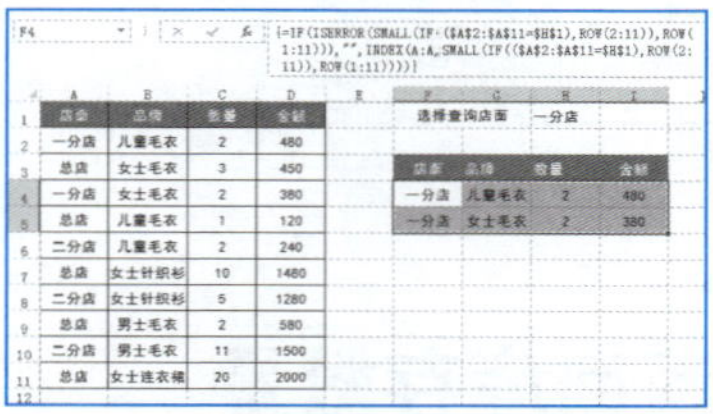

F4 {=IF(ISERROR(SMALL(IF(($A$2:$A$11=$H$1),ROW(2:11)),ROW(1:11))),"",INDEX(A:A,SMALL(IF(($A$2:$A$11=$H$1),ROW(2:11)),ROW(1:11))))}

店面	品牌	数量	金额
一分店	儿童毛衣	2	480
总店	女士毛衣	3	450
一分店	女士毛衣	2	380
总店	儿童毛衣	1	120
二分店	儿童毛衣	2	240
总店	女士针织衫	10	1480
二分店	女士针织衫	5	1280
总店	男士毛衣	2	580
二分店	男士毛衣	11	1500
总店	女士连衣裙	20	2000

选择查询店面　一分店

店面	品牌	数量	金额
一分店	儿童毛衣	2	480
一分店	女士毛衣	2	380

图21-41

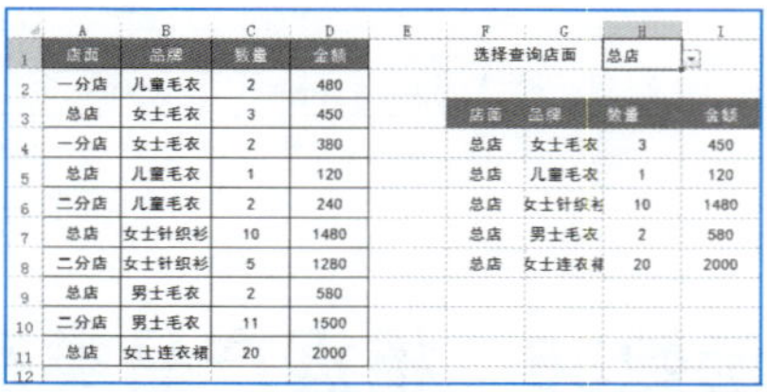

店面	品牌	数量	金额
一分店	儿童毛衣	2	480
总店	女士毛衣	3	450
一分店	女士毛衣	2	380
总店	儿童毛衣	1	120
二分店	儿童毛衣	2	240
总店	女士针织衫	10	1480
二分店	女士针织衫	5	1280
总店	男士毛衣	2	580
二分店	男士毛衣	11	1500
总店	女士连衣裙	20	2000

选择查询店面　总店

店面	品牌	数量	金额
总店	女士毛衣	3	450
总店	儿童毛衣	1	120
总店	女士针织衫	10	1480
总店	男士毛衣	2	580
总店	女士连衣裙	20	2000

图21-42

函数38　计算经济批量下的存货总成本

根据给出的已知数据，经济批量下的存货总成本。

选中B7单元格，输入公式："=SQRT(2*B2*B5*B4)"，按回车键即可计算出最佳经济批量下的存货总成本，如图21-43所示。

B7　=SQRT(2*B2*B5*B4)

	A	B
1	已知数据	
2	全年需要量	5000
3	单位采购成本	20
4	每单位年储存成本	5
5	平均每次进货费用	100
6		
7	经济批量下的存货总成本	2236.067977
8		

图21-43

函数39　计算固定资产已使用时间

要计算出固定资产已使用月份，可以先计算出固定资产已使用的天数，然后除以30。此时需要使用到DAYS360函数。

❶ 选中E2单元格，在公式编辑栏中输入公式：“=INT(DAYS360(D2,TODAY())/30)”，按回车键即可根据第一项固定资产的增加日期计算出到目前为止已使用的月份。

❷ 选中E2单元格的右下角，向下复制公式，即可计算出其他固定资产已使用的月份，如图21-44所示。

E2　=INT(DAYS360(D2,TODAY())/30)

	A	B	C	D	E
1	编号	资产名称	规格型号	增加日期	已使用月份
2	11010	厂部	50万平方	2008/5/10	76
3	11011	仓库	400万平方	2008/6/10	75
4	11012	印刷机	1-501	2009/11/3	58
5	11013	模切机	6-102	2010/7/13	50
6	11014	覆膜机	1-120	2011/3/3	42
7					

图21-44

函数40　使用通配符实现利润求和统计

在DSUM函数中可以使用通配符来设置函数参数。使用通配符来设置函数参数，关键在于条件的设置。

❶ 在A9:A10单元格区域中设置条件，使用通配符，即地区以“西部”结尾。

❷ 选中B10单元格，在公式编辑栏中输入公式：“=DSUM(A1:B7,2,A9:A10)”，按回车键即可统计出“西部”地区利润总和，如图21-45所示。

B10　=DSUM(A1:B7,2,A9:A10)

	A	B
1	地区	利润（万元）
2	东部（新售点）	150
3	南部	98.2
4	西部	112
5	北部	108
6	中西部	163
7	中南部（新售点）	77
8		
9	地区	利润（万元）
10	*西部	275

图21-45

函数41　使用通配符实现利润求平均值统计

在DAVERAGE函数中可以使用通配符来设置函数参数。例如本例中想统计出所有新售点的平均利润，其操作如下。

❶ 在A9:A10单元格区域中设置条件，使用通配符，即地区以“新售点”结尾。

❷ 选中B10单元格，在公式编辑栏中输入公式：“=DAVERAGE(A1:B7,2,A9:A10)”，按回车键即可统计出“新售点”的平均利润，如图21-46所示。

B10　=DAVERAGE(A1:B7,2,A9:A10)

	A	B
1	地区	利润（万元）
2	东部（新售点）	150
3	南部	98.2
4	西部	112
5	北部	108
6	中西部	163
7	中南部（新售点）	77
8		
9	地区	利润（万元）
10	<>*(新售点)	118

图21-46

函数42　返回排除0外的最低利润值

表格中统计了电脑各品牌的日销售利润，下面需要查找出最低的利润值，并排除0值。

选中C10单元格，在编辑栏中输入公式：“=MIN(IF(C2:C8<>0,C2:C8))”，按“Ctrl+Shift+Enter”组合键，即可忽略0值统计出C2:C8单元格区域中的最小利润值，如图21-47所示。

C10　{=MIN(IF(C2:C8<>0,C2:C8))}

	A	B	C
1	编号	名称	销售利润
2	N001	联想L1	5840
3	N002	联想M10	4120
4	N003	联想M5	8450
5	N004	宏基1T	4210
6	N005	宏基MT	0
7	N006	苹果M2	15620
8	N007	苹果K4	8951
9			
10	最低利润		4120

图21-47

函数43　统计收入和支出

收支表中录入数据不太规范，现需在不修改原数据的前提下分别计算收入和支出金额合计。

❶ 选中E1单元格，在公式编辑栏中输入公式：“=SUM(IF(B2:B8>0,B2:B8))”，按“Ctrl+Shift+Enter”组合键即可计算出收入金额，如图21-48所示。

❷ 选中E2单元格，在公式编辑栏中输入公式：“=SUM(IF(SUBSTITUTE(IF(B2:B8<>"",B2:B8,0),"负","-")*1<0,SUBSTITUTE(B2:B8,"负","-")*1))”，按“Ctrl+Shift+Enter”组合键即可计算出支出金额，如图21-49所示。

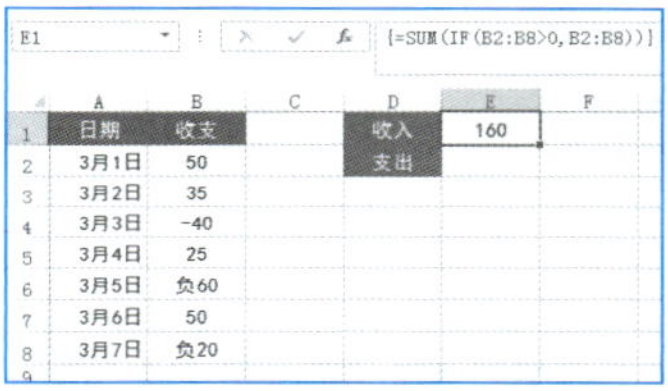
E1 {=SUM(IF(B2:B8>0,B2:B8))}

	A	B	C	D	E	F
1	日期	收支		收入	160	
2	3月1日	50		支出		
3	3月2日	35				
4	3月3日	-40				
5	3月4日	25				
6	3月5日	负60				
7	3月6日	50				
8	3月7日	负20				

图21-48

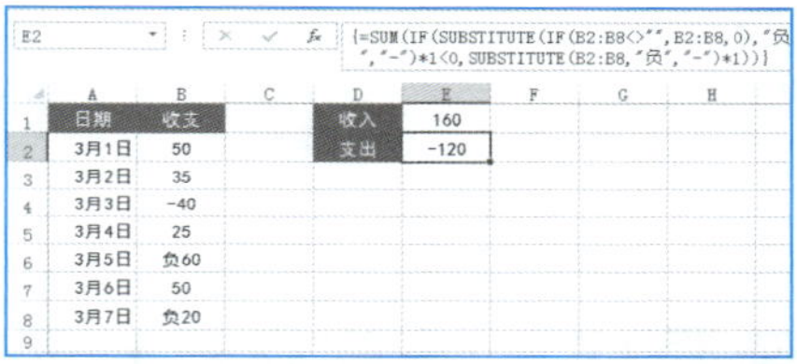
E2 {=SUM(IF(SUBSTITUTE(IF(B2:B8<>"",B2:B8,0),"负","-")*1<0,SUBSTITUTE(B2:B8,"负","-")*1))}

	A	B	C	D	E	F	G	H
1	日期	收支		收入	160			
2	3月1日	50		支出	-120			
3	3月2日	35						
4	3月3日	-40						
5	3月4日	25						
6	3月5日	负60						
7	3月6日	50						
8	3月7日	负20						

图21-49

函数44　统计某月第四周的收入金额

计算十月份第四周的收入金额。

选中D2单元格，在公式编辑栏中输入公式：=SUM((WEEKNUM (A2:A11*1,1)-WEEKNUM(YEAR(A2:A11)&"-"&MONTH(A2:A11)&"-1") +1=4)*B2:B11)，按“Ctrl+Shift+Enter”组合键，即可返回第四周的收入金额，如图21-50所示。

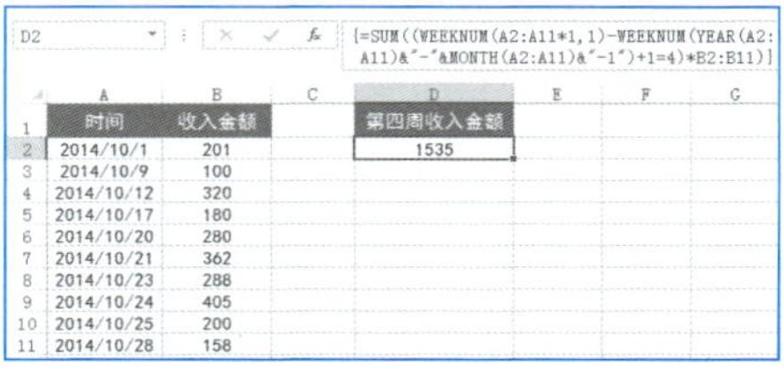
D2 {=SUM((WEEKNUM(A2:A11*1,1)-WEEKNUM(YEAR(A2:A11)&"-"&MONTH(A2:A11)&"-1")+1=4)*B2:B11)}

	A	B	C	D	E	F	G
1	时间	收入金额		第四周收入金额			
2	2014/10/1	201		1535			
3	2014/10/9	100					
4	2014/10/12	320					
5	2014/10/17	180					
6	2014/10/20	280					
7	2014/10/21	362					
8	2014/10/23	288					
9	2014/10/24	405					
10	2014/10/25	200					
11	2014/10/28	158					

图21-50

函数45　计算交易次数最多的客户名称以及交易次数

根据表格中统计的客户交易记录，计算交易次数最多的客户名称以及交易次数。

❶ 选中E14单元格，输入公式：“=MAX(C2:C11)”，按回车键即可返回“交易次数”列交易次数最多的次数，如图21-51所示。

❷ 选中C14单元格，输入公式：“=INDEX(B2:C11,MATCH(E14,C2:C11,0),1)”，按回车键即可返回交易次数最多的客户名称，如图21-52所示。

E14 =MAX(C2:C11)

	A	B	C	D	E
1	编号	客户名称	交易次数	交易额	
2	001	南京市捷通商贸	3	14320	
3	002	南京市CBD广场	4	10284	
4	003	上海市维思特商场	0	0	
5	004	杭州市邱比特影楼	1	1944	
6	005	杭州市古越商厦	1	1900	
7	006	无锡市怡然美容中心	1	1764	
8	007	绍兴市自然堂生物	1	4440	
9	008	芜湖市CDB广场	1	6150	
10	009	芜湖市慕楼商场	1	3000	
11	010	合肥市瑞景生物	2	9900	
14	交易次数最多的客户			交易次数	4
15	交易额最多的客户			交易额	

图21-51

C14 =INDEX(B2:C11,MATCH(E14,C2:C11,0),1)

	A	B	C	D	E
1	编号	客户名称	交易次数	交易额	
2	001	南京市捷通商贸	3	14320	
3	002	南京市CBD广场	4	10284	
4	003	上海市维思特商场	0	0	
5	004	杭州市邱比特影楼	1	1944	
6	005	杭州市古越商厦	1	1900	
7	006	无锡市怡然美容中心	1	1764	
8	007	绍兴市自然堂生物	1	4440	
9	008	芜湖市CDB广场	1	6150	
10	009	芜湖市慕楼商场	1	3000	
11	010	合肥市瑞景生物	2	9900	
14	交易次数最多的客户		南京市CBD广场	交易次数	4
15	交易额最多的客户			交易额	

图21-52

函数46 计算交易额最多的客户名称以及交易额

根据表格中统计的客户交易记录，计算交易额最多的客户名称以及交易额。

❶ 选中E15单元格，输入公式：“=MAX(D2:D11)”，按回车键即可返回“交易额”列最高交易额，如图21-53所示。

❷ 选中C15单元格，输入公式：“=INDEX(B2:D11,MATCH(E15,D2:D11,0),1)”，按回车键即可返回交易额最多的客户名称，如图21-54所示。

E15 =MAX(D2:D11)

	A	B	C	D	E
1	编号	客户名称	交易次数	交易额	
2	001	南京市捷通商贸	3	14320	
3	002	南京市CBD广场	4	10284	
4	003	上海市维思特商场	0	0	
5	004	杭州市邱比特影楼	1	1944	
6	005	杭州市古越商厦	1	1900	
7	006	无锡市怡然美容中心	1	1764	
8	007	绍兴市自然堂生物	1	4440	
9	008	芜湖市CDB广场	1	6150	
10	009	芜湖市慕楼商场	1	3000	
11	010	合肥市瑞景生物	2	9900	
14	交易次数最多的客户		南京市CBD广场	交易次数	4
15	交易额最多的客户			交易额	14320

图21-53

C15 =INDEX(B2:D11,MATCH(E15,D2:D11,0),1)

	A	B	C	D	E
1	编号	客户名称	交易次数	交易额	
2	001	南京市捷通商贸	3	14320	
3	002	南京市CBD广场	4	10284	
4	003	上海市维思特商场	0	0	
5	004	杭州市邱比特影楼	1	1944	
6	005	杭州市古越商厦	1	1900	
7	006	无锡市怡然美容中心	1	1764	
8	007	绍兴市自然堂生物	1	4440	
9	008	芜湖市CDB广场	1	6150	
10	009	芜湖市慕楼商场	1	3000	
11	010	合肥市瑞景生物	2	9900	
14	交易次数最多的客户		南京市CBD广场	交易次数	4
15	交易额最多的客户		南京市捷通商贸	交易额	14320

图21-54

函数47 判断累计出库量是否在指定区间

在本例数据表的B列（上限）与C列（下限）中显示了一个数据区间。判断D列的值是否在B列与C列之间，如果在，在E列中返回“在”，如果不在，在E

列中返回“不在”。

❶ 选中E2单元格，在编辑栏中输入公式：“=IF(D2<B2,IF(D2>C2,"在","不在"),"不在")”，按回车键，即可判断D2单元格的值是否在C2与D2之间，并返回相应值。

❷ 选中E2单元格，向下复制公式，可一次性判断出D列的数值是否在B列与C列之间，如图21-55所示。

E2　=IF(D2<B2,IF(D2>C2,"在","不在"),"不在")

品名	上限15%	下限15%	累计出库量	是否在区间
HMDS	30.59	22.61	23	在
Solution 26%	7.0035	5.1765	4.6	不在
TEOS	657.8	486.2	505	在
dyne 5:1 (H	1152.3	851.7	1035	在
ron Tribromi	124.89	92.31	87.4	不在

图21-55

函数48　统计某一费用类别的总支出金额

当前表格中统计了现金支出记录，并对支出费用归纳了类别。现在统计出某一费用类别的总支出金额。

选中H6单元格，在编辑栏中输入公式：“=SUM((D4:D14="采购支出")*E4:E14)”，按“Ctrl+Shift+Enter”键（数组公式必须按此组合键才能得到正确结果），即可统计出“采购支出”费用类别的总支出金额，如图21-56所示。

H6　{=SUM((D4:D14="采购支出")*E4:E14)}

现金支出记录表

2014年 月	日	摘　要	费用类别	支出金额
1	1	柯兰报销差旅费	费用报销	£ 400.00
1	1	支付包装物货款	采购支出	£ 10,260.00
1	2	存款	存款	£100,000.00
1	2	销售部张芳报销旅差费	费用报销	£ 1,050.00
1	4	购买办公用品	费用报销	£ 2,000.00
1	4	大修A001-1机械	采购支出	£ 18,267.00
1	4	购材料	采购支出	£ 15,754.00
2	4	特快专递	费用报销	£ 24.00
2	5	何利洋报销差旅费	费用报销	£ 500.00
2	5	购材料	采购支出	£ 1,350.00
2	5	张芳报销差旅费	费用报销	£ 855.00

采购支出总金额	£45,631

图21-56

函数49　统计某两种（或多种）费用类别的总支出金额

当前表格中统计了现金支出记录，并对支出费用归纳了类别。现在统计出某两种或多种费用类别的总支出金额。

选中H6单元格，在编辑栏中输入公式：“=SUM((D4:D15={"采购支出","费用报销"})*E4:E15)”，按“Ctrl+Shift+Enter”键（数组公式必须按此组合键才能得到正确结果），即可统计出“采购支出”与“费用报销”的总金额合计值，如图21-57所示。

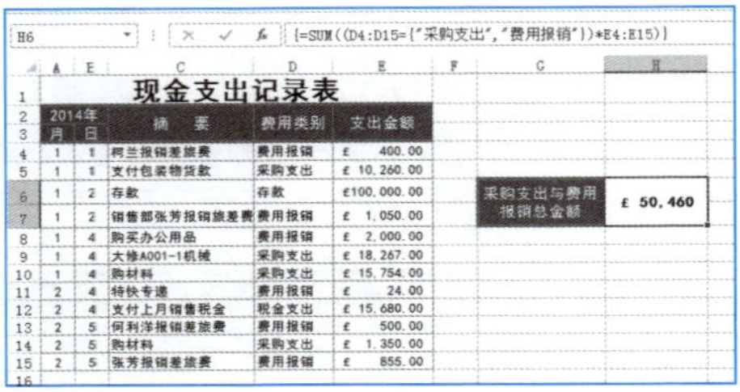

H6 {=SUM((D4:D15={"采购支出","费用报销"})*E4:E15)}

现金支出记录表

2014年 月	日	摘　要	费用类别	支出金额
1	1	柯兰报销差旅费	费用报销	£ 400.00
1	1	支付包装物货款	采购支出	£ 10,260.00
1	2	存款	存款	£100,000.00
1	2	销售部张芳报销旅差费	费用报销	£ 1,050.00
1	4	购买办公用品	费用报销	£ 2,000.00
1	4	大修A001-1机械	采购支出	£ 18,267.00
1	4	购材料	采购支出	£ 15,754.00
2	4	特快专递	费用报销	£ 24.00
2	4	支付上月销售税金	税金支出	£ 15,680.00
2	5	何利洋报销差旅费	费用报销	£ 500.00
2	5	购材料	采购支出	£ 1,350.00
2	5	张芳报销差旅费	费用报销	£ 855.00

采购支出与费用报销总金额	£ 50,460

图21-57

函数50　汇总各个月份的支出总金额

当前表格中按日期（包含两个月份）统计了费用支出情况。现在要分别统计各月份支出总额。

❶ 根据求解目的在数据表中建立求解标识。选中H6单元格，输入公式："=SUM((A$4:A$15=G6)*E$4:E$15)"，按"Ctrl+Shift+Enter"键，统计出1月份的支出金额合计值，如图21-58所示。

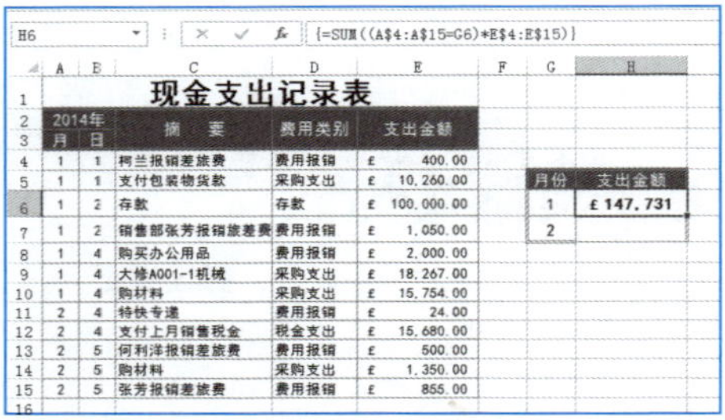

H6 {=SUM((A$4:A$15=G6)*E$4:E$15)}

现金支出记录表

2014年 月	日	摘　要	费用类别	支出金额
1	1	柯兰报销差旅费	费用报销	£ 400.00
1	1	支付包装物货款	采购支出	£ 10,260.00
1	2	存款	存款	£ 100,000.00
1	2	销售部张芳报销旅差费	费用报销	£ 1,050.00
1	4	购买办公用品	费用报销	£ 2,000.00
1	4	大修A001-1机械	采购支出	£ 18,267.00
1	4	购材料	采购支出	£ 15,754.00
2	4	特快专递	费用报销	£ 24.00
2	4	支付上月销售税金	税金支出	£ 15,680.00
2	5	何利洋报销差旅费	费用报销	£ 500.00
2	5	购材料	采购支出	£ 1,350.00
2	5	张芳报销差旅费	费用报销	£ 855.00

月份	支出金额
1	£ 147,731
2	

图21-58

❷ 选中H6单元格，复制公式到H7单元格，可以快速统计出2月份中支出金额合计值，如图21-59所示。

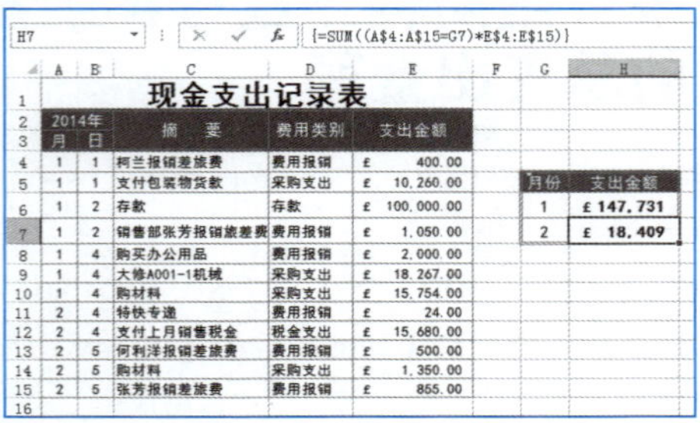

H7 {=SUM((A$4:A$15=G7)*E$4:E$15)}

现金支出记录表

2014年 月	日	摘　要	费用类别	支出金额
1	1	柯兰报销差旅费	费用报销	£ 400.00
1	1	支付包装物货款	采购支出	£ 10,260.00
1	2	存款	存款	£ 100,000.00
1	2	销售部张芳报销旅差费	费用报销	£ 1,050.00
1	4	购买办公用品	费用报销	£ 2,000.00
1	4	大修A001-1机械	采购支出	£ 18,267.00
1	4	购材料	采购支出	£ 15,754.00
2	4	特快专递	费用报销	£ 24.00
2	4	支付上月销售税金	税金支出	£ 15,680.00
2	5	何利洋报销差旅费	费用报销	£ 500.00
2	5	购材料	采购支出	£ 1,350.00
2	5	张芳报销差旅费	费用报销	£ 855.00

月份	支出金额
1	£ 147,731
2	£ 18,409

图21-59

函数51　统计各费用类别中的最大支出金额

当前表格中按日期统计了各项费用的支出金额，并对支出费用归纳了类别。现在统计出各个费用类别中单笔最高支出金额。

❶ 在工作表中输入数据并建立好求解标识。选中G4单元格，在公式编辑栏中输入公式："=LARGE(IF(B$3:B$15=F4,D$3:D$15),1)"，同时按"Ctrl+Shift+Enter"组合键，返回"差旅费"单笔最高支出金额。

❷ 选中G4单元格，向下复制公式到G6单元格中，可以快速返回其他费用类别单笔最高支出金额，如图21-60所示。

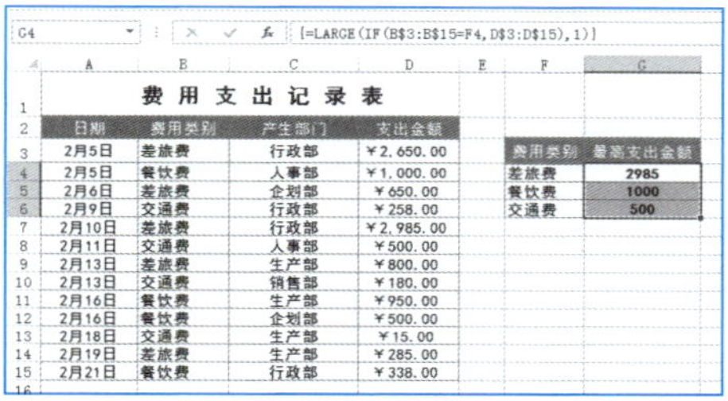
G4　{=LARGE(IF(B$3:B$15=F4,D$3:D$15),1)}

费用支出记录表

日期	费用类别	产生部门	支出金额
2月5日	差旅费	行政部	￥2,650.00
2月5日	餐饮费	人事部	￥1,000.00
2月6日	差旅费	企划部	￥650.00
2月9日	交通费	行政部	￥258.00
2月10日	差旅费	行政部	￥2,985.00
2月11日	交通费	人事部	￥500.00
2月13日	差旅费	生产部	￥800.00
2月13日	交通费	销售部	￥180.00
2月16日	餐饮费	生产部	￥950.00
2月16日	餐饮费	企划部	￥500.00
2月18日	交通费	生产部	￥15.00
2月19日	差旅费	生产部	￥285.00
2月21日	餐饮费	行政部	￥338.00

费用类别	最高支出金额
差旅费	2985
餐饮费	1000
交通费	500

图21-60

函数52　统计各费用类别中的最低支出金额

当前表格中按日期统计了各项费用的支出金额，并对支出费用归纳了类别。现在统计出各个费用类别中单笔最低支出金额。

❶ 在工作表中输入数据并建立好求解标识。选中G4单元格，在公式编辑栏中输入公式："=SMALL(IF(B$3:B$15=F4,D$3:D$15),1)"，同时按"Ctrl+Shift+Enter"组合键，返回"差旅费"单笔最低支出金额。

❷ 选中G4单元格，向下复制公式到G6单元格中，可以快速返回其他费用类别单笔最低支出金额，如图21-61所示。

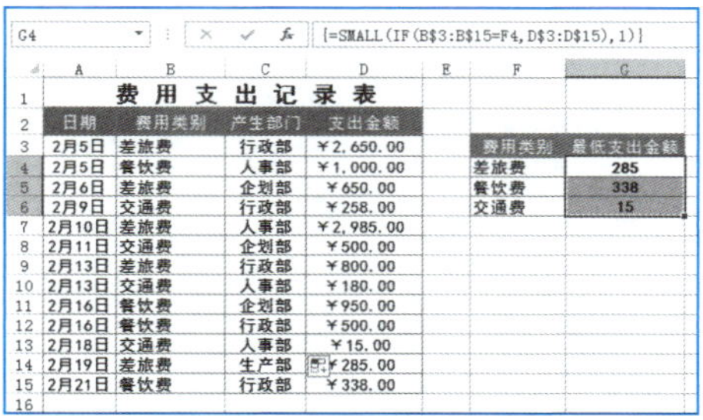
G4　{=SMALL(IF(B$3:B$15=F4,D$3:D$15),1)}

费用支出记录表

日期	费用类别	产生部门	支出金额
2月5日	差旅费	行政部	￥2,650.00
2月5日	餐饮费	人事部	￥1,000.00
2月6日	差旅费	企划部	￥650.00
2月9日	交通费	行政部	￥258.00
2月10日	差旅费	人事部	￥2,985.00
2月11日	交通费	企划部	￥500.00
2月13日	差旅费	行政部	￥800.00
2月13日	交通费	人事部	￥180.00
2月16日	餐饮费	企划部	￥950.00
2月16日	餐饮费	行政部	￥500.00
2月18日	交通费	人事部	￥15.00
2月19日	差旅费	生产部	￥285.00
2月21日	餐饮费	行政部	￥338.00

费用类别	最低支出金额
差旅费	285
餐饮费	338
交通费	15

图21-61

函数53　统计出指定费用类别的支出记录条数

当前表格中按日期统计了各项费用的支出金额，并对支出费用归纳了类别。现在统计出各个费用类别支出记录的条数。

❶ 在工作表中输入数据并建立好求解标识。选中G4单元格，在公式编辑栏中输入公式：“=COUNTIF(B$3:B$15,F4)”，按回车键，即可计算出“差旅费”类别的支出记录条数。

❷ 选中G4单元格，向下复制公式到G6单元格中，即可计算出其他费用类别的支出记录条数，如图21-62所示。

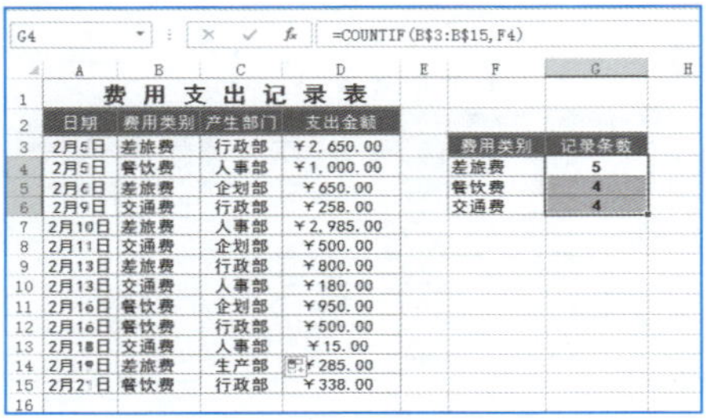

G4　=COUNTIF(B$3:B$15,F4)

	A	B	C	D	E	F	G
1	费用支出记录表						
2	日期	费用类别	产生部门	支出金额			
3	2月5日	差旅费	行政部	¥2,650.00		费用类别	记录条数
4	2月5日	餐饮费	人事部	¥1,000.00		差旅费	5
5	2月6日	差旅费	企划部	¥650.00		餐饮费	4
6	2月9日	交通费	行政部	¥258.00		交通费	4
7	2月10日	差旅费	人事部	¥2,985.00			
8	2月11日	交通费	企划部	¥500.00			
9	2月13日	差旅费	行政部	¥800.00			
10	2月13日	交通费	人事部	¥180.00			
11	2月16日	餐饮费	企划部	¥950.00			
12	2月16日	餐饮费	行政部	¥500.00			
13	2月18日	交通费	人事部	¥15.00			
14	2月19日	差旅费	生产部	¥285.00			
15	2月21日	餐饮费	行政部	¥338.00			

图21-62

函数54　统计出大于指定数值的记录条数

当前表格中按日期统计了各项费用的支出金额，并对支出费用归纳了类别。现在统计出单笔支出金额大于1000的记录条数。

选中F5单元格，在公式编辑栏中输入公式：“=COUNTIF(D3:D15,">=1000")”，按回车键统计出D3:D15单元格区域中金额大于1000的记当条数，如图21-63所示。

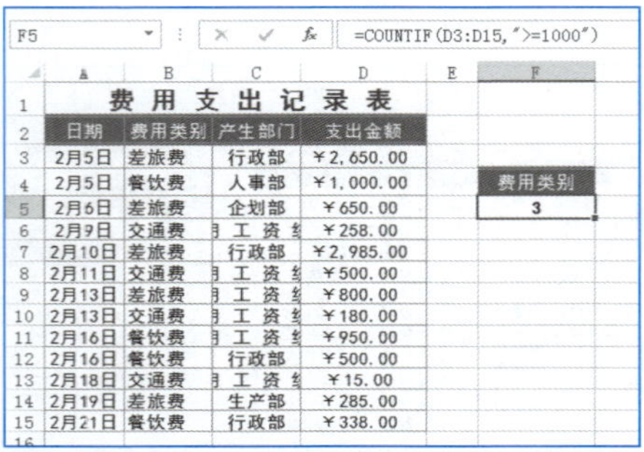

F5　=COUNTIF(D3:D15,">=1000")

	A	B	C	D	E	F
1	费用支出记录表					
2	日期	费用类别	产生部门	支出金额		
3	2月5日	差旅费	行政部	¥2,650.00		
4	2月5日	餐饮费	人事部	¥1,000.00		费用类别
5	2月6日	差旅费	企划部	¥650.00		3
6	2月9日	交通费	月工资纟	¥258.00		
7	2月10日	差旅费	行政部	¥2,985.00		
8	2月11日	交通费	月工资纟	¥500.00		
9	2月13日	差旅费	月工资纟	¥800.00		
10	2月13日	交通费	月工资纟	¥180.00		
11	2月16日	餐饮费	月工资纟	¥950.00		
12	2月16日	餐饮费	行政部	¥500.00		
13	2月18日	交通费	月工资纟	¥15.00		
14	2月19日	差旅费	生产部	¥285.00		
15	2月21日	餐饮费	行政部	¥338.00		

图21-63

第22章

函数在财务分析中的应用

Excel

函数55 引用资产负债表中的情况

在对财务报表进行分析时，通常需要从资产负债表中引用需要的数据，并对数据进行分析。此时可以使用VLOOKUP函数，用法与在销售管理中的用法一样。

❶ 选中B3单元格，在公式编辑栏中输入公式："=VLOOKUP($A3,资产负债表!$B$1:$H$40,2,FALSE)"，按回车键即引用应收票据的期初数，如图22-1所示。

B3 =VLOOKUP($A3,资产负债表!$B$1:$H$40,2,FALSE)

	A	B	C	D	E
1	负债变化状况分析				
2	项目	期初数	期末数	增长额	增长率
3	应收票据	363,147,625.88			
4	应付账款				
5	其他应收款				
6	预收账款				
7	存货				
8					

图22-1

❷ 按类似的方法引用资产负债表中的其他数据，并设置公式对负债变化状况进行分析。如图22-2所示为引用资产负债表中的"其他应收款"的期末数。

C4 =VLOOKUP($A4,资产负债表!$F$1:$H$40,3,FALSE)

	A	B	C	D	E
1	负债变化状况分析				
2	项目	期初数	期末数	增长额	增长率
3	应收票据	363,147,625.88	624,375,709.86	261,228,083.98	41.84%
4	应付账款	217,739,452.01	199,904,583.71	(17,834,868.30)	-8.92%
5	其他应收款	1,042,071.58	416,710.35	(625,361.23)	-150.07%
6	预收账款	102,299,419.63	584,723,701.43	482,424,281.80	82.50%
7	存货	622,649,558.61	1,254,543,442.86	631,893,884.25	50.37%
8					

图22-2

函数56 返回产销量的最高点值

当前工作表中按年度统计了产销量与资金变化情况资料，现在要统计产销量的最高点，可以使用MAX函数。

选中B10单元格，在公式编辑栏中输入公式："=MAX(B2:B7)"，按回车键，即可显示出2009年度至2014年度之间产销量最高点值，如图22-3所示。

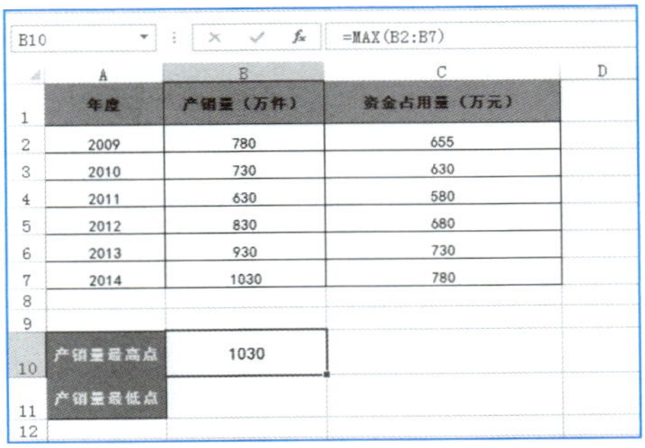

B10 =MAX(B2:B7)

	A	B	C
1	年度	产销量（万件）	资金占用量（万元）
2	2009	780	655
3	2010	730	630
4	2011	630	580
5	2012	830	680
6	2013	930	730
7	2014	1030	780
10	产销量最高点	1030	
11	产销量最低点		

图22-3

函数57　返回产销量的最低点

当前工作表中按年度统计了产销量与资金变化情况资料，现在要统计产销量的最低点值，可以使用MIN函数。

选中B11单元格，在公式编辑栏中输入公式："=MIN(B2:B7)"，按回车键，即可显示出2009年度至2014年度之间产销量最低点值，如图22-4所示。

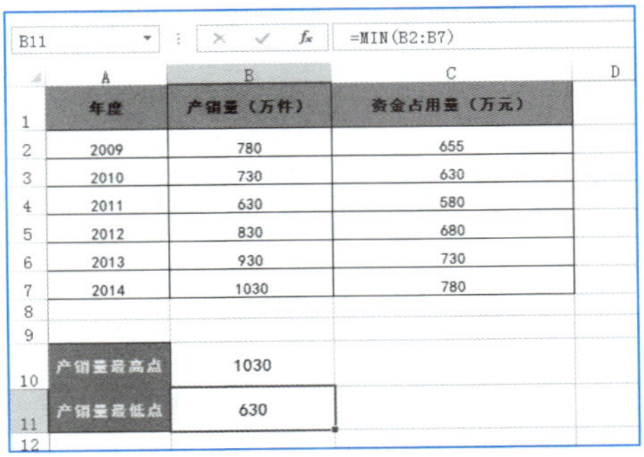

B11 =MIN(B2:B7)

	A	B	C
1	年度	产销量（万件）	资金占用量（万元）
2	2009	780	655
3	2010	730	630
4	2011	630	580
5	2012	830	680
6	2013	930	730
7	2014	1030	780
10	产销量最高点	1030	
11	产销量最低点	630	

图22-4

函数58　引用最高点和最低点的资金占用额

当前工作表中按年度统计了产销量与资金变化情况资料，统计出最高点和最低点的数据后，还可以使用INDEX和MATCH函数组合引用最高点和最低点的资金占用额。

❶ 选中C10单元格，在公式编辑栏中输入公式："=INDEX($C$2:$C$7,MATCH(B10,$B$2:$B$7))"，按回车键，即可引用最高点资金占用额。

② 将光标移到C10单元格的右下角，光标变成十字形状后，按住鼠标左键向下拖动公式填充到C11单元格，即可引用最低点的资金占用额，如图22-5所示。

C10 =INDEX($C$2:$C$7,MATCH(B10,$B$2:$B$7))

	A	B	C	D	E
1	年度	产销量（万件）	资金占用量（万元）		
2	2009	780	655		
3	2010	730	630		
4	2011	630	580		
5	2012	830	680		
6	2013	930	730		
7	2014	1030	780		
8					
9					
10	产销量最高点	1030	780		
11	产销量最低点	630	580		
12					

图22-5

函数59　返回拟合的线性回归直线的斜率

对产销量和资金占用量进行测试，通过测试的结果返回产销量和资金占用量的线性回归直线的斜率。

选中B9单元格，在公式编辑栏中输入公式："=SLOPE(B2:B7,A2:A7)"，按回车键即可返回产销量和资金占用量的线性回归直线的斜率值为0.5，如图22-6所示。

B9 =SLOPE(B2:B7,A2:A7)

	A	B	C
1	产销量（万件）	资金占用量（万元）	
2	780	655	
3	730	630	
4	630	580	
5	830	680	
6	930	730	
7	1030	780	
8			
9	产销量和资金占用量测试结果的斜率值	0.5	
10			

图22-6

函数60　考评销售员的销售等级

在产品销售统计报表中，考评销售员的销售等级。约定当总销售额大于200000时，销售等级为"四等销售员"；当总销售量在180000~200000时，销售等级为"三等销售员"；当总销售量在150000~180000时，销售等级为"二等销售员"；当总销售量小于150000时，销售等级为"一等销售员"。

选中E2单元格，在公式编辑栏中输入公式：=CHOOSE(IF(D2>200000,1,IF(D2>=180000,2,IF(D2>=150000,3,4))),"四等销售员","三等销售员","二等销售员","一等销售员")，按回车键即可评定销售员"王涛"等级为"二等销售员"。向下复制公式，即可判断其他销售员的等级，如图22-7所示。

E2　=CHOOSE(IF(D2>200000,1,IF(D2>=180000,2,IF(D2>=150000,3,4))),"四等销售员","三等销售员","二等销售员","一等销售员")

销售员	销售量	销售单价	销售金额	销售等级
王涛	817	210	171570	二等销售员
周国菊	921	210	193410	三等销售员
徐莹	886	210	186060	三等销售员
唐刘云	1008	210	211680	四等销售员
晏菲	635	210	133350	一等销售员
方玲	978	210	205380	四等销售员

图22-7

函数61　计算每位员工的销售提成率

在员工产品销售统计报表中，根据总销售金额自动返回每位员工的销售提成率。

设置销售成绩区间所对应的提成率。选中E2单元格，在公式编辑栏中输入公式：=HLOOKUP(D2,$B$9:$G$11,3)，按回车键即可获取员工"葛丽"的销售业绩提成率为"12%"。向下复制公式，即可获取其他员工的销售业绩提成率，如图22-8所示。

E2　=HLOOKUP(D2,$B$9:$G$11,3)

员工姓名	总销售量	销售单价	总销售额	销售业绩提成率		
葛丽	817	210	171570	12%		
夏慧	921	210	193410	12%		
王磊	886	210	186060	12%		
孙瘫	1008	210	211680	15%		
高龙宝	635	210	133350	9%		
销售金额区间提成率	0	100001	150001	200001	250001	300001
	100000	150000	200000	250000	300000	
	6%	9%	12%	15%	20%	25%

图22-8

函数62　进行百分比排位

计算每位销售人员的销售额在所有员工总销售额中的百分比排位。

❶ 选中C2单元格，在公式编辑栏中输入公式：=PERCENTRANK.INC($B$2:$B$10,B10)，按回车键，即可计算出第一个员工的销售额在所有员工总销售额中的百分比排位，如图22-9所示。

② 将光标移到C2单元格的右下角，光标变成十字形状后，按住鼠标左键向下拖动进行公式填充，即可快速求出其他员工的总销售额在所有员工总销售额中的百分比排位，如图22-10所示。

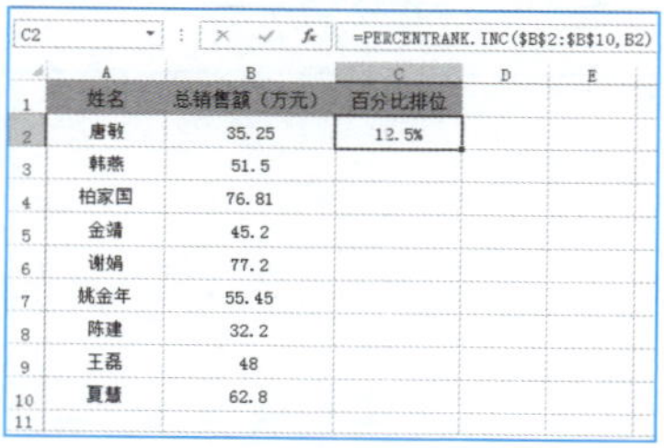

C2 =PERCENTRANK.INC($B$2:$B$10,B2)

姓名	总销售额（万元）	百分比排位
唐敏	35.25	12.5%
韩燕	51.5	
柏家国	76.81	
金靖	45.2	
谢娟	77.2	
姚金年	55.45	
陈建	32.2	
王磊	48	
夏慧	62.8	

图22-9

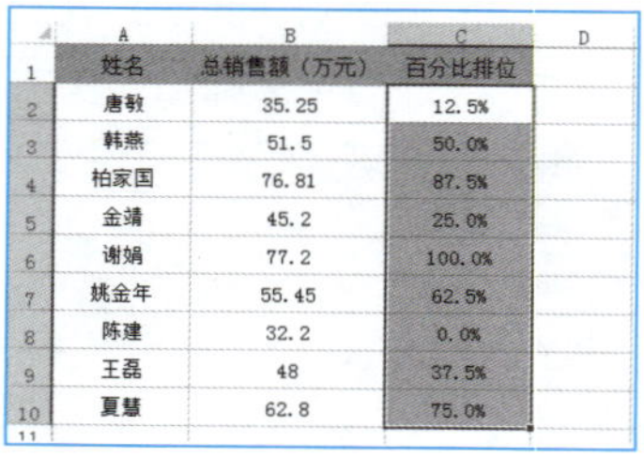

姓名	总销售额（万元）	百分比排位
唐敏	35.25	12.5%
韩燕	51.5	50.0%
柏家国	76.81	87.5%
金靖	45.2	25.0%
谢娟	77.2	100.0%
姚金年	55.45	62.5%
陈建	32.2	0.0%
王磊	48	37.5%
夏慧	62.8	75.0%

图22-10

函数63 对员工销售业绩进行排名次

本例中统计每位销售员的总销售额，现在需要对他们的销售额进行排名，可以使用RANK函数来实现。

选中C2单元格，在公式编辑栏中输入公式：=RANK (B2,$B$2:$B$10,0)，按回车键，即可返回B2:B10单元格区域中的排名，向下复制公式，即可快速求出其他员工的总销售额在B2:B10单元格区域的排名，如图22-11所示。

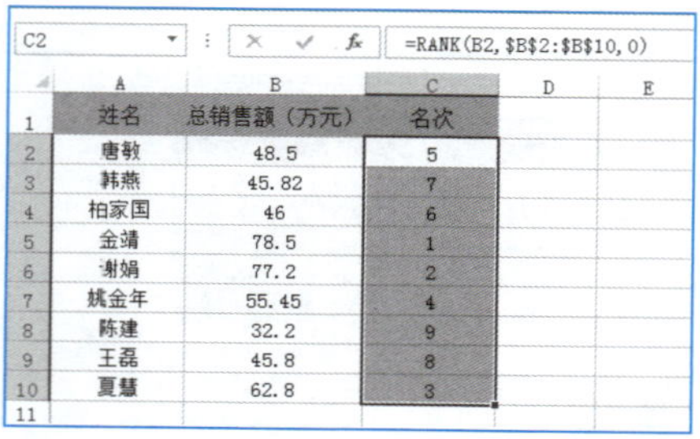

C2 =RANK(B2,$B$2:$B$10,0)

姓名	总销售额（万元）	名次
唐敏	48.5	5
韩燕	45.82	7
柏家国	46	6
金靖	78.5	1
谢娟	77.2	2
姚金年	55.45	4
陈建	32.2	9
王磊	45.8	8
夏慧	62.8	3

图22-11

函数64 计算直线与y轴的截距

对产销量和资金占用量进行测试，通过测试的结果返回产销量和资金占用量的线性回归直线的截距值。

选中B9单元格，在公式编辑栏中输入公式："=INTERCEPT(B2:B7,A2:A7)"，按回车键即可返回产销量和资金占用量的线性回归直线的截距值为265.00，如图22-12所示。

B9　=INTERCEPT(B2:B7,A2:A7)

产销量（万件）	资金占用量（万元）
780	655
730	630
630	580
830	680
930	730
1030	780
产销量和资金占用量测试结果的截距值	265.00

图22-12

函数65　根据最佳直线拟合返回直线的数组

根据企业上半年的管理费用统计报表，使用LINEST函数设置显现预测分析模型并预测下半年各个月份的管理费用。

❶ 选中D2:E6单元格区域，在公式编辑栏中输入公式：“=LINEST(B2:B7,A2:A7,,1)”，按“Ctrl+Shift+Enter”组合键，设置管理费预测模型，如图22-13所示。

D2　{=LINEST(B2:B7,A2:A7,,1)}

月份	管理费		线性预测模型	
1	12724.5		731.69	11347.59
2	15836.8		691.95	2694.77
3	10041.8		0.22	2894.65
4	11516		1.12	4.00
5	15696		9369089.24	33515945.29
6	17636		#N/A	#N/A

图22-13

❷ 在工作表中输入下半年管理预测表格，选中H3单元格，在公式编辑栏中输入公式：“=D$2*$G3+E$2”，按回车键后向下填充公式，即可预测下半年各个月份的管理费用如图22-14所示。

H3　=D$2*$G3+E$2

月份	管理费		线性预测模型			下半年管理费预测	
						月份	管理费
1	12724.5		731.69	11347.59		7	16469.45
2	15836.8		691.95	2694.77		8	17201.14
3	10041.8		0.22	2894.65		9	17932.84
4	11516		1.12	4.00		10	18664.53
5	15696		9369089.24	33515945.29		11	19396.22
6	17636		#N/A	#N/A		12	20127.92

图22-14

函数66　返回一条线性回归拟合线的值

在上半年主营业务收入统计报表中，通过上半年各月主营业务收入预测下半年各个月份主营业务收入。

选中E2:E7单元格区域，在公式编辑栏中输入公式："=TREND(B2:B7,A2:A7,D2:D7)"，按"Ctrl+Shift+Enter"组合键，即可预测出下半年各个月份主营业务收入，如图22-15所示。

E2　{=TREND(B2:B7,A2:A7,D2:D7)}

月份	实际主营业务收入（万元）		预测下半年的主营业务收入	
1	268.95		7	321.53
2	288.5		8	328.72
3	312.68		9	335.91
4	290.2		10	343.10
5	302.56		11	350.28
6	315.33		12	357.47

图22-15

函数67　根据指数回归拟合曲线返回该曲线的数值

在上半年主营业务收入统计报表中，通过上半年各月主营业务收入返回主营业务的曲线数值。

选中C9单元格，在公式编辑栏中输入公式："=LOGEST(C2:C7,B2:B7,TRUE,FALSE)"，按回车键即可返回实际主营业务收入的曲线值为"1.024981646"，如图22-16所示。

C9　=LOGEST(C2:C7,B2:B7,TRUE,FALSE)

序号	月份	实际主营业务收入（万元）
A001	1	268.95
A002	2	288.5
A003	3	312.68
A004	4	290.2
A005	5	302.56
A006	6	315.33
主营业务收入的曲线数值		1.024981646

图22-16

函数68　各月主营业务收入与平均收入相比较

当前表格中统计了上半年各个月份的主营业务收入。现在要将各个月份的收入与上半年平均收入进行比较，并在前面加上“增加”或“减少”字样。

选中C2单元格，在编辑栏中输入公式：=IF(B2>AVERAGE($B$2:$B$7),”高出”&ROUND(ABS(B2-AVERAGE($B$2:$B$7)),2),”低出”&ROUND(ABS(B2-AVERAGE($B$2:$B$7)),2))，按回车键，即可得到1月份收入与上半年平均收入相比的高出或低出金额。向下复制公式，即可得到其他月份的收入与上半年平均收入相比的高出或低出金额，如图22-17所示。

C2　=IF(B2>AVERAGE($B$2:$B$7),"高出"&ROUND(ABS(B2-AVERAGE($B$2:$B$7)),2),"低出"&ROUND(ABS(B2-AVERAGE($B$2:$B$7)),2))

月份	主营业务收入	与平均收入相比
1月	30.21	低出13.67
2月	45.22	高出1.35
3月	48.34	高出4.47
4月	36.42	低出7.46
5月	56.5	高出12.63
6月	46.56	高出2.69

图22-17

函数69　预测指数增长值

在12个期间产量和生产成本统计报表中，通过112个期间产品的产量和生产成本的资料，用指数法对企业未来成本及变动成本趋势进行估算和预测。

选中B6:E7单元格区域，在公式编辑栏中输入公式：“{=GROWTH(B2:M2,B1:M1,B5:E5)}”，按“Ctrl+Shift+Enter”组合键，即可预算出13、14、15、16期间产量和成本预测，如图22-18所示。

B6　{=GROWTH(B2:M2,B1:M1,B5:E5)}

生产期间	1	2	3	4	5	6	7	8	9	10	11	12
产量（万件）	215	225	235	245	255	265	275	285	295	305	315	325
生产成本（万元）	150	153	156	159	162	165	168	171	174	177	180	183

产量与生产成本预测

生产期间	13	14	15	16
目标产量（万件）	341.47	354.48	367.99	382.02
目标成本预测（万元）	341.47	354.48	367.99	382.02

图22-18

函数70　返回数据点与各自样本平均值的偏差的平方和

在上半年生产成本工作表中根据各个月份生产成本返回生产成本与平均生

产成本的平方和，可以使用DEVSQ函数。

选中C9单元格，在公式编辑栏中输入公式：“=DEVSQ (C2:C7)”，按回车键即可返回生产成本与平均值偏差的平方和，如图22-19所示。

C9 =DEVSQ(C2:C7)

	A	B	C	D
1	序号	月份	生产成本（万）	
2	A001	1	268.95	
3	A002	2	288.5	
4	A003	3	312.68	
5	A004	4	290.2	
6	A005	5	302.56	
7	A006	6	315.33	
8				
9	生产成本与平均值偏差的平方和		1515.676	

图22-19

函数71 返回指定数值对应的标准差

在上半年生产成本工作表中根据各个月份生产成本返回生产成本的标准差，可以使用DEVSQ函数和SQRT函数实现。

选中C9单元格，在公式编辑栏中输入公式：“=SQRT(DEVSQ(C2:C7)/6)”，按回车键即返回从生产成本的标准差，如图22-20所示。

C9 =SQRT(DEVSQ(C2:C7)/6)

	A	B	C	D	E
1	序号	月份	生产成本（万）		
2	A001	1	268.95		
3	A002	2	288.5		
4	A003	3	312.68		
5	A004	4	290.2		
6	A005	5	302.56		
7	A006	6	315.33		
8					
9	生产成本标准差		15.89		
10					

图22-20

函数72 设置客户类型

在这里客户类型将按照该公司的注册资金来划分，假设注册资金在200万以上的将它定义为“大客户”，注册资金在50万以上200万以下的将它定义为“中客户”，注册资金在50万以下的为“小客户”。

选中H2单元格，在公式编辑栏中输入公式：“=IF(G2>=200,"大客户",IF(G2>=50,"中客户","小客户"))”，按回车键，即可计算出当前客户的客户类型为“大客户”。向下复制公式，即可计算出其他客户的客户类型，如图22-21所示。

H2 =IF(G2>=200,"大客户",IF(G2>=50,"中客户","小客户"))

	A	B	C	D	E	F	G	H
1	编号	客户名称	公司地址	联系人	电话与传真	经营范围	注册资金（万）	客户类型
2	KH_JD001	湛江市[illegible]贸易	湛江市 莲花路 58号	李国强	0759-56964211（T） 0759-56964212（F）	冰箱	500	大客户
3	KH_JD002	无锡美华百货	无锡市 天华路 108号	张 军	0510-23651444（T） 0510-23651445（F）	空调	380	大客户
4	KH_JD003	杭州市百大百货	杭州市 美菱大道 115号	朱子进	0571-45621355（T） 0571-45621356（F）	热水器	20	小客户
5	KH_JD004	合肥市[illegible]商场	合肥市 长江路 108号	赵庆龙	0551-5632101（T） 0551-5632102（F）	数码	50	中客户
6	KH_JD005	杭州市[illegible]百货	杭州市 美菱大道 45号	李华键	0571-56321555（T） 0571-56321556（F）	数码	120	中客户
7	KH_JD006	芜湖市[illegible]商场	芜湖市 长江东路 28号	高志敏	0553-5361201（T） 0553-5361202（F）	传真机	15	小客户
8	KH_JD007	合肥市[illegible]商厦	合肥市 望江路 168号	宋子雄	0551-3856108（T） 0551-3856109（F）	打印机	30	小客户
9	KH_JD008	上海市[illegible]商场	上海市 南京路 125号	曹正松	021-56915885（T） 021-56915886（F）	彩电	400	大客户
10	KH_JD009	南京市乐百华商场	南京市 梅南路 110号	郭美玲	025-52961556（T） 025-52961557（F）	空调	350	大客户
11	KH_JD010	芜湖市魅力商场	芜湖市 长江东路 28号	杨依娜	0553-7085925（T） 0553-7085926（F）	健身器材	40	小客户
12	KH_JD011	无锡市[illegible]商场	无锡市 沿井路 58号	王雷峰	0510-63956200（T） 0510-63956201（F）	美容	10	小客户
13	KH_JD012	绍兴市百家商场	绍兴市 太极大道 58号	吴东梅	0575-45621355（T） 0575-45621356（F）	电脑	700	大客户

图22-21

函数73　划分客户受信等级

按照客户的大、中、小类型再将客户的受信等级依次分为“1级”、“2级”、“3级”。

选中I2单元格，在公式编辑栏中输入公式：“=IF(H2="大客户","1级",IF(H2="中客户","2级","3级"))”，按回车键，即可计算出当前客户的受信等级为“1级”。向下复制公式，即可计算出其他客户的受信等级，如图22-22所示。

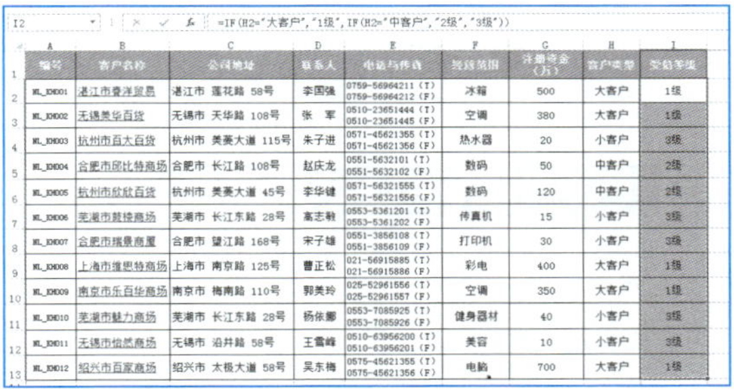

I2　=IF(H2="大客户","1级",IF(H2="中客户","2级","3级"))

编号	客户名称	公司地址	联系人	电话与传真	经营范围	注册资金（万）	客户类型	受信等级
NL_KH001	湛江市鲁洋贸易	湛江市 莲花路 58号	李国强	0759-56964211（T） 0759-56964212（F）	冰箱	500	大客户	1级
NL_KH002	无锡美华百货	无锡市 天华路 108号	张　军	0510-23651444（T） 0510-23651445（F）	空调	380	大客户	1级
NL_KH003	杭州市百大百货	杭州市 美菱大道 115号	朱子进	0571-45621355（T） 0571-45621356（F）	热水器	20	小客户	3级
NL_KH004	合肥市邱比特商场	合肥市 长江路 108号	赵庆龙	0551-5632101（T） 0551-5632102（F）	数码	50	中客户	2级
NL_KH005	杭州市欣欣百货	杭州市 美菱大道 45号	李华键	0571-56321555（T） 0571-56321556（F）	数码	120	中客户	2级
NL_KH006	芜湖市赣楼商场	芜湖市 长江东路 28号	高志敏	0553-5361201（T） 0553-5361202（F）	传真机	15	小客户	3级
NL_KH007	合肥市瑞景商厦	合肥市 望江路 168号	宋子雄	0551-3856108（T） 0551-3856109（F）	打印机	30	小客户	3级
NL_KH008	上海市维思特商场	上海市 南京路 125号	曹正松	021-56915885（T） 021-56915886（F）	彩电	400	大客户	1级
NL_KH009	南京市乐百华商场	南京市 梅南路 110号	郭美玲	025-52961556（T） 025-52961557（F）	空调	350	大客户	1级
NL_KH010	芜湖市魅力商场	芜湖市 长江东路 28号	杨依娜	0553-7085925（T） 0553-7085926（F）	健身器材	40	小客户	3级
NL_KH011	无锡市怡然商场	无锡市 沿井路 58号	王雪峰	0510-63956200（T） 0510-63956201（F）	美容	10	小客户	3级
NL_KH012	绍兴市百家商场	绍兴市 太极大道 58号	吴东梅	0575-45621355（T） 0575-45621356（F）	电脑	700	大客户	1级

图22-22

函数74　账龄分析

在账务管理中经常需要对应收账款的账龄进行分析，以及时催收账龄过长的账款。这时需要使用到TODAY函数。

❶ 选中E3单元格，在公式编辑栏中输入公式：“=IF(AND(TODAY()-$D3>30,TODAY()-$D3<=60),$B3-$C3,0)”，按回车键，判断第一项应收账款的账龄是否在30~60天范围内。如果在，返回金额；如果不在，返回0值，如图22-23所示。

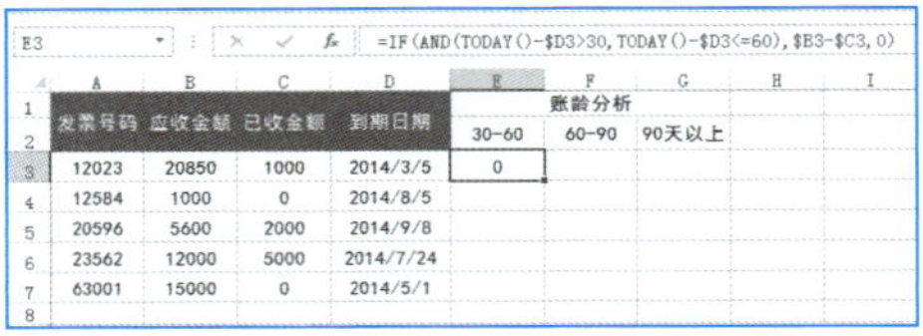

E3　=IF(AND(TODAY()-$D3>30,TODAY()-$D3<=60),$B3-$C3,0)

发票号码	应收金额	已收金额	到期日期	账龄分析		
				30-60	60-90	90天以上
12023	20850	1000	2014/3/5	0		
12584	1000	0	2014/8/5			
20596	5600	2000	2014/9/8			
23562	12000	5000	2014/7/24			
63001	15000	0	2014/5/1			

图22-23

❷ 选中F3单元格，在公式编辑栏中输入公式：“=IF(AND(TODAY()-$D3>60,TODAY()-$D3<=90),$B3-$C3,0)”，按回车键，判断第一项应收账款的账龄是否在60~90天范围内。如果在，返回金额；如果不在，返回0值，如图22-24所示。

F3 =IF(AND(TODAY()-$D3>60,TODAY()-$D3<=90),$B3-$C3,0)

发票号码	应收金额	已收金额	到期日期	账龄分析		
				30-60	60-90	90天以上
12023	20850	1000	2014/3/5	0	0	
12584	1000	0	2014/8/5			
20596	5600	2000	2014/9/8			
23562	12000	5000	2014/7/24			
63001	15000	0	2014/5/1			

图22-24

3 选中G3单元格，在公式编辑栏中输入公式：=IF(TODAY()-$D3>90,$B3-$C3,0)，按回车键，判断第一项应收账款的账龄是否大于90天。如果在，返回金额；如果不在，返回0值，如图22-25所示。

G3 =IF(TODAY()-$D3>90,$B3-$C3,0)

发票号码	应收金额	已收金额	到期日期	账龄分析		
				30-60	60-90	90天以上
12023	20850	1000	2014/3/5	0	0	19850
12584	1000	0	2014/8/5			
20596	5600	2000	2014/9/8			
23562	12000	5000	2014/7/24			
63001	15000	0	2014/5/1			

图22-25

4 同时选中E3：G3单元格区域，将光标定位到右下角，向下拖动复制公式，可以快速得到其他应收账款的账龄，如图22-26所示。

发票号码	应收金额	已收金额	到期日期	账龄分析		
				30-60	60-90	90天以上
12023	20850	1000	2014/3/5	0	0	19850
12584	1000	0	2014/8/5	1000	0	0
20596	5600	2000	2014/9/8	0	0	0
23562	12000	5000	2014/7/24	0	7000	0
63001	15000	0	2014/5/1	0	0	15000

图22-26

函数75 计算员工工龄样本的方差

例如B列为员工的工龄，下面利用VAR.S函数忽略样本中的文本来计算员工工龄样本的方差。

选中D2单元格区域，在公式编辑栏中输入公式：“=VAR.S(B2:B12)”，按回车键，即可计算员工工龄样本的方差，如图22-27所示。

D2 =VAR.S(B2:B12)

姓名	工龄		工龄样本的方差(忽略文本)
葛丽	12		9.5
周国菊	5		
蓝心桥	未统计		
徐莹	2		
杨荣威	8		
唐敏	未统计		
许普庆	3		
周伟	6		
李杰	3		
何超利	4		
张水洋	5		

图22-27

函数76 计算员工工龄的总体方差

例如B列为员工的工龄，下面利用VAR.P函数忽略样本中的文本来算员工工龄的总体方差。

选中D2单元格区域，在公式编辑栏中输入公式：“=VAR.P(B2:B15)”，按回车键，即可计算员工工龄的总体方差，如图22-28所示。

D2 =VAR.P(B2:B15)

	A	B	C	D
1	姓名	工龄		工龄总体方差(忽略文本)
2	葛丽	12		8.805555556
3	周国菊	5		
4	蓝心桥	未统计		
5	徐莹	2		
6	杨荣威	8		
7	唐敏	未统计		
8	许普庆	3		
9	周伟	6		
10	李杰	3		
11	何超利	4		
12	张水洋	5		
13	李娜	2		
14	刘健	1		
15	周立瑞	7		
16				

图22-28

函数77 比较两种产品的销售利润的稳定性

表格中统计了各个月份中两种产品的利润，并且计算了平均值，通过平均值查看两种产品差别不大，这时可以通过计算几何平均值来查看两种产品销售利润的稳定程度。

❶ 选中B10单元格，在公式编辑栏中输入公式：“=GEOMEAN(B2:B7)”，按回车键，即可计算出几何平均值。

❷ 将光标移到B10单元格的右下角，光标变成十字形状后，按住鼠标左键向右拖动公式填充到C10单元格，可以看到“产品A”的销售利润更加稳定，如图22-29所示。

B10 =GEOMEAN(B2:B7)

	A	B	C
1	月份	产品A	产品B
2	1月	20780	32180
3	2月	31711	20700
4	3月	20000	25680
5	4月	24480	11250
6	5月	20766	21299
7	6月	34780	34580
8			
9	平均值	25419.5	24281.5
10	几何平均值	24806.37014	22833.96626

图22-29

函数78 在销售报表中自动返回产品单价

在建立销售数据管理系统时，通常都会建立一张产品单价表，以统计所有产品的进货单价与销售单价等基本信息。现在在后面建立销售数据统计表时，要求引用单价表中的产品单价数据。

❶ 如图22-30所示为建立好的“单价表”。

❷ 切换到“销售表”中，选中C2单元格，在编辑栏中输入公式：“=VLOOKUP(A2,单价表!A$1:D$18,4,FALSE)*B2”，按回车键即可从“单价

表”中提取产品的销售单价，并根据销售数量自动计算出销售金额。

③ 选中C2单元格，光标定位到该单元格右下角，向下复制公式，即可快速计算出其他各产品的销售金额，如图22-31所示。

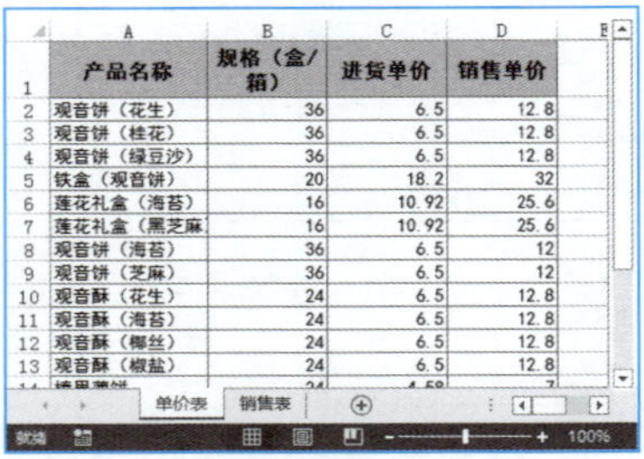

	产品名称	规格（盒/箱）	进货单价	销售单价
2	观音饼（花生）	36	6.5	12.8
3	观音饼（桂花）	36	6.5	12.8
4	观音饼（绿豆沙）	36	6.5	12.8
5	铁盒（观音饼）	20	18.2	32
6	莲花礼盒（海苔）	16	10.92	25.6
7	莲花礼盒（黑芝麻	16	10.92	25.6
8	观音饼（海苔）	36	6.5	12
9	观音饼（芝麻）	36	6.5	12
10	观音酥（花生）	24	6.5	12.8
11	观音酥（海苔）	24	6.5	12.8
12	观音酥（椰丝）	24	6.5	12.8
13	观音酥（椒盐）	24	6.5	12.8

图22-30

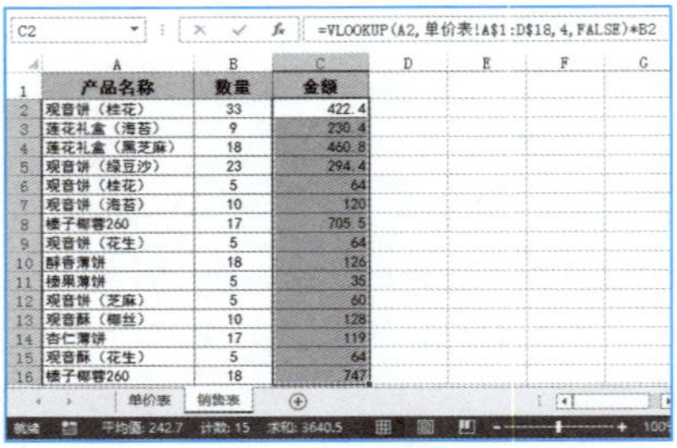

C2 =VLOOKUP(A2,单价表!A$1:D$18,4,FALSE)*B2

	产品名称	数量	金额
2	观音饼（桂花）	33	422.4
3	莲花礼盒（海苔）	9	230.4
4	莲花礼盒（黑芝麻）	18	460.8
5	观音饼（绿豆沙）	23	294.4
6	观音饼（桂花）	5	64
7	观音饼（海苔）	10	120
8	榛子椰蓉260	17	705.5
9	观音饼（花生）	5	64
10	醇香薄饼	18	126
11	榛果薄饼	5	35
12	观音饼（芝麻）	5	60
13	观音酥（椰丝）	10	128
14	杏仁薄饼	17	119
15	观音酥（花生）	5	64
16	榛子椰蓉260	18	747

图22-31

函数79 使用INDEX与MATCH函数实现反向查询

本例中统计了基金的相关数据。现在要根据买入基金的代码来查找最新的净值（基金的代码显示要最右列）。

① 建立表格如图12-32所示（查询表格可以位于其他工作表中，本例中便于读者查看，让其显示在同一张表格中）。

② 选中D10单元格，在编辑栏中输入公式：“=INDEX($B$2:$B$7,MATCH(A10,$D$2:$D$7,))”，按回车键即可根据A10单元格的基金代码从B2:B7单元格区域找到其最新净值。

③ 选中D10单元格，向下复制公式，即可得到其他基金代码的最新净值，如图22-32所示。

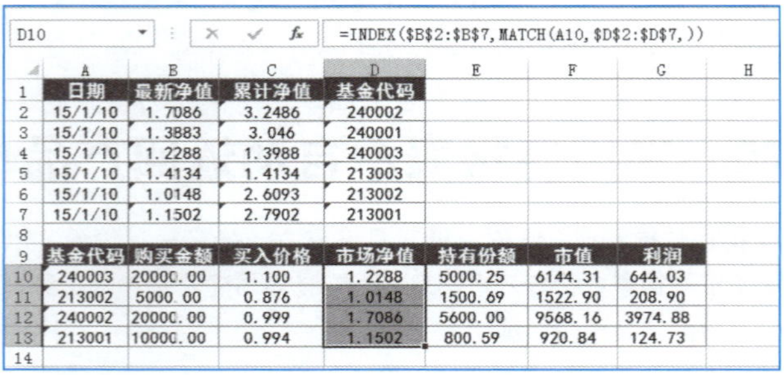

D10 =INDEX($B$2:$B$7,MATCH(A10,$D$2:$D$7,))

	A	B	C	D	E	F	G
1	日期	最新净值	累计净值	基金代码			
2	15/1/10	1.7086	3.2486	240002			
3	15/1/10	1.3883	3.046	240001			
4	15/1/10	1.2288	1.3988	240003			
5	15/1/10	1.4134	1.4134	213003			
6	15/1/10	1.0148	2.6093	213002			
7	15/1/10	1.1502	2.7902	213001			
8							
9	基金代码	购买金额	买入价格	市场净值	持有份额	市值	利润
10	240003	20000.00	1.100	1.2288	5000.25	6144.31	644.03
11	213002	5000.00	0.876	1.0148	1500.69	1522.90	208.90
12	240002	20000.00	0.999	1.7086	5600.00	9568.16	3974.88
13	213001	10000.00	0.994	1.1502	800.59	920.84	124.73

图22-32

第23章

函数在工资统计中的应用

Excel

函数80　根据业绩计算需要发放多少奖金

公司规定业务成绩大于100000元者给奖金2000元，否则给奖金1000元。现统计业务员总共需要多发放多少奖金。

选中D2单元格，在公式编辑栏中输入公式：=SUM(IF(B2:B9>100000,2000,1000))，按回车键即可计算出需要发放多少奖金，如图23-1所示。

D2　=SUM(IF(B2:B9>100000,2000,1000))

	A	B	C	D
1	姓名	业绩		奖金
2	王荣	76389		1000
3	吴磊	96532		
4	周国菊	100356		
5	韩涛利	113564		
6	谢娟娟	56134		
7	何南	66257		
8	吴亚军	109876		
9	孙胜	96547		
10				

图23-1

函数81　统计出指定部门获取奖金的人数

若要统计出指定部门获取奖金的人数，可以使用SUMPRODUCT函数来实现（去除空值）。

❶ 选中F5单元格，在公式编辑栏中输入公式：=SUMPRODUCT(($B$2:$B$12=E5)*(C$2:C$12<>""))，按回车键即可统计出所属部门为“业务部”获取奖金的人数。

❷ 将光标移到F5单元格的右下角，光标变成十字形状后，按住鼠标左键向下拖动进行公式填充，即可快速统计出指定部门获取奖金的人数，如图23-2所示。

F5　=SUMPRODUCT(($B$2:$B$12=E5)*(C$2:C$12<>""))

	A	B	C	D	E	F
1	员工姓名	所属部门	奖金			
2	葛丽	业务部	800			
3	周国菊	业务部	500			
4	蓝心桥	财务部			所属部门	获取奖金人数
5	徐莹	业务部	300		业务部	4
6	杨荣伟	财务部	200		财务部	2
7	陶丽	业务部	100		办公室	3
8	唐敏	财务部	300			
9	唐刘云	办公室	500			
10	钱丽丽	业务部				
11	李姗姗	办公室	100			
12	汪豪	办公室	100			
13						

图23-2

函数82　统计指定部门奖金大于固定值的人数

若要统计出指定部门获取奖金的人数，可以使用SUMPRODUCT函数来实现。

1 选中F5单元格，在公式编辑栏中输入公式：=SUMPRODUCT((B$2:B$12=E5)*(C$2:C$12>1000))，按回车键即可统计出所属部门为“业务部”奖金额大于1000的人数。

2 将光标移到F5单元格的右下角，光标变成十字形状后，按住鼠标左键向下拖动进行公式填充，即可快速统计出指定部门奖金额大于1000的人数，如图23-3所示。

F5　=SUMPRODUCT((B$2:B$12=E5)*(C$2:C$12>1000))

员工姓名	所属部门	奖金
葛丽	业务部	1800
周国菊	业务部	500
蓝心桥	财务部	300
徐莹	业务部	1300
杨荣伟	财务部	2000
陶丽	业务部	1000
唐敏	财务部	1300
唐刘云	办公室	150
钱丽丽	业务部	2600
李姗姗	办公室	100
汪豪	办公室	200

所属部门	奖金额大于200的人数
业务部	3
财务部	2
办公室	0

图23-3

函数83　计算周末奖金补贴

某公司以前星期六和星期日常常加班，且未按加班方式计算工资，从2010年10月开始，对所有人进行补贴。现在要求对工作表中所有离职人员的补贴进行计算。从进公司开始到离职日结束，每个星期六和星期日补贴10元。

1 选中D2单元格，在公式编辑栏中输入公式：=SUMPRODUCT(N(WEEKDAY(ROW(INDIRECT(B2&":"&C2))-1,2)>5))*10，按回车键即可返回第一个员工的补贴额。

2 将光标移到D2单元格的右下角，光标变成十字形状后，按住鼠标左键向下拖动进行公式填充，即可快速返回其他员工的补贴额，如图23-4所示。

D2　=SUMPRODUCT(N(WEEKDAY(ROW(INDIRECT(B2&":"&C2))-1,2)>5))*10

员工姓名	进公司日期	离职日期	奖金补贴额
葛丽	2008/1/1	2008/9/10	720
周国菊	2007/3/18	2008/10/2	1620
蓝心桥	1998/6/28	2008/10/3	10720
徐莹	2005/8/23	2010/5/18	4940
杨荣伟	2010/6/28	2012/8/1	2190
陶丽	2011/9/12	2012/9/15	1050
唐敏	2006/8/18	2008/6/11	1900
唐刘云	1999/9/16	2011/10/2	12570
钱丽丽	2001/4/16	2011/12/15	11130
李姗姗	1992/9/23	2009/12/3	17940

图23-4

函数84 汇总行政部员工获奖次数

公司举办年终抽奖活动，现在需要汇总行政部员工获奖次数。

选中E2单元格，在公式编辑栏中输入公式：=SUMPRODUCT((B2:B12="行政部")*C2:C12)，按回车键，即可返回行政部人员获奖次数，如图23-5所示。

E2 =SUMPRODUCT((B2:B12="行政部")*C2:C12)

员工	部门	获奖次数		生产部人数
葛丽	销售部	6		13
王磊	行政部	2		
夏慧	财务部	1		
周国菊	生产一车间	5		
徐莹	商务部	1		
蓝心桥	人事部	1		
高龙宝	行政部	3		
陶丽	工程部	1		
孙永	采购部	2		
唐刘云	生产二车间	5		
徐军	行政部	8		

图23-5

函数85 计算员工年终奖

公司规定工作时间长于3年者年终奖为1500元，长于1年者年终奖为1000元，1年及以下者为500元。现在需要求所有员工的年终奖。

❶ 选中C2单元格，在公式编辑栏中输入公式：=TEXT(B2,"[>3]15!0!0;[>1]1!0!0!0;5!0!0;")，按回车键即可计算出第一个员工的年终奖。

❷ 将光标移到C2单元格的右下角，光标变成十字形状后，按住鼠标左键向下拖动进行公式填充，即可快速返回其他员工的年终奖，如图23-6所示。

C2 =TEXT(B2,"[>3]15!0!0;[>1]1!0!0!0;5!0!0;")

员工	工作时间	年终奖
葛丽	6	1500
王磊	2	1000
夏慧	1	500
周国菊	5	1500
徐莹	1	500
蓝心桥	停薪留职	
高龙宝	3	1000
陶丽	1	500
孙永	2	1000
唐刘云	5	1500
徐军	停薪留职	

图23-6

函数86 根据达标率计算员工奖金

公司规定，达标率小于80%，奖金只有200元，达标率在80%到90%之间奖金有250元，在90%到100%之间奖金有300元，在100%到105%之间奖金有450

元，高于105%则有奖金550元。现在需要计算每个员工的奖金。

❶ 选中C2单元格，在公式编辑栏中输入公式：=MAX((B2>{0,0.8,0.9,1,1.05})*{200,250,300,450,550})，按回车键即可计算出第一个员工的奖金。

❷ 将光标移到C2单元格的右下角，光标变成十字形状后，按住鼠标左键向下拖动进行公式填充，即可快速返回其他员工的奖金，如图23-7所示。

C2　=MAX((B2>{0,0.8,0.9,1,1.05})*{200,250,300,450,550})

员工	达标率	奖金
葛丽	58%	200
王磊	92.80%	300
夏慧	68.20%	200
周国菊	73.50%	200
徐莹	56.23%	200
蓝心桥	108.12%	550
高龙宝	98.23%	300
陶丽	78.65%	200
孙永	80.23%	250
唐刘云	95.98%	300
徐军	58.68%	200

图23-7

函数87　计算生产部所有人员的平均获奖率

计算生产部所有人员的平均获奖率，结果以百分比显示，保留两位小数。

选中C11单元格，在公式编辑栏中输入公式：=TEXT(AVERAGEA(IF(LEFT(A2:A9,3)="生产部",B2:B9/C2:C9)),"0.00%")，按回车键即可计算出生产部所有人员的平均获奖率，如图23-8所示。

C11　{=TEXT(AVERAGEA(IF(LEFT(A2:A9,3)="生产部",B2:B9/C2:C9)),"0.00%")}

部门	获奖次数	总人数
行政部	2	4
人事部	1	4
财务部	1	3
商务部	1	3
采购部	2	8
销售部	2	10
生产部一车间	2	23
生产部二车间	4	32
生产部获奖率		10.60%

图23-8

函数88　计算超产奖

公司规定产量标准是700，如果高于700，每超产80就给奖金50元，不足80则四舍五入，即超产39忽略，超产40则进位，按超产80计算，反之产量小于700时也可以以同样方式扣奖金。现在需要计算1日至10日中需要奖还是惩，金额是多少。

选中D2单元格，在公式编辑栏中输入公式：=SUM(MROUND(B2:B11-700,80*IF(B2:B11>=700,1,-1)))/80*50，按回车键即可返回奖惩金额，如图23-9所示。

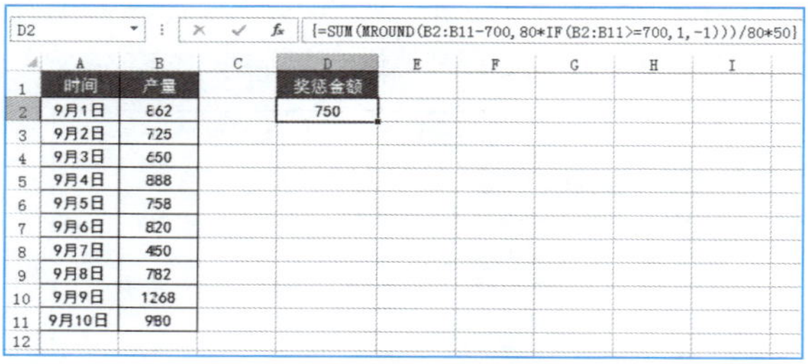

D2 {=SUM(MROUND(B2:B11-700,80*IF(B2:B11>=700,1,-1)))/80*50}

时间	产量	奖惩金额
9月1日	662	750
9月2日	725	
9月3日	650	
9月4日	888	
9月5日	758	
9月6日	820	
9月7日	450	
9月8日	782	
9月9日	1268	
9月10日	980	

图23-9

函数89　根据工程的难度系数计算奖金

公司规定，每个人的工程难度系数不同，按照难度系数发放奖金。如果难度系数大于等于1，奖金按500元计算，如果难度系数小于1，则用500元乘以该难度系数得到奖金数。

1 选中B2单元格，在公式编辑栏中输入公式：=MIN(A2*500,500)，按回车键即可返回第一个职工的奖金。

2 将光标移到B2单元格的右下角，光标变成十字形状后，按住鼠标左键向下拖动进行公式填充，即可快速返回其他员工的奖金，如图23-10所示。

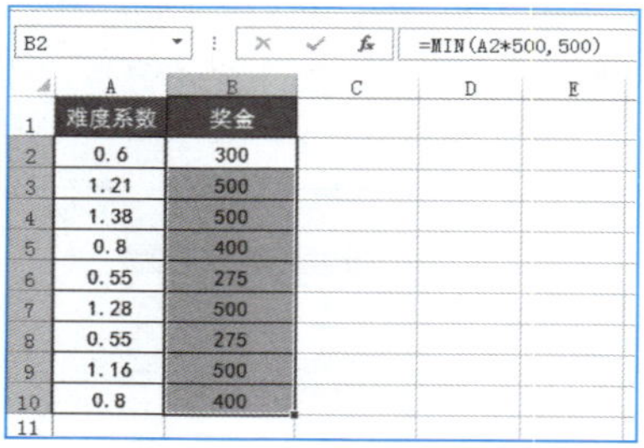

B2 =MIN(A2*500,500)

难度系数	奖金
0.6	300
1.21	500
1.38	500
0.8	400
0.55	275
1.28	500
0.55	275
1.16	500
0.8	400

图23-10

函数90　计算员工的工龄工资

当统计了员工进入公司的日期后，使用YEAR和TODAY函数可以计算出员工的工龄，接着可以根据公司制度计算出员工的工龄工资，假设工龄超过10年的工龄工资为400，工龄在6到10年之间的为200,工龄在4到6年之间为150，工龄在2到4年的为100，工龄1年的为50。

1 选中G2单元格，在公式编辑栏中输入公式：“=IF(F2>10,400,IF(F2>=6,200,IF(F2>=4,150,IF(F2>=2,100,IF(F2>=1,50,0)))))”，按回车键即可计算出第一

位员工的工龄工资。

❷ 将光标移到G2单元格的右下角，光标变成十字形状后，按住鼠标左键向下拖动进行公式填充，即可计算出每位员工的工龄工资，如图23-11所示。

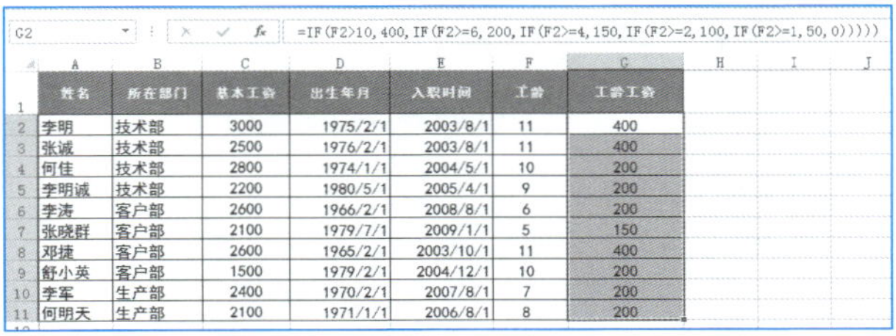
G2　=IF(F2>10,400,IF(F2>=6,200,IF(F2>=4,150,IF(F2>=2,100,IF(F2>=1,50,0)))))

姓名	所在部门	基本工资	出生年月	入职时间	工龄	工龄工资
李明	技术部	3000	1975/2/1	2003/8/1	11	400
张诚	技术部	2500	1976/2/1	2003/8/1	11	400
何佳	技术部	2800	1974/1/1	2004/5/1	10	200
李明诚	技术部	2200	1980/5/1	2005/4/1	9	200
李涛	客户部	2600	1966/2/1	2008/8/1	6	200
张晓群	客户部	2100	1979/7/1	2009/1/1	5	150
邓捷	客户部	2600	1965/2/1	2003/10/1	11	400
舒小英	客户部	1500	1979/2/1	2004/12/1	10	200
李军	生产部	2400	1970/2/1	2007/8/1	7	200
何明天	生产部	2100	1971/1/1	2006/8/1	8	200

图23-11

函数91　自动追加工龄工资

在计算工龄工资时通常是以其工作年限来计算，如本例中实现根据入职年龄，每满一年，工龄工资自动增加100元。

❶ 选中C2单元格，在公式编辑栏中输入公式：=DATEDIF(B2,TODAY(),"y")*100,”按回车键返回日期值，按住鼠标左键向下拖动进行公式填充，如图23-12所示。

❷ 选中“工种工龄”列函数返回的日期值，重新设置其单元格格式为“常规”即可以根据入职时间自动显示工龄工资，如图23-13所示。

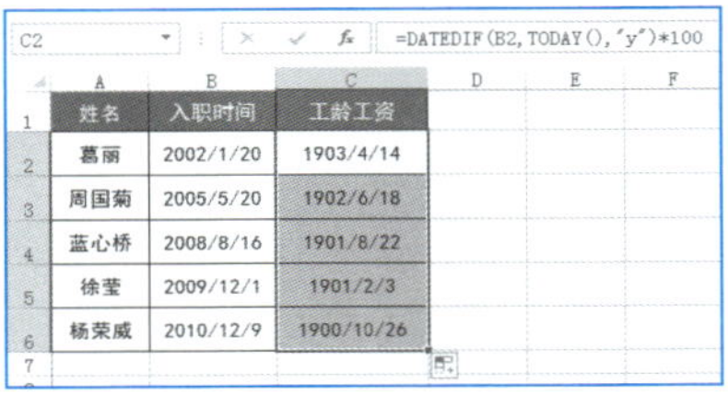
C2　=DATEDIF(B2,TODAY(),"y")*100

姓名	入职时间	工龄工资
葛丽	2002/1/20	1903/4/14
周国菊	2005/5/20	1902/6/18
蓝心桥	2008/8/16	1901/8/22
徐莹	2009/12/1	1901/2/3
杨荣威	2010/12/9	1900/10/26

图23-12

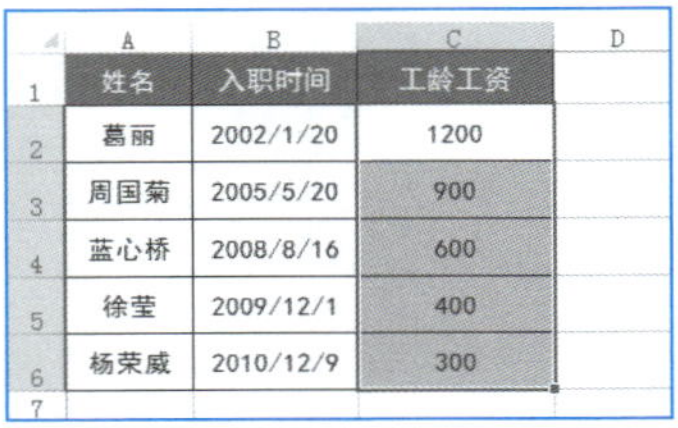

姓名	入职时间	工龄工资
葛丽	2002/1/20	1200
周国菊	2005/5/20	900
蓝心桥	2008/8/16	600
徐莹	2009/12/1	400
杨荣威	2010/12/9	300

图23-13

函数92　根据工作时间计算12月工资

公司规定工作时间1年以下者给200元年终奖，1到3年者600元，3到5年者1000元，5到10年者1400元。现需统计年终月份每人工资加年终奖的合计。

❶ 选中D2单元格，在公式编辑栏中输入公式：=C2+SUM(IF(B2>{0,1,3,5,10},{200,400,400,400,400}))，按回车键即可计算出第一个人员12月的工资。

②将光标移到D2单元格的右下角，光标变成十字形状后，按住鼠标左键向下拖动进行公式填充，即可快速计算出其他人员12月的工资，如图23-14所示。

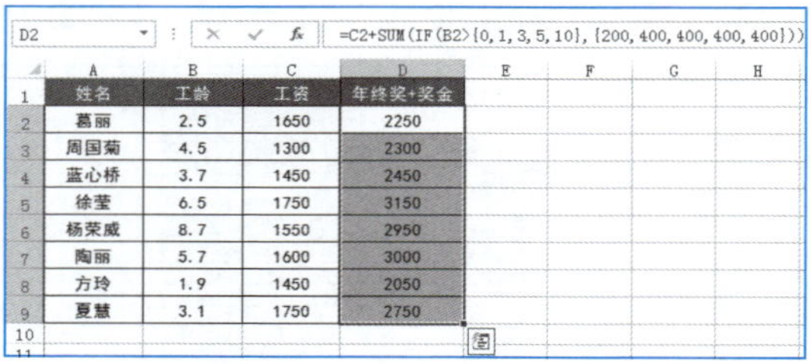
D2 =C2+SUM(IF(B2>{0,1,3,5,10},{200,400,400,400,400}))

姓名	工龄	工资	年终奖+奖金
葛丽	2.5	1650	2250
周国菊	4.5	1300	2300
蓝心桥	3.7	1450	2450
徐莹	6.5	1750	3150
杨荣威	8.7	1550	2950
陶丽	5.7	1600	3000
方玲	1.9	1450	2050
夏慧	3.1	1750	2750

图23-14

函数93　计算每日工时工资

员工上星期一至星期五正班8小时的工时工资是5元/小时。8小时以外则按1.5倍计算，星期六上班的话每个小时按1.5倍计算，现需计算某职工每日的工时工资。

①选中C2单元格，在公式编辑栏中输入公式：=8*5*IF(WEEKDAY(A2,2)<6,1,1.5)+(B2-8)*5*1.5，按回车键，即可返回1日的工时工资。

②将光标移到C2单元格的右下角，光标变成十字形状后，按住鼠标左键向下拖动进行公式填充，即可快速返回其他日期的工时工资，如图23-15所示。

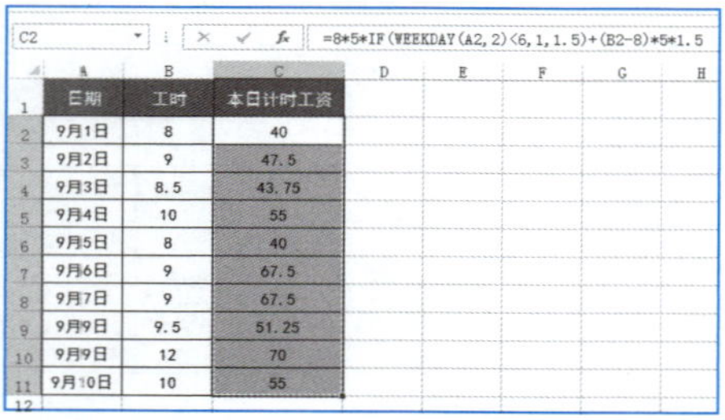
C2 =8*5*IF(WEEKDAY(A2,2)<6,1,1.5)+(B2-8)*5*1.5

日期	工时	本日计时工资
9月1日	8	40
9月2日	9	47.5
9月3日	8.5	43.75
9月4日	10	55
9月5日	8	40
9月6日	9	67.5
9月7日	9	67.5
9月9日	9.5	51.25
9月9日	12	70
9月10日	10	55

图23-15

函数94　计算本日工时工资

学生放假来公司实习，实习期间公司计算工资是计时工资。即每天8点上班，17点下班，去除午餐1小时，每日8小时，每小时6元工资。如果早上迟到，不足1小时扣6元，不足2小时扣12元。下午如果工作完成，可以提前下班，对于提前下班的时间，按实际分钟扣除工资。

❶ 选中D2单元格，在公式编辑栏中输入公式：=(HOUR(C2-TIMEVALUE("8:00"))-1-ROUNDUP(B2-TIMEVALUE("8:00"),0))*6，按回车键即可获取第一位学生的本日工资。

❷ 将光标移到D2单元格的右下角，光标变成十字形状后，按住鼠标左键向下拖动进行公式填充，即可获取其他学生本日工资，如图23-16所示。

D2　=(HOUR(C2-TIMEVALUE("8:00"))-1-ROUNDUP(B2-TIMEVALUE("8:00"),0))*6

姓名	上班时间	下班时间	工资
葛丽	8:00	17:00	48
周国菊	8:00	18:00	54
蓝心桥	8:00	17:00	54
徐莹	8:30	17:00	42
杨荣伟	8:00	17:00	54
陶丽	9:00	15:00	30
唐敏	8:00	17:00	54
唐刘云	9:00	17:00	42
钱丽丽	8:00	17:00	54

图23-16

函数95　计算员工应缴纳的养老保险、医疗保险、失业保险金额

根据员工的基本工资和各项保险扣款比例，来计算员工应缴纳的各项保险金额。

❶ 选中D2单元格，在公式编辑栏中输入公式："=ROUND(C2:C9*$J$4,2)"，按回车键即可统计出第一位员工应缴的养老保险，将光标移到D2单元格的右下角，光标变成十字形状后，按住鼠标左键向下拖动进行公式填充，即可快速统计算出其他员工应缴纳的养老保险金额，如图23-17所示。

D2　=ROUND(C2:C9*$J$4,2)

编号	姓名	基本工资	养老保险	医疗保险	失业保险
FX001	蔡静	3000	240		
FX002	陈媛	2000	160		
FX003	王密	1500	120		
FX004	吕芬芬	1500	120		
FX005	路高泽	1500	120		
FX006	岳庆浩	1500	120		
FX007	李雪儿	1500	120		
FX008	陈山	1500	120		

	扣缴比例	
项目	公司	个人
养老保险	20.00%	8.00%
医疗保险	8.00%	2.00%
失业保险	2.00%	1.00%

图23-17

❷ 选中E2单元格，在公式编辑栏中输入公式："=ROUND(C2:C9*$J$5,2)"，按回车键即可统计出第一位员工应缴的医疗保险，将光标移到D2单元格的右下角，光标变成十字形状后，按住鼠标左键向下拖动进行公式填充，即可快速统计算出其他员工应缴纳的医疗保险金额，如图23-18所示。

E2　=ROUND(C2:C9*$J$5,2)

编号	姓名	基本工资	养老保险	医疗保险	失业保险
FX001	蔡静	3000	240	60	
FX002	陈媛	2000	160	40	
FX003	王密	1500	120	30	
FX004	吕芬芬	1500	120	30	
FX005	路高泽	1500	120	30	
FX006	岳庆浩	1500	120	30	
FX007	李雪儿	1500	120	30	
FX008	陈山	1500	120	30	

	扣缴比例	
项目	公司	个人
养老保险	20.00%	8.00%
医疗保险	8.00%	2.00%
失业保险	2.00%	1.00%

图23-18

3 选中F2单元格，在公式编辑栏中输入公式：“=ROUND(C2:C9*$J$6,2)”，按回车键即可统计出第一位员工应缴的医疗保险，将光标移到D2单元格的右下角，光标变成十字形状后，按住鼠标左键向下拖动进行公式填充，即可快速统计算出其他员工应缴纳的医疗保险金额，如图23-19所示。

F2　=ROUND(C2:C9*$J$6,2)

编号	姓名	基本工资	养老保险	医疗保险	失业保险
FX001	蔡静	3000	240	60	30
FX002	陈媛	2000	160	40	20
FX003	王密	1500	120	30	15
FX004	吕芬芬	1500	120	30	15
FX005	路高泽	1500	120	30	15
FX006	岳庆浩	1500	120	30	15
FX007	李雪儿	1500	120	30	15
FX008	陈山	1500	120	30	15

	扣缴比例	
项目	公司	个人
养老保险	20.00%	8.00%
医疗保险	8.00%	2.00%
失业保险	2.00%	1.00%

图23-19

函数96　统计各部门工资总额

如果要按照部门统计工资总额，可以使用SUMIF函数来实现。

1 选中C10单元格，在公式编辑栏中输入公式：=SUMIF(B2:B8,”业务部”,C2:C8)，按回车键即可统计出“业务部”的工资总额，如图23-20所示。

2 选中C11单元格，在公式编辑栏中输入公式：=SUMIF(B3:B9,”财务部”,C3:C9)，按回车键即可统计出“财务部”的工资总额，如图23-21所示。

C10　=SUMIF(B2:B8,"业务部",C2:C8)

员工姓名	所属部门	工资
慕丽	业务部	2000
周国菊	业务部	2200
蓝心桥	财务部	2600
徐莹	业务部	2400
杨荣伟	财务部	2000
陶丽	业务部	3800
唐敏	财务部	1500
统计“业务部”工资总额		10400
统计“财务部”工资总额		

图23-20

C11　=SUMIF(B3:B9,"财务部",C3:C9)

员工姓名	所属部门	工资
慕丽	业务部	2000
周国菊	业务部	2200
蓝心桥	财务部	2600
徐莹	业务部	2400
杨荣伟	财务部	2000
陶丽	业务部	3800
唐敏	财务部	1500
统计“业务部”工资总额		10400
统计“财务部”工资总额		6100

图23-21

函数97　计算一车间女职工的平均工资

工作表中有三个部门的工资，现要求统计一车间女职工的平均工资。

选中C11单元格，在公式编辑栏中输入公式：=AVERAGE(IF((B2:B9="一车间")*(C2:C9="女"),D2:D9))，按“Ctrl+Shift+Enter”组合键，即可计算出一车间女职工的平均工资，如图23-22所示。

C11　{=AVERAGE(IF((B2:B9="一车间")*(C2:C9="女"),D2:D9))}

	A	B	C	D
1	姓名	部门	性别	工资
2	夏慧	一车间	女	2000
3	葛丽	二车间	女	1800
4	王磊	三车间	男	1900
5	高龙宝	三车间	男	2100
6	徐莹	一车间	女	1800
7	周国菊	二车间	女	2800
8	方玲	一车间	女	2500
9	王涛	三车间	男	1800
10				
11	一车间女职工平均工资		2100	

图23-22

函数98　计算一车间和三车间女职工的平均工资

工作表中有三个部门的工资，现要求统计一车间和三车间女职工的平均工资。

选中D11单元格，在公式编辑栏中输入公式：=AVERAGE(IF((B2:B9="一车间")+(B2:B9="三车间")*(C2:C9="女"),D2:D9))，按Ctrl+Shift+Enter组合键，即可计算出一车间和三车间女职工的平均工资，如图23-23所示。

D11　{=AVERAGE(IF((B2:B9="一车间")+(B2:B9="三车间")*(C2:C9="女"),D2:D9))}

	A	B	C	D
1	姓名	部门	性别	工资
2	夏慧	一车间	女	2000
3	葛丽	二车间	女	1800
4	王磊	三车间	男	1900
5	高龙宝	三车间	男	2100
6	徐莹	一车间	女	1800
7	周国菊	三车间	女	2800
8	方玲	一车间	女	2500
9	王涛	三车间	男	1800
10				
11	一车间和三车间女职工平均工资			2275
12				

图23-23

函数99　生成工资结算日期

员工离职可以是任意日期，但公司规定工资结算必须等次月1日结算，现需要计算工作表中每个离职员工的工资结算日期。

❶ 选中C2单元格，在公式编辑栏中输入公式：=TEXT(EOMONTH(B2,0)+1,"e年M月D日")，按回车键，即可返回员工工资结算日期。

❷ 将光标移到C2单元格的右下角，光标变成十字形状后，按住鼠标左键向下拖动进行公式填充，即可返回其他员工工资结算日期，如图23-24所示。

C2 =TEXT(EOMONTH(B2,0)+1,"e年M月D日")

员工姓名	离职生效日	工资结算日
葛丽	2014/7/1	2014年8月1日
周国菊	2014/3/18	2014年4月1日
蓝心桥	2014/6/28	2014年7月1日
徐莹	2014/8/23	2014年9月1日
杨荣伟	2014/6/28	2014年7月1日
陶丽	2014/9/12	2014年10月1日
唐敏	2014/8/18	2014年9月1日
唐刘云	2014/9/16	2014年10月1日
钱丽丽	2014/4/16	2014年5月1日
李姗姗	2014/9/23	2014年10月1日

图23-24

函数100　计算员工年资

公司规定：员工进入公司日期满1年者享有10元工龄工资，每增加一年工龄工资加10元，累积超过150元后，每年加5元，现需要计算每个员工的年资。

❶ 选中C2单元格，在公式编辑栏中输入公式：=10*MIN(DATEDIF(B2,TODAY(),"y"),15)+MAX(DATEDIF(B2,TODAY(),"y")-15,0)*5，按回车键，即可计算员工的年资。

❷ 将光标移到C2单元格的右下角，光标变成十字形状后，按住鼠标左键向下拖动进行公式填充，即可返回其他计算员工的年资，如图23-25所示。

C2 =10*MIN(DATEDIF(B2,TODAY(),"y"),15)+MAX(DATEDIF(B2,TODAY(),"y")-15,0)*5

员工姓名	进公司日期	年资
葛丽	2008/7/1	60
周国菊	2007/3/18	70
蓝心桥	1998/6/28	155
徐莹	2005/8/23	90
杨荣伟	2010/6/28	40
陶丽	2011/9/12	30
唐敏	2006/8/18	80
唐刘云	1999/9/16	150
钱丽丽	2001/4/16	130
李姗姗	1992/9/23	185

图23-25

函数101　计算所有员工的基本工资合计额

利用公式计算员工的基本工资合计额。

❶ 选中F2单元格，在公式编辑栏中输入公式：=SUM(D2:E2)，按回车键，即可计算第一位员工的基本工资合计额。

❷ 将光标移到F2单元格的右下角，光标变成十字形状后，按住鼠标左键向下拖动进行公式填充，即可返回其他计算员工的基本工资合计额，如图23-26所示。

F2　=SUM(D2:E2)

编　号	姓　名	部　门	基本工资（元）	岗位工资（元）	工资合计（元）
WL_0001	蓝心桥	办公室	2000	1000	3000
WL_0002	徐莹	办公室	1500	800	2300
WL_0003	杨荣伟	销售部	1200	800	2000
WL_0004	陶丽	销售部	1400	800	2200
WL_0005	唐敏	销售部	1300	800	2100
WL_0006	唐刘云	后勤部	1700	800	2500
WL_0007	钱丽丽	后勤部	1000	600	1600
WL_0008	李姗姗	制造部	1300	1000	2300
WL_0009	汪豪	制造部	1600	1000	2600
WL_0010	吴梅	制造部	1500	600	2100
WL_0011	王雪峰	制造部	1300	600	1900

图23-26

函数102　对销售部男性员工的工资求和

利用公式对销售部男性员工的工资求和。

选中F2单元格，在公式编辑栏中输入公式：=SUM((B2:B12="销售部")*(C2:C12="男")*D2:D12)，按Ctrl+Shift+Enter组合键，即可显示计算结果，如图23-27所示。

F2　{=SUM((B2:B12="销售部")*(C2:C12="男")*D2:D12)}

员工	部门	性别	工资		销售部男员工工资总和
葛丽	销售部	女	6000		8000
王磊	销售部	男	1200		
夏慧	财务部	女	1800		
周国菊	生产一车间	女	2500		
徐莹	商务部	女	1800		
蓝心桥	人事部	男	1500		
高龙宝	销售部	男	3000		
陶丽	工程部	女	4580		
孙永	采购部	男	2000		
唐刘云	生产二车间	女	3500		
徐军	销售部	男	3800		

图23-27

函数103　对2000到3000之间的工资求和

在工资统计表中，利用公式对2000到3000之间的工资求和。

选中F2单元格，在公式编辑栏中输入公式：=SUM(SUMIF(D2:D12,"<="&{2000,3000})*{-1,1})，按Ctrl+Shift+Enter组合键，即可返回工资数在2000到3000之间的总和，如图23-28所示。

F2　{=SUM(SUMIF(D2:D12,"<="&{2000,3000})*{-1,1})}

员工	部门	性别	工资		2000到3000之间的工资总计
葛丽	销售部	女	6000		7680
王磊	销售部	男	1200		
夏慧	财务部	女	1800		
周国菊	生产一车间	女	2500		
徐莹	商务部	女	1800		
蓝心桥	人事部	男	1500		
高龙宝	销售部	男	3000		
陶丽	工程部	女	4580		
孙永	采购部	男	2000		
唐刘云	生产二车间	女	2180		
徐军	销售部	男	3800		

图23-28

函数104　求前三名和后三名的工资之和

本例中使用SUMIF 函数设置公式，求前三名和后三名的工资之和。

选中F2单元格，在公式编辑栏中输入公式：=SUMIF(D2:D12,">"&LARGE(D2:D12,4))+SUMIF(D2:D12,"<"&SMALL(D2:D12,4))，按回车键，即可返回前三名和后三名的工资之和，如图23-29所示。

F2　=SUMIF(D2:D12,">"&LARGE(D2:D12,4))+SUMIF(D2:D12,"<"&SMALL(D2:D12,4))

	A	B	C	D	E	F
1	员工	部门	性别	工资		前后三名工资总计
2	葛丽	销售部	女	6000		17080
3	王磊	销售部	男	1200		
4	夏慧	财务部	女	1800		
5	周国菊	生产一车间	女	2500		
6	徐莹	商务部	女	1800		
7	蓝心桥	人事部	男	1500		
8	高龙宝	销售部	男	3000		
9	陶丽	工程部	女	4580		
10	孙永	采购部	男	2000		
11	唐刘云	生产二车间	女	2180		
12	徐军	销售部	男	3800		

图23-29

函数105　对所有车间员工的工资求和

设置公式，对所有车间员工的工资进行求和。

选中F2单元格，在公式编辑栏中输入公式：=SUMIF(B2:B12,"？？？车间",D2)，按回车键，即可对所有车间员工的工资求和，如图23-30所示。

F2　=SUMIF(B2:B12,"???车间",D2)

	A	B	C	D	E	F
1	员工	部门	性别	工资		车间人员工资和
2	葛丽	销售部	女	6000		4680
3	王磊	销售部	男	1200		
4	夏慧	财务部	女	1800		
5	周国菊	生产一车间	女	2500		
6	徐莹	商务部	女	1800		
7	蓝心桥	人事部	男	1500		
8	高龙宝	销售部	男	3000		
9	陶丽	工程部	女	4580		
10	孙永	采购部	男	2000		
11	唐刘云	生产二车间	女	2180		
12	徐军	销售部	男	3800		

图23-30

函数106　计算平均工资

计算所有员工的平均工资，请假、工伤等无薪人员也计算在内，平均工资保留两位小数，第三位四舍五入。

① 选中F2单元格，在公式编辑栏中输入公式：=ROUND(AVERAGEA(D2:D12),2)，按回车键，即可返回员工的平均工资，如图23-31所示。

F2　=ROUND(AVERAGEA(D2:D12),2)

员工	部门	性别	工资		平均工资
葛丽	销售部	女	6000		2514.55
王磊	销售部	男	工伤		
夏慧	财务部	女	1800		
周国菊	生产一车间	女	2500		
徐莹	商务部	女	1800		
蓝心桥	人事部	男	请假		
高龙宝	销售部	男	3000		
陶丽	工程部	女	4580		
孙永	采购部	男	2000		
唐刘云	生产二车间	女	2180		
徐军	销售部	男	3800		

图23-31

函数107　根据员工工龄计算年资

公司规定，员工工作时间不满一年则没有年资，超过一年时按每年30元年资计算，对于整年以外不足一年的年资也都按30元计算。

❶ 选中D2单元格，在公式编辑栏中输入公式：=+C2+CEILING(B2*30,30)*(INT(B2)>0)，按回车键，即可计算第一位员工的实发工资。

❷ 将光标移到D2单元格的右下角，光标变成十字形状后，按住鼠标左键向下拖动进行公式填充，即可返回其他员工的实发工资，如图23-32所示。

D2　=+C2+CEILING(B2*30,30)*(INT(B2)>0)

员工姓名	工龄	基本工资	实发工资
葛丽	5.8	1800	1980
周国菊	2.2	2500	2590
蓝心桥	4.8	2500	2650
徐莹	5.5	1800	1980
杨荣伟	0.6	2500	2500
陶丽	2.8	2500	2590
唐敏	0.2	1800	1800
唐刘云	3.2	2500	2620
钱丽丽	0.8	1800	1800
李姗姗	1.9	2500	2560

图23-32

函数108　统计两倍工资的加班小时数

工作表中全是本月新员工资料，公司中因进度问题，每周六必须加班8小时，但工资以两倍计算，现在需要所有新员工本月的加班时间是多少。

❶ 选中C2单元格，在公式编辑栏中输入公式：=SUMPRODUCT(--(TEXT(ROW(INDIRECT(B2&":"&EOMONTH(B2,0))),"AAA")="六"))*8，按回车键，即可返回加班时间，单位为小时。

2 将光标移到D2单元格的右下角，光标变成十字形状后，按住鼠标左键向下拖动进行公式填充，即可返回其他员工的加班时间，如图23-33所示。

C2 =SUMPRODUCT(--(TEXT(ROW(INDIRECT(B2&":"&EOMONTH(B2,0))),"AAA")="六"))*

员工姓名	进公司日期	本月两倍工资加班时间（小时）
王荣	2012/9/11	24
彭倩	2012/9/12	24
张丹丹	2012/9/2	32
李圆圆	2012/9/10	24
沈心	2012/9/18	16
郑强	2012/9/5	32
王宝磊	2010/9/3	32

图23-33

函数109 计算个人所得税

根据员工的工资利用函数设置公式计算员工的个人所得税。

1 选中G2单元格，在公式编辑栏中输入公式：=IF(SUM(C2:E2)-F2-3500<1500,(SUM(C2:E2)-F2)*0.03,IF(SUM(C2:E2)-F2<4500,(SUM(C2:E2)-F2)*0.1+105,IF(SUM(C2:E2)-F2<9000,(SUM(C2:E2)-F2)*0.2+555,IF(SUM(C2:E2)-F2<35000,(SUM(C2:E2)-F2)*0.25+1005,IF(SUM(C2:E2)-F2<55000,(SUM(C2:E2)-F2)*0.3+2755,IF(SUM(C2:E2)-F2<80000,(SUM(C2:E2)-F2)*0.35+5505,(SUM(C2:E2)-F2)*0.45+13505)))))），按回车键，即可计算出第一位员工的个人所得税。

2 将光标移到G2单元格的右下角，光标变成十字形状后，按住鼠标左键向下拖动进行公式填充，即可返回其他员工的个人所得税，如图23-34所示。

G2 =IF(SUM(C2:E2)-F2-3500<1500,(SUM(C2:E2)-F2)*0.03,IF(SUM(C2:E2)-F2<4500,(SUM(C2:E2)-F2)*0.1+105,IF(SUM(C2:E2)-F2<9000,(SUM(C2:E2)-F2)*0.2+555,IF(SUM(C2:E2)-F2<35000,(SUM(C2:E2)-F2)*0.25+1005,IF(SUM(C2:E2)-F2<55000,(SUM(C2:E2)-F2)*0.3+2755,IF(SUM(C2:E2)-F2<80000,(SUM(C2:E2)-F2)*0.35+5505,(SUM(C2:E2)-F2)*0.45+13505))))))

员工姓名	基本工资	绩效工资	奖金	补助	社保扣款	个人所得税
王荣	¥ 2,500.00	¥ 2,500.00	¥ 200.00	¥ 200.00	¥ 285	¥ 78.45
彭倩	¥ 2,000.00	¥ 1,800.00	¥ 200.00	¥ 150.00	¥ 230.00	¥ 57.60
张丹丹	¥ 2,200.00	¥ 1,800.00	¥ 200.00	¥ 200.00	¥ 252.00	¥ 58.44
李圆圆	¥ 2,350.00	¥ 1,980.00	¥ 300.00	¥ 100.00	¥ 268.50	¥ 63.35
沈心	¥ 2,560.00	¥ 2,500.00	¥ 200.00	¥ 200.00	¥ 291.60	¥ 78.25
郑强	¥ 2,750.00	¥ 2,400.00	¥ 150.00	¥ 150.00	¥ 312.50	¥ 71.63
唐刘云	¥ 2,680.00	¥ 2,100.00	¥ 200.00	¥ 80.00	¥ 304.80	¥ 62.26
钱丽丽	¥ 2,800.00	¥ 1,900.00	¥ 150.00	¥ 150.00	¥ 318.00	¥ 56.46
李姗姗	¥ 3,200.00	¥ 1,500.00	¥ 300.00	¥ 300.00	¥ 362.00	¥ 52.14
汪豪	¥ 3,300.00	¥ 1,780.00	¥ 200.00	¥ 250.00	¥ 373.00	¥ 55.71
吴梅	¥ 3,500.00	¥ 2,500.00	¥ 150.00	¥ 200.00	¥ 395.00	¥ 73.65
杨荣伟	¥ 2,800.00	¥ 3,500.00	¥ 300.00	¥ 150.00	¥ 318.00	¥ 108.96
何莹	¥ 2,500.00	¥ 1,600.00	¥ 200.00	¥ 300.00	¥ 285.00	¥ 54.45

图23-34

函数110 在工资条中返回员工信息

在工资条工作表中可以使用VLOOKUP函数快速返回员工的基本信息。

❶ 选中D2单元格，在公式编辑栏中输入公式：“=VLOOKUP(B2,工资明细表,2)”，按回车键即返回“工资名称表”中编号对应的员工的姓名，如图23-35所示。

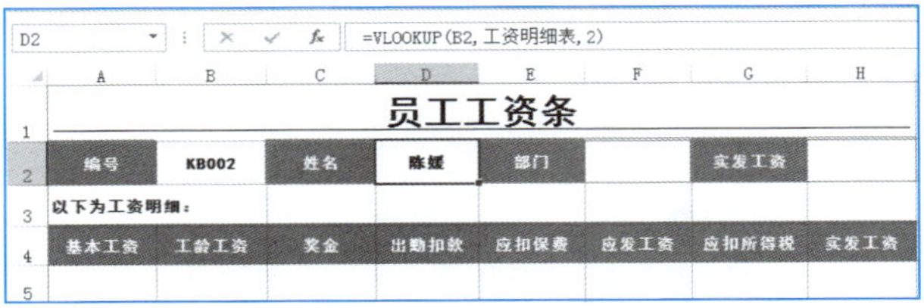

图23-35

❷ 按照类似的方法可以返回员工所在部门，实发工资情况，如图23-36所示为使用VLOOKUP返回所在部门。

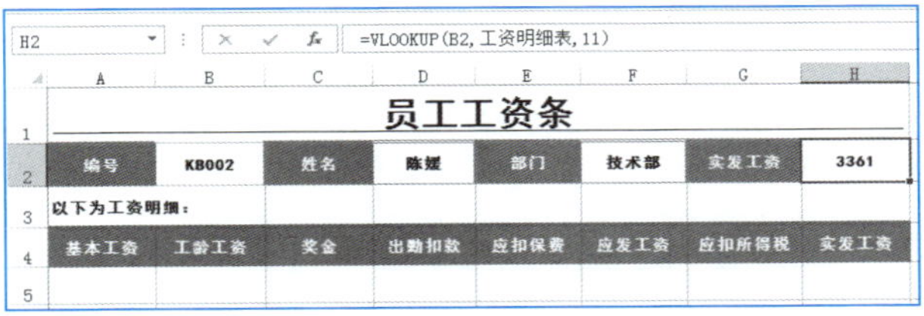

图23-36

函数111　快速返回员工工资明细

在工资明细表中可以使用VLOOKUP函数结合COLUMN函数快速返回员工工资明细情况。

❶ 选中A4单元格，在公式编辑栏中输入公式：“=VLOOKUP($B2,工资明细表,COLUMN(D1)”，按回车键即可返回员工的基本工资。

❷ 将光标移到A4单元格的右下角，光标变成十字形状后，按住鼠标左键向右拖动进行公式填充，即可返回员工工资明细，如图23-37所示。

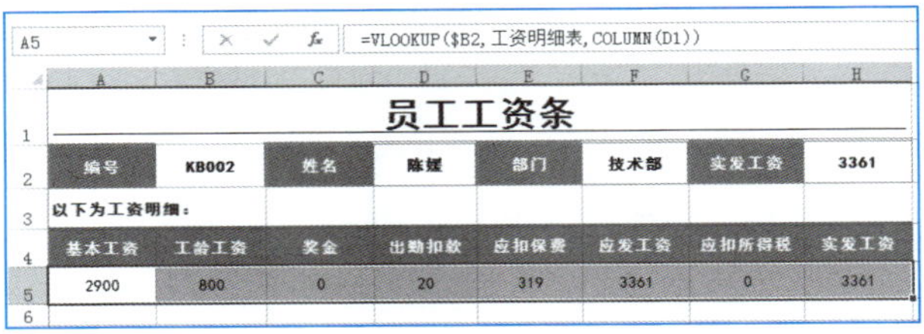

图23-37

函数112　计算员工具体领取人民币面值张数

员工实领工资报表中，计算员工具体领取人民币面值的张数。

❶ 选中C3单元格，在编辑栏中输入公式：=INT(B3/$C$2)，按回车键即可以返回第一位员工实领工资人民币面值为100元的张数，向下复制公式，即可返回其他员工实领工资人民币面值为100元的张数，如图23-38所示。

C3　=INT(B3/$C$2)

姓名	实发工资	领取人民币面值张数					
		100	50	20	10	5	1
蔡静	3909	39					
陈媛	2970	29					
王密	2341	23					
陈山	2568	25					
廖晓	6846	68					
张丽君	5887	58					
吴华波	3131	31					

图23-38

❷ 选中D3单元格，在编辑栏中输入公式：=INT(MOD(B3,$C$2)/$D$2)，按回车键即可以返回第一位员工实领工资人民币面值为50元的张数，向下复制公式，即可返回其他员工实领工资人民币面值为50元的张数，如图23-39所示。

D3　=INT(MOD(B3,$C$2)/$D$2)

姓名	实发工资	领取人民币面值张数					
		100	50	20	10	5	1
蔡静	3909	39	0				
陈媛	2970	29	1				
王密	2341	23	0				
陈山	2568	25	1				
廖晓	6846	68	0				
张丽君	5887	58	1				
吴华波	3131	31	0				

图23-39

❸ 选中E3单元格，在编辑栏中输入公式：=INT(MOD(MOD(B3,$C$2),$D$2)/$E$2)，按回车键即可返回第一位员工实领工资人民币面值为20元的张数，向下复制公式，即可返回其他员工实领工资人民币面值为20元的张数，如图23-40所示。

E3　=INT(MOD(MOD(B3,$C$2),$D$2)/$E$2)

姓名	实发工资	领取人民币面值张数					
		100	50	20	10	5	1
蔡静	3909	39	0	0			
陈媛	2970	29	1	1			
王密	2341	23	0	2			
陈山	2568	25	1	0			
廖晓	6846	68	0	2			
张丽君	5887	58	1	1			
吴华波	3131	31	0	1			

图23-40

④ 选中F3单元格，在编辑栏中输入公式：=INT(MOD(MOD(MOD(B3,$C$2),$D$2),$E$2)/$F$2)，按回车键即可以返回第一位员工实领工资人民币面值为10元的张数，向下复制公式，即可返回其他员工实领工资人民币面值为10元的张数，如图23-41所示。

F3　=INT(MOD(MOD(MOD(B3,$C$2),$D$2),$E$2)/$F$2)

姓名	实发工资	领取人民币面值张数					
		100	50	20	10	5	1
蔡静	3909	39	0	0	0		
陈媛	2970	29	1	1	0		
王密	2341	23	0	2	0		
陈山	2568	25	1	0	1		
廖晓	6846	68	0	2	0		
张丽君	5887	58	1	1	1		
吴华波	3131	31	0	1	1		

图23-41

⑤ 选中G3单元格，在编辑栏中输入公式：=INT(MOD(MOD(MOD(MOD(B3,$C$2),$D$2),$E$2),$F$2)/$G$2)，按回车键即可以返回第一位员工实领工资人民币面值为5元的张数，向下复制公式，即可返回其他员工实领工资人民币面值为5元的张数，如图23-42所示。

G3　=INT(MOD(MOD(MOD(MOD(B3,$C$2),$D$2),$E$2),$F$2)/$G$2)

姓名	实发工资	领取人民币面值张数					
		100	50	20	10	5	1
蔡静	3909	39	0	0	0	1	
陈媛	2970	29	1	1	0	0	
王密	2341	23	0	2	0	0	
陈山	2568	25	1	0	1	1	
廖晓	6846	68	0	2	0	1	
张丽君	5887	58	1	1	1	1	
吴华波	3131	31	0	1	1	0	

图23-42

⑥ 选中H3单元格，在编辑栏中输入公式：=INT(MOD(MOD(MOD(MOD(MOD(B3,$C$2),$D$2),$E$2),$F$2),$G$2)/$H$2)，按回车键即可以返回员工第一位员工实领工资人民币面值为1元的张数，向下复制公式，即可返回其他员工实领工资人民币面值为1元的张数，如图23-43所示。

H3　=INT(MOD(MOD(MOD(MOD(MOD(B3,$C$2),$D$2),$E$2),$F$2),$G$2)/$H$2)

姓名	实发工资	领取人民币面值张数					
		100	50	20	10	5	1
蔡静	3909	39	0	0	0	1	4
陈媛	2970	29	1	1	0	0	0
王密	2341	23	0	2	0	0	1
陈山	2568	25	1	0	1	1	3
廖晓	6846	68	0	2	0	1	1
张丽君	5887	58	1	1	1	1	2
吴华波	3131	31	0	1	1	0	1

图23-43

函数113 根据职位与工龄调整工资

本例中统计了员工的职位、工龄以及基本工资。下面要求根据条件设置公式计算出员工加薪后的工资是多少，具体要求为：只对“技术员”进行加薪，其他职位员工的工资保持不变；工龄大于等于5年的工资上调500元，其他的上调200元。

❶ 选中E2单元格，在编辑栏中输入公式：“=IF(NOT(LEFT(B2,3)="技术员"),"不变",IF(AND(LEFT(B2,3)="技术员",NOT(C2<=5)),D2+500,D2+200))”，按回车键计算出第一位员工加薪后的工资。

❷ 将光标移到E2单元格的右下角，光标变成十字形状后，按住鼠标左键向下拖动进行公式填充，即可快速统计出其他员工加薪后的工资，如图23-44所示。

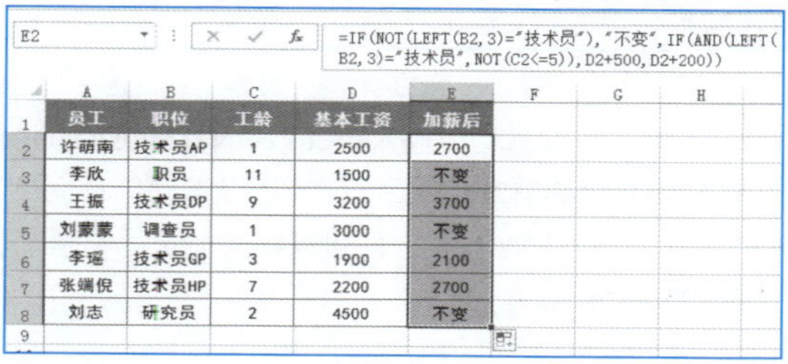

E2 =IF(NOT(LEFT(B2,3)="技术员"),"不变",IF(AND(LEFT(B2,3)="技术员",NOT(C2<=5)),D2+500,D2+200))

员工	职位	工龄	基本工资	加薪后
许萌南	技术员AP	1	2500	2700
李欣	职员	11	1500	不变
王振	技术员DP	9	3200	3700
刘蒙蒙	调查员	1	3000	不变
李瑶	技术员GP	3	1900	2100
张端倪	技术员HP	7	2200	2700
刘志	研究员	2	4500	不变

图23-44

函数114 根据值班日期自动返回工资标准

本例中列出了不同的值班类别所对应的值班工资标准，现在要根据当前的值班统计表中的值班类别自动返回应计的值班工资。

❶ 选中E7单元格，在编辑栏中输入公式：“=HLOOKUP(D7,$A$3:$G$4,2,0)*C7”，按回车键，即可根据日期类别返回对应的工资金额。

❷ 向下填充E7单元格的公式，即可根据其他员工加班类别得到对应的工资金额，如图23-45所示。

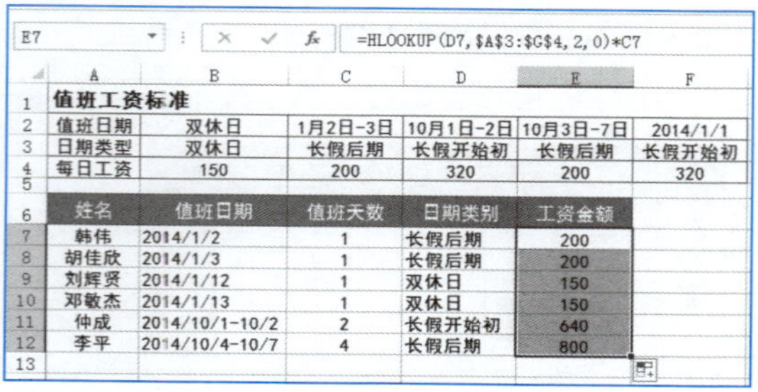

E7 =HLOOKUP(D7,$A$3:$G$4,2,0)*C7

值班工资标准

值班日期	双休日	1月2日-3日	10月1日-2日	10月3日-7日	2014/1/1
日期类型	双休日	长假后期	长假开始初	长假后期	长假开始初
每日工资	150	200	320	200	320

姓名	值班日期	值班天数	日期类别	工资金额
韩伟	2014/1/2	1	长假后期	200
胡佳欣	2014/1/3	1	长假后期	200
刘辉贤	2014/1/12	1	双休日	150
邓敏杰	2014/1/13	1	双休日	150
仲成	2014/10/1-10/2	2	长假开始初	640
李平	2014/10/4-10/7	4	长假后期	800

图23-45

函数115　同时查询两个标准计算年终奖

表格中根据员工的工龄及职位对年终奖金设置了发放规则，现在需要根据当前员工的工龄来自动判断该员工应获得的年终奖。

❶ 选中D2单元格，在编辑栏中输入公式：“=VLOOKUP(B2,IF(C2<=5,$F$2:$G$4,$F$7:$G$9),2,FALSE)”，按回车键，即可根据B2单元格的职位与C2单元格的工龄自动判断该员工应获得的年终奖。

❷ 向下填充D2单元格的公式，即可快速判断出每位员工应获得的年终奖，如图23-46所示。

D2　　fx　=VLOOKUP(B2, IF(C2<=5, $F$2:$G$4, $F$7:$G$9), 2, FALSE)

	A	B	C	D	E	F	G
1	姓名	职位	工龄	年终奖		5年或以下工龄	
2	韩伟	职员	2	1000		职员	1000
3	胡佳欣	高级职员	4	2000		高级职员	2000
4	刘辉贤	部门经理	5	5000		部门经理	5000
5	邓敏杰	高级职员	10	5000			
6	仲成	职员	2	1000		5年以上工龄	
7	李志霄	职员	1	1000		职员	2000
8	陶龙华	部门经理	6	10000		高级职员	5000
9	李晓	高级职员	12	5000		部门经理	10000
10	刘纪鹏	职员	2	1000			
11	李梅	职员	8	2000			

图23-46

函数116　返回某位员工加班小时工资

员工在休息日加班和节假日加班的加班小时工资是不一样的，使用IF函数判断员工的加班性质，并计算出员工的加班小时工资。

❶ 选中E2单元格，在公式编辑栏中输入公式：“=IF(E2="节假日班次",D2*3,D2*2)”，按回车键即可计算出该员工的总计加班小时工资。

❷ 将光标移到E2单元格的右下角，光标变成十字形状后，按住鼠标左键向下拖动进行公式填充，即可计算出各个员工的加班小时工资，如图23-47所示。

E2　　fx　=IF(B2="节假日班次", D2*3, D2*2)

	A	B	C	D	E
1	姓名	班次类别	核算加班时数	基本小时工资	加班小时工资
2	刘毅	节假日班次	9	18.75	56.25
3	王明	节假日班次	8.5	23	69
4	刘小艳	休息日班次	8.5	18.75	37.5
5	陈秋明	节假日班次	8	25	75

图23-47

函数117 计算员工加班金额费用

根据员工的加班小时和加班小时工资计算出员工的加班费金额。

❶ 选中F2单元格，在公式编辑栏中输入公式：“=PRODUCT(C2,E2)”按回车键即可计算出第一位员工的加班费金额。

❷ 向下填充F2单元格的公式，即可快速求出各个员工的加班费金额，如图23-48所示。

F2 =PRODUCT(C2, E2)

	A	B	C	D	E	F
1	姓名	班次类别	核算加班时数	基本小时工资	加班小时工资	加班费金额
2	刘毅	节假日班次	9	18.75	56.25	506.25
3	王明	节假日班次	8.5	23	69	586.5
4	刘小艳	休息日班次	8.5	18.75	37.5	318.75
5	陈秋明	节假日班次	8	25	75	600
6						

图23-48

函数118 计算员工满勤奖

在考勤管理表中，根据应出勤天数和实际出勤天数，计算出员工本月是否能拿到满勤奖。

❶ 选中E2单元格，在公式编辑栏中输入公式：“=IF(D2>=C2,200,0)”，按回车键，即可计算出第一位员工是否取得满勤奖。

❷ 将光标移到E2单元格的右下角，光标变成十字形状后，按住鼠标左键向下拖动进行公式填充，即可计算出其他员工是否取得满勤奖，如图23-49所示。

E2 =IF(D2>=C2, 200, 0)

	A	B	C	D	E
1	序号	姓名	应出勤天数	实际出勤天数	满勤奖
2	1	路高泽	23	23	200
3	2	岳庆浩	23	21	0
4	3	李雪儿	23	23	200
5	4	张远	23	22	0
6	5	何南	23	23	200
7					

图23-49

第24章

函数在销售管理中的应用

Excel

函数119 计算产品平均销售额

在员工产品销售统计报表中，计算员工产品平均销售金额（以整数进行舍入）。

选中B10单元格，在编辑栏中输入公式：=INT(AVERAGE(D2:D8))，按回车键即可以整数返回员工产品平均销售金额，如图24-1所示。

C10 =INT(AVERAGE(D2:D8))

	A	B	C	D
1	员工姓名	销售量	销售单价	销售总额
2	王荣	80	132	10560
3	周国菊	102	82	8364
4	陶丽	122	37	4514
5	周蓓	110	32	3520
6	王涛	77	157	12089
7	葛丽	120	47	5640
8	黄寅	104	112	11648
9				
10		平均销售量	8047	
11				

图24-1

函数120 计算产品销售额（MROUND函数）

在产品销售统计报表中，计算每个产品的销售金额（保留0.2倍数的小数位）。

选中D2单元格，在编辑栏中输入公式：=MROUND(B2*C2,0.2)，按回车键即可以1位小数位的形式返回产品的销售金额。向下复制公式，即可以0.2倍数的小数位形式返回其他产品的销售金额，如图24-2所示。

D2 =MROUND(B2*C2,0.2)

	A	B	C	D
1	产品名称	销售量	销售单价	销售总额
2	微波炉	1	430	430
3	电话	5	200	1000
4	手机	2	1370	2740
5	冰箱	3	2320	6960
6	空调	6	4150	24900
7	显示器	5	470	2350
8				
9				

图24-2

函数121 计算产品销售额（ROUND函数）

在产品销售统计报表中，计算每个产品的销售金额（保留2位小数位）。

选中D2单元格，在编辑栏中输入公式：=ROUND(B2*C2,2)，按回车键即可以1位小数位的形式返回产品的销售金额。向下复制公式，即可以2位小数位的形式返回其他产品的销售金额，如图24-3所示。

D2　=ROUND(B2*C2, 2)

	A	B	C	D
1	产品名称	销售量	销售单价	销售总额
2	微波炉	1	430.2	430.2
3	电话	5	200.4	1002
4	手机	2	1370.85	2741.7
5	冰箱	3	2320.1	6960.3
6	空调	6	4150.12	24900.72
7	显示器	5	470.88	2354.4
8				

图24–3

函数122　按销售时间段统计产品的总销售金额

在产品销售统计报表中，按不同销售时间段统计产品的总销售金额。

❶ 选中H4单元格，在编辑栏中输入公式：{=SUM(($A$2:$A$12<=H$3)*($B$2:$B$12=$G4)*$E$2:$E$12)}，按“Ctrl+Shift+Enter”组合键即可统计出产品名称为“华光加热器”，且销售日期在2014-3-25之前的总销售金额。向下复制公式，即可统计出其他产品在2014-3-25之前的总销售金额，如图24-4所示。

H4　{=SUM(($A$2:$A$12<=H$3)*($B$2:$B$12=$G4)*$E$2:$E$12)}

	A	B	C	D	E	F	G	H	I
1	销售日期	产品名称	销售单价	销售数量	销售金额				
2	14/3/1	华光加热器	80	132	10560				
3	14/3/3	华光保暖器	102	82	8364		产品名称	14/3/25	14/4/5
4	14/3/6	华光高暖器	122	37	4514		华光加热器	22649	
5	14/3/10	华光保暖器	110	32	3520		华光保暖器	23532	
6	14/3/12	华光加热器	77	157	12089		华光高暖器	10154	
7	14/3/17	华光高暖器	120	47	5640				
8	14/3/23	华光保暖器	104	112	11648				
9	14/3/28	华光加热器	82	77	6314				
10	14/4/1	华光保暖器	107	77	8239				
11	14/4/5	华光高暖器	117	42	4914				
12	14/4/10	华光加热器	62	87	5394				
13									

图24–4

❷ 选中H4:H6单元格区域，将光标移到H6单元格的右下角，光标变成十字形状后，按住鼠标左键向右拖动进行公式填充，即可统计出各产品在2014-3-25之前的总销售金额，如图24-5所示。

H4　{=SUM(($A$2:$A$12<=H$3)*($B$2:$B$12=$G4)*$E$2:$E$12)}

	A	B	C	D	E	F	G	H	I
1	销售日期	产品名称	销售单价	销售数量	销售金额				
2	14/3/1	华光加热器	80	132	10560				
3	14/3/3	华光保暖器	102	82	8364		产品名称	14/3/25	14/4/5
4	14/3/6	华光高暖器	122	37	4514		华光加热器	22649	28963
5	14/3/10	华光保暖器	110	32	3520		华光保暖器	23532	31771
6	14/3/12	华光加热器	77	157	12089		华光高暖器	10154	15068
7	14/3/17	华光高暖器	120	47	5640				
8	14/3/23	华光保暖器	104	112	11648				
9	14/3/28	华光加热器	82	77	6314				
10	14/4/1	华光保暖器	107	77	8239				
11	14/4/5	华光高暖器	117	42	4914				
12	14/4/10	华光加热器	62	87	5394				

图24–5

函数123　使用通配符统计产品总销售金额

在员工产品销售统计报表中，使用通配符统计出“暖”产品的总销售金额。

选中D14单元格，在编辑栏中输入公式：=SUMIF(A2:A12,"*暖*",D2:D12)，按回车键即可统计出“暖”产品的销售金额，如图24-6所示。

D14　=SUMIFS(D2:D12,A2:A12,">14-3-5",A2:A12,"<14-4-5",B2:B12,"华光保暖器")

	A	B	C	D	E
1	销售日期	产品名称	销售单价	销售数量	销售金额
2	14/3/1	华光加热器	80	132	10560
3	14/3/3	华光保暖器	102	82	8364
4	14/3/6	华光高暖器	122	37	4514
5	14/3/10	华光保暖器	110	32	3520
6	14/3/12	华光加热器	77	157	12089
7	14/3/17	华光高暖器	120	47	5640
8	14/3/23	华光保暖器	104	112	11648
9	14/3/28	华光加热器	82	77	6314
10	14/4/1	华光保暖器	107	77	8239
11	14/4/5	华光高暖器	117	42	4914
12	14/4/10	华光加热器	62	87	5394
13					
14	统计“暖”产品的销售金额：			221	
15					

图24-6

函数124　按销售期间统计总销售量

在产品销售统计报表中，统计出“2014-3-5～2014-4-5”期间所有产品的销售数量。

选中E14单元格，在编辑栏中输入公式：=SUMIFS(D2:D12,A2:A12,">14-3-5",A2:A12,"<14-4-5")，按回车键即可统计出“2014-3-5～2014-4-5”期间所有产品的销售数量额，如图24-7所示。

E14　=SUMIFS(D2:D12,A2:A12,">14-3-5",A2:A12,"<14-4-5")

	A	B	C	D	E
1	销售日期	产品名称	销售单价	销售数量	销售金额
2	14/3/1	华光加热器	80	132	10560
3	14/3/3	华光保暖器	102	82	8364
4	14/3/6	华光高暖器	122	37	4514
5	14/3/10	华光保暖器	110	32	3520
6	14/3/12	华光加热器	77	157	12089
7	14/3/17	华光高暖器	120	47	5640
8	14/3/23	华光保暖器	104	112	11648
9	14/3/28	华光加热器	82	77	6314
10	14/4/1	华光保暖器	107	77	8239
11	14/4/5	华光高暖器	117	42	4914
12	14/4/10	华光加热器	62	87	5394
13					
14	统计2014-3-5～2014-4-5期间产品销售量：				539
15					

图24-7

函数125　按销售期间统计某产品的总销售量

在产品销售统计报表中，统计出“2014-3-5～2014-4-5”期间“华光保暖器”产品的销售数量。

选中E14单元格，在编辑栏中输入公式：=SUMIFS(D2:D12,A2:A12,">14-3-

5",A2:A12,"<14-4-5”,B2:B12,”华光保暖器”)，按回车键即可统计出“2014-3-5～2014-4-5”期间“华光保暖器”的销售数量，如图24-8所示。

E14　=SUMIFS(D2:D12,A2:A12,">14-3-5",A2:A12,"<14-4-5",B2:B12,"华光保暖器")

销售日期	产品名称	销售单价	销售数量	销售金额
14/3/1	华光加热器	80	132	10560
14/3/3	华光保暖器	102	82	8364
14/3/6	华光高暖器	122	37	4514
14/3/10	华光保暖器	110	32	3520
14/3/12	华光加热器	77	157	12089
14/3/17	华光高暖器	120	47	5640
14/3/23	华光保暖器	104	112	11648
14/3/28	华光加热器	82	77	6314
14/4/1	华光保暖器	107	77	8239
14/4/5	华光高暖器	117	42	4914
14/4/10	华光加热器	62	87	5394
统计2014-3-5～2014-4-5期间产品销售量：				221

图24-8

函数126　统计所有产品的总销售金额

在产品销售统计报表中，统计出产品总销售金额。

选中B9单元格，在编辑栏中输入公式：=SUMPRODUCT(B2:B7,C2:C7)，按回车键即可统计算出所有产品的总销售金额，如图24-9所示。

B9　=SUMPRODUCT(B2:B7,C2:C7)

产品名称	销售量	销售单价
微波炉	10	430
电话	15	200
手机	2	1370
冰箱	8	2320
空调	6	4150
显示器	5	470
总销售金额	55850	

图24-9

函数127　按产品条件统计销售量

在产品销售统计报表中，统计出“冰箱”和“空调”的销售量。

选中C9单元格，在编辑栏中输入公式：=SUMPRODUCT(((($A$1:$A$7=”冰箱”)+($A$1:$A$7=”空调”)),$B$1:$B$7)，按回车键即可统计出“冰箱”和“空调”的销售量，如图24-10所示。

C9　=SUMPRODUCT(((($A$1:$A$7="冰箱")+($A$1:$A$7="空调")),$B$1:$B$7)

产品名称	销售量	
微波炉	10	
电话	15	
手机	2	
冰箱	8	
空调	6	
显示器	5	
统计“冰箱”和“空调”的销量		14

图24-10

第21章 第22章 第23章 第24章 第25章

函数128　计算销售产品的利润金额

在产品利润统计报表中，计算销售产品的利润金额。

选中D2单元格，在编辑栏中输入公式：=TRUNC(B2*C2,2)，按回车键即可以2位小数形式返回销售产品“微波炉”的利润金额，复制公式即可返回其他销售产品的利润金额，如图24-11所示。

D2　=TRUNC(B2*C2, 2)

	A	B	C	D
1	产品名称	销售量	每台利润	利润额
2	微波炉	11	100	1100
3	电话	5	80	400
4	手机	2	280	560
5	冰箱	3	480	1440
6	空调	6	1000	6000
7	显示器	5	80	400
8				

图24-11

函数129　显示指定店面销售记录

本例中统计了各个门面的销售情况，现在要实现将某一个店面的所有记录都依次显示出来。我们可以使用INDEX函数配合SMALL和ROW函数来实现。

❶ 在工作表中建立查询表。选中F4:F11单元格区域，在编辑栏中输入公式：=IF(ISERROR(SMALL(IF(($A$2:$A$11=$H$1),ROW(2:11)),ROW(1:11))),"",INDEX(A:A,SMALL(IF(($A$2:$A$11=$H$1),ROW(2:11)),ROW(1:11))))。同时按Ctrl+Shift+Enter组合键，可一次性将A列中所有等于H1单元格中指定的店面的记录都显示出来，如图24-12所示。

❷ 选中F4:F11单元格，将光标移到右下角，光标变成十字形状后，按住鼠标左键向右拖动进行公式填充，即可得到H1单元格中指定店面的所有记录。

❸ 当需要查询其他店面的销售记录时，只需要在H1单元格中重新选择店面名称即可，如图24-13所示。

F4　{=IF(ISERROR(SMALL(IF(($A$2:$A$11=$H$1),ROW(2:11)),ROW(1:11))),"",INDEX(A:A,SMALL(IF(($A$2:$A$11=$H$1),ROW(2:11)),ROW(1:11))))}

	A	B	C	D	E	F	G	H	I
1	店面	品牌	数量	金额		选择查询店面		总店	
2	一分店	儿童毛衣	2	480					
3	总店	女士毛衣	3	450		店面	品牌	数量	金额
4	一分店	女士毛衣	2	380		总店	女士毛衣	3	450
5	总店	儿童毛衣	1	120		总店	儿童毛衣	1	120
6	二分店	儿童毛衣	2	240		总店	女士针织衫	10	1480
7	总店	女士针织衫	10	1480		总店	男士毛衣	2	580
8	二分店	女士针织衫	5	1280		总店	女士连衣裙	20	2000
9	总店	男士毛衣	2	580					
10	二分店	男士毛衣	11	1500					
11	总店	女士连衣裙	20	2000					
12									

图24-12

	A	B	C	D	E	F	G	H	I
1	店面	品牌	数量	金额		选择查询店面		二分店	
2	一分店	儿童毛衣	2	480					
3	总店	女士毛衣	3	450		店面	品牌	数量	金额
4	一分店	女士毛衣	2	380		二分店	儿童毛衣	2	240
5	总店	儿童毛衣	1	120		二分店	女士针织衫	5	1280
6	二分店	儿童毛衣	2	240		二分店	男士毛衣	11	1500
7	总店	女士针织衫	10	1480					
8	二分店	女士针织衫	5	1280					
9	总店	男士毛衣	2	580					
10	二分店	男士毛衣	11	1500					
11	总店	女士连衣裙	20	2000					
12									

图24-13

函数130　查询特定门面、特定月份的销售金额

本例中统计了门面1月、2月、3月的销售金额。现要查询特定门面、特定月份的销售金额，可以使用INDEX与MATCH函数实现双条件查询。

❶ 首先设置好查询条件，本例在A7、B7单元格中输入要查询的月份与门面。选中C7单元格，在公式编辑栏中输入公式：=INDEX(B2:D4,MATCH(B7,A2:A4,0),MATCH(A7,B1:D1,0))，按回车键即可返回3月份滨湖店的销售金额，如图24-14所示。

❷ 在A7、B7单元格中输入其他要查询的条件，可查询其相应销售金额。

C7　=INDEX(B2:D4,MATCH(B7,A2:A4,0),MATCH(A7,B1:D1,0))

	A	B	C	D
1	门面	1月	2月	3月
2	新亚店	5480	8201	5620
3	滨湖店	8420	7820	4520
4	百大店	7546	8741	5030
5				
6	月份	门面	金额	
7	3月	滨湖店	4520	

图24-14

函数131　建立动态的产品在各分店的销售数据

在企业产品销售报表中，建立动态的产品在各分店的销售数据。

❶ 选中I3单元格，在公式编辑栏中输入公式：=OFFSET(A2,0,$I$1)，按回车键即可根据动态变量返回对应的标识项“二店销售量”。向下复制公式，即可返回各产品在二店的销售量，如图24-15所示。

I3　=OFFSET(A2,0,$I$1)

	A	B	C	D	E	F	G	H	I
1	产品名称	一店销售量	二店销售量	三店销售量	四店销售量	总销售量		动态变量	2
2	电视机	95	101	98	103	397			二店销售量
3	冰箱	100	106	107	98	411		电视机	101
4	空调	78	85	101	124	388		冰箱	106
5	电热器	121	104	127	110	462		空调	85
6								电热器	104

图24-15

❷ 在I3单元格中改变动态变量，即可返回各产品在其店的销售量，如图24-16所示。

产品名称	一店销售量	二店销售量	三店销售量	四店销售量	总销售量		动态变量	4
电视机	95	101	98	103	397			四店销售量
冰箱	100	106	107	98	411		电视机	103
空调	78	85	101	124	388		冰箱	98
电热器	121	104	127	110	462		空调	124
							电热器	110

图24-16

函数132　计算产量最高的季度

工作表中有12个月的产量明细，现需计算产量最高的季度。

选中D2单元格，在公式编辑栏中输入公式：=TEXT(MATCH(MAX(SUBTOTAL(9,OFFSET(A1,{0,3,6,9},1,3))),SUBTOTAL(9,OFFSET(A1,{0,3,6,9},1,3)),0),"[DBNum1]0季度")，按Enter键，即可计算产量最高的季度名称，如图24-17所示。

D2　=TEXT(MATCH(MAX(SUBTOTAL(9,OFFSET(A1,{0,3,6,9},1,3))),SUBTOTAL(9,OFFSET(A1,{0,3,6,9},1,3)),0),"[DBNum1]0季度")

A	B	C	D
一月	79		哪一季度产量最高
二月	65		四季度
三月	58		
四月	56		
五月	52		
六月	62		
七月	45		
八月	52		
九月	89		
十月	87		
十一月	68		
十二月	78		

图24-17

函数133　统计销售记录条数

在员工产品销售数据统计报表中，统计记录的销售记录的销售记录条数。

选中C12单元格，在公式编辑栏中输入公式：=COUNT(A2:C10)，按回车键即可统计出销售记录条数为“9”，如图24-18所示。

C12　=COUNT(A2:C10)

销售员	品名	销售数量
王荣	电视	422
葛丽	电视	418
夏慧	空调	512
王涛	微波炉	385
李纪洋	空调	482
王磊	洗衣机	368
周国菊	空调	458
高龙宝	洗衣机	418
徐莹	空调	180
统计销售记录条数:		9

图24-18

函数134　统计出各类别产品的销售记录条数

根据统计的产品的销售记录，统计出各类产品的销售记录条数，可使用COUNTIF函数快速提取。

选中F4单元格，在公式编辑栏中输入公式：=COUNTIF(B2:B12,E4)，按回车键，即可统计出“电视”的销售记录条数为“2”，向下复制公式，即可统计出其他产品的销售记录条数，如图24-19所示。

F4　=COUNTIF(B2:B12,E4)

	A	B	C	D	E	F
1	销售员	品名	销售数量			
2	王荣	电视	422			
3	周国菊	电视	418		姓名	销售记录条数
4	夏慧	空调	512		电视	2
5	王涛	微波炉	385		空调	5
6	王荣	空调	418		微波炉	2
7	李纪洋	空调	482		洗衣机	3
8	王磊	洗衣机	368			
9	周国菊	空调	458			
10	王荣	洗衣机	418			
11	徐莹	空调	180			
12	夏慧	洗衣机	388			
13	周国菊	微波炉	482			

图24-19

函数135　统计最高（最低）销售量

可以使用MAX（MIN）函数返回最高（最低）销售量。

❶ 选中B6单元格，在公式编辑栏中输入公式：=MAX(B2:E4)，按回车键，即可返回B2:E4单元格区域中最大值，如图24-20所示。

❷ 选中B7单元格，在公式编辑栏中输入公式：=MIN(B2:E4)，按回车键，即可返回B2:E4单元格区域中最小值，如图24-21所示。

B6　=MAX(B2:E4)

	A	B	C	D	E
1	月份	滨湖店	新亚店	淝滨店	观前店
2	1月	400	380	280	190
3	2月	200	468	265	290
4	3月	480	265	180	288
5					
6	最高销量	480			
7	最低销量				

图24-20

B7　=MIN(B2:E4)

	A	B	C	D	E
1	月份	滨湖店	新亚店	淝滨店	观前店
2	1月	400	380	280	190
3	2月	200	468	265	290
4	3月	480	265	180	288
5					
6	最高销量	480			
7	最低销量	180			

图24-21

函数136　统计非工作日销售金额

本例中需要计算出A列中非工作日在B列中对应的总销售金额之和，可以使用SUMPRODUCT函数来实现。

选中E5单元格，在公式编辑栏中输入公式：=SUMPRODUCT((MOD(A2:A10,7)<2)*B2:B10)，按回车键即可统计出非工作日（即周六、日）销售金额之和，如图24-22所示。

E5 =SUMPRODUCT((MOD(A2:A10,7)<2)*B2:B10)

	A	B	C	D	E	F	G	H
1	星期	金额						
2	三	230						
3	四	690						
4	五	760						
5	六	892		统计周六周日总销售额	2609.35			
6	日	1354.8						
7	二	6514.25						
8	三	965						
9	六	1038						
10	日	1254.55						

图24-22

函数137　统计特定产品的总销售数量

在销售统计数据库中，若要统计特定产品的总销售数量，可以使用DSUM函数来实现。

❶ 在C14:C15单元格区域中设置条件，其中包括列标识，产品名称为“纽曼MP4”。

❷ 选中D15单元格，在公式编辑栏中输入公式：=DSUM(A1:F12,4,C14:C15)，按回车键即可在销售报表中统计出产品名称为“纽曼MP4”的总销售数量，如图24-23所示。

D15 =DSUM(A1:F12,4,C14:C15)

	A	B	C	D	E	F
1	销售日期	产品名称	销售单价	销售数量	销售金额	销售员
2	2014/3/1	纽曼MP4	320	16	5120	刘勇
3	2014/3/1	飞利浦音箱	350	20	7000	马梅
4	2014/3/2	三星显示器	1040	15	15600	吴小华
5	2014/3/2	飞利浦音箱	345	21	7245	唐虎
6	2014/3/2	纽曼MP4	325	32	10400	马梅
7	2014/3/3	三星显示器	1030	24	24720	吴小华
8	2014/3/4	纽曼MP4	330	33	10890	刘勇
9	2014/3/4	飞利浦音箱	370	26	9620	吴小华
10	2014/3/5	纽曼MP4	335	18	6030	马梅
11	2014/3/5	三星显示器	1045	8	8360	吴小华
12	2014/3/6	飞利浦音箱	350	10	3500	唐虎
13						
14			产品名称	销售数量		
15			纽曼MP4	99		

图24-23

函数138　统计出指定店面的平均利润

在DAVERAGE函数中可以使用通配符来设置函数参数。如在本例中统计出所有一店的平均利润。

❶ 在A7:A8单元格区域中设置条件，使用通配符，即地区以“一店”结尾。

❷ 选中B8单元格，在公式编辑栏中输入公式：=DAVERAGE(A1:B5,2,A7:A8)，按回车键即可统计出 “一店”的平均利润，如图24-24所示。

B8　=DAVERAGE(A1:B5,2,A7:A8)

	A	B
1	地区	利润（万元）
2	东区（一店）	200
3	西区（二店）	120
4	南区（一店）	99.5
5	北区（一店）	150.4
6		
7	地区	利润（万元）
8	*（一店）	149.97

图24-24

函数139　指定销售日期和产品名称对应的销售数量

在销售统计数据库中，若要自动获取销售日期为2014-3-4、产品名称为“飞利浦音箱”的销售数量，可以使用DGET函数来实现。

❶ 在C14:D15单元格区域中设置条件，指定销售日期与产品名称。

❷ 选中E15单元格，在公式编辑栏中输入公式：=DGET(A1:F12,4,C14:D15)，按回车键即可获取销售日期为2014-3-4、产品名称为“飞利浦音箱”的销售数量，如图24-25所示。

E15　=DGET(A1:F12,4,C14:D15)

	A	B	C	D	E	F
1	销售日期	产品名称	销售单价	销售数量	销售金额	销售员
2	2014/3/1	纽曼MP4	320	16	5120	刘勇
3	2014/3/1	飞利浦音箱	350	20	7000	马梅
4	2014/3/2	三星显示器	1040	15	15600	吴小华
5	2014/3/2	飞利浦音箱	345	21	7245	唐虎
6	2014/3/2	纽曼MP4	325	32	10400	马梅
7	2014/3/3	三星显示器	1030	24	24720	吴小华
8	2014/3/4	纽曼MP4	330	33	10890	刘勇
9	2014/3/4	飞利浦音箱	370	26	9620	吴小华
10	2014/3/5	纽曼MP4	335	18	6030	马梅
11	2014/3/5	三星显示器	1045	8	8360	吴小华
12	2014/3/6	飞利浦音箱	350	10	3500	唐虎
13						
14			销售日期	产品名称	销售数量	
15			2014/3/4	飞利浦音箱	26	

图24-25

函数140　根据员工的销售量进行业绩考核

对员工本月的销售量进行统计后，作为主管人员可以对员工的销量业绩进行业绩考核。

选中F2单元格，在公式编辑栏中输入公式：=IF(E2<=5,”差”,IF(E2>5,”良”,” ”))，按回车键即可对员工的业绩进行考核。向下复制公式，即可得出其他员工业绩考核结果，如图24-26所示。

F2　=IF(E2<=5,"差",IF(E2>5,"良",""))

	A	B	C	D	E	F
1	销售员	计算机销售量	摄像头销售量	GPRS销售量	总销售量	业绩考核
2	王荣	2	2	2	6	良
3	周国菊	3	6	4	13	良
4	葛丽	1	0	4	5	差
5	张俊	6	8	4	18	良
6	陶丽	3	0	1	4	差
7						

图24-26

函数141　根据业绩计算需要发放多少奖金

公司规定业务成绩大于100000元者给奖金2000元，否则给奖金1000元。现统计8个业务员总共需要多发放多少奖金。

选中D2单元格，在公式编辑栏中输入公式：=SUM(IF(B2:B9>100000,2000,1000))，按Ctrl+Shift+Enter组合键即可计算出需要发放多少奖金，如图24-27所示。

D2　{=SUM(IF(B2:B9>100000,2000,1000))}

	A	B	C	D	E	F	G
1	姓名	业绩		奖金			
2	王荣	70000		13000			
3	周国菊	196532					
4	葛丽	100356					
5	张俊	113564					
6	陶丽	56134					
7	陈南	66257					
8	吴军	159876					
9	孙文胜	196547					
10							

图24-27

函数142　比较员工销售量

在员工产品销售量统计报表中，比较2013上半年和2014上半年员工产品销售量的上升或下滑关系。

选中D2单元格，在编辑栏中输入公式：=IF(C2>B2,"上升","下滑")&ABS(C2-B2)，按回车键即可返回员工“王荣”2013上半年和2014上半年产品销售量的比较值，向下复制公式，即可返回其他员工2013上半年和2014上半年产品销售量的比较值，如图24-28所示。

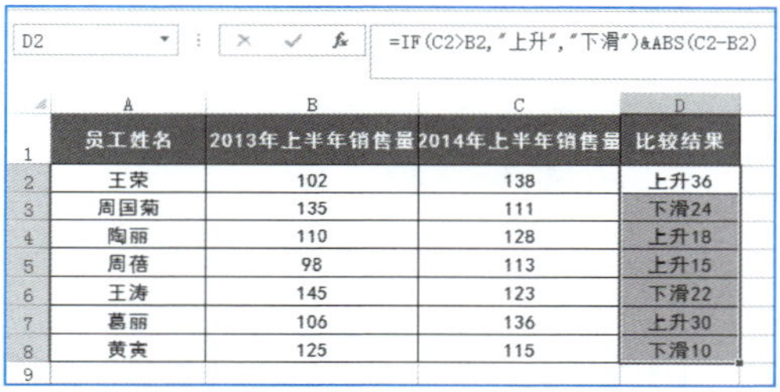
D2　=IF(C2>B2,"上升","下滑")&ABS(C2-B2)

员工姓名	2013年上半年销售量	2014年上半年销售量	比较结果
王荣	102	138	上升36
周国菊	135	111	下滑24
陶丽	110	128	上升18
周蓓	98	113	上升15
王涛	145	123	下滑22
葛丽	106	136	上升30
黄寅	125	115	下滑10

图24-28

函数143　比较销售员销售量的高低关系

员工产品上半年销售量统计报表中，比较每月的销售量与上半年平均销售量的高低关系。

选中C2单元格，在编辑栏中输入公式：=IF(B2>AVERAGE($B$2:$B$7),"高出"&ABS(B2-AVERAGE($B$2:$B$7)),"低出"&ABS(B2-AVERAGE($B$2:$B$7)))，按回车键即可返回员工“王荣”第1个月的销售量与上半年平均销售量的比较值，向下复制公式，即可返回其他月份的产品销售量与上半年平均销售量的比较值，如图24-29所示。

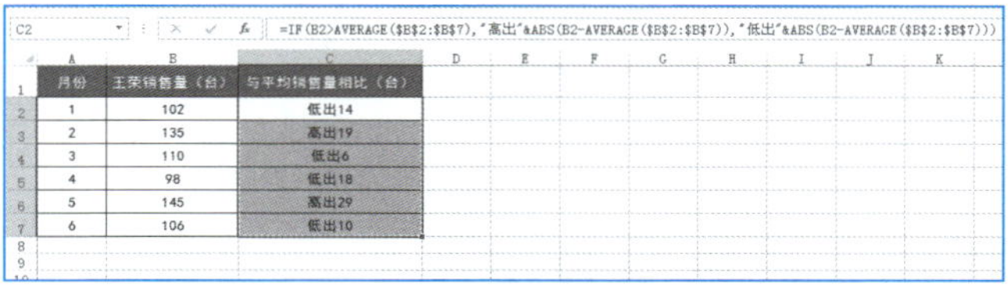
C2　=IF(B2>AVERAGE($B$2:$B$7),"高出"&ABS(B2-AVERAGE($B$2:$B$7)),"低出"&ABS(B2-AVERAGE($B$2:$B$7)))

月份	王荣销售量（台）	与平均销售量相比（台）
1	102	低出14
2	135	高出19
3	110	低出6
4	98	低出18
5	145	高出29
6	106	低出10

图24-29

函数144　计算员工产品平均销售量

在员工产品上半年销售量统计报表中，计算员工产品平均销售量（按“1”的倍数返回产品平均销售量）。

选中C10单元格，在编辑栏中输入公式：=CEILING(AVERAGE(B2:B8),1)，

按回车键即可按照“1”的倍数返回员工产品平均销售量，如图24-30所示。

C10 =CEILING(AVERAGE(B2:B8),1)

	A	B	C	D
1	员工姓名	销售量	销售单价	销售总额
2	王荣	80	132	10560
3	周国菊	102	82	8364
4	陶丽	122	37	4514
5	周蓓	110	32	3520
6	王涛	77	157	12089
7	葛丽	120	47	5640
8	黄寅	104	112	11648
9				
10		平均销售量	103	
11				

图24-30

函数145 计算员工产品平均销售额

在员工产品上半年销售量统计报表中，计算员工产品平均销售额（按“1”的倍数返回产品销售额）。

选中C10单元格，在编辑栏中输入公式：=CEILING(AVERAGE(D2:D8),1)，按回车键即可按照“1”的倍数返回员工产品平均销售额，如图24-31所示。

C10 =CEILING(AVERAGE(D2:D8),1)

	A	B	C	D
1	员工姓名	销售量	销售单价	销售总额
2	王荣	80	132	10560
3	周国菊	102	82	8364
4	陶丽	122	37	4514
5	周蓓	110	32	3520
6	王涛	77	157	12089
7	葛丽	120	47	5640
8	黄寅	104	112	11648
9				
10		平均销售额	8048	
11				

图24-31

函数146 计算所有员工平均销售额

SUBTOTAL函数是返回列表或数据库中的分类汇总。通常，使用“数据”选项卡上“大纲”组中的“分类汇总”命令更便于创建带有分类汇总的列表。一旦创建了分类汇总，就可以通过编辑 SUBTOTAL 函数对该列表进行修改。在销售员销售记录汇总报表中，计算所有销售员的平均销售额。

选中E26单元格，在编辑栏中输入公式：=SUBTOTAL(1,E2:E22)，按回车键即可计算出所有销售员的平均销售额，如图24-32所示。

E26　=SUBTOTAL(1,E2:E22)

	A	B	C	D	E	F
7	陶丽 计数	1				
8	2014/3/5	周蓓	30	290	8700	
9	周蓓 计数	1				
10	2014/3/2	王涛	26	280	7280	
11	王涛 计数	1				
12	2014/3/4	葛丽	31	220	6820	
13	葛丽 计数	1				
14	2014/3/6	黄寅	33	290	9570	
15	黄寅 计数	1				
16	2014/3/1	王荣	32	90	2880	
17	王荣 计数	1				
18	2014/3/2	周国菊	15	220	3300	
19	周国菊 计数	1				
20	2014/3/5	陶丽	20	120	2400	
21	陶丽 计数	1				
22	2014/3/6	周蓓	32	295	9440	
23	周蓓 计数	1				
24	总计数	11				
25						
26			计算所有销售员的平均销售额：		5989.090909	

图24-32

函数147　统计销售员的全部销售次数

在销售员销售记录汇总报表中，统计销售员的全部销售次数。

选中E27单元格，在编辑栏中输入公式：=SUBTOTAL(3,E2:E22)，按回车键即可统计销售员的全部销售次数为“11”次，如图24-33所示。

E27　=SUBTOTAL(3,E2:E22)

	A	B	C	D	E
10	2014/3/2	王涛	26	280	7280
11	王涛 计数	1			
12	2014/3/4	葛丽	31	220	6820
13	葛丽 计数	1			
14	2014/3/6	黄寅	33	290	9570
15	黄寅 计数	1			
16	2014/3/1	王荣	32	90	2880
17	王荣 计数	1			
18	2014/3/2	周国菊	15	220	3300
19	周国菊 计数	1			
20	2014/3/5	陶丽	20	120	2400
21	陶丽 计数	1			
22	2014/3/6	周蓓	32	295	9440
23	周蓓 计数	1			
24	总计数	11			
25					
26			计算所有销售员的平均销售额：		5989.090909
27			统计销售员的全部销售次数：		11
28					

图24-33

函数148　统计销售员总销售额

在产品销售统计报表中，统计产品总销售金额。

选中C10单元格，在编辑栏中输入公式：{=SUM(B2:B8*C2:C8)}，按Ctrl+Shift+Enter组合键即可统计出产品的总销售金额，如图24-34所示。

C10　{=SUM(B2:B8*C2:C8)}

	A	B	C	D
1	员工姓名	销售量	销售单价	
2	王荣	80	132	
3	周国菊	102	82	
4	陶丽	122	37	
5	周蓓	110	32	
6	王涛	77	157	
7	葛丽	120	47	
8	黄寅	104	112	
9				
10		总销售额	56335	
11				

图24-34

函数149　统计各销售部门销售员的总奖金额

在员工奖金报表中，可以使用SUM函数按部门统计出总奖金额。

❶ 选中C10单元格，在编辑栏中输入公式：=SUMIF(B2:B8,"销售一部",C2:C8)，按回车键即可统计出“销售一部”员工的总奖金额，如图24-35所示。

❷ 选中C11单元格，在编辑栏中输入公式：=SUMIF(B2:B8,"销售二部",C2:C8)，按回车键即可统计出“销售二部”员工的总奖金额，如图24-36所示。

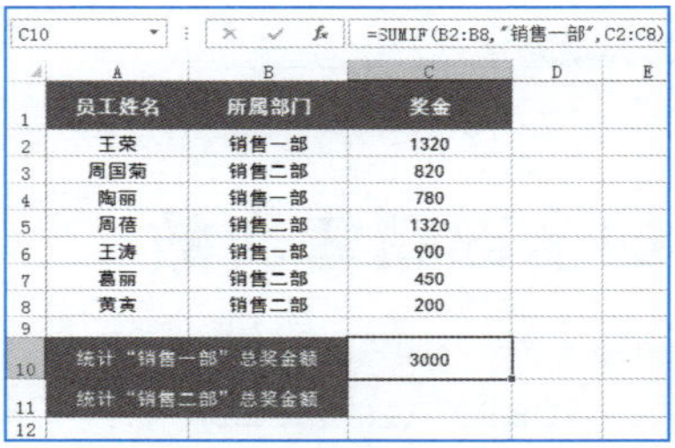
C10　=SUMIF(B2:B8,"销售一部",C2:C8)

员工姓名	所属部门	奖金
王荣	销售一部	1320
周国菊	销售二部	820
陶丽	销售一部	780
周蓓	销售二部	1320
王涛	销售一部	900
葛丽	销售二部	450
黄寅	销售二部	200
统计“销售一部”总奖金额		3000
统计“销售二部”总奖金额		

图24-35

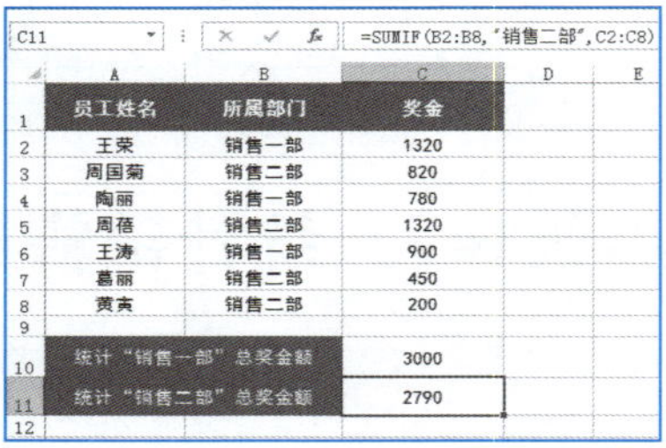
C11　=SUMIF(B2:B8,"销售二部",C2:C8)

员工姓名	所属部门	奖金
王荣	销售一部	1320
周国菊	销售二部	820
陶丽	销售一部	780
周蓓	销售二部	1320
王涛	销售一部	900
葛丽	销售二部	450
黄寅	销售二部	200
统计“销售一部”总奖金额		3000
统计“销售二部”总奖金额		2790

图24-36

函数150　统计销售部门销售员总奖金额

在员工奖金报表中，统计出“销售一部”和“销售二部”员工的总奖金额。

选中C10单元格，在编辑栏中输入公式：=SUM(SUMIF(B2:B8,{"销售一部","销售二部"},C2:C8))，按回车键即可统计出两个部门员工的奖金额之和，如图24-37所示。

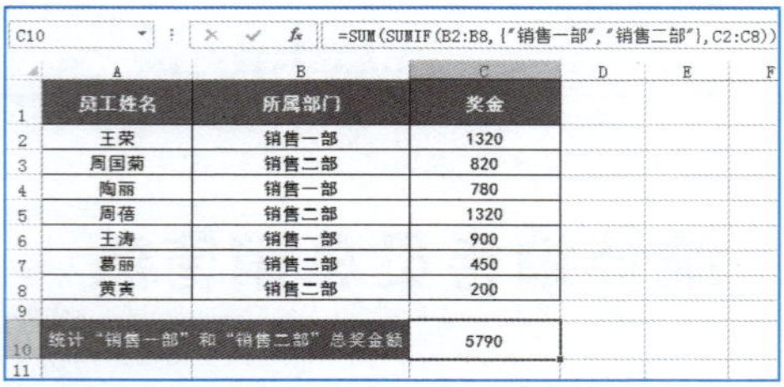
C10　=SUM(SUMIF(B2:B8,{"销售一部","销售二部"},C2:C8))

员工姓名	所属部门	奖金
王荣	销售一部	1320
周国菊	销售二部	820
陶丽	销售一部	780
周蓓	销售二部	1320
王涛	销售一部	900
葛丽	销售二部	450
黄寅	销售二部	200
统计“销售一部”和“销售二部”总奖金额		5790

图24-37

函数151　统计销售员销售额大于10000元的销售量之和

在员工产品销售统计报表中，统计出各员工销售金额大于10000元的产品销售数量之和。

选中C10单元格，在编辑栏中输入公式：=SUMIF(D2:D8,">10000",B2:B8)，按回车键即可统计出满足条件的产品销售数量，如图24-38所示。

C10　=SUMIF(D2:D8,">10000",B2:B8)

	A	B	C	D
1	员工姓名	销售量	销售单价	销售总额
2	王荣	80	132	10560
3	周国菊	102	82	8364
4	陶丽	122	37	4514
5	周蓓	110	32	3520
6	王涛	77	157	12089
7	葛丽	120	47	5640
8	黄寅	104	112	11648
9				
10	销售额>10000的销售量之和		261	
11				

图24-38

函数152　统计销售员销售量且销售单价大于等于100的产品总销售额

在员工产品销售统计报表中，统计员工产品销售量大于等于100，且销售单价大于等于100元的产品总销售额。

选中D10单元格，在编辑栏中输入公式：=SUMIFS(D2:D8,B2:B8,">=100",C2:C8,">=100")，按回车键即可统计出产品销售量大于等于100，且销售单价大于等于100元的产品总销售额，如图24-39所示。

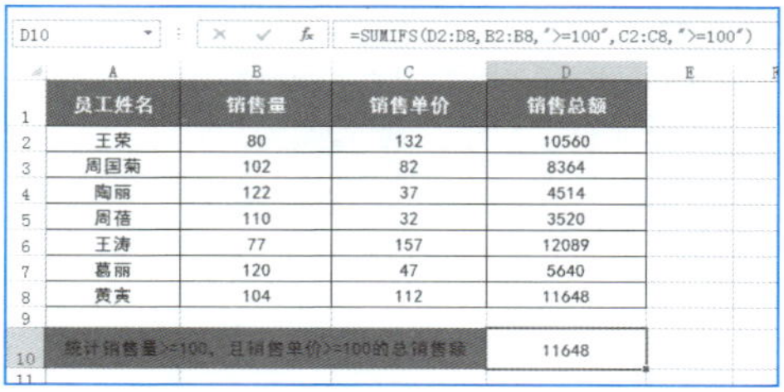
D10　=SUMIFS(D2:D8,B2:B8,">=100",C2:C8,">=100")

	A	B	C	D
1	员工姓名	销售量	销售单价	销售总额
2	王荣	80	132	10560
3	周国菊	102	82	8364
4	陶丽	122	37	4514
5	周蓓	110	32	3520
6	王涛	77	157	12089
7	葛丽	120	47	5640
8	黄寅	104	112	11648
9				
10	统计销售量>=100，且销售单价>=100的总销售额			11648

图24-39

函数153　统计指定销售员的总销售额

在产品销售统计报表中，统计出指定销售员销售产品的总销售金额。

选中C10单元格，在编辑栏中输入公式：=SUMPRODUCT(B2:B8,C2:C8,--(A2:A8=”葛丽”))，按回车键即可统计出销售员“葛丽”销售产品的总销售金额，如图24-40所示。

C10 =SUMPRODUCT(B2:B8,C2:C8,--(A2:A8="葛丽"))

员工姓名	销售量	销售单价
王荣	80	132
周国菊	102	82
陶丽	122	37
周蓓	110	32
王涛	77	157
葛丽	120	47
黄寅	104	112
统计销售员"葛丽"的销售额		5640

图24-40

函数154 考评销售员的销售等级

在产品销售统计报表中，考评销售员的销售等级。约定当总销售额大于200000时，销售等级为“四等销售员”；当总销售量在180000~200000时，销售等级为“三等销售员”；当总销售量在150000~180000时，销售等级为“二等销售员”；当总销售量小于150000时，销售等级为“一等销售员”。

选中E2单元格，在公式编辑栏中输入公式：=CHOOSE(IF(D2>200000,1,IF(D2>=180000,2,IF(D2>=150000,3,4))),”四等销售员”,”三等销售员”,”二等销售员”,”一等销售员”)，按回车键即可评定销售员“王涛”等级为“二等销售员”。向下复制公式，即可判断其他销售员的等级，如图24-41所示。

E2 =CHOOSE(IF(D2>200000,1,IF(D2>=180000,2,IF(D2>=150000,3,4))),"四等销售员","三等销售员","二等销售员","一等销售员")

销售员	销售量	销售单价	销售金额	销售等级
王涛	817	210	171570	二等销售员
周国菊	921	210	193410	三等销售员
徐莹	886	210	186060	三等销售员
唐刘云	1008	210	211680	四等销售员
晏菲	635	210	133350	一等销售员
方玲	978	210	205380	四等销售员

图24-41

函数155 计算员工销售金额的合计数

计算销售人员2、4、6月销售金额的合计数，可以通过COLUMN函数配合其他函数使用。

选中H2单元格，在公式编辑栏中输入公式：=SUM(IF(MOD(COLUMN($A2:$G2),2)=0,$B2:$G2))，按Ctrl+Shift+Enter组合键，可统计C2、E2、G2单元格之和。向下复制公式，即可计算出其他销售人员2、4、6月销售金额合计值，如图24-42所示。

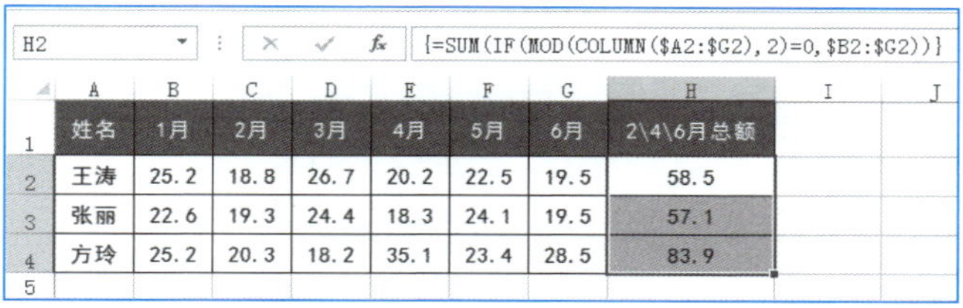
H2　{=SUM(IF(MOD(COLUMN($A2:$G2),2)=0,$B2:$G2))}

姓名	1月	2月	3月	4月	5月	6月	2\4\6月总额
王涛	25.2	18.8	26.7	20.2	22.5	19.5	58.5
张丽	22.6	19.3	24.4	18.3	24.1	19.5	57.1
方玲	25.2	20.3	18.2	35.1	23.4	28.5	83.9

图24-42

函数156　实现输入员工编号后查询相应信息

在档案管理表、销售管理表等数据表中，通常都需要进行大量的数据查询操作。通过LOOKUP函数建立公式，实现输入编号后即可查询相应信息。

❶ 建立相应查询列标识，并输入要查询的编号。选中B9单元格，在编辑栏中输入公式：=LOOKUP($A$9,$A$2:$A$6,B$2:B$6)。按回车键，即可得到编号为“NL-004”的员工姓名。向下复制公式，即可得到该编号员工的其他相应销售信息，如图24-43所示。

❷ 查询其他员工销售信息时，只需要再A9单元格中重新输入查询编号，即可实现快速查询，如图24-44所示。

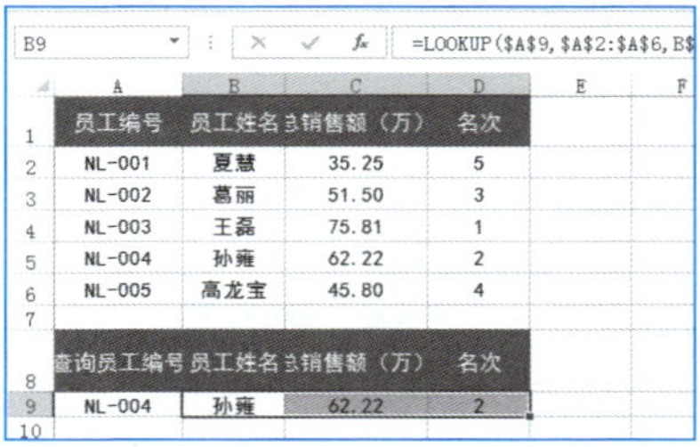
B9　=LOOKUP($A$9,$A$2:$A$6,B$

员工编号	员工姓名	总销售额（万）	名次
NL-001	夏慧	35.25	5
NL-002	葛丽	51.50	3
NL-003	王磊	75.81	1
NL-004	孙雍	62.22	2
NL-005	高龙宝	45.80	4
查询员工编号	员工姓名	总销售额（万）	名次
NL-004	孙雍	62.22	2

图24-43

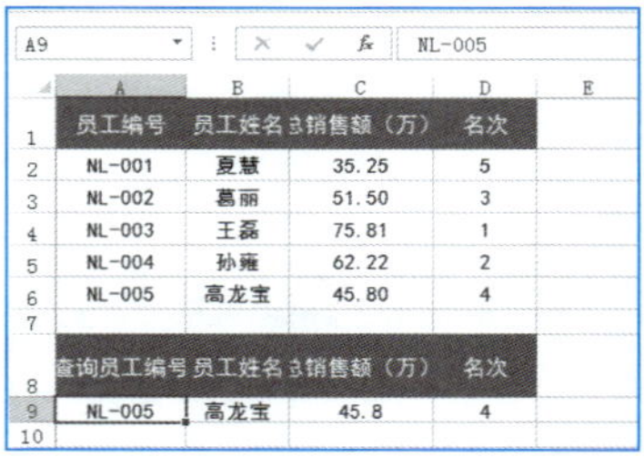
A9　NL-005

员工编号	员工姓名	总销售额（万）	名次
NL-001	夏慧	35.25	5
NL-002	葛丽	51.50	3
NL-003	王磊	75.81	1
NL-004	孙雍	62.22	2
NL-005	高龙宝	45.80	4
查询员工编号	员工姓名	总销售额（万）	名次
NL-005	高龙宝	45.8	4

图24-44

函数157　计算每位员工的销售提成率

在员工产品销售统计报表中，根据总销售金额自动返回每位员工的销售提成率。

设置销售成绩区间所对应的提成率。选中E2单元格，在公式编辑栏中输入公式：=HLOOKUP(D2,$B$9:$G$11,3)，按回车键即可获取员工“葛丽”的销售业绩提成率为“12%”。向下复制公式，即可获取其他员工的销售业绩提成率，如图24-45所示。

E2 =HLOOKUP(D2,$B$9:$G$11,3)

员工姓名	总销售量	销售单价	总销售额	销售业绩提成率		
葛丽	817	210	171570	12%		
夏慧	921	210	193410	12%		
王磊	886	210	186060	12%		
孙薇	1008	210	211680	15%		
高龙宝	635	210	133350	9%		
销售金额区间提成率	0	100001	150001	200001	250001	300001
	100000	150000	200000	250000	300000	
	6%	9%	12%	15%	20%	25%

图24-45

函数158　实现销售员和总销售额在报表中的位置

利用MATCH函数来实现“王磊”在报表中的行数和“总销售额（万）”在报表中的列数。

❶ 选中B8单元格，在公式编辑栏中输入公式：=MATCH(A8,B1:B6,0)，按回车键，即可获取“王磊”在B1:B6单元格区域中的行数，即第四行，如图24-46所示。

❷ 选中B9单元格，在公式编辑栏中输入公式：=MATCH(A9,A1:D1,0)，按回车键,即可获取“总销售额（万）”在A1:D1单元格区域中的列数，即第三列，如图24-47所示。

B8 =MATCH(A8,B1:B6,0)

员工编号	员工姓名	总销售额（万）	名次
NL-001	夏慧	35.25	5
NL-002	葛丽	51.50	3
NL-003	王磊	75.81	1
NL-004	孙薇	62.22	2
NL-005	高龙宝	45.80	4
王磊	4		
总销售额（万）			

图24-46

B9 =MATCH(A9,A1:D1,0)

员工编号	员工姓名	总销售额（万）	名次
NL-001	夏慧	35.25	5
NL-002	葛丽	51.50	3
NL-003	王磊	75.81	1
NL-004	孙薇	62.22	2
NL-005	高龙宝	45.80	4
王磊	4		
总销售额（万）	3		

图24-47

函数159　查找销售员指定季度的产品销售数量

在产品销售统计报表中，查找销售员指定季度的产品销售数量。

❶ 选中C7单元格，在公式编辑栏中输入公式：=INDEX(A2:F5,2,4)，按回

车键，即可查找到销售员“周国菊”第三季度产品销售量，如图24-48所示。

❷ 选中C8单元格，在公式编辑栏中输入公式：=INDEX(A2:F5,4,6)，按回车键，即可查找到销售员“杨荣威”全年总销售量，如图24-49所示。

C7　=INDEX(A2:F5,2,4)

销售员	第一季度销售量	第二季度销售量	第三季度销售量	第四季度销售量	总销售量
王涛	142	130	137	141	550
周国菊	130	138	134	140	542
徐莹	128	140	147	143	558
杨荣威	124	137	136	143	540
周国菊第三季度销售量：		134			
杨荣威总销售量：					

图24-48

C8　=INDEX(A2:F5,4,6)

销售员	第一季度销售量	第二季度销售量	第三季度销售量	第四季度销售量	总销售量
王涛	142	130	137	141	550
周国菊	130	138	134	140	542
徐莹	128	140	147	143	558
杨荣威	124	137	136	143	540
周国菊第三季度销售量：		134			
杨荣威总销售量：		540			

图24-49

函数160　进行百分比排位

计算每位销售人员的销售额在所有员工总销售额中的百分比排位。

❶ 选中C2单元格，在公式编辑栏中输入公式：=PERCENTRANK.INC($B$2:$B$10,B10)，按回车键，即可计算出第一个员工的销售额在所有员工总销售额中的百分比排位，如图24-50所示。

❷ 将光标移到C2单元格的右下角，光标变成十字形状后，按住鼠标左键向下拖动进行公式填充，即可快速求出其他员工的总销售额在所有员工总销售额中的百分比排位，如图24-51所示。

C2　=PERCENTRANK.INC($B$2:$B$10,B2)

姓名	总销售额（万元）	百分比排位
唐敏	35.25	12.5%
韩燕	51.5	
柏家国	76.81	
金靖	45.2	
谢娟	77.2	
姚金年	55.45	
陈建	32.2	
王磊	48	
夏慧	62.8	

图24-50

姓名	总销售额（万元）	百分比排位
唐敏	35.25	12.5%
韩燕	51.5	50.0%
柏家国	76.81	87.5%
金靖	45.2	25.0%
谢娟	77.2	100.0%
姚金年	55.45	62.5%
陈建	32.2	0.0%
王磊	48	37.5%
夏慧	62.8	75.0%

图24-51

函数161　隔列计算各销售员的产品平均销售量

在全年产品销售数据统计报表中，通过隔列来计算各销售员的产品平均销售量。

选中R2单元格，在公式编辑栏中输入公式：=AVERAGE(IF(MOD(COLUMN($B2:$Q2),4)=0,IF($B2:$Q2>0,$B2:$Q2)))，按“Ctrl+Shift+Enter”组合键，即

可计算出销售员“韩燕”销售产品的月平均销售量为“46.25”，向下复制公式即可计算出其他销售员的产品月平均销售量，如图24-52所示。

R2 {=AVERAGE(IF(MOD(COLUMN($B2:$Q2),4)=0,IF($B2:$Q2>0,$B2:$Q2)))}

销售员	1月	2月	3月	平均值	4月	5月	6月	平均值	7月	8月	9月	平均值	10月	11月	12月	平均值	全年平均值
韩燕	45	40	46	43.666667	42	47	45	44.666667	46	49	42	45.666667	45	42	52	46.333333	46.25
谢娟	41	46	41	42.666667	41	48	45	44.666667	41	42	49	44	48	42	45	45	46.25
吴云飞	48	41	45	44.666667	48	42	48	46	41	41	42	41.333333	52	48	49	49.666667	46.25
齐丽丽	43	41	45	43	43	42	52	45.666667	42	48	41	43.666667	47	43	42	44	46.25
方磊	41	42	48	43.666667	46	49	47	47.333333	48	42	48	46	48	48	41	45.666667	46.25
朱文珍	42	48	45	45	48	42	48	46	48	45	43	45.333333	42	42	48	44	46.25
王青	45	48	47	46.666667	51	41	42	44.666667	51	41	48	46.666667	48	45	43	45.333333	46.25
丁进利	45	51	48	48	52	48	48	49.333333	51	48	43	47.333333	41	40	57	46	46.25
李伟	51	49	42	47.333333	49	43	43	45	42	43	41	42	48	48	46	47.333333	46.25
柏家国	58	48	42	49.333333	46	46	41	44.333333	47	41	42	43.333333	52	43	48	47.666667	46.25
周美芳	47	41	49	45.666667	42	41	51	44.666667	42	42	45	43	44	40	45	43	46.25

图24-52

函数162　统计前三名销售人员的平均销售量

在销售数据统计表中，统计出前三名销售人员的平均销售量。

选中C11单元格，在公式编辑栏中输入公式：=AVERAGEA(LARGE(D2:D9,{1,2,3}))，按回车键即可计算出前三名销售人员的平均销售量，如图24-53所示。

C11 =AVERAGEA(LARGE(D2:D9,{1,2,3}))

销售员	销售单价	销售额	销售量
夏慧	280	89600	347
葛丽	285	72675	255
王磊	220	64900	400
高龙宝	290	68150	250
徐莹	220	64900	295
周国菊	295	57525	232
方玲	185	53650	290
王涛	280	81200	380
前三名平均销售量		375.6666667	

图24-53

函数163　对员工销售业绩进行排名次

本例中统计每位销售员的总销售额，现在需要对他们的销售额进行排名，可以使用RANK函数来实现。

选中C2单元格，在公式编辑栏中输入公式：=RANK (B2,$B$2:$B$10,0)，按回车键，即可返回B2:B10单元格区域中的排名，向下复制公式，可快速求出其他员工的总销售额在B2:B10单元格区域的排名，如图24-54所示。

C2　=RANK(B2, $B$2:$B$10, 0)

	A	B	C
1	姓名	总销售额（万元）	名次
2	唐敏	48.5	5
3	韩燕	45.82	7
4	柏家国	46	6
5	金靖	78.5	1
6	谢娟	77.2	2
7	姚金年	55.45	4
8	陈建	32.2	9
9	王磊	45.8	8
10	夏慧	62.8	3

图24-54

函数164　预算出10、11、12月的产品销售量

在9个月产品销售量统计报表中，通过9个月产品销售量预算出10、11、12月的产品销售量。

选中E2:E4单元格区域，在编辑栏中输入公式：=GROWTH(B2:B10,A2:A10,D2:D4)，按“Ctrl+Shift+Enter”组合键即可预算出10、11、12月产品的销售量，如图24-55所示。

E2　{=GROWTH(B2:B10, A2:A10, D2:D4)}

	A	B	C	D	E
1	月份	销量量		预测10、11、12月的产品销售量	
2	1	100		10	174.4314993
3	2	220		11	178.400358
4	3	180		12	182.4595207
5	4	100			
6	5	190			
7	6	188			
8	7	160			
9	8	120			
10	9	200			

图24-55

函数165　预算9月份的产品销售量

在上半年产品销售数量统计报表中，根据上半年各月的销售数量预算9月份的产品销售量。

选中C9单元格，在编辑栏中输入公式：=SUM(LINEST(B2:B7,A2:A7)*{9,1})，按回车键即可预算出9月份的产品销售量，如图24-56所示。

C9 =SUM(LINEST(B2:B7,A2:A7)*{9,1})

	A	B	C
1	月份	销售量	
2	1	100	
3	2	220	
4	3	180	
5	4	100	
6	5	190	
7	6	188	
8			
9	预计9月份产品销售量		205.4286

图24-56

函数166 预算出7、8、9月的产品销售量

在上半年产品销售量统计报表中，通过上半年各月产品销售量预算出7、8、9月的产品销售量。

选中E2:E4单元格区域，在编辑栏中输入公式：=TREND(B2:B7,A2:A7,D2:D4)，按“Ctrl+Shift+Enter”组合键即可预算出7、8、9月产品的销售量，如图24-57所示。

E2 {=TREND(B2:B7,A2:A7,D2:D4)}

	A	B	C	D	E
1	月份	销售量		预测7、8、9月的产品销售量	
2	1	100		7	190
3	2	220		8	197.7142857
4	3	180		9	205.4285714
5	4	100			
6	5	190			
7	6	188			

图24-57

函数167 预算销售产品的寿命测试值

对两类销售产品进行使用寿命测试，通过两类销售产品的测试结果预算出销售产品的寿命测试值。

选中B12单元格，在编辑栏中输入公式：=FORECAST(9,A2:A10,B2:B10)，按回车键即可预算出销售产品的寿命测试值，如图24-58所示。

B12　=FORECAST(9,A2:A10,B2:B10)

	A	B	C	D
1	A类产品的测试结果	B类产品的测试结果		
2	90	100		
3	210	220		
4	170	180		
5	90	100		
6	180	190		
7	178	188		
8	180	120		
9	187	160		
10	145	157		
11				
12	预算出产品的寿命测试值	36.38164422		

图24-58

函数168　预测下期销售产品的成本

根据之前统计的销售产品的前期历史成本额，可以预测下期销售产品的成本。

选中E3单元格，输入公式：=GROWTH(B2:B10,A2:A10,D3)，按回车键得到10月预测成本额，如图24-59所示。

E3　=GROWTH(B2:B10,A2:A10,D3)

	A	B	C	D	E	F
1	月份	成本额		预测下期成本		
2	1	99580		月份	成本额	
3	2	105560		10	108959.4764	
4	3	125680				
5	4	95688				
6	5	86200				
7	6	86200				
8	7	109630				
9	8	113662				
10	9	119695				

图24-59

函数169　一次性预测多期销售产品的成本

根据之前统计的销售产品的前期历史成本额，可以预测下期销售产品的成本。

同时选中E7:E9单元格区域，在公式编辑栏中输入公式：=GROWTH(B2:B10,A2:A10,D7:D9)，同时按Ctrl+Shift+Enter键可同时得到10-12月份预测成本额，如图24-60所示。

E7 {=GROWTH(B2:B10,A2:A10,D7:D9)}

	A	B	C	D	E	F	G
1	月份	成本额		预测下期成本			
2	1	99580		月份	成本额		
3	2	105560		10	108959.4764		
4	3	125680					
5	4	95688		预测多期成本			
6	5	86200		月份	成本额		
7	6	86200		10	108959.4764		
8	7	109630		11	110018.0645		
9	8	113662		12	111086.9372		
10	9	119695					

图24-60

函数170　预测下次订单的销售成本

根据之前统计的订货量与销售成本，可以预测下次订单的销售成本。

选中B14:B19单元格区域，在编辑栏中输入公式：=GROWTH(B2:B11,A2:A11,A14:A19)，按“Ctrl+Shift+Enter”组合键即可预测出预计订单量的销售成本，如图24-61所示。

B14 {=GROWTH(B2:B11,A2:A11,A14:A19)}

	A	B	C	D
1	订货量	销售成本		
2	6	48		
3	12	80		
4	20	100		
5	30	110		
6	40	120		
7	50	130		
8	60	140		
9	70	150		
10	80	158		
11	90	160		
12				
13	预计订货量	函数预测销售成本		
14	110	234.88		
15	125	278.47		
16	140	330.16		
17	155	391.43		
18	180	519.86		
19	200	652.34		

图24-61

函数171　计算销售利润时使用通配符

当前表格中统计了各个分店的利润金额（包括新店）。下面要求排除新店计算平均利润。

选中D2单元格，在公式编辑栏中输入公式：“=AVERAGEIF(A2:A11,”<>*(

新店)”,B2:B11)”，按回车键得出结果，如图24-62所示。

D2　=AVERAGEIF(A2:A11,"<>*(新店)",B2:B11)

	A	B	C	D	E
1	分店	利润(万元)		平均利润（新店除外）	
2	市府广场店	108.37		108.68	
3	舒城路店(新店)	50.21			
4	城隍庙店	98.25			
5	南七店	112.8			
6	太湖路店(新店)	45.32			
7	青阳南路店	163.5			
8	黄金广场店	98.09			
9	大润发店	102.45			
10	兴园小区店(新店)	56.21			
11	香雅小区店	77.3			
12					

图24-62

函数172　统计指定店面男装品牌的平均利润

表格中统计了不同店面不同品牌（分男女品牌）商品的利润。现在要求统计出指定店面中所有男装品牌的平均利润。

选中C15单元格，在公式编辑栏中输入公式：“=AVERAGEIFS(C2:C13,A2:A13,”=1”,B2:B13,”*男”)”，按回车键即可统计出1店面男装的平均利润，如图24-63所示。

C15　=AVERAGEIFS(C2:C13,A2:A13,"=1",B2:B13,"*男")

	A	B	C	D	E	F	G	H
1	店面	品牌	利润					
2	2	百妮 女	21061					
3	1	左纳奴 男	21169					
4	2	帝卡 男	31080					
5	1	浩莎 女	21299					
6	1	佰仕帝 男	31388					
7	1	徽格儿 女	51180					
8	2	千百怡恋 女	31180					
9	1	爱立登 男	41176					
10	2	衣絮 女	21849					
11	1	伍迪艾伦 男	31280					
12	1	贝仕 男	11560					
13	2	翰竹阁 女	8000					
14								
15	1店面男装平均利润		27314.6					
16								

图24-63

函数173　计算销售金额前三名合计值

要求只统计前3名的销售额，得到一个总计值。

选中F2单元格，在公式编辑栏中输入公式：“=SUMIF(D2:D11,">="&LARGE(D2:D11,3))”，按回车键得出结果，如图24-64所示。

F2 =SUMIF(D2:D11,">="&LARGE(D2:D11,3))

	A	B	C	D	E	F	G
1	序号	品名	经办人	销售金额		销售金额前3名合计值	
2	1	老百年	杨佳丽	4950		14347	
3	2	三星迎驾	张瑞煊	2688			
4	3	五粮春	杨佳丽	5616			
5	4	新月亮	唐小军	3348			
6	5	新地球	杨佳丽	3781			
7	6	四开国缘	张瑞煊	2358			
8	7	新品兰十	唐小军	3122			
9	8	今世缘兰地球	张瑞煊	3290			
10	9	珠江金小麦	杨佳丽	2090			
11	10	张裕赤霞珠	唐小军	2130			
12							

图24-64

函数174 返回上半个月单笔最高销售金额

表格中按日期统计了销售记录，现在要求通过公式快速返回单笔最高销售金额为多少。

选中F2单元格，在公式编辑栏中输入公式："=MAX(IF(A2:A13>=DATE(2013,1,15),0,D2:D13))"，按Ctrl+Shift+Enter组合键得出结果，如图24-65所示。

F2 {=MAX(IF(A2:A13>=DATE(2015,1,15),0,D2:D13))}

	A	B	C	D	E	F	G	H
1	日期	名称	规格型号	金额		上半月单笔最高金额		
2	15/1/1	圆钢	8mm	3388		4280		
3	15/1/3	圆钢	10mm	2180				
4	15/1/7	角钢	40×40	1180				
5	15/1/8	角钢	40×41	4176				
6	15/1/9	圆钢	20mm	1849				
7	15/1/14	角钢	40×43	4280				
8	15/1/15	角钢	40×40	1560				
9	15/1/17	圆钢	10mm	1699				
10	15/1/24	圆钢	12mm	2234				
11	15/1/25	角钢	40×40	1100				
12	15/1/26	圆钢	20mm	2000				
13	15/1/27	角钢	40×43	3245				
14								

图24-65

函数175 返回指定季度销售额排名（对不连续单元格排名次）

数据表中统计了各个月份的销售额，并且统计了各个季度的合计值。现在要求统计出1季度的销售额合计值在4个季度销售额中的排名。

选中E2单元格，在公式编辑栏中输入公式：“=RANK.EQ(B5,(B5,B9,B13,B17))”，按回车键，即可求出B5单元格的值（第一季度）在B5，B9，B13，B17这几个单元格数值中的排位，如图24-66所示。

E2　=RANK.EQ(B5,(B5,B9,B13,B17))

	A	B	C	D	E
1	月份	销售额		季度	排名
2	1月	482		1季度	3
3	2月	520			
4	3月	480			
5	合计	1482			
6	4月	625			
7	5月	358			
8	6月	280			
9	合计	1263			
10	7月	490			
11	8月	652			
12	9月	480			
13	合计	1622			
14	10月	481			
15	11月	680			
16	12月	490			
17	合计	1651			

图24-66

函数176　计某两位（或多位）经办人的总销售金额

当前表格中统计了产品的销售记录（其中一位经办人有多条销售记录）。现在统计出某两位或多位经办人的销售金额合计值。

选中F2单元格，在编辑栏中输入公式：“{=SUM((C2:C11={“刘吉平”,”李梅”})*D2:D11)}”，按“Ctrl+Shift+Enter”键（数组公式必须按此组合键才能得到正确结果），即可统计出“刘吉平”与“李梅”的销售金额合计值，如图24-67所示。

F2　{=SUM((C2:C11={"刘吉平","李梅"})*D2:D11)}

	A	B	C	D	E	F
1	序号	品名	经办人	销售金额		刘吉平、李梅的总销售金额
2	1	老百年	刘吉平	1300		10484
3	2	三星迎驾	张飞虎	1155		
4	3	五粮春	刘吉平	1149		
5	4	新月亮	李梅	192		
6	5	新地球	刘吉平	1387		
7	6	四开国缘	张飞虎	2358		
8	7	新品兰十	李梅	3122		
9	8	今世缘兰地球	张飞虎	2054		
10	9	珠江金小麦	刘吉平	2234		
11	10	张裕赤霞珠	李梅	1100		

图24-67

函数177　统计出某两种商品的销售金额

当前表格中按类别统计了销售记录。现在要求统计出某两种类别或多种类别商品总销售金额。

选中F2单元格，在编辑栏中输入公式："=SUMPRODUCT(((B2:B11="圆钢")+(B2:B11="方钢")),$D$2:$D$11)"，按回车键，即可统计出"圆钢"与"方钢"两种类别商品总销售金额，如图24-68所示。

F2 =SUMPRODUCT(((B2:B11="圆钢")+(B2:B11="方钢")),$D$2:$D$11)

	A	B	C	D	E	F	G	H	I
1	日期	名称	规格型号	金额		圆钢与方钢总金额			
2	15/1/1	圆钢	8mm	5690		20802			
3	15/1/3	方钢	2×4	2345					
4	15/1/7	角钢	40×40	2149					
5	15/1/8	方钢	2×6	1192					
6	15/1/9	圆钢	20mm	2387					
7	15/1/14	角钢	40×43	2358					
8	15/1/15	角钢	40×40	3122					
9	15/1/17	圆钢	10mm	2054					
10	15/1/24	方钢	2×9	3034					
11	15/1/25	方钢	2×9	4100					
12									

图24-68

第25章

函数在折旧资产中的应用

Excel

函数178　直线法计算固定资产的每年折旧额

本例表格中显示了各项固定资产的原值、可使用年限、折旧后价值。现在要采用直线法计算每项固定资产每年的折旧额，可以使用SLN函数来实现。

❶ 选中E2单元格，在公式编辑栏中输入公式：“=SLN(B2,D2,C2)”，按回车键即可计算出第一项固定资产每年折旧额。

❷ 将光标移到E2单元格的右下角，光标变成十字形状后，按住鼠标左键向下拖动进行公式填充，即可计算出其他固定资产的每年折旧额，如图25-1所示。

E2　=SLN(B2,D2,C2)

	A	B	C	D	E
1	固定资产	资产原值	可使用年限	折旧后价值	每年折旧额
2	办公楼	500000	45	￥100,000.00	￥8,888.89
3	厂房	200000	50	￥50,000.00	￥3,000.00
4	仓库	600000	30	￥60,000.00	￥18,000.00
5	货车	400000	10	￥200,000.00	￥20,000.00
6	机房	30000	10	￥20,000.00	￥1,000.00
7					

图25-1

函数179　直线法计算固定资产的每月折旧额

本例表格中显示了各项固定资产的原值、可使用年限、折旧后价值。现在要采用直线法计算每项固定资产每月的折旧额，可以使用SLN函数来实现。

❶ 选中E2单元格，在公式编辑栏中输入公式：“=SLN(B2,D2,C2*12)”，按回车键即可计算出第一项固定资产每月折旧额。

❷ 将光标移到E2单元格的右下角，光标变成十字形状后，按住鼠标左键向下拖动进行公式填充，即可计算出其他固定资产的每月折旧额，如图25-2所示。

E2　=SLN(B2,D2,C2*12)

	A	B	C	D	E
1	固定资产	资产原值	可使用年限	折旧后价值	每月折旧额
2	办公楼	600000	45	￥100,000.00	￥925.93
3	厂房	300000	50	￥50,000.00	￥416.67
4	仓库	600000	30	￥60,000.00	￥1,500.00
5	设备	350000	10	￥200,000.00	￥1,250.00
6	货车	100000	10	￥10,000.00	￥750.00
7					

图25-2

函数180　直线法计算固定资产的每天折旧额

本例表格中显示了各项固定资产的原值、可使用年限、折旧后价值。现在要采用直线法计算每项固定资产每天的折旧额，可以使用SLN函数来实现。

❶ 选中E2单元格，在公式编辑栏中输入公式："=SLN(B2,D2,C2*365)"，按回车键即可计算出第一项固定资产每天折旧额。

❷ 将光标移到E2单元格的右下角，光标变成十字形状后，按住鼠标左键向下拖动进行公式填充，即可计算出其他固定资产的每天折旧额，如图25-3所示。

E2　=SLN(B2, D2, C2*365)

	A	B	C	D	E
1	固定资产	资产原值	可使用年限	折旧后价值	每天折旧额
2	办公楼	600000	45	￥100,000.00	￥30.44
3	厂房	300000	50	￥50,000.00	￥13.70
4	仓库	600000	30	￥60,000.00	￥49.32
5	设备	350000	10	￥200,000.00	￥41.10
6	货车	100000	10	￥10,000.00	￥24.66
7					

图25-3

函数181　固定余额递减法计算固定资产的每年折旧额

本例表格中显示了固定资产的原值、可使用年限、折余价值等信息。现在要采用固定余额递减法计算该项固定资产每年的折旧额，可以使用DB函数来实现。

❶ 选中E2单元格，在公式编辑栏中输入公式："=DB(B1,B3,B2,1,B4)"，按回车键即可计算出第1年的折旧额，如图25-4所示。

E2　=DB(B1, B3, B2, 1, B4)

	A	B	C	D	E
1	固定资产原值	450000			
2	使用年限	7		第1年的折旧值	￥86,850.00
3	折余价值	100000		第2年的折旧值	
4	每年使用的月数	12		第3年的折旧值	
5				第4年的折旧值	
6				第5年的折旧值	
7				第6年的折旧值	
8				第7年的折旧值	
9					

图25-4

❷ 选中E3单元格，在公式编辑栏中输入公式："=DB(B1,B3,B2,2,B4)"按回车键即可计算出第2年的折旧额，按照相同的方法计算其他各年的折旧额。在计算时只需要重新修改"period"参数即可，即修改计算折旧值的期间。例如计算第7年的折旧值，只需要将公式更改为"=DB(B1,B3,B2,7,B4)"，如图25-5所示。

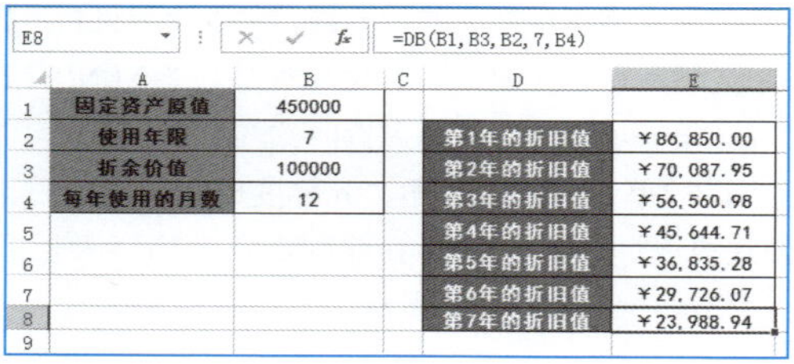

E8 | =DB(B1,B3,B2,7,B4)

	A	B	C	D	E
1	固定资产原值	450000			
2	使用年限	7		第1年的折旧值	￥86,850.00
3	折余价值	100000		第2年的折旧值	￥70,087.95
4	每年使用的月数	12		第3年的折旧值	￥56,560.98
5				第4年的折旧值	￥45,644.71
6				第5年的折旧值	￥36,835.28
7				第6年的折旧值	￥29,726.07
8				第7年的折旧值	￥23,988.94
9					

图25-5

函数182　根据每年折旧额计算出固定资产的每月折旧额

在使用固定余额递减法计算固定资产的折旧额时，当计算了每年的折旧额后，如果要计算每月折旧额就比较方便了，只要将求得的各年折旧额除以每年使用月数即可。

❶ 选中F2单元格，在公式编辑栏中输入公式："=E2/$B$4"，按回车键即可计算出第1年中每月的折旧额。

❷ 将光标移到F2单元格的右下角，光标变成十字形状后，按住鼠标左键向下拖动进行公式填充，即可计算出每年中各月的折旧额，如图25-6所示。

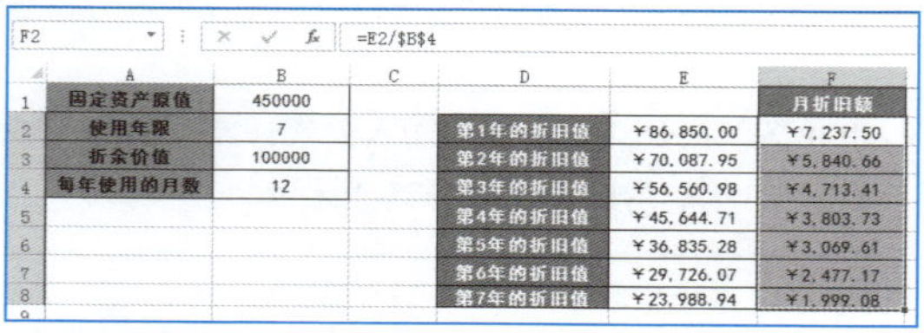

F2 | =E2/$B$4

	A	B	C	D	E	F
1	固定资产原值	450000				月折旧额
2	使用年限	7		第1年的折旧值	￥86,850.00	￥7,237.50
3	折余价值	100000		第2年的折旧值	￥70,087.95	￥5,840.66
4	每年使用的月数	12		第3年的折旧值	￥56,560.98	￥4,713.41
5				第4年的折旧值	￥45,644.71	￥3,803.73
6				第5年的折旧值	￥36,835.28	￥3,069.61
7				第6年的折旧值	￥29,726.07	￥2,477.17
8				第7年的折旧值	￥23,988.94	￥1,999.08

图25-6

函数183　固定余额递减法计算固定资产的每月折旧额

采用固余额递减法计算出固定资产各年中每月折旧额，当没有计算出每年的折旧额时，可以直接计算出每月的折旧额。

❶ 选中E2单元格，在公式编辑栏中输入公式："=DB($B$1,$B$3,$B$2,D2,$B$4)/$B$4"，按回车键即可计算出第1年中每月的折旧额。

❷ 将光标移到E2单元格的右下角，光标变成十字形状后，按住鼠标左键向下拖动进行公式填充，即可计算出每年中各月的折旧额，如图25-7所示。

E2　=DB($B$1,$B$3,$B$2,D2,$B$4)/$B$4

	A	B	C	D	E
1	固定资产原值	450000		年数	月折旧额
2	使用年限	7		1	￥7,237.50
3	折余价值	100000		2	￥5,840.66
4	每年使用的月数	12		3	￥4,713.41
5				4	￥3,803.73
6				5	￥3,069.61
7				6	￥2,477.17
8				7	￥1,999.08
9					

图25-7

函数184　双倍余额递减法计算固定资产的每年折旧额

本例表格中显示了固定资产的原值、使用年限、折余价值等信息。现在要采用双倍余额递减法计算该项固定资产每年的折旧额，可以使用DDB函数来实现。

❶ 选中E2单元格，在公式编辑栏中输入公式："=DDB(B1,B3,B2,1)"，按回车键即可计算出该项固定资产第1年的折旧额，如图25-8所示。

❷ 选中E3单元格，在公式编辑栏中输入公式：=DDB(B1,B3,B2,2)，按回车键即可计算出该项固定资产第2年的折旧额，按照相同的方法计算其他各年的折旧额。在计算时只需要重新修改"period"参数即可，即修改计算折旧值的期间。例如计算第10年的折旧值，只需要将公式更改为"=DDB(B1,B3,B2,10)"，如图25-9所示。

E2　=DDB(B1,B3,B2,1)

	A	B	C	D	E
1	固定资产原值	550000			
2	使用年限	10		第1年的折旧值	￥110,000.00
3	折余价值	50000		第2年的折旧值	
4				第3年的折旧值	
5				第4年的折旧值	
6				第5年的折旧值	
7				第6年的折旧值	
8				第7年的折旧值	
9				第8年的折旧值	
10				第9年的折旧值	
11				第10年的折旧值	
12					

图25-8

E11　=DDB(B1,B3,B2,10)

	A	B	C	D	E
1	固定资产原值	550000			
2	使用年限	10		第1年的折旧值	￥110,000.00
3	折余价值	50000		第2年的折旧值	￥88,000.00
4				第3年的折旧值	￥70,400.00
5				第4年的折旧值	￥56,320.00
6				第5年的折旧值	￥45,056.00
7				第6年的折旧值	￥36,044.80
8				第7年的折旧值	￥28,835.84
9				第8年的折旧值	￥23,068.67
10				第9年的折旧值	￥18,454.94
11				第10年的折旧值	￥14,763.95
12					

图25-9

函数185　计算出固定资产部分期间的设备折旧值

本例表格中显示了固定资产的原值、使用年限、折余价值信息。分别计算出第1天、第1个月、第3年（2.5倍余额递减法）、第4到8个月固定资产折旧值分别为多少？可以使用VDB函数来实现。

❶ 选中E2单元格，在公式编辑栏中输入公式：“=VDB(B1,B3,B2*365,0,1)”，按回车键即可计算出该项固定资产第1天的折旧额，如图25-10所示。

E2 =VDB(B1, B3, B2*365, 0, 1)

	A	B	C	D	E
1	固定资产原值	550000			
2	使用年限	10		第1天的折旧值	￥301.37
3	折余价值	50000		第1个月的折旧值	
4				第3年的折旧值	
5				第4到8个月固定资产折旧值	
6					
7					

图25-10

❷ 选中E3单元格，在公式编辑栏中输入公式：“=VDB(B1,B3,B2*12,0,1)”，按回车键即可计算出该项固定资产第1个月的折旧额，如图25-11所示。

E3 =VDB(B1, B3, B2*12, 0, 1)

	A	B	C	D	E
1	固定资产原值	550000			
2	使用年限	10		第1天的折旧值	￥301.37
3	折余价值	50000		第1个月的折旧值	￥9,166.67
4				第3年的折旧值	
5				第4到8个月固定资产折旧值	
6					

图25-11

❸ 选中E4单元格，在公式编辑栏中输入公式：“=VDB(B1,B3,B2,0,3,2.5)”，按回车键即可计算出该项固定资产第3年的折旧额，如图25-12所示。

E4 =VDB(B1, B3, B2, 0, 3, 2.5)

	A	B	C	D	E
1	固定资产原值	550000			
2	使用年限	10		第1天的折旧值	￥301.37
3	折余价值	50000		第1个月的折旧值	￥9,166.67
4				第3年的折旧值	￥317,968.75
5				第4到8个月固定资产折旧值	
6					
7					

图25-12

❹ 选中E5单元格，在公式编辑栏中输入公式：“=VDB(B1,B3,B2*12,4,8)”，按回车键即可计算出该项固定资产第4到8个月的折旧额，如图25-13所示。

E5 =VDB(B1, B3, B2*12, 4, 8)

	A	B	C	D	E
1	固定资产原值	550000			
2	使用年限	10		第1天的折旧值	￥301.37
3	折余价值	50000		第1个月的折旧值	￥9,166.67
4				第3年的折旧值	￥317,968.75
5				第4到8个月固定资产折旧值	￥33,435.07
6					
7					

图25-13

函数186　年限总和法计算固定资产每年折旧额

本例表格中显示了固定资产的原值、使用年限、折余价值信息。现在要采用年限总和法计算出固定资产的每年折旧额，可以使用SYD函数来实现。

❶ 选中E2单元格，在公式编辑栏中输入公式：“=SYD(B1,B3,B2,1)”，按回车键即可计算出该项固定资产第1年的折旧额，如图25-14所示。

E2　=SYD(B1, B3, B2, 1)

	A	B	C	D	E
1	固定资产原值	350000			
2	使用年限	7		第1年的折旧值	￥67,500.00
3	折余价值	80000		第2年的折旧值	
4				第3年的折旧值	
5				第4年的折旧值	
6				第5年的折旧值	
7				第6年的折旧值	
8				第7年的折旧值	
9					

图25-14

❷ 选中E3单元格，在公式编辑栏中输入公式：=SYD(B1,B3,B2,2)，按回车键即可计算出该项固定资产第2年的折旧额，按照相同的方法计算其他各年的折旧额。在计算时只需要重新修改period参数即可，即修改计算折旧值的期间。例如计算第7年的折旧值，只需要将公式更改为“=SYD(B1,B3,B2,7)”，如图25-15所示。

E8　=SYD(B1, B3, B2, 7)

	A	B	C	D	E
1	固定资产原值	350000			
2	使用年限	7		第1年的折旧值	￥67,500.00
3	折余价值	80000		第2年的折旧值	￥57,857.14
4				第3年的折旧值	￥48,214.29
5				第4年的折旧值	￥38,571.43
6				第5年的折旧值	￥28,928.57
7				第6年的折旧值	￥19,285.71
8				第7年的折旧值	￥9,642.86
9					

图25-15

函数187　直线法计算累计折旧额

根据固定资产的开始使用日期和当前日期，可以计算该项固定资产至上月止累计折旧额。采用直线法计算至上月止累计折旧额的方法相对简单，因为直线法计算得来的折旧额每年、每月的值都相等，因此可以首先求出该项固定资产的已计提月份，然后求出该项固定资产每月折旧额，再将两者相乘即可得到该项固定资产至上月止累计折旧额。

❶ 首先计算出固定资产已计提的月份。选中F2单元格，在公式编辑栏中输入公式：“=INT(DAYS360(D2,TODAY())/30)”，按回车键即可根据该项固定资产的开始使用日期与当前日期计算其已计提月份。向下复制F2单元格的公式，即可快速得到各项固定资产的已计提月份，如图25-16所示。

F2 =INT(DAYS360(D2,TODAY())/30)

	A	B	C	D	E	F	G
1	固定资产	资产原值	可使用年限	开始使日期	折余价值	已计提月份	至上月止累计折旧额
2	办公楼	600000	45	2008/12/1	￥100,000.00	69	
3	厂房	300000	50	2008/1/1	￥50,000.00	80	
4	仓库	600000	30	2008/2/25	￥60,000.00	78	
5	设备	350000	10	2009/3/20	￥200,000.00	66	
6	货车	100000	10	2008/1/29	￥20,000.00	79	
7							

图25-16

❷ 计算至上月止累计折旧额。选中G2单元格，在公式编辑栏中输入公式：“=SLN(B2,E2,C2)/12*F2”，按回车键即可计算出该项固定资产至上月止累计折旧额。向下复制G2单元格的公式，即可快速得到各项固定资产至上月止累计折旧额，如图25-17所示。

G2 =SLN(B2,E2,C2)/12*F2

	A	B	C	D	E	F	G
1	固定资产	资产原值	可使用年限	开始使日期	折余价值	已计提月份	至上月止累计折旧额
2	办公楼	600000	45	2008/12/1	￥100,000.00	69	￥63,888.89
3	厂房	300000	50	2008/1/1	￥50,000.00	80	￥33,333.33
4	仓库	600000	30	2008/2/25	￥60,000.00	78	￥117,000.00
5	设备	350000	10	2009/3/20	￥200,000.00	66	￥82,500.00
6	货车	100000	10	2008/1/29	￥20,000.00	79	￥52,666.67
7							

图25-17

函数188 余额递减法计算累计折旧额

根据固定资产的开始使用日期和当前日期，可以计算该项固定资产至上月止累计折旧月数。由于余额递减法计算得来的折旧额每年都不相等，因此要计算固定资产至上月止累计折旧额，需要使用VDB函数计算出已计提月份中整年的折旧额，然后再计算出去除整年之外的零散月份的折旧额，将两者相加得到该项固定资产至上月止累计折旧额。

❶ 计算出已计提月数。选中F2单元格，在公式编辑栏中输入公式：“=INT(DAYS360(D2,TODAY())/30) ”，按回车键后向下复制公式，即可快速得到各项固定资产已计提月份，如图25-18所示。

F2　=INT(DAYS360(D2,TODAY())/30)

固定资产	资产原值	可使用年限	开始使用日期	折余价值	已计提月份	至上月止累计折旧额
办公楼	600000	45	2008/12/1	¥100,000.00	69	
厂房	300000	50	2008/1/1	¥50,000.00	80	
仓库	600000	30	2008/2/25	¥60,000.00	78	
设备	350000	10	2009/3/20	¥200,000.00	66	
货车	100000	10	2008/1/29	¥20,000.00	79	

图25-18

2 选中G2单元格，在公式编辑栏中输入公式：“=VDB(B2,E2,C2,0,INT(F2/12))+DDB(B2,E2,C2,INT(F2/12)+1)/12*MOD(F2,12)”，按回车键后向下复制公式，即可快速得到各项固定资产至上个月累计折旧额，如图25-19所示。

G2　=VDB(B2,E2,C2,0,INT(F2/12))+DDB(B2,E2,C2,INT(F2/12)+1)/12*MOD(F2,12)

固定资产	资产原值	可使用年限	开始使用日期	折余价值	已计提月份	至上月止累计折旧额
办公楼	600000	45	2008/12/1	¥100,000.00	69	¥137,930.07
厂房	300000	50	2008/1/1	¥50,000.00	80	¥71,434.73
仓库	600000	30	2008/2/25	¥60,000.00	78	¥216,603.05
设备	350000	10	2009/3/20	¥200,000.00	66	¥150,000.00
货车	100000	10	2008/1/29	¥20,000.00	79	¥76,843.95

图25-19

函数189　年限总和法计算累计折旧额

年限总和法计算累计折旧额，其方法是先计算出已计提月份中整年折旧额（注意需要逐年相加得到），然后再计算出零散月份的折旧额，两者相加得到该项固定资产至上月止累计折旧额。

1 计算出第1项固定资产至上月止累计折旧额。选中G2单元格，在公式编辑栏中输入公式：“=SYD(B2,E2,C2,1)+SYD(B2,E2,C2,2)+SYD(B2,E2,C2,INT(F2/12))+SYD(B2,E2,C2,INT(F2/12)+1)/12*MOD(F2,12)”，按回车键即可根据该项固定资产的开始使用日期与当前日期计算出至上月止累计折旧额。

2 将光标移到G2单元格的右下角，光标变成十字形状后，按住鼠标左键向下拖动进行公式填充，即可快速得到各项固定资产至上月止累计折旧额，如图25-20所示。

G2　=SYD(B2,E2,C2,1)+SYD(B2,E2,C2,2)+SYD(B2,E2,C2,INT(F2/12))+SYD(B2,E2,C2,INT(F2/12)+1)/12*MOD(F2,12)

固定资产	资产原值	可使用年限	开始使用日期	折余价值	已计提月份	至上月止累计折旧额
办公楼	600000	45	2008/12/1	¥100,000.00	69	¥77,294.69
厂房	300000	50	2008/1/1	¥50,000.00	80	¥33,986.93
仓库	600000	30	2008/2/25	¥60,000.00	78	¥111,483.87
设备	350000	10	2009/3/20	¥200,000.00	66	¥75,000.00
货车	100000	10	2008/1/29	¥20,000.00	79	¥38,303.03

图25-20

函数190 使用AMORDEGRC函数计算每个会计期间的折旧值

某企业2010年1月1日购入价值为300000元的资产，第一个会计期间结束日期为2010年8月1日，其资产残值为1000元，折旧率为5.5%，按实际天数为年基准，现在要计算出每个会计期间的折旧值，可以使用AMORDEGRC函数来实现。

选中B9单元格，在公式编辑栏中输入公式："=AMORDEGRC(B1,B2,B3,B4,B5,B6,B7)"，按回车键即可计算出每个会计期间的折旧值，如图25-21所示。

B9 =AMORDEGRC(B1,B2,B3,B4,B5,B6,B7)

	A	B	C	D	E
1	原资产	450000			
2	购入资产日期	2010/1/1			
3	第一个期间结束日期	2010/12/31			
4	资产残值	13000			
5	期间	1			
6	折旧率	5.50%			
7	年基准	1			
8					
9	每个会计期间的折旧值	53391			
10					

图25-21

函数191 使用DAYS360函数计算固定资产的已使用月份

要计算出固定资产已使用月份，可以先计算出固定资产已使用的天数，然后除以30。此时需要使用到DAYS360函数。

选中E2单元格，在公式编辑栏中输入公式："=INT(DAYS360 (D2,TODAY())/30)"，按回车键，根据第一项固定资产的增加日期计算出到目前为止已使用的月份，如图25-22所示。

E2 =INT(DAYS360(D2,TODAY())/30)

	A	B	C	D	E
1	编号	资产名称	资产规格	增加日期	已使用月份
2	11011	厂部	30万平方米	2008/12/1	69
3	11012	仓库	400平方米	2008/1/1	80
4	11013	机房	100平方米	2008/2/25	78
5	11014	传真机	6-103	2011/3/20	42
6	11015	电话机	1-220	2010/1/29	55
7					

图25-22

第26章

函数在筹资投资中的应用

Excel

函数192　使用PTM函数计算贷款的每期偿还额

在表格中显示了某项贷款总金额、贷款年利率、贷款年限、付款方式为期末付款。现在需要计算出该项贷款的每年偿还金额，可以使用PMT函数来实现。

选中B5单元格，在公式编辑栏中输入公式："=PMT(B1,B2,B3)"，按回车键即可计算出该项贷款每年偿还金额，如图26-1所示。

B5　=PMT(B1, B2, B3)

	A	B	C	D
1	贷款年利率	9.45%		
2	贷款年限	15		
3	贷款总金额	380000		
4				
5	每年偿还金额	￥-48,401.80		
6				

图26-1

函数193　当支付次数为按季度支付时计算每期应偿还额

当支付次数为按季度支付时，要计算出每期应偿还额，则转换贷款利率和贷款付款总数。此处要求按季度支付，那么贷款利率应为：年利率/4，付款总数应为：贷款年限*4，公式的设置如下。

选中B5单元格，在公式编辑栏中输入公式："=PMT(B1/4,B2*4,B3)"，按回车键即可计算出该项贷款每季度的偿还金额，如图26-2所示。

B5　=PMT(B1/4, B2*4, B3)

	A	B	C	D
1	贷款年利率	9.45%		
2	贷款年限	15		
3	贷款总金额	380000		
4				
5	每季度偿还金额	￥-11,911.98		
6				

图26-2

函数194　计算贷款指定期间的本金偿还额

PMT函数是基于固定利率及等额分期付款方式，返回贷款的每期付款额。

但每期偿还额中本金额与利息额各不相同，现在要计算出偿还额中本金额，需要使用PPMT函数来度算。

❶ 选中B4单元格，在公式编辑栏中输入公式：“=PPMT($A$2,1,$B$2,$C$2)”，按回车键即可计算出该项贷款第1年还款额中的本金额。

❷ 选中B5单元格，在公式编辑栏中输入公式：“=PPMT($A$2,2,$B$2,$C$2)”，按回车键即可计算出该项贷款第2年还款额中的本金额。如图26-4所示。

图26-3

图26-4

函数195　计算贷款前3个月应付的本金额

某公司向银行贷款了200000元，年利息为8%，贷款年限为15年，计算贷款前3个月应付的本金额。

❶ 选中E1单元格，在公式编辑栏中输入公式：=PPMT($B$1/12,1,$B$2*12,$B$3,0,0)，按回车键即可计算出第1个月的贷款本金额，如图26-5所示。

❷ 接着选中E2、E3单元格，分别在公式编辑栏中输入公式：=PPMT($B$1/12,2,$B$2*12,$B$3,0,0)、=PPMT($B$1/12,3,$B$2*12,$B$3,0,0)，按回车键即可计算出第2、3个月的贷款本金额，如图26-6所示。

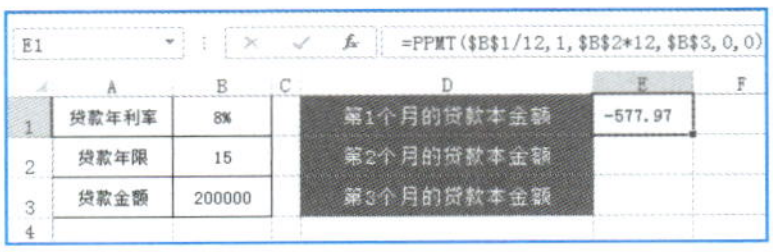

图26-5

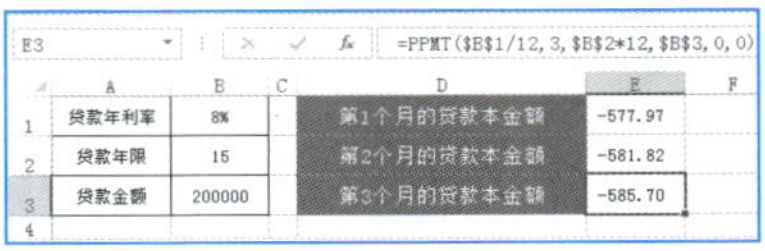

图26-6

函数196　使用公式复制的方法快速计算贷款本金额

如果想要查看某项贷款每一期的本金偿还金额，可以在工作表中创建数据源，然后使用公式复制的方法来快速计算。

❶ 选中E2单元格，在公式编辑栏中输入公式：“=PPMT($B$1,D2,$B$2,

$B$3)”，按回车键即可计算出该项贷款第一年还款额中的本金额。

❷ 将光标移到E2单元格的右下角，光标变成十字形状后，按住鼠标左键向下拖动进行公式填充，即可快速求出其他各年中偿还的本金额，如图26-7所示。

E2　=PPMT($B$1,D2,$B$2,$B$3)

	A	B	C	D	E	F
1	贷款年利率	9.45%		各年偿还本金额		
2	贷款年限	15		1	¥-12,491.80	
3	贷款总金额	380000		2	¥-13,672.28	
4				3	¥-14,964.31	
5	每年偿还金额	¥-11,911.98		4	¥-16,378.43	
6				5	¥-17,926.19	
7				6	¥-19,620.22	
8				7	¥-21,474.33	
9				8	¥-23,503.65	
10				9	¥-25,724.75	
11				10	¥-28,155.74	
12				11	¥-30,816.46	
13				12	¥-33,728.61	
14				13	¥-36,915.96	
15				14	¥-40,404.52	
16				15	¥-44,222.75	
17						

图26-7

函数197　计算贷款每期偿还额中包含的利息额

使用IPMT函数计算的贷款的每期偿还额都是相等的，因为IPMT函数是基于固定利率及等额分期付款方式，返回贷款的每期付款额。但每期偿还额中本金额与利息额各不相同，要计算出偿还额中利息额为多少，需要使用IPMT函数来计算。在表格中显示了某项贷款总金额、贷款年利率、贷款年限，付款方式为期末付款，下面需要计算出该项贷款的每年偿还利息金额。

❶ 选中E2单元格，在公式编辑栏中输入公式：“=IPMT($B$1,D2,$B$2,$B$3)”，按回车键即可计算出该项贷款第一年还款额中的利息额。

❷ 将光标移到E2单元格的右下角，光标变成十字形状后，按住鼠标左键向下拖动进行公式填充，即可快速求出其他各年中偿还的利息额，如图26-8所示。

E2　=IPMT($B$1,D2,$B$2,$B$3)

	A	B	C	D	E	F
1	贷款年利率	9.45%		各期偿还利息额		
2	贷款年限	15		1	¥-35,910.00	
3	贷款总金额	380000		2	¥-34,729.52	
4				3	¥-33,437.49	
5	每年偿还金额	¥-11,911.98		4	¥-32,023.37	
6				5	¥-30,475.61	
7				6	¥-28,781.58	
8				7	¥-26,927.47	
9				8	¥-24,898.15	
10				9	¥-22,677.05	
11				10	¥-20,246.06	
12				11	¥-17,585.34	
13				12	¥-14,673.19	
14				13	¥-11,485.84	
15				14	¥-7,997.28	
16				15	¥-4,179.05	
17						

图26-8

函数198　计算出住房贷款中每月还款利息额

当前已知住房总贷款额、贷款利率、贷款总年限，现在需要计算出前5个月每月还款额中利息额为多少。

❶ 选中E2单元格，在公式编辑栏中输入公式："=IPMT($B$1/12,D2,$B$2*12,$B$3)"，按回车键即可计算出该项住房贷款第一个月还款额中的利息额。

❷ 将光标移到E2单元格的右下角，光标变成十字形状后，按住鼠标左键向下拖动进行公式填充，即可快速计算出该项住房贷款前5个月每月还款额中的利息额，如图26-9所示。

E2　=IPMT($B$1/12,D2,$B$2*12,$B$3)

	A	B	C	D	E
1	贷款年利率	9.45%		各月偿还利息额	
2	贷款年限	20		1	￥-3,150.00
3	贷款总金额	400000		2	￥-3,145.55
4				3	￥-3,141.06
5	每年偿还金额	￥-11,175.88		4	￥-3,136.54
6				5	￥-3,131.98

图26-9

函数199　计算贷款在两个期间累计偿还的本金金额

要计算出一笔贷款在给定的两个期间累计偿还的本金数额，需要案例实现。若当前得知某项贷款的利率、贷款年限、贷款总额，现在要计算第三年中应付的本金金额。

选中B8单元格，在公式编辑栏中输入公式：=CUMPRINC(B3/12,B2*12,B1,B4,B5,B6)，按回车键即可计算出贷款在第三年支付的本金金额，如图26-10所示。

B8　=CUMPRINC(B3/12,B2*12,B1,B4,B5,B6)

	A	B	C	D	E
1	贷款金额	400000			
2	偿还年限	20			
3	年利息	8.53%			
4	首期	25			
5	末期	36			
6	付款日间类型	0			
7					
8	第三年支付的本金金额	￥9,401.87			
9					

图26-10

函数200　计算贷款在指定期间中（如第三年）的利息金额

当前得知某项贷款的利率、贷款年限、贷款总额，现在要计算出第三年应付的利息金额。

选中B8单元格，在公式编辑栏中输入公式：“=CUMIPMT(B3/12,B2*12, B1,B4,B5,B6)”，按回车键即可计算出贷款在第三年支付的利息金额，如图26-11所示。

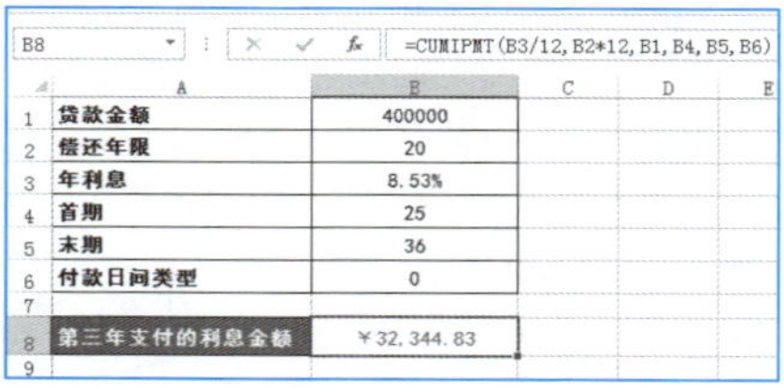

图26-11

函数201　计算购买某项保险的未来值

若保险年利率为5.36%、分30年付款、各期应付金额为2000元、付款方式为期初付款，现在要计算出该项保险的未来值，需要使用FV函数来实现。

选中B5单元格，在公式编辑栏中输入公式：=FV(B1,B2,B3,1)，按回车键即可计算出该项保险的未来值，如图26-12所示。

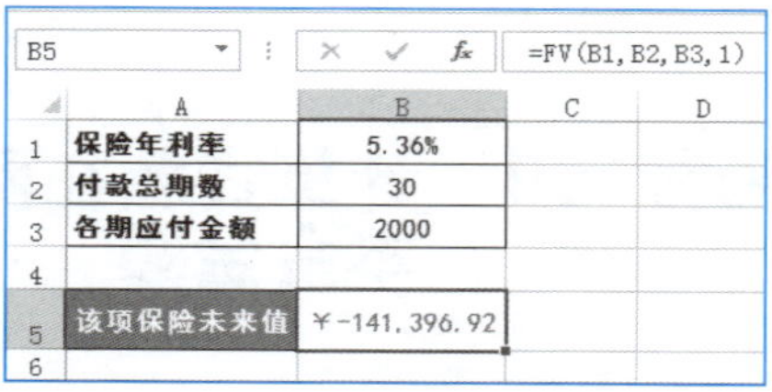

图26-12

函数202　计算住房公积金的未来值

若企业每月从工资中扣除350元作为住房公积金，然后按年利率为22.5%返还给员工，现在要计算出10年后员工住房公积金金额，可以使用FV函数来实现。

选中B5单元格，在公式编辑栏中输入公式：=FV(B1/12,B2,B3)，按回车键即可计算出5年后员工住房公积金的未来值，如图26-13所示。

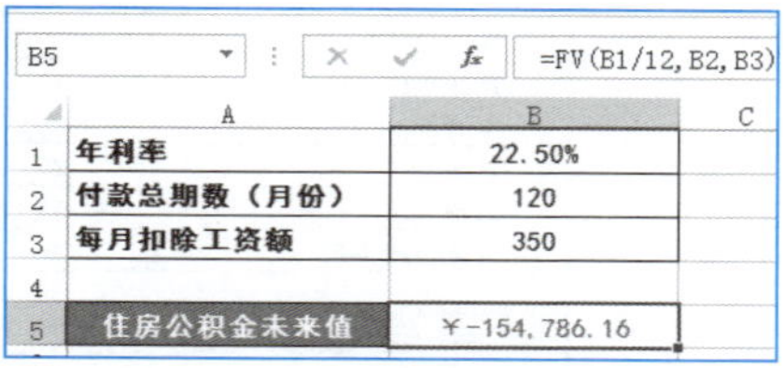

图26-13

函数203　计算购买某项保险的现值

若购买某项保险分30年付款，每年付4000元（共付120000元），年利率是5.36%，还款方式为期初还款，现在要计算出该项投资的现值，即支付的本金金额，可以使用PV函数实现。

选中B4单元格，在公式编辑栏中输入公式："=PV(A2,B2,C2,1)"，按回车键即可计算出购买该项保险的现值，如图26-14所示。

B4　=PV(A2,B2,C2,1)

	A	B	C
1	保险年利率	总付款期数	各期应付金额
2	5.36%	30	4000
3			
4	购买此项保险的现值	￥-59,045.11	

图26-14

函数204　计算某项投资的年金现值

若新购买某项保险，每月月底支付500元，投资回报率为8.25%，投资年限为30年。现在要计算出该项投资的年金现值，需要使用PV函数。

选中B5单元格，在公式编辑栏中输入公式："=PV(B1/12,B2*12,B3)"，按回车键即可计算出该项投资的年金现值，如图26-15所示。

B5　=PV(B1/12,B2*12,B3)

	A	B	C
1	保险年利率	8.25%	
2	付款总期数	30	
3	每月底支出保险金额	500	
4			
5	该项保险未来值	￥-66,554.27	

图26-15

函数205　计算出某项贷款的清还年数

若当前得知某项贷款总额、年利率，以及每年向贷款方支付的金额，现在需要计算出该项贷款的清还年数，需要使用NPER函数。

选中B4单元格，在公式编辑栏中输入公式："=ABS(NPER(A2,B2,C2))"，按回车键即可计算出该项贷款的清还年数（约为5年），如图26-16所示。

B4　=ABS(NPER(A2,B2,C2))

	A	B	C
1	贷款年利率	每年支付额（万元）	贷款总金额（万元）
2	8.20%	8	50
3			
4	清还贷款的年限	5.250066154	

图26-16

函数206　计算出某项投资的投资期数

若某项投资的回报率为6.48%，每月需要投资的金额为30000元，现在想最终获取2500000元的收益，计算需要经过多少期的投资才能实现，需要使用NPER函数。

选中B4单元格，在公式编辑栏中输入公式：“=ABS(NPER(A2/12,B2,C2))”，按回车键即可计算出要取得预计的收益金额需要投资的总期数（约为31个月），如图26-17所示。

B4　=ABS(NPER(A2/12,B2,C2))

	A	B	C	D
1	投资回报率	每月投资金额	预计收益金额	
2	6.48%	30000	2500000	
3				
4	总投资期数（月数）	68.99368103		
5				

图26-17

函数207　计算企业项目投资净现值

某项投资总金额为2500000元，预计今后5年内的收益额分别是250000元、450000元、850000元、1250000元和1550000元，假定每年的贴现率是11.5%，现在要计算出该项投资净现值，需要使用NPV函数。

选中B9单元格，在公式编辑栏中输入公式：“=NPV(B1,B2:B7)”，按回车键即可计算出该项投资的净现值，如图26-18所示。

B9　=NPV(B1,B2:B7)

	A	B	C	D
1	年贴现率	11.50%		
2	期初投资额	-2500000		
3	第1年收益	250000		
4	第2年收益	450000		
5	第3年收益	850000		
6	第4年收益	1250000		
7	第5年收益	1550000		
8				
9	投资净现值	￥365,487.29		
10				

图26-18

函数208　计算出一组不定期盈利额的净现值

计算出一组不定期盈利额的净现值，需要使用XNPV函数来实现。若当前表格中显示了某项投资年贴现率、投资额及不同日期中预计的投资回报金额，该投资项目的净现值计算方法如下。

选中C8单元格，在公式编辑栏中输入公式：“=XNPV(C1,C2:C6,B2:B6)”，按回车键即可计算出该项投资项目的净现值，如图26-19所示。

C8　=XNPV(C1,C2:C6,B2:B6)

	A	B	C	D	E
1	年贴现率		13.80%		
2	投资额	2012/1/1	-50000		
3	预计收益	2012/3/2	5000		
4		2012/6/20	10000		
5		2012/9/2	14500		
6		2013/1/2	18500		
7					
8	投资净现值		￥6,154.59		
9					

图26-19

函数209　计算某项投资在可变利率下的未来值

要计算出某项投资在可变利率下的未来值，需要使用FVSCHEDULE函数来实现。若当前表格中显示了某项借款的总金额，以及在5年中各年不同的利率，现在要计算出5年后该项借款的回收金额。

选中B4单元格，在公式编辑栏中输入公式："=FVSCHEDULE(B1,B2:F2)"，按回车键即可计算出5年后这项借款的回报金额，如图26-20所示。

B4　=FVSCHEDULE(B1,B2:F2)

	A	B	C	D	E	F
1	借款金额	400000				
2	5年间不同利率	4.83%	5.25%	5.43%	5.85%	6.15%
3						
4	5年后借款回收金额	¥522,808.63				
5						

图26-20

函数210　计算投资期内要支付的利息

要计算出投资期内支付的利息，需要使用ISPMT函数来实现。若当前得知某项投资的回报率、投资年限、投资总金额，现在要计算出投资期内第一年与第一个月支付的利息额。

❶ 选中C4单元格，在公式编辑栏中输入公式："=ISPMT(A2,1,B2,C2)"，按回车键即可计算出该项投资第1年中支付的利息额，如图26-21所示。

❷ 选中C5单元格，在公式编辑栏中输入公式："=ISPMT(A2/12,1,B2*12,C2)"，按回车键即可计算出该项投资第1个月支付的利息额，如图26-22所示。

C4　=ISPMT(A2,1,B2,C2)

	A	B	C	D
1	投资回报率	投资年限	总投资金额	
2	12.50%	10	500000	
3				
4	投资期内第一年支付利息		(¥56,250.00)	
5	投资期内第一个月支付利息			
6				

图26-21

C5　=ISPMT(A2/12,1,B2*12,C2)

	A	B	C	D	E
1	投资回报率	投资年限	总投资金额		
2	12.50%	10	500000		
3					
4	投资期内第一年支付利息		(¥56,250.00)		
5	投资期内第一个月支付利息		(¥5,164.93)		
6					

图26-22

函数211　计算某项投资的内部收益率

内部收益率是指支出和收入以固定时间间隔发生的一笔投资所获得的利率。要计算某项投资的内部收益率，需要使用IRR函数来实现。若当前表格中显示了某项投资年贴现率、初期投资金额，以及预计今后3年内的收益额。现在要计算出该项投资的内部收益率。

选中B7单元格，在公式编辑栏中输入公式：“=IRR(B2:B5,B1)”，按回车键即可计算出投资内部收益率，如图26-23所示。

B7 =IRR(B2:B5,B1)

	A	B	C	D
1	年贴现率	13.50%		
2	初期投资	-25000		
3	第1年收益	8000		
4	第2年收益	9500		
5	第3年收益	14200		
6				
7	内部收益率	12%		

图26-23

函数212　计算某项投资的修正内部收益率

若现需贷款200000元用于某项投资，表格中显示了贷款利率、再投资收益率以及预计3年后的收益额，现在要计算出该项投资的修正内部收益率。

选中B8单元格，在公式编辑栏中输入公式：“=MIRR(B3:B6,B1,B2)”，按回车键即可计算出投资的修正收益率，如图26-24所示。

B8 =MIRR(B3:B6,B1,B2)

	A	B	C	D
1	贷款利率	8.26%		
2	再投资收益率	14.50%		
3	贷款金额	-250000		
4	第1年收益	15000		
5	第2年收益	30500		
6	第3年收益	45000		
7				
8	3年后投资的修正收益率	-26%		
9				

图26-24

函数213　计算某项借款的收益率

本例表格中显示了某项借款的金额、借款期限、年支付金额。现在要计算出该项借款的收益率，可以使用RATE函数来实现。

选中B4单元格，在公式编辑栏中输入公式：“=RATE(A2,B2,C2)”，按回车键即可计算出该项借款的收益率，如图26-25所示。

B4 =RATE(A2,B2,C2)

	A	B	C
1	借款年限	年支付金额	借款金额
2	10	15000	-75000
3			
4	收益率	15%	

图26-25

函数214　计算某项保险的收益率

本例表格中显示了某项保险的保险年限、月返还金额、购买保险金额。现在要计算出该项保险的收益率，可以使用RATE函数来实现。

选中B4单元格，在公式编辑栏中输入公式：“=RATE(A2,B2*12,C2)”，按回车键即可计算出该项保险的收益率，如图26-26所示。

B4 =RATE(A2,B2*12,C2)

	A	B	C	D
1	保险年限	月返还金额	购买保险金额	
2	30	1000	-120000	
3				
4	保险收益率	9%		

图26-26

函数215　比较投资方案

不同的投资方案，其可以获利值也各不相同，因此在确定具体投资方案前，需要对各种投资方案进行比较分析，从而选择最优的投资方案。

选中D8单元格，输入公式：=IF(G4>G5,"选择项目A","选择项目B")，按回车键即可通过判断净现值来得出结论，如图26-27所示。

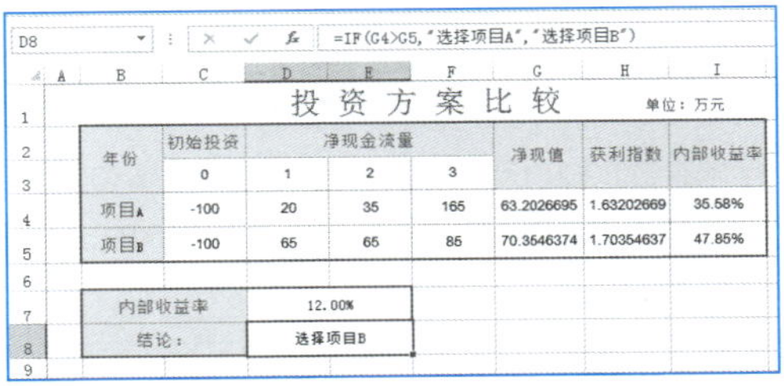

D8　=IF(G4>G5,"选择项目A","选择项目B")

投资方案比较　单位：万元

年份	初始投资	净现金流量			净现值	获利指数	内部收益率
	0	1	2	3			
项目A	-100	20	35	165	63.2026695	1.63202669	35.58%
项目B	-100	65	65	85	70.3546374	1.70354637	47.85%

内部收益率	12.00%
结论：	选择项目B

图26-27

函数216　计算贷款的实际利率

某企业贷款5000000元，借款期为5年，每个月月初偿还500000元。现在需要计算该笔贷款的实际利率。

选中B4单元格，在公式编辑栏中输入公式："=RATE(B2*12,-C2,A2,0,1)"，按回车键，即可计算出该项借款的实际利率，如图26-28所示。

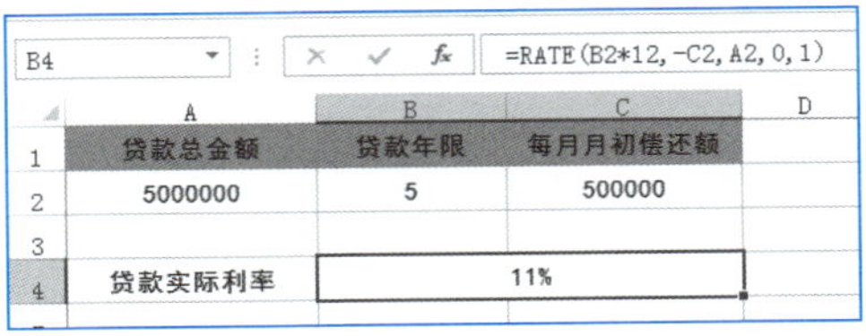

B4　=RATE(B2*12,-C2,A2,0,1)

贷款总金额	贷款年限	每月月初偿还额
5000000	5	500000
贷款实际利率	11%	

图26-28

函数217　计算第二年应支付的本金金额

企业某项贷款年利率为8.68%、贷款年限为5年、贷款总额为100000元，要求按月付款，现在计算第二年应支付的本金金额。

选中B4单元格，在公式编辑栏中输入公式："=CUMIPMT(A2/12,B2*12,C2,13,24,0)"，按回车键，即可计算出贷款在第二年累计支付的本金金额，如图26-29所示。

B4　=CUMIPMT(A2/12,B2*12,C2,13,24,0)

	A	B	C	D	E
1	贷款年利率	贷款年限	贷款总金额		
2	8.68%	5	100000		
3					
4	第2年累计偿还利息	-6517.608898			
5					

图26-29

函数218　计算10年后银行存款总额

某企业每年年末存款20000元，年利率为10%，计算10年后银行存款总额。

选中B5单元格，在公式编辑栏中输入公式：“=FV(B1,B2,B3)”，按回车键即可计算10年后银行存款总额，如图26-30所示。

B5　=FV(B1,B2,B3)

	A	B	C
1	年利率	10%	
2	期数	10	
3	每年末存款	-20000.00	
4			
5	10后银行存款总额	318748.49	
6			

图26-30

函数219　比较两种筹资方案

比较两种筹资方案现值的大小来判断哪种筹资方式更为划算。

选中B4单元格，在公式编辑栏中输入公式：“=IF(B2>B3,”租赁筹资更优”,”长期借款筹资更优”)”，按回车键，得出方案比较结果，即“租赁筹资更优”，如图26-31所示。

B4　=IF(B2>B3,"租赁筹资更优","长期借款筹资更优")

	A	B	C	D	E
1	长期借款和租赁筹资方案比较				
2	长期借款现值	¥2,089,546.34			
3	租赁筹资现金	¥1,615,952.06			
4	比较结果	租赁筹资更优			
5					

图26-31

第27章

函数在有价证券中的应用

Excel

函数220 求定期付息有价证券的应计利息

李某购买了价值为50000元的国库券，本次购买的国库券发行日为2014年7月1日，起息日为2014年9月1日，国库券年利率为9%，按半年期付息，以实际天数30/360为日计算基准，现在需要计算出该国库券的到期利息额，可以使用ACCRINT函数来实现。

选中B9单元格，在公式编辑栏中输入公式："=ACCRINT(B1,B2,B3,B4,B5,B6,B7)"，按回车键即可计算出国库券到期利息，如图27-1所示。

B9 =ACCRINT(B1,B2,B3,B4,B5,B6,B7)

	A	B	C	D	E
1	国库券发行日	2014/7/1			
2	国库券起息日	2014/9/1			
3	国库券成交日	2015/1/1			
4	国库券年利率	9%			
5	国库券价值	50000			
6	国库券年付息次数	2			
7	日计数基准	0			
8					
9	国库券到期利息	2250			

图27-1

函数221 求到期一次性付息有价证券的应计利息

李某购买了价值为20000元的短期债券，其发行日为2014年7月1日，到期日为2015年7月1日，债券利率为9%，以实际天数30/360为日计算基准，现要计算出该债券的到期利息，可以使用ACCRINTM函数来实现。

选中B7单元格，在公式编辑栏中输入公式："=ACCRINTM(B1,B2,B3, B4,B5)"，按回车键即可计算出该债券到期一次性应付利息金额，如图27-2所示。

B7 =ACCRINTM(B1,B2,B3,B4,B5)

	A	B	C	D	E
1	债券发行日	2014/7/1			
2	债券到期日	2015/7/1			
3	债券利率	9%			
4	国库券价值	20000			
5	日计数基准	2			
6					
7	债券到期利息	1825			
8					

图27-2

函数222 求当前付息期内截止到成交日的天数

某债券成交日为2014年7月1日，到期日为2015年2月20日，按半年期付息，以实际天数30/360为日计数基准，现在要计算出该债券付息期内截止到成交日的天数，可以使用COUPDAYBS函数来实现。

选中B6单元格，在公式编辑栏中输入公式："=COUPDAYBS(B1,B2,B3,B4)"，按回车键即可计算出该债券付息期开始到成交日之间的天数，如图27-3所示。

B6　=COUPDAYBS(B1,B2,B3,B4)

	A	B	C	D	E
1	债券成交日	2014/7/1			
2	债券到期日	2015/2/20			
3	债券年付息次数	2			
4	日计数基准	2			
5					
6	付息期开始到成交日之间的天数：	131			

图27-3

函数223　求成交日所在的付息期的天数

某债券成交日为2014年7月1日，到期日为2015年2月20日，按半年期付息，以实际天数30/360为日计数基准，现在要计算出该债券成交日所在的付息期的天数，可以使用COUPDAYS函数来实现。

选中B6单元格，在公式编辑栏中输入公式："=COUPDAYS(B1,B2,B3,C4)"，按回车键即可计算出该债券成交日所在的付息期的天数，如图27-4所示。

B6　=COUPDAYS(B1,B2,B3,B4)

	A	B	C	D
1	债券成交日	2014/7/1		
2	债券到期日	2015/2/20		
3	债券年付息次数	2		
4	日计数基准	2		
5				
6	债券付息的天数（包含成交日）：	180		
7				

图27-4

函数224　求从成交日到下一付息日之间的天数

某债券成交日为2014年7月1日，到期日为2015年2月20日，按半年期付息，以实际天数30/360为日计数基准，现在要计算出该债券成交日到下一付息日之间的天数，可以使用COUPDAYSNC函数来实现。

选中B6单元格，在公式编辑栏中输入公式："=COUPDAYSNC(B1,B2, B3,B4)"，按回车键即可计算出该债券成交日到下一个付息日之间的天数，如图27-5所示。

B6　=COUPDAYSNC(B1,B2,B3,B4)

	A	B	C	D	E
1	债券成交日	2014/7/1			
2	债券到期日	2015/2/20			
3	债券年付息次数	2			
4	日计数基准	2			
5					
6	债券成交日到下一个付息日之间的天数：	50			
7					

图27-5

函数225　求一个表示在成交日之后下一个付息日的序列号

某债券成交日为2014年7月1日，到期日为2015年2月20日，按半年期付息，以实际天数30/360为日计数基准，现在要计算出该债券成交日之后下一个付息日的序列号，可以使用COUPNCD函数来实现。

① 选中B6单元格，在公式编辑栏中输入公式：“=COUPNCD(B1,B2,B3,B4)”，按回车键即可计算出该债券成交日之后下一个付息日的序列号，如图27-6所示。

② 选中B6单元格，设置单元格格式为“短日期”格式，如图27-7所示。

B6 =COUPNCD(B1, B2, B3, B4)

	A	B	C	D
1	债券成交日	2014/7/1		
2	债券到期日	2015/2/20		
3	债券年付息次数	2		
4	日计数基准	2		
5				
6	成交日过后下一个付息日序列号	41871		
7				

图27-6

	A	B	C
1	债券成交日	2014/7/1	
2	债券到期日	2015/2/20	
3	债券年付息次数	2	
4	日计数基准	2	
5			
6	成交日过后下一个付息日序列号	2014/8/20	
7			

图27-7

函数226 求成交日和到期日之间的利息应付次数

某债券成交日为2014年7月1日，到期日为2015年7月20日，按半年期付息，以实际天数30/360为日计数基准，现在要计算出该债券成交日和到期日之间的利息应付次数，可以使用COUPNUM函数来实现。

选中B6单元格，在公式编辑栏中输入公式：“=COUPNUM(B1,B2, B3,B4)”，按回车键即可计算出该债券成交日和到期日之间的利息应付次数，如图27-8所示。

B6 =COUPNUM(B1, B2, B3, B4)

	A	B	C	D
1	债券成交日	2014/7/1		
2	债券到期日	2015/7/20		
3	债券年付息次数	2		
4	日计数基准	1		
5				
6	债券成交日和到期日之间的付息次数	3		
7				

图27-8

函数227 求成交日之前的上一付息日的日期的序列号

某债券成交日为2014年7月1日，到期日为2015年7月5日，按半年期付息，以实际天数30/360为日计数基准，现在要计算出该债券成交日之前的上一付息日的日期的序列号，可以使用COUPPCD函数来实现。

① 选中B6单元格，在公式编辑栏中输入公式：“=COUPPCD(B1,B2,B3,

B4)”，按回车键即可计算出该债券成交日之前的上一付息日的日期的序列号，如图27-9所示。

2 选中B6单元格，设置单元格格式为“短日期”格式，如图27-10所示。

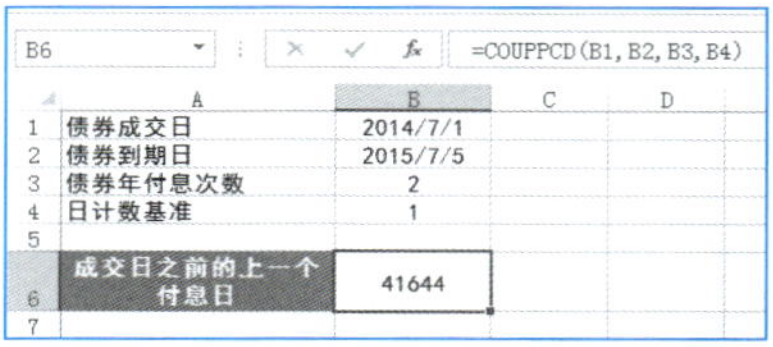

	A	B	C	D
1	债券成交日	2014/7/1		
2	债券到期日	2015/7/5		
3	债券年付息次数	2		
4	日计数基准	1		
5				
6	成交日之前的上一个付息日	41644		
7				

图27-9

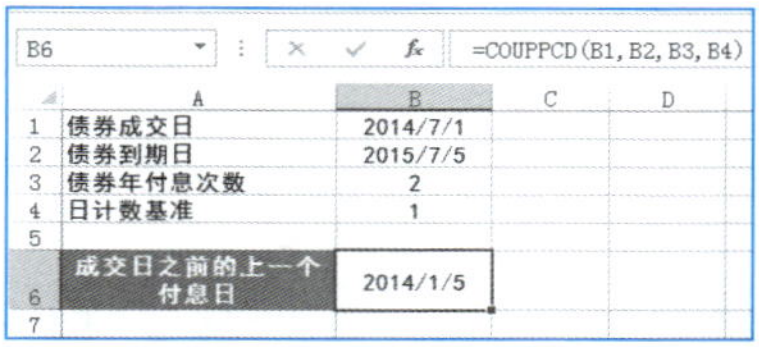

	A	B	C	D
1	债券成交日	2014/7/1		
2	债券到期日	2015/7/5		
3	债券年付息次数	2		
4	日计数基准	1		
5				
6	成交日之前的上一个付息日	2014/1/5		
7				

图27-10

函数228　求有价证券的贴现率

某债券成交日为2014年7月1日，到期日为2015年7月5日，价格为35.2元，清偿价格为45元，以实际天数30/360为日计数基准，现在要计算出该债券的贴现率，可以使用DISC函数来实现。

1 选中B7单元格，在公式编辑栏中输入公式：“=DISC(B1,B2,B3,B4,B5)”，按回车键即可计算出该债券贴现率，如图27-11所示。

2 选中B7单元格，设置单元格格式为“百分比”格式，如图27-12所示。

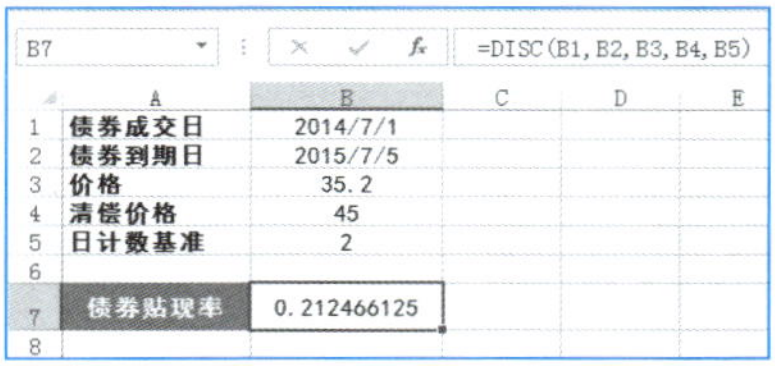

	A	B	C	D	E
1	债券成交日	2014/7/1			
2	债券到期日	2015/7/5			
3	价格	35.2			
4	清偿价格	45			
5	日计数基准	2			
6					
7	债券贴现率	0.212466125			
8					

图27-11

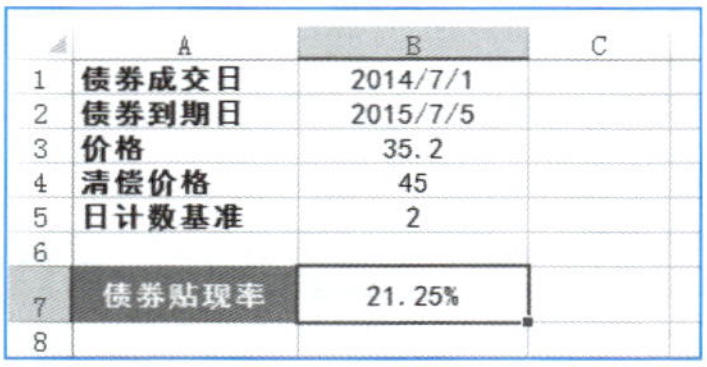

	A	B	C
1	债券成交日	2014/7/1	
2	债券到期日	2015/7/5	
3	价格	35.2	
4	清偿价格	45	
5	日计数基准	2	
6			
7	债券贴现率	21.25%	
8			

图27-12

函数229　将按分数表示的价格转换为按小数表示的价格

若要将按分数表示的价格转换为按小数表示的价格，可以使用DOLLARDE函数来实现。

1 选中C2单元格，在公式编辑栏中输入公式：“=DOLLARDE(A2,B2)”，按回车键即可将以分数表示的证券价格转换为以小数表示的证券价格。

2 将光标移到C2单元格的右下角，光标变成十字形状后，按住鼠标左键向下拖动进行公式填充，即可将其他以分数表示的证券价格转换为以小数表示的证券价格，如图27-13所示。

C2 =DOLLARDE(A2,B2)

	A	B	C	D
1	证券价格	分母	返回结果	
2	10.25	4	10.625	
3	12.45	16	14.8125	
4	25.12	32	25.375	
5				

图27-13

函数230 将按小数表示的价格转换为按分数表示的价格

若要将小数表示的价格转换为按分数表示的价格，可以使用DOLLARFR函数来实现。

❶ 选中C2单元格，在公式编辑栏中输入公式："=DOLLARFR(A2,B2)"，按回车键即可将以小数表示的价格转换为按分数表示的价格。

❷ 将光标移到C2单元格的右下角，光标变成十字形状后，按住鼠标左键向下拖动进行公式填充，即可将其他以小数表示的价格转换为按分数表示的价格，如图27-14所示。

C2 =DOLLARFR(A2,B2)

	A	B	C	D
1	证券价格	分母	返回结果	
2	10.25	4	10.1	
3	12.45	16	12.072	
4	25.12	32	25.0384	
5				

图27-14

函数231 返回定期付息有价证券的修正期限

某债券的成交日为2014年5月1日，到期日期为2015年7月5日，年息票利率为6.55%，收益率为9.2%，以半年期付息，按实际天数30/360为日计数基准。计算该债券的修正期限，可以使用DURATION函数来实现。

选中B8单元格，在公式编辑栏中输入公式："=DURATION(B1,B2,B3,B4,B5,B6)"，按回车键即可计算出该债券的修正期限，如图27-15所示。

B8 =DURATION(B1,B2,B3,B4,B5,B6)

	A	B	C	D
1	债券成交日	2014/5/1		
2	债券到期日	2015/7/5		
3	债券年息票利率	6.55%		
4	收益率	9.20%		
5	债券年付息次数	4		
6	日计数基准	2		
7				
8	债券的修正期限	1.137400355		
9				

图27-15

函数232　计算出定期有价证券的Macauley修正期限

某债券的成交日为2014年5月1日，到期日期为2015年7月5日，年息票利率为6.55%，收益率为9.2%，以半年期付息，按实际天数30/360为日计数基准。计算该债券的Macauley修正期限，可以使用MDURATION函数来实现。

选中B8单元格，在公式编辑栏中输入公式："=MDURATION(B1,B2,B3,B4,B5,B6)"，按回车键即可计算出该债券的Macauley修正期限，如图27-16所示。

B8　=MDURATION(B1,B2,B3,B4,B5,B6)

	A	B	C	D
1	债券成交日	2014/5/1		
2	债券到期日	2015/7/5		
3	债券年息票利率	6.55%		
4	收益率	9.20%		
5	债券年付息次数	4		
6	日计数基准	2		
7				
8	债券的修正期限	1.111828304		
9				

图27-16

函数233　计算实际年利率

某债券的名义利率为8.89%，每年的复利期数为4，现在要计算出该债券的实际利率，可以使用EFFECT函数来实现。

选中B4单元格，在公式编辑栏中输入公式："=EFFECT(B1,B2)"，按回车键即可计算出该债券的实际利率，如图27-17所示。

B4　=EFFECT(B1,B2)

	A	B	C
1	债券名义利率	8.89%	
2	债券每年的复利期数	4	
3			
4	债券年利率	9.19%	
5			

图27-17

函数234　求一次性付息证券的利率

某债券的成交日为2014年7月1日，到期日为2015年7月28日，债券的投资金额为200000元，清偿价值为225000元，以实际天数30/360为日计数基准，要计算出该债券的一次性付息利率，可以使用INTRATE函数来实现。

选中B7单元格，在公式编辑栏中输入公式："=INTRATE(B1,B2,B3,B4,B5)"，按回车键即可计算出该债券的一次性付息利率，如图27-18所示。

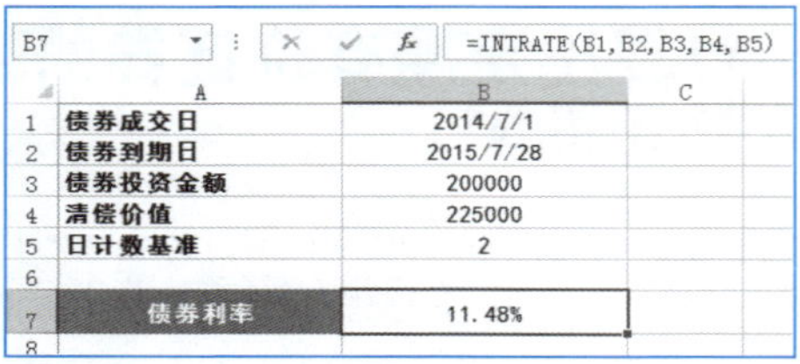
B7 =INTRATE(B1,B2,B3,B4,B5)

	A	B	C
1	债券成交日	2014/7/1	
2	债券到期日	2015/7/28	
3	债券投资金额	200000	
4	清偿价值	225000	
5	日计数基准	2	
6			
7	债券利率	11.48%	

图27-18

函数235　求名义年利率

某债券的实际利率为8.26%，每年的复利期数为6，现在要计算出该债券的名义年利率，可以使用NOMINAL函数来实现。

选中B4单元格，在公式编辑栏中输入公式："=NOMINAL(B1,B2)"，按回车键即可计算出该债券的名义年利率，如图27-19所示。

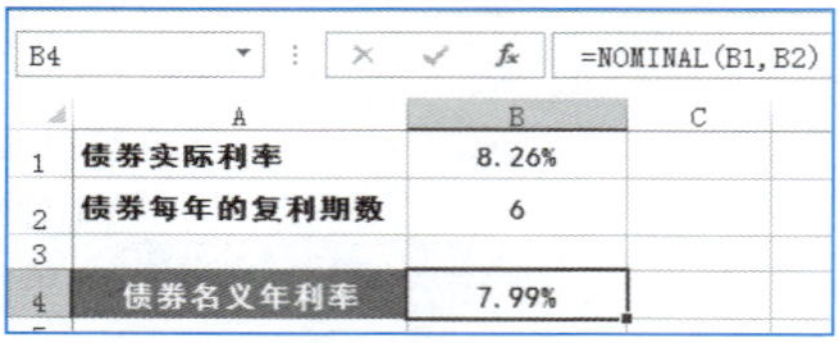
B4 =NOMINAL(B1,B2)

	A	B	C
1	债券实际利率	8.26%	
2	债券每年的复利期数	6	
3			
4	债券名义年利率	7.99%	

图27-19

函数236　求首期付息日不固定的面值有价证券的价格

若购买债券的日期为2014年2月1日，该债券到期日期为2015年12月31日，发行日期为2013年12月31日，首期付息日期为2014年12月31日，付息利率为6.58%，年收益率为5.46%，以半年期付息，按实际天数365为日计数基准，现在要计算出首期付息日不固定的面值有价证券的价格，可以使用ODDFPRICE函数来实现。

选中B11单元格，在公式编辑栏中输入公式："=ODDFPRICE(B1,B2,B3,B4,B5,B6,B7,B8,B9)"，按回车键即可计算出首期付息日不固定的面值有价证券的价格，如图27-20所示。

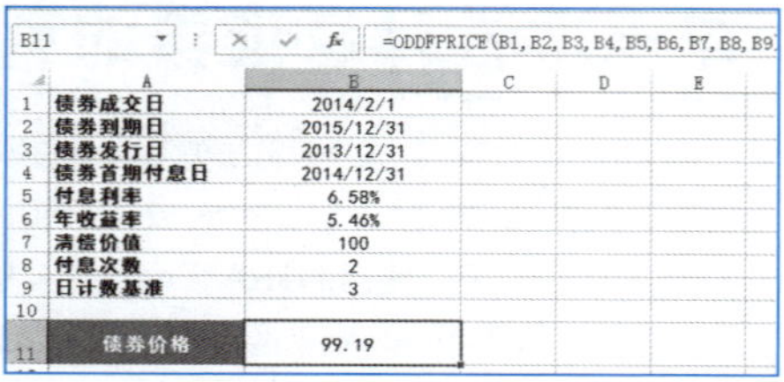
B11 =ODDFPRICE(B1,B2,B3,B4,B5,B6,B7,B8,B9

	A	B	C	D	E
1	债券成交日	2014/2/1			
2	债券到期日	2015/12/31			
3	债券发行日	2013/12/31			
4	债券首期付息日	2014/12/31			
5	付息利率	6.58%			
6	年收益率	5.46%			
7	清偿价值	100			
8	付息次数	2			
9	日计数基准	3			
10					
11	债券价格	99.19			

图27-20

函数237　求首期付息日不固定的有价证券收益率

若购买债券的日期为2014年2月1日，该债券到期日期为2015年12月31日，发行日期为2013年12月31日，首期付息日期为2014年12月31日，付息利率为6.56%，债券价格为99.19元，以半年期付息，按实际天数365为日计数基准，现在要计算出首期付息日不固定的有价证券的收益率，可以使用ODDFYIELD函数来实现。

选中B11单元格，在公式编辑栏中输入公式："=ODDFYIELD(B1,B2,B3,B4,B5,B6,B7,B8,B9)"，按回车键即可计算出首期付息日不固定的有价证券的收益率，如图27-21所示。

B11　=ODDFYIELD(B1, B2, B3, B4, B5, B6, B7, B8, B9)

	A	B	C	D	E	F
1	债券成交日	2014/2/1				
2	债券到期日	2015/12/31				
3	债券发行日	2013/12/31				
4	债券首期付息日	2014/12/31				
5	付息利率	6.58%				
6	债券价格	99.19				
7	清偿价值	100				
8	付息次数	2				
9	日计数基准	3				
10						
11	债券收益率	5.46%				

图27-21

函数238　求末期付息日不固定的有价证券收益率

若购买债券的日期为2014年7月1日，该债券到期日期为2015年7月20日，末期付息日期为2013年7月15日，付息利率为6.58%，债券价格为99.19元，以半年期付息，按实际天数365为日计数基准，现在要计算出末期付息日不固定的有价证券的收益率，可以使用ODDLYIELD函数来实现。

选中B10单元格，在公式编辑栏中输入公式："=ODDLYIELD(B1,B2,B3,B4,B5,B6,B7,B8)"，按回车键即可计算出末期付息日不固定的有价证券的收益率，如图27-22所示。

B10　=ODDLYIELD(B1, B2, B3, B4, B5, B6, B7, B8)

	A	B	C	D	E	F
1	债券成交日	2014/7/1				
2	债券到期日	2015/7/20				
3	债券末期付息日	2013/7/15				
4	付息利率	6.58%				
5	债券价格	99.19				
6	清偿价值	100				
7	付息次数	2				
8	日计数基准	3				
9						
10	债券收益率	6.97%				

图27-22

函数239　求有价证券末期付息日的价格

2014年3月1日购买某债券，该债券到期日期为2015年12月20日，末期付息日期为2014年12月20日，付息利率为6.58%，年收益率为6.97%，以半年期付息，按实际天数365为日计数基准。现在要计算出该债券末期付息日的价格，可以使用ODDLPRICE函数来实现。

选中B10单元格，在公式编辑栏中输入公式：“=ODDLPRICE(B1,B2,B3,B4,B5,B6,B7,B8)”，按回车键即可计算出该债券末期付息日的价格，如图27-23所示。

B10　=ODDLPRICE(B1,B2,B3,B4,B5,B6,B7,B8)

	A	B	C	D	E	F
1	债券成交日	2014/3/1				
2	债券到期日	2015/12/20				
3	债券末期付息日	2013/12/20				
4	付息利率	6.58%				
5	年收益率	6.97%				
6	清偿价值	100				
7	付息次数	2				
8	日计数基准	3				
9						
10	债券价格	99.23131068				
11						

图27-23

函数240　求一次性付息的有价证券到期收回金额

例如，2014年7月10日购买200000元的债券，到期日为2015年5月10日，贴现率为6.48%，以实际天数365为日计数基准。现在要计算出一次性付息的有价证券到期收回的金额，可以使用RECEIVED函数来实现。

选中B7单元格，在公式编辑栏中输入公式：“=RECEIVED(B1,B2,B3,B4,B5)”，按回车键即可计算出该债券到期时的总收回金额，如图27-24所示。

B7　=RECEIVED(B1,B2,B3,B4,B5)

	A	B	C	D	E
1	债券成交日	2014/7/10			
2	债券到期日	2015/5/10			
3	债券金额	200000			
4	债券贴现率	6.48%			
5	日计数基准	2			
6					
7	债券到期的总收回金额	￥211,577.52			
8					

图27-24

函数241　计算出$100面值国库券的价格

李某2014年7月15日购买了面值为￥100的国库券，该国库券的到期日为

2015年1月15日，贴现率为11.58%。现在要计算出该国库券的价格，可以使用TBILLPRICE函数来实现。

选中B5单元格，在公式编辑栏中输入公式："=TBILLPRICE(B1,B2,B3)"，按回车键即可计算出该国库券的价格，如图27-25所示。

B5　=TBILLPRICE(B1,B2,B3)

	A	B	C	D	E
1	国库券成交日	2014/7/15			
2	国库券到期日	2015/1/15			
3	国库券贴现率	11.58%			
4					
5	国库券的价格	94.08133333			
6					

图27-25

函数242　求国库券的等效收益率

张某2014年7月15日购买了某一国库券，该国库券的到期日为2015年2月15日，贴现率为11.58%，现在要计算出该国库券的等效收益率，可以使用TBILLEQ函数来实现。

选中B5单元格，在公式编辑栏中输入公式："=TBILLEQ(B1,B2,B3)"，按回车键即可计算出该国库券的等效收益率，如图27-26所示。

B5　=TBILLEQ(B1,B2,B3)

	A	B	C	D
1	国库券成交日	2014/7/15		
2	国库券到期日	2015/2/15		
3	国库券贴现率	11.58%		
4				
5	国库券的等效收益率	12.50%		
6				

图27-26

函数243　求国库券的收益率

陈某2014年7月15日以94.08元购买了面值为￥100的国库券，该国库券的到期日为2015年2月15日，现在要计算出该国库券的收益率，可以使用TBILLYIELD函数来实现。

选中B5单元格，在公式编辑栏中输入公式："=TBILLYIELD(B1,B2,B3)"，按回车键即可计算出该国库券的收益率，如图27-27所示。

B5　=TBILLYIELD(B1, B2, B3)

	A	B	C	D
1	国库券成交日	2014/7/15		
2	国库券到期日	2015/2/15		
3	国库券价格	94.08		
4				
5	国库券的等效收益率	10.54%		

图27-27

函数244　求定期付息有价证券的收益率

2014年8月20日以94.5元购买了2015年12月20日到期的￥100债券，息票半年利率为5.58%，按半年期支付一次，以实际天数365为日计数基准。现在要计算出该债券的收益率，可以使用YIELD函数来实现。

选中B9单元格，在公式编辑栏中输入公式："=YIELD(B1,B2,B5,B3,B4,B6,B7)"，按回车键即可计算出该债券的收益率，如图27-28所示。

B9　=YIELD(B1, B2, B5, B3, B4, B6, B7)

	A	B	C	D	E
1	债券成交日	2014/8/20			
2	债券到期日	2015/12/20			
3	债券购买价格	94.5			
4	债券面值	100			
5	息票半年利率	5.58%			
6	付息次数	2			
7	日计数基准	3			
8					
9	债券收益率	10.08%			

图27-28

函数245　求折价发行的有价证券的年收益率

2014年8月20日以94.5元购买了2015年12月20日到期的￥100债券，以实际天数365为日计数基准。现在要计算出该债券的折价收益率，可以使用YIELDDISC函数来实现。

选中B8单元格，在公式编辑栏中输入公式："=YIELDDISC(B1,B2,B3,B4,B5)"，按回车键即可计算出该债券的折价收益率，如图27-29所示。

B8　=YIELDDISC(B1, B2, B3, B4, B5)

	A	B	C	D	E
1	债券成交日	2014/8/20			
2	债券到期日	2015/12/20			
3	债券购买价格	94.5			
4	债券面值	100			
5	付息次数	2			
6	日计数基准	3			
7					
8	债券收益率	4.30%			

图27-29

函数246　求到期付息的有价证券的年收益率

2014年8月20日以103.25元卖出2015年12月20日到期的￥100面值债券。该债券的发行日期为2013年12月20日，息票半年利率为5.58%，以实际天数365为日计数基准。现在要计算出该债券的收益率，可以使用YIELDMAT函数来实现。

选中B8单元格，在公式编辑栏中输入公式："=YIELDMAT(B1,B2,B3,B4,B5,B6)"，按回车键即可计算出该债券的收益率，如图27-30所示。

B8　=YIELDMAT(B1,B2,B3,B4,B5,B6)

	A	B	C	D	E
1	债券成交日	2014/8/20			
2	债券到期日	2015/12/20			
3	债券发行日	2013/12/20			
4	息票半年利率	5.58%			
5	债券卖出价格	103.25			
6	日计数基准	3			
7					
8	债券收益率	2.94%			
9					

图27-30

函数247　计算$100面值债券的发行价格

2014年7月20日购买了面值为￥100的债券，债券的到期日期为2015年11月20日，息票半年利率为5.58%，按半年期支付，收益率为7.2%，以实际天数365为日计数基准。现在要计算出该债券的发行价格，可以使用PRICE函数来实现。

选中B9单元格，在公式编辑栏中输入公式："=PRICE(B1,B2,B4,B5,B3,B6,B7)"，按回车键即可计算出该债券的发行价格，如图27-31所示。

B9　=PRICE(B1,B2,B4,B5,B3,B6,B7)

	A	B	C	D	E
1	债券成交日	2014/7/20			
2	债券到期日	2015/11/20			
3	债券面值	100			
4	息票半年利率	5.58%			
5	收益率	7.20%			
6	付息次数	2			
7	日计数基准	3			
8					
9	债券发行价格	97.96			
10					

图27-31

函数248 计算出$100面值有价证券的折价发行价格

2014年8月10日购买了面值为￥100的债券，债券的到期日期为2014年4月20日，贴现率为6.56%，以实际天数365为日计数基准。现在要计算出该债券的折价发行价格，可以使用PRICEDISC函数来实现。

选中B7单元格，在公式编辑栏中输入公式："=PRICEDISC(B1,B2,B3,B4,B5)"，按回车键即可计算出该债券的折价发行价格，如图27-32所示。

B7　=PRICEDISC(B1, B2, B3, B4, B5)

	A	B	C	D	E
1	债券成交日	2014/8/10			
2	债券到期日	2016/4/20			
3	贴现率	6.56%			
4	清偿价值	100			
5	日计数基准	3			
6					
7	债券发行价格	88.87			
8					

图27-32

附录　公式错误值原因分析与解决

错误值1：　“######”

错误原因：在单元格输入的数字、日期或时间比单元格宽，导致输入的内容不能完全显示就会返回“#####”错误值，如图附-1所示。

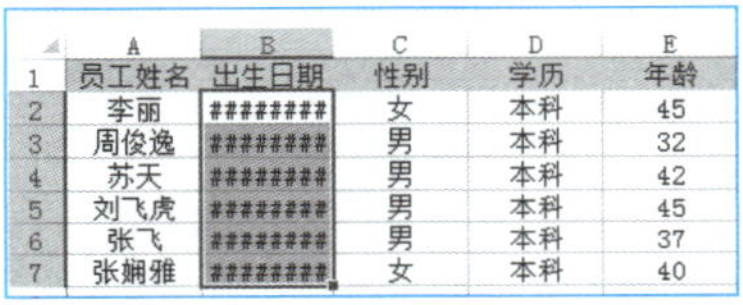

	A	B	C	D	E
1	员工姓名	出生日期	性别	学历	年龄
2	李丽	########	女	本科	45
3	周俊逸	########	男	本科	32
4	苏天	########	男	本科	42
5	刘飞虎	########	男	本科	45
6	张飞	########	男	本科	37
7	张婀雅	########	女	本科	40

图附-1

解决方法：可以通过拖动列表之间的宽度来修改列宽。

错误值2：　“#DIV>0!”

错误原因：公式中包含除数为“0”值或空白单元格所致，如图附-2所示。

解决方法：使用IF和ISERROR函数来解决。

1 选中C2单元格，在编辑栏中输入公式：=IF(ISERROR(A2/B2),"", A2/B2)，按回车键即可解决公式返回结果为“#DIV/0!”错误值。

2 将光标移到C2单元格的右下角，向下复制公式，即可解决所有公式返回结果为“#DIV/0!”错误值的问题，如图附-3所示。

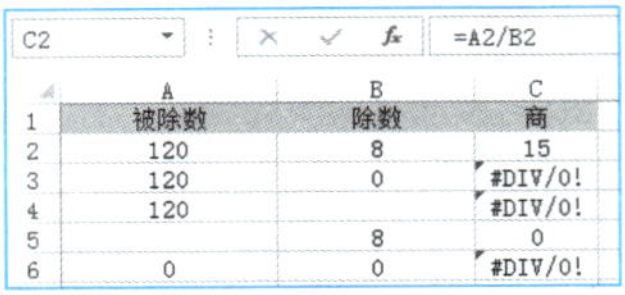

C2　=A2/B2

	A	B	C
1	被除数	除数	商
2	120	8	15
3	120	0	#DIV/0!
4	120		#DIV/0!
5		8	0
6	0	0	#DIV/0!

图附-2

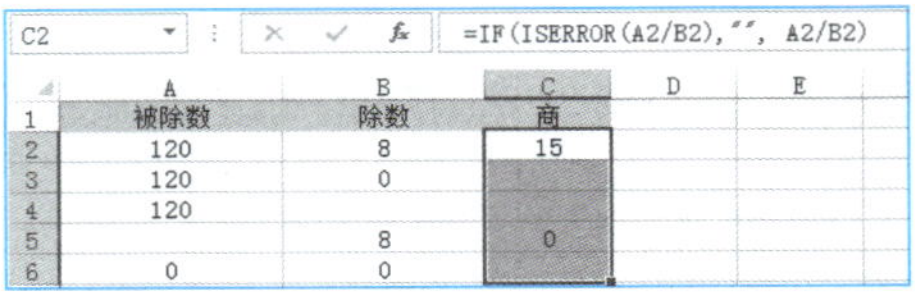

C2　=IF(ISERROR(A2/B2),"", A2/B2)

	A	B	C	D	E
1	被除数	除数	商		
2	120	8	15		
3	120	0			
4	120				
5		8	0		
6	0	0			

图附-3

错误值3：　“#N>A”

错误原因1：省略了函数中必不可少的参数。例如在下面的例子中，D2单元格使用的公式中，IF函数缺少了一个必要的参数，此时返回了错误值，如图附-4所示。

解决方法：正确设置IF函数的参数。选中D2单元格，重新输入公式为：=SUM(IF(ISERROR(B2:B10),0,B2:B10))，按“Ctrl+Shift+Enter”组合键即可返回正确结果（因为此处为数组公式，所以需要使用这一组合键），如图附–5所示。

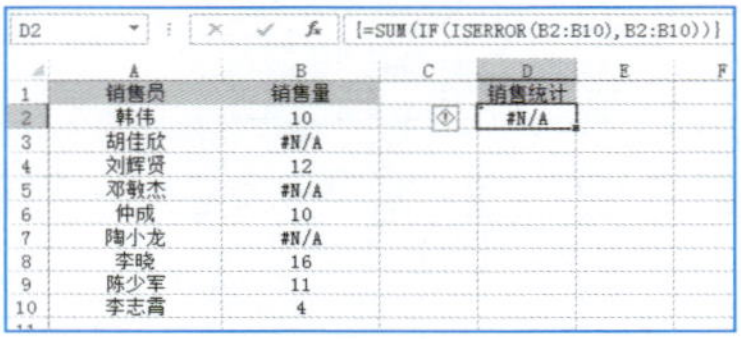
D2 {=SUM(IF(ISERROR(B2:B10),B2:B10))}

	A	B	C	D
1	销售员	销售量		销售统计
2	韩伟	10		#N/A
3	胡佳欣	#N/A		
4	刘辉贤	12		
5	邓敏杰	#N/A		
6	仲成	10		
7	陶小龙	#N/A		
8	李晓	16		
9	陈少军	11		
10	李志霄	4		

图附–4

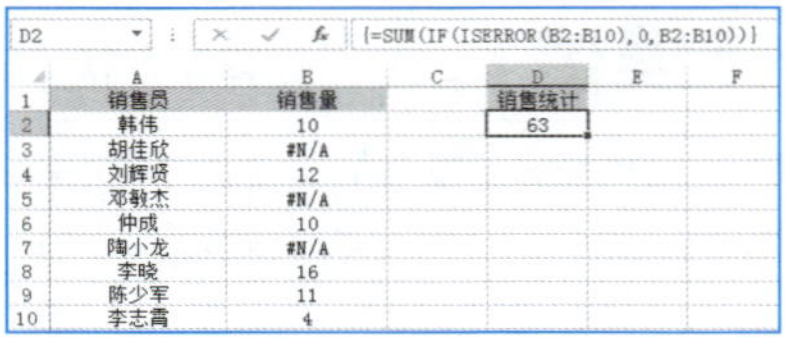
D2 {=SUM(IF(ISERROR(B2:B10),0,B2:B10))}

	A	B	C	D
1	销售员	销售量		销售统计
2	韩伟	10		63
3	胡佳欣	#N/A		
4	刘辉贤	12		
5	邓敏杰	#N/A		
6	仲成	10		
7	陶小龙	#N/A		
8	李晓	16		
9	陈少军	11		
10	李志霄	4		

图附–5

错误原因2：公式中引用的数据源不正确，或者不能使用。例如在使用VLOOKUP函数或其他查找函数进行数据查找时，找不到匹配的值时就会返回“#N/A”错误值。如图附–6所示，在公式中引用了B10单元格的值作为查找源，而A2:A7单元格区域中并找不到B10单元格中指定的值，所以返回了错误值。

解决方法：引用正确的数据源。选中B10单元格，在单元格中将错误的员工姓名更改为正确的“李丽丽”，即可解决公式返回结果为“#N/A”错误值的问题，如图附–7所示。

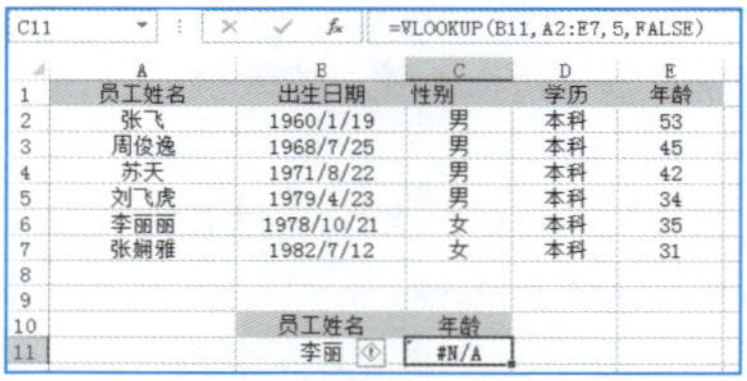
C11 =VLOOKUP(B11,A2:E7,5,FALSE)

	A	B	C	D	E
1	员工姓名	出生日期	性别	学历	年龄
2	张飞	1960/1/19	男	本科	53
3	周俊逸	1968/7/25	男	本科	45
4	苏天	1971/8/22	男	本科	42
5	刘飞虎	1979/4/23	男	本科	34
6	李丽丽	1978/10/21	女	本科	35
7	张娴雅	1982/7/12	女	本科	31
8					
9					
10		员工姓名	年龄		
11		李丽	#N/A		

图附–6

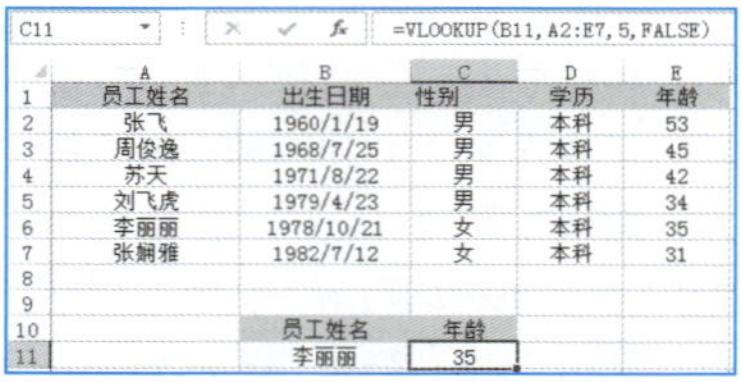
C11 =VLOOKUP(B11,A2:E7,5,FALSE)

	A	B	C	D	E
1	员工姓名	出生日期	性别	学历	年龄
2	张飞	1960/1/19	男	本科	53
3	周俊逸	1968/7/25	男	本科	45
4	苏天	1971/8/22	男	本科	42
5	刘飞虎	1979/4/23	男	本科	34
6	李丽丽	1978/10/21	女	本科	35
7	张娴雅	1982/7/12	女	本科	31
8					
9					
10		员工姓名	年龄		
11		李丽丽	35		

图附–7

错误值4：“#NAME?”

错误原因1：输入的函数和名称拼写错误。例如在计算学生的平均成绩时，在公式中将“AVERAGE”函数错误地输入为“AVEAGE”时，会返回“#NAME?”错误值，如图附–8所示。

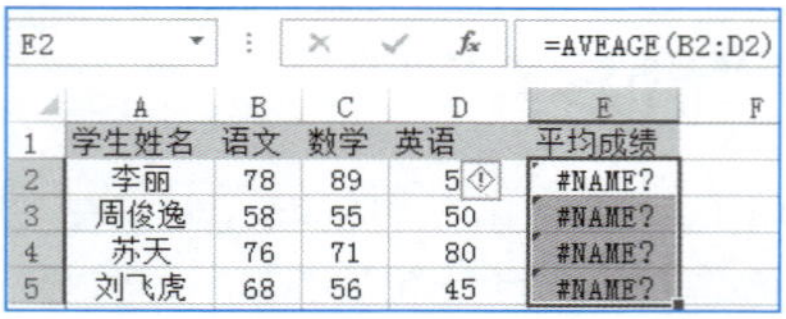
E2 =AVEAGE(B2:D2)

	A	B	C	D	E
1	学生姓名	语文	数学	英语	平均成绩
2	李丽	78	89	5	#NAME?
3	周俊逸	58	55	50	#NAME?
4	苏天	76	71	80	#NAME?
5	刘飞虎	68	56	45	#NAME?

图附–8

解决方法：正确输入函数和名称。

错误原因2：在公式中引用文本时没有加双引号。例如在求某一位销售人员的总销售金额时，在公式中没有对“刘纪鹏”这样的文本常量加上双引号（半角状态下的），导致返回结果为“#NAME?”错误值，如图附-9所示。

解决方法：正确为引用文本添加双引号。选中F2单元格，将公式重新输入为：=SUM((C2:C6="刘纪鹏")*D2:D6)，按“Ctrl+Shift+Enter”组合键即可返回正确结果（因为此处为数组公式，所以需要使用这一组合键），如图附-10所示。

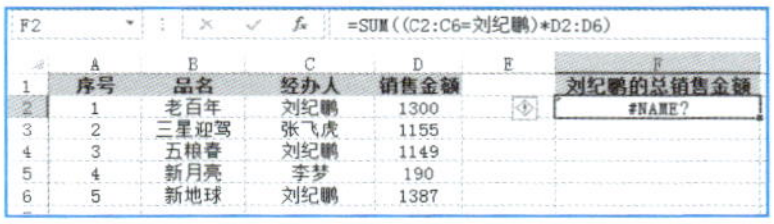

F2　=SUM((C2:C6=刘纪鹏)*D2:D6)

	A	B	C	D	E	F
1	序号	品名	经办人	销售金额		刘纪鹏的总销售金额
2	1	老百年	刘纪鹏	1300		#NAME?
3	2	三星迎驾	张飞虎	1155		
4	3	五粮春	刘纪鹏	1149		
5	4	新月亮	李梦	190		
6	5	新地球	刘纪鹏	1387		

图附-9

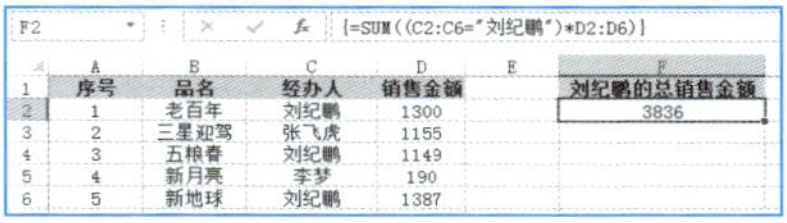

F2　{=SUM((C2:C6="刘纪鹏")*D2:D6)}

	A	B	C	D	E	F
1	序号	品名	经办人	销售金额		刘纪鹏的总销售金额
2	1	老百年	刘纪鹏	1300		3836
3	2	三星迎驾	张飞虎	1155		
4	3	五粮春	刘纪鹏	1149		
5	4	新月亮	李梦	190		
6	5	新地球	刘纪鹏	1387		

图附-10

错误值5：“#NLL!”

错误原因：当使用空格运算符连接两个不相关的单元格区域时，就会返回错误值#NULL。

解决办法：确保两个区域有重叠部分，或者改用其他引用运算符连接不同区域。

错误值6：“#NUM!”

错误原因：在公式中使用的函数引用了一个无效的参数。例如在求某数值的算术平均根，SQRT函数中引用的A3单元格，而A3单元格中的值为负数，所以会返回“#NUM！”错误值，如图附-11所示。

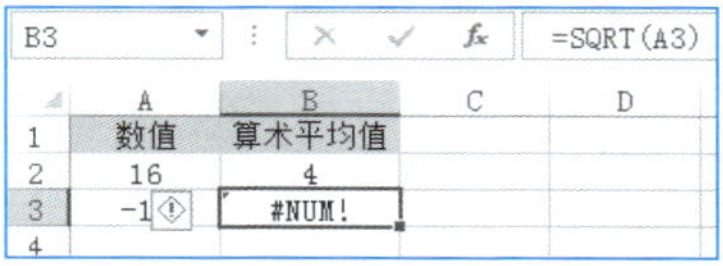

B3　=SQRT(A3)

	A	B	C	D
1	数值	算术平均值		
2	16	4		
3	-1	#NUM!		
4				

图附-11

解决方法：正确引用函数的参数。

错误值7：“#VALUE!”

错误原因1：在公式中将文本类型的数据参与了数值运算。例如在计算销售员的销售金额时，参与计算的数值带上产品单位或单价单位（为文本数据），导致返回的结果出现“#VALUE!”错误值，如图附-12所示。

解决方法：正确设置参与运算的数值。在B3和C2单元格中，分别将“套”和“元”文本去消掉，即可返回的正确的计算结果，如图附-13所示。

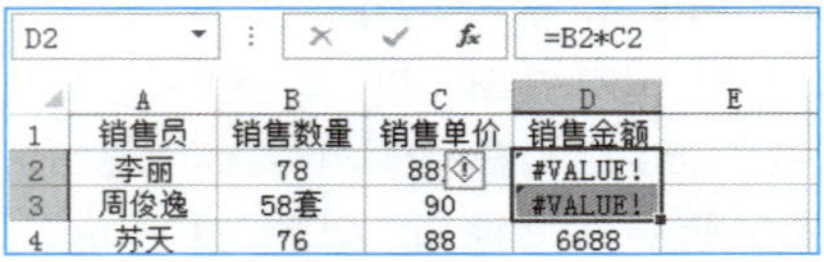

D2 =B2*C2

	A	B	C	D	E
1	销售员	销售数量	销售单价	销售金额	
2	李丽	78	88	#VALUE!	
3	周俊逸	58套	90	#VALUE!	
4	苏天	76	88	6688	

图附-12

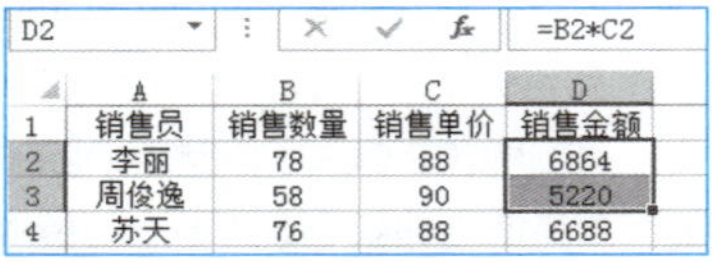

D2 =B2*C2

	A	B	C	D
1	销售员	销售数量	销售单价	销售金额
2	李丽	78	88	6864
3	周俊逸	58	90	5220
4	苏天	76	88	6688

图附-13

错误原因2：在公式中函数使用的参数与语法不一致。在计算上半年产品销售量时，在C7单元格中输入的公式为：=SUM(B2:B5+C2:C5)，按回车键返回为“#VALUE!”错误值，如图附-14所示。

解决方法：正确设置函数的参数。选中C7单元格，在编辑栏中重新更改公式为：=SUM(B2:B5:C2:C5)，按回车键即可返回正确的计算结果，如图附-15所示。

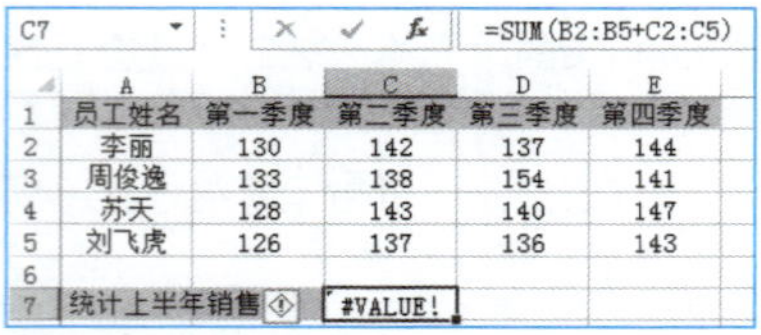

C7 =SUM(B2:B5+C2:C5)

	A	B	C	D	E
1	员工姓名	第一季度	第二季度	第三季度	第四季度
2	李丽	130	142	137	144
3	周俊逸	133	138	154	141
4	苏天	128	143	140	147
5	刘飞虎	126	137	136	143
6					
7	统计上半年销售		#VALUE!		

图附-14

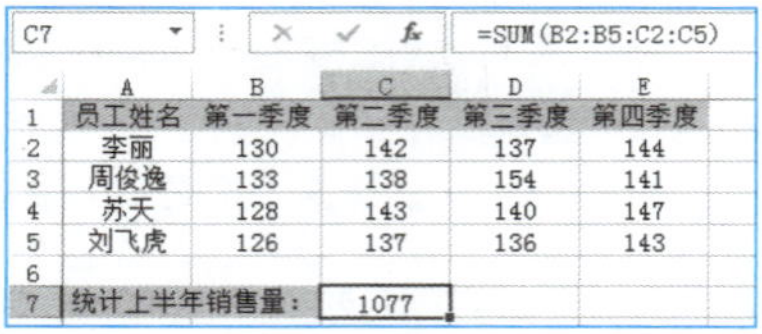

C7 =SUM(B2:B5:C2:C5)

	A	B	C	D	E
1	员工姓名	第一季度	第二季度	第三季度	第四季度
2	李丽	130	142	137	144
3	周俊逸	133	138	154	141
4	苏天	128	143	140	147
5	刘飞虎	126	137	136	143
6					
7	统计上半年销售量：		1077		

图附-15

错误值8：“#REF!”

错误原因：在公式计算中引用了无效的单元格。如图附-16所示，在C列中建立的公式使用了B列的数据，当将B列删除时，此时公式已经找不到可以用于计算的数据，出现错误值#REF！，如图附-17所示。

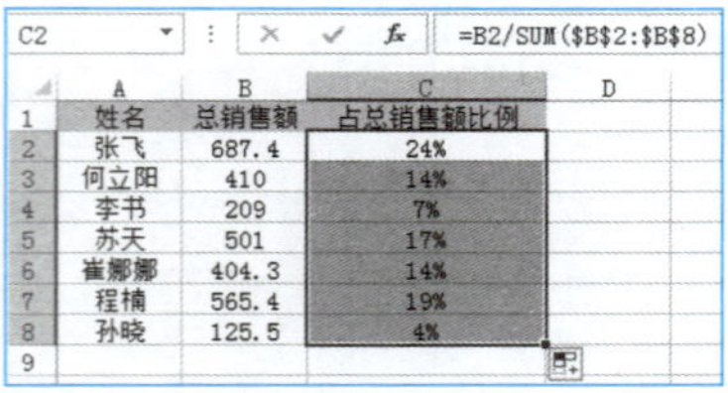

C2 =B2/SUM($B$2:$B$8)

	A	B	C	D
1	姓名	总销售额	占总销售额比例	
2	张飞	687.4	24%	
3	何立阳	410	14%	
4	李书	209	7%	
5	苏天	501	17%	
6	崔娜娜	404.3	14%	
7	程楠	565.4	19%	
8	孙晓	125.5	4%	
9				

图附-16

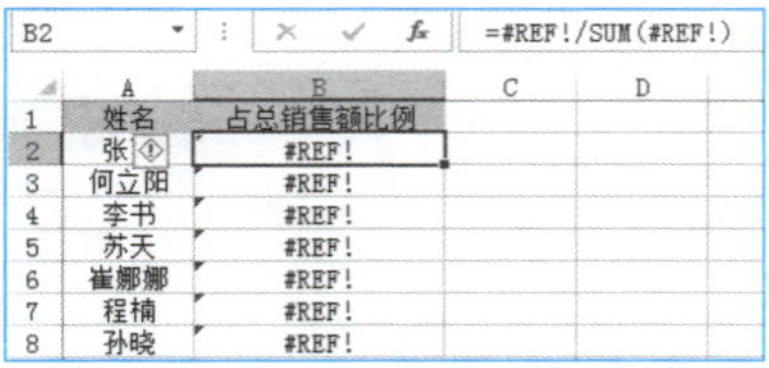

B2 =#REF!/SUM(#REF!)

	A	B	C	D
1	姓名	占总销售额比例		
2	张飞	#REF!		
3	何立阳	#REF!		
4	李书	#REF!		
5	苏天	#REF!		
6	崔娜娜	#REF!		
7	程楠	#REF!		
8	孙晓	#REF!		

图附-17

解决方法：恢复误删除的B列数据即可。